全新司法体制改革与司法职业技能培训丛书

中国法学会法律文书学研究会
委托重大专项课题结项成果（课题编号2017FLWS001）

华中师范大学应用法学与法治社会研究院学科建设
重点培育项目结项成果（项目编号:2017XKPY001）

全新司法体制改革与司法职业技能培训丛书

新民事诉讼文书样式实例评注（下卷）

INSTANCE COMMENTARY OF THE NEW DOCUMENTS STYLE OF CIVIL LITIGATION

杨凯 主编

课题简介

本书为中国法学会法律文书学研究会委托重大专项课题"新民事诉讼文书样式实例评注研究"（课题编号：2017FLWS001）和华中师范大学应用法学与法治社会研究院学科建设重点培育项目"新民事诉讼文书样式应用法学研究"（项目编号：2017XKPY001）。

课题指导专家：

中国法学会法律文书学研究会会长	
中国政法大学法学院教授	马宏俊
中国法学会民事诉讼法研究会副会长	
中南财经政法大学法学院教授	蔡　虹

课题主持人：

华中师范大学法学院教授	杨　凯

课题组成员：

华中师范大学法学院副教授	杨彩霞
武汉市硚口区人民法院法官	李　婷
武汉市江岸区人民法院法官	程　春
武汉市江汉区人民法院法官	刘　莹
湖北省高级人民法院法官	夏　勇
湖北省高级人民法院法官	黄　怡
湖北省高级人民法院法官	黄　莹
湖北省高级人民法院法官	曾　诚
武汉市硚口区人民法院法官助理	姜丽丽
武汉市硚口区人民法院法官助理	王　珂

（按课题组登记顺序排名）

课题组成员简介：

杨凯，男，法学博士，中国法学会法律文书学研究会常务理事，武汉市法学会法律文书研究会秘书长，华中师范大学法学院教授。

杨彩霞，女，法学博士，中国法学会法律文书学研究会理事，武汉市法学会法律文书研究会常务理事，华中师范大学法学院副教授。

李婷，女，法律硕士，武汉市法学会法律文书研究会理事，武汉市硚口区人民法院立案庭法官。

程春，女，法学硕士，武汉市法学会法律文书研究会理事，武汉市江岸区人民法院诉讼服务中心速裁组法官。

刘莹，女，法律硕士，武汉市法学会法律文书研究会理事，武汉市江汉区人民法院法官。

夏勇，男，法学博士，武汉市法学会法律文书研究会理事，湖北省高级人民法院民二庭法官。

黄怡，女，法学博士，武汉市法学会法律文书研究会理事，湖北省高级人民法院审判监督第一庭法官。

黄莹，女，法学硕士，武汉市法学会法律文书研究会理事，湖北省高级人民法院民一庭法官。

曾诚，女，法学硕士，武汉市法学会法律文书研究会理事，湖北省高级人民法院民四庭法官。

姜丽丽，女，法学硕士，武汉市法学会法律文书研究会理事，武汉市硚口区人民法院家事法庭法官助理。

王珂，男，法律硕士，武汉市法学会法律文书研究会理事，武汉市硚口区人民法院民一庭法官助理。

编写说明

本书包含人民法院制作民事诉讼文书样式 463 个、当事人参考民事诉讼文书样式 105 个，更重要的是，笔者对文书样式进行了实例评注。

本书法院文书实例大部分来源于中国裁判文书网、最高人民法院公报、各地各级人民法院历年优秀裁判文书公开评选中有代表性的民事诉讼文书，部分来源于各地各级人民法院档案室卷宗或课题组编写法官新近主审或参与合议的案件；当事人部分文书实例主要来源于各律师事务所及网站。

本书评注的写作严格参照《人民法院民事裁判文书制作规范》的要求。本书通过实例评注进一步释明如何根据诉讼文书样式规范诉讼程序、规范审理流程和提高文书写作水平，力求对读者在民事诉讼文书写作方法、写作技巧上有所启示。

参与课题研究和本书编写的作者主要来自司法实践领域中从事与文书样式所代表的诉讼程序相对应的民商事审判业务庭等部门或者曾对办理该类案件有着较为丰富审判工作实践经验的一线法官，以及对民事诉讼法学和法律文书学有研究心得的教授学者。

本书由华中师范大学法学院杨凯教授担任主编，负责总体策划、制定编写体例、评注写作指导和全书统稿审校，课题组成员集体参与共同编写完成。具体编写分工如下：导论由杨凯教授撰写，人民法院制作民事诉讼文书样式和当事人参考民事诉讼文书样式的第一、二、三、四章评注由法官助理姜丽丽撰写，第五、六、七章评注由法官助理王珂撰写，第八、九、十九、二十章评注由黄莹法官撰写，第十、十一、十二章评注由程春法官撰写，第十三章评注由杨凯教授撰写，第十四、十五、二十一章评注由杨凯教授和李婷法官共同撰写，第十六章评注由夏勇法官撰写，第十七章评注由刘莹法官撰写，第十八章评注由黄怡法官撰写，第二十二章评注由曾诚法官撰写，跋由杨凯教授撰写。

本书在编写过程中，得到各地各级人民法院相关领导、审判业务专家、法官、法官助理、办公室和研究室同仁等同行们的无私支持；同时，也得到各地各律师事务所律师同仁们的积极支持，他们提供了很多民事诉讼文书的实例素材及司法实务中存在的问题和建议，在此一并致谢！

目 录

（下 卷）

十八、审判监督程序 ……………………………………………………（0811）

（一）当事人申请再审案件 …………………………………………（0811）

1. 再审申请案件受理通知书（通知再审申请人用）……………………（0811）
2. 再审申请案件应诉通知书（通知被申请人用）………………………（0813）
3. 再审申请案件应诉通知书（通知原审其他当事人用）………………（0815）
4. 民事裁定书（上级人民法院依再审申请提审用）……………………（0818）
5. 民事裁定书（对不予受理裁定，上级人民法院依再审申请提审用）………（0823）
6. 民事裁定书（上级人民法院依再审申请指令再审用）………………（0825）
7. 民事裁定书（原审人民法院依再审申请裁定再审用）………………（0829）
8. 民事裁定书（裁定驳回再审申请用）…………………………………（0832）
9. 民事裁定书（对不予受理裁定，驳回再审申请用）……………………（0837）
10. 民事裁定书（审查中准许或不准许撤回再审申请用）………………（0840）
11. 民事裁定书（按撤回再审申请处理用）………………………………（0843）
12. 民事裁定书（中止再审审查用）………………………………………（0846）
13. 民事裁定书（终结再审审查用）………………………………………（0848）
14. 民事判决书（依申请提审判决用）……………………………………（0851）
15. 民事判决书（依申请受指令/指定法院按一审程序再审用）…………（0868）

16. 民事判决书(依申请受指令/指定法院按二审程序再审用) ……………(0885)
17. 民事判决书(依申请对本院案件按一审程序再审用) ………………(0902)
18. 民事判决书(依申请对本院案件按二审程序再审用) ………………(0913)
19. 民事裁定书(依申请提审后中止或终结诉讼用) ……………………(0920)
20. 民事裁定书(依申请提审后准许或不准撤回再审请求用) …………(0923)
21. 民事裁定书(依申请提审后按撤回再审请求处理用) ………………(0926)
22. 民事裁定书(依再审申请对不予受理裁定提审后指令立案受理用) …(0929)
23. 民事裁定书(依申请对驳回起诉裁定提审后用) ……………………(0934)
24. 民事裁定书(依申请提审后发回重审用) ……………………………(0939)
25. 民事裁定书(依申请受指令/指定再审,中止或终结诉讼用) ………(0944)
26. 民事裁定书(依申请受指令/指定再审,处理撤回再审请求用) ……(0946)
27. 民事裁定书(依申请受指令/指定再审,按撤回再审请求处理用) …(0950)
28. 民事裁定书(依申请受指令/指定再审,对驳回起诉裁定再审用) …(0953)
29. 民事裁定书(依申请受指令/指定再审,发回重审用) ………………(0958)
30. 民事裁定书(依申请对本院案件再审,中止或终结诉讼用) ………(0961)
31. 民事裁定书(依申请对本院案件再审,处理撤回再审请求用) ……(0965)
32. 民事裁定书(依申请对本院案件再审,按撤回再审请求处理用) …(0967)
33. 民事裁定书(依申请对本院驳回起诉裁定,再审裁定用) …………(0970)
34. 民事裁定书(依申请对本院案件再审后发回重审用) ………………(0977)
35. 民事裁定书(依申请再审案件,处理一审原告撤回起诉用) ………(0982)
36. 民事裁定书(依申请按第二审程序再审案件,驳回起诉用) ………(0985)

(二)被遗漏的必须共同进行诉讼的当事人申请再审案件 ……………(0992)

37. 民事裁定书(依被遗漏的必须共同进行诉讼的当事人再审申请提审用) ……………………………………………………………………(0992)
38. 民事裁定书(被遗漏的必须共同进行诉讼的当事人申请再审,驳回用) ……………………………………………………………………(0995)
39. 民事判决书(遗漏必须共同进行诉讼的当事人适用一审程序再审用) ……………………………………………………………………(1000)
40. 民事裁定书(遗漏必须共同进行诉讼的当事人适用二审程序再审发回重审用) ……………………………………………………………(1008)

(三)案外人申请再审案件 ……………………………………………(1012)

41. 民事裁定书(案外人申请再审案件,裁定再审用) …………………(1012)

42. 民事裁定书(案外人申请再审案件,驳回案外人再审申请用) ………… (1018)
43. 民事判决书(案外人申请再审案件,判决用) ……………………………… (1021)

(四)人民法院依职权再审案件 ……………………………………………… (1029)

44. 民事裁定书(依职权对本院案件裁定再审用) …………………………… (1029)
45. 民事裁定书(依职权提审用) ……………………………………………… (1032)
46. 民事判决书(依职权对本院案件按一审程序再审用) …………………… (1034)
47. 民事判决书(依职权对本院案件按二审程序再审用) …………………… (1041)
48. 民事判决书(依职权提审用) ……………………………………………… (1053)
49. 民事裁定书(依职权对本院案件再审后,中止或终结诉讼用) ………… (1058)
50. 民事裁定书(依职权对本院裁定驳回起诉案件裁定再审后用) ………… (1061)
51. 民事裁定书(依职权对本院案件再审后,发回重审用) ………………… (1067)

(五)人民检察院抗诉再审案件 ……………………………………………… (1073)

52. 民事裁定书(抗诉案件提审或指令下级法院再审用) …………………… (1073)
53. 民事裁定书(抗诉案件不予受理抗诉用) ………………………………… (1076)
54. 民事判决书(抗诉案件受指令法院按一审程序再审用) ………………… (1080)
55. 民事判决书(抗诉案件受指令法院按二审程序再审用) ………………… (1085)
56. 民事判决书(抗诉案件提审后用) ………………………………………… (1096)
57. 民事裁定书(抗诉案件中止或终结诉讼用) ……………………………… (1103)
58. 民事裁定书(抗诉案件准予撤回抗诉用) ………………………………… (1108)
59. 民事裁定书(抗诉案件发回重审用) ……………………………………… (1110)
60. 出庭通知书(抗诉案件通知检察院派员出庭用) ………………………… (1116)

(六)检察建议再审案件 ……………………………………………………… (1117)

61. 民事裁定书(采纳再审检察建议并裁定再审用) ………………………… (1117)
62. 复函(不予受理再审检察建议用) ………………………………………… (1121)
63. 民事决定书(不采纳再审检察建议用) …………………………………… (1122)
64. 民事判决书(依再审检察建议对本院案件按一审程序再审用) ………… (1126)
65. 民事判决书(依再审检察建议对本院案件按二审程序再审用) ………… (1137)
66. 民事裁定书(依再审检察建议对本院案件发回重审用) ………………… (1145)

(七)小额诉讼再审案件 ……………………………………………………… (1150)

67. 民事裁定书(小额诉讼案件裁定再审用) ………………………………… (1150)

68. 民事裁定书(小额诉讼案件因程序不当裁定再审用)……………(1154)

69. 民事判决书(小额诉讼案件再审用)…………………………(1158)

70. 民事判决书(小额诉讼案件因程序不当再审用)………………(1165)

(八)其他……………………………………………………………(1172)

71. 询问笔录(询问当事人用)……………………………………(1172)

十九、督促程序……………………………………………………(1180)

1. 支付令(督促程序用)……………………………………………(1180)
2. 民事裁定书(驳回支付令申请用)………………………………(1184)
3. 民事裁定书(驳回支付令异议用)………………………………(1187)
4. 民事裁定书(准许撤回支付令异议用)…………………………(1190)
5. 民事裁定书(终结督促程序用)…………………………………(1193)
6. 民事裁定书(撤销支付令用)……………………………………(1197)
7. 不予受理支付令申请通知书(通知申请人不予受理用)………(1202)

二十、公示催告程序………………………………………………(1205)

1. 民事判决书(公示催告除权用)…………………………………(1205)
2. 民事裁定书(准许撤回公示催告申请用)………………………(1209)
3. 民事裁定书(驳回公示催告申请用)……………………………(1211)
4. 民事裁定书(驳回利害关系人申报用)…………………………(1215)
5. 民事裁定书(终结公示催告程序用)……………………………(1217)
6. 停止支付通知书(通知支付人停止支付用)……………………(1221)
7. 公告(催促利害关系人申报权利用)……………………………(1223)
8. 公告(公示催告除权判决用)……………………………………(1226)

二十一、执行程序…………………………………………………(1229)

(一)申请执行及委托执行…………………………………………(1229)

1. 受理案件通知书(执行实施用)…………………………………(1229)
2. 受理案件通知书(执行审查用)…………………………………(1231)
3. 执行通知书(通知被执行人用)…………………………………(1234)
4. 执行决定书(依申请将被执行人纳入失信被执行人名单用)…(1238)

5. 执行决定书(依职权将被执行人纳入失信被执行人名单用) ……………… (1240)
6. 执行决定书(纠正或者驳回将被执行人纳入失信被执行人名单用) …… (1242)
7. 函(委托执行用) ………………………………………………………………… (1245)
8. 函(接受委托执行案件用) ……………………………………………………… (1247)
9. 函(退回委托执行案件用) ……………………………………………………… (1249)
10. 移送函(执行转破产程序用) ………………………………………………… (1251)
11. 执行财产分配方案(参与分配用) …………………………………………… (1254)

(二)限制出境措施 ……………………………………………………………… (1259)

12. 执行决定书(限制被执行人出境用) ………………………………………… (1259)
13. 执行决定书(解除限制出境用) ……………………………………………… (1262)

(三)执行中止与终结 …………………………………………………………… (1266)

14. 执行裁定书(中止执行用) …………………………………………………… (1266)
15. 执行裁定书(终结本次执行程序用) ………………………………………… (1269)
16. 通知书(终结本次执行程序后恢复执行用) ………………………………… (1272)
17. 执行裁定书(终结执行用) …………………………………………………… (1274)
18. 执行通知书(中止执行后恢复执行用) ……………………………………… (1276)

(四)执行金钱给付 ……………………………………………………………… (1279)

19. 通知书(通知申请执行人提供被执行人财产状况用) ……………………… (1279)
20. 报告财产令(命令被执行人报告财产用) …………………………………… (1281)
21. 通知书(通知第三人履行到期债务用) ……………………………………… (1284)
22. 证明书(证明第三人已履行债务用) ………………………………………… (1287)
23. 协助执行通知书 ……………………………………………………………… (1289)
24-1. 协助查询存款通知书 ……………………………………………………… (1292)
24-2. 协助查询存款通知书(回执) ……………………………………………… (1292)
25-1. 协助冻结存款通知书 ……………………………………………………… (1295)
25-2. 协助冻结存款通知书(回执) ……………………………………………… (1295)
26-1. 协助划拨存款通知书 ……………………………………………………… (1298)
26-2. 协助划拨存款通知书(回执) ……………………………………………… (1298)
27-1. 解除冻结存款通知书 ……………………………………………………… (1301)
27-2. 解除冻结存款通知书(回执) ……………………………………………… (1301)
28-1. 协助查询股权、其他投资权益通知书 …………………………………… (1303)

28-2. 协助查询股权、其他投资权益通知书(回执) …………………… (1304)
29-1. 协助公示冻结、续行冻结通知书 …………………………………… (1306)
29-2. 公示冻结、续行冻结(公示内容) …………………………………… (1307)
29-3. 协助公示冻结、续行冻结(回执) …………………………………… (1307)
30-1. 协助公示解除冻结通知书 …………………………………………… (1311)
30-2. 解除冻结信息需求书(公示内容) …………………………………… (1311)
30-3. 解除冻结通知书(回执) ……………………………………………… (1312)
31-1. 协助变更股东登记通知书 …………………………………………… (1313)
31-2. 公示股东变更登记信息需求书(公示内容) ………………………… (1313)
31-3. 协助变更股东登记通知书(回执) …………………………………… (1314)
32. 通知书(责令金融机构追回被转移的冻结款项用) …………………… (1315)
33. 通知书(责令协助执行单位追回擅自支付款项用) …………………… (1317)
34. 通知书(责令责任人追回财产用) ……………………………………… (1320)
35. 通知书(由法院强制保管产权证照用) ………………………………… (1322)
36. 证照(财物)保管清单 …………………………………………………… (1324)
37. 证照(财物)发还清单 …………………………………………………… (1325)
38. 保管财产委托书 ………………………………………………………… (1326)
39. 执行裁定书(查封、扣押、冻结财产用) ……………………………… (1328)
40. 执行裁定书(划拨存款用) ……………………………………………… (1331)
41. 执行裁定书(扣留、提取被执行人收入用) …………………………… (1333)
42. 执行裁定书(责令有关单位向申请执行人支付已到期收益用) ……… (1336)
43. 执行裁定书(禁止被执行人转让知识产权用) ………………………… (1339)
44. 执行裁定书(轮候查封、扣押、冻结用) ……………………………… (1341)
45. 执行裁定书(预查封用) ………………………………………………… (1344)
46. 执行裁定书(冻结被执行人投资权益或股权用) ……………………… (1347)
47. 执行裁定书(冻结被执行人预期收益用) ……………………………… (1351)
48. 执行裁定书(解除查封、扣押、冻结等强制执行措施用) …………… (1354)
49. 执行裁定书(拍卖用) …………………………………………………… (1357)
50. 执行裁定书(拍卖成交确认用) ………………………………………… (1361)
51. 执行裁定书(变卖用) …………………………………………………… (1364)
52. 执行裁定书(以物抵债用) ……………………………………………… (1367)
53. 价格评估委托书 ………………………………………………………… (1371)
54. 拍卖(变卖)委托书 ……………………………………………………… (1373)
55. 拍卖通知书 ……………………………………………………………… (1377)

56. 查封公告 …… (1379)
57. 查封(扣押、冻结)财产清单 …… (1382)
58. 拍卖公告 …… (1384)
59. 公告(强制迁出房屋或退出土地用) …… (1388)
60. 搜查令 …… (1390)

(五)执行财产交付及完成行为 …… (1392)

61. 通知书(责令交出财物、票证用) …… (1392)
62. 委托书(代为完成指定行为用) …… (1394)
63. 通知书(责令追回财物或票证用) …… (1397)

(六)审查不予执行申请 …… (1399)

64. 执行裁定书(审查不予执行国内仲裁裁决申请用) …… (1399)
65. 执行裁定书(审查不予执行涉外仲裁裁决申请用) …… (1406)
66. 执行裁定书(审查不予执行公证债权文书申请用) …… (1410)

(七)执行管辖 …… (1415)

67. 函(报请上级人民法院执行用) …… (1415)
68. 执行决定书(指定执行管辖用) …… (1417)
69. 执行裁定书(提级执行用) …… (1420)
70. 执行裁定书(指定执行用) …… (1424)
71. 执行决定书(决定与下级法院共同执行案件用) …… (1427)
72. 执行令(执行外国法院判决用) …… (1429)

(八)变更或追加执行当事人 …… (1431)

73. 执行裁定书(变更申请执行人用) …… (1431)
74. 执行裁定书(执行到期债权用) …… (1436)
75. 执行裁定书(以担保财产赔偿损失用) …… (1439)
76. 执行裁定书(暂缓执行期届满后执行担保人财产用) …… (1443)
77. 执行裁定书(执行保证人财产用) …… (1446)
78. 执行裁定书(变更分立、合并、注销后的法人或其他组织
    为被执行人用) …… (1448)
79. 执行裁定书(追加对其他组织依法承担义务的法人或者公民为
    被执行人用) …… (1451)

80. 执行裁定书(变更名称变更后的法人或其他组织为被执行人) ……… (1454)
81. 执行裁定书(变更遗产继承人为被执行人) ……………………… (1457)
82. 执行裁定书(追究擅自处分被查封、扣押、冻结财产责任人赔偿责任用) …… (1461)
83. 执行裁定书(追究擅自解除冻结款项造成后果的金融机构赔偿责任用) ……………………………………………………………… (1465)
84. 执行裁定书(追究擅自支付收入的有关单位赔偿责任用) ……… (1469)
85. 执行裁定书(追究擅自支付股息或办理股权转移手续的有关企业赔偿责任用) ……………………………………………………… (1473)

(九)执行协调与执行监督 ……………………………………………… (1475)

86. 报告(报请协调处理执行争议用) ……………………………… (1475)
87. 执行决定书/协调函(协调执行争议用) ………………………… (1478)
88. 协调划款决定书(上级法院处理执行争议案件用) …………… (1482)
89. 执行裁定书(当事人、利害关系人异议用) …………………… (1484)
90. 执行裁定书(案外人异议用) …………………………………… (1498)
91. 执行裁定书(执行复议用) ……………………………………… (1503)
92. 督促执行令(上级法院督促下级法院执行用) ………………… (1508)
93. 暂缓执行通知书(上级法院通知下级法院用) ………………… (1510)
94. 执行决定书(本院决定暂缓执行用) …………………………… (1511)
95. 暂缓执行通知书(上级法院通知下级法院延长期限用) ……… (1514)
96. 恢复执行通知书(上级法院通知下级法院用) ………………… (1516)
97. 执行裁定书(上级法院直接裁定不予执行非诉法律文书用) …… (1517)
98. 执行裁定书(执行监督案件驳回当事人申诉请求用) ………… (1522)
99. 执行裁定书(执行监督案件指令下级法院重新审查处理用) …… (1529)
100. 执行裁定书(执行回转用) …………………………………… (1534)

二十二、涉外民事诉讼程序的特别规定 ………………………… (1538)

(一)承认和执行外国法院生效判决、裁定 ……………………… (1538)

1. 民事裁定书(承认和执行外国法院生效判决、裁定用) ……………… (1538)
2. 民事裁定书(不予承认和执行外国法院生效判决、裁定用) ………… (1544)
3. 民事裁定书(驳回承认和执行外国法院生效判决、裁定申请用) …… (1549)
4. 民事裁定书(不予受理承认和执行外国法院生效判决、裁定申请用) (1553)
5. 民事裁定书(准许撤回承认和执行外国法院生效判决、裁定申请用) …… (1556)

6. 民事裁定书(外国法院请求承认和执行外国法院生效判决、裁定用)……(1558)

(二)认可和执行香港特别行政区、澳门特别行政区、台湾地区法院
民事判决……(1560)

7. 民事裁定书(认可和执行香港特别行政区法院民事判决用)………(1560)
8. 民事裁定书(不予认可和执行香港特别行政区法院民商事判决用)……(1564)
9. 民事裁定书(予以认可和执行澳门特别行政区法院民事判决用)………(1568)
10. 民事裁定书(不予认可和执行澳门特别行政区法院民商事判决用)……(1572)
11. 民事裁定书(认可和执行台湾地区法院民事判决用)………………(1574)
12. 民事裁定书(不予认可和执行台湾地区法院民事判决用)……………(1577)
13. 民事裁定书(驳回认可和执行台湾地区法院民事判决申请用)………(1579)
14. 民事裁定书(不予受理认可和执行台湾地区法院民事判决申请用)……(1581)
15. 民事裁定书(准许撤回认可和执行台湾地区法院民事判决申请用)……(1582)

(三)承认和执行外国仲裁裁决……………………………………(1585)

16. 民事裁定书(承认和执行外国仲裁裁决用)………………………(1585)
17. 民事裁定书(不予承认和执行外国仲裁裁决用)……………………(1590)

(四)认可和执行香港特别行政区、澳门特别行政区、台湾地区仲裁裁决………(1597)

18. 民事裁定书(执行香港特别行政区仲裁裁决用)……………………(1597)
19. 民事裁定书(不予执行香港特别行政区仲裁裁决用)………………(1602)
20. 民事裁定书(认可和执行澳门特别行政区仲裁裁决用)……………(1606)
21. 民事裁定书(不予认可和执行澳门特别行政区仲裁裁决用)………(1608)
22. 民事裁定书(认可和执行台湾地区仲裁裁决用)……………………(1609)
23. 民事裁定书(不予认可和执行台湾地区仲裁裁决用)………………(1611)
24. 民事裁定书(驳回认可和执行台湾地区仲裁裁决申请用)…………(1613)
25. 民事裁定书(不予受理认可和执行台湾地区仲裁裁决申请用)……(1614)
26. 民事裁定书(准许撤回认可和执行台湾地区仲裁裁决申请用)……(1615)

(五)国际民商事司法协助……………………………………………(1617)

27. 民商事案件司法文书域外送达请求转递函(供高级人民法院报送最高
人民法院国际合作局用)……………………………………………(1617)
28. 民商事案件司法文书域外送达请求转递函(供委托我国驻外使领馆通
过外交途径向在外国的中国籍自然人送达用)……………………(1618)

29. 民商事案件司法文书域外送达请求转递函(供委托我国驻外使领馆通过外交途径向在外国的法人和非中国籍自然人送达用) ………… (1619)
30. 民商事案件司法文书域外送达请求转递函(供通过外交途径委托被请求国主管法院向在外国的法人和非中国籍自然人送达用) ………… (1621)
31. 协助外国送达民商事案件司法文书/司法外文书转递函(供最高人民法院国际合作局向高级人民法院转递需予送达的司法文书/司法外文书用) …… (1622)
32. 协助外国送达民商事案件司法文书/司法外文书办理结果转递函(供高级人民法院向最高人民法院国际合作局报送协助外国送达司法文书或司法外文书的送达证明用) ………… (1623)
33. 民商事案件域外调查取证请求转递函(供地方各级人民法院依据海牙取证公约委托外国调查取证,高级人民法院向最高人民法院国际合作局转递请求书用) ………… (1624)
34. 民商事案件域外调查取证请求转递函(供地方各级人民法院依据双边司法协助条约委托外国调查取证,高级人民法院向最高人民法院国际合作局转递请求书用) ………… (1626)
35. 民商事案件域外调查取证请求转递函(供地方各级人民法院通过外交途径委托外国调查取证,高级人民法院向最高人民法院国际合作局转递请求书用) ………… (1627)
36. 民商事案件域外调查取证请求转递函(供地方各级人民法院委托我国驻外使领馆向在外国的中国公民调取无需外国主管机关协助即可获取的证据,高级人民法院向最高人民法院国际合作局转递请求书用) ………… (1628)
37. 协助外国进行民商事案件调查取证转递函(供最高人民法院国际合作局向高级人民法院转递外国依据海牙取证公约或双边司法协助条约提出的民商事案件调查取证请求用) ………… (1630)
38. 协助外国进行民商事案件调查取证转递函(供最高人民法院国际合作局向高级人民法院转递外国通过外交途径提出的民商事案件调查取证请求用) ………… (1631)
39. 协助外国进行民商事案件调查取证办理结果转递函(供高级人民法院向最高人民法院国际合作局报送协助外国调查取证结果用) …… (1632)
40. 协助外国进行民商事案件调查取证办理结果转递函(供高级人民法院向最高法院国际合作局报送未能完成协助外国调查取证的原因用) ………… (1633)

（六）港澳台司法协助 ……………………………………………（1634）

41. 送达文书委托书（委托香港特别行政区送达文书用）……………（1634）
42. 协助送达文书回复书（协助香港特别行政区送达文书用）………（1636）
43. 送达回证（协助香港特别行政区送达文书用）………………………（1637）
44. 送达文书委托书（委托澳门特别行政区送达文书用）……………（1638）
45. 协助送达文书回复书（协助澳门特别行政区送达文书用）………（1640）
46. 送达回证（协助澳门特别行政区送达文书用）………………………（1641）
47. 调查取证委托书（委托澳门特别行政区调查取证用）……………（1642）
48. 调查取证回复书（协助澳门特别行政区调查取证用）……………（1644）
49. 送达文书请求书（请求台湾地区送达文书用）………………………（1645）
50. 送达文书回复书（协助台湾地区送达文书用）………………………（1647）
51. 送达回证（协助台湾地区送达文书用）………………………………（1648）
52. 调查取证请求书（请求台湾地区调查取证用）………………………（1649）
53. 调查取证回复书（协助台湾地区调查取证用）………………………（1652）

第二部分　当事人参考民事诉讼文书样式

一、管辖 ……………………………………………………………（1657）

1. 异议书（对管辖权提出异议用）………………………………………（1657）
2. 民事上诉状（对驳回管辖权异议裁定提起上诉用）…………………（1660）

二、回避 ……………………………………………………………（1666）

1. 申请书（申请回避用）……………………………………………………（1666）
2. 复议申请书（申请对驳回回避申请决定复议用）……………………（1668）

三、诉讼参加人 ……………………………………………………（1672）

1. 法定代表人身份证明书（法人当事人用）……………………………（1672）
2. 主要负责人身份证明书（其他组织的当事人用）……………………（1674）
3. 共同诉讼代表人推选书（共同诉讼当事人推选代表人用）…………（1676）
4. 授权委托书（公民委托诉讼代理人用）………………………………（1678）

5. 授权委托书(法人或者其他组织委托诉讼代理人用) ……………… (1681)
6. 推荐函(推荐委托诉讼代理人用) ……………………………… (1684)

四、证据 ………………………………………………………………… (1686)

1. 申请书(申请延长举证期限用) ………………………………… (1686)
2. 申请书(申请人民法院调查收集证据用) ……………………… (1688)
3. 申请书(申请书证提出命令用) ………………………………… (1691)
4. 申请书(申请通知证人出庭作证用) …………………………… (1693)
5. 申请书(申请鉴定用) …………………………………………… (1695)
6. 申请书(申请返还鉴定费用) …………………………………… (1697)
7. 申请书(申请通知有专门知识的人出庭用) …………………… (1699)
8. 申请书(申请诉前证据保全用) ………………………………… (1701)
9. 申请书(申请诉讼证据保全用) ………………………………… (1704)

五、期间、送达 ………………………………………………………… (1707)

1. 申请书(申请顺延期限用) ……………………………………… (1707)

六、调解 ………………………………………………………………… (1709)

1. 意见书(离婚案件当事人出具书面意见用) …………………… (1709)

七、保全和先予执行 …………………………………………………… (1711)

1. 申请书(诉前或者仲裁前申请财产保全用) …………………… (1711)
2. 申请书(申请诉前/仲裁前行为保全用) ……………………… (1713)
3. 申请书(申请诉讼财产保全用) ………………………………… (1716)
4. 申请书(申请诉讼行为保全用) ………………………………… (1718)
5. 申请书(申请解除保全用) ……………………………………… (1721)
6. 申请书(申请变更保全标的物用) ……………………………… (1723)
7. 申请书(申请先予执行用) ……………………………………… (1725)
8. 复议申请书(申请对保全或者先予执行裁定复议用) ………… (1729)
9. 担保书(案外人提供保全或者先予执行担保用) ……………… (1731)

八、对妨害民事诉讼的强制措施 （1734）

    1. 复议申请书（司法制裁复议案件用） （1734）

    2. 悔过书（司法拘留案件具结悔过用） （1737）

九、诉讼费用 （1740）

    1. 申请书（申请缓交、减交或者免交诉讼费用） （1740）

十、第一审普通程序 （1743）

    1. 口头起诉登记表（公民口头提起民事诉讼用） （1743）

    2. 民事起诉状（公民提起民事诉讼用） （1745）

    3. 民事起诉状（法人或者其他组织提起民事诉讼用） （1748）

    4. 民事反诉状（公民提起民事反诉用） （1750）

    5. 民事反诉状（法人或其他组织提起民事反诉用） （1753）

    6. 民事答辩状（公民对民事起诉提出答辩用） （1755）

    7. 民事答辩状（法人或其他组织对民事起诉提出答辩用） （1757）

    8. 申请书（申请追加必要的共同诉讼当事人用） （1761）

    9. 申请书（无独立请求权的第三人申请参加诉讼用） （1763）

    10. 申请书（申请增加诉讼请求用） （1765）

    11. 申请书（申请变更诉讼请求用） （1766）

    12. 声明书（放弃诉讼请求用） （1768）

    13. 申请书（申请不公开审理用） （1770）

    14. 申请书（申请撤回起诉用） （1771）

    15. 申请书（申请撤回反诉用） （1773）

    16. 申请书（申请恢复诉讼用） （1775）

    17. 申请书（申请证明判决书或者裁定书的法律效力用） （1778）

十一、简易程序 （1780）

    1. 异议书（对适用简易程序提出异议用） （1780）

十二、简易程序中的小额诉讼 （1783）

    1. 异议书（对适用小额诉讼程序提出异议用） （1783）

十三、公益诉讼 (1786)

    1. 民事起诉状(提起公益诉讼用) (1786)
    2. 声明书(社会组织声明无违法记录用) (1798)
    3. 申请书(其他机关和有关组织申请参加公益诉讼用) (1800)
    4. 意见书(支持起诉单位提交书面意见用) (1804)

十四、第三人撤销之诉 (1809)

    1. 民事起诉状(提起第三人撤销之诉用) (1809)

十五、执行异议之诉 (1815)

    1. 民事起诉状(案外人提起执行异议之诉用) (1815)
    2. 民事起诉状(申请执行人提起执行异议之诉用) (1822)

十六、第二审程序 (1826)

    1. 民事上诉状(当事人提起上诉用) (1826)

十七、非讼程序 (1831)

(一)选民资格案件 (1831)

    1. 起诉书(申请确定选民资格用) (1831)

(二)宣告失踪、宣告死亡案件 (1833)

    2. 申请书(申请宣告公民失踪用) (1833)
    3. 申请书(申请撤销宣告失踪用) (1835)
    4. 申请书(申请变更失踪人财产代管人用) (1837)
    5. 申请书(申请宣告公民死亡用) (1839)
    6. 申请书(申请撤销宣告死亡用) (1841)

(三)认定公民民事行为能力案件 (1843)

    7. 申请书(申请宣告公民无民事行为能力用) (1843)
    8. 申请书(申请宣告公民限制民事行为能力用) (1845)

9. 申请书(申请宣告公民恢复限制民事行为能力用)……………(1847)

10. 申请书(申请宣告公民恢复完全民事行为能力用)……………(1848)

(四)认定财产无主案件…………………………………………(1851)

11. 申请书(申请认定财产无主用)………………………………(1851)

12. 申请书(申请撤销认定财产无主用)…………………………(1852)

(五)确认调解协议案件…………………………………………(1854)

13. 申请书(申请司法确认调解协议用)…………………………(1854)

14. 申请书(申请撤销确认调解协议裁定用)……………………(1857)

(六)实现担保物权案件…………………………………………(1859)

15. 申请书(申请实现担保物权用)………………………………(1859)

16. 异议书(对实现担保物权申请提出异议用)…………………(1861)

17. 申请书(申请撤销准许实现担保物权裁定用)………………(1863)

(七)监护权特别程序案件………………………………………(1864)

18. 申请书(申请确定监护人用)…………………………………(1864)

19. 申请书(申请变更监护人用)…………………………………(1866)

20. 申请书(申请撤销监护人资格用)……………………………(1867)

(八)确认仲裁协议效力案件……………………………………(1869)

21. 申请书(申请确认仲裁协议效力用)…………………………(1869)

(九)撤销仲裁裁决案件…………………………………………(1871)

22. 申请书(申请撤销仲裁裁决用)………………………………(1871)

23. 申请书(申请撤销劳动争议仲裁裁决用)……………………(1874)

(十)人身安全保护令案件………………………………………(1878)

24. 申请书(申请人身安全保护令用)……………………………(1878)

25. 复议申请书(申请人对驳回人身安全保护令申请复议用)………(1880)

26. 复议申请书(被申请人对作出人身安全保护令申请复议用)……(1882)

27. 申请书(申请撤销/变更/延长人身安全保护令用)……………(1883)

（十一）其他 …………………………………………………………（1885）

　　28. 申请书（撤回特别程序申请用） ……………………………（1885）

十八、审判监督程序 ……………………………………………………（1887）

　1. 民事再审申请书（申请再审用） …………………………………（1887）

十九、督促程序 …………………………………………………………（1897）

　1. 申请书（申请支付令用） …………………………………………（1897）

　2. 申请书（撤回支付令申请用） ……………………………………（1899）

　3. 异议书（对支付令提出异议用） …………………………………（1901）

　4. 申请书（撤回支付令异议用） ……………………………………（1903）

二十、公示催告程序 ……………………………………………………（1905）

　1. 申请书（申请公示催告用） ………………………………………（1905）

　2. 申请书（撤回公示催告申请用） …………………………………（1907）

　3. 申报书（利害关系人申报权利用） ………………………………（1909）

二十一、执行程序 ………………………………………………………（1912）

　1. 申请书（申请执行用） ……………………………………………（1912）

　2. 被执行人财产状况表（申请执行人提供被执行人财产状况用）………（1914）

　3. 执行异议书（当事人、利害关系人提出异议用）………………（1918）

　4. 复议申请书（当事人、利害关系人申请复议用）………………（1921）

　5. 申请书（申请提级执行用） ………………………………………（1925）

　6. 执行异议书（案外人提出异议用） ………………………………（1928）

　7. 执行异议书（对财产分配方案提出异议用）……………………（1931）

　8. 保证书（执行担保用） ……………………………………………（1935）

二十二、涉外民事诉讼程序的特别规定 ………………………………（1937）

　1. 申请书（当事人申请承认和执行外国法院生效判决、裁定或仲裁裁决用）……（1937）

跋 …………………………………………………………………………（1940）

十八、审判监督程序

（一）当事人申请再审案件

1. 再审申请案件受理通知书（通知再审申请人用）

××××人民法院
受理通知书

（××××）……民申……号

×××（写明再审申请人的姓名或名称）：

你/你单位因与×××（写明对方当事人的姓名或名称）、×××（写明原审其他当事人诉讼地位、姓名或名称）……（写明案由）一案，不服××××人民法院/本院于××××年××月××日作出的（××××）……号民事判决/民事裁定/民事调解书，向本院申请再审，本院已立案审查。

如需向本院提交或补充材料，应列明材料清单，一并通过邮局邮寄给××省××市××路××号××××人民法院××庭×××（写明案件承办人、书记员及联系电话）。邮编：……。

特此通知。

××××年××月××日
（院印）

【说明】

本样式根据《中华人民共和国民事诉讼法》第二百零三条、《最高人民法院关于适用〈中华人民共和国民事诉讼法〉的解释》第三百八十五条制定，供人民法院受理当事人提出的再审申请后，通知再审申请人用。

【实例评注】

湖北省高级人民法院
民事申请再审案件受理通知书①
（通知申请再审人用）

（2016）鄂民申 2298 号

周某某：

  你(你单位)因与周某甲、周某乙继承纠纷一案，不服武汉市中级人民法院于 2016 年 6 月 8 日做出的(2016)鄂 01 民终 1675 号民事判决（裁定或调解书），向本院申请再审，本院已立案审查。

  特此通知。

  附：执行"五个严禁"规定监督卡一份

二〇一六年十月十日

  您的案号为【(2016)鄂民申 2298 号】，您的查询登录账号为【22××××××××××××】，查询密码为【08××××】，欢迎访问湖北省高级人民法院（http://ajcx.hbfy.gov.cn/）查询案件进展信息。

〔评注〕

  1. 本样式供上一级人民法院和原审人民法院受理当事人提出的再审申请后，通知再审申请人用。根据《民诉法解释》第三百八十五条的规定，人民法院应当自收到符合条件的再审申请书等材料之日起五日内向再审申请人发送受理通知书。该条规定的是"发送"受理通知书，当事人是否收到，不影响人民法院对案件的审查。

  2. 根据《民事诉讼法》第一百九十九条、第二百条、第二百零一条、第二百零二条的规定，当事人对已经发生法律效力的判决、裁定、调解书，可以以民事诉讼法列明的再审事由，向上一级人民法院申请再审；当事人一方人数众多或者当事人双方为公民的案件，也可以向原审人民法院申请再审；当事人对已经发生法律效力的解除婚姻关系的判决、调解书，不得申请再审。

---

  ① 来源：湖北省高级人民法院(2016)鄂民申 2298 号案卷。

3.《民事诉讼法》第二百零三条规定，当事人申请再审的，应当提交再审申请书等材料。人民法院可以要求申请人和对方当事人补充有关材料，询问有关事项。参照《关于人民法院推行立案登记制改革的意见》的要求，申请材料不符合形式要件的，人民法院应当及时释明，以书面形式一次性全面告知应当补正的材料和期限。

4. 当事人申请再审，应当根据《民事诉讼法》第二百零五条，第二百条第一项、第三项、第十二项、第十三项的规定，在法定的申请再审期限内提出。

5. 本实例与样式虽有所差异，但具备了受理通知书的基本要素要求：(1)告知再审申请人其申诉案件已立案审查；(2)案件的审判组织、审理流程等相关情况。本实例未在受理通知书中直接载明案件承办人、书记员的相关信息，代之以官网及案件查询账号密码，方便当事人随时查询案件的审判信息和审理情况。

2. 再审申请案件应诉通知书（通知被申请人用）

×××× 人民法院
应诉通知书

（××××）……民申……号

×××（写明被申请人的姓名或名称）：

×××（写明再审申请人的姓名或名称）因与你/你单位、×××（写明原审其他当事人诉讼地位、姓名或名称）……（写明案由）一案，不服××××人民法院/本院于××××年××月××日作出的（××××）……号民事判决/民事裁定/民事调解书，向本院申请再审，本院已立案审查。现依法向你/你单位发送再审申请书副本。你/你单位应当自收到再审申请书副本之日起十五日/三十日（在中华人民共和国领域内没有住所的当事人、港澳台当事人）内提交书面意见、身份证明复印件/营业执照副本复印件、组织机构代码证复印件、法定代表人或者主要负责人身份证明书（单位当事人）、授权委托书和代理人身份证明（写明授权范围、联系电话。若为律师代理，还需提交律师事务所函及律师执业证复印件；若为基层法律服务工作者代理，还需提交基层法律服务工作者执业证复印件、基层法律服务所出具的介绍信及当事人一方位于其辖区内的证明材料；若为公民代理，还需提交身份证复印件等符合《最高人民法院关于适用〈中华人民共和国民事诉讼法〉的解释》第八十八条规定的材料）、证据材料。不提交的，不影响本院审查。

如需向本院提交或补充材料，应列明材料清单，一并通过邮局邮寄给××省××市××路××号××××人民法院××庭×××（写明案件承办人、书记员及联系电话）。邮编：……。

特此通知。

附：再审申请书副本一份

×××年××月××日
（院印）

【说明】

本样式根据《中华人民共和国民事诉讼法》第二百零三条、《最高人民法院关于适用〈中华人民共和国民事诉讼法〉的解释》第三百八十五条制定，供人民法院受理当事人提出的再审申请后，通知被申请人用。

【实例评注】

湖北省高级人民法院
受理通知书
（通知对方当事人用）①

(2016)鄂民申 2298 号

周某甲：

周某某、周某乙因与你(你单位)继承纠纷一案，不服武汉市中级人民法院于2016年6月8日作出的(2016)鄂01民终1675号民事判决(裁定或调解书)，向本院申请再审，本院已立案审查。现依法向你(你单位)发送再审申请书副本。你(你单位)应当自收到再审申请书副本之日起十五日内提交书面意见；不提交书面意见，不影响本院审查。

特此通知。

附：再审申请书副本、执行"五个严禁"规定监督卡各一份。

二〇一六年十月十日

您的案号为【(2016)鄂民申2298号】，您的查询登录账号为【225×××××××××

---

① 来源：湖北省高级人民法院(2016)鄂民申2298号案卷。

××××】，查询密码为【08××××】，欢迎访问湖北省高级人民法院（http://ajcx.hbfy.gov.cn/)查询案件进展信息。

〔评注〕

1. 本样式根据《民事诉讼法》第二百零三条、《民诉法解释》第三百八十五条制定，供上一级人民法院和原审人民法院受理当事人提出的再审申请后，通知被申请人用。《民事诉讼法》第二百零三条规定的对方当事人包括被申请人及原审其他当事人。本处实例是周某某对武汉市中级人民法院的二审判决不服，向湖北省高级人民法院申请再审，湖北省高级人民法院立案审查后，通知对方当事人周某甲，故使用本样式。本处实例使用"受理通知书"的文书名称不当，应使用"应诉通知书"。

2. 根据《民事诉讼法》第二百零三条的规定，人民法院应当自收到再审申请书之日起五日内将再审申请书副本发送对方当事人。对方当事人应当自收到再审申请书副本之日起十五日内提交书面意见；不提交书面意见的，不影响人民法院审查。人民法院可以要求被申请人补充有关材料，询问有关事项。该条规定的是"发送"再审申请书副本，当事人是否收到，不影响人民法院对案件的审查。

3. 本实例与样式有所差异，内容不够完备。应诉通知书除通知对方当事人关于案件的立案审查及案件信息情况、提交书面意见等事项外，还应通知其提交相关身份证明材料及委托诉讼等材料。本实例未在应诉通知书中直接载明案件承办人、书记员的相关信息，代之以官网及案件查询账号密码，方便当事人随时查询案件的审判信息和审理情况。

4. 为便于再审审查工作顺利开展，在向被申请人送达应诉通知书及再审申请书副本时，还可以附当事人送达地址确认书。

3. 再审申请案件应诉通知书（通知原审其他当事人用）

××××人民法院
应诉通知书

（××××）……民申……号

×××(写明原审其他当事人的姓名或名称)：
　　×××(写明再审申请人的姓名或名称)因与×××(写明被申请人的姓名或名称)、你/你单位……（写明案由）一案，不服×××人民法院/本院于××××年××月××日作出的（××××）……号民事判决/民事裁定/民事调解书，向本院申请再审，本院已立案审查。现依法向你/你单位发送再审申请书副本。你/你单位应当自收到再审申请书副本之日起十五日/三十日(在中华人民共和国领域内没有住所的当事人、港澳台当事人)内提交书面意见、身份证明复印件/营业执照副本复印件、组织机构代码证复印件、法定代表人或者主要负责人身份证明书(单位当事人)、授权委托书和代理人身份证明(写明授权范围、联系电话。若为律师代理,还需提交律师事务所函及律师执业证复印件;若为基层法律服务工作者代理,还需提交基层法律服务工作者执业证复印件、基层法律服务所出具的介绍信及当事人一方位于其辖区内的证明材料;若为公民代理,还需提交身份证复印件等符合《最高人民法院关于适用〈中华人民共和国民事诉讼法〉的解释》第八十八条规定的材料)、证据材料。不提交的,不影响本院审查。

如需向本院提交或补充材料,应列明材料清单,一并通过邮局邮寄给××省××市××路××号××××人民法院××庭×××(写明案件承办人、书记员及联系电话)。邮编:……。

特此通知。

附:再审申请书副本一份

××××年××月××日
（院印）

【说明】

本样式根据《中华人民共和国民事诉讼法》第二百零三条、《最高人民法院关于适用〈中华人民共和国民事诉讼法〉的解释》第三百八十五条制定,供人民法院受理当事人提出的再审申请后,通知原审其他当事人用。

【实例评注】

湖北省高级人民法院
受理通知书
（通知对方当事人用）①

(2016)鄂民申 2298 号

---

① 来源:湖北省高级人民法院(2016)鄂民申 2298 号案卷。

周某乙：

　　周某某因与你(你单位)继承纠纷一案，不服武汉市中级人民法院于2016年6月8日作出的(2016)鄂01民终1675号民事判决(裁定或调解书)，向本院申请再审，本院已立案审查。现依法向你(你单位)发送再审申请书副本。你(你单位)应当自收到再审申请书副本之日起十五日内提交书面意见；不提交书面意见，不影响本院审查。

　　特此通知。

　　附：再审申请书副本、执行"五个严禁"规定监督卡各一份。

二〇一六年十月十日

　　您的案号为【(2016)鄂民申2298号】，您的查询登录账号为【225××××××××××】，查询密码为【08××××】，欢迎访问湖北省高级人民法院(http://ajcx.hbfy.gov.cn/)查询案件进展信息。

〔评注〕

　　1. 本样式根据《民事诉讼法》第二百零三条、《民诉法解释》第三百八十五条制定，供上一级人民法院和原审人民法院受理当事人提出的再审申请后，通知原审其他当事人用。《民事诉讼法》第二百零三条规定的对方当事人包括被申请人及原审其他当事人。本处实例是周某某对武汉市中级人民法院的二审判决不服，向湖北省高级人民法院申请再审，湖北省高级人民法院立案审查后，通知原审第三人周某乙，故使用本样式。本处实例使用"受理通知书"的文书名称不当，应使用"应诉通知书"。

　　2. 根据《民事诉讼法》第二百零三条的规定，人民法院应当自收到再审申请书之日起五日内将再审申请书副本发送对方当事人。对方当事人应当自收到再审申请书副本之日起十五日内提交书面意见；不提交书面意见的，不影响人民法院审查。人民法院可以要求原审其他当事人补充有关材料，询问有关事项。该条规定的是"发送"再审申请书副本，当事人是否收到，不影响人民法院对案件的审查。

　　3. 本实例与样式有所差异，内容不够完备。应诉通知书除通知对方当事人关于案件的立案审查及案件信息情况、提交书面意见等事项外，还应通知其提交相关身份证明材料及委托诉讼等材料。本实例未在应诉通知书中直接载明案件承办人、书记员的相关信息，代之以官网及案件查询账号密码，方便当事人随时查询案件的审判信息和审理情况。

　　4. 为便于再审审查工作顺利开展，在向原审其他当事人送达应诉通知书及再审申请书副本时，还可以附当事人送达地址确认书。

4. 民事裁定书（上级人民法院依再审申请提审用）

××××人民法院
民事裁定书

（××××）……民申……号

再审申请人（一、二审诉讼地位）：×××，……。
法定代理人/指定代理人/法定代表人/主要负责人：×××，……。
委托诉讼代理人：×××，……。
被申请人（一、二审诉讼地位）：×××，……。
法定代理人/指定代理人/法定代表人/主要负责人：×××，……。
委托诉讼代理人：×××，……。
二审上诉人/二审被上诉人/第三人（一审诉讼地位）：×××，……。
法定代理人/指定代理人/法定代表人/主要负责人：×××，……。
委托诉讼代理人：×××，……。
（以上写明当事人和其他诉讼参加人的姓名或者名称等基本信息）

再审申请人×××因与被申请人×××/再审申请人×××及×××（写明原审其他当事人诉讼地位、姓名或名称）……（写明案由）一案，不服××××人民法院（××××）……号民事判决/民事裁定/民事调解书，向本院申请再审。本院依法组成合议庭进行了审查，现已审查终结。

本院认为，×××的再审申请符合《中华人民共和国民事诉讼法》第二百条第×项/第二百零一条（针对调解书申请再审）规定的情形。

依照《中华人民共和国民事诉讼法》第二百零四条、第二百零六条、《最高人民法院关于适用〈中华人民共和国民事诉讼法〉的解释》第三百九十五条第一款规定，裁定如下：

一、本案由本院提审；
二、再审期间，中止原判决/原裁定/原调解书的执行。

审　判　长　×××
审　判　员　×××
审　判　员　×××

××××年××月××日
（院印）
书　记　员　×××

【说明】

1. 本样式根据《中华人民共和国民事诉讼法》第二百条、第二百零一条、第二百零四条制定,供上一级人民法院对当事人提出的再审申请进行审查后,认为符合《中华人民共和国民事诉讼法》第二百条或第二百零一条规定情形,裁定提审用。

2. 本裁定提审的理由,写明申请符合《中华人民共和国民事诉讼法》第二百条第×项规定的情形即可,无需阐述理由。

3. 当事人双方申请再审,一方主张的再审事由成立,另一方主张的再审事由不成立的,本裁定书仅写明一方的再审申请符合《中华人民共和国民事诉讼法》第二百条第×项规定的情形。经审查,另一方再审申请不成立的,不再予以评述。

4. 原生效裁判没有实际执行内容的,如"驳回起诉""驳回诉讼请求"等,只写"本案由本院提审",裁定主文第二项不予表述。

5. 若该案为追索赡养费、扶养费、抚育费、抚恤金、医疗费用、劳动报酬等案件,人民法院经审查认为可以不中止执行的,裁定主文第二项表述为:"二、再审期间,不中止原判决/原裁定/原调解书的执行。"

【实例评注1】

湖北省高级人民法院

民事裁定书 ①

(2016)鄂民申 1108 号

再审申请人(二审第三人):万某某。

委托代理人:王某某,湖北美佳律师事务所律师。

被申请人(一审被告,二审被上诉人):随县万和镇峰山村民委员会。住所地:湖北省随县万和镇峰山村。

法定代表人:刘某,该村民委员会主任。

被申请人(一审被告,二审被上诉人):随州市宏源石业有限公司。住所地:湖北省随县万和镇金昌工业园。

法定代表人:余某某,该公司总经理。

委托代理人:聂某某,该公司法律顾问。

委托代理人:郑某某,该公司行政经理。

---

① 来源:中国裁判文书网。

被申请人(一审原告、二审上诉人):刘某某。

再审申请人万某某因与被申请人随州市宏源石业有限公司、随县万和镇峰山村民委员会、刘某某财产损害赔偿纠纷一案,不服湖北省随州市中级人民法院(2015)鄂随州中民一终字第00290号民事判决,向本院申请再审。本院依法组成合议庭对本案进行了审查,现已审查终结。

本院认为,万某某的再审申请符合《中华人民共和国民事诉讼法》第二百条第六项规定的情形。

依照《中华人民共和国民事诉讼法》第二百零四条、《最高人民法院关于适用〈中华人民共和国民事诉讼法〉的解释》第三百九十五条第一款规定,裁定如下:

本案由本院提审。

审　判　长　严　浩
审　判　员　徐　艺
审　判　员　兰　飞
二〇一六年八月五日
书　记　员　胡锦明

〔评注〕

1. 该样式是供上一级人民法院对当事人提出的再审申请进行审查后,认为符合《民事诉讼法》第二百条或第二百零一条规定情形,裁定提审用。狭义的当事人包括原告和被告,广义的当事人包括第三人。最高人民法院制定的《民事诉讼文书样式》,在没有特别言明或提供单独文书样式的情况下,针对当事人的文书样式,第三人可以参照适用。

2. 本处选取的实例是湖北省高级人民法院对湖北省随州市中级人民法院审理的二审第三人提出的再审申请进行审查后,认为符合《民事诉讼法》第二百条第六项规定的情形,裁定提审,因而使用本样式。提审的理由,只需写明申请符合《民事诉讼法》第二百条第六项的情形即可,无需阐述具体的理由。

3. 本案一审驳回了原告刘某某的诉讼请求,刘某某提出上诉后,二审驳回其上诉,维持原判。① 二审的生效裁判没有实际执行内容,故只写"本案由本院提审",不予表述样式主文第二项,且不引用《民事诉讼法》第二百零六条。原生效裁判"驳回起诉"的,亦同。

---

① (案例)详见湖北省随县人民法院(2015)鄂随县民初字第00747号民事判决书、湖北省随州市中级人民法院(2015)鄂随州中民一终字第00290号民事判决书,来源:中国裁判文书网。

4.《民事诉讼法》第五十八条第一款规定:"当事人、法定代理人可以委托一至二人作为诉讼代理人。"《民事诉讼文书样式》中将诉讼代理人表述为"委托诉讼代理人",本裁定表述为"委托代理人"不够规范。

5. 当事人的基本情况包括其诉讼地位和基本信息,如"再审申请人(二审第三人):万某某(其他基本信息根据裁判文书上网要求被屏蔽)",括号中列明其一、二审诉讼地位,本案中,万某某在二审中要求参加诉讼,人民法院依法予以准许,故仅列明其在二审的诉讼地位。

【实例评注 2】

山东省高级人民法院
民事裁定书①

(2016)鲁民再 433 号

再审申请人(一审被告、二审被上诉人):青岛正大有限公司。住所地:山东省即墨市龙泉镇张家小庄村南一级路东侧。

法定代表人:于某某,董事长。

委托代理人:刘某某,即墨市刘家庄法律服务所法律工作者。

被申请人(一审原告、二审上诉人):姜某某。

再审申请人青岛正大有限公司因与被申请人姜某某劳动争议一案,不服山东省青岛市中级人民法院(2014)青民一终字第 2148 号民事判决,向本院申请再审。本院依法组成合议庭,对本案进行了审查,现已审查终结。

本院认为,青岛正大有限公司的再审申请符合《中华人民共和国民事诉讼法》第二百条第(二)项、第(六)项规定的情形。依照《中华人民共和国民事诉讼法》第二百零四条、第二百零六条之规定,裁定如下:

一、本案由本院提审;

二、再审期间,不中止原判决的执行。

审　判　长　　武　俐
代理审判员　　刘敬峰
代理审判员　　董运平

---

① 来源:中国裁判文书网。

二〇一六年八月一日

书 记 员　李琳琳

〔评注〕

1. 本实例是山东省高级人民法院根据青岛正大有限公司对山东省青岛市中级人民法院作出的二审生效判决提出的再审申请进行审查后，认为符合《民事诉讼法》第二百条第二项、第六项规定的情形，裁定提审，故适用本文书样式。

2. 本案为追索劳动报酬案件①，根据《民事诉讼法》第二百零六条的规定，山东省高级人民法院经审查认为可以不中止执行，故本裁定主文第二项表述为"二、再审期间，不中止原判决的执行"。

3. 根据最高人民法院《关于人民法院案件案号的若干规定》(2016年1月1日起施行)的附件1《人民法院案件类型及其代字标准》的规定，民事申请再审审查案件的类型代字为"民申"。本案属于民事申请再审审查案件，应使用类型代字"民申"，使用类型代字"民再"不当。

4. 《民事诉讼法》第五十八条第一款规定："当事人、法定代理人可以委托一至二人作为诉讼代理人。"《民事诉讼文书样式》中将诉讼代理人表述为"委托诉讼代理人"，本裁定表述为"委托代理人"不够规范。

5. 《人民法院民事裁判文书制作规范》"四、落款""(一)署名"规定，合议庭的审判长，不论审判职务，均署名为"审判长"；合议庭成员有审判员的，署名为"审判员"；有助理审判员的，署名为"代理审判员"；有陪审员的，署名为"人民陪审员"。独任审理的，署名为"审判员"或者"代理审判员"。书记员，署名为"书记员"。

6. 《人民法院民事裁判文书制作规范》"三、正文""(六)理由"第6点规定，"引用法律条款中的项的，一律使用汉字不加括号，例如：'第一项'"，本处实例引用《民事诉讼法》第二百条第二项、第六项，写为"第(二)项、第(六)项"不当。

7. 根据《民事诉讼文书样式》规范，本实例中"依照《中华人民共和国民事诉讼法》第二百零四条、第二百零六条之规定，裁定如下"一段，为实现"格式统一"的要求，宜另起一段。

---

① (案例)详见山东省青岛市中级人民法院(2014)青民一终字第2148号民事判决书。

5. 民事裁定书（对不予受理裁定，上级人民法院依再审申请提审用）

××××人民法院
民事裁定书

（××××）……民申……号

再审申请人(一、二审诉讼地位)：×××，……。
……
（以上写明再审申请人及其代理人的姓名或者名称等基本信息）

再审申请人×××因起诉×××(写明被起诉人姓名或名称)……(写明案由)一案，不服××××人民法院(××××)……号民事裁定，向本院申请再审。本院依法组成合议庭进行了审查，现已审查终结。

本院认为，×××的再审申请符合《中华人民共和国民事诉讼法》第二百条第×项规定的情形。

依照《中华人民共和国民事诉讼法》第二百零四条、《最高人民法院关于适用〈中华人民共和国民事诉讼法〉的解释》第三百九十五条第一款规定，裁定如下：

本案由本院提审。

审 判 长 ×××
审 判 员 ×××
审 判 员 ×××

××××年××月××日
（院印）
书 记 员 ×××

【说明】

1. 本样式根据《中华人民共和国民事诉讼法》第二百条、第二百零一条、第二百零四条制定，供上一级人民法院对不予受理裁定再审申请进行审查后，裁定提审用。

2. 当事人的诉讼地位表述为"再审申请人(一、二审诉讼地位)"，由于本案一审、二审均为不予受理裁定，并无被告，申请再审阶段不列被申请人。

3. 本裁定提审的理由，写明符合《中华人民共和国民事诉讼法》第二百条第×项规定的情形即可，无需阐述具体理由。

4. 原生效裁定为不予受理裁定，没有实际执行内容，主文部分只写"本案由本院提审。"

【实例评注】

山东省高级人民法院
民事裁定书 ①

(2016)鲁民申880号

再审申请人（一审起诉人、二审上诉人）：周某某。

再审申请人周某某因起诉莱州市城港路街道西郎子埠村，不服山东省烟台市中级人民法院(2015)烟民受终字第1号民事裁定，向本院申请再审。本院依法组成合议庭对本案进行了审查，现已审查终结。

本院认为，周某某的再审申请符合《中华人民共和国民事诉讼法》第二百条第（六）项规定的情形。

依照《中华人民共和国民事诉讼法》第二百零四条、《最高人民法院关于适用〈中华人民共和国民事诉讼法〉的解释》第三百九十五条第一款之规定，裁定如下：

本案由本院提审。

审　判　长　　武　俐
代理审判员　　刘敬峰
代理审判员　　董运平
二〇一六年八月十二日
书　记　员　　李琳琳

〔评注〕

1. 本案中，山东省莱州市人民法院(2014)莱州民受初字第1号民事裁定对周某某的起诉不予受理。周某某上诉后，山东省烟台市中级人民法院(2015)烟民受终字第1号民事裁定驳回其上诉，维持原裁定。周某某不服该裁定，向山东省高级人民法院申请再审。山东省高级人民法院经审查认为原裁定适用法律确有错误，裁定提审，故使用本样式。

---

① 来源：中国裁判文书网。

2. 如再审申请人委托了诉讼代理人，则写明其诉讼代理人的姓名或者名称等基本信息。因本案一审、二审均为不予受理裁定，无被告，本裁定不列被申请人。

3. 《人民法院民事裁判文书制作规范》"三、正文""（六）理由"第6点规定，"引用法律条款中的项的，一律使用汉字不加括号，例如：'第一项'"，本处实例引用《民事诉讼法》第二百条第六项，写为"第二百条第（六）项"不当。

4. 《人民法院民事裁判文书制作规范》"四、落款""（一）署名"规定，合议庭的审判长，不论审判职务，均署名为"审判长"；合议庭成员有审判员的，署名为"审判员"；有助理审判员的，署名为"代理审判员"；有陪审员的，署名为"人民陪审员"。独任审理的，署名为"审判员"或者"代理审判员"。书记员，署名为"书记员"。

6. 民事裁定书（上级人民法院依再审申请指令再审用）

××××人民法院
民事裁定书

（××××）……民申……号

再审申请人(一、二审诉讼地位)：×××，……。
……
被申请人(一、二审诉讼地位)：×××，……。
……
二审上诉人/二审被上诉人/第三人(一审诉讼地位)：×××，……。

（以上写明当事人和其他诉讼参加人的姓名或者名称等基本信息）

再审申请人×××因与被申请人×××/再审申请人×××及×××(写明原审其他当事人诉讼地位、姓名或名称)……(写明案由)一案，不服××××人民法院（××××）……号民事判决/民事裁定/民事调解书，向本院申请再审。本院依法组成合议庭进行了审查，现已审查终结。

×××申请再审称，……(写明再审申请人所依据的法定事由及事实与理由)。

×××提交意见称，……(写明被申请人的意见；未提交意见的，不写)。

本院经审查认为：……(依据认定的事实和相关法律，对再审申请进行分析评判，说明指令再审的理由)。

依照《中华人民共和国民事诉讼法》第二百零四条、第二百零六条，《最高人民法院关于适用〈中华人民共和国民事诉讼法〉的解释》第三百九十五条第一款的规定，裁定如下：

一、指令××××人民法院再审本案；

二、再审期间，中止原判决/原裁定/原调解书的执行。

审　判　长　×××
审　判　员　×××
审　判　员　×××

××××年××月××日
（院印）
书　记　员　×××

【说明】

1. 本样式根据《中华人民共和国民事诉讼法》第二百条、第二百零一条、第二百零四条制订，供上一级人民法院对当事人提出的再审申请进行审查后，认为符合《中华人民共和国民事诉讼法》第二百条或第二百零一条的规定，裁定指令下级人民法院再审时使用。

2. 根据《中华人民共和国民事诉讼法》第一百五十四条第三款的规定，裁定书应当写明裁定结果和作出该裁定的理由。《最高人民法院关于民事审判监督程序严格依法适用指令再审和发回重审若干问题的规定》第六条规定，上级人民法院裁定指令再审、发回重审的，应当在裁定书中阐明指令再审或者发回重审的具体理由。因此，指令再审裁定应阐述裁定理由。裁定再审的理由表述为："×××的再审申请符合《中华人民共和国民事诉讼法》第二百条第×项规定的情形。"如果是针对调解书申请再审的，则表述为："×××的再审申请符合《中华人民共和国民事诉讼法》第二百零一条规定的情形。"

3. 当事人双方申请再审，一方主张的再审事由成立，另一方主张的再审事由不成立，本裁定书仅写明一方的再审申请符合《中华人民共和国民事诉讼法》第二百条第×项规定的情形。经审查，另一方再审申请不成立的，不再予以评述。

4. 原审其他当事人也提交意见的，可以在被申请人意见后予以表述，未提交意见的则不在裁定中表述。

5. 原生效裁判没有实际执行内容的，如"驳回起诉""驳回诉讼请求"等，只写"指令××××人民法院再审本案"，主文第二项不予表述。

6. 若该案为追索赡养费、扶养费、抚育费、抚恤金、医疗费用、劳动报酬等案件，人民法院经审查认为可以不中止执行的，裁定主文第二项表述为："二、再审期间，不中止原判决/原裁定/原调解书的执行。"

【实例评注】

湖南省高级人民法院
民事裁定书 ①

(2016) 湘民申 346 号

再审申请人(一审被告、二审上诉人):朱某某。
委托代理人:郭某,湖南义剑律师事务所律师。
再审申请人(一审被告、二审上诉人):夏某某。
被申请人(一审原告、二审被上诉人):长沙银行股份有限公司汇丰支行,住所地湖南省长沙市中山西路 36 号。
负责人:孟某,该支行行长。

再审申请人朱某某、夏某某因与被申请人长沙银行股份有限公司汇丰支行金融借款合同纠纷一案,不服湖南省长沙市中级人民法院(2015)长中民二终字第 04237 号民事判决,向本院申请再审。本院依法组成合议庭进行了审查,现已审查终结。

朱某某、夏某某申请再审称,原审认定的基本事实缺乏证据证明,并且本案一审主审法官在一审宣判前已经辞职,但一审判决书上该法官仍然署名,因此本案存在审判组织的组成不合法的情形,请求撤销原判,依法再审。

本院经审查认为:朱某某、夏某某的再审申请符合《中华人民共和国民事诉讼法》第二百条第(七)项规定的情形。

依照《中华人民共和国民事诉讼法》第二百零四条、第二百零六条,《最高人民法院关于适用〈中华人民共和国民事诉讼法〉的解释》第三百九十五条第一款的规定,裁定如下:

一、指令湖南省长沙市中级人民法院再审本案;
二、再审期间,中止原判决的执行。

审　判　长　　曾群山
审　判　员　　金　蝶
代理审判员　　匡小芹

二〇一六年八月十九日
代理书记员　　刘柳明

---

① 来源:中国裁判文书网。

〔评注〕

1. 本案是当事人对湖南省长沙市中级人民法院(2015)长中民二终字第04237号民事判决不服，向湖南省高级人民法院提出再审申请，湖南省高级人民法院进行审查后，认为符合《民事诉讼法》第二百条第七项规定情形，裁定指令湖南省长沙市中级人民法院再审，故适用本裁定样式。根据《民事诉讼法》第一百五十四条第三款和《最高人民法院关于民事审判监督程序严格依法适用指令再审和发回重审若干问题的规定》第六条的规定，以及《民事诉讼文书样式》说明的要求，裁定需要写明指令再审的具体理由，即写明所适用法律法规的具体条款项，如本案的"朱某某、夏某某的再审申请符合《民事诉讼法》第二百条第(七)项规定的情形"，无需进一步展开阐述。

2. 本案一、二审判决有实际执行的内容①，故本处实例引用《民事诉讼法》第二百零六条，裁定主文第二项表述为："二、再审期间，中止原判决的执行。"

3. 《民事诉讼法》第五十八条第一款规定："当事人、法定代理人可以委托一至二人作为诉讼代理人。"《民事诉讼文书样式》中将诉讼代理人表述为"委托诉讼代理人"，本裁定表述为"委托代理人"不够规范。

4. 《人民法院民事裁判文书制作规范》"三、正文""(六)理由"第6点规定，"引用法律条款中的项的，一律使用汉字不加括号，例如：'第一项'"，本处实例引用《民事诉讼法》第二百条第七项，写为"第二百条第(七)项"不当。

5. 《人民法院民事裁判文书制作规范》"四、落款""(一)署名"规定，合议庭的审判长，不论审判职务，均署名为"审判长"；合议庭成员有审判员的，署名为"审判员"；有助理审判员的，署名为"代理审判员"；有陪审员的，署名为"人民陪审员"。独任审理的，署名为"审判员"或者"代理审判员"。书记员，署名为"书记员"。本裁定文书合议庭组成人员署名准确，代理书记员职务的人员在裁判文书中应署名为"书记员"。

6. 《民事诉讼文书样式》中部分提审或者指令再审的民事裁定书并不要求写明再审申请人的请求、事实和理由，以及被申请人意见，如"十八、审判监督程序"中的样式4、样式7、样式37、样式67、样式68。两种类型文书样式的差异原因在书中并未言明。笔者认为，为实现繁简分流，作为解决程序性事项的民事裁定书，可尽量简化裁判文书的要素和内容。但在文书样式作出变更或者最高人民法院作出新的解释以前，笔者建议严格按照《民事诉讼文书样式》规定的样式制作有关文书。

---

① (案例)详见湖南省长沙市中级人民法院(2015)长中民二终字第04237号民事判决，来源：中国裁判文书网。

7. 民事裁定书（原审人民法院依再审申请裁定再审用）

×××× 人民法院
民事裁定书

（××××）……民申……号

再审申请人(一、二审诉讼地位)：×××，……。
……

被申请人(一、二审诉讼地位)：×××，……。

二审上诉人/二审被上诉人/第三人(一审诉讼地位)：×××，……。
……

（以上写明当事人和其他诉讼参加人的姓名或者名称等基本信息）

再审申请人×××因与被申请人×××/再审申请人×××及×××(写明原审其他当事人诉讼地位、姓名或名称)……(写明案由)一案，不服本院(××××)……号民事判决/民事裁定/民事调解书，向本院申请再审。本院依法组成合议庭进行了审查，现已审查终结。

本院认为，×××的再审申请符合《中华人民共和国民事诉讼法》第二百条第×项/第二百零一条(针对调解书申请再审)规定的情形。

依照《中华人民共和国民事诉讼法》第二百零四条、第二百零六条、《最高人民法院关于适用〈中华人民共和国民事诉讼法〉的解释》第三百九十五条第一款规定，裁定如下：

一、本案由本院另行组成合议庭再审；
二、再审期间，中止原判决/原裁定/原调解书的执行。

审 判 长 ×××
审 判 员 ×××
审 判 员 ×××

××××年××月××日
（院印）
书 记 员 ×××

【说明】

1. 本样式根据《中华人民共和国民事诉讼法》第一百九十九条、《最高人民法院关于适用〈中华人民共和国民事诉讼法〉的解释》第三百七十九条制定,供原审人民法院对当事人一方人数众多或者当事人双方为公民的民事申请再审案件进行审查后,认为本案符合《中华人民共和国民事诉讼法》第二百条或第二百零一条规定,裁定再审用。

2. 原审其他当事人也提交意见的,可以在被申请人意见后予以表述,未提交意见的则不在裁定中表述。

3. 本裁定系原审人民法院作出的由本院再审的裁定,主文第一项表述为"本案由本院另行组成合议庭再审"。

4. 若该案为追索赡养费、扶养费、抚育费、抚恤金、医疗费用、劳动报酬等案件,人民法院经审查认为可以不中止执行的,裁定主文第二项表述为:"二、再审期间,不中止原判决/原裁定/原调解书的执行。"

【实例评注】

四川省高级人民法院
民事裁定书 ①

(2016)川民申790号

再审申请人(一审被告、二审上诉人):曾某某,女,住四川省泸州市江阳区。
委托代理人:胡某某,四川酒城律师事务所律师。
被申请人(一审原告、二审被上诉人):刘某某,男,住四川省泸州市龙马潭区。
被申请人(一审原告、二审被上诉人):潘某某,男,住四川省泸州市龙马潭区。
被申请人(一审原告、二审被上诉人):吴某某,男,住四川省泸州市龙马潭区。

再审申请人曾某某因与被申请人刘某某、潘某某、吴某某建设工程施工合同纠纷一案,不服本院(2015)川民终字第665号民事判决,向本院申请再审。本院依法另行组成合议庭对本案进行了审查,现已审查终结。

本院认为,曾某某的再审申请符合《中华人民共和国民事诉讼法》第二百条第一项规定的情形。依照《中华人民共和国民事诉讼法》第二百零四条、第二百零六条之规定,裁定如下:

---

① 来源:中国裁判文书网。

本案由本院另行组成合议庭再审；

再审期间，中止原判决的执行。

            审　判　长　　漆光碧
            审　判　员　　王晓东
            代理审判员　　甘海涛
            二〇一六年八月二十九日
            书　记　员　　尤战洪

〔评注〕

  1.《民事诉讼法》第一百九十九条规定："当事人对已经发生法律效力的判决、裁定，认为有错误的，可以向上一级人民法院申请再审；当事人一方人数众多或者当事人双方为公民的案件，也可以向原审人民法院申请再审。当事人申请再审的，不停止判决、裁定的执行。"也就是说，当事人一方人数众多或者当事人双方为公民的案件，当事人既可以向上一级人民法院申请再审，也可以向原审人民法院申请再审；当事人分别向原审人民法院和上一级人民法院申请再审的，可以协商处理，不能协商一致的，根据《民诉法解释》第三百七十九条的规定，由原审人民法院受理。原审人民法院受理当事人申请再审的案件后，经审查认为符合《民事诉讼法》第二百条或第二百零一条规定，裁定再审时，使用本样式。

  2. 本案当事人双方均为公民，再审申请人曾某某对四川省高级人民法院（2015）川民终字第665号民事判决不服，向该院申请再审。该院受理后，经审查认为符合《民事诉讼法》第二百条第一项规定的情形，裁定再审，适用本裁定样式。

  3.《民事诉讼法》第五十八条第一款规定："当事人、法定代理人可以委托一至二人作为诉讼代理人。"《民事诉讼文书样式》中将诉讼代理人表述为"委托诉讼代理人"，本裁定表述为"委托代理人"不够规范。

  4. 根据《民事诉讼文书样式》规范，本处实例中"依照《中华人民共和国民事诉讼法》第二百零四条、第二百零六条之规定，裁定如下"一段，为实现"格式统一"的要求，宜另起一段。另外，裁定再审应引用《民诉法解释》第三百九十五条第一款的规定。

  5. 裁判主文的问题，尽管《人民法院民事裁判文书制作规范》"裁判主文"一节并未明确裁判主文内容多于一项时要标明序号，但为了表述的明确性，也为了便于其他裁判文书或其他相关材料等对于本裁定判项的援引，裁判主文内容多于一项时，分别表述为："一、本案由本院另行组成合议庭再审；二、再审期间，中止原判决/原裁定/原调解书的执行。"同时，裁判文书样式也是采用了这一格式。

6. 本案为建设工程施工合同纠纷，四川省高级人民法院二审作出（2015）川民终字第665号民事判决，根据《民事诉讼法》第二百零六条的规定，本案裁定："再审期间，中止原判决的执行。"若案件为追索赡养费、扶养费、抚育费、抚恤金、医疗费用、劳动报酬等案件，人民法院经审查认为可以不中止执行的，裁定主文第二项表述为："二、再审期间，不中止原判决/原裁定/原调解书的执行。"本裁定是原审人民法院作出的由本院再审的裁定，《民事诉讼文书样式》中该文书样式的【说明】部分第4项将其误写为"指令再审裁定主文"①，因此本书中的"说明"部分将"指令再审"删去。

7.《人民法院民事裁判文书制作规范》"四、落款""（一）署名"规定，合议庭的审判长，不论审判职务，均署名为"审判长"；合议庭成员有审判员的，署名为"审判员"；有助理审判员的，署名为"代理审判员"；有陪审员的，署名为"人民陪审员"。独任审理的，署名为"审判员"或者"代理审判员"。书记员，署名为"书记员"。

8. 民事裁定书（裁定驳回再审申请用）

××××人民法院
民事裁定书

（××××）……民申……号

再审申请人（一、二审诉讼地位）：×××，……。
……

被申请人（一、二审诉讼地位）：×××，……。
……

二审上诉人/二审被上诉人/第三人（一审诉讼地位）：×××，……。
……

（以上写明当事人和其他诉讼参加人的姓名或者名称等基本信息）

再审申请人×××因与被申请人×××/再审申请人×××及×××（写明原审其他当事人诉讼地位、姓名或名称）……（写明案由）一案，不服××××人民法院/本院（××××）……号民事判决/民事裁定/民事调解书，向本院申请再审。本院依法组成合议庭进行了审查，现已审查终结。

×××申请再审称，……（写明再审申请人所依据的法定事由及事实理由）。

×××提交意见称，……（写明被申请人的意见；未提交意见的，不写）。

---

① 沈德咏主编：《民事诉讼文书样式》（上册），人民法院出版社2016年版，第561页。

本院经审查认为，……（依据认定的事实和相关法律，对再审申请进行分析评判，说明再审事由不成立等驳回再审申请的理由）。

依照《中华人民共和国民事诉讼法》第二百零四条第一款，《最高人民法院关于适用〈中华人民共和国民事诉讼法〉的解释》第三百九十五条第二款规定，裁定如下：

驳回×××的再审申请。

审　判　长　×××
审　判　员　×××
审　判　员　×××

××××年××月××日
（院印）
书　记　员　×××

【说明】

1. 本样式根据《中华人民共和国民事诉讼法》第二百零四条、《最高人民法院关于适用〈中华人民共和国民事诉讼法〉的解释》第三百九十五条第二款制定。供上一级人民法院和原审人民法院对当事人提出的再审申请进行审查后，认为不符合《中华人民共和国民事诉讼法》第二百条、第二百零一条、第二百零五条规定的再审条件，裁定驳回用。

2. 如有多个当事人申请再审，提出的申请理由各不相同，在本院认为部分应针对每个当事人的每个申请理由一一予以驳回。

3. 原审其他当事人也提交意见的，可以在被申请人意见后予以表述，未提交意见的则不在裁定中表述。

4. 当事人的再审申请超过法定期限的，表述为："×××的再审申请已超过《中华人民共和国民事诉讼法》第二百零五条规定的申请再审期限（针对调解书申请再审，已超过申请再审期限的引用《最高人民法院关于适用〈中华人民共和国民事诉讼法〉的解释》第三百八十四条）。"

5. 当事人对调解书申请再审的，表述为：

综上所述，×××的再审申请不符合《中华人民共和国民事诉讼法》第二百零一条规定的情形。依照《中华人民共和国民事诉讼法》第二百零四条第一款，《最高人民法院关于适用〈中华人民共和国民事诉讼法〉的解释》第三百九十五条第二款的规定，裁定如下：

驳回×××的再审申请。

6. 当事人的再审申请不属于法定再审事由范围的，表述为：

×××的再审申请不属于《中华人民共和国民事诉讼法》第二百条规定的再审事由。依照《中华人民共和国民事诉讼法》第二百零四条第一款，《最高人民法院关于适用〈中华人民共和国民事诉讼法〉的解释》第三百九十五条第二款的规定，裁定如下：

驳回×××的再审申请。

【实例评注】

中华人民共和国最高人民法院
民事裁定书 ①

（2016）最高法民申 1584 号

再审申请人（一审被告、二审上诉人）：天威新津投资有限公司，住所地四川省新津县永商镇望滨路88号8栋1单元。

法定代表人：周某，该公司执行董事。

委托诉讼代理人：李某，四川明炬律师事务所律师。

被申请人（一审原告、二审被上诉人）：中国川海建设有限公司，住所地四川省成都市天府新区兴隆场镇社区正街57号2幢1单元6号。

法定代表人：苏某某，该公司董事长。

再审申请人天威新津投资有限公司（以下简称天威公司）因与被申请人中国川海建设有限公司（以下简称川海公司）建设工程施工合同纠纷一案，不服四川省高级人民法院(2015)川民终字第90号民事判决，向本院申请再审。本院依法组成合议庭进行了审查，现已审查终结。

天威公司申请再审称，一、二审判决违约金计算标准错误。2015年3月16日生效的川高法民一(2015)3号《四川省高级人民法院关于审理建设工程施工合同纠纷案件若干疑难问题的解答》（以下简称《解答》）第29条明确了对当事人欠付工程价款利息的计付标准"有约定的，按照约定处理，但不得超过中国人民银行公布的同期同类贷款利率的四倍"。二审判决于《解答》生效后作出，本案应受《解答》约束。虽然双方约定了违约金按日千分之一计算，但该约定因违反四川省高级人民法院的上述规定而无效。二审法院未根据自身制定的审判尺度改变一审判决，维持一审判决按照日千分之一的标准计算违约金，逾越自身审判标准，违背了自身的审判意志，有悖司法审判的一

---

① 来源：中国裁判文书网。

致性和公平性。二、逾期付款违约金的支付应以实际损失为参照，而违约金损失就是应取得资金而未取得的货币时间价值。川海公司在一审、二审中均未举证证明其受到的实际损失，以致其损失无法估量。基于此，以不超过中国人民银行的四倍利率标准计算，不仅计算了受损失方的货币时间价值损失，也包含了对受损失方的可能的所有损失和合理的补偿。人民法院按照日千分之一的标准计算资金利息损失明显违反市场价值规律。《最高人民法院关于审理民间借贷案件适用法律若干问题的规定》对高于年息24%的资金利息不予支持，对于高于36%的资金利息绝对否定，也侧面印证支持了天威公司对违约金标准过高认识的法理基础。本案中的违约金是对债权人资金利息损失的认定，不能高于最高人民法院的上述审判标准，否则有悖常理和逻辑。天威公司未明确其申请再审的法律依据。

川海公司提交意见称，一、天威公司的再审申请超过了法定期限，应予驳回。二、天威公司仅对违约金提出请求，未否定本案事实及证据，且未提供新证据推翻原审判决，其再审请求没有法律依据。三、关于违约金的约定是双方真实意思表示，不违反法律规定，且二审庭审结束在《解答》生效之前，二审法院根据庭审查明的事实作出认定并无不当，《解答》第29条是针对工程款利息的规定，本案争议的是违约金，两者并不一致。违约金的目的不仅是对川海公司损失的补偿，也具有对天威公司违约行为的惩罚性质。四、天威公司以民间借贷纠纷案件的利率标准作为本案违约金的认定标准，属于混淆事实。据此，川海公司请求驳回天威公司的再审申请。

本院经审查查明，川海公司向本院递交了海南省工商行政管理局核准变更登记通知书（编号为：琼核变通内字【2015】第hn15082400370号），载明：2015年8月24日，经海南省工商行政管理局核准，"中国对外建设海南有限公司"变更为"中国川海建设有限公司"，中国对外建设海南有限公司法定代表人"苏某甲"变更为"苏某某"。

另查明，天威公司于2015年5月7日签收二审判决后，于2015年11月4日通过邮政EMS方式向本院提交了再审申请书。本院经审查后认为天威公司提交的再审申请材料不符合申请再审条件，将天威公司再审申请书退回并要求其补充再审申请材料。天威公司于2016年5月12日再次向本院递交再审申请书及相关材料。

本院经审查认为，根据上述查明事实，天威公司向本院申请再审，未超出《中华人民共和国民事诉讼法》第二百零五条规定的期限。针对天威公司的再审申请理由，本案再审审查的焦点是二审判决认定的违约金计算标准是否正确。

首先，天威公司据以主张二审判决认定违约金计算标准错误的依据是《解答》，但《解答》不属于《中华人民共和国民事诉讼法》第二百条第六项规定适用"法律"的范畴，且《解答》第29条针对的是欠付工程价款利息如何确定，并非天威公司所主张的违约金问题，故《解答》第29条不适用于本案情形。

其次，《中华人民共和国合同法》第一百一十四条规定"当事人可以约定一方违约时应当根据违约情况向对方支付一定数额的违约金,也可以约定因违约产生的损失赔偿额的计算方法",双方约定按照日千分之一的标准计算违约金,系对因违约产生的损失赔偿额计算方法的约定,天威公司在对案涉合同效力未提出异议的情况下,仅以川海公司未提供证据证明其受到损失为由,否定上述约定的违约金计算方法,并主张按照中国人民银行同期同类贷款利率四倍计算违约金,理据不足。

再次,本案为建设工程施工合同纠纷,当事人争议的是工程价款违约金,天威公司主张适用《最高人民法院关于审理民间借贷案件适用法律若干问题的规定》的申请再审理由不能成立。而且根据二审判决查明的事实,一审庭审中,天威公司认可按合同约定的违约金计算标准及方法计算违约金,天威公司在申请再审时亦未向本院提交证据以推翻其所作上述陈述。

综上,天威公司的再审申请不符合《中华人民共和国民事诉讼法》第二百条规定的再审事由。依照《中华人民共和国民事诉讼法》第二百零四条第一款,《最高人民法院关于适用〈中华人民共和国民事诉讼法〉的解释》第三百九十五条第二款的规定,裁定如下:

驳回天威新津投资有限公司的再审申请。

审 判 长　　韩　玫
代理审判员　　司　伟
代理审判员　　沈丹丹
二〇一六年八月二十二日
书 记 员　　韦　大

〔评注〕

1. 本样式供上一级人民法院和原审人民法院对当事人提出的再审申请进行审查后,认为不符合《民事诉讼法》第二百条、第二百零一条、第二百零五条规定的再审条件,裁定驳回用。

2. 本实例是当事人对四川省高级人民法院作出的民事判决不服,向最高人民法院申请再审,最高人民法院经审查认为本案不符合民事诉讼法规定的再审条件,裁定驳回,故适用本裁定。本裁定格式规范、结构完整、条理清晰,是上一级人民法院以及原审人民法院作出驳回再审申请裁定的良好示范。

3. 《人民法院民事裁判文书制作规范》对标题中法院名称的要求是,"法院名称一般应与院印的文字一致",故本裁定的标题中法院名称写为"中华人民共和国最高人民法院"。基层人民法院、中级人民法院名称前应冠以省、自治区、直辖市的名称,但专门人民法院除外。另外,涉外裁判文书法院名称前一般应冠以"中华人民共和国"国名。非涉外裁判文书，地方人民法院、专门人民法院制作的裁判文书标题中的法院名称则无需冠以"中华人民共和国"国名。

4. 再审申请人天威公司不服原审判决，只需写明终审判决"四川省高级人民法院(2015) 川民终字第 90 号民事判决"即可，无需列明一审判决。本裁定根据样式的要求，写明再审申请人天威公司申请再审的法定事由和事实理由；被申请人川海公司提交意见书，故写明被申请人的意见。若被申请人未提交意见的，则不写此部分。

5. 关于再审申请期限：再审申请人天威公司于 2015 年 5 月 7 日签收二审判决，2015 年 11 月 4 日通过邮政 EMS 方式向最高人民法院提交再审申请书，其后因再审申请材料不符合申请再审条件，最高人民法院将其再审申请书退回并要求其补充再审申请材料。根据《民事诉讼法》第二百零五条的规定，当事人申请再审，应当在判决、裁定发生法律效力后六个月内提出。由于其第一次向最高人民法院提出再审申请的时间在法定期限内，最高人民法院经审查认为天威公司的再审申请未超出法律规定的期限。另外，有《民事诉讼法》第二百条第一项、第三项、第十二项、第十三项规定情形的，即"（一）有新的证据，足以推翻原判决、裁定的；（三）原判决、裁定认定事实的主要证据是伪造的；（十二）据以作出原判决、裁定的法律文书被撤销或者变更的；（十三）审判人员审理该案件时有贪污受贿，徇私舞弊，枉法裁判行为的"，自知道或者应当知道之日起六个月内提出。

6. 本实例针对再审申请理由，在归纳争议焦点的前提下，依据认定的事实和相关法律，对再审申请进行了分析评判，认定再审申请人的再审申请不符合《民事诉讼法》第二百条规定的应当再审的情形，依法有据地裁定驳回其再审申请。

9. 民事裁定书（对不予受理裁定，驳回再审申请用）

××××人民法院
民事裁定书

（××××）……民申……号

再审申请人(一、二审诉讼地位)：×××，……。
……
（以上写明再审申请人及其代理人的姓名或者名称等基本信息）
再审申请人×××因起诉×××（写明被起诉人姓名或名称）……（写明案由）一案，不服××××人民法院（××××）……号民事裁定，向本院申请再审。本院依法组成合议庭进行了审查，现已审查终结。

×××申请再审称，……（概括申请再审的事实与理由，明确申请再审所依据的法定事由）。

本院经审查认为，……（依据认定的事实和相关法律，对再审申请进行分析评判，说明再审事由不成立等驳回再审申请的理由）。

依照《中华人民共和国民事诉讼法》第二百零四条第一款、《最高人民法院关于适用〈中华人民共和国民事诉讼法〉的解释》第三百九十五条第二款规定，裁定如下：

驳回×××的再审申请。

审　判　长　×××
审　判　员　×××
审　判　员　×××

×××年××月××日
（院印）
书　记　员　×××

【说明】

1. 本样式根据《中华人民共和国民事诉讼法》第二百零四条、《最高人民法院关于适用〈中华人民共和国民事诉讼法〉的解释》第三百九十五条第二款制定，供上一级人民法院对当事人针对不予受理裁定提出的再审申请进行审查后，认为不符合《中华人民共和国民事诉讼法》第二百条的规定，予以驳回用。

2. 当事人的地位表述为"再审申请人（一、二审诉讼地位）"，由于本案一审、二审均为不予受理裁定，并无被告，申请再审阶段不列被申请人。

【实例评注】

重庆市高级人民法院
民事裁定书 ①

（2016）渝民申 1086 号

再审申请人（一审起诉人、二审上诉人）：邬某某。
再审申请人（一审起诉人、二审上诉人）：熊某甲。

---

① 来源：中国裁判文书网。

再审申请人（一审起诉人、二审上诉人）：熊某乙。
再审申请人（一审起诉人、二审上诉人）：熊某丙。
再审申请人（一审起诉人、二审上诉人）：熊某丁。

再审申请人邬某某、熊某乙、熊某丁、熊某甲、熊某丙因起诉云阳县民德小学、云阳县教育委员会劳动合同纠纷一案，不服重庆市第二中级人民法院(2016)渝02民终239号民事裁定，向本院申请再审。本院依法组成合议庭，对本案进行了审查，现已审查终结。

邬某某、熊某乙、熊某丁、熊某甲、熊某丙申请再审称：其向人民法院起诉多次，也向劳动争议仲裁委员会申请仲裁，本案应予以受理。熊某乙、熊某丁、邬某某、熊某甲、熊某丙依据《中华人民共和国民事诉讼法》第二百条的规定申请再审。

本院经审查认为，熊某某在2009年7月向云阳县劳动争议仲裁委员会提起仲裁，要求云阳县民德小学补发其养老金、医药费及维权产生的费用5万元。该委作出了不予受理案件通知书，按照《中华人民共和国劳动争议调解仲裁法》第二十九条，申请人可以就该劳动争议事项向人民法院起诉，但当时熊某某并没有向人民法院起诉。现原申请人熊某某已经于2013年去世，熊某乙、熊某丁、邬某某、熊某甲、熊某丙直接向人民法院起诉，要求云阳县民德小学、云阳县教育委员会补偿10年工资37.6万元，赔偿熊某某及其全家人从1985年到2015年的误工费、精神损失费、名誉损失费、护理费、医疗费8万元。虽然前次仲裁和此次诉讼都是因熊某某在云阳县民德小学工作引起的劳动争议，但本案与前次仲裁的申请主体不一致，前次是熊某某，这次是熊某某的继承人；要求承担责任的主体不一致，前次仅要求了云阳县民德小学承担赔偿责任，这次还要求云阳县教育委员会一起承担责任；同时，前后的要求事项不一致，金额也不一致，且2015年4月20日熊某丁与云阳县民德小学签订了补发熊某某退休补偿金的协议，和2009年仲裁时处理的情况也不一致。按照《中华人民共和国劳动争议调解仲裁法》第五条规定，本案应当先进行劳动争议仲裁，对仲裁裁决不服的方可向人民法院提起诉讼。因本案的诉讼请求中的仲裁事项未经过劳动争议仲裁裁决，不符合起诉的条件。一、二审人民法院裁定本案不予受理正确。

依照《中华人民共和国民事诉讼法》第二百零四条第一款，《最高人民法院关于适用〈中华人民共和国民事诉讼法〉的解释》第三百九十五条第二款之规定，裁定如下：

驳回邬某某、熊某乙、熊某丁、熊某甲、熊某丙的再审申请。

审　判　长　　胡　翔
代理审判员　　谢　玥
代理审判员　　王　洋
二〇一六年八月一日
书　记　员　　塞　璐

〔评注〕

1. 本样式供上一级人民法院对当事人针对不予受理裁定提出的再审申请进行审查后，认为不符合《民事诉讼法》第二百条的规定，予以驳回用。本实例是再审申请人对重庆市第二中级人民法院不予受理的裁定不服，向重庆市高级人民法院申请再审，重庆市高级人民法院经审查认为一、二审人民法院对本案不予受理正确，裁定驳回再审申请，故适用本样式。

2. 由于本实例一审、二审均为不予受理裁定，并无被告，申请再审阶段不列被申请人。《民事诉讼文书样式》中该文书样式在表述当事人诉讼地位时仅列明为"再审申请人"，未列明当事人一、二审的诉讼地位，与该样式"说明"第2条的内容不符①，本书已对其进行了修正。

3. 本实例系劳动合同纠纷，《劳动争议调解仲裁法》第五条规定了劳动争议处理的基本程序："发生劳动争议，当事人不愿协商、协商不成或者达成和解协议后不履行的，可以向调解组织申请调解；不愿调解、调解不成或者达成调解协议后不履行的，可以向劳动争议仲裁委员会申请仲裁；对仲裁裁决不服的，除本法另有规定的外，可以向人民法院提起诉讼。"即劳动争议规定了仲裁前置程序。重庆市高级人民法院根据认定的事实和《劳动争议调解仲裁法》的相关规定，对再审申请进行了分析评判，认为本实例的劳动合同纠纷未经过劳动争议仲裁裁决，不符合起诉的条件，故裁定驳回再审申请人的再审申请。

10. 民事裁定书（审查中准许或不准许撤回再审申请用）

×××× 人民法院
民事裁定书

（××××）……民申……号

再审申请人(一、二审诉讼地位)：×××，……。
……
被申请人(一、二审诉讼地位)：×××，……。
……

---

① 参见沈德咏主编：《民事诉讼文书样式》（上册），人民法院出版社2016年版，第564—565页。

二审上诉人/二审被上诉人/第三人(一审诉讼地位)：×××，……。
　　……
　　(以上写明当事人和其他诉讼参加人的姓名或者名称等基本信息)
　　再审申请人×××因与被申请人×××/再审申请人×××及×××(写明原审其他当事人诉讼地位、姓名或名称)……(写明案由)一案，不服××××人民法院/本院(××××)……号民事判决/民事裁定/民事调解书，向本院申请再审。本院依法组成合议庭进行审查。
　　本院审查过程中，……(写明再审申请人提出撤回再审申请的时间和理由)。
　　本院经审查认为，×××撤回再审申请的请求，不违反/违反法律规定，本院予以准许/不予准许(写明准许或者不予准许的理由)。
　　依照《中华人民共和国民事诉讼法》第一百五十四条第一款第五项、《最高人民法院关于适用〈中华人民共和国民事诉讼法〉的解释》第四百条第一款的规定，裁定如下：
　　准许/不准许×××撤回再审申请。

审　判　长　×××
审　判　员　×××
审　判　员　×××

××××年××月××日
（院印）
书　记　员　×××

【说明】

　　1. 本样式根据《中华人民共和国民事诉讼法》第一百五十四条第一款第五项、《最高人民法院关于适用〈中华人民共和国民事诉讼法〉的解释》第四百条第一款制定，供上一级人民法院和原审人民法院在审查申请再审案件过程中，对当事人撤回再审申请裁定准许或者不准许用。

　　2. 本裁定书简要阐明理由即可，无需涉及原生效裁判内容和申请再审理由等。

　　3. 对"不准许撤回再审申请"的，一般可用口头裁定，记入笔录；必要时也可使用书面裁定。

【实例评注】

山东省德州市中级人民法院
民事裁定书①

（2016）鲁 14 民申 93 号

再审申请人（一审被告、二审被上诉人）赵某甲。

被申请人（一审原告、二审上诉人）赵某乙。

再审申请人赵某甲因与被申请人赵某乙提供劳务者受害责任纠纷一案，不服本院（2015）德中民终字第 1095 号民事判决，向本院申请再审。本院依法另行组成合议庭进行审查。

本院审查过程中，再审申请人赵某甲以其与被申请人赵某乙庭下达成调解为由，于 2016 年 8 月 15 日向本院提出申请，请求撤回再审申请。

本院经审查认为，赵某甲撤回再审申请的请求，不违反法律规定，本院予以准许。

依照《中华人民共和国民事诉讼法》第一百五十四条第一款第五项，《最高人民法院关于适用〈中华人民共和国民事诉讼法〉的解释》第四百条第一款的规定，裁定如下：

准许赵某甲撤回再审申请。

审　判　长　　张延军
审　判　员　　刘　伟
代理审判员　　叶楠楠
二〇一六年八月十五日
书　记　员　　梁芳芳

〔评注〕

1. 上一级人民法院和原审人民法院在审查申请再审案件过程中，当事人撤回再审申请的，由人民法院裁定准许或者不准许。准许撤回再审申请的，使用书面形式；裁定不准许撤回再审申请的，口头裁定的，记入笔录，也可使用书面裁定。

2. 本实例中，再审申请人不服原审人民法院山东省德州市中级人民法院的二审判决，申请再审。山东省德州市中级人民法院在审查过程中，再审申请人以其与被申请人达成调解为由，请求撤回再审申请。人民法院经审查裁定准许其撤回再审申请，适用本样式。

---

① 来源：中国裁判文书网。

3. 准许当事人撤回再审申请的标准。《民事诉讼法》及其司法解释并没有明确规定人民法院准许或不准许撤回再审申请的标准，但撤回再审申请，是对原生效裁判确立的法律关系的认可，从维护生效裁判既判力的角度，"在再审审查阶段，人民法院不应对当事人撤回再审申请做过多干涉，只要不违反法律法规的禁止性规定，不损害国家利益、社会公共利益以及他人合法权益"①，均应予以准许。

4. 根据《民诉法解释》第四百零一条的规定，人民法院准许撤回再审申请或者按撤回再审申请处理后，再审申请人再次申请再审的，不予受理。但有《民事诉讼法》第二百条第一项、第三项、第十二项、第十三项规定情形，即(1)有新的证据，足以推翻原判决、裁定的；(2)原判决、裁定认定事实的主要证据是伪造的；(3)据以作出原判决、裁定的法律文书被撤销或者变更的；(4)审判人员审理该案件时有贪污受贿、徇私舞弊、枉法裁判行为的，自知道或者应当知道之日起六个月内提出的除外。本条是该司法解释新增加的条款，对再次申请再审的，以不予受理为原则，存在四种上述规定的申请再审事由，且在法定期限内提出的，仍应予以受理。

5. 诉讼参加人的诉讼地位后应有冒号。实例中当事人的基本情况应该表述为：

再审申请人（一审被告、二审被上诉人）：赵某某。

被申请人（一审原告、二审上诉人）：赵某甲。

11. 民事裁定书（按撤回再审申请处理用）

```
××××人民法院
    民事裁定书

                （××××）……民申……号

再审申请人（一、二审诉讼地位）：×××，……。
……
被申请人（一、二审诉讼地位）：×××，……。
……
二审上诉人/二审被上诉人/第三人（一审诉讼地位）：×××，……。
……
（以上写明当事人和其他诉讼参加人的姓名或者名称等基本信息）
```

---

① 沈德咏主编：《最高人民法院民事诉讼法司法解释理解与适用》（下），人民法院出版社2015年版，第1057页。

再审申请人×××因与被申请人×××/再审申请人×××及×××（写明原审其他当事人诉讼地位、姓名或名称）……（写明案由）一案，不服××××人民法院/本院(××××)……号民事判决/民事裁定/民事调解书，向本院申请再审。本院依法组成合议庭进行审查。

　　本院审查过程中，……（简要写明本院向再审申请人发出传票的情况，及其无正当理由拒不接受询问的事实）。

　　依照《中华人民共和国民事诉讼法》第一百五十四条第一款第十一项，《最高人民法院关于适用〈中华人民共和国民事诉讼法〉的解释》第四百条第二款的规定，裁定如下：

　　本案按×××撤回再审申请处理。

审　判　长　×××
审　判　员　×××
审　判　员　×××
××××年××月××日
（院印）
书　记　员　×××

【说明】

1. 本样式根据《中华人民共和国民事诉讼法》第一百五十四条第一款第十一项、《最高人民法院关于适用〈中华人民共和国民事诉讼法〉的解释》第四百条第二款制定，供上一级人民法院和原审人民法院在审查当事人申请再审案件过程中，再审申请人经传票传唤，无正当理由拒不接受询问，按撤回再审申请处理用。

2. 本裁定书简要写明本院向再审申请人发出传票的情况，及其无正当理由拒不接受询问的事实，无需涉及原生效裁判内容和申请再审理由等。

【实例评注】

天津市高级人民法院
民事裁定书 ①

（2016）津民申 1299 号

---

① 来源：中国裁判文书网。

再审申请人(一审被告、二审上诉人):顾某某。

被申请人(一审原告、二审被上诉人):范某某。

一审被告:天津市河北区金奥羚机电设备维修中心,住所地天津市河北区三马路77号。

经营者:张某某。

一审被告:天津市第四中心医院,住所地天津市河北区中山路3号。

法定代表人:田某某,院长。

再审申请人顾某某因与被申请人范某某及一审被告天津市河北区金奥羚机电设备维修中心、天津市第四中心医院健康权纠纷一案,不服天津市第一中级人民法院(2016)津01民终2120号民事判决,向本院申请再审。本院依法组成合议庭对本案进行审查。本院审查过程中,依法按照所提供送达地址确认书预留的送达地址向顾某某送达了传票,顾某某无正当理由未到庭接受询问。

依照《中华人民共和国民事诉讼法》第一百五十四条第一款第十一项,《最高人民法院关于适用〈中华人民共和国民事诉讼法〉的解释》第四百条第二款的规定,裁定如下:

本案按顾某某撤回再审申请处理。

审　判　长　裴　然
代理审判员　王　斌
代理审判员　王　倩
二〇一六年八月九日
书　记　员　张　楠

〔评注〕

1. 上一级人民法院和原审人民法院在审查当事人申请再审案件过程中,再审申请人经传票传唤,无正当理由拒不接受询问,按撤回再审申请处理时,使用本裁定书。

2. 《民诉法解释》第四百条第二款规定了按撤回再审申请处理的情形,本案实例与上述规定的情形一致,天津市高级人民法院裁定本案按再审申请人撤回再审申请处理,适用本裁定。再审申请人"经传票传唤""不接受询问"且"缺席询问无正当理由"应当同时满足。

3. 根据《民诉法解释》第四百零一条的规定,人民法院准许撤回再审申请或者按撤回再审申请处理后,再审申请人再次申请再审的,不予受理。但有《民事诉讼法》第二百条第一项、第三项、第十二项、第十三项规定情形,即(1)有新的证据,足以推翻原判决、裁定的;(2)原判决、裁定认定事实的主要证据是伪造的;(3)据以作出原判决、裁定的法律文书被撤销或者变更的;(4)审判人员审理该案件时有贪污受贿、徇私舞弊、枉法裁判行为的,自知道或者应当知道之日起六个月内提出的除外。本条是该司法解释新增加的条款,对再次申请再审的,以不予受理为原则,存在四种上述规定的申请再审事由,且在法定期限内提出的,仍应予以受理。

12. 民事裁定书(中止再审审查用)

×××× 人民法院
民事裁定书

(××××)……民申……号

再审申请人(一、二审诉讼地位):×××,……。
……

被申请人(一、二审诉讼地位):×××,……。
……

二审上诉人/二审被上诉人/第三人(一审诉讼地位):×××,……。
……

(以上写明当事人和其他诉讼参加人的姓名或者名称等基本信息)

再审申请人×××因与被申请人×××/再审申请人×××及×××(写明原审其他当事人诉讼地位、姓名或名称)……(写明案由)一案,不服××××人民法院/本院(××××)……号民事判决/民事裁定/民事调解书,向本院申请再审。本院依法组成合议庭进行审查。

本院审查过程中,……(写明中止审查的事实根据)。

依照《中华人民共和国民事诉讼法》第一百五十条第一款第×项、第一百五十四条第一款第六项的规定,裁定如下:

中止审查×××的再审申请。

审　判　长　×××
审　判　员　×××
审　判　员　×××

××××年××月××日
(院印)
书　记　员　×××

【说明】

1. 本样式根据《中华人民共和国民事诉讼法》第一百五十条第一款、第一百五十四条第一款第六项制定,供人民法院中止再审审查程序用。

2. 再审审查过程中如遇特殊情形,可以视情况中止审查。如系以另案的审理结果为依据作出判决,另案已经按照审判监督程序启动再审,则另案存在被改判的可能,此时应中止再审审查,等待另案的审理结果。

3. 本裁定书简洁写明导致审查中止的情形,无需涉及生效裁判内容和申请再审理由等。

4. 中止审查的裁定无需撤销。中止审查的原因消除后,人民法院恢复审查。

【实例评注】

云南省高级人民法院
民事裁定书 ①

(2015)云高民申字第400号

再审申请人(一审被告、二审被上诉人):文山州华宇房地产开发有限责任公司。住所地:云南省文山州文山市开化街道办事处秀峰路99号。

法定代表人:王某某,该公司总经理。

委托代理人:张某某,云南君山律师事务所律师。特别授权代理。

被申请人(一审原告、二审上诉人):李某某。

委托代理人:刘某,云南鼎祥律师事务所律师。特别授权代理。

本院在审查再审申请人文山州华宇房地产开发有限责任公司因与被申请人李某某建设用地使用权转让合同纠纷一案中,被申请人李某某另行向云南省文山市人民法院提起行政诉讼。经本院审查,该行政诉讼的裁判结果可能影响本案的审查,根据《中华人民共和国民事诉讼法》的相关规定,本案依法中止审查。依照《中华人民共和国民事诉讼法》第一百五十条第一款第(五)项的规定,裁定如下:

本案中止诉讼。

审　判　长　　薛　丽
代理审判员　　李玲燕

---

① 来源:中国裁判文书网。

代理审判员　　郭雅欣

二〇一五年十月二十一日

书　记　员　　徐铃云

〔评注〕

1. 本样式供人民法院裁定中止再审审查程序用。

2.《民事诉讼法》第一百五十条第一款规定了中止诉讼的情形："（一）一方当事人死亡，需要等待继承人表明是否参加诉讼的；（二）一方当事人丧失诉讼行为能力，尚未确定法定代理人的；（三）作为一方当事人的法人或者其他组织终止，尚未确定权利义务承受人的；（四）一方当事人因不可抗拒的事由，不能参加诉讼的；（五）本案必须以另一案的审理结果为依据，而另一案尚未审结的；（六）其他应当中止诉讼的情形。"在本实例中，另一行政诉讼案件的裁判结果可能影响本案的审查，人民法院根据需要裁定中止诉讼。

3.《民事诉讼法》第一百五十条第二款规定："中止诉讼的原因消除后，恢复诉讼。"根据《民诉法解释》第二百四十六条的规定，中止审查的裁定无需撤销，裁定中止诉讼的原因消除，即恢复诉讼程序，从人民法院通知或者准许当事人双方继续进行诉讼时起，中止诉讼的裁定即失去效力。

4. 值得注意的是，本实例是2016年8月1日前的民事裁定，所使用的部分格式、称谓与新民事诉讼文书样式不同，在撰写新裁判文书时应引起注意：（1）《民事诉讼法》第五十八条第一款规定："当事人、法定代理人可以委托一至二人作为诉讼代理人。"新文书样式将诉讼代理人表述为"委托诉讼代理人"，本裁定表述为"委托代理人"不够规范。（2）裁判依据另起一段，引用《民事诉讼法》第一百五十条第一款第×项、第一百五十四条第一款第六项的规定。（3）根据《人民法院民事裁判文书制作规范》"三、正文""（六）理由"第6点的规定，"引用法律条款中的项的，一律使用汉字不加括号，例如：'第一项'"，本实例中引用的法律条款应写为"《中华人民共和国民事诉讼法》第一百五十条第一款第五项"。

13. 民事裁定书（终结再审审查用）

```
                ××××人民法院
                   民事裁定书

                              （××××）……民申……号

    再审申请人（一、二审诉讼地位）：×××，……。
```

……

被申请人(一、二审诉讼地位)：×××，……。

……

二审上诉人/二审被上诉人/第三人(一审诉讼地位)：×××，……。

……

（以上写明当事人和其他诉讼参加人的姓名或者名称等基本信息）

再审申请人×××因与被申请人×××/再审申请人×××及×××（写明原审其他当事人诉讼地位、姓名或名称）……（写明案由）一案，不服×××人民法院/本院（××××）……号民事判决/民事裁定/民事调解书，向本院申请再审。本院依法组成合议庭进行审查。

本院审查过程中，……（写明终结审查的事实根据）。

依照《中华人民共和国民事诉讼法》第一百五十四条第一款第六项、《最高人民法院关于适用〈中华人民共和国民事诉讼法〉的解释》第四百零二条第×项规定，裁定如下：

终结审查×××的再审申请。

审　判　长　×××
审　判　员　×××
审　判　员　×××

××××年××月××日
（院印）
书　记　员　×××

【说明】

1. 本样式根据《中华人民共和国民事诉讼法》第一百五十四条第一款第六项、《最高人民法院关于适用〈中华人民共和国民事诉讼法〉的解释》第四百零二条制定，供人民法院终结再审审查程序用。

2. 本裁定书简洁写明导致审查终结的情形，无需涉及生效裁判内容和申请再审理由等。

【实例评注】

陕西省渭南市中级人民法院
民事裁定书 ①

(2016)陕05民申60号

再审申请人(一审原告、二审上诉人)徐某,女,1957年9月10日出生,汉族,高中文化程度。

委托诉讼代理人王某,渭南市临渭区司法局148法律服务所法律工作者。

再审申请人(一审被告、二审上诉人)徐某某,男,1956年3月16日出生,汉族,大学文化程度。

再审申请人徐某、徐某某因继承纠纷一案,均不服本院(2016)陕05民终212号民事判决,向本院提出再审申请。本院依法组成合议庭进行审查。

经本院审查查明,再审申请人徐某、徐某某因继承纠纷一案,渭南市临渭区人民法院于2011年11月8日作出临民初字第00592号民事判决,陕西省渭南市人民检察院提出抗诉。本院裁定指令渭南市临渭区人民法院再审。渭南市临渭区人民法院于2015年11月2日作出(2015)临渭民再初字第00001号民事判决,宣判后,双方均不服,提出上诉。本院于2016年3月11日作出(2016)陕05民终202号民事判决,驳回上诉,维持原判。根据《最高人民法院关于适用〈中华人民共和国民事诉讼法〉的解释》第三百八十三条的规定,对再审判决、裁定提出再审申请的,人民法院不予受理。据此,依照《中华人民共和国民事诉讼法》第一百五十四条第一款第六项,《最高人民法院关于适用〈中华人民共和国民事诉讼法〉的解释》第四百零二条第六项的规定,裁定如下:

终结审查徐某、徐某某的再审申请。

审 判 长 王少锋
审 判 员 郝 翎
审 判 员 郭卫平

二〇一六年八月二十六日

书 记 员 丁林华

---

① 来源:中国裁判文书网。

〔评注〕

1. 本样式供人民法院裁定终结再审审查程序用。

2.《民诉法解释》第四百零二条规定了再审申请审查期间终结诉讼的情形：(1)再审申请人死亡或者终止，无权利义务承继者或者权利义务承继者声明放弃再审申请的；(2)在给付之诉中，负有给付义务的被申请人死亡或者终止，无可供执行的财产，也没有应当承担义务的人的；(3)当事人达成和解协议且已履行完毕的，但当事人在和解协议中声明不放弃申请再审权利的除外；(4)他人未经授权以当事人名义申请再审的；(5)原审或者上一级人民法院已经裁定再审的；(6)有本解释第三百八十三条第一款规定情形的。本解释第三百八十三条第一款规定了对申请再审不予受理的情形，已经立案受理的，裁定终结再审审查。

3. 本实例中，陕西省渭南市中级人民法院对再审申请人徐某、徐某某继承纠纷一案已作出再审判决，双方当事人对再审判决不服，提出再审申请。该院受理后，经审查发现符合《民诉法解释》第四百零二条第六项规定的情形，遂裁定终结再审审查。

4. 标点符号用法。诉讼参加人的诉讼地位后应有冒号。实例中诉讼参加人的基本情况应该表述为：

再审申请人（一审原告、二审上诉人）：徐某，女，1957年9月10日出生，汉族，高中文化程度。

委托诉讼代理人：王某，渭南市临渭区司法局148法律服务所法律工作者。

再审申请人（一审被告、二审上诉人）：徐某某，男，1956年3月16日出生，汉族，大学文化程度。

14. 民事判决书（依申请提审判决用）

×××× **人民法院**
民事判决书

（××××）……民再……号

再审申请人（一、二审诉讼地位）：×××，……。
法定代理人/指定代理人/法定代表人/主要负责人：×××，……。
委托诉讼代理人：×××，……。
被申请人（一、二审诉讼地位）：×××，……。

法定代理人/指定代理人/法定代表人/主要负责人：×××，……。

委托诉讼代理人：×××，……。

二审上诉人/二审被上诉人/第三人（一审诉讼地位）：×××，……。

法定代理人/指定代理人/法定代表人/主要负责人：×××，……。

委托诉讼代理人：×××，……。

（以上写明当事人和其他诉讼参加人的姓名或者名称等基本信息）

再审申请人×××因与被申请人×××/再审申请人及×××……（写明案由）一案，不服×××人民法院（××××）……号民事判决/民事调解书，向本院申请再审。本院于××××年××月××日作出（××××）……号民事裁定，提审本案。本院依法组成合议庭，开庭审理了本案。再审申请人×××、被申请人×××（写明当事人和其他诉讼参加人的诉讼地位和姓名或者名称）到庭参加诉讼。（未开庭的，写明：本院依法组成合议庭审理了本案）。本案现已审理终结。

×××申请再审称，……（写明再审请求、事实和理由）。

×××辩称，……（概述被申请人的答辩意见）。

×××述称，……（概述原审其他当事人的意见）。

×××向一审法院起诉请求：……（写明一审原告的诉讼请求）。一审法院认定事实：……。一审法院判决：……（写明一审判决主文）。

×××不服一审判决，上诉请求：……（写明上诉请求）。二审法院认定事实：……（概述二审认定事实）。二审法院认为，……（概述二审判决理由）。二审法院判决：……（写明二审判决主文）。

围绕当事人的再审请求，本院对有争议的证据和事实认定如下：

……（写明再审法院采信证据、认定事实的意见和理由，对一审、二审法院认定相关的事实进行评判）。

本院再审认为，……（写明争议焦点，根据再审认定的案件事实和相关法律，对再审请求进行分析评判，说明理由。）

综上所述，……（对当事人的再审请求是否成立进行总结评述）。依照《中华人民共和国民事诉讼法》第二百零七条第一款、第一百七十条第一款第×项、……（写明援引的法律依据）规定，判决如下：

一、……；

二、……。

（以上分项写明判决结果）

一审案件受理费……元，由……负担；二审案件受理费……元，由……负担；再审案件受理费……元，由……负担（写明当事人姓名或名称、负担金额）。

　　　　　　　　　　　　　　　　　审　判　长　×××
　　　　　　　　　　　　　　　　　审　判　员　×××
　　　　　　　　　　　　　　　　　审　判　员　×××

　　　　　　　　　　　　　　　　××××年××月××日
　　　　　　　　　　　　　　　　　　（院印）
　　　　　　　　　　　　　　　　　书　记　员　×××

【说明】

　　1. 本判决书样式根据《中华人民共和国民事诉讼法》第二百零七条第一款、第一百七十条第一款制定，供上级人民法院根据当事人申请而提审，经审理后作出实体处理时使用。

　　2. 当事人的地位表述为"再审申请人（一、二审诉讼地位）""被申请人（一、二审诉讼地位）"；其他当事人按原审诉讼地位表述，例如，二审终审的，列为"二审上诉人（一审原告）"或"二审被上诉人（一审被告）"等；一审终审的，列为"原审原告"或"原审被告""原审第三人"。

　　3. 上级人民法院提审的，审判组织写明"组成合议庭"，不写"另行组成合议庭"。

　　4. 判决书对案件事实、原审过程等部分的写法，应根据案件的具体情况，灵活处理。总体要求概述从最初发生诉讼直到本次再审的基本脉络。包括：第一，当事人在再审中的诉辩意见。先写再审诉讼请求，再写再审事实和理由。第二，当事人在本案以往诉讼中的诉讼请求，事实和理由。尤其要写明原告的一审诉讼请求。当事人在二审程序中的诉辩主张可以视情况简写，但上诉请求不应省略。第三，本案历次裁判认定的基本事实。应当注意繁简得当，着重叙述与本次再审争议相关的事实，其他事实概括叙述。第四，历次裁判的基本理由。一审理由可以省略，但再审维持一审裁判结果的，应概述一审理由；原生效判决的说理适当归纳后简要写明。第五，历次裁判案号、裁判主文的准确内容。

　　5. 本院认为部分，应围绕当事人的再审理由是否成立、再审请求是否应予支持进行分析评判，并同时对原审相关认定结论是否正确作出评价。

　　6. 引用法律、法规、司法解释应当全面。再审维持原判的，一般只引程序法条文。再审改判的，应当同时引用实体法条文和程序法条文。

　　7. 判决主文应当对当事人的全部诉讼请求作出明确具体的裁判，表述应当完整、准确、便于执行。一般可以区分以下不同情形处理：

　　维持原判的，只写明"维持×××人民法院……号民事判决"。对此前的历次裁判不写。

全部改判的，应首先按照由后向前的顺序撤销历次裁判，然后再写明重新判决的内容。

部分改判的，如采用"维持某判决某项，撤销某判决某项，变更某判决某项，增加新判项"等写法可能导致混乱、难于理解的，应撤销前面的所有判决内容，重新作出判决。部分改判的，应写明维持或者撤销原判的某项，然后写明改判的内容。

改判后，如果对一审当事人的诉讼请求没有全部支持的，还应增加"驳回……的其他诉讼请求"的判项。

改判后有金钱给付内容的，应另起一行写明："如果未按本判决指定的期间履行给付金钱义务，应当依照《中华人民共和国民事诉讼法》第二百五十三条之规定，加倍支付迟延履行期间的债务利息。"

8. 再审维持原判且有再审诉讼费用的，只写明再审诉讼费用负担。再审改判的，应当对一、二审以及本次再审诉讼费用负担一并作出决定。

【实例评注】

中华人民共和国最高人民法院
民事判决书 ①

（2016）最高法民再5号

再审申请人（一审原告、二审上诉人）：李某某。
委托诉讼代理人：范某某，辽宁成功金盟律师事务所律师。
委托诉讼代理人：赵某某，辽宁成功金盟律师事务所律师。
被申请人（一审被告、二审被上诉人）：大连永和圣地建设集团有限公司（原大连圣达科建集团有限公司）。住所地：辽宁省大连市西岗区不老街168号210室。
法定代表人：宋某某，该公司董事长。
委托诉讼代理人：崔某某，系该公司员工。
委托诉讼代理人：马某某，辽宁兴桓律师事务所律师。
被申请人（一审被告、二审被上诉人）：尚某某。
被申请人（一审被告、二审被上诉人）：袁某某。
委托诉讼代理人：崔某甲，辽宁省海城市海州法律服务所法律工作者。

---

① 来源：中国裁判文书网。

再审申请人李某某与被申请人大连永和圣地建设集团有限公司(以下简称永和公司)、尚某某、袁某某买卖合同纠纷一案,不服辽宁省高级人民法院(2014)辽民二终字第200号民事判决,向本院申请再审。本院于2015年10月14日作出(2015)民申字第1452号民事裁定提审本案。本院依法组成合议庭,公开开庭审理了本案。再审申请人李某某的委托诉讼代理人范某某、赵某某,被申请人永和公司的委托诉讼代理人崔某某、马某某,被申请人袁某某的委托诉讼代理人崔某甲到庭参加诉讼,被申请人尚某某经本院传票传唤,未到庭参加诉讼。本案现已审理终结。

李某某申请再审称:一、有新的证据,足以推翻原判决。辽宁省海城市人民法院(2014)海刑二初字第325号刑事判决书认定刘某是原大连圣达科建集团有限公司(以下简称圣达公司)的工作人员,受圣达公司委派参与涉案工程的监督、管理,证明刘某在欠条中的签字行为系代表圣达公司的职务行为,圣达公司应当承担还款责任。天津市第二中级人民法院(2013)二中民二终字第277号和(2015)二中民二终字第27号民事判决书证明在另案租赁合同纠纷案件中,已认定是圣达公司成立大连圣达西柳美馨庄园项目部(以下简称美馨庄园项目部),尚某某、刘某是圣达公司人员,两人的签字行为系代表圣达公司,本案也应当认定尚某某、刘某的签字行为代表圣达公司。圣达公司从辽宁宗骏地产开发有限公司(以下简称宗骏公司)收取工程款的收款收据14份,刘某在收款收据上进行了签字,证明刘某系圣达公司的工作人员,因此刘某在本案中的签字行为系代表圣达公司,圣达公司应当承担责任。大连市中级人民法院(2015)大民三终字第331号民事判决书、沈阳市中级人民法院(2014)沈中民二终字第2827号民事判决书,两份判决证明圣达公司与尚某某签订了劳动合同,劳动合同期限为自2011年1月1日起至美馨庄园二期项目工程4栋11层、18层竣工结算时止,因此尚某某为职务行为,圣达公司应当承担责任。二、原判决认定的基本事实缺乏证据证明。圣达公司认可美馨庄园项目部是其设立的,因此加盖的项目部公章能够代表圣达公司,且刘某、尚某某是圣达公司人员,其签字行为代表的是圣达公司,因此买卖合同的相对方是圣达公司,应由圣达公司承担责任。原审认定系尚某某个人与李某某发生的买卖合同关系,并判决尚某某个人承担责任,缺乏证据证明。三、原判决适用法律确有错误。圣达公司在原审庭审中承认刘某是该公司员工,尚某某是美馨庄园项目部负责人,该项目部是圣达公司下设部门。根据《最高人民法院关于适用〈中华人民共和国民事诉讼法〉的解释》第九十二条规定,"一方当事人在法庭审理中,或者在起诉状、答辩状、代理词等书面材料中,对于己不利的事实明确表示承认的,另一方当事人无需举证证明",故李某某对于上述圣达公司已承认的事实无需证明。刘某、尚某某以及美馨庄园项目部为了履行圣达公司承建宗骏公司的建设项目,在购销合同的签订及履行过程中的签字、盖章行为均应代表圣达公司,依据《中华人民共和国民法通则》第四十三条"企业法人对它的法定代表人和其他工作人员的经营活动，承担民事责任"之规定，应当由圣达公司承担责任，原判决确定民事责任明显违背法律规定。综上，请求撤销一、二审判决，判令永和公司与尚某某共同偿还560万元并承担本案全部诉讼费用。

在本院审查李某某的再审申请期间，圣达公司提供证据证明该公司于2015年3月9日更名为大连永和圣地建设集团有限公司。

被申请人永和公司辩称：一、《钢材购销合同》签订主体是尚某某。该公司不是买卖合同的主体，与李某某不存在法律上的买卖合同关系。二、尚某某的行为不构成表见代理。1. 在签订合同之前，李某某与圣达公司没有业务往来，尚某某也未代表圣达公司与李某某签订过类似合同；尚某某签订合同时并未向李某某出示授权文件表明自己具有代理权，合同上面也没有加盖原圣达公司公章，仅尚某某本人在合同上签字，在此情况下不足以达到使李某某有理由相信尚某某具有代理权的程度。2. 圣达公司于2011年5月18日出具授权委托书的授权日期是在签订钢材购销合同之后，说明在签订钢材购销合同时该公司未向李某某出具授权委托书，尚某某不构成表见代理，该行为的法律后果应由其个人承担。三、刘某的行为仅代表尚某某。1. 尚某某与圣达公司签订挂靠协议后，委托刘某到宗骏公司签订2011年2月23日的总包合同；2. (2014)海刑二初字第00325号刑事判决书中李某某、袁某某等人的供述证明刘某代表圣达公司仅是其个人观点，并不能以此认定刘某代表圣达公司；3. 依据2012年8月23日海城市派出所对尚某某的询问笔录，尚某某供述"刘某在工地负责全面现场工作，在工程开工之前我和刘某口头约定，以工程利润的1%作为他的报酬"；4. 依据2012年9月7日海城市派出所对刘某的询问笔录，刘某供述"我从2011年初就不是大连圣达的人了，是属于尚某某的人，由尚某某给我负责工资"；5. 根据2011年5月4日尚某某对刘某、尚某甲"授权委托书"及刘某出具的"说明"二份可以证明刘某是受尚某某委托，刘某代表尚某某；6. 大连市西岗区人民法院(2015)西民初字第843号民事判决已认定刘某系尚某某委托的该项目负责人，其对外签订协议行为的法律后果理应由尚某某承担。以上证据可以证明尚某某是挂靠圣达公司，是项目实际施工人，并雇佣刘某负责现场管理，并对刘某、尚某甲等人进行授权，刘某的行为代表尚某某，圣达公司与宗骏公司签订施工合同系尚某某与刘某所为。四、案涉钢材实为四期工程供应。尚某某、刘某、海城西柳建筑公司(袁某某)同时还承包了美馨庄园四期工程，在对应签订的《钢材购销合同书》和欠条上签字的均为尚某某、刘某，保证人为袁某某。因此，案涉钢材实际是四期工程供应。五、李某某并非善意相对人。1. 袁某某在庭审答辩说是作为尚某某的担保人，证明该合同的签订主体就是尚某某；2. 圣达公司2011年5月18日的授权委托书没有授权尚某某、刘某对外签订合同，而且该委托书是李某某所举证，说明李某某知晓授权范围。3. 2012年6月1日尚某某给李某某出具的"授权委托书"上所盖的圣达公司公章,已被司法鉴定部门认定为假印章,证明尚某某和李某某利用假印章伪造委托书,企图将责任嫁祸给圣达公司,李某某并非善意相对人。六、该工程圣达公司并未受益。1. 美馨庄园项目部是尚某某个人成立,是其自己联系工程后挂靠圣达公司,依据圣达公司与尚某某签订的《宗骏美馨庄园项目分包协议书》约定,尚某某承包施工的工程独立经营管理,自负盈亏,对外债务自行承担;2. 尚某某私刻圣达公司公章、财务专用章从发包方宗骏公司领取了工程款,宗骏公司通过抵房和现金共支付尚某某55 347 504.80元。圣达公司既没有收到发包方工程款,也没有从工程项目中受益,受益人是尚某某。因此,李某某应向尚某某主张权利。同时,永和公司还对一、二审判决确认的尚欠钢材款数额提出异议。

被申请人袁某某辩称:袁某某虽然是李某某与尚某某签订的钢材购销合同的担保人,但保证期限已过,依法应免除袁某某保证责任。一、合同中没有规定保证期限和保证方式,且李某某要求袁某某承担保证责任的时间即其提起诉讼的时间是2012年11月28日,已超过了袁某某的保证期间,故袁某某的保证责任依法已经免除。二、尚某某于2012年6月1日为李某某出具的欠条,李某某已接受,表明其同意尚某某在合同约定的付款期届满后,继续拖欠该笔欠款,这是对还款期限的重大变更,对此袁某某并不知情。综上,请求依法免除袁某某的保证责任,驳回李某某对袁某某的起诉。

被申请人尚某某未提交答辩意见。

李某某以圣达公司、尚某某、袁某某为被告,向鞍山市中级人民法院起诉称:圣达公司承包宗骏公司在海城西柳宗骏美馨庄园二期工程,授权委托刘某对该项目实施全面监督管理,尚某某为该项目负责人。尚某某与李某某于2011年5月14日签订《钢材购销合同书》,袁某某提供担保。李某某已提供价值7 598 256元的钢材,收到货款4 088 256元人民币,尚欠货款351万元及违约金至今未付。请求判令三被告连带承担给付义务,共同给付尚欠李某某货款351万元及违约赔偿金209万元,合计560万元,并承担本案诉讼费用。

辽宁省鞍山市中级人民法院一审查明:2011年2月23日,圣达公司与宗骏公司签订《建设工程施工合同》。约定宗骏公司将宗骏美馨庄园二期项目工程4栋11层和4栋18层发包给圣达公司施工。

在上述合同签订之前,圣达公司与尚某某于2011年1月1日签订《宗骏美馨庄园项目分包协议书》。主要内容为:一、项目部承包人不能再对外分包工程,经营过程中的一切财产与工程结算均属个人所有,并承担本项目约定的一切法律责任。三、尚某某在集团公司的监督下独立经营管理。该项目是尚某某与开发单位联系承包,施工过程中的一切事务由尚某某与开发单位接洽……七、工程价款的结算和支付:1. 圣达公司按工程总造价的7.5%收取税费。圣达公司收到建设单位支付的工程进度款，扣除应收费用和各项税金后，于转账支票款项到账后3天内支付给尚某某(该款项已包含但不限于尚某某工资、务工人员工资、圣达公司应缴纳社会保险费、机械费、材料费等全部费用)……5.建设单位支付的工程款双方均不得挪用，所得款项全部用于本项目开支，以保障工程进度的顺利进行。如圣达公司挪用此项目工程款，影响尚某某工程进度和工期，尚某某有保留向圣达公司索赔的权利。十五、(二)尚某某的权利和义务：3.尚某某对承包的施工工程自负盈亏，施工或所发生的材料价款、工人工资、对外债务等一切费用均由尚某某承担，由此产生的法律责任由尚某某承担。十六、法律责任：3.尚某某无特别授权书以圣达公司名义对外私自签订合同、协议，私刻、私盖印章的，属个人行为，涉及经济赔偿的，由尚某某自行承担。尚某某应赔偿由此给圣达公司造成的所有损失。

2011年5月14日，尚某某(甲方)与李某某(乙方)、袁某某(担保方)签订《钢材购销合同书》。约定李某某根据尚某某要求为其提供建筑钢材。关于付款方式，双方约定所供钢材按现场主管或保管员签收为准，货到卸车后尚某某付货款的50%，剩余50%货款一个月还清，每吨加收200元，逾期未还每月每吨加收300元。合同落款处有尚某某、袁某某的签字。

2011年5月18日，圣达公司出具授权委托书一份，内容为：1.委托沈阳分公司经理刘某对美馨庄园二期项目实施全面监督管理。2.委托尚某某任该项目负责人，履行施工现场工程技术、质量、安全生产、文明施工、施工管理人员、机械调配、民工工资核算、工程进度合同履行的权利与义务和工程款结算竣工验收。收支工程款和办理工程竣工验收时须持有圣达公司工程技术副总经理王某某和财务负责人郝某某签字，并持有圣达公司的财务专用章和发票。

2012年6月1日，尚某某、刘某给李某某出具一份欠条。内容为：截至2012年6月1日，圣达公司欠李某某钢筋款各项损失赔偿款及违约金560万元。欠条上有尚某某、刘某的签字，同时加盖了圣达公司、美馨庄园项目部公章。同日，尚某某、刘某向李某某出具一份授权委托书。内容为：圣达公司、美馨庄园项目部自愿委托宗骏公司，对美馨庄园二、四期工程结算后，扣除560万元工程款直接给付李某某，以支付我公司及项目部对李某某的欠款。该授权委托书下方有尚某某、刘某的签字，同时亦加盖了圣达公司、美馨庄园项目部的公章。

李某某还提供了34张出库单，欲证明从2011年5月16日至10月18日，李某某陆续向美馨庄园项目部工地提供钢材1 300.5535吨，累计货款为7 409 046元；另提供了2011年5月17日至同年7月28日的11张收款收据，证明圣达公司作为付款单位共计向李某某支付货款3 302 350元；还提供了一张2012年6月22日付款单位是宗骏公司、收款单位是圣达公司、收款事由为支付李某某钢筋款560万元的专用收款收据，该收据上加盖了圣达公司财务专用章。

根据圣达公司申请，一审法院委托辽宁仁和司法鉴定中心于2014年1月10日作出司法鉴定意见书一份。主要内容为：1. 2012年6月1日《授权委托书》中"大连圣达科建集团有限公司"印章印文与样本2005年2月1日《刻制印章登记表》原件中"大连圣达科建集团有限公司"印章印文不是同一枚印章所盖印。2. 2012年6月1日《欠条》中"大连圣达科建集团有限公司"印章印文与样本2005年2月1日《刻制印章登记表》原件中"大连圣达科建集团有限公司"印章印文不是同一枚印章所盖印。3. 2012年6月22日《专用收款收据(0077719)》中"大连圣达科建集团有限公司财务专用章"印章印文与样本2005年2月1日《刻制印章登记表》原件及《生产加工单(加工单号：审134920)》原件中"大连圣达科建集团有限公司财务专用章"印章印文均不是同一枚印章所盖印。

辽宁省鞍山市中级人民法院一审认为：圣达公司将其承包的美馨庄园二期项目工程分包给尚某某，依据双方分包协议书规定，尚某某对承包工程独立经营管理，自负盈亏，经营过程中的一切财产与工程结算均属个人所有。施工中所发生的材料价款、工人工资、对外债务等一切费用均由尚某某承担，由此产生的法律责任亦由尚某某承担。同时约定尚某某无特别授权书以圣达公司的名义对外私自签订合同、协议、私刻、私盖印章，属个人行为，涉及经济赔偿的，由尚某某自行承担，并赔偿由此给圣达公司造成的所有损失。

本案中《钢材购销合同书》的签订主体是李某某与尚某某和袁某某三方，无圣达公司盖章确认。虽然李某某提供了由尚某某、刘某签字确认并加盖了圣达公司印章的2012年6月1日的欠条及授权委托书，旨在证明圣达公司应对尚欠的货款及违约金承担给付责任，但根据一审法院委托鉴定机构作出的文检鉴定结论证实，该欠条及授权委托书中圣达公司印章与调取的圣达公司在公安机关备案的样本印章不一致，故李某某提供的2012年6月1日欠条及授权委托书中的圣达公司印章不真实。结合2011年5月18日圣达公司给尚某某出具授权委托的内容，及前述美馨庄园项目分包协议的相关规定，尚某某无权代表圣达公司就本案诉争工程对外签订买卖合同。李某某作为合同相对人亦应当承担举证责任，不仅应当证明代理行为存在诸如合同书、公章、印鉴等有权代理的客观表象形式要素，而且应当证明其在合同缔结与履行过程中尽到了合理的注意义务，且善意无过失地相信行为人具有代理权，但李某某并未对此举证加以证明，故尚某某与李某某签订买卖合同的行为不构成表见代理，尚某某与李某某之间的买卖关系依法存在。李某某提供的34张出库单和11张收款收据，只能证明李某某向尚某某实际供货的数量和金额以及尚某某已给付部分货款的事实，不能证明李某某与圣达公司之间存在买卖关系。虽然收款收据上记载的付款单位是圣达公司，但圣达公司对此不予认可，且该收款收据只是李某某的单方记账凭据，无圣达公司盖章确认。故对李某某要求圣达公司给付尚欠货款及违约金的诉讼请求，因无事实和法律依据，不予支持。

关于李某某请求尚某某给付尚欠货款351万元及违约金209万元的诉讼主张。鉴于双方合同中未约定货物的单价、数量及总价款，依据李某某提供的34张出库单记载的货物数量及单价、金额，累计李某某供货数量为1 300.5535吨，总货款为7 409 046元。同时，根据李某某提供的11张收款收据记载，其已收到的货款为3 302 350元，至此尚欠货款应为4 106 696元。但基于李某某请求给付的尚欠货款351万元及违约赔偿金209万元是依据2012年6月1日欠条中记载的内容而来，且尚某某对该欠条予以认可，故对李某某要求尚某某支付560万元的诉讼请求，予以支持。

关于李某某请求袁某某承担连带给付责任的诉讼主张。依照《中华人民共和国担保法》第十九条、第二十六条的规定，案涉购销合同中未约定担保人袁某某的保证方式及保证期间，依据合同第五条付款方式的规定，所供螺纹钢、线材按现场主管或保管员签收为准，货到卸车后尚某某付货款的50%，剩余50%货款一个月还清。因李某某最后一次供货是在2011年10月18日，按照合同约定，尚某某债务履行期届满日应为2011年11月17日，故袁某某承担的保证责任期间应从2011年11月17日起开始计算六个月至2012年5月17日止，在此期间李某某未向袁某某要求承担保证责任，其向法院提起诉讼的时间为2012年11月29日，袁某某的保证责任期间已过，依法应予免除保证责任。对李某某要求袁某某承担担保责任的诉讼请求，不予支持。

综上，一审法院依据《中华人民共和国合同法》第八条、第一百零七条、第一百三十条、《中华人民共和国担保法》第十九条、第二十六条、《中华人民共和国民事诉讼法》第六十四条第一款、第一百四十四条、《最高人民法院关于民事诉讼证据的若干规定》第二条之规定，判决：一、尚某某于判决生效后十日内给付李某某各项损失赔偿款及违约金合计560万元；二、驳回李某某的其他诉讼请求。如果尚某某未按判决指定的期间履行给付金钱义务，应当按照《中华人民共和国民事诉讼法》第二百五十三条的规定，加倍支付迟延履行期间的债务利息。案件受理费34 880元、鉴定费40 000元，由尚某某负担。

李某某不服一审判决，向辽宁省高级人民法院上诉称：一、一审判决认定买卖合同系尚某某个人行为，判决圣达公司不承担法律责任错误。1. 宗骏公司与圣达公司签订《建设工程施工合同》，约定由后者对包括案涉工程在内的美馨庄园二期项目房产进行开发建设，现圣达公司主张已将工程转包给了尚某某，应由尚某某个人对外承担责任，于法无据。李某某作为善意相对方，有理由相信圣达公司是真正的施工单位，李某某向圣达公司供货，该公司出具了加盖公章的收款收据，应承担法律责任。2. 圣达公司应对尚某某的行为承担法律后果。圣达公司作为施工单位，将案涉工程非法转包给尚某某个人，并将公司资质、账号、监理档案、备案手续等借用给尚某某使用,从中收取高额管理费用。圣达公司对尚某某的行为负有监管义务,应对尚某某的行为承担连带责任。案涉钢材实际已由圣达公司实际使用,故应由其承担付款义务。3. 本案中的公章真伪与否,不能改变圣达公司作为义务主体承担责任。李某某作为善意相对人,没有能力也没有义务鉴定以上公章的真伪,完全有理由相信上述公章是真实的,尚某某是在履行职务行为。二、李某某在起诉前多次找袁某某索要钢材款,袁某某多次出面帮助李某某与尚某某协调还款事宜,证明本案没有超过保证期间,袁某某应承担保证责任。

辽宁省高级人民法院二审认为,李某某与尚某某签订买卖钢材合同是双方当事人真实意思表示,内容不违反法律、行政法规的强制性规定,一审法院认定买卖合同有效正确。关于圣达公司是否应当承担责任的问题。由于买卖合同签订主体是李某某和尚某某,袁某某是担保人。圣达公司不是买卖合同签订主体,根据合同相对性原则,不应承担责任。李某某主张尚某某已构成对圣达公司表见代理。本案事实是圣达公司与尚某某签订了分包协议,明确约定尚某某对承包工程自负盈亏,施工或所发生的材料款、对外债务等一切费用均由尚某某承担。虽然,李某某提供了圣达公司于 2011 年 5 月 18 日授权委托书是真实的,但这份授权委托书是在李某某与尚某某双方签订买卖合同以后出具的,说明在签订买卖合同时尚某某未给李某某出示授权委托书,李某某在签订买卖合同时也未认为合同相对方是圣达公司。尚某某给李某某出具的 2012 年 6 月 1 日授权委托书和欠条、2012 年 6 月 22 日收款收据上加盖的圣达公司公章经鉴定均不是圣达公司公章,由于加盖的圣达公司公章是伪造的,李某某疏于审查,其有过错,因此,李某某主张本案尚某某构成对圣达公司表见代理的理由不充分,不予支持。另外,李某某主张尚某某与圣达公司签订的合同属于非法转包合同无效、圣达公司应承担连带责任问题。由于本案是买卖合同法律关系,圣达公司与尚某某之间的建筑承包关系是否有效不属于本案审理范围,本案也不能依据建筑承包协议的效力确认圣达公司承担连带责任。因此,李某某此项上诉理由不成立,不予支持。关于一审法院判决免除袁某某担保责任问题。由于袁某某为尚某某担保未约定担保期限,按照担保法规定,担保期限为 6 个月,一审法院认定李某某未在担保期限内主张权利,已过保证期限。李某某二审期间未提供向担保人袁某某主张权利的证据,故李某某主张担保人袁某某承担担保责任理由不充分,不予支持。依照《中华人民共和国民事诉讼法》第一百七十条第一款第一项之规定,判决:驳回上诉,维持原判。二审案件受理费 34 880 元,由李某某负担。

本院再审开庭审理过程中,李某某除了坚持申请再审时提出的再审请求之外,还提出请求判令袁某某承担连带保证责任。再审审理中李某某提供了四组新的证据,分别是:1. 辽宁省海城市人民法院(2014)海刑二初字第 325 号刑事判决书。该刑事判决认定圣达公司、刘某、尚某某均构成拒不支付劳动报酬罪,其中载明"被告单位大连圣达科建集团有限公司于2011年2月与辽宁宗骏地产开发有限公司签订工程承包协议书,由大连圣达科建集团有限公司承建西柳宗骏美馨庄园二期项目工程。被告人刘某受圣达公司的委托对该工程全面监督管理、被告人尚某某任该项目负责人,海城市人力资源和社会保障局劳动保障监察责令改正书确认大连圣达科建集团有限公司拖欠工人工资数额是6 343 802元……"证明刘某、尚某某系圣达公司的工作人员。2. 天津市第二中级人民法院就张某某诉圣达公司、海城市西柳建筑有限公司租赁合同纠纷案件作出的(2013)二中民二终字第277号和(2015)二中民二终字第27号民事判决书。在上述判决中认定美馨庄园二期项目由圣达公司承建,尚某某有圣达公司的授权委托书,美馨庄园项目部公章在工程建设过程中真实存在并实际使用,尚某某、刘某的行为系代表圣达公司,李某某认为本案也应当作出相同认定,判令圣达公司应当承担民事责任。3. 辽宁省大连市中级人民法院(2015)大民三终字第331号民事判决、辽宁省沈阳市中级人民法院(2014)沈中民二终字第2827号民事判决。证明2011年1月1日,圣达公司与尚某某签订劳动合同书,约定劳动合同期限为自2011年1月1日起至宗骏美馨庄园二期项目工程竣工结算时止,两者之间存在劳动合同关系,尚某某是职务行为。4. 圣达公司从宗骏公司收取工程款的收款收据14份,证明宗骏公司与圣达公司之间存在建设工程施工合同关系,而刘某在上述收款收据上签字,说明刘某系圣达公司工作人员,其在本案欠条上的签字也代表圣达公司。

本院当庭组织各方当事人对上述证据进行了质证,被申请人永和公司质证称,对前三组证据的真实性没有异议,但同时认为第一组证据刑事判决书中当事人的陈述不能作为本案证据使用;第二组证据两份民事判决书不能作为判例适用,美馨庄园项目部是尚某某自己设立的,刘某是受尚某某委托,圣达公司未授权其签订钢材购销合同;第三组证据的民事判决书载明尚某某与圣达公司存在劳动合同关系,是另案项目工程,与本案无关。永和公司对第四组证据即收款收据的真实性、合法性、关联性均有异议,认为该组证据并非正规的财务收款收据,其中并没有圣达公司盖章,永和公司也未得到收据当中所列明的款项及抵顶的房屋,该证据与本案无关。

被申请人袁某某对上述新的证据真实性没有异议,认为上述证据与袁某某无关,不发表质证意见。

鉴于各方当事人对前三组证据的真实性均无异议,本院予以确认。本院认为,根据上述证据可以认定美馨庄园项目部是圣达公司设立的负责宗骏美馨庄园二期项目的机构,而尚某某、刘某作为项目部负责人,具体负责案涉工程的施工活动。对于第四组证据,因该证据并非正规的财务收款收据,且永和公司亦不认可,本院对该组证据不予采信。

被申请人永和公司在再审庭审中向法庭提供上海浦东发展银行西岗银行的贷记

通知汇款单一组，证明该公司没有收到尚某某在刑事案件中所称付给该公司的200万元管理费，分包协议中约定的尚某某缴纳的200万元管理费，由该公司直接支付给尚某某所欠姜某的个人借款。

李某某质证认为，该证据中银行加盖的印章中体现其取证的时间为2011年7月8日，因此不属于新的证据。该组证据中所支付的主体与本案的案涉当事人主体不同，凭证中体现的圣达汽配公司和大连机电五金公司均不是本案的当事人。永和公司称"200万元取得的时间是在2011年7月8日"，但在《现金用款单》中可以体现出该笔钱的支付的时间为2011年3月21日。

被申请人袁某某质证认为，该组证据与袁某某无关，不发表质证意见。

本院认为，永和公司提交的上述证据与本案需要查明的尚某某、刘某与该公司的关系之间没有必然联系，而且该证据中载明的付款和收款主体均不是本案当事人，故对该证据本院不予采信。

本院再审审查过程中，被申请人永和公司申请证人刘某出庭作证，证人刘某证明其受尚某某雇佣负责涉案项目的相关工作。李某某对证人刘某的证言不予认可。

本院认为，刘某对于其与尚某某之间关系的证言只能说明圣达公司或者美馨庄园项目部内部之间的关系，无法证明其对外不能代表圣达公司或者美馨庄园项目部。

另外，本院在再审审查期间，依法调取了天津市滨海新区人民法院（2012）滨塘民初字第5796号张某某诉圣达公司、海城市西柳建筑有限公司租赁合同纠纷一案的庭审笔录，并组织双方当事人对该庭审笔录进行了质证，圣达公司在该案庭审笔录中陈述，宗骏美馨庄园二期项目是由该公司实际施工，并成立了项目部，项目负责人是尚某某，刘某和尚某某是该公司的工作人员。

李某某对该庭审笔录内容没有异议。永和公司质证认为美馨庄园项目部是尚某某设立的，并不是该公司设立的。

本院审理查明的其他事实与一、二审查明的事实一致。

本院认为，围绕当事人的再审请求，结合本院再审庭审查明的事实，本案主要有以下两个争议焦点，一是永和公司是否系案涉钢材购销合同的责任主体以及应否承担付款责任，二是本案尚欠工程款的数额。

关于第一个焦点问题，即永和公司是否系案涉钢材购销合同的责任主体以及应否承担责任的问题。首先，案涉美馨庄园二期项目系以圣达公司的名义承包建设，根据圣达公司与尚某某签订的《宗骏美馨庄园项目分包协议书》、圣达公司2011年5月18日出具的《授权委托书》、圣达公司在已生效的另案刑事判决、民事判决中的自认以及法院认定的事实，可以认定美馨庄园项目部是圣达公司设立的具体负责案涉工程施工的部门，尚某某、刘某是圣达公司委托任命的项目负责人，负责案涉工程项目施工管理。尽管永和公司否认尚某某、刘某系圣达公司的工作人员，但无论尚某某、刘某与圣达公司是否具有劳动法意义上的劳动合同关系，根据现有证据，足以认定尚某某、刘某均是受圣达公司委托从事与项目有关的民事行为，美馨庄园项目部、尚某某实施的与案涉工程有关的行为对外可以代表圣达公司。而且，圣达公司在天津市滨海新区人民法院审理的张某某诉圣达公司、海城市西柳建筑有限公司租赁合同纠纷一案的庭审笔录中已经自认美馨庄园二期项目是该公司实际施工，并成立了项目部，项目负责人是尚某某，刘某和尚某某是该公司的工作人员。其次，案涉《钢材购销合同书》虽然是以尚某某个人名义与李某某签订，但是2012年6月1日尚某某、刘某给李某某出具欠条，欠条上加盖了圣达公司和美馨庄园项目部的印章。尽管欠条上圣达公司的印章与该公司备案印章不一致，但是对于欠条上加盖的美馨庄园项目部印章和尚某某、刘某的签字各方当事人均无异议。美馨庄园项目部在欠条上加盖印章和尚某某、刘某签字的行为，不仅表明了欠付货款的事实，也表明了美馨庄园项目部对于尚某某与李某某之间钢材购销合同的追认，如前所述，美馨庄园项目部是圣达公司设立，尚某某、刘某是受圣达公司委托负责项目部的工作，因此，圣达公司应当视为尚某某与李某某钢材购销合同法律关系的当事人，受到该购销合同的约束。第三，尚某某是否是案涉工程的实际施工人并非本案的审理范围，圣达公司依据其与尚某某之间订立的分包协议主张美馨庄园项目部并非该公司设立，尚某某独立对案涉工程进行施工建设，以及无特别授权不能对外代表圣达公司等，属于其与尚某某的内部约定，不具有对外的效力。第四，李某某虽然是与尚某某个人签订的钢材购销合同，但此时尚某某已经与圣达公司签订了项目分包协议，其项目部承包人的身份已经确定，并且要在圣达公司的监督下独立经营管理，因此，李某某有理由相信尚某某与其订立钢材购销合同是代表圣达公司的，而之后圣达公司于2011年5月18日出具《授权委托书》以及案涉钢材购销合同的履行过程也证明了尚某某是代表圣达公司签订的本案钢材购销合同，并且，该购销合同法律关系也得到了圣达公司和美馨庄园项目部的认可。圣达公司抗辩主张尚某某和李某某利用假的圣达公司印章伪造2012年6月1日授权委托书，企图将责任嫁祸给圣达公司，李某某并非善意相对人，没有事实依据。综上所述，本院认为，美馨庄园项目部系圣达公司设立，刘某、尚某某系圣达公司工作人员，具体负责该项目，因此在工程施工过程中尚某某、刘某对外签订本案购销钢材合同及出具欠条的行为，应视为履行圣达公司职务的行为，根据《中华人民共和国民法通则》第四十三条规定，企业法人对它的法定代表人和其他工作人员的经营活动，承担民事责任，故圣达公司应对其工作人员尚某某、刘某在案涉钢材购销合同中实施的民事行为承担责任。

关于尚欠货款的数额问题。李某某在一审时的诉讼请求是货款351万元及违约赔偿金209万元，合计560万元。永和公司再审庭审中主张，其认可一、二审判决认定的尚欠货款本金为351万元，但对于违约金数额不予认可，认为尚某某与李某某在钢材购销合同中约定的违约金数额过高，不应予以支持。本院认为，根据原判决认定，李某某最后一次供货是在 2011 年 10 月 18 日，因尚某某和美馨庄园项目部一直拖欠货款未付，双方于 2012 年 6 月 1 日以欠条的形式对于案涉欠付货款及违约赔偿金的数额予以确认，并同意将该款从宗骏公司结算工程款中扣除直接付给李某某，上述确认系双方当事人真实意思表示，且所欠付货款至今未付，故不应认定违约金数额约定过高，永和公司提出的违约金数额过高应当调整的抗辩理由不成立，本院不予支持。

关于李某某在再审庭审中提出的要求袁某某承担连带保证责任问题。案涉钢材购销合同中未约定担保人袁某某的保证方式及保证期间，依照《中华人民共和国担保法》第十九条"当事人对保证方式没有约定或者约定不明确的，按照连带责任保证承担保证责任"，应当认定袁某某的保证方式是连带责任保证。案涉钢材购销合同第五条关于付款方式约定，所供钢材按现场主管或保管员签收为准，货到卸车后尚某某付货款的百分之五十，剩余百分之五十货款一个月还清。因李某某最后一次供货是在 2011 年 10 月 18 日，按照合同约定，尚某某债务履行期届满日应为 2011 年 11 月 17 日，根据《中华人民共和国担保法》第二十六条"连带责任保证的保证人与债权人未约定保证期间的，债权人有权自主债务履行期届满之日起六个月内要求保证人承担保证责任。在合同约定的保证期间和前款规定的保证期间，债权人未要求保证人承担保证责任的，保证人免除保证责任"的规定，故袁某某承担的保证责任期间应从 2011 年 11 月 17 日起开始计算六个月至 2012 年 5 月 17 日止。李某某在袁某某的保证期间内未要求其承担保证责任，截至 2012 年 11 月 29 日向一审法院提起诉讼，已超过法定的保证责任期间，原判决免除袁某某的保证责任，认定事实清楚，适用法律正确。对李某某要求袁某某承担连带保证责任的诉讼请求，本院不予支持。

综上，原审判决尚某某承担付款责任，驳回李某某对圣达公司的诉讼请求，属于适用法律错误，应予纠正。本院依照《中华人民共和国民法通则》第四十三条、《中华人民共和国担保法》第十九条、第二十六条、《中华人民共和国民事诉讼法》第二百零七条第一款、第一百七十条第一款第二项之规定，判决如下：

一、撤销辽宁省高级人民法院（2014）辽民二终字第 00200 号、辽宁省鞍山市中级人民法院（2013）鞍民三初字第 13 号民事判决；

二、大连永和圣地建设集团有限公司于本判决生效后十日内给付李某某钢材款及违约损失 560 万元；

三、驳回李某某的其他诉讼请求。

如果大连永和圣地建设集团有限公司未按本判决指定的期间履行给付金钱义务，应当按照《中华人民共和国民事诉讼法》第二百五十三条的规定，加倍支付迟延履行期间的债务利息。

一审案件受理费34 880元、鉴定费40 000元、二审案件受理费34 880元，均由大连永和圣地建设集团有限公司负担。

本判决为终审判决。

审 判 长 高 珂
审 判 员 汪国献
审 判 员 苏 戈
二〇一六年九月十二日
法官助理 崔福涛
书 记 员 张 丹

〔评注〕

1. 本判决书样式供上级人民法院根据当事人申请而提审，经审理后作出实体处理时使用。本处实例是再审申请人对辽宁省高级人民法院的二审终审判决不服，向最高人民法院申请再审。最高人民法院提审后，经过审理作出实体判决，因而适用本样式。

2. 本实例的格式较为规范、完整，内容安排详略得当，是一个较好的范例。

（1）法院名称

《人民法院民事裁判文书制作规范》对标题中法院名称的要求是，"法院名称一般应与院印的文字一致"，故本裁定的标题中法院名称写为"中华人民共和国最高人民法院"。基层人民法院、中级人民法院名称前应冠以省、自治区、直辖市的名称，但专门人民法院除外。另外，涉外裁判文书，法院名称前一般应冠以"中华人民共和国"国名；非涉外裁判文书，地方人民法院、专门人民法院制作的裁判文书标题中的法院名称则无需冠以"中华人民共和国"国名。

（2）案号

根据最高人民法院《关于人民法院案件案号的若干规定》（2016年1月1日起施行）的附件1《人民法院案件类型及其代字标准》的规定，民事再审案件的类型代字为"民再"。

（3）当事人及委托诉讼代理人的基本情况

因文书上网的要求，基本信息已屏蔽。具体要求详见《人民法院民事裁判文书制作规范》。当事人委托了诉讼代理人的，在当事人基本情况后另起一行，写明"委托诉讼代理人"，并写明其基本情况。有两个诉讼代理人的，分行分别写明。

（4）当事人诉讼地位

再审案件中，当事人的诉讼地位表述为"再审申请人""被申请人"。其他当事人按照原审诉讼地位表述，如，一审终审的，列为"原审原告""原审被告""原审第三人"；二审终审的，列为"二审上诉人""二审被上诉人"等。再审申请人、被申请人和其他当事人诉讼地位之后，用括号注明一审、二审诉讼地位。

(5) 判决书对案件事实、原审过程等部分的写法

提审判决的文书该部分的制作方法，应根据案件的具体情况，灵活处理。总体要求概述从最初发生诉讼直到本次再审的基本脉络。包括：第一，当事人在再审中的诉辩意见。先写再审诉讼请求，再写再审事实和理由。第二，当事人在本案以往诉讼中的诉讼请求、事实和理由。尤其要写明原告的一审诉讼请求。当事人在二审程序中的诉辩主张可以视情况简写，但上诉请求不应省略。第三，本案历次裁判认定的基本事实。应当注意繁简得当，着重叙述与本次再审争议相关的事实，其他事实概括叙述。第四，历次裁判的基本理由。一审理由可以省略，但再审维持一审裁判结果的，应概述一审理由；原生效判决的说理适当归纳后简要写明。第五，历次裁判案号、裁判主文的准确内容。

本判决书体现了上述对再审提审判决的制作要求。除此以外，针对再审判决的特点以及本案的具体情况，本判决书在制作上有如下特点：①详细叙述辽宁省鞍山市中级人民法院一审认定的事实，没有重复叙述二审认定的事实；在一审、二审认定的事实一致的情况下，这样的做法是可取的。②围绕当事人的再审请求，对再审期间提交的新的证据，组织举证、质证，对无争议的证据，予以确认；对有争议的证据，写明争议的证据名称及对争议证据认定的意见和理由。对争议事实，写明事实认定意见和理由。其他事实，因与一审、二审认定的一致，写明"本院审理查明的其他事实与一、二审查明的事实一致"。

(6) 裁判理由

文书规范要求"针对当事人的诉讼请求，根据认定的案件事实，依照法律规定，明确当事人争议的法律关系，阐述原告请求权是否成立，依法应当如何处理""说理应当围绕争议焦点展开"。文书样式要求"写明争议焦点，根据再审认定的案件事实和相关法律，对再审请求进行分析评判，说明理由"。本判决书在文书说理部分，首先归纳了本案的两个争议焦点，并根据争议焦点，逐一进行分析论证，层次清晰明确。最后对原审的认定结论是否正确进行了评价，认为"原审判决尚某某承担付款责任，驳回李某某对圣达公司的诉讼请求，属于适用法律错误，应予纠正"，以此作为撤销原判的说理依据。当然，对于案件事实清楚、当事人争议不大的，可以不列争议焦点。

(7) 判决主文

本文属于全部改判的情形，故判决第一项撤销辽宁省高级人民法院和辽宁省鞍山市中级人民法院的民事判决，判决第二项写明判决的具体内容。因最高人民法院

"对李某某要求袁某某承担连带保证责任的诉讼请求"不予支持,即当事人的诉讼请求没有全部支持,故另起一行,以"驳回李某某的其他诉讼请求"作为判决第三项。如对当事人的诉讼请求全部予以支持,则无需写此判项。

本案有金钱给付内容,另起一行写明:"如果大连永和圣地建设集团有限公司未按本判决指定的期间履行给付金钱义务,应当按照《中华人民共和国民事诉讼法》第二百五十三条的规定,加倍支付迟延履行期间的债务利息。"

3. 《人民法院民事裁判文书制作规范》"四、落款""(一)署名"规定,合议庭的审判长,不论审判职务,均署名为"审判长";合议庭成员有审判员的,署名为"审判员";有助理审判员的,署名为"代理审判员";有陪审员的,署名为"人民陪审员"。独任审理的,署名为"审判员"或者"代理审判员"。书记员,署名为"书记员"。

本裁判文书将法官助理署名,放在书记员之上,是司法改革过程中对裁判文书法官助理署名的一种改革探索。《民事诉讼文书样式》对法官助理的署名没有明确规定,是否署名,如何署名,允许四级法院进行探索。

4. 根据《民事诉讼法》第二百零七条的规定,上级人民法院按照审判监督程序提审的,按照第二审程序审理,所作的判决、裁定是发生法律效力的判决、裁定。本样式是上级人民法院依当事人申请提审,应按照第二审程序审理,所作判决是发生法律效力的判决,故尾部最后一段表述为"本判决为终审判决"。

15. 民事判决书(依申请受指令/指定法院按一审程序再审用)

××××人民法院
民事判决书

(××××)……民再……号

再审申请人(原审诉讼地位):×××,……。
……

被申请人(原审诉讼地位):×××,……。
……

原审原告/被告/第三人:×××,……。
……

(以上写明当事人和其他诉讼参加人的姓名或者名称等基本信息)

再审申请人×××因与被申请人×××/再审申请人×××……(写明案由)一案,不服本院/××××人民法院(××××)……民×……号民事判决/民事调解书,向××××人民法院申请再审。××××人民法院于××××年××月××日作出(××××)……民×……号民事裁定,指令/指定本院再审本案。本院依法另行/依法组成合议庭(指定再审的不写另行),开庭审理了本案。再审申请人×××、被申请人×××(写明当事人和其他诉讼参加人的诉讼地位和姓名或者名称)到庭参加诉讼。本案现已审理终结。

　　×××申请再审称,……(写明再审请求、事实和理由)。

　　×××辩称,……(概述被申请人的答辩意见)。

　　×××述称,……(概述原审其他当事人的意见)。

　　×××向原审法院起诉请求:……(写明原审原告的诉讼请求)。原审法院认定事实:……。原审法院认为,……(概述原审判决理由)。原审法院判决:……(写明原审判决主文)。

　　围绕当事人的再审请求,本院对有争议的证据和事实认定如下:

　　……(写明再审法院采信证据、认定事实的意见和理由,对原审法院认定相关的事实进行评判)。

　　本院再审认为,……(写明争议焦点,根据再审认定的案件事实和相关法律,对再审请求进行分析评判,说明理由)。

　　依照《中华人民共和国民事诉讼法》第二百零七条第一款、……(写明法律文件名称及其条款项序号)规定,判决如下:

　　一、……;

　　二、……。

　　(以上分项写明裁判结果)

　　……(写明诉讼费用的负担)。

　　如不服本判决,可在判决书送达之日起十五日内,向本院递交上诉状,并按对方当事人的人数提出副本,上诉于××××人民法院。

审　判　长　×××
审　判　员　×××
审　判　员　×××

××××年××月××日
(院印)
书　记　员　×××

【说明】

1. 本判决书样式根据《中华人民共和国民事诉讼法》第二百零七条第一款制定，供人民法院依当事人申请，受指令或者受指定再审，按照第一审程序审理后，作出实体判决用。

2. 原审遗漏必须共同诉讼人，本次再审追加当事人的，其诉讼地位直接写作"原告""被告"，而不必表述为"再审原告"或者"追加原告"等。

3. 经审判委员会讨论的，要写明经本院审判委员会讨论决定情况。

4. 按照第一审程序再审的案件，所作判决并非终审判决，应当写明当事人可以向上一级人民法院上诉。

5. 制作本判决书时，另请参照"民事判决书（依申请提审判决用）"的说明。

【实例评注】

<h3 style="text-align:center">福建省高级人民法院
民事判决书 ①</h3>

（2013）闽民再初字第 1 号

申请再审人（原审被告）：林某某，男，1972 年 5 月 7 日出生，汉族，住厦门市思明区。

委托代理人：王某、胡某某，北京尚公律师事务所律师。

申请再审人（原审被告）：侯某某，女，1971 年 6 月 24 日出生，汉族，住厦门市集美区。

委托代理人：林某乙，男，汉族，1974 年 7 月 19 日出生，住厦门市集美区。

申请再审人（原审被告）：漳州悦华浦头房地产开发有限公司，住所地漳州市芗城区。

法定代表人林某某，执行董事。

委托代理人：王某、胡某某，北京尚公律师事务所律师。

申请再审人（原审被告）：漳州市龙文区桂溪房地产开发有限公司，住所地漳州市龙文区。

法定代表人林某某，执行董事。

委托代理人：王某、胡某某，北京尚公律师事务所律师。

---

① 来源：中国裁判文书网。

申请再审人(原审被告):厦门万嘉房地产开发有限公司,住所地厦门市思明区。
法定代表人林某某,执行董事。
委托代理人:王某、胡某某,北京尚公律师事务所律师。
申请再审人(原审被告):厦门德新房地产开发有限公司,住所地厦门市海沧区。
法定代表人林某某,执行董事。
委托代理人:王某、胡某某,北京尚公律师事务所律师。
申请再审人(原审原告):林某甲,男,1973年3月31日出生,汉族,住厦门市湖里区。

林某某、侯某某、漳州悦华浦头房地产开发有限公司(以下简称悦华公司)、漳州市龙文区桂溪房地产开发有限公司(以下简称桂溪公司)、厦门万嘉房地产开发有限公司(以下简称万嘉公司)、厦门德新房地产开发有限公司(以下简称德新公司)与林某甲民间借贷纠纷一案,各方当事人均不①服本院(2008)闽民初字第18号民事判决,向最高人民法院申请再审。最高人民法院于2013年6月19日作出(2012)民申字第1356号民事裁定,指令本院再审本案。本院依法另行组成合议庭,公开开庭审理了本案。林某某、悦华公司、桂溪公司、万嘉公司、德新公司的委托代理人王某、胡某某律师,侯某某的委托代理人林某乙,林某甲到庭参加诉讼。本案现已审理终结。

2008年10月14日,原审原告林某甲诉称,林某某至还款期限届满,未能依约还款,至起诉时拖欠其借款本金人民币(下同)9 311万元。请求判令:1. 林某某、侯某某共同偿还借款本金人民币9 311万元及相应的逾期还款违约金;2. 悦华公司、桂溪公司、万嘉公司和德新公司对第1项诉讼请求所列之借款本息及本案诉讼费用承担连带清偿责任;3. 林某某、侯某某承担本案诉讼费用。

原审被告林某某辩称,1. 林某甲实际支付给其的借款为8 290万元;2. 其已主动还款4 429万元,尚欠林某甲借款本金3 939万元;3. 双方还存在其他经济往来,林某甲尚欠其641万元;4. 以房抵债1 700万元还应从尚欠的借款本金3 939万元中扣除;5. 林某甲主张按日千分之三计算逾期还款违约金缺乏事实和法律依据。

原审查明,2007年9月26日,林某某作为甲方、林某甲作为乙方签订《借款合同》,约定:为便于查询,林某甲向林某某提供在本合同有效期内最高额为3 000万元的借款。具体每期借款金额、期限及利息以该笔借款所附借据记载为准。合同期限为一年。在合同有效期内,林某某有资金使用需求向林某甲借款时,应提前一周提出申请,经双方就该笔借款的金额、期限及利息协商一致后,林某某应出具借据,林某甲应于同日向林某某交付该笔借款金额。所借款项仅用于漳州"悦华星洲"土

---

① 中国裁判文书网公布的裁判文书遗漏"不"字。

地开发之目的。合同项下具体每笔借款的还款方式为"以借据所载期限为准,到期还款"。在借款期间,若林某某提出提前归还借款的要求,经林某甲书面同意,林某某可以提前归还全部或部分借款,相应该部分利息计算至该归还日止;如林某甲不同意,林某某坚持提前归还的,则林某某仍可向林某甲提前归还借款,但相应利息仍按本合同约定的借款期限计算。林某某以提供保证人、不动产抵押、动产质押等三种方式作为借款联合担保。具体担保事宜,双方另行订立担保合同,作为本合同的附件。双方还约定违约责任:1. 林某甲未按合同约定的时间及数额向林某某交付借款的,林某某有权解除合同,并要求林某甲承担相应的赔偿责任;2. 林某某未按合同约定的时间、金额向林某甲支付利息或归还借款的,对逾期部分,按日千分之三计收违约金;3. 林某某不按约定的用途使用借款的,林某甲有权解除合同,并要求立即归还借款。同时,林某某应按合同约定的借款期限及利率一次性支付全部利息。

2007年10月16日,双方签订《借款合同补充协议》,就2007年9月26日《借款合同》中的借款最高额变更为5 000万元。具体每期借款金额、期限及利息以该笔借款所附借据记载为准。《借款合同》其余部分继续适用。

2008年3月1日,双方签订《借款合同补充协议(二)》,就《借款合同》《借款合同补充协议》中的借款最高额变更为6 500万元。具体每期借款金额、期限及利息以该笔借款所附借据记载为准。《借款合同》其余部分继续适用。

上述《借款合同》《借款合同补充协议》《借款合同补充协议(二)》签订当日,林某某之妻侯某某分别向林某甲出具《共同还款承诺书》,承诺对《借款合同》项下林某某所负的债务(包括借款本金、利息、罚息违约金、损害赔偿及债权人为实现债权的一切合理费用),自愿承担共同偿还责任。悦华公司、桂溪公司、万嘉公司、德新公司与林某甲及林某某也分别于上述协议签订同日签署了相应的《担保合同》《担保合同补充协议》和《担保合同补充协议(二)》。《担保合同》中约定担保范围是林某某借款主合同项下的全部合同义务和产生的全部合同责任,以及林某甲为实现权利而支出的差旅费、诉讼(含执行)费、律师代理费等全部必要费用;担保期限至主合同履行完毕,林某某足额向林某甲归还全部本金及利息等相关款项之日止;担保方式为连带责任的保证,即如林某某未能履行或未能完全履行主合同约定的义务,林某甲届时有权选择向林某某或悦华公司、桂溪公司、万嘉公司、德新公司主张相应的权利。其中万嘉公司、德新公司作为担保人签订的《担保合同》,在担保方式上还增加约定万嘉公司以其名下车牌号为闽D×××××的奔驰轿车、闽D×××××的路虎汽车为林某某提供抵押担保,并提供机动车登记证书给林某甲作为设立抵押之凭证;德新公司以其名下车牌号为闽D×××××的捷豹越野车及车牌号为闽D×××××的宝马车为林某某提供抵押担保。万嘉公司、德新公司保证对上述车辆拥有所有权。

另查明，讼争的20份《借据》中仅以下6份《借据》约定了还款期限：1. 2007年9月26日借款650万元，约定借款期限自2007年9月26日至2008年3月25日。2. 2007年9月27日借款600万元，约定借款期限为2007年9月27日至2008年3月26日。3. 借款250万元的借据一张，没有注明借款日期，借款期限自2007年9月29日至2008年3月28日。4. 2007年10月15日借款2 000万元，借款期限自2007年10月15日至2008年3月14日。5. 2007年11月8日借款450万元，借款期限自2007年11月8日至2008年1月20日。6. 2008年1月9日借款500万元，借款期限自2008年1月9日至2008年3月8日。

就双方对借款数额及还款数额存在的争议，原审分析认定如下：

（一）关于林某某的实际借款金额

一审认为，双方对林某某自2007年9月26日至2008年6月6日向林某甲借款17笔计7 700万元及2008年5月27日通过转账方式借款590万元的事实均无异议，可予确认。从双方实际履行合同情况看，讼争的20份《借据》中有18份《借据》涉及的18笔借款是附有相应的转款凭证的，即林某甲以转账方式向林某某提供借款。林某甲主张2008年6月18日的500万元及2008年7月21日的511万元是以现金方式交付的，但在该两份《借据》上仅有填写"所借款项计人民币伍佰万元整""所借款项计人民币伍佰壹拾壹万元整"，没有填写向"林某甲"借款，也没有填写"付款方式"，没有约定以现金方式交付款项的金额，与其余的18份《借据》存在着明显的不同，林某甲对此没有进一步举证或说明。林某某提出的系其提前写了借据，但所涉款项未实际发生的解释符合双方《借款合同》的约定，可予采信。2008年5月27日《借据》载明林某甲以转账的方式交付600万元，没有对现金方式交付款项作出约定。所附的转账凭证体现，2008年5月27日林某甲作为付款方通过中国农业银行网上银行向林某某转账420万元及通过福建省农村信用合作社（农合社）向林某某账户存款170万元，林某甲主张该笔600万元借款中的其余10万元系以现金方式支付，其说法与该份《借据》载明的内容不符，亦未提供相应的证据，故对林某甲关于以现金方式交付10万元的主张不予采信。综上，林某某实际借款金额应认定为双方无争议的17笔借款计7 700万元及2008年5月27日通过转账方式的借款590万元，共计8 290万元。

（二）关于林某某的还款金额

林某某主张，其还款情况是：1. 至2008年6月19日，林某甲从林某某处取款零用及林某某主动还款，林某某先后偿还59笔款项共计4 429万元，其中本金4 351万元、第一笔借款650万元的6个月的利息78万元。2. 双方之间还有其他经济往来，林某甲尚欠林某某641万元。3. 2008年6月23日，林某某将厦门市思明区湖滨南路×1号×1、×2号×2的房产作价1 700万元过户到林某甲指定的李某某名下，以抵偿1 700万元的借款。故其实际偿还款项共计6 770万元，其中借款本金6 692万元，利息78万元。

对林某某关于其已偿还借款共计59笔，偿还金额为4 429万元的主张，一审认为：

(1)关于9笔转账方式的还款。林某某主张其通过转账方式偿还下列借款1211万元，即2007年10月15日通过中国农业银行厦门湖滨支行转账的120万元、2008年3月1日通过中国农业银行厦门宏业支行转账的52万元、2008年3月7日通过中国农业银行厦门宏业支行转账的250万元、2007年12月14日通过中国建设银行厦门城建支行转账的100万元、2008年3月1日通过中国建设银行厦门城建支行转账的37万元、2008年4月7日通过中国建设银行厦门城建支行转账的68万元、2008年4月28日通过中国建设银行厦门禾祥东支行转账的360万元、2008年5月13日通过中国建设银行禾祥支行转账的200万元、2008年5月7日由曾某通过中国建设银行网上银行转账的24万元。一审认为，由于2007年10月15日的120万元、2007年12月14日的100万元，是林某某转账给洪某某的，因洪某某没有出庭作证，无法证实上述2笔转账的款项系林某某偿还讼争借款的事实。对于曾某2008年5月7日通过转账的24万元，由于证人曾某没有出庭作证，对林某某关于曾某代为还款的24万元的主张不予认可。对于其余的6笔共计967万元，是林某某从其本人账户通过转账的方式汇入林某甲的账户，林某甲对转账凭条的真实性无异议，但提出双方还存在其他的经济往来，上述款项系林某某偿还讼争借款之外的欠款。林某某也确认双方之间确有存在着其他经济往来关系，其应当对所偿还的款项系讼争借款的主张承担举证责任，而其提供的补充证据一至五仅能反映双方之间尚存在其他经济往来关系，尚不足以证明其所偿还的是讼争借款，上述6笔转账的967万元款项也不应认定系林某某偿还讼争的借款。由上，对林某某关于上述9笔转账还款1 211万元的主张不予认定。

(2)关于其余50笔计3 218万元以现取现存或林某甲指定的人员洪某某从林某某账户取走现金的方式偿还。根据法院调取的银行进出账底单载明的内容，虽存在着29笔从林某某账户出账、林某甲账户进账的金额一致，银行序号为连号，也只能反映在连续的时间段内，发生从林某某的账户取走现金，并有同样金额的现金存入林某甲的账户的事实。对于林某某提供的洪某某的手稿，因没有书写人的签名，亦看不出与本案还款之间的关联性，且洪某某经本院通知没有出庭作证，由此产生的相应法律后果应由林某某承担。因此，对于存在现取现存或洪某某从林某某账户上取现的方式偿还借款，林某某未能就上述事实与偿还讼争借款二者之间的关联性作进一步的举证，仅凭上述银行进出账底单无法证明进出账底单所涉款项是林某某对讼争借款的偿还。因此，对林某某关于上述50笔还款3 218万元的主张不予采纳。

(3)对林某某关于双方存在其他经济往来，林某甲尚欠其641万元的主张，一审认为，林某某所提供的补充证据一至补充证据五，以及《中国农业银行厦门康乐支行的证明》，仅能证明双方存在其他的经济往来，无法证明与讼争借款之间的关联性，不予认定，林某某以此主张林某甲尚欠其641万元，不能成立。

(4)对林某某关于以厦门市思明区湖滨南路×1号×1、×2号×2的房产抵偿1 700万元借款的主张,一审认为,由于诉讼中林某甲于2009年11月20日确认林某某以2008年6月23日《协议书》中所涉及厦门市思明区湖滨南路×1号×1、×2号×2的两处房以1 700万元抵偿本案借款。林某甲的上述行为是其对以物抵债事实的确认,是在法律规定的范围内处分自己的民事权利和诉讼权利,对此,应予确认。故林某某偿还讼争借款本金为1 700万元。

综上,一审认为,2007年9月26日至2008年6月6日,林某某向林某甲实际借款8 290万元,已偿还借款本金1 700万元,尚欠林某甲的借款本金6 590万元至今未还。林某某辩称其还通过现取现存或取现的方式偿还借款本金6692万元及利息78万元,缺乏相应证据,不予采纳。双方在2007年9月26日的《借款合同》中约定林某甲对林某某未按合同约定的时间、金额利息或归还借款的,对逾期部分可按日千分之三计收违约金,据此林某甲主张林某某应对逾期偿还借款本金、利息的款项,按日千分之三标准计算违约金,可予支持。鉴于本案系民间借贷纠纷,以林某甲可能的实际损失为基础,兼顾本案合同的履行情况,根据公平和诚实信用原则综合衡量,参酌民间借贷的最高利率以银行同类贷款利率的四倍确定本案违约金较为公平合理,林某某要求对过高的违约金予以调整,符合法律规定,应予准许。对于《借据》中约定还款期限的6笔借款共计4 450万元,即2007年9月26日的650万元(还款期限为2008年3月25日)、2007年9月27日的600万元(还款期限为2008年3月26日)、2007年9月29日的250万元(还款期限为2008年3月28日)、2007年10月15日的2 000万元(还款期限为2008年3月14日)、2007年11月8日的450万元(还款期限为2008年1月20日)、2008年1月9日的500万元(还款期限为2008年3月8日),林某某本应支付自借款期限届满之日起至判决确定的还款之日止按中国人民银行同期同类贷款利率四倍计算的逾期还款违约金。由于2009年11月20日林某甲确认林某某以厦门市思明区湖滨南路×1号×1、×2号×2的房产抵偿本案1 700万元的欠款,林某某主张该1 700万元应优先抵偿2007年9月26日的650万元、2007年9月27日的600万元、2007年9月29日的250万元、2007年10月15日的2 000万元中的200万元,予以准许。故林某某应支付上述借款的自借款期限届满之日起至林某甲确认的实际还款之日即2009年11月20日止按中国人民银行同期同类贷款利率四倍计算的逾期还款违约金;对于其余的3840万元没有约定借款期限的,林某某应支付自起诉之日起至本判决确定的还款之日止按中国人民银行同期同类贷款利率四倍计算的逾期还款违约金。被告侯某某、悦华公司、桂溪公司、万嘉公司、德新公司经传票合法传唤,无正当理由不到庭,视为放弃相应的举证、质证及抗辩的权利,一审依法缺席判决。侯某某向林某甲所出具的《共同还款承诺书》是其真实意思表示,合法有效,且讼争款项系其与林某某夫妻关系存续期间发生的,根据《最高人民法院关于适用〈中华人民共和国婚姻法〉若干问题的解释(二)》第二十四条的规定,侯某某应与林某某共同偿还本案欠款。被告悦华公司、桂溪公司、万嘉公司、德新公司作为保证人在《担保合同》《担保合同补充协议》和《担保合同补充协议(二)》上签字,约定担保方式为连带责任的保证,依法应对担保范围内的债务承担连带保证责任。由于双方诉辩没有涉及2007年9月26日《担保合同》项下万嘉公司、德新公司车辆担保的责任问题,对此不予审查。据此,本院作出(2008)闽民初字第18号民事判决:

一、被告林某某、侯某某应自本判决生效之日起三十日内返还原告林某甲借款6 590万元及支付下列借款的按中国人民银行同期同类贷款利率四倍计算的逾期还款违约金(其中650万元的自2008年3月26日起、600万元的自2008年3月27日起、250万元的自2008年3月29日起、200万元的自2008年3月15日起至2009年11月20日止;1 800万元的自2008年3月15日起、450万元的自2008年1月21日起、500万元的自2008年3月9日起、3 840万元的自2008年10月9日起至本判决确定的还款之日止);二、被告漳州悦华浦头房地产开发有限公司、漳州市龙文区桂溪房地产开发有限公司、厦门万嘉房地产开发有限公司、厦门德新房地产开发有限公司对上述欠款及逾期还款违约金承担连带清偿责任;三、被告漳州悦华浦头房地产开发有限公司、漳州市龙文区桂溪房地产开发有限公司、厦门万嘉房地产开发有限公司、厦门德新房地产开发有限公司承担保证责任后,有权向被告林某某、侯某某追偿;四、驳回原告林某甲的其他诉讼请求。

林某某等人申请再审称:1. 原判对林某某已经归还巨额款项的事实未予认定,其中,现取现存1 784万元、转账7笔991万元(二者合计2 775万元),导致判决林某某多承担数千万的还款责任,明显存在错误;2. 原判对林某某以房抵债1 700万元的时间认定明显有误,从而加重了林某某的还款责任,1 700万元以房抵债的时间应为2008年5月27日;3. 原判林某某支付未清偿借款的按中国人民银行同期同类贷款利率四倍计算的逾期还款违约金,较林某甲的实际损失明显过高,应适当予以调整;4. 再审申请人悦华公司、桂溪公司、万嘉公司和德新公司按照最高额担保合同约定,本金最高担保范围为6 500万元,原审判令其就6 590万元本金承担担保责任,明显错误。综上,原判认定事实不清,适用法律错误,请求依法改判。

林某甲辩称,1. 原判对林某某已还款数额的认定是正确的;2. 原判关于以物抵债时间的认定并无不当,应予维持;3. 原判确定的违约金标准并不高,低于双方合同的约定,也无法弥补由此给答辩人造成的实际损失;4. 原判认定悦华公司、桂溪公司、万嘉公司和德新公司应承担担保责任并无不当。

林某甲申请再审称,1. 林某某向其实际借款金额为9 311万元,不是原判所认定的8 290万元,原判对林某某所借的1 021万元的借款金额未做认定,明显存在错误;2. 林某某以房抵债的1 700万元借款,应当是先行偿还双方约定的指定债务,而不能优先抵偿早期的数笔借款；3. 本案的逾期付款违约金不能按照银行同期同类贷款利率的四倍来计算，而应按双方约定的日千分之三来计算。综上，原判认定事实有误，适用法律不当，请求依法改判。

林某某等人辩称，1. 原判关于借款本金 8 290 万元的认定是正确的；2. 林某某以房抵债 1 700 万元的顺序双方是认可的，由于原判对其所提供的几千万还款没有认定，所以 1 700 万元才从头开始抵债；3. 原判确定的违约金明显过高，应以银行同期贷款利息计算违约金。

再审对原一审查明的双方当事人无异议的事实予以确认。

再审另查明，1. 根据林某某申请，本院向中国农业银行厦门禾祥分理处调取了 2008 年 5 月 23 日从林某某账户取款 20 万元后存入林某甲账户的相关存取款凭证，该笔存取款凭证银行流水号分别为 56270046 和 56270047，体现为连号。2. 根据林某甲与林某某双方当事人的申请，本院向厦门农村商业银行股份有限公司东渡支行调取了 2008 年 4 月 8 日从林某甲账户取款 400 万元后存入林某某账户的相关存取款凭证。虽该笔存取款凭证银行流水号不一致，但通过调取 2008 年 4 月 8 日该银行网点的会计凭证整理单显示该笔 400 万元的存取款在该网点确系连续发生。同时，该行解释农村商业银行的流水号全省同时在使用，现取现存凭证的流水号体现不一致符合操作规范。该行还针对该笔 400 万元现取现存出具了相关的证明并配合法院做了相关的笔录。

根据双方当事人的诉辩主张，本院再审中归纳出本案的五个争议焦点，并逐一分析如下：

（一）关于林某某的借款本金数额问题

林某某主张借款本金为 8290 万元，而林某甲主张借款本金为 9 311 万元，双方当事人主张的借款本金相差 1 021 万元，该 1 021 万元含 2008 年 6 月 18 日《借据》中涉及的 500 万元、2008 年 7 月 21 日《借据》中涉及的 511 万元以及 2008 年 5 月 27 日《借据》中涉及的 10 万元。

本院再审认为，林某某的借款本金应认定为 8 290 万元。

第一，林某甲所提供的 20 份《借据》均系格式合同，除了 2008 年 6 月 18 日的 500 万元及 2008 年 7 月 21 日的 511 万元的两份《借据》外，其余的 18 份《借据》均在"本人向所借款项计人民币……"的""处填写"林某甲"、在付款方式"以转账/电汇/或"中的"转账"处打钩、在"交付本人计人民币"的""处填写具体交付金额、在"以现金方式交付本人元整"的""处画线。2008 年 6 月 18 日的 500 万元及 2008 年 7 月 21 日的 511 万元的两份《借据》仅有填写"所借款项计人民币伍佰万元整""所借款项计人民币伍佰壹拾壹万元整"，其余的内容均为空白。讼争的 20 份《借据》中的 18 份《借据》均附有相应的转款凭证，而 2008 年 6 月 18 日的 500 万元及 2008 年 7 月 21 日的 511 万元的两份《借据》不仅没有相应的转款凭证，且相对于双方的借款习惯存在内容欠缺(如没有填写向"林某甲"借款,也没有填写"付款方式")。林某甲虽主张该两笔借款为现金支付,但没有提供相应的证据予以证实。林某某则主张该两张《借据》系其提前书写,但所涉款项未实际发生。现有证据不足以证明该两笔借款已经实际履行,林某某关于该两笔借款未实际发生的解释符合双方《借款合同》的约定及平时的借款习惯,可予采信,该两张《借据》不宜认定为借款本金。

第二,2008年5月27日《借据》中涉及的600万元。从该张《借据》所附的转账凭证看,有林某甲作为付款方通过中国农业银行网上银行向林某某转账420万元及通过福建省农村信用合作社(农合社)向林某某账户存款170万元的凭证。林某甲虽主张有10万元系通过现金支付,但该主张既与《借据》约定的转账方式不符,也未提供相应的证据予以证实。故,对林某甲关于以现金方式支付10万元的主张不予采信,对该笔借款应认定为590万元。

综上,林某某的借款本金应为双方均无异议的17份借据共计7700万元以及2008年5月27日《借据》中实际转账的590万元,合计8290万元。原判对林某某借款本金的认定并无不当,应予维持。林某甲关于借款本金为9311万元的申请理由不能成立。

(二)关于林某某主张的2795万元(含29笔现取现存共1784万元、再审中林某某申请法院依职权调取的1笔现取现存20万元以及7笔转账共991万元)能否认定为偿还本案讼争借款问题

林某某主张其已通过现取现存的方式从其账户上分30次取出1804万元并直接存入林某甲的账户、通过银行转账的方式从其账户上分7次向林某甲的账户转账991万元(其中第7笔24万元系从林某某账户转至曾某账户),上述金额共计2795万元系其用于偿还本案讼争借款,并提供了相应的银行存取款凭证及转账凭证予以佐证。林某甲对上述2795万元相应的银行存取款凭证及转账凭证的真实性没有异议,但其主张除本案讼争借款之外其与林某某尚存在其他经济往来,上述2795万元系林某某返还给其的案外借款,不能认定为返还本案讼争借款。再审中,林某甲向法院提供了7笔共计800万元的案外借款,主张该7笔借款均是从其个人账户转至林某某账户,林某某所主张的2795万元还款实际上系返还案外含该800万元在内的其他借款,而非返还本案借款。质证中,林某某对800万元中的335万元借款表示认可,但主张335万元中的225万元其已经通过现金方式返还,335万元中的100万元后来被林某甲的工作人员洪某某取走。

本院再审认为,林某甲主张林某某欠其借款9311万元,向法院提交了相应的20份借据用于证明该债权的存在;林某某主张其已通过现取现存及银行转账的方式向林某甲返还借款2795万元,并提供了相应的原始凭证,林某甲对上述原始凭证的真实性亦无异议。在双方均已初步完成举证责任的情况下,林某甲主张2795万元并非返还本案讼争借款,其应对2795万元与本案还款不具有关联性承担举证责任。再审中林某甲

虽提供了 800 万元的案外借款,但林某某只认可了其中的 335 万元并主张其已经返还,林某甲提供的该证据不足以证明 2 795 万元与本案还款不具有关联性。根据"谁主张、谁举证"的举证责任分配原则,在林某甲没有充分的证据证明 2 795 万元并非返还本案讼争借款的情况下,其应对此承担举证不能的法律后果。

综上,本院再审认为,原判认为林某某应当对 2 795 万元系返还本案讼争借款进一步举证系举证责任分配不当,应予纠正。根据现有证据,林某某所主张的现取现存 30 笔 1 804 万元及转账 7 笔 991 万元共计 2 795 万元可以认定为返还本案讼争借款。

(三)关于如何认定 1 700 万元以房抵债的时间问题

林某某主张原判对以房抵债 1 700 万元的时间认定有误,加重了林某某的还款责任,1 700 万元以房抵债的时间应为《协议书》中约定的借款日期 2008 年 5 月 27 日。林某甲主张以房抵债 1 700 万元的时间为 2009 年 11 月 20 日,即其在一审质证笔录中同意以房抵债的时间。其认为原判关于以房抵债时间的认定并无不当,应予维持。

本案 1 700 万元以房抵债涉及两处房产,一处是湖滨南路×2 号×2 号店铺(面积为 120.86 平方米),另一处是湖滨南路×1 号×1 号店铺(面积为 120.75 平方米)。经查,湖滨南路×2 号×2 号店铺仍在李某某(林某甲指定的案外人)名下,湖滨南路×1 号×1 号店铺于 2008 年 12 月 15 日转让于刘某某(林某甲作为刘某某的代理人在买卖合同上签名),当日,林某甲、李某某共同向厦门市房地产交易权籍登记中心申请房地产转让及权属登记。

本院再审认为,根据林某某与林某甲 2008 年 6 月 23 日所签订的《协议书》约定,在林某某还清林某甲借款 1 700 万元时,李某某应将两处房产过户至林某某或林某某指定的人名下。而林某甲在 2008 年 12 月 15 日将湖滨南路×1 号×1 号店铺转让于刘某某并申请相关权属登记,系对该处房产的处分,可视为林某甲同意该处房产以房抵债。根据《协议书》约定,两处房产各作价 850 万元作为担保。据此,湖滨南路×1 号×1 号店铺以房抵债 850 万元的时间应认定为 2008 年 12 月 15 日;湖滨南路×2 号×2 号店铺以房抵债 850 万元的时间应认定为 2009 年 11 月 20 日。原判将两处房产以房抵债的时间均认定为 2009 年 11 月 20 日不当,应予纠正。

(四)关于原审判决林某某按照中国人民银行同期同类贷款利率四倍支付违约金是否明显过高的问题

林某某主张按照银行同期同类贷款利率四倍支付违约金明显过高,应以同期银行贷款利率计算违约金;林某甲主张原判确定按银行同期同类贷款利率的四倍支付违约金过低,应按双方所约定的日千分之三确定违约金。

根据双方于 2007 年 9 月 26 日签订的《借款合同》的约定,林某某若未按本合同约定的时间、金额向林某甲支付利息或归还借款的,对逾期部分,按每日千分之三计收违约金。原判考虑到本案系民间借贷纠纷，以林某甲可能的实际损失为基础，兼顾本案合同的履行情况，根据公平和诚实信用原则综合衡量，参考民间借贷的最高利率以银行同类贷款利率的四倍确定本案违约金已趋公平合理。林某某关于按照同期银行贷款利率支付违约金及林某甲关于按照日千分之三支付违约金的申请再审理由均不能成立，不予支持。原判对违约金的酌定适当、合理，应予维持。

（五）关于原审判决悦华公司等四家公司承担连带担保责任范围是否有误的问题

林某某等主张悦华公司、桂溪公司、万嘉公司和德新公司按照最高额担保合同约定，本金最高担保范围为6 500万元，原审判令其就6 590万元本金承担担保责任，明显错误。林某甲主张原判认定悦华公司、桂溪公司、万嘉公司和德新公司应承担担保责任并无不当。

本院再审认为，根据本案《担保合同》《担保合同补充协议》《担保合同补充协议（二）》的约定，悦华公司、桂溪公司、万嘉公司和德新公司在林某某向林某甲借款的最高额6 500万元及相应的利息范围内承担担保责任。原审判令悦华公司、桂溪公司、万嘉公司和德新公司对林某某尚欠林某甲的6 590万元本金及相应的违约金承担连带清偿责任，已经超过了担保合同所约定的最高额担保范围。悦华公司、桂溪公司、万嘉公司和德新公司只需对林某某尚欠林某甲的6 500万元本金及相应的违约金承担连带清偿责任。林某某关于原判超过了担保合同的最高额担保范围的申请再审理由成立，应予支持。原判对担保责任范围的认定部分有误，应予纠正。

综上，本院再审认为，2007年9月26日至2008年6月6日，林某某向林某甲实际借款8 290万元，林某某已经偿还借款本金4 495万元（含现取现存及转账2 795万元+以房抵债1 700万元），尚欠林某甲借款本金3 795万元至今未还。原审认定林某某尚欠林某甲借款本金6 590万元认定事实有误，应予纠正；原判酌定逾期还款违约金按银行同类贷款利率的四倍确定适当、合理，应予维持；原判关于以房抵债的时间点认定部分有误，应予纠正，湖滨南路×1号×1号店铺以房抵债850万元的时间应认定为2008年12月15日，湖滨南路×2号×2号店铺以房抵债850万元的时间应认定为2009年11月20日；原判关于悦华公司、桂溪公司、万嘉公司和德新公司对林某某所负债务的担保责任范围的认定部分有误，应予纠正；原判关于侯某某应与林某某共同偿还本案欠款的认定正确，应予维持。本案经本院审判委员会讨论决定，依照《中华人民共和国民事诉讼法》第二百零七条第一款以及《中华人民共和国民法通则》第一百零六条第一款、第一百零八条、第八十九条第（一）项、《中华人民共和国合同法》第一百一十四条第二款、第二百一十条、第二百一十一条、《中华人民共和国物权法》第一百七十六条、《中华人民共和国担保法》第十八条、第三十一条及《最高人民法院关于适用〈中华人民共和国担保法〉若干问题的解释》第十九条第一款、《最高人民法院关于适用〈中华人民共和国婚姻法〉若干问题的解释（二）》第二十四条、《中华人民共和国民事诉讼法》第一百三十条之规定，判决如下：

一、① 维持本院(2008)闽民初字第 18 号民事判决第二、三、四项；

二、变更本院(2008)闽民初字第 18 号民事判决第一项为"被告林某某、侯某某应自本判决生效之日起三十日内返还原告林某甲借款 3795 万元及支付下列借款的按中国人民银行同期同类贷款利率四倍计算的逾期还款违约金（违约金计算起止时间详见附表一）"。

如果未按本判决指定的期间履行给付金钱义务的，应当依照《中华人民共和国民事诉讼法》第二百五十三条之规定，加倍支付迟延履行期间的债务利息。

本案案件受理费 647 608 元，由林某某、侯某某共同负担 263 953.65 元，由林某甲负担 383 654.35 元；诉讼保全费 5 000 元，由林某某、侯某某共同负担 2 037.91 元，由林某甲负担 2 962.09 元。

如不服本判决，可在判决书送达之日起十五日内向本院递交上诉状，并按对方当事人的人数提出副本，上诉于最高人民法院。

审　判　长　　柯永海
代理审判员　　陈　蔚
代理审判员　　刘振宇
二〇一五年四月二十二日
书　记　员　　黄清秀

附表一计算违约金起止时间清单（单位：万元）（此略）

附本案适用的主要法律条文：

《中华人民共和国民事诉讼法》

第二百零七条　　人民法院按照审判监督程序再审的案件，发生法律效力的判决、裁定是由第一审法院作出的，按照第一审程序审理，所作的判决、裁定，当事人可以上诉；发生法律效力的判决、裁定是由第二审法院作出的，按照第二审程序审理，所作的判决、裁定，是发生法律效力的判决、裁定；上级人民法院按照审判监督程序提审的，按照第二审程序审理，所作的判决、裁定是发生法律效力的判决、裁定。

人民法院审理再审案件，应当另行组成合议庭。

《中华人民共和国民法通则》

第一百零六条第一款　　公民、法人违反合同或者不履行其他义务的，应当承担民事责任。

---

① 中国裁判文书网公布的裁判文书遗漏"一、"。

第一百零八条　债务应当清偿。暂时无力偿还的，经债权人同意或者人民法院裁决，可以由债务人分期偿还。有能力偿还拒不偿还的，由人民法院判决强制偿还。

《中华人民共和国合同法》

第一百一十四条第二款　约定的违约金低于造成的损失的，当事人可以请求人民法院或者仲裁机构予以增加；约定的违约金过分高于造成的损失的，当事人可以请求人民法院或者仲裁机构予以适当减少。

第二百一十条　自然人之间的借款合同，自贷款人提供借款时生效。

第二百一十一条　自然人之间的借款合同对支付利息没有约定或者约定不明确的，视为不支付利息。自然人之间的借款合同约定支付利息的，借款的利率不得违反国家有关限制借款利率的规定。

《中华人民共和国物权法》

第一百七十六条　被担保的债权既有物的担保又有人的担保的，债务人不履行到期债务或者发生当事人约定的实现担保物权的情形，债权人应当按照约定实现债权；没有约定或者约定不明确，债务人自己提供物的担保的，债权人应当先就该物的担保实现债权；第三人提供物的担保的，债权人可以就物的担保实现债权，也可以要求保证人承担保证责任。提供担保的第三人承担担保责任后，有权向债务人追偿。

《中华人民共和国担保法》

第十八条　当事人在保证合同中约定保证人与债务人对债务承担连带责任的，为连带责任保证。

连带责任保证的债务人在主合同规定的债务履行期届满没有履行债务的，债权人可以要求债务人履行债务，也可以要求保证人在其保证范围内承担保证责任。

第三十一条　保证人承担保证责任后，有权向债务人追偿。

《最高人民法院关于适用〈中华人民共和国担保法〉若干问题的解释》

第十九条第一款　两个以上保证人对同一债务同时或者分别提供保证时，各保证人与债权人没有约定保证份额的，应当认定为连带共同保证。

《最高人民法院关于适用〈中华人民共和国婚姻法〉若干问题的解释(二)》

第二十四条　债权人就婚姻关系存续期间夫妻一方以个人名义所负债务主张权利的，应当按夫妻共同债务处理。但夫妻一方能够证明债权人与债务人明确约定为个人债务，或者能够证明属于婚姻法第十九条第三款规定情形的除外。

〔评注〕

1. 本判决书样式供人民法院依当事人申请，受指令或者受指定再审，按照第一审程序审理后，作出实体判决用。本处实例是再审申请人对福建省高级人民法院的一审生效判决不服，向最高人民法院申请再审。最高人民法院审查后，指令福建省高级人民法院再审本案。福建省高级人民法院依法另行组成合议庭，适用一审程序对本案进行再审并作出实体判决，故适用本样式。

2. 本实例是2015年制作的裁判文书，格式与公布的文书样式有一定的差异。在制作此类文书时，应充分注意。

(1) 案号

本案的案号为(2013)闽民再初字第1号，根据最高人民法院《关于人民法院案件案号的若干规定》(2016年1月1日起施行)第三条的规定，案号各基本要素的编排规格为："("＋收案年度＋")"＋法院代字＋类型代字＋案件编号＋"号"。根据该规定附件1《人民法院案件类型及其代字标准》的规定，民事再审案件的类型代字为"民再"。

(2) 委托诉讼代理人

《民事诉讼法》第五十八条第一款规定："当事人、法定代理人可以委托一至二人作为诉讼代理人。"当事人委托了诉讼代理人的，在当事人基本情况后另起一行，写明"委托诉讼代理人"，并写明其基本情况。有两个诉讼代理人的，分行分别写明。新民事诉讼文书样式将诉讼代理人表述为"委托诉讼代理人"。

(3) 当事人诉讼地位

再审案件中，当事人的诉讼地位表述为"再审申请人""被申请人"。其他当事人按照原审诉讼地位表述，本案为一审终审，列为"原审原告""原审被告"等。再审申请人、被申请人和其他当事人诉讼地位之后，用括号注明一审诉讼地位。原审遗漏必须共同诉讼人，本次再审追加当事人的，其诉讼地位直接写作"原告""被告"。

(4) 引用规范

《人民法院民事裁判文书制作规范》"三、正文""(六)理由"第6点，"引用法律条款中的项的，一律使用汉字不加括号，例如：'第一项'"。又如，本判决引用《中华人民共和国民法通则》第八十九条第一项，汉字不加括号，不写为"第八十九条第(一)项"。

3. 指令/指定再审一审判决的文书体例。

(1) 对案件事实、原审过程等部分的写法

指令/指定再审一审判决中该部分的写作，应根据案件的具体情况，灵活处理。总体要求概述从最初发生诉讼直到本次再审的基本脉络。本判决书体现了对再审提审判决的制作要求，针对再审判决的特点以及本案的具体情况，本判决书在制作上的特点是：事实叙述详略得当。针对双方当事人无异议的事实，采取详写原审，略写再审的做法。本案由于再审中，当事人没有提出对原审证据的争议，再审裁判文书没有列举证据；而对双方有异议的事实以及再审中出现的新的证据，针对性地予以分析和认定。

(2)裁判理由

文书规范要求"针对当事人的诉讼请求，根据认定的案件事实，依照法律规定，明确当事人争议的法律关系，阐述原告请求权是否成立，依法应当如何处理"，"说理应当围绕争议焦点展开"。文书样式要求"写明争议焦点，根据再审认定的案件事实和相关法律，对再审请求进行分析评判，说明理由"。本判决在文书说理部分，首先归纳了本案的五个争议焦点，并根据争议焦点，逐一进行分析论证，层次清晰明确，论理清楚。最后对原审的认定结论是否正确进行了评价，以此作为维持或者撤销原判的说理依据。当然，对于案件事实清楚、当事人争议不大的，可以不列争议焦点。

(3)判决主文

本文属于部分改判的情形，故判决第一项撤销该院原一审民事判决的第二、三项，判决第二项写明改判的具体内容。如采用"维持某判决某项，撤销某判决某项，变更某判决某项，增加新判项"等写法可能导致混乱、难于理解的，可以撤销前面的所有判决内容，重新作出判决。

本案有金钱给付内容，另起一行写明："如果未按本判决指定的期间履行给付金钱义务，应当按照《中华人民共和国民事诉讼法》第二百五十三条的规定，加倍支付迟延履行期间的债务利息。"

4.《人民法院民事裁判文书制作规范》"四、落款""（一）署名"规定，合议庭的审判长，不论审判职务，均署名为"审判长"；合议庭成员有审判员的，署名为"审判员"；有助理审判员的，署名为"代理审判员"；有陪审员的，署名为"人民陪审员"。独任审理的，署名为"审判员"或者"代理审判员"。书记员，署名为"书记员"。

5. 裁判文书后的"附"。

(1)本判决以附表的形式，列明计算违约金起止时间清单，是对裁判文书格式的创新。由于本案中涉及的借款笔数较多，采用附表的形式列明，保证了文书的流畅性，避免了繁琐的依据说明，也明确了违约金的计算标准，不失为一种可供参考的方法。《人民法院民事裁判文书制作规范》也有类似方法的使用，在"当事人的基本情况"一节，在代表人诉讼中，被代表或者登记权利的当事人人数众多的，可以采取名单附后的方式表达。

(2)本判决将本案适用的主要法律条文附在裁判文书之后，便于当事人了解具体的法律规定，有利于公开裁判理由，强化裁判文书说理，对裁判文书的格式是一种有益的创新形式。

6. 制作本判决时，另请参照本章样式14"民事判决书（依申请提审判决用）"的说明和评注。

16. 民事判决书（依申请受指令／指定法院按二审程序再审用）

××××人民法院
民事判决书

（××××）……民再……号

再审申请人(一、二审诉讼地位)：×××：……。
……

被申请人(一、二审诉讼地位)×××：……。

二审上诉人/二审被上诉人/第三人(一审诉讼地位)：×××，……。
……

(以上写明当事人和其他诉讼参加人的姓名或者名称等基本信息)

再审申请人×××因与被申请人×××/再审申请人及×××……(写明案由)一案，不服本院/××××人民法院（××××）……号民事判决/民事调解书，向××××人民法院申请再审。××××人民法院于×××年××月××日作出（××××）……号民事裁定，指令/定本院再审本案。本院依法另行/依法组成合议庭(指定再审的不写另行)，开庭审理了本案。再审申请人×××、被申请人×××(写明当事人和其他诉讼参加人的诉讼地位和姓名或者名称)到庭参加诉讼。(未开庭的，写明：本院依法组成合议庭审理了本案)。本案现已审理终结。

×××申请再审称，……(写明再审请求、事实和理由)。

×××辩称，……(概述被申请人的答辩意见)。

×××述称，……(概述原审其他当事人的意见)。

×××向一审法院起诉请求：……(写明一审原告的诉讼请求)。一审法院认定事实：……。一审法院判决：……(写明一审判决主文)。

×××不服一审判决，上诉请求：……(写明上诉请求)。二审法院认定事实：……(概述二审认定事实)。二审法院认为，……(概述二审判决理由)。二审法院判决：……(写明二审判决主文)。

围绕当事人的再审请求，本院对有争议的证据和事实认定如下：

……(写明再审法院采信证据、认定事实的意见和理由，对一审、二审法院认定相关的事实进行评判)。

本院再审认为，……(写明争议焦点，根据再审认定的案件事实和相关法律，对再审请求进行分析评判，说明理由)。

综上所述，……（对当事人的再审请求是否成立进行总结评述）。依照《中华人民共和国民事诉讼法》第二百零七条第一款、第一百七十条第一款第×项、……（写明法律文件名称及其条款项序号）规定，判决如下：

一、……；

二、……。

（以上分项写明判决结果）

……（写明诉讼费用的负担）。

本判决为终审判决。

审　判　长　×××
审　判　员　×××
审　判　员　×××

××××年××月××日
（院印）
书　记　员　×××

【说明】

1. 本判决书样式根据《中华人民共和国民事诉讼法》第二百零七条第一款、第一百七十条第一款制定，供人民法院依当事人申请，受指令或者受指定再审，按照第二审程序审理后，作出实体判决用。

2. 制作本判决书时，另请参照"民事判决书（依申请提审判决用）"的说明。

【实例评注】

广东省高级人民法院

民事判决书 [①]

（2016）粤民再83号

再审申请人（一审被告、二审被上诉人）：英德市中实投资有限公司。住所地：广东省英德市帽子峰三号路南、滨江路以西英德市。

法定代表人：梁某某，该公司董事长。

[①] 来源：中国裁判文书网。

委托诉讼代理人：林某某，广东盈辉律师事务所律师。

被申请人(一审原告、二审上诉人)：杜某某，男，汉族，住广东省清远市清城区。

委托诉讼代理人：曾某某，广东沁森律师事务所律师。

被申请人(一审被告)：清远市宜居房地产开发有限公司。住所地：广东省清远市。

法定代表人：孙某某。

二审上诉人(一审被告)：杨某某，男，壮族，住广东省广州市越秀区。

委托诉讼代理人：梁某丁，广东定海针(清远)律师事务所律师。

委托诉讼代理人：赖某某，广东中肯律师事务所律师。

一审被告：清远市汇业融资担保有限公司。住所地：广东省清远市。

法定代表人：孙某某。

一审被告：清远市广胜织造有限公司。住所地：广东省清远市扶贫区。

法定代表人：孙某甲。

一审被告：孙某某，男，汉族，原住广东省广州市番禺区，现在广东省北江监狱服刑。

一审被告：廖某某，男，汉族，住广东省清远市清城区。

一审被告：孙某乙，男，瑶族，住广东省清远市清城区。

一审被告：孙某甲，男，壮族，原住广东省清远市清城区，现在广东省北江监狱服刑。

一审被告：余某某，女，汉族，住广东省清远市清城区凤城。

再审申请人英德市中实投资有限公司(以下简称中实公司)因与被申请人杜某某、清远市宜居房地产开发有限公司(以下简称宜居公司)，二审上诉人杨某某，一审被告清远市汇业融资担保有限公司(以下简称汇业公司)、清远市广胜织造有限公司(以下简称广胜公司)、孙某某、廖某某、孙某乙、孙某甲、余某某借款合同纠纷一案，不服本院(2014)粤高法民二终字第14号民事判决，向最高人民法院申请再审。最高人民法院于2015年11月14日作出(2015)民申字第485号民事裁定，指令本院再审本案。本院依法另行组成合议庭，公开开庭审理了本案。中实公司的委托诉讼代理人林某某，杜某某的委托诉讼代理人曾某某，杨某某的委托诉讼代理人梁某丁、赖某某到庭参加诉讼。宜居公司、汇业公司、广胜公司、孙某某、廖某某、孙某乙、孙某甲、余某某经本院合法传唤未到庭参加诉讼。本案现已审理终结。

中实公司申请再审称，一、案涉《借款合同》上"中实公司"的印章是伪造印章，不是中实公司的真实意思表示，对中实公司不产生法律效力。中实公司与杜某某、宜居公司之间不存在借款担保关系，中实公司不应承担借款合同中的保证担保责任。二、杨某某也是《借款合同》的担保人，在只有杨某某一个签名的情况下，其签名行为只能代表其个人，而不能代表中实公司。三、债务人宜居公司和孙某某使用欺诈手段以公司名义借款,而实际的借款人为孙某某个人,使保证人在违背真实意思的情况下提供的保证,债权人杜某某明知该情况,按照《中华人民共和国担保法》第三十条、《最高人民法院关于适用〈中华人民共和国担保法〉若干问题的解释》第四十条规定,即使中实公司被认定为保证人,中实公司也不应承担任何保证责任。四、本案中,2011年9月15日的借款1 000万元,是孙某某与杜某某之间"以新贷还借贷",在"旧贷"中,中实公司不是担保人。按照法律规定,中实公司对于2011年9月15日的借款1 000万元不承担担保责任。五、本案的实际借款人宜居公司的法定代表人孙某某与杨某某是舅舅和外甥的亲属关系,杨某某在明知中实公司的股权及控制权已转移给新股东梁某某后,以伪造的"中实公司"印章对外借款和借款担保,实际是与孙某某或借款人恶意串通,谋取非法利益,损害中实公司权益。目前,因另案杨某某以伪造的"中实公司"印章签订借款合同而构成帮助伪造证据罪被判刑。综上所述,中实公司认为,无论从事实角度和法律角度分析判断,中实公司均不应承担任何担保责任。再审请求如下:一、撤销二审判决第二、三项;二、依法改判中实公司对宜居公司应归还杜某某2 000万元借款以及应支付违约金400万元不承担连带清偿的担保责任;三、本案一、二审及再审诉讼费用全部由杜某某、宜居公司承担。

杜某某辩称,不同意中实公司的再审请求,也不认同其主张的事实和理由。一、原审事实清楚、证据确凿、适用法律正确、处理结果公平合法,没有任何改判的理由。二、中实公司再审理由均不能成立。(一)中实公司认为案涉法律文件上的中实公司印章是伪造的,不代表其真实意思,这一理由与法律规定相悖。杨某某作为法定代表人,本身就能对外代表公司的法人意志,仅凭其身份已能产生法定代表人的职务行为归于公司的法律效果。(二)中实公司主张杨某某在案涉《借款合同》上签字只代表个人而不代表公司,这一理由也不成立。涉案的借款文件同时将中实公司和杨某某列为担保人,杨某某签字并加盖公司印章,即同时对两个担保关系进行了确定。(三)中实公司主张实际借款人是孙某某,按担保法以及司法解释的规定不应当承担责任,是没有依据的。十被告共同在法律文件中确认借款人是宜居公司,并共同确认宜居公司已收齐借款。至于宜居公司指定将借款转到哪个账户、怎么使用,与杜某某无关。(四)中实公司主张依据"借新还旧"的司法解释不承担责任,理由不能成立。本案的事实证明根本不存在"借新还旧"的目的和实质。(五)中实公司关于杨某某是否与孙某某恶意串通,以及杨某某在另案中帮助他人伪造证据的问题,不影响中实公司在本案中应当承担的法律责任。没有任何证据证明杜某某存在过错。

杨某某辩称,一、中实公司所述不实。(一)案涉《借款合同》是客观真实的借贷关系,杨某某在合同上的签名及盖章均属代表中实公司的行为。(二)中实公司以"中实公司公章伪造,杨某某签名属个人行为,孙某某与杜某某恶意串通,损害中实公司利益"为托辞推卸责任,完全是缺乏诚信之举。(三)中实公司极力否认杨某某是隐名股东及占公司10%股权的事实,企图侵占杨某某股东合法权益,掩饰杨某某代表中实公司依约履行的融资行为。二、杜某某的2 000万元借款已获得清偿,中实公司对杜某某本案的借款不应承担担保责任。三、案涉《借款合同》上中实公司的印章是代表该公司行为的印章,中实公司所述的印章移交完全不存在,杨某某也不知情。

余某某未出庭应诉,仅邮寄书面答辩状一份。请求依法改判余某某对宜居公司应归还杜某某2 000万元借款以及应支付违约金400万元不承担担保责任。事实与理由:一、本案实际的借款人是孙某某而不是宜居公司,余某某是基于对本案实际借款主体不知情而提供的担保,属于违背真实意思表示的民事行为,依法不应当承担担保责任。根据中实公司再审提交的新证据材料,余某某才知道实际借款人是孙某某,而不是宜居公司。二、根据中实公司再审提交的孙某某与杜某某借款资金明细表及汇款记录,孙某某与杜某某的借款已通过偿还及其他案件的诉讼处理完毕,本案的债权债务关系不再存在。因此,本案已不存在余某某承担担保责任的法律事实。

杜某某向广东省清远市中级人民法院(以下简称一审法院)起诉请求:判令宜居公司、中实公司、汇业公司、广胜公司、孙某某、廖某某、孙某乙、孙某甲、杨某某和余某某共同立即偿还全部借款2 000万元及违约金400万元,并承担诉讼费用。

一审法院认定事实:2011年9月15日,以杜某某为甲方,以宜居公司为乙方,以中实公司、汇业公司、广胜公司、孙某某、廖某某、孙某乙、孙某甲、杨某某、余某某为丙方,三方共同签订了一份《借款合同》。该合同约定:一、乙方因资金周转需要,向甲方借款人民币一千万元。二、借款方式为转账或现金存入到乙方指定的银行账户,户名为孙某某,账号为62×××13,开户行为农行清远分行第一支行。三、借款期限为三个月,即从2011年9月15日起至2011年12月14日止,乙方须按期全额归还。四、为保障甲方的权益,乙方经与丙方协商,由丙方对上述乙方向甲方的借款提供连带担保,在乙方无法偿还甲方的借款时,由丙方负责全额偿还乙方向甲方的借款。五、如乙方逾期未还清借款给甲方的,则逾期每一天处罚违约金一十万元,直至乙方还清借款给甲方之日止。同日,借款人宜居公司立《借据》交杜某某收执,内容为:"今收到杜某某人民币壹仟万元正(小写¥10 000 000元),限期为叁个月。其余条款按双方2011年9月15日签订的《借款合同》执行。"《借据》上有借款人宜居公司的签章,法定代表人孙某某的签名,还有担保人"中实公司"、汇业公司、广胜公司的签章,担保人孙某某、廖某某、孙某乙、孙某甲、杨某某和余某某的签名。

2011年10月18日,以杜某某为甲方,以宜居公司为乙方,以中实公司、汇业公司、广胜公司、孙某某、廖某某、孙某乙、孙某甲、杨某某、余某某为丙方,三方共同签订了一份《借款合同》。该合同约定,乙方向甲方借款一千万元,借款期限为两个月,即从2011年10月18日起至2011年12月17日止,其余条款内容与2011年9月15日签订的《借款合同》一致。同日,借款人宜居公司立《借据》交杜某某收执,内容为："今收到杜某某人民币壹仟万元正（小写￥10 000 000元），限期为贰个月。其余条款按双方2011年10月18日签订的《借款合同》执行。"《借据》上，有借款人宜居公司的签章，法定代表人孙某某的签名，还有担保人中实公司、汇业公司、广胜公司的签章，担保人孙某某、廖某某、孙某乙、孙某甲、杨某某和余某某的签名。

2012年5月15日，杜某某（甲方）与汇业公司、广胜公司、廖某某和孙某乙（丙方）签订了一份《借款担保合同》。该合同约定：甲方出借给乙方人民币共计二千五百万元，分别为：2011年9月15日签订借款合同，出借人民币一千万元；2011年10月12日签订借款合同，出借人民币五百万元；2011年10月18日签订借款合同，出借人民币一千万元。上述借款均由丙方作为连带担保人。现乙方逾期未还款，甲、乙、丙三方经充分协商，就丙方继续为乙方提供连带担保事宜达成如下协议：一、各方同意丙方作为乙方的连带保证人，继续为乙方欠甲方的上述三笔借款共计人民币二千五百万元借款本金及利息、违约金、追偿费用承担连带担保责任。二、丙方为乙方上述债务提供连带保证的期间为两年，自本合同签订之日起计算。该合同中，宜居公司为乙方，但没有在乙方落款处盖章。

2011年9月15日16时10分18秒，杜某某依约通过中国农业银行股份有限公司清远龙塘支行汇款四百四十五万元至孙某某账户。同日16时17分38秒，杜某某依约通过中国农业银行股份有限公司清远龙塘支行汇款五百万元至孙某某账户。

2011年10月19日11时19分17秒，杜某某依约通过中国农业银行股份有限公司清远龙塘支行汇款五百万元至孙某某账户。同日11时24分51秒，杜某某依约通过中国农业银行股份有限公司清远龙塘支行汇款四百四十五万元至孙某某账户。

另查明：中实公司成立于2010年1月27日，公司股东为杨某某和余某某，法定代表人为杨某某。因中实公司投资人变动原因，2011年7月14日，中实公司进行交接，将中实公司印章及其他资料交于新的投资人，由杨某某的聘用人员冯某某向梁某某的聘用人员郑某某交接，并列出了交接清单。该清单第3项载明：中实公司公章一枚（银行印鉴）；第4项载明：中实公司财务专用章一枚（东莞方使用）。2011年8月2日，英德市工商行政管理局向中实公司发出《核准变更登记通知书》。该通知书载明：变更后股东梁某丙认缴出资额3 025万元，持股比例55%；梁某某认缴出资额1 375万元，持股比例25%；杨某某认缴出资额550万元，持股比例10%；余某某认缴出资额550万元，持股比例10%。2011年11月3日，英德市工商行政管理局向中实公司发出《核准变更登记通知书》。该通知书载明：变更后股东梁某丙认缴出资额3 025万元，持股比例55%；梁某某认缴出资额2 475万元，持股比例45%。同日，中实公司在英德市公安局治安管理大队新备案"英德市中实投资有限公司"行政公章一枚，同时回收旧公章一枚。2011年11月3日，以英德市农村信用合作联社为甲方，以中实公司（法定代表人：杨某某）为乙方，以中实公司（变更后法定代表人：梁某某）为丙方，共同签订了一份《债权债务确认书》。该确认书第一条载明：2011年11月3日，中实公司的法定代表人由杨某某变更为梁某某。第二条载明：中实公司股东及股权的出资方式、出资额，于2011年11月3日将由梁某丙以货币出资3 025万元（占公司股份55%）；杨某某以货币出资550万元（占公司股份10%）；余某某以货币出资550万元（占公司股份10%）；梁某某以货币出资1 375万元（占公司股份25%）变更为梁某丙以货币出资3 025万元（占公司股份55%）；梁某某以货币出资2 475万元（占公司股份45%）。同日，中实公司（甲方）法定代表人杨某某与梁某某（乙方）向广东省英德市公证处申请办理《英德市中实投资有限公司股份转让合同》公证，该公证处当日出具（2011）英证内字第864号《公证书》。

2012年3月28日，中实公司所持营业执照显示，变更法定代表人为梁某某。

2013年7月3日，中实公司向一审法院递交《司法鉴定申请书》，申请对涉案的《借款合同》《借据》中加盖的印章"英德市中实投资有限公司"的真实性进行司法鉴定。

2013年8月23日，一审法院通过摇珠方式选定广东南天司法鉴定所鉴定，并向其出具（2013）清中法司委字第27号《委托鉴定函》。

2013年9月10日，广东南天司法鉴定所出具《司法鉴定意见书》。其鉴定意见是：检材1，2011年9月15日《借据》落款担保人处；检材2，2011年9月15日《借款合同》落款丙方（签名）处；检材3，2011年10月18日《借据》落款担保人处；检材4，2011年10月18日《借款合同》落款丙方（签名）处"英德市中实投资有限公司"公章印文与样本1、2公章印文分别不是同一印章盖印。

再查明：孙某某因犯罪被判刑，现羁押于北江监狱。一审法院向孙某某调查时，孙某某承认本案2 000万元借款为公司借款，款项已划入其本人账户内。一审法院于2012年6月11日收到杜某某《民事起诉状》。

一审法院认为，杜某某与宜居公司等分别于2011年9月15日、10月18日签订的《借款合同》，除杨某某非法使用"英德市中实投资有限公司"公章，为宜居公司向杜某某借款各1 000万元提供担保的条款无效外，其余部分均有效。2012年5月15日，杜某某与汇业公司、广胜公司、廖某某和孙某乙签订了一份《借款担保合同》，是当事人的真实意思表示，没有违反我国法律法规的禁止性规范，是有效合同。

本案争议的焦点为：一、杜某某是否足额出借2 000万元给宜居公司。在履行《借款合同》过程中，有无存在违约事实，应否承担违约责任。二、《借款合同》中，"英德市中实投资有限公司"的印章是否伪造，中实公司应否承担保证责任。三、汇业公司、廖某某、余某某等担保人应否为宜居公司借款承担连带清偿责任。四、涉案担保人是否免除保证责任。

一、关于杜某某是否已足额出借2 000万元给宜居公司，在履行《借款合同》过程中,有无存在违约事实,应否承担违约责任的问题。

宜居公司向杜某某借款2 000万元的事实,有杜某某与宜居公司、中实公司、汇业公司、广胜公司、孙某某、廖某某、孙某乙、孙某甲、杨某某和余某某签订的《借款合同》,宜居公司出具的《借据》,杜某某与汇业公司、广胜公司、廖某某和孙某乙签订的《借款担保合同》,杜某某汇款凭证以及宜居公司法定代表人孙某某确认为证,予以确认。虽然杜某某提交的汇款凭证只显示共汇款1 890万元,但是杜某某认为借款2 000万元中的110万元是现金出借的,宜居公司的法定代表人孙某某予以承认。宜居公司认为杜某某未足额出借2 000万元给其公司,但没有提供证据予以证明,不予采信。宜居公司未如期如数归还借款,构成违约事实,应承担违约责任。杜某某要求宜居公司支付违约金共400万元,没有超过银行贷款利率的四倍,予以支持。鉴于杜某某没有请求支付借款利息,法院尊重其处分权。依照《中华人民共和国民法通则》第一百零八条的规定,宜居公司、汇业公司、广胜公司、孙某某、廖某某、孙某乙、孙某甲、杨某某和余某某应向杜某某清偿借款2 000万元及承担违约责任。

二、关于涉案《借款合同》中"英德市中实投资有限公司"的印章是否伪造,中实公司应否承担保证责任的问题。

中实公司认为,涉案《借款合同》中"英德市中实投资有限公司"的印章是伪造的,并申请司法鉴定。法院已委托了广东南天司法鉴定所对检材2011年9月15日《借据》落款担保人处、2011年9月15日《借款合同》落款丙方(签名)处、2011年10月18日《借据》落款担保人处和2011年10月18日《借款合同》落款丙方(签名)处"英德市中实投资有限公司"公章印文与样本2010年1月1日《申请人授权委托意见书》在落款全体投资人签名盖章处有"英德市中实投资有限公司"公章印文、2010年1月18日有关章程尾页在落款全体投资人签名盖章处有"英德市中实投资有限公司"公章印文真实性存疑了鉴定,鉴定意见为:"检材2011年9月15日《借据》落款担保人处、检材2011年9月15日《借款合同》落款丙方(签名)处、检材2011年10月18日《借据》落款担保人处、检材2011年10月18日《借款合同》落款丙方(签名)处'英德市中实投资有限公司'公章印文与样本1、2公章印文分别不是同一印章盖印。"2011年7月14日,中实公司进行财务交接,由杨某某聘用的财务人员冯某某向梁某某聘用的财务人员郑某某交接,并列交接清单。该清单显示,移交的财物中有"英德市中实投资有限公司"公章一枚(银行印鉴)、"英德市中实投资有限公司"财务专用章一枚(原东莞方使用)。2011年10月13日,中实公司公章已被公安治安大队回收,并新备案了一枚新公章。以上事实表明,杨某某在不再掌控中实公司公章的情况下,仍以"中实公司"的名义为他人借款提供担保,显然是非法的。依据《民法通则》第五十四条、第五十五条、第五十八条规定:民事法律行为是公民或者法人设立、变更、终止民事权利和民事义务的合法行为。民事法律行为应当具备意思表示真实的条件;一方以欺诈、胁迫的手段或者乘人之危，使对方在违背真实意思的情况下所为的行为无效。杨某某在本案借款合同中所盖"中实公司"的印章，不是中实公司的真实意思表示，不能代表中实公司。《最高人民法院关于贯彻执行〈中华人民共和国民法通则〉若干问题的意见（试行）》第六十八条规定："一方当事人故意告知对方虚假情况，或者故意隐瞒真实情况，诱使对方当事人作出错误意思表示的，可以认定为欺诈行为。"杨某某故意隐瞒其已不掌控中实公司的公章的真实情况，并以"中实公司"的名义与杜某某签订借款担保合同，是欺诈行为。其实施的该行为是无效的民事行为。《民法通则》第五十八条第二款规定：无效的民事行为，从行为开始就没有法律约束力。因此，杨某某恶意、隐瞒事实真相（意思表示不真实）与他人签订的担保条款无效。杨某某恶意、隐瞒事实真相（意思表示不真实）、非法利用"中实公司"的名义与他人签订的借款担保条款无效。因此，中实公司不承担保证责任。《民法通则》第六十一条规定：民事行为被确认无效后，有过错的一方应当赔偿对方因此所受的损失。杨某某实施的无效民事行为，造成债权人杜某某的该项担保落空，使其债权的实现失却该项担保，完全是杨某某个人的行为所致，因此杨某某有过错，应向债权人杜某某赔偿因此所受损失。因该项权利与本案是不同的法律关系，本案不予处理，债权人杜某某可另寻法律途径解决。中实公司提出"涉案《借款合同》《借据》中'英德市中实投资有限公司'的印章是非法的，答辩人不承担保证责任"的主张，既有事实依据，又有法律依据，予以采纳。

三、关于汇业公司、廖某某、余某某等担保人应否为宜居公司借款承担连带清偿责任的问题

汇业公司、廖某某、余某某等担保人均在《借款合同》丙方处以及《借据》担保人落款处签名或盖章。《借款合同》第四条约定，由丙方对上述乙方向甲方的借款提供连带担保。依照《中华人民共和国担保法》第十二条、第十八条、第二十一条的规定，汇业公司、廖某某、余某某等保证人对宜居公司向杜某某借款2 000万元及利息的清偿依法承担连带清偿责任。

汇业公司、廖某某和余某某提出"杜某某拟与答辩人签订的《借款担保合同》尚未成立，故杜某某要求答辩人对本案的债务承担连带保证责任缺乏事实依据和法律依据"的主张不符合上述法律的规定，不予采纳。

四、关于杜某某请求汇业公司等担保人承担保证责任是否超过法定的保证期限，保证人是否该免除保证责任的问题

汇业公司、余某某认为，杜某某须于2012年6月17日向法院提起诉讼，而其于次日起诉，已超过6个月的法定除斥期间，涉案担保人应免除保证责任。受理本案的材料显示，杜某某于2012年6月11日向法院递交了《民事起诉状》等起诉材料。因此，杜某某的起诉没有超过法定除斥期间，汇业公司、余某某提出免除保证责任的主张，不予支持。

综上所述,依照《中华人民共和国民法通则》第一百零八条、第五十四条、第五十五条第二项、第五十八条第一款第三项,《中华人民共和国担保法》第十二条、第十八条、第二十一条以及《中华人民共和国民事诉讼法》第一百三十条的规定,一审法院于2013年11月6日作出(2012)清中法民二初字第22号民事判决:一、限宜居公司在本判决生效后十天内归还杜某某借款2 000万元;二、限宜居公司在本判决生效后十天内向杜某某支付违约金400万元;三、汇业公司、广胜公司、孙某某、廖某某、孙某乙、孙某甲、杨某某和余某某对宜居公司应归还杜某某2 000万元借款以及应支付违约金400万元承担连带清偿责任;四、驳回杜某某的其他诉讼请求。案件受理费187 600元,由杜某某负担56 280元,由宜居公司、汇业公司、广胜公司、孙某某、廖某某、孙某乙、孙某甲、杨某某和余某某共同负担131 320元。两次鉴定费100 280元(38 120元+62 160元),由宜居公司、汇业公司、广胜公司、孙某某、廖某某、孙某乙、孙某甲、杨某某和余某某共同负担。财产保全费5 000元,由宜居公司、汇业公司、广胜公司、孙某某、廖某某、孙某乙、孙某甲、杨某某和余某某共同负担。

杜某某不服一审判决,上诉请求:改判中实公司承担所有的担保责任。

杨某某亦不服一审判决,上诉请求:一、撤销一审判决第三项,改判杨某某不承担借款连带清偿责任;二、更正一审判决中认定杨某某"故意隐瞒其已不掌控中实公司公章的真实情况,与杜某某签订借款担保合同属欺诈行为"的错误认定,确认杨某某签订合同行为不涉及欺诈;三、本案的一审、二审诉讼费用由杜某某承担。

本院二审认定事实:对一审法院查明的事实予以确认。

另查明:一审法院委托广东南天司法鉴定所对涉案的《借款合同》(签订时间为2011年10月18日)、《借据》中加盖的印章"英德市中实投资有限公司"的真实性进行司法鉴定。广东南天司法鉴定所出具的粤南(2013)文鉴字第520号《司法鉴定意见书》载明:"样本:1.2010年1月1日,在落款全体投资人签名盖章处有'英德市中实投资有限公司'公章印文的《申请人授权委托意见书》1页;2.2010年1月18日,在落款全体投资人签名(盖章)处有'英德市中实投资有限公司'公章印文的有关章程尾页原件1页。……样本1、2公章印文的规格、内容、文字形态等特征一致,为同一枚印章盖印。样本印文外直径40.5mm。"

二审诉讼期间,中实公司向本院提交了一份《刻制公章申请表》。该表显示:中实公司于2010年1月6日向英德市公安局治安管理大队申请刻制"英德市中实投资有限公司"公章一枚,公章形状为圆形,直径4.0厘米。中实公司在二审法庭调查中主张,其一直使用该枚备案公章,并承认鉴定样本1的公章与备案公章不是同一枚公章,但认为鉴定样本2的公章与备案公章是否为同一枚公章不能确定。

针对孙某某有关涉案借款已经清偿的主张,杜某某提交了2011年7月20日、2011年8月19日、2011年9月19日杜某某分别借款1 000万元、1 000万元、950万元给宜居公司的转账凭证，以证实孙某某所主张的还款系归还本案借款以外的其他借款。

本院二审认为，本案是借款合同纠纷。根据《中华人民共和国民事诉讼法》第一百六十八条"第二审人民法院应当对上诉请求的有关事实和适用法律进行审查"及《最高人民法院关于民事经济审判方式改革问题的若干规定》第三十五条"第二审案件的审理应当围绕当事人上诉请求的范围进行，当事人没有提出请求的，不予审查。但判决违反法律禁止性规定、侵害社会公共利益或者他人利益的除外"之规定，本院对一审判决所确认、当事人未提起上诉的部分不再审查。孙某某在二审诉讼中主张涉案借款孙某某已经偿还，但作为本案借款人的宜居公司和孙某某本人并未就此提起上诉，上诉人杜某某和杨某某的上诉请求中亦未包含此项主张，且杜某某在本案诉讼中就借出款项的事实已经提供了充分的证据予以证实，而包括宜居公司和孙某某在内的涉案债务人并不能提供足以推翻杜某某主张的证据，本院对一审判决认定的涉案借款金额予以确认。

本案争议的焦点是中实公司应否承担保证责任的问题。中实公司主张涉案《借款合同》中"英德市中实投资有限公司"的印章是伪造的，并申请司法鉴定。广东南天司法鉴定所出具的粤南（2013）文鉴字第520号《司法鉴定意见书》载明：作为鉴定样本的是"1.2010年1月1日，在落款全体投资人签名盖章处有'英德市中实投资有限公司'公章印文的《申请人授权委托意见书》"以及"2.2010年1月18日，在落款全体投资人签名（盖章）处有'英德市中实投资有限公司'公章印文的有关章程尾页原件""样本1、2公章印文的规格、内容、文字形态等特征一致，为同一枚印章盖印。样本印文外直径40.5mm"。而中实公司在二审诉讼期间主张其于2010年1月6日向英德市公安局治安管理大队申请刻制"英德市中实投资有限公司"公章一枚，此后一直使用该枚备案公章。其向本院提交的《刻制公章申请表》显示，公安机关审核同意的日期是2010年1月6日，公章直径4.0厘米，与作为鉴定样本1、2的公章显然不是同一枚公章。从上述事实可以看出，中实公司在使用备案公章的同时，还在使用另外一枚公章，存在使用多枚公章的事实；且用以作为鉴定样本的公章，并不是其在公安机关备案的公章。因此，一审判决以涉案《借款合同》《借据》中"英德市中实投资有限公司"的公章印文与样本公章印文不一致的鉴定结论为由，认定杨某某在本案《借款合同》中所盖"中实公司"的印章，不是中实公司的真实意思表示，不能代表中实公司，系杨某某的欺诈行为，该认定不能成立。而且，杨某某在签订涉案《借款合同》时，其身份为中实公司的法定代表人，其签名足以代表中实公司。中实公司作为保证人在《借款合同》上签字盖章，应当对涉案借款承担保证责任。杜某某、杨某某该项上诉主张有理，本院予以支持。一审判决对此认定错误，本院依法予以纠正。

杨某某在涉案《借款合同》签字，既代表了中实公司，也代表了其个人，依照《借款合同》的约定，杨某某作为涉案《借款合同》的保证人，应对涉案借款承担连带保证责任。涉案两份《借款合同》均没有约定保证期间，依据《中华人民共和国担保法》第二十六条的规定，债权人应自主债务履行期间届满之日起六个月内要求保证人承担保证责任，否则，保证人免除保证责任。涉案两份借款合同约定的还款日期为2011年12月14日和2011年12月17日，杜某某于2012年6月11日向一审法院提起本案诉讼，并未超过法定的保证期间。杨某某上诉主张杜某某未在法定保证期间内向其主张权利，其保证责任应予免除缺乏依据，本院不予支持。一审判决认定杨某某应对涉案借款承担连带保证责任正确，本院予以维持。

综上所述，杜某某上诉理由成立，杨某某上诉理由部分成立，本院依法予以支持。一审判决认定事实部分错误，依法予以纠正。依照《中华人民共和国民事诉讼法》第一百七十条第一款第二项、第一百七十五条的规定，本院于2014年6月6日作出(2014)粤高法民二终字第14号民事判决：一、维持(2012)清中法民二初字第22号民事判决第一、二、三项；二、撤销(2012)清中法民二初字第22号民事判决第四项；三、中实公司对宜居公司应归还杜某某2 000万元借款以及应支付违约金400万元承担连带清偿责任。一审案件受理费187 600元、鉴定费100 280元、财产保全费5 000元，二审案件受理费187 600元，均由宜居公司、中实公司、汇业公司、广胜公司、孙某某、廖某某、孙某乙、孙某甲、杨某某和余某某共同负担。

本院再审认定事实：二审判决查明的基本事实清楚，再审予以确认。

另查明：一、在二审过程中，孙某某主张案涉借款已于2011年9月19日、10月19日清偿。对此，杜某某在二审时除提交2011年8月19日、2011年9月19日的转账凭证外，还提交了相应的《借款合同》和《借据》。其中，2011年8月19日的《借款合同》约定：宜居公司向杜某某借款1 000万元，款项指定转入孙某某在农行清远分行第一支行的账户(62××× 13)，借款期限为2011年8月19日至2011年9月18日。杜某某提交的转账凭证显示，当日由其银行账户转入上述指定账户945万元。杜某某称另有55万元以现金方式支付，并以宜居公司收到1 000万元的《借据》为凭。杜某某主张2011年9月19日由孙某某账户汇入的1 000万元是用于清偿该笔借款。2011年9月19日的《借款合同》约定：宜居公司向杜某某借款1 000万元，款项指定转入孙某某在农行清远分行第一支行的账户(62×××13)，借款期限为2011年9月19日至2011年10月18日。杜某某提交的转账凭证显示，当日由其账户转入上述指定账户945万元。杜某某称另有55万元以现金方式支付，并以宜居公司收到1 000万元的《借据》为凭。杜某某主张2011年10月19日由孙某某账户汇入的1 010万元是用于清偿该笔借款。孙某某、杨某某对于上述《借款合同》《借据》以及转账凭证的真实性无异议，但认为2011年9月19日汇入杜某某账户的1 000万元是用于清偿2011年9月15日的借款，本案借款仅欠1 000万元。中实公司于再审庭审时提交鉴定申请，以本案与龙某涉嫌妨害作证罪、杨某某涉嫌帮助伪造证据罪一案高度相似，不排除孙某某、杨某某、杜某某等人恶意串通、损害中实公司利益为由,请求对杜某某所提交的《借款合同》及《收据》(时间分别为2011年8月19日、9月15日、9月19日、10月18日)进行司法鉴定,鉴定事项为上述文件的具体形成时间,以及是否同一时间形成。中实公司主张上述《借款合同》及《收据》可能是倒签形成,杜某某、杨某某则认为不存在倒签。

再审过程中,中实公司提出案涉借款金额的认定缺乏证据证明。理由是:2010年10月29日至2011年10月19日期间,杜某某账户汇入孙某某账户4 863.5万元,孙某某账户汇入杜某某账户3 765.75万元,扣除杜某某另案起诉的483.5万元,差额为614.25万元。杜某某认为中实公司未将现金往来和其他账户的资金往来一并统计,因此数据并不完整。

二、孙某某是因虚开增值税专用发票罪、合同诈骗罪被判处刑罚,孙某甲是因虚开增值税专用发票罪被判处刑罚,两人的犯罪事实与本案事实并无关联。

中实公司现任法定代表人梁某某曾于2013年5月向英德市公安局报案,称杨某某与他人签订借款合同所使用的中实公司印章系伪造,杨某某涉嫌与他人签订假合同骗取公司钱财。经刑事侦查,英德市人民检察院提起公诉,指控龙某犯妨害作证罪、杨某某犯帮助伪造证据罪。该院查明龙某向法院提交的部分证据属于伪证,但相关理由并不包括杨某某伪造中实公司印章。中实公司、杜某某、杨某某均确认,公安机关并未对本案启动刑事侦查程序。

本院再审认为,本案属借款合同纠纷。综合当事人的诉辩意见,再审的主要争议是:一、案涉借款是否曾经清偿以及实际拖欠的借款金额。二、中实公司应否对案涉借款承担保证责任。

一、关于案涉借款是否曾经清偿以及实际拖欠的借款金额问题

中实公司提出,在扣除另案借款的情况下,2010年10月29日至2011年10月19日期间,杜某某与孙某某的账户差额为614.25万元。然而,案涉借款的出借时间分别为2011年9月15日、10月19日,是否已经清偿只能根据借款发生后的情况认定。从孙某某、杨某某的二审质证意见来看,实际上已确认2011年10月19日的借款尚未清偿。再审过程中,中实公司、杨某某、余某某等当事人也未举证证实2011年10月19日以后曾进行还款。故该笔借款尚未清偿,事实清楚,应予确认。至于2011年9月15日的借款,孙某某、杨某某称已于2011年9月19日清偿,杜某某则称2011年9月19日所清偿的是2011年8月19日的借款。对此说法,杜某某提交了2011年8月19日的《借款合同》《借据》予以佐证。2011年8月19日的借款产生在前,且借款期限已经届满,杜某某的主张在证据上并不存在矛盾。相反,2011年9月15日的借款期限为三个月,提前还款既没有必要,也不合理,且并没有借贷双方曾达成提前还款协议的相关证据。两相比较,孙某某、杨某某关于2011年9月15日借款已于9月19日清偿的主张,并不能达到高度盖然性的证明标准,再审不予采纳。至于中实公司再审提出的鉴定申请,在一审、二审过程中均未提出,

且未能说明之前未申请的合理理由。中实公司未能指出证据存在的问题、仅以怀疑为由要求再审程序进行鉴定，缺乏法律依据，再审不予准许。

鉴于孙某某、宜居公司、中实公司、杨某某、余某某等始终不能举证证实案涉借款已经清偿，根据《最高人民法院关于民事诉讼证据的若干规定》第二条"当事人对自己提出的诉讼请求所依据的事实或者反驳对方诉讼请求所依据的事实有责任提供证据加以证明。没有证据或者证据不足以证明当事人的事实主张的，由负有举证责任的当事人承担不利后果"的规定，以及第五条第二款关于"对合同是否履行发生争议的，由负有履行义务的当事人承担举证责任"的规定，应当认定案涉借款均未清偿。

二、关于中实公司应否对案涉借款承担保证责任的问题

（一）关于杨某某签订案涉《借款合同》的法律效果是否归于中实公司的问题

签订《借款合同》时，杨某某仍是中实公司的法定代表人，可以代表该公司对外行使职权并签订合同。根据《中华人民共和国民法通则》第四十三条、《中华人民共和国合同法》第五十条以及《最高人民法院关于适用〈中华人民共和国担保法〉若干问题的解释》第十一条的规定，杨某某代表中实公司签订《借款合同》，相关的法律后果应当归于该公司。虽然杨某某在《借款合同》签订后已不再担任中实公司的法定代表人，但该公司作为法人仍属于同一民事主体。根据《中华人民共和国合同法》第七十六条关于"合同生效后，当事人不得因姓名、名称的变更或者法定代表人、负责人、承办人的变动而不履行合同义务"的规定，《借款合同》对中实公司具有的约束力并不因杨某某不再担任该公司法定代表人而改变。

中实公司主张《借款合同》签订前已经转让股权并移交印章，杨某某不能代表该公司。但是，工商部门的企业注册登记资料依法对社会公示，具有相应的公信力。即使中实公司内部进行了股权转让和印章移交，但只要尚未形成更换法定代表人的股东决议，并完成相应的工商变更登记手续，就不足以对抗合同相对方。结合全案证据来看，也不能证实杜某某对于中实公司所主张的股权转让、印章移交等是知情或者应当知情的。因此，再审对中实公司的这一主张不予采纳。如果杨某某的行为造成中实公司或者该公司的其他股东利益受损，应当另寻途径解决。

至于中实公司提出《借款合同》中加盖的公司印章系伪造，杨某某的签字只能代表其个人，该主张依法不能成立，理由如下：

首先，在龙某涉嫌妨害作证罪、杨某某涉嫌帮助伪造证据罪一案中，公诉机关所查实的情况并不包括杨某某伪造印章。中实公司再审称"杨某某以伪造的中实公司印章签订借款合同而构成帮助伪造证据罪被判刑"，与实际情况不符。此外，二审已查实，一审中司法鉴定所使用的印文样本也不是加盖备案印章形成，即中实公司确实有使用未经备案印章的情况。以印章未经备案为由主张印章系伪造，理由并不充分。

其次，《借款合同》中加盖的中实公司印章未经公安机关备案，是在诉讼过程中才

得以查实的,现有证据并不能证实杜某某在合同签订时即对此知晓。凭借签约代表是中实公司的时任法定代表人杨某某以及印章字样与中实公司名称一致这两点,杜某某已有充分的理由相信该枚印章代表中实公司意志。何况,签约时中实公司的股东余某某并未对杨某某代表公司签约提出异议。如果仅以使用的印章未经备案为由就否定签约的效力,那民事主体在签约前就必须通过鉴定来核查对方使用的印章是否为备案印章。这显然既不现实,也不利于交易安全和实现公平。

最后,在民事活动中使用企业法人的备案印章,确实更能证明民事行为是企业法人意志的体现。但未使用备案印章,并不能当然否定企业法人意志的存在。就本案来说,《借款合同》并没有约定杨某某的签字仅代表其个人。因此,即使合同上并未加盖中实公司的印章,杨某某的签字也将具有双重效果,可以视为杨某某同时以个人身份和公司法定代表人的身份作出意思表示。二审判决认为杨某某的签名足以代表中实公司,并无不当。

(二)关于宜居公司和孙某某是否使用欺诈手段骗取保证,以及杨某某是否与孙某某或杜某某恶意串通,从而导致保证合同无效的问题

中实公司主张宜居公司和孙某某使用欺诈手段骗取保证,以及杨某某与孙某某或杜某某恶意串通。对此,分析如下:

首先,案涉《借款合同》明确约定借款汇入孙某某的账户,签约各方对此是清楚的。宜居公司也在《借款合同》盖章确认了付款方式,并在《借据》中盖章确认收到款项。至于款项的具体用途,属于宜居公司的内部事宜。现中实公司、余某某主张孙某某才是借款人,并据此认为存在欺诈、恶意串通,既与《借款合同》的约定及《借据》的确认相矛盾,也缺乏其他事实依据。

其次,中实公司现任法定代表人梁某某曾向英德市公安局报案,称杨某某涉嫌与他人签订假合同骗取公司钱财,但本案并未因此进入刑事侦查程序。而根据《最高人民法院关于适用〈中华人民共和国民事诉讼法〉的解释》第一百零九条的规定,中实公司主张存在欺诈、恶意串通,需要达到排除合理怀疑的证明程度,才能为法院采信。由于中实公司未能提交充分有效的直接证据,因此,该主张仍停留在主观推测的阶段,再审不予采纳。

(三)关于2011年9月15日的借款是否属于"新贷偿还旧贷",以及中实公司能否免除该部分保证责任的问题

中实公司主张2011年9月15日的借款实际用于清偿2011年8月19日的借款,并以此为由主张免责。而根据《最高人民法院关于适用〈中华人民共和国担保法〉若干问题的解释》第三十九条第一款关于"主合同当事人双方协议以新贷偿还旧贷,除保证人知道或者应当知道的外,保证人不承担民事责任"的规定,借贷双方有"新贷偿还旧贷"的协议是该条规定得以适用的前提。实际上,借贷双方恶意串通欺骗保证人,

是该条规定的法理依据。本案没有证据证实此类协议确实存在，且2011年9月15日款项出借时，之前的借款即2011年8月19日的借款尚未届至清偿期，款项汇入孙某某账户后，如何管理、使用也不由杜某某掌控。因此，中实公司以2011年9月15日的借款属于"新贷偿还旧贷"为由主张免责，理据不足，再审不予采纳。

根据上述三点分析，杨某某代表中实公司签订案涉《借款合同》，法律效果应当归于中实公司。案涉《借款合同》是各方当事人的真实意思表示，未违反法律法规的强制性规定，应属合法有效。鉴于本案并不存在导致保证担保无效或保证人中实公司免责的法定情形，因此，该公司应依照《借款合同》的约定承担保证责任。

综上所述，中实公司的再审理由不能成立。杨某某、余某某二审生效后并未申请再审，其在再审过程中表达的意见亦缺乏相应的事实依据和法律依据，再审不予采纳。二审判决认定的基本事实清楚，适用法律正确，处理并无不当，依法应予维持。依照《中华人民共和国民事诉讼法》第二百零七条第一款、第一百七十条第一款第一项的规定，判决如下：

维持本院(2014)粤高法民二终字第14号民事判决。

本判决为终审判决。

审　判　长　　周定挺
审　判　员　　何曲伟
代理审判员　　晏　鹏
二〇一六年八月十日
书　记　员　　文　敏

〔评注〕

1. 本判决样式供人民法院依当事人申请受指令或者受指定再审，按照第二审程序审理后，作出实体判决用。本处实例是再审申请人对广东省高级人民法院的二审生效判决不服，向最高人民法院申请再审。最高人民法院审查后，指令广东省高级人民法院再审本案。广东省高级人民法院依法另行组成合议庭，适用二审程序对本案进行再审并作出实体判决，故适用本样式。

2. 本判决中事实、理由、裁判依据、裁判主文的写作。

(1) 判决书对案件事实、原审过程等部分的写法

提审判决的文书该部分的制作方法应根据案件的具体情况灵活处理，总体要求概述从最初发生诉讼直到本次再审的基本脉络。包括：第一，当事人在再审中的诉辩意见。先写再审诉讼请求，再写再审事实和理由。第二，当事人在本案以往诉讼中的诉讼请求、事实和理由，尤其要写明原告的一审诉讼请求。当事人在二审程序中的诉辩主张

可以视情况简写，但上诉请求不应省略。第三，本案历次裁判认定的基本事实。应当注意繁简得当，着重叙述与本次再审争议相关的事实，其他事实概括叙述。第四，历次裁判的基本理由。一审理由可以省略，但再审维持一审裁判结果的，应概述一审理由；原生效判决的说理适当归纳后简要写明。第五，历次裁判案号、裁判主文的准确内容。

本判决书体现了上述对依申请受指令再审二审判决的制作要求，对于与二审认定事实一致的，写明"二审判决查明的基本事实清楚，再审予以确认"，另单独写明在再审查明的事实。实例对一审法院的裁判理由进行了阐述，根据本文书样式，对于此类案件，一审理由也可以省略；但对于再审维持一审裁判结果的，则应当概述一审的裁判理由。

(2) 裁判理由

文书规范要求"针对当事人的诉讼请求，根据认定的案件事实，依照法律规定，明确当事人争议的法律关系，阐述原告请求权是否成立，依法应当如何处理"，"说理应当围绕争议焦点展开"。文书样式要求"写明争议焦点，根据再审认定的案件事实和相关法律，对再审请求进行分析评判，说明理由"。实例在文书说理部分，首先归纳了本案的两个争议焦点，并根据争议焦点，逐一进行分析论证，层次清晰明确。最后对原审的认定结论是否正确进行了评价，认为"二审判决认定的基本事实清楚，适用法律正确，处理并无不当，依法应予维持"，以此作为维持二审判决的说理依据。当然，对于案件事实清楚、当事人争议不大的，可以不列争议焦点。

(3) 判决主文

实例属于维持原判的情形，故判决只需维持最后一次的生效判决，即"维持本院(2014)粤高法民二终字第14号民事判决"，无需写此前的历次判决。

3. 《人民法院民事裁判文书制作规范》"四、落款""（一）署名"规定，合议庭的审判长，不论审判职务，均署名为"审判长"；合议庭成员有审判员的，署名为"审判员"；有助理审判员的，署名为"代理审判员"；有陪审员的，署名为"人民陪审员"。独任审理的，署名为"审判员"或者"代理审判员"。书记员，署名为"书记员"。

4. 本样式中，部分格式并不十分合理，例如，"×××向一审法院起诉请求：……（写明一审原告的诉讼请求）。一审法院认定事实：……。一审法院判决：……（写明一审判决主文）"一段中，将"一审法院认定事实：……""一审法院判决：……"两部分与一审原告的诉讼请求放在同一段内，一则会导致同一段落内容过长，二则会使层次不够清晰。关于二审审理情况的表述也是一样的。

在制作裁判文书中，可以参照本处实例，将一审、二审的"法院认定事实"部分、"法院认为"部分和"法院判决"部分等分段写作。

另外,本文书样式尾部关于诉讼费用的负担表述重复①,本书已予修正。根据《诉讼费用交纳办法》第九条的规定,依照审判监督程序审理的民事案件,当事人不交纳案件受理费,但是,下列情形除外:(1)当事人有新的证据,足以推翻原判决、裁定,向人民法院申请再审,人民法院经审查决定再审的案件;(2)当事人对人民法院第一审判决或者裁定未提出上诉,第一审判决、裁定或者调解书发生法律效力后又申请再审,人民法院经审查决定再审的案件。

5. 制作本判决时,可以另请参照本章样式14"民事判决书(依申请提审判决用)"的说明和评注。

17. 民事判决书(依申请对本院案件按一审程序再审用)

××××人民法院
民事判决书

(××××)……民再……号

再审申请人(原审诉讼地位):×××,……。
……

被申请人(原审诉讼地位):×××,……。
……

原审原告/被告/第三人:×××,……。
……

(以上写明当事人和其他诉讼参加人的姓名或者名称等基本信息)

再审申请人×××因与被申请人×××/再审申请人×××……(写明案由)一案,不服本院(××××)……民×……号民事判决/民事调解书,向本院申请再审。本院于××××年×月××日作出(××××)……民×……号民事裁定再审本案。本院依法另行组成合议庭,开庭审理了本案。再审申请人×××、被申请人×××(写明当事人和其他诉讼参加人的诉讼地位和姓名或者名称)到庭参加诉讼。本案现已审理终结。

×××申请再审称,……(写明再审请求、事实和理由)。

×××辩称,……(概述被申请人的答辩意见)。

×××述称,……(概述原审其他当事人的意见)。

×××向本院起诉请求:……(写明原审原告的诉讼请求)。本院原审认定事实:……。本院原审认为,……(概述原审判决理由)。本院原审判决:……(写明原审判决主文)。

---

① 沈德咏主编:《民事诉讼文书样式》(上册),人民法院出版社2016年版,第581页。

围绕当事人的再审请求，本院对有争议的证据和事实认定如下：

……（写明再审采信证据、认定事实的意见和理由，对原审认定相关的事实进行评判）。

本院再审认为，……（写明争议焦点，根据再审认定的案件事实和相关法律，对再审请求进行分析评判，说明理由）。

依照《中华人民共和国民事诉讼法》第二百零七条第一款、……（写明法律文件名称及其条款项序号）规定，判决如下：

一、……；

二、……。

（以上分项写明裁判结果）

……（写明诉讼费用的负担）。

如不服本判决，可在判决书送达之日起十五日内，向本院递交上诉状，并按对方当事人的人数提出副本，上诉于××××人民法院。

审　判　长　×××

审　判　员　×××

审　判　员　×××

××××年××月××日

（院印）

书　记　员　×××

【说明】

1. 本样式根据《中华人民共和国民事诉讼法》第二百零七条第一款、第一百九十九条制定，供原审法院依当事人申请裁定再审，按照第一审程序审理后，作出实体判决用。

2. 原审遗漏必要共同诉讼人，本次再审追加当事人的，其诉讼地位直接写作"原告""被告"，而不必表述为"再审原告"或者"追加原告"等。

3. 按照第一审程序再审的案件，判决并非终审判决，应当写明当事人可以向上一级人民法院上诉。

4. 制作本判决书时，另请参照"民事判决书（依申请提审判决用）"的说明。

【实例评注】

四川省遂宁市中级人民法院
民事判决书①

(2015)遂中民再初字 3 号

再审申请人(原审被告):立华新进印刷包装(遂宁)有限公司。
法定代表人:孙某某,该公司总经理。
委托诉讼代理人(特别授权):陈某某,遂宁市东门外工程项目管理有限公司职工。
委托诉讼代理人:甘某某,四川弘维律师事务所律师。
被申请人(原审原告):厦门新长诚钢构工程有限公司。
法定代表人:吴某某,该公司总经理。
委托诉讼代理人(特别授权):张某某,四川罡兴律师事务所律师。
委托诉讼代理人(特别授权):任某,四川罡兴律师事务所律师。
被申请人(原审被告):遂宁市东门外工程项目管理有限公司。
法定代表人:李某某,该公司总经理。
委托诉讼代理人(特别授权):应某某,遂宁市东门外工程项目管理有限公司职工。
委托诉讼代理人:李某甲,遂宁市东门外工程项目管理有限公司职工。

再审申请人立华新进印刷包装(遂宁)有限公司(以下简称立华新进公司)因与被申请人厦门新长诚钢构工程有限公司(以下简称新长诚公司)、遂宁市东门外工程项目管理有限公司(以下简称东门外公司)建设工程施工合同纠纷一案,不服本院(2013)遂中民初字 20 号民事调解书,向本院申请再审,本院于 2015 年 6 月 24 日作出(2015)遂中民申字第 01 民事裁定再审本案。本院依法另行组成合议庭,开庭审理了本案。再审申请人立华新进公司的委托诉讼代理人陈某某、甘某某,被申请人新长诚公司的委托诉讼代理人张某某、任某,被申请人东门外公司的委托诉讼代理人应某某、李某甲到庭参加了诉讼。本案现已审理终结。

立华新进公司再审称,原审调解程序违法,立华新进公司未参加调解,其代理人于某权限为一般授权,其签订的调解书违背了申请人的意愿,既不符合法定程序,内容也违法。立华新进公司与东门外公司是总承包关系,双方签订的施工承包合同,发包人是立华新进公司,东门外公司是承包人。根据合同的相对性原则,新长诚公司应向东

---
① 来源:中国裁判文书网。

外公司主张工程款,我们已向东门外公司超付了工程款,即使在未支付工程款范围内,也不应承担责任;新长诚公司以我公司与东门外公司之前签订的承包合作协议书主张是委托合同关系,假设该合作协议之前签署过,也被2011年9月签署的合同所代替。请求:驳回新长城公司要求立华新进公司对工程欠款承担连带清偿责任的诉求。

新长诚公司辩解称,该调解协议并没有损害立华新进公司的合法权益。立华新进公司与东门外公司不是总承包关系而是委托代理关系,新长诚公司直接开具给立华新进公司的发票所印证,立华新进公司应对工程欠款承担连带清偿责任。假设立华新进公司与东门外公司存在总承包合同关系,因东门外公司不具备施工资质,该合同无效。由于立华新进公司存在过错,其作为业主和工程实际受益人也应与东门外公司对工程欠款承担连带清偿责任。要求驳回立华新进公司的再审请求,支持原审诉求。

东门外公司辩解称,原调解协议的达成双方作出了巨大让步,并没有恶意损害立华新进公司的利益。在与立华新进公司合同履行过程中,立华新进公司增加了工程量,未超付工程款,尚欠东门外公司工程款4千多万元,至今未进行工程款结算。与立华新进公司系委托关系,先后签订的两份合同都在执行,东门外公司不具有工程施工资质,立华新进公司应承担连带清偿责任。新长诚公司未按合同约定完成工程,存在质量问题,其对已完工程不合格部分垫付的整改费用需在工程价款中扣除。要求驳回立华新进公司的再审请求,追究新长诚公司违约责任,赔偿经济损失。

新长诚公司向本院起诉请求:1. 判令被告东门外公司偿付其所欠原告的工程款823万元及逾期付款违约金,并支付从起诉之日起至实际还款之日止的利息(利息计算方式按照人民银行同期同类贷款利率4倍计算),被告立华新进公司承担连带偿付责任。2. 本案诉讼费用由被告承担。

本院(2013)遂中民初字第20号民事调解书载明:本案在审理过程中,经本院主持调解,需返工整改的内容由东门外公司自行完成,对工程质量问题双方不再提任何异议,双方当事人自愿达成如下协议:遂宁市东门外工程项目管理有限公司给付厦门新长诚钢构工程有限公司工程款750万元。限于2014年5月28日前支付50万元,2014年6月28日前支付250万元,2014年7月28日前支付250万元,2014年8月28日前支付200万元。逾期未付清,从应付款之日起至付清之日止按占用期间以中国人民银行同期贷款利率标准双倍计算利息,且厦门新长诚钢构工程有限公司有权对全部工程款750万元申请执行。立华新进印刷包装(遂宁)有限公司对上述给付之款承担连带清偿责任。本案诉讼费69 410元,减半收取34 705元,由遂宁市东门外工程项目管理有限公司负担。

双方当事人在原审中围绕诉讼请求提交了证据,再审中,本院组织双方当事人进行了证据交换和质证,对新长城公司提供双方无异议的证据,本院予以确认并在卷佐证。关于本案有争议的证据分析认证如下:1. 新长诚公司提供的《立华新进四川工程承包合作协议书》、工程完工验收及付款申请单。立华新进公司质证认为,该协议书是 2011 年 6 月 6 日签署的,2011 年 9 月 1 日立华新进公司与东门外公司正式签订的施工承包合同代替了协议书,两份合同施工内容和工程范围是一致的,其主张与东门外公司是发承包关系而不是委托关系。东门外公司认为,该协议书是真实的并提供有原件佐证,主张双方是委托关系。本院经审查对该份证据的真实性予以确认,认为该份合作协议书不仅约定了立华新进公司将其印刷包装工程项目的设计、土地勘察、施工、装饰装修整体工程全部委托给东门外公司进行,并且对工程结算、付款方式、工程保修期等均作了详细的约定,其内容符合建设工程承包合同的形式要件,其名为委托实为建设工程施工合同的总承包关系。对新长城公司主张立华新进公司与东门外公司系委托关系的事实不予确认。对工程完工验收及付款申请单,东门外公司认为未收到该证据,不知情。本院经审查认为东门外公司在答辩状中承认收到该份证据,结合全案证据,对其主张该工程开工、完工时间、交付验收使用、要求支付尚欠工程款的事实予以确认。

2. 东门外公司提供的会议纪要复印件,未完成工程量清单复印件,东门外公司与新长城公司工作联系单复印件,监理工程师通知单复印件,立华新进公司与东门外公司工程联络单复印件,于某某承诺复印件。新长城公司对该组系复印件的证据,不予质证。立华新进公司对涉及证明工程质量问题的证据予以认可。对东门外公司庭后提供的 2 份监理工程师通知单原件、立华新进公司与东门外公司的 2 份工程联络单原件。新长城公司认为这 4 份证据与本案无关联性,立华新进公司认为这 4 份证据具有真实性。本院经审查认为东门外公司提供的该组证据不足以证明其事实主张,其主要证据无法与原件核实,且东门外公司自身原因不能通过鉴定结论相互佐证,对该组证据不予采信,对其主张存在工程质量、未完工程量、返工整改费用的事实不予确认。

本案再审期间立华新进公司围绕再审请求向法庭提供了《立华新进印刷包装(遂宁)有限公司车间、办公楼施工承包合同》和在建工程 131231.xlsx 对账单、付款凭证三份新证据以及授权委托书、调解笔录、送达证;新长城公司提供了由其向立华新进公司出具的厦门增值税普通发票;东门外公司未提供新证据。本院组织双方当事人进行了证据交换和质证。对上述证据分析认证如下: 1. 立华新进公司提供的施工承包合同、在建工程 131231.xlsx 对账单及付款凭证。东门外公司质证认为,对立华新进公司提供的三份证据无异议,对其主张的已拨付工程款金额、未进行工程款结算的事实予以认可。新长城公司对合同的真实性提出异议,对其他情况称与其无关未发表意见。本院经审查,对该组证据的真实性予以确认,对其再审主张的与东门外公司系建设工程总承包关系的事实予以确认。2. 立华新进公司提供的授权委托书、调解笔录、送达证。新长城公司、东门外公司认为,对其真实性无异议,但不能证实其调解协议侵犯了立华新进公司的合法权益。本院经审查,对该组证据的真实性予以确认,其能够证实立华新进公司委托代理人的代理权限,以及代理人在调解笔录上签名并签收民事调解书的事实,对立华新进公司主张的调解程序违法的事实予以确认。3. 新长诚公司提供的由其向立华新进公司出具的厦门增值税普通发票。立华新进公司认为根据合作关系税务发票开具都是以业主单位作为付款方，不能由此证明新长诚公司主张的双方系委托关系的事实。本院经审查，对该组证据的真实性予以确认，对新长诚公司主张立华新进公司与东门外公司系委托关系的事实不予确认。

根据当事人的陈述和经审查确认的证据，本院认定事实如下：

2011年6月16日立华新进公司与东门外公司签订了《立华新进四川工程承包合作协议书》，该合同约定"将立华新进公司的车间、办公楼及其附属工程的设计、土地勘察、施工、装饰装修整体工程全部委托给东门外公司进行""各分部分项工程如工程的设计、建设工程的土地勘察、建设工程的施工、装饰装修等以最终甲乙双方签订的以上具体的相关合同为准""乙方与相关其他方如具体的设计、施工等的合同权利、义务由乙方承担"，并且对工程结算、付款方式、工程保修期等均作了约定，该工程投资估算暂定为1亿元。2011年10月22日，东门外公司将立华新进印刷包装项目1-6号车间、7号厂房、原料库房、产品库房、维修车间的钢结构制作、安装工程发包给新长诚公司，双方签订了《建设安装工程承包合同》，合同约定：新长诚公司按东门外公司确认的图纸或设计院提供之蓝图以包工包料的形式包干。工程总价计2 040万元，其中钢结构材料及制造费用为1 840元，安装费用为200万元，并对付款方式、竣工期限、保修期限、违约责任等均作了约定。该合同第八条"逾期罚款"约定："若乙方无法如期完工时，工期每逾一日，甲方得按工程总价之千分之五作为其工程罚款。若甲方无法按照合同付款时，每逾一日，甲方得按工程总价之千分之五支付逾期利息，并且乙方有权选择停工，顺延延误的工期。"2011年11月25日，新长诚公司组织人员进场进行了施工，2012年12月24日前完工。施工过程中，东门外公司新增该项目产品库房屋面板截断费用7万元，并先后向新长诚公司拨付工程款1 224万元。2013年1月5日，新长诚公司向东门外公司寄送了《工程完工验收及付款申请单》，要求支付尚欠的工程款。东门外公司未组织工程竣工验收擅自将厂房交付立华新进公司生产使用。原审中本院组织双方当事人调解本案，并于2014年4月21日作出（2013）遂中民初字20号民事调解书，同月30日，东门外公司向新长诚公司支付了工程款50万元。

另查明，2011年9月1日立华新进公司与东门外公司签订了《立华新进印刷包装（遂宁）有限公司车间、办公楼施工承包合同》，立华新进公司将立华新进印刷包装（遂宁）有限公司车间、办公楼及其附属工程发包与东门外公司，双方形成了建筑工程承包合同的发承包关系。该合同约定工程总价金额122 426 092元，立华新进公司向东门外公司对整体工程已拨付工程款145 262 559.8元，该工程包含了本案诉争的东门外公司发包给新长诚公司所承建的立华新进印刷包装项目钢结构工程，现未进行工程价款结算。

再查明，原审中立华新进公司于2014年4月11日向受委托人于某出具了授权委托书，但未注明委托代理权限。同月21日于某在本院制作的调解笔录上签名并签收了民事调解书。

再审中，东门外公司申请对工程质量、未完工程量以及不合格部分返工整改费用进行鉴定。因案件需要，本院于2016年4月12日主持双方当事人到新长诚公司所承建的立华新进印刷包装项目钢结构工程1#-6#车间、7#厂房、原料库房、产品库房、维修车间钢结构制作、安装工程进行现场勘验。并组织双方对现场勘验笔录质证，双方对该工程1#-4#车间、6#车间、7#厂房、原料库房、产品库房、维修车间已被立华新进公司安装机器设备投入生产使用无异议。立华新进公司、东门外公司认为5#车间仅堆放有部分物质，不能认定为已被占有使用。本院经审查认为，综合全案证据，对东门外公司在该工程已交付未经竣工验收的情况下擅自交给立华新进公司全部使用的事实予以确认。本案经向东门外公司对申请鉴定质量的范围释明，东门外公司重新申请对立华新进印刷包装项目钢结构工程的主体结构质量、未完工程量进行鉴定。本院委托四川省建筑工程质量检测中心对新长诚公司所承建的立华新进印刷包装项目的钢结构制作、安装工程的主体结构质量进行鉴定，委托北京中燕通华工程造价咨询有限公司成都分公司对立华新进印刷包装项目钢结构工程合同约定的未完工程量进行鉴定。经本院书面通知，东门外公司在本院指定的期限内未预交鉴定费用且拒不提供鉴定机构所需鉴定资料，致使对其抗辩主张的存在工程质量和未完工程量无法通过鉴定结论予以认定。

本案再审期间，经本院组织调解，因当事人之间分歧意见较大，致调解未果。

本院再审认为，本案立华新进公司、东门外公司和新长诚公司的法律关系问题是认定立华新进公司再审请求是否成立的前提。因本院再审认定的事实证明立华新进公司、东门外公司签订的《立华新进四川工程承包合作协议书》名为委托实为建设工程施工合同的总承包关系，且有双方签订的《立华新进印刷包装（遂宁）有限公司车间及办公楼施工承包合同》佐证，东门外公司将立华新进印刷包装项目的钢结构制作、安装工程分包给新长诚公司，双方签订了《建设安装工程承包合同》，东门外公司与新长诚公司建立了分包工程的发承包关系。根据合同的相对性，立华新进公司、东门外公司和新长诚公司之间依照相应的合同关系承担法律责任，新长诚公司对尚欠的工程款只能向东门外公司主张。按照《最高人民法院关于审理建设工程施工合同纠纷案件适用法律的解释》第二十六条的规定，"实际施工人以发包人为被告主张权利的，人民法院可以追加转包人或者违法分包人为本案当事人。发包人只在欠付工程价款范围内对实际施工人承担责任"。立华新进公司作为发包方只在欠付工程款范围内对新长诚公司承担责任。东门外公司对立华新进公司已付工程款金额、未进行工程结算情况无异议，主张该款项包含施工过程中新增工程量价款，现立华新进公司还欠付工程款，但未提供证据证实其主张。据此，现有证据不能证明立华新进公司欠付东门外公司的工程款，其不应向新长诚公司承担责任。新长诚公司主张立华新进公司对其承担连带清偿责任的请求，本院不予支持。因东门外公司未取得建筑施工企业资质，其所签协议违反了我国相关法律的强制性规定，属无效协议。东门外公司抗辩主张已完工程存在质量问题、工程未按合同约定完成。东门外公司在工程已交付未经竣工验收的情况下擅自交给立华新进公司使用，工程质量应视为合格。再审中，东门外公司申请对新长诚公司施工的钢结构工程的主体工程质量和未完工程量进行鉴定。因东门外公司在本院指定的期限内未预交鉴定费用且拒不提供鉴定机构所需鉴定资料，也未撤销鉴定申请，致使对其主张案件争议的工程质量和未完工程量价款无法通过鉴定结论予以认定。根据《最高人民法院关于民事诉讼证据的若干规定》第二条的规定，"当事人对自己提出的诉讼请求所依据的事实或者反驳对方诉讼请求所依据的事实有责任提供证据加以证明。没有证据或者证据不足以证明当事人的事实主张的，由负有举证责任的当事人承担不利后果"。东门外公司因其自身原因导致举证不能，且在原审中提供的证据亦不足以证明其事实主张，应由其承担不利后果。按照《最高人民法院关于审理建设工程施工合同纠纷案件适用法律问题的解释》第十三条的规定，"建设工程未经竣工验收，发包人擅自使用后，又以使用部分质量不符合约定为由主张权利的，不予支持；但是承包人应当在建设工程的合理使用寿命内对地基基础工程和主体结构质量承担民事责任"。据此，对东门外公司提出工程存在质量问题、工程未按照合同约定完成的抗辩主张，本院不予支持。新长诚公司完成钢结构工程后，要求支付尚欠的工程款和利息。根据《最高人民法院关于审理建设工程施工合同纠纷案件适用法律问题的解释》第二条的规定，"建设工程施工合同无效，但建设工程经竣工验收合格，承包人请求参照合同约定支付工程价款的，应予支持"。东门外公司应按照东门外公司与新长诚公司签订的合同约定支付工程价款。双方合同约定工程价款2 040万元，双方认可施工中新增的项目产品库房屋面板截断费用7万元，共计2 047万元，东门外公司向新长诚公司已拨付的工程款1 274万元，东门外公司还应支付工程价款773万元。东门外公司与新长诚公司签订的合同第八条"逾期罚款"关于支付逾期付款利息的约定属于违约责任性质的约定。由于该合同无效，根据无效合同的处理原则以及双方在签订合同中的过错责任和本案的实际情况，本院确定由东门外公司向新长诚公司从起诉之日起按照中国人民银行发布的同期同档贷款基准利率支付欠付工程价款资金占用利息。对新长诚公司主张按照中国人民银行发布的同期同类贷款利率4倍计息和逾期付款违约金的请求以及东门外公司要求新长诚公司承担违约责任的主张，本院不予支持。对于东门外公司主张的由其垫付的不合格部分返工整改费用及延期损失费用，因东门外公司未提起反诉，也未提供有效证据证实其主张，应承担举证不能的后果，对其该项主张，本院不予支持。关于立华新进公司主张原审审判程序违法的问题。原审中，立华新进公司虽向代理人于某出具了授权委托书，但未注明委托代理权限，其无权代为立华新进公司承认、放弃、变更诉讼请求，进行和解，提起反诉或者上诉。于某在调解笔录上签字并签收了以此为基础形成的民事调解书，实为对调解协议的确认，其行为超越了立华新进公司对其的委托代理权限，违背了立华新进公司的意愿，损害了立华新进公司的合法权益，属程序违法。

综上所述，立华新进公司的再审请求成立，本院予以支持。本案原审审判程序违法，其作出的民事调解书，本院予以撤销。本案经本院审判委员会讨论决定，依照《中华人民共和国建筑法》第二十二条、第二十六条，《中华人民共和国合同法》第五十二条第五项、第五十八条，《最高人民法院关于审理建设工程施工合同纠纷案件适用法律问题的解释》第一条、第二条、第十三条、第十六条、第十七条、第十八条、第二十六条，《最高人民法院关于适用〈中华人民共和国民事诉讼法〉审判监督程序若干问题的解释》第三十三条第一款，《中华人民共和国民事诉讼法》第二百零一条、第二百零七条第一款之规定，判决如下：

一、撤销四川省遂宁市中级人民法院(2013)遂中民初字第20号民事调解书；

二、遂宁市东门外工程项目管理有限公司于判决生效后15日内给付尚欠厦门新长诚钢构工程有限公司工程价款773万元及资金利息。利息的计算方法为：以773万元为基数，从2013年4月10日起至本判决确定的本金给付之日止，以中国人民银行公布的同期同档贷款基准利率为标准进行计算。如果未按本判决确定的给付之日给付本金，上述利息计算至本金付清之日止；

三、驳回厦门新长诚钢构工程有限公司的其他诉讼请求。

原一审诉讼费69 410元，减半收取34 705元，由遂宁市东门外工程项目管理有限公司负担。

如果未按本判决指定的期间履行给付金钱义务，应当依照《中华人民共和国民事诉讼法》第二百五十三条的规定，加倍支付迟延履行期间的债务利息。

如不服本判决，可以在判决书送达之日起十五日内，向本院递交上诉状，并按对方当事人的人数提出副本，上诉于四川省高级人民法院。

审　判　长　　党　琼
审　判　员　　邓海霞
代理审判员　　康　英
二〇一六年九月二十六日
书　记　员　　王　瑀

附：法律条文
《中华人民共和国建筑法》
第二十二条　　建筑工程实行招标发包的，发包单位应当将建筑工程发包给依法中标的承包单位。建筑工程实行直接发包的,发包单位应当将建筑工程发包给具有相应资质条件的承包单位。

第二十六条 承包建筑工程的单位应当持有依法取得的资质证书,并在其资质等级许可的业务范围内承揽工程。

禁止建筑施工企业超越本企业资质等级许可的业务范围或者以任何形式用其他建筑施工企业的名义承揽工程。禁止建筑施工企业以任何形式允许其他单位或者个人使用本企业的资质证书、营业执照,以本企业的名义承揽工程。

第二十九条第三款 禁止总承包单位将工程分包给不具备相应资质条件的单位。禁止分包单位将其承包的工程再分包。

《中华人民共和国合同法》

第五十二条 有下列情形之一的,合同无效:(一)一方以欺诈、胁迫的手段订立合同,损害国家利益;(二)恶意串通,损害国家、集体或者第三人利益;(三)以合法形式掩盖非法目的;(四)损害社会公共利益;(五)违反法律、行政法规的强制性规定。

第五十八条 合同无效或者被撤销后,因该合同取得的财产,应当予以返还;不能返还或者没有必要返还的,应当折价补偿。有过错的一方应当赔偿对方因此所受到的损失,双方都有过错的,应当各自承担相应的责任。

《最高人民法院关于审理建设工程施工合同纠纷案件适用法律问题的解释》

第一条 建设工程施工合同具有下列情形之一的,应当根据合同法第五十二条第(五)项的规定,认定无效:(一)承包人未取得建筑施工企业资质或者超越资质等级的;(二)没有资质的实际施工人借用有资质的建筑施工企业名义的;(三)建设工程必须进行招标而未招标或者中标无效的。

第二条 建设工程施工合同无效,但建设工程经竣工验收合格,承包人请求参照合同约定支付工程价款的,应予支持。

第十三条 建设工程未经竣工验收,发包人擅自使用后,又以使用部分质量不符合约定为由主张权利的,不予支持;但是承包人应当在建设工程的合理使用寿命内对地基基础工程和主体结构质量承担民事责任。

第十六条 当事人对建设工程的计价标准或者计价方法有约定的,按照约定结算工程价款。

因设计变更导致建设工程的工程量或者质量标准发生变化,当事人对该部分工程价款不能协商一致的,可以参照签订建设工程施工合同时当地建设行政主管部门发布的计价方法或者计价标准结算工程价款。

建设工程施工合同有效,但建设工程经竣工验收不合格的,工程价款结算参照本解释第三条规定处理。

第十七条　当事人对欠付工程价款利息计付标准有约定的,按照约定处理;没有约定的,按照中国人民银行发布的同期同类贷款利率计息。

第十八条　利息从应付工程价款之日计付。当事人对付款时间没有约定或者约定不明的,下列时间视为应付款时间:(一)建设工程已实际交付的,为交付之日;(二)建设工程没有交付的,为提交竣工结算文件之日;(三)建设工程未交付,工程价款也未结算的,为当事人起诉之日。

第二十六条　实际施工人以转包人、违法分包人为被告起诉的,人民法院应当依法受理。

实际施工人以发包人为被告主张权利的,人民法院可以追加转包人或者违法分包人为本案当事人。发包人只在欠付工程价款范围内对实际施工人承担责任。

《最高人民法院关于适用〈中华人民共和国民事诉讼法〉审判监督程序若干问题的解释》

第三十三条　人民法院应当在具体的再审请求范围内或在抗诉支持当事人请求的范围内审理再审案件。当事人超出原审范围增加、变更诉讼请求的,不属于再审审理范围。但涉及国家利益、社会公共利益,或者当事人在原审诉讼中已经依法要求增加、变更诉讼请求,原审未予审理且客观上不能形成其他诉讼的除外。

经再审裁定撤销原判决,发回重审后,当事人增加诉讼请求的,人民法院依照民事诉讼法第一百二十六条的规定处理。

《中华人民共和国民事诉讼法》

第二百零一条　当事人对已经发生法律效力的调解书,提出证据证明调解违反自愿原则或者调解协议的内容违反法律的,可以申请再审。经人民法院审查属实的,应当再审。

第二百零七条　人民法院按照审判监督程序再审的案件,发生法律效力的判决、裁定是由第一审法院作出的,按照第一审程序审理,所作的判决、裁定,当事人可以上诉;发生法律效力的判决、裁定是由第二审法院作出的,按照第二审程序审理,所作的判决、裁定,是发生法律效力的判决、裁定;上级人民法院按照审判监督程序提审的,按照第二审程序审理,所作的判决、裁定是发生法律效力的判决、裁定。

人民法院审理再审案件,应当另行组成合议庭。

〔评注〕

1. 本判决样式供人民法院依当事人申请裁定再审,按照第一审程序审理后,作出实体判决用。本处实例是四川省遂宁市中级人民法院依当事人申请,对该院一审的生效民事调解裁定再审,审理后作出实体判决,故适用本样式。

2. 整体上看,本实例符合"依申请对本院案件按一审程序再审民事判决书"的格式要求。另有部分与样式要求不一致处，值得引起注意：(1)案号。因本案系 2015 年立案案件，案号与最高人民法院《关于人民法院案件案号的若干规定》(2016 年 1 月 1 日起施行)规定有所不同，依据该规定附件 1《人民法院案件类型及其代字标准》的规定，民事再审案件的类型代字为"民再"。(2)委托诉讼代理人的基本情况。新民事诉讼文书样式对诉讼代理人的委托权限是否要予以注明并未明确规定。(3)部分表述不规范。本实例的"立华新进公司再审称"应表述为"立华新进公司申请再审称"，"新长诚公司辩解称"应表述为"新长诚公司辩称"等。

3. 本样式中，部分格式并不十分合理，例如"×××向本院起诉请求：……(写明原审原告的诉讼请求)。本院原审认定事实：……。本院原审认为，……(概述原审判决理由)。本院原审判决：……(写明原审判决主文)"一段中，将"本院原审法院认定事实：……""本院原审认为，……""本院原审法院判决：……"三部分与原审原告的诉讼请求放在同一段内。一则会导致同一段落内容过长，二则会使层次不够清晰。

在制作裁判文书中，可以参照本处实例，将原审的"法院认定事实"部分、"法院认为"部分和"法院判决"部分等分段写作。

4. 裁判文书后的"附"。本实例将本案适用的主要法律条文附在裁判文书之后，便于当事人了解具体的法律规定，有利于公开裁判理由，强化裁判文书说理，对裁判文书的格式是一种有益的创新形式。

5. 制作本判决时，另请参照本章样式 14"民事判决书(依申请提审判决用)"的说明和评注。

18. 民事判决书（依申请对本院案件按二审程序再审用）

××××人民法院
民事判决书

（××××）……民再……号

再审申请人(一、二审诉讼地位)：×××，……。
……
被申请人(一、二审诉讼地位)：×××，……。
……
二审上诉人/二审被上诉人/第三人(一审诉讼地位)：×××，……。
……
(以上写明当事人和其他诉讼参加人的姓名或者名称等基本信息)

再审申请人×××因与被申请人×××/再审申请人×××……(写明案由)一案,不服本院(××××)……民×……号民事判决/民事调解书,向本院申请再审。本院于××××年××月××日作出(××××)……民×……号民事裁定再审本案。本院依法另行组成合议庭,开庭审理了本案。再审申请人×××、被申请人×××(写明当事人和其他诉讼参加人的诉讼地位和姓名或者名称)到庭参加诉讼。本案现已审理终结。

　　×××申请再审称,……(写明再审请求、事实和理由)。

　　×××辩称,……(概述被申请人的答辩意见)。

　　×××述称,……(概述原审其他当事人的意见)。

　　×××向一审法院起诉请求:……(写明一审原告的诉讼请求)。一审法院认定事实:……。一审法院判决:……(写明一审判决主文)。

　　×××不服一审判决,上诉请求:……(写明上诉请求)。二审法院认定事实:……(概述二审认定事实)。二审法院认为,……(概述二审判决理由)。二审法院判决:……(写明二审判决主文)。

　　围绕当事人的再审请求,本院对有争议的证据和事实认定如下:

　　……(写明再审法院采信证据、认定事实的意见和理由,对一审、二审法院认定相关的事实进行评判)。

　　本院再审认为,……(写明争议焦点,根据再审认定的案件事实和相关法律,对再审请求进行分析评判,说明理由)。

　　综上所述,……(对当事人的再审请求是否成立进行总结评述)。依照《中华人民共和国民事诉讼法》第二百零七条第一款、第一百七十条第一款第×项、……(写明法律文件名称及其条款项序号)规定,判决如下:

　　一、……;

　　二、……。

　　(以上分项写明判决结果)

　　……(写明诉讼费用的负担)。

　　本判决为终审判决。

审　判　长　×××

审　判　员　×××

审　判　员　×××

××××年××月××日

(院印)

书　记　员　×××

【说明】

1. 本判决书样式根据《中华人民共和国民事诉讼法》第二百零七条第一款、第一百七十条第一款制定,供原审法院依当事人申请裁定再审,按照第二审程序审理后,作出实体判决用。

2. 制作本判决书时,另请参照"民事判决书(依申请提审判决用)"说明。

【实例评注】

内蒙古自治区巴彦淖尔市中级人民法院
民事判决书 ①

(2016)内 08 民再 40 号

再审申请人(一审被告、二审上诉人)吴某某,男,1969 年 1 月 1 日出生,回族,个体户,现住临河区。

委托代理人王某某,男,1948 年 9 月 22 日出生,汉族,个体户,现住临河区。

被申请人(一审原告、二审被上诉人)杜某某,女,1971 年 8 月 29 日出生,汉族,无职业,现住临河区。

被申请人(一审原告、二审被上诉人)祁某某(又名祁某)男,1975 年 4 月 28 日出生,汉族,农民,现住临河区。

再审申请人吴某某为与被申请人杜某某、祁某某确认合同效力纠纷一案,不服本院(2013)巴民一终字第 126 号民事判决,向本院申请再审。本院于 2015 年 12 月 10 日作出(2015)巴民申字第 88 号民事裁定,决定再审本案。本院于 2016 年 5 月 6 日受理后,依法组成合议庭,于 2016 年 7 月 7 日公开开庭进行了审理。再审申请人吴某某的委托代理人王某某到庭参加了诉讼。被申请人祁某某、被申请人杜某某经本院合法传唤未到庭参加诉讼,本案现已审理终结。

经临河区人民法院审理查明,杜某某与祁某某夫妇因发生矛盾,于 2008 年 8 月份开始分居,同年杜某某起诉祁某某离婚,后临河区人民法院于 2008 年 9 月 26 日以(2008)临民初字第 3290 号民事判决书判决双方不准离婚,但双方仍分居至 2011 年祁某某又起诉杜某某离婚,临河区人民法院以(2011)临民初字 492 号民事判决书判决祁某某与杜某某离婚,但对上述争议的房屋未做调整。2009 年 12 月 23 日杜某某发现其坐落于临河区曙光办事处庆丰二组临河区花都公园东侧奶站附近 40 平方米南房,占地面积一

---

① 来源:中国裁判文书网。

亩及 200 平方米房屋的大门被锁，后打听才知其的房屋被丈夫祁某某以 305 000 元的价格出售给吴某某。另查明，审理中杜某某提供吴某某与其的通话录音带，欲证明所争议房屋是吴某某购买的，对此吴某某否认是其的声音，并于 2011 年 8 月 3 日提出对其与杜某某的通话录音中的声音及内容是否是自己的声音进行鉴定。临河区人民法院于 2011 年 8 月 5 日根据吴某某的申请委托巴彦淖尔市中级人民法院进行鉴定，鉴定结论为检验发现被鉴定人在音频录音文件中多处关键词的发音、相同对话音的相似度上很高，倾向认为同一人发音。

临河区法院认为，共同共有人对其共有财产享有共有的权利，承担共同的义务。在共同共有关系存续期间，部分共有人擅自处分共有财产的，应为无效。共有房地产未经其他共有人书面同意的，不得转让。本案祁某某未经杜某某书面同意擅自将共有房屋出售，已侵犯了杜某某作为共有人的权益。祁某某、吴某某明知处分的房屋为夫妻共同财产，虽未签订书面的房屋买卖合同，但已形成了事实上的买卖合同，祁某某在未征得共有人杜某某同意的情况下擅自处分该房屋，事后也未征得共有人的追认，其处分行为应为无效。祁某某出卖夫妻共有房屋的，应由夫妻双方共同作出出售决定。该案杜某某明确电话通知吴某某其不同意卖房，但吴某某否认并要求对通话录音中的声音进行鉴定，结论为：检验发现被鉴定人在音频录音文件中多处关键词的发音，相同对话语音的相似度上很高，倾向认为同一人发音。对此结论虽吴某某否认但不提起重新鉴定。吴某某在杜某某不同意卖房的情况下，且明知房屋的所有权属于夫妻共同财产，而没有要求杜某某签名确认，主观上存在过错，不属于善意取得，故杜某某的请求合法有据，予以支持。审理中祁某某、吴某某辩称争议的房屋没有建设许可证，法院应不予受理。对此杜某某否认，加之此该争议房屋是否属违章建筑，祁某某、吴某某未能提供证据佐证况且该房屋已拆迁，故祁某某、吴某某的该项抗辩理由不成立，根据《中华人民共和国婚姻法》第十七条、《中华人民共和国民法通则》第七十八条第二款、《最高人民法院关于贯彻执行〈中华人民共和国民法通则〉若干问题的意见（试行）》第八十九条之规定，判决：被告祁某某与被告吴某某房屋买卖无效。案件受理费 100 元由被告祁某某、被告吴某某负担。

本院二审认为：1. 关于本案诉争的房屋是否属于被上诉人杜某某与祁某某共有。原审中崔某某的妻子刘某某证实：位于曙光办庆丰二组的房屋卖了，卖给谁我不清楚，卖了 26.6 万元，只知道姓齐。并证实以前买房的人又卖了，好像卖给了庆丰二队吴某某。崔某甲证实：刘某介绍将崔某某的房卖给了祁某某，当时我也在场，还签了字，房子没有手续，祁某某卖给了回民。临河区人民法院（2011）临民初字第 492 号民事判决书确认该房屋属于祁某某与杜某某夫妻所有。故原审认定该房屋属于祁某某与杜某某夫妻共有财产有据可依。

2. 关于吴某乙与吴某某是否为同一人。原审 2010 年杜某某起诉时被告为吴某乙，

2011年发回重审审理时,杜某某申请变更被告吴某乙为吴某某。原审中吴某某对杜某某提供的证据均进行了质证。原审提供以物抵债合同的也是吴某某,原审经司法鉴定录音声音所鉴定的人也是吴某某,故实际与祁某某进行房屋交易的就是吴某某。杜某某不清楚当事人的名字所以一审起诉时有误,重审后原审直接变更当事人虽然有瑕疵但并不影响实体判决。二审中上诉人提供的系列证据证实当时与杜某某通电话的机主不是吴某某,但实际生活中电话机主与持有人不一致的情形是存在的,且原审鉴定的录音是吴某某,故鉴定确定的声音是吴某某而不是吴某丙,实际本案的当事人即为吴某某。

3. 关于本案是以物抵债还是买卖合同。上诉人一审提供的以物抵债合同时间是2009年1月17日,而杜某某一审起诉的时间是2009年1月4日,受理时间是1月6日。2010年审理时祁某某庭审时并未陈述过该房屋已抵债给吴某某,也没有陈述借过吴某某的钱。发回重审后吴某某在一审中提供了该证据。从卷中证据查明:原审中证人刘某某、崔某甲证实该房屋卖了。原审中临河团结派出所2009年12月23日对祁某某的调查笔录中,祁某某认可其以30万元把庆丰街花都公园东侧的房子卖了,卖给了城关庆丰村的姓吴的,协议卖的。杜某某两个哥哥打他的原因也是他把房子卖了。原审中杜某某提供的录音,经鉴定倾向于吴某某的声音。该录音证实了吴某某购买祁某某房屋的事实存在。吴某某在原审未提出重新鉴定,二审提出重新鉴定,但重新鉴定的理由不合法,故不予重新鉴定。以上证据均可以证实该房屋应属于买卖关系,祁某某与吴某某的以物抵债合同不能成立,上诉人明知该房屋属于夫妻共同财产而不通过杜某某同意,不属于善意取得。综上,上诉人的上诉理由本院不予支持。依据《中华人民共和国民事诉讼法》第一百七十条第一款第(一)项之规定,判决驳回上诉,维持原判。二审案件受理费100元由上诉人吴某某承担。

判决生效后,吴某某向本院申请再审,其再审申请理由为:1. 本案主体设置错误,吴某某从未与祁某某签订过房屋买卖合同,杜某某在原审起诉时也是起诉的吴某乙,原审直接将被告变更为吴某某程序严重错误。2. 本案中祁某某虽与吴某某签订了以物抵债协议,但双方并未实际履行该协议,本案争议地片及房屋基础系祁某某与吴某某父亲吴某丁形成的买卖关系,与吴某某无关。3. 本案中杜某某主张的是200平方米住房基础,而一审判决查明的是200平方米的房屋。这一认定超出了当事人的诉讼请求。请求再审依法予以改判。

本院再审认为,人民法院审理再审案件应当围绕再审申请人的再审申请理由进行审理。

再审申请人吴某某虽称原审主体设置错误,但本院经审理认为,杜某某虽在最初一审中将吴某某写为吴某乙,但因杜某某并非交易双方,其将吴某某误认为吴某乙起诉,二审法院将该案发回重审,杜某某在重审中将被告变更为吴某某,原审法院也将相关的起诉状副本、应诉通知书、举证通知书等送达了吴某某。重审中吴某某参加了诉讼，从其称述可以认定本案中与祁某某发生交易的就是吴某某。杜某某在一审程序中将被告变更为吴某某，并未影响吴某某行使实体权利，故再审申请人所称主体设置不恰当的理由不能成立。

关于吴某某所称祁某某与其父存在买卖关系的问题。本案原审中吴某某提供了一份与祁某某的以物抵债协议协议，称通过以物抵债取得了争议地片及房屋基础，并经翻建取得拆迁补偿款。再审中，吴某某虽提供了其父亲吴某丁与崔某某、崔某某与祁某某、吴某丁与祁某某签订的三份买卖协议，称双方虽签订了以物抵债协议，但并未实际履行，本案中的买卖系祁某某与吴某某父亲吴某丁形成的，与吴某某无关，本人从未领取过争议地片及房基的拆迁补偿款。但该陈述与其在原审中的陈述相互矛盾，且吴某某在历次审理中从未主张祁某某与其父形成了买卖合同，故对其陈述应以原审中的陈述为准，对其所提供的证据不予认定。再审申请人吴某某所称祁某某与其父吴某丁形成买卖关系的理由本院不予支持。

关于本案中的争议地片及房屋系200平方米房屋还是地基的问题。杜某某在起诉状中主张的系200平方米主房基础，经法院调查取证当时从崔某某处转让的系包括南房及200平方米的主房基础的一亩地。一审判决在查明部分表述"200平方米的房屋的大门被锁"应属笔误，应当认定本案争议的系包括南房及200平方米的主房基础的一亩地，再审对此依法予以纠正。再审申请人所称原审判决超出当事人诉讼请求的理由不予支持。

综上，再审申请人吴某某的再审申请理由无事实及法律依据，本院不予支持，原审判决应予维持。依照《中华人民共和国民事诉讼法》第二百零七条、第一百七十条第一款第一项之规定，判决如下：

驳回再审申请人吴某某的再审请求，维持本院（2013）巴民一终字第126号民事判决。

再审案件受理费100元由吴某某负担。

本判决为终审判决。

审　判　长　　百　灵
审　判　员　　温晋泉
代理审判员　　刘瑞臻
二〇一六年八月三日
书　记　员　　俊　兰

附相关法律条款：
《中华人民共和国民事诉讼法》

第一百七十条第一款　　第二审人民法院对上诉案件，经过审理，按照下列情形，分别处理：

（一）原判决、裁定认定事实清楚，适用法律正确的，以判决、裁定方式驳回上诉，维持原判决、裁定。

第二百零七条　　人民法院按照审判监督程序再审的案件，发生法律效力的判决、裁定是由第一审法院作出的，按照第一审程序审理，所作的判决、裁定，当事人可以上诉；发生法律效力的判决、裁定是由第二审法院作出的，按照第二审程序审理，所作的判决、裁定，是发生法律效力的判决、裁定；上级人民法院按照审判监督程序提审的，按照第二审程序审理，所作的判决、裁定是发生法律效力的判决、裁定。

〔评注〕

1. 本判决样式供人民法院依当事人申请对本院案件按照第二审程序审理后，作出实体判决用。本处实例是再审申请人对内蒙古自治区巴彦淖尔市中级人民法院的二审生效判决不服，向该院申请再审。该院审查后，决定再审本案。该院依法另行组成合议庭，适用二审程序对本案进行再审并作出实体判决，故适用本样式。

2. 整体上看，本实例基本上符合"民事判决书（依申请对本院案件按二审程序再审用）"的格式要求。另有部分与样式要求不一致处，值得引起注意：(1)诉讼参加人的诉讼地位后应有冒号。(2)委托诉讼代理人的基本情况。《民事诉讼法》第五十八条第一款规定："当事人、法定代理人可以委托一至二人作为诉讼代理人。"《民事诉讼文书样式》中将诉讼代理人表述为"委托诉讼代理人"，本裁定表述为"委托代理人"不够规范。(3)格式体例不一致。本文书样式将再审申请人的再审请求、事实和理由放在裁判文书"事实"的第一部分，然后再按照诉讼的脉络写明一审、二审、再审的审理情况。本实例将再审申请人的再审理由和请求等放在二审的裁判内容之后，与格式不符。(4)本实例在本院认为部分，没有首先归纳本案的争议焦点，而是根据再审申请人的再审理由，对其提出的三个再审问题逐一进行分析评判。

4. 本文书样式中，部分格式并不十分合理，例如"×××向一审法院起诉请求：……（写明一审原告的诉讼请求）。一审法院认定事实：……。一审法院判决：……（写明一审判决主文）"一段中，将"一审法院认定事实：……""一审法院判决：……"两部分与一审原告的诉讼请求放在同一段内，一则会导致同一段落内容过长，二则会使层次不够清晰。关于二审审理情况的表述也是一样的。

在制作裁判文书中，可以参照本处实例，将一审、二审的"法院认定事实"部分、"法院认为"部分和"法院判决"部分等分段写作。

5. 裁判文书后的"附"。本实例将本案适用的主要法律条文附在裁判文书之后，便于当事人了解具体的法律规定，有利于公开裁判理由，强化裁判文书说理，对裁判文的格式是一种有益的创新形式。

6. 制作本判决时，另请参照本章样式14"民事判决书（依申请提审判决用）"的说明和评注。

19. 民事裁定书（依申请提审后中止或终结诉讼用）

××××人民法院
民事裁定书

（××××）……民再……号

再审申请人（一、二审诉讼地位）：×××，……。
……

被申请人（一、二审诉讼地位）：×××，……。
……

二审上诉人/二审被上诉人/第三人（一审诉讼地位）：×××，……。
……

（以上写明当事人和其他诉讼参加人的姓名或者名称等基本信息）

再审申请人×××因与被申请人×××/再审申请人×××……（写明案由）一案，不服××××人民法院（××××）……民×……号民事判决/民事裁定/民事调解书，向本院申请再审。本院于××××年××月××日作出（××××）……民×……号民事裁定提审本案。

本院再审过程中，……（简要写明诉讼中止、终结的事由）。

依照《中华人民共和国民事诉讼法》第二百零七条第一款、第一百七十四条、第一百五十条第一款第×项/第一百五十一条第×项规定，裁定如下：

本案中止诉讼/终结诉讼。

……（写明诉讼费用负担）。

审　判　长　×××
审　判　员　×××
审　判　员　×××

××××年××月××日
（院印）
书　记　员　×××

【说明】

1. 本样式根据《中华人民共和国民事诉讼法》第二百零七条第一款、第一百七十四条、第一百五十条/第一百五十一条，供上级人民法院依当事人申请提审本案，中止或者终结再审诉讼用。

2. 终结再审诉讼的，裁定主文写明"本案终结诉讼"即可，不必对原生效裁判的效力问题作任何表述，既没有必要撤销原生效裁判及历次裁判，也没有必要恢复原裁判的执行。

【实例评注】

吉林省长春市中级人民法院
民事裁定书①

（2016）吉01民再39号

申请再审人（一审原告）：宋某某，男，1983年9月15日出生，汉族，住吉林省榆树市。

委托代理人：王某，吉林翔韵律师事务所律师。

被申请人（一审被告）：赵某，男，1961年11月4日出生，汉族，住长春市。

被申请人（一审被告）：刘某某，男，1963年11月5日出生，汉族，住长春市绿园区。

被申请人（一审被告）：长春建工新吉润建设有限公司，住所长春市朝阳区前进大街2552号。

法定代表人：徐某某，董事长。

委托代理人：袁某某，吉林开晟律师事务所律师。

被申请人（一审被告）：长春市兆源商贸有限公司，住所长春市双阳区东双阳大街北。

法定代表人：冯某某，董事长。

委托代理人：马某某。

一审被告：王某某，女，1962年7月22日出生，汉族，住长春市绿园区。

申请再审人宋某某因与被申请人赵某、刘某某、长春建工新吉润建设有限公司、长春市兆源商贸有限公司以及一审被告王某某合同纠纷一案，不服长春市南关区人民

---

① 来源：中国裁判文书网。

法院(2014)南民初字第1427号民事判决，向本院申请再审。本院于2015年12月28日作出(2015)长民申字第105号民事裁定，提审本案。

本院再审过程中，因长春建工新吉润建设有限公司已就与本案相关的(2015)长民一终字第145号、(2015)长民一终字第157号案件在吉林省高级人民法院申请再审，正在进行再审审查，故本院认为，本案应以另一案的审理结果为依据，而另一案尚未审结。依照《中华人民共和国民事诉讼法》第二百零七条第一款、第一百七十四条、第一百五十条第一款第(五)项之规定，裁定如下：

本案中止诉讼。

审　判　长　　绳继萍
审　判　员　　陶　铮
审　判　员　　史绍红
代理审判员　　胡月皓
代理审判员　　吕玉玉
二〇一六年五月十八日
书　记　员　　史兰跃

〔评注〕

1. 本样式供上级人民法院依当事人申请提审后，中止或者终结再审诉讼用。本案是当事人对长春市南关区人民法院一审生效判决不服，向吉林省长春市中级人民法院提出再审申请。吉林省长春市中级人民法院对本案提审。在审理过程中，发生了民事诉讼法规定的中止诉讼的情形，裁定中止诉讼，故适用本样式。

2. 《民事诉讼法》第一百五十条第一款规定了中止诉讼的情形：(1)一方当事人死亡，需要等待继承人表明是否参加诉讼的；(2)一方当事人丧失诉讼行为能力，尚未确定法定代理人的；(3)作为一方当事人的法人或者其他组织终止，尚未确定权利义务承受人的；(4)一方当事人因不可抗拒的事由，不能参加诉讼的；(5)本案必须以另一案的审理结果为依据，而另一案尚未审结的；(6)其他应当中止诉讼的情形。在本实例中，另一行政诉讼案件的裁判结果可能影响本案的审查，人民法院根据需要，裁定中止诉讼。

3. 《民事诉讼法》第一百五十条第二款规定，中止诉讼的原因消除后，恢复诉讼。根据《民诉法解释》第二百四十六条的规定，中止审查的裁定无需撤销，裁定中止诉讼的原因消除，即恢复诉讼程序，从人民法院通知或者准许当事人双方继续进行诉讼时起，中止诉讼的裁定即失去效力。

4. 《民诉法解释》第四百零二条规定了再审申请审查期间终结诉讼的情形：(1)再

审申请人死亡或者终止，无权利义务承继者或者权利义务承继者声明放弃再审申请的；(2)在给付之诉中，负有给付义务的被申请人死亡或者终止，无可供执行的财产，也没有应当承担义务的人的；(3)当事人达成和解协议且已履行完毕的，但当事人在和解协议中声明不放弃申请再审权利的除外；(4)他人未经授权以当事人名义申请再审的；(5)原审或者上一级人民法院已经裁定再审的。(6)有本解释第三百八十三条第一款规定情形的。本解释第三百八十三条第一款规定了对申请再审不予受理的情形，已经立案受理的，裁定终结再审审查。

5. 值得注意的是，本实例是 2016 年 8 月 1 日前的民事裁定，所使用的部分格式、称谓与本文书样式不同，在撰写新裁判文书时应引起注意：(1)《民事诉讼法》第五十八条第一款规定："当事人、法定代理人可以委托一至二人作为诉讼代理人。"新民事诉讼文书样式将诉讼代理人表述为"委托诉讼代理人"，实例表述为"委托代理人"不够规范。(2)裁判依据另起一段，引用《民事诉讼法》第一百五十条第一款第×项、第一百五十四条第一款第六项的规定。(3)根据《人民法院民事裁判文书制作规范》"三、正文""(六)理由"第 6 点，"引用法律条款中的项的，一律使用汉字不加括号，例如：'第一项'"，本实例中引用的法律条款应写为"《中华人民共和国民事诉讼法》第一百五十条第一款第五项"。

20. 民事裁定书（依申请提审后准许或不准撤回再审请求用）

×××× 人民法院
民事裁定书

（××××）……民再……号

再审申请人（一、二审诉讼地位）：×××，……。
……

被申请人（一、二审诉讼地位）：×××，……。
……

二审上诉人/二审被上诉人/第三人（一审诉讼地位）：×××，……。
……

（以上写明当事人和其他诉讼参加人的姓名或者名称等基本信息）

再审申请人×××因与被申请人×××/再审申请人×××……（写明案由）一案，不服×××人民法院（××××）……民×……号民事判决/民事裁定/民事调解书，向本院申请再审。本院于×××年××月××日作出(××××)……民×……号民事裁定提审本案。

　　本院再审过程中，……(写明再审申请人撤回再审请求的时间、理由等情况)。

　　本院经审查认为，×××在本案再审期间撤回再审请求，符合法律规定，本院予以准许(如果审查后不允许撤回再审请求的，则写明不准许撤回的理由)。

　　依照《最高人民法院关于适用〈中华人民共和国民事诉讼法〉的解释》第四百零六条第一款第一项规定，裁定如下：

　　准许×××撤回再审请求，本案终结再审程序/不予准许×××撤回再审请求。

　　……(写明诉讼费用负担)。

　　本裁定为终审裁定。

审　判　长　×××
审　判　员　×××
审　判　员　×××

××××年××月××日
（院印）
书　记　员　×××

【说明】

　　1. 本样式根据《最高人民法院关于适用〈中华人民共和国民事诉讼法〉的解释》第四百零六条第一款第一项制定。供上级人民法院依当事人申请提审，在再审过程中，再审申请人撤回再审请求，裁定准许或者不准许用。

　　2. 根据《最高人民法院关于适用〈中华人民共和国民事诉讼法〉的解释》第四百零六条第一款第一项的规定，再审申请人在再审审理期间撤回再审请求，人民法院可以准许并裁定终结再审程序；再审程序终结后，人民法院裁定中止执行的原生效判决自动恢复执行。

【实例评注】

内蒙古自治区兴安盟中级人民法院
民事裁定书 ①

(2016)内 22 民再 16 号

再审申请人(原审被告):付某某,男,满族,1989 年 4 月 18 日出生,农民,现住内蒙古突泉县水泉镇合发村。

委托代理人:赫某某,内蒙古突泉县法律服务所法律工作者。

被申请人(原审原告):付某甲,男,满族,身份证号152224××××××××××××,于 2016 年 7 月 2 日逝世。

再审申请人付某某因与被申请人付某甲土地承包经营权纠纷一案,不服突泉县人民法院(2015)突民初字第 865 号民事判决,向本院申请再审。本院于 2016 年 3 月 22 日作出(2016)内 22 民申 2 号民事裁定提审本案。

本院再审过程中,因被申请人付某甲于 2016 年 7 月 2 日去世,且诉争土地一直由付某某耕种,故申请人向法院提出撤回申诉申请。

本院经审查认为,付某某在本案再审期间撤回再审申请,符合法律规定,本院予以准许,依照《最高人民法院关于适用〈中华人民共和国民事诉讼法〉的解释》第四百零六条第一款第一项规定,裁定如下:

准许再审申请人付某某撤回再审请求,本案终结再审程序。

案件受理费 50.00 元由再审申请人付某某承担。

本裁定为终审裁定。

审 判 长 边铁玲
审 判 员 王志刚
审 判 员 张 伟
二〇一六年八月十一日
书 记 员 金 龙

〔评注〕

1. 本样式供上级人民法院依当事人申请提审,在再审过程中,再审申请人撤回再审请求,人民法院裁定准许或者不准许用。本案是当事人对内蒙古自治区突泉县人民

---

① 来源:中国裁判文书网。

法院一审生效判决不服，向内蒙古自治区兴安盟中级人民法院提出再审申请。内蒙古自治区兴安盟中级人民法院对本案提审。在审理过程中，当事人撤回再审申请，人民法院裁定准许并终结再审程序，故适用本样式。

2. 准许当事人撤回再审申请的标准。《民事诉讼法》及其司法解释并没有明确规定人民法院准许或不准许撤回再审申请的标准。但撤回再审申请是对原生效裁判确立的法律关系的认可，从维护生效裁判既判力的角度，在再审阶段人民法院不应对当事人撤回再审申请做过多干涉，只要不违反法律法规的禁止性规定，不损害国家利益、社会公共利益以及他人合法权益，均应予以准许。

3. 根据《民诉法解释》第四百零一条的规定，人民法院准许撤回再审申请或者按撤回再审申请处理后，再审申请人再次申请再审的，不予受理。但有《民事诉讼法》第二百条第一项、第三项、第十二项、第十三项规定情形，即(1)有新的证据，足以推翻原判决、裁定的；(2)原判决、裁定认定事实的主要证据是伪造的；(3)据以作出原判决、裁定的法律文书被撤销或者变更的；(4)审判人员审理该案件时有贪污受贿，徇私舞弊，枉法裁判行为的，自知道或者应当知道之日起六个月内提出的除外。本条是该司法解释新增加的条款，对再次申请再审的，以不予受理为原则，但是存在上述四种规定的申请再审事由，且在法定期限内提出的，仍应予以受理。

4. 《民事诉讼法》第五十八条第一款规定："当事人、法定代理人可以委托一至二人作为诉讼代理人。"《民事诉讼文书样式》中将诉讼代理人表述为"委托诉讼代理人"，本裁定表述为"委托代理人"不够规范。

21. 民事裁定书（依申请提审后按撤回再审请求处理用）

×××× 人民法院
民事裁定书

（××××）……民再……号

再审申请人（一、二审诉讼地位）：×××，……。
……
被申请人（一、二审诉讼地位）：×××，……。
……
二审上诉人/二审被上诉人/第三人（一审诉讼地位）：×××，……。
……

（以上写明当事人和其他诉讼参加人的姓名或者名称等基本信息）

　　再审申请人×××因与被申请人×××/再审申请人×××……（写明案由）一案，不服××××人民法院(××××)……民×……号民事判决/民事裁定/民事调解书，向本院申请再审。本院于×××年××月××日作出(××××)……民×……号民事裁定提审本案。

　　本院再审过程中，再审申请人×××经传票传唤，无正当理由拒不到庭/未经法庭许可中途退庭，依法应当按照撤回再审请求处理。

　　依照《最高人民法院关于适用〈中华人民共和国民事诉讼法〉的解释》第四百零六条第一款第二项规定，裁定如下：

　　本案按×××（写明再审申请人的姓名或名称）自动撤回再审请求处理，终结再审程序。

　　……（写明诉讼费用负担）。

　　本裁定为终审裁定。

审　判　长　×××
审　判　员　×××
审　判　员　×××

×××年××月××日
（院印）
书　记　员　×××

【说明】

　　1. 本样式根据《最高人民法院关于适用〈中华人民共和国民事诉讼法〉的解释》第四百零六条第一款第二项制定，供上级人民法院依当事人申请提审后，在再审过程中，按当事人自动撤回其再审请求处理时使用。

　　2. 根据《最高人民法院关于适用〈中华人民共和国民事诉讼法〉的解释》第四百零六条第一款第二项规定，再审审理期间，再审申请人经传票传唤，无正当理由拒不到庭的，或者未经法庭许可中途退庭，按撤回再审请求处理，人民法院可以裁定终结再审程序。

【实例评注】

黑龙江省林区中级人民法院
民事裁定书①

(2016)黑75民再4号

再审申请人(一审被告):信某某,男,1963年2月6日出生,汉族,黑龙江省东京城林业局第一小学综合楼项目部经理。

被申请人(一审原告):倪某,男,1968年4月24日出生,汉族,无职业。

被申请人(一审被告):东宁县金鸿嘉房地产开发有限责任公司,住所地黑龙江省东宁县东宁镇江南街91号。

法定代表人:姚某某,该公司经理。

再审申请人信某某因与被申请人倪某、东宁县金鸿嘉房地产开发有限责任公司房屋买卖合同纠纷一案,不服东京城林区基层法院(2015)东民初字第31号民事判决,向本院申请再审。本院于2016年6月13日作出(2016)黑75民申1号民事裁定提审本案。

本院审理过程中,再审申请人信某某经本院(2016)黑75立缴1号交纳诉讼费通知书通知后,仍未按该通知书要求交纳诉讼费用。依照《中华人民共和国民事诉讼法》第一百五十四条第一款第十一项、第二百零七条第一款,《最高人民法院关于适用〈中华人民共和国民事诉讼法〉的解释》第三百二十条,《诉讼费用交纳办法》第九条第二项、第二十二条第四款规定,裁定如下:

本案按再审申请人信某某自动撤回再审请求处理,终结再审程序。

本裁定为终审裁定。

审 判 长　张　平
审 判 员　孙建国
代理审判员　孙维娜

二〇一六年九月十八日

书 记 员　周　琼

〔评注〕

1. 上级人民法院依当事人申请提审后,在再审过程中按当事人自动撤回其再审请

---

① 来源:中国裁判文书网。

求处理时,使用本样式。值得注意的是,《民事诉讼文书样式》① 中该文书样式在引用法律条款中的项时格式不规范,《人民法院民事裁判文书制作规范》要求一律使用汉字不加括号,本样式引用的法律条款,应写为"《最高人民法院关于适用〈中华人民共和国民事诉讼法〉的解释》第四百零六条第一款第二项",本书已对其进行修正。

2.《民诉法解释》第四百条第二款规定了按撤回再审申请处理的情形,"再审申请人经传票传唤,无正当理由拒不接受询问的,可以按撤回再审申请处理"。其中,再审申请人"经传票传唤""不接受询问"且"缺席询问无正当理由"应当同时满足。本处实例与上述规定的情形实际上并不一致,本处实例是再审申请人没有按交纳诉讼费通知书的要求交纳诉讼费用。对此,《民事诉讼法》及其解释并无明确规定,该院遂参照第二审程序中"未在指定的期限内交纳上诉费"的处理办法,按自动撤回上诉处理。

3. 根据《民诉法解释》第四百零一条的规定,人民法院准许撤回再审申请或者按撤回再审申请处理后,再审申请人再次申请再审的,不予受理。但有《民事诉讼法》第二百条第一项、第三项、第十二项、第十三项规定情形,即(1)有新的证据,足以推翻原判决、裁定的;(2)原判决、裁定认定事实的主要证据是伪造的;(3)据以作出原判决、裁定的法律文书被撤销或者变更的;(4)审判人员审理该案件时有贪污受贿,徇私舞弊,枉法裁判行为的,自知道或者应当知道之日起六个月内提出的除外。本条是该司法解释新增加的条款,对再次申请再审的,以不予受理为原则,但是存在上述四种规定的申请再审事由,且在法定期限内提出的,仍应予以受理。

22. 民事裁定书(依再审申请对不予受理裁定提审后指令立案受理用)

××××人民法院
民事裁定书

(××××)……民再……号

再审申请人(一、二审诉讼地位):×××,……。
……
(以上写明再审申请人及其代理人的姓名或者名称等基本信息)
再审申请人×××因起诉×××(写明被起诉人姓名或名称)……(写明案由)一案,不服×××人民法院(××××)……号民事裁定,向本院申请再审。本院作出(××××)……号裁定提审本案。本院依法组成合议庭进行了审理,现已审理终结。

---

① 参见沈德咏主编:《民事诉讼文书样式》(上册),人民法院出版社2016年版,第593页。

×××申请再审称,……(写明再审申请人的再审请求、事实与理由)。

××××年××月××日,×××起诉至××××人民法院称,……(简要写明原告的起诉请求、事实与理由)。一审法院以……为由裁定不予受理。

×××不服一审裁定,向××××人民法院提起上诉称:……(简要写明上诉请求及理由)。二审法院以……为由驳回上诉。

本院再审查明:……(写明再审认定的事实)。

本院经再审认为,……(对应予受理进行分析评判,说明理由)。

依照《中华人民共和国民事诉讼法》第二百零七条第一款、第一百七十条第一款第×项、《最高人民法院关于适用〈中华人民共和国民事诉讼法〉的解释》第四百零七条、第三百三十二条规定,裁定如下:

一、撤销××××人民法院(××××)……号民事裁定和××××人民法院(××××)……号民事裁定;

二、本案由××××人民法院立案受理。

审　判　长　×××
审　判　员　×××
审　判　员　×××

××××年××月××日
（院印）
书　记　员　×××

【说明】

1. 本样式根据《中华人民共和国民事诉讼法》第二百零七条第一款、第一百七十条第一款第×项、《最高人民法院关于适用〈中华人民共和国民事诉讼法〉的解释》第四百零七条、第三百三十二条制定,供上一级人民法院对不予受理裁定提审后,指令立案受理用。

2. 当事人的诉讼地位表述为"再审申请人(一、二审诉讼地位)",由于本案一审、二审均为不予受理裁定,并无被告,不列被申请人。

3. 本裁定为指令下级人民法院立案受理的裁定,裁定主文中应写明撤销一、二审不予受理的裁定,指令××××人民法院立案受理。

【实例评注】

广东省高级人民法院
民事裁定书①

(2016)粤民再152号

再审申请人(一审起诉人、二审上诉人):林某某,男,汉族,住福建省仙游县。

再审申请人林某某因起诉东莞市东顺保安服务有限公司(下称东顺公司)劳动合同纠纷一案,不服广东省东莞市中级人民法院(2015)东中法立民终字第507号民事裁定,向本院申请再审。本院作出(2015)粤高法立民申字第276号民事裁定提审本案。本院依法组成合议庭进行了审理,现已审理终结。

林某某向本院申请再审,请求:1. 撤销东莞市中级人民法院(2015)东中法立民终字第507号民事裁定。2. 东顺公司支付2014年5月至11月的工资差额7 001.88元。3. 东顺公司支付2014年5月至11月的节日假日加班费4 809.84元。4. 东顺公司支付2014年高温补贴费633元。5. 做到年底有双薪1 750元。6. 房子补贴费2 000元。7. 失业生活费2 500元。8. 伙食补贴费1 050元。再审诉讼费用由被申请人东顺公司承担。事实和理由:东莞市劳动人事争议仲裁院(寮步仲裁庭)仲裁员梁钜尧违法采信被申请人东顺公司职员梁某和崔某某的虚假证言,让申请人承担不利的后果;一、二审法院未查明事实真相,认为仲裁庭作出的裁决补正通知不影响裁决的生效时间,因此认为申请人的起诉超过法律规定的期限而裁定不予受理、维持原裁定,是错误的。

2015年3月23日,林某某向广东省东莞市第一人民法院(下称一审法院)起诉称:其于2014年4月30日入职东顺公司任保安员,后因工作安排不合理于2014年10月29日向东顺公司申请离职,东顺公司尚未足额支付加班费及高温津贴等,为此特诉至法院,请求判令东顺公司支付:1. 额外支付林某某一个月工资(做到年底有双薪)1 750元;2. 失业生活补贴2 500元;3. 2014年5月1日至11月30日28个星期天加班费3 024元;4. 房子补贴费2 000元;5. 高温补贴633元;6. 法定节日加班费1 050元;7. 诉讼费由东顺公司支付。

一审法院认为,林某某收到仲裁裁决书后未在法定期限内向一审法院起诉,东劳人仲院寮步庭案字(2015)28号裁决书现已发生法律效力,故依照《中华人民共和国劳动争议仲裁调解法》第五十条、《中华人民共和国民事诉讼法》第一百二十三条、第一百五十四条第一项的规定,裁定对起诉人林某某的起诉,不予受理。

---

① 来源:中国裁判文书网。

林某某不服一审裁定，向广东省东莞市中级人民法院（下称二审法院）提起上诉，提出一审法院认为林某某收到裁决书后未在法定期限内向法院提起诉讼，是错误的。东莞市劳动争议人事仲裁院作出的补正通知书是2015年3月18日送达的，林某某是按照法律程序起诉的。

二审法院认为，本案为劳动争议纠纷。林某某于2015年2月12日签收东劳人仲院寮步庭案字（2015）28号裁决书，后于同年3月23日起诉至一审法院。林某某收到仲裁裁决书后未在法定期限内向一审法院提起诉讼，东劳人仲院寮步庭案字（2015）28号裁决书已发生法律效力，一审法院裁定不予受理正确，予以维持。东莞市劳动人事争议仲裁院作出的补正通知书是补正笔误，不影响该案仲裁裁决的生效时间，因此林某某提出的上诉理由不能成立，不予采纳。依照《中华人民共和国民事诉讼法》第一百六十九条、第一百七十条第一项、第一百七十一条、第一百七十五条的规定，裁定驳回上诉，维持原裁定。

经再审查明：再审申请人林某某于2014年4月30日入职东顺公司任保安员，后因工作安排原因于同年10月29日申请离职。事后，申请人林某某认为东顺公司未足额支付加班费和高温补贴费等，向东莞市劳动人事争议仲裁院申请仲裁，请求东顺公司多支付一个月工资（即双薪）、失业生活费、加班费、房子补贴、高温津贴、法定节假日加班费等。东莞市劳动人事争议仲裁院（寮步仲裁庭）于2015年2月9日作出东劳人仲院寮步庭案字（2015）28号裁决书，申请人于2015年2月12日签收了该裁决书。2015年3月18日，东莞市劳动人事争议仲裁院制作并向申请人林某某送达《东莞市劳动人事争议仲裁院补正通知书》，对裁决书中第一页倒数第六行中"10月27日上旬"补正为"7月上旬"。2015年3月23日，申请人林某某向一审法院提起本案诉讼。一审法院以申请人收到仲裁裁决书后未在法定期限内向人民法院提起诉讼，东劳人仲院寮步庭案字（2015）28号裁决书已经发生法律效力为由，对申请人的起诉不予受理。二审法院裁定驳回上诉，维持原裁定。

本院经再审认为，根据一、二审裁定理由和林某某申请再审的事实与理由，本案主要涉及仲裁机构补正通知时间与林某某起诉时间的衔接计算问题，即是否应以仲裁机构补正通知的送达时间作为申请人林某某向人民法院提起诉讼的起算时间。

本案涉及的仲裁机构的补正通知，虽然只是对笔误的补正，不涉及当事人的实体权利义务，但从程序公正以及裁决行为完整完成的角度，仲裁机构对案件的裁决在作出时间的认定上，与人民法院对案件的裁判相同或者相似，故仲裁裁决应以补正通知的送达时间作为全案的送达时间，并据此确定仲裁裁决的生效时间。根据查明事实，申请人与东顺公司发生的劳动争议，东莞市劳动人事争议仲裁院于2015年2月9日作出东劳人仲院寮步庭案字（2015）28号裁决书，又于2015年3月18日制作并送达《补正通知书》，根据《中华人民共和国劳动争议仲裁调解法》第五十条"当事人对本法第四十七条规定以外的其他劳动争议案件的仲裁裁决不服的,可以自收到仲裁裁决书之日起十五日内向人民法院提起诉讼;期满不起诉的,裁决书发生法律效力"的规定,林某某于2015年3月23日提起本案诉讼,未超过法律规定的"自收到仲裁裁决书之日起十五日内向人民法院提起诉讼"的期限要求。因此,一审法院认定申请人林某某未能在法定期限内提起诉讼,仲裁裁决书已经发生法律效力,认定事实错误。

综上,一审裁定对林某某的起诉不予受理,二审裁定予以维持,认定事实错误,导致适用法律错误,本院依法予以纠正。再审申请人林某某请求撤销一审和二审裁定的理由成立,本院予以支持。依照《中华人民共和国民事诉讼法》第二百零七条第一款、第一百七十条第一款第二项,《最高人民法院关于适用〈中华人民共和国民事诉讼法〉的解释》第四百零七条第二款、第三百三十二条的规定,裁定如下:

一、撤销广东省东莞市第一人民法院(2015)东一法寮立民初字第1号民事裁定和广东省东莞市中级人民法院(2015)东中法立民终字第507号民事裁定;

二、本案由广东省东莞市第一人民法院立案受理。

本裁定为终审裁定。

审　判　长　　詹伟雄
审　判　员　　江　萍
代理审判员　　符　容
二〇一六年八月十六日
书　记　员　　田　青

〔评注〕

1. 本样式供上一级人民法院对不予受理裁定提审后,指令立案受理用。本案中,广东省东莞市第一人民法院对当事人的起诉不予受理、广东省东莞市中级人民法院裁定维持原裁定,当事人不服向广东省高级人民法院提出再审申请。广东省高级人民法院提审后,认为"一审裁定对林某某的起诉不予受理,二审裁定予以维持,认定事实错误,导致适用法律错误",指令广东省东莞市第一人民法院立案受理,故适用本样式。

2. 本样式中,部分格式并不十分合理,例如"××××年××月××日,×××起诉至××××人民法院称,……(简要写明原告的起诉请求、事实与理由)。一审法院以……为由裁定不予受理"一段中,将一审法院裁定不予受理的说理部分与一审原告的诉讼请求放在同一段内,一则会导致同一段落内容过长,二则会使层次不够清晰。关于二审驳回上诉情况的表述也是一样的。

在制作裁判文书中,可以参照本处实例,将一审、二审的裁定不予受理和二审驳回上诉裁判理由等部分分段写作。

23. 民事裁定书（依申请对驳回起诉裁定提审后用）

××××人民法院
民事裁定书

（××××）……民再……号

再审申请人（一、二审诉讼地位）：×××，……。
……

被申请人（一、二审诉讼地位）：×××，……。
……

二审上诉人／二审被上诉人／第三人（一审诉讼地位）：×××，……。
……

（以上写明当事人和其他诉讼参加人的姓名或者名称等基本信息）

再审申请人×××因与被申请人×××／再审申请人×××……（写明案由）一案，不服××××人民法院（××××）……民×……号民事裁定，向本院申请再审。本院于××××年××月××日作出（××××）……民×……号民事裁定提审本案。本院依法组成合议庭，开庭审理了本案。再审申请人×××、被申请人×××（写明当事人和其他诉讼参加人的诉讼地位和姓名或者名称）到庭参加诉讼（未开庭的，写明：本院依法组成合议庭审理了本案）。本案现已审理终结。

×××申请再审称，……（写明再审请求、事实和理由）。

×××辩称，……（概述被申请人的答辩意见）。

×××述称，……（概述原审其他当事人的意见）。

……（简要写明历次审理情况）。

……（简要写明再审法院认定的与应否驳回起诉相关的事实）。

本院再审认为，……（根据再审认定的案件事实和相关法律，对应否驳回起诉进行分析评判，说明理由）。

依照《中华人民共和国民事诉讼法》第二百零七条第一款、第一百七十条第一款第×项、第一百七十一条、……（写明法律依据名称及其条款项序号）规定，裁定如下：

（维持原裁定的，写明：）维持××××人民法院（××××）……民×……号民事裁定。

本裁定为终审裁定。

（不应当驳回起诉的，写明：）一、撤销××××人民法院（××××）……民×……号民事裁定及××××人民法院（××××）……民×……号民事裁定。

二、指令××××人民法院对本案进行审理。

……（本次再审发生诉讼费用的，写明其负担。没有发生诉讼费用的，不写此项）。

审　判　长　×××
审　判　员　×××
审　判　员　×××

××××年××月××日
（院印）
书　记　员　×××

【说明】

1. 本样式根据《中华人民共和国民事诉讼法》第二百零七条第一款、第一百七十条第一款第×项、第一百七十一条、《最高人民法院关于〈中华人民共和国民事诉讼法〉的解释》第三百三十条等制定。供上级人民法院依当事人申请，对驳回起诉裁定提审后，经审理裁定用。

2. 对于原审结果为裁定驳回一审原告起诉的案件（包括一审驳回原告起诉裁定生效的案件，以及一审裁定驳回原告起诉、二审裁定维持一审裁定的案件），当事人申请再审，上级法院提审的，在审理之后应当作出裁定，决定本案应否驳回起诉。如果原裁定驳回起诉正确，则再审应予以维持，并应写明"**本裁定为终审裁定**"。如果本案不应驳回起诉，则应撤销原裁定，并指令一审法院对本案进行审理；这时，不必写诉讼费用负担一项，由下级法院实体审理后，再决定诉讼费用的负担问题；另，因为下级人民法院应当对本案进行实体审理，所以不应写"本裁定为终审裁定"。

3. 对于一审受理后作出判决，二审裁定驳回起诉的案件，当事人申请再审，上级法院提审后，认定不应受理的，裁定维持二审裁定；认为不应当驳回起诉的，裁定撤销二审裁定，指令二审法院审理。

【实例评注】

广东省高级人民法院
民事裁定书①

（2016）粤民再153号

---

① 来源：中国裁判文书网。

再审申请人（一审原告、二审被上诉人）：黄某，女，香港特别行政区居民。

委托代理人：杨某，广东国晖律师事务所律师。

委托代理人：岳某某，广东国晖律师事务所律师。

被申请人（一审被告、二审上诉人）：彭某，男，1983年8月9日出生，香港特别行政区居民。

再审申请人黄某因与被申请人彭某离婚纠纷一案，不服广东省深圳市中级人民法院(2015)深中法立民终字第1728号民事裁定，向本院申请再审。本院作出(2015)粤高法立民申字第256号民事裁定提审本案。本院依法组成合议庭进行了审理，现已审理终结。

黄某申请再审称，深圳市中级人民法院（下称二审法院）裁定认定原审深圳市龙岗区人民法院（下称一审法院）对本案没有管辖权并驳回申请人的起诉是完全错误的，请求依法撤销二审裁定，指令一审法院继续对本案进行实体审理。事实与理由：（一）彭某在申请人起诉时的户籍所在地为深圳市龙岗区，其时尚未取得香港永久居留权。由申请人立案时提交的由深圳市公安局提供的《人口信息查询表》可见，彭某在申请人起诉时的户籍所在地为深圳市龙岗区，尚未取得香港永久居留权。且彭某于申请人起诉前也经常居住于深圳市万科城二期×区×号楼×单元×房内。（二）本案双方当事人的主要夫妻共同财产——深圳市万科城二期×区×号楼×单元×房位于深圳市龙岗区，本案依法可由房产所在地法院即一审法院管辖，且本案由一审法院管辖更有利案件的审理和执行。本案双方当事人的夫妻共同财产深圳市万科城二期×区×号楼×单元×房位于一审法院管辖范围内。依据《中华人民共和国民事诉讼法》第二百六十五条"因合同纠纷或者其他财产权益纠纷，对在中华人民共和国领域内没有住所的被告提起的诉讼，如果合同在中华人民共和国领域内签订或者履行，或者诉讼标的物在中华人民共和国领域内，或者被告在中华人民共和国领域内有可供扣押的财产，或者被告在中华人民共和国领域内设有代表机构，可以由合同签订地、合同履行地、诉讼标的物所在地、可供扣押财产所在地、侵权行为地或者代表机构住所地人民法院管辖"之规定，本案可由一审法院管辖。（三）本案双方当事人在内地登记结婚，即使彭某现在为香港居民，依据《最高人民法院关于原在内地登记结婚后双方均居住香港，现内地人民法院可否受理他们离婚诉讼的批复》"对于夫妻双方均居住在港澳的同胞，原在内地登记结婚的，现在发生离婚诉讼，如果他们向内地人民法院申请，内地原结婚登记地或原户籍地人民法院可以受理"之规定，彭某的原户籍地人民法院即一审法院依然对本案有管辖权。（四）如裁定一审法院无管辖权，不仅不利于案件的审理和执行，还会在客观上大大纵容彭某的非法行为，使申请人和孩子的合法权益无法得到应有的保护。本案双方当事人结婚后，彭某一直无业，全部家庭支出和房贷均由申请人一人承担。彭某在未承担任何家庭责任的情形下，还在申请人起诉后私自变卖夫妻共有房产，并将变卖后的大部分钱款转走。如果认定一审法院无管辖权,将本案交由香港法院审理的话,则香港法院想要查明彭某非法转移财产一事势必困难重重,追回财产的可能性也变得几乎为零。另外,申请人为保护自身和孩子的合法权益,及时申请冻结了彭某变卖夫妻共同财产所得的小部分尾款人民币34万元,如果认定一审法院无管辖权,将必然导致该部分财产的再次流失,申请人和孩子的合法权益根本无法得到保障。综上,二审裁定适用法律错误,请求依法予以撤销,改为裁决一审法院对本案有管辖权,并继续对本案进行实体审理。

被申请人彭某未提交答辩意见。

2015年,黄某因与彭某离婚纠纷向广东省深圳市龙岗区人民法院(下称一审法院)提起诉讼。被告彭某在答辩期内提出管辖权异议,认为原、被告为香港特别行政区居民,夫妻双方及婚生子均在香港居住,双方共同拥有香港特别行政区孔雀道×-×号明园第二期×座×字楼×室房产,根据相关法律规定,本案应由香港特别行政区法院管辖。请求驳回原告起诉,将本案移送香港特别行政区区域法院审理。

一审法院认为,原、被告虽均为香港特别行政区居民,但在内地登记结婚,且夫妻共同财产深圳市龙岗区坂雪岗大道×号万科城二期×区×号楼×单元×房位于一审法院辖区,一审法院作为财产所在地法院,对本案争议具有管辖权,被告提出的管辖权异议不能成立。依照《中华人民共和国民事诉讼法》第一百二十七条第一款、第一百五十四条第一款第二项、第二百六十五条、第二百六十九条之规定,裁定驳回被告彭某提出的管辖权异议。

彭某不服提起上诉。二审法院认为,本案为离婚纠纷,双方当事人均为香港居民,双方之间的离婚纠纷应由香港法院进行审理,在香港法院作出离婚裁决后,当事人才可以就内地财产向内地法院提起离婚后财产分割诉讼,依照《中华人民共和国民事诉讼法》第一百一十九条第四项的规定,一审法院对本案没有管辖权,一审裁定不当,予以纠正。上诉人提出的上诉理由成立,予以支持。依据《中华人民共和国民事诉讼法》第一百一十九条第四项、第一百五十四条第三项、第一百七十一条、第一百七十五条之规定,裁定:一、撤销深圳市龙岗区人民法院(2015)深龙法坂民初字第478号民事裁定;二、驳回被上诉人(原审原告)黄某的起诉。

经再审查明:黄某与彭某于××××年××月××日在内地登记结婚。根据黄某提交的《人口信息查询表》,被申请人彭某于2007年3月12日迁入"万科城社区居委会",住广东省深圳市龙岗区坂雪岗大道×号万科城二期×区×号楼×单元×室。黄某、彭某现均为香港特别行政区居民。

本院再审认为,根据二审裁定理由以及黄某申请再审理由,本案争议主要涉及内地法院对双方当事人均为香港居民的离婚纠纷有无管辖权的审查认定。对于香港特别行政区居民到内地法院起诉进行离婚诉讼,法律、司法解释没有禁止性规定。根据查明事实，黄某与彭某在内地登记结婚，彭某原户籍所在地为深圳市龙岗区，且夫妻共同财产即万科城二期×区×号楼×单元×室也在深圳市龙岗区，根据《最高人民法院关于原在内地登记结婚后双方均居住香港，现内地人民法院可否受理他们离婚诉讼的批复》，一审法院作为当事人原户籍地人民法院可以受理。而且，本案当事人之婚姻关系及财产均与内地存在关联，不存在不方便管辖的情形。因此，本案双方当事人虽为香港特别行政区居民，但并不是内地人民法院无管辖权的充分理由。一审法院对本案纠纷有权管辖。

综上，二审法院以香港居民的离婚诉讼需由香港法院审理为由，根据民诉法第一百一十九条第四项的规定驳回起诉，适用法律错误，本院依法予以纠正。再审申请人黄某请求撤销二审裁定的理由成立，本院予以支持。依照《中华人民共和国民事诉讼法》第二百零七条第一款、第一百七十条第一款第二项、第一百七十一条，《最高人民法院关于适用〈中华人民共和国民事诉讼法〉的解释》第四百零七条第二款的规定，裁定如下：

一、撤销广东省深圳市中级人民法院(2015)深中法立民终字第1728号民事裁定；
二、指令广东省深圳市龙岗区人民法院对本案进行审理。
本裁定为终审裁定。

审 判 长　詹伟雄
审 判 员　江　萍
代理审判员　符　容
二〇一六年八月十六日
书 记 员　田　青

〔评注〕

1. 本样式供上级人民法院依当事人申请，对驳回起诉裁定提审后，经审理作出裁定用。广东省深圳市中级人民法院裁定对当事人的起诉不予受理，当事人不服，向广东省高级人民法院提出再审申请。广东省高级人民法院提审后，认为二审法院"根据民诉法第一百一十九条第四项的规定驳回起诉，适用法律错误"，指令深圳市龙岗区人民法院对本案进行审理，故适用本样式。

2. 对于原一审为裁定驳回起诉的案件(包括一审驳回原告起诉裁定生效的案件，以及一审裁定驳回原告起诉、二审裁定维持一审裁定的案件)，当事人申请再审，上级法院提审的，在审理之后应当作出裁定，决定本案应否驳回起诉。如果原裁定驳回起诉正确，则再审应予以维持，并应写明"本裁定为终审裁定"。如果本案不应驳回起诉，则应撤销原裁定，并指令一审法院对本案进行审理；这时，不必写诉讼费用负担一项，由下级法院实体审理后，再决定诉讼费用的负担问题；另外，因为下级人民法院应当对本案进行实体审理，所以一般不应写"本裁定为终审裁定"。但本实例系针对管辖权异议的裁定，其终审裁定是针对管辖权异议，而非针对本案的实体处理，故写明"本裁定为终审裁定"。

3. 对于一审受理后作出判决，二审裁定驳回起诉的案件，当事人申请再审，上级法院提审后，认定不应受理的，裁定维持二审裁定；认为不应当驳回起诉的，裁定撤销二审裁定，一般应指令二审法院审理。但本案一审是针对管辖权异议的裁定，故仍指令一审法院审理。

4. 原审人民法院依当事人申请对本院驳回起诉裁定案件进行再审，经审理后作出裁定，可以参考本样式。

5. 委托诉讼代理人。《民事诉讼法》第五十八条第一款规定："当事人、法定代理人可以委托一至二人作为诉讼代理人。"《民事诉讼文书样式》中将诉讼代理人表述为"委托诉讼代理人"，实例表述为"委托代理人"不够规范。

24. 民事裁定书（依申请提审后发回重审用）

×××人民法院
民事裁定书

（××××）……民再……号

再审申请人(一、二审诉讼地位)：×××，……。
……
被申请人(一、二审诉讼地位)：×××，……。
……
二审上诉人/二审被上诉人/第三人(一审诉讼地位)：×××，……。
……
（以上写明当事人和其他诉讼参加人的姓名或者名称等基本信息）

再审申请人×××因与被申请人×××/再审申请人×××……(写明案由)一案，不服×××人民法院（××××）……民×……号民事判决/民事裁定/民事调解书，向本院申请再审。本院于××××年××月××日作出（××××）……民×……号民事裁定提审本案。本院依法组成合议庭，开庭审理了本案。再审申请人×××、被申请人×××(写明当事人和其他诉讼参加人的诉讼地位和姓名或者名称)到庭参加诉讼(未开庭的，写明：本院依法组成合议庭审理了本案)。本案现已审理终结。

×××申请再审称，……(写明再审请求、事实和理由)。

×××辩称，……（概述被申请人的答辩意见）。

×××述称，……（概述原审其他当事人的意见）。

本院再审认为，……（写明发回重审的具体理由）。

依照《中华人民共和国民事诉讼法》第二百零七条第一款、第一百七十条第一款第×项规定，裁定如下：

一、撤销××××人民法院（××××）……民终……号民事判决/民事裁定/民事调解书及××××人民法院（××××）……民初……号民事判决/民事裁定；

二、本案发回××××人民法院重审。

审 判 长 ×××

审 判 员 ×××

审 判 员 ×××

××××年××月××日

（院印）

书 记 员 ×××

【说明】

1. 本样式根据《中华人民共和国民事诉讼法》第二百零七条第一款、第一百七十条第一款第三项/第四项制定。供上级人民法院依当事人申请而提审后，撤销原判，发回一审法院重审用。

2. 《最高人民法院关于民事审判监督程序严格依法适用指令再审和发回重审若干问题的规定》第四条规定："人民法院按照第二审程序审理再审案件，发现原判决认定基本事实不清的，一般应当通过庭审认定事实后依法作出判决。但原审人民法院未对基本事实进行过审理的，可以裁定撤销原判决，发回重审。原判决认定事实错误的，上级人民法院不得以基本事实不清为由裁定发回重审。"第五条规定："人民法院按照第二审程序审理再审案件，发现第一审人民法院有下列严重违反法定程序情形之一的，可以依照民事诉讼法第一百七十条第一款第（四）项的规定，裁定撤销原判决，发回第一审人民法院重审：（一）原判决遗漏必须参加诉讼的当事人的；（二）无诉讼行为能力人未经法定代理人代为诉讼，或者应当参加诉讼的当事人，因不能归责于本人或者其诉讼代理人的事由，未参加诉讼的；（三）未经合法传唤缺席判决，或者违反法律规定剥夺当事人辩论权利的；（四）审判组织的组成不合法或者依法应当回避的审判人员没有回避的；（五）原判决、裁定遗漏诉讼请求的。"在此裁定中，应撤销历次裁判，直接发回原一审人民法院重审。

3. 人民法院应在裁定书中全面公开发回重审的具体理由，不再另行附函说明。

【实例评注】

吉林省高级人民法院
民事裁定书①

(2016)吉民再189号

再审申请人(一审原告、二审上诉人)：邹某，男，汉族，1971年2月6日出生，无职业，住吉林省通化县。

再审申请人(一审原告、二审上诉人)：邹某某，女，汉族，1963年2月15日出生，退休工人，住吉林省通化县。

被申请人(一审被告、二审被上诉人)：通化县果松镇人民政府。住所：吉林省通化县。

法定代表人：侯某某，该镇政府镇长。

委托诉讼代理人：张某某，该镇司法所所长。

委托诉讼代理人：解某某，该镇武装部部长。

再审申请人邹某、邹某某与被申请人通化县果松镇人民政府(以下简称果松镇政府)地面施工、地下设施损害责任纠纷一案，不服通化市中级人民法院(2015)通中民一终字第358号民事判决，向本院申请再审。本院于2016年7月27日作出(2016)吉民申1076号民事裁定，提审本案。本院依法组成合议庭，开庭审理了本案。再审申请人邹某、邹某某和被申请人果松镇政府的委托诉讼代理人张某某、解某某到庭参加诉讼。本案现已审理终结。

邹某、邹某某申请再审称，1. 赵某某摔伤是由于果松镇政府在道路上倾倒垃圾圈砂石料、未设置警示标志造成，有通化县纪委出具的调查材料证明。2. 赵某某是由于摔伤后身体状况下降，病情恶化，导致肾衰竭死亡，果松镇政府应承担赔偿责任。3. 邹某、邹某某提供了充分证据证明果松镇政府是本案适格被告。4. 二审时果松镇政府已承认事实，同意调解，只是在赔偿数额上有分歧，有庭审视频和笔录为证。5. 原审判决与事实不符，只有一名审判员和书记员开庭审理，程序违法。

果松镇政府辩称，原审判决正确。

本院再审认为，原判决认定的基本事实不清，适用法律错误。

---

① 来源：中国裁判文书网。

1. 从通化县委办和政府办联合印发的《关于加快农村垃圾清运体系建设的实施意见》内容来看，涉案垃圾池建设项目要求乡镇完成辖区内垃圾收集设施建设并投入运行，建设项目验收由乡镇提出书面申请，附垃圾池具体数量、建设地点并分类编号后，再由乡镇统一上报县生态办验收。且果松镇政府包村干部王某某在原审法院开庭审理时出庭作证，其是当时通化县果松镇七道沟村包村干部，在镇里职务是计划生育主任，当时负责建设这个垃圾池。故涉案垃圾收集设施建设工程的负责人应为果松镇政府。由于其对所负责工程未尽到安全注意义务，存在过错，应承担本案的赔偿责任。

2. 因邹某某上访，通化县信访局协调本案纠纷时，通化县果松镇七道沟村村民委员会（以下简称七道沟村委会）答复，确实因堆放砂石造成赵某某老人摔伤，应当负责。经本院审理亦查明，七道沟村委会作为涉案工程的具体实施者，在道路上堆放砂石，未设警示标志，造成赵某某摔伤的后果，应承担赔偿责任。一审法院应向邹某、邹某某释明法律规定，明确其是否提出追加七道沟村委会为本案被告的申请，如邹某、邹某某不申请追加，一审法院可在查明责任主体的情况下，依职权追加。

3. 《中华人民共和国侵权责任法》第六条规定："行为人因过错侵害他人民事权益，应当承担侵权责任。"第八条规定："二人以上共同实施侵权行为，造成他人损害的，应当承担连带责任。"第十六条规定："侵害他人造成人身损害的，应当赔偿医疗费、护理费、交通费等为治疗和康复支出的合理费用，以及因误工减少的收入。造成残疾的，还应当赔偿残疾生活辅助具费和残疾赔偿金。造成死亡的，还应当赔偿丧葬费和死亡赔偿金。"果松镇政府作为涉案垃圾收集设施建设工程的负责人，对其所负责工程未尽到安全注意义务，存在过错，应承担本案相应赔偿责任，原审判决认为其不是适格主体，适用法律错误。

4. 邹某、邹某某的诉讼请求是赔偿赵某某因摔伤导致死亡各项费用20万元和精神抚慰金10万元，果松镇政府答辩意见是邹某、邹某某要求赔偿30万元缺乏事实和法律依据，原审法院对此未予详查。赵某某摔伤后住院治疗至死亡期间，所花费医疗费用与摔伤之间的因果关系、用药合理性以及死亡原因与摔伤之间的因果关系等基本事实，应通过司法鉴定予以确认。通化县人民法院重审时应加强对双方当事人的诉讼指导工作。

依照《中华人民共和国民事诉讼法》第二百零七条第一款、第一百七十条第一款第二项、第三项规定，裁定如下：

一、撤销通化市中级人民法院（2015）通中民一终字第358号民事判决及通化县人民法院（2015）通民初字第591号民事判决；

二、本案发回通化县人民法院重审。

审 判 长　刘海英
代理审判员　杨　敏

代理审判员　　周　婧

二〇一六年九月二十三日

书　记　员　　任秀玉

〔评注〕

1. 本样式供上级人民法院依当事人申请而提审后，撤销原判，发回一审法院重审用。本实例中，当事人不服吉林省通化市中级人民法院终审判决，向吉林省高级人民法院申请再审。吉林省高级人民法院提审后，经过审理，裁定撤销原判，发回一审法院吉林省通化县人民法院重审，故适用本样式。

2. 历次审理情况表述。本样式中事实部分的制作，包括当事人的诉辩意见，再审的裁判理由，并未要求写明历次审理情况，以及再审查明的事实和证据。《最高人民法院关于民事审判监督程序严格依法适用指令再审和发回重审若干问题的规定》第四条规定："人民法院按照第二审程序审理再审案件，发现原判决认定基本事实不清的，一般应当通过庭审认定事实后依法作出判决。但原审人民法院未对基本事实进行过审理的，可以裁定撤销原判决，发回重审。原判决认定事实错误的，上级人民法院不得以基本事实不清为由裁定发回重审。"第五条规定："人民法院按照第二审程序审理再审案件，发现第一审人民法院有下列严重违反法定程序情形之一的，可以依照民事诉讼法第一百七十条第一款第（四）项的规定，裁定撤销原判决，发回第一审人民法院重审：（一）原判决遗漏必须参加诉讼的当事人的；（二）无诉讼行为能力人未经法定代理人代为诉讼，或者应当参加诉讼的当事人，因不能归责于本人或者其诉讼代理人的事由，未参加诉讼的；（三）未经合法传唤缺席判决，或者违反法律规定剥夺当事人辩论权利的；（四）审判组织的组成不合法或者依法应当回避的审判人员没有回避的；（五）原判决、裁定遗漏诉讼请求的。"该规定对发回重审作出了严格限制。基于原审人民法院未对基本事实进行过审理，或者基于第一审人民法院严重的程序违法的前由，再审人民法院裁定撤销原判决，发回第一审人民法院重审，本案的审理将回到"初始状态"。因此，历次审理的情况(包括认定的事实和证据等)对于第一审人民法院的重审从法律上讲不具有参考价值，为了避免"先入为主"的影响，也为了实现裁判文书的繁简分流，发回重审案件的裁定均不要求表述历次审理情况。

3. 本实例要素齐全、格式标准、文字规范、条理清晰，是制作本类裁判文书较好的范例。

4. 在过去，发回重审的裁定表述非常简单，一般不在裁定中说明发回重审的具体理由，发回重审理由通常都以内部函的方式通知原审法院。附内部函的做法，不符合司法公开的要求，也不符合各级人民法院依法独立行使审判权的要求，在实践中还容易导致发回重审的随意性。《最高人民法院关于民事审判监督程序严格依法适用指令再审和发回重审若干问题的规定》第六条规定:"上级人民法院裁定指令再审、发回重审的,应当在裁定书中阐明指令再审或者发回重审的具体理由。"上述规定体现了全面公开裁定理由的要求,以期达到减少指令再审、发回重审随意性的效果。

25. 民事裁定书（依申请受指令/指定再审,中止或终结诉讼用）

××××人民法院
民事裁定书

(××××)……民再……号

再审申请人(一、二审诉讼地位):×××,……。
……

被申请人(一、二审诉讼地位):×××,……。
……

二审上诉人/二审被上诉人/第三人(一审诉讼地位):×××,……。
……

(以上写明当事人和其他诉讼参加人的姓名或者名称等基本信息)

再审申请人×××因与被申请人×××/再审申请人×××……(写明案由)一案,不服××××人民法院(××××)……民×……号民事判决/民事裁定/民事调解书,向××××人民法院申请再审。××××人民法院于××××年××月××日作出(××××)……民×……号民事裁定,指令/指定本院再审本案。本院依法另行/依法组成合议庭审理本案。

本院再审过程中,……(简要写明中止、终结诉讼的事由)。

依照《中华人民共和国民事诉讼法》第二百零七条第一款、第一百七十四条、第一百五十条第一款第×项/第一百五十一条第×项规定,裁定如下:

本案中止诉讼/终结诉讼。

……(写明诉讼费用负担)。

审 判 长　×××
审 判 员　×××
审 判 员　×××

××××年××月××日
(院印)
书 记 员　×××

25. 民事裁定书(依申请受指令/指定再审,中止或终结诉讼用) | 0945

【说明】

1. 本样式根据《中华人民共和国民事诉讼法》第二百零七条第一款、第一百七十四条、第一百五十条/第一百五十一条,供上级人民法院依当事人申请指令/指定再审,再审法院中止或者终结诉讼用。

2. 终结再审诉讼的,裁定主文写明"本案终结诉讼"即可,不必对原生效裁判的效力问题作任何表述,既没有必要撤销原生效裁判及历次裁判,也没有必要恢复原裁判的执行。

【实例评注】

青海省海西蒙古族藏族自治州中级人民法院
民事裁定书①

(2016)青 28 民再 5-1 号

再审申请人(原审被告)西宁汇成能源科技有限公司。

法定代表人陆某某,该公司执行董事。

被申请人(原审原告)王某某,男,汉族,1965 年 9 月 23 日生。

原审被告中色十二冶金建设有限公司。

法定代表人畅某某,该公司总经理。

原审被告陆某某,男,1972 年 3 月 2 日生,系西宁汇成能源科技有限公司法定代表人。

再审申请人(原审被告)西宁汇成能源科技有限公司因与被申请人(原审原告)王某某、原审被告中色十二冶金建设有限公司、陆某某租赁合同纠纷一案,不服青海省海西蒙古族藏族自治州中级人民法院(2014)西民一初字第 12 号民事判决,向青海省高级人民法院申请再审。青海省高级人民法院于 2015 年 8 月 20 日作出(2015)青民申字 110 号民事裁定,指令本院再审本案。本院依法组成合议庭审理本案。

本院再审过程中,经查再审申请人西宁汇成能源科技有限公司无注册、无地址等相关信息,法定代表人无法联系。符合中止诉讼的条件。依照《中华人民共和国民事诉讼法》第二百零七条第一款、第一百七十四条、第一百五十条第一款第(六)项之规定,裁定如下:

本案中止诉讼。

审 判 长　杨 俊 秀

---

① 来源:中国裁判文书网。

审　判　员　　吴培青
审　判　员　　祁　　敏
二〇一六年九月二十二日
书　记　员　　旦智卓玛

〔评注〕

1. 本样式供上级人民法院依当事人申请指令/指定再审，再审法院中止或者终结诉讼用。本处实例是青海省高级人民法院依当事人申请，指令青海省海西蒙古族藏族自治州中级人民法院再审，再审过程中裁定中止，故适用本样式。《民事诉讼法》第一百五十条第一款、第一百五十一条分别规定了"中止诉讼"和"终结诉讼"的情形。

2. 本实例裁定书简洁写明导致审查中止的情形，无需涉及生效裁判内容和申请再审理由等。中止审查的裁定无需撤销。中止审查的原因消除后，人民法院恢复审查。

3. 本处实例的部分格式与《民事诉讼文书样式》要求不一致，值得引起注意：

(1)标点符号用法。当事人、法定代表人后应有冒号，即本处实例应写为：

再审申请人(原审被告)：西宁汇成能源科技有限公司。

法定代表人：陆某某，该公司执行董事。

被申请人(原审原告)：王某某，男，汉族，1965年9月23日生。

原审被告：中色十二冶金建设有限公司

法定代表人：畅某某，该公司总经理。

原审被告：陆某某，男，1972年3月2日生，系西宁汇成能源科技有限公司法定代表人。

(2)法律条款项的引用。根据《人民法院民事裁判文书制作规范》"三、正文""(六)理由"第6点的规定，引用法律条款中的项的，一律使用汉字不加括号。本处实例引用的法律依据应写为"第一百五十条第一款第六项"，写为"第(六)项"不当。

26. 民事裁定书（依申请受指令／指定再审，处理撤回再审请求用）

××××人民法院
民事裁定书

（××××）……民再……号

再审申请人(一、二审诉讼地位)：×××，……。

……

被申请人(一、二审诉讼地位):×××,……。

……

二审上诉人/二审被上诉人/第三人(一审诉讼地位):×××,……。

……

(以上写明当事人和其他诉讼参加人的姓名或者名称等基本信息)

再审申请人×××因与被申请人×××/再审申请人×××……(写明案由)一案,不服×××人民法院(××××)……民×……号民事判决/民事裁定/民事调解书,向×××人民法院申请再审。×××人民法院于××××年××月××日作出(××××)……民×……号民事裁定,指令/指定本院再审本案。本院依法另行/依法组成合议庭审理本案。

本院再审过程中,……(写明再审申请人撤回再审请求的时间、理由等情况)。

本院经审查认为,×××在本案再审期间撤回再审请求,符合法律规定,本院予以准许(如果审查后不允许撤回再审请求的,则写明不准许撤回的理由)。

依照《最高人民法院关于适用〈中华人民共和国民事诉讼法〉的解释》第四百零六条第一款第一项规定,裁定如下:

准许×××撤回再审请求,本案终结再审程序/不予准许×××撤回再审请求。

……(写明诉讼费用负担)。

审 判 长 ×××
审 判 员 ×××
审 判 员 ×××

××××年××月××日
(院印)
书 记 员 ×××

【说明】

本样式根据《最高人民法院关于适用〈中华人民共和国民事诉讼法〉的解释》第四百零六条第一款第一项制定。供上级人民法院依当事人申请指令/指定再审,再审法院准许或者不准许撤回再审请求用。

【实例评注】

湖南省邵阳市中级人民法院
民事裁定书 ①

(2016)湘 05 民再 10 号

申诉人(原审被告):沈某某,男,1971 年 6 月 26 日出生,汉族,住长沙市岳麓区。

申诉人(原审被告):岳某某,男,1962 年 4 月 20 日出生,汉族,住长沙市雨花区。

被申诉人(原审原告):邵东县汇金小额贷款有限公司,住所地邵东县两市镇。

法定代表人:吕某某,该公司董事长。

申诉人沈某某、岳某某与被申诉人邵东县汇金小额贷款有限公司(以下简称邵东汇金公司)民间借贷一案,不服本院(2013)邵中民二初字第 25 号民事判决,向湖南省高级人民法院申诉,请求对本案进行再审。湖南省高级人民法院于二〇一六年一月二十六日作出(2016)湘民监 2 号民事裁定,指令本院再审本案。

本院再审过程中,申诉人沈某某、岳某某以已与被申诉人邵东汇金公司达成执行和解协议为由申请撤回再审申请。

本院经审查认为,沈某某、岳某某在本案再审期间提出撤回再审申请的请求,是依法处分自己的权利,本院予以准许。依照《最高人民法院关于适用〈中华人民共和国民事诉讼法〉审判监督程序若干问题的解释》第三十四条第一款、第三款的规定,裁定如下:

一、准许沈某某、岳某某撤回其再审申请,本案终结再审程序;

二、恢复对本院(2013)邵中民二初字第 25 号民事判决的执行。

本裁定为终审裁定。

审 判 长　李铁英
审 判 员　宁少军
审 判 员　贾亦农
二〇一六年八月二日
书 记 员　王优生

---

① 来源:中国裁判文书网。

附相关法律条文：

《最高人民法院关于适用〈中华人民共和国民事诉讼法〉审判监督程序若干问题的解释》

第三十四条　　申请再审人在再审期间撤回再审申请的，是否准许由人民法院裁定。裁定准许的，应终结再审程序。申请再审人经传票传唤，无正当理由拒不到庭的，或者未经法庭许可中途退庭的，可以裁定按自动撤回再审申请处理。

人民检察院抗诉再审的案件，申请抗诉的当事人有前款规定的情形，且不损害国家利益、社会公共利益或第三人利益的，人民法院应当裁定终结再审程序；人民检察院撤回抗诉的，应当准予。

终结再审程序的，恢复原判决的执行。

〔评注〕

1. 本样式供上级人民法院依当事人申请指令/指定再审，再审法院准许或者不准许撤回再审请求用。本案是当事人对湖南省邵阳市中级人民法院民事判决不服，向湖南省高级人民法院申请再审。在审理过程中，当事人撤回再审申请，裁定准许并终结再审程序，故适用本样式。

2. 准许当事人撤回再审申请的标准。《民事诉讼法》及其司法解释并没有明确规定人民法院准许或不准许撤回再审申请的标准，但撤回再审申请，是对原生效裁判确立的法律关系的认可，从维护生效裁判既判力的角度，在再审阶段，人民法院不应对当事人撤回再审申请做过多干涉，只要不违反法律法规的禁止性规定，不损害国家利益、社会公共利益以及他人合法权益，均应予以准许。

3. 根据《民诉法解释》第四百零一条的规定，人民法院准许撤回再审申请或者按撤回再审申请处理后，再审申请人再次申请再审的，不予受理。但有《民事诉讼法》第二百条第一项、第三项、第十二项、第十三项规定情形，即(1)有新的证据，足以推翻原判决、裁定的；(2)原判决、裁定认定事实的主要证据是伪造的；(3)据以作出原判决、裁定的法律文书被撤销或者变更的；(4)审判人员审理该案件时有贪污受贿，徇私舞弊，枉法裁判行为的，自知道或者应当知道之日起六个月内提出的除外。本条是该司法解释新增加的条款，对再次申请再审的，以不予受理为原则，但是存在上述四种规定的申请再审事由，且在法定期限内提出的，仍应予以受理。

4. 在本实例中，有三处不够规范之处，值得注意：(1)当事人的诉讼地位。再审民事案件当事人的诉讼地位表述为"再审申请人""被申请人"。其他当事人按照原审诉讼地位表述，如，一审终审的，列为"原审原告""原审被告""原审第三人"；二审终审的，列为"二审上诉人""二审被上诉人"等。再审申请人、被申请人和其他当事人诉讼地位之后，用括号注明一审、二审诉讼地位。(2)裁判依据。根据样式提供的规范，本类案件引用《民诉法解释》第四百零六条第一款第一项。本实例所引用的《最高人民法院关于适用〈中华人民共和国民事诉讼法〉审判监督程序若干问题的解释》第三十四条所规定的内容已被《民诉法解释》第四百零六条第一款第一项吸收，故引用《民诉法解释》条款项即可。(3)原生效判决的执行问题。再审程序终结后，人民法院裁定中止执行的原生效判决自动恢复执行，详见本章样式20"民事裁定书（依申请提审后准许或不准撤回再审请求用）"的说明。本处实例也无需裁定恢复对原生效判决的执行。

27. 民事裁定书（依申请受指令／指定再审，按撤回再审请求处理用）

×××× 人民法院
民事裁定书

（××××）……民再……号

再审申请人（一、二审诉讼地位）：×××，……。
……

被申请人（一、二审诉讼地位）：×××，……。
……

二审上诉人/二审被上诉人/第三人（一审诉讼地位）：×××：……。
……

（以上写明当事人和其他诉讼参加人的姓名或者名称等基本信息）

再审申请人×××因与被申请人×××/再审申请人×××……（写明案由）一案，不服×××人民法院（××××）……民×……号民事判决/民事裁定/民事调解书，向××××人民法院申请再审。×××人民法院于××××年××月××日作出（××××）……民×……号民事裁定，指令／指定本院再审本案。本院依法另行/依法组成合议庭审理本案。

本院再审过程中，再审申请人×××经传票传唤，无正当理由拒不到庭/未经法庭许可中途退庭，依法应当按照撤回再审请求处理。

依照《最高人民法院关于适用〈中华人民共和国民事诉讼法〉的解释》第四百零六条第一款第二项规定，裁定如下：

本案按×××（写明再审申请人的姓名或名称）自动撤回再审请求处理，终结再审程序。

……（写明诉讼费用负担）。

	审　判　长　×××
	审　判　员　×××
	审　判　员　×××
	××××年××月××日
	（院印）
	书　记　员　×××

【说明】

本样式根据《最高人民法院关于适用〈中华人民共和国民事诉讼法〉的解释》第四百零六条第一款第二项制定。供上级人民法院依当事人申请指令/指定再审，再审法院按撤回再审请求处理用。

【实例评注】

河北省承德市中级人民法院
民事裁定书 ①

（2016）冀08民再51号

再审申请人（一审被告）北京清大德氏科技有限公司。
法定代表人缪某某，董事长。
被申请人（一审原告）徐某某。
被申请人（一审原告）徐某甲。
二被申请人委托代理人李某某，北京市盈科律师事务所律师。

再审申请人北京清大德氏科技有限公司与被申请人徐某某、徐某甲技术合作开发合同纠纷一案，不服本院（2014）承民初字第00092号民事判决书，向河北省高级人民法院申请再审，河北省高级人民法院于2015年12月21日作出（2015）冀民申字第376号民事裁定，指令本院再审本案。本院依法组成合议庭审理了本案。

本案再审过程中，本院于2016年6月30日到再审申请人在再审申请书中所留的住所地北京市某某区某某路51号某某大厦五层5××0室送达开庭传票等法律文书，该大厦并没有此公司。后在北京市海淀区工商局调查，再审申请人注册地址与其所留的住

---

① 来源：中国裁判文书网。

所地相同。该公司因未在规定期限内接受2012年度企业年检，也未补办年检手续，已被北京市工商局吊销企业营业执照。本院按照北京清大德氏科技有限公司在申请再审时委托的代理律师陆某所留地址（上海市某某区某某某路××号××室）向其邮寄了开庭传票等法律文书，并确定2016年7月13日开庭，回执注明收到日期为7月6日。开庭当日，律师陆某未到庭，再审申请人也未派员到庭。后与律师陆某电话联系得知，公司已解除与其代理关系，其无法到庭应诉，律师陆某表示已将开庭传票、合议庭成员告知书、当事人权利义务告知书、送达地址确认书、廉政监督卡等相关法律文书转寄给该公司经理汤某，并向本庭提供了汤某的联系电话，经多次拨打，该电话始终无人接听。本院于7月13日再次向再审申请人在申请再审时所留的地址邮寄了开庭传票，后该邮件因查无此公司予以退回。

本院认为，本院按再审申请人北京清大德氏科技有限公司在申请再审时所留地址送达相关法律文书未果，后又送达给了其申请再审时的委托代理人陆某，该代理人已明确表示将相关文书转寄给了该公司，但该公司作为再审申请人无正当理由没有到庭参加诉讼，依法应当按照撤回再审请求处理。经本院审判委员会讨论决定，依照《最高人民法院关于适用〈中华人民共和国民事诉讼法〉的解释》第四百零六条第一款第二项规定，裁定如下：

本案按再审申请人北京清大德氏科技有限公司自动撤回再审请求处理，终结再审程序。

原审案件受理费57 340.00元由再审申请人北京清大德氏科技有限公司负担。

审　判　长　　朱彦兵
代理审判员　　燕金玲
代理审判员　　王丽丽
二〇一六年八月八日
书　记　员　　刘明洋

〔评注〕

1. 上级人民法院依当事人申请提审后，在再审过程中，按当事人自动撤回其再审请求处理时，使用本样式。值得注意的是，《民事诉讼文书样式》[①] 中该文书样式在引用法律条款中的项时格式不规范，《人民法院民事裁判文书制作规范》要求一律使用汉字不加括号，本文引用的法律条款，应写为"《最高人民法院关于适用〈中华人民共和国民事诉讼法〉的解释》第四百零六条第一款第二项"，本书已对其进行修正。

---

① 参见沈德咏主编：《民事诉讼文书样式》（上册），人民法院出版社2016年版，第606页。

2.《民诉法解释》第四百条第二款规定了按撤回再审申请处理的情形,"再审申请人经传票传唤,无正当理由拒不接受询问的,可以按撤回再审申请处理"。其中,再审申请人"经传票传唤""不接受询问"且"缺席询问无正当理由"应当同时满足。本案实例与上述规定的情形一致,河北省承德市中级人民法院裁定本案按再审申请人撤回再审申请处理,故适用本样式。

3. 根据《民诉法解释》第四百零一条的规定,人民法院准许撤回再审申请或者按撤回再审申请处理后,再审申请人再次申请再审的,不予受理。但有《民事诉讼法》第二百条第一项、第三项、第十二项、第十三项规定情形,即(1)有新的证据,足以推翻原判决、裁定的;(2)原判决、裁定认定事实的主要证据是伪造的;(3)据以作出原判决、裁定的法律文书被撤销或者变更的;(4)审判人员审理该案件时有贪污受贿,徇私舞弊,枉法裁判行为的,自知道或者应当知道之日起六个月内提出的除外。本条是该司法解释新增加的条款,对再次申请再审的,以不予受理为原则,但是存在上述四种规定的申请再审事由,且在法定期限内提出的,仍应予以受理。

4. 参加诉讼人员的诉讼地位后应有冒号;诉讼代理人应表述为"委托诉讼代理人"。本处实例当事人的基本情况应表述为:

再审申请人(一审被告):北京清大德氏科技有限公司。

法定代表人:缪某某,董事长。

被申请人(一审原告):徐某某。

被申请人(一审原告):徐某甲。

二被申请人委托诉讼代理人:李某某,北京市盈科律师事务所律师。

28. 民事裁定书(依申请受指令/指定再审,对驳回起诉裁定再审用)

××××人民法院

民事裁定书

(××××)……民再……号

再审申请人(一、二审诉讼地位):×××,……。
……

被申请人(一、二审诉讼地位):×××,……。
……

二审上诉人/二审被上诉人/第三人(一审诉讼地位):×××,……。

……

　　(以上写明当事人和其他诉讼参加人的姓名或者名称等基本信息)

　　再审申请人×××因与被申请人×××/再审申请人×××……(写明案由)一案,不服×××人民法院(××××)……民×……号民事裁定,向×××人民法院申请再审。×××人民法院于××××年××月××日作出(××××)……民×……号民事裁定,指令/指定本院再审本案。本院依法组成合议庭,开庭审理了本案。再审申请人×××、被申请人×××(写明当事人和其他诉讼参加人的诉讼地位和姓名或者名称)到庭参加诉讼(未开庭的,写明:本院依法组成合议庭审理了本案)。本案现已审理终结。

　　×××申请再审称,……(写明再审请求、事实和理由)。

　　×××辩称,……(概述被申请人的答辩意见)。

　　×××述称,……(概述原审其他当事人的意见)。

　　……(简要写明历次审理情况)。

　　……(简要写明审结法院认定的与应否驳回起诉相关的事实)。

　　本院再审认为,……(根据再审认定的案件事实和相关法律,对应否驳回起诉进行分析评判,说明理由)。

　　依照《中华人民共和国民事诉讼法》第二百零七条第一款、第一百七十条第一款第×项、第一百七十一条、……(写明法律依据名称及其条款项序号)规定,裁定如下:

　　(维持原裁定的,写明:)维持×××人民法院(××××)……民×……号民事裁定。

　　本裁定为终审裁定。

　　(不应当驳回起诉的,写明:)一、撤销×××人民法院(××××)……民×……号民事裁定及××××人民法院(××××)……民×……号民事裁定。

　　二、指令××××人民法院对本案进行审理。

　　……(本次再审发生诉讼费用的,写明其负担。没有发生诉讼费用的,不写此项)。

审　判　长　×××

审　判　员　×××

审　判　员　×××

××××年××月××日

(院印)

书　记　员　×××

【说明】

　　本样式根据《中华人民共和国民事诉讼法》第二百零七条第一款、第一百七十条第一款第×项、第一百七十一条,《最高人民法院关于〈中华人民共和国民事诉讼法〉

的解释》第三百三十条等制定。供人民法院依指令/指定对驳回起诉裁定再审后，裁定用。

【实例评注】

新疆生产建设兵团第七师中级人民法院
民事裁定书 ①

（2016）兵07民再2号

再审申请人（一审原告、二审上诉人）：张某某（曾用名张某甲），男，1963年3月8日出生，住新疆生产建设兵团第七师一二五团十七连。

委托代理人：李某某（系张某某之妻），1966年5月3日出生，住新疆生产建设兵团第七师一二五团十七连。

委托代理人：柴某某，新疆翰兴律师事务所律师。

被申请人（一审被告、二审被上诉人）：新疆生产建设兵团第七师一二五团，住所地新疆维吾尔自治区乌苏市柳沟镇，组织机构代码010××××× - ×。

法定代表人：杨某某，新疆生产建设兵团第七师一二五团团长。

委托代理人：董某某，新疆车排子垦区柳沟法律服务所法律工作者。

委托代理人：张某乙，男，1968年12月30日出生，住新疆生产建设兵团第七师一二五团腾飞里。

再审申请人张某某因与被申请人新疆生产建设兵团第七师一二五团（以下简称一二五团）劳动合同纠纷一案，不服本院（2015）兵七民一终字第194号民事裁定，向新疆维吾尔自治区高级人民法院生产建设兵团分院申请再审。该院于2016年7月12日作出（2016）兵民申89号民事裁定，指令本院再审本案。本院依法另行组成合议庭审理了本案。本案现已审理终结。

张某某申请再审称，被申请人一二五团收回我承包的土地，又在没有任何书面告知的情况下秘密解除我与一二五团的劳动关系，这都是违法的；本案属于劳动争议案件，法院应予受理，原一、二审驳回起诉的裁定认定事实不清，适用法律错误，现申请再审，请求撤销原一、二审裁定，判令被申请人解除与我劳动关系的行为违法，确认我与一二五团自1995年至今即存在劳动关系，恢复我的职工身份。

被申请人一二五团辩称，张某某诉争的事实发生在十年前，本案早已过了诉讼时

---

① 来源：中国裁判文书网。

效；张某某长期脱岗，一二五团将其除名合理合法，请求驳回张某某的再审申请，维持原裁定。

2015年5月12日，张某某以一二五团错误将其开除出职工队伍、违法解除劳动合同为由，起诉至新疆生产建设兵团车排子垦区人民法院，要求一二五团恢复其职工身份并承担本案诉讼费。一二五团答辩称，因张某某长期脱岗，一二五团将他除名合法合理，本案已过诉讼时效期间，请求驳回张某某的诉讼请求。新疆生产建设兵团车排子垦区人民法院一审认为：张某某的诉讼请求是撤销一二五团对其作出的除名决定，恢复职工身份，而兵团体制有特殊性，兵团团场和职工之间具有行政管理性质，应是相关行政部门解决的问题，并非平等民事法律关系。据此，依照《中华人民共和国民事诉讼法》第一百二十三条、第一百五十四条第一款第三项的规定，裁定：驳回张某某的起诉。案件受理费10元，退还张某某。张某某不服，向本院提起上诉称，一二五团对我的除名决定不符合法定程序，我的主张未超过诉讼时效期间，本案属于劳动争议案件，法院应当受理，请求二审法院撤销一审裁定，恢复我的职工身份。被上诉人一二五团答辩理由与一审答辩理由相同，请求二审法院驳回张某某的上诉请求，维持一审裁定。本院二审认为，公民、法人或者其他组织向人民法院提起诉讼，应当符合法定的起诉条件，起诉的事项应属于人民法院受理民事诉讼的范围。张某某起诉的事项是请求撤销一二五团的除名决定，并恢复其职工身份，该事项不属于人民法院受理民事诉讼的范围。原一审法院裁定驳回张某某的起诉并无不当，应予维持；张某某的上诉请求不能成立，对此不予支持。但一审法院适用《中华人民共和国民事诉讼法》第一百二十三条有误，应适用《中华人民共和国民事诉讼法》第一百一十九条第四项和《最高人民法院关于适用〈中华人民共和国民事诉讼法〉的解释》第二百零八条第三款，对此予以纠正。故依照《中华人民共和国民事诉讼法》第一百一十九条第四项、第一百五十四条第一款第三项、第一百七十条第一款第一项、第一百七十一条、第一百七十五条，《最高人民法院关于适用〈中华人民共和国民事诉讼法〉的解释》第二百零八条第三款之规定，裁定驳回上诉，维持原裁定。

本院再审认为，张某某关于撤销一二五团对其作出的除名决定、恢复职工身份的请求属于《中华人民共和国劳动法》规定的劳动争议，张某某不服新疆生产建设兵团第七师劳动争议仲裁委员会作出的师劳仲不字〔2015〕009号不予受理案件通知书，依法向人民法院起诉，人民法院应当受理。原一、二审法院认为张某某要求撤销一二五团除名决定、恢复其职工身份的事项不属于人民法院受理民事诉讼范围，故驳回张某某起诉的裁定与法律规定不符，应予纠正。

依照《中华人民共和国劳动法》第二条第一款，最高人民法院《关于审理劳动争议案件适用法律若干问题的解释》第一条、第二条、第三条、《中华人民共和国民事诉讼法》第二百零七条第一款、第一百七十条第一款第二项、第一百七十一条、最高人民法院关于适用《中华人民共和国民事诉讼法》的解释第三百三十二条、第四百零三条第一款之规定，裁定如下：

一、撤销本院(2015)兵七民一终字第194号民事裁定及新疆生产建设兵团车排子垦区人民法院(2015)车垦民一初字第168号民事裁定。

二、指令新疆生产建设兵团车排子垦区人民法院对本案进行审理。

审　判　长　汤克宏

审　判　员　高炳瑞

审　判　员　姚春辉

二〇一六年九月十八日

书　记　员　信　芳

〔评注〕

1. 本样式供人民法院依指令/指定对驳回起诉裁定再审后，裁定用。本处实例是当事人对新疆生产建设兵团第七师中级人民法院驳回起诉的终审民事裁定不服，向其上级人民法院申请再审，上级人民法院指令该院再审本案。该院再审后，裁定撤销原裁定，指令下级人民法院对本案进行审理，故适用本样式。

2. 在本实例中，有两处不够规范，值得注意：(1)《民事诉讼法》第五十八条第一款规定："当事人、法定代理人可以委托一至二人作为诉讼代理人。"《民事诉讼文书样式》中将诉讼代理人表述为"委托诉讼代理人"，实例表述为"委托代理人"不够规范。(2)《人民法院民事裁判文书制作规范》"引用规范"规定"引用法律、法规、司法解释应书写全称并加书名号"，本案引用的司法解释应书写为"《最高人民法院关于审理劳动争议案件适用法律若干问题的解释》""《最高人民法院关于适用〈中华人民共和国民事诉讼法〉的解释》"。

3. 本裁定的制作可参考本章样式23"民事裁定书(依申请对驳回起诉裁定提审后用)"的说明和评注。

29. 民事裁定书（依申请受指令／指定再审，发回重审用）

××××人民法院
民事裁定书

（××××）……民再……号

再审申请人(一、二审诉讼地位)：×××，……。
……

被申请人(一、二审诉讼地位)：×××，……。
……

二审上诉人／二审被上诉人／第三人(一审诉讼地位)：×××，……。
……

(以上写明当事人和其他诉讼参加人的姓名或者名称等基本信息)

再审申请人×××因与被申请人×××／再审申请人×××……(写明案由)一案，不服××××人民法院(××××)……民×……号民事裁定，向××××人民法院申请再审。××××人民法院于××××年××月××日作出(××××)……民×……号民事裁定，指令／指定本院再审本案。本院依法组成合议庭，开庭审理了本案。再审申请人×××、被申请人×××(写明当事人和其他诉讼参加人的诉讼地位和姓名或者名称)到庭参加诉讼(未开庭的，写明：本院依法组成合议庭审理了本案)。本案现已审理终结。

×××申请再审称，……(写明再审请求、事实和理由)。

×××辩称，……(概述被申请人的答辩意见)。

×××述称，……(概述原审其他当事人的意见)。

本院再审认为，……(写明发回重审的具体理由)。

依照《中华人民共和国民事诉讼法》第二百零七条第一款、第一百七十条第一款第×项规定，裁定如下：

一、撤销××××人民法院(××××)……民终……号民事判决／民事裁定／民事调解书及××××人民法院(××××)……民初……号民事判决／民事裁定；

二、本案发回 ××××人民法院重审。

审　判　长　×××
审　判　员　×××
审　判　员　×××

××××年××月××日
（院印）
书　记　员　×××

【说明】

1. 本样式根据《中华人民共和国民事诉讼法》第二百零七条第一款、第一百七十条第一款第三项/第四项制定。供人民法院依指令/指定再审后,撤销原判,发回一审法院重审用。

2. 《最高人民法院关于民事审判监督程序严格依法适用指令再审和发回重审若干问题的规定》第四条规定:"人民法院按照第二审程序审理再审案件,发现原判决认定基本事实不清的,一般应当通过庭审认定事实后依法作出判决。但原审人民法院未对基本事实进行过审理的,可以裁定撤销原判决,发回重审。原判决认定事实错误的,上级人民法院不得以基本事实不清为由裁定发回重审。"第五条规定:"人民法院按照第二审程序审理再审案件,发现第一审人民法院有下列严重违反法定程序情形之一的,可以依照民事诉讼法第一百七十条第一款第四项的规定,裁定撤销原判决,发回第一审人民法院重审:(一)原判决遗漏必须参加诉讼的当事人的;(二)无诉讼行为能力人未经法定代理人代为诉讼,或者应当参加诉讼的当事人,因不能归责于本人或者其诉讼代理人的事由,未参加诉讼的;(三)未经合法传唤缺席判决,或者违反法律规定剥夺当事人辩论权利的;(四)审判组织的组成不合法或者依法应当回避的审判人员没有回避的;(五)原判决、裁定遗漏诉讼请求的。"在此裁定中,应撤销历次裁判,直接发回原一审人民法院重审。

3. 人民法院应在裁定书中全面公开发回重审的具体理由,不再另行附函说明。

【实例评注】

贵州省贵阳市中级人民法院
民事裁定书 ①

(2016)黔 01 民再 78 号

申请再审人(原一审原告、二审上诉人)贵阳龙行神洲旅游客运有限公司(以下简称客运公司),住所地贵州省贵阳市花溪区西北街道办事处上水村。

法定代表人李某,该公司总经理。

委托代理人张某某,贵州中创联律师事务所律师(执业证号:1520120031096××××)。

被申请人(原一审被告、二审被上诉人)贵阳国际旅行社(以下简称国旅),住所地贵阳市云岩区中华中路 168 号(贵阳饭店 23 楼)。

---

① 来源:中国裁判文书网。

法定代表人李某甲，该公司董事长。

委托代理人付某某，贵州丰玺律师事务所律师（执业证号：15201200011014××××）。

申请再审人客运公司与被申请人国旅合同纠纷一案，贵州省贵阳市云岩区人民法院于2013年7月22日作出（2013）云民商初字第405号民事判决。宣判后，客运公司不服，向本院提起上诉。本院于2013年12月3日作出（2013）筑民商终字第273号民事判决。该判决发生法律效力后，客运公司不服，向贵州省高级人民法院申请再审。该院于2015年9月17日作出（2015）黔高民申字第218号民事裁定，指令本院对该案进行再审。本院受理后，依法另行组成合议庭，公开开庭对本案进行了审理，客运公司的委托代理人张某某及国旅的委托代理人付某某到庭参加诉讼。本案现已审理终结。

本院认为，原一、二审判决遗漏必须参加诉讼的当事人，严重违反法定程序。据此，依照《最高人民法院关于民事审判监督程序严格依法适用指令再审和发回重审若干问题的规定》第五条第一款第（一）项之规定，经本院审判委员会讨论决定，裁定如下：

一、撤销本院（2013）筑民商终字第273号民事判决和贵州省贵阳市云岩区人民法院（2013）云民商初字第405号民事判决；

二、本案发回贵州省贵阳市云岩区人民法院重审。

审　判　长　唐　伟
审　判　员　吴永霞
代理审判员　刘　梅
二〇一六年八月十七日
书　记　员　何　洁

〔评注〕

1. 本样式供人民法院依指令/指定再审后，撤销原判，发回一审法院重审用。本实例符合该样式的情形。

2. 在过去，发回重审的裁定表述非常简单，一般不在裁定中说明发回重审的具体理由，发回重审理由通常都以内部函的方式通知原审法院。附内部函的做法，不符合司法公开的要求，也不符合各级人民法院依法独立行使审判权的要求，在实践中还容易导致发回重审的随意性。《最高人民法院关于民事审判监督程序严格依法适用指令再审和发回重审若干问题的规定》第六条规定："上级人民法院裁定指令再审、发回重审的，应当在裁定书中阐明指令再审或者发回重审的具体理由。"上述规定体现了全面公开裁定理由的要求，以期达到减少指令再审、发回重审随意性的效果。

3. 本处实例存在部分与样式不一致之处，值得注意。

（1）参加诉讼人员的情况表述问题

参加诉讼人员的诉讼地位后应有冒号；诉讼代理人应表述为"委托诉讼代理人"；诉讼参加人名称过长的，可以在案件由来部分第一次出现时用括号注明其简称，而不应在表述当事人的基本情况时注明其简称。本处实例当事人的基本情况宜表述为：

申请再审人（原一审原告、二审上诉人）：贵阳龙行神洲旅游客运有限公司，住所地贵州省贵阳市花溪区西北街道办事处上水村。

法定代表人：李某，该公司总经理。

委托诉讼代理人：张某某，贵州中创联律师事务所律师（执业证号：1520120031096××××）。

被申请人（原一审被告、二审被上诉人）：贵阳国际旅行社，住所地贵阳市云岩区中华中路168号（贵阳饭店23楼）。

法定代表人：李某甲，该公司董事长。

委托诉讼代理人：付某某，贵州丰玺律师事务所律师（执业证号：15201200011014××××）。

（2）裁判依据的引用问题

第一，本实例没有引用《民事诉讼法》的相关规定。

第二，根据《人民法院民事裁判文书制作规范》"三、正文""（六）理由"第6点的规定，引用法律条款中的项的，一律使用汉字不加括号。本处实例引用"《最高人民法院关于民事审判监督程序严格依法适用指令再审和发回重审若干问题的规定》第五条第一款第一项"，写为"第（一）项"不当。

30. 民事裁定书（依申请对本院案件再审，中止或终结诉讼用）

××××人民法院

民事裁定书

（××××）……民再……号

再审申请人（一、二审诉讼地位）：×××，……。
……

被申请人（一、二审诉讼地位）：×××，……。
……

二审上诉人/二审被上诉人/第三人（一审诉讼地位）：×××，……。
……

>（以上写明当事人和其他诉讼参加人的姓名或者名称等基本信息）
>
>　　再审申请人×××因与被申请人×××/再审申请人×××……（写明案由）一案，不服本院（××××）……民×……号民事判决/民事裁定/民事调解书，向本院申请再审。本院于××××年××月××日作出（××××）……民×……号民事裁定，再审本案。本院依法另行组成合议庭审理本案。
>
>　　本院再审过程中，……（简要写明中止、终结诉讼的事由）。
>
>　　依照《中华人民共和国民事诉讼法》第二百零七条第一款、第一百七十四条、第一百五十条第一款第×项/第一百五十一条第×项规定，裁定如下：
>
>　　本案中止诉讼/终结诉讼。
>
>　　……（写明诉讼费用负担）。
>
>　　　　　　　　　　　　　　　　　　　　　　审　判　长　×××
>　　　　　　　　　　　　　　　　　　　　　　审　判　员　×××
>　　　　　　　　　　　　　　　　　　　　　　审　判　员　×××
>　　　　　　　　　　　　　　　　　　　　××××年××月××日
>　　　　　　　　　　　　　　　　　　　　　　（院印）
>　　　　　　　　　　　　　　　　　　　　　　书　记　员　×××

【说明】

本样式根据《中华人民共和国民事诉讼法》第二百零七条第一款、第一百七十四条、第一百五十条、第一百五十一条制定。供人民法院依当事人申请对本院案件再审，中止或者终结诉讼用。

【实例评注】

重庆市第五中级人民法院
民事裁定书①

（2015）渝五中法民再终字第00031号

申请再审人（一审被告、二审上诉人）：王某。
被申请人（一审原告、二审被上诉人）：程某某。
原审被告：中城建第三工程局集团有限责任公司，住所地重庆市北部新区星光五

---

① 来源：中国裁判文书网。

路三号中兴大厦 B 栋 4A。

　　法定代表人：钟某，董事长。

　　原审被告：谢某某。

　　原审被告：孔某某。

　　原审被告：周某某。

　　申请再审人王某因与被申请人程某某、原审被告中城建第三工程局集团有限责任公司、谢某某、孔某某、周某某追索劳动报酬纠纷一案，不服本院(2014)渝五中法民终字第00875号民事判决，向本院申请再审。本院于2015年3月18日作出(2014)渝五中法民申字第290号民事裁定：本案由本院另行组成合议庭进行再审。本院依法另行组成合议庭审理了本案。本案现已审理终结。

　　本院再审过程中查明，2013年7月21日，熊某以委托代理人身份、以原告程某某名义，向重庆市江津区人民法院提起追索劳动报酬纠纷一案。2013年10月20日，重庆市江津区人民法院作出(2013)津法民初字第05154号民事判决：一、被告王某、谢某某、孔某某共同支付原告程某某劳动报酬6 843元；二、被告中城建第三工程局集团有限公司对被告王某、谢某某、孔某某支付原告程某某的劳动报酬6 843元承担连带清偿责任；三、驳回原告程某某对被告周某某的诉讼请求。案件受理费25元，由被告王某、谢某某、孔某某负担。王某不服该判决，向本院提起上诉。本院于2014年3月12日作出(2014)渝五中法民终字第00875号民事判决：驳回上诉，维持原判。二审案件受理费50元，由王某负担。

　　本案再审还查明，有新证据证明一审原告程某某并未委托熊某提起一审民事诉讼，亦未委托熊某参加原二审诉讼。熊某以程某某名义提起一审诉讼、参加二审诉讼均属于无权代理，原一、二审判决应予撤销，本案诉讼程序应予终结。为此，依照《中华人民共和国民事诉讼法》第一百五十四条第一款第（十一）项之规定，裁定如下：

　　一、撤销本院(2014)渝五中法民终字第00875号民事判决；

　　二、撤销重庆市江津区人民法院(2013)津法民初字第05154号民事判决；

　　三、本案终结诉讼。

　　本案一审案件受理费25元，二审案件受理费50元，免予收取。

审　判　长　代贞奎
审　判　员　李　庆
审　判　员　蒲宏斌
二〇一五年八月二十一日
书　记　员　何小兵

〔评注〕

1. 本样式供人民法院依当事人申请对本院案件再审，中止或者终结诉讼用。《民事诉讼法》第一百五十条第一款、第一百五十一条分别规定了"中止诉讼"和"终结诉讼"的情形。本处实例是重庆市第五中级人民法院依当事人申请，对该院案件再审，再审过程中裁定终结诉讼，适用本样式。

2. 本处实例是2015年制作的民事裁定，部分格式与《民事诉讼文书样式》的要求不一致，值得注意。

（1）案号

根据最高人民法院《关于人民法院案件案号的若干规定》（2016年1月1日起施行）的附件1《人民法院案件类型及其代字标准》的规定，民事再审案件的类型代字为"民再"。

（2）当事人的诉讼地位

再审案件中，当事人的诉讼地位表述为"再审申请人""被申请人"。其他当事人按照原审诉讼地位表述，如，一审终审的，列为"原审原告""原审被告""原审第三人"；二审终审的，列为"二审上诉人""二审被上诉人"等。再审申请人、被申请人和其他当事人诉讼地位之后，用括号注明一审、二审诉讼地位。

（3）法律条款项的引用

根据《人民法院民事裁判文书制作规范》"三、正文""（六）理由"第6点的规定，引用法律条款中的项的，一律使用汉字不加括号。本处实例引用的条款应写为"《中华人民共和国民事诉讼法》第一百五十四条第一款第十一项"。

3. 本案终结诉讼的情形与《民事诉讼法》第一百五十一条规定的四种情形不一致，本案属于原审中委托诉讼代理人属于无权代理的情形。《民事诉讼法》规定的四种情形，人民法院终结诉讼的，当事人不得就同一事实和理由，就同一诉讼标的再行起诉，法院也不会再受理和审理此类案件，所以没有必要撤销原生效裁判及历次裁判，也没有必要恢复原裁判的执行。① 实例中，熊某在未取得授权的情况下以他人名义起诉，属于无权代理，真正的权利人并不因原审案件存在无权代理而丧失起诉权和胜诉权。故本处实例裁定撤销原一审、二审判决并无不当。

---

① 参见本章样式25"依申请受指令/指定再审，中止或终结诉讼用"民事裁定书的【说明】部分。

31. 民事裁定书（依申请对本院案件再审，处理撤回再审请求用）

×××人民法院
民事裁定书

（××××）……民再……号

再审申请人(一、二审诉讼地位)：×××，……。
……
被申请人(一、二审诉讼地位)：×××，……。
……
二审上诉人/二审被上诉人/第三人(一审诉讼地位)：×××，……。
……
（以上写明当事人和其他诉讼参加人的姓名或者名称等基本信息）

再审申请人×××因与被申请人×××/再审申请人×××……(写明案由)一案，不服本院(××××)……民×……号民事判决/民事裁定/民事调解书，向本院申请再审。本院于×××年××月××日作出（××××）……民×……号民事裁定，再审本案。本院依法另行组成合议庭审理本案。

本院再审过程中，……(写明再审申请人撤回再审请求的时间、理由等情况)。

本院经审查认为，×××在本案再审期间撤回再审请求，符合法律规定，本院予以准许(如果审查后不允许撤回再审请求的，则写明不准许撤回的理由)。

依照《最高人民法院关于适用〈中华人民共和国民事诉讼法〉的解释》第四百零六条第一款第一项规定，裁定如下：

准许×××撤回再审请求，本案终结再审程序/不予准许×××撤回再审请求。

……(写明诉讼费用负担)。

审 判 长 ×××
审 判 员 ×××
审 判 员 ×××

××××年××月××日
（院印）
书 记 员 ×××

【说明】

本样式根据《最高人民法院关于适用〈中华人民共和国民事诉讼法〉的解释》第四百零六条第一款第一项制定。供人民法院依当事人申请对本院案件再审，准许或者不准许当事人撤回再审请求用。

【实例评注】

陕西省咸阳市中级人民法院
民事裁定书 ①

（2016）陕 04 民再 11 号

再审申请人（一审原告、二审上诉人）：胡某。

被申请人（一审被告、二审上诉人）：王某甲。

原审第三人：黄某，系王某甲之妻。

原审第三人：王某乙。

原审第三人：王某丙。

法定代理人：王某乙，系王某丙之父。

再审申请人胡某因与被申请人王某甲，原审第三人黄某、王某乙、王某丙分家析产纠纷一案，不服本院（2015）咸中民终字第 01311 号民事判决，向本院申请再审。本院于 2016 年 4 月 26 日作出（2016）陕 04 民申 5 号民事裁定，提审本案。

本院再审过程中，胡某于 2016 年 6 月 21 日，自愿向本院申请撤回再审申请。

本院经审查认为，胡某在本案审理期间提出撤回再审申请的请求，是依法处分自己的权利，本院予以准许。依照《最高人民法院关于适用〈中华人民共和国民事诉讼法〉的解释》第四百零六条第一款、《最高人民法院关于适用〈中华人民共和国民事诉讼法〉审判监督程序若干问题的解释》第三十四条第一款的规定，裁定如下：

准许胡某撤回再审申请，本案终结再审程序。

本裁定为终审裁定。

审　判　长　　周昌柱
审　判　员　　张　娟
审　判　员　　倪治国

---

① 来源：中国裁判文书网。

二〇一六年八月三日
书 记 员　　杜快快

〔评注〕

　　1. 本样式供人民法院依当事人申请对本院案件再审，准许或者不准许撤回再审请求用。本案是当事人对陕西省咸阳市中级人民法院民事判决不服，向该院申请再审。在审理过程中，当事人撤回再审申请，该院裁定准许并终结再审程序，故适用本样式。

　　2. 准许当事人撤回再审申请的标准。《民事诉讼法》及其司法解释并没有明确规定人民法院准许或不准许撤回再审申请的标准。但撤回再审申请，是对原生效裁判确立的法律关系的认可，从维护生效裁判既判力的角度，在再审阶段，人民法院不应对当事人撤回再审申请做过多干涉，只要不违反法律法规的禁止性规定，不损害国家利益、社会公共利益以及他人合法权益，均应予以准许。

　　3. 根据《民诉法解释》第四百零一条的规定，人民法院准许撤回再审申请或者按撤回再审申请处理后，再审申请人再次申请再审的，不予受理。但有《民事诉讼法》第二百条第一项、第三项、第十二项、第十三项规定情形，即(1)有新的证据，足以推翻原判决、裁定的；(2)原判决、裁定认定事实的主要证据是伪造的；(3)据以作出原判决、裁定的法律文书被撤销或者变更的；(4)审判人员审理该案件时有贪污受贿，徇私舞弊，枉法裁判行为的，自知道或者应当知道之日起六个月内提出的除外。本条是该司法解释新增加的条款，对再次申请再审的，以不予受理为原则，但是存在上述四种规定的申请再审事由，且在法定期限内提出的，仍应予以受理。

32. 民事裁定书（依申请对本院案件再审，按撤回再审请求处理用）

××××人民法院
民事裁定书

（××××）……民再……号

再审申请人(一、二审诉讼地位)：×××，……。
……

被申请人(一、二审诉讼地位)：×××，……。
……

二审上诉人/二审被上诉人/第三人(一审诉讼地位)：×××，……。
……

> （以上写明当事人和其他诉讼参加人的姓名或者名称等基本信息）
>
> 　　再审申请人×××因与被申请人×××/再审申请人×××……（写明案由）一案，不服本院(××××)……民×……号民事判决/民事裁定/民事调解书，向本院申请再审。本院于×××年××月××日作出(××××)……民×……号民事裁定，再审本案。本院依法另行组成合议庭审理本案。
>
> 　　本院再审过程中，再审申请人×××经传票传唤，无正当理由拒不到庭/未经法庭许可中途退庭，依法应当按照撤回再审请求处理。
>
> 　　依照《最高人民法院关于适用〈中华人民共和国民事诉讼法〉的解释》第四百零六条第一款第二项规定，裁定如下：
>
> 　　本案按×××（写明再审申请人的姓名或名称）自动撤回再审请求处理，终结再审程序。
>
> 　　……（写明诉讼费用负担）。
>
>
> 审　判　长　×××
> 审　判　员　×××
> 审　判　员　×××
> ×××年××月××日
> （院印）
> 书　记　员　×××
>

【说明】

　　本样式根据《最高人民法院关于适用〈中华人民共和国民事诉讼法〉的解释》第四百零六条第一款第二项制定。供人民法院依当事人申请对本院案件再审，按撤回再审请求处理用。

【实例评注】

山东省桓台县人民法院
民事裁定书 ①

(2016) 鲁 0321 民再 7 号

　　再审申请人（原审被告）：孙某，男，1976 年 11 月 15 日出生，汉族，住淄

---

① 　来源：中国裁判文书网。

博市张店区。

被申请人(原审原告)：田某某，男，1970年2月13日出生，汉族，住淄博市桓台县。

原审被告：常某，男，1977年11月1日出生，汉族，住淄博市张店区。

原审被告：山东卓润化工科技有限公司。住所地：淄博市高新区赵庄工业园1号。

法定代表人：孙某，总经理。

原审被告：山东运通电梯有限公司。住所地：淄博开发区柳泉路107号国贸大厦1009号。

法定代表人：常某，总经理。

再审申请人孙某因与被申请人田某某，原审被告常某、山东卓润化工科技有限公司、山东运通电梯有限公司民间借贷纠纷一案，不服本院(2015)桓民初字第1116号民事判决书，向本院申请再审。本院于2016年6月23日作出(2016)鲁0321民申3号民事裁定，再审本案。本院依法另行组成合议庭审理本案。

本院在审理过程中，再审申请人孙某经本院合法传唤无正当理由拒不到庭，依法应当按照撤回再审请求处理。

依照《最高人民法院关于适用〈中华人民共和国民事诉讼法〉的解释》第四百零六条第一款第(二)项之规定，裁定如下：

本案按孙某自动撤回再审请求处理，终结再审程序。

再审案件受理费15 155元，由再审申请人孙某负担。

审　判　长　伊丽霞
审　判　员　王芳军
人民陪审员　宫秀花

二〇一六年九月六日

书　记　员　郭子懿

〔评注〕

1. 上级人民法院依当事人申请对本院案件再审后，在再审过程中，按当事人自动撤回其再审请求处理时，使用本样式。本处实例格式规范，要素完整，是一个较好的示例。值得注意的是，《民事诉讼文书样式》① 中该文书样式在引用法律条款中的项时格式不规范，实例也存在该问题，《人民法院民事裁判文书制作规范》要求一律使用汉字不加括号，本文引用的法律条款，应写为"《最高人民法院关于适用〈中华人民共和国民事诉讼法〉的解释》第四百零六条第一

---

① 参见沈德咏主编：《民事诉讼文书样式》(上册)，人民法院出版社2016年版，第617页。

款第二项",笔者已对本样式进行修正。

2.《民诉法解释》第四百条第二款规定了按撤回再审申请处理的情形,"再审申请人经传票传唤,无正当理由拒不接受询问的,可以按撤回再审申请处理"。其中,再审申请人"经传票传唤""不接受询问"且"缺席询问无正当理由"应当同时满足。本案实例与上述规定的情形一致,山东省桓台县人民法院裁定本案按再审申请人撤回再审申请处理,符合法律规定。

3. 根据《民诉法解释》第四百零一条的规定,人民法院准许撤回再审申请或者按撤回再审申请处理后,再审申请人再次申请再审的,不予受理。但有《民事诉讼法》第二百条第一项、第三项、第十二项、第十三项规定情形,即(1)有新的证据,足以推翻原判决、裁定的;(2)原判决、裁定认定事实的主要证据是伪造的;(3)据以作出原判决、裁定的法律文书被撤销或者变更的;(4)审判人员审理该案件时有贪污受贿,徇私舞弊,枉法裁判行为的,自知道或者应当知道之日起六个月内提出的除外。本条是该司法解释新增加的条款,对再次申请再审的,以不予受理为原则,但是存在上述四种规定的申请再审事由,且在法定期限内提出的,仍应予以受理。

33. 民事裁定书(依申请对本院驳回起诉裁定,再审裁定用)

××××人民法院
民事裁定书

(××××)……民再……号

再审申请人(一、二审诉讼地位):×××,……。
……

被申请人(一、二审诉讼地位):×××,……。
……

二审上诉人/二审被上诉人/第三人(一审诉讼地位):×××,……。
……

(以上写明当事人和其他诉讼参加人的姓名或者名称等基本信息)

再审申请人×××因与被申请人×××/再审申请人×××……(写明案由)一案,不服本院(××××)……民×……号民事裁定,向本院申请再审。本院于×××年××月××日作出(××××)……民……号民事裁定再审本案。本院依法另行组成合议庭,开庭审理了本案。再审申请人×××、被申请人×××(写明当事人和其他诉讼参加人的诉讼地位和姓名或者名称)到庭参加诉讼(未开庭的,写明:本院依法组成合议庭审理了本案)。本案现已审理终结。

×××申请再审称,……(写明再审请求、事实和理由)。

×××辩称,……(概述被申请人的答辩意见)。

×××述称,……(概述原审其他当事人的意见)。

……(简要写明历次审理情况)。

……(简要写明再审法院认定的与应否驳回起诉相关的事实)。

本院再审认为,……(根据再审认定的案件事实和相关法律,对是否驳回起诉等再审请求进行分析评判,说明理由)。

依照《中华人民共和国民事诉讼法》第二百零七条第一款、第一百七十条第一款第×项、第一百七十一条、……(写明法律依据名称及其条款项序号)规定,裁定如下:

(维持原裁定的,写明:)维持本院(××××)……民×……号民事裁定。

本裁定为终审裁定。

(不应当驳回起诉的,写明:)一、撤销本院(××××)……民×……号民事裁定及×××人民法院(××××)……民×……号民事裁定。

二、指令×××人民法院对本案进行审理。

审　判　长　×××
审　判　员　×××
审　判　员　×××

××××年××月××日
（院印）
书　记　员　×××

【说明】

本样式根据《中华人民共和国民事诉讼法》第二百零七条第一款、第一百七十条第一款第×项、第一百七十一条、《最高人民法院关于适用〈中华人民共和国民事诉讼法〉的解释》第三百三十条等制定。供人民法院依申请对本院驳回起诉裁定再审后,裁定用。

【实例评注】

广东省深圳市中级人民法院
民事裁定书 ①

(2016)粤 03 民再 44 号

申请再审人(一审原告、二审上诉人):何某。身份证上住址:广东省深圳市福田区。

委托代理人:赵某某,香港居民。系何某配偶。

委托代理人:李某,广东普罗米修律师事务所律师。

被申请人(一审被告、二审被上诉人):余某。身份证上住址:广东省深圳市南山区。羁押于深圳市第二看守所。

被申请人(一审被告、二审被上诉人):吴某某。身份证上住址:广东省深圳市盐田区。

两名被申请人共同委托代理人:赵某,广东宽和律师事务所律师。

两名被申请人共同委托代理人:刘某某,广东宽和律师事务所实习律师。

申请再审人何某因与被申请人余某、吴某某民间借贷纠纷一案,不服本院(2015)深中法民终字第 1931 号民事裁定,向本院申请再审。本院于 2015 年 12 月 2 日作出(2015)深中法民申字第 112 号民事裁定,提审本案。本院依法另行组成合议庭公开开庭进行了审理,何某及其委托代理人赵某某、李某,余某、吴某某的共同委托代理人赵某、刘某某到庭参加诉讼。本案现已审理终结。

一审法院查明,余某、吴某某签订了房地产买卖合同,吴某某将南山区青青山庄东区 01 栋卖给余某,转让价为 3 000 万元。2014 年 3 月 14 日,何某与余某签订借款合同,约定:何某提供借款 1 600 万元,借款期限为 90 日,月利率为 1.8%,用途为购买深圳市南山区青青山庄东区 01 栋。同日,吴某某作为卖方,余某作为买方,签署了中国光大银行个人二手房屋交易资金托管服务申请书,申请托管资金总计 1 600 万元。同日,何某与吴某某与余某签订了《补充协议》,约定:1. 吴某某知悉余某的首期款 1 600万元由何某出借,并由余某转入光大银行进行资金监管;2. 如果买卖双方不能成功过户,则监管资金原路退回余某账户,再还给何某。买卖双方在进行首期款监管的当天签署完毕解除资金监管的全部手续并交由出借方何某,如上述物业不能在规定时间内成功过户,则由何某将双方已签署好的解除资金监管的文件交由监管银行解除资金

---

① 来源:中国裁判文书网。

监管；3. 上述物业成功过户至余某名下后，监管资金由监管银行转入吴某某的账户，再从吴某某账户转给何某。买卖双方均同意由出借方何某收取监管的首期款。卖方需在进行首期款监管前将收款卡、密码及网银配合出借方核验后交由出借方保管；4. 吴某某同意在过户成功后何某收取首期款时需无条件协助何某办理转账所有手续，何某收取监管的首期款后，才将余某领取的新房产证办理银行抵押登记手续。同日，何某通过招商银行分两笔700万元、900万元转入余某光大银行深圳莲花路支行的62××× 56账户内。2014年3月25日，余某光大银行中国深圳莲花路支行的账号62×× × 56办理了储蓄凭证（卡）正式挂失，同日转账1 000万元至吴某某名下，转账600万元至宋某某名下。之后，何某向深圳市经济犯罪侦查局举报。2014年3月27日，深圳市公安局出具立案决定书，告知何某，王某某等人涉嫌合同诈骗案一案，该局认为有犯罪事实发生，且属该局管辖范围，决定立案侦查。

何某的一审诉讼请求为：1. 吴某某与余某偿还借款本金人民币700万元及资金占用期间的利息损失（按照合同约定的月利率1.8%计算，计算至起诉之日利息为16.8万元，利息实际应计算至偿还全部款项之日止）；2. 吴某某与余某承担全部诉讼费。

一审法院认为，根据何某所述，吴某某与余某以合同形式诈骗何某的财产，数量较大，吴某某与余某的行为可能涉嫌经济犯罪，且深圳市公安局已立案侦查，依照相关法律规定，经审理认为不属于经济纠纷案件而有经济犯罪嫌疑的，应当裁定驳回起诉。根据《最高人民法院关于在审理经济纠纷案件中涉及经济犯罪嫌疑若干问题的规定》第十一条、《中华人民共和国民事诉讼法》第一百零八条、第一百四十条第一款第（三）项的规定，裁定：驳回原告何某的起诉。案件受理费61 976元、保全费5 000元（均已由原告预交），一审法院收取保全费5 000元，案件受理费61 976元退回何某。

何某不服一审裁定，向本院提起上诉，请求：一、裁定撤销原审裁定；二、指令深圳市福田区人民法院继续审理本案。

本院二审认为，何某在提起本案诉讼之前，已就本案事实向公安机关报案，深圳市公安局于2014年3月28日向上诉人何某发出《立案告知书》，认为有犯罪事实发生，且属深圳市公安局管辖范围，决定对王某某等人涉嫌合同诈骗罪一案立案侦查。《最高人民法院关于在审理经济纠纷案件中涉及经济犯罪嫌疑若干问题的规定》第十一条规定："人民法院作为经济纠纷受理的案件，经审理认为不属经济纠纷案件而有经济犯罪嫌疑的，应当裁定驳回起诉，将有关材料移送公安机关或检察机关。"关于本案事实，何某已向公安机关报案，公安机关已向何某发出《立案告知书》，说明本案也在公安机关立案侦查的范围之内。因此，本案有经济犯罪嫌疑，不属经济纠纷案件，一审裁定驳回起诉并无不当。何某的上述理由不成立，应予驳回。依照《中华人民共和国民事诉讼法》第一百七十条第一款第（一）项、第一百七十一条的规定，裁定如下：驳回上诉，维持原裁定。何某预交的二审受理费人民币61 976元，予以退回。

何某申请再审称：一、《最高人民法院关于在审理经济纠纷案件中涉及经济犯罪嫌疑若干问题的规定》第十一条规定"人民法院作为经济纠纷受理的案件，经审理认为不属经济纠纷案件而有经济犯罪嫌疑的，应当裁定驳回起诉"，驳回起诉的法定理由是"不属经济纠纷案件而有经济犯罪嫌疑"的案件。本案虽有经济犯罪嫌疑，不能说明本案不属经济纠纷案件。因此，上述法律对本案不适用。二、合同诈骗案主犯王某某并未与何某签订任何合同，因此本案与王某某合同诈骗案并非同一法律关系。三、公安机关对王某某、余某和吴某某的刑事侦查已于2014年12月结束，并由深圳市人民检察院在2015年1月20日向本院对王某某、余某提起公诉，吴某某没有被提起公诉。因此，吴某某与何某之间的法律关系应为纯民事关系。一、二审裁定驳回何某的起诉意味着吴某某既不需要承担刑事责任，也不需要承担民事责任，严重不公。四、本院法官判后答疑中告知何某可单独起诉吴某某，证明法官也认定吴某某是有民事责任的。四、《最高人民法院关于审理民间借贷案件适用法律若干问题的规定》第七条规定："民间借贷的基本事实必须以刑事案件审理结果为依据而该刑事案件尚未审结的。人民法院应当裁定中止诉讼"。何某曾咨询过深圳市检察院，检察院认为本案应中止审理。综上，请求：撤销一、二审裁定，裁定本案中止审理，待刑事案件审结后，依据刑事案件审理结果再进行民事案件审理。再审庭审中，何某变更再审请求为：一、判令吴某某与余某偿还借款本金1600万元的占用期间的利息损失（以1600万为基数，按照年利率为24%，从2014年3月14日计算至还清止）。二、申请追加王某某、宋某某为本案被告。

吴某某与余某答辩称：一、吴某某与本案并无关联，请求驳回何某对吴某某的诉讼请求。二、就程序上而言，本案所涉事实目前与正在审理余某、王某某、吴某某涉嫌合同诈骗一案是同一事实。本案不宜再行审理。三、王某某、余某涉嫌合同诈骗在刑事诉讼过程中，在司法机关已对上述刑事案件进行处理的同时，何某再提起民事诉讼不符合法律规定，二审法院驳回起诉是正确的。

本院再审查明，一、二审裁定查明的事实清楚，本院再审予以确认。

本院再审另查，2014年12月24日（本案一审结案后，二审收案前），深圳市人民检察院以深检公二刑诉【2015】2号起诉书指控王某某、余某犯合同诈骗罪，向本院提起公诉。2015年8月3日，深圳市人民检察院以深检刑追诉【2015】518号追加起诉决定书，追加指控宋某某犯合同诈骗罪。本院于2015年12月31日作出（2015）深中法刑二初字第41、261号刑事判决，判决王某某犯诈骗罪，判处有期徒刑12年，并处罚金100万元；余某犯诈骗罪，判处有期徒刑4年，并处罚金5万元；宋某某犯诈骗罪，判处有期徒刑3年，并处罚金2万元；以及相关冻结财产返还被害人何某等人。三名被告人不服提起上诉，广东省高级人民法院于2016年6月14日作出（2016）粤刑终476、477号刑事裁定，认为原审判决事实不清，证据不足，裁定撤销原审判决，发回重新审判。

再查，2015年2月9日（本案二审期间），深圳市公安局作出深公（经）解保【2015】

00009号解除取保候审决定书，认为吴某某不应当被追究刑事责任，解除取保候审。

　　本院再审认为，本案的争议焦点在于本案应当驳回起诉还是应当中止诉讼等待刑事案件处理结果后再继续审理。何某控告王某某等人涉嫌合同诈骗一案，深圳市公安局在何某提起本案民事诉讼之前已立案侦查，说明本案已进入刑事侦查阶段。一、二审法院认定本案有经济犯罪嫌疑，不属于经济纠纷，裁定驳回何某的起诉正确。关于何某提出本案应中止诉讼的再审理由，《最高人民法院关于审理民间借贷案件适用法律若干问题的规定》第七条规定："民间借贷的基本事实必须以刑事案件审理结果为依据而该刑事案件尚未审结的，人民法院应当裁定中止诉讼。"该法条适用于民事案件与刑事案件分别属于不同法律关系的情况，本案何某提起的民事诉讼与刑事案件均基于同一事实、同一法律关系，即何某与余某、吴某某、王某某等人之间的借款合同及借款事实。因此，本案不属于上述应当中止诉讼的情况。关于吴某某未被追究刑事责任后的民事责任问题，《最高人民法院关于审理民间借贷案件适用法律若干问题的规定》第五条规定："人民法院立案后，发现民间借贷行为本身涉嫌非法集资犯罪的，应当裁定驳回起诉，并将涉嫌非法集资犯罪的线索、材料移送公安或者检察机关。公安或者检察机关不予立案，或者立案侦查后撤销案件，或者检察机关作出不起诉决定，或者经人民法院生效判决认定不构成非法集资犯罪，当事人又以同一事实向人民法院提起诉讼的，人民法院应予受理。"吴某某未被检察机关提起公诉，并在本案二审期间被公安机关以不应追究刑事责任为由解除刑事强制措施，根据上述法律规定的精神和原则，何某若认为吴某某应承担相关民事责任，可另寻法律途径解决。

　　综上，何某的再审理由不能成立，一、二审裁定认定事实清楚，适用法律正确，本院依法予以维持。依照《中华人民共和国民事诉讼法》第二百零七条、第一百七十条第一款第(一)项之规定，裁定如下：

　　维持本院(2015)深中法民终字第1931号民事裁定。

　　本裁定为终审裁定。

审　判　长　　陈利鹏
审　判　员　　曹　静
审　判　员　　张秀萍
二〇一六年九月八日
书　记　员　　张　威

附法律条文：

《中华人民共和国民事诉讼法》

　　第一百七十条　　第二审人民法院对上诉案件，经过审理，按照下列情形，分别处理：

（一）原判决、裁定认定事实清楚，适用法律正确的，以判决、裁定方式驳回上诉，维持原判决、裁定；

（二）原判决、裁定认定事实错误或者适用法律错误的，以判决、裁定方式依法改判、撤销或者变更；

（三）原判决认定基本事实不清的，裁定撤销原判决，发回原审人民法院重审，或者查清事实后改判；

（四）原判决遗漏当事人或者违法缺席判决等严重违反法定程序的，裁定撤销原判决，发回原审人民法院重审。

原审人民法院对发回重审的案件作出判决后，当事人提起上诉的，第二审人民法院不得再次发回重审。

第二百零七条　人民法院按照审判监督程序再审的案件，发生法律效力的判决、裁定是由第一审法院作出的，按照第一审程序审理，所作的判决、裁定，当事人可以上诉；发生法律效力的判决、裁定是由第二审法院作出的，按照第二审程序审理，所作的判决、裁定，是发生法律效力的判决、裁定；上级人民法院按照审判监督程序提审的，按照第二审程序审理，所作的判决、裁定是发生法律效力的判决、裁定。

〔评注〕

1. 本样式供人民法院依申请对本院驳回起诉裁定再审后，经审理裁定用。本处实例是当事人对广东省深圳市中级人民法院驳回起诉的终审民事裁定不服，向该院申请再审。该院再审后，裁定维持原裁定，故适用本样式。

2. 在本实例中，有部分不够规范之处，值得注意。

(1) 当事人的诉讼地位

再审案件中，当事人的诉讼地位表述为"再审申请人""被申请人"。其他当事人按照原审诉讼地位表述，如一审终审的，列为"原审原告""原审被告""原审第三人"；二审终审的，列为"二审上诉人""二审被上诉人"等。再审申请人、被申请人和其他当事人诉讼地位之后，用括号注明一审、二审诉讼地位。本实例中将再审申请人表述为"申请再审人"不当。

(2) 委托诉讼代理人

《民事诉讼法》第五十八条第一款规定："当事人、法定代理人可以委托一至二人作为诉讼代理人。"《民事诉讼文书样式》中将诉讼代理人表述为"委托诉讼代理人"，本裁定表述为"委托代理人"不够规范。

(3) 事实部分的格式体例

本裁定规范的事实部分表述顺序是：首先表述再审申请人的再审请求、事实和理由，其次是被申请人的答辩意见，再次是原审其他当事人的意见，之后再写明历次审理情况，最后写明再审法院认定与应否驳回起诉相关的事实，说明再审裁判的理由。本处实例将历次审理情况放在再审申请人的再审请求等之前，与样式要求不一致。

（4）法律条款项的引用

《人民法院民事裁判文书制作规范》要求"引用法律条款中的项的，一律使用汉字不加括号，例如：'第一项'"，本处实例引用《民事诉讼法》第一百七十条第一款第一项，写为"第（一）项"不当。

3. 本裁定的制作可参考本章样式 23"民事裁定书（依申请对驳回起诉裁定提审后用）"的说明和评注。

34. 民事裁定书（依申请对本院案件再审后发回重审用）

×××× 人民法院

民事裁定书

（××××）……民再……号

再审申请人（一、二审诉讼地位）：×××，……。
……

被申请人（一、二审诉讼地位）：×××，……。
……

二审上诉人/二审被上诉人/第三人（一审诉讼地位）：×××，……。
……

（以上写明当事人和其他诉讼参加人的姓名或者名称等基本信息）

再审申请人×××因与被申请人×××/再审申请人×××……（写明案由）一案，不服本院（××××）……民×……号民事判决/民事调解书，向本院申请再审。本院于××××年××月××日作出（××××）……民×……号民事裁定，再审本案。本院依法另行组成合议庭，开庭审理了本案。再审申请人×××、被申请人×××（写明当事人和其他诉讼参加人的诉讼地位和姓名或者名称）到庭参加诉讼（未开庭的，写明：本院依法组成合议庭审理了本案）。本案现已审理终结。

×××申请再审称，……（写明再审请求、事实和理由）。

×××辩称，……（概述被申请人的答辩意见）。

×××述称，……（概述原审其他当事人的意见）。

本院再审认为，……（写明发回重审的具体理由）。

依照《中华人民共和国民事诉讼法》第二百零七条第一款、第一百七十条第一款第×项规定，裁定如下：

一、撤销本院(××××)……民终……号民事判决/民事调解书及××××人民法院(××××)……民初……号民事判决；
　　二、本案发回××××人民法院重审。

审　判　长　×××
审　判　员　×××
审　判　员　×××

××××年××月××日
（院印）
书　记　员　×××

【说明】

1. 本样式根据《中华人民共和国民事诉讼法》第二百零七条第一款、第一百七十条第一款第三项/第四项制定。供人民法院依当事人申请对本院案件再审后，撤销原判，发回一审法院重审用。

2. 《最高人民法院关于民事审判监督程序严格依法适用指令再审和发回重审若干问题的规定》第四条规定："人民法院按照第二审程序审理再审案件，发现原判决认定基本事实不清的，一般应当通过庭审认定事实后依法作出判决。但原审人民法院未对基本事实进行过审理的，可以裁定撤销原判决，发回重审。原判决认定事实错误的，上级人民法院不得以基本事实不清为由裁定发回重审。"第五条规定："人民法院按照第二审程序审理再审案件，发现第一审人民法院有下列严重违反法定程序情形之一的，可以依照民事诉讼法第一百七十条第一款第（四）项的规定，裁定撤销原判决，发回第一审人民法院重审：（一）原判决遗漏必须参加诉讼的当事人的；（二）无诉讼行为能力人未经法定代理人代为诉讼，或者应当参加诉讼的当事人，因不能归责于本人或者其诉讼代理人的事由，未参加诉讼的；（三）未经合法传唤缺席判决，或者违反法律规定剥夺当事人辩论权利的；（四）审判组织的组成不合法或者依法应当回避的审判人员没有回避的；（五）原判决、裁定遗漏诉讼请求的。"在此裁定中，应撤销历次裁判，直接发回原一审人民法院重审。

3. 人民法院应在裁定书中全面公开发回重审的具体理由，不再另行附函说明。

【实例评注】

湖北省襄阳市中级人民法院
民事裁定书 ①

(2016)鄂 06 民再 35 号

再审申请人(一审原告、二审上诉人):鲁某某,男。
被申请人(一审被告、二审被上诉人):吴某某,男。
被申请人(一审被告、二审被上诉人):毕某某,男。
被申请人(一审被告、二审被上诉人):黄某,女。系毕某某之妻。

再审申请人鲁某某与被申请人吴某某、毕某某、黄某建设工程合同纠纷一案,不服本院(2013)鄂襄阳中民三终字第 00045 号民事判决,向本院申请再审。本院于 2014 年 12 月 25 日作出(2014)鄂襄阳中民申字第 00144 号民事裁定,再审本案。本院依法另行组成合议庭,审理了本案。本案现已审理终结。

鲁某某申请再审称,原审判决、裁定适用法律错误、程序违法。请求撤销原襄樊市樊城区人民法院(2011)樊王民初字第 124 号民事判决和本院(2013)鄂襄阳中民三终字第 00045 号民事判决;请求判令被申请人偿还鲁某某民工工资 46 537 元,各被申请人之间承担连带清偿责任;请求被申请人承担本案全部诉讼费用。主要理由:一、原一、二审适用法律错误。1.(2011)樊王民初字第 124 号民事判决书中认定由被申请人吴某某、毕某某、黄某及鲁某某参加的毕宅衔接会所作出的"会议纪要"为双方协议。其内容为协商民工工资支付问题,债权人为鲁某某,鲁某某理应是该协议的主体之一,原审上(2011)樊王民初字第 124 号民事判决书、(2013)鄂襄阳中民三终字第 00045 号民事判决书中以鲁某某未在"会议纪要"中签字为由认定"会议纪要"为双方协议确有不妥。2."会议纪要"中约定了根据工程进度,支付工人工资的办法:由施工方按工人工资结算标准提出书面报告,由乙方(吴某某)负责审核签字后报送甲方(毕黄夫妇)。甲方审核后给予施工方兑现支付。乙方于施工方所签订的劳动用工合同,同样式报甲方一份备案。(2013)鄂襄阳中民三终字第 00045 号民事判决书认定该条款的订立是为了保证施工工人的工资领取,并非将吴某某与施工方签订的合同的主体变更为毕黄夫妇。以上认定适用法律错误,"会议纪要"中的约定确实并未将吴某某与施工方签订的合同的主体变更为毕黄夫妇,但该约定明确规定了民工工资的实际支付人为毕黄夫妇,即"会议纪要"中关于民工工资结算问题的约定实际已经形成了债务的转移,毕黄夫妇已

---

① 来源:中国裁判文书网。

经成为了债务的实际履行人，鲁某某对此约定并无异议，已经按照"会议纪要"的要求履行了义务，因此诉讼请求中的 46 537 元工资款应当由毕黄夫妇向鲁某某履行清偿义务。二、原审判决、裁定程序违法。根据襄阳市樊城区屏襄门派出所出具的死亡证明，被申请人吴某某于 2010 年 6 月 5 日死亡，而原襄樊市樊城区法院的(2011)樊王民初字第 124 号判决书作出的时间为 2011 年 8 月 31 日，襄阳市中级人民法院作出的(2013)鄂襄阳中民三终字第 00045 号判决书的作出时间为 2013 年 2 月 21 日，在此之前吴某某已死亡。根据《民事诉讼法》第一百五十一条，人民法院应当裁定中止诉讼，并通知其继承人是否参加诉讼，而两级法院均未作出相应裁定并通知其继承人，其程序严重违法，导致的结果是作出的判决无法履行。

被申请人黄某、毕某某辩称：对原一、二审判决认定的事实及处理结果没有异议，服从原一、二审判决。

本院再审认为，根据《最高人民法院关于适用〈中华人民共和国民事诉讼法〉若干问题的意见》第四十四条规定："在诉讼中，一方当事人死亡，有继承人的，裁定中止诉讼。人民法院应及时通知继承人作为当事人承担诉讼，被继承人已经进行的诉讼行为对承担诉讼的继承人有效。"本案中被申请人（一审被告、二审被上诉人）吴某某在原一、二审判决作出前已死亡，原一、二审在未通知吴某某的继承人参加诉讼的情况下作出判决，程序违法，应予纠正。

综上，原审判决程序违法。依照《中华人民共和国民事诉讼法》第二百零七条第一款、第一百七十条第一款第（四）项之规定，裁定如下：

一、撤销本院(2013)鄂襄阳中民三终字第 00045 号民事判决及原襄樊市樊城区人民法院的(2011)樊王民初字第 124 号民事判决；

二、本案发回襄阳市樊城区人民法院重审。

审　判　长　　史建东
审　判　员　　王　进
审　判　员　　肖　瑾
二〇一六年八月八日
书　记　员　　李晓露

〔评注〕

1. 本样式供人民法院依申请对本院案件再审后，撤销本院判决或民事调解书，发回一审法院重审用。本实例符合该样式的情形。

2. 历次审理情况表述。本样式中事实部分的制作，包括当事人的诉辩意见，再审的裁判理由，并未要求写明历次审理情况，以及再审查明的事实和证据。《最高人民法院关于民事审判监督程序严格依法适用指令再审和发回重审若干问题的规定》第四条规定:"人民法院按照第二审程序审理再审案件,发现原判决认定基本事实不清的,一般应当通过庭审认定事实后依法作出判决。但原审人民法院未对基本事实进行过审理的,可以裁定撤销原判决,发回重审。原判决认定事实错误的,上级人民法院不得以基本事实不清为由裁定发回重审。"第五条规定:"人民法院按照第二审程序审理再审案件,发现第一审人民法院有下列严重违反法定程序情形之一的,可以依照民事诉讼法第一百七十条第一款第(四)项的规定,裁定撤销原判决,发回第一审人民法院重审:(一)原判决遗漏必须参加诉讼的当事人的;(二)无诉讼行为能力人未经法定代理人代为诉讼,或者应当参加诉讼的当事人,因不能归责于本人或者其诉讼代理人的事由,未参加诉讼的;(三)未经合法传唤缺席判决,或者违反法律规定剥夺当事人辩论权利的;(四)审判组织的组成不合法或者依法应当回避的审判人员没有回避的;(五)原判决、裁定遗漏诉讼请求的。"该规定对发回重审作出了严格限制。基于原审人民法院未对基本事实进行过审理,或者基于第一审人民法院严重的程序违法的前由,再审人民法院裁定撤销原判决,发回第一审人民法院重审,本案的审理将回到"初始状态",因此,历次审理的情况(包括认定的事实和证据等)对于第一审人民法院的重审从法律上讲不具有参考价值,为了避免"先入为主"的影响,也为了实现裁判文书的繁简分流,发回重审案件的裁定均不要求表述历次审理情况。

3. 总体而言,本处实例格式较为规范完整,但部分格式与《民事诉讼文书样式》要求不一致,值得引起注意。

(1)标点符号用法

《人民法院民事裁判文书制作规范》要求"被告辩称"等词语之后用逗号。因此,本实例中,被申请人辩称部分应写为"被申请人黄某、毕某某辩称,……"

(2)法律条款项的引用

《人民法院民事裁判文书制作规范》要求"引用法律条款中的项的,一律使用汉字不加括号,例如:'第一项'",本处实例引用《民事诉讼法》第一百七十条第一款第四项,写为"第(四)项"不当。

4. 在过去,发回重审的裁定表述非常简单,一般不在裁定中说明发回重审的具体理由,发回重审理由通常都以内部函的方式通知原审法院。附内部函的做法,不符合司法公开的要求,也不符合各级人民法院依法独立行使审判权的要求,在实践中还容易导致发回重审的随意性。《最高人民法院关于民事审判监督程序严格依法适用指令再审和发回重审若干问题的规定》第六条规定:"上级人民法院裁定指令再审、发回重审的,应当在裁定书中阐明指令再审或者发回重审的具体理由。"上述规定体现了全面公开裁定理由的要求,以期达到减少指令再审、发回重审随意性的效果。

35. 民事裁定书（依申请再审案件，处理一审原告撤回起诉用）

×××人民法院
民事裁定书

（××××）……民再……号

再审申请人(一、二审诉讼地位)：×××，……。
……

被申请人(一、二审诉讼地位)：×××，……。
……

二审上诉人/二审被上诉人/第三人(一审诉讼地位)：×××，……。
……

（以上写明当事人和其他诉讼参加人的姓名或者名称等基本信息）

再审申请人×××因与被申请人×××/再审申请人×××……（写明案由）一案，不服本院/××××人民法院（××××）……民×……号民事判决（裁定或调解书），向本院/××××人民法院申请再审。本院/××××人民法院于×××年××月××日作出（××××）……民×……号民事裁定，再审/提审/指令再审/指定再审本案。本院依法另行/依法组成合议庭对本案进行了审理。

本院审理过程中，……（简要写明一审原告提出撤回其起诉的情况，包括时间、理由等内容）。

本院认为，×××撤回一审起诉的请求，已经其他当事人同意，且不损害国家利益、社会公共利益、他人合法权益，依法予以准许（如果审查后不准许撤回起诉的，写明不准许撤回起诉的理由）。

依照《中华人民共和国民事诉讼法》第一百五十四条第一款第五项、《最高人民法院关于适用〈中华人民共和国民事诉讼法〉的解释》第四百一十条规定，裁定如下：

（准许撤回起诉的，写明：）

一、准许×××（写明一审原告的姓名或名称）撤回起诉；

二、撤销本院/××××人民法院（××××）……民终……号民事判决/民事裁定/民事调解书及××××人民法院（××××）……民初……号民事判决/民事裁定。

一审案件受理费……元，由……负担。二审案件受理费……元，由……负担（写明当事人姓名或者名称、负担金额）。

（不准许撤回起诉的，写明：）

不准许×××（写明一审原告的姓名或名称）撤回起诉。

审 判 长　×××
审 判 员　×××
审 判 员　×××

××××年××月××日
（院印）
书 记 员　×××

【说明】

1. 本样式根据《中华人民共和国民事诉讼法》第一百五十四条第一款第五项、《最高人民法院关于适用〈中华人民共和国民事诉讼法〉的解释》第四百一十条制定。供人民法院审理再审案件中，一审原告提出撤回起诉申请的，裁定准许或者不准许用。

2. 本裁定书应阐明准许或者不准许撤回起诉的理由等。

3. 一审裁判发生法律效力的案件，再审中原审原告撤回起诉，人民法院制定裁定书，可以在本样式的基础上进行相应的调整。

4. 法院依职权再审、案外人申请再审、检察院抗诉或提出检察建议的再审案件中，一审原告申请撤回起诉，参考本样式出具裁定书。

【实例评注】

江苏省高级人民法院
民事裁定书 ①

（2016）苏民再126号

再审申请人（一审原告、二审上诉人）：刘某某，工人。

再审申请人（一审被告、二审被诉人）：淮安市公共交通有限公司，住所地淮安经济技术开发区韩泰北路公交大院。

法定代表人徐某某，系该公司董事长。

委托代理人刘某甲、齐某某，淮安市清浦区清江法律服务所法律工作者。

再审申请人刘某某因与再审申请人淮安市公共交通有限公司公路客运合同纠纷一案，均不服江苏省淮安市中级人民法院（2015）淮中商终字第00110号民事判决，向本院

---

① 来源：中国裁判文书网。

申请再审。本院于 2016 年 3 月 10 日作出(2016)苏民申 723 号民事裁定，提审本案。

本案在审理过程中，一审原告刘某某书面向我院申请撤回一审起诉、二审上诉及再审申请。一审被告淮安市公共交通有限公司同意刘某某撤回起诉，并书面向我院申请撤回再审申请。

本院认为：一审原告刘某某在再审审理程序中申请撤回起诉，并经本案其他当事人淮安市公共交通有限公司同意，且淮安市公共交通有限公司亦向我院申请撤回再审申请。再审申请人双方的撤诉请求不损害国家利益、社会公共利益、他人合法权益，不违反法律规定，本院应予准许。

依照《中华人民共和国民事诉讼法》第一百五十四条第一款第(五)项、《最高人民法院关于适用〈中华人民共和国民事诉讼法〉的解释》第四百条第一款、第四百一十条之规定，裁定如下：

一、准许刘某某撤回起诉及再审申请；

二、准许淮安市公共交通有限公司撤回再审申请；

三、撤销(2013)淮开商初字第 0040 号民事判决，(2015)淮中商终字第 00110 号民事判决。

审 判 长　阚少敏
审 判 员　李　晶
代理审判员　赵　畅
二〇一六年八月十日
书 记 员　刘　磊

〔评注〕

1. 本样式供人民法院审理再审案件中，一审原告提出撤回起诉申请的，裁定准许或者不准许用。本处实例一审原告在再审过程中申请撤回起诉，人民法院予以准许，使用本样式。

2. 总体而言，本处实例格式较为规范完整，并说明了准许撤回起诉的理由。但部分格式与《民事诉讼文书样式》要求不一致，值得引起注意。

(1) 委托诉讼代理人

《民事诉讼文书样式》中将诉讼代理人表述为"委托诉讼代理人"，本裁定表述为"委托代理人"不够规范。

(2) 标点符号用法

①法定代表人、委托诉讼代理人后应有冒号，即本处实例应写为：

……

法定代表人：徐某某，系该公司董事长。

委托诉讼代理人：刘某甲、齐某某，淮安市清浦区清江法律服务所法律工作者。

②《人民法院民事裁判文书制作规范》要求"本院认为"等词语之后用逗号。

(3)法律条款项的引用

《人民法院民事裁判文书制作规范》要求"引用法律条款中的项的，一律使用汉字不加括号，例如：'第一项'"，本处实例引用条款应写为"《民事诉讼法》第一百五十四条第一款第五项"，写为"第(五)项"不当。

(4)关于再审申请的处理

本样式中，裁定内容只写明准许×××撤回起诉，没有要求同时要准许撤回再审申请。

(5)案件受理费处理情况

本处实例没有写明一审、二审案件受理费的处理。

36. 民事裁定书（依申请按第二审程序再审案件，驳回起诉用）

××××人民法院
民事裁定书

（××××）……民再……号

再审申请人(一、二审诉讼地位)：×××，……。

……

被申请人(一、二审诉讼地位)：×××，……。

……

二审上诉人/二审被上诉人/第三人(一审诉讼地位)：×××，……。

……

(以上写明当事人和其他诉讼参加人的姓名或者名称等基本信息)

再审申请人×××因与被申请人×××/再审申请人×××……(写明案由)一案，不服本院/××××人民法院(××××)……民×……号民事判决/民事调解书，向本院/××××人民法院申请再审。本院/××××人民法院于×××年××月××日作出(×××)……民×……号民事裁定，再审/提审/指令再审/指定再审本案。本院依法另行/依法组成合议庭，开庭审理了本案。再审申请人×××、被申请人×××(写明当事人和其他诉讼参加人的诉讼地位和姓名或者名称)到庭参加诉讼(未开庭的，写明：本院依法组成合议庭审理了本案)。本案现已审理终结。

×××申请再审称，……(写明再审请求、事实和理由)。

×××辩称，……(概述被申请人的答辩意见)。

×××述称，……(概述原审其他当事人的意见)。

×××向一审法院起诉请求：……(写明一审原告的诉讼请求)。一审法院判决：……(写明一审判决主文)。

×××不服一审判决，上诉请求：……(写明上诉请求)。二审法院/本院原审认定事实：……(概述二审认定事实)。二审法院/本院原审认为，……(概述二审判决的理由)。二审法院/本院原审判决/调解书：……(写明二审判决主文/调解书内容)。

……(简要写明再审法院认定的与应否驳回起诉相关的事实)。

本院再审认为，……(写明驳回起诉的理由)。

依照《最高人民法院关于适用〈中华人民共和国民事诉讼法〉的解释》第四百零八条规定，裁定如下：

一、撤销本院/××××人民法院(××××)……民终……号民事判决/民事调解书及××××人民法院(××××)……民初……号民事判决。

二、驳回×××(写明一审原告的姓名或名称)的起诉。

一审案件受理费……元，退还×××(一审原告)；二审案件受理费……元，退还×××(二审上诉人)。

本裁定为终审裁定。

审 判 长 ×××
审 判 员 ×××
审 判 员 ×××

××××年××月××日
(院印)
书 记 员 ×××

【说明】

1. 本样式根据《最高人民法院关于适用〈中华人民共和国民事诉讼法〉的解释》第四百零八条制定。供人民法院依当事人申请按第二审程序再审案件，认为不符合民事诉讼法规定的起诉条件或符合民事诉讼法第一百二十四条规定的不予受理情形的，裁定撤销一、二审判决/调解书，驳回起诉用。

2. 本裁定书应写明驳回起诉的理由等。

3. 法院依职权再审、案外人申请再审、检察院抗诉按照第二审程序再审案件中，符合《最高人民法院关于适用〈中华人民共和国民事诉讼法〉的解释》第四百零八条规定需要驳回起诉的,参照本样式出具裁定书。

【实例评注】

湖南省郴州市中级人民法院
民事裁定书 ①

(2016)湘 10 民再 6 号

再审申请人(一审被告、二审上诉人):郭某某,男。
委托代理人王某某,女。
委托代理人何某某,湖南民浩律师事务所律师。
被申请人(一审原告、二审被上诉人):胡某某,男。

再审申请人郭某某因与被申请人胡某某土地承包经营权确认纠纷一案,不服本院(2014)郴民一终字第 395 号民事判决,向湖南省高级人民法院申请再审。湖南省高级人民法院于二〇一五年十二月二十二日作出(2015)湘高法民申字第 794 号民事裁定,指令本院再审本案。本院依法组成合议庭,于 2016 年 8 月 22 日公开开庭审理了本案。再审申请人郭某某的委托代理人王某某、何某某到庭参加诉讼,被申请人胡某某经本院合法传唤,未到庭参加诉讼。本案现已审理终结。

郭某某申请再审称:1. 二审期间证人胡某甲提供虚假证词。二审庭审中胡某甲对郭某某提交的建房申请书上的签名不予认可。庭审后,郭某某对该笔迹进行鉴定,鉴定机构认定该笔迹确为胡某甲本人书写。由此也可认定其称"胡某某移交了行廊镇高宅村第一村民小组的公章""2006 年微调土地后郭某某一直在家""2010 年 9 月 8 日领款单上的公章是我盖的"等都是虚假证词。胡某甲作假证伪证,法院应当追究其法律责任;2. 胡某某在庭审中作虚假陈述。二审庭审中,胡某某陈述因为其儿子大学毕业户口迁回来才有资格分田,但通过公安机关查询显示胡某某、胡某乙自 2004 年 3 月起未见其他异动,因此胡某某家在 2006 年土地微调时不具备进田的条件;3. 胡某某提交的盖有"行廊镇高宅村第一村民小组"公章的证明系伪造的,该公章根本就不存在,现任高宅一组组长及组干部均证实没有该公章,且在其他村民建房申请报告上亦没有盖过该公章,因此,该公章并不存在。综上,请求:一、依法撤销湖南省嘉禾县人民法院(2013)嘉民一初字第

---

① 来源:中国裁判文书网。

311号民事判决与湖南省郴州市中级人民法院(2014)郴民一终字第395号民事判决;二、依法改判郭某某对本案争议地下大园里1.01亩旱土享有承包经营权。

被申请人胡某某未到庭参加诉讼,亦未提交书面答辩意见。

胡某某向湖南省嘉禾县人民法院起诉请求:确认胡某某对本村下大园里1.01亩旱田享有承包经营权,并由郭某某负担本案诉讼费。

湖南省嘉禾县人民法院审理查明:胡某某、郭某某均是嘉禾县行廊镇高宅村第一村民小组(以下简称高宅一组)的村民。2006年,双方所在的村民小组根据本组村民的意见,确定有6户人家出田,8户人家进田。村民小组原组长胡某某、组干部胡某丙、胡某甲便组织小组村民对耕地进行微调。8户需要进田的村民(本案当事人双方均属进田户)以抓阄的方式分得了相应的耕地,并一直耕种至今。其中,胡某某分得下大园里的旱田1.01亩,郭某某分得马蹄脚的水田。2013年3月16日,郭某某夫妇以胡某某耕种的下大园里的旱田在2006年调田时由其抓阄抓到为由,对该旱土强行耕种。

湖南省嘉禾县人民法院认为:农村土地承包经营权应依法取得。我国法律规定,农村土地承包经营权自承包合同生效时取得,即发包方与承包方按照法律的规定民主发包,双方意思达成一致签订土地承包经营权合同,承包方即取得土地承包经营权。胡某某家自2006年村民小组微调耕地以来,一直耕种下大园里1.01亩旱田,直至2013年3月郭某某强行耕种该块旱田才发生争议。胡某某虽没有与村民小组签订书面形式的承包合同,但胡某某一直耕种争议地是村民小组民主发包的结果,村民小组亦认可是胡某某在2006年微调时分得了争议地。可见,胡某某与村民小组之间事实上就争议的土地存在着承包经营权合同关系,双方并无异议。《中华人民共和国农村土地承包法》第二十二条规定:"承包合同自成立之日起生效。承包方自承包合同生效时取得土地承包经营权。"《中华人民共和国物权法》第一百二十七条第一款规定:"土地承包经营权自土地承包经营权合同生效时设立。"根据该规定,胡某某主张对争议地享有承包经营权的诉讼请求符合本案事实和法律规定,应予支持。

郭某某提出其妻王某某在2006年村民小组民主微调土地时抓阄分到了下大园里1.01亩旱田(争议地),只有郭某某的陈述,没有其他证据证实。同时,村民小组亦不认可郭某某家与村民小组就本案争议土地存在承包经营权合同关系。郭某某还提出,其分得了争议土地后,是与胡某某家进行了互换耕种。郭某某提出的此事由,胡某某并不认可,意即其与郭某某两户间不存在互换耕种协议,故互换耕种的事实不成立。此外,《中华人民共和国农村土地承包法》第四十条规定:"承包方之间为方便耕种或者各自需要,可以对属于同一集体经济组织的土地的土地承包经营权进行互换。"如果胡某某认可郭某某主张互换耕种的事实成立,只要双方互换耕种的协议没有违反法律法规的强制性规定,互换耕种协议也应该得到法律的保护。故郭某某提出对争议土地享有承包经营权的主张缺乏事实和法律依据，不予支持。据此，原审法院根据《中华人民共和国物权法》第一百二十七条第一款、第一百二十五条，《中华人民共和国农村土地承包法》第五条、第二十二条，《中华人民共和国合同法》第十条、第三十六条，《中华人民共和国民事诉讼法》第一百四十二条之规定，作出如下判决：原告胡某某对争议的下大园里1.01亩旱田享有承包经营权。案件受理费80元，由原告胡某某负担。

郭某某不服一审判决，向本院提起上诉称：请求将本案发回重审或改判驳回胡某某的诉讼请求。事实与理由：一、原审判决遗漏必须参加诉讼的当事人。1. 家庭承包是以户为单位，所有家庭成员均是案件当事人；2. 争议土地的发包方村民小组应作为第三人参与诉讼。二、原审判决认定事实不清。1. 胡某某未提供书面承包合同或经营权证书，胡某某与村组的承包经营合同没有成立；2. 2006年微调时胡某某没有进田的条件；3. "行廊镇高宅村第一村民小组证明"不属实，该证明的公章系胡某某为应付诉讼私自雕刻，且镇干部调解的情况可以证实本案争议地系郭某某之妻王某某抓阄而来；4. 本案当事人不存在有互换耕种的事实，郭某某一家外出打工至2013年回家居住，本案无证据体现郭某某种过胡某某的耕地。

本院二审查明的事实与原审查明事实一致。另查明，2009年时高宅一组的公章就已经在使用。

本院二审认为，本案争议的焦点：一、本案是否遗漏诉讼主体。二、本案诉争土地的承包经营权人如何确认。关于焦点一。1. 农村承包经营虽是以户为单位，但胡某某、郭某某分别为两户户主，由户主参加诉讼并未影响两户的诉讼权利和实体权利。2. 高宅一组虽是诉争土地的发包人，但高宅一组将诉争地发包之后，对该土地并无经营权，亦与本案审理结果无直接利害关系，故关于遗漏诉讼主体的上诉理由不能成立，应不予采纳。关于焦点二。本案中双方当事人均未提交诉争土地的承包经营权证及承包合同，对于承包经营权的确认应结合双方的证据予以分析。1. 胡某某提交高宅一组出具的证明证实其承包经营权的来源及其正当性，并申请证人胡某甲、胡某丁出庭作证。郭某某则提交镇里的调解会议纪要，欲证实其拥有诉争地的经营权。两相比较，高宅一组系本案诉争地的发包方，且胡某甲参与了2006年的调土抓阄。而镇干部的调解会议纪要则是对参会人员谈话内容的转述，且参会人员未对记录内容签字确认。因此，胡某某提交的证据证明力大于郭某某提交的证据。2. 郭某某对高宅一组出具的证明提出质疑，理由是高宅一组的公章未经公安机关备案，系虚假公章，但未提供证据予以推翻。综上分析，高宅一组的公章虽未经公安机关备案，但不能因此否定其真实性，且无明确法律规定要求村民小组印章需经公安机关备案，故郭某某以未经公安机关备案来否定高宅一组公章真实性的理由不能成立。3. 本案诉争土地自2006年调土以来一直由胡某某耕种至本案纠纷发生，期间郭某某一直未提出异议。郭某某称此间一直在外打工没有回家，但无充分证据予以证实。综上，郭某某上诉理由不能成立，对其上诉请求本院不予支持。依据《中华人民共和国民事诉讼法》第一百七十条第一款第一项之规定，判决如下：驳回上诉，维持原判。二审案件受理费80元，由上诉人郭某某负担。

再审期间，郭某某向法院提交如下证据：

1. 司法鉴定意见书，拟证明胡某甲作伪证，诉争土地为郭某某承包；
2. 嘉禾县公安机关证明，拟证明胡某某家进田没有依据；
3. 证明四份，拟证明村委会及村组干部郭某戊、胡某己、胡某庚、胡某辛、胡某壬等人并未使用过胡某某证据中的"行廊镇高宅村第一村民小组"公章；
4. 证明四份，拟证明诉争土地为郭某某家承包；
5. 组集体收款凭证及结算凭证一份，拟证明高宅一组并没有使用公章；
6. 证明一份，拟证明郭某某从2006年7月至2010年12月一直在东莞樟木头精尔密五金制品厂工作。

上述证据因被申请人胡某某未出庭参与诉讼，未对证据发表质证意见。本院综合本案实际情况认定，由于上述证据与本案再审需要查明的事实无关，故本院不予采信。

本院再审过程中查明再审申请人郭某某与被申请人胡某某均未与行廊镇高宅村第一村民小组就本案争议土地签订土地承包经营权合同，亦未取得地方政府颁发的本案争议土地的土地承包经营权证。

本院再审认为，根据《农村土地承包法》第二十一条规定，发包方应当与承包方签订书面承包合同。承包合同一般包括以下条款……本案中，郭某某与胡某某虽于2006年参与了嘉禾县行廊镇高宅村第一村民小组组织的耕地微调，并曾作为进田户对相应的耕地参与了抓阄分配，且胡某某之后也实际对本案争议的该村下大园里1.01亩旱田进行了耕种。但郭某某、胡某某双方均未提供直接证据证明其与所在村集体经济组织就本案争议的土地签订了书面土地承包经营合同，地方人民政府亦未就争议土地颁发过土地承包经营权证或进行登记造册。因此，本案争议土地的土地承包经营权不具备法定生效要件，并未实际成立。在此情况下，依据《中华人民共和国土地管理法》第十六条第一款"土地所有权和使用权争议，由当事人协商解决；协商不成的，由人民政府处理"及《最高人民法院关于审理涉及农村土地承包纠纷案件适用法律问题的解释》第一条第二款："集体经济组织成员因未实际取得土地承包经营权提起民事诉讼的，人民法院应当告知其向有关行政主管部门申请解决"的规定，本案应先由地方人民政府进行协调解决，在未经地方人民政府处理前，一审法院受理此案不当。

综上所述，原一审、二审判决认定事实不清，适用法律有误。依照《最高人民法院关于适用〈中华人民共和国民事诉讼法〉的解释》第四百零八条、《中华人民共和国民事诉讼法》第一百四十四条之规定，裁定如下：

一、撤销本院（2014）郴民一终字第395号民事判决及湖南省嘉禾县人民法院

（2013）嘉民一初字第 311 号民事判决；

二、驳回胡某某的起诉。

一审案件受理费 80 元，退还被申请人胡某某；二审案件受理费 80 元，退还再审申请人郭某某。

本裁定为终审裁定。

审　判　长　　曾　光
审　判　员　　雷　闻
代理审判员　　刘　伶

二〇一六年九月二日

书　记　员　　张文力

附相关法律条文：

《最高人民法院关于适用〈中华人民共和国民事诉讼法〉的解释》

第四百零八条　　按照第二审程序再审的案件，人民法院经审理认为不符合民事诉讼法规定的起诉条件或者符合民事诉讼法第一百二十四条规定不予受理情形的，应当裁定撤销一、二审判决，驳回起诉。

《中华人民共和国民事诉讼法》

第一百四十四条　　被告经传票传唤，无正当理由拒不到庭的，或者未经法庭许可中途退庭的，可以缺席判决。

〔评注〕

1. 本样式供人民法院依当事人申请按第二审程序再审案件，认为不符合民事诉讼法规定的起诉条件或符合民事诉讼法第一百二十四条规定的不予受理情形的，裁定撤销一、二审判决/调解书，驳回起诉用。本处实例是湖南省郴州市中级人民法院根据湖南省高级人民法院指令，对本院已经作出生效裁定的二审案件进行再审后，认为该案不符合受理条件，裁定撤销原审判决、裁定，驳回一审原告的起诉，故适用本样式。

2. 总体而言，本处实例格式较为规范、完整，写明了原审和再审的情况，并说明了驳回起诉的理由，是较好的示例。但部分格式与《民事诉讼文书样式》要求不一致，值得引起注意。

（1）委托诉讼代理人

《民事诉讼文书样式》中将诉讼代理人表述为"委托诉讼代理人"，本裁定表述为"委托代理人"不够规范。

(2) 数字用法

《人民法院民事裁判文书制作规范》及《中华人民共和国国家标准 CB/T15835－2011 出版物上数字用法》规定，裁判尾部落款时间适用汉字数字，裁判文书其他部分的时间没有作明确规定，选择汉字数字还是阿拉伯数字在书写的简洁性和辨识的清晰性两方面没有明显差异时，两种形式均可使用。如果要突出简洁醒目的表达效果，应使用阿拉伯数字；如果要突出庄重典雅的表达效果，应使用汉字数字。在同一场合出现的数字，应遵循"同类别同形式"原则来选择数字的书写形式。根据上述规则，本处实例案件由来部分的两个时间应使用相同形式，且为了突出简洁醒目的表达效果，在司法实践中，一般使用阿拉伯数字，即"二〇一五年十二月二十二日"宜书写为"2015年12月22日"。

(3) 标点符号用法

①委托诉讼代理人后应有冒号，即本处实例应写为：

……

委托诉讼代理人：王某某，女。

委托诉讼代理人：何某某，湖南民浩律师事务所律师。

②《人民法院民事裁判文书制作规范》要求"法院认为"等词语之后用逗号。

(4) 法律条款项的引用

《最高人民法院关于裁判文书引用法律、法规等规范性法律文件的规定》第二条规定："并列引用多个规范性法律文件的，引用顺序如下：法律及法律解释、行政法规、地方性法规、自治条例或者单行条例、司法解释。同时引用两部以上法律的，应当先引用基本法律，后引用其他法律。引用包括实体法和程序法的，先引用实体法，后引用程序法。"本处实例引用了《民事诉讼法》《民诉法解释》，均为程序法，前者为法律，后者为司法解释，因此应先引用《民事诉讼法》，再引用《民诉法解释》。

（二）被遗漏的必须共同进行诉讼的当事人申请再审案件

37. 民事裁定书（依被遗漏的必须共同进行诉讼的当事人再审申请提审用）

××××人民法院
民事裁定书

（××××）……民申……号

再审申请人：×××，……。

……
　　被申请人(一、二审诉讼地位)：×××，……。
……
　　被申请人(一、二审诉讼地位)：×××，……。
……
　　(以上写明当事人和其他诉讼参加人的姓名或者名称等基本信息)
　　再审申请人×××因被申请人×××与被申请人×××……(写明案由)一案，不服××××人民法院(××××)……号民事判决/民事裁定/民事调解书，向本院申请再审。本院依法组成合议庭进行了审查，现已审查终结。
　　本院认为，×××的再审申请符合《中华人民共和国民事诉讼法》第二百条第八项规定的再审事由。
　　依照《中华人民共和国民事诉讼法》第二百零四条、第二百零六条，《最高人民法院关于适用〈中华人民共和国民事诉讼法〉的解释》第三百九十五条第一款规定，裁定如下：
　　一、本案由本院提审；
　　二、再审期间，中止原判决/原裁定/原调解书的执行。

审　判　长　×××
审　判　员　×××
审　判　员　×××

××××年××月××日
(院印)
书　记　员　×××

【说明】

1. 本样式根据《中华人民共和国民事诉讼法》第二百条第八项、第二百零四条制定。供人民法院对必须共同进行诉讼的当事人因不能归责于本人或者其诉讼代理人的事由未参加诉讼而申请再审，经审查后认为符合《中华人民共和国民事诉讼法》第二百条第八项规定，裁定提审用。

2. 再审申请人为被遗漏的必须共同进行诉讼的当事人，被申请人为原审原告、被告。

3. 本样式不适用在执行程序中提出异议的案外人对执行异议裁定不服申请再审的情况。该情况应当按照《中华人民共和国民事诉讼法》第二百二十七条及《最高人民法院关于适用〈中华人民共和国民事诉讼法〉的解释》第四百二十三条规定行使案外人申请再审的权利。

4. 生效裁判没有实际执行内容的，只写"本案由本院提审"，主文第二项不予表述。

5. 若该案为追索赡养费、扶养费、抚育费、抚恤金、医疗费用、劳动报酬等案件，人民法院经审查认为可以不中止执行的，裁定主文第二项表述为："二、再审期间，不中止原判决/原裁定/原调解书的执行。"

【实例评注】

吉林省高级人民法院
民事裁定书①

(2016)吉民申409号

再审申请人（一审被告、二审上诉人）：吉林省北华建设项目管理有限公司。住所：吉林省通化市。

法定代表人：门某某，该公司董事长。

委托代理人：戴某某，吉林修正律师事务所律师。

被申请人（一审原告、二审被上诉人）：刘某某，男，汉族，1972年12月11日出生，住吉林省通化市东昌区。

被申请人（一审原告、二审被上诉人）：崔某某，男，汉族，1974年1月10日出生，住吉林省通化市东昌区。

再审申请人吉林省北华建设项目管理有限公司因与被申请人刘某某、崔某某建设工程施工合同纠纷一案，不服吉林省通化市中级人民法院(2015)通中民二终字第18号民事判决，向本院申请再审。本院依法组成合议庭对本案进行了审查，现已审查终结。

本院认为，吉林省北华建设项目管理有限公司的再审申请符合《中华人民共和国民事诉讼法》第二百条第八项规定的情形。依照《中华人民共和国民事诉讼法》第二百零四条、第二百零六条之规定，裁定如下：

一、本案由本院提审；

二、再审期间，中止原判决的执行。

---

① 来源：中国裁判文书网。

审　判　长　　刘海英
代理审判员　　周　婧
代理审判员　　杨　敏

二〇一六年五月八日

书　记　员　　耿　华

〔评注〕

1. 本样式根据《民事诉讼法》第二百条第八项、第二百零四条制定。供人民法院对必须共同进行诉讼的当事人因不能归责于本人或者其诉讼代理人的事由，未参加诉讼而申请再审，经审查后认为符合《民事诉讼法》第二百条第八项规定，裁定提审用。《民事诉讼法》第二百条第八项规定，"无诉讼行为能力人未经法定代理人代为诉讼或者应当参加诉讼的当事人，因不能归责于本人或者其诉讼代理人的事由，未参加诉讼的"，人民法院应当再审。因此，对于无诉讼行为能力人未经法定代理人代为诉讼的情形，可以参照本样式作出裁定。

2. 本处实例是 2016 年 8 月 1 日之前作出的民事裁定，与《民事诉讼文书样式》要求的格式存在部分差异：《民事诉讼文书样式》中将诉讼代理人表述为"委托诉讼代理人"，本裁定表述为"委托代理人"不够规范。

38. 民事裁定书（被遗漏的必须共同进行诉讼的当事人申请再审，驳回用）

×××× 人民法院
民事裁定书

（××××）……民申……号

再审申请人：×××，……。
……
被申请人（一、二审诉讼地位）：×××，……。
……
被申请人（一、二审诉讼地位）：×××，……。
……
（以上写明当事人和其他诉讼参加人的姓名或者名称等基本信息）

再审申请人×××因被申请人×××与被申请人×××……(写明案由)一案,不服×××人民法院(××××)……号民事判决/民事裁定/民事调解书,向本院申请再审。本院依法组成合议庭对本案进行了审查,现已审查终结。

×××申请再审称,……(写明申请再审所依据的法定事由及事实与理由)。

×××提交意见称,×××的再审申请缺乏事实与法律依据,请求予以驳回。

本院审查认为,……(依据再审认定的事实和相关法律,对再审申请进行分析评判,说明再审事由不成立等驳回再审申请的理由)。

依照《中华人民共和国民事诉讼法》第二百零四条第一款、《最高人民法院关于适用〈中华人民共和国民事诉讼法〉的解释》第三百九十五条第二款规定,裁定如下:

驳回×××的再审申请。

审　判　长　×××
审　判　员　×××
审　判　员　×××

××××年××月××日
（院印）
书　记　员　×××

【说明】

1. 本样式根据《中华人民共和国民事诉讼法》第二百条第八项、第二百零四条、《最高人民法院关于适用〈中华人民共和国民事诉讼法〉的解释》第三百九十五条制定。供人民法院对必须共同进行诉讼的当事人因不能归责于本人或者其诉讼代理人的事由未参加诉讼而申请再审,人民法院经审查后,认为其理由不能成立的予以驳回用。

2. 再审申请人为被遗漏的必须共同进行诉讼的当事人,被申请人为原审原告、被告。

3. 本院认为部分应写明再审申请人是否系被遗漏的必须共同进行诉讼的当事人,其未参加诉讼是否因不能归责于本人或者其诉讼代理人的事由,申请再审时间是否在其知道或者应当知道六个月内以及案件是否进入执行程序等应予驳回的理由。

【实例评注】

湖南省武冈市人民法院
民事裁定书 ①

（2016）湘 0581 民申 3 号

再审申请人钟某某，女，1964 年 10 月 12 日出生，汉族。

再审申请人钟某甲，女，1966 年 12 月 26 日出生，汉族。

被申请人钟某乙（原审被告），男，1974 年 6 月 1 日出生，汉族。

再审申请人钟某某、钟某甲因与被申请人钟某乙共有权确认纠纷一案，不服本院（2015）武法民初字第 1396 号民事判决书，向本院申请再审。本院受理后，依法组成合议庭进行了审查，现已审查完毕。

再审申请人钟某某、钟某甲申请再审称：一、原审判决认定的事实错误。原审判决认定再审申请人与被申请人诉争的土地是被申请人的安置地，是农村集体土地，是完全错误的。现再审申请人有新的证据证明诉争的土地已从集体土地改变为国有划拨土地。且该土地是再审申请人与被申请人父母遗留下来的宅基地和房产的补偿，不是对被申请人的安置和补偿；二、被申请人钟某乙已与卢某某结婚，其妻卢某某是广东省中山市小榄镇绩西村农村村民。被申请人一家已长居在该村并建有住房，在武冈市庆丰村无实际住房需求，不具备向武冈市庆丰村申请农村宅基地的资格；三、原审适用法律错误，原审适用《中华人民共和国物权法》第一百五十三条和《中华人民共和国土地管理法》第六十二条第一款的规定进行判决，与案件的纠纷性质和基本事实不符，是适用法律错误；四、原审遗漏应当参加的诉讼当事人林某某、钟某丙、卢某某，法院应当追加为原告但没有追加。为此特申请再审，撤销原判决。

被申请人钟某乙提交书面意见称：一、诉争土地虽是划拨地，但是经过政府相关部门审核确定给予被拆迁村民的补偿安置地，只有被拆迁的村民才能享有，再审申请人无权享有，原审中再审申请人主张共有权，无法律依据；二、被申请人的妻子卢某某是广东省中山市小榄镇绩西村农村村民，在该村建有住房和拥有宅基地使用权，与本案无关。也不能因妻子在广东农村有宅基地使用权就可剥夺被申请人本人在湖南户籍地享有的安置权；三、林某某、钟某丙的户籍早已迁出，不享有被拆迁村民的安置权，卢某某与本案无关，三人均不是共同诉讼人，不是应当参加的诉讼当事人，原审不存在遗漏当事人。所以请求法院驳回再审申请人的再审申请。

---

① 来源：中国裁判文书网。

经审查认为：一、关于诉讼争执的土地的性质问题。武冈市征地拆迁办与钟某乙的《房屋拆迁补偿安置协议》明确规定，对被拆迁人钟某乙的房屋进行了货币补偿，对宅基地进行重新安置，并对新宅基地的位置和建房用地面积予以确定，可以认定诉争土地属于对被申请人钟某乙安置的新宅基地。现诉争地登记为国有划拨地，正好证明被申请人钟某乙没有支付土地对价款，该地不能进入交易市场，实为安置地。所以，两再审申请人对诉争土地主张共有权，不符合法律规定；二、关于被申请人钟某乙是否具备向武冈市庆丰村申请农村宅基地的资格问题。被申请人钟某乙是否具有村民资格，能否分配宅基地，只能由政府行政部门及当地村组织审查认定，不是本院审查的范围，也与本案无关；三、关于原审是否遗漏诉讼当事人的问题。林某某、钟某丙、卢某某作为家庭直系亲属成员，房屋拆迁已久，应当知道拆迁补偿安置之事。但林某某、钟某丙、卢某某三人没有向本院主张权利，在本案中也没有申请参加诉讼，本院没有必要追加三人为当事人；四、原审判决根据本案事实适用《中华人民共和国物权法》第一百五十三条和《中华人民共和国土地管理法》第六十二条第一款的规定进行判决，没有错误。

综上所述，再审申请人钟某某、钟某甲申请再审，不符合《中华人民共和国民事诉讼法》第二百条规定的情形，应予以驳回。依照《中华人民共和国民事诉讼法》第二百零四条第一款之规定，裁定如下：

驳回再审申请人钟某某、钟某甲再审申请。

审 判 长 程显然
审 判 员 黄荣良
审 判 员 刘孙谋

二〇一六年九月二十八日
代理书记员 孙芳园

附相关法条：
《中华人民共和国民事诉讼法》
第二百条 当事人的申请符合下列情形之一的，人民法院应当再审：
（一）有新的证据，足以推翻原判决、裁定的；
（二）原判决、裁定认定的基本事实缺乏证据证明的；
（三）原判决、裁定认定事实的主要证据是伪造的；
（四）原判决、裁定认定事实的主要证据未经质证的；
（五）对审理案件需要的主要证据，当事人因客观原因不能自行收集，书面申请人民法院调查收集，人民法院未调查收集的；

（六）原判决、裁定适用法律确有错误的；

（七）审判组织的组成不合法或者依法应当回避的审判人员没有回避的；

（八）无诉讼行为能力人未经法定代理人代为诉讼或者应当参加诉讼的当事人，因不能归责于本人或者其诉讼代理人的事由，未参加诉讼的；

（九）违反法律规定，剥夺当事人辩论权利的；

（十）未经传票传唤，缺席判决的；

（十一）原判决、裁定遗漏或者超出诉讼请求的；

（十二）据以作出原判决、裁定的法律文书被撤销或者变更的；

（十三）审判人员审理该案件时有贪污受贿，徇私舞弊，枉法裁判行为的。

第二百零四条　　人民法院应当自收到再审申请书之日起三个月内审查，符合本法规定的，裁定再审；不符合本法规定的，裁定驳回申请。有特殊情况需要延长的，由本院院长批准。

因当事人申请裁定再审的案件由中级人民法院以上的人民法院审理，但当事人依照本法第一百九十九条的规定选择向基层人民法院申请再审的除外。最高人民法院、高级人民法院裁定再审的案件，由本院再审或者交其他人民法院再审，也可以交原审人民法院再审。

第二百零六条　　按照审判监督程序决定再审的案件，裁定中止原判决、裁定、调解书的执行，但追索赡养费、扶养费、抚育费、抚恤金、医疗费用、劳动报酬等案件，可以不中止执行。

〔评注〕

1. 再审申请人以《民事诉讼法》第二百条第八项中"应当参加诉讼的当事人，因不能归责于本人或者其诉讼代理人的事由，未参加诉讼"为由申请再审，人民法院经审查后，认为其理由不能成立，驳回其再审申请的，使用本样式。

值得注意的是，《民事诉讼文书样式》中该文书样式部分标点符号用法不规范，《人民法院民事裁判文书制作规范》要求"本院认为"等词语之后用逗号，而《民事诉讼文书样式》中"本院审查认为"之后使用冒号不当，本书已对其进行修正。

另外，本处实例部分标点符号用法不规范：（1）诉讼参加人的诉讼地位后应有冒号；（2）《民事诉讼文书样式》要求再审申请人"申请再审称"，以及被申请人"提交意见称"之后用逗号，本处实例使用冒号不当。

2. 对是否符合《民事诉讼法》第二百条第八项规定的审查，包括两个方面：第一，是否属于应当参加诉讼的当事人；第二，如果属于应当参加诉讼的当事人，未参加诉讼是否是因不能归咎于本人或其诉讼代理人的事由。只要其中一个不符合，人民法院即可驳回其再审申请。

《民事诉讼法》第二百零五条规定："当事人申请再审，应当在判决、裁定发生法律效力后六个月内提出；有本法第二百条第一项、第三项、第十二项、第十三项规定情形的，自知道或者应当知道之日起六个月内提出。""应当参加诉讼的当事人"也应当按照本条规定，在法定期限内提出再审申请。

39. 民事判决书（遗漏必须共同进行诉讼的当事人适用一审程序再审用）

×××× 人民法院
民事判决书

（××××）……民再……号

再审申请人：×××，……。
……
被申请人（原审原告）：×××，……。
……
被申请人（原审被告）：×××，……。
……
（以上写明当事人和其他诉讼参加人的姓名或者名称等基本信息）

　　再审申请人×××因被申请人×××与被申请人×××……（写明案由）一案，不服本院（××××）……民……号民事判决/民事调解书，向本院申请再审。本院于××××年××月××日作出（××××）……民×……号民事裁定再审本案。本院依法另行组成合议庭，依法追加×××（被遗漏的必须共同进行诉讼的当事人）为共同原告，开庭审理了本案。再审申请人×××、被申请人×××（写明当事人和其他诉讼参加人的诉讼地位和姓名或者名称）到庭参加诉讼。本案现已审理终结。

　　×××申请再审称，……（写明再审请求、事实和理由）。

　　×××辩称，……（概述被申请人的答辩意见）。

　　×××向本院起诉请求：……（写明原审原告的诉讼请求）。本院原审认定案件事实：……。本院原审认为，……（概述原审判决理由）。本院原审判决/调解书：……（写明原审判决主文/调解书内容）。

　　围绕当事人的再审请求，本院对有争议的证据和事实认定如下：

　　……（写明再审采信证据、认定事实的意见和理由，对原审查明相关的事实进行评判）。

　　本院再审认为，……（写明争议焦点，根据再审认定的案件事实和相关法律，对再审请求进行分析评判，说明理由）。

依照《中华人民共和国民事诉讼法》第二百零七条第一款，《最高人民法院关于适用〈中华人民共和国民事诉讼法〉的解释》第四百二十二条、……(写明法律文件名称及其条款项序号)规定，判决如下：

一、……；

二、……。

(以上分项写明裁判结果)

……(写明诉讼费用的负担)。

如不服本判决，可以在判决书送达之日起十五日内，向本院递交上诉状，并按对方当事人的人数提出副本，上诉于××××人民法院。

审　判　长　×××

审　判　员　×××

审　判　员　×××

××××年××月××日

(院印)

书　记　员　×××

【说明】

1. 本样式根据《中华人民共和国民事诉讼法》第二百零七条第一款、《最高人民法院关于适用〈中华人民共和国民事诉讼法〉的解释》第四百二十二条制定。供人民法院按照一审程序再审被遗漏的必须共同进行诉讼的当事人的案件，作出判决时用。调解结案出具调解书的，可参考此样式制作。

2. 依据《最高人民法院关于适用〈中华人民共和国民事诉讼法〉的解释》第四百二十二条的规定，按照一审程序再审，应当直接追加被遗漏的必须共同进行诉讼的当事人为本案当事人，对于诉讼争议进行重新审理，撤销原审判决/调解书，作出新的判决、裁定。

3. 依据《最高人民法院关于适用〈中华人民共和国民事诉讼法〉的解释》第四百二十四条第一款规定再审案件，如案外人属于必须共同进行诉讼的当事人的，可以适用本样式。

【实例评注】

广西壮族自治区南宁市江南区人民法院
民事判决书[①]

(2016) 桂 0105 民再 2 号

再审申请人(原审原告)南宁市苎麻脱胶厂,(五一路旱塘岭)。
法定代表人蔡某某,厂长。
委托代理人宋某某,南宁市建业法律事务所法律工作者。
被申请人(原审被告)南宁市新城区化工厂。
法定代表人关某。
被申请人(原审被告)广西毅顺行贸易有限责任公司。
法定代表人葛某。
被告广西南宁尊泰行商贸有限公司。
法定代表人潘某某。

再审申请人南宁市苎麻脱胶厂(以下简称苎麻脱胶厂)因与被申请人南宁市新城区化工厂(以下简称新城化工厂)、被申请人广西毅顺行贸易有限责任公司(以下简称毅顺行商贸公司)民间借贷纠纷一案,不服本院(2012)江民二初字第334号民事判决,向本院申请再审。本院于2015年10月12日作出(2015)江民申字第3号民事裁定再审本案。2016年3月2日本院再审立案受理后,根据再审申请人的申请,依法追加广西南宁尊泰行商贸有限公司(以下简称尊泰行商贸公司)为本案被告,另行组成合议庭,公开开庭审理了本案。再审申请人苎麻脱胶厂的委托代理人宋某某到庭参加诉讼,被申请人新城化工厂、被申请人毅顺行商贸公司、被告尊泰行商贸公司经公告送达开庭传票,未到庭参加诉讼。本案现已审理终结。

再审申请人苎麻脱胶厂再审称:1. 请求撤销(2012)江民二初字第334号民事判决;2. 依法追加尊泰行商贸公司为本案被告,对本案重新审理,判令被申请人新城化工厂、被告尊泰行商贸公司归还再审申请人借款本金15万元及其利息;3. 本案诉讼费、公告费由新城化工厂、毅顺行商贸公司、尊泰行商贸公司承担。新城化工厂于1996年7月1日向再审申请人借款15万元,承诺按银行贷款利率给付利息,但一直未归还本息。多年来,再审申请人一直催收借款,2010年6月新城化工厂法定代表人关某签字承诺尽快归还借款本息。2010年10月13日新城化工厂在《法治快报》

[①] 来源:中国裁判文书网。

上刊登广告，告知毅顺行商贸公司以承担债务方式兼并该厂，但毅顺行商贸公司也未归还再审申请人借款本息。2012年5月8日再审申请人向南宁市江南区人民法院提起诉讼，同年12月19日法院判决毅顺行商贸公司承担归还再审申请人借款15万元及利息责任。2013年8月再审申请人申请法院执行，执行阶段法院无法找到毅顺行商贸公司，后经再审申请人到南宁市青秀区人民政府调查发现，真正兼并新城化工厂的是尊泰行商贸公司。由于新城化工厂与兼并单位玩脱逃计，故意先行登报，错误引导债权人起诉不相关的公司，现新城化工厂的土地已经被尊泰行商贸公司和该公司的大股东广西云星集团有限公司开发房地产项目，获得上亿，再审申请人的借款本息至今未归还。依据法律的相关规定，申请再审本案。再审申请人苎麻脱胶厂再审提交了如下证据：1.《企业兼并协议书》，证明尊泰行商贸公司是新城化工厂的实际兼并人；2.《关于同意广西南宁尊泰行商贸有限公司兼并南宁市新城区化工厂的批复》，证明尊泰行商贸公司兼并新城化工厂经南宁市××秀区经济贸易和信息化局批准。依照《中华人民共和国民事诉讼法》的有关规定，当事人有答辩及对对方当事人提交的证据进行质证的权利，本案被申请人新城化工厂、毅顺行商贸公司和被告尊泰行商贸公司经本院公告送达开庭传票，未到庭参加诉讼，视为其已放弃答辩和质证的权利。上述证据客观、真实、合法，为新证据，本院予以采信。

被申请人新城化工厂、毅顺行商贸公司和被告尊泰行商贸公司未答辩。

再审申请人苎麻脱胶厂向本院起诉请求：要求被申请人新城化工厂、毅顺行商贸公司共同归还再审申请人借款15万元。本院原审认定事实：新城化工厂向再审申请人借款15万元，2008年5月5日，新城化工厂向再审申请人出具借款证明一份，该证明载："1996年7月1日我厂向南宁市苎麻厂借款合计15万元，计1996年11月1日至2002年12月23日利息合计为321 267元，以后的利息按银行利率计算。"2010年6月29日，再审申请人向新城化工厂催收借款，新城化工厂承认尚欠再审申请人借款15万元及相应利息。2010年10月13日，新城化工厂在报纸上公告称其已经全体职工大会通过，并报上级主管部门审核批准进行企业改制，改制的方式是兼并，由毅顺行商贸公司以承担债务式兼并。2012年5月9日，再审申请人诉至本院。本院原审认为：再审申请人与新城化工厂之间的借贷关系依法成立，但因双方均为非金融机构，故该借款属于企业之间的拆借，因违反了相关法律、法规的强制性规定，应认定为无效。本案因无效法律行为取得的15万元借款应返还再审申请人。因被申请人毅顺行商贸公司已以债务承担式兼并新城化工厂，根据《中华人民共和国民法通则》第四十四条第二款"企业法人分立、合并，它的权利和义务由变更后的法人享有和承担"之规定，本案15万元借款应由毅顺行商贸公司向原告返还，新城化工厂无须再承担本案债务。本院原审判决：一、毅顺行商贸公司应向再审申请人返还借款15万元；二、驳回再审申请人对新城化工厂提出的诉讼请求。围绕当事人的再审请求，本院对事实认定如下：1999年11

月3日新城化工厂给再审申请人去函确认截止1999年11月3日新城化工厂尚欠再审申请人借款15万元,截止1996年6月30日尚欠利息22 737.85元。2001年4月27日新城化工厂又给再审申请人去函再次确认了上述债务。2008年5月5日新城化工厂给再审申请人出具借款证明,证明载明"一九九六年七月一日我厂向南宁苎麻厂借款合计为人民币壹拾伍万元整(150.000元),计提自一九九六年十一月一日至二〇〇二年十二月二十三日利息,合计为人民币参拾壹仟贰佰陆拾柒元整(¥321 267.67元)注从二〇〇二年十二月四日以后利息按银行利率计算。(附二〇〇二年十二月二十五日利息计算表壹份)"。2010年6月29日再审申请人向新城化工厂发出《催收欠款通知书》,催收上述借款本息未果。2012年5月9日再审申请人诉至本院。

另查明:新城化工厂1990年9月18日经南宁市江南区工商行政管理局核准成立,工商登记的经济性质为集体所有制,至今未办理工商注销登记。2010年10月14日新城化工厂在广西法治快报上刊登公告,公告告知该厂经全体职工大会通过,报上级主管部门审核批准进行改制,改制的方式是兼并,由被申请人毅顺行商贸公司以承担债务式兼并,债权人自本公告发出之日起45日内携带债权证明、身份证明等有效证明材料到该厂财务科登记。2011年4月21日新城化工厂又与被告尊泰行商贸公司签订《企业兼并协议书》,尊泰行商贸公司以承担新城化工厂的债权、债务,妥善安置在职职工和退休人员的方式兼并新城化工厂,尊泰行商贸公司清偿新城化工厂的债务,安置补偿兑现后,新城化工厂将所有财产(包括债权、划拨土地等)整体移交尊泰行商贸公司,并配合尊泰行商贸公司办理有关变更手续。2011年5月24日经新城化工厂报请南宁市××秀区经济贸易和信息化局审批,该局作出南青经信(2011)12号《关于同意广西南宁尊泰行商贸有限公司兼并南宁市新城区化工厂的批复》,批复同意被告尊泰行商贸公司兼并新城化工厂,并要求新城化工厂积极配合兼并方清偿新城化工厂所有债权债务,按约定条款做好安置补偿工作,确保企业和谐稳定。

本院认为:被申请人新城化工厂系1990年9月18日经南宁市江南区工商行政管理局核准成立的集体所有制企业,新城化工厂向再审申请人借款15万元有函确认、借款证明、《催收欠款通知书》佐证,新城化工厂被兼并之前向再审申请人借款15万元属实,被申请人新城化工厂、毅顺行商贸公司和被告尊泰行商贸公司未能举证证明上述借款是否已经归还,尚欠借款15万元予以认定。2010年10月14日新城化工厂在广西法治快报上刊登公告,告知债权人该厂由毅顺行商贸公司以承担债务式兼并,本院原审仅依据新城化工厂单方发布的公告认定新城化工厂已被毅顺行商贸公司兼并,事实认定有误,原审判决由毅顺行商贸公司承担本案债务错误,依法应当纠正。2011年4月21日新城化工厂与尊泰行商贸公司签订《企业兼并协议书》,该协议已经南宁市××秀区经济贸易和信息化局批准,尊泰行商贸公司以承担新城化工厂的债权、债务,妥善安置在职职工和退休人员的方式兼并了新城化工厂,根据最高人民法院《关于审理与企业改制相关民事纠纷案件若干问题的规定》第三十一条"企业吸收合并后，被兼并企业的债务应当由兼并方承担"的规定及《企业兼并协议书》的约定，本案债务应当由新城化工厂的实际兼并人尊泰行商贸公司承担，再审申请人提出的再审理由成立。鉴于新城化工厂被尊泰行商贸公司兼并后，至今未注销企业法人工商登记，法律人格尚未终止，再审申请人再审提出要求新城化工厂和尊泰行商贸公司共同返还借款本金的诉讼请求，于法有据，予以支持；再审申请人原审未提出支付利息的诉讼请求，再审提出，再审请求超出了原审诉讼请求，根据最高人民法院《关于适用〈中华人民共和国民事诉讼法〉的解释》第四百零五条第一款"人民法院审理再审案件应当围绕再审请求进行。当事人的再审请求超出原审诉讼请求的，不予审理；符合另案诉讼条件的，告知当事人可以另行起诉"的规定，再审申请人再审提出支付利息的诉讼请求，不予审理。综上所述，依照《中华人民共和国民法通则》第一百零八条、《中华人民共和国民事诉讼法》第一百四十三条、最高人民法院《关于适用〈中华人民共和国民事诉讼法〉的解释》第四百零七条第二款、最高人民法院《关于审理与企业改制相关民事纠纷案件若干问题的规定》第三十一条、最高人民法院《关于适用〈中华人民共和国民事诉讼法〉的解释》第四百零五条第一款之规定，判决如下：

一、撤销本院（2012）江民二初字第334号民事判决；

二、被申请人南宁市新城区化工厂和被告广西南宁尊泰行商贸有限公司共同返还再审申请人南宁市苎麻脱胶厂借款15万元。

案件受理费3300元，公告费700元，合计4000元，由被申请人南宁市新城区化工厂和被告广西南宁尊泰行商贸有限公司共同负担。

上述债务，义务人应于本案判决生效之日起十日内履行完毕，如果未按本判决指定的期间履行给付金钱义务，应当依照《中华人民共和国民事诉讼法》第二百五十三条之规定，加倍支付迟延履行期间的债务利息。权利人可在本案生效判决规定的履行期限最后一日起二年内，向本院或者与本院同级的被执行的财产所在地人民法院申请执行。

如不服本判决，可在判决书送达之日起十五日内，向本院或南宁市中级人民法院递交上诉状，并按对方当事人的人数提出副本，上诉于南宁市中级人民法院。同时上诉人在上诉期限届满之日起七日内到南宁市中级人民法院预交上诉案件受理费，逾期不交又不提出缓交、免交申请的，按自动撤回上诉处理。

审　判　长　　曹　克
审　判　员　　潘显杰
审　判　员　　王　瑛

二〇一六年八月八日

书　记　员　　梁松文

附相关法律条文：

《中华人民共和国民法通则》

第一百零八条　　债务应当清偿。暂时无力偿还的，经债权人同意或者人民法院裁决，可以由债务人分期偿还。有能力偿还拒不偿还的，由人民法院判决强制偿还。

《中华人民共和国民事诉讼法》

第一百四十三条　　原告经传票传唤，无正当理由拒不到庭的，或者未经法庭许可中途退庭的，可以按撤诉处理；被告反诉的，可以缺席判决。

最高人民法院《关于适用〈中华人民共和国民事诉讼法〉的解释》

第四百零五条　　人民法院审理再审案件应当围绕再审请求进行。当事人的再审请求超出原审诉讼请求的，不予审理；符合另案诉讼条件的，告知当事人可以另行起诉。

被申请人及原审其他当事人在庭审辩论结束前提出的再审请求，符合民事诉讼法第二百零五条规定的，人民法院应当一并审理。

人民法院经再审，发现已经发生法律效力的判决、裁定损害国家利益、社会公共利益、他人合法权益的，应当一并审理。

第四百零七条　　人民法院经再审审理认为，原判决、裁定认定事实清楚、适用法律正确的，应予维持；原判决、裁定认定事实、适用法律虽有瑕疵，但裁判结果正确的，应当在再审判决、裁定中纠正瑕疵后予以维持。

原判决、裁定认定事实、适用法律错误，导致裁判结果错误的，应当依法改判、撤销或者变更。

最高人民法院《关于审理与企业改制相关民事纠纷案件若干问题的规定》

第三十条　　企业兼并协议自当事人签字盖章之日起生效。需经政府主管部门批准的，兼并协议自批准之日起生效；未经批准的，企业兼并协议不生效。但当事人在一审法庭辩论终结前补办报批手续的，人民法院应当确认该兼并协议有效。

第三十一条　　企业吸收合并后，被兼并企业的债务应当由兼并方承担。

〔评注〕

1. 本判决书样式供人民法院依法追加被遗漏的必须共同进行诉讼的当事人，对本院案件按照第一审程序审理后，作出实体判决用。本处实例与样式格式略有不同，文书样式是追加共同原告的情形，而本案是追加共同被告的情形。《民事诉讼法》第二百条第八项规定的"应当参加诉讼的当事人"，既可以是原告，也可以是被告，本处实例是本样式的有效补充。本处实例是再审申请人对广西壮族自治区南宁市江南区人民法院的一审生效判决不服，向该院申请再审。该院依法追加共同被告，对本案进行再审后，撤销原审判决，作出新的判决，故适用本样式。

2. 本实例格式与公布的文书样式有一定的差异，值得注意。

(1) 委托诉讼代理人

《民事诉讼文书样式》中将诉讼代理人表述为"委托诉讼代理人",本裁定表述为"委托代理人"不够规范。

(2) 标点符号用法

①当事人、法定代表人、委托诉讼代理人后应有冒号,即本处实例应写为:

再审申请人(原审原告):南宁市苎麻脱胶厂。

法定代表人:蔡某某,厂长。

委托诉讼代理人:宋某某,南宁市建业法律事务所法律工作者。

被申请人(原审被告):南宁市新城区化工厂。

法定代表人:关某。

被申请人(原审被告):广西毅顺行贸易有限责任公司。

法定代表人:葛某。

被告:广西南宁尊泰行商贸有限公司。

法定代表人:潘某某。

②《人民法院民事裁判文书制作规范》要求"被告辩称""本院认为"等词语之后用逗号,结合《民事诉讼文书样式》的示例,本案中的部分表述应写为"再审申请人苎麻脱胶厂再审称,……""本院认为,被申请人新城化工厂……"。

(3) 引用规范

①书名号的使用。《人民法院民事裁判文书制作规范》"引用规范"规定"引用法律、法规、司法解释应书写全称并加书名号"。本案引用的司法解释应书写为"《最高人民法院关于审理与企业改制相关民事纠纷案件若干问题的规定》""《最高人民法院关于适用〈中华人民共和国民事诉讼法〉的解释》"。

②引用顺序。《人民法院民事裁判文书制作规范》"裁判依据"规定"引用多个法律文件的,顺序如下:法律及法律解释、行政法规、地方性法规、自治条例或者单行条例、司法解释;同时引用两部以上法律的,应当先引用基本法律,后引用其他法律;同时引用实体法和程序法的,先引用实体法,后引用程序法。"故本实例的裁判依据引用顺序应为:《中华人民共和国民法通则》《最高人民法院关于审理与企业改制相关民事纠纷案件若干问题的规定》《中华人民共和国民事诉讼法》《最高人民法院关于适用〈中华人民共和国民事诉讼法〉的解释》。

③引用条款。实例漏引了《民诉法解释》第四百二十二条。

(4) 事实

《人民法院民事裁判文书制作规范》要求"再审案件简要写明原审基本情况",本处实例未对原审基本情况进行概述。

3. 本样式中,部分格式并不十分合理,例如,"×××向本院起诉请求:……(写明原审原告的诉讼请求)。本院原审认定案件事实：……本院原审认为，……(概述原审判决理由)。本院原审判决/调解书：……(写明原审判决主文/调解书内容)"一段中，将"本院原审认定案件事实：……""本院原审认为，……""本院原审判决/调解书：……"等内容与原审原告的诉讼请求放在同一段内，一则会导致同一段落内容过长，二则会使层次不够清晰。

在制作裁判文书中，可以参照本处实例，将一审、二审的"本院原审认定事实"部分、"本院原审认为"部分和"本院原审判决/调解书"部分等分段写作。

4. 制作本判决时，另请参照本章文书样式14"民事判决书(依申请提审判决用)"的说明和评注。

40. 民事裁定书(遗漏必须共同进行诉讼的当事人适用二审程序再审发回重审用)

××××人民法院
民事裁定书

(××××)……民再……号

再审申请人：×××，……。
……

被申请人(一、二审诉讼地位)：×××，……。
……

被申请人(一、二审诉讼地位)：×××，……。
……

(以上写明当事人和其他诉讼参加人的姓名或者名称等基本信息)

再审申请人×××因被申请人×××与被申请人×××……(写明案由)一案，不服本院/××××人民法院(××××)……号民事判决/民事调解书，向本院/××××人民法院申请再审。本院/××××人民法院于××××年××月××日作出(××××)……民申……号民事裁定再审/提审/指令/指定再审本案。本院依法另行/依法组成合议庭审理了本案。再审申请人×××，被申请人×××，被申请人×××(写明当事人和其他诉讼参加人的诉讼地位和姓名或者名称)到庭参加诉讼。本案现已审理终结。

×××申请再审称，……(写明再审请求、事实和理由)。

×××辩称，……(概述被申请人的答辩意见)。

本院再审认为，……(写明发回重审的具体理由)。

依照《中华人民共和国民事诉讼法》第二百零七条第一款、《最高人民法院关于适用〈中华人民共和国民事诉讼法〉的解释》第四百二十二条第二款、……(写明法律文件名称及其条款项序号)规定，裁定如下：

一、撤销本院/××××人民法院(××××)……民终……号民事判决/民事调解书及××××人民法院(××××)……民初……号民事判决；

二、本案发回 ××××人民法院重审。

审　判　长　×××
审　判　员　×××
审　判　员　×××

×××年××月××日
（院印）
书　记　员　×××

【说明】

1. 本样式根据《中华人民共和国民事诉讼法》第二百零七条第一款，《最高人民法院关于适用〈中华人民共和国民事诉讼法〉的解释》第四百二十二条制定。供人民法院按照二审程序审理被遗漏的必须共同进行诉讼的当事人再审案件，经调解不能达成协议，发回重审用。

2. 依据《最高人民法院关于适用〈中华人民共和国民事诉讼法〉的解释》第四百二十二条规定，按照二审程序再审，经调解不能达成协议的，应当撤销原判决、裁定，发回重审。

3. 本样式不适用符合案外人申请再审条件的情况，在执行程序中提出异议的案外人应当按照《中华人民共和国民事诉讼法》第二百二十七条及《最高人民法院关于适用〈中华人民共和国民事诉讼法〉的解释》第四百二十三条规定处理。

【实例评注】

吉林省高级人民法院

民事裁定书 ①

（2016）吉民再 129 号

再审申请人（一审被告、二审上诉人）：吉林省北华建设项目管理有限公司，住所：

---

① 来源：中国裁判文书网。

吉林省通化市。

法定代表人：门某某，该公司董事长。

委托诉讼代理人：戴某某，吉林修正律师事务所律师。

被申请人（一审原告、二审被上诉人）：刘某某，男，1972年12月11日出生，汉族，住吉林省通化市东昌区。

被申请人（一审原告、二审被上诉人）：崔某某，男，1974年1月10日出生，汉族，住吉林省通化市东昌区。

再审申请人吉林省北华建设项目管理有限公司（以下简称北华公司）因与被申请人刘某某、崔某某建设工程施工合同纠纷一案，不服吉林省通化市中级人民法院（2015）通中民二终字第18号民事判决，向本院申请再审。本院于2016年5月8日作出（2016）吉民申409号民事裁定提审本案。本院依法组成合议庭，开庭审理了本案。再审申请人北华公司的法定代表人门某某及其委托诉讼代理人戴某某、被申请人刘某某到庭参加诉讼。被申请人崔某某经传票传唤，无正当理由拒不到庭参加诉讼。本案现已审理终结。

北华公司申请再审称，北华公司没有与北京首钢建设集团有限公司签订建设工程承包合同。康某某不是北华公司员工，冒用北华公司名义与北京首钢建设集团有限公司签订《建设工程施工专业分包合同》，并冒用北华公司名义参加本案诉讼。康某某使用的北华公司印章均是伪造的，原审中，北华公司的委托诉讼代理手续也是伪造的。北华公司依据《中华人民共和国民事诉讼法》第二百条第八项的规定申请再审本案。

刘某某、崔某某辩称，原审判决认定事实清楚、适用法律正确，应予维持。刘某某、崔某某有权获得相应工程款。北华公司和其项目经理康某某严重扰乱司法秩序，应予惩罚。

本院再审认为，1.康某某自认本案原审卷宗中和2015年申请再审时北华公司的委托诉讼代理手续和印章，均是其伪造的，原审诉讼北华公司没有参与。北华公司法定代表人门某某称，北华公司没有委托诉讼代理人参加原审诉讼，原审相关卷宗中的委托诉讼代理手续和2015年申请再审的委托诉讼代理手续及其上加盖的印章均是康某某伪造的，且均没有公司法定代表人门某某的签字。该情况符合《最高人民法院关于民事审判监督程序严格依法适用指令再审和发回重审若干问题的规定》第五条关于"人民法院按照第二审程序审理再审案件，发现第一审人民法院有下列严重违反法定程序情形之一的，可以依照民事诉讼法第一百七十条第一款第（四）项的规定，裁定撤销原判决，发回第一审人民法院重审：（一）原判决遗漏必须参加诉讼的当事人的；（二）无诉讼行为能力人未经法定代理人代为诉讼，或者应当参加诉讼的当事人，因不能归责于本人或者其诉讼代理人的事由，未参加诉讼的；（三）未经合法传唤缺席判决，或者违反法律规定剥夺当事人辩论权利的；（四）审判组织的组成不合法或者依法应当回避的审判人员没有回避的；（五）原判决、裁定遗漏诉讼请求的"规定。2. 关于原审诉讼中康某某的行为能否代表北华公司的问题。虽然北华公司与康某某的陈述相互印证，但原审卷宗中委托诉讼代理手续上的印章没有经过司法鉴定，该案件事实尚不能达到"具有高度可能性"的证明标准，应综合考虑司法鉴定意见并结合相关案件事实予以认定。康某某与北华公司之间是挂靠关系还是职务行为，该案件基本事实不清，应在查清相关事实的基础上予以认定。

依照《中华人民共和国民事诉讼法》第二百零七条第一款、第一百七十条第一款第三项、第四项规定，裁定如下：

一、撤销吉林省通化市中级人民法院(2015)通中民二终字第18号民事判决及吉林省通化市二道江区人民法院(2014)二民重字第15号民事判决；

二、本案发回吉林省通化市二道江区人民法院重审。

审 判 长　　刘海英
代理审判员　　周　婧
代理审判员　　杨　敏
二〇一六年八月十七日
书 记 员　　任秀玉

〔评注〕

1. 本裁定书样式供人民法院依法追加被遗漏的必须共同进行诉讼的当事人对本院案件按照第二审程序审理后，经调解不能达成协议，发回重审用。《民事诉讼法》第二百条第八项规定，"无诉讼行为能力人未经法定代理人代为诉讼或者应当参加诉讼的当事人，因不能归责于本人或者其诉讼代理人的事由，未参加诉讼的"，人民法院应当再审。因此，对于无诉讼行为能力人未经法定代理人代为诉讼的情形，可以参照本样式作出裁定。在本案中，吉林省高级人民法院经审查认为，康某某是否属于无权代理的情形需要通过审理进一步查明，符合《民事诉讼法》第二百条第八项规定的应当再审的情形，因此参照本样式进行裁定。

2. 本处实例格式规范、内容完整、用语标准、说理充分，是一份较好的裁定书范例。但本裁定仍有部分与样式要求不一致的，值得注意：《人民法院民事裁判文书制作规范》规定，"引用法律条款中的项的，一律使用汉字不加括号，例如：'第一项'"，本处实例引用法律条款应写为"《中华人民共和国民事诉讼法》第一百七十条第一款第四项"，写为"第(四)项"不当。此外，实例引用法条时漏引了《民诉法解释》第四百二十二条第二款。

3. 本样式不适用符合案外人申请再审条件的情况，在执行程序中提出异议的案外人应当按照《民事诉讼法》第二百二十七条及《民诉法解释》第四百二十三条规定处理。案外人申请再审，人民法院裁定再审并经审理后适用本章样式43，即"民事判决书（案外人申请再审案件，判决用）"。

（三）案外人申请再审案件

41. 民事裁定书（案外人申请再审案件，裁定再审用）

×××× 人民法院
民事裁定书

（××××）……民申……号

再审申请人（案外人）：×××，……。
……

被申请人（一、二审诉讼地位）：×××，……。
……

被申请人（一、二审诉讼地位）：×××，……。
……

（以上写明当事人和其他诉讼参加人的姓名或者名称等基本信息）

×××与×××……（写明案由）一案，本院于××××年××月××日作出（××××）……民……号民事判决/民事裁定/民事调解书，已经发生法律效力并强制执行。×××（写明案外人的姓名或名称）提出执行异议，××××人民法院于××××年××月××日作出裁定，驳回其异议。×××（写明案外人的姓名或名称）对裁定不服，认为原判决/原裁定/调解书错误，向本院申请再审。本院依法组成合议庭对本案进行了审查，现已审查终结。

×××（写明案外人的姓名或名称）申请再审称，……（写明案外人再审申请、事实和再审的法定事由）。

×××辩称，……（概述被申请人的意见）。

本院经审查认为，……（写明本案裁定再审的理由）。

依照《中华人民共和国民事诉讼法》第二百零四条、第二百零六条、第二百二十七条和《最高人民法院关于适用〈中华人民共和国民事诉讼法〉的解释》第四百二十三条规定，裁定如下：

一、本案由本院再审；

二、再审期间，中止原判决/裁定/调解书的执行。

审　判　长　××× 审　判　员　××× 审　判　员　××× ××××年××月××日 （院印） 书　记　员　×××

【说明】

1. 本样式根据《中华人民共和国民事诉讼法》第二百零四条、第二百零六条、第二百二十七条和《最高人民法院关于适用〈中华人民共和国民事诉讼法〉的解释》第四百二十三条制定。供人民法院对案外人提出的再审申请进行审查后，认为本案符合《中华人民共和国民事诉讼法》第二百零四条规定，裁定再审用。

2. 案外人申请裁定再审案件，应首先列明"再审申请人（案外人）"，括号中的"案外人"表明再审申请人与原审的关系，不应省略。案件的原审各方当事人的地位应当表述为"被申请人（一、二审的诉讼地位）"。

3. 如果人民法院依照《中华人民共和国民事诉讼法》第二百零六条规定在裁定再审的同时不中止原判决、裁定、调解书执行的，上述裁定的主文中不表述第二项。

【实例评注1】

湖北省高级人民法院
民事裁定书 ①

（2002）鄂民监一字第83号

原审原告湖北大江城市信用社与原审被告湖北龙丰物业有限公司借款合同纠纷一案，湖北省武汉市中级人民法院于1999年5月18日作出的（1999）武经初字第227号民事调解书已经发生法律效力。案外人香港港丰集团有限公司不服，向本院提出申诉。经本院审查认为，原调解书内容违法。依照《中华人民共和国民事诉讼法》第一百八十条、第一百七十七条第二款及第一百四十条第一款第（八）项的规定，裁定如下：

---

① 来源：湖北省高级人民法院（2002）鄂民监一再终字第26号案卷。

一、本案由本院提审；

二、再审期间，中止原调解的执行。

审　判　长　李玉高

审　判　员　桂学松

代理审判员　宋媛媛

二〇〇二年八月一日

书　记　员　彭　奕

〔评注〕

1. 本样式适用于人民法院对案外人提出的执行异议裁定驳回后，案外人对裁定不服，认为原判决/原裁定/调解书错误，根据《民诉法解释》第四百二十三条之规定，在法定期限内，向作出原判决、裁定、调解书的人民法院申请再审。人民法院经审查后，认为符合再审条件，裁定再审用。

《民事诉讼法》第二百二十七条规定："执行过程中，案外人对执行标的提出书面异议的，人民法院应当自收到书面异议之日起十五日内审查，理由成立的，裁定中止对该标的的执行；理由不成立的，裁定驳回。案外人、当事人对裁定不服，认为原判决、裁定错误的，依照审判监督程序办理；与原判决、裁定无关的，可以自裁定送达之日起十五日内向人民法院提起诉讼。"

《民诉法解释》第四百二十三条规定："根据民事诉讼法第二百二十七条规定，案外人对驳回其执行异议的裁定不服，认为原判决、裁定、调解书内容错误损害其民事权益的，可以自执行异议裁定送达之日起六个月内，向作出原判决、裁定、调解书的人民法院申请再审。"

2. 《民诉法解释》第四百二十三条是新增条款，系关于案外人申请程序的解释，明确了案外人申请再审的具体适用条件。

本处实例是2002年审理的案外人申请再审的案件，当时的民事诉讼法并无明确规定。《最高人民法院关于民事调解书确有错误，当事人没有申请再审的案件，人民法院可否再审的批复》（93民它字第1号，1993年3月8日施行）规定，对已经发生法律效力的调解书，人民法院如果发现确有错误，而又必须再审的，当事人没有申请再审，人民法院根据民事诉讼法的有关规定精神，可以按照审判监督程序再审。1991年《民事诉讼法》第一百七十七条第二款规定，最高人民法院对地方各级人民法院已经发生法律效力的判决、裁定，上级人民法院对下级人民法院已经发生法律效力的判决、裁定，发现确有错误的，有权提审或者指令下级人民法院再审。湖北省高级人民法院经审查认为，原调解书内容违法。遂依照该批复及《民事诉讼法》第一百七十七条第二款、

第一百八十条的规定，裁定提审本案，提审后撤销原调解书，发回湖北省武汉市中级人民法院重审。①

3. 案外人申请再审与第三人撤销之诉的识别方法。

根据《民事诉讼法》第二百二十七条的规定，案外人对驳回裁定不服，认为原判决、裁定错误的，依照审判监督程序办理。根据《民事诉讼法》第五十六条第三款的规定，第五十六条第一、二款规定的第三人，因不能归责于本人的事由未参加诉讼，但有证据证明发生法律效力的判决、裁定、调解书的部分或者全部内容错误，损害其民事权益的，可以在法定期限内，向作出该判决、裁定、调解书的人民法院提起第三人撤销之诉。那么，案外人在两种程序都存在选择可能的前提下，应该走第三人撤销之诉程序还是审判监督程序呢？在《民事诉讼法》司法解释起草过程中，有过两种不同意见，分别是当事人选择原则和优先适用案外人申请再审程序原则。司法解释起草小组综合两种意见，"明确规定按照启动程序的先后，当事人只能选择相应的救济程序。如果案外人先启动执行异议程序的，对执行异议不服的，按照民事诉讼法第二百二十七条的规定救济；先启动第三人撤销之诉程序的，即使在执行程序中又提出执行异议，第三人撤销之诉继续进行"②，不能申请再审。

4. 值得注意的是，本实例是2016年8月1日前的民事裁定，所使用的格式、与新民事诉讼文书样式不同，在撰写裁判文书时应注意按照文书样式的要求进行制作：

(1) 实例正文首部没有列明诉讼参加人及其基本情况；正文事实与理由部分没有列明再审申请人申请再审的理由，被申请人的意见等。新民事诉讼文书样式要求列明上述内容。

(2) 根据《人民法院民事裁判文书制作规范》的规定，引用法律条款中的项的，一律使用汉字不加括号，例如："第一项"。实例中引用的法律条款应写为"《中华人民共和国民事诉讼法》第一百四十条第一款第八项"。

【实例评注2】

上海市第二中级人民法院
民事裁定书 ③

（2016）沪02民申322号

---

① （案例）详见湖北省高级人民法院(2002)鄂民监一再终字第26号案卷。

② 沈德咏主编：《最高人民法院民事诉讼法司法解释理解与适用》（下），人民法院出版社2015年版，第1123页。

③ 来源：上海市第二中级人民法院官网。

再审申请人（案外人）上海飞全贸易有限公司，住所地上海市宝山区。

法定代表人焦某某，总经理。

委托代理人孙某某，上海市华亭律师事务所律师。

委托代理人赵某，上海市华亭律师事务所律师。

被申请人（一审原告）吴某某，男，汉族，1969年3月31日出生，户籍所在地江苏省大丰市。

被申请人（一审被告）上海敬润园林建设工程有限公司，住所地上海市崇明县。

法定代表人张某某，董事长。

委托代理人张某甲。

委托代理人鲍某某，上海市恒信律师事务所律师。

再审申请人上海飞全贸易有限公司因被申请人吴某某与上海敬润园林建设工程有限公司买卖合同纠纷一案，不服崇明县（2016）沪0230民初2454号民事调解书，向本院申请再审。本院依法组成合议庭对本案进行了审查，现已审查终结。

本院认为，上海飞全贸易有限公司的再审申请符合《中华人民共和国民事诉讼法》第二百零一条规定的情形。依照《中华人民共和国民事诉讼法》第二百零四条、第二百零六条之规定，裁定如下：

一、本案由本院提审；

二、再审期间，中止原调解书的执行。

审　判　长　王泳雷

审　判　员　蔡　虹

审　判　员　蒋　晴

二〇一六年八月二十六日

书　记　员　周加佳

附：相关的法律条文

《中华人民共和国民事诉讼法》

第二百零一条　　当事人对已经发生法律效力的调解书，提出证据证明调解违反自愿原则或者调解协议的内容违反法律的，可以申请再审。经人民法院审查属实的，应当再审。

第二百零四条　　人民法院应当自收到再审申请书之日起三个月内审查，符合本法规定的，裁定再审；不符合本法规定的，裁定驳回申请。有特殊情况需要延长的，由本院院长批准。

因当事人申请裁定再审的案件由中级人民法院以上的人民法院审理，但当事人依照本法第一百九十九条的规定选择向基层人民法院申请再审的除外。最高人民法院、高级人民法院裁定再审的案件，由本院再审或者交其他人民法院再审，也可以交原审人民法院再审。

第二百零六条　　按照审判监督程序决定再审的案件，裁定中止原判决、裁定、调解书的执行，但追索赡养费、扶养费、抚育费、抚恤金、医疗费用、劳动报酬等案件，可以不中止执行。

〔评注〕

1. 本处实例是案外人对已经发生法律效力的民事调解书不服，向上一级人民法院提出再审申请。人民法院经审查后，认为案外人的申请符合《民事诉讼法》第二百零一条的规定，裁定提审本案，可参照适用本样式。实例没有适用《民诉法解释》第四百二十三条关于案外人申请再审的规定，没有写明是否经过对案外人执行异议驳回的程序。对于案外人不经过执行异议程序，径直对已经发生法律效力的民事判决、民事裁定、民事调解书申请再审，人民法院是否应予受理，法律并无明确规定。

2. 委托诉讼代理人。《民事诉讼法》第五十八条第一款规定："当事人、法定代理人可以委托一至二人作为诉讼代理人。"当事人委托了诉讼代理人的，在当事人基本情况后另起一行，写明"委托诉讼代理人"，并写明其基本情况。有两个诉讼代理人的，分行分别写明。新民事诉讼文书样式将诉讼代理人表述为"委托诉讼代理人"，本裁定表述为"委托代理人"不够规范。

3. 标点符号用法。参加诉讼人员的诉讼地位后应有冒号。

本处实例的诉讼参与人基本情况应写为：

再审申请人(案外人)：上海飞全贸易有限公司，住所地上海市宝山区。

法定代表人：焦某某，总经理。

委托诉讼代理人：孙某某，上海市华亭律师事务所律师。

委托诉讼代理人：赵某，上海市华亭律师事务所律师。

被申请人(一审原告)：吴某某，男，汉族，1969年3月31日出生，户籍所在地江苏省大丰市。

……

4. 附。本判决将本案适用的主要法律条文附在裁判文书之后，便于当事人了解具体的法律规定，有利于公开裁判理由，强化裁判文书说理，对裁判文书的格式是一种有益的创新形式。

42. 民事裁定书（案外人申请再审案件，驳回案外人再审申请用）

××××人民法院
民事裁定书

（××××）……民申……号

再审申请人（案外人）：×××，……。
……

被申请人（一、二审诉讼地位）：×××，……。
……

被申请人（一、二审诉讼地位）：×××，……。
……

（以上写明当事人和其他诉讼参加人的姓名或者名称等基本信息）

×××与×××……（写明案由）一案，本院于××××年××月××日作出（×××
×）……民……号民事判决/民事裁定/民事调解书，已经发生法律效力并强制执行。×××（写明案外人的姓名或名称）提出执行异议，××××人民法院于××××年××月××日作出裁定，驳回其异议。×××（写明案外人的姓名或名称）对裁定不服，认为原判决/原裁定/调解书错误，向本院申请再审。本院依法组成合议庭对本案进行了审查，现已审查终结。

×××（写明案外人的姓名或名称）申请再审称，……（写明案外人再审申请、事实和再审的法定事由）。

×××辩称，……（概述被申请人的意见）。

本院经审查认为，……（写明裁定驳回再审申请的理由）。

依照《中华人民共和国民事诉讼法》第二百零四条第一款、第二百二十七条和《最高人民法院关于适用〈中华人民共和国民事诉讼法〉的解释》第四百二十三条规定，裁定如下：

驳回×××的再审申请。

审　判　长　×××
审　判　员　×××
审　判　员　×××

××××年××月××日
（院印）
书　记　员　×××

【说明】

本样式根据《中华人民共和国民事诉讼法》第二百零四条第一款、第二百二十七条和《最高人民法院关于适用〈中华人民共和国民事诉讼法〉的解释》第四百二十三条制定。供人民法院对案外人提出的再审申请进行审查后，认为不符合《中华人民共和国民事诉讼法》第二百零四条规定条件，裁定驳回再审申请用。

【实例评注】

山东省莱芜市中级人民法院
民事裁定书①

（2016）鲁12民申54号

再审申请人（案外人）：张某某。
再审申请人（案外人）：张某甲。
再审申请人（案外人）：张某乙。
三再审申请人共同委托代理人：陶某某，山东鲁中环宇律师事务所律师。
被申请人（一审原告）：中国银行股份有限公司莱芜分行，住所地：莱芜市鲁中东大街007号。
负责人：解某某，行长。
一审被告：吕某。
一审被告：徐某某，与吕某系夫妻关系。
一审被告：莱芜市舜鑫昶赢工贸有限公司，住所地：莱芜市莱城区高庄办事处劝礼村。
法定代表人：李某某，经理。
一审被告：李某某。
一审被告：李某丙。
一审被告：张某丁。
一审被告：李某，与张某丁系夫妻关系。

中国银行股份有限公司莱芜分行诉吕某、徐某某、莱芜市舜鑫昶赢工贸有限公司、李某某、李某丙、张某丁、李某金融借款合同纠纷一案，本院于2014年10月24日作出（2014）莱中商初字第75号民事判决，已经发生法律效力并强制执行。张某某、张某

---

① 来源：中国裁判文书网。

甲、张某乙提出执行异议，本院于2016年1月26日作出裁定，驳回其异议，张某某、张某甲、张某乙对裁定不服，认为原判决错误，向本院申请再审。本院依法组成合议庭对本案进行了审查，现已审查终结。

张某某、张某甲、张某乙申请再审称：请求撤销（2014）莱中商初字第75号民事判决第三项，确认位于三申请人为莱芜市钢城区钢都大街329号房产一栋、土地一宗的共同产权人。本案所涉房产在2000年张某某、张某甲就开始办理手续进行建设，在2002年建成，所有的建房款均由张某某、张某甲出资。办理建设项目环境影响及办理房产土地手续的全部费用全部是由张某某支付。在该涉案房屋建设期间张某丁正在上学，也为了照顾经济能力较差的张某丁，全家一致协商同意该房屋为一家共有。后为避免发生纠纷，三申请人与张某丁在2008年对未出卖的楼房形成了书面的楼房分割协议。在办理房屋产权登记时，因只能登记在一人名下，于大家一致同意登记在了张某丁的名下，但张某丁对该楼房只享有部分产权，且在产权登记前该楼房的三楼、四楼已由张某某及张某乙的丈夫李某丙卖给其他人并经过公证机关公证，足以证实申请人对该楼房享有大部分的产权，且一直占有、使用其所享有的份额。2013年张某丁在未经过其他产权人的同意下私自抵押，申请人提出执行异议，张某丁认可329号房产的实际产权人为张某丁，还有申请人。在（2014）莱中商初字第75号案件中，张某丁也提供了充分的证据证实其不是莱芜市钢城区钢都大街东首329号楼房的唯一产权人，但（2014）莱中商初字第75号民事判决并未充分查清事实，其作出的被申请人对于上述房产享有优先受偿权的判决严重侵犯了申请人的合法权益。请求法院对此案立案再审。

本院经审查认为，三申请人虽主张其为涉案房产的共同产权人，但根据其陈述，其对房产登记在张某丁名下是明知的。而根据《中华人民共和国物权法》第九条"不动产物权的设立、变更、转让和消灭，经依法登记，发生效力；未经登记，不发生效力，但法律另有规定的除外"的规定，张某丁已为不动产登记证载明的权利人，其与张某丁内部达成的楼房分割协议，因未依法登记公示，对外不发生法律效力。张某丁与被申请人就涉案房产签订抵押合同后，依法办理了抵押登记，抵押权已经设立。申请人对涉案房产权利主张不能对抗被申请人享有的抵押权。在债务人不履行到期债务时，被申请人作为债权人有权就该抵押房产优先受偿。另根据《最高人民法院关于人民法院办理执行异议和复议案件若干问题的规定》第二十七条规定："申请执行人对执行标的依法享有对抗案外人的担保物权等优先受偿权，人民法院对案外人提出的排除执行异议不予支持，但法律、司法解释另有规定的除外。"在被申请人依法享有抵押权的情形下，申请人所提的排除执行异议是不能得到法院支持的。

综上，张某某、张某甲、张某乙作为案外人向本院申请再审，不符合《中华人民共和国民事诉讼法》规定的申请再审条件。依照《中华人民共和国民事诉讼法》第二百零四条第一款、第二百二十七条和《最高人民法院关于适用〈中华人民共和国民事诉讼法〉的解释》第四百二十三条之规定，裁定如下：

驳回张某某、张某甲、张某乙的再审申请。

审　判　长　　邹学博
审　判　员　　张唯伟
代理审判员　　任晓兰
二〇一六年八月十一日
书　记　员　　于　洋

〔评注〕

1. 本样式适用于人民法院对案外人提出的执行异议裁定驳回后，案外人对裁定不服，认为原判决/原裁定/调解书错误，根据《民诉法解释》第四百二十三条之规定，在法定期限内，向作出原判决、裁定、调解书的人民法院申请再审。人民法院经审查后，认为不符合再审条件，裁定驳回再审申请用。

2. 制作本裁定，参照本章文书样式41"民事裁定书（案外人申请再审案件，裁定再审用）"的评注。

43. 民事判决书（案外人申请再审案件，判决用）

××××人民法院
民事判决书

（××××）……民再……号

再审申请人（案外人）：×××，……。
……
被申请人（一、二审诉讼地位）：×××，……。
……
被申请人（一、二审诉讼地位）：×××，……。
……
（以上写明当事人和其他诉讼参加人的姓名或者名称等基本信息）
×××与×××……（写明案由）一案，本院于××××年××月××日作出（×××
×）……民×……号民事判决/民事调解书，已经发生法律效力并强制执行。×××（写明案外人的姓名或名称）对裁定不服，认为原判决/调解书错误，向本院申请再审。本院于×

×××年××月××日作出(××××)……民申……号民事裁定再审本案。本院依法另行组成合议庭,开庭审理了本案。再审申请人×××、被申请人×××(写明当事人和其他诉讼参加人的诉讼地位和姓名或者名称)到庭参加诉讼。(未开庭的,写明:本院依法组成合议庭审理了本案。)本案现已审理终结。

×××(写明案外人的姓名或名称)申请再审称,……(写明案外人再审申请、事实和再审的法定事由)。

×××辩称,……(概述被申请人的意见)。

×××向一审法院起诉请求:……(写明一审原告的诉讼请求)。一审法院认定事实:……一审法院判决:……(写明一审判决主文)。

×××不服一审判决,上诉请求:……(写明上诉请求)。本院原审认定事实:……(概述二审认定事实)。本院原审认为,……(概述二审判决理由)。本院原审判决/调解书:……(写明二审判决主文/调解书内容)。

围绕当事人的再审请求,本院对有争议的证据和事实认定如下:

……(写明再审法院采信证据、认定事实的意见和理由,对一审、二审法院认定相关的事实进行评判)。

本院再审认为,……(写明争议焦点,根据再审认定的案件事实和相关法律,对再审请求进行分析评判,说明理由)。

依照《中华人民共和国民事诉讼法》第二百零七条第一款、第一百七十条第一款第二项/第三项、《最高人民法院关于适用〈中华人民共和国民事诉讼法〉的解释》第四百二十四条第二款、……(写明法律文件名称及其条款项序号)规定,判决如下:

一、维持本院(……案号)民事判决第……项,即……;

二、撤销本院(……案号)民事判决第……项,即……。

(以上分项写明判决结果)

……(写明诉讼费用负担)。

本判决为终审判决。

审　判　长　×××
审　判　员　×××
审　判　员　×××

××××年××月××日
(院印)
书　记　员　×××

【说明】

1. 本样式根据《中华人民共和国民事诉讼法》第二百零七条第一款、第一百七十条第一款第二项/第三项、《最高人民法院关于适用〈中华人民共和国民事诉讼法〉的解释》第四百二十四条第二款制定。供因必要的共同诉讼当事人之外的案外人申请再审，本院裁定再审并经审理后，判决用。

2. 根据《最高人民法院关于适用〈中华人民共和国民事诉讼法〉的解释》第四百二十四条第二款规定，案外人不是必要的共同诉讼当事人的，人民法院仅审理原判决、裁定、调解书对其民事权益造成损害的内容。经审理，再审请求成立的，撤销或者改变原判决、裁定、调解书；再审请求不成立的，维持原判决、裁定、调解书。另外，如果经再审确认原判并未侵害案外人的权利，则应当判决驳回该案外人的再审请求，同时维持原判。

3. 原生效判决的判项侵害了案外人的权利，应予撤销，并告知案外人以及原审当事人可以提起新的诉讼解决相关纠纷；原判中不涉及案外人权利的判项，则应当维持。

【实例评注】

上海市第二中级人民法院
民事判决书①

(2016)沪02民再1号

申请再审人(案外人)林某某，女，汉族，1951年8月14日出生，住上海市虹口区。

被申请人(一审原告、二审上诉人)杨某某，女，汉族，1925年11月6日出生，住上海市。

委托代理人钱某。

被申请人(一审被告、二审被上诉人)何某某，男，汉族，1955年5月28日出生，住上海市。

一审被告、二审被上诉人上海室内装饰(集团)有限公司卫新钢木家具厂。住所地：上海市共和新路×××号×××幢××室。

法定代表人庄某，负责人。

---

① 来源：中国裁判文书网。

委托代理人詹某某。

被申请人杨某某与被申请人何某某等房屋买卖合同纠纷一案，本院于2015年5月22日作出(2015)沪二中民二(民)终字第949号民事调解书，已经发生法律效力。2015年7月12日，申请再审人林某某向上海市高级人民法院申请再审。上海市高级人民法院于2015年11月11日作出(2015)沪高民一(民)申字第1481号民事裁定，指令本院再审本案。本院依法另行组成合议庭，公开开庭审理了本案。申请再审人林某某、被申请人杨某某的委托代理人钱某某、被申请人何某某到庭参加诉讼，一审被告、二审被上诉人上海室内装饰(集团)有限公司卫新钢木家具厂(以下简称"卫新厂")经本院合法传唤，未到庭参加诉讼。本案现已审理终结。

2014年8月19日，被申请人杨某某起诉至上海市虹口区人民法院(以下简称"虹口法院")称，1983年因与丈夫何某甲居住困难，由卫新厂根据当时的房屋分配政策分配了上海市东余杭路×××弄×××号×××室房屋(以下简称"系争房屋")，该房为公有居住房屋，承租人为杨某某，该房分配后一直由其与丈夫居住。现发现何某某与卫新厂隐瞒事实私自签订了《上海市公有住房出售合同》，将系争房屋产权买到何某某名下，该行为侵犯了杨某某的合法权益，故诉讼至法院要求确认何某某与卫新厂就系争房屋签订的《上海市公有住房出售合同》无效。

何某某辩称，遵循法院判决。系争房屋由公房买为其名下的产权房，手续均由其大姐何某乙办理，其本人并不知情，事后得知该情况，2009年杨某某发现房屋产权在其名下后，要求加名，其同意后，委托姐姐办理了手续。

卫新厂辩称，遵循法院判决。系争房屋由本单位分配给职工后，应职工要求进行买卖，通过房产部门进行过户，房屋买卖合同是否有效并非有其认定，双方签订的房屋买卖合同是依据法律规定经过房产部门确认的，买卖合同是双方真实意思表示，其没有见过杨某某提供的房屋租赁凭证，亦未保留原始租赁凭证，根据协议书记载，系承租人何某甲代办手续。

虹口法院一审查明，杨某某与何某甲(已死亡)系夫妻，何某某系二人之子。系争房屋原为公房，2000年6月，卫新厂作为系争房屋出售方与名义为何某某的购房人签订《上海市公有住房出售合同》，将房屋购买至何某某一人名下。《职工家庭购买公有住房协议书》载明，系争房屋承租人或受配人姓名为何某甲，经与本户同住成年人协商一致，同意购买系争房屋，房地产权利确定为何某某所有，同意委托何某甲代为办理购买公有住房一切手续。购买时，系争房屋内仅有何某甲与何某某户口。2009年11月，杨某某及何某某委托案外人何某丙以买卖形式将系争房屋产权变更为杨某某与何某某共同共有，杨某某实际未支付房屋对价款。

原一审审理中，杨某某提供了《租用卫新钢木家具厂公房凭证》原件一张，载明租赁户名杨某某(何某甲)，房屋地址为系争房屋，配房日期1983年1月30日，附注

1983年2月15日起租，上盖有上海卫新钢木家具厂房屋管理专用章。

上述事实，有杨某某提供的《租用卫新钢木家具厂公房凭证》《职工家庭购买公有住房协议书》、谈话笔录、《上海市公有住房出售合同》，虹口法院调取的《上海市房地产买卖合同》《上海市公有住房出售合同》以及当事人的陈述等证据佐证。

虹口法院一审认为，民事活动应遵循自愿、公平、诚实信用等原则。关于系争房屋的原公房承租人，公房买卖手续中相关协议记载何某甲为房屋承租人，而杨某某则提供了记载承租人为杨某某、何某甲的房屋租赁卡。各方当事人虽陈述公房买卖手续并非由何某甲或何某某办理，但何某甲已去世，房屋于2000年购买至何某某名下后，何某某并无异议。即使杨某某确为系争房屋承租人，当时对系争房屋购买在何某某名下不知情，但杨某某自述长期居住系争房屋内，应当知晓房屋已不需缴纳公房租金，且2009年系争房屋产权已由何某某一人所有变更为杨某某与何某某共同共有，该行为应视为杨某某已确认《上海市公有住房出售合同》的有效性，故杨某某要求确认该合同无效不予支持。据此，虹口法院作出(2014)虹民三(民)初字第1689号民事判决：杨某某要求确认何某某与上海室内装饰(集团)有限公司卫新钢木家具厂就上海市东余杭路×××弄×××号×××室房屋签订的《上海市公有住房出售合同》无效的诉讼请求，不予支持。

杨某某不服一审判决，向本院提出上诉称，一审法院认定事实有误，适用法律不当，请求撤销一审判决，支持其一审诉请。何某某等均未作答辩。

经二审法院主持调解，杨某某和何某某自愿达成如下协议：一、双方一致确认上海市东余杭路×××弄×××号×××室房屋归杨某某所有；二、如双方需到房地产交易中心办理产权过户手续，所产生的相关税费各方按相关法律法规规定承担；三、一审案件受理费98.47元，由杨某某承担；二审案件受理费98.47元，减半收取49.24元，由杨某某承担；四、各方当事人就本案无其他争议。

本院再审过程中，申请再审人林某某称，其为何某某妻子，何某某未经其同意，在本案二审阶段擅自将原在何某某名下的系争房产通过调解，过户到杨某某一人名下，严重侵犯了其夫妻共同财产权益，原二审调解协议非法，要求予以撤销。被申请人杨某某辩称，系争房屋承租人是杨某某，何某某和林某某均无购房资格，原二审调解协议合法，要求驳回林某某的再审申请。被申请人何某某辩称，不同意林某某的再审申请，要求将系争房屋归还杨某某。

本院再审查明，虹口法院查明的事实属实，本院予以确认。

再审另查明：林某某和何某某于1980年4月25日结婚，目前尚在婚姻存续期间，双方确认对两人的夫妻共同财产未作特别约定。何某某承认在本案原二审审理中，其与杨某某签署的调解协议事先未征得林某某同意。

本院再审认为，申请再审人林某某与被申请人何某某系夫妻，双方婚姻关系存续期间所得财产为夫妻共同财产。何某某在未征得林某某同意的情况下，擅自与杨某某签订调解协议,将部分在其名下的系争房屋过户至杨某某一人名下,明显侵害了申请再审人林某某的利益,故申请再审人林某某申请再审理由成立,其申请再审的诉讼请求本院予以支持,本案原二审达成的调解协议应予以撤销。另外,虽然本案诉讼中杨某某和何某某均称对 2000 年购买系争房屋不知情,但双方在之后多年均未通过合法途径表示异议,杨某某自称长期居住系争房屋,如对系争房屋缴纳租赁费情况始终不知情也有违常理;尤其在 2009 年双方以购买方式将系争房屋产权变更为杨某某、何某某两人共有,该行为应视为对前次购房有效性的追认。虹口法院对本案事实认定无误,所作判决正确,应予维持。故依照《中华人民共和国婚姻法》第十七条第一款第(五)项,《中华人民共和国民事诉讼法》第一百七十条第一款第(一)项、第二百零七条第一款,最高人民法院《关于适用的解释》第四百二十四条第二款之规定,判决如下:

一、撤销上海市第二中级人民法院(2015)沪二中民二(民)终字第 949 号民事调解协议;

二、维持上海市虹口区人民法院(2014)虹民三(民)初字第 1689 号民事判决。

本案一审和二审案件受理费均为人民币 98.47 元,均由杨某某负担。

本判决为终审判决。

审　判　长　王亚勤

审　判　员　王疆中

审　判　员　顾文怡

二〇一六年二月二十四日

书　记　员　张婷婷

附:相关法律条文

《中华人民共和国婚姻法》

第十七条　【夫妻共有财产】夫妻在婚姻关系存续期间所得的下列财产,归夫妻共同所有:

(一)工资、奖金;

(二)生产、经营的收益;

(三)知识产权的收益;

(四)继承或赠与所得的财产,但本法第十八条第三项规定的除外;

(五)其他应当归共同所有的财产。

……

《中华人民共和国民事诉讼法》

第一百七十条　　第二审人民法院对上诉案件，经过审理，按照下列情形，分别处理：

（一）原判决、裁定认定事实清楚，适用法律正确的，以判决、裁定方式驳回上诉，维持原判决、裁定；

……

第二百零七条　　人民法院按照审判监督程序再审的案件，发生法律效力的判决、裁定是由第一审法院作出的，按照第一审程序审理，所作的判决、裁定，当事人可以上诉；发生法律效力的判决、裁定是由第二审法院作出的，按照第二审程序审理，所作的判决、裁定，是发生法律效力的判决、裁定；上级人民法院按照审判监督程序提审的，按照第二审程序审理，所作的判决、裁定是发生法律效力的判决、裁定。

……

最高人民法院《关于适用的解释》

第四百二十四条

……

案外人不是必要的共同诉讼当事人的，人民法院仅审理原判决、裁定、调解书对其民事权益造成损害的内容。经审理，再审请求成立的，撤销或者改变原判决、裁定、调解书；再审请求不成立的，维持原判决、裁定、调解书。

〔评注〕

1. 本样式适用于人民法院对案外人提出的执行异议裁定驳回后，案外人对裁定不服，认为原判决/原裁定/调解书错误，根据《民诉法解释》第四百二十三条之规定，在法定期限内，向作出原判决、裁定、调解书的人民法院申请再审。人民法院经审查后，认为符合再审条件，裁定再审并经审理后，作出终审判决用。

本处实例与样式有所差异。首先，样式写明"民事判决/民事调解书，已经发生法律效力并强制执行"，本处实例是"已经发生法律效力"，是尚未进入执行阶段还是执行无需强制不得而知。如果没有强制执行，则不存在提出执行异议。其次，《民诉法解释》第四百二十三条规定，案外人应当向作出原生效判决、裁定、调解书的人民法院申请再审。而在本案中，案外人是向作出生效民事调解书的上海市第二中级人民法院的上一级人民法院申请再审。上海市高级人民法院受理后，裁定指令上海市第二中级人民法院再审本案。

2. 本处实例在 2016 年 8 月 1 日前制作，部分格式与样式要求不一致，值得注意：

（1）当事人诉讼地位

再审案件中，当事人的诉讼地位表述为"再审申请人""被申请人"。案外人申请裁定再审案件，应首先列明"再审申请人(案外人)"，括号中的"案外人"表明再审申请人与原审的关系，不应省略。案件的原审各方当事人的地位应当表述为"被申请人(一、二审的诉讼地位)"。

(2)委托诉讼代理人

《民事诉讼法》第五十八条第一款规定："当事人、法定代理人可以委托一至二人作为诉讼代理人。"当事人委托了诉讼代理人的，在当事人基本情况后另起一行，写明"委托诉讼代理人"，并写明其基本情况。有两个诉讼代理人的，分行分别写明。新民事诉讼文书样式将诉讼代理人表述为"委托诉讼代理人"，实例为"委托代理人"。

(3)标点符号用法

参加诉讼人员的诉讼地位后应有冒号。本处实例当事人的基本情况应表述为：

再审申请人(案外人)：林某某，女，汉族，1951年8月14日出生，住上海市虹口区。

被申请人(一审原告、二审上诉人)：杨某某，女，汉族，1925年11月6日出生，住上海市。

委托诉讼代理人：钱某。(本实例缺少委托诉讼代理人的基本情况介绍)

……

(4)裁判依据

①《人民法院民事裁判文书制作规范》规定，"引用法律条款中的项的，一律使用汉字不加括号，例如：'第一项'"，本处实例引用的条款应分别写为"《中华人民共和国婚姻法》第十七条第一款第五项""《中华人民共和国民事诉讼法》第一百七十条第一款第一项"。②《人民法院民事裁判文书制作规范》"引用规范"规定"引用法律、法规、司法解释应书写全称并加书名号"。本案引用的司法解释应书写为"《最高人民法院关于适用〈中华人民共和国民事诉讼法〉的解释》"，实例书写为"最高人民法院《关于适用的解释》"，名称不完整。

3. 本样式中，部分格式并不十分合理，例如，"×××向一审法院起诉请求：……(写明一审原告的诉讼请求)。一审法院认定事实：……一审法院判决：……(写明一审判决主文)"一段中，将"一审法院认定事实：……""一审法院判决：……"两部分与一审原告的诉讼请求放在同一段内，一则会导致同一段落内容过长，二则会使层次不够清晰。关于二审审理情况的表述也是一样的。

在制作裁判文书中，可以参照本处实例，将一审、二审的"法院认定事实"部分、"法院认为"部分和"法院判决"部分等分段写作。

(四)人民法院依职权再审案件

44. 民事裁定书（依职权对本院案件裁定再审用）

×××人民法院
民事裁定书

（××××）……民监……号

二审上诉人(一审原告)/原审原告：×××，……。
……

二审被上诉人(一审被告)/原审被告：×××，……。
……

原审第三人：×××，……。
……

（以上写明当事人和其他诉讼参加人的姓名或者名称等基本信息）

二审上诉人/原审原告×××与二审被上诉人/原审被告×××、原审第三人×××……（写明案由）一案，本院于××××年××月××日作出（××××）……民×……号民事判决/民事裁定/民事调解书，已经发生法律效力。经本院院长提交审判委员会讨论认为，该判决/裁定/调解书确有错误，应予再审，依照《中华人民共和国民事诉讼法》第一百九十八条第一款、第二百零六条规定，裁定如下：

一、本案由本院再审；
二、再审期间，中止原判决/裁定/调解书的执行。

审　判　长　×××
审　判　员　×××
审　判　员　×××

××××年××月××日
（院印）
书　记　员　×××

【说明】

1. 本样式根据《中华人民共和国民事诉讼法》第一百九十八条第一款、第二百零六条制定。供人民法院对本院发生法律效力的判决、裁定或者调解书，依职权裁定再审用。

2. 人民法院依职权提起再审的案件，当事人按原审诉讼地位表述，例如，一审终审的,列为"原审原告""原审被告""原审第三人";二审终审的,列为"二审上诉人(一审原告)""二审被上诉人(一审被告)"等。

3. 根据《中华人民共和国民事诉讼法》第一百九十八条第一款规定,各级人民法院院长对本院已经发生法律效力的判决、裁定、调解书,发现确有错误,认为需要再审的,应当提交审判委员会讨论决定。人民法院依职权提起再审,是因为原裁判"确有错误",所以,人民法院依职权对案件提起再审,应当十分慎重。

4. 如果人民法院根据《中华人民共和国民事诉讼法》第二百零六条规定在裁定再审的同时不中止原判决、裁定、调解书的执行,则上述裁定的主文中不表述第二项。

【实例评注】

青海省海东市中级人民法院
民事裁定书 ①

(2016)青 02 民监 1 号

二审上诉人(一审被告)常某某,男,汉族,1966 年 4 月 12 日出生,住甘肃省康乐县。
委托代理人王某某、陈某某,青海盛通律师事务所律师。
二审上诉人(一审第三人)常某甲,女,汉族,1962 年 4 月 15 日出生,住甘肃省临洮县。
委托代理人陶某某,男,汉族,1953 年 7 月 8 日出生,住址同上(常某甲丈夫)。
二审上诉人(一审第三人)常某乙,男,汉族,1967 年 3 月 15 日出生,住甘肃省康乐县。
二审被上诉人(一审原告)刘某某,男,汉族,1969 年 3 月 15 日出生,住互助土族自治县。

二审上诉人常某某、常某甲、常某乙与二审被上诉人刘某某合伙协议纠纷一案,本院于 2013 年 7 月 2 日作出(2013)东民一终字第 114 号民事判决书,已经发生法律效力。经本院院长提交审判委员会讨论认为,该判决认定的部分事实不清,应予再审,依照《中华人民共和国民事诉讼法》第一百九十八条第一款、第二百零六条、第二百零七条之规定,裁定如下:

一、本案由本院另行组成合议庭再审;
二、再审期间,中止原判决的执行。

---

① 来源:中国裁判文书网。

审　判　长　　王海龙
审　判　员　　凌文运
审　判　员　　祝玉芝
二○一六年八月二十九日
书　记　员　　马玉兰

〔评注〕

1. 本样式供人民法院对本院已经发生法律效力的判决、裁定或者调解书，依职权裁定再审用。

本样式中当事人诉讼地位表述。本案系人民法院依职权再审案件，当事人的诉讼地位按照原审诉讼地位表述，例如，一审终审的，列为"原审原告""原审被告""原审第三人"；二审终审的，列为"二审上诉人""二审被上诉人"。

2. 若该案为追索赡养费、扶养费、抚育费、抚恤金、医疗费用、劳动报酬等案件，人民法院经审查认为可以不中止执行的，裁定主文第二项表述为："二、再审期间，不中止原判决/原裁定/原调解书的执行。"

3. 本处实例存在的部分问题。

(1) 当事人的基本情况

当事人住所以其户籍所在地为准；离开户籍所在地有经常居住地的，经常居住地为住所。连续两个当事人的住所相同的，应当分别表述，不用"住所同上"的表述。

(2) 委托诉讼代理人

《民事诉讼法》第五十八条第一款规定："当事人、法定代理人可以委托一至二人作为诉讼代理人。"当事人委托了诉讼代理人的，在当事人基本情况后另起一行，写明"委托诉讼代理人"，并写明其基本情况。有两个诉讼代理人的，分行分别写明。新民事诉讼文书样式将诉讼代理人表述为"委托诉讼代理人"，实例为"委托代理人"。

(3) 标点符号用法

参加诉讼人员的诉讼地位后应有冒号。本处实例当事人的基本情况应表述为：

二审上诉人(一审被告)：常某某，男，汉族，1966年4月12日出生，住甘肃省康乐县。

委托诉讼代理人：王某某，青海盛通律师事务所律师。

委托诉讼代理人：陈某某，青海盛通律师事务所律师。

二审上诉人(一审第三人)：常某甲，女，汉族，1962年4月15日出生，住甘肃省临洮县。

委托诉讼代理人陶某某，男，汉族，1953年7月8日出生，住甘肃省临洮县(常某甲丈夫)。

……

45. 民事裁定书（依职权提审用）

××××人民法院
民事裁定书

（××××）……民监……号

二审上诉人(一审原告)/原审原告：×××，……。
……
二审被上诉人(一审被告)/原审被告：×××，……。
……
原审第三人：×××，……。
……
（以上写明当事人和其他诉讼参加人的姓名或者名称等基本信息）

二审上诉人/原审原告×××与二审被上诉人/原审被告×××、原审第三人×××……（写明案由）一案，××××人民法院于××××年××月××日作出（××××）……民×……号民事判决/民事裁定/民事调解书，已经发生法律效力。本院审查认为，该判决/裁定/调解书确有错误，应予再审，依照《中华人民共和国民事诉讼法》第一百九十八条第二款、第二百零六条规定，裁定如下：

一、本案由本院提审；
二、再审期间，中止原判决/裁定/调解书的执行。

审　判　长　×××
审　判　员　×××
审　判　员　×××

××××年××月××日
（院印）
书　记　员　×××

【说明】

1. 本样式根据《中华人民共和国民事诉讼法》第一百九十八条第二款、第二百零六条制定。供上级人民法院依职权对下级人民法院作出的发生法律效力的判决（裁定或者调解书）提审用。

2. 根据《民事诉讼法》第一百九十八条第二款的规定，最高人民法院对地方各级人民法院已经发生法律效力的判决、裁定，上级人民法院对下级人民法院已经发生法律效力的判决、裁定，发现确有错误的，有权提审或者指令下级人民法院再审。上级人民法院提审的，并非必须经过审判委员会讨论，所以在此裁定书中写明本院审查认为即可。且根据《最高人民法院关于民事审判监督程序严格依法适用指令再审和发回重审若干问题的规定》第二条第三款的规定，人民法院依据《民事诉讼法》第一百九十八条第二款裁定再审的，一般应当提审。

3. 如果人民法院根据《民事诉讼法》第二百零六条规定在裁定再审的同时不中止原判决、裁定、调解书的执行，则上述裁定的主文中不表述第二项。

【实例评注】

江苏省南京市中级人民法院
民事裁定书 ①

（2016）苏 01 民申 223 号

原审原告：吴某某，男，1940 年 8 月 24 日出生，汉族。

委托诉讼代理人：孙某某，江苏金港律师事务所律师。

委托诉讼代理人：吴某（系吴某某之子）。

原审被告：江苏汇丰汽车维修有限公司，住所地江苏省南京市秦淮区中山南路 888 号。

法定代表人：蔡某某，该公司董事长。

委托诉讼代理人：顾某某，江苏朗华律师事务所律师。

委托诉讼代理人：袁某，江苏朗华律师事务所实习律师。

原审被告：张某某，男，1958 年 12 月 1 日出生，汉族。

原审被告：侯某，男，1977 年 7 月 18 日出生，汉族。

原审原告吴某某与原审被告江苏汇丰汽车维修有限公司、侯某、张某某借款合同纠纷一案，南京市秦淮区人民法院于 2013 年 7 月 1 日作出（2013）秦商初字第 74 号民事判决，已经发生法律效力。本院审查认为，该判决确有错误，应予再审。依据《中华人民共和国民事诉讼法》第一百九十八条第二款、第二百零六条规定，裁定如下：

---

① 来源：中国裁判文书网。

一、本案由本院提审；

二、再审期间，中止原判决的执行。

审　判　长　　夏绪敏

审　判　员　　王元成

代理审判员　　张　倩

二〇一六年八月二十五日

书　记　员　　张　晓

〔评注〕

1. 本样式根据《民事诉讼法》第一百九十八条第二款、第二百零六条制定。供上级人民法院依职权对下级人民法院作出的发生法律效力的判决（裁定或者调解书）提审用。本处实例格式规范、要素完整，是一个很好的示例。

2. 值得注意的是，本样式的说明第3点指出："如果人民法院根据民事诉讼法第二百零六条规定在裁定再审的同时不中止原判决、裁定、调解书的执行，则上述裁定的主文中不表述第二项。"除此以外，建议参照本章文书样式4"民事裁定书（上级人民法院依再审申请提审用）"文书样式的说明：（1）原生效裁判没有实际执行内容的，如"驳回起诉""驳回诉讼请求"等，只写"本案由本院提审"，裁定主文第二项不予表述。（2）若该案为追索赡养费、扶养费、抚育费、抚恤金、医疗费用、劳动报酬等案件，人民法院经审查认为可以不中止执行的，裁定主文第二项表述为："二、再审期间，不中止原判决/原裁定/原调解书的执行。"

46. 民事判决书（依职权对本院案件按一审程序再审用）

××××人民法院

民事判决书

（××××）……民再……号

原审原告：×××，……。

……

原审被告：×××，……。

……

原审第三人：×××，……。

……

(以上写明当事人和其他诉讼参加人的姓名或者名称等基本信息)

原审原告×××与原审被告×××……(写明案由)一案,本院(××××)……民初……号民事判决/民事裁定/民事调解书已经发生法律效力。经本院审判委员会讨论决定,于××××年××月××日作出(××××)……民监……号民事裁定,再审本案。本院依法另行组成合议庭,开庭审理了本案。原审原告×××、原审被告×××(写明当事人和其他诉讼参加人的诉讼地位和姓名或者名称)到庭参加诉讼。(未开庭的,写明:本院依法组成合议庭审理了本案)。本案现已审理终结。

×××称,……(写明原审原告在再审中的再审请求、事实和理由)。

×××辩称,……(写明原审被告在再审中的答辩意见)。

×××向本院起诉请求:……(写明原审原告的诉讼请求)。本院原审认定案件事实:……。本院原审认为,……(概述原审判决理由)。本院原审判决/民事裁定/调解书:……(写明原审判决主文/裁定主文/调解书内容)。

本院再审认定案件事实如下:……(写明再审法院采信证据,认定事实的意见和理由,对原审法院认定相关的事实进行评判)。

本院再审认为,……(写明争议焦点,依据认定的事实和相关法律,进行分析评判,说明理由)。

本案经本院审判委员会讨论决定(未经审委会讨论的不写),依照《中华人民共和国民事诉讼法》第二百零七条第一款、……(写明法律文件名称及其条款项序号)规定,判决如下:

一、……;

二、……。

(以上分项写明判决结果)

……(写明诉讼费用的负担)。

如果未按本判决指定的期间履行给付金钱义务,应当依照《中华人民共和国民事诉讼法》第二百五十三条规定,加倍支付迟延履行期间的债务利息(没有给付金钱义务的,不写)。

如不服本判决,可以在判决书送达之日起十五日内,向本院递交上诉状,并按对方当事人的人数提出副本,上诉于××××人民法院。

审 判 长 ×××
审 判 员 ×××
审 判 员 ×××

××××年××月××日
(院印)
书 记 员 ×××

【说明】

1. 本样式根据《中华人民共和国民事诉讼法》第二百零七条第一款制定。供人民法院对本院发生法律效力的判决(裁定或者调解书),依职权对本案提起再审,按照第一审程序审理后,判决用。

2. 在人民法院依职权提起再审的案件中,因为没有再审申请人或被申请人,所以在写明当事人诉辩主张时应注意措词。

3. 制作本判决书时,另请参照"民事判决书(依申请提审判决用)"的说明。

【实例评注】

**云南省元谋县人民法院
民事判决书** ①

(2016)云 2328 民再 2 号

原审原告杨某某,男,彝族,大学文化,公务员,住元谋县。

原审原告国某某,女,回族,大专文化,公务员,住元谋县,系原审原告杨某某之妻。

原审被告元谋永禾房地产经营有限公司,住所地元谋县。

法定代表人张某某,系该公司经理。

原审原告杨某某、国某某与原审被告元谋永禾房地产经营有限公司商品房销售合同纠纷一案,本院于 2015 年 12 月 29 日作出(2015)元民初字第 557 号民事判决书,已经发生法律效力。经本院审判委员会讨论决定,于 2016 年 5 月 30 日作出(2016)云 2328 民监 2 号民事裁定,再审本案。本院依法另行组成合议庭,公开开庭审理了本案。原审原告杨某某、国某某,原审被告元谋县永禾房地产经营有限公司的法定代表人张某某到庭参加诉讼。本案现已审理终结。

2015 年 12 月 8 日原审原告杨某某、国某某诉称:原告与被告于 2011 年 11 月 25 日就"元谋能禹果蔬批发交易市场商品房购销"正式签订《商品房购销合同》,合同编号为永禾(2011)B4－409、411 号,并按照双方签订的合同向被告交付购房首付款 43 889 元,合同规定:乙方购买的商品房为第 B4 幢第 4 层 409、411 号,建筑层数为地上 4 层,按套计价,参考建筑面积为 2 套 92.02 平方米,两套商品房总价款 133 889 元,购房首付款 43 889 元于 2011 年 10 月 18 日由乙方交付给甲方,

---

① 来源:中国裁判文书网。

付款发票号为00024804，其余房款90 000元向银行申请按揭贷款，由甲方在60日内办理完毕，房屋交付期限为2012年5月30日止。后原告与被告签订了《委托经营管理合同》，自2012年4月1日至2015年3月31日期间，该房屋租给被告统一经营。现3年的租期已满，被告未能按期交房。被告的行为已构成违约，根据《商品房购销合同》中被告逾期交房的约定，由被告在合同约定的交房期限届满次日起至实际交房之日止30天内，甲方每天支付乙方违约金20元，合同继续履行；逾期30天后甲方按乙方已付款的0.08%乘以逾期天数向乙方支付违约金，合同继续履行的违约责任。因此，被告应支付给原告违约金20 613元，被告违约至立案期间的违约金30天×20元+182天（10月30日）×43 889元×0.08%＝7 973元；立案至审判期间的违约金180天×43 889元×0.08%＝6 320元；申请执行期间的违约金180天×43 889元×0.08%＝6 320元。为维护原告的合法权益，特向人民法院起诉，请求人民法院支持原告的诉讼请求。

原审被告元谋永禾房地产经营有限公司辩称：原告请求继续履行合同我公司没有意见；我公司没有违约，原告只是交了首付，没有付清全款，按照合同约定原告付清全款之后我们在60日内交房，在对方没有付完全款的情况下，我方没有义务交房；因不是我公司违约，应该由原告向我公司支付违约金。

原审本案的争议焦点为：根据原、被告双方签订的《商品房购销合同》的约定，被告的行为是否违约？

原审原告为证明其诉讼主张，在举证期限内向本院提交了以下证据材料：1. 商品房购销合同复印件，欲证明被告存在违约行为；2. 委托经营管理合同复印件，欲证明委托经营管理期限为3年，2015年3月31日期限已届满；3. 购房款发票复印件，欲证明原告支付购房首付款43 889元；4. 身份证复印件，欲证明原告的身份情况；5. 元谋县能禹农村信用合作社活期一本通一张，欲证明原告准备用于办理住房按揭贷款的手续程序。

原审被告对以上证据材料质证后均无异议。

本院对原审被告质证后无异议的证据材料予以采信。

原审被告在举证期限内未向本院提交证据材料。

原审查明：2011年10月18日，原告（乙方）与被告（甲方）签订了商品房购销合同，合同编号为永禾（2011）B4－409、411号，合同约定，乙方购买由甲方开发的位于元谋县能禹镇元新街南侧果蔬批发交易市场的两套参考建筑面积共为92.02平方米的框架结构商品房，两套商品房总价款为人民币133 889元，乙方应于合同签订后7日内支付商品房首付款人民币43 889元，其余房款人民币90 000元由乙方向银行申请按揭贷款，在60日内办理完毕，甲方应于2012年3月30日起至2012年5月30日止，将经建设单位组织验收合格，并符合本合同约定的该商品房交付给乙方。合同第九条还约定了甲方逾期交房的违约责任,即"自本合同约定的交房时间届满后的次日起至实际交房日止 30 天内,甲方按每天 20 元向乙方支付违约金,合同继续履行。逾期 30 天后,甲方按照乙方已付款的 0.02% 乘以逾期天数向乙方支付违约金,合同继续履行"。合同签订后,原告按照合同的约定于 2011 年 10 月 18 日支付给被告购房首付款人民币 43 889 元。双方约定的交房期限届满后,被告至今未向原告交房,双方由此产生纠纷。另查明,被告的法定代表人原为孙某某,后于 2014 年 1 月 10 日变更为张某某。原告的经济损失即违约金,本院确认为:人民币 20 613 元。

原审认为:合同的双方当事人应该按照合同的约定全面履行合同约定的义务,以实现订立合同的目的。本案中,因被告未按照合同约定于 2012 年 3 月 30 日起至 2012 年 5 月 30 日期间向原告交付验收合格的房屋,其违约行为已侵害了原告的合法权益,故被告应承担违约责任。因双方在合同中并未明确约定要先支付完毕购房款再交房,故本院对被告以原告未先支付完毕购房款的抗辩主张不予支持。根据《中华人民共和国合同法》第一百零七条"当事人一方不履行合同义务或者履行合同义务不符合约定的,应当承担继续履行、采取补救措施或者赔偿损失等违约责任"之规定,判决:一、由元谋永禾房地产经营有限公司继续履行与杨某某、国某某于 2011 年 10 月 18 日签订的商品房购销合同,并于本判决书生效后三十日内将其承建的并经验收合格的位于元谋能禹果蔬批发交易市场内的 B4 幢第 4 层 409 号、411 号商品房交付给杨某某和国某某使用;二、由元谋永禾房地产经营有限公司于本判决书生效后三十日内支付给杨某某和国某某从 2012 年 5 月 31 日起至 2015 年 10 月 29 日止的违约金合计人民币 20 613 元;三、驳回杨某某和国某某的其他诉讼请求。

本院再审过程中,原审原告杨某某、国某某称:我们同意原审判决,要求被告元谋永禾房地产经营有限公司继续履行商品房购销合同,并支付违约金,诉讼费由被告承担。

原审被告元谋永禾房地产经营有限公司答辩称:原告请求继续履行合同我方没有意见,因原告未交清房款,我方没有义务交房,我方没有违约责任,不承担违约金。

本案的争议焦点为:根据原审原告与原审被告双方签订的《商品房购销合同》的约定,原审被告的行为是否违约?

原审原告为证明其诉讼主张,除原审提交的证据外,在再审举证期限内向本院提交了以下证据材料:1. 商品房按揭贷款一般程序及云南省农村信用社联合社金碧惠农卡复印件,欲证明原告准备办理住房按揭贷款的相关手续程序;2. 本人所购房屋里面的照片 3 张,欲证明所购买的房子没有盖好。

经质证,原审被告对证据 1 不认可,对证据 2 没有意见。

本院认为,原审原告向法庭提交的证据 1,只能证明原审原告为按揭贷款办理相关手续。

原审被告为证明其诉讼主张,在再审举证期限内向本院提交了以下证据材料:组织机构代码证、税务登记证、商品房预售许可证明一份,欲证明有销售商品房的资格。

经质证,原审原告对以上证据材料无异议。

本院对原审原告质证后无异议的证据材料予以采信。

本院再审查明:2011年10月18日,原审原告和原审被告签订了商品房购销合同,合同约定了交房时间和违约责任等,合同签订后,原审原告向原审被告交纳了购房首付款人民币43 889元,其余房款双方约定办理银行按揭贷款,因银行按揭贷款办理未果,被告开发的商品房出现停工,造成到期无法交房的事实。

本院再审认为:合同的双方当事人应当按照合同的约定全面履行自己的义务,以便实现订立合同的目的。本案中,因原审原告在购房合同约定的时间内未能付清购房尾款给原审被告,原审原告的违约行为在先,故按照权利义务相一致的原则,原审原告无权要求原审被告履行按期交房义务,原审原告主张未能办理银行购房按揭贷款的责任在于被告的理由与本案客观事实不符,本院不予支持。依照《中华人民共和国民事诉讼法》第二百零七条"人民法院按照审判监督程序再审的案件,发生法律效力的判决、裁定是由第一审法院作出的,按照第一审程序审理,所作的判决、裁定,当事人可以上诉;发生法律效力的判决、裁定是由第二审法院作出的,按照第二审程序审理,所作的判决、裁定,是发生法律效力的判决、裁定;上级人民法院按照审判监督程序提审的,按照第二审程序审理,所作的判决、裁定是发生法律效力的判决、裁定。人民法院审理再审案件,应当另行组成合议庭"及《中华人民共和国合同法》第六十七条"当事人互负债务,有先后履行顺序,先履行一方未履行的,后履行一方有权拒绝其履行要求。先履行一方履行债务不符合约定的,后履行一方有权拒绝其相应的履行要求"和第一百零七条"当事人一方不履行合同义务或者履行合同义务不符合约定的,应当承担继续履行、采取补救措施或者赔偿损失等违约责任"的规定,判决如下:

驳回原审原告杨某某、国某某的诉讼请求。

本案的案件受理费人民币315元,由原审原告杨某某、国某某承担(已付)。

如不服本判决,可在判决书送达之日起十五日内,向本院递交上诉状,并按对方当事人的人数提出副本,上诉于楚雄彝族自治州中级人民法院。

双方当事人均服判的,本判决书即发生法律效力。若负有义务的当事人不自动履行本判决,享有权利的当事人可在本判决规定履行期限届满后法律规定的期限内向本院申请强制执行,申请强制执行的期限为二年。

审 判 长 杨 珺
审 判 员 莫文聪

人民陪审员　　起　永

二〇一六年八月九日

书　记　员　　唐小杰

〔评注〕

1. 本样式供人民法院对本院发生法律效力的判决（裁定或者调解书），依职权对本案提起再审，按照第一审程序审理后，判决用。所作的判决，当事人可以上诉。

2. 本判决总体而言，内容较为完整，说理充分。但部分内容与样式规定格式不太一致，值得注意。

(1)参加诉讼人员的诉讼地位后应有冒号，即本案当事人的基本情况应表述为：

原审原告：杨某某，男，彝族，大学文化，公务员，住元谋县。

原审原告：国某某，女，回族，大专文化，公务员，住元谋县，系原审原告杨某某之妻。

原审被告：元谋永禾房地产经营有限公司，住所地元谋县。

法定代表人：张某某，系该公司经理。

(2)《人民法院民事裁判文书制作规范》要求"被告辩称""本院认为"等词语之后用逗号。

(3)根据《人民法院民事裁判文书制作规范》和《民事诉讼文书样式》要求，"再审案件应当先写明当事人的再审请求等诉辩意见，然后再简要写明原审基本情况"。本处实例的顺序则是相反的。

(4)在写明裁判依据时，本处实例引用时除了完整写明规范性法律文件的名称、条款序号，还同时整条引用具体条文。一般而言，对规范性法律文件具体条文的整条引用是在理由部分对争议的法律适用问题，依照法律、司法解释规定的法律适用规则进行分析、认定，阐明支持或不予支持理由时。在说理的最后，在"判决如下：""裁定如下："之前，只需写明法律文件名称及其条款项序号。

(5)实例在写明可以上诉的事项后，另起一段写明当事人均未上诉时的法律后果："双方当事人均服判的，本判决书即发生法律效力。若负有义务的当事人不自动履行本判决，享有权利的当事人可在本判决规定履行期限届满后法律规定的期限内向本院申请强制执行，申请强制执行的期限为二年。"《民事诉讼法》第一百五十五条规定："最高人民法院的判决、裁定，以及依法不准上诉或者超过上诉期没有上诉的判决、裁定，是发生法律效力的判决、裁定。"第二百三十六条第一款规定："发生法律效力的民事判决、裁定，当事人必须履行。一方拒绝履行的，对方当事人可以向人民法院申请执行，也可以由审判员移送执行员执行。"第二百三十九条第一款规定："申请执行的期间为二年。申请执行时效的中止、中断，适用法律有关诉讼时效中止、中断的规定。"这样，当事人对不上诉的法律后果及享有权利的当事人在判决未自动履行时的救济途径更为明确，有助于帮助当事人及时行使自己的权利，是一种有益的探索。

3. 关于本样式中"本案经本院审判委员会讨论决定（未经审委会讨论的不写），依照《中华人民共和国民事诉讼法》第二百零七条第一款、……（写明法律文件名称及其条款项序号）规定，判决如下："一段括号中注"未经审委会讨论的不写"的问题；而在"民事判决书（依职权对本院案件按二审程序再审用）"中并无此标注，即默认对本院案件进行再审并重新作出判决应当经过审委会讨论决定。《最高人民法院关于改革和完善人民法院审判委员会制度的实施意见》第八条、第九条、第十条的第一项均规定了本院已经发生法律效力的判决、裁定确有错误需要再审的案件，应当提交审判委员会讨论决定，但并没有进一步明确此类案件再审后，经过审理，是否需要再次提交审判委员会讨论决定。司法实践中一般持肯定态度，然而也有少数意见认为此类案件再审之后不必一律提交审委会讨论①，并在实践中进行了改革尝试。值得注意的是，有一类案件，即审委会在讨论决定再审时，已经对案件的改判意见有了明确决议的，经合议庭审理后，合议庭与审委会意见一致时，可以不再提交审委会讨论，但在民事判决中仍然应当写"本案经本院审判委员会讨论决定"。

4. 制作本判决书时，另请参照本章文书样式14"民事判决书（依申请提审判决用）"的说明和评注。

47. 民事判决书（依职权对本院案件按二审程序再审用）

××××人民法院
民事判决书

（××××）……民再……号

二审上诉人（一审原告）/原审原告：×××，……。
……
二审被上诉人（一审被告）/原审被告：×××，……。
……

---

① 参见沈杨、殷勤：《案件再审之后不必一律提交审委会讨论》，载《人民法院报》2014年7月23日，第8版。

原审第三人：×××，……。

……

（以上写明当事人和其他诉讼参加人的姓名或者名称等基本信息）

二审上诉人×××与二审被上诉人×××、原审第三人×××……（写明案由）一案，本院于××××年××月××日作出（××××）……民终……号民事判决/民事裁定/民事调解书，已经发生法律效力。本院经审判委员会讨论决定，于××××年××月××日作出（××××）……民监……号民事裁定，再审本案。本院依法另行组成合议庭，开庭审理了本案。二审上诉人×××与二审被上诉人×××、原审第三人×××（写明当事人和其他诉讼参加人的诉讼地位和姓名或者名称）到庭参加诉讼（未开庭的，写明：本院依法组成合议庭审理了本案）。本案现已审理终结。

×××称，……（写明二审上诉人在再审中的再审请求、事实和理由）。

×××辩称，……（写明二审被上诉人在再审中的答辩意见）。

×××向一审法院起诉请求：……（写明一审原告的诉讼请求）。一审法院认定事实：……。一审法院判决：……（写明一审判决主文）。

×××不服一审判决，上诉请求：……（写明上诉请求）。本院原审认定事实：……（概述二审认定事实）。本院原审认为，……（概述二审判决理由）。本院原审判决/调解书：……（写明二审判决主文/调解书内容）。

本院对有争议的证据和事实认定如下：

……（写明再审法院采信证据、认定事实的意见和理由，对一审、二审法院认定相关的事实进行评判）。

本院再审认为，……（写明争议焦点，根据再审认定的案件事实和相关法律，对再审请求进行分析评判，说明理由）。

本案经本院审判委员会讨论决定，依照《中华人民共和国民事诉讼法》第二百零七条第一款、第一百七十条第一款第×项、……（写明法律文件名称及其条款项序号）规定，判决如下：

一、……；

二、……。

（以上分项写明判决结果）

……（写明诉讼费用的负担）。

如果未按本判决指定的期间履行给付金钱义务，应当依照《中华人民共和国民事诉讼法》第二百五十三条规定，加倍支付迟延履行期间的债务利息（没有给付金钱义务的，不写）。

本判决为终审判决。

审　判　长　×××
审　判　员　×××
审　判　员　×××

××××年××月××日
（院印）
书　记　员　×××

【说明】

1. 本样式根据《中华人民共和国民事诉讼法》第二百零七条第一款、第一百七十条第一款制定。供人民法院对本院发生法律效力的判决（裁定或者调解书），依职权再审，按照第二审程序审理后，判决用。

2. 制作本判决书时，另请参照"民事判决书（依申请提审判决用）"的说明。

【实例评注】

海南省高级人民法院
民事判决书 ①

（2015）琼民再终字第4号

原审上诉人（一审原告）：上海钱江文化科技（集团）有限公司。
法定代表人：沈某，该公司董事长。
委托代理人：何某某，上海市友林律师事务所律师。
委托代理人：王某，上海市友林律师事务所律师。
原审被上诉人（一审被告）：海南新宏基房地产发展有限公司。
法定代表人：范某某，该公司总经理。
委托代理人：黎某，海南昌宇律师事务所律师。
委托代理人：顾某某，该公司顾问。
原审上诉人上海钱江文化科技（集团）有限公司［原上海钱江实业（集团）有限公司，简称钱江公司］与原审被上诉人海南新宏基房地产发展有限公司（简称新宏基公司）许

---

① 来源：中国裁判文书网。

可执行纠纷一案，海口市中级人民法院于2010年9月9日作出(2008)海中法民二初字第66号民事判决。钱江公司不服，向本院提出上诉。本院于2011年10月26日作出(2011)琼民一终字第35号民事判决，已经发生法律效力。本院经审判委员会讨论决定，于2015年7月2日作出(2015)琼民监字第4号民事裁定，再审本案。本院依法另行组成合议庭，于2015年9月1日公开开庭进行审理，原审上诉人钱江公司的委托代理人何某某、王某，原审被上诉人新宏基公司的委托代理人黎某、顾某某到庭参加诉讼。本案现已审理终结。

钱江公司起诉请求：判令许可恢复执行位于海口市海甸岛东部开发区九小区富爵广场二号楼45%份额土地使用权及项目。

海口市中级人民法院一审查明，2003年9月22日，钱江公司与中国电子租赁有限公司(简称电子公司)、海南瑞南实业发展总公司(简称瑞南公司)签订一份《债务承担协议》，约定：截至本协议签订之日，电子公司欠钱江公司到期债务4 213万元，其全资子公司瑞南公司自愿承担电子公司欠钱江公司的该笔债务，同意在本协议生效后三日内向钱江公司偿还该笔债务；电子公司同意冲减其对瑞南公司的到期债权4213万元，作为瑞南公司承担该笔债务的对价；本协议签订后，钱江公司不再向电子公司主张债权；本协议自三方签字盖章并公证后生效；三方一致同意对本协议进行公证，若瑞南公司不按本协议规定期限履行还款义务，钱江公司有权直接向法院申请强制执行。同日，三方将该协议送交海南省公证处公证，海南省公证处于当日作出(2003)琼证字第10789号《公证书》，该《公证书》具有强制执行的法律效力。协议签订后，因瑞南公司未按协议约定履行义务，钱江公司遂于2003年9月26日向海南省公证处申请(2003)琼证字第11058号《执行证书》，并持上述《公证书》和《执行证书》向该院申请强制执行。2003年10月8日，该院向瑞南公司发出执行通知，瑞南公司在执行通知规定期限内未履行义务。该院于同月28日作出(2003)海中法执字第160-1号民事裁定书，裁定查封了在新宏基公司名下属被执行人瑞南公司所有的位于海口市海甸岛东部开发区的富爵广场二号楼的土地使用权。2005年5月8日，新宏基公司向该院提出执行异议称：1998年5月22日双方签订的调解协议书是为了对抗法院在另案中的查封行为，而在民事调解书生效后，瑞南公司没有付清相关款项，应视为欺诈行为；1998年7月9日，双方经协商签订了补充协议，因瑞南公司只支付了部分款项，该项目瑞南公司占55%，新宏基公司占45%；且在该院作出民事调解书之前，该项目已被法院另案查封，其无权处分被查封的财产。请求撤销(2003)海中法执字第160-1号民事裁定书，中止执行被查封的财产，对民事调解书予以再审。该院2007年11月14日作出(2003)海中法执字第160-4号民事裁定书认定，(1998)海口民初字第21号民事调解书确认了瑞南公司拥有富爵广场二号楼的所有权，但在该调解书生效后，瑞南公司与新宏基公司又达成了一个新的补充协议，即瑞南公司须再支付4 320万元补偿款才能拥有富爵广场二号楼产权,否则,产权归双方共同共有,新宏基公司占45%,瑞南公司占55%。该补充协议改变了调解书的内容,应视为双方当事人对自己民事权利义务的处分,该补充协议合法有效,新宏基公司的请求应予支持,中止对富爵广场二号楼45%份额土地使用权及项目的执行。钱江公司与瑞南公司对该裁定不服,向海南省高级人民法院申请复议。海南省高级人民法院于2008年6月5日作出(2007)琼执复字第157号民事裁定书,认定海口市中级人民法院作出的(2003)海中法执字第160-4号民事裁定书已发生法律效力,钱江公司与瑞南公司如对该裁定不服,可依法另外行使权利,裁定对钱江公司与瑞南公司的复议请求不予支持。钱江公司与瑞南公司遂分别诉至该院。瑞南公司对新宏基公司的诉讼请求为:确认富爵广场二号楼45%份额土地使用权及项目权益人为瑞南公司。

另查明,1992年10月26日,瑞南公司与新宏基公司签订《房屋买卖合同》,约定由瑞南公司出资购买新宏基公司位于海口市海甸岛东部开发区九小区的富爵广场二号楼,该楼建筑面积为34 000平方米,价格为人民币2 560元/平方米,总计购房款为8 704万元,新宏基公司应在1994年10月30日前将房屋交付瑞南公司使用。1996年9月30日,瑞南公司、新宏基公司签订《房屋交付及结算协议》约定,由于新宏基公司不能按前述合同规定的期限向瑞南公司交付房屋,没有完成房屋内装修施工,双方经协商达成协议如下:一、确认瑞南公司实际已支付购房款人民币3 800万元,新宏基公司逾期交房,应支付违约金1 333.8万元,现瑞南公司同意按房屋现状进行接收,室内装修施工由瑞南公司自行完成,装修标准由瑞南公司自行确定,瑞南公司不再向新宏基公司支付后期购房款。二、新宏基公司逾期交房,应根据合同约定承担违约责任,经双方协商,新宏基公司一次性向瑞南公司支付违约金人民币300万元,在本协议签订后三个月内支付,如逾期支付,则每日按千分之一向瑞南公司支付滞纳金。三、新宏基公司在本协议签订后六个月内将二号楼的主结构房产证办到瑞南公司名下,过户费用由新宏基公司负责,瑞南公司应交纳的税由瑞南公司自行交纳。四、本协议签订后,瑞南公司即拥有富爵广场二号楼的所有权,瑞南公司有权进行转让。该协议签订后,新宏基公司将房屋交予瑞南公司,但未如约将主结构房产证办到瑞南公司名下,也未支付违约金。1997年10月17日,瑞南公司与新宏基公司签订《〈房屋交付及结算协议〉的补充协议》,约定:双方于1992年10月26日订立《房屋买卖合同》,1996年9月30日订立《房屋交付及结算协议》,由于新宏基公司在富爵广场二号楼建设中已引进了大部分设备、准备高档装修,经双方协商,确认瑞南公司购房款不足全部购买富爵广场二号楼,故再订立如下补充协议:一、瑞南公司为了达到全部拥有富爵广场二号楼产权,必须再向新宏基公司支付4 320万元人民币购房补偿款。二、瑞南公司如流动资金困难,无力支付购房补偿款4 320万元人民币,则富爵广场二号楼的产权就由瑞南公司、新宏基公司双方共同拥有,其中新宏基公司占产权45%,瑞南公司占产权55%。三、办理房产手续的有关费用,按政府有关部门规定缴交。四、本协议经双方代表签字并加盖公章后生效。五、本协议一式肆份、甲乙双方各执贰份为凭,具有同等法律效力。该协议有双方盖章及双方法定代表人签字。但该协议并未履行。

1998年4月20日,瑞南公司向该院提起诉讼,请求判令新宏基公司向其支付违约金300万元及违约金的滞纳金142.2万元,并将富爵广场二号楼的房产证办至其名下。同年5月27日,在该院主持下,瑞南公司、新宏基公司双方达成调解协议,该院即以(1998)海口民初字第21号民事调解书予以确认,内容如下:一、瑞南公司拥有富爵广场二号楼的所有权,新宏基公司按房屋现状将富爵广场二号楼交予瑞南公司,新宏基公司不再投入后期建设资金,后期工程由瑞南公司自行完成;二、新宏基公司在本调解书生效之日起30日内,协助瑞南公司办理富爵广场二号楼的产权过户手续,费用双方各承担百分之五十;三、新宏基公司在本调解书生效之日起十日内向瑞南公司支付违约金人民币50万元,逾期则按每日千分之一支付滞纳金。该调解书经双方当事人签收,已发生法律效力。其后,瑞南公司向海口市国土局申请办理富爵广场二号楼土地使用权过户手续,但因新宏基公司与中国建设银行海南省分行存在借款合同纠纷,富爵广场二号楼土地使用权早在1996年11月26日即被该院以(1996)海中法执字第262-1号民事裁定查封,加上新宏基公司亦向海口市国土局提出异议,过户手续未能及时办理。2003年10月24日,该院以新宏基公司与中国建设银行海南省分行借款合同纠纷案已执行完毕为由,作出(1996)海中法执字第262-6号民事裁定,解除了对富爵广场二号楼土地使用权的查封。同月28日,因前述钱江公司申请执行瑞南公司一案,该院作出(2003)海中法执字第160-1号民事裁定,再次查封了上述土地使用权。2004年6月7日,海口市国土局向瑞南公司颁发了富爵广场二号楼的《国有土地使用证》[证号:海口市国用(2004)第×××号,位置:海口市海甸岛东部开发区九小区,面积:5853.08平方米]。

新宏基公司提交的1998年7月9日的《〈房屋交付及结算协议〉的补充协议》,与1997年10月17日签订的《〈房屋交付及结算协议〉的补充协议》的标题、内容、标点符号、文字表述、排版、格式、字体等皆相同,两份协议上的公章、法定代表人的签字皆真实,双方当事人对上述事实无异议。双方争议的是1998年补充协议上的落款时间的形成时间。瑞南公司主张该补充协议系新宏基公司根据其所持的一份没有填写日期的1997年补充协议正本,填写上"1998年7月9日"之日期作伪而成,并在其诉新宏基公司的所有权确认纠纷一案[(2008)海中法民二初字第67号]中申请对1998年补充协议进行鉴定。新宏基公司在本案庭审结束后亦申请对瑞南公司提交的1997年补充协议落款日期的形成时间、笔迹进行鉴定。经该院审判委员会讨论,决定对1998年补充协议的形成时间进行委托鉴定。在委托鉴定的过程中,因新宏基公司不同意将材料作为参考物移送鉴定机构,并不同意对检材造成破坏,鉴定无法进行。富爵广场二号楼总建筑面积34 000平方米，占地面积5 853.08平方米。经现场勘察，富爵广场二号楼现状为已封顶、已贴外墙瓷砖、无门、无窗、无隔墙，室内无装修。该房产尚未办理房产证。2009年12月31日，中央批准在海南建立国际旅游岛，海南的房地产价格大幅上涨。

海口市中级人民法院一审认为，《中华人民共和国民事诉讼法》第二百零四条规定，执行过程中，案外人对执行标的提出书面异议的，人民法院应当自收到书面异议之日起十五日内审查，理由成立的，裁定中止对该标的的执行；理由不成立的，裁定驳回。案外人、当事人对裁定不服，认为原判决、裁定错误的，依照审判监督程序办理；与原判决、裁定无关的，可以自裁定送达之日起十五日内向人民法院提起诉讼。本案中，钱江公司因不服该院作出的(2003)海中法执字第160-4号民事裁定而向海南省高级人民法院申请复议，海南省高级人民法院经审查，依法作出(2007)琼执复字第157号民事裁定书，告知钱江公司若对该裁定不服，应依上述民事诉讼法第二百零四条之规定向该院提起诉讼。故钱江公司依法有权提起本案诉讼。该院审理本案过程中，由于国家宣布在海南建立国际旅游岛，海南的房地产价格大幅上涨，富爵广场二号楼总建筑面积34 000平方米，双方无争议部分的份额为55%，即无争议部分的房产面积为34 000×55%=18 700平方米，按照海南目前的房地产市场价格，该18 700平方米的房产足以清偿钱江公司的4213万元的债务。故钱江公司没有证据证实需要许可执行富爵广场二号楼45%份额的土地使用权及项目，对其诉讼请求依法应予驳回。经该院审判委员会讨论决定，依照《中华人民共和国民事诉讼法》第六十四条之规定，判决驳回钱江公司的诉讼请求。案件受理费100元，由钱江公司负担。

本院二审对一审查明的事实予以确认。

本院二审另查明：钱江公司在二审所提交的1997年补充协议原件的落款时间与在一审卷存档的同一时间的协议书笔迹不同。新宏基公司在二审提交的1998年补充协议原件的落款时间与一审卷存档的同一时间的协议书笔迹不同。(2003)海中法执字第160号案卷存档两份书写笔迹不同的1998年补充协议。富爵广场二号楼45%份额的土地使用权(即2 633.89平方米)已经于2010年12月24日过户至海南正益计算机信息系统有限公司的名下，2011年7月22日又变更至海南大骅实业有限公司名下［证号海口市国用(2011)006506号］。第001084号国有土地使用权证相应的土地使用权面积被注销。2010年12月15日海口市住房和城乡建设局给海口市国土局去函说明富爵广场二号楼土地上无房产登记记录，无抵押、查封、积压确权记录，无办理预售许可证记录，无办理预售备案登记记录。

本院二审认为，本案的争议焦点为：一、钱江公司是否有权提起许可执行之诉；二、富爵广场二号楼45%份额的土地使用权及项目是否应当许可执行。一、关于钱江公司是否有权提起许可执行之诉的问题。新宏基公司主张，海口市中级人民法院作出

(2003)海中法执字第160-4号民事裁定书中止对富爵广场二号楼45%份额土地使用权及项目的执行时,新民事诉讼法尚未开始施行,旧民事诉讼法中并没有当事人不服裁定可以向人民法院提起诉讼的规定,因此,钱江公司提起许可执行之诉于法无据。海口市中级人民法院于2007年11月14日作出(2003)海中法执字第160-4号民事裁定书后,钱江公司依据该裁定向本院提起复议,本院于2008年6月5日作出(2007)琼执复字第157号民事裁定书。当时,新修订的民事诉讼法已经施行。本院根据新修订的民事诉讼法第二百零四条的规定对钱江公司的复议申请不予支持,并向钱江公司释明,对不服(2003)海中法执字第160-4号民事裁定书,可依法另行行使权利。因此,钱江公司有权提起许可执行之诉。《最高人民法院关于执行工作中正确适用修改后民事诉讼法第202条、204条规定的通知》第一条规定,当事人、利害关系人依据民事诉讼法第202条提出异议或申请复议的适用于发生在2008年4月1日后作出的执行行为,之前发生的执行行为,当事人、利害关系人可提起申诉,按监督案件处理。该规定是依据民事诉讼法第二百零二条的规定即对执行行为违法提出异议的情况作出的,并非民事诉讼法第二百零四条规定的因案外人异议引起的执行许可之诉的情况。因此,新宏基公司主张依据该通知的规定,钱江公司无权提起执行许可之诉的理由不能成立,本院不予支持。

富爵广场二号楼45%份额的土地使用权及项目是否应当许可执行的问题。关于1998年补充协议的真实性问题。双方对该协议上瑞南公司与新宏基公司法定代表人的签字及所盖公司的公章均无异议,所争议的是落款时间是否真实。钱江公司主张,1998年补充协议是新宏基公司在1997年补充协议上填写日期作伪而成。在瑞南公司所有权确认纠纷一案中,瑞南公司申请对1998年补充协议进行鉴定。但因没有对比样本与新宏基公司不同意破坏检材的原因鉴定未果。根据《最高人民法院司法行政装备局关于对外委托文件制成时间鉴定有关事项的通知》的规定,由于受各种因素的影响,送检鉴定的检出率不高。对此,人民法院的司法技术人员应对委托案件的鉴定条件和鉴定机构的资质、能力进行审查,对落款时间和怀疑时间超过六个月的,要求送检单位必须提供比对的样本。因此,要对1998年补充协议进行鉴定的前提是必须提供两种时间即落款时间与怀疑时间的对比样本。根据以上规定,在没有对比样本的情况下即便破坏检材也是无法鉴定的。因此,在瑞南公司未能提供鉴定所需的比对样本的情况下即便破坏检材也是无法鉴定的。因此,在瑞南公司未能提供鉴定所需的对比样本的情况下,钱江公司主张因新宏基公司不同意破坏检材而导致鉴定无法进行的理由不能成立。钱江公司在本院二审期间提交的1997年补充协议原件与一审时提交的1997年补充协议日期的书写笔迹不相同,钱江公司对该两份补充协议的真实性均表示认可。根据1997年补充协议的约定,协议一式四份,双方各执两份。因此,瑞南公司所持有的两份1997年补充协议均签署了日期,并未留有日期空白的1997年补充协议,该事实与1997年补充协议的约定是吻合的。且钱江公司未提供证据证明双方留有未填写日期的1997年补充协议，因此，其主张没有事实依据。

另外，从瑞南公司与新宏基公司1992年10月至1998年7月间双方所签订的一系列补充协议及诉讼的过程和内容来看，1992年10月，双方约定，瑞南公司向新宏基公司购买富爵广场二号楼需支付8704万元。1996年，双方签订协议确认瑞南公司不再支付后期购房款拥有富爵广场二号楼的所有权。但双方又于1997年签订了补充协议，确认瑞南公司购房款不足以全部购买富爵广场二号楼，瑞南公司必须再向新宏基公司支付4 320万元购房款，如瑞南公司无力支付，则富爵广场二号楼的产权就由瑞南公司、新宏基公司双方共同拥有，其中新宏基公司占产权45%，瑞南公司占产权55%。1998年4月，瑞南公司向海口市中级人民法院提起诉讼，请求判令新宏基公司向其支付违约金300万元及滞纳金142.2万元，并将富爵广场二号楼的房产证办至其名下。海口市中级人民法院依据双方的调解协议作出了民事调解书，确认瑞南公司拥有富爵广场二号楼的所有权。而依据1997年补充协议，新宏基公司是享有富爵广场45%产权的，在该诉讼中，其未提及1997年补充协议，并在调解协议中放弃了如此重大的权益，与常理不符。而富爵广场二号楼土地使用权在1996年11月26日至2003年10月24日期间因另案被海口市中级人民法院查封。因此，新宏基公司主张该调解协议系双方因对抗另案查封而达成的，双方在调解书生效后确认权利义务关系，再次签订1998年补充协议，以确认1997年补充协议内容的理由成立。综上，1998年补充协议真实有效，应予确认。钱江公司的主张不能成立，不予支持。本案为许可执行之诉，主要解决的是申请执行人与案外人之间就执行标的能否执行的争议。本案双方争议的富爵广场二号楼45%份额（即2 633.89平方米）的土地使用权已于2010年12月24日过户至海南正益计算机信息系统有限公司的名下，2011年7月22日又变更至海南大骅实业有限公司名下。根据《中华人民共和国物权法》第十四条的规定，不动产物权的设立、变更、转让和消灭，依据法律规定应当登记的，自登记于不动产登记簿时发生效力。因此，该土地使用权过户到他人名下后已经不属于瑞南公司所有。钱江公司所享有的是对瑞南公司的债权，其请求执行的财产应为瑞南公司的财产，而目前该土地已经为他人所有，本案的执行标的物已经不存在，因此，钱江公司请求恢复执行的主张不能成立。综上所述，钱江公司请求对富爵广场二号楼45%的土地及项目的权益许可执行没有事实和法律依据，不予支持。一审判决认定事实基本清楚，判决结果并无不当，应予维持。本案经本院审判委员会讨论决定，依照《中华人民共和国物权法》第十四条、《中华人民共和国民事诉讼法》第一百五十三条第（一）项之规定，判决驳回钱江公司的上诉请求，维持一审判决。二审案件受理费100元由钱江公司负担。

本院再审过程中，原审上诉人钱江公司称，一、1998年补充协议是孤证，原判在没有任何事实的基础上认定1998年补充协议真实有效错误。1. 新宏基公司提供的1998

年补充协议不是真实的,是新宏基公司在落款时间空白的1997年补充协议基础上填写日期所成。2. 如果1998年调解书之后形成新的补充协议,则是对1998年调解书的变更,双方应当签署一份新的协议,而不应该是对1996年协议作出变更的补充协议,也不是与1997年补充协议内容完全一致的补充协议。3. 如果存在1998年补充协议,新宏基公司完全可以依据1998年补充协议另案起诉,请求确认其对富爵广场二号楼45%的权益,而不必对1998年调解书申请再审。4. 新宏基公司法定代表人在1999年12月28日所填写的《海口市积压房地产土地权属异议登记表》,以1997年补充协议为由提出异议,从未提到1998年补充协议。2001年3月22日新宏基公司向海口市中级人民法院申请对1998年调解书进行再审提交的报告中,同样提及1997年补充协议而从未提及1998年补充协议。2001年8月12日新宏基公司法定代表人向省政法委的申诉报告中也未提及1998年补充协议,而是明确1997年补充协议是双方最后的意思表示。二、瑞南公司对富爵广场二号楼享有所有权,应作为第三人参加本案诉讼。故请求撤销原判,许可对富爵广场二号楼45%土地使用权及项目的执行。

原审被上诉人新宏基公司辩称,1998年补充协议有双方法定代表人的签字,瑞南公司并没有证据证明1998年补充协议是伪造的。即便瑞南公司交纳了3800万元的购房款,而富爵广场二号楼评估价值为8 000多万,瑞南公司不可能取得富爵广场二号楼全部权益。原判认定事实和处理结果正确,应予维持。

本案再审与原审查明的事实基本一致。

另查明,原判生效后,2012年2月钱江公司更名为上海钱江文化科技(集团)有限公司。

本案的争议焦点是富爵广场二号楼45%份额的土地使用权及项目是否应当许可执行。新宏基公司以1998年调解书后,其与瑞南公司于1998年7月9日签订1998年补充协议为由,请求中止对富爵广场二号楼45%份额的执行。根据1998年调解书,瑞南公司拥有富爵广场二号楼的所有权。而根据1998年补充协议,瑞南公司要全部拥有富爵广场二号楼的所有权必须再向新宏基公司支付4 320万元,否则瑞南公司占55%的份额,新宏基公司占45%的份额。新宏基公司为此提交了1998年补充协议一份。钱江公司认可该协议上双方公司的盖章及法定代表人签名的真实性,但主张是新宏基公司利用其持有的落款日期空白的1997年补充协议填写日期而成。由于对1998年补充协议进行鉴定需要提供同时期形成的样本且样本要与检材的纸张、墨水、油墨、保存环境等相同。一审委托鉴定过程中,新宏基公司对瑞南公司提供的样本材料提出异议,且不同意破坏检材,鉴定无法进行。因此,在钱江公司无法证明新宏基公司是利用日期空白的1997年补充协议填写落款时间形成1998年补充协议的情况下,原判认定1998年补充协议真实有效并无不当。根据该协议,因瑞南公司没有再向新宏基公司支付4 320万元,新宏基公司即取得富爵广场二号楼45%的份额。因此,钱江公司申请执行富爵广场二号楼45％份额土地使用权及项目没有事实和法律依据，本院不予支持。原判适用法律和判决结果正确，本院应予维持。经本院审判委员会讨论决定，依据《中华人民共和国民事诉讼法》第二百零七条第一款第（一）项之规定，判决如下：

维持本院（2011）琼民一终字第35号民事判决。

本判决为终审判决。

审　判　长　王显芳
审　判　员　张红菊
审　判　员　吴浩云
二〇一五年十二月二十五日
书　记　员　黄　蜀

附：相关法律规定

《中华人民共和国民事诉讼法》

第一百七十条第二款　　原审人民法院对发回重审的案件作出判决后，当事人提起上诉的，第二审人民法院不得再次发回重审。

第二百零七条　　人民法院按照审判监督程序再审的案件，发生法律效力的判决、裁定是由第一审法院作出的，按照第一审程序审理，所作的判决、裁定，当事人可以上诉；发生法律效力的判决、裁定是由第二审法院作出的，按照第二审程序审理，所作的判决、裁定，是发生法律效力的判决、裁定；上级人民法院按照审判监督程序提审的，按照第二审程序审理，所作的判决、裁定是发生法律效力的判决、裁定。

人民法院审理再审案件，应当另行组成合议庭。

〔评注〕

1. 本样式供人民法院对本院发生法律效力的判决（裁定或者调解书），依职权再审，按照第二审程序审理后，判决用。本处实例是海南省高级人民法院经审判委员会讨论决定，对本院已经发生法律效力的（2011）琼民一终字第35号民事判决进行再审。该院依法另行组成合议庭，审理后作出维持判决，故适用本样式。

2. 本判决是2015年12月25日作出，其文书体例与新文书样式有所区别，值得注意。

（1）案号

根据最高人民法院《关于人民法院案件案号的若干规定》（2016年1月1日起施行）的附件1《人民法院案件类型及其代字标准》的规定，民事再审案件的类型代字为"民再"。

(2) 当事人诉讼地位

本案中,由于属于人民法院依职权决定再审案件,因此当事人按照原审诉讼地位表述,并用括号注明原审诉讼地位。例如,上海钱江文化科技(集团)有限公司的诉讼地位表述为"二审上诉人(一审原告)",海南新宏基房地产发展有限公司的诉讼地位表述为"二审被上诉人(一审被告)"。

(3) 委托诉讼代理人

《民事诉讼法》第五十八条第一款规定:"当事人、法定代理人可以委托一至二人作为诉讼代理人。"当事人委托了诉讼代理人的,在当事人基本情况后另起一行,写明"委托诉讼代理人",并写明其基本情况。有两个诉讼代理人的,分行分别写明。新民事诉讼文书样式将诉讼代理人表述为"委托诉讼代理人"。

(4) 事实部分的写作顺序

《人民法院民事裁判文书制作规范》要求,"再审案件应当先写明当事人的再审请求等诉辩意见,然后再简要写明原审基本情况。生效判决为一审判决的,原审基本情况先概述一审诉讼请求、法院认定的事实和裁判结果,再写明二审上诉请求、认定的事实、裁判理由和裁判结果"。

(5) 法条书写规范

《人民法院民事裁判文书制作规范》规定,"引用法律条款中的项的,一律使用汉字不加括号,例如:'第一项'"。本实例中引用的《民事诉讼法》的条款项应写为"第一百五十三条第一项""第二百零七条第一款第一项"。此外,实例所引用的法条中漏引了《民事诉讼法》第一百七十条第一款。

3. 争议焦点。规定裁判文书事实部分增加争议焦点的内容是此次民事诉讼裁判文书样式的一大亮点。《民事诉讼法》第一百三十三条第四项规定:"需要开庭审理的,通过要求当事人交换证据等方式,明确争议焦点。"《人民法院民事裁判文书制作规范》根据民事诉讼法的上述规定,明确要求裁判文书事实部分增加争议焦点的内容,有利于明确审理的主要内容,也有利于围绕争议焦点组织证据认定、事实认定和说理部分的论述。本处实例在原二审阶段及再审阶段均归纳了争议焦点,并围绕争议焦点,运用采信证据所证事实来展开说理和论述,条理清晰,论证充分。

4. 附。本判决将本案适用的主要法律条文附在裁判文书之后,便于当事人了解具体的法律规定,有利于公开裁判理由,强化裁判文书说理,对裁判文书的格式是一种有益的创新形式。

5. 制作本判决书时,另请参照本章文书样式14"民事判决书(依申请提审判决用)"的说明和评注。

48. 民事判决书（依职权提审用）

××××人民法院
民事判决书

（××××）……民再……号

二审上诉人(一审原告)/原审原告：×××，……。
……
二审被上诉人(一审被告)/原审被告：×××，……。
……
原审第三人：×××，……。
……
（以上写明当事人和其他诉讼参加人的姓名或者名称等基本信息）

二审上诉人×××与二审被上诉人×××、原审第三人×××……（写明案由）一案，××××人民法院于××××年××月××日作出（××××）……民终……号民事判决/民事裁定/民事调解书，已经发生法律效力。本院经审查于××××年××月××日作出（××××）……民监……号民事裁定，再审本案。本院依法组成合议庭，开庭审理了本案。二审上诉人×××与二审被上诉人×××、原审第三人×××（写明当事人和其他诉讼参加人的诉讼地位和姓名或者名称）到庭参加诉讼（未开庭的，写明：本院依法组成合议庭审理了本案）。本案现已审理终结。

×××称，……（写明二审上诉人在再审中的再审请求、事实和理由）。

×××辩称，……（写明二审被上诉人在再审中的答辩意见）。

×××向一审法院起诉请求：……（写明一审原告的诉讼请求）。一审法院认定事实：……一审法院判决：……（写明一审判决主文）。

×××不服一审判决，上诉请求：……（写明上诉请求）。二审法院认定事实：……（概述二审认定事实）。二审法院认为，……（概述二审判决理由）。二审判决/调解书：……（写明二审判决主文/调解书内容）。

本院对有争议的证据和事实认定如下：

……（写明再审法院采信证据、认定事实的意见和理由，对一审、二审法院认定相关的事实进行评判）。

本院再审认为，……（写明争议焦点，根据再审认定的案件事实和相关法律，对再审请求进行分析评判，说明理由）。

依照《中华人民共和国民事诉讼法》第二百零七条第一款、第一百七十条第一款第×项、……（写明法律文件名称及其条款项序号）规定，判决如下：

```
    一、……；
    二、……。
（以上分项写明判决结果）
……（写明诉讼费用的负担）。
    如果未按本判决指定的期间履行给付金钱义务，应当依照《中华人民共和国民事诉讼法》第二百五十三条规定，加倍支付迟延履行期间的债务利息（没有给付金钱义务的，不写）。
    本判决为终审判决。

                                    审　判　长　×××
                                    审　判　员　×××
                                    审　判　员　×××

                                    ××××年××月××日
                                         （院印）
                                    书　记　员　×××
```

【说明】

　　本样式根据《中华人民共和国民事诉讼法》第二百零七条第一款、第一百七十条第一款第×项制定。供上级人民法院对下级法院发生法律效力的判决（裁定或者调解书），依职权提审后，判决用。

【实例评注】

江苏省南京市中级人民法院
民事判决书[①]

（2016）苏 01 民再 20 号

原审原告：江苏钟山典当有限责任公司，住所地南京市朝天宫西街98号一层。
法定代表人：张某某，江苏钟山典当有限责任公司董事长。
委托诉讼代理人：梁某某，江苏苏源律师事务所律师。
原审被告：江苏浩盛支撑系统科技发展有限公司。住所地南京市沿江工业开发区

[①] 来源：中国裁判文书网。

博富路 3××号。

诉讼代表人：郭某某，江苏浩盛支撑系统科技发展有限公司破产管理人负责人。

委托诉讼代理人：刘某某，江苏高的律师事务所律师。

原审被告：南京给盛建材科技发展有限公司，住所地南京市沿江工业开发区博富路 9 号。

法定代表人：陈某甲，南京给盛建材科技发展有限公司负责人。

原审被告：陈某某，男，1971 年 1 月 27 日生。

原审被告：宋某某，女，1971 年 12 月 25 日生。

原审原告江苏钟山典当有限责任公司（以下简称钟山典当公司）与原审被告江苏浩盛支撑系统科技发展有限公司（以下简称浩盛公司）、南京给盛建材科技发展有限公司（以下简称给盛公司）、陈某某、宋某某借款合同纠纷一案，南京市建邺区人民法院于 2014 年 1 月 20 日作出（2013）建商初字第 427 号民事判决，已经发生法律效力。本院经审查于 2016 年 2 月 1 日作出（2015）宁商监字第 17 号民事裁定，再审本案。本院依法组成合议庭，开庭审理了本案。原审原告钟山典当公司的委托代理人梁某某、原审被告浩盛公司的委托代理人刘某某到庭参加诉讼，原审被告给盛公司、陈某某、宋某某经公告送达开庭传票，未到庭参加诉讼，本院依法缺席审理。本案现已审理终结。

原审原告钟山典当公司称，原审判决认定的抵押担保范围正确，请求再审法院维持原审判决。

原审被告浩盛公司辩称，抵押担保的范围应当以不动产登记簿记载的数额为准。不动产登记簿记载的数额为 780 万元，因此，钟山典当公司有权在 780 万元范围内优先受偿。请求再审法院变更原审判决第三项，改判钟山典当公司有权以位于南京市六合区大厂博富路 3××号房产（以下简称 3××号房产）进行折价或者拍卖、变卖所得价款在 780 万元范围内优先受偿。

原审被告给盛公司、陈某某、宋某某未答辩。

2013 年 9 月 22 日，钟山典当公司向南京市建邺区人民法院起诉请求：1. 浩盛公司偿还钟山典当公司借款本金 780 万元；2. 浩盛公司支付综合费用（自 2013 年 9 月 6 日起至实际还款日止以借款金额为基数，按 2.2%/月计算）；3. 浩盛公司支付逾期违约金（自 2013 年 9 月 11 日起至实际还款日止以借款金额为基数，按 2.2%/月计算）；4. 钟山典当公司有权以浩盛公司用于抵押的房产进行折价或者拍卖、变卖所得价款优先受偿；5. 南京沃德包装制造有限公司（以下简称沃德公司）、给盛公司、陈某某、宋某某对上述全部债务承担连带保证责任；6. 沃德公司、浩盛公司、给盛公司、陈某某、宋某某共同承担案件受理费、保全费、律师费。

南京市建邺区人民法院原审认定事实：2013 年 8 月 1 日，钟山典当公司与浩盛公司、给盛公司、陈某某、宋某某及沃德公司签订《房地产典当借款合同》（编号为苏钟山2013年房典字第18号）一份，约定钟山典当公司向浩盛公司提供最高限额为780万元借款，额度有效期限为自2013年8月1日起至2013年10月30日止。浩盛公司将自有的3××号房产抵押钟山典当公司提供担保。典当的月综合费率为2.2%。浩盛公司于典当期限或续当期限届满至绝当前赎当的，属逾期赎当，除按当期内的息费标准和实际逾期天数补交当金利息和综合费用，还须按逾期还款金额的日0.5%～1%向钟山典当公司支付违约金，直至全部款项还清为止。给盛公司、陈某某、宋某某、沃德公司对浩盛公司履行合同所约定的全部债务提供连带责任担保。2013年8月2日，钟山典当公司与浩盛公司签订《南京市六合区房地产抵押合同》一份，约定浩盛公司将其自有3××号房产抵押给钟山典当公司，担保范围为上述合同约定的主债权本金及其利息、合同约定的违约金、主债务人应当支付的赔偿金、钟山典当公司实现抵押权的费用。2013年8月6日，钟山典当公司取得了3××号房产的他项权证（宁房他证六字第228491号），当天钟山典当公司给付浩盛公司当票1张，典当金额为780万元，综合费用171 600元，实付金额为7 628 400元，典当期限为2013年8月6日起至2013年9月5日止。2013年钟山典当公司与江苏倍宁得律师事务所签订《委托代理合同》一份，约定，钟山典当公司委托江苏倍宁得律师事务所处理其与浩盛公司、给盛公司、陈某某、宋某某上述纠纷的相关诉讼事宜。2013年11月18日，钟山典当公司向江苏倍宁得律师事务所支付代理费100 000元。

　　本案审理中，钟山典当公司于2013年12月25日撤回对沃德公司的起诉。南京市建邺区人民法院原审判决：一、浩盛公司于判决生效之日起十日内向钟山典当公司归还借款本金7 628 400元；二、浩盛公司于判决生效之日起十日内向钟山典当公司支付借款本金7 628 400元的相应综合费用及逾期付款违约金（综合费用及逾期付款违约金合并计算的方法，以7 628 400元为基数，自2013年9月6日起至判决确定的给付之日止，按中国人民银行同期同类贷款基准利率四倍计算）；三、浩盛公司不履行第一、二项确定的付款义务，钟山典当公司有权以浩盛公司提供的抵押物（坐落于南京市六合区大厂博富路3××号的房产）进行折价或者以拍卖、变卖所得价款优先受偿；四、给盛公司、陈某某、宋某某对浩盛公司上述第一、二项付款义务承担连带保证责任；五、浩盛公司、给盛公司、陈某某、宋某某于判决生效之日起十日内给付钟山典当公司代理费100 000元；六、驳回钟山典当公司对浩盛公司、给盛公司、陈某某、宋某某的其他诉讼请求。

　　本院再审中，双方当事人对原审法院查明的事实均无异议，本院再审予以确认。

　　再审期间，浩盛公司破产管理人与钟山典当公司经协商，同意按双方签订的《南京市六合区房地产抵押合同》约定的范围确定优先受偿的范围，浩盛公司破产管理人对原审法院判决不持异议，双方核算后确定优先受偿的数额为8 421 075元。浩盛公司破产管理人称，已将协商确定的钟山典当公司优先受偿债权的数额向其他债权人通报，其他债权人对此未提出异议。

　　本院再审认为，《中华人民共和国民事诉讼法》第十三条第二款规定，当事人有权在法律规定的范围内处分自己的民事权利和诉讼权利。本案系浩盛公司破产管理人对钟山典当公司依法享有优先受偿权的范围提出异议而进入再审程序，鉴于再审期间，浩盛公司破产管理人与钟山典当公司就钟山典当公司优先受偿债权的数额已协商一致，浩盛公司破产管理人明确对原审判决不持异议，属于浩盛公司破产管理人和钟山典当公司依法处分民事权利的行为，不违反法律禁止性规定。双方已协商解决争议，本院再审予以确认。据此，依照《中华人民共和国民事诉讼法》第一百七十五条、《最高人民法院关于适用〈中华人民共和国民事诉讼法〉的解释》第四百零七条第一款之规定，判决如下：

　　维持南京市建邺区人民法院(2013)建商初字第427号民事判决。

　　本判决为终审判决。

审　判　长　　沈亚峰
代理审判员　　于俊涛
代理审判员　　陈海波
二〇一六年九月七日
书　记　员　　周月闻
速　录　员　　王嘉玉

〔评注〕

　　本样式供上级人民法院对下级法院发生法律效力的判决（裁定或者调解书），依职权提审后，判决用。本处实例是江苏省南京市中级人民法院经审查后，裁定对南京市建邺区人民法院已经发生法律效力的(2013)建商初字第427号民事判决进行提审。经过审理后，作出判决，故适用本样式。

　　实例要素完整，格式规范，是一篇较好的示范。在裁判文书的说理部分，实例采取演绎法的原则进行裁判的说理和论述，大前提是民事诉讼法的相关规定，小前提是本案的具体案情，着重分析小前提与大前提的符合度，得出维持原判的结论。需要注意的是，实例引用法条时漏引了《民事诉讼法》第二百零七条第一款、第一百七十条第一款。

　　关于署名。《人民法院民事裁判文书制作规范》"四、落款""（一）署名"规定，合议庭的审判长，不论审判职务，均署名为"审判长"；合议庭成员有审判员的，署名为"审判员"；有助理审判员的，署名为"代理审判员"；有陪审员的，署名为"人民陪审员"。独任审理的，署名为"审判员"或者"代理审判员"。书记员，署名为"书记员"。本裁判文书将速录员署名，放在书记员之下。在司法改革中，引起关注的是法官助理的署名(是否署名以及如何署名)。《民事诉讼文书样式》对法官助理的署名没有明确规定，是否署名，如何署名，允许四级法院进行探索；但对于速录员如何署名并未提及。在司法实践中，不少法院由速录员代行书记员职责，也同样署名为书记员。本处实例将速录员署名为"速录员"，与书记员相区别，也是一种探索。

49. 民事裁定书（依职权对本院案件再审后，中止或终结诉讼用）

××××人民法院

民事裁定书

（××××）……民再……号

二审上诉人(一审原告)/原审原告：×××，……。

……

二审被上诉人(一审被告)/原审被告：×××，……。

……

原审第三人：×××，……。

……

（以上写明当事人和其他诉讼参加人的姓名或者名称等基本信息）

二审上诉人/原审原告×××与二审被上诉人/原审被告×××、原审第三人×××……(写明案由)一案，本院于××××年××月××日作出(××××)……号民事判决(裁定或调解书)，已经发生法律效力。本院经审判委员会讨论决定，于××××年××月××日作出(××××)……民监……号民事裁定，再审本案。本院依法另行组成合议庭审理本案。

本院再审过程中，……(简要写明中止、终结诉讼的事由)。

依照《中华人民共和国民事诉讼法》第二百零七条第一款、第一百七十四条、第一百五十条第一款第×项/第一百五十一条第×项规定，裁定如下：

本案中止诉讼/终结诉讼。

……(写明诉讼费用负担)。

审　判　长　×××
审　判　员　×××
审　判　员　×××

```
                    ××××年××月××日
                              (院印)
                    书　记　员　×××
```

【说明】

　　本样式根据《中华人民共和国民事诉讼法》第二百零七条第一款、第一百七十四条、第一百五十条第一款/第一百五十一条制定。供人民法院对本院发生法律效力的判决（裁定或者调解书），依职权提起再审，中止或者终结再审程序用。

【实例评注】

山东省莱西市人民法院
民事裁定书 ①

(2015)西民再初字第 6 号

　　原审原告青岛农村商业银行股份有限公司莱西南墅支行(原莱西市农村信用合作联社南墅信用社)，地址莱西市南墅镇驻地。组织机构代码为706×××××-×。

　　代表人李某某，该支行行长。

　　委托代理人孙某某，山东恒日律师事务所律师。

　　原审被告刘某某，男，1976年7月22日出生，汉族，莱西市人。

　　原审被告邹某，男，1976年2月8日出生，汉族，莱西市人。

　　原审被告王某某，男，1980年4月24日出生，汉族，莱西市人。

　　原审被告吴某某，女，1978年1月15日出生，汉族，莱西市人。

　　本院在审理原审原告青岛农村商业银行股份有限公司莱西南墅支行诉原审被告刘某某、邹某、王某某、吴某某金融借款合同纠纷一案中，查明原审判决书未送达给原审被告刘某某、邹某、王某某、吴某某，原审判决书并未发生法律效力，依法应当终结再审程序。本案经审判委员会讨论决定，依照《中华人民共和国民事诉讼法》第一百五十四条第一款第(六)项之规定，裁定如下：

　　本案终结诉讼。

---

① 来源：中国裁判文书网。

审 判 长　王学彦
审 判 员　张　华
审 判 员　赵显秀

二〇一五年十二月七日

书 记 员　刘蕾娜

〔评注〕

1. 本样式供人民法院对本院发生法律效力的判决（裁定或者调解书），依职权提起再审，中止或者终结再审程序用。

2. 本处实例是山东省莱西市人民法院对本院审理并作出判决的(2015)西民再初字第6号案件进行再审，再审过程中认为应终结诉讼，可以参照适用本样式。但本处实例与样式有不一致之处，值得注意。

（1）本案情形与此类文书适用情形的差异。本样式的适用对象是本院发生法律效力的民事判决、民事裁定或者民事调解书。但在本案中，原审判决书并未送达原审原告，原审判决实际上并未发生法律效力，不应通过审判监督程序对当事人的权利进行救济，而是应当首先送达裁判文书。如果一审被告提出上诉，则应当进入二审程序。如果一审被告没有提出上诉，原审判决发生法律效力，再通过审判监督程序进行救济。《民事诉讼法》第一百五十条规定了"中止诉讼"的情形，其中第一款第六项是兜底条款；第一百五十一条规定了"终结诉讼"的四种情形：(1)原告死亡，没有继承人，或者继承人放弃诉讼权利的；(2)被告死亡，没有遗产，也没有应当承担义务的人的；(3)离婚案件一方当事人死亡的；(4)追索赡养费、扶养费、抚育费以及解除收养关系案件的一方当事人死亡的。其中并未包含本案中"原审判决书未生效"的情形。一般而言，这种属于程序违法，但也只能采取终结诉讼的方式解决，尽管没有明确的法律依据。

（2）本处实例是2015年制作的民事裁定书，其格式与本样式有一定区别，在制作此类文书时应当注意。

①当事人诉讼地位等

此类案件系人民法院依职权再审案件，当事人的诉讼地位按照原审诉讼地位表述，例如，一审终审的，列为"原审原告""原审被告""原审第三人"；二审终审的，列为"二审上诉人""二审被上诉人"。参加诉讼人员的诉讼地位后应有冒号。

②委托诉讼代理人

《民事诉讼法》第五十八条第一款规定："当事人、法定代理人可以委托一至二人作为诉讼代理人。"当事人委托了诉讼代理人的，在当事人基本情况后另起一行，写明"委托诉讼代理人"，并写明其基本情况。有两个诉讼代理人的，分行分别写明。新民事诉讼文书样式将诉讼代理人表述为"委托诉讼代理人",实例为"委托代理人"。

例如,当事人及其诉讼代理人的基本情况表述为:

原审原告:青岛农村商业银行股份有限公司莱西南墅支行(原莱西市农村信用合作联社南墅信用社),地址莱西市南墅镇驻地。组织机构代码为706××××-×。

代表人:李某某,该支行行长。

委托诉讼代理人:孙某某,山东恒日律师事务所律师。

……

③案件由来

本处实例没有写明本案的审理经过,即"本院于××××年×月×日作出(××××)……号民事判决。本院经审判委员会讨论决定,于××××年×月×日作出(××××)……号民事裁定,再审本案"。

(4)《人民法院民事裁判文书制作规范》规定,"引用法律条款中的项的,一律使用汉字不加括号,例如:'第一项'",本实例中引用的法律条款应写为"《中华人民共和国民事诉讼法》第一百五十四条第一款第六项"。

50. 民事裁定书(依职权对本院裁定驳回起诉案件裁定再审后用)

×××人民法院
民事裁定书

(××××)……民再……号

二审上诉人(一审原告):×××,……。
……
二审被上诉人(一审被告):×××,……。
……
原审第三人:×××,……。
……
(以上写明当事人和其他诉讼参加人的姓名或者名称等基本信息)

二审上诉人×××与二审被上诉人×××、原审第三人×××……(写明案由)一案,本院于××××年××月××日作出(××××)……民×……号民事裁定,已经发生法律效力。本院经审判委员会讨论决定,于××××年××月××日作出(××××)……民监……号民事裁定,再审本案。本院依法另行组成合议庭,开庭审理了本案。二审上诉人×××、二审被上诉人×××(写明当事人和其他诉讼参加人的诉讼地位和姓名或者名称)到庭参加诉讼(未开庭的,写明:本院依法组成合议庭审理了本案)。本案现已审理终结。

×××申请再审称，……（写明再审请求、事实和理由）。
×××辩称，……（概述被申请人的答辩意见）。
×××述称，……（概述原审其他当事人的意见）。
……（简要写明历次审理情况）。
……（简要写明再审法院认定的与应否驳回起诉相关的事实）。
本院再审认为，……（根据再审认定的案件事实和相关法律，对应否驳回起诉等进行分析评判，说明理由）。
依照《中华人民共和国民事诉讼法》第二百零七条第一款、第一百七十条第一款第×项、第一百七十一条、……（写明法律依据名称及其条款项序号）规定，裁定如下：
（维持原裁定的，写明：）维持本院（××××）……民×……号民事裁定。
本裁定为终审裁定。
（不应当驳回起诉的，写明：）一、撤销本院（××××）……民终……号民事裁定及×××人民法院（××××）……民初……号民事裁定。
二、指令××××人民法院对本案进行审理。

审　判　长　×××
审　判　员　×××
审　判　员　×××

××××年××月××日
（院印）
书　记　员　×××

【说明】

1. 本样式根据《中华人民共和国民事诉讼法》第二百零七条第一款、第一百七十条第一款第×项、第一百七十一条、《最高人民法院关于〈中华人民共和国民事诉讼法〉的解释》第三百三十条等制定。供人民法院依申请对本院驳回起诉裁定再审后，裁定用。对一审裁定再审的裁定书，参照本样式制作。

2. 对于一审受理后作出判决，二审裁定驳回起诉的案件，本院依职权再审后，认为不应受理的，裁定维持二审裁定；认为不应当驳回起诉，应当撤销原审裁定的，法院应当审理后作出判决一并处理。判决中要先撤销原审裁定，对一审判决予以维持或者改判。

【实例评注】

山东省潍坊市中级人民法院
民事裁定书 ①

(2015)潍民再字第 9 号

原审上诉人(一审原告):潍坊市土产杂品总公司,住所地:潍坊市潍城区青年路4号。

法定代表人:孟某某,经理。

委托代理人:王某某,山东国欣律师事务所律师。

原审被上诉人(一审被告):潘某某。

原审被上诉人(一审被告):韩某某。

原审被上诉人(一审被告):张某某。

委托代理人:关某某,山东齐鲁(潍坊)律师事务所律师。

委托代理人:姜某某,山东齐鲁(潍坊)律师事务所律师。

原审被上诉人(一审被告)交通银行股份有限公司潍坊分行,住所地:潍坊市奎文区东风东街358号。

负责人:李某某。

委托代理人:左某,该行职工。

原审被上诉人(一审被告):潍坊信义德拍卖有限公司,住所地:潍坊高新区东方路1928号。

法定代表人:杜某某,董事长。

委托代理人:高某某,该公司副经理。

原审上诉人潍坊市土产杂品总公司与原审被上诉人潘某某、韩某某、张某某、交通银行股份有限公司潍坊分行、潍坊信义德拍卖有限公司财产损害赔偿纠纷一案,本院于2013年12月24日作出(2013)潍民一终字第136号民事裁定,已经发生法律效力。本院经审判委员会讨论决定,于2014年6月3日作出(2014)潍民监字第3号民事裁定,再审本案。本院依法另行组成合议庭,公开开庭审理了本案。原审上诉人潍坊市土产杂品总公司的法定代表人孟某某及委托代理人王某某,原审被上诉人潘某某、韩某某,原审被上诉人张某某的委托代理人关某某、姜某某,原审被上诉人交通银行股份有限公司潍坊分行的委托代理人左某,原审被上诉人潍坊信义德拍卖有限公司的委托代理人

---

① 来源:中国裁判文书网。

高某某到庭参加诉讼。本案现已审理终结。

潍坊市潍城区人民法院一审认为，本案财产损害赔偿纠纷系因司法执行活动引起，潍坊市土产杂品总公司曾于 2005 年就本案向潍坊市中级人民法院提起民事诉讼，潍坊市中级人民法院以及山东省高级人民法院已对潍坊市土产杂品总公司的诉讼请求作出裁判。潍坊市土产杂品总公司的起诉不符合《中华人民共和国民事诉讼法》规定的起诉条件。依照《中华人民共和国民事诉讼法》第一百一十九条、第一百二十四条之规定，于 2013 年 9 月 3 日作出（2013）潍城望民初字第 72 号民事裁定：驳回潍坊市土产杂品总公司的起诉。

潍坊市土产杂品总公司不服一审裁定，以原审裁定错误为由，向本院提起上诉。

本院二审认为，上诉人曾就财产损害赔偿纠纷提起诉讼，本院已作出（2005）潍民一初字第 88 号民事裁定书，该民事裁定已发生法律效力。上诉人再次以相同的事实和理由提起诉讼，违反"一事不再理"原则，原审法院裁定驳回起诉并无不当。据此裁定：驳回上诉，维持原裁定。

本院再审过程中，原审上诉人潍坊市土产杂品总公司称，原裁定认定的事实不正确。交通银行股份有限公司潍坊分行在没有合法取得涉案二层库房产权的情况下，为达到侵占相关财产的目的，其工作人员恶意伪造法院文书并擅自委托拍卖公司进行拍卖侵权行为是清楚的；张某某等人在没有取得涉案二层库房所有权的情况下擅自将库房拆除并领取补偿，应共同承担赔偿责任。本案查明的各侵权人的侵权事实与被部分撤销的（1999）潍中法执字第 021 号案协助执行通知书并不存在必然联系。潍坊市土产杂品总公司所诉主体适格、依据的事实和理由充分，主张权利正当。五原审被上诉人均辩称，原审裁定认定的事实正确，裁判结果正确。

本院再审查明，2005 年 11 月 3 日，潍坊市土产杂品总公司作为原告，以本案的五原审被上诉人为被告，以财产损害赔偿为由，诉至本院，请求：1. 判令潘某某、韩某某、张某某将原告建筑面积为 1 343.188 平方米的二层仓库楼房恢复原状或者支付赔偿款 134 万元（暂按每平方米 1 000 元计算）；2. 交通银行股份有限公司潍坊分行对第一项承担连带责任；3. 潍坊信义德拍卖有限公司与交通银行股份有限公司潍坊分行承担连带责任；4. 被告承担诉讼费用。本院于 2009 年 2 月 10 日作出（2005）潍民一初字第 88 号民事裁定，驳回原告潍坊市土产杂品总公司的起诉。潍坊市土产杂品总公司不服，向山东省高级人民法院提起上诉。山东省高级人民法院于 2009 年 6 月 8 日作出（2009）鲁民辖终字第 109 号民事裁定，驳回上诉，维持原裁定。

庭审中，针对潍坊市潍城区人民法院（2013）潍城望民初字第 72 号案与本院（2005）潍民一初字第 88 号案起诉时的诉求及依据的事实理由是否一致进行了调查。潍坊市土产杂品总公司陈述意见称：同一份诉状，同一个案子。

上述事实，有（2005）潍民一初字第 88 号民事裁定、（2009）鲁民辖终字第 109 号民事裁定及审庭笔录在案为证。

本院再审认为，本案中，原审上诉人潍坊市土产杂品总公司所主张的财产损害赔偿，其于 2005 年 11 月 3 日已向本院提起诉讼，针对此案，本院与山东省高级人民法院分别作出了民事裁定，且已发生法律效力。《中华人民共和国民事诉讼法》第一百二十四条第五项规定，人民法院对下列起诉，分别情形，予以处理：（五）对判决、裁定、调解书已经发生法律效力的案件，当事人又起诉的，告知原告申请再审。潍坊市土产杂品总公司针对其所主张的财产损害赔偿，在本案中以相同的事实与理由再行起诉，依据上述规定，其起诉应予驳回。原二审裁定以潍坊市土产杂品总公司的起诉违反"一事不再理"原则为由，认定其起诉应予驳回并无不当。本案经本院审判委员会讨论决定，依照《中华人民共和国民事诉讼法》第二百零七条、《最高人民法院关于适用〈中华人民共和国民事诉讼法〉的解释》第四百零七条第一款之规定，裁定如下：

维持本院（2013）潍民一终字第 136 号民事裁定。

本裁定为终审裁定。

审　判　长　李传军
代理审判员　郭丽丽
代理审判员　王建东

二〇一五年七月二十三日
书　记　员　尹晓丽

〔评注〕

1. 本样式供人民法院依申请对本院驳回起诉裁定再审后，裁定用。对一审裁定再审的裁定书，参照本样式制作；根据《民事诉讼法》第二百零七条规定，当事人可以上诉。

经审理认为不应受理的，裁定维持原裁定，写明："维持本院（××××）……民×……号民事裁定。"如不服本裁定，可以在裁定书送达之日起十日内，向本院递交上诉状，并按照对方当事人或者代表人的人数提出副本，上诉于××××人民法院。

经审理认为不应当驳回起诉，应当撤销原审裁定的，法院应当审理后作出判决一并处理。判决中要先撤销原审裁定，然后写明判决内容。可参照本章文书样式 17 "民事判决书（依申请对本院案件按一审程序再审用）"的样式和说明。

2. 本处实例中，潍坊市潍城区人民法院一审驳回当事人起诉，当事人不服提出上诉。山东省潍坊市中级人民法院经审理认为不应受理，一审法院驳回起诉并无不当，裁定维持原裁定。山东省潍坊市中级人民法院依职权再审后，经审理认为不应受理，裁定维持该院二审裁定，故适用本样式。本处实例是 2015 年 7 月 20 日作出的民事裁定，其格式与新样式有一定区别，在制作此类文书时应当注意。

（1）当事人诉讼地位

此类案件系人民法院依职权再审案件，当事人的诉讼地位按照原审诉讼地位表述，例如，一审终审的，列为"原审原告""原审被告""原审第三人"；二审终审的，列为"二审上诉人""二审被上诉人"。

（2）委托诉讼代理人

《民事诉讼法》第五十八条第一款规定："当事人、法定代理人可以委托一至二人作为诉讼代理人。"当事人委托了诉讼代理人的，在当事人基本情况后另起一行，写明"委托诉讼代理人"，并写明其基本情况。有两个诉讼代理人的，分行分别写明。新民事诉讼文书样式将诉讼代理人表述为"委托诉讼代理人"，实例为"委托代理人"。

本案的当事人及其诉讼代理人的基本情况应表述为：

二审上诉人（一审原告）：潍坊市土产杂品总公司，住所地：潍坊市潍城区青年路4号。

法定代表人：孟某某，经理。

委托诉讼代理人：王某某，山东国欣律师事务所律师。

二审被上诉人（一审被告）：潘某某。

二审被上诉人（一审被告）：韩某某。

二审被上诉人（一审被告）：张某某。

委托诉讼代理人：关某某，山东齐鲁（潍坊）律师事务所律师。

委托诉讼代理人：姜某某，山东齐鲁（潍坊）律师事务所律师。

二审被上诉人（一审被告）：交通银行股份有限公司潍坊分行，住所地：潍坊市奎文区东风东街358号。

负责人：李某某。

委托诉讼代理人：左某，该行职工。

二审被上诉人（一审被告）：潍坊信义德拍卖有限公司，住所地：潍坊高新区东方路1928号。

法定代表人：杜某某，董事长。

委托诉讼代理人：高某某，该公司副经理。

（3）事实部分的写作顺序

《人民法院民事裁判文书制作规范》要求"再审案件应当先写明当事人的再审请求等诉辩意见，然后再简要写明原审基本情况。生效判决为一审判决的，原审基本情况先概述一审诉讼请求、法院认定的事实和裁判结果，再写明二审上诉请求、认定的事实、裁判理由和裁判结果"。

51. 民事裁定书（依职权对本院案件再审后，发回重审用）

×××人民法院
民事裁定书

（××××）……民再……号

原审上诉人（一审原告）：×××，……。
……
原审被上诉人（一审被告）：×××，……。
……
原审第三人：×××，……。
……

（以上写明当事人和其他诉讼参加人的姓名或者名称等基本信息）

原审上诉人×××与原审被上诉人×××、原审第三人×××……（写明案由）一案，本院于××××年××月××日作出（××××）……民×……号民事判决/民事调解书，已经发生法律效力。本院经审判委员会讨论决定，于××××年××月××日作出（××××）……民监……号民事裁定，再审本案。本院依法另行组成合议庭，开庭审理了本案。原审上诉人×××、原审被上诉人×××、原审第三人×××（写明当事人和其他诉讼参加人的诉讼地位和姓名或者名称）到庭参加诉讼（未开庭的，写明：本院依法组成合议庭审理了本案）。本案现已审理终结。

×××申请再审称，……（写明再审请求、事实和理由）。

×××辩称，……（概述被申请人的答辩意见）。

×××述称，……（概述原审其他当事人的意见）。

本院再审认为，……（写明发回重审的具体理由）。

依照《中华人民共和国民事诉讼法》第二百零七条第一款、第一百七十条第一款第×项规定，裁定如下：

一、撤销本院（××××）……民终……号民事判决/民事调解书及××××人民法院（××××）……民初……号民事判决；

二、本案发回×××人民法院重审。

审　判　长　×××
审　判　员　×××
审　判　员　×××

```
                                    ××××年××月××日
                                          （院印）
                                     书  记  员  ×××
```

【说明】

1. 本样式根据《中华人民共和国民事诉讼法》第二百零七条第一款、第一百七十条第一款第三项/第四项制定。供人民法院依职权对本院案件再审后，撤销原判，发回一审法院重审用。

2. 人民法院应在裁定书中全面公开发回重审的具体理由，不再另行附函说明。

【实例评注】

黑龙江省大庆市中级人民法院
民 事 裁 定 书 ①

（2015）庆民再字第 18 号

原审上诉人（一审被告）王某某，男，1966 年 6 月 3 日出生，汉族，农民，住黑龙江省林甸县东兴乡福兴小区。

委托代理人宋某某，哈尔滨市南岗区法正法律服务所法律工作者。

原审被上诉人（一审原告）姜某某，男，1960 年 9 月 8 日出生，汉族，农民，住黑龙江省林甸县林甸镇。

委托代理人尹某某（系姜某某妻子），女，1963 年 10 月 24 日出生，汉族，农民，住黑龙江省林甸县林甸镇。

原审上诉人王某某与原审被上诉人姜某某土地承包经营权纠纷一案，本院于 2014 年 3 月 19 日作出（2014）庆民二民终字第 82 号民事判决，已经发生法律效力。本院经审判委员会讨论决定，于 2014 年 12 月 24 日作出（2015）庆民申字第 6 号民事裁定，再审本案。本院依法另行组成合议庭，公开开庭审理了本案。原审上诉人王某某、代理人宋某某、原审被上诉人姜某某的委托代理人尹某某到庭参加诉讼。本案现已审理终结。

2013 年 5 月 27 日，一审原告姜某某起诉至黑龙江省林甸县人民法院称，原告在

---

① 来源：中国裁判文书网。

二轮土地承包时,应在福兴村分得承包地6.2亩、薪炭林地5亩。被告在外村已经分得土地,又在福兴村重复分得承包地,占用了原告应分得的承包地6.2亩,并取得《土地承包经营权证》,后该《土地承包经营权证》被政府撤销。姜某某要求被告王某某返还承包地6.2亩以及相应的粮补和直补款。一审被告王某某辩称,1.本案原告主体不适格,被告所承包的土地是福兴村发包的,且有《土地承包经营权证》,原告无法证明该土地是原告第一轮承包的土地;2.原告主张承包11.2亩土地没有法律依据。

黑龙江省林甸县人民法院一审查明,林甸县人民政府于2013年3月18日作出决定,撤销被告王某某在福兴村的土地承包经营权证书,东兴乡福兴村2013年5月15日出具证明信,证实福兴村将被告王某某已被林甸县人民政府撤销的11.2亩土地经营权划分给原告姜某某经营。因被告王某某现耕种该地块,原告姜某某诉讼至法院要求被告王某某返还原告11.2亩土地承包经营权,被告王某某在庭审中认为林甸县人民政府于2013年3月18日作出决定因被告王某某没有收到,应视为没有生效,但未向法庭提供充分证据证实其主张。

黑龙江省林甸县人民法院一审认为,依法取得的土地承包经营权受到法律保护,任何人不得侵犯。东兴乡福兴村依据林甸县政府于2013年3月18日作出的决定,将被告王某某已被撤销的11.2亩土地承包经营权划分给原告姜某某经营,没有违反法律规定,原告姜某某依法取得了该地块的经营承包权,因此要求被告王某某停止侵害的主张,应予支持。被告王某某认为林甸县政府作出的决定未生效,但未向法院提供充分证据证实其主张,因此对于被告王某某的主张,不予支持。判决:被告王某某停止侵害原告姜某某所享有承包经营权的11.2亩土地(6.2亩水田位置位于王某甲、西至李某某、南至林地、北至道;河东道北5亩西至王某乙、东至李某、南至道、北至沟)。案件受理费100元,由被告王某某承担。

王某某不服一审判决上诉至本院称,请求依法撤销原判,改判驳回被上诉人姜某某的诉讼请求,诉讼费用由被上诉人姜某某承担,理由如下:一、被上诉人姜某某提起诉讼的主体不适格,土地承包应当是村委会和村民之间签订承包合同,本案有权提起诉讼的应是发包人福兴村,故依法应当驳回被上诉人的诉讼请求;二、被上诉人姜某某主张的承包地没有经过民主程序,发包方属于越权发包;三、上诉人王某某取得的承包经营证不符合法定收回的情形;四、林甸县人民政府2013年3月18日作出的撤销上诉人王某某土地承包经营权证书的处理决定没有依法送达给上诉人王某某,该处理决定至今没有发生法律效力。二审过程中,上诉人补充上诉请求为要求法院将本案中止审理。

被上诉人姜某某答辩称,一审法院没有认定被上诉人的损失,被上诉人予以接受,争议的地原本就应由被上诉人耕种。

二审查明的事实与一审认定的事实一致。

本院二审认为，林甸县人民政府已经作出撤销上诉人王某某对诉争土地承包经营权的决定，经福兴村委会研究决定将诉争土地重新划分给了本案被上诉人姜某某，故被上诉人姜某某取得诉争土地承包经营权合法，一审法院予以支持正确。关于上诉人王某某提出的林甸县人民政府未给其送达决定书要求本案中止审理的问题，根据《中华人民共和国民事诉讼法》第一百五十条第一款第五项规定，有下列情形之一的，中止诉讼：（五）本案必须以另一案的审理结果为依据，而另一案尚未审结的。本案中上诉人王某某并没有提交证据证明自己已经针对林甸县人民政府的决定书提起了行政复议或行政诉讼，故在现有证据情况下，本案不符合法定中止审理情形。综上，一审法院判决认定事实清楚，适用法律正确。判决：驳回上诉，维持原判。

本院再审过程中，原审上诉人王某某称，原一、二审判决认定事实不清，适用法律错误，程序违法。原一、二审期间，原审上诉人已经向法院提交了大庆市政府法制办的说明，大庆市政府法制办已经受理了王某某对撤销《土地承包经营权证》的异议，一二审法院没有中止审理，属于程序错误。现在林甸县政府已经撤销了《林甸县人民政府关于撤销 2007 年第 045805 号土地承包经营权证书的决定》，原审上诉人的《土地承包经营权证》已经恢复，王某某要求撤销一、二审判决，驳回姜某某的诉讼请求。

原审被上诉人姜某某称，村里和乡里将土地分给原审上诉人是合法的，该土地本就应由原审被上诉人承包经营，请求法院维持原判。

本院再审认为，因《林甸县人民政府关于撤销 2007 年第 045805 号土地承包经营权证书的决定》已被黑龙江省林甸县人民政府决定撤销，本案原审据以认定案件事实的证据发生了变化，本案的案件事实亦随之变化。依照《中华人民共和国民事诉讼法》第二百零七条、第一百七十条之规定，裁定如下：

一、撤销本院（2014）庆民二民终字第 82 号民事判决及黑龙江省林甸县人民法院（2013）林兴民初字第 106 号民事判决；

二、本案发回黑龙江省林甸县人民法院重审。

二审案件受理费 100 元，退还原审上诉人王某某。

审　判　长　　朱峰娟
审　判　员　　曹国安
代理审判员　　伍　洋

二〇一五年六月二十六日

书　记　员　　路　鹏

〔评注〕

1. 本样式供人民法院依职权对本院案件再审后,撤销原判,发回一审法院重审用。本处实例是黑龙江省大庆市中级人民法院对本院已经发生法律效力的(2014)庆民二民终字第82号民事判决,经审判委员会讨论决定再审。经审理后,裁定撤销原判,发回一审法院重审,故适用本样式。

2. 本处实例是2015年制作的民事裁定,其格式与文书样式有一定区别,在制作此类文书时应当注意。

(1)标题

关于案号。根据最高人民法院《关于人民法院案件案号的若干规定》(2016年1月1日起施行)的附件1《人民法院案件类型及其代字标准》的规定,民事再审案件的类型代字为"民再"。

(2)正文

①首部

第一,当事人诉讼地位。《人民法院民事裁判文书制作规范》"当事人的诉讼地位"规定,再审民事案件当事人的诉讼地位表述为"再审申请人""被申请人"。其他当事人按照原审诉讼地位表述,例如,一审终审的,列为"原审原告""原审被告""原审第三人";二审终审的,列为"二审上诉人""二审被上诉人"等。再审申请人、被申请人和其他当事人诉讼地位之后,用括号注明一审、二审诉讼地位。本类案件是人民法院依职权对本院案件裁定再审,本样式中将当事人的诉讼地位表述为"原审上诉人""原审被上诉人",与上述规范要求不一致,也与其他文书样式的表述不一致。笔者建议依原审诉讼地位表述,即"二审上诉人""二审被上诉人"。

第二,委托诉讼代理人。《民事诉讼法》第五十八条第一款规定:"当事人、法定代理人可以委托一至二人作为诉讼代理人。"当事人委托了诉讼代理人的,在当事人基本情况后另起一行,写明"委托诉讼代理人",并写明其基本情况。有两个诉讼代理人的,分行分别写明。新民事诉讼文书样式将诉讼代理人表述为"委托诉讼代理人"。

第三,标点符号。参加诉讼人员的诉讼地位后应有冒号。

实例中当事人及其诉讼代理人的基本情况应表述为:

二审上诉人(一审被告):王某某,男,1966年6月3日出生,汉族,农民,住黑龙江省林甸县东兴乡福兴小区。

委托诉讼代理人:宋某某,哈尔滨市南岗区法正法律服务所法律工作者。

二审被上诉人(一审原告):姜某某,男,1960年9月8日出生,汉族,农民,住黑龙江省林甸县林甸镇。

委托诉讼代理人:尹某某(系姜某某妻子),女,1963年10月24日出生,汉族,农民,住黑龙江省林甸县林甸镇。

②事实

关于历次审理情况的表述。本样式中事实部分的制作,包括当事人的诉辩意见,再审的裁判理由,并未要求写明历次审理情况,以及再审查明的事实和证据。《最高人民法院关于民事审判监督程序严格依法适用指令再审和发回重审若干问题的规定》第四条规定:"人民法院按照第二审程序审理再审案件,发现原判决认定基本事实不清的,一般应当通过庭审认定事实后依法作出判决。但原审人民法院未对基本事实进行过审理的,可以裁定撤销原判决,发回重审。原判决认定事实错误的,上级人民法院不得以基本事实不清为由裁定发回重审。"第五条规定:"人民法院按照第二审程序审理再审案件,发现第一审人民法院有下列严重违反法定程序情形之一的,可以依照民事诉讼法第一百七十条第一款第(四)项的规定,裁定撤销原判决,发回第一审人民法院重审:(一)原判决遗漏必须参加诉讼的当事人的;(二)无诉讼行为能力人未经法定代理人代为诉讼,或者应当参加诉讼的当事人,因不能归责于本人或者其诉讼代理人的事由,未参加诉讼的;(三)未经合法传唤缺席判决,或者违反法律规定剥夺当事人辩论权利的;(四)审判组织的组成不合法或者依法应当回避的审判人员没有回避的;(五)原判决、裁定遗漏诉讼请求的。"该规定对发回重审作出了严格的限制。基于原审人民法院未对基本事实进行过审理,或者基于第一审人民法院严重的程序违法的前由,再审人民法院裁定撤销原判决,发回第一审人民法院重审,本案的审理将回到"初始状态"。因此,历次审理的情况(包括认定的事实和证据等)对于第一审人民法院的重审从法律上讲不具有参考价值,为了避免"先入为主",也为了实现裁判文书的繁简分流,发回重审案件的裁定均不要求表述历次审理情况。

3.《最高人民法院关于民事审判监督程序严格依法适用指令再审和发回重审若干问题的规定》第六条规定:"上级人民法院裁定指令再审、发回重审的,应当在裁定书中阐明指令再审或者发回重审的具体理由。"本样式要求人民法院在裁定书中全面公开发回重审的具体理由,不能只是简略阐述为"程序违法""事实不清"等。本处实例在"本院认为"部分写明:"因《林甸县人民政府关于撤销2007年第045805号土地承包经营权证书的决定》已被黑龙江省林甸县人民政府决定撤销,本案原审据以认定案件事实的证据发生了变化,本案的案件事实亦随之变化。"原审人民法院没有对改变了的基本事实进行过审理,黑龙江省大庆市中级人民法院裁定撤销原判,发回黑龙江省林甸县人民法院重审。

（五）人民检察院抗诉再审案件

52. 民事裁定书（抗诉案件提审或指令下级法院再审用）

×××人民法院
民事裁定书

（××××）……民抗……号

抗诉机关：×××人民检察院。
申诉人(一、二审的诉讼地位)：×××，……。
……
被申诉人(一、二审的诉讼地位)：×××，……。
……
二审上诉人/二审被上诉人/第三人(一审诉讼地位)：×××，……。
……
（以上写明当事人和其他诉讼参加人的姓名或者名称等基本信息）

申诉人×××因与被申诉人×××……（写明案由）一案，不服×××人民法院（××××）……号民事判决/民事裁定/民事调解书，向××××人民检察院申诉。××××人民检察院认为本案符合《中华人民共和国民事诉讼法》第二百条第×项规定的情形，以……号民事抗诉书向本院提出抗诉。

依照《中华人民共和国民事诉讼法》第二百一十一条、第二百零六条规定，裁定如下：

一、本案由本院提审/本案指令××××人民法院再审；
二、再审期间，中止原判决/裁定/调解书的执行。

审　判　长　×××
审　判　员　×××
审　判　员　×××

××××年××月××日
（院印）
书　记　员　×××

【说明】

1. 本样式根据《中华人民共和国民事诉讼法》第二百零八条、第二百一十一条、第二百零六条制定，供人民法院对人民检察院提出抗诉的案件，裁定提审或者指令再审用。

2. 因人民检察院抗诉裁定再审的，首先写明抗诉机关，随后列明"申诉人（一、二审的诉讼地位）"，再列明"被申诉人（一、二审的诉讼地位）"，其他当事人按原审诉讼地位表述。

3. 因人民检察院提出抗诉而再审的案件，在提起再审的裁定书中，简要写明人民检察院提出的抗诉事由即可，不应对该抗诉事由成立与否等问题作出评判。

4. 如果依据《民事诉讼法》第二百零六条规定在裁定再审时不中止原判决、裁定、调解书的执行，则上述裁定的主文中不表述第二项。

【实例评注】

江苏省高级人民法院
民事裁定书 ①

（2016）苏民抗23号

抗诉机关：江苏省人民检察院。

申诉人（一审被告）：南通华荣建设集团有限公司，住所地在江苏省南通市港闸区城港路200号。

法定代表人：张某某，该公司董事长。

被申诉人（一审原告、二审被上诉人）：唐某某。

二审上诉人（一审被告）：顾某。

申诉人南通华荣建设集团有限公司（以下简称华荣公司）因与被申诉人唐某某、二审上诉人顾某建设工程施工合同纠纷一案，不服江苏省南通市中级人民法院（2015）通中民终字第00415号民事判决，经向本院申请再审被驳回后，向检察机关申诉。江苏省人民检察院认为本案符合《中华人民共和国民事诉讼法》第二百条第二项规定的情形，以苏检民（行）监〔2016〕32000000036号民事抗诉书向本院提出抗诉。

依照《中华人民共和国民事诉讼法》第二百一十一条、第二百零六条的规定，裁定如下：

---

① 来源：中国裁判文书网。

一、本案指令江苏省南通市中级人民法院再审；

二、再审期间，中止原判决的执行。

审 判 长　章　润

代理审判员　韩文彦

代理审判员　司继宾

二〇一六年八月二十九日

书 记 员　吴剑铭

〔评注〕

1. 本样式供人民法院对人民检察院提出抗诉的案件，裁定提审或者指令再审用。《民事诉讼法》第二百一十条规定："人民检察院提出抗诉的案件，接受抗诉的人民法院应当自收到抗诉书之日起三十日内作出再审的裁定；有本法第二百条第一项至第五项规定情形之一的，可以交下一级人民法院再审，但经该下一级人民法院再审的除外。"对符合《民诉法解释》第四百一十七条规定的受理条件的抗诉案件，人民法院受理后，应当裁定提审或者指令下一级人民法院再审。可以指令下一级人民法院再审的五种情形是：(1)有新的证据，足以推翻原判决、裁定的；(2)原判决、裁定认定的基本事实缺乏证据证明的；(3)原判决、裁定认定事实的主要证据是伪造的；(4)原判决、裁定认定事实的主要证据未经质证的；(5)对审理案件需要的主要证据，当事人因客观原因不能自行收集，书面申请人民法院调查收集，人民法院未调查收集的。除此以外，接受抗诉的人民法院应当作出提审的裁定。

2. 因人民检察院提出抗诉而再审的案件，在提起再审的裁定书中，简要写明人民检察院提出的抗诉事由即可，不需要对该抗诉事由成立与否等问题作出评判。抗诉事由成立与否应在对案件进行实体审理后，在民事判决中作出评判。

3. 本样式"说明"第四项提出，"如果依据《民事诉讼法》第二百零六条规定在裁定再审时不中止原判决、裁定、调解书的执行，则上述裁定的主文中不表述第二项"。

《民事诉讼法》第二百零六条规定："按照审判监督程序决定再审的案件，裁定中止原判决、裁定、调解书的执行，但追索赡养费、扶养费、抚育费、抚恤金、医疗费用、劳动报酬等案件，可以不中止执行。"基于这一条款规定，对于审判监督程序"可以不中止执行"的情形，如何处理判项，《民事诉讼文书样式》"十八、审判监督程序"的文书样式有两种不同的处理方式：其中，本章文书样式4、样式6、样式7、样式37等，规定裁判主文第二项表述为："二、再审期间，不中止原判决/原裁定/原调解书的执行。"；本章文书样式41、样式44、样式45、样式52、样式61等，规定裁定再审时不中止原判决、裁定、调解书的执行，上述裁定的主文中不表述第二项。

《民事诉讼法》第二百零六条明确规定，中止原判决、裁定、调解书的执行要通过

"裁定",对于该条款列举的几类案件,认为可以不中止执行时,是自动保持继续执行,还是同样需要裁定不中止,并不十分明确。笔者认为,由于人民法院已经对案件裁定提审或者指令再审,案件的裁判结果重新处于悬而未决的状态,如果对于可以不中止执行的情形,人民法院不裁定"不中止原判决/裁定/调解书的执行",会使执行机关处于两难境地,也使当事人对自己是否享有申请执行的权利或者承担执行的义务不够明确。因此,笔者建议,若人民法院经审查认为本案可以不中止执行的,裁定主文第二项表述为:"二、再审期间,不中止原判决/裁定/调解书的执行。"如原生效裁判没有实际执行内容的,如"驳回起诉""驳回上诉请求"等,则只表述"本院由本院提审/指令×××人民法院再审",不表述裁定主文第二项。

53. 民事裁定书（抗诉案件不予受理抗诉用）

××××人民法院
民事裁定书

（××××）……民抗……号

抗诉机关：××××人民检察院。
申诉人（一、二审的诉讼地位）：×××,……。
……
被申诉人（一、二审的诉讼地位）：×××,……。
……
二审上诉人/二审被上诉人/第三人（一审诉讼地位）：×××,……。
……
（以上写明当事人和其他诉讼参加人的姓名或者名称等基本信息）

申诉人×××因与被申诉人×××……（写明案由）一案,×××不服××××人民法院于××××年××月××日作出（××××）……号民事判决/民事裁定,向××××人民检察院申诉。××××人民检察院作出……号民事抗诉书,向本院提出抗诉。

本院经审查认为,……（阐明抗诉不应受理的法定理由）。

鉴于检察机关未撤回抗诉（或未对抗诉予以补正）,依照《最高人民法院关于适用〈中华人民共和国民事诉讼法〉若干问题的解释》第四百一十七条/第四百一十五条规定,裁定如下：

对××××人民检察院就××××人民法院（××××）……号民事判决/民事裁定提出的抗诉,本院不予受理。

	审　判　长　××× 审　判　员　××× 审　判　员　××× ××××年××月××日 （院印） 书　记　员　×××

【说明】

1. 本裁定书样式根据《最高人民法院关于适用〈中华人民共和国民事诉讼法〉的解释》第四百一十七条第二款、第四百一十五条制定，供人民法院对检察机关的抗诉裁定不予受理用。

2. 人民检察院依当事人的申请对生效判决、裁定提出抗诉，符合下列条件的，人民法院应当在三十日内裁定再审：(1)抗诉书和原审当事人申请书及相关证据材料已经提交；(2)抗诉对象为依照民事诉讼法和本解释规定可以进行再审的判决、裁定；(3)抗诉书列明该判决、裁定有民事诉讼法第二百零八条第一款规定情形；(4)符合民事诉讼法第二百零九条第一款第一项、第二项规定情形。

不符合前款规定的，人民法院可以建议人民检察院予以补正或者撤回；不予补正或者撤回的，人民法院可以裁定不予受理。

3. 依据《最高人民法院关于适用〈中华人民共和国民事诉讼法〉的解释》第四百一十五条规定，人民检察院依照民事诉讼法第二百零九条第一款第三项规定对有明显错误的再审判决、裁定提出抗诉或者再审检察建议的，人民法院应予受理。

【实例评注】

浙江省高级人民法院
民事裁定书 [①]

（2014）浙民抗字第22号

抗诉机关：浙江省人民检察院。

申诉人（一审原告、二审上诉人）：钟某某。

[①] 来源：中国裁判文书网。

被申诉人(一审被告、二审被上诉人):沃茨水暖技术(台州)有限公司。

法定代表人:傅某某。

申诉人钟某某与被申诉人沃茨水暖技术(台州)有限公司劳动争议纠纷一案,台州市中级人民法院于2008年12月11日作出(2008)台民一终字第746号民事判决,已经发生法律效力。钟某某不服,向检察机关申诉。2014年6月17日,浙江省人民检察院作出浙检民(行)监(2014)33000001033号民事抗诉书,以本院逾期未对钟某某再审申请作出裁定,原判认定的基本事实缺乏证据证明,有新的证据足以推翻原审判决,适用法律错误为由对本案提出抗诉。

经审查,浙江省人民检察院提出的抗诉,不符合《中华人民共和国民事诉讼法》第二百零九条第一款的规定。依照《中华人民共和国民事诉讼法》第一百五十四条第一款第(十一)项的规定,裁定如下:

对浙江省人民检察院就本案提出的抗诉不予受理。

审　判　长　刘国华
代理审判员　谢静华
代理审判员　张静静

二〇一四年七月二十一日

(代)书记员　倪芸萍

〔评注〕

1. 本样式供人民法院对检察机关的抗诉裁定不予受理用。人民检察院可以依法对生效判决、裁定,以及再审判决、裁定提出抗诉。人民法院是否受理,条件有所不同。

对于生效判决、裁定,《民诉法解释》第四百一十七条第一款规定:"人民检察院依当事人的申请对生效判决、裁定提出抗诉,符合下列条件的,人民法院应当在三十日内裁定再审:(一)抗诉书和原审当事人申请书及相关证据材料已经提交;(二)抗诉对象为依照民事诉讼法和本解释规定可以进行再审的判决、裁定;(三)抗诉书列明该判决、裁定有民事诉讼法第二百零八条第一款规定情形;(四)符合民事诉讼法第二百零九条第一款第一项、第二项规定情形。"第二款规定:"不符合前款规定的,人民法院可以建议人民检察院予以补正或者撤回;不予补正或者撤回的,人民法院可以裁定不予受理。"上述四项条件的审查从性质上看是形式审查,即审查检察机关移送的抗诉材料是否齐备。人民检察院提出的抗诉不符合该条第一款规定的,人民法院一般应先与人民检察院沟通,建议其补正或者撤回。人民检察院依法补正后,人民法院应予受理;不予补正或者撤回的,人民法院可以引用第四百一十七条第二款规定,裁定不予受理。

对于再审判决、裁定，《民诉法解释》第四百一十五条规定："人民检察院依照民事诉讼法第二百零九条第一款第三项规定对有明显错误的再审判决、裁定提出抗诉或者再审检察建议的，人民法院应予受理。"这一条款要求人民检察院对此类案件提出抗诉或者再审检察建议时，要指出再审判决、裁定中的明显错误。因此，在审判实践中，"如果检察机关对再审判决、裁定提出的抗诉和再审检察建议未指出明显错误的，即不符合受理条件，人民法院应当建议人民检察院撤回；人民检察院不撤回的，裁定不予受理抗诉或者将再审检察建议附函退回"。①

2. 本案中，浙江省人民检察院对浙江省高级人民法院作出的生效民事判决提出抗诉，浙江省高级人民法院经审查后，认为不符合受理条件，裁定对抗诉不予受理，故适用本样式。本处实例是2014年7月作出的民事裁定，其格式与新样式有一定区别，在制作此类文书时应当注意。

（1）案号

根据最高人民法院《关于人民法院案件案号的若干规定》（2016年1月1日起施行）的附件1《人民法院案件类型及其代字标准》的规定，民事抗诉再审审查案件的类型代字为"民抗"。

（2）裁判理由及裁判依据

《最高人民法院关于全面深化人民法院改革的意见》[即修订后的《人民法院第四个五年改革纲要（2014－2018）》，2015年2月26日发布]第34点"推动裁判文书说理改革"要求"加强对当事人争议较大、法律关系复杂、社会关注度较高的一审案件，以及所有的二审案件、再审案件、审判委员会讨论决定案件裁判文书的说理性"。对此类检察机关提出抗诉的案件，要求具体阐明抗诉不应受理的法定理由。在《民诉法解释》颁布前，司法实践中出现此种情形，如实例，人民法院引用《民事诉讼法》第一百五十四条规定裁定不予受理。司法解释颁布后，人民法院在制作不予受理抗诉的民事裁定时，直接引用《民诉法解释》第四百一十七条第二款即可。

（3）根据《人民法院民事裁判文书制作规范》的规定，引用法律条款中的项的，一律使用汉字不加括号，例如："第一项"。实例中引用的法律条款应写为"《中华人民共和国民事诉讼法》第一百五十四条第一款第十一项"。

---

① 沈德咏主编：《最高人民法院民事诉讼法司法解释理解与适用》（下），人民法院出版社2015年版，第1098页。

54. 民事判决书（抗诉案件受指令法院按一审程序再审用）

××××人民法院
民事判决书

（××××）……民再……号

抗诉机关：××××人民检察院。
申诉人（原审诉讼地位）：×××，……。
……
被申诉人（原审诉讼地位）：×××，……。
……
原审原告/被告/第三人：×××，……。
……
（以上写明当事人和其他诉讼参加人的姓名或者名称等基本信息）

申诉人×××因与被申诉人×××及×××（写明原审其他当事人诉讼地位、姓名或名称）……（写明案由）一案，不服本院（××××）……号民事判决/民事裁定，向××××人民检察院申诉。××××人民检察院作出……号民事抗诉书，向××××人民法院提出抗诉。××××人民法院作出（××××）……号民事裁定，指令本院再审本案。本院依法另行组成合议庭，开庭审理了本案。××××人民检察院指派检察员×××出庭。申诉人×××、被申诉人×××（写明当事人和其他诉讼参加人的诉讼地位和姓名或者名称）到庭参加诉讼。本案现已审理终结。

××××人民检察院提出抗诉意见，……（概括写明人民检察院的抗诉理由）。

×××称，……（写明再审过程中申诉人的再审请求、事实和理由）。

×××辩称，……（概述被申诉人的答辩意见）。

××××述称，……（概述原审其他当事人的意见）。

×××向本院起诉请求：……（写明原审原告的诉讼请求）。本院原审认定事实：……。本院原审认为，……（概述原审判理由）。本院原审判决：……（写明原审判决主文）。

围绕当事人的再审请求，本院对有争议的证据和事实认定如下：

……（写明再审法院采信证据、认定事实的意见和理由，对原审法院认定相关的事实进行评判）。

本院再审认为，……（写明争议焦点，根据再审认定的案件事实和相关法律，对再审请求进行分析评判，说明理由）。

依照《中华人民共和国民事诉讼法》第二百零七条第一款、……（写明法律文件名称及其条款项序号）规定，判决如下：

一、……；
二、……。
（以上分项写明裁判结果）
……（写明诉讼费用的负担）。

如不服本判决，可在判决书送达之日起十五日内，向本院递交上诉状，并按对方当事人的人数提出副本，上诉于××××人民法院，并预交上诉案件受理费。

审　判　长　×××
审　判　员　×××
审　判　员　×××

××××年××月××日
（院印）
书　记　员　×××

【说明】

本判决书样式根据《中华人民共和国民事诉讼法》第二百零七条第一款制定，供因人民检察院抗诉，上级人民法院指令再审，受指令再审的人民法院按照第一审程序审理后，作出实体处理用。

【实例评注】

吉林省长岭县人民法院
民事判决书 ①

（2016）吉 0722 民再 3 号

抗诉机关松原市人民检察院。
申诉人梁某某（原审被告）。
被申诉人徐某某（原审原告）。
原告徐某某与被告梁某某身体权纠纷一案，本院 2014 年 7 月 7 日作出（2014）长民初字第 1342 号民事判决，已经发生法律效力。原审被告梁某某向本院申请再审。本院

---

① 来源：中国裁判文书网。

2015年8月4日作出(2015)长民监字第3号民事裁定：驳回再审申请人梁某某的再审申请。2015年8月7日，梁某某向长岭县人民检察院申请抗诉。2015年11月30日，松原市人民检察院作出松检民(行)监〔2015〕22070000082号民事抗诉书，向松原市中级人民法院提起抗诉。松原市中级人民法院于2016年2月24日作出(2016)吉07民抗12号民事裁定：一、指令长岭县人民法院对本案进行再审。二、再审期间，中止原判决的执行。本院依法另行组成合议庭，公开开庭进行了审理。长岭县人民检察院指派检察员郭金凤出庭支持抗诉。原、被告均到庭参加诉讼。本案现已审理终结。

原审原告诉称，2014年2月25日，我与被告因琐事发生口角，被告用剪子将我背部扎伤。事发后我被送往长岭县宏光医院治疗，诊断为"颈背部开放性外伤"，住院20天，二级护理，花费医疗费7 739.74元。现起诉要求被告赔偿医疗费等经济损失共计13 078.34元。

原审被告辩称，原告所述纠纷属实。2014年2月25日，我与原告因琐事发生口角。当时我们互相厮打了，还有其他人打我了，我也看病了。我不同意赔偿原告的经济损失。

原审查明，2014年2月25日下午3时许，原告在本屯张某某家，被告进屋后因为票据的事和原告争吵起来。被告从张某某家窗台拿起一把剪子扎原告后背几下，原、被告厮打在一起，后被在场人拉开。原告被送往长岭县宏光医院住院治疗，诊断为"颈背部开放性外伤"。住院治疗20天。花费医疗费7 739.74元。现原告起诉，要求被告赔偿医疗费等经济损失共计13 078.34元。被告抗辩还有其他人打他了，当时是互相厮打，不同意赔偿。

原审认为，原、被告间因事发生争执，被告直接拿剪子将原告扎伤，被告应当承担全部赔偿责任。依照《中华人民共和国民法通则》第一百零六条第二款、第一百一十九条、《中华人民共和国侵权责任法》第六条、第十六条、最高人民法院《关于审理人身损害赔偿案件适用法律若干问题的解释》第十七条、第十九条、第二十条、第二十一条、第二十三条之规定，判决如下：被告梁某某赔偿原告徐某某医疗费7 739.74元、误工费1 618.8元(80.94元×20天)、护理费2 414.8元(120.74元×20天)、住院期间伙食补助费计1 000元(50元×20天)，合计人民币12 773.34元。此款于判决生效后付清。被告如未按本判决指定的期间履行上述中的给付金钱义务，应当依照《中华人民共和国民事诉讼法》第二百五十三条的规定，加倍支迟延履行期间的债务利息。诉讼费500元，减半收取250元，由被告负担250元；剩余250元，由本院退还给原告。

松原市人民检察院抗诉认为，长岭县人民法院在认定案件事实过程中并未充分考虑到徐某某饮酒，徐某某与其哥哥徐某甲共同居住，徐某某因梁某某的妻子王某某死亡赔偿一事与梁某某存有矛盾等情节，而是直接认定"被告(梁某某)直接拿剪子将原告(徐某某)扎伤"，进而作出"被告(梁某某)应当承担全部责任"，属于认定的事实缺乏证据证明。

被申诉人再审诉称，2014年2月25日下午，我在张某某家吃饭，当时喝了3两多白酒。饭后约4点来钟，被告进屋就骂，说用我哥徐某甲给孙某某看病的医疗费收据顶孙某某起诉被告的赔偿款。我说不能给顶。被告从窗台上拿起剪子扎我后背三、四下，将我背部扎伤。我没打被告。我们被在场的人拉开后，被告就走了。我被送往长岭县宏光医院治疗，诊断为"颈背部开放性外伤"，住院20天，花费医疗费7 739.74元。现起诉要求被告赔偿医疗费等经济损失共计13 078.34元。

申诉人再审辩称，2014年2月25日吃完中午饭，我去徐某甲家，与他商量孙某某赔偿的事，他同意给出1 000多元。后来我就去张某某家，当时在场得有徐某丁、贾某某、方某（贾某某妻子）、贾某乙、马某（贾某乙妻子）、张某某夫妇、曲某某、于某某。于某某问我干啥，我就骂老孙家得那么多钱还要钱。徐某某说，不让我妻子走她非得走，坐飞机摔死与他家没关系。我俩就吵了起来。徐某某打我鼻梁一拳，我俩就撕巴到一起。我们一起抢剪子，我也不知道是不是我扎的徐某某，因为当时我大脑一片空白。后来剪子被贾某乙抢下来了。被大家拉开后，我就回家了。

再审查明，2014年2月25日下午，徐某某在本屯张某某家吃饭，当时喝了大约三两多白酒。被告进屋后因为票据的事和原告争吵起来。被告从张某某家窗台拿起一把剪子扎原告后背几下，原、被告厮打在一起，后被在场人拉开。原告被送往长岭县宏光医院住院治疗，诊断为"颈背部开放性外伤"。住院治疗20天，二级护理，花费医疗费7 739.74元。现原告起诉，要求被告赔偿医疗费等经济损失共计13 078.34元。被告抗辩还有其他人打他了，当时是互相厮打，不同意赔偿。

上记事实，有原、被告陈述、公安机关卷宗材料、检察院卷宗材料予以证实，属实无异。

本院认为，原、被告因琐事发生口角，被告用剪子将原告扎伤，双方厮打在一起，被告应对原告因伤造成的经济损失承担主要赔偿责任。原告酒后遇事未冷静处理，致该纠纷发生，应对自己的损失承担次要责任。本案经本院审判委员会讨论决定，依照《中华人民共和国民法通则》第一百零六条第二款、第一百一十九条、第一百三十一条、《中华人民共和国侵权责任法》第六条、第十六条、《最高人民法院〈关于审理人身损害赔偿案件适用法律若干问题的解释〉》第十七条、第十九条、第二十条、第二十一条、第二十三条、《最高人民法院关于适用〈中华人民共和国民事诉讼法〉的解释》第四百零七条第二款的规定，判决如下：

一、撤销本院（2014）长民初字第1342号民事判决。

二、被告梁某某赔偿原告徐某某医疗费7 739.74元、误工费1 618.8元（80.94元×20天）、护理费2 414.8元（120.74元×20天）、住院期间伙食补助费1 000元（50元×20天），合计人民币12 773.34元的80%，即人民币10 218.67元。此款于判决生效后付清。

被告如未按本判决指定的期间履行上述中的给付金钱义务,应当依照《中华人民共和国民事诉讼法》第二百五十三条的规定,加倍支迟延履行期间的债务利息。

诉讼费500元,原审已退还原告250元;剩余250元,由原告负担50元,被告负担200元。

如不服本判决,可在判决书送达之日起十五日内,向本院递交上诉状,并按对方当事人的人数提出副本,上诉于吉林省松原市中级人民法院。

审　判　长　　李晓东
代理审判员　　宋　佳
人民陪审员　　孙天光
二〇一六年八月十二日
书　记　员　　王甘菊

〔评注〕

1. 本样式供因人民检察院抗诉,上级人民法院指令再审,受指令再审的人民法院按照第一审程序审理后,作出实体处理用。本案是松原市人民检察院提出抗诉后,松原市中级人民法院指令长岭县人民法院对本案进行再审。长岭县人民法院按照第一审程序审理后,作出实体判决,故适用本样式。

2. 本处实例与样式的要求不完全一致,值得注意。

(1) 当事人诉讼地位及基本情况

《人民法院民事裁判文书制作规范》规定,抗诉再审案件,应当写明抗诉机关及申诉人与被申诉人的诉讼地位。再审申请人、被申请人和其他当事人诉讼地位之后,用括号注明一审、二审诉讼地位。根据文书样式的要求,参加诉讼人员的诉讼地位后应有冒号。本处实例的诉讼参加人基本情况应写为:

抗诉机关:松原市人民检察院。

申诉人(原审被告):梁某某。

被申诉人(原审原告):徐某某。

(2) 事实部分的写作顺序

《人民法院民事裁判文书制作规范》要求,再审案件应当先写明当事人的再审请求等诉辩意见,然后再简要写明原审基本情况。生效判决为一审判决的,原审基本情况应概述一审诉讼请求、法院认定的事实、裁判理由和裁判结果。本样式是因抗诉引起的再审,故样式要求应首先写明检察机关的抗诉理由,再审过程中申诉人的再审请求、事实和理由,被申诉人的答辩意见,原审其他当事人的意见,然后再写明原审基本情况,包括原审原告的诉讼请求,原审认定事实、判决理由和判决结果。本处实例包含了上述内容,但写作顺序与格式要求不相一致。

(3)引用法条

实例引用法条时漏引了《民事诉讼法》第二百零七条第一款。

3. 按照第一审程序再审的案件,所作判决并非终审判决,应当写明当事人可以向上一级人民法院上诉。

4. 制作本判决书时,另请参照本章文书样式14"民事判决书(依申请提审判决用)"的说明和评注。

55. 民事判决书(抗诉案件受指令法院按二审程序再审用)

×××人民法院
民事判决书

(××××)……民再……号

抗诉机关:××××人民检察院。
申诉人(一审、二审诉讼地位):×××,……。
……
被申诉人(一审、二审诉讼地位):×××,……。
……
二审上诉人/二审被上诉人/第三人(一审诉讼地位):×××,……。
……
(以上写明当事人和其他诉讼参加人的姓名或者名称等基本信息)

申诉人×××因与被申诉人×××及×××(写明原审其他当事人诉讼地位、姓名或名称)……(写明案由)一案,不服本院(××××)……号民事判决/民事裁定,向××××人民检察院申诉。××××人民检察院作出……号民事抗诉书,向××××人民法院提出抗诉。××××人民法院作出(××××)……号民事裁定,指令本院再审本案。本院依法另行组成合议庭,开庭审理了本案。××××人民检察院指派检察员×××出庭。申诉人×××、被申诉人×××(写明当事人和其他诉讼参加人的诉讼地位和姓名或者名称)到庭参加诉讼。(未开庭的,写明:本院依法组成合议庭审理了本案)。本案现已审理终结。

××××人民检察院抗诉认为,……(概括写明人民检察院的抗诉理由)。

×××称,……(写明再审过程中申诉人的再审请求、事实和理由)。

×××辩称,……(概述被申诉人的答辩意见)。

×××述称,……(概述原审其他当事人的意见)。

×××向一审法院起诉请求：……（写明一审原告的诉讼请求）。一审法院认定事实：……。一审法院判决：……（写明一审判决主文）。

×××不服一审判决，上诉请求：……（写明上诉请求）。二审法院认定事实：……（概述二审认定事实）。二审法院认为，……（概述二审判决理由）。二审法院判决：……（写明二审判决主文）。

围绕当事人的再审请求，本院对有争议的证据和事实认定如下：

……（写明再审法院采信证据、认定事实的意见和理由，对一审、二审法院认定相关的事实进行评判）。

本院再审认为，……（写明争议焦点，根据再审认定的案件事实和相关法律，对再审请求进行分析评判，说明理由）。

综上所述，……（对当事人的再审请求是否成立进行总结评述）。依照《中华人民共和国民事诉讼法》第二百零七条第一款、第一百七十条第一款第×项、……（写明法律文件名称及其条款项序号）规定，判决如下：

一、……；

二、……。

（以上分项写明判决结果）

……（写明诉讼费用的负担）。

本判决为终审判决。

审　判　长　×××
审　判　员　×××
审　判　员　×××

××××年××月××日
（院印）
书　记　员　×××

【说明】

本判决书样式根据《中华人民共和国民事诉讼法》第二百零七条第一款、第一百七十条第一款制定，供因人民检察院抗诉，上级人民法院指令再审，受指令的人民法院按照第二审程序审理后作出实体处理用。

【实例评注】

安徽省铜陵市中级人民法院
民事判决书 ①

(2016)皖 07 民再 4 号

抗诉机关：安徽省人民检察院。

申诉人（一审被告，二审被上诉人）：沈某某，男，1952 年 8 月 23 日出生，汉族，系铜陵市银圣艺术护栏厂厂主，个体工商户，住安徽省铜陵市铜官山区。

委托代理人：杜某某，安徽铜都律师事务所律师。

被申诉人（一审原告、二审上诉人）：潘某某，系西湖劳务公司员工。

被申诉人（一审原告、二审上诉人）：金某某。

二被申诉人委托代理人：张某，西湖司法所职工（内退）。

申诉人沈某某因与被申诉人潘某某、金某某合伙协议纠纷一案，不服本院 2014 年 6 月 4 日作出的(2014)铜中民二终字第 00037 号民事判决，于 2015 年 1 月 6 日向安徽省铜陵市人民检察院申诉。安徽省人民检察院于 2015 年 5 月 18 日作出皖检民（行）监〔2015〕34000000056 号民事抗诉书，向安徽省高级人民法院提出抗诉。安徽省高级人民法院于 2015 年 7 月 13 日作出(2015)皖民抗字第 00046 号民事裁定，指令本院再审本案。本院依法另行组成合议庭，于 2016 年 6 月 14 日公开开庭审理了本案。安徽省铜陵市人民检察院指派检察员刘胜出庭。申诉人沈某某和委托代理人杜某某，被申诉人潘某某、金某某和委托代理人张某到庭参加诉讼。本案现已审理终结。

2013 年 11 月 19 日，一审原告潘某某、金某某起诉至铜陵市铜官山区人民法院，请求判令：1. 被告沈某某将合伙资产拆迁补偿款 137 580 元按各三分之一标准分配给两原告每人 45 860 元；2. 被告沈某某按份额承担合伙投资 2.7 万元；3. 诉讼费用由被告负担。潘某某、金某某诉称：2009 年 10 月 26 日潘某某、金某某、沈某某三人合伙投资铜陵艺术护栏厂。合伙协议约定沈某某以原有证照，潘某某、金某某以投入所需资金进行合伙。合伙中，除利用房屋租金投入外，潘某某、金某某还为合伙投入资金 8.1 万元，沈某某未能按份承担。2012 年 6 月 20 日，铜陵瑞莱科技有限公司因需要使用合伙项目地块，与沈某某签订拆迁补偿协议。沈某某领取补偿金 137 580 元。2013 年 8 月，潘某某、金某某要求沈某某分配补偿款并承担投资，被其拒

---

① 来源：中国裁判文书网。

绝。沈某某行为违反了合伙协议约定。

一审被告沈某某在庭审中辩称：2009年潘某某、金某某与被告签订了合伙协议，但潘某某、金某某并没有实际履行合伙协议，后续开发资金没有筹措、无任何账目。潘某某、金某某提供的两份投资清单及收据系伪造。庭审中，潘某某、金某某承认投资清单和收据系自己事后作出。出具收据的铜陵市郊区英龙门业经营部，当时没有注册成立。潘某某、金某某向法庭提交的证据不真实、不合法。依据协议潘某某、金某某履行出资需提供相应的账目凭据。庭审时的证人证言均证实2010年9月份左右，该地段无建筑物。沈某某提供的建设临时性住房协议、安徽五建建设工程集团有限公司铜陵分公司出具的证明材料、城管中队汪某某对此均证实该建筑非原告方建设。拆迁补偿项目是2012年2月沈某某与第三方合作所建，与潘某某、金某某无关，故请求驳回潘某某、金某某的诉讼请求。

一审法院查明：2009年10月26日潘某某、金某某与沈某某三人签订《协议书》一份，约定：在沈某某原选矿厂（化工总厂祥力公司院墙外北侧）共同开发项目；沈某某以原货场和办证项目及与厂方所签订的合同等有效手续为基础，吸收潘某某和金某某入股、共同开发，具体工作由潘某某主持；后续开发资金由潘某某、金某某筹措，筹措资金的费用、利息，总体运作开支费用等全部入账，由三方共同承担，收入和支出要账目明确、公开，每季度结算一次；分配方面，在利益共享亏损共担、滚动式发展的基础上，先还本息，后分净利润的百分之五十，提留净利润的百分之五十做公积金；以后如不能开发或无法继续发展时，所有的动产或不动产产权全部归三方共同所有，由三方共同处理。另查明，2012年6月20日，铜陵瑞莱科技有限公司（甲方）与铜陵艺术护栏厂沈某某（乙方）签订一份《拆迁补偿协议》。双方约定，甲方考虑到乙方长期居住于此地，乙方搬迁将给乙方造成诸多不便，甲方承诺支付乙方以下补偿金：1. 已经拆除的铁门和门墩5 000元；2. 货场一块水泥地坪17 500元；3. 砖瓦结构平房：$134m^2 × 360元/m^2 = 42 840元$；4. 活动板房：$108m^2 × 260元/m^2 = 28 080元$；5. 护栏厂大门混凝土地坪：10 000元；6. 铁粉被埋损失赔偿14 160元；7. 银圣艺术护栏厂搬迁20 000元；补偿金支付方式：根据双方协议，乙方承诺将在2012年9月搬迁完毕（生产设备，原材料，生活办公设施全部拆离现场，以及安钛公司施工人员临时居住的违章工棚、厕所、锅炉房等全部自行拆除完毕，经由甲方现场验收合格后），甲方一次性将全部补偿金137 580元支付给乙方。

一审法院认为，潘某某、金某某与沈某某之间签订了协议书，双方形成合伙关系。潘某某、金某某主张合伙关系形成以后实际履行了合伙协议，潘某某、金某某应当对合伙已经实际履行承担举证责任。潘某某、金某某提供的2010年的两份投资清单系后补，并非当时形成，且投资清单上并没有沈某某的签名。依据《协议书》的规定，"总体运作开支费用等全部入账，由三方共同承担，收入和支出要账目明确、公开,每季度结算一次",故该两份证据真实性、合法性存在异议,不予认可。潘某某、金某某提交的两份付款收据及证明,其中铜陵市郊区英龙门业经营部2010年1月25日开具的收据及2013年12月16日开具的证明,经本院调查,该份收据系补开,收据及证明均为案外人吴某某开具,而吴某某并非铜陵市郊区英龙门业经营部的负责人,且铜陵市郊区英龙门业经营部成立日期为2011年3月16日,故该份证据真实性存在异议,不予认可;其中铜陵县顺安黄岭劳务工程队出具的收据及证明,因该劳务工程队并未出庭作证,且并未提供铜陵市银圣艺术护栏厂与该劳务工程队的承建合同,故该份证据真实性存在异议,不予认可。潘某某、金某某当庭提交的收据及报告均为复印件,故不予认可。《最高人民法院关于民事诉讼证据的若干规定》第二条规定,当事人对自己提出的诉讼请求所依据的事实或者反驳对方诉讼请求所依据的事实有责任提供证据加以证明。没有证据或者证据不足以证明当事人的事实主张的,由负有举证责任的当事人承担不利后果。本案中潘某某、金某某提供的证据不足以支持其主张的事实,故应当承担举证不能的法律后果。据此,依据《中华人民共和国民法通则》第三十条、《最高人民法院关于民事诉讼证据的若干规定》第二条之规定,一审法院于2014年2月8日作出(2013)铜官民二初字第01206号民事判决:驳回原告潘某某、金某某诉讼请求;案件受理费2 674元,减半收取1 337元,由潘某某、金某某承担。

潘某某、金某某不服一审判决,上诉请求:撤销一审判决;判令沈某某将合伙资产拆迁补偿款137 580元,按每人三分之一的标准分配给潘某某、金某某每人45 860元;被上诉人沈某某按份额承担合伙投资27 000元。潘某某、金某某称,一审法院对证据的认定违反了《最高人民法院关于民事诉讼证据的若干规定》,导致判决错误。1. 2010年两份投资清单虽为后补,但仍然是对原投资的真实情况的回顾,法律并未规定事后完善材料不可以作为证据使用。一审提交的2010年1月3日沈某某签名的支出核算单据,一审为何不认定。2. 铜陵市郊区英龙门业经营部在未进行工商登记前,以长江门业名义承接潘某某、金某某合伙中的活动板房建设的事实清楚。潘某某、金某某一审中提交的长江门业收款收据及包括吴某某在内等人作为当时承接单位代表预收工程款的条据均可以清晰反映。3. 一审判决以铜陵县黄岭劳务工程队未出庭作证为由,对该劳务工程队出具的收据及证明不予认可。在法律没有规定单位出具证明需要出庭的情况下,一审法院认为劳务工程队需要出庭作证于法无据。一审法院以潘某某、金某某未提供承建合同作为不予认定理由,此理由无法成立。现实生活中劳务或工程施工不签订合同的情况很多。

沈某某二审辩称:一审判决认定事实清楚、证据充分,潘某某、金某某主张一审法院违反了民事诉讼证据规定的理由不能成立。1. 潘某某、金某某单方制作的两份投资清单是补开的,并非当时形成,且没有沈某某的签名。此证据不符合协议约定。关于 2012 年 1 月 3 日的核算单据，潘某某、金某某在一审庭审中没有提出该份证据；2. 潘某某、金某某提交的两份付款收据及《证明》没有被一审法院认定，其上诉理由不能成立。一审庭审，已经查明英龙门业的证据是上诉人事后补开伪造的，依法不应当予以认定；3. 对铜陵县黄岭劳务工程队的施工结算款项，应当提供正规的结算发票和相关的施工合同。在一审庭审之前，潘某某、金某某没有提交黄岭劳务工程队的收据和证明材料，且该证明材料没有单位负责人签字。综上，根据证据规则，一审法院依据现有证据，按照已查明的事实作出判决，完全合法。二审法院应当驳回上诉，维持原判。

本院二审查明：2009 年 10 月 26 日潘某某、金某某与沈某某签订了《协议书》后，潘某某、金某某垫资，在铜陵市银圣艺术护栏厂内建造了活动板房、砖瓦结构平房等建筑物。2012 年 2 月铜陵市政府要求铜陵瑞莱科技有限公司协调拆除铜陵艺术护栏厂内的上述建筑物。2012 年 6 月 20 日铜陵瑞莱科技有限公司与沈某某签订《拆迁补偿协议》，并拆除了上述建筑物。目前，沈某某已取得拆迁补偿款 137 580 元。其余事实与一审查明的事实一致。

本院二审认为，2009 年 10 月 26 日潘某某、金某某与沈某某的合伙协议书，2010 年 1 月 3 日做基础买材料开支记账单，梅某某、利某谈话笔录，拆迁补偿协议等证据，证实潘某某、金某某与沈某某的合伙协议真实有效，且已经履行。铜陵瑞莱科技有限公司拆除的建筑物是三人合伙建造的。沈某某已取得拆迁补偿 137 580 元。根据潘某某、金某某、沈某某的合伙协议，三人应当各分得 45 860 元。潘某某、金某某提出两人为建造上述建筑物垫资 81000 元，合同约定三名合伙人应当共担开支费用，故沈某某应当给两上诉人 27 000 元。2014 年 1 月 24 日唐某某在谈话笔录中称，潘某某、金某某的房子是她以长江门业的名义做的，但具体多少钱已记不清楚了。2014 年 1 月 16 日的追记笔录中，吴某某称铜陵市郊区英龙门业经营部开具的"证明"是潘某某、金某某写好之后，要求吴某某盖章的，收据也是当时开的；盖活动板房的事，吴某某不清楚。上诉人提供的证据不能相互印证，两人的实际出资金额尚缺乏证据证明。故对潘某某、金某某这一上诉请求，本院不予支持。综上所述，上诉人潘某某、金某某的上诉理由部分成立，本院予以部分支持。一审判决部分事实认定不清，在查明事实后依法予以部分改判。依据《中华人民共和国民事诉讼法》第一百七十条第一款第三项、《中华人民共和国民法通则》第七十八条第二款、《最高人民法院关于贯彻〈中华人民共和国民法通则〉若干问题的意见》第五十五条之规定，本院于 2014 年 6 月 4 日作出（2014）铜中民一终字第 00037 号民事判决：一、撤销铜陵市铜官山区人民法院（2013）铜官民二初字第 01206 号民事判决；二、被上诉人沈某某于判决生效之日起五日内一次性给付上诉人潘某某、金某某拆迁补偿款 91 720 元；三、驳回上诉人潘某某、金某某其他上诉请求。一审案件受理费 1 337

元,由潘某某、金某某共同负担494.7元,沈某某负担842.3元;二审案件受理费2 674元,由潘某某、金某某负担989.4元,沈某某负担1 684.6元。

安徽省人民检察院抗诉认为,本案终审判决认定"2010年1月3日做基础买材料开支记账单"证实合伙协议真实有效且已经履行,此认定缺乏证据证明。该记账单是潘某某、金某某提交的复印件,庭审中沈某某否认系履行合伙协议事务,且记账单上只有沈某某一人签名。支出金额仅4 116元,沈某某支付2 661元、金某某支付1 455元,两人付款字样又被划掉。若该记账单系三人合伙做基础买材料的开支,则与协议约定不符,因为协议约定沈某某不需支付资金,且该支出应记入合伙账目并经三合伙人共同签字确认。终审判决认定被拆除的建筑物是三人合伙建造,此认定缺乏证据证明。潘某某、金某某在一审中为证明自己投资建房,提交的铜陵市郊区英龙门业经营部于2010年1月25日开具的收据及2013年12月16日出具的《证明》,经一审法院调查,均为吴某某开具,收据系补开。英龙门业经营部成立时间为2011年3月16日,故一审法院认定该证据的真实性合法性存在异议,不予认可。铜陵县顺安黄岭劳务工程队出具的收据及证明,被一审法院认定真实性、合法性存在异议,不予认可。潘某某、金某某投入资金缺乏证据证明。按照协议约定,开支费用等全部入账,由三方共同承担,收入和支出要账目明确公开,每季度结算一次。从本案双方提交的证据看,没有投资项目符合协议约定的三方共同承担的记账凭证,没有开支项目入账和建立财务账目,没有每季度结算一次账目的事实。二审也认定潘某某、金某某的实际出资额缺乏证据证明。综上所述,本案二审判决认定的基本事实缺乏证据证明。

本案再审中,申诉人沈某某称:2009年4月本人在原选矿厂租赁的场地建艺术护栏厂,潘某某、金某某向本人提出利用本人护栏厂场地从事其他业务。于是三人签订合伙协议,约定本人出场地,潘某某、金某某出资金。协议签订后,本人多次与潘某某、金某某协商出资事宜,潘、金两人以没有好项目投资为由回避。2011年12月,安徽五建建设工程集团有限公司铜陵分公司因承建铜化公司钛白粉厂扩建工程需要在本人选厂建工棚,用于施工人员临时居住。该公司负责人方某某与本人协商后,双方签订了协议。2012年2月,五建公司铜陵分公司在本人护栏厂内建造了砖瓦结构平房和活动板房。一审审理期间,潘某某、金某某向法院提供的收据和支出清单为虚假证据。再审诉讼请求:撤销二审判决,驳回一审原告诉讼请求。

被申诉人潘某某、金某某辩称:沈某某垫付的资金与其实际需承担的资金是不同的概念,记账单上谁垫付了就划去了。关于经营部补办证明问题,是在经办人吴某某收取费用后补办的。三合伙人没有按合伙协议办理记账。二审判决正确,再审应当予以维持。

本案再审庭审中,金某某逾期向本院提交一份沈某某于2010年1月21日出具的

《收条》，证明其向沈某某支付了5 000元电费。该《收条》证实沈某某于2010年1月21日向金某某收取电费押金5 000元。对该份《收条》，沈某某认可是其本人出具，并称当时金某某要参加合伙，本人提出先需要把电费交了，金某某2008年5月在本人选矿厂选铁矿所欠的电费一直未支付，金某某支付的电费押金已交付转供电单位铜陵市祥力化工机械修造有限责任公司。

  本案再审，除对一审已查明的事实予以确认外，再审另查明：沈某某开办的铜陵市艺术护栏厂于2009年4月13日登记成立，其在本案一审时提交的《个体工商户营业执照》记载的经营范围为"护栏制造"。潘某某、金某某在再审庭审中称，合伙经营项目是利用沈某某的艺术护栏厂相邻水塘从事碴土填埋，收取碴土堆放费；将艺术护栏厂场地用作货场。潘某某、金某某在一审举证期限届满之后（即在2013年12月11日一审庭审中）提交一页沈某某于2010年1月3日记录的支出明细账目，该份支出记录反映：自2009年12月29日至2010年1月2日购买水泥、黄沙的费用和支付运费、劳务费等共计支出费用4 116元，其中沈某某支付2 661元、金某某支付1 455元。潘某某、金某某在此记录上注明"做基础买材料开支记账"。该份记录因系潘某某、金某某逾期提交，沈某某在一审庭审中未质证，因此一审法院未采信。二审审理中，潘某某、金某某以该份记录证明自己为合伙事务出资。本案当事人于2009年10月26日签订合伙协议之后，金某某于2010年1月21日给付沈某某电费押金5 000元，沈某某向金某某出具了《收条》。潘某某、金某某在本案一审和二审审理期间提交的建房付款收据，系在一审诉讼期间由他人开具。本案一审审理期间，沈某某为证明银圣艺术护栏厂区内房屋不属于沈与潘某某、金某某合伙建造，提供一份《关于建临时住房的协议》和安徽五建建设工程集团有限公司铜陵分公司2013年12月6日出具的《证明》一份。安徽五建建设工程集团有限公司铜陵分公司证明：2012年2月，因该公司为安徽安纳达钛业股份有限公司有关建设工程施工，需要解决施工人员临时居住和生活设施，经铜陵市铜官山区城市管理部门同意，委派方某某负责在银圣艺术护栏厂区内建造了活动板房和砖瓦结构平房。2012年2月29日沈某某与方某某以订立的临时住房建造协议约定：双方共同在沈某某货场建八间活动板房和四间砖瓦结构平房；甲方（沈某某）提供建房所需场地，并提供电源、水源；乙方（方某某）负责板房和砖瓦结构房的制作建房工作，资金费用由乙方负责；如城管干涉由乙方（方某某）出面交涉，甲方（沈某某）积极配合；房屋建好后给乙方（方某某）使用一年，甲方（沈某某）不收取租金；全部房屋所有权归甲方（沈某某）所有。一审庭审后，沈某某向一审法院提交一份委托代理人王某某（安徽宪达律师事务所律师）于2014年1月20日向铜陵市铜官山区城市管理行政执法局汪某某（中队长）所作的《调查笔录》，汪某某称："2012年初，我们发现市钛白粉厂对面的化工总厂狼尾湖旁（后得知是沈某某的铜陵市艺术护栏厂）内部新建了活动板房等建筑设施；

我们到现场查处时，得知是安徽五建铜陵分公司为市钛白粉二期工程的施工人员生活居住需要，由其在此处新建临时建筑。当时我们认为该建筑涉嫌违章，要求其拆除。后经市钛白粉厂、建设单位五建铜陵分公司相关领导与我单位协商，为了市重点工程（钛白粉厂二期扩建）顺利进行，并在其承诺工期结束、最长半年后，该建筑设施拆除、恢复原状。在此种情形下，我单位没有给予当场拆除。"本案二审时，潘某某、金某某对该份《调查笔录》记录的汪某某证言的真实性不予认可。本案二审于 2014 年 4 月 29 日庭审，庭审之后本院于 2014 年 5 月 28 日向铜陵瑞莱科技有限公司工程部梅某某、利某（部长）调查铜陵市银圣艺术护栏厂区内被拆除建筑物建造时间，梅某某、利某称：被拆除建筑物"大约存在有五六年了"。

本院再审认为：本案再审争议焦点为沈某某开办的铜陵市艺术护栏厂内被拆除建筑物，是否属于沈某某、潘某某、金某某三人合伙的共同财产。

2012 年 6 月 20 日铜陵瑞莱科技有限公司与沈某某签订的《拆迁补偿协议》约定，"乙方承诺将在 2012 年 9 月搬迁完毕（生产设备，原材料，生活办公设施全部搬离现场，以及安钛公司施工人员临时居住的违章工棚、厕所、锅炉房等全部自行拆除完毕，经由甲方现场验收合格）"。从该约定内容看，沈某某开办艺术护栏厂内的建筑物为"安钛公司施工人员临时居住的工棚、厕所、锅炉房"等生活办公设施。根据双方当事人的协议书，当事人没有明确约定从事何种经营活动。再审庭审中，潘某某、金某某称合伙经营项目为从事碴土填埋堆放和货场经营活动。该主张与建造大量房屋的用途和目的不相符。沈某某主张被拆房屋系本人与施工企业共建、用于施工人员临时居住。沈某某与铜陵瑞莱科技有限公司签订《拆迁补偿协议》时，本案双方当事人未发生诉讼纠纷，被拆房屋的用途已明确为"施工人员临时居住的工棚、厕所、锅炉房"，因此结合沈某某提供的证据，沈某某主张的事实具有可信度。

合伙体是一种独立的经济组织，合伙人可以实物和技术出资，但各合伙人的出资数额必须明确。依据法律规定，个人合伙应当对出资数额、盈余分配、债务承担、入伙退伙、合伙终止等事项，订立书面协议。没有书面合伙协议，必须具备合伙条件，方可以认定为合伙关系。合伙经营行为不得违反法律规定、不得损害社会公共利益。本案双方当事人订立的协议，仅约定"吸收潘某某和金某某入股来共同开发"，对潘、金两人应当缴纳的资本金数额没有约定。因此，潘某某和金某某若以实际缴纳的资本金数额确定应履行的出资义务，则两人应提供无争议的出资凭证。因潘某某和金某某在诉讼中未能提供有效的合伙出资凭证，故不能认定两人已实际缴纳了合伙资本金。双方当事人以协议约定，后续开发资金由潘某某和金某某筹措，筹措资金的费用、利息、经营费用支出全部入账，收入和支出需有明确的账目记录，且需每季度结算一次。按该约定，潘某某和金某某为合伙经营活动借入流动资金、支付经营费用,应以当事人无争议的账目和记账凭证为依据。潘某某和金某某以在一审诉讼期间向他人索取的收款收据,主张铜陵市艺术护栏厂区内的房屋是其出资所建,此主张与协议规定的账目明确、按季度结算的约定不符,且沈某某不认可该主张,故潘某某和金某某提供的建房付款收据的真实性不能认定。潘某某和金某某主张被拆房屋是为合伙经营货场而建造,此主张与房屋的实际用途为居住用工棚不符,故不可采信。因此,沈某某的厂区内被拆除建筑物,不能认定为三人合伙的共同房产,即被拆除房屋补偿款 70 920 元不属共同财产的补偿款,潘某某和金某某无权要求三人平分。沈某某所得补偿款中的铁粉损失赔偿费 14 160 元和护栏厂搬迁补偿费 20 000 元,与潘某某、金某某主张的房屋补偿无关联,潘、金两人无权要求平分。潘某某和金某某提交的 2010 年 1 月 3 日沈某某记录的支出明细账目,潘某某和金某某主张是"做基础买材料开支记账",从该份证据记录内容看,主要是支付水泥、黄沙、一千块砖和三天人工费用。依据该份证据,可以认定在沈某某×××铜陵市艺术护栏厂的水泥地坪、门墩的施工费用支出中,金某某支付 1 455 元。沈某某×××铜陵市艺术护栏厂拆迁补偿款中,水泥地坪补偿款 27 500 元、门墩(铁门)补偿款 5 000 元(合计 32 500 元),可认定为三人共同财产的补偿款。根据再审中金某某提交的电费押金收条,可以认定在协议签订之后,金某某向沈某某支付电费押金 5 000 元。综合考虑上述因素,对于本案金某某参与出资的财产即水泥地坪、门墩铁门的补偿款 32 500 元,潘某某和金某某可酌情分得 30 000 元。

综上所述,本院原审判决对潘某某、金某某的实际出资数额和共同财产范围未作出明确认定,属事实认定不清。因此原审判决对不属于共同财产的补偿款,全部认定为共同财产,并据此判决当事人三人平均分配全部拆迁补偿款,属判决不当,本案再审予以纠正。据此,本案经本院审判委员会讨论决定,依照《中华人民共和国民事诉讼法》第二百零七条、第一百七十条第一款第二项的规定,判决如下:

一、维持本院(2014)铜中民二终字第 00037 号民事判决第一项、第三项,即撤销铜陵市铜官山区人民法院(2013)铜官民二初字第 01206 号民事判决;驳回上诉人潘某某、金某某其他上诉请求;

二、变更本院(2014)铜中民二终字第 00037 号民事判决第二项"被上诉人沈某某于本判决生效之日起五日内给付上诉人潘某某、金某某拆迁补偿款 91 720 元"为"沈某某给付潘某某、金某某拆迁补偿款 30 000 元。自本判决生效之日起十日内履行"。

如未按本判决指定的期间履行给付金钱义务,应当依照《中华人民共和国民事诉讼法》第二百五十三条之规定,加倍支付迟延期间的债务利息。

一审案件受理费 1 337 元,由潘某某、金某某负担;二审案件受理费 2 674 元,由潘某某、金某某负担 989 元,沈某某负担 1 685 元。

本判决为终审判决。

审　判　长　周　卉
审　判　员　徐际双
审　判　员　郑　云
二〇一六年八月四日
书　记　员　徐　雁（代）

附相关法律条文

《中华人民共和国民事诉讼法》

第一百七十条　第二审人民法院对上诉案件，经过审理，按照下列情形，分别处理：

（一）原判决、裁定认定事实清楚，适用法律正确的，以判决、裁定方式驳回上诉，维持原判决、裁定；

（二）原判决、裁定认定事实错误或者适用法律错误的，以判决、裁定方式依法改判、撤销或者变更；

（三）原判决认定基本事实不清的，裁定撤销原判决，发回原审人民法院重审，或者查清事实后改判；

（四）原判决遗漏当事人或者违法缺席判决等严重违反法定程序的，裁定撤销原判决，发回原审人民法院重审。

第二百零七条　人民法院按照审判监督程序再审的案件，发生法律效力的判决、裁定是由第一审法院作出的，按照第一审程序审理，所作的判决、裁定，当事人可以上诉；发生法律效力的判决、裁定是由第二审法院作出的，按照第二审程序审理，所作的判决、裁定是发生法律效力的判决；上级人民法院按照审判监督程序提审的，按照第二审程序审理，所作的判决、裁定是发生法律效力的判决。

人民法院审理再审案件，应当另行组成合议庭。

〔评注〕

1. 本样式供因人民检察院抗诉，上级人民法院指令再审，受指令的人民法院按照第二审程序审理后作出实体判决用。

2. 本处实例与样式的要求不完全一致，值得注意。

（1）委托诉讼代理人

《民事诉讼法》第五十八条第一款规定："当事人、法定代理人可以委托一至二人作为诉讼代理人。"当事人委托了诉讼代理人的，在当事人基本情况后另起一行，写明"委托诉讼代理人",并写明其基本情况。有两个诉讼代理人的,分行分别写明。新民事诉讼文书样式将诉讼代理人表述为"委托诉讼代理人",实例为"委托代理人"。

(2)事实部分的写作顺序

《人民法院民事裁判文书制作规范》要求,再审案件应当先写明当事人的再审请求等诉辩意见,然后再简要写明原审基本情况。生效判决为二审判决的,原审基本情况应概述一审诉讼请求、法院认定的事实、裁判理由和裁判结果,再写明二审上诉请求、认定的事实、裁判理由和裁判结果。本样式是因抗诉引起的再审,故样式要求应首先写明检察机关的抗诉理由,再审过程中申诉人的再审请求、事实和理由,被申诉人的答辩意见,原审其他当事人的意见,然后再写明原审基本情况。本处实例包含了上述内容,但写作顺序与格式要求不相一致。

3. 按照第二审程序再审的案件,所作判决是终审判决,应当写明"本判决为终审判决"。

4. 附。本判决将本案适用的主要法律条文附在裁判文书之后,便于当事人了解具体的法律规定,有利于公开裁判理由,强化裁判文书说理,对裁判文书的格式是一种有益的创新形式。

5. 制作本判决书时,另请参照本章文书样式14"民事判决书(依申请提审判决用)"的说明和评注。

56. 民事判决书(抗诉案件提审后用)

××××人民法院
民事判决书

(××××)……民再……号

抗诉机关:××××人民检察院。
申诉人(一审、二审诉讼地位):×××,……。
……
被申诉人(一审、二审诉讼地位):×××,……。
……
二审上诉人/二审被上诉人/第三人(一审诉讼地位):×××,……。
……
(以上写明当事人和其他诉讼参加人的姓名或者名称等基本信息)

申诉人×××因与被申诉人×××及×××(写明原审其他当事人诉讼地位、姓名或名称)……(写明案由)一案,不服本院(××××)……号民事判决/民事裁定,向××××人民检察院申诉。××××人民检察院作出……号民事抗诉书,向本院提出抗诉。本院作出(××××)……号民事裁定,提审本案。本院依法组成合议庭,开庭/不开庭审理了本案。××××人民检察院指派检察员×××出庭。申诉人×××、被申诉人×××(写明当事人和其他诉讼参加人的诉讼地位和姓名或者名称)到庭参加诉讼。(未开庭的,写明:本院依法组成合议庭审理了本案)。本案现已审理终结。

××××人民检察院抗诉认为,……(概括写明人民检察院的抗诉理由)。

×××称,……(写明再审过程中申诉人的再审请求、事实和理由)。

×××辩称,……(概述被申诉人的答辩意见)。

×××述称,……(概述原审其他当事人的意见)。

×××向一审法院起诉请求:……(写明一审原告的诉讼请求)。一审法院认定事实:……。一审法院判决:……(写明一审判决主文)。

×××不服一审判决,上诉请求:……(写明上诉请求)。二审法院认定事实:……(概述二审认定事实)。二审法院认为,……(概述二审判决理由)。该院判决:……(写明二审判决主文)。

围绕当事人的再审请求,本院对有争议的证据和事实认定如下:

……(写明再审法院采信证据、认定事实的意见和理由,对一审、二审法院认定相关的事实进行评判)。

本院再审认为,……(写明争议焦点,根据再审认定的案件事实和相关法律,对再审请求进行分析评判,说明理由)。

综上所述,……(对当事人的再审请求是否成立进行总结评述)。依照《中华人民共和国民事诉讼法》第二百零七条第一款、第一百七十条第一款第×项、……(写明法律文件名称及其条款项序号)规定,判决如下:

一、……;

二、……。

(以上分项写明判决结果)

……(写明诉讼费用的负担)。

本判决为终审判决。

审　判　长　×××
审　判　员　×××
审　判　员　×××

××××年××月××日
(院印)
书　记　员　×××

【说明】

本判决书样式根据《中华人民共和国民事诉讼法》第二百零七条第一款、第一百七十条第一款制定，供因人民检察院抗诉，上级人民法院提审，经审理后作出实体处理时使用。

【实例评注】

安徽省高级人民法院
民事判决书 ①

（2016）皖民再 42 号

抗诉机关：安徽省人民检察院。

申诉人（一审原告、二审上诉人）：杨某某。

委托代理人：张某某，安徽卞和律师事务所律师。

被申诉人（一审被告、二审上诉人）：安徽省茨淮新河工程管理局，住所地安徽省怀远县找郢乡上桥。

法定代表人：董某某，该局局长。

委托代理人：欧阳某某，该局职员。

委托代理人：张某甲，安徽东石律师事务所律师。

申诉人杨某某因与被申诉人安徽省茨淮新河工程管理局劳动争议纠纷一案，不服安徽省蚌埠市中级人民法院（2012）蚌民一终字第00847号民事判决，向安徽省人民检察院申诉。安徽省人民检察院作出皖检民（行）监（2015）34000000158号民事抗诉书，向本院提出抗诉。本院作出（2016）皖民抗30号民事裁定，提审本案。本院依法组成合议庭，开庭审理了本案。安徽省人民检察院指派助理检察员王蕾、张良出庭。申诉人杨某某及其委托代理人张某某、被申诉人安徽省茨淮新河工程管理局的委托代理人欧阳某某、张某甲到庭参加诉讼。本案现已审理终结。

安徽省人民检察抗诉认为，安徽省蚌埠市中级人民法院（2012）蚌民一终字第00487号民事判决适用法律确有错误。2004年1月1日实施的国务院《工伤保险条例》第六十七条规定：××的职工尚未完成工伤认定的，按照本条例的规定执行。杨某某虽受伤多年，但直至2006年7月30日，方经蚌埠市劳动能力鉴定委员会鉴定为劳动功能障碍六级，其伤残等级的认定在《工伤保险条例》实施之后，根据前述规定，本案的处理

---

① 来源：中国裁判文书网。

应适用《工伤保险条例》的有关规定。《工伤保险条例》第三十六条规定：职工因工致残被鉴定为五级、六级伤残的，享受以下待遇：（一）从工伤保险基金按伤残等级支付一次性伤残补助金，标准为：五级伤残为18个月的本人工资，六级伤残为16个月的本人工资；（二）……经工伤职工本人提出，该职工可以与用人单位解除或者终止劳动关系，由工伤保险基金支付一次性工伤医疗补助金，由用人单位支付一次性伤残就业补助金。一次性工伤医疗补助金和一次性伤残就业补助金的具体标准由省、自治区、直辖市人民政府规定。杨某某1980年受伤，1983年调离安徽省茨淮新河工程管理局，其与安徽省茨淮新河工程管理局间的劳动关系即解除。根据《工伤保险条例》第三十六条的规定，在解除劳动关系的前提下，安徽省茨淮新河工程管理局除应赔付杨某某一次性伤残补助金、一次性工伤医疗补助金外，还应赔付一次性伤残就业补助金。原审法院仅以杨某某退休多年为由，未支持其关于一次性伤残就业补助金的请求，没有法律依据，也不符合《工伤保险条例》第三十六条的规定。

杨某某称，同意检察机关的抗诉意见。请求再审判令安徽省茨淮新河工程管理局按照再审法庭辩论结束前上一年度统筹地区职工月平均工资（2015年工资为55 139元）标准，支付杨某某16个月一次性伤残补助金、18个月一次性工伤医疗补助金、34个月一次性伤残就业补助金，合计312 454.3元，扣除已支付84 870.25元，安徽省茨淮新河工程管理局还应支付杨某某227 584元。

安徽省茨淮新河工程管理局辩称，根据《安徽省实施〈工伤保险条例〉办法》相关规定，2008年杨某某办理了退休手续，安徽省茨淮新河工程管理局不应支付杨某某一次性伤残就业补助金；杨某某主张支付标准按安徽省2015年度的统筹地区职工平均工资计算无任何法律依据，应依照皖高法（2015）34号《关于审理劳动争议案件若干问题的指导意见》规定，以解除劳动合同或者作出劳动能力鉴定意见之日为计发时间点。故应驳回杨某某的再审请求。

2009年12月6日，杨某某向安徽省怀远县人民法院起诉请求：依法判决安徽省茨淮新河工程管理局支付：1. 自2006年7月30日六级工伤鉴定之日起，承担二等乙级伤残抚恤待遇；2. 一次性六级伤残补助金，本人14个月工资；3. 1993年至2007年下岗期间六级伤残津贴，本人月工资的60%；4. 1993年至2009年单位倒闭期间，治疗工伤经常复发及护理等费用每月600元；5. 自2010年起，指定医院治疗杨某某的工伤经常复发、杨某某凭治疗工伤复发病历处方复印件报销医疗费、享受原单位因公出差待遇。一审法院认定事实：1975年，杨某某进入原安徽省水利厅茨淮新河上桥工程管理处工作。1980年4月2日，杨某某在换节制闸时，因钢丝绳没有拴住下落，将头腰背部砸伤，杨某某被送到医院抢救。1981年，杨某某分别住进了怀远县医院和水利部三门峡疗养院，在水利部疗养院，杨某某作为……号连续进行了两期的治疗，医疗费用全部由安徽省茨淮新河工程管理局实报实销。1982年8月10日，原安徽省茨淮新河上桥工程管理处劳动鉴定委员会认定其"腰背部损伤"按工伤处理，杨某某当时未提出申请要求评定伤残等级。1983年10月，经杨某某申请，其调入怀远县燃料公司工作。1988年12月10日，杨某某向怀远县劳动局劳动保护监察股申请，要求给予工伤待遇；1993年起，因怀远县燃料公司经营效益不好，杨某某至今未领到工资。2007年，怀远县燃料公司申请破产。2003年4月，安徽省茨淮新河工程管理局向怀远县劳动局提交"关于杨某某同志的工伤鉴定申请""事故报告""××职工劳动能力鉴定表"，均称杨某某"……诊断为……""脑震荡后遗症"等，要求对杨某某进行劳动能力鉴定等。2006年7月30日，经蚌埠市劳动能力鉴定委员会鉴定，杨某某的劳动功能障碍为六级。之后，杨某某因工伤待遇问题先后到安徽省茨淮新河工程管理局及省水利厅、省人民政府信访事项复核办公室信访，未获支持。2009年11月20日，杨某某向怀远县劳动争议仲裁委员会申请仲裁，11月25日，该委作出(2009)怀仲字第30号不予受理申诉通知书，杨某某遂起诉至法院。2009年度蚌埠市城镇非私营单位在岗职工平均工资为25 511元。一审法院判决：一、被告安徽省茨淮新河工程管理局于本判决生效之日起十日内赔偿原告杨某某一次性伤残补助金、一次性工伤医疗补助金、伤残就业补助金共125 429.08元；二、驳回原告杨某某的其他诉讼请求。

安徽省茨淮新河工程管理局不服一审判决，上诉请求：撤销原判，改判驳回被上诉人杨某某的诉讼请求。安徽省蚌埠市中级人民法院二审认为，原审判决认定事实不清，证据不足，程序违法，裁定：一、撤销安徽省怀远县人民法院(2010)怀民一初字第00061号民事裁定；二、发回安徽省怀远县人民法院重审。

一审法院重审认定事实：该院重审查明的事实同原审。另查明，2011年度蚌埠市城镇非私营单位在岗职工平均工资为32 853元。杨某某于2008年已办理退休手续。一审法院重审判决：一、被告安徽省茨淮新河工程管理局赔偿原告杨某某一次性伤残补助金、一次性工伤医疗补助金共计84 870.25元；二、驳回原告杨某某的其他诉讼请求。

杨某某不服一审判决，上诉请求：依法改判，支持其一审的全部诉讼请求。安徽省茨淮新河工程管理局不服一审判决，上诉请求：依法改判，驳回杨某某的诉讼请求。二审法院认定事实：对一审认定事实予以确认。二审法院认为，安徽省茨淮新河工程管理局虽提供原安徽省茨淮新河上桥工程管理处劳动鉴定委员会工伤鉴定证明书，用以证明已对杨某某按照当时政策进行了伤残评定，但该工伤鉴定证明书只能证明对杨某某是否符合工伤进行了鉴定，并未对杨某某是否构成伤残予以明确评定，因此安徽省茨淮新河工程管理局关于已对杨某某进行了伤残评定的上诉主张缺乏相应事实依据。双方当事人均认可安徽省茨淮新河工程管理局于2003年4月向杨某某出具"关于杨某某同志的工伤鉴定申请""事故报告""……职工劳动能力鉴定表"，并由杨某某向怀远县劳动局提交，安徽省茨淮新河工程管理局辩称非其真实意思表示，但并未提供相关证据予以证明,据此工伤鉴定申请可以确认安徽省茨淮新河上桥工程管理处对于杨某某是否构成工伤仍然未作出最终认定。根据 2004 年 1 月 1 日开始实施的国务院《工伤保险条例》第六十七条的规定,……的职工尚未完成工伤认定的,按照本条例的规定执行。因此本案应适用国务院《工伤保险条例》的有关规定。劳动和社会保障部《关于实施〈工伤保险条例〉若干问题的意见》第一条规定:职工发生工伤,由职工受到伤害时其工作的单位依法承担工伤保险责任。劳动和社会保障部、人事部、民政部、财政部《关于事业单位、民间非营利组织工作人员工伤有关问题的通知》第一条规定:"事业单位、……的,其工伤范围、工伤认定、劳动能力鉴定、待遇标准等按照《工伤保险条例》规定执行。"本案安徽省茨淮新河工程管理局作为事业单位法人,原审法院据此判决其承担杨某某的工伤赔偿责任是正确的。本案发回重审后,原审法院根据杨某某在重新指定的举证期限内变更的诉讼请求进行审理,程序并不违法。安徽省茨淮新河工程管理局虽辩称杨某某的诉讼请求已经超过法律规定的最长诉讼保护时效,但杨某某因受到事故伤害一直未能痊愈及直到 2006 年才完成劳动功能障碍鉴定,且杨某某多次通过信访等途径要求解决工伤待遇,因此原审法院认为杨某某的诉讼请求并未超过时效,是正确的。鉴于杨某某已退休多年,原审法院未予支持其主张的一次性伤残就业补助金,亦无不当。综上,杨某某、安徽省茨淮新河工程管理局的上诉理由均不能成立。该院判决:驳回上诉,维持原判。

本院再审认定事实与原二审认定的一致。

本院再审认为,本案的焦点问题是:应否支付杨某某一次性伤残就业补助金以及是否以 2015 年度为计发起始时间。1980 年 4 月 2 日杨某某在工作时受伤,并于 1983 年 10 月申请调入怀远县燃料公司工作,即解除了其与安徽省茨淮新河工程管理局的劳动关系。杨某某受工伤时、维权时,并未办理退休手续,距退休年龄尚有数年。《工伤保险条例》第三十六规定,职工因工伤残被鉴定为六级伤残的,享受以下待遇:从工伤保险基金按伤残等级支付一次性伤残补助金;经工伤职工本人提出,该职工可以与用人单位解除或者终止劳动关系,由工伤保险基金支付一次性工伤医疗补助金,由用人单位支付一次性伤残就业补助金。一次性工伤医疗补助金和一次性伤残就业补助金的具体标准由省、自治区、直辖市人民政府规定。同时,《安徽省实施〈工伤保险条例〉办法》第二十三条规定,一次性伤残就业补助金的标准:六级伤残为 30 个月。而原审法院仅判决安徽省茨淮新河工程管理局赔偿杨某某一次性伤残补助金、一次性工伤医疗补助金共计 84 870.25 元,却驳回了杨某某要求支付其一次性伤残就业补助金的诉请,与《工伤保险条例》上述规定相悖,应予纠正。对于安徽省茨淮新河工程管理局应当赔偿杨某某一次性伤残就业补助金的数额,考虑到物价上涨等因素,可按本判决作出的上一年度即 2015 年当地职工月平均工资标准计算 30 个月(55 139 元÷12 个月×30 个月),计 137 847.5 元。杨某某请求赔偿一次性伤残就业补助金超过30个月的部分，于法无据，不予支持。杨某某要求按照2015年度当地职工月平均工资标准重新计算一次性伤残补助金和一次性工伤医疗补助金，因原审已按上年度职工平均工资标准判令赔偿该两项补助金，且已执行完毕，现杨某某请求重新处理，无事实和法律依据。

综上所述，安徽省人民检察院抗诉意见成立，予以采纳。原判决适用法律不当，应予纠正。依照《中华人民共和国民事诉讼法》第二百零七条第一款、第一百七十条第一款第二项规定，判决如下：

一、撤销安徽省蚌埠市中级人民法院(2012)蚌民一终字第00487号民事判决；

二、维持安徽省怀远县人民法院(2012)怀民一重初字第0007号民事判决第一项，即：安徽省茨淮新河工程管理局赔偿杨某某一次性伤残补助金、一次性工伤医疗补助金共计84 870.25元；

三、撤销安徽省怀远县人民法院(2012)怀民一重初字第0007号民事判决第二项，即：驳回原告杨某某的其他诉讼请求；

四、安徽省茨淮新河工程管理局于本判决生效之日起十日内一次性赔偿杨某某一次性伤残就业补助金计137 847.5元；

五、驳回杨某某其他诉讼请求。

如果未按本判决指定的期间履行给付金钱义务，应当依照《中华人民共和国民事诉讼法》第二百五十三条规定，加倍支付迟延履行期间的债务利息。

一审案件受理费10元、二审案件受理费10元，皆由安徽省茨淮新河工程管理局负担。

本判决为终审判决。

审　判　长　　董祝新
审　判　员　　张华春
代理审判员　　权伟灵
二〇一六年八月二十九日
书　记　员　　梁　萍

〔评注〕

1. 本样式供因人民检察院抗诉，上级人民法院提审，经审理后作出实体判决时使用。本案中，安徽省人民检察院对安徽省蚌埠市中级人民法院作出的二审生效民事判决提出抗诉，安徽省高级人民法院裁定提审本案后，经过审理，作出实体处理，故适用本样式。

2. 本实例要素齐全、格式标准、文字规范、条理清晰、说理充分，是制作本类裁判文书很好的范例。

事实部分的写作顺序。《人民法院民事裁判文书制作规范》要求，再审案件应当先写明当事人的再审请求等诉辩意见，然后再简要写明原审基本情况。生效判决为二审判决的，原审基本情况应概述一审诉讼请求、法院认定的事实、裁判理由和裁判结果，再写明二审上诉请求、认定的事实、裁判理由和裁判结果。实例首先写明检察机关的抗诉理由，再审过程中申诉人的再审请求、事实和理由，被申诉人的答辩意见，然后按照审理程序，依次写明原审基本情况。之后写明再审认定的事实，因再审认定的事实与原二审认定的一致，在前文已经对原审中认定的事实进行详细阐述的情况下，不再重复阐述，只写明"本院再审认定事实与原二审认定的一致"，繁简得当。

裁判理由的说理部分。《民事诉讼法》第一百三十三条第四项规定："需要开庭审理的，通过要求当事人交换证据等方式，明确争议焦点。"《人民法院民事裁判文书制作规范》根据民事诉讼法的规定，明确要求裁判文书事实部分增加争议焦点的内容。实例首先概括归纳本案的争议焦点，结合再审查明的事实和相关法律法规，围绕争议焦点进行分析评判，条理清晰，论理清楚。

本处实例中，诉讼代理人的表述与规范要求不一致。《民事诉讼法》第五十八条第一款规定："当事人、法定代理人可以委托一至二人作为诉讼代理人。"当事人委托了诉讼代理人的，在当事人基本情况后另起一行，写明"委托诉讼代理人"，并写明其基本情况。有两个诉讼代理人的，分行分别写明。新民事诉讼文书样式将诉讼代理人表述为"委托诉讼代理人"，实例为"委托代理人"。

3. 按照第二审程序再审的案件，所作判决是终审判决，应当写明"本判决为终审判决"。

4. 制作本判决书时，另请参照本章文书样式14"民事判决书（依申请提审判决用）"的说明和评注。

57. 民事裁定书（抗诉案件中止或终结诉讼用）

×××× 人民法院

民事裁定书

（××××）……民再……号

抗诉机关：××××人民检察院。
申诉人（一审、二审诉讼地位）：×××，……。

……

被申诉人(一审、二审诉讼地位)：×××，……。

……

二审上诉人/二审被上诉人/第三人(一审诉讼地位)：×××，……。

……

(以上写明当事人和其他诉讼参加人的姓名或者名称等基本信息)

申诉人×××因与被申诉人×××及×××(写明原审其他当事人诉讼地位、姓名或名称)……(写明案由)纠纷一案，不服本院(××××)……号民事判决/民事裁定，向检察机关申诉。××××人民检察院作出……号民事抗诉书，向××××人民法院/本院提出抗诉。××××人民法院/本院作出(××××)……号民事裁定，指令本院再审/提审本案。

本院再审过程中，……(简要写明导致诉讼中止、终结的事实)。

依照《中华人民共和国民事诉讼法》第二百零七条第一款、第一百七十四条、第一百五十条第一款第×项/第一百五十一条第×项规定，裁定如下：

本案中止诉讼/终结诉讼。

……(写明诉讼费用负担)。

审　判　长　×××
审　判　员　×××
审　判　员　×××

××××年××月××日
（院印）
书　记　员　×××

【说明】

本样式根据《中华人民共和国民事诉讼法》第二百零七条第一款、第一百七十四条、第一百五十条/第一百五十一条，供因人民检察院抗诉，人民法院提审或受指令再审时中止或者终结诉讼用。

【实例评注】

山东省莱芜市莱城区人民法院
民事裁定书①

(2015)莱城民再初字第3号

抗诉机关:莱芜市人民检察院。
申诉人(原审被告):莱芜市莱城区方下镇某村村民委员会。
住所地:莱芜市莱城区方下镇某村。
负责人:耿某某,村主任。
组织机构代码:B47××××× - ×。
委托代理人:耿某甲,农民,系本村党支部委员兼文书。
委托代理人:刘某某,山东鲁中环宇律师事务所律师。
被申诉人(原审原告):张某某,个体工商户。
委托代理人:张某乙,个体工商户。

申诉人(原审被告)莱芜市莱城区方下镇某村村民委员会与被申诉人(原审原告)张某某建设工程施工合同纠纷一案,莱芜市莱城区人民法院于2013年3月5日作出(2013)莱城民初字第230号民事判决书,已发生法律效力。申诉人莱芜市莱城区方下镇某村村民委员会不服,向莱芜市莱城区人民检察院申请检察监督,莱城区人民检察院提请莱芜市人民检察院抗诉。莱芜市人民检察院于2015年7月20日作出莱检民监(2015)37120000007号民事抗诉书,向莱芜市中级人民法院提出抗诉,莱芜市中级人民法院于2015年8月3日作出(2015)莱中民抗字第5号民事裁定书,指令本院再审本案。本院依法另行组成合议庭,公开开庭进行审理。莱芜市人民检察院指派莱城区人民检察院检察员许凤兰、尚美红出庭支持抗诉。申诉人(原审被告)莱芜市莱城区方下镇某村村民委员会委托代理人耿某甲、刘某某,被申诉人(原审原告)张某某的委托代理人张某乙到庭参加诉讼。

本院在审理申诉人某村委与被申诉人张某某建设工程施工合同纠纷一案中,本案必须以另一案的审理结果为依据,而另一案尚未审结,本案经本院审判委员会讨论决定,依照《中华人民共和国民事诉讼法》第一百五十条第一款第五项、第一百五十四条第一款第六项的规定,裁定如下:

本案中止诉讼。

---

① 来源:中国裁判文书网。

审　判　长　亓咏玲
审　判　员　崔方君
代理审判员　赵雪静

二〇一五年十一月二十六日
书　记　员　王　昆

相关法律、法规条文附后：

《中华人民共和国民事诉讼法》

第一百五十条　　有下列情形之一的，中止诉讼：

(一)一方当事人死亡，需要等待继承人表明是否参加诉讼的；

(二)一方当事人丧失诉讼行为能力，尚未确定法定代理人的；

(三)作为一方当事人的法人或者其他组织终止，尚未确定权利义务承受人的；

(四)一方当事人因不可抗拒的事由，不能参加诉讼的；

(五)本案必须以另一案的审理结果为依据，而另一案尚未审结的；

(六)其他应当中止诉讼的情形。

中止诉讼的原因消除后，恢复诉讼。

第一百五十四条　　裁定适用于下列范围：

(一)不予受理；

(二)对管辖权有异议的；

(三)驳回起诉；

(四)保全和先予执行；

(五)准许或者不准许撤诉；

(六)中止或者终结诉讼；

(七)补正判决书中的笔误；

(八)中止或者终结执行；

(九)撤销或者不予执行仲裁裁决；

(十)不予执行公证机关赋予强制执行效力的债权文书；

(十一)其他需要裁定解决的事项。

对前款第一项至第三项裁定，可以上诉。

裁定书应当写明裁定结果和作出该裁定的理由。裁定书由审判人员、书记员署名，加盖人民法院印章。口头裁定的，记入笔录。

〔评注〕

1. 本样式供因人民检察院抗诉，人民法院提审或受指令再审时中止或者终结诉讼用。本案中，山东省莱芜市莱城区人民法院受莱芜市中级人民法院指令，对莱芜市人民检察院提出抗诉的申诉人(原审被告)莱芜市莱城区方下镇某村村民委员会与被申诉人(原审原告)张某某建设工程施工合同纠纷一案进行再审，再审过程中，裁定中止诉讼，故适用本样式。

2. 本处实例尽管是2015年制作的民事裁定，但与新样式要求基本相符，格式规范，要素齐全，是制作本类裁定书的较好范例。同时，对本民事裁定与新样式的不一致之处应予以注意。

(1)案号

本案的案号为(2015)莱城民再初字第3号，根据最高人民法院《关于人民法院案件案号的若干规定》(2016年1月1日起施行)第三条规定，案号各基本要素的编排规格为："(" + 收案年度 + ")" + 法院代字 + 类型代字 + 案件编号 + "号"。该规定附件1《人民法院案件类型及其代字标准》的规定，民事再审案件的类型代字为"民再"。

(2)关于诉讼代理人的表述

《民事诉讼法》第五十八条第一款规定："当事人、法定代理人可以委托一至二人作为诉讼代理人。"当事人委托了诉讼代理人的，在当事人基本情况后另起一行，写明"委托诉讼代理人"，并写明其基本情况。有两个诉讼代理人的，分行分别写明。新民事诉讼文书样式将诉讼代理人表述为"委托诉讼代理人"，实例为"委托代理人"。

3. 《民事诉讼法》第一百五十条第一款规定了中止诉讼的情形：(1)一方当事人死亡，需要等待继承人表明是否参加诉讼的；(2)一方当事人丧失诉讼行为能力，尚未确定法定代理人的；(3)作为一方当事人的法人或者其他组织终止，尚未确定权利义务承受人的；(4)一方当事人因不可抗拒的事由，不能参加诉讼的；(5)本案必须以另一案的审理结果为依据，而另一案尚未审结的；(6)其他应当中止诉讼的情形。在本实例中，另一行政诉讼案件的裁判结果可能影响本案的审查，人民法院根据需要裁定中止诉讼。

《民事诉讼法》第一百五十条第二款规定："中止诉讼的原因消除后，恢复诉讼。"根据《民诉法解释》第二百四十六条的规定，中止审查的裁定无需撤销，裁定中止诉讼的原因消除，即恢复诉讼程序，从人民法院通知或者准许当事人双方继续进行诉讼时起，中止诉讼的裁定即失去效力。

4. 《民事诉讼法》第一百五十一条规定了终结诉讼的四种情形：(1)原告死亡，没有继承人，或者继承人放弃诉讼权利的；(2)被告死亡，没有遗产，也没有应当承担义务的人的；(3)离婚案件一方当事人死亡的；(4)追索赡养费、扶养费、抚育费以及解除收养关系案件的一方当事人死亡的。

5. 附。实例将本案适用的主要法律条文附在裁判文书之后，便于当事人了解具体的法律规定，有利于公开裁判理由，强化裁判文书说理，对裁判文书的格式是一种有益的创新形式。

58. 民事裁定书（抗诉案件准予撤回抗诉用）

×××人民法院
民事裁定书

（××××）……民再……号

抗诉机关：××××人民检察院。
申诉人（一审、二审诉讼地位）：×××，……。
……
被申诉人（一审、二审诉讼地位）：×××，……。
……
二审上诉人/二审被上诉人/第三人（一审诉讼地位）：×××，……。
……
（以上写明当事人和其他诉讼参加人的姓名或者名称等基本信息）
申诉人×××因与被申诉人×××及×××（写明原审其他当事人诉讼地位、姓名或名称）……（写明案由）一案，不服本院（××××）……号民事判决/民事裁定，向检察机关申诉。××××人民检察院作出……号民事抗诉书，向××××人民法院/本院提出抗诉。××××人民法院/本院作出（××××）……号民事裁定，指令本院再审/提审本案。
本院再审过程中，……（简要写明人民检察院撤回抗诉的事实）。
依照《最高人民法院关于适用〈中华人民共和国民事诉讼法〉的解释》第四百零六条第一款第三项规定，裁定如下：
准许××××人民检察院撤回抗诉，本案终结再审程序。
……（本次再审发生诉讼费用的，写明其负担。没有发生诉讼费用的，不写此项）。

审　判　长　×××
审　判　员　×××
审　判　员　×××

××××年××月××日
（院印）
书　记　员　×××

【说明】

1. 本裁定书样式根据《最高人民法院关于适用〈中华人民共和国民事诉讼法〉的解释》第四百零六条第一款第三项制定,供因人民检察院抗诉,人民法院提审或指令再审过程中,准予人民检察院撤回抗诉并终结再审程序时用。

2. 人民检察院撤回抗诉的,人民法院可以裁定准许并终结再审程序。根据《最高人民法院关于适用〈中华人民共和国民事诉讼法〉的解释》第四百零六条第三款的规定,再审程序终结后,人民法院裁定中止执行的原生效判决自动恢复执行。

3. 《最高人民法院关于适用〈中华人民共和国民事诉讼法〉的解释》第四百零六条第二款规定:因人民检察院提出抗诉裁定再审的案件,申请抗诉的当事人有前款规定的情形,且不损害国家利益、社会公共利益或者他人合法权益的,人民法院亦应当裁定终结再审程序。此种情形下的文书样式参照本样式制作。

4. 对一审终审判决/裁定的抗诉,准许撤回抗诉裁定参照本样式制作。

【实例评注】

(暂缺实例)

〔评注〕

1. 本样式供因人民检察院抗诉,人民法院提审或指令再审过程中,准予人民检察院撤回抗诉并终结再审程序时用。本样式适用于对二审终审判决/裁定的抗诉案件,对一审终审判决/裁定的抗诉,准许撤回抗诉裁定参照本样式制作。另外,《民诉法解释》第四百零六条第二款的规定:"因人民检察院提出抗诉裁定再审的案件,申请抗诉的当事人有前款规定的情形,且不损害国家利益、社会公共利益或者他人合法权益的,人民法院亦应当裁定终结再审程序。"该款规定的情形下应当参照本样式制作裁定书。

2. 人民检察院撤回抗诉的,人民法院可以裁定准许并终结再审程序。根据《民诉法解释》第四百零六条第三款的规定,再审程序终结后,人民法院裁定中止执行的原生效判决自动恢复执行。因此,无需在裁定中写明恢复执行原判决。

3. 值得注意的是,《民事诉讼文书样式》① 中该文书样式在引用法律条款中的项时格式不规范,《人民法院民事裁判文书制作规范》要求一律使用汉字不加括号,本样式引用的法律条款,应写为"《最高人民法院关于适用〈中华人民共和国民事诉讼法〉的解释》第四百零六条第一款第三项",本书已对其进行了修正。

---

① 参见沈德咏主编:《民事诉讼文书样式》(上册),人民法院出版社2016年版,第682页。

59. 民事裁定书（抗诉案件发回重审用）

×××人民法院
民事裁定书

（××××）……民再……号

抗诉机关：××××人民检察院。
申诉人（一审、二审诉讼地位）：×××，……。
……
被申诉人（一审、二审诉讼地位）：×××，……。
……
二审上诉人/二审被上诉人/第三人（一审诉讼地位）：×××，……。
……
（以上写明当事人和其他诉讼参加人的姓名或者名称等基本信息）

申诉人×××因与被申诉人×××及×××（写明原审其他当事人诉讼地位、姓名或名称）……（写明案由）纠纷一案，不服本院（××××）……号民事判决/民事裁定，向检察机关申诉。××××人民检察院作出……号民事抗诉书，向××××人民法院/本院提出抗诉。××××人民法院/本院作出（××××）……号民事裁定，指令本院再审/提审本案。本院依法另行（提审的不写"另行"）组成合议庭，开庭审理了本案。××××人民检察院指派检察员×××出庭（未出庭的不写）。申诉人×××、被申诉人×××（写明当事人和其他诉讼参加人的诉讼地位和姓名或者名称）到庭参加诉讼。（未开庭的，写明：本院依法组成合议庭审理了本案）。本案现已审理终结。

××××人民检察抗诉认为，……（概括写明人民检察院的抗诉理由）。
×××称，……（写明再审过程中申请人的再审请求、事实和理由）。
×××辩称，……（概述被申诉人的答辩意见）。
原审其他当事人述称，……（概述原审其他当事人的意见）。
本院再审认为，……（写明发回重审的具体理由）。
依照《中华人民共和国民事诉讼法》第二百零七条第一款、第一百七十条第一款第×项规定，裁定如下：
一、撤销××××人民法院（××××）……民终……号民事判决/民事裁定/民事调解书及×××人民法院（××××）……民初……号民事判决/民事裁定；
二、本案发回××××人民法院重审。

审 判 长 ×××

　　　　　　　　　　　　　　　审　判　员　×××
　　　　　　　　　　　　　　　审　判　员　×××

　　　　　　　　　　　　　　××××年××月××日
　　　　　　　　　　　　　　　　　（院印）
　　　　　　　　　　　　　　　书　记　员　×××

【说明】

1. 本裁定书样式根据《中华人民共和国民事诉讼法》第二百零七条第一款、第一百七十条第一款的规定制定，供因人民检察院抗诉，人民法院提审或指令再审，经本院按照第二审程序审理后，撤销历次裁判，将本案发回一审法院重审时使用。

2. 对一审终审判决/裁定的抗诉，准许撤回抗诉裁定参照本样式制作。

【实例评注】

黑龙江省牡丹江市中级人民法院
民事裁定书 ①

（2016）黑10民再14号

抗诉机关：黑龙江省人民检察院。

申诉人（一审原告、二审上诉人）刘某某，男，1986年12月18日出生，汉族，无固定职业，住所地黑龙江省牡丹江市爱民区。

被申诉人（一审被告、二审被上诉人）牡丹江市西安区福顺天天宾馆，住所地黑龙江省牡丹江市西安区西一条路新安街。组织机构代码：L01×××××-×。

法定代表人李某某，女，董事长。

委托代理人陈某，黑龙江鼎坤律师事务所律师。

申诉人刘某某因与被申诉人牡丹江市西安区福顺天天宾馆劳动合同纠纷一案，不服本院（2013）牡民终字第360号民事判决，向检察机关申诉。黑龙江省人民检察院于2015年8月20日作出黑检民（行）监［2015］23000000073号民事抗诉书，向黑龙江省高级人民法院提出抗诉。黑龙江省高级人民法院于2015年11月20日作出（2015）黑监

---

① 来源：中国裁判文书网。

民监字第114号民事裁定,指令本院再审本案。本院依法另行组成合议庭,于2016年8月8日公开开庭审理了本案。牡丹江市人民检察院指派检察员路文秀、李雪出庭。申诉人刘某某,被申诉人牡丹江市西安区福顺天天宾馆的委托代理人陈某到庭参加了诉讼。本案现已审理终结。

2012年10月29日,一审原告刘某某起诉至牡丹江市西安区人民法院,诉讼请求为:1.要求被告支付双倍工资71 157.36元;2.要求被告支付法定假日加班费20 051.20元;3.要求被告支付节假日加班费4 749.12元;4.要求被告支付超时加班费17 944.35元;5.要求被告支付带薪年假费1 293.35元;6.要求被告支付赔偿金4 773.33元;7.要求被告返还克扣的工服押金40元以及克扣的工资387元;8.要求被告补交"五险一金";以上合计120 701.56元。重审时原告变更诉讼请求为:1.不服牡西劳仲字(2012)第5号仲裁裁决书;2.要求被告支付未签订劳动合同的双倍工资22 125元;3.要求被告支付法定节假日加班费6 099.13元;4.要求被告支付休息日工资4 003.62元;5.要求被告支付延长工作时间工资24 528.43元;6.要求被告支付带薪年假1 097元;7.要求被告支付解除劳动合同的赔偿金4 773.33元;8.要求返还克扣的工服押金40元以及克扣的工资387元;9.要求补缴"五险一金"。以上合计63 053.51元。此后又变更第二项诉讼请求为要求支付双薪12 2871.86元,第三项诉讼请求为法定节假日加班费3 164.95元,第四项诉讼请求为节假日加班费13 143.46元,第五项诉讼请求为超时加班费23 383.92元,第六项诉讼请求为带薪年假1 293.25元,第七项诉讼请求为赔偿金4 887.24元,诉讼请求合计为168 630.87元。牡丹江市西安区人民法院于2013年7月1日作出(2013)牡西民重字第252号民事判决:一、被告牡丹江市西安区福顺天天宾馆支付原告刘某某法定节假日工资888元;二、被告牡丹江市西安区福顺天天宾馆支付原告刘某某休息日工资3 256元;三、被告牡丹江市西安区福顺天天宾馆支付原告刘某某未休年假工资74元;四、被告牡丹江市西安区福顺天天宾馆返还原告刘某某工服押金40元;五、驳回原告刘某某的其他请求。上述款项合计4 258元,于本判决生效后十日内由被告牡丹江市西安区福顺天天宾馆给付原告刘某某。案件受理费10元,由被告牡丹江市西安区福顺天天宾馆负担。

一审原告刘某某不服,向本院提起上诉。本院于2013年11月6日作出(2013)牡民终字第360号民事判决:驳回上诉,维持原判。二审案件受理费10元,由上诉人刘某某负担。

黑龙江省人民检察院抗诉理由:一、原审判决认定的基本事实缺乏证据证明。第一,证人王某某、武某某、王某是福顺天天宾馆的在职员工,与福顺天天宾馆有利害关系。证明内容相互矛盾,无其他证据予以佐证,不能单独作为认定刘某某拒绝签订劳动合同的证据。原审判决认定刘某某拒绝签订劳动合同缺乏证据证明。第二,福顺天天宾馆明确表述刘某某2012年3月27日被开除,而其在法院提交的2012年3月份的点名簿中明确标明刘某某2012年3月27日至2012年3月31日是旷工。原审判决认定刘某某连续旷工3日,于2012年3月27日离职,属于认定的基本事实缺乏证据证明。第三,原审判决中认定刘某某的月工资中包含了加班工资,根据福顺天天宾馆提供的2010年12月至2012年3月刘某某在其单位工作期间的工资表记载刘某某的应付工资由基本工资和考核工资组成,不存在给付加班工资的记载。另依据原审判决中认定福顺天天宾馆应当向刘某某支付法定假日和休息日工资的计算方式、计薪日期和金额,以及在计算带薪休假时认定的刘某某月平均工资,均是以福顺天天宾馆向刘某某支付的全部工资作为依据,并无扣除刘某某加班工资的记载,原审判决认定福顺天天宾馆向刘某某支付了法定节假日和休息日加班工资的事实属于认定基本事实缺乏证据证明。第四,福顺天天宾馆未充分举证证明其在招聘时明确告知该岗位实行的是不定时工作制,也未在相关劳动保障部门就不定时工作制进行审核备案,因此,福顺天天宾馆与刘某某之间应当视为实行标准工时工作制。福顺天天宾馆在仲裁程序中承认刘某某每天工作12小时,但刘某某的应付工资由基本工资和考核工资组成,不存在给付延时加班工资的记载。原审判决认定福顺天天宾馆已对刘某某延时加班做出了相应的补偿缺乏证据证明。二、原审判决适用法律确有错误。第一,原审判决驳回刘某某要求支付双倍工资的诉讼请求,属于适用法律错误。福顺天天宾馆自用工之日起满一年的当日未与刘某某订立固定期限劳动合同,事后也未与劳动者补签书面劳动合同,自2011年12月18日起应向刘某某每月支付二倍的工资。第二,原审判决认定2011年12月18日为保护刘某某主张加班工资权利的起算时间点属适用法律错误。应从2012年3月27日起计算仲裁时效起算时间点。第三,原审判决判令福顺天天宾馆支付刘某某未休年休假工资报酬74元属适用法律错误。福顺天天宾馆应当按照刘某某日工资收入的300%支付未休年休假工资报酬,即222元。

  本院再审过程中,申诉人刘某某称:1. 被申请人提交的多份证据相互矛盾,不能证实双方未签订劳动合同的原因系申诉人不同意签订书面劳动合同。2. 原审判决对未休年休假天数和计算方式违反《劳动法》《企业职工带薪年假实施办法》的规定。根据《劳动法》规定,劳动者工作满一年就应当享有5天的带薪休假,申诉人应享受带薪休假天数应为6天,金额为1 332.06元。3. 申诉人是被被申请人无故开除的,而不是旷工。申诉人在2012年3月27日被告知收拾好自己的物品离开酒店并将工服洗净后择日返还,申诉人返还的日期是2012年4月2日,开除票据中没有写明申诉人有旷工的事实,被申请人在考勤表中关于申诉人旷工的事实是伪造的,不能证明申诉人旷工的事实。4. 原审法院违反法定程序,剥夺申诉人辩称的权利。5. 原审判决认定被申请人向申诉人支付超时加班费,没有事实和法律依据。被申请人牡丹江市西安区福顺天天宾馆辩称:1. 申诉人到被申请人单位工作的第一天开始就收集索赔的证据,这样的行为不应得到支持。2. 申诉人拒绝签订劳动合同的证据,被申请人只能提供与其工作上有关系的相关人员来证明，申诉人拒绝与被申诉人签订劳动合同，被申诉人没有任何强制措施让其在对被申诉人有利的证据上签字，故不能提供相关证据佐证。3. 被申诉人提供的点名簿上记载了申诉人旷工的事实，解除劳动合同后，记录员就没有对申诉人的工作情况予以记载，旷工的事实是真实存在的。4. 申诉人的工资是由基本工资和其他补助构成的，基本工资多出部分包括延时工资、节假日加班费。5. 申诉人的工作时间应扣除午休和间休，而不是从上班打卡到下班打卡时间。

本院认为：原审判决认定事实不清，适用法律错误。依照《中华人民共和国民事诉讼法》第二百零七条第一款、第一百七十条第一款第（二）、（三）项的规定，裁定如下：

一、撤销本院（2013）牡民终字第360号民事判决及黑龙江省牡丹江市西安区人民法院（2013）牡西民重字第252号民事判决；

二、发回黑龙江省牡丹江市西安区人民法院重审。

二审案件受理费10元，退还给申诉人刘某某。

审　判　长　姜　山
审　判　员　杨弘智
审　判　员　黄晓丽
二〇一六年九月十八日
书　记　员　杨海侠

〔评注〕

1. 本样式供因人民检察院抗诉，人民法院提审或指令再审，经本院按照第二审程序审理后，撤销历次裁判，将本案发回一审法院重审时使用。值得注意的是，《民事诉讼文书样式》① 中该文书样式"说明"第2点与本裁定书的制作无关，笔者建议将其删除。

本处实例是黑龙江省人民检察院对黑龙江省牡丹江市中级人民法院（2013）牡民终字第360号民事判决提出抗诉，黑龙江省高级人民法院指令黑龙江省牡丹江市中级人民法院对本案进行再审。黑龙江省牡丹江市中级人民法院经过审理后，裁定撤销该院二审判决及黑龙江省牡丹江市西安区人民法院一审判决，发回一审法院重审，故适用本裁定书样式。

2. 本样式中事实部分的制作，包括人民检察院的抗诉理由，再审过程中申诉人的再审请求、事实和理由，被申诉人的答辩意见，原审其他当事人的意见，再审的裁判理由等，并未要求写明历次审理情况，以及再审查明的事实和证据。

---

① 参见沈德咏主编：《民事诉讼文书样式》（上册），人民法院出版社2016年版，第686页。

《最高人民法院关于民事审判监督程序严格依法适用指令再审和发回重审若干问题的规定》第四条规定："人民法院按照第二审程序审理再审案件，发现原判决认定基本事实不清的，一般应当通过庭审认定事实后依法作出判决。但原审人民法院未对基本事实进行过审理的，可以裁定撤销原判决，发回重审。原判决认定事实错误的，上级人民法院不得以基本事实不清为由裁定发回重审。"第五条规定："人民法院按照第二审程序审理再审案件，发现第一审人民法院有下列严重违反法定程序情形之一的，可以依照民事诉讼法第一百七十条第一款第（四）项的规定，裁定撤销原判决，发回第一审人民法院重审：（一）原判决遗漏必须参加诉讼的当事人的；（二）无诉讼行为能力人未经法定代理人代为诉讼，或者应当参加诉讼的当事人，因不能归责于本人或者其诉讼代理人的事由，未参加诉讼的；（三）未经合法传唤缺席判决，或者违反法律规定剥夺当事人辩论权利的；（四）审判组织的组成不合法或者依法应当回避的审判人员没有回避的；（五）原判决、裁定遗漏诉讼请求的。"该规定对发回重审作出了严格限制。基于原审人民法院未对基本事实进行过审理，或者基于第一审人民法院严重的程序违法的前由，再审人民法院裁定撤销原判决，发回第一审人民法院重审，本案的审理将回到"初始状态"，因此，历次审理的情况（包括认定的事实和证据等）对于第一审人民法院的重审从法律上讲不具有参考价值，为了避免"先入为主"，也为了实现裁判文书的繁简分流，发回重审案件的裁定均不要求表述历次审理情况。

　　因此，实例的民事裁定无需写明关于申诉人（一审原告、二审上诉人）刘某某的一审诉讼请求、重审诉讼请求，以及本案历次审理的判决结果。

　　另外，《人民法院民事裁判文书制作规范》规定，"被告辩称""本院认为"等词语之后用逗号。

　　3. 本处实例与样式的要求不完全一致，值得注意。

　　（1）参加诉讼人员的诉讼地位后应有冒号；诉讼代理人应表述为"委托诉讼代理人"。本处实例当事人的基本情况应表述为：

　　抗诉机关：黑龙江省人民检察院。

　　申诉人（一审原告、二审上诉人）：刘某某，男，1986年12月18日出生，汉族，无固定职业，住所地黑龙江省牡丹江市爱民区。

　　被申诉人（一审被告、二审被上诉人）：牡丹江市西安区福顺天天宾馆，住所地黑龙江省牡丹江市西安区西一条路新安街。组织机构代码：L01×××××-×。

　　法定代表人：李某某，女，董事长。

　　委托诉讼代理人：陈某，黑龙江鼎坤律师事务所律师。

　　（2）根据《人民法院民事裁判文书制作规范》的要求，引用法律条款中的项的，一律使用汉字不加括号，例如："第一项"。实例中引用的法律条款应写为"《中华人民共和国民事诉讼法》第二百零七条第一款、第一百七十条第一款第二项、第三项"。

60. 出庭通知书（抗诉案件通知检察院派员出庭用）

> ××××人民法院
> 出庭通知书
>
> （××××）……民再……号
>
> ××××人民检察院：
> 　　×××与×××……(写明案由)一案，我院定于××××年××月××日上/下午××时××分在本院第××法庭开庭审理，请准时派员出庭(开庭前，请将出庭人员姓名、职务告知我院)。
> 　　联 系 人：××××人民法院××庭×××
> 　　电　话：……
>
> 　　　　　　　　　　　　　　　××××年××月××日
> 　　　　　　　　　　　　　　　　　　（院印）

【说明】

1. 本通知书样式根据《中华人民共和国民事诉讼法》第二百一十三条制定，供人民检察院提出抗诉的案件，人民法院再审时，通知人民检察院派员出席法庭用。

2. 《最高人民法院关于适用〈中华人民共和国民事诉讼法〉的解释》第四百二十一条规定，人民法院开庭审理抗诉案件，应当在开庭三日前通知人民检察院。

【实例评注】

湖北省高级人民法院
出庭通知书 [①]

（2016）鄂民再 17 号

---

① 来源：湖北省高级人民法院(2016)鄂民再 17 号案卷。

湖北省人民检察院：

贵院于2015年8月3日作出鄂检民（行）监［2015］42000000078号民事抗诉书，对湖北省宜昌市中级人民法院于2013年12月13日作出的(2013)鄂宜昌中民一终字第00910号民事判决向本院提出抗诉。本院于2015年9月29日作出(2015)鄂民监二抗字第00043号民事裁定，提审本案。本院定于2016年2月25日下午15时在本院东区202法庭公开开庭审理申诉人张某某与被申诉人李某某、杨某某、李某甲民间借贷纠纷一案，请贵院派员准时出庭。

特此通知。

湖北省高级人民法院

二〇一六年二月十六日

〔评注〕

1.《民事诉讼法》第二百一十三条规定："人民检察院提出抗诉的案件，人民法院再审时，应当通知人民检察院派员出席法庭。"《民诉法解释》第四百二十一条规定，人民法院开庭审理抗诉案件，应当在开庭三日前通知人民检察院。本处实例是湖北省人民检察院提出的抗诉案件，湖北省高级人民法院再审时，于开庭三日以前书面通知湖北省人民检察院派员出庭，符合程序性规范。

2. 该通知书样式要求写明当事人姓名（名称）、案由、开庭时间、地点，以及本案的联系人及其联系方式，不要求写明案件的由来。

（六）检察建议再审案件

61. 民事裁定书（采纳再审检察建议并裁定再审用）

××××人民法院

民事裁定书

(××××)……民×……号

监督机关：××××人民检察院。

申诉人(一、二审的诉讼地位)：×××，……。

……

被申诉人(一、二审的诉讼地位)：×××，……。
……
二审上诉人/二审被上诉人/第三人(一审诉讼地位)：×××，……。
……
(以上写明当事人和其他诉讼参加人的姓名或者名称等基本信息)

申诉人×××因与被申诉人×××……(写明案由)一案，不服×××人民法院于×××年××月××日作出(××××)……号民事判决/民事裁定/民事调解书，向×××人民检察院申诉。××××人民检察院以……号民事再审检察建议书向本院提出再审检察建议。经本院院长提交审判委员会讨论认为，该判决/裁定/调解书确有错误，应予再审，依照《中华人民共和国民事诉讼法》第一百九十八条第一款、第二百零六条规定，裁定如下：

一、本案由本院再审；
二、再审期间，中止原判决/裁定/调解书的执行。

审　判　长　×××
审　判　员　×××
审　判　员　×××

××××年××月××日
(院印)
书　记　员　×××

【说明】

1. 本裁定书样式根据《中华人民共和国民事诉讼法》第一百九十八条第一款、第二百零六条、第二百零八条第二款的规定，供作出发生法律效力的判决/裁定/调解书的人民法院，根据再审检察建议依职权对本案提起再审用。

2. 因人民检察院再审检察建议而依职权裁定再审的，首先写明监督机关，随后列明"申诉人(一、二审的诉讼地位)"，再列明"被申诉人(一、二审的诉讼地位)"，其他当事人按原审诉讼地位表述，例如，二审终审的，列为"二审上诉人(一审原告)"或"二审被上诉人(一审被告)"等；一审终审的，列为"原审原告"或"原审被告""原审第三人"。鉴于裁定再审时，案件尚未进入审理程序，对于当事人的基本情况，仍依原审裁判文书列明；尚未委托代理人的，委托代理人一项予以省略。

3. 根据《民事诉讼法》第一百九十八条第一款的规定，各级人民法院院长对本院已经发生法律效力的判决、裁定、调解书，发现确有错误，认为需要再审的，应当提交审判委员会讨论决定。

4. 如果根据《民事诉讼法》第二百零六条的规定在裁定再审的同时不中止原判决、裁定、调解书的执行,则上述裁定的主文中不表述第二项。

【实例评注】

吉林省长春市中级人民法院
民事裁定书 ①

(2016)吉 01 民监 24 号

监督机关:吉林省长春市人民检察院。

申诉人(一审原告、二审被上诉人):包某某,女,1971 年 11 月 1 日出生,蒙古族,住松原市。

委托代理人:王某某,男,1967 年 10 月 7 日生,汉族,住址同上,与包某某系夫妻关系。

被申诉人(一审被告、二审上诉人):吉林建工集团有限公司,住所地长春市。

法定代表人:徐某某,该公司总经理。

委托代理人:范某某,该公司法务部部长。

包某某因与吉林建工集团有限公司买卖合同纠纷一案,不服本院(2013)长民四终字第 415 号民事判决,向吉林省长春市人民检察院申诉。吉林省长春市人民检察院以长检民(行)监字〔2015〕220××××××××号再审检察建议书向本院提出再审检察建议。经本院院长提交审判委员会讨论认为,该判决确有错误,应予再审,依照《中华人民共和国民事诉讼法》第一百九十八条第一款、第二百零六条规定,裁定如下:

一、本案由本院再审;

二、再审期间,中止原判决的执行。

审　判　长　　陶　铮
代理审判员　　胡月皓
代理审判员　　吕玉玉
二〇一六年九月一日
书　记　员　　王艳秋

---

① 来源:中国裁判文书网。

〔评注〕

1. 本样式供作出发生法律效力的判决/裁定/调解书的人民法院，根据再审检察建议依职权对本案裁定再审用。本处实例中，吉林省长春市人民检察院对已经发生法律效力的(2013)长民四终字第415号民事判决，向同级人民法院吉林省长春市中级人民法院提出再审检察建议。吉林省长春市中级人民法院经审判委员会讨论后，裁定再审，故适用本样式。

2. 本处实例基本符合本裁定书的样式规范和要求，部分表述与样式不一致，值得注意。

（1）当事人的基本情况

《人民法院民事裁判文书制作规范》要求，当事人住所以其户籍所在地为准；离开户籍所在地有经常居住地的，经常居住地为住所。连续两个当事人的住所相同的，应当分别表述，不用"住所同上"的表述。本案中，包某某的委托代理人王某某与其住所相同，其住所应当表述为"住松原市……"

（2）委托诉讼代理人。《民事诉讼法》第五十八条第一款规定："当事人、法定代理人可以委托一至二人作为诉讼代理人。"当事人委托了诉讼代理人的，在当事人基本情况后另起一行，写明"委托诉讼代理人"，并写明其基本情况。有两个诉讼代理人的，分行分别写明。新民事诉讼文书样式将诉讼代理人表述为"委托诉讼代理人"，实例为"委托代理人"。

3. 根据《民事诉讼法》第一百九十八条第一款的规定，各级人民法院院长对本院已经发生法律效力的判决、裁定、调解书，发现确有错误，认为需要再审的，应当提交审判委员会讨论决定。本处实例中，吉林省长春市中级人民法院经院长发现，认为该院作出的生效判决确有错误，提交审判委员会讨论决定，裁定再审，符合《民事诉讼法》的上述规定。

4. 《民事诉讼法》第二百零六条明确规定，中止原判决、裁定、调解书的执行要通过"裁定"，对于该条款列举的几类案件，认为可以不中止执行时，是自动保持继续执行，还是同样需要裁定不中止，并不十分明确。笔者认为，由于人民法院已经对案件裁定提审或者指令再审，案件的裁判结果重新处于悬而未决的状态，如果对于可以不中止执行的情形，人民法院不裁定"不中止原判决/裁定/调解书的执行"，会使执行机关处于两难境地，也使当事人对自己的是否享有申请执行的权利或者承担执行的义务不够明确。因此，笔者建议，若人民法院经审查认为本案可以不中止执行的，裁定主文第二项表述为："二、再审期间，不中止原判决/裁定/调解书的执行。"如果原生效裁判没有实际执行内容的，如"驳回起诉""驳回上诉请求"等，则只表述"本院由本院提审/指令××××人民法院再审"，不表述裁定主文第二项。

62. 复函（不予受理再审检察建议用）

××××人民法院
复函

（××××）……民×……号

××××人民检察院：

　　申诉人×××因与被申诉人×××……（写明案由）纠纷一案，不服××××人民法院于××××年××月××日作出（××××）……号民事判决/民事裁定/民事调解书，向×××人民检察院申诉。你院以……号民事再审检察建议书向本院提出再审检察建议。

　　本院经审查认为，……（阐明再审检察建议不应受理的理由）。鉴于你院未撤回再审检察建议/未对再审检察建议予以补正，依照《最高人民法院关于适用〈中华人民共和国民事诉讼法〉若干问题的解释》第四百一十六条第二款规定，对……号民事再审检察建议，本院不予受理。

　　此复

××××人民法院
××××年××月××日
（院印）

【说明】

　　1. 本复函样式根据《最高人民法院关于适用〈中华人民共和国民事诉讼法〉的解释》第四百一十六条制作，供因人民检察院对发生法律效力的判决/裁定/调解书提出再审检察建议后，人民法院经审查对再审检察建议不予受理用。

　　2. 根据《最高人民法院关于适用〈中华人民共和国民事诉讼法〉的解释》第四百一十六条第二款的规定，对不符合受理条件的再审检察建议，人民检察院不予补正或者撤回的，人民法院应当函告人民检察院不予受理。

【实例评注】

　　（暂缺实例）

〔评注〕

　　1. 本复函样式供因人民检察院对发生法律效力的判决/裁定/调解书，向同级人民法院提出再审检察建议后，人民法院经审查对再审检察建议不予受理用。

2. 再审检察建议是 2012 年《民事诉讼法》增加的新制度。《民事诉讼法》第二百零八条第二款规定："地方各级人民检察院对同级人民法院已经发生法律效力的判决、裁定，发现有本法第二百条规定情形之一的，或者发现调解书损害国家利益、社会公共利益的，可以向同级人民法院提出检察建议，并报上级人民检察院备案；也可以提请上级人民检察院向同级人民法院提出抗诉。"但该条款规定并未明确对检察机关提出的检察建议，法院是否必须一律裁定再审；也没有明确人民法院决定不进入再审程序的处理方式是什么。《民诉法解释》第四百一十六条对再审检察建议的受理条件作出了明确规定：(1)再审检察建议书和原审当事人申请书及相关证据材料已经提交；(2)建议再审的对象为依照民事诉讼法和本解释规定可以进行再审的判决、裁定；(3)再审检察建议书列明该判决、裁定有民事诉讼法第二百零八条第二款规定情形；(4)符合民事诉讼法第二百零九条第一款第一项、第二项规定情形；(5)再审检察建议经该人民检察院检察委员会讨论决定。对符合该条第一款规定条件的再审检察建议，人民法院应予受理。对不符合该条款规定的受理条件的，根据《民诉法解释》第四百一十六条第二款的规定，人民法院可以建议人民检察院予以补正或者撤回；人民检察院不予补正或者撤回的，人民法院应当函告人民检察院不予受理。也就是说，人民法院原则上应当受理再审检察建议；但对于再审检察建议，人民法院仍需进行必要的形式审查。

3.《民事诉讼法》第二百零八条第二款的检察建议(即本样式的再审检察建议)与该条第三款的检察建议有所不同。第二款的检察建议意在启动再审。回复检察机关再审检察建议的方式应当采用书面形式。对于不符合受理条件的再审检察建议，人民检察院不予补正或者撤回的，人民法院使用"复函"的形式告知相关检察机关。

63. 民事决定书（不采纳再审检察建议用）

××××人民法院
民事决定书

（××××）……民×……号

监督机关：××××人民检察院。
申诉人（一、二审的诉讼地位）：×××，……。
……
被申诉人（一、二审的诉讼地位）：×××，……。
……

> 二审上诉人/二审被上诉人/第三人(一审诉讼地位)：×××，……。
> ……
> (以上写明当事人和其他诉讼参加人的姓名或者名称等基本信息)
> 申诉人×××因与被申诉人×××……(写明案由)一案，不服××××人民法院于×××年××月××日作出(××××)……号民事判决/民事裁定/民事调解书，向××××人民检察院申诉。××××人民检察院以……号民事再审检察建议书向本院提出再审检察建议。
> 本院经审查认为，……(阐明不采纳再审检察建议的依据和理由)。
> 依照《最高人民法院关于适用〈中华人民共和国民事诉讼法〉的解释》第四百一十九条规定，决定如下：
> 对……号民事再审检察建议，不予采纳。
>
> ××××人民法院
××××年××月××日
(院印)

【说明】

1. 本决定书样式根据《最高人民法院关于适用〈中华人民共和国民事诉讼法〉的解释》第四百一十九条的规定制定，供因人民检察院对发生法律效力的判决/裁定/调解书提出再审检察建议，人民法院经审查后不予采纳用。

2. 根据《最高人民法院关于适用〈中华人民共和国民事诉讼法〉的解释》第四百一十九条的规定，人民法院收到再审检察建议后，应当组成合议庭，在三个月内进行审查，发现原判决、裁定、调解书确有错误，需要再审的，依照民事诉讼法第一百九十八条规定裁定再审，并通知当事人；经审查，决定不予再审的，应当书面回复人民检察院。

【实例评注】

安徽省怀宁县人民法院
民事决定书 [①]

(2016)皖 0822 民监 1 号

[①] 来源：中国裁判文书网。

监督机关：怀宁县人民检察院。

申诉人（原审被告）：董某某，男，1954年5月29日出生，汉族，农民，住安徽省怀宁县。

委托代理人：黄某某，安徽文法律师事务所律师。

被申诉人（原审原告）：安徽省怀宁县兴宁烟花爆竹有限公司，住所地安徽省怀宁县。

组织机构代码：××。

法定代表人：焦某某，该公司经理。

委托代理人：杨某某，该公司副经理，住安徽省怀宁县。

申诉人董某某因与被申诉人安徽省怀宁县兴宁烟花爆竹有限公司房屋租赁合同纠纷一案，不服本院于2015年9月30日作出的(2015)怀民一初字第01496号民事判决，向怀宁县人民检察院申诉。怀宁县人民检察院以怀检民（行）监(2016)34082200002号民事再审检察建议书向本院提出再审检察建议。

本院经审查认为，原审判决认定事实清楚，适用法律适当，判决正确。申诉人认为原审判决认定事实错误，缺乏证据证明。怀宁县人民检察院再审检察建议提出本院原判适用法律错误，判决不当，依据不足。

依照《最高人民法院关于适用〈中华人民共和国民事诉讼法〉的解释》第四百一十九条的规定，决定如下：

对怀宁县人民检察院怀检民（行）监(2016)34082200002号民事再审检察建议，不予采纳。

怀宁县人民法院
二〇一六年九月九日

〔评注〕

1. 本决定书样式供因人民检察院对发生法律效力的判决/裁定/调解书提出再审检察建议，人民法院经审查后不予采纳用。

2. 再审检察建议是2012年《民事诉讼法》增加的新制度。《民诉法解释》第四百一十九条的规定："人民法院收到再审检察建议后，应当组成合议庭，在三个月内进行审查，发现原判决、裁定、调解书确有错误，需要再审的，依照民事诉讼法第一百九十八条规定裁定再审，并通知当事人；经审查，决定不予再审的，应当书面回复人民检察院。"

（1）审查方式

对于已经受理的再审检察建议，人民法院应当进行实质审查——形式审查参阅本书"复函（不予受理再审检察建议用）"的说明和评注。尽管再审检察建议是一种检察监督方式，但就目前的民事诉讼法规定看，此类案件进入再审时，属于人民法院依职权再审的案件。再审检察建议是有利于人民法院自行纠正的一种方式。

（2）采纳标准

根据《民诉法解释》第四百一十九条的规定，采纳再审检察建议应以"确有错误"为标准，因此，参照《民事诉讼法》第一百九十八条的规定，"应当以法院依职权再审的'确有错误'为标准，并由院长提交审委会讨论决定再审"①，实践中，再审检察建议的采纳率不是很高。对于经合议庭评议认为不符合"确有错误"的再审标准的，《民事诉讼法》及其司法解释没有要求必须由院长提交审判委员会讨论决定。

（3）再审程序

《民诉法解释》第四百一十九条规定人民法院应当组成合议庭，在三个月内进行审查。参照审查当事人申请再审案件，人民法院组成合议庭后，可以通过调阅卷宗进行书面审查，确有必要的也可以询问当事人。该类案件裁定再审后，属于人民法院依职权再审的案件。民事诉讼法和最高人民检察院的相关规定要求对抗诉再审案件检察院应当派员出席法庭，但是并没有规定检察院对再审检察建议案件有出庭的职责。因此，人民检察院一般不派员参加因人民法院采纳再审检察建议而再审案件的庭审，人民法院也没有必要要求检察院派员出庭。

3. 本处实例与样式有不一致之处，值得注意。

（1）委托诉讼代理人

《民事诉讼法》第五十八条第一款规定："当事人、法定代理人可以委托一至二人作为诉讼代理人。"当事人委托了诉讼代理人的，在当事人基本情况后另起一行，写明"委托诉讼代理人"，并写明其基本情况。有两个诉讼代理人的，分行分别写明。新民事诉讼文书样式将诉讼代理人表述为"委托诉讼代理人"，实例为"委托代理人"。

（2）裁判理由

本样式要求"阐明不采纳再审检察建议的依据和理由"。本处实例简要地写明不采纳的理由为："原审判决认定事实清楚，适用法律适当，判决正确。申诉人认为原审判决认定事实错误，缺乏证据证明。怀宁县人民检察院再审检察建议提出本院原判适用法律错误，判决不当，依据不足。"《最高人民法院关于全面深化人民法院改革的意见》[即修订后的《人民法院第四个五年改革纲要（2014－2018）》，2015年2月26日发布]第34点"推动裁判文书说理改革"要求"加强对当事人争议较大、法律关系复杂、社会关注度较高的一审案件，以及所有的二审案件、再审案件、审判委员会讨论决定案件裁判文书的说理性"。对于检察建议案件，笔者建议在决定书中具体写明不采纳检察建议的理由和依据，有助于达成检法两家对案件的认识，减少不必要的抗诉，节约司法资源。

---

① 沈德咏主编：《最高人民法院民事诉讼法司法解释理解与适用》（下），人民法院出版社2015年版，第1108页。

64. 民事判决书（依再审检察建议对本院案件按一审程序再审用）

×××人民法院
民事判决书

（××××）……民再……号

监督机关：×××人民检察院。
申诉人(一审诉讼地位)：×××，……。
……
被申诉人(一审诉讼地位)：×××，……。
……
原审原告/被告/第三人：×××，……。
……
（以上写明当事人和其他诉讼参加人的姓名或者名称等基本信息）

申诉人×××因与被申诉人×××……(写明案由)一案，不服××××人民法院于××××年××月××日作出(××××)……号民事判决/民事裁定/民事调解书，向××××人民检察院申诉。×××人民检察院以……号民事再审检察建议书向本院提出再审检察建议。经本院审判委员会讨论决定，于××××年××月××日作出(××××)……号民事裁定，再审本案。本院依法另行组成合议庭开庭审理了本案。××××人民检察院指派检察员×××出庭。申诉人×××、被申诉人×××(写明当事人和其他诉讼参加人的诉讼地位和姓名或者名称)到庭参加诉讼。本案现已审理终结。

××××人民检察院提出再审检察建议，……(概括写明人民检察院建议理由)。
×××称，……(写明再审过程中申诉人的再审请求、事实和理由)。
×××辩称，……(概述被申诉人的答辩意见)。
×××述称，……(概述原审其他当事人的意见)。
×××向原审法院起诉请求：……(写明原审原告的诉讼请求)。本院原审认定事实：……。本院原审认为，……(概述原审判决理由)。本院原审判决：……(写明原审判决主文)。
围绕当事人的再审请求，本院对有争议的证据和事实认定如下：
……(写明再审法院采信证据、认定事实的意见和理由，对原审法院认定相关的事实进行评判)。
本院再审认为，……(写明争议焦点，根据再审认定的案件事实和相关法律，对再审请求进行分析评判，说明理由)。
依照《中华人民共和国民事诉讼法》第二百零七条第一款、……(写明法律文件名称及其条款项序号)规定，判决如下：

一、……；
　　二、……。
（以上分项写明裁判结果）
……（写明诉讼费用的负担）。
　　如不服本判决，可在判决书送达之日起十五日内，向本院递交上诉状，并按对方当事人的人数提出副本，上诉于××××人民法院，并预交上诉案件受理费。

　　　　　　　　　　　　　　　　　审　判　长　×××
　　　　　　　　　　　　　　　　　审　判　员　×××
　　　　　　　　　　　　　　　　　审　判　员　×××

　　　　　　　　　　　　　　　　××××年××月××日
　　　　　　　　　　　　　　　　　　（院印）
　　　　　　　　　　　　　　　　　书　记　员　×××

【说明】

1. 本判决书[①]样式根据《中华人民共和国民事诉讼法》第二百零七条第一款制定，供因人民检察院对发生法律效力的判决/裁定/调解书提出再审检察建议后，经审查依职权对本案提起再审，按照第一审程序审理后作出实体处理用。

2. 人民检察院派员出席法庭的，应在案件审理经过部分写明。

【实例评注】

浙江省慈溪市人民法院
民事判决书 [②]

　　　　　　　　　　　　　　　　　　　（2016）浙0282民再7号

　　监督机关：浙江省慈溪市人民检察院。
　　申诉人（原审被告）：许某某。
　　被申诉人（原审原告）：徐某某。

[①] 《民事诉讼文书样式》（上册）（沈德咏主编，人民法院出版社2016年版，第697页）一书将"本判决书"误写为"本裁定书"，本书对其进行了修正。

[②] 来源：中国裁判文书网。

委托代理人：孙某某，浙江煜华律师事务所律师。

委托代理人：叶某某，浙江煜华律师事务所律师。

原审被告：王某某。

原审被告：陶某某。

委托代理人：王某甲，系原审被告陶某某妻子。

原审被告：宁波某某典当有限公司，住所地：宁波市镇海区沿江西路52号。

法定代表人：王某某，该公司执行董事。

申诉人许某某因与被申诉人徐某某及原审被告王某某、陶某某、宁波某某典当有限公司（以下简称某某公司）民间借贷纠纷一案，不服本院于2015年6月26日作出的(2015)甬慈浒商初字第2×0号民事判决，向浙江省慈溪市人民检察院申诉。浙江省慈溪市人民检察院以慈检民（行）监［2015］330282×××5号民事再审检察建议书向本院提出再审检察建议。经本院审判委员会讨论决定，于2016年6月1日作出(2016)浙0282民监×号民事裁定，再审本案。本院依法另行组成合议庭开庭审理了本案。申诉人许某某、被申诉人徐某某、原审被告王某某暨原审被告某某公司法定代表人及原审被告陶某某的委托代理人到庭参加诉讼。本案经本院审判委员会讨论决定，现已审理终结。

浙江省慈溪市人民检察院提出再审检察建议，认为有新的证据足以推翻本院(2015)甬慈浒商初字第2×0号民事判决书。理由如下：被申诉人徐某某作为(2015)甬鄞邱商初字第9×号徐某甲与陶某某民间借贷纠纷一案的案件相关人，于2015年10月23日在宁波市鄞州区人民法院邱隘人民法庭（以下简称鄞州法院邱隘法庭）承认以下事实：陶某某于2014年11月20日向其父徐某甲借款2 000 000元并为该债权设定房屋抵押担保，是为了向其偿还王某某于2014年7月23日向其所借款项（即慈溪市人民法院(2015)甬慈浒商初字第2×0号判决书所认定的借款）。其父徐某甲借给陶某某的2 000 000元款项是由其提供，徐某甲分两次将款项汇给陶某某，陶某某随之将该2 000 000元款项汇入徐某某指定的还款银行账户何某某。被申诉人徐某某在原审庭审结束后改变陈述，且该陈述能与原审法院、宁波市鄞州区人民法院（以下简称鄞州法院）查明的相关事实相印证。检察机关认为，根据徐某某在鄞州法院的陈述，陶某某将2 000 000元款项汇入徐某某指定的还款银行账户何某某，即已履行了原审判决所认定借款的偿还义务。徐某某在鄞州法院作出的对己不利陈述，构成足以推翻原审判决的新证据。因此，建议本院对本案进行再审。

申诉人许某某同意检察机关的意见，并提出再审请求为驳回被申诉人对申诉人的诉讼请求。

被申诉人徐某某再审中答辩称：陶某某于2014年11月20日向其父徐某甲借款2 000 000元是为了偿还王某某于2014年7月23日向其所借的2 000 000元的部分本金及

利息。2014年12月17日其收到的2 000 000元,其中归还借款本金是1 412 000元,支付利息588 000元。王某某至今尚欠借款本金588 000元。现请求:1. 王某某、陶某某归还借款588 000元,并支付自2014年12月18日起至借款实际清偿日止按中国人民银行同期同类贷款基准利率四倍计算的利息;2. 许某某、某某公司对上述债务承担连带清偿责任。

原审被告王某某、陶某某、某某公司再审中共同陈述如下:借款人已支付利息100 000元,其中12 000元是由许某某现金转付,50 000元转账支付,另38 000元委托毛某支付,2 000 000元借款本金已在2014年12月17日还清。因此,所借徐某某的2 000 000元借款本息均已付清。故请求法院依法判决。

徐某某向原审法院起诉请求:王某某、陶某某归还借款2 000 000元并赔偿该款自2014年7月23日起至借款清偿日止按中国人民银行同期贷款基准利率的四倍计算的利息损失;许某某、某某公司承担连带清偿责任。

本院原审认定事实:2014年7月23日,被告王某某向原告徐某某借款2 000 000元,并出具借条一份,借条上载明月息6‰,2014年8月30日前还清。被告某某公司与被告许某某作为保证人在借条上盖章签字,但未约定保证方式、保证范围、保证期限和保证份额。当日原告将2 000 000元汇给了被告王某某。后被告陶某某向原告徐某某出具一张承诺书,承诺书对上述2 000 000元借款承担共同还款责任,直到本息还清为止。2014年11月20日,被告陶某某与原告父亲徐某甲签订抵押借款协议一份,并进行了公证,双方约定陶某某向原告借款2 000 000元,借款期限自2014年11月20日至2015年3月19日,陶某某愿意将房屋抵押,徐某甲在他项权证领取当天或之前将全部款项资金交付给陶某某,借款月利率1.5%,利息每个月支付一次,第一次支付日期为2014年12月19日,到期后一次性归还本金。协议并对其他事项作了约定。2014年12月17日,胡某某将2 000 000元汇给徐某某,徐某某将该2 000 000元汇给徐某甲,徐某甲先将1 000 000元汇给陶某某,陶某某将该1 000 000元汇给何某某,然后徐某甲再将另1 000 000元汇给陶某某,陶某某将该1 000 000元汇给何某某,然后何某某将其中600 000元汇给胡某某,另1 400 000元汇给陈某某并注明"代某某"。

原审另查明:2015年5月4日,鄞州法院立案受理了徐某甲与陶某某之间的上述2 000 000元民间借贷纠纷一案。原审又查明:何某某已于2013年8月15日死亡。

原审归纳的案件争议焦点:原、被告之间的借贷关系是否已经消灭?即是否如被告所辩称,已经被另一笔借款替代(陶某某向徐某甲借款2 000 000元)。

原审认为,借条仍由原告持有,故首先应推定借贷关系尚未消灭,被告方主张借贷关系已消灭,应提供证据证明。被告方提供的证据是陶某某向徐某甲借款2 000 000元的资金走向情况,被告方认为该笔借款仅仅是形式上"走账"走了一下,陶某某并未实际拿到借款,据此来证明该笔借款的目的是用来替代原来的借款。对此原告予以否认，认为两笔借款是完全互相独立的，不存在任何牵连关系。原审认为，即使陶某某向徐某甲借款2 000 000元的资金走向存在不合理之处，退一步讲，即使该2 000 000元并未实际交付，但在原告否认两笔借款存在牵连关系，被告方亦无其他证据证明双方达成过借贷关系替代合意的情况下，2 000 000元资金走向的不合理并不能直接证明该笔借贷关系替代了原来的借贷关系。且陶某某向徐某甲借款2 000 000元的民间借贷纠纷一案已由鄞州法院立案受理，应由该法院审理为宜。

综上，原审认为：原、被告之间的民间借贷合法有效，但约定月利率6%超过央行贷款基准利率四倍，对超出部分法律不予保护。被告王某某向原告借款后未按照约定期限归还借款，构成违约。被告陶某某向原告出具了共同还款承诺书，承诺对借款承担共同还款责任，直至本息还清为止，故其应与被告王某某共同承担还本付息的义务。原告要求被告王某某、陶某某归还所借款项2 000 000元，于法有据，应予支持。被告王某某、许某某、某某公司辩称借贷关系已经消灭，因原告予以否认，被告方也未提供充分证据予以证明，故不予采信。原告要求被告王某某、陶某某自借款之日起按照中国人民银行贷款基准利率四倍支付利息及逾期利息。被告王某某、许某某、某某公司辩称已经支付利息62 000元，因原告予以否认，被告方也未提供充分证据予以证明，也不予采信，原告的利息诉请于法有据，予以支持。被告许某某、某某公司作为借款的保证人，但未约定保证方式、保证范围和保证份额，故两保证人应对借款本金和利息共同承担连带保证责任。两保证人与原告未约定保证期间，原告有权自主债务履行期届满之日起6个月内要求保证人承担保证责任，经审查，原告主张的时间未超过上述规定。被告许某某辩称其担保期限已过，其担保责任已经解除，缺乏事实依据，法院不予采纳。被告许某某、某某公司承担保证责任后，有权向被告王某某、陶某某追偿。据此，本院原审判决：一、被告王某某、陶某某应于判决生效之日起七日内归还原告徐某某借款2 000 000元，并支付该款自2014年7月23日起至借款清偿日止按中国人民银行同期同类贷款基准利率四倍计算的利息；二、被告许某某、某某公司对上述第一项判决确定的债务承担连带清偿责任，被告许某某、某某公司承担保证责任后，有权向被告王某某、陶某某追偿。

本院再审查明本案事实如下：王某某与陶某某系夫妻关系，王某某与毛某系朋友关系，徐某某与徐某甲系父子关系，徐某某与许某某原系朋友关系，毛某与许某某原系同事。2014年7月23日，王某某因转贷需要经毛某和许某某介绍向徐某某借款2 000 000元，并于该日出具借条一份，约定月利率6%，2014年8月30日前还清。某某公司与许某某作为保证人在借条上盖章、签字。当日，徐某某将2 000 000元汇入王某某指定账户。陶某某另向徐某某出具承诺书一份，承诺对上述2 000 000元借款承担共同还款责任，直到本息还清为止。借款期限届满，王某某未按约还本付息。经双方协商，王某某、陶某某夫妻愿意将坐落于宁波市江东区民安路×弄×号×室房地产为上述200万元借款提供抵押担保。2014年11月20日,陶某某与徐某甲订立抵押借款协议一份并进行了公证,协议书载明:陶某某向徐某甲借款2 000 000元,借款期限自2014年11月20日至2015年3月19日,陶某某将上述房地产作抵押担保,徐某甲在他项权证领取当天或之前将全部款项资金交付陶某某,借款月利率1.5%,利息每月支付一次,到期后一次性归还本金;若逾期还款,逾期还款期间的利息按照未还借款的总额乘以银行同期贷款利率的四倍计算至实际还款之日;如未按协议归还借款,徐某甲有权向法院申请拍卖抵押物,用于抵偿借款本息及实现债权的一切费用等。2014年11月25日,双方办理了抵押登记,徐某甲取得甬房他证江东字第20140031×××号房屋他项权证。2014年12月17日,根据徐某某的"走账"要求,先由徐某某将2 000 000元汇入徐某甲账户,再通过徐某甲账户将2 000 000元分2次1 000 000元汇入陶某某账户,然后由陶某某账户分别汇入徐某甲指定的何某某账户共计2 000 000元。

2015年2月27日,徐某某向本院起诉本案,要求王某某、陶某某归还借款2 000 000元并赔偿该款自2014年7月23日起至借款清偿日止按中国人民银行同期贷款基准利率的四倍计算的利息损失;许某某、某某公司承担连带清偿责任。王某某、某某公司答辩认为本案借款已被陶某某向徐某甲的借款所替代,许某某同意王某某的答辩意见。徐某某、徐某甲则认为王某某向徐某某借款与陶某某向徐某甲借款是两笔不同的借款。本院于2015年6月26日作出(2015)甬慈浒商初字第2×0号民事判决。王某某、陶某某、许某某及某某公司均不服本院判决,向宁波市中级人民法院(以下简称宁波中院)提起上诉,因当事人均未在规定期限内交纳二审案件受理费,又未提出缓交、免交申请,宁波中院于2015年8月7日作出(2015)浙甬商终字第884号民事裁定,按上诉人自动撤回上诉处理。王某某、陶某某、许某某又向宁波中院申请再审,宁波中院于2015年10月20日作出(2015)浙甬民申字第93号民事裁定,驳回王某某、陶某某、许某某的再审申请。

徐某甲为与陶某某民间借贷纠纷一案,于2015年5月4日向鄞州法院起诉,该院于同日立案受理。徐某甲起诉要求陶某某归还借款2 000 000元并支付自2014年12月17日至借款实际履行日止以2 000 000元为基数按约定月利率1.5%计算的利息,并支付律师代理费;确认徐某甲对陶某某提供的抵押房地产在上述诉请范围内享有优先受偿权。在该案审理过程中,徐某某于2015年10月23日在鄞州法院邱隘法庭承认以下事实:陶某某向其父徐某甲借款2 000 000元并为该债权设定房屋抵押担保,是为了向其偿还王某某于2014年7月23日向其所借款项[(2015)甬慈浒商初字第2×0号判决书所认定的借款],因为王某某的借款只是普通债权,陶某某的借款办理了房屋抵押登记,债权有了保障。同时徐某某认可在本院(2015)甬慈浒商初字第2×0号案件的主张及陈述与之相矛盾的,以该陈述为准。鄞州法院遂于2015年11月6日作出(2015)甬鄞邱商初字第9×号民事判决,支持了徐某甲的诉讼请求。陶某某不服上述判决,向宁波中院提起上诉，宁波中院于2016年4月20日作出(2016)浙02民终310号民事判决，驳回上诉，维持原判。

本院再审认为本案争议焦点为：一、陶某某向徐某甲的借款是否替代了王某某向徐某某的借款？二、王某某向徐某某所借款项是否已本息还清？

对争议焦点一、徐某某在原审中认为是无任何关联的两笔借款，再审中认为陶某某向徐某甲的借款2 000 000元是为归还王某某欠徐某某2 000 000元的部分本金及利息；王某某、某某公司、许某某则认为王某某向徐某某的借款已被陶某某向徐某甲的借款所替代。

本院再审认为，陶某某向徐某甲的借款应该替代了王某某向徐某某的借款，即王某某已于2014年12月17日归还了徐某某借款本金2 000 000元。理由如下：王某某向徐某某出具借条，陶某某与徐某甲订立《抵押借款协议》，形式上是分别在不同的当事人之间设立了两个不同的借贷关系，债权人分别履行了相应的款项交付义务，但是，事实上陶某某与徐某甲签订《抵押借款协议》并非基于借贷的合意，是徐某某为了对王某某债权的实现提供保障，经各方当事人协商一致后，同意以陶某某名下的房地产为该债务提供抵押担保，但又因《抵押借款协议》的相对方并不是徐某某而是徐某甲，因此，为印证《抵押借款协议》的履行而通过"走账"的方式完成。虽然2 000 000元的"走账"从形式上是由徐某甲账户转入陶某某账户，徐某甲履行了款项交付的义务，但从该2 000 000元的整个"走账"流程显示，该2 000 000元是从徐某某的账户"走出"，"走账"后又归入至徐某某的指定账户，因此，实质上两个借贷关系只交付了一笔2 000 000元。如果"走账"的2 000 000元确定为徐某甲与陶某某借贷关系的履行，那么王某某与徐某某的借款2 000 000元即归于消灭。现王某某、某某公司、许某某均认为王某某向徐某某的借款已被陶某某向徐某甲的借款所替代，徐某某也认可陶某某向徐某甲的借款是为归还王某某的债务，鄞州法院作出的(2015)甬鄞邱商初字第9×号民事判决，对徐某甲与陶某某的民间借贷关系也予以了认定，并判决陶某某应归还借款2 000 000元并支付自2014年12月17日起的相应利息，且该判决已发生法律效力，因此，本院认为，鄞州法院判决确定徐某甲于2014年12月17日履行了向陶某某交付2 000 000元借款的义务，则王某某即于该日履行了归还徐某某借款本金2 000 000元的义务。

对争议焦点二、徐某某认为2014年12月17日的2 000 000元，其中归还借款本金是1 412 000元，支付利息588 000元，王某某至今尚欠借款本金588 000元。王某某则认为2 000 000元借款本金已在2014年12月17日还清，借款利息已支付100 000元。

本院再审认为，对王某某是否已归还借款本金的事实，因徐某某已在鄞州法院邱隘法庭上承认了陶某某向其父徐某甲借款2 000 000元并为该债权设定抵押担保，是为了向其偿还王某某于2014年7月23日向其所借的2 000 000元借款的事实，应当认定为系对借款本金的归还。故对徐某某所称 2014 年 12 月 17 日的 2 000 000 元系归还借款本金 1 412 000 元，支付利息 588 000 元的辩称，本院不予采信。对利息支付情况，王某某称已支付利息 100 000 元，其中 12 000 元是由许某某现金转付，50 000 元通过银行转账支付，38 000 元是委托毛某将钱汇入徐某某指定的胡某某账户。对此，王某某未能提供证据证明。许某某提供了由毛某付款的支付宝付款凭证及银行交易单据各一份。徐某某称没有收到过许某某支付的 12 000 元现金；收到过毛某汇入的 38 000 元，但该款不是借款利息，是许某某支付其承兑汇票生意的款项；另外也收到过王某某的一笔款项，但是用于支付公证费，金额多少已记不清了。

本院认为，当事人对自己提出的主张，有责任提供证据。本案中，王某某应对借款本金、利息等债务已经归还承担证明责任。现对其主张的以现金方式支付利息 12 000 元及以转账方式支付利息 50 000 元的事实，债权人徐某某予以否认，王某某又未能提供证据证明，故对上述主张，本院不予支持。对收到毛某支付的 38 000 元，徐某某没有异议，但对款项用途有异议，对此，徐某某未能提供证据证明系其与许某某间生意往来的款项的主张。因此，本院根据汇付款凭证和证人毛某的陈述，确定该 38 000 元为王某某支付给徐某某的借款利息。

综合上述对争议焦点的分析，本院再审认定王某某于 2014 年 7 月 23 日向徐某某借款 2 000 000 元，2014 年 8 月 19 日支付利息 10 000 元，8 月 20 日支付利息 28 000 元。2014 年 12 月 17 日王某某归还借款本金 2 000 000 元。借款时，借贷双方约定了借款利率，但双方约定的月利率 6% 已超过法律规定标准，对超过部分的利息，法院依法不予保护。现徐某某要求按中国人民银行同期同档次贷款基准利率的四倍计算利息不违反法律规定，本院可予照准。因此，自 2014 年 7 月 23 日至 2014 年 12 月 16 日止，王某某应支付利息为 182 933.33 元，已支付利息 38 000 元，尚应支付利息为 144 933.33 元。

本院再审认为，王某某于 2014 年 7 月 23 日向徐某某借款 2 000 000 元的事实清楚，王某某借款后应按约还本付息。因双方约定的月利率 6% 超过法律规定标准，徐某某现要求按中国人民银行同期同档次贷款利率的四倍计算利息，符合法律规定，本院予以准许。对尚欠利息 144 933.33 元，王某某应予支付。对徐某某超出上述范围的诉请，本院依法不予支持。陶某某自愿对王某某向徐某某所借借款本息承担共同还款责任，故对徐某某要求陶某某承担共同还款责任的诉请，本院予以支持。许某某、某某公司作为本案借款的保证人，在借款人尚未清偿债务的情况下，仍应承担保证责任。因对保证方式、保证范围及保证人间的保证份额未作约定，根据法律规定，两保证人应对本案借款本金和利息共同承担连带保证责任，故对许某某提出的不承担保证责任的再审请求，本院难以支持。本案因徐某某违反诚实信用原则，故意隐瞒陶某某向徐某甲借款 2 000 000 元系消灭本案诉争借款，王某某已归还借款本金的事实，而仍以借款 2 000 000 元及相应利息提起诉讼，致原审认定事实错误，本院再审予以纠正。对徐某某故意混淆案件事实提起虚假诉讼，妨害司法秩序的行为，本院将依法追究其法律责任。据此，依照《中华人民共和国合同法》第二百一十一条第二款，《中华人民共和国担保法》第十二条、第十九条、第二十一条、第二十六条、第三十一条，《中华人民共和国民事诉讼法》第二百零七条第一款，《最高人民法院关于适用〈中华人民共和国民事诉讼法〉的解释》第四百零七条第二款之规定，判决如下：

一、撤销本院(2015)甬慈浒商初字第 2×0 号民事判决；

二、被告王某某于本判决生效之日起七日内支付原告徐某某借款利息144 933.33元；

三、被告陶某某对被告王某某的上述债务承担共同还款责任；

四、被告许某某、宁波某某典当有限公司对被告王某某的上述债务承担连带清偿责任，被告许某某、宁波某某典当有限公司承担保证责任后，有权向被告王某某追偿。

如果未按本判决指定的期间履行给付金钱义务，应当依照《中华人民共和国民事诉讼法》第二百五十三条及相关司法解释之规定，加倍支付迟延履行期间的债务利息（加倍部分债务利息＝债务人尚未清偿的生效法律文书确定的除一般债务利息之外的金钱债务×日万分之一点七五×迟延履行期间）。

五、驳回原告徐某某的其余诉讼请求。

案件受理费25 040元，由原告徐某某负担21 841元，被告王某某、陶某某、许某某、宁波某某典当有限公司共同负担3 199元，于本判决生效之日交纳本院。

如不服本判决，可在判决书送达之日起十五日内，向本院递交上诉状，并按对方当事人的人数提出副本，上诉于浙江省宁波市中级人民法院。

审　判　长　　孙红莲
审　判　员　　岑丽芬
代理审判员　　何秀坤

二〇一六年九月三日

代　书　记　员　　胡利娜

附：本判决适用的法律条文

《中华人民共和国合同法》

第二百一十一条　自然人之间的借款合同对支付利息没有约定或者约定不明确的，视为不支付利息。自然人之间的借款合同约定支付利息的，借款的利率不得违反国家有关限制借款利率的规定。

《中华人民共和国担保法》

第十二条　同一债务有两个以上保证人的，保证人应当按照保证合同约定的保证份额，承担保证责任。没有约定保证份额的，保证人承担连带责任，债权人可以要求任何一个保证人承担全部保证责任，保证人都负有担保全部债权实现的义务。已经承担保证责任的保证人，有权向债务人追偿，或者要求承担连带责任的其他保证人清偿其应当承担的份额。

第十九条　当事人对保证方式没有约定或者约定不明确的，按照连带责任保证承担保证责任。

第二十六条　连带责任保证的保证人与债权人未约定保证期间的，债权人有权自主债务履行期届满之日起六个月内要求保证人承担保证责任。

在合同约定的保证期间和前款规定的保证期间，债权人未要求保证人承担保证责任的，保证人免除保证责任。

第三十一条　保证人承担保证责任后，有权向债务人追偿。

《中华人民共和国民事诉讼法》

第二百零七条　人民法院按照审判监督程序再审的案件，发生法律效力的判决、裁定是由第一审法院作出的，按照第一审程序审理，所作的判决、裁定，当事人可以上诉；发生法律效力的判决、裁定是由第二审法院作出的，按照第二审程序审理，所作的判决、裁定，是发生法律效力的判决、裁定；上级人民法院按照审判监督程序提审的，按照第二审程序审理，所作的判决、裁定是发生法律效力的判决、裁定。

人民法院审理再审案件，应当另行组成合议庭。

《最高人民法院关于适用〈中华人民共和国民事诉讼法〉的解释》

第四百零七条　人民法院经再审审理认为，原判决、裁定认定事实清楚、适用法律正确的，应予维持；原判决、裁定认定事实、适用法律虽有瑕疵，但裁判结果正确的，应当在再审判决、裁定中纠正瑕疵后予以维持。

原判决、裁定认定事实、适用法律错误，导致裁判结果错误的，应当依法改判、撤销或者变更。

〔评注〕

1. 本判决书样式供因人民检察院对发生法律效力的判决/裁定/调解书提出再审检察建议后，经审查依职权对本案提起再审，按照第一审程序审理后作出实体处理用。本处实例是浙江省慈溪市人民检察院对已经发生法律效力的(2015)甬慈浒商初字第2×0号民事判决向同级人民法院浙江省慈溪市人民法院提出再审检察建议，该院经审判委员会讨论后，裁定再审本案。经审理后，作出实体处理，故适用本样式。

此类案件的再审程序。再审检察建议案件裁定再审后，属于人民法院依职权再审的案件。民事诉讼法和最高人民检察院的相关规定要求对抗诉再审案件检察院应当派员出席法庭，但是并没有规定检察院对再审检察建议案件有出庭的职责。因此，人民检察院一般不派员参加因人民法院采纳再审检察建议而再审案件的庭审，人民法院也没有必要要求检察院派员出庭。但人民检察院派员出席法庭的，应在案件审理经过部分写明。本案中，检察院未派员出庭，故无需写检察机关的派员出庭情况。

2. 本处实例总体而言，要素齐全，格式规范，内容完整，说理充分，是一份较好的示范。本判决首先简明扼要地写明了案件由来和审理经过。事实部分，本判决根据再审案件的性质和本案的具体情况，按照《人民法院民事裁判文书制作规范》和《民事诉讼文书样式》的要求，第一部分首先写明检察机关的再审检察建议，然后分别写明申诉人的再审请求和理由，被申诉人的答辩意见，以及原审其他当事人的意见。第二部分简要概述原审基本情况，包括一审诉讼请求、法院认定的事实、裁判理由和裁判结果。第三部分写明再审认定的事实。理由部分，首先归纳了本案的两个争议焦点：陶某某向徐某甲的借款是否替代了王某某向徐某某的借款？王某某向徐某某所借款项是否已本息还清？围绕争议焦点，本判决根据再审认定的事实和证据对每一个争议焦点进行详细的分析评判，并在对争议焦点进行分析的前提下，明确申诉人的申诉理由成立，原审认定事实错误，并以此撤销原判，重新作出一审判决。

3. 本处实例与样式有不一致之处，值得注意。

(1) 委托诉讼代理人

《民事诉讼法》第五十八条第一款规定："当事人、法定代理人可以委托一至二人作为诉讼代理人。"当事人委托了诉讼代理人的，在当事人基本情况后另起一行，写明"委托诉讼代理人"，并写明其基本情况。有两个诉讼代理人的，分行分别写明。新民事诉讼文书样式将诉讼代理人表述为"委托诉讼代理人"，实例为"委托代理人"。

(2) 标点符号用法。《人民法院民事裁判文书制作规范》要求"被告辩称""本院认为"等词语之后用逗号；"×××向本院提出诉讼请求""本院认定如下"等词语之后用冒号。

(3) 一般而言，再审过程中，经审判委员会讨论决定的，在裁判理由之后、裁判依据之前表述，即"本案经本院审判委员会讨论决定，依照《中华人民共和国合同法》第二百一十一条第二款，……，判决如下：……"

4. 附。实例将本案适用的主要法律条文附在裁判文书之后，便于当事人了解具体的法律规定，有利于公开裁判理由，强化裁判文书说理，对裁判文书的格式是一种有益的创新形式。

5. 制作本判决书时，另参照本章文书样式14"民事判决书（依申请提审判决用）"的说明和评注。

65. 民事判决书（依再审检察建议对本院案件按二审程序再审用）

×××人民法院
民事判决书

（××××）……民再……号

监督机关：×××人民检察院。
申诉人（一审、二审诉讼地位）：×××，……。
……
被申诉人（一审、二审诉讼地位）：×××，……。
……
二审上诉人／二审被上诉人／第三人（一审诉讼地位）：×××，……。
……
（以上写明当事人和其他诉讼参加人的姓名或者名称等基本信息）

申诉人×××与被申诉人×××……（写明案由）一案，不服××××人民法院于××××年××月××日作出（××××）……号民事判决／民事裁定／民事调解书，向××××人民检察院申诉。××××人民检察院以……号民事再审检察建议书向本院提出再审检察建议。经本院审判委员会讨论决定，于××××年××月××日作出（××××）……号民事裁定，再审本案。本院依法另行组成合议庭，开庭审理了本案。×××人民检察院指派检察员×××出庭。申诉人×××、被申诉人×××（写明当事人和其他诉讼参加人的诉讼地位和姓名或者名称）到庭参加诉讼。（未开庭的，写明：本院依法组成合议庭审理了本案）。本案现已审理终结。

××××人民检察院提出再审检察建议，……（概括写明人民检察院的建议理由）。
×××称，……（写明再审过程中申诉人的再审请求、事实和理由）。
×××辩称，……（概述被申诉人的答辩意见）。
×××述称，……（概述原审其他当事人的意见）。
×××向一审法院起诉请求：……（写明一审原告的诉讼请求）。一审法院认定事实：……。一审法院判决：……（写明一审判决主文）。
×××不服一审判决，上诉请求：……（写明上诉请求）。二审法院认定事实：……（概述二审认定事实）。二审法院认为，……（概述二审判决理由）。二审法院判决：……（写明二审判决主文）。
围绕当事人的再审请求，本院对有争议的证据和事实认定如下：
……（写明再审法院采信证据、认定事实的意见和理由，对一审、二审法院认定相关的事实进行评判）。

本院再审认为，……（写明争议焦点，根据再审认定的案件事实和相关法律，对再审请求进行分析评判，说明理由）。

　　综上所述，……（对当事人的再审请求是否成立进行总结评述）。依照《中华人民共和国民事诉讼法》第二百零七条第一款、第一百七十条第一款第×项、……（写明法律文件名称及其条款项序号）规定，判决如下：

　　一、……；

　　二、……。

（以上分项写明判决结果）

……（写明诉讼费用的负担）。

本判决为终审判决。

审　判　长　×××
审　判　员　×××
审　判　员　×××

××××年××月××日
（院印）
书　记　员　×××

【说明】

　　本判决书①样式根据《中华人民共和国民事诉讼法》第二百零七条第一款制定，供因人民检察院对发生法律效力的判决/裁定/调解书提出再审检察建议后，经审查依职权对本案提起再审，按照第二审程序审理后作出实体处理用。

【实例评注】

广东省江门市中级人民法院
民事判决书 ②

（2013）江中法民再字第 37 号

---

　① 《民事诉讼文书样式》（上册）（沈德咏主编，人民法院出版社 2016 年版，第 700 页）一书将"本判决书"误写为"本裁定书"，本书对其进行了修正。

　② 来源：中国裁判文书网。

检察建议机关：广东省江门市人民检察院。

申诉人（一审被告、二审被上诉人）：林某某。

被申诉人（一审原告、二审上诉人）：潘某某。

原审第三人：梁某某。

委托代理人：赵某某，广东金硕律师事务所律师。

申诉人林某某因与被申诉人潘某某、原审第三人梁某某委托合同纠纷一案，不服本院（2012）江中法民一终字第47号民事判决，向检察机关申诉。广东省江门市人民检察院于2013年3月22日作出江检民建字（2013）1号检察建议书，向本院提出检察建议。本院于2013年8月2日作出（2013）江中法民一检建字第1号民事裁定，由本院再审本案。本院依法另行组成合议庭，公开开庭审理了本案。广东省江门市人民检察院指派助理检察员朵璞出庭，潘某某、林某某、梁某某委托代理人赵某某到庭参加诉讼。本案现已审理终结。

2011年9月20日，一审原告潘某某起诉至新会区人民法院称：2006年9月，梁某某的父亲找到本人，请求本人安排梁某某入江门市北街小学当公办教师。本人将此事告知林某某，其说可以办理但需要65 000元疏通关系及作酬劳。2007年8月28日本人收取梁某某交付的65 000元并交给了林某某，梁某某于2007年9月被安排江门市北街小学当临工教师，但一直没有转为公办职工老师，本人为此多次催促林某某办理。2008年8月29日，梁某某再次找到本人及其林某某，要求转公办职工教师，本人及林某某为此作出书面承诺：保证在2008年9月前为梁某某转为正式职工教师，如有失诺无条件退回所有款项。但林某某至今未办理成功。2011年1月17日梁某某起诉本人要求返还全部款项，经法院调解本人已返还35 000元给梁某某，现请求判令林某某赔偿35 000元，并承担诉讼费。

一审原告林某某答辩称：本人没有拖欠潘某某任何款项，反而其强行抢走本人的一辆车，本人将通过法律途径追究潘某某的责任。

原审第三人梁某某述称：我方对潘某某的起诉没有意见。

新会区人民法院一审查明：梁某某于2005年从师范学校毕业后一直未能当上公办教师，为此于2007年8月委托潘某某为其安排进入江门市北街小学当公办教师，并支付费用65 000元给潘某某。潘某某接受委托后再转委托林某某办理此事。其后，梁某某进入江门市北街小学担任代课老师，但一直未能转为公办教师。梁某某为此于2009年12月17日以潘某某、林某某拖欠其借款为由提起诉讼，案经审理一审法院于2010年3月23日作出（2010）新法民一初字第280号民事判决，判令潘某某偿还借款65 000元给梁某某。潘某某不服该判决提起上诉，江门市中级人民法院于2010年10月13日作出（2010）江中法民一终字第345号民事判决书，判决：一、撤销江门市新会区人民法院（2010）新法民一初字第280号民事判决；二、驳回梁某某的诉讼请求。判决后，梁某某于 2011 年 1 月 27 日以委托合同纠纷为由,再次对潘某某提起诉讼,要求潘某某返还 65 000 元。经一审法院主持调解,双方自愿达成如下调解协议:潘某某应于 2011 年 5 月 1 日前返还 35 000 元给梁某某,若逾期还款,则梁某某有权向法院申请按 65 000 元全额执行。该协议由一审法院作出(2011)新法民一初字第 402 号民事调解书予以确认。调解协议生效后潘某某按协议履行。潘某某认为其将介绍费 65 000 元交给林某某,在其返还 35 000 元给梁某某后,林某某应向其返还 35 000 元,而向一审法院提起诉讼。

新会区人民法院一审认为,梁某某口头委托潘某某为其办理入职公办教师事宜以及潘某某口头转委托林某某经办此事,已形成了事实的委托合同法律关系。当事人之间此前并无订立书面合同以明晰委托事项、费用支出、报酬数额、报酬支付方式等内容。而潘某某许诺一定能将梁某某转为公办教师,梁某某才将 65 000 元交给潘某某作为经费以及酬劳。但是,根据《印发江门市解决中小学代课教师问题工作方案的通知》〔江文府办(2008)118 号〕、《江门市事业单位职员招聘暂行办法》〔江府(2004)42 号〕以及《关于进一步做好江门市事业单位招聘人员工作有关问题的通知》〔江人发(2007)265 号〕的规定,梁某某要成为公办教师的必需条件是:1. 是 2008 年 9 月 1 日前在我市公办中小学教学岗位上代课且现仍在岗的代课教师;2. 参加全市统一的招录考试(包括笔试、面试),且综合成绩入围;3. 经体检合格。因此,本案当事人之间约定的包揽委托事项明显违反行政法规的强制性规定,依照《中华人民共和国合同法》第五十二条之规定,属于合同无效。现因梁某某未参加或未通过招录考试而不能转为公办教师,梁某某为此自愿与潘某某达成调解协议,由潘某某向其返还 35 000 元,于法不悖,一审法院已作出(2011)新法民一初字第 402 号民事调解书予以确认。潘某某以此为据要求林某某向其赔偿 35 000 元,但其提供的证明不足以证明其与林某某之间转委托的具体约定,亦不能证明其曾支付过相关款项给林某某,依照《中华人民共和国民事诉讼法》第六十四条第一款以及《最高人民法院关于民事诉讼证据的若干规定》第二条的规定,潘某某应承担由此产生的不利后果。潘某某要求林某某赔偿 35 000 元之请求,缺乏充分的事实和法律依据,不予支持。依照《中华人民共和国合同法》第五十二条和《中华人民共和国民事诉讼法》第六十四条第一款以及《最高人民法院关于民事诉讼证据的若干规定》第二条的规定,判决:驳回潘某某的诉讼请求。案件受理费 675 元,减半收取 338 元,由潘某某负担。

潘某某不服一审判决向本院上诉称:一、潘某某提交的两份问话笔录具有法律效力。该笔录是潘某某报警后,蓬江巡警大队对潘某某依法询问后形成的询问笔录,且在一审庭审时,林某某也确认其在公安机关被问话一事,也承认笔录上的"林某某"签名和手印是真实的。一审法院却认为询问笔录取得过程不合法,属于受污染的证据。一审法院的认为没有事实依据,即使该笔录没有侦查员签名和问话时间,也不能否认该证据的真实性。潘某某在一审庭审中口头申请法院到公安机关调查核实,并在庭审后补交了书面的调查取证申请书,但原审法院没有采纳。二、一审法院认为不能证明潘某某与林某某之间转委托的具体约定,也不能证明曾支付过相关款项给林某某,是对事实的错误认定。林某某确认了潘某某在一审法院中提交的转职保证书的真实性。转职保证书的右下角清晰显示林某某的名字在"保证人"旁边,"日期"一行和"保证人"一行的距离从书写格式上看是正常的上下行关系。潘某某的签名在两行之间,是因为梁某某和林某某不是特别熟悉,梁某某要求潘某某签名担保,很明显林某某是转职保证书中的保证人。从该证据内容的表述、书写习惯及委托关系分析,能确定潘某某和林某某为办理委托事项对梁某某作出过承诺保证。梁某某在庭审中也确认这一事实,再结合询问笔录,可以形成一组证据链证实潘某某起诉作出的陈述完全属实。原判事实认定错误,导致判决错误。请求:1. 撤销(2011)江新法民一初字第1505号判决书,依法判决林某某赔偿潘某某35 000元。2. 一、二审诉讼费由林某某承担。

林某某答辩称:原判认定事实清楚,适用法律正确,请求驳回上诉,维持原判。

梁某某答辩称:同意潘某某的上诉意见。

本院二审对一审查明的事实予以确认。

另查明,在梁某某被安排进北街小学教书后,林某某收取了潘某某人民币4万元现金作为劳务费。

本院二审认为:本案系委托合同纠纷。梁某某委托潘某某办理转职事宜,之后潘某某再转委托给林某某,各方对此事实均无异议,予以确认。本案的争议焦点有二:一是潘某某在一审中提供的两份询问笔录能否作为证据使用;二是林某某应否向潘某某返还35 000元。关于潘某某在一审中提供的两份询问笔录能否作为证据使用的问题。蓬江巡警大队出具的《证明》可以证明两份询问笔录的真实性。虽然蓬江巡警大队对林某某所作的询问笔录没有侦查人员、记录人的签名和询问时间,但是林某某承认该笔录上的"林某某"签名是其本人所签,且对该笔录的真实性并无异议。认为该两份笔录真实有效,可以作为证据使用,原判对此认定错误,予以纠正。关于林某某是否应向潘某某返还35 000元的问题。潘某某在自愿向梁某某返还35 000元之后,上诉主张要求林某某赔偿该损失。蓬江巡警大队对林某某所作的询问笔录里记载的内容和有林某某与潘某某签名的《转职保证书》内容,能与潘某某和梁某某的陈述互相印证,可以证明林某某接受潘某某为梁某某转职一事的委托而收取了潘某某给付的4万元现金的事实。因梁某某与潘某某、林某某之间的委托合同无效,根据《中华人民共和国合同法》第五十八条"合同无效或者被撤销后,因该合同取得的财产,应当予以返还;不能返还或者没有必要返还的,应当折价补偿。有过错的一方应当赔偿对方因此所受到的损失,双方都有过错的,应当各自承担相应的责任"之规定,潘某某在自愿向梁某某返还35 000元之后,有权要求林某某赔偿该损失。因此,潘某某的上诉主张,理据充足,予以支持。,一审判决对部分事实未予查明,导致适用法律错误,处理不当,应予纠正。潘某某的上诉理由充分，予以支持。依照《中华人民共和国合同法》第五十八条和《中华人民共和国民事诉讼法》第一百五十三条第一款第(三)项的规定，判决如下：一、撤销新会区人民法院(2011)江新法民一初字第1505号民事判决；二、林某某自本判决发生法律效力之日起十日内向潘某某给付人民币35 000元。一审案件受理费338元，二审案件受理费675元，共计1 013元，由林某某负担。

江门市人民检察院检察建议：梁某某委托潘某某为其安排入江门市北街小学当公办教师，潘某某转委托林某某办理此事，并支付介绍费，本案当事人约定事项违反法律规定，不属于人民法院受理民事诉讼范围，不符合《中华人民共和国民事诉讼法》第一百一十九条规定的受理条件。原审判决对该案进行审理，属于适用法律错误。依照《中华人民共和国民事诉讼法》第二百条第(六)项和第二百零八条第二款之规定，建议依照民事审判监督程序，对本案进行再审。

本院再审过程中，林某某称，潘某某说我拿40 000元不是事实，为梁某某办公办教师之事每次要请人吃饭、喝茶都是潘某某跟着一起买单的，我并没有拿到钱。我同意抗诉机关的意见，本案不属于法院民事案件的受理范围，潘某某起诉不受法律保护。

潘某某辩称：本案是民事案件的受理范围，一审法院受理正确，林某某已收取了40 000元，其在江门市公安局蓬江巡警大队询问时已承认。本人向梁某某返还35 000元后，有权要求林某某赔偿该损失。

梁某某辩称：本案符合委托合同构成要件，委托整个事项是合法的，本人支付了劳务费，后来潘某某、林某某也承诺退回全部款项，对于民事法律行为，本人只能通过起诉追回款项，本案属于人民法院民事诉讼受理范围，抗诉机关的抗诉不完全正确。

本院再审查明，对一、二审查明的事实，予以确认。

另查明，潘某某系从事餐厅的个体经营户；林某某在新会区柏成材料有限公司工作，主要经营工业用油产品。

本院再审认为，围绕抗诉机关的抗诉理由，归纳本案焦点为：一、本案是否法院受理民事诉讼范围。二、关于本案实体处理问题。现作评析如下：

关于焦点一，人民法院受理民事诉讼的范围是指请求人民法院裁判的争议事项必须是在人民法院能够行使民事审判权的职权范围内。这一范围主要是指公民之间、公民与法人之间、法人之间、其他组织之间及他们相互之间因财产关系和人身关系提起的民事诉讼。本案潘某某提起民事诉讼，符合《中华人民共和国民事诉讼法》第一百一十九条规定受理条件，属于人民法院民事案件的受理范围。其次，即便当事人约定事项违反法律规定，并不意味着不属于人民法院受理范围，只是涉及实体处理的问题。

关于焦点二，依据多份生效民事判决的认定，梁某某口头委托潘某某为其办理入职江门市北街小学当公办教师，交付了65 000元作为费用，潘某某收取该款项开具《收据》给梁某某。潘某某承诺后收取该款项委托林某某为梁某某公办教师职位去拉关系,潘某某也从中参与活动。其中林某某收取 40 000 元,潘某某收取了 25 000 元。后来林某某、潘某某作为保证人向梁某某作出承诺:保证梁某某在 2008 年 9 月前转为正式职工教师。江门市人民政府在当时为解决中小学代课教师问题,曾以《江门市解决中小学代课教师问题工作方案》发文,江门市组织部、江门市人事局也以《关于进一步做好江门市事业单位招聘人员工作有关问题的通知》,在社会上公开招聘相关人员。按规定,梁某某成为公办教师,须经笔试、面试、体检、政审、公示、试用期考核、正式聘用等程序,合格后才被录取。而林某某、潘某某承诺梁某某在约定的限期内转为公办教师,有违招聘职员"公开、平等、竞争、择优、依法办事"的原则,依照《中华人民共和国合同法》第五十二条"有下列情形之一的,合同无效:(一)一方以欺诈、胁迫的手段订立合同,损害国家利益;(二)恶意串通,损害国家、集体或者第三人利益;(三)以合法形式掩盖非法目的;(四)损害社会公共利益;(五)违反法律、行政法规的强制性规定"的规定,梁某某、潘某某、林某某通过不正当方式以达到非法目的,有损社会公共利益,该委托合同无效。潘某某提起民事诉讼,其诉求不受法律保护。二审判决予以支持不当,本院依法纠正。

综上所述,检察机关认为本案不属于民事诉讼的受理范围,其理由不成立。对其建议不予采纳。同时,在审理民事案件中,经查实,本案当事人在委托合同中,确有损害国家利益、违反了社会公序良俗的行为,对非法活动的财物,本院依法予以民事制裁(另制作民事制裁决定书)。本案经本院审判委员会讨论决定,依照《中华人民共和国合同法》第五十八条、《中华人民共和国民事诉讼法》第二百零七条、第一百七十条第一款第(一)项、第(二)项、第一百一十九条的规定,判决如下:

一、撤销本院(2012)江中法民一终字第 47 号民事判决①;
二、维持江门市新会区人民法院(2011)江新法民一初字第 1505 号民事判决。
一审受理费按一审判决确定,二案件受理费 675 元,由潘某某负担。
本判决为终审判决。

审　判　长　李均成
审　判　员　谭力强
审　判　员　刘邦中

二〇一四年二月二十六日
书　记　员　韩苗苗

---

① 中国裁判文书网公布的该文书此处无"决"字。

〔评注〕

1. 本判决书样式供因人民检察院对发生法律效力的判决/裁定/调解书提出再审检察建议后，经审查依职权对本案提起再审，按照第二审程序审理后作出实体处理用。本处实例是广东省江门市人民检察院对广东省江门市中级人民法院作出的终审判决(2012)江中法民一终字第47号民事判决提出检察建议，广东省江门市中级人民法院裁定再审后，经过审理，作出实体处理，故适用本样式。

2. 人民检察院派员出席法庭的，应在案件审理经过部分写明。本判决书在审理经过部分写明了广东省江门市人民检察院派员出庭情况。

3. 本处实例是2014年制作的民事判决书，总体而言，本判决书要素齐全，内容完整，繁简得当，且在裁判文书的说理部分首先归纳了争议焦点，并围绕争议焦点进行分析评判，但其格式体例与文书样式要求不完全一致，值得注意。

(1) 案号

根据最高人民法院《关于人民法院案件案号的若干规定》(2016年1月1日起施行)第三条规定，案号各基本要素的编排规格为："("+收案年度+")"+法院代字+类型代字+案件编号+"号"。该规定附件1《人民法院案件类型及其代字标准》的规定，民事再审案件的类型代字为"民再"。

(2) 委托诉讼代理人

《民事诉讼法》第五十八条第一款规定："当事人、法定代理人可以委托一至二人作为诉讼代理人。"《民事诉讼文书样式》中将诉讼代理人表述为"委托诉讼代理人"。

(3) 审理经过

根据《民诉法解释》第四百一十九条的规定，采纳再审检察建议应以"确有错误"为标准。《民事诉讼法》第一百九十八条第一款规定："各级人民法院院长对本院已经发生法律效力的判决、裁定、调解书，发现确有错误，认为需要再审的，应当提交审判委员会讨论决定。"再审检察建议作为法院发现本院错误的一种方式，"应当以法院依职权再审的'确有错误'为标准，并由院长提交审委会讨论决定再审"。① 即根据《民事诉讼法》及其司法解释，对此类案件提审应当经过本院审判委员会讨论决定。

(4) 事实部分的写作顺序

《人民法院民事裁判文书制作规范》要求，再审案件应当先写明当事人的再审请求等诉辩意见，然后再简要写明原审基本情况。生效判决为一审判决的，原审基本情况应概述一审诉讼请求、法院认定的事实、裁判理由和裁判结果。本样式是因再审检察建议

---

① 沈德咏主编：《最高人民法院民事诉讼法司法解释理解与适用》(下)，人民法院出版社2015年版，第1108页。

后，人民法院依职权引起的再审，故样式要求应首先写明检察机关的检察意见，再审过程中申诉人的再审请求、事实和理由，被申诉人的答辩意见，原审其他当事人的意见，然后再写明原审基本情况，包括原审原告的诉讼请求，原审认定事实、判决理由和判决结果。本处实例包含了上述内容，但写作顺序与格式要求不相一致。

（5）裁判依据

《人民法院民事裁判文书制作规范》要求，"引用法律条款中的项的，一律使用汉字不加括号，例如：'第一项'"，故本判决书引用民事诉讼法应写为"《中华人民共和国民事诉讼法》第一百五十三条第一款第三项""《中华人民共和国民事诉讼法》第二百零七条、第一百七十条第一款第一项、第二项、第一百一十九条"。

4. 根据《民事诉讼法》第二百零七条的规定，人民法院按照审判监督程序再审的案件，发生法律效力的判决、裁定是由第二审法院作出的，按照第二审程序审理，所作的判决、裁定，是发生法律效力的判决、裁定。本类案件按照第二审程序审理，所作判决是发生法律效力的判决。故尾部最后一段表述为"本判决为终审判决"。

5. 制作本判决书时，另参照本章文书样式14"民事判决书（依申请提审判决用）"的说明和评注。

66. 民事裁定书（依再审检察建议对本院案件发回重审用）

×××人民法院
民事裁定书

（××××）……民再……号

监督机关：××××人民检察院。
申诉人（一审、二审诉讼地位）：×××，……。
……
被申诉人（一审、二审诉讼地位）：×××，……。
……
二审上诉人/二审被上诉人/第三人（一审诉讼地位）：×××，……。
……
（以上写明当事人和其他诉讼参加人的姓名或者名称等基本信息）
申诉人×××与被申诉人×××……（写明案由）纠纷一案，不服×××人民法院于××××年××月××日作出（××××）……号民事判决/民事裁定/民事调解书，向××

×× 人民检察院申诉。××××人民检察院以……号民事再审检察建议书向本院提出再审检察建议。经本院审判委员会讨论决定,于××××年××月××日作出(××××)……号民事裁定,再审本案。本院依法另行组成合议庭,开庭审理了本案。××××人民检察院指派检察员×××出庭。申诉人×××、被申诉人×××(写明当事人和其他诉讼参加人的诉讼地位和姓名或者名称)到庭参加诉讼。(未开庭的,写明:本院依法组成合议庭审理了本案)。本案现已审理终结。

××××人民检察院提出再审检察建议,……(概括写明人民检察院的建议理由)。

×××称,……(写明再审过程中申诉人的再审请求、事实和理由)。

×××辩称,……(概述被申诉人的答辩意见)。

×××述称,……(概述原审其他当事人的意见)。

本院再审认为,……(写明发回重审的具体理由)。

依照《中华人民共和国民事诉讼法》第二百零七条第一款、第一百七十条第一款第×项规定,裁定如下:

一、撤销××××人民法院(××××)……民终……号民事判决/民事裁定/民事调解书及××××人民法院(××××)……民初……号民事判决/民事裁定;

二、本案发回××××人民法院重审。

审 判 长 ×××
审 判 员 ×××
审 判 员 ×××

××××年××月××日
(院印)
书 记 员 ×××

【说明】

1. 本裁定书样式供作出发生法律效力的判决(裁定或者调解书)的人民法院,根据再审检察建议依职权对本案提起再审,按照第二审程序审理后,撤销历次裁判,将本案发回一审法院重审时使用。

2. 本裁定书样式参照提审后发回重审裁定制作。

【实例评注】

辽宁省葫芦岛市中级人民法院
民事裁定书①

(2016)辽14民再48号

申诉人(一审被告、二审上诉人)：康某某

申诉人(一审被告，二审上诉人)：黄某

申诉人(一审被告，二审上诉人)：王某

被申诉人(一审被告、二审上诉人)：葫芦岛钼深加工有限公司，住所地葫芦岛市杨家杖子经济开发区白沙居。

法定代表人：米某某，该公司经理。

被申诉人(一审原告、二审被上诉人)：田某某

申诉人康某某、黄某、王某与被申诉人葫芦岛钼深加工有限公司、被申诉人田某某因生命权、健康权、身体权纠纷一案，连山区人民法院于2014年12月1日作出(2014)连新民初字第00070号民事判决，葫芦岛钼深加工有限公司、康某某、黄某、王某不服，到本院提出上诉，本院于2015年6月18日作出(2015)葫民终字第00533号民事判决，已经发生法律效力。康某某、黄某、王某不服，向葫芦岛市人民检察院申诉，葫芦岛市人民检察院于2016年4月8日作出葫检民(行)监〔2015〕21140000091号再审检察建议书，以一审送达程序违法，采信的鉴定结论没有法律依据为由向本院提出再审检察建议，本院于2016年7月19日作出(2016)辽民监7号民事裁定，再审本案。本院依法组成合议庭审理了本案。本案现已审理终结。

本院再审认为，关于鉴定问题，是当事人单方委托鉴定，对方当事人不予认可，且葫芦岛市公安局司法鉴定中心不具有伤残等级的司法鉴定资质，所作的鉴定结论不能作为定案依据，在一审时葫芦岛钼深加工有限公司在庭审时已经提出异议，在二审期间，申诉人以书面形式提出异议并要求重新鉴定，一、二审均未采纳，仍然将该鉴定结论作为证据采信，证据采信不当。综上，原判决认定事实不清，证据不足。依照《中华人民共和国民事诉讼法》第二百零七条、第一百七十条第一款第(三)项之规定，裁定如下：

一、撤销本院(2015)葫民终字第00533号民事判决及连山区人民法院(2014)连民新初字第00533号民事判决；

---

① 来源：中国裁判文书网。

二、本案发回连山区人民法院重审。

审　判　长　　白文革
审　判　员　　刘永鸿
代理审判员　　薛　丽
二〇一六年八月三十日
书　记　员　　郭伊明

本裁定书援引的相关法律条款：

《中华人民共和国民事诉讼法》第二百零七条"人民法院按照审判监督程序再审的案件，发生法律效力的判决、裁定是由第一审法院作出的，按照第一审程序审理，所作的判决、裁定，当事人可以上诉；发生法律效力的判决、裁定是由第二审法院作出的，按照第二审程序审理，所作的判决、裁定，是发生法律效力的判决、裁定；上级人民法院按照审判监督程序提审的，按照第二审程序审理，所作的判决、裁定，是发生法律效力的判决、裁定"。

《中华人民共和国民事诉讼法》第一百七十条第一款第（三）项"原判决认定基本事实不清的，裁定撤销原判决，发回原审人民法院重审，或者查清事实后改判"。

〔评注〕

1. 本样式参照提审后发回重审裁定制作。本处实例是葫芦岛市人民检察院对辽宁省葫芦岛市中级人民法院的二审生效判决（2015）葫民终字第00533号民事判决提出再审检察建议，辽宁省葫芦岛市中级人民法院依职权裁定再审，经过审理后，裁定撤销二审、一审判决，发回一审人民法院重审，故适用本样式。

2. 审理经过。根据《民诉法解释》第四百一十九条的规定，采纳再审检察建议应以"确有错误"为标准。《民事诉讼法》第一百九十八条第一款规定："各级人民法院院长对本院已经发生法律效力的判决、裁定、调解书，发现确有错误，认为需要再审的，应当提交审判委员会讨论决定。"再审检察建议作为法院发现本院错误的一种方式，"应当以法院依职权再审的'确有错误'为标准，并由院长提交审委会讨论决定再审"。① 即根据《民事诉讼法》及其司法解释，对此类案件提审应当经过本院审判委员会讨论决定。

---

① 沈德咏主编：《最高人民法院民事诉讼法司法解释理解与适用》（下），人民法院出版社2015年版，第1108页。

3.《最高人民法院关于民事审判监督程序严格依法适用指令再审和发回重审若干问题的规定》第四条规定："人民法院按照第二审程序审理再审案件，发现原判决认定基本事实不清的，一般应当通过庭审认定事实后依法作出判决。但原审人民法院未对基本事实进行过审理的，可以裁定撤销原判决，发回重审。原判决认定事实错误的，上级人民法院不得以基本事实不清为由裁定发回重审。"第五条规定："人民法院按照第二审程序审理再审案件，发现第一审人民法院有下列严重违反法定程序情形之一的，可以依照民事诉讼法第一百七十条第一款第（四）项的规定，裁定撤销原判决，发回第一审人民法院重审：（一）原判决遗漏必须参加诉讼的当事人的；（二）无诉讼行为能力人未经法定代理人代为诉讼，或者应当参加诉讼的当事人，因不能归责于本人或者其诉讼代理人的事由，未参加诉讼的；（三）未经合法传唤缺席判决，或者违反法律规定剥夺当事人辩论权利的；（四）审判组织的组成不合法或者依法应当回避的审判人员没有回避的；（五）原判决、裁定遗漏诉讼请求的。"该规定对发回重审作出了严格限制。基于原审人民法院未对基本事实进行过审理，或者基于第一审人民法院严重的程序违法的前由，再审人民法院裁定撤销原判决，发回第一审人民法院重审，本案的审理将回到"初始状态"，因此，历次审理的情况（包括认定的事实和证据等）对于第一审人民法院的重审从法律上讲不具有参考价值，为了避免"先入为主"，也为了实现裁判文书的繁简分流，发回重审案件的裁定均不要求表述历次审理情况。

4. 人民法院应在裁定中全面公开发回重审的具体理由，不再另行附函说明。

根据《民事诉讼法》第一百五十四条第三款的规定，裁定书应当写明裁定结果和作出该裁定的理由。《最高人民法院关于民事审判监督程序严格依法适用指令再审和发回重审若干问题的规定》第六条规定："上级人民法院裁定指令再审、发回重审的，应当在裁定书中阐明指令再审或者发回重审的具体理由。"

在过去，发回重审的裁定表述非常简单，一般不在裁定中说明发回重审的具体理由，发回重审理由通常都以内部函的方式通知原审法院。附内部函的做法，不符合司法公开的要求，也不符合各级人民法院依法独立行使审判权的要求，在实践中还容易导致发回重审的随意性。上述规定体现了全面公开裁定理由的要求，以期达到减少指令再审、发回重审随意性的效果。

实例说明了发回重审的具体理由是因鉴定程序违法，鉴定结论不能作为定案依据，故原判决认定事实不清，证据不足；依法公开了发回重审的理由。

5.《人民法院民事裁判文书制作规范》要求，"引用法律条款中的项的，一律使用汉字不加括号，例如：'第一项'"，本处实例引用条款应写为"《中华人民共和国民事诉讼法》第一百七十条第一款第三项"，写为"第（三）项"不当。

6. 附。实例将本案适用的主要法律条文附在裁判文书之后，便于当事人了解具体的法律规定，有利于公开裁判理由，强化裁判文书说理，对裁判文书的格式是一种有益的创新形式。

（七）小额诉讼再审案件

67. 民事裁定书（小额诉讼案件裁定再审用）

×××× 人民法院
民事裁定书

（××××）……民申……号

再审申请人（原审诉讼地位）：×××，……。
……
被申请人（原审诉讼地位）：×××，……。
……
（以上写明当事人和其他诉讼参加人的姓名或者名称等基本信息）

再审申请人×××因与被申请人×××……（写明案由）一案，不服本院按小额诉讼程序审理并作出的（××××）……号民事判决/裁定，向本院申请再审。本院依法组成合议庭进行了审查，现已审查终结。

本院认为，×××的再审申请符合《中华人民共和国民事诉讼法》第二百条第×项规定的情形。

依照《中华人民共和国民事诉讼法》第二百条第……项、第二百零四条、第二百零六条、《最高人民法院关于适用〈中华人民共和国民事诉讼法〉的解释》第四百二十六条第一款规定，裁定如下：

一、本案由本院再审；
二、再审期间，中止原判决/裁定的执行。

审　判　长　×××
审　判　员　×××
审　判　员　×××

××××年××月××日
（院印）
书　记　员　×××

【说明】

1. 本裁定书样式依据《最高人民法院关于适用〈中华人民共和国民事诉讼法〉的解释》第四百二十六条第一款规定制定，供当事人不服小额诉讼案件的判决/裁定申请再审，人民法院经审查认为再审事由成立裁定再审用。

2. 如果人民法院根据《民事诉讼法》第二百零六条规定在裁定再审不中止原判决、裁定的执行，裁定的主文中不表述第二项。

3. 人民法院经审查认为当事人理由不成立的，裁定驳回再审申请的文书样式参照驳回再审申请裁定书样式制作。

【实例评注】

河南省巩义市人民法院
民事裁定书 ①

（2015）巩民申字第15号

再审申请人（原审原告）杨某某，男，1948年5月30日出生，汉族，住河南省偃师市。

委托代理人杨某甲，河南星光律师事务所律师。

委托代理人董某某，河南星光律师事务所律师。

被申请人（原审被告）赵某某，男，1973年11月19日出生，汉族，住河南省巩义市。

被申请人（原审被告）都邦财产保险股份有限公司河南分公司郑州市中心支公司，住所地：郑州市郑东新区CBD商务外环路1号第19层，组织机构代码证：778×××××－×。

负责人鲁某某，该公司经理。

委托代理人张某某，该公司职工。

再审申请人杨某某与被申请人赵某某、都邦财产保险股份有限公司河南分公司郑州市中心支公司机动车交通事故责任纠纷一案，不服本院（2015）巩民小字第52号民事判决书向本院申请再审。本院依法组成合议庭对本案进行了审查，现已审查终结。

申请人杨某某申请再审称，巩义市法院作出的（2015）巩民小字第52号民事判决书中认定申请人杨某某的医疗费用为3 148.81元是错误的，应为4 096.16元，

---

① 来源：中国裁判文书网。

现要求依法纠正。

本院经审查查明，2015年6月2日17时左右，申请人杨某某驾驶电动车与被申请人赵某某驾驶机动车发生交通事故致原告受伤住院治疗。原审认定医疗费用为3 148.81元与证据不符。

本院认为杨某某的再审申请符合《中华人民共和国民事诉讼法》第二百条第一款第(二)项规定的情形。依照《中华人民共和国民事诉讼法》第二百条第一款第(二)项、第二百零四条第一款、第二百零六条之规定，裁定如下：

一、本案由本院另行组成合议庭再审；
二、再审期间，中止原判决的执行。

审　判　长　魏光辉
审　判　员　焦会朝
审　判　员　魏清正

二〇一五年十二月二十六日
书　记　员　魏　柯

〔评注〕

1. 本样式供当事人不服小额诉讼案件的判决/裁定申请再审，人民法院经审查认为再审事由成立裁定再审用。《民诉法解释》第四百二十六条第一款规定："对小额诉讼案件的判决、裁定，当事人以民事诉讼法第二百条规定的事由向原审人民法院申请再审的，人民法院应当受理……"本处实例是再审申请人不服小额诉讼案件的判决，向河南省巩义市人民法院申请再审，该院经审查后认为，再审申请人的申请再审事由符合《民事诉讼法》第二百条第二项之规定，裁定再审，故适用本样式。

《民事诉讼法》第二百条规定："当事人的申请符合下列情形之一的，人民法院应当再审：(一)有新的证据，足以推翻原判决、裁定的；(二)原判决、裁定认定的基本事实缺乏证据证明的；(三)原判决、裁定认定事实的主要证据是伪造的；(四)原判决、裁定认定事实的主要证据未经质证的；(五)对审理案件需要的主要证据，当事人因客观原因不能自行收集，书面申请人民法院调查收集，人民法院未调查收集的；(六)原判决、裁定适用法律确有错误的；(七)审判组织的组成不合法或者依法应当回避的审判人员没有回避的；(八)无诉讼行为能力人未经法定代理人代为诉讼或者应当参加诉讼的当事人，因不能归责于本人或者其诉讼代理人的事由，未参加诉讼的；(九)违反法律规定，剥夺当事人辩论权利的；(十)未经传票传唤，缺席判决的；(十一)原判决、裁定遗漏或者超出诉讼请求的；(十二)据以作出原判决、裁定的法律文书被撤销或者变更的；(十三)审判人员审理该案件时有贪污受贿，徇私舞弊，枉法裁判行为的。"

2. 本样式"说明"提出,"如果人民法院依据民事诉讼法第二百零六条规定在裁定再审时不中止原判决、裁定、调解书的执行,则上述裁定的主文中不表述第二项。"

《民事诉讼法》第二百零六条规定:"按照审判监督程序决定再审的案件,裁定中止原判决、裁定、调解书的执行,但追索赡养费、扶养费、抚育费、抚恤金、医疗费用、劳动报酬等案件,可以不中止执行。"基于这一条款的规定,对于审判监督程序"可以不中止执行"的情形,如何处理判项?《民事诉讼文书样式》"十八、审判监督程序"的文书样式有两种不同的处理方式:其中,样式4、样式6、样式7、样式37等规定裁判主文第二项表述为:"二、再审期间,不中止原判决/原裁定/原调解书的执行。"而样式41、样式44、样式45、样式52、样式61、样式67、样式68等则规定,裁定再审时不中止原判决、裁定、调解书的执行,上述裁定的主文中不表述第二项。

《民事诉讼法》第二百零六条明确规定,中止原判决、裁定、调解书的执行要通过"裁定",对于该条款列举的几类案件,认为可以不中止执行时,是自动保持继续执行,还是同样需要裁定不中止,并不十分明确。笔者认为,由于人民法院已经对案件裁定提审或者指令再审,案件的裁判结果重新处于悬而未决的状态,如果对于可以不中止执行的情形,人民法院不裁定"不中止原判决/裁定/调解书的执行",会使执行机关处于两难境地,也使当事人对自己的是否享有申请执行的权利或者承担执行的义务不够明确。因此,笔者建议,若人民法院经审查认为本案可以不中止执行的,裁定主文第二项表述为:"二、再审期间,不中止原判决/裁定/调解书的执行。"如果原生效裁判没有实际执行内容的,如"驳回起诉""驳回上诉请求"等,则只表述"本院由本院提审/指令××××人民法院再审",不表述裁定主文第二项。

3. 人民法院经审查认为当事人理由不成立的,裁定驳回再审申请的文书样式参照本章文书样式8"民事裁定书(裁定驳回再审申请用)"制作。

4. 本处实例格式规范,要素齐备,简单明了,是此类裁定较好的示范。由于该裁定于2015年制作,其样式与新样式有一定的区别,值得注意。

(1)参加诉讼人员的诉讼地位后应有冒号;诉讼代理人应表述为"委托诉讼代理人"。按照新民事诉讼样式要求,本处实例当事人的基本情况可表述为:

再审申请人(原审原告):杨某某,男,1948年5月30日出生,汉族,住河南省偃师市。

委托诉讼代理人:杨某甲,河南星光律师事务所律师。

委托诉讼代理人:董某某,河南星光律师事务所律师。

……

(2)根据《人民法院民事裁判文书制作规范》规定,"引用法律条款中的项的,一律使用汉字不加括号,例如:'第一项'",本实例中引用的法律条款应写为"《中华人民共和国民事诉讼法》第二百条第一款第二项"。

另外，实例属于小额诉讼案件裁定再审，应引用《民诉法解释》第四百二十六条第一款。

68. 民事裁定书（小额诉讼案件因程序不当裁定再审用）

××××人民法院
民事裁定书

（××××）……民申……号

再审申请人(原审诉讼地位)：×××，……。
……
被申请人(原审诉讼地位)：×××，……。
……
（以上写明当事人和其他诉讼参加人的姓名或者名称等基本信息）

再审申请人×××因与被申请人×××……（写明案由）一案，不服本院按小额诉讼程序审理并作出的(××××)……号民事判决/民事裁定，向本院申请再审。本院依法组成合议庭进行了审查，现已审查终结。

本院认为，……（围绕原审是否应该按小额诉讼程序审理进行阐明）。

依照《中华人民共和国民事诉讼法》第二百零四条、第二百零六条、《最高人民法院关于适用〈中华人民共和国民事诉讼法〉的解释》第四百二十六条第二款规定，裁定如下：

一、本案由本院再审；
二、再审期间，中止原判决/裁定的执行。

审　判　长　×××
审　判　员　×××
审　判　员　×××

××××年××月××日
（院印）
书　记　员　×××

【说明】

1. 本裁定书样式依据《最高人民法院关于适用〈中华人民共和国民事诉讼法〉的

解释》第四百二十六条第二款规定制定,供当事人认为不应按小额诉讼案件审理而申请再审,人民法院经审查认为理由成立裁定再审用。

2. 如果人民法院根据《民事诉讼法》第二百零六条规定在裁定再审不中止原判决、裁定的执行,裁定的主文中不表述第二项。

3. 人民法院经审查认为当事人理由不成立的,裁定驳回再审申请的文书样式参照驳回再审申请裁定书样式制作。

【实例评注】

河南省汝州市人民法院
民事裁定书 ①

(2016)豫 0482 民申 21 号

再审申请人王某。
法定代理人,王某某,男,成年,汉族,住汝州市。
被申请人郭某。
法定代理人郭某某。
被申请人汝州市小屯镇山王幼儿园(原审被告)。
负责人王某甲。

原审原告王某诉原审被告郭某、汝州市小屯镇山王幼儿园(以下简称"山王幼儿园")生命权、健康权纠纷一案,本院于 2016 年 4 月 10 日作出的(2016)豫 0482 民初 1021 号民事判决书已发生法律效力。申请人王某不服该判决,于 2016 年 6 月 7 日向本院申请再审。本院于 2016 年 6 月 8 日受理后依法组成合议庭进行了审查。本案现已审查终结。

再审申请人王某称,一、原审审判组织不合法,不应适用小额诉讼程序审理。本案不是简单的民事案件,不符合简易程序的审理条件。被申请人均不承认申请人被打伤,双方争议较大。二、原审认定的基本事实缺乏证据证明。申请人王某受伤后,先后在医疗机构治疗。期间,被告郭某家人还到申请人家看望,后还在汝州市第一人民医院支付了 400 元的医疗费。事后,还经小屯镇山王村委会调解。这一系列事实形成了证据链,证实了申请人王某被郭某打伤住院的事实。不能因为被申请人均不承认殴打就不能认定申请人王某被打伤的事实。三、原审被告郭某的父亲没有作为当事人通知参加

---

① 来源:中国裁判文书网。

诉讼。郭某将申请人王某殴打致伤，郭某是直接侵权人。因郭某是无民事行为能力人，法院应当通知其监护人作为共同被告参加诉讼，而法院没有通知其监护人作为被告参加诉讼是不妥的。四、原审判决适用法律错误。由于上述事实，原审判决主观臆断，草率认定侵权行为不成立，且严重违反法定程序，从而导致适用法律错误。故要求撤销汝州市人民法院(2016)豫 0482 民初 1021 号民事判决书，判令被申请人赔偿申请人王某医疗费用 10 425.41 元。

　　本院审查后认为，《最高人民法院关于适用〈中华人民共和国民事诉讼法〉的解释》第六十七条规定，无民事行为能力人、限制民事行为能力人造成他人损害的，无民事行为能力人、限制民事行为能力人和其监护人为共同被告。第七十四条①规定，必须共同进行诉讼的当事人没有参加诉讼的，人民法院应当依照民事诉讼法第一百三十二条的规定，通知其参加；当事人也可以向人民法院申请追加。人民法院对当事人提出的申请，应当进行审查，申请理由不成立的，裁定驳回；申请理由成立的，书面通知被追加的当事人参加诉讼。第二百七十四条规定，下列金钱给付的案件，适用小额诉讼程序审理：……(三)责任明确，仅在给付的数额、时间、方式上存在争议的交通事故损害纠纷和其他人身损害赔偿纠纷……

　　本案中，被申请人郭某为无民事行为能力人，申请人王某在原审中虽无起诉郭某的监护人，原审应当通知郭某的监护人即其父母作为共同被告参加诉讼而未通知，违反法律规定。同时，适用小额诉讼程序审理的案件针对的是事实清楚、权利义务明确、争议不大的民事案件。本案中，申请人王某和被申请人郭某、汝州市小屯镇山王幼儿园之间的权利义务和案件事实并不明确和清楚，双方就王某的伤情究竟由谁导致，存在根本争议。本案原审不应适用小额诉讼程序进行审理。申请人王某的再审申请符合法律规定，本案应予再审。依据《中华人民共和国民事诉讼法》第二百零四条第一款、《最高人民法院关于适用〈中华人民共和国民事诉讼法〉的解释》第四百二十六条第二款之规定，裁定如下：

　　本案由本院另行组成合议庭进行再审。

　　本裁定书送达后即发生法律效力。

审　判　长　　杨西庚
审　判　员　　张红克
审　判　员　　滕胜利
二〇一六年八月十八日
书　记　员　　张艳艳

---

① 该实例原文即为"第七十四条"，实际上应该为"第七十三条"。

〔评注〕

1. 本裁定书样式供当事人认为不应按小额诉讼案件审理而申请再审，人民法院经审查认为理由成立裁定再审用。《民诉法解释》第四百二十六条第二款规定："当事人以不应按小额诉讼案件审理为由向原审人民法院申请再审的，人民法院应当受理。理由成立的，应当裁定再审，组成合议庭审理。作出的再审判决、裁定，当事人可以上诉。"从民事裁定书的样式上看，本裁定书与本章文书样式67"民事裁定书（小额诉讼案件裁定再审用）"几乎并无不同，只在最后裁判文书引用上才有部分差异，即本裁定书引用第四百二十六条第二款，而后者引用第四百二十六条第一款。

2. 本处实例是再审申请人以原审不应适用小额诉讼程序审理为由申请再审，河南省汝州市人民法院受理后，经审查认为再审申请符合法律规定，裁定再审，故适用本样式。本处实例与样式格式存在部分差异，值得注意。

（1）当事人的基本情况。《人民法院民事裁判文书制作规范》"当事人的诉讼地位"规定，再审民事案件当事人的诉讼地位表述为"再审申请人""被申请人"。其他当事人按照原审诉讼地位表述，例如一审终审的，列为"原审原告""原审被告""原审第三人"；二审终审的，列为"二审上诉人""二审被上诉人"等。再审申请人、被申请人和其他当事人诉讼地位之后，用括号注明一审、二审诉讼地位。参加诉讼人员的诉讼地位后应有冒号。本处实例当事人的基本情况应表述为：

再审申请人（原审原告）：王某。

法定代理人：王某某，男，成年，汉族，住汝州市。

被申请人（原审被告）：郭某。

法定代理人：郭某某。

被申请人（原审被告）：汝州市小屯镇山王幼儿园。

负责人：王某甲。

（2）再审申请人的申诉理由。本样式不要求写明再审申请人的申请理由和请求。

3. 本样式"说明"提出，"如果人民法院依据民事诉讼法第二百零六条规定在裁定再审时不中止原判决、裁定、调解书的执行，则上述裁定的主文中不表述第二项。"

《民事诉讼法》第二百零六条规定："按照审判监督程序决定再审的案件，裁定中止原判决、裁定、调解书的执行，但追索赡养费、扶养费、抚育费、抚恤金、医疗费用、劳动报酬等案件，可以不中止执行。"基于这一条款规定，对于审判监督程序"可以不中止执行"的情形，如何处理判项？《民事诉讼文书样式》"十八、审判监督程序"的文书样式有两种不同的处理方式：其中，样式4、样式6、样式7、样式37等规定裁判主文第二项表述为："二、再审期间，不中止原判决/原裁定/原调解书的执行。"而样式41、样式44、样式45、样式52、样式61、样式67、样式68等则规定，裁定再审时不中止原判决、裁定、调解书的执行，上述裁定的主文中不表述第二项。

《民事诉讼法》第二百零六条明确规定,中止原判决、裁定、调解书的执行要通过"裁定",对于该条款列举的几类案件,认为可以不中止执行时,是自动保持继续执行,还是同样需要裁定不中止,并不十分明确。笔者认为,由于人民法院已经对案件裁定提审或者指令再审,案件的裁判结果重新处于悬而未决的状态,如果对于可以不中止执行的情形,人民法院不裁定"不中止原判决/裁定/调解书的执行",会使执行机关处于两难境地,也使当事人对自己的是否享有申请执行的权利或者承担执行的义务不够明确。因此,笔者建议,若人民法院经审查认为本案可以不中止执行的,裁定主文第二项表述为:"二、再审期间,不中止原判决/裁定/调解书的执行。"如原生效裁判没有实际执行内容的,如"驳回起诉""驳回上诉请求"等,则只表述"本院由本院提审/指令××××人民法院再审",不表述裁定主文第二项。

4. 本样式要求阐明原审是否应该按小额诉讼程序审理的具体理由。

5. 人民法院经审查认为当事人理由不成立的,裁定驳回再审申请的文书样式参照本章文书样式8"民事裁定书(裁定驳回再审申请用)"制作。

69. 民事判决书(小额诉讼案件再审用)

××××人民法院
民事判决书

(××××)……民再……号

再审申请人(原审诉讼地位):×××,……。

……

被申请人(原审诉讼地位):×××,……。

……

原审原告/被告:×××,……。

……

(以上写明当事人和其他诉讼参加人的姓名或者名称等基本信息)

再审申请人×××因与被申请人×××……(写明案由)一案,不服本院按小额诉讼程序审理作出的(××××)……号民事判决/民事裁定,向本院申请再审。本院于××××年××月××日作出(××××)……号民事裁定,再审本案。本院依法另行组成合议庭,开庭审理了本案。再审申请人×××、被申请人×××(写明当事人和其他诉讼参加人的诉讼地位和姓名或者名称)到庭参加诉讼。本案现已审理终结。

×××申请再审称,……(写明再审请求、事实和理由)。

×××辩称,……(概述被申请人的答辩意见)。

×××述称，……（概述原审其他当事人的意见）。

×××向原审法院起诉请求：……（写明原审原告的诉讼请求）。原审法院认定事实：……原审法院认为，……（概述原审判决理由）。原审法院判决：……（写明原审判决主文）。

围绕当事人的再审请求，本院对有争议的证据和事实认定如下：

……（写明再审法院采信证据、认定事实的意见和理由，对原审法院认定相关的事实进行评判）。

本院再审认为，……（写明争议焦点，根据再审认定的案件事实和相关法律，对再审请求进行分析评判，说明理由）。

依照《中华人民共和国民事诉讼法》第二百零七条第一款、《最高人民法院关于适用〈中华人民共和国民事诉讼法〉的解释》第四百二十六条第一款以及……（写明再审判决的法律依据）规定，判决如下：

一、……；

二、……。

（以上分项写明裁判结果）

……（写明诉讼费用的负担）。

本判决为终审判决。

审　判　长　×××
审　判　员　×××
审　判　员　×××

×××年××月××日
（院印）
书　记　员　×××

【说明】

1. 本判决书样式根据《最高人民法院关于适用〈中华人民共和国民事诉讼法〉的解释》第四百二十六条第一款的规定制定，供人民法院对小额诉讼案件裁定再审后进行审理作出实体处理用。

2. 对小额诉讼案件的判决、裁定，当事人以《民事诉讼法》第二百条规定的事由向原审人民法院申请再审的，人民法院应当受理。申请再审事由成立的，应当裁定再审，组成合议庭进行审理。作出的再审判决、裁定，当事人不得上诉。

【实例评注】

河南省巩义市人民法院
民事判决书 [①]

(2016)豫 0181 民再 2 号

原审原告杨某某,男,1948 年 5 月 30 日出生,汉族。
委托代理人杨某甲,河南星光律师事务所律师。
委托代理人董某某,河南星光律师事务所律师。
原审被告赵某某,男,1973 年 11 月 19 日出生,汉族。
原审被告都邦财产保险股份有限公司郑州中心支公司。住所地:郑州市郑东新区。
负责人鲁某某,总经理。

原审原告杨某某与原审被告赵某某、原审被告都邦财产保险股份有限公司郑州中心支公司机动车交通事故责任纠纷一案,本院于 2015 年 8 月 7 日作出的(2015)巩民小字第 52 号民事判决书已经发生法律效力。本院于 2015 年 12 月 26 日作出(2015)巩民申字第 15 号民事裁定,对本案提起再审。本院提起再审后,依法另行组成合议庭,于 2016 年 5 月 25 日公开开庭审理了本案。原审原告的委托代理人董某某到庭参加诉讼,二原审被告经本院传票传唤,无正当理由未到庭。本案现已审理终结。

原审原告杨某某原审诉称,2015 年 6 月 2 日 17 时左右,被告赵某某打开车门时,与沿建设路东侧非机动车道由南向北的原告驾驶的电动车相撞,致原告受伤,两车受损,造成交通事故。事故经巩义市交通管理警察大队认定,被告赵某某负全部责任,原告无责任。被告赵某某的豫 A×××××号轿车在都邦财产保险股份有限公司河南分公司郑州中心支公司投有交强险。事故发生后,原告在巩义市人民医院住院治疗,被告拒不赔偿原告的损失。现原告诉至法院请求判令被告赔偿原告医疗费、误工费、护理费、住院伙食补助费、营养费、交通费等共计 12 000 元。

原审被告赵某某原审辩称,交通事故认定书程序违法,结果错误,不能作为证据使用;原告住院时,本人已为其缴款 500 元;原告治疗高血压的费用应由其支付。

原审被告都邦财产保险股份有限公司郑州中心支公司原审辩称,对于原告诉请的各项损失,应提交证据支持;对原告合理合法的损失,在交强险限额内承担;原告已经超过 60 周岁,主张误工费不应当支持;诉讼费用本公司不应承担。

原审查明,2015 年 6 月 2 日 17 时左右,被告赵某某在建设路东侧非机动车道内停

[①] 来源:中国裁判文书网。

车打开车门时,与沿建设路东侧非机动车道内原告驾驶的由南向北行驶的电动车相撞,致原告受伤,两车受损,造成交通事故。事故经巩义市交通管理警察大队认定,被告赵某某负全部责任,原告无责任。原告受伤后在巩义市人民医院住院治疗,共住院19天,医疗费为3 148.81元,原告的护理费为1 482元、住院伙食补助费为570元、营养费为380元;2015年6月12日,郑州宏信价格评估咨询有限公司对原告的速派奇电动车作出评估结论,认定该车车损为310元,原告支付评估费100元。事故处理期间,原告还支付了160元停车费。后双方因赔偿达不成一致意见,引起诉讼。同时查明,原告住院期间,被告赵某某已向原告支付500元。豫A×××××号轿车在都邦保险公司投有交强险,事故发生在保险期间内。

原审认为,被告赵某某在打开车门时妨碍其他车辆的通行是造成本次事故的原因,应负全部责任。根据《中华人民共和国道路交通安全法》第七十六条的规定,因交通事故造成人身、财产损害的,由保险公司在交强险限额内承担赔偿责任,不足部分,根据行为人过错程度确定赔偿责任。被告赵某某辩称其垫付的500元医疗费,由被告都邦保险公司直接向其支付。原告提供证据证明其工资为每月5 000元,原告没有提供前三年的收入证明,该证据不充分本院不予认定,原告的误工费应按信息传输、计算机服务和软件业职工平均工资45 120元/年计算为2 348.71元,根据本案的案情,本院酌定原告的交通费为100元,原告的医疗费损失共计为8 029.52元,扣除被告赵某某垫付的500元,保险公司应赔付其7 529.52元,财产损失为570元,均没有超出医疗费用赔偿限额10 000元和财产损失2 000元赔偿限额的标准。对原告的损失8 099.52元(7 529.52+570),被告太平洋保险公司应在交强险的限额内予以赔偿。依照《中华人民共和国侵权责任法》第六条第一款、第十五条第一款第(六)项、第四十八条,《中华人民共和国道路交通安全法》第七十六条之规定,判决如下:一、被告都邦财产保险股份有限公司河南分公司郑州中心支公司于本判决生效之日起十日内赔偿原告杨某某七千零九十九元五角二分;二、驳回原告杨某某的其他诉讼请求。案件受理费五十元,减半收取二十五元,由被告赵某某负担。2015年8月13日,本院作出(2015)巩民小字第52号民事裁定书,该裁定书的主要内容为:(2015)巩民小字第52号民事判决书文字上有笔误,应予补正,现裁定如下:民事判决书正文第三页倒数第五行"七千零九十九"应为"八千零九十九"。

原审原告杨某某申请再审的理由,原审判决书认定杨某某的医疗费为3 148.81元,但实际住院治疗的医疗费用为4 096.16元,该数额有巩义市人民医院出具的发票予以证明。再审请求是:依法撤销巩义市法院(2015)巩民小字第52号民事判决书,查明事实依法改判。

原审被告赵某某再审辩称,保险公司应积极对受害人进行赔偿,但其为拖延时间,导致诉讼,故请求判决保险公司承担诉讼费;如要本人承担诉讼费,应从本人已给杨某某的500元中扣除诉讼费,剩余的款项退还给本人。

原审被告都邦财产保险股份有限公司郑州中心支公司再审时未答辩。

再审经审理查明的事实,原审原告杨某某向本院提交两张2015年6月21日巩义市人民医院出具的医疗费收费票据,金额分别为3 771.16元、325元,合计4 096.16元。再审查明的其他事实与原审一致。

另查明,原审时出庭应诉并参加庭审的是都邦财产保险股份有限公司郑州中心支公司,有该支公司提交的营业执照、组织机构代码证、负责人身份证明书、授权委托书予以证实。

同时查明,都邦财产保险股份有限公司河南分公司郑州中心支公司根本不存在。

本院认为,原审被告赵某某在打开车门时妨碍其他车辆的通行是造成本次事故的原因,应负全部责任。根据《中华人民共和国道路交通安全法》第七十六条的规定,因交通事故造成人身、财产损害的,由保险公司在交强险限额内承担赔偿责任,不足部分,根据行为人过错程度确定赔偿责任。原审原告提供证据证明其工资为每月5 000元,因其没有提供前三年的收入证明,该证据不充分本院不予认定;原审原告的误工费应按信息传输、计算机服务和软件业职工平均工资45 120元/年计算为2 348.71元;根据本案的案情,本院酌定原审原告的交通费为100元。原审原告的医疗费损失共计为8 976.87元(医疗费4 096.16元+护理费1 482元+住院伙食补助费570元+营养费380元+误工费2 348.71元+交通费100元),扣除原审被告赵某某垫付的500元,原审被告都邦财产保险股份有限公司郑州中心支公司应赔付其8 476.87元,财产损失为570元,医疗费和财产损失均没有超出医疗费用赔偿限额10 000元和财产损失2 000元赔偿限额的标准。原审原告的损失为9 046.87元(8 476.87+570),原审被告都邦财产保险股份有限公司郑州中心支公司应予以赔偿。原审被告赵某某辩称其垫付的500元医疗费,由原审被告都邦保险公司郑州中心支公司直接向其支付。原审原告起诉的是都邦财产保险股份有限公司河南分公司郑州中心支公司,原审时应诉并参加庭审的是都邦财产保险股份有限公司郑州中心支公司,原审判决由根本不存在的都邦财产保险股份有限公司河南分公司郑州中心支公司承担赔偿责任,显属错误。原审将原审原告的医疗费计算错误,应予以纠正。原审判理部分"被告太平洋保险公司应在交强险的限额内予以赔偿"中的"太平洋保险公司"错误,应为"都邦财产保险股份有限公司郑州中心支公司"。原审判决事实不清,裁判结果错误。依照《中华人民共和国侵权责任法》第六条第一款、第十五条第一款第(六)项、第四十八条,《中华人民共和国道路交通安全法》第七十六条、《中华人民共和国民事诉讼法》第一百四十四条、最高人民法院〈关于适用《中华人民共和国民事诉讼法》的解释〉第四百零七条第二款、第四百二十六条第一款之规定,经合议庭评议、本院审判委员会讨论决定,判决如下:

一、撤销本院(2015)巩民小字第52号民事判决；

二、原审被告都邦财产保险股份有限公司郑州中心支公司于本判决生效之日起十日内赔偿原审原告杨某某九千零四十六元八角七分；

三、驳回原审原告杨某某的其他诉讼请求。

案件受理费一百元，原审原告杨某某负担五十元，原审被告赵某某负担五十元。

本判决为终审判决。

审　判　长　　张明霞
人民陪审员　　赵春仙
人民陪审员　　李丽芬

二〇一六年六月二十三日
书　记　员　　肖怡兰

〔评注〕

1. 本判决书样式供人民法院对小额诉讼案件裁定再审后进行审理作出实体处理用。《民诉法解释》第四百二十六条第一款规定，"对小额诉讼案件的判决、裁定，当事人以民事诉讼法第二百条规定的事由向原审人民法院申请再审的，人民法院应当受理"。

《民事诉讼法》第二百条规定："当事人的申请符合下列情形之一的，人民法院应当再审：（一）有新的证据，足以推翻原判决、裁定的；（二）原判决、裁定认定的基本事实缺乏证据证明的；（三）原判决、裁定认定事实的主要证据是伪造的；（四）原判决、裁定认定事实的主要证据未经质证的；（五）对审理案件需要的主要证据，当事人因客观原因不能自行收集，书面申请人民法院调查收集，人民法院未调查收集的；（六）原判决、裁定适用法律确有错误的；（七）审判组织的组成不合法或者依法应当回避的审判人员没有回避的；（八）无诉讼行为能力人未经法定代理人代为诉讼或者应当参加诉讼的当事人，因不能归责于本人或者其诉讼代理人的事由，未参加诉讼的；（九）违反法律规定，剥夺当事人辩论权利的；（十）未经传票传唤，缺席判决的；（十一）原判决、裁定遗漏或者超出诉讼请求的；（十二）据以作出原判决、裁定的法律文书被撤销或者变更的；（十三）审判人员审理该案件时有贪污受贿，徇私舞弊，枉法裁判行为的。"

申请再审事由成立的，应当裁定再审，组成合议庭进行审理。作出的再审判决、裁定，当事人不得上诉。

2. 本处实例是再审申请人对小额诉讼的(2015)巩民小字第52号民事判决不服，向原审人民法院申请再审。河南省巩义市人民法院裁定再审后，依法按照普通程序进行审理,作出实体判决,故适用本样式。

3. 本处实例与样式规定的格式有所不同,值得注意。

(1)当事人的诉讼地位及基本情况

再审民事案件当事人的诉讼地位表述为"再审申请人""被申请人"。其他当事人按照原审诉讼地位表述,如一审终审的,列为"原审原告""原审被告""原审第三人"。再审申请人、被申请人和其他当事人诉讼地位之后,用括号注明一审、二审诉讼地位。参加诉讼人员的诉讼地位后应有冒号。

(2)委托诉讼代理人

《民事诉讼法》第五十八条第一款规定:"当事人、法定代理人可以委托一至二人作为诉讼代理人。"当事人委托了诉讼代理人的,在当事人基本情况后另起一行,写明"委托诉讼代理人",并写明其基本情况。有两个诉讼代理人的,分行分别写明。新民事诉讼文书样式将诉讼代理人表述为"委托诉讼代理人",实例为"委托代理人"。

本处实例诉讼参与人的基本情况写为:

再审申请人(原审原告):杨某某,男,1948年5月30日出生,汉族。

委托诉讼代理人:杨某甲,河南星光律师事务所律师。

委托诉讼代理人:董某某,河南星光律师事务所律师。

再审申请人(原审被告):赵某某,男,1973年11月19日出生,汉族。

再审申请人(原审被告):都邦财产保险股份有限公司郑州中心支公司。住所地:郑州市郑东新区。

负责人:鲁某某,总经理。

(3)事实部分的写作顺序

《人民法院民事裁判文书制作规范》要求,再审案件应当先写明当事人的再审请求等诉辩意见,然后再简要写明原审基本情况。生效判决为一审判决的,原审基本情况应概述一审诉讼请求、法院认定的事实、裁判理由和裁判结果。本次再审是因当事人申请再审引起,故样式要求应首先写明再审申请人的再审请求、事实和理由,被申诉人的答辩意见,原审其他当事人的意见,然后再写明原审基本情况,包括原审原告的诉讼请求、原审认定事实、判决理由和判决结果。本处实例包含了上述内容,但写作顺序与格式要求不相一致。

(4)审判组织

在司法实践中,在制作裁判文书时,对于经过合议庭评议,并经审判委员会讨论的案件,合议庭的参与情况在案件的审理经过中写明。在裁判理由部分,一般只写明经审判委员会讨论决定,不写经合议庭评议。本处实例分别写明"经合议庭评议、本院审判委员会讨论决定",对审判组织的审理经过进行了更为完整的呈现,可以作为一种写作裁判文书的探索。

(5) 裁判依据

《人民法院民事裁判文书制作规范》要求，引用法律条款中的项的，一律使用汉字不加括号，例如："第一项"。实例中引用的法律条款应写为"《中华人民共和国侵权责任法》第六条、第十五条第一款第六项、第四十八条"。

(6) 再审申请人的再审理由

再审申请人（原审原告）申请再审的理由中，没有明确指出其申请再审符合《民事诉讼法》第二百条第×项的情形。再审申请人在提交再审申请时，应该对基于《民事诉讼法》第二百条的哪一项情形予以明确；当事人对此未予明确的，人民法院应引导当事人对此予以明确，以便于对申诉审查和再审审理围绕其申诉理由展开。

5. 制作本判决，另参照本章文书样式14"民事判决书（依申请提审判决用）"的说明和评注。

70. 民事判决书（小额诉讼案件因程序不当再审用）

×××× 人民法院
民事判决书

（××××）……民再……号

再审申请人（原审诉讼地位）：×××，……。
……
被申请人（原审诉讼地位）：×××，……。
……
原审原告/被告：×××，……。
……
（以上写明当事人和其他诉讼参加人的姓名或者名称等基本信息）

再审申请人×××因与被申请人×××……（写明案由）一案，不服本院按小额诉讼程序审理作出的（××××）……号民事判决/民事裁定，向本院申请再审。本院于××××年××月××日作出（××××）……号民事裁定，再审本案。本院依法另行组成合议庭，开庭审理了本案。再审申请人×××、被申请人×××（写明当事人和其他诉讼参加人的诉讼地位和姓名或者名称）到庭参加诉讼。本案现已审理终结。

×××申请再审称，……（写明再审请求、事实和理由）。

×××辩称，……（概述被申请人的答辩意见）。

×××述称，……(概述原审其他当事人的意见)。

×××向原审法院起诉请求：……(写明原审原告的诉讼请求)。原审法院认定事实：……。原审法院认为，……(概述原审判决理由)。原审法院判决：……(写明原审判决主文)。

围绕当事人的再审请求，本院对有争议的证据和事实认定如下：

……(写明再审法院采信证据、认定事实的意见和理由，对原审法院认定相关的事实进行评判)。

本院再审认为，……(写明争议焦点，根据再审认定的案件事实和相关法律，对再审请求进行分析评判，说明理由)。

依照《中华人民共和国民事诉讼法》第二百零七条第一款、《最高人民法院关于适用〈中华人民共和国民事诉讼法〉的解释》第四百二十六条第二款以及……(写明再审判决的法律依据)规定，判决如下：

一、……；

二、……。

(以上分项写明裁判结果)

……(写明诉讼费用的负担)。

如不服本判决，可在判决书送达之日起十五日内，向本院递交上诉状，并按对方当事人的人数提出副本，上诉于××××人民法院，并预交上诉案件受理费。

审　判　长　×××
审　判　员　×××
审　判　员　×××

××××年××月××日
(院印)
书　记　员　×××

【说明】

1. 本判决书样式根据《最高人民法院关于适用〈中华人民共和国民事诉讼法〉的解释》第四百二十六条第二款制定，供当事人认为不应适用小额诉讼案件审理，人民法院经审查裁定再审后进行审理作出实体处理用。

2. 当事人以不应按小额诉讼案件审理为由向原人民法院申请再审的，人民法院应当受理。理由成立的，应当裁定再审，组成合议庭审理。作出的再审判决、裁定，当事人可以上诉。

【实例评注】

徐州市云龙区人民法院
民事判决书①

(2015)云民再初字第4号

原审原告刘某某。

原审被告吴某某。

委托代理人王某,江苏行于思律师事务所律师。

原审原告刘某某与原审被告吴某某饲养动物损害责任纠纷一案,本院于2015年2月3日作出(2015)云民初字第0149号民事判决,已经发生法律效力。2015年3月4日,原审原告刘某某向本院申请再审,本院于2015年5月15日作出(2015)云民申字第8号民事裁定,由本院再审本案。本院依法另行组成合议庭,于2015年6月18日公开开庭审理了本案。原审原告刘某某,原审被告吴某某的委托代理人王某到庭参加诉讼,本案现已审理终结。

2014年12月24日,原审原告刘某某向本院起诉称,原、被告系楼上楼下邻居,2014年11月18日7时许,被告下楼遛狗,经过原告家门前时,恰逢原告开门,被告家的狗突然跳进原告家,突如其来的惊吓导致原告生病住院,花费大量费用。后原告报警,派出所主持调解,但因被告没有赔偿的诚意,导致调解不成。现向人民法院提起诉讼,请求法院判决被告支付原告医疗费7 373元、住院伙食补助费126元、营养费450元、护理费2 467元、交通费300元、精神损害抚慰金5 000元,合计15 923元。

原审被告吴某某辩称,原告的陈述与事实不符,事发当天被告用狗绳牵着狗下楼从201室门前经过,狗并没有突然跳入原告的家中,当时也没有狂叫,只是从原告旁经过,并不会对原告造成惊吓,原告住院的病情与被告无因果关系,因此原告产生的各项费用均不应由被告承担,请求法院依法驳回原告的诉讼请求。

本院受理后,适用小额诉讼程序对本案进行了审理。查明刘某某与吴某某系邻居关系,2014年11月18日7时许,吴某某带着为他人饲养管理的拉布拉多犬下楼溜达,经过刘某某门前时,适逢刘某某开门,该犬只环绕刘某某导致其受到惊吓。当日7时13分,刘某某的家属向徐州市公安局彭城派出所报警称:其家属早上出门被楼上的狗吓出心脏病,已叫过120。处理经过及结果为:走访得知201室家老太太早上被邻居601室家的狗惊吓,后通过与报警人杜某某联系,被狗吓的老年人叫刘某某,现正在徐

---

① 来源:中国裁判文书网。

州市中心医院抢救,并观察治疗,无其他状况。事后双方到派出所就刘某某被吓治疗费问题没有谈成。同日 7 时 28 分,刘某某在徐州市中心医院门诊治疗,花销医疗费 2 082.92 元。同年 11 月 20 日,刘某某在徐州市中医院住院治疗,11 月 27 日出院,花销医疗费 5 290.56 元。

原审认为,《中华人民共和国侵权责任法》第七十八条规定:饲养的动物造成他人损害的,动物饲养人或者管理人应当承担侵权责任,但能够证明损害是因被侵权人故意或者重大过失造成的,可以不承担或者减轻责任。吴某某为他人寄养并管理犬只应当尽到安全性义务,防止犬只伤害他人。按常理,当人们遇到某些事或物的刺激时,会出现各种类型情绪的回应,人的生理可能有些变化。例如紧张、兴奋、开心或者哭闹等表征。因为饲养管理犬只具有危险性,因饲养管理犬只导致被侵权人受到惊吓、恐吓而出现心理恐惧,并因此诱发其他损害时,应当涵盖于侵权责任法所称的"造成损害"的范围之内。2014 年 11 月 18 日,吴某某带着犬只到户外溜达,碰到刘某某开门,该犬只环绕刘某某致使其受到惊吓,造成刘某某在医院治疗。刘某某称因受到犬只惊吓而引发心脏疾病,结合刘某某住院的病历、住院记录、出院记录,不能确定刘某某的疾病完全系吴某某饲养管理的犬只惊吓所致。因此,吴某某应对刘某某所遭受的必要损害承担 30% 的补偿责任。经认定,刘某某的损失为医疗费 7 373.48 元、护理费 350 元、交通费 50 元、住院伙食补助费 126 元、营养费 105 元,合计 8 004 元,吴某某应补偿刘某某 8 004 元×30%=2 401.20 元。精神损害抚慰金不予支持。

综上,依照《中华人民共和国侵权责任法》第七十八条、《中华人民共和国民法通则》第一百二十七条、最高人民法院《关于确定民事侵权精神损害赔偿责任若干问题的解释》第八条第一款、第十条第一款、《中华人民共和国民事诉讼法》第一百六十二条之规定,判决吴某某补偿刘某某医疗费、住院伙食补助费、营养费、护理费、交通费合计 2 401.20 元;驳回刘某某要求吴某某赔偿精神损害抚慰金 5 000 元的诉讼请求。

刘某某申请再审称,原审认定基本事实不清、证据规则适用错误。原审在犬只的所有者或者管理者的认定上、在犬只侵权事实的认定上以及在犬只品种的认定上,均采信了吴某某的单方陈述。原审对事实的认定不符合证据规则,且认定事实错误。原审对侵权后果和责任比例认定错误。原审对侵权行为与后果的因果关系的推理错误,没有证据支持。原审让受害人自己承担 70% 的责任,而让侵权人仅承担 30% 的责任,明显违反侵权归责原则和法律规定。原审违反法定程序,错误适用小额诉讼程序。要求撤销(2015)云民初字第 0149 号民事判决,并改判吴某某赔偿刘某某各项损失共计 15 923 元。

吴某某提交意见称:本案之所以进入再审程序,主要因为原审在程序上违反民诉法关于小额诉讼的规定,原审判决对于实体上的事实认定及法律的适用是正确的,请求依法驳回刘某某的申诉请求。

本院再审查明，2014年11月18日早晨6点多钟，刘某某出门时被突然出现的黑色大狗惊吓，四肢抽动、神志欠清晰。刘某某的家人遂叫120并报警，将刘某某送至徐州市中心医院治疗。该医院门诊病历记载：2014年11月18日7时28分，主诉：心前区不适一小时并伴头痛。病史：一小时前被狗惊吓，后心前区不适，伴四肢不规则间歇抽动，伴头痛。10时38分，患者出现牙关紧闭，四肢抽动，神志欠清晰……12时50分，全身……伴恶心呕吐。诊断为惊恐发作。花费医疗费2 030.93元。2014年11月20日，刘某某因四肢不自主抽动又作，四肢麻木明显，到徐州市中医院门诊治疗，被收住入院。该院入院记录记载，主诉：惊吓后情绪障碍、四肢不自主抽动3天，加重1天。现病史：患者于3天前因惊吓过度致四肢不自主抽动、恶心呕吐、心前区不适、四肢麻木、情绪障碍，遂至外院急诊治疗（具体不详），患者症状好转，遗有四肢麻木不适，今因情绪激动后四肢不自主抽动又作，四肢麻木明显，遂来我院门诊治疗，为求中西医结合治疗，由门诊收住入院，入院症状：神志清晰，精神欠佳，情绪障碍，不愿睁眼，不愿与人交流，四肢麻木不适，头晕明显，不能独自下床行走，时有四肢不自主抽动，不愿进食，夜寝安，二便正常。2014年11月27日因病情好转，刘某某要求出院，出院记录载明，入院诊断：中医诊断：郁证，淤血阻络证；西医诊断：惊恐发作。出院诊断：中医诊断：郁证，淤血阻络证；西医诊断：1.惊恐发作，2.骶髂关节炎。住院经过：入院后予以完善相关辅助检查，给予活血化瘀通络，营养神经、改善微循环等对症治疗为主。出院医嘱：1.畅情志，适劳逸，避风寒。2.门诊随诊，定期复查肝功能、血脂。3.出院带药。刘某某在徐州市中医院治疗共花费医疗费5 342.56元。

导致刘某某受惊吓的狗在事发时系吴某某喂养，体型较大，没有办理养狗证。

以上事实，有原告提供的接处警登记表、病历、医疗费发票、病案材料及原、被告的当庭陈述予以证实，本院予以确认。

本院认为，《中华人民共和国民事诉讼法》第一百五十七条第一款规定，基层人民法院审理事实清楚、权利义务关系明确、争议不大的简单的民事案件，适用简易程序；第一百六十二条规定，基层人民法院审理符合本法第一百五十七条第一款规定的简单的民事案件，标的额为各省、自治区、直辖市上年度就业人员年平均工资百分之三十以下的，实行一审终审。根据上述规定，适用小额诉讼程序审理的案件只能是事实清楚、权利义务关系明确、争议不大的简单的民事案件。而本案中，双方对刘某某的损害是否是因吴某某所饲养的狗对其产生惊吓导致及责任承担等问题均存在重大争议，故不应适用小额诉讼程序。

《中华人民共和国侵权责任法》第七十八条规定，饲养的动物造成他人损害的，动物饲养人或者管理人应当承担侵权责任，但能够证明损害是因被侵权人故意或者重大过失造成的，可以不承担或者减轻责任；第七十九条规定，违反管理规定，未对动物采取安全措施造成他人损害的，动物饲养人或者管理人应当承担侵权责任。本案中，吴某某未提供证据证明刘某某存在故意或者重大过失，因此吴某某对刘某某的损失应当承担赔偿责任。对于刘某某主张的各项损失，吴某某认为狗并不会对刘某某造成惊吓，刘某某的病情与狗的行为没有因果关系。本院认为，刘某某是60多岁的老年人，在凌晨6点多钟出门的瞬间和体型较大的黑狗遭遇，受到惊吓是正常的心理及生理反应，医院对刘某某的诊断也是"惊恐发作"，治疗也是对症治疗。因此，刘某某的症状是被狗惊吓所致，相关损失吴某某应当赔偿。刘某某主张医疗费7 373元，有病历及医疗费票据相印证，应当予以支持；刘某某主张住院伙食补助费126元(18元/天×7天)，符合法律规定，应当予以支持；刘某某主张营养费450元(15元/天×30天)，因其未提供医疗机构的意见，根据其住院天数及病情，酌定支持105元(15元/天×7天)；刘某某主张护理费2 674元(32 538元/年/365×30天)，但未提供护理人员收入减少的证明，参照本地护工从事同等级别护理的劳务报酬标准支持420元(60元/天×7天)；刘某某主张交通费300元，但未提供交通费票据，根据其就医地点、时间、次数，酌定支持50元；对于刘某某主张的精神损害抚慰金，刘某某虽然受到惊吓，但未造成严重后果，对该项请求不予支持。

综上，原审判决认定事实及适用法律错误，依法应予改判。本案经本院审判委员会讨论决定，依照《中华人民共和国侵权责任法》第三条、第十六条、第七十八条，最高人民法院《关于审理人身损害赔偿案件适用法律若干问题的解释》第十七条、第十九条、第二十条、第二十一条、第二十二条、第二十三条、第二十四条，《中华人民共和国民事诉讼法》第二百零七条，《最高人民法院关于适用〈中华人民共和国民事诉讼法〉的解释》第四百零七条第二款、第四百二十六条第二款之规定，判决如下：

一、维持本院(2015)云民初字第0149号民事判决第二项，即驳回刘某某要求吴某某赔偿精神损害抚慰金5 000元的诉讼请求。

二、变更本院(2015)云民初字第0149号民事判决第一项为：吴某某于本判决生效之日起十日内赔偿刘某某医疗费7 373元、住院伙食补助费126元、营养费105元、护理费420元、交通费50元，合计8 074元。

三、驳回刘某某的其他诉讼请求。

如果未按本判决指定的期间履行给付金钱义务，应当依照《中华人民共和国民事诉讼法》第二百五十三条之规定，加倍支付迟延履行期间的债务利息。

原审案件受理费200元，由原审被告吴某某负担(此款原告已预交，被告随案款一并给付原告)。

如不服本判决，可在判决书送达之日起十五日内，向本院递交上诉状，并按对方当事人的人数提出副本，上诉于江苏省徐州市中级人民法院，同时根据《诉讼费用交纳办法》的有关规定，向该院预交上诉案件受理费。（江苏省徐州市中级人民法院的开户银行为：建行徐州市永安支行，账号为：32×××02。）

审　判　长　董　新

审　判　员　刘海侠

人民陪审员　苟长国

二〇一五年十月二十六日

书　记　员　杨　欢

〔评注〕

1. 本判决书样式供人民法院对小额诉讼案件裁定再审后进行审理作出实体处理用。《民诉法解释》第四百二十六条第二款规定："当事人以不应按小额诉讼案件审理为由向原审人民法院申请再审的，人民法院应当受理。理由成立的，应当裁定再审，组成合议庭审理。作出的再审判决、裁定，当事人可以上诉。"

2. 本处实例是再审申请人对小额诉讼的（2015）云民初字第0149号民事判决不服，以"原审违反法定程序，错误适用小额诉讼程序"为由，向原审人民法院申请再审。徐州市云龙区人民法院裁定再审后，依法按照普通程序进行审理，作出实体判决，故适用本样式。

3. 本处实例是2015年10月作出的民事判决，其格式体例与样式规定有所不同，值得注意。

（1）当事人的诉讼地位及基本情况

再审民事案件当事人的诉讼地位表述为"再审申请人""被申请人"。其他当事人按照原审诉讼地位表述，如一审终审的，列为"原审原告""原审被告""原审第三人"。再审申请人、被申请人和其他当事人诉讼地位之后，用括号注明一审、二审诉讼地位。参加诉讼人员的诉讼地位后应有冒号。

（2）委托诉讼代理人

《民事诉讼法》第五十八条第一款规定："当事人、法定代理人可以委托一至二人作为诉讼代理人。"当事人委托了诉讼代理人的，在当事人基本情况后另起一行，写明"委托诉讼代理人"，并写明其基本情况。有两个诉讼代理人的，分行分别写明。新民事诉讼文书样式将诉讼代理人表述为"委托诉讼代理人"，实例为"委托代理人"。

本处实例诉讼参与人的基本情况应写为：

再审申请人（原审原告）：刘某某。

再审申请人（原审被告）：吴某某。

委托诉讼代理人:王某,江苏行于思律师事务所律师。

(3)事实部分的写作顺序

《人民法院民事裁判文书制作规范》要求,再审案件应当先写明当事人的再审请求等诉辩意见,然后再简要写明原审基本情况。生效判决为一审判决的,原审基本情况应概述一审诉讼请求、法院认定的事实、裁判理由和裁判结果。本次再审是因当事人申请再审引起,故样式要求应首先写明再审申请人的再审请求、事实和理由,被申请人的答辩意见,原审其他当事人的意见,然后再写明原审基本情况,包括原审原告的诉讼请求,原审认定事实、判决理由和判决结果。本处实例包含了上述内容,但写作顺序与格式要求不相一致。

(4)标点符号用法

《人民法院民事裁判文书制作规范》要求"被告辩称""本院认为"等词语之后用逗号;"×××向本院提出诉讼请求""本院认定如下"等词语之后用冒号。

(5)引用规范

《人民法院民事裁判文书制作规范》"引用规范"规定"引用法律、法规、司法解释应书写全称并加书名号",本案引用的人身损害赔偿的司法解释应书写为"《最高人民法院关于审理人身损害赔偿案件适用法律若干问题的解释》"。

4.制作本判决,另参照本章文书样式14"民事判决书(依申请提审判决用)"的说明和评注。

(八)其他

71. 询问笔录(询问当事人用)

询问笔录

时间:××××年××月××日××时××分至××时××分
地点:××××人民法院第×法庭(询问室)
案号:(××××)……号
案由:……(写明案由)
审判人员:……(写明职务和姓名)
书记员:×××(写明姓名)
(询问前,书记员查明当事人和其他诉讼参与人是否到庭,宣布询问纪律)
审:现在开始询问。首先核对当事人和其他诉讼参加人的基本信息。

再审申请人：×××，……。

……

被申请人：×××，……。

……

原审其他当事人（按照原审地位列明）：×××，……。

……

（以上写明当事人和其他诉讼参加人的基本信息，未参加询问的括注未参加询问，委托代理人括注代理权限）

审：再审申请人对参加询问人员有无异议？

再审申请人：……。

审：被申请人对参加询问人员有无异议？

被申请人：……。

审：原审其他当事人对参加询问人员有无异议？

原审其他当事人：……。

审：经核对，各方当事人和其他诉讼参加人均符合法律规定，可以参加本案诉讼活动。××××人民法院依照《中华人民共和国民事诉讼法》第二百零三条规定，今天依法组织询问。本案由审判员×××、审判员/代理审判员×××、审判员/代理审判员×××组成合议庭，由审判员×××担任审判长，由书记员×××担任记录。

告知当事人有关的诉讼权利义务。

当事人可以提出回避申请。再审申请人是否申请回避？

再审申请人：……。

被申请人是否申请回避？

被申请人：……。

原审其他当事人：……。

审：首先由再审申请人陈述再审申请请求与事实与理由。

再审申请人：再审申请请求：……。

事实与理由：……。

审：现在由被申请人答辩。

被申请人：……。

审：现在由原审其他当事人陈述意见。

原审其他当事人：……。

（再审申请人申请再审事由中有《中华人民共和国民事诉讼法》第二百条第一项的，应在询问中组织各方当事人对新的证据进行质证）

审：根据各方当事人的再审申请、答辩意见以及一、二审审理情况，合议庭归纳本案争议焦点如下：一、……；二、……；三、……。各方当事人对合议庭归纳的争议焦点是否有异议？

再审申请人：……。

被申请人：……。

原审其他当事人：……。

审：下面围绕本案争议焦点涉及的事实问题展开调查。

问题一：……。

再审申请人：……。

被申请人：……。

原审其他当事人：……。

问题二：……。

再审申请人：……。

被申请人：……。

原审其他当事人：……。

……

审：请各方当事人就本案争议焦点发表法律意见。

再审申请人：……。

被申请人：……。

原审其他当事人：……。

审：现在请各方当事人做最后陈述。

再审申请人：……。

被申请人：……。

原审其他当事人：……

审：现在询问结束。

再审申请人（签名或者盖章）

被申请人（签名或者盖章）

原审其他当事人（签名或者盖章）

审判人员（签名）

书记员（签名）

【说明】

1. 本笔录样式根据《中华人民共和国民事诉讼法》第二百零三条制定，供再审审查程序中询问当事人用。

2. 根据《中华人民共和国民事诉讼法》第一百六十九条及《最高人民法院关于适用〈中华人民共和国民事诉讼法〉的解释》第二百六十三条、第三百七十条、第四百八十四条的规定，在第二审程序、简易程序、实现担保物权程序、执行程序等程序中询问当事人的，可以准用，并相应变更当事人诉讼地位和所依据法律条文。

3. 法律和司法解释规定可以调解的案件，应当在当事人最后陈述之后征询当事人调解意向。

4. 书记员应当如实、全面、准确记录询问内容。当事人和其他诉讼参与人认为对自己的陈述记录有遗漏或者差错的，有权申请补正。如果不予补正，应当将申请记录在案。

5. 询问笔录由当事人和其他诉讼参与人签名或者盖章。拒绝签名盖章的，记明情况附卷。

6. 询问笔录由审判人员和书记员签名。

【实例评注】

最高人民法院
询问笔录 [①]

时间：2015年9月7日上午9：00 – 10：30
地点：第三法庭
合议庭：张华、丁俊峰、杨心忠
案件：金乡经济开发区某某投资有限公司与北京市某某建设工程有限公司、山东金乡经济开发区管理委员会建设工程施工合同纠纷一案。
申请再审人：金乡经济开发区某某投资有限公司。
委托代理人：孙某某，该公司经理。
被申请人：北京市某某建设工程有限公司。
委托代理人：张某某，该公司职员。
委托代理人：朱某某，山东公明政和律师事务所律师。
一审被告：山东金乡经济开发区管理委员会。
委托代理人：张某甲，该委副主任。
书记员：马赫宁
记录如下：

[①] 来源：最高人民法院(2015)民申字第1652号案卷。

张华：请金洲公司简要陈述申请再审事由。

申：（详见再审申请书）（一）申请事由一符合《中华人民共和国民事诉讼法》第二百条第一款（二）、（三），具体理由如下：

1. 一、二审均认定涉案工程招标时间为2009年6、7月份及招标代理机构为"山东超越建设项目管理有限公司"的事实错误。2. 认定被申请人出具的《中标通知书》效力错误。3. 认定被申请人提交的《山东金乡经济开发区道路施工合同》经过了招标投标程序错误。

（二）申请事由三符合《中华人民共和国民事诉讼法》第二百条第一款（六），具体理由如下：

1. 申请人提交的《山东金乡经济开发区道路施工合同》为有效合同错误，申请人主张该合同无效有充分的法律依据。2. 以被申请人出具的《山东金乡经济开发区道路施工合同》作为涉案工程结算价款依据错误。3. 引用《全国民事审判工作会议精神》第三条第一款第四项规定错误。4. 排除济宁明信工程管理有限公司出具的济明管字〔2014〕086号《道路工程造价鉴定报告》及采信济明管字〔2014〕085号、济明管补字〔2014〕085号《道路工程造价鉴定报告》错误。5. 支持被申请人主张涉案工程款利息及起算错误。

张华：招投标进行了两次，第一次2009年5月份，第二次是2009年7月份，为什么要做两次呢？

申：北京二建嫌第一次招投标工程款低，因此又进行了第二次招投标。

张华：你们认为第二次招投标有程序上不规范的地方？

申：是的。

张华：请被申请人进行答辩。

被：（详见答辩意见），申请人审计结论比照实际工程量差很多，申请人审计大约是1 000多万。双方实际履行的是第二次招投标的内容，两次招投标的内容不同。对方一直没有支付工程款，也没有支付利息。应驳回对方的再审申请。

张华：第一次和第二次的招投标工程量不同？第一次是多少？

被：第一次是2 162万的工程价款。

张华：工程量的变化在哪里？

被：第一次包括大蒜加工园南北道路施工工程约689万，以及本案争议的建设西路的工程量。

张华：第二次招投标呢？

被：第二次就不包括大蒜加工园的工程量。

申：第一次两个工程量是分开的，对方主动不干的。第二次招投标是与管委会签订的合同。

张华：如果第二次程序不符合规定，为什么要签订合同？

申：张主任具体负责工程，6月2日施工方开始施工，发现工程量较大，自身对施工量和施工难度估计不足，认为应该增加工程款。如果重新进行招投标怕不能按期完成工程，因此管委会与施工方协商，提高施工价格，才进行第二次招投标。

张华：申请人认为第二次招投标无效的理由？

申：要备案，第一次招投标备案了，第二次招投标没有经过备案。第一次招投标一直没有作废，因此第二次招投标没有备案。

张华：被申请人一方是否属实？

被：第二次招投标是事实，但理由不是对方所说的理由。第一次没有把全部的工程量给我们，也存在价格问题，因此进行了第二次招投标。至于备案问题，是单方行为，不属于施工方的义务。

张华：两次招投标的工程款的差距是多少？

申：第一次2 160万，第二次2 550万。

张华：两次大约差距400万。待支付的1 700多万，其中部分申请人是认可的。

申：我们也有审计报告，审计的是2 400多万。

张华：目前为止，双方的工程款差距是多大？

申：付款数额没问题，主要是付款的合法性和合规性，我们要经过备案和审计，财政的款项要符合规定。要根据审计局的计算来付款，审计是2 400多万。大约有1 000万的差距。

张华：双方对这个问题是否有协商？

被：差距有800多万，工程款大约是3 200多万。利息大约是500万左右。

张华：双方是否愿意在合议庭的组织下进行调解？

均：愿意。

张华：请申请人暂时退庭。

（申请再审人一方退庭）

张华：本案目前的执行情况？

被：指令金乡法院执行，虽然我方申请了执行，但一直没有执行，也没有下达执行通知书。

张华：目前双方差距是800万。双方都表达调解意愿，合议庭愿意做调解工作。说一下你方的调解方案？

被：本金全部付清，应付利息减百分之五十。一、二审的费用各自承担。被执行人是金洲公司和管委会，承担连带责任。

丁：本案是否有担保和查封行为？

被：没有。

丁：对方的审计报告是什么时间做的？

被：2014年7月。我同意调解，也有意愿调解，但本金要全部付清，如果利息要再让步，需要与公司沟通一下。

张华：请被申请人一方退庭，申请人一方入庭。

（被申请人一方退庭、申请人一方入庭）

张华：申请人说一下调解方案。

申：一次性支付有较大的难度，可以用其他的资产来抵。

张华：请被申请人入庭。

张华：请双方当事人庭后尽快形成具有可行性的调解方案，今天的询问到此结束。

〔评注〕

1. 本笔录样式根据《民事诉讼法》第二百零三条制定，供再审审查程序中询问当事人用。该条规定，人民法院可以向申请人和对方当事人询问有关事项。询问时对诉讼活动制作的笔录，叫询问笔录。本处实例是最高人民法院审监庭在审查当事人再审申请过程中，为听取双方当事人的意见，了解相关事实，明确争议焦点，进行调解工作等，对申诉人及对方当事人进行询问。实例记录的内容翔实、准确、清晰地反映了询问的过程，是制作询问笔录的较好示范。

《民事诉讼法》第二百零三条规定："当事人申请再审的，应当提交再审申请书等材料。人民法院应当自收到再审申请书之日起五日内将再审申请书副本发送对方当事人。对方当事人应当自收到再审申请书副本之日起十五日内提交书面意见；不提交书面意见的，不影响人民法院审查。人民法院可以要求申请人和对方当事人补充有关材料，询问有关事项。"

2. 上述条款对于询问笔录的规定较为抽象。询问笔录在民事诉讼的司法实践中具有重要的作用，因此，询问笔录写些什么，如何写，至关重要。《民事诉讼文书样式》发布"询问笔录（询问当事人用）"文书样式，有利于规范和完善询问笔录的制作。在再审审查中，通过询问当事人，审判人员可以告知当事人其诉讼权利义务，了解再审申请人的再审请求、事实和理由，被申请人的答辩意见，确定双方当事人的争议焦点，明确再审中是否存在新的事实、证据或者理由，审查案件是否符合再审条件。同时，审判人员可以在询问中，对于法律和司法解释规定可以调解的案件，在当事人最后陈述之后征询当事人的调解意向，并做调解和法律释明工作。审判人员可以根据需要，向一方当事人进行询问，或者向双方当事人同时询问。

3. 询问笔录要如实、全面、准确地反映询问情况和询问内容，包括制作笔录的时间、地点、审判人员和书记员、案件名称、诉讼参与人的基本情况(包括姓名、职业、工作单位、住址、联系方式等),以及诉讼参与人陈述的具体内容。记录询问内容时,一方面要尽量如实反映当事人及其他诉讼参与人的陈述,不增加、不遗漏、不误读;一方面要尽量使用书面语言和法言法语,需要使用土语、俗语等词语时,可以在笔录中予以解释和说明。诉讼参与人认为询问笔录对自己的陈述有遗漏或者差错的,有权申请补正。如果不予补正,应当将申请记录在案。

4. 询问笔录由当事人和其他诉讼参与人签名或者盖章。拒绝签名以及盖章的,在询问笔录中记明情况附卷。司法实践中,一般要求被询问人逐页签字,并在每一处修改的地方,由被询问人一一签名或者捺指印予以确认。

5. 询问笔录由审判人员和书记员签名。过去及当前的司法实践中,不少法院制作的询问笔录没有审判人员和书记员的签名。

《民事诉讼法》及其司法解释对询问笔录是否由询问人(询问既可能由审判人员主持,也可能由法官助理等人员主持)和书记员签字并无明确规定。《民事诉讼法》第一百三十条规定了调查笔录由被调查人、调查人签名或者盖章。第一百四十七条规定了法庭笔录由审判人员和书记员签字。此次发布的《民事诉讼文书样式》对人民法院制作的各类笔录,均明确要求审判人员和书记员签名,体现了司法责任制对审判人员和书记员职责的要求。

十九、督促程序

1. 支付令（督促程序用）

×××× 人民法院
支付令

（××××）……民督……号

申请人：×××，……。
……

被申请人：×××，……。
……

（以上写明申请人、被申请人及其代理人的姓名或者名称等基本信息）

申请人×××于××××年××月××日向本院申请支付令。申请人×××称，……（概述申请人提供的债权债务关系的事实、证据）。要求被申请人×××给付申请人××× ……（写明请求给付的金钱或者有价证券的名称和数量）。

本院经审查认为，申请人的申请符合民事诉讼法规定的条件。

依照《中华人民共和国民事诉讼法》第二百一十四条、第二百一十六条规定，特发出如下支付令：

被申请人×××应当自收到本支付令之日起十五日内，给付申请人×××……（写明应给付的金钱或者有价证券的名称和数量）。

申请费……元，由被申请人×××负担。

被申请人如有异议，应当自收到本支付令之日起十五日内向本院书面提出；逾期不提出书面异议的，本支付令即发生法律效力。

审　判　员　×××

××××年××月××日
（院印）

书　记　员　×××

【说明】

1. 本样式根据《中华人民共和国民事诉讼法》第二百一十四条、第二百一十六条制定，供有管辖权的基层人民法院在受理支付令申请后，经审查债权人提供的事实、证据，对债权债务关系明确、合法的，在受理之日起十五日内向债务人发出支付令用。

2. 根据《最高人民法院关于适用〈中华人民共和国民事诉讼法〉的解释》第四百二十九条第三款的规定，基层人民法院受理申请支付令案件，不受债权金额的限制。

【实例评注1】

商洛市商州区人民法院
支付令 ①

(2016) 陕 1002 民督 12 号

申请人屈某，男，1988年7月19日出生，汉族，居民。

被申请人陈某某，男，1973年5月12日出生，汉族，农民。

申请人屈某于2016年9月14日向本院申请支付令，要求被申请人陈某某偿还借款12万元。经审查，被申请人陈某某于2016年6月17日向申请人屈某借款人民币12万元，出具有借条，载明："借条，今借到屈某现金人民币壹拾贰万元整（120 000.00）。借款人：陈某某。担保人：沙某。2016.6.17。"申请人多次催要无果而诉至本院。

本院认为，申请人的申请符合《中华人民共和国民事诉讼法》第二百一十四条规定的条件，根据该法第二百一十六条之规定，特发如下支付令：

由被申请人陈某某在收到本支付令之日起十五日内向申请人屈某偿还借款人民币120 000元。

支付令申请费900元，由被申请人陈某某负担。

被申请人如有异议，应当自收到本支付令之日起十五日内向本院提出书面异议，逾期不提出的，本支付令即发生法律效力。

审　判　员　　周　怡
二〇一六年九月十九日
书　记　员　　鬲瑞悦

---

① 来源：中国裁判文书网。

〔评注〕

督促程序是人民法院解决给付之诉的代用程序，是用非讼方法解决诉讼案件。[①] 本章将督促程序的裁判文书独立成章，详述其所含文书样式的特点和结构要素。督促程序，是根据债权人要求债务人给付金钱或有价证券的申请，人民法院直接向债务人发出支付令，督促债务人限期履行义务的非诉程序。除具备人民法院文书应有的明确的当事人、具体的诉讼请求以及属于人民法院主管和受诉法院管辖等基本要素外，还有如下特点：

1. 适用程序

依照《民事诉讼法》第二百一十四条、第二百一十六条的规定，督促程序是对债权债务关系明确，债务人逾期不予清偿时，人民法院发出支付令要求债务人履行义务，若债务人收到支付令之日起十五日内仍未清偿债务的，支付令将产生强制性效力。该制度设计初衷即是遵循诉讼经济原则，将人民法院办理的案件繁简分流。对债权人和债务人之间债权债务关系清晰且支付令能够送达的案件，通过支付令的方式保证债权人债权的及时实现，丰富民事诉讼纠纷解决机制，减少当事人诉累，减轻人民法院工作压力。

2. 适用特点

一是审判组织的限定性。督促程序实行一审终审制，且为独任制审理。二是适用范围的限定性。仅限给付金钱、有价证券为标的的债权债务法律关系，确认之诉、变更之诉以及以金钱、有价证券之外的其他标的的给付之诉均不能适用督促程序。三是程序的选择性。对上述范围的案件，督促程序可视为是普通诉讼程序的先行但非必经程序，债权人可选择督促程序，也可直接选择常规诉讼程序追诉债权。若选择督促程序，则由人民法院审查通过后发出支付令催促债务清偿，但一旦债务人对支付令提出异议，则督促程序被阻断，债权人需另行起诉通过常规诉讼程序解决纠纷。

3. 支付令的发出

支付令，是人民法院根据债权人申请向债务人发出的督促债务清偿的法律文书。它因债权人申请而起，经人民法院作出，在债务人未依法提出异议后发生强制执行效力。

依据《民事诉讼法》第二百一十四条、第二百一十六条的规定，债权人请求给付的标的物必须是金钱或者有价证券，且该债权已到期并数额确定，在债权人没有对待给付义务且支付令能送达债务人的前提下，债权人可向人民法院申请支付令。

依据《民事诉讼法》第二百一十六条以及《民诉法解释》第四百二十八条至第四百三十条的规定，人民法院对债权人是否主体适格、案件管辖是否正确、申请依据是否

[①] 参见江伟主编：《民事诉讼法》，中国人民大学出版社2000年版，第297页。

符合法律规定等方面进行审查，经审理认为申请书不符合要求的，可以通知债权人限期补正或裁定驳回支付令申请；经审查认为符合条件的，作出支付令并送达债务人；经审查认为申请不符合条件的，在受理之日起十五日内裁定驳回申请。

实例选取的申请人屈某申请要求被申请人陈某某偿还借款一案的支付令契合以上特征。该裁判文书的首部载明申请人与被申请人的基本情况。正文首部中，当事人诉讼地位与姓名或名称之间用"："间隔，实例应补充冒号。正文事实部分载明申请人向人民法院申请支付令的时间及事由。经人民法院审查认为该申请符合《民事诉讼法》第二百一十四条规定的条件，根据该法第二百一十六条之规定，人民法院发出支付令。正文裁判主文部分明确要求被申请人在收到本支付令之日起十五日内向申请人偿还借款人民币120 000元。正文尾部载明诉讼费用负担和告知事项。实例文书结构完整，表达准确，符合文书样式要求，对当事人的权利义务进行了明确认定，方便双方当事人有效主张和实现各自权利。

【实例评注2】

安徽省萧县人民法院
支付令 ①

(2016)皖1322民督9号

申请人杜某某，女，1986年8月6日出生，汉族，初中文化，住萧县。

被申请人张某某，男，1983年生，汉族，个体工商户，住萧县。

申请人杜某某于2016年8月22日向本院申请支付令，述称：被申请人以建面粉厂为由分别于2014年8月19日、9月21日向申请人借款5万元和45万元，口头约定借款期限一年，利息按月息1.5%计算，到期后，被申请人张某某对本金50万元及利息12万元均以种种理由推诿拒付。申请人杜某某向本院提交了相关证据，要求被申请人张某某给付借款50万元及利息12万元，共计62万元。

本院经审查认为，申请人的申请符合《中华人民共和国民事诉讼法》第二百一十四条规定的条件，依照该法第二百一十六条的规定，特发出如下支付令：

被申请人张某某应当自收到本支付令之日起十五日内，给付申请人杜某某人民币62万元，并承担本案申请费3 333元。

被申请人如有异议，应当自收到本支付令之日起十五日内向本院书面提出；逾期

---

① 来源：中国裁判文书网。

不提出书面异议，本支付令即发生法律效力。

审　判　员　付丽丽

二〇一六年八月二十二日

书　记　员　尹玉婷

〔评注〕

　　实例中，申请人杜某某因与被申请人张某某民间借贷纠纷中，被申请人以建面粉厂为由于2014年8月19日、9月21日先后向申请人借款5万元和45万元，口头约定借款期限一年，借款到期后未履行清偿，申请人向安徽省萧县人民法院申请支付令。本实例正文首部列明支付令申请人与被申请人，并载明支付令申请的提交情况及内容。后该院经审查认为，其申请符合《民事诉讼法》第二百一十四条规定的条件，故依据《民事诉讼法》第二百一十六条发出支付令。在文书裁判正文部分载明被申请人张某某应当自收到本支付令之日起十五日内，给付申请人杜某某人民币62万元，并承担案件申请费3 333元。并在尾部告知不提出支付令异议的法律后果。对比文书样式，正文首部中，当事人诉讼地位与姓名或名称之间用"："间隔，实例应补充冒号。此外，实例还应在正文事实部分写明申请人向人民法院申请支付令的时间。

2. 民事裁定书（驳回支付令申请用）

××××人民法院

民事裁定书

（××××）……民督……号

　　申请人：×××，……。

　　……

　　被申请人：×××，……。

　　（以上写明申请人、被申请人及其代理人的姓名或者名称等基本信息）

　　申请人×××于××××年××月××日向本院提出支付令申请。本院于××××年××月××日受理后，经审查认为，……（写明申请不成立的理由）。

　　依照《中华人民共和国民事诉讼法》第二百一十六条第一款、《最高人民法院关于适用〈中华人民共和国民事诉讼法〉的解释》第四百三十条规定，裁定如下：

```
驳回×××的支付令申请。
本裁定为终审裁定。

                              审　判　员　×××

                              ××××年××月××日
                                    （院印）
                              书　记　员　×××
```

【说明】

　　1. 本样式根据《中华人民共和国民事诉讼法》第二百一十六条第一款以及《最高人民法院关于适用〈中华人民共和国民事诉讼法〉的解释》第四百三十条制定，供基层人民法院在受理支付令申请后，经审查申请不成立的，裁定驳回申请用。

　　2. 根据《最高人民法院关于适用〈中华人民共和国民事诉讼法〉的解释》第四百三十条第二款的规定，人民法院受理支付令申请后，发现不符合规定的受理条件的，应当在受理之日起十五日内裁定驳回申请。

　　3. 案号类型代字为"民督"。

　　4. 人民法院受理申请后，由审判员一人进行审查。

【实例评注】

河南省开封市鼓楼区人民法院
民事裁定书 ①

（2016）豫 0204 民督 3 号

申请人刘某某，男，汉族，46 岁。

委托代理人刘某甲。

被申请人河南省建业商贸有限公司。

法定代表人王某，董事长。

住所地：开封市熙和府×号楼×单元××室。

申请人于 2016 年 8 月 8 日向本院提出支付令的申请。本院受理后，经审查认为，

---

① 来源：中国裁判文书网。

申请人与被申请人之间的债权债务不完全清楚。依照《中华人民共和国民事诉讼法》第二百一十六条、《最高人民法院关于适用〈中华人民共和国民事诉讼法〉的解释》第四百三十条的规定，裁定如下：

驳回刘某某的支付令申请。

本案受理费511元，本院予以退还。

本裁定为终审裁定。

审　判　员　陈志宽

二〇一六年八月二十二日

书　记　员　孙慧雯

〔评注〕

督促程序是人民法院审查申请人申请材料后初步认定当事人之间不存在实质性争议为前提督促债务人及时清偿债务的一种特殊程序。因此，支付令申请是否符合启动督促程序的法定条件是人民法院审查工作的重点。

依据《民事诉讼法》第二百一十四条、第二百一十六条的规定，债权人在支付令申请中请求给付的标的物必须是金钱或者有价证券，且该债权已到期并数额确定，在债权人没有对待给付义务且支付令能送达债务人的前提下，方可通过人民法院的审查。

人民法院对支付令申请的审查可概括分为要件审查和范围审查。前者审查标准与常规诉讼案件立案审查相似，即对申请人诉讼主体资格以及主管管辖等问题进行启动司法程序的要件审查；后者则重点针对督促程序的特征，对支付令申请的债权标的是否仅限给付金钱或有价证券、该债权是否已经到期、债权人有无对待给付义务以及债务人是否能有效送达进行审查。若人民法院经审查认为债权人所提申请不符合上述法定条件，则将依据《民事诉讼法》第二百一十六条第一款以及《民诉法解释》第四百三十条第二款的规定，在受理之日起十五日内裁定驳回申请。

值得注意的是，依据《民事诉讼法》第二百一十四条第一款以及《民诉法解释》第四百二十七条、第四百三十条的规定，支付令申请仅限向基层法院提交。两个以上人民法院都有管辖权的，债权人可以向其中一个基层人民法院申请支付令。债权人向两个以上有管辖权的基层人民法院申请支付令的，由最先立案的人民法院管辖。且支付令审查案件由审判员一人独任审理。

实例选取的申请人刘某某向河南省开封市鼓楼区人民法院申请支付令，该院经审查认为申请人与被申请人之间的债权债务不完全清楚，不符合《民事诉讼法》第二百一十六条、《民诉法解释》第四百三十条的规定，裁定驳回刘某某的支付令申请。因债权债务关系不明确，可能存在事实不清、数额不确定、权利义务不明确或双方当事人对标的物存在争议等问题，故此类案件需要人民法院通过诉讼程序确定，不属于督促程序能解决的范畴，故实例对申请支付令的驳回符合法律规定。

从文书样式的角度，实例中除首部"委托代理人"应改为"委托诉讼代理人"，诉讼参加人的诉讼地位与姓名或名称之间应用"："间隔，以及未载明人民法院案件受理时间外，在结构、要素上均符合文书样式要求。在裁判尾部关于退还申请人申请费的裁定内容，在《民事诉讼法》和《诉讼费用交纳办法》中并无相关规定，值得商榷。笔者认为此种情形不属于应退还申请费的情形，不应予以退还。

3. 民事裁定书（驳回支付令异议用）

××××人民法院
民事裁定书

（××××）……民督……号

异议人（被申请人）：×××，……。
……
（以上写明异议人及其代理人的姓名或者名称等基本信息）

申请人×××与被申请人×××申请支付令一案，本院于××××年××月××日立案后，于××××年××月××日发出（××××）……民督……号支付令，限令被申请人×××在收到支付令之日起十五日内清偿债务，或者向本院提出书面异议。

被申请人×××于××××年××月××日向本院提出支付令异议，认为，……（写明异议的事实根据与理由）。

本院经审查认为，……（写明异议不成立的理由）。

依照《中华人民共和国民事诉讼法》第一百五十四条第一款第十一项、《最高人民法院关于适用〈中华人民共和国民事诉讼法〉的解释》第四百三十八条规定，裁定如下：

驳回×××的支付令异议。

审 判 员 ×××

××××年××月××日
（院印）
书 记 员 ×××

【说明】

1. 本样式根据《最高人民法院关于适用〈中华人民共和国民事诉讼法〉的解释》第四百三十八条制定，供基层人民法院在发出支付令后，债务人提出书面异议但不成立的，裁定驳回异议用。

2. 债务人对债务本身没有异议，只是提出缺乏清偿能力、延缓债务清偿期限、变更债务清偿方式等异议的，不影响支付令的效力。人民法院经审查认为异议不成立的，裁定驳回。债务人的口头异议无效。

【实例评注】

江苏省淮安经济技术开发区人民法院
民事裁定书 ①

(2016) 苏 0891 民督 12 号

异议人(被申请人)：周某某。

申请人江苏先锋物业服务有限公司(以下简称先锋物业)与被申请人周某某申请支付令一案，本院受理后，于 2016 年 6 月 20 日作出(2016)苏 0891 民督 12 号支付令，限令被申请人周某某在收到本支付令之日起十五日内给付申请人物业费 687.3 元(申请费 17 元由被申请人周某某承担)，或者向本院提出书面异议。

被申请人周某某在法定期限内于 2016 年 7 月 6 日向本院提出支付令异议，认为其房屋地下室顶部大面积渗水，先锋物业未尽管理服务义务，要求终结本案督促程序。

本院经审查认为，被申请人周某某未向申请人缴纳 2012 年 11 月 1 日至 2014 年 10 月 31 日的物业费双方无争议，本院予以确认。对于被申请人周某某提出房屋地下室顶部大面积渗水，物业公司未尽服务义务的问题，本院认为，物业公司作为小区的管理人，其主要义务是对所管理的小区内部公共部分进行维修、管理，被申请人所居住房屋地下室顶部渗水，渗水的位置在业主房屋的专有部位，性质属房屋质量问题，在质保期内应由开发商承担维修义务，如超出质保期，应当在小区业主的物业维修基金中开支费用解决，先锋物业并不承担直接的维修义务，据此，对被申请人周某某提出支付令异议的理由不成立，本院不予支持。

依据《中华人民共和国民事诉讼法》第一百五十四条第十一款、《最高人民法院关于适用〈中华人民共和国民事诉讼法〉的解释》第四百三十八的规定，裁定如下：

---

① 来源：中国裁判文书网。

驳回被申请人周某某的支付令异议。

审　判　员　　左康红

二〇一六年八月二十三日

书　记　员　　李　平

〔评注〕

支付令异议是阻断督促程序的一个重要因素,是在人民法院启动督促程序后,允许债务人对抗债权人申请、理清债权债务关系的重要权利,起到阻断督促程序、保障债务人合法权利的重要作用。它具有以下四个特点:

1. 异议的提出主体。依据《民事诉讼法》第二百一十六条及《民诉法解释》第四百三十七条的规定,仅限债务人具有提出支付令异议的主体资格。债务人以外的人不是异议权人,无权提出支付令异议。

2. 异议的提出期限。依据《民事诉讼法》第二百一十六条第二款的规定,债务人必须在收到支付令之日起十五日内提出异议,此期间为法定不变期间,一般不予中止、中断、延长。

3. 异议的提出方式。依据《民事诉讼法》第二百一十六条第二款及《民诉法解释》第四百三十七条的规定,支付令异议必须书面提出,口头提出不发生异议效力。且债务人的异议书必须载明自己不愿遵照支付令清偿债务,若以支付令申请符合应不予受理、应裁定驳回申请、应裁定终结督促程序或引起人民法院对发出的支付令产生合理怀疑等为由,均可成立异议成立。

4. 异议的驳回。依据《民诉法解释》第四百三十八条第一款和第二款的规定,债务人对债务本身没有异议,只是提出缺乏清偿能力、延缓债务清偿期限、变更债务清偿方式等异议的,不影响支付令的效力。可见,人民法院在审查支付令异议时,若发现仅对缺乏清偿能力、延缓债务清偿期限、变更债务清偿方式等提出异议的,将不予支持,并裁定驳回。

实例选取的申请人江苏先锋物业服务有限公司与被申请人(异议人)周某某申请支付令一案,江苏省淮安经济技术开发区人民法院受理后作出(2016)苏 0891 民督 12 号支付令,限令被申请人周某某在收到本支付令之日起十五日内给付申请人物业费 687.3 元或者向该院提出书面异议。异议人周某某在法定期限内提出支付令异议,认为其房屋地下室顶部大面积渗水,先锋物业未尽管理服务义务,要求终结本案督促程序。

江苏省淮安经济技术开发区人民法院审查认为,异议人周某某未向申请人缴纳物业费这一事实不存在争议。异议人以物业公司未对房屋地下室顶部大面积渗水履行服务义务为由提出异议,非对物业费的这一债务的异议,且渗水的位置在业主房屋的专有部位,属于房屋质量问题,并非由物业公司承担直接的维修义务。故依据《民事诉讼法》第一百五十四条第十一款、《民诉法解释》第四百三十八的规定,裁定驳回被申请人周某某的支付令异议。

实例完全符合文书样式对驳回支付令异议的民事裁定书要求,结构合理,要素齐全,且在正文部分对驳回的理由说理充分,表述清晰,是该样式的范本之作。

4. 民事裁定书(准许撤回支付令异议用)

××××人民法院
民事裁定书

(××××)……民督……号

异议人(被申请人):×××,……。
……
(以上写明异议人及其代理人的姓名或者名称等基本信息)

申请人×××与被申请人×××申请支付令一案,本院于××××年××月××日立案后,于××××年××月××日发出(××××)……民督……号支付令,限令被申请人×××在收到支付令之日起十五日内清偿债务,或者向本院提出书面异议。被申请人×××于××××年××月××日向本院提出支付令异议。

××××年××月××日,异议人×××以……(写明申请撤回支付令异议的理由)为由,向本院提出撤回支付令异议。

本院经审查认为,人民法院作出终结督促程序或者驳回异议裁定前,债务人请求撤回异议的,应当裁定准许。

依照《中华人民共和国民事诉讼法》第一百五十四条第一款第十一项、《最高人民法院关于适用〈中华人民共和国民事诉讼法〉的解释》第四百三十九条第一款规定,裁定如下:

准许×××撤回支付令异议。

审　判　员　×××

××××年××月××日
(院印)
书　记　员　×××

【说明】

1. 本样式根据《最高人民法院关于适用〈中华人民共和国民事诉讼法〉的解释》第四百三十九条第一款制定，供基层人民法院在发出支付令后，债务人提出异议后请求撤回的，裁定准许撤回异议用。

2. 人民法院作出终结督促程序或者驳回异议裁定前，债务人请求撤回异议的，应当裁定准许。债务人对撤回异议反悔的，人民法院不予支持。

【实例评注】

山东省德州市陵城区人民法院
民事裁定书①

（2015）陵民督字第 2 号

申请人孙某某，男，××××年××月××日出生，汉族，住址：××××××。

被申请人宋某某，男，××××年××月××日出生，住址：××××××。

被申请人德州金胜某有限公司，住址：××××××。

法定代表人宋某某，公司经理。

被申请人德州天某有限公司，住所地德州经济开发区北园路。

法定代表人宋某某，公司经理。

申请人孙某某与被申请人宋某某、德州金胜某有限公司、德州天某有限公司申请支付令一案，本院于 2015 年 7 月 23 日发出（2015）陵民督字第 2 号支付令，被申请人宋某某、德州金胜某有限公司、德州天某有限公司于 2015 年 8 月 4 日提出支付令异议申请书，现被申请人宋某某、德州金胜某有限公司、德州天某有限公司于 2015 年 10 月 30 日提出申请，以双方已和解为由，要求撤回对（2015）陵民督字第 2 号支付令的异议。

本院认为，原告撤回异议申请是对自己权利的处分，不违反法律规定。依照《最高人民法院关于适用〈中华人民共和国民事诉讼法〉的解释》第四百三十九条之规定，裁定如下：

准许被申请人宋某某、德州金胜某有限公司、德州天某有限公司撤回对（2015）陵民督字第 2 号支付令的异议。

本院 2015 年 7 月 23 日（2015）陵民督字第 2 号支付令发生法律效力。

---

① 来源：汇法网。

审　判　员　　闫云云

二○一五年十月三十日

书　记　员　　刘利利

〔评注〕

　　支付令异议是阻断督促程序的一个重要因素，鉴于督促程序仅由人民法院对申请人支付令申请进行书面审查后启动，可见债务人在接到支付令前不知或无机会表达异议，其异议权作为其反驳或对抗债权人申请、理清债权债务关系的重要权利必须得到人民法院保护，因此支付令异议起到阻断督促程序、保障债务人合法权利的重要作用。但若债务人因故在提出支付令异议后请求撤回的，人民法院应当尊重其意思自治，准许其撤回异议。

　　在准许撤回支付令异议程序中，对支付令异议提出的阐述可参考前一文书样式（驳回支付令异议用的民事裁定书）中对支付令异议的评注内容。本部分仅就法律对支付令异议撤回的相关规定予以说明。

　　1. 撤回主体。支付令异议的撤回，应由债务人提出，即债务人向作出支付令的人民法院请求撤回其已向该院提交的支付令异议的行为。

　　2. 撤回原因。因支付令异议的撤回将可能导致支付令生效。故撤回支付令的主要原因系放弃异议权，愿意清偿债务或不再阻止支付令效力。还有可能是撤回业已提交的支付令，进行修改完善以便再次提交更有利的异议。

　　3. 撤回时间。应在人民法院终结督促程序或驳回支付令异议之前提出。

　　4. 撤回的审查。债务人撤回支付令异议是一种放弃异议权、推进督促程序的民事诉讼行为，因此人民法院对撤回支付令异议的请求一律裁定，可强化撤回行为的程序性、严肃性和效力性。

　　5. 撤回的限制。支付令异议一旦撤回不得反悔。即人民法院作出准许撤回支付令异议裁定后债权人反悔，再次请求撤回已提交的撤回异议申请的，人民法院不予支持。但如果债务人撤回原支付令异议的目的是为重新提出不同的支付令异议的，可在法定时限内重新提出，但新的异议不得与前次提出的异议内容重合。

　　因支付令异议的撤回在实践中较为少见，本实例也是鲜见案件。在文书首部应写明异议人及其代理人的姓名或者名称等基本信息，实例中所载原支付令申请人及被申请人信息与样式存在差异，异议人指代不明，且诉讼参加人的诉讼地位与姓名或名称之间缺少"："。文书事实理由部分载明案件由来、支付令发出及异议人提出异议情况，后又写明申请撤回支付令异议的理由。在本院认为部分，实例所载准许撤回异议是因"撤回异议申请是对自己权利的处分，不违反法律规定"的实体理由与样式中"人民法院作出终结督促程序或者驳回异议裁定前，债务人请求撤回异议的，应当裁定准许"程序理由侧重不同，笔者认为两种理由均有必要，可一并说明。在裁判依据部分，实例漏引《民事诉讼法》第一百五十四条第一款第十一项的规定，应予以增补。

另外，笔者认为，为避免异议人再次提出的异议与撤回的支付令异议理由重合，文书样式应写明"被申请人×××于××××年××月××日向本院提出支付令异议"后将原支付令异议的理由概括归纳，加入"异议人认为，……（写明原异议的事实根据与理由）"在裁定书中予以确定，以满足在异议人再次提交异议申请时的审查需要。

5. 民事裁定书（终结督促程序用）

××××人民法院
民事裁定书

（××××）……民督……号

申请人：×××，……。
……
被申请人：×××，……。
……
（以上写明申请人、被申请人及其代理人的姓名或者名称等基本信息）

申请人×××与被申请人×××申请支付令一案，本院于××××年××月××日立案后，于××××年××月××日发出（××××）……民督……号支付令，限令被申请人×××在收到支付令之日起十五日内清偿债务，或者向本院提出书面异议。

本院经审查认为，……（写明终结督促程序的原因）。

依照《中华人民共和国民事诉讼法》第二百一十七条、《最高人民法院关于适用〈中华人民共和国民事诉讼法〉的解释》第四百三十二条第×项/第四百三十七条第×项规定，裁定如下：

终结本案的督促程序。

本院（××××）……民督……号支付令自行失效。

申请费……元，由申请人×××负担。

审　判　员　×××

××××年××月××日
（院印）
书　记　员　×××

【说明】

1. 本样式根据《中华人民共和国民事诉讼法》第二百一十七条以及《最高人民法院关于适用〈中华人民共和国民事诉讼法〉的解释》第四百三十二条、第四百三十七条制定，供基层人民法院在发出支付令后，具有债务人异议成立等事由时，裁定终结督促程序用。

2. 有下列情形之一裁定终结督促程序的，同时引用《最高人民法院关于适用〈中华人民共和国民事诉讼法〉的解释》第四百三十二条："（一）人民法院受理支付令申请后，债权人就同一债权债务关系又提起诉讼的；（二）人民法院发出支付令之日起三十日内无法送达债务人的；（三）债务人收到支付令前，债权人撤回申请的。"

3. 有下列情形之一裁定终结督促程序的，同时引用《最高人民法院关于适用〈中华人民共和国民事诉讼法〉的解释》第四百三十七条："（一）本解释规定的不予受理申请情形的；（二）本解释规定的裁定驳回申请情形的；（三）本解释规定的应当裁定终结督促程序情形的；（四）人民法院对是否符合发出支付令条件产生合理怀疑的。"

【实例评注1】

**青海省门源回族自治县人民法院
民事裁定书** [1]

（2016）青2221民督48号

申请人：卢某某，女。

被申请人：宋某某，男。

申请人卢某某与被申请人宋某某申请支付令一案，本院于2016年9月3日立案后，于2016年9月4日发出（2016）青2221民督48号支付令，限令被申请人宋某某在收到支付令之日起十五日内清偿债务，或者向本院提出书面异议。

本院经审查认为，因被申请人宋某某不在现住所地居住，自本院发出（2016）青2221民督48号支付令之日起三十日内无法送达债务人宋某某。

依照《最高人民法院关于适用〈中华人民共和国民事诉讼法〉的解释》第四百三十二条第一款第（二）项的规定，裁定如下：

终结本案的督促程序。

本院（2016）青2221民督48号支付令自行失效。

---

[1] 来源：中国裁判文书网。

申请费17元,由申请人卢某某负担。

代理审判员　　马桂香

二〇一六年十月二日

书　记　员　　韩冬梅

〔评注〕

在督促程序中,当申请支付令的目的已经达到或因故未能达成时,人民法院依法裁定终结督促程序。它是一种不涉及实体权利的程序性终结,即仅对督促程序进行程序性结案,对便利当事人解决债权债务纠纷,提高人民法院审判执行效率,节约司法资源,维护社会经济秩序起到一定积极作用。

1. 终结督促程序的条件

依据《民事诉讼法》第二百一十六条第二款以及《民诉法解释》第四百三十七条的规定,支付令异议必须书面提出,口头提出不发生异议效力。且债务人的异议书必须载明自己不愿遵照支付令清偿债务的意思表示。此异议可以支付令申请符合应不予受理、应裁定驳回申请、应裁定终结督促程序或引起人民法院对发出的支付令产生合理怀疑等为由。

上述终结督促程序的事由已有详细法律规定,值得注意的是,《民诉法解释》第四百三十七条第四项规定的支付令异议达到人民法院对是否符合发出支付令条件产生合理怀疑的程度,应理解为债务人提交的支付令异议及证据,足以令人民法院对债权人的申请条件是否符合关于支付令成立的条件和内容产生合理的怀疑,例如债权人与债务人之间存在其他债权债务纠纷,或支付令能否送达存疑,或债权债务关系复杂需通过诉讼程序确认等。

2. 终结督促程序的法律后果

终结督促程序后,不仅该案发出的支付令失效,而且在申请人未表明不同意的情形下默认启动诉讼程序。依据《民诉法解释》第四百四十条及第四百四十一条的规定,支付令失效后,申请支付令的一方当事人不同意提起诉讼的,应当自收到终结督促程序裁定之日起七日内向受理申请的人民法院提出。申请支付令的一方当事人不同意提起诉讼的,不影响其向其他有管辖权的人民法院提起诉讼;支付令失效后,申请支付令的一方当事人自收到终结督促程序裁定之日起七日内未向受理申请的人民法院表明不同意提起诉讼的,视为向受理申请的人民法院起诉。债权人提出支付令申请的时间,即为向人民法院起诉的时间。可见,法律构建了督促程序与诉讼程序的衔接机制,即督促程序终结后,申请人无需另行起诉,可直接转入普通诉讼程序。但是自动衔接是一般情形,当当事人明确表明不同意起诉来阻断衔接的特殊情形时,也即只有在终结督促程序裁定之日起七日内申请人向人民法院明确提出不同意提起诉讼的情形下,督促程序终结后不直接转入诉讼程序。

实例选取的申请人卢某某与被申请人宋某某申请支付令一案契合终结督促程序的实体和形式要素。实例正文事实部分载明申请人卢某某申请支付令一案的立案时间及人民法院发出支付令的情况。裁判理由部分指出，因无法向被申请人送达支付令，不符合《民诉法解释》第四百三十二条第一款第二项的规定，故人民法院裁定终结本案督促程序，同时该案发出的支付令自行失效。裁判正文尾部确定了申请费的负担。需要注意的是，引用法律条款中的项时，一律使用汉字不加括号，实例中"第四百三十二条第一款第（二）项"，应去掉括号。

【实例评注2】

河北省晋州市人民法院
民事裁定书 ①

（2016）冀 0183 民督 12 号

申请人：晋州市天意京亚葡萄总会。住所地：晋州市东里庄镇马家庄村。
负责人：高某某会长。
委托诉讼代理人牛某某、龚某某，河北牛聚强律师事务所律师，代理权限：特别授权。
被申请人宋某某。
申请人晋州市天意京亚葡萄总会与被申请人宋某某申请支付令一案，本院于 2016 年 9 月 7 日立案后，于 2016 年 9 月 9 日发出（2016）冀 0183 民督 8 号支付令，限令被申请人宋某某在收到支付令之日起十五日内清偿债务，或者向本院提出书面异议。
被申请人宋某某在法定期限内提出书面异议称，申请人未按照协议约定提供优质的葡萄苗，提供技术指导并收购被申请人的葡萄果品，使得被申请人的葡萄果品难以出售，给被申请人造成损失，不同意给付申请人价款。
本院经审查认为，被申请人的异议符合应当裁定终结督促程序情形，异议成立。依照《中华人民共和国民事诉讼法》第二百一十七条、最高人民法院关于适用《中华人民共和国民事诉讼法》第四百三十七条第三项的规定，裁定如下：
终结本案的督促程序。
本院（2016）冀 0183 民督 12 号支付令自行失效。

---

① 来源：中国裁判文书网。

申请费17元，由申请人晋州市天意京亚葡萄总会负担。

审　判　员　宿俊娟

二〇一六年九月二十日

书　记　员　李东柠

〔评注〕

本实例中，申请人晋州市天意京亚葡萄总会与被申请人宋某某申请支付令一案，河北省晋州市人民法院于2016年9月7日立案后，于2016年9月9日发出（2016）冀0183民督8号支付令，限令被申请人宋某某在收到支付令之日起十五日内清偿债务，或者向本院提出书面异议。

被申请人宋某某在法定期限内提出书面异议称，申请人未按照协议约定提供优质的葡萄苗，提供技术指导并收购被申请人的葡萄果品，使得被申请人的葡萄果品难以出售，给被申请人造成损失，不同意给付申请人价款。

本院经审查认为，被申请人的异议明确提出申请人与被申请人之间对合同该约定权利义务的清偿存在争议，符合应当裁定终结督促程序情形。故以债务人支付令异议成立为由，终结本案的督促程序，同时宣布该院（2016）冀0183民督12号支付令自行失效。

该实例文书格式正确，要素齐备，基本符合文书样式要求。但是，正文裁判依据引用的法律名称格式有误，应改为"《最高人民法院关于适用〈中华人民共和国民事诉讼法〉的解释》"。

6. 民事裁定书（撤销支付令用）

××××人民法院

民事裁定书

（××××）……民督监……号

原申请人：×××，……。

……

原被申请人：×××，……。

……

（以上写明原申请人、原被申请人及其代理人的姓名或者名称等基本信息）

> 申请人×××与被申请人×××申请支付令一案，本院于××××年××月××日以(××××)……民督……号立案，于××××年××月××日发出支付令：被申请人×××应当自收到本支付令之日起十五日内，给付申请人×××……。申请费……元，由被申请人×××负担。被申请人逾期不提出书面异议，支付令已发生法律效力。
>
> 　　本院经审查认为，……（写明撤销支付令的理由）。
>
> 　　经本院审判委员会讨论决定，依照《中华人民共和国民事诉讼法》第一百五十四条第一款第十一项、《最高人民法院关于适用〈中华人民共和国民事诉讼法〉的解释》第四百四十三条规定，裁定如下：
>
> 　　一、撤销×××人民法院(××××)……民督……号支付令；
>
> 　　二、驳回×××的支付令申请。
>
>
> 审　判　长　×××
> 审　判　员　×××
> 审　判　员　×××
>
> ××××年××月××日
> （院印）
> 书　记　员　×××
>

【说明】

1. 本样式根据《最高人民法院关于适用〈中华人民共和国民事诉讼法〉的解释》第四百四十三条制定，供基层人民法院院长发现本院已经发生法律效力的支付令确有错误，认为需要撤销的，提交本院审判委员会讨论决定后，裁定撤销用。

2. 案号类型代字为"民督监"。

3. 落款中的审判组织由负责审查的合议庭组成人员署名。

【实例评注】

山西省运城市盐湖区人民法院
民事裁定书①

(2015)运盐民监字第4号

　　申请人：刘某某，男，汉族，1976年×月×日出生，运城市盐湖区居民。

---

① 来源：中国裁判文书网。

被申请人：运城市热带风暴水上乐园有限公司，住所地：运城市盐湖区运解路。

法定代表人：李某某，该公司总经理。

申请人刘某某与被申请人运城市热带风暴水上乐园有限公司支付令一案，本院于2014年7月18日作出(2014)运盐督字第21号支付令，已经发生法律效力。2015年8月6日，案外人山西宏鼎建设工程有限公司向本院递交一份情况说明书，指出被申请人是其申请执行(2013)运盐民初字第1735号装饰装修合同纠纷一案的被执行人，因被申请人只履行支付令，不履行该案判决，故怀疑申请人与被申请人之间的借款不真实，申请人申请支付令的目的是为了逃避该案的执行。2015年8月7日，本院对支付令一案立案审查，现已审查完毕。

经审查查明：申请人于2014年7月18日向本院提出支付令申请，要求被申请人归还借款400万元及利息48万元，同时提供了2013年9月1日的借款协议书并陈述其在三天之内给被申请人支付了400万元现金。本院于2014年7月18日作出(2014)运盐督字第21号支付令，于2014年7月23日送达被申请人。在法律规定的期间，被申请人未提出异议，支付令于2014年8月8日发生法律效力，本院于同日作出(2014)运盐督字第21号支付令生效通知书并送达申请人。

2014年8月22日，申请人就(2014)运盐督字第21号支付令向本院申请强制执行。执行过程中，申请人与被申请人于2014年9月25日达成还款和解协议。2014年12月22日申请人向本院申请终结本次执行程序，本院于2014年12月23日作出(2014)运盐执字第924-2号执行裁定书，裁定终结本院(2014)运盐督字第21号支付令的本次执行程序。之后申请人于2015年7月1日起至2015年7月30日分25次从被申请人处共领取现金196 000元。

同时查明：本案立案审查后，本院经多方查找，无法与申请人、被申请人现法定代表人李某某及原法定代表人韩某某取得联系，且按照申请人向本院填写的送达地址确认书也查找不到申请人的下落。审查中，经询问被申请人公司的会计兼综合办人员吕某某，其称2013年9月2日，被申请人原法定代表人韩某某将2013年9月1日申请人与公司签订的借款协议书复印件交到财务室，同时韩某某给公司打了一张400万元的借条，借款协议书上的400万元并没有以现金或银行转账等方式经过公司账目，只是用借款协议书和借条平衡了一下公司的账目。

本院认为：督促程序是人民法院根据债权人的申请，对债权债务关系明确、合法，债权人与债务人没有其他债务纠纷、支付令能够送达债务人的，以支付令的方式，督促债务人在法定期间内向债权人履行给付金钱和有价证券义务，该程序并不解决当事人之间的民事权益争议，具有非讼特点，无须开庭审理。根据《中华人民共和国民事诉讼法》的规定，人民法院在受理了债权人提出的支付令申请后，应当对债权人提供的事实和证据进行必要审查，只有在认定了债权债务关系明确、合法，符合督促程序的情况下方可发出支付令。

就本案而言，申请人在向人民法院申请支付令时，仅提供了与被申请人之间的借款协议书并陈述三天之内分别支付了被申请人150万元、100万元、150万元共计400万元现金，但并未就双方之间借贷发生的原因、款项来源、款项交付的具体地点、细节及双方之间的关系提供相关证据证实。在案外人对该支付令提出质疑后，本院按照申请人申请支付令时向本院填写的送达地址确认书及联系电话均无法与其取得联系。经对被申请人财会人员进行核实，被申请人原法定代表人韩某某仅将借款协议书的复印件递交公司财务部门，同时给公司出具了400万元的借条，以平衡账目，该笔借款并未实际进入公司账户。

综上，申请人与被申请人之间的债权债务关系是否明确、合法无法认定，故申请人的支付令申请不符合民事诉讼法关于督促程序的规定，应予驳回，本院发出的(2014)运盐督字第21号支付令，应予撤销。至于申请人与被申请人及韩某某之间是否存在借贷关系，其权利如何实现可以通过其他法律途径解决。本案经本院审判委员会讨论，决定依照《中华人民共和国民事诉讼法》第二百一十六条第一款、《最高人民法院关于适用〈中华人民共和国民事诉讼法〉的解释》第四百四十三条之规定，裁定如下：

撤销本院(2014)运盐督字第21号支付令，驳回申请人刘某某的支付令申请。

支付令申请费14 213元不予收取。

（此页无正文）

审　判　长　　张为民
审　判　员　　游小红
代理审判员　　刘振龙

二○一五年九月六日
书　记　员　　张　晓

〔评注〕

撤销支付令程序，是对确有错误的已经发生法律效力的支付令的救济程序。依据《民诉法解释》第四百三十八条的规定，支付令的撤销程序具有以下特点：

1. 适用主体。鉴于撤销支付令是人民法院对自己发出确有错误的支付令作出的自行纠错，故撤销主体仅限原发出支付令的基层人民法院。

2. 适用对象。对适用主体相对应的，基层人民法院仅限撤销本院作出的已发生法律效力的支付令。

3. 适用程序。首先经原作出支付令的基层人民法院院长提起，后经该院审判委员会审查决定，再通过"民督监"字号裁定书作出民事裁定撤销原支付令，并送达支付令申请人与被申请人。

4. 适用效果。支付令一经撤销，全部自始无效。

应当注意的是，因督促程序本身的非诉性和无争议性，对有错误的支付令不适用审判监督程序也不适用再审程序，故法律规定了支付令撤销程序，对确有错误的支付令进行补救。

实例选取的山西省运城市盐湖区人民法院（2015）运盐民监字第4号民事裁定书符合上述特征。除因该实例的作出早于新民事诉讼文书样式发布之前故存在形式上部分不足外，该文书事实认定、裁判说理部分充分，可以很好体现支付令撤销程序的适用规则，具有一定代表性。

实例中，申请人刘某某与被申请人运城市热带风暴水上乐园有限公司支付令一案，山西省运城市盐湖区人民法院于2014年7月18日作出（2014）运盐督字第21号支付令，已经发生法律效力。2015年8月6日，案外人山西宏鼎建设工程有限公司向该院提出被申请人是其申请执行案件被执行人，因被申请人只履行支付令，不履行该案判决，故以申请人与被申请人串通逃避案件执行，而对原支付令所载债权债务关系的真实性产生怀疑。山西省运城市盐湖区人民法院发现（2014）运盐督字第21号支付令可能存在错误后，于2015年8月7日对支付令一案立案审查。该院经审理认为，申请人在向人民法院申请支付令时，仅提供了借款协议并陈述了支付情况，但无该法律关系发生原因及借款事实的具体情况。在案外人提出异议后，人民法院与申请人与被申请人双方均无法取得联系，且借款并未实际进入被申请人公司账户。故鉴于申请人与被申请人之间的债权债务关系的合法性及真实性无法明确，原适用督促程序不符合法律规定。该院通过审判委员会讨论决定，撤销（2014）运盐督字第21号支付令。这是一起典型的因支付令所指债权债务关系不确定导致支付令申请得不到人民法院支持的案例，后经案外人提出异议，最终由原审法院自行纠错。

比照本文书样式，此类案号应统一为（××××）……民督监……号。正文首部当事人基本信息部分应载明原支付令申请人与被申请人双方情况。在主文部分详述原支付令发出情况及撤销支付令的理由。正文裁判依据部分除引用《民诉法解释》第四百四十三条规定外，还应引用上位法《民事诉讼法》第一百五十四条第一款第十一项的规定。

7. 不予受理支付令申请通知书（通知申请人不予受理用）

×××× 人民法院
不予受理支付令申请通知书

（××××）……民督……号

×××：

你方请求本院向×××发出支付令的申请书，本院于××××年××月××日收到。经审查认为，你方的申请不符合《中华人民共和国民事诉讼法》第二百一十四条、《最高人民法院关于适用〈中华人民共和国民事诉讼法〉的解释》第四百二十九条规定的条件，本院决定不予受理。

特此通知。

××××年××月××日
（院印）

【说明】

1. 本样式根据《中华人民共和国民事诉讼法》第二百一十四条、第二百一十五条以及《最高人民法院关于适用〈中华人民共和国民事诉讼法〉的解释》第四百二十九条第一款、第二款制定，供基层人民法院认为债权人的支付令申请不符合法定条件的，通知申请人不予受理用。

2. 人民法院收到债权人的支付令申请书后，认为申请书不符合要求的，可以通知债权人限期补正。人民法院应当自收到补正材料之日起五日内通知债权人是否受理。

3. 债权人申请支付令，不符合下列条件的，基层人民法院应当在收到支付令申请书后五日内通知债权人不予受理：（1）请求给付金钱或者汇票、本票、支票、股票、债券、国库券、可转让的存款单等有价证券；（2）请求给付的金钱或者有价证券已到期且数额确定，并写明了请求所根据的事实、证据；（3）债权人没有对待给付义务；（4）债务人在我国境内且未下落不明；（5）支付令能够送达债务人；（6）收到申请书的人民法院有管辖权；（7）债权人未向人民法院申请诉前保全。

【实例评注】

安徽省淮南市八公山区人民法院
不予受理支付令申请通知书 ①

(2016) 皖 0405 民督 1 号

淮南市东安物业管理有限责任公司：

你方请求本院向单某发出支付令的申请书，本院于 2016 年 9 月 18 日收到。经审查认为，你方的申请不符合《中华人民共和国民事诉讼法》第二百一十四条、《最高人民法院关于适用〈中华人民共和国民事诉讼法〉的解释》第四百二十九条规定的条件，本院决定不予受理。

二○一六年九月二十一日

〔评注〕

支付令，是人民法院根据债权人申请向债务人发出的督促债务清偿的法律文书。它因债权人申请而起，经人民法院作出，在债务人未依法提出异议后发生强制执行效力。

依据《民事诉讼法》第二百一十四条、第二百一十六条的规定，债权人请求给付的标的物必须是金钱或者有价证券，且该债权已到期并数额确定，在债权人没有对待给付义务且支付令能送达债务人的前提下，债权人可向人民法院申请支付令。

依据《民事诉讼法》第二百一十六条以及《民诉法解释》第四百二十八条及第四百二十九条的规定，人民法院对申请人提交的支付令进行审查，经审查认为申请书不符合要求的，可以通知债权人限期补正或裁定驳回支付令申请；经审查认为符合条件的，作出支付令并送达债务人；经审查认为申请不符合条件的，在受理之日起十五日内裁定驳回申请。具体而言，支付令申请必须符合以下七个条件：一是债权人请求给付的标的物仅限金钱或有价证券；二是请求给付的金钱或有价证券已到期且数额确定；三是债权人与债务人之间不存在对待给付关系；四是支付令能送达债务人；五是债务人在国内且能够送达；六是符合受理督促程序的管辖规定；七是债权人未申请诉前保全。人民法院对上述法定条件仅作书面、形式审查，无需审查请求及证据是否真实。

---

① 来源：中国裁判文书网。

实例选取的安徽省淮南市八公山区人民法院(2016)皖0405民督1号不予受理支付令申请通知书。文书中，正文首部为申请人名称，作为通知对象。主文部分载明人民法院收到债权人支付令申请情况及审查结果。其中裁判依据部分引用《民事诉讼法》第二百一十四条及《民诉法解释》第四百二十九条规定，法律适用正确，实例文书完全符合文书样式实质和形式要件。

二十、公示催告程序

1. 民事判决书（公示催告除权用）

××××人民法院
民事判决书

（××××）……民催……号

申请人：×××，……。
……

（以上写明申请人及其代理人的姓名或者名称等基本信息）

申请人×××申请公示催告一案，本院于××××年××月××日立案后，依法于××××年××月××日发出公告，催促利害关系人在六十日内申报权利。现公示催告期间已满，无人向本院提出申报（或者×××向本院申报被驳回）。

依照《中华人民共和国民事诉讼法》第二百二十二条、《最高人民法院关于适用〈中华人民共和国民事诉讼法〉的解释》第四百五十二条规定，判决如下：

一、宣告申请人×××持有的号码……、票面金额……元……的×票无效；

二、自本判决公告之日起，申请人×××有权向支付人请求支付。

申请费……元、公告费……元，由申请人×××负担。

审　判　长　×××
审　判　员　×××
审　判　员　×××

××××年××月××日
（院印）
书　记　员　×××

【说明】

1. 本样式根据《中华人民共和国民事诉讼法》第二百二十二条以及《最高人民法院关于适用〈中华人民共和国民事诉讼法〉的解释》第四百五十二条制定，供票据支付地基层人民法院在公示催告期间届满没有人申报或申报被驳回的，根据申请人申请，判决宣告票据无效用。

2. 案号类型代字为"民催"。

3. 落款中的审判组织为合议庭。

【实例评注1】

浙江省慈溪市人民法院
民事判决书 ①

(2016) 浙 0282 民催 88 号

申请人：聊城市天同轴承保持器厂。住所地：山东省聊城市东昌府区郑家镇靳屯村。统一社会信用代码：913715××××××××××。

代表人：靳某某，该厂总经理。

申请人聊城市天同轴承保持器厂申请宣告票据无效一案，本院受理后依法于2016年6月23日发出公告，催促利害关系人在公告之日起至票据付款日后十五日且不少于六十日内申报权利。现公示催告期间已满，无人向本院提出申报。依照《中华人民共和国民事诉讼法》第二百二十二条的规定，判决如下：

一、宣告号码为×××/×××的银行承兑汇票(出票日期2016年3月24日、出票金额50 000元、出票人宁波凯迪利电器有限公司、收款人宁波凯邦电机有限公司、付款行中国农业银行宁波慈溪市横河支行、背书人宁波凯邦电机有限公司等，持票人为申请人)无效；

二、自本判决公告之日起，申请人聊城市天同轴承保持器厂有权向支付人请求支付。

本案申请费100元，由申请人聊城市天同轴承保持器厂负担，交纳本院。

本判决为终审判决。

审　判　长　　周　红
审　判　员　　宋国梁
人民陪审员　　童松迪
二〇一六年十月十日
代 书 记 员　　施梦燕

---

① 来源：中国裁判文书网。

〔评注〕

本章将公示催告程序文书样式单列出来，是基于公示催告程序和普通民事诉讼在诉讼程序、诉讼要件及裁判方式上有较大不同。除了有明确的诉讼请求，属于人民法院主管和受诉法院管辖之外，还有如下特点：

1. 主体的单方性。普通诉讼程序系解决双方当事人间的民事纠纷，公示催告程序仅系确定申请方单方请求。案件当事人仅为提出公示催告申请的申请人，没有诉讼程序的对方当事人。故在文书样式上，正文首部的当事人情况仅载明申请人一方，无被申请人。

2. 程序的非讼性。公示催告程序没有作为申请人对等诉讼地位的被申请人，故其诉讼程序具有非讼性以及非对抗性特点。人民法院不对某一民事法律关系作实质性审理，只是因申请人申请对其因某一事由丧失的票据进行确权。

3. 事项的特定性。与普通诉讼程序处理各类民事法律规定和诉讼标的不同，公示催告程序仅处理与票据及其他法律规定的特定事项，其他任何事项均不能适用公示催告程序。

4. 明显的阶段性。与普遍诉讼程序一以贯之的程序性相比，公示催告程序分为公示催告与除权判决两个阶段。本文书样式即为除权判决阶段作出的民事判决书。

5. 判决的特殊性。公示催告程序中，除权判决阶段作出的除权判决不同于普通民事判决，它的裁判内容并非确认、变更或终止某一民事法律关系，而是宣告票据等凭证无效，使票据上的权利与票据分离，从而使申请人在未持有票据的前提下获得相应权利。

除权判决，是人民法院根据公示催告程序，在申报期内无利害关系人申报权利或申报被驳回的情形下，作出宣告票据无效的民事判决。根据《民事诉讼法》第二百二十二条以及《民诉法解释》第四百五十二条的规定，在申报权利的期间无人申报权利，或者申报被驳回的，申请人应当自公示催告期间届满之日起一个月内申请作出判决。没有人申报的，人民法院应当根据申请人的申请，作出判决，宣告票据无效。判决应当公告，并通知支付人。自判决公告之日起，申请人有权向支付人请求支付。逾期不申请判决的，终结公示催告程序。也就是说，在公示催告期满后，人民法院仅能依申请人申请进入除权判决程序，作出相应除权判决。

实例选取的申请人聊城市天同轴承保持器厂申请宣告票据无效一案，经公示催告，无人申报权利。浙江省慈溪市人民法院作出(2016)浙0282民催88号民事判决书，宣告该案所涉票据，号码为×××／×××的银行承兑汇票无效，申请人聊城市天同轴承保持器厂享有对支付人的支付请求权。本实例与除权判决程序特征契合。实例文书首部当事人信息部分仅有申请人，无被申请人。正文部分载明申请事由、公示催告情况及公示催告期内有无权利人申报的情况。正文裁判内容部分对公示催告的票据宣告无效，并确认申请人对支付人自判决公告之日起享有支付请求权。应注意的是，实例在裁判依据上漏引了《民诉法解释》第四百五十二条的规定。

【实例评注2】

台州市椒江区人民法院
民事判决书 ①

(2016)浙 1002 民催 61 号

申请人：广州市增城永嘉制罐有限公司，住所地广州市增城朱村街南岗工业区。

法定代表人：张某某。

申请人广州市增城永嘉制罐有限公司申请宣告票据无效一案，本院受理后依法于 2016 年 7 月 22 日发出公告，催促利害关系人在六十日内申报权利。现公示催告期间已满，无人向本院提出申报。依照《中华人民共和国民事诉讼法》第二百二十二条的规定，判决如下：

一、宣告号码为×××/×××、票面金额 9 2942 元、出票日期 2016 年 2 月 2 日、到期日期 2016 年 8 月 1 日、出票人浙江奕多模塑有限公司、收款人台州市海萍五金工具有限公司、付款人台州银行的银行承兑汇票无效。

二、自本判决公告之日起，申请人广州市增城永嘉制罐有限公司有权向付款人请求支付。

本判决为终审判决。

审　判　长　　谭　阳
代理审判员　　严棋鹏
代理审判员　　牟　林

二〇一六年九月三十日
代　书　记　员　　徐安邦

〔评注〕

实例中，台州市椒江区人民法院依据申请人广州市增城永嘉制罐有限公司申请，于 2016 年 7 月 22 日发出公告，催促利害关系人在六十日内申报权利。在公示催告期间届满后，因无人向该院提出申报。依照法律规定，判决宣告公示催告的号码为×××/×××、票面金额 92 942 元、出票日期 2016 年 2 月 2 日、到期日期 2016 年 8 月 1 日、出票人浙江奕多模塑有限公司、收款人台州市海萍五金工具有限公司、付款人台州银

---

① 来源：中国裁判文书网。

行的银行承兑汇票无效。且自本判决公告之日起，申请人广州市增城永嘉制罐有限公司有权向付款人请求支付。

实例文书符合文书样本的格式要求，但与实例1一样，在裁判依据上漏引了《民诉法解释》第四百五十二条的规定，应予完善。由于公示催告程序为非讼程序，为一审终审案件，故对除权判决不能上诉，实例1与实例2判决尾部均载明本判决为终审判决。尽管在文书样式中无此内容，但笔者认为鉴于此举与法律程序并不冲突，且除权判决应予公告，故在判决中向当事人释明审级规定更为明确，同时建议文书样式中加入对裁判效力的描述。

2. 民事裁定书（准许撤回公示催告申请用）

××××人民法院
民事裁定书

（××××）……民催……号

申请人：×××，……。
……

（以上写明申请人及其代理人的姓名或者名称等基本信息）

申请人×××申请公示催告一案，本院于××××年××月××日立案。申请人×××于××××年××月××日向本院提出撤回申请。

本院认为，申请人×××在公示催告前向本院提出撤回申请，不违反法律规定，应予准许。

依照《中华人民共和国民事诉讼法》第一百五十四条第一款第十一项、《最高人民法院关于适用〈中华人民共和国民事诉讼法〉的解释》第四百五十五条规定，裁定如下：

准许×××撤回申请。

申请费……元，由申请人×××负担。

审　判　员　×××

××××年××月××日
（院印）
书　记　员　×××

【说明】

本样式根据《最高人民法院关于适用〈中华人民共和国民事诉讼法〉的解释》第四百五十五条制定,供基层人民法院对于申请人在公示催告前申请撤回公示催告的,裁定准许撤回申请用。在公示催告期间撤回申请的,不使用本样式。

【实例评注】

新疆生产建设兵团芳草湖垦区人民法院
民事裁定书 [①]

(2016)兵0603民催1号

申请人:李某,男,汉族,住兵团第六师芳草湖总场四场。

申请人李某申请公示催告一案,本院于2016年8月23日立案。申请人李某于2016年9月6日向本院提出撤回申请。

本院认为,申请人李某在公示催告前向本院提出撤回申请,不违反法律规定,应予准许。

依照《中华人民共和国民事诉讼法》第一百五十四条第一款第十一项、《最高人民法院关于适用〈中华人民共和国民事诉讼法〉的解释》第四百五十五条规定,裁定如下:

准许李某撤回申请。

申请费100元,由申请人李某负担。

审　判　员　　宋文彬

二〇一六年九月六日

书　记　员　　陈茵梦

〔评注〕

撤回公示催告,是法律赋予公示催告申请人在人民法院受理公示催告申请后作出公示催告前撤回申请的一项制度。因撤回申请在公示催告之前,故并未在公众范围对该票据产生任何影响,同时也能保障当事人意思自治。根据《民诉法解释》第四百五十五条的规定,公示催告申请人撤回申请,应在公示催告前提出。

---

① 来源:中国裁判文书网。

但需要注意的是，若公示催告人在公示催告期间申请撤回的，人民法院不可采用本文书样式裁定准许撤回公示催告，而应径行裁定终结公示催告程序。

本文书样式具有公示催告程序裁判文书在当事人地位、公示催告事实及裁判依据的共同之处，此处不再赘言，可参照前文公示催告除权用民事判决书中评注内容。

实例选取的申请人李某申请公示催告一案，人民法院于2016年8月23日立案受理。申请人李某于2016年9月6日向该院提出撤回申请，此申请撤回在该院公示催告前提出，依照《民事诉讼法》第一百五十四条第一款第十一项、《民诉法解释》第四百五十五条规定，裁定准许申请人撤回申请。

3. 民事裁定书（驳回公示催告申请用）

×××人民法院
民事裁定书

（××××）……民催……号

申请人：×××，……。
……

（以上写明申请人及其代理人的姓名或者名称等基本信息）

申请人×××于××××年××月××日向本院申请对出票人/持票人/背书人×××、号码……、票面金额……元……的×票公示催告。

本院经审查认为，……（写明不符合申请公示催告的条件和理由）。

依照《中华人民共和国民事诉讼法》第一百五十四条第一款第十一项、第二百一十八条、《最高人民法院关于适用〈中华人民共和国民事诉讼法〉的解释》第四百四十五条规定，裁定如下：

驳回×××的申请。

申请费……元，由申请人×××负担。

审　判　员　×××

××××年××月××日
（院印）
书　记　员　×××

【说明】

1. 本样式根据《中华人民共和国民事诉讼法》第二百一十八条、《最高人民法院关于适用〈中华人民共和国民事诉讼法〉的解释》第四百四十五条制定,供基层人民法院收到公示催告申请后,经审查认为不符合受理条件的,裁定驳回申请用。

2. 人民法院收到公示催告的申请后,应当立即审查,并决定是否受理。经审查认为不符合受理条件的,七日内裁定驳回申请。

【实例评注 1】

**绍兴市柯桥区人民法院
民事裁定书** ①

(2016)浙 0603 民催 33 号

申请人:东莞市广润发润滑油有限公司。住所地:广东省东莞市虎门镇陈村榕中路尾。

法定代表人:桂某某,该公司经理。

申请人东莞市广润发润滑油有限公司于 2016 年 9 月 21 日向本院申请对出票人为浙江梅轮电梯股份有限公司、号码为××××××、票面金额为 5 万元,收款人为杭州优迈科技有限公司的承兑汇票公示催告。

本院经审查认为:公示催告程序的申请人应当为涉案承兑汇票的最后合法持票人,现申请人东莞市广润发润滑油有限公司未能提供证据证明收款人杭州优迈科技有限公司之后涉案承兑汇票的背书情况,故根据申请人目前提供的证据本院无法确认申请人东莞市广润发润滑油有限公司系涉案银行承兑汇票的最后合法持票人。

依照《中华人民共和国民事诉讼法》第一百五十四条第一款第十一项、第二百一十八条、《最高人民法院关于适用〈中华人民共和国民事诉讼法〉的解释》第四百四十五条规定,裁定如下:

驳回东莞市广润发润滑油有限公司的申请。

申请费 100 元,由申请人东莞市广润发润滑油有限公司负担。

审 判 长　朱建军
代理审判员　胡华江

---

① 来源:中国裁判文书网。

人民陪审员　　包幼青

二〇一六年九月二十三日

书　记　员　　陆超男

附《中华人民共和国民事诉讼法》第二百一十八条

按照规定可以背书转让的票据持有人，因票据被盗、遗失或者灭失，可以向票据支付地的基层人民法院申请公示催告。依照法律规定可以申请公示催告的其他事项，适用本章规定。

申请人应当向人民法院递交申请书，写明票面金额、发票人、持票人、背书人等票据主要内容和申请的理由、事实。

〔评注〕

因票据的无因性，持票人自票据丧失之日起就时刻处于票据权利被他人行使的危机之中，因此对公示催告申请的审查，是人民法院保障合法权利人实行票据权利的重要程序。根据《民事诉讼法》第二百一十八条、《民诉法解释》第四百四十五条的规定，对公示催告申请的审查有如下内容：(1)申请人是否符合主体资格，即应是票据丧失前的最后持有人。(2)票据的性质是否符合规定，即仅限可以背书转让的票据。当前我国可以背书转让的票据包括本票、支票、汇票、大额可转让存单以及依照法律规定的可以申请公示催告的其他事项。(3)是否符合民事诉讼管辖规定，即申请人只能向票据支付地基层人民法院申请。(4)申请是否载明法定事项。公示催告申请应写明票面金额、发票人、持票人、背书人等票据主要内容和申请的理由、事实。

为及时、有效保障票据权利人的合法权利，根据《民诉法解释》的规定，人民法院收到公示催告的申请后，应当立即审查，并决定是否受理。经审查认为符合受理条件的，通知予以受理，并同时通知支付人停止支付；认为不符合受理条件的，七日内裁定驳回申请。此处规定公示催告的审查期限为七日，是源于公示催告程序对诉讼效率的迫切需要，提示人民法院尽快作出受理或驳回申请裁定。

实例文书符合驳回公示催告民事裁定书的格式要求。实例中，申请人东莞市广润发润滑油有限公司于2016年9月21日向绍兴市柯桥区人民法院申请对出票人为浙江梅轮电梯股份有限公司、号码为××××××、票面金额为5万元、收款人为杭州优迈科技有限公司的承兑汇票公示催告。该院经审查公示催告申请认为，申请人东莞市广润发润滑油有限公司未能提供证据证明收款人杭州优迈科技有限公司之后涉案承兑汇票的背书情况，根据申请人目前提供的证据本院无法确认申请人东莞市广润发润滑油有限公司是涉案银行承兑汇票的最后合法持票人。故依据《民事诉讼法》第一百五十四条第一款第十一项、第二百一十八条、《民诉法解释》第四百四十五条规定，裁定申请人的公示催告申请。本案中因申请人提交的申请材料无法证明其为适格的申请人，因而其公示催告申请未得到人民法院的支持。

【实例评注 2】

河北省承德市双滦区人民法院
民事裁定书 ①

（2016）冀 0803 民催 2 号

申请人：河北惠莱机械贸易有限公司。
法定代表人：张某某，职务经理。
委托代理人：李某，男，该公司职员。

申请人河北惠莱机械贸易有限公司于 2016 年 8 月 22 日向本院申请对出票人承德天运物流有限公司、持票人为河北惠莱机械贸易有限公司、背书人为承德新新机电设备制造有限公司、承德博冠实业集团有限公司，出票时间为 2015 年 9 月 29 日的银行承兑汇票，票号为××××××，金额为人民币 10 000.00 元的银行承兑汇票公示催告。

本院经审查认为，承德银行双滦支行于 2016 年 8 月 15 日已收到该银行承兑汇票的提示付款，并已对该银行承兑汇票进行解付。故申请人的申请不符合受理条件，对其申请应予驳回。依照《中华人民共和国民事诉讼法》第一百五十四条第一款第十一项、第二百一十八条、《最高人民法院关于适用〈中华人民共和国民事诉讼法〉的解释》第四百四十五条规定，裁定如下：

驳回申请人河北惠莱机械贸易有限公司的申请。

申请费 100.00 元，由申请人河北惠莱机械贸易有限公司负担。

审　判　员　　高银山

二〇一六年八月二十二日

书　记　员　　张　威

〔评注〕

实例中，申请人河北惠莱机械贸易有限公司于 2016 年 8 月 22 日向河北省承德市双滦区人民法院申请对出票人承德天运物流有限公司、持票人为河北惠莱机械贸易有限

---

① 来源：中国裁判文书网。

公司、背书人为承德新新机电设备制造有限公司、承德博冠实业集团有限公司，出票时间为 2015 年 9 月 29 日的银行承兑汇票，票号为×××××，金额为人民币 10 000.00 元的银行承兑汇票公示催告。该院经审查认为，承德银行双滦支行于 2016 年 8 月 15 日已收到该银行承兑汇票的提示付款，并已对该银行承兑汇票进行解付。故此票据权利已被行使，公示催告程序再无异议，因而该院依照《民事诉讼法》第一百五十四条第一款第十一项、第二百一十八条、《民诉法解释》第四百四十五条的规定，裁定驳回申请人申请。此案例是一起典型的涉案票据权利已先于公示催告程序被行使的案件，申请人的权利目的已无法实现，故人民法院已无法使用公示催告程序保障申请人票据权利，这也是票据在具有流转便利性的同时承载着权利丧失风险。需要注意的是，正文首部的"委托代理人"应改为"委托诉讼代理人"。

4. 民事裁定书（驳回利害关系人申报用）

×××× 人民法院
民事裁定书

（××××）……民催……号

申报人：×××，……。
……

申请人：×××，……。
……

（以上写明申请人、申报人及其代理人的姓名或者名称等基本信息）

申请人×××于××××年××月××日向本院申请对号码……、票面金额……元……的×票公示催告。本院于××××年××月××日立案后，于××××年××月××日发出公告，催促利害关系人在×日内申报权利。

××××年××月××日，申报人×××向本院申报权利。申报人×××向本院出示的票据载明：……（写明票据名称、票据金额、票据号码、出票人等内容）。本院通知公示催告申请人在×日内查看该票据。

申请人×××认为，……（写明申请人的意见）。

本院经审查认为，申报人×××出示的票据与申请人×××申请公示催告的票据不一致，申报人×××的申报不能成立。

依照《中华人民共和国民事诉讼法》第一百五十四条第一款第十一项、《最高人民法院关于适用〈中华人民共和国民事诉讼法〉的解释》第四百五十一条规定，裁定如下：

驳回×××的申报。

审　判　员　×××

××××年××月××日
（院印）
书　记　员　×××

【说明】

1. 本样式根据《最高人民法院关于适用〈中华人民共和国民事诉讼法〉的解释》第四百五十一条制定，供基层人民法院在查明利害关系人申报权利出示的票据与公示催告的票据不一致后，裁定驳回申报用。

2. 申请人查看并发表意见的，写明申请人的意见。申请人未查看或者未发表意见的，写明"申请人×××未查看"或者"申请人×××未发表意见"。

【实例评注】

（暂缺实例）

〔评注〕

权利申报，是公示催告的利害关系人认为自己享有票据权利在公示催告期间内向人民法院说明自己与票据关系并主张票据权利的行为。根据《民事诉讼法》第二百二十一条以及《民诉法解释》第四百五十一条的规定，利害关系人申报权利，人民法院应当通知其向法院出示票据，并通知公示催告申请人在指定的期间查看该票据。公示催告申请人申请公示催告的票据与利害关系人出示的票据不一致的，应当裁定驳回利害关系人的申报。

利害关系人的权利申报必须满足以下五个条件：一是申报人必须具有适格民事诉讼主体，即一般为票据的实际持有人且对票据享有票据权利，其他发票人、背书人、承兑人、付款人、保证人均不是利害关系人。二是权利申报提出的时间应在除权判决作出前。《民事诉讼法》第二百二十一条规定的申报期限为公示催告期间，但《民诉法解释》第四百五十条对期限作了延伸，在申报期届满后、判决作出之前也可以申报权利。三是权利申报的对象应为作出公示催告的人民法院。四是申报书的内容应载明其要求终结的公示催告程序及票据信息等公告内容。五是申报书应附涉案票据，以证明自己对票据的实际占有。人民法院对上述要件进行形式审查，并通知公示催告申请人在指定日期共同查看利害关系人出具的票据。即申报人应有初步证据证明其持有该票据，若其在申报权利时未出示涉案票据或其出示的票据与申请人申请公示催告的票据不一致，人民法院应裁定驳回利害关系人的申报。

若出现人民法院通知后，公示催告申请人无正当理由拒不查看利害关系人出示的票据的情形，笔者认为，尽管无对此情形的明确规定，但此时应视为申请人放弃查看权，人民法院可根据形式审查判断票据是否一致，若不一致则裁定驳回利害关系人申报；若一致则裁定终结公示催告程序。

通常实践中，罕见未持有涉案票据或持有的票据与公示催告申请的票据不一致而到人民法院申报权利的情形，故此类案件十分少见，笔者暂未找到对应实例。现仅从文书书写样式上简要予以说明。

因涉及申报人、申请人两方当事人，此文书首部分别载明申报人、申请人基本情况，且因本文书样式主要针对申报人申请作出裁定，故申报人在先，申请人在后。

文书正文事实部分应载明申请人申请公示催告的情况、人民法院作出公示催告的情况以及申报人进行权利申报，人民法院及申请人查看票据的全过程，并写明申请人经查看后对申报人所持票据的意见。

文书正文理由部分应表明人民法院审查后对申报人申报不成立的明确态度。依据《民事诉讼法》第一百五十四条第一款第十一项和《民诉法解释》第四百五十一条的规定，最终裁定驳回利害关系人的申报。

5. 民事裁定书（终结公示催告程序用）

×××× 人民法院
民事裁定书

（××××）……民催……号

申请人：×××，……。
……
申报人：×××，……。
……
（以上写明申请人、申报人及其代理人的姓名或者名称等基本信息）

申请人×××因……（写明票据名称及其被盗或遗失、灭失的情况），向本院申请公示催告。本院于××××年××月××日立案后，于××××年××月××日发出公告，催促利害关系人在×日内申报权利。

（申报人申报的，写明：）申报人×××已于××××年××月××日向本院申报。

（申请人逾期不申请判决的，写明：）申请人×××于公示催告期间届满之日起一个月内未申请作出判决。

（申请人在公示催告期间撤回申请的，写明：）申请人×××已于××××年××月××日在公示催告期间申请撤回公示催告。

依照《中华人民共和国民事诉讼法》第二百二十一条/《最高人民法院关于适用〈中华人民共和国民事诉讼法〉的解释》第四百五十二条/第四百五十五条规定，裁定如下：

终结本案的公示催告程序。

申请费……元、公告费……元，由申请人×××负担。

审　判　员　×××

××××年××月××日
（院印）
书　记　员　×××

【说明】

1. 本样式根据《中华人民共和国民事诉讼法》第二百二十一条以及《最高人民法院关于适用〈中华人民共和国民事诉讼法〉的解释》第四百五十二条、第四百五十五条制定，供基层人民法院在收到利害关系人的申报、申请人逾期不申请判决或者申请人在公示催告期间撤回申请后，裁定终结公示催告程序用。

2. 申请人逾期不申请判决的，引用《最高人民法院关于适用〈中华人民共和国民事诉讼法〉的解释》第四百五十二条；申请人在公示催告期间撤回申请的，引用《最高人民法院关于适用〈中华人民共和国民事诉讼法〉的解释》第四百五十五条。

【实例评注1】

<h3 style="text-align:center">浙江省温岭市人民法院
民事裁定书①</h3>

（2016）浙1081民催65号

申请人：嘉翔（福建）硅业有限公司，住所：福建省永安市小陶镇大陶口村666号。

---

① 来源：中国裁判文书网。

法定代表人：陈某，该公司总经理。

委托代理人：蒲某某，该公司员工。

委托代理人：许某，福建建州联兴律师事务所律师。

申报人：泉州旺祥盛贸易有限公司，住所：福建省泉州市丰泽区城东镇仕公岭永奎山73311部队军塑工业大厦4楼。

法定代表人：肖某某，该公司董事长。

委托代理人：郑某某，福建阳光宏业律师事务所律师。

申请人嘉翔（福建）硅业有限公司因遗失浙江泰隆商业银行股份有限公司出具的号码为×××/×××，金额为150 000元，收款人为嘉翔（福建）硅业有限公司的银行承兑汇票一张，向本院申请公示催告。本院受理后于2016年7月21日发出公告，催促利害关系人在六十日内申报权利。现申报人泉州旺祥盛贸易有限公司已在规定期间内向本院申报权利。依照《中华人民共和国民事诉讼法》第二百二十一条第二款、第三款之规定，裁定如下：

终结本案的公示催告程序。

申请人或申报人可以向人民法院起诉。

本案受理费100元，由申请人嘉翔（福建）硅业有限公司负担。

审　判　员　干军辉
二〇一六年九月二十七日
代书记员　林文欢

〔评注〕

　　根据民事诉讼法的规定，人民法院决定受理公示催告申请的，应当同时通知支付人停止支付，并在三日内发出公告，催促利害关系人申报权利。在公示催告作出后，公示催告程序将存在终止或转入除权判决阶段两种可能性。本文书样式是针对符合终结公示催告程序的情形作出的民事裁定。根据《民事诉讼法》第二百二十一条以及《民诉法解释》第四百五十二条、第四百五十五条的规定，人民法院裁定终结公示的情形有以下三种：一是当人民法院在公示催告期间收到利害关系人的申报；二是在申报权利的期间无人申报权利或者申报被驳回但申请人未在公示催告期间届满之日起一个月内申请判决；三是公示催告期间，申请人申请撤回公示催告申请的。

　　人民法院裁定终结公示催告程序的，应通知申请人及票据支付人。票据支付人在接到终结裁定后，可根据持票人的申请进行支付。

　　值得注意的是，公示催告程序的终结并非申请人和支付人关于票据支付实体权利纠纷的终结。对票据纠纷的争议，申请人仍可向人民法院起诉。

　　实例选取的浙江省温岭市人民法院(2016)浙1081民催65号民事裁定书契合上述特

征。实例中,申请人嘉翔(福建)硅业有限公司因遗失浙江泰隆商业银行股份有限公司出具的号码为×××/×××,金额为 150 000 元,收款人为嘉翔(福建)硅业有限公司的银行承兑汇票一张,向浙江省温岭市人民法院申请公示催告,符合依照《民事诉讼法》第二百二十一条第二款的规定,故该院作出终结公示催告程序的民事裁定,并在裁判内容部分告知,依照《民事诉讼法》第二百二十一条第三款的规定申请人或申报人可以向人民法院起诉。裁判尾部载明了诉讼费用负担情况。需要注意的是,正文首部的"委托代理人"应改为"委托诉讼代理人"。

【实例评注 2】

浙江省慈溪市人民法院
民事裁定书 ①

(2016)浙 0282 民催 118 号

申请人:宁波重达金属铸业有限公司。住所地:宁波市鄞州区云龙镇甲村。

法定代表人:蒋某某,该公司总经理。

委托代理人:何某某。

申请人宁波重达金属铸业有限公司因遗失银行承兑汇票(汇票号码×××/×××、出票日期 2016 年 3 月 17 日、出票金额 29 669.94 元、出票人宁波翼宇汽车零部件有限公司、收款人慈溪市长河骏驰机械配件厂、付款行宁波银行股份有限公司周巷支行、背书人慈溪市长河骏驰机械配件厂等,持票人为申请人)一份,向本院申请公示催告。本院受理后于 2016 年 8 月 25 日发出公告,催促利害关系人自公告之日起六十日内申报权利。现申请人宁波重达金属铸业有限公司向本院提出撤回公示催告的申请。据此,依照《最高人民法院关于适用〈中华人民共和国民事诉讼法〉的解释》第四百五十五条的规定,裁定如下:

终结本案的公示催告程序。

本案申请费 100 元,由申请人宁波重达金属铸业有限公司负担,交纳本院。

审　判　员　　宋国梁
二〇一六年九月二十八日
代 书 记员　　施梦燕

---

① 来源:中国裁判文书网。

〔评注〕

选取的实例是基于该裁定书符合终结公示催告用民事裁定书的文件结构和要素要求。该裁定书表达准确，要素齐全，且该裁定书中人民法院据以作出终结裁定的事由与实例1不同，具有一定代表性。

本实例，申请人宁波重达金属铸业有限公司因遗失银行承兑汇票（汇票号码×××/×××、出票日期2016年3月17日、出票金额29 669.94元、出票人宁波翼宇汽车零部件有限公司、收款人慈溪市长河骏驰机械配件厂、付款行宁波银行股份有限公司周巷支行、背书人慈溪市长河骏驰机械配件厂等，持票人为申请人）一份，向浙江省慈溪市人民法院申请公示催告。该院受理并发布公示催告后，申请人向人民法院提出撤回公示催告的申请。该院据此依照《民诉法解释》第四百五十五条的规定径行终结该案的公示催告程序。

需注意的是，根据申请人申请撤回公示催告申请的时间不同，人民法院作出的法律裁判有所不同。根据《民诉法解释》第四百五十五条的规定，公示催告申请人在公示催告前提出撤回申请，人民法院经审查准予的，作出准予撤回公示催告申请书；公示催告申请人在公示催告期间提出撤回申请的，人民法院径行裁定终结公示催告程序。此外，正文首部的"委托代理人"应改为"委托诉讼代理人"。

6. 停止支付通知书（通知支付人停止支付用）

××××人民法院
停止支付通知书

（××××）……民催……号

×××（写明支付人名称）：

申请人×××因……（写明有关票据名称及被盗或者遗失、灭失等事由），向本院申请公示催告，本院决定受理。依照《中华人民共和国民事诉讼法》第二百一十九条、第二百二十条规定，通知你方对……（写明票据名称、票面金额和出票人、持票人、背书人的姓名和名称等）立即停止支付，待本院作出裁定或者判决后再作处理。

特此通知。

××××年××月××日
（院印）

【说明】

本样式根据《中华人民共和国民事诉讼法》第二百一十九条、第二百二十条以及《最高人民法院关于适用〈中华人民共和国民事诉讼法〉的解释》第四百四十五条制定,供基层人民法院决定受理申请公示催告的同时,通知支付人停止支付用。

【实例评注】

湖北省武汉市硚口区人民法院
停止支付通知书 ①

(2016)鄂 0104 民催 3 号

建设银行硚口支行:

申请人湖北永进药业有限公司因遗失银行承兑汇票一张,已向本院申请公示催告,本院决定受理。依照《中华人民共和国民事诉讼法》第二百一十九条、第二百二十条、第二百二十一条的规定,通知你行对汇票号码为×××-×××,票面金额为20 000元,出票日期为2014年8月27日,出票人为武汉神州医药有限公司,收款人为湖北永进药业有限公司,最后持有人为湖北永进药业有限公司,付款银行为建设银行硚口支行的银行承兑汇票,立即停止支付。待本院作出裁定或判决后再做处理。

特此通知。

二〇一六年四月二十七日

〔评注〕

停止支付通知书,是由人民法院作出的针对申请人所申请公示催告的票据的付款人及代理付款人发出的通知。此通知是在公示催告阶段保护申请人合法票据权利的具体举措,起到对申请人进行财产保全的作用。

停止支付通知书一旦送达,人民法院完成了依申请人申请启动的公示催告阶段工作,而票据支付人则应相应履行协助执行义务。即在接到停止支付通知书后,立即停止付款,直至公示催告结束。若票据支付人在接到停止支付通知书后仍予付款,将承担相应法律后果。未协助止付的票据支付人将受到人民法院对其妨害民事诉讼行为作出强制措施的追究,且在法院最终作出除权判决后,支付人仍应向申请人履行支付义务及

---

① 来源:湖北省武汉市硚口区人民法院(2016)鄂 0104 民催 3 号案卷。

相应赔偿责任。可见，票据支付人不配合人民法院停止支付的行为，将得不偿失。

实例中，申请人湖北永进药业有限公司因遗失银行承兑汇票一张向湖北省武汉市硚口区人民法院申请公示催告。该院受理后对涉案汇票的支付人建设银行硚口支行发出停止支付通知书，要求该行对汇票号码为×××－×××，票面金额为20 000元，出票日期为2014年8月27日，出票人为武汉神州医药有限公司，收款人为湖北永进药业有限公司，最后持有人为湖北永进药业有限公司，付款银行为建设银行硚口支行的银行承兑汇票，立即停止支付，待该院作出裁定或判决后再做处理，即该停止支付行为应持续到公示催告结束时止。实例文书符合停止支付通知书的格式要求，仅在正文裁判依据部分应全面引用《民事诉讼法》第二百一十九条、第二百二十条以及《民诉法解释》第四百四十五条的规定为宜。

7. 公告（催促利害关系人申报权利用）

××××人民法院
公告

（××××）……民催……号

×××因……（写明被盗、遗失或灭失的票据的名称和主要内容以及申请理由），向本院申请公示催告。本院决定受理。依照《中华人民共和国民事诉讼法》第二百一十九条规定，现予公告。

一、公示催告申请人：×××（公示催告申请人的姓名或者名称）。

二、公示催告的票据/权利凭证：……（票据的种类、号码、票面金额、出票人、背书人、持票人、付款期限等事项以及其他可以申请公示催告的权利凭证的种类、号码、权利范围、权利人、义务人、行权日期等事项）。

三、申报权利的期间：自××××年××月××日起至××××年××月××日止。

四、自公告之日起×日内，利害关系人应向本院申报权利。届时如果无人申报权利，本院将依法作出判决，宣告上述票据/权利凭证无效。在公示催告期间，转让该票据/权利凭证权利的行为无效。

特此公告。

××××年××月××日
（院印）

【说明】

本样式根据《中华人民共和国民事诉讼法》第二百一十九条以及《最高人民法院关于适用〈中华人民共和国民事诉讼法〉的解释》第四百四十七条、第四百四十八条、第四百四十九条制定，供基层人民法院决定受理公示催告申请后，在三日内发出公告催促利害关系人申报权利用。

【实例评注1】

公　告①

申请人石河子市祥瑞房地产开发有限公司因持平安银行杭州萧山支行于2016年1月8日签发的编码为×××/×××号的银行承兑汇票（票面金额100 000元，出票人杭州沈氏化纤有限公司，收款人杭州兰风实业有限公司，背书人杭州兰风实业有限公司）遗失，向本院申请公示催告，本院决定受理。依照《中华人民共和国民事诉讼法》第二百一十九条之规定，现予公告。自公告之日起六十日内，利害关系人应向本院申报权利。届时如果无人申报权利，本院将依法作出判决，宣告上述票据无效。在公示催告期间，转让该票据权利的行为无效。

［浙江］杭州市萧山区人民法院

〔评注〕

为催促利害关系人申报权利而发出的公告，是人民法院在无法确信公示催告申请人是否确实丧失票据以及票据是否真正属于申请人的前提下，向社会公众发出公告，催促对票据享有权利的利害关系人及时申报权利，避免错误除权判决的一种公示方式。其具有如下特点：

1. 公告时间。根据《民事诉讼法》第二百一十九条的规定，人民法院应在受理公示催告申请三日内发出公告，催促利害关系人申报权利。

2. 公告内容。根据《民诉法解释》第四百四十七条的规定，人民法院发出的受理申请的公告，应当写明下列内容：（1）公示催告申请人的姓名或者名称；（2）票据的种类、号码、票面金额、出票人、背书人、持票人、付款期限等事项以及其他可以申请公示催告的权利凭证的种类、号码、权利范围、权利人、义务人、行权日期等事项；（3）申报权利的期间；（4）在公示催告期间转让票据等权利凭证，利害关系人不申报的

---

① 来源：中国法院网法院公告。

法律后果。实例中，杭州市萧山区人民法院在公告中载明，申请人石河子市祥瑞房地产开发有限公司遗失汇票的事实，并写明该汇票号码、票面金额、出票人、背书人、收款人、申报权利期限为六十日等信息，以及在公示催告期间转让票据等权利凭证、利害关系人不申报的法律后果。公告内容符合司法解释规定。

3. 申报权利期限。根据《民诉法解释》第四百四十九条的规定，公告期间不得少于六十日，且公示催告期间届满日不得早于票据付款日后十五日。根据《最高人民法院关于审理票据纠纷案件若干问题的规定》第三十三条的规定，公示催告的期间，国内票据自公告发布之日起六十日，涉外票据可根据具体情况适当延长，但最长不得超过九十日。鉴于公示是向未知票据权利已被公示催告的利害关系人宣布，若公告时间太短将不利于利害关系人知悉公告内容，故人民法院应结合票据种类、流通范围及支付日期等情况，尽量给出充分的公告时间。实例选取自中国法院网法院公告，此类公告在网站上均未在落款处载明日期。由于期间自公布之日起算，故法院公告在网上公布时也应写明公告日期，方便相关人员计算公告届满期限，维护自身权利。

4. 公告场所。根据《最高人民法院关于审理票据纠纷案件若干问题的规定》第三十二条的规定，人民法院决定受理公示催告申请后发布的公告应当在全国性的报刊上登载。实践中，中国法院网法院公告栏目是全国各级人民法院进行公告的重要平台之一，本样式的公告也来源于此栏目。

【实例评注2】

公　告①

申请人重庆磊加科技有限公司因遗失银行承兑汇票一份，票号为××××××，出票金额为150 000元，出票日期为2016年9月1日，汇票到期日为2017年2月24日，出票人为重庆海通机械制造有限公司，收款人为重庆云海机械制造有限公司，持票人重庆磊加科技有限公司，付款银行为中国工商银行股份有限公司永川支行，向本院申请公示催告。本院决定受理，依据《中华人民共和国民事诉讼法》第二百一十九条的规定，现予公告。自公告之日起六十日内，利害关系人应向本院申报权利。届时如果无人申报权利，本院将依法作出判决，宣告上述票据无效。在公示催告期间，转让该票据权利的行为无效。

[重庆] 重庆市永川区人民法院

---

① 来源：中国法院网法院公告。

〔评注〕

实例选取的重庆市永川区人民法院在中国法院网法院公告栏目发布的公告基本符合催促利害关系人申报权利用公告的样式要求。鉴于中国法院网公告栏目对发布公告有一定格式模板，该模板与新文书样式有所不同，故从内容上实例具有该文书应有的各项要素，但从形式上仍存在对公示催告申请人、票据权利、权利期间及公告事项未分段叙述的问题。且与上一实例一样，中国法院网上的法院公告均未在落款处载明日期。由于期间自公布之日起算，故法院公告在网上公布时也应写明公告日期，方便相关人员计算公告届满期限，维护自身权利。笔者建议中国法院网公告栏目根据新民事诉讼文书样式应统一完善公告样式，令公告内容表述更明确，条理更清晰。

8. 公告（公示催告除权判决用）

×××人民法院
公告

（××××）……民催……号

本院于××××年××月××日立案受理申请人×××的公示催告申请，对其被盗/遗失/灭失的……（写明票据或权利凭证的主要内容），依法办理了公示催告手续。公示催告期间无人申报权利/申报人×××于××××年××月××日申报权利，但因×××出示的票据与申请公示催告的票据不一致，本院于××××年××月××日驳回×××的申报。本院于××××年××月××日判决：一、宣告申请人×××持有的号码……、票面金额……元……的×票无效；二、自本判决公告之日起，申请人×××有权向支付人请求支付。

特此公告。

××××年××月××日
（院印）

【说明】

本样式根据《中华人民共和国民事诉讼法》第二百二十二条制定，供基层人民法院在作出宣告票据无效判决后，公告判决用。

【实例评注】

公告①

本院于 2016 年 6 月 27 日,受理了申请人上海胜华电缆(集团)有限公司遗失一张银行承兑汇票的公示催告申请,已依法予以公告。公示催告期间无人申报权利,根据申请人的申请,本院于 2016 年 9 月 12 日依法作出(2016)沪 0115 民催 46 号民事判决书②,宣告上述票据无效。自判决公告之日起,申请人有权向支付人请求支付。

[上海] 上海市浦东新区人民法院

附:

上海市浦东新区人民法院
民事判决书③

(2016)沪 0115 民催 46 号

  申请人上海胜华电缆(集团)有限公司,住所地上海市浦东新区园中路 188 号。
  法定代表人张某甲。
  委托代理人张某某,女,上海胜华电缆(集团)有限公司工作。
  申请人上海胜华电缆(集团)有限公司申请公示催告一案,本院于 2016 年 6 月 27 日立案后,依法于 2016 年 6 月 30 日发出公告,催促利害关系人自公告之日起六十日内申报权利。现公示催告期间已届满,无人向本院提出申报,且申请人向本院申请作出除权判决。
  依照《中华人民共和国民事诉讼法》第二百二十二条之规定,判决如下:
  一、宣告票据号码为××/××××,出票日期为 2010 年 4 月 8 日,票面金额为人民币 1 万元,汇票申请人、持票人均为上海胜华电缆(集团)有限公司,收款人为甘肃电投洮河水电开发有限责任公司,出票行为中国农业银行股份有限公司上海新场支行的中国农业银行银行汇票无效。
  二、自判决公告之日起,申请人上海胜华电缆(集团)有限公司有权向支付人请求支付。

---

① 来源:中国法院网法院公告。
② 为便于理解公告内容,将该公告所涉除权判决附后。
③ 来源:中国裁判文书网。

本案申请费 100 元、公告费 900 元，由申请人上海胜华电缆（集团）有限公司负担。本判决为终审判决。

审　判　长　　张金标
审　判　员　　杨俊华
人民陪审员　　王新东
二〇一六年九月十二日
书　记　员　　徐正浩

〔评注〕

除权判决公告，是向社会公众宣布案件所涉票据经公示催告程序已丧失效力，不仅保障了公示催告申请人丧失票据后的支付请求权，而且告知票据实际持有人该票据已丧失效力，同时也令善意第三人免于因受让该票据权利而遭受损失，是人民法院完成公示催告程序的最后一环。

根据《民事诉讼法》第二百二十二条的规定，人民法院的除权判决应当公告，并通知支付人。故人民法院在作出除权判决后，要同时向公众公告除权判决和向支付人通知票据失效。

实践中，此文书样式中的公告的形式及场所与催促利害关系人申报权利的公告基本相似，中国法院网法院公告栏目是全国各级人民法院进行公告的重要平台之一，实例来源于此栏目。

实例中，因申请人上海胜华电缆（集团）有限公司向上海市浦东新区人民法院就票据号码为××/××××的汇票申请公示催告，该院于 2016 年 6 月 27 日立案并于 2016 年 6 月 30 日发出公告，催促利害关系人自公告之日起六十日内申报权利。在公示催告期间届满后，申请人向该院申请作出除权判决。该院依照《民事诉讼法》第二百二十二条之规定于 2016 年 9 月 12 日作出除权判决，并将除权判决内容在中国法院网法院公告栏目予以公告。该公告符合文书样式要求，结构完整，语言准确，但在正文裁判内容部分未引用除权判决中票据信息，以及没有载明落款日期，建议在今后的公告中注意完善，便于公众查找确认。需要注意的是，正文首部的"委托代理人"应改为"委托诉讼代理人"。

二十一、执行程序

(一)申请执行及委托执行

1. 受理案件通知书(执行实施用)

××××人民法院
受理案件通知书

(××××)……执……号

×××：

×××与×××……(写明案由)一案，本院(或其他生效法律文书的作出机关)作出的(××××)……号民事判决(或其他生效法律文书)已发生法律效力。你/你单位向本院申请执行。经审查，该申请符合法定受理条件，本院决定立案执行。(如为移送执行案件，写明:)××××移送执行，本院决定立案执行。现将有关事宜通知如下：

一、请补充提交被执行人名下财产情况。
二、本案由法官/执行员×××负责执行。
特此通知。

××××年××月××日
(院印)

联 系 人：×××　　　联系电话：……
本院地址：……　　　　邮　　编：……

【说明】

本样式参照《中华人民共和国民事诉讼法》第一百二十六条规定制定，供人民法院在执行立案后向申请执行人送达立案受理通知，告知相关权利义务时用。

【实例评注】

湖北省武汉市硚口区人民法院
受理案件通知书[①]

(2016)鄂 0104 执 771 号

张某某：

张某某与周某某机动车交通事故责任纠纷一案，本院作出的(2015)鄂硚口民一初字第 00852 号民事判决已发生法律效力。你向本院申请执行。经审查，该申请符合法定受理条件，本院决定立案执行。现将有关事宜通知如下：

请补充提交被执行人名下财产情况。

特此通知。

二〇一六年八月九日

〔评注〕

1. 文书样式的适用范围及法律依据

根据《民事诉讼法》第一百二十六条之规定，人民法院对决定受理的案件应当在受理通知书中向当事人告知诉讼权利义务，或者口头告知。因此，本样式的主要目的是为了告知当事人案件受理的情况及相关诉讼权利义务。

2. 结合实例评析本样式的写作要点

(1)标题

标题由"法院名称+文书名称'受理案件通知书'+案号"组成，中、基层人民法院前应当冠以省、自治区。关于执行案件案号的确定，根据《人民法院案件类型及其代字标准》第十条的规定，①执行实施类案件，01. 首次执行案件为"执"，02. 恢复执行案件为"执恢"，03. 财产保全执行案件为"执保"；②执行审查类案件，01. 执行异议案件为"执异"，02. 执行复议案件为"执复"，03. 执行监督案件为"执监"，04. 执行协调案件为"执协"；③其他执行案件为"执他"。实例的案号为"(2016)鄂0104 执 771 号"，说明该案件为首次执行案件，属于本样式适用范围。

(2)正文部分

①首先描述案件的案由及案号。实例中正文部分书写的案由是机动车交通事故责任纠纷，即原生效民事裁判中确定的民事案由。正文中涉及的案号也是原生效裁判的

[①] 来源：湖北省武汉市硚口区人民法院 (2016) 鄂 0104 执 771 号执行案卷。

案号,而不是执行案号。

在此需要说明的是,在文书样式中本身没有明确描述执行案件的案由应当以何种标准确定,而在执行工作的实践中,因为最高人民法院尚未对执行案件规定统一的案由,造成了法院对执行案由没有统一规定可适用。实践中的执行文书案由存在两种习惯性的写法:一是参照原执行依据的民事案由来写执行案件的案由,二是将案件所适用的执行程序和类别及其他主要因素(如执行所涉权利性质)作为其执行案由。据此,笔者建议未来在新的司法解释或文书样式中对此予以明确规定。

②有关事宜的通知部分,在实例中仅仅写了样式中的第一项,没有写样式中的第二项,主要是因为该受理通知书应当是案件受理后立刻送达当事人。但是在此阶段有可能执行局还没有将案件分给具体承办人,所以此时的执行员或者法官是无法确定的,因此在实践操作中很多法院在发出受理通知书时并没有写执行员或者执行法官的姓名。

笔者认为,样式正文处有关事宜的通知事项,第一项"请补充提交被执行人名下财产情况",在有的案件中当事人申请时已经充分写明了被执行人的财产线索,无须重复;而有的当事人没有能力提供被执行人的财产线索。因此,第一项应当是个倡导性的要求,而不应视为执行案件的强制性要求。第二项"本案由法官/执行员×××负责执行",具体操作也应当视各地法院的执行立案操作流程来确定,例如有的法院在立案同时已经随机分案的,可以一并告知当事人所确认的执行员或执行法官,如果是案件受理后分案的则无法当场确认,此项可暂时不写。

(3)落款

注明日期并加盖院印。

(4)样式有表述联系方式,在实例中没有交代联系人及联系方式,这是实例的不足之处,会给当事人带来不便。实践中,通常是写明案件执行员、书记员或者执行局内勤的联系方式,也可以视各地法院的具体分案流程来灵活掌握。

2. 受理案件通知书(执行审查用)

××××人民法院
受理案件通知书

(××××)……执……号

×××:
×××与×××……(写明案由)一案,你/你单位向本院提出异议/申请复议,本院立案审查。现将有关事项通知如下:

一、本案合议庭由审判长×××、审判员×××、审判员×××组成。书记员由×××担任。

　　二、自然人应当提交身份证或者通行证、护照复印件；法人或者其他组织应当提交营业执照或者事业单位法人代码证复印件、法定代表人或者主要负责人身份证明书。

　　三、当事人、法定代理人可以委托一至二人作为诉讼代理人。委托他人行使权利，必须向人民法院提交由委托人签名或者盖章的授权委托书。授权委托书必须记明委托事项和权限。

　　侨居在国外的中华人民共和国公民从国外寄交或者托交的授权委托书，必须经中华人民共和国驻该国的使领馆证明；没有使领馆的，由与中华人民共和国有外交关系的第三国驻该国的使领馆证明，再转由中华人民共和国驻该第三国使领馆证明，或者由当地爱国华侨团体证明。

　　四、根据《最高人民法院关于人民法院在互联网公布裁判文书的规定》，本院作出的生效裁判文书将在中国裁判文书网上公布。如果你认为案件涉及个人隐私或商业秘密，申请对裁判文书中的有关内容进行技术处理或者申请不予公布的，至迟应在裁判文书送达之日起三日内以书面形式提出并说明具体理由。经本院审查认为理由正当的，可以在公布裁判文书时隐去相关内容或不予公布。

　　五、如需向本院提交或补充材料，应附材料清单和电子版。

　　特此通知。

××××年××月××日
（院印）

联 系 人：×××　　　　联系电话：……
本院地址：……　　　　邮　　编：……

【说明】

　　本样式参照《中华人民共和国民事诉讼法》第一百二十六条规定制定，供人民法院在当事人、利害关系人、案外人向法院提出异议或者申请复议时，告知相关权利时用。

【实例评注】

武汉市硚口区人民法院
受理案件通知书 ①

（2016）鄂 0104 执异第 15 号

咸宁职业技术学院：

　　申请执行人陈某某与被执行人咸宁市宏鑫建筑工程有限公司、吕某某借款合同纠纷一案，你单位向本院提出异议/申请复议，本院立案审查。现将有关事项通知如下：

　　一、自然人应当提交身份证或者通行证、护照复印件；法人或者其他组织应当提交营业执照或者事业单位法人代码证复印件、法定代表人或者主要负责人身份证明书。

　　二、当事人、法定代理人可以委托一至二人作为诉讼代理人。委托他人行使权利，必须向人民法院提交由委托人签名或者盖章的授权委托书。授权委托书必须记明委托事项和权限。

　　侨居在国外的中华人民共和国公民从国外寄交或者托交的授权委托书，必须经中华人民共和国驻该国的使领馆证明；没有使领馆的，由与中华人民共和国有外交关系的第三国驻该国的使领馆证明，再转由中华人民共和国驻该第三国使领馆证明，或者由当地爱国华侨团体证明。

　　三、根据《最高人民法院关于人民法院在互联网公布裁判文书的规定》，本院作出的生效裁判文书将在中国裁判文书网上公布。如果你认为案件涉及个人隐私或商业秘密，申请对裁判文书中的有关内容进行技术处理或者申请不予公布的，至迟应在裁判文书送达之日起三日内以书面形式提出并说明具体理由。经本院审查认为理由正当的，可以在公布裁判文书时隐去相关内容或不予公布。

　　四、如需向本院提交或补充材料，应附材料清单和电子版。

×××× 年 ×× 月 ×× 日

〔评注〕

　　1. 实例与本样式的不同之处在于没有交代本院地址、联系人及联系方式，在实践中可能会给当事人带来不便。

---

① 来源：湖北省武汉市硚口区人民法院(2016)鄂 0104 执异第 15 号执行案卷。

2. 关于样式应当适用的案号，由于本样式专用于执行审查类案件，根据《人民法院案件类型及其代字标准》第十条的规定，执行审查类案件案号分别为：01. 执行异议案件为"执异"；02. 执行复议案件为"执复"；03. 执行监督案件为"执监"；04. 执行协调案件为"执协"。实例的案号为"（2016）鄂0104执异第15号"，说明其为执行异议审查类案件，符合本样式所适用的程序范围。

3. 本样式的不足之处在于，正文部分有关事项的通知第五项"如需向本院提交或补充材料，应附材料清单和电子版"的要求不符合现实情况，在执行案件中许多当事人为老年人或残疾人、行动不便的人，没有能力提供相应材料的电子版，因此此项要求也只能作为提倡性的要求，笔者建议此处改为"可以附材料清单和电子版"，或"尽量附材料清单和电子版"。

3. 执行通知书（通知被执行人用）

××××人民法院
执行通知书

（××××）……执……号

×××：

你/你单位与×××……（写明案由）一案，本院（或其他生效法律文书的作出机关）（××××）……号民事判决（或写明其他生效法律文书）已发生法律效力。申请执行人（或委托、移送、报请执行的单位）×××于××××年××月××日向本院申请/委托/移送/报请强制执行，本院于××××年××月××日立案。依照《中华人民共和国民事诉讼法》第二百四十条、《最高人民法院关于人民法院执行工作若干问题的规定（试行）》第24条规定，责令你/你单位履行下列义务：

……

开户银行：××××

账户名称：××××

账　　号：……

特此通知。

××××年××月××日
（院印）

联 系 人：×××　　　　联系电话：……

本院地址：……　　　　邮　　编：……

风险提示：

根据《最高人民法院关于公布失信被执行人名单信息的若干规定》第一条的规定，被执行人有履行能力而不履行生效法律文书确定的义务并具有下列情形之一的，人民法院将其纳入失信被执行人名单，依法对其进行信用惩戒：

（一）以伪造证据、暴力、威胁等方法妨碍、抗拒执行的；

（二）以虚假诉讼、虚假仲裁或者以隐匿、转移财产等方法规避执行的；

（三）违反财产报告制度的；

（四）违反限制高消费令的；

（五）被执行人无正当理由拒不履行执行和解协议的；

（六）其他有履行能力而拒不履行生效法律文书确定义务的。

【说明】

1. 本样式根据《中华人民共和国民事诉讼法》第二百四十条、《最高人民法院关于人民法院执行工作若干问题的规定（试行）》第24条、《最高人民法院关于公布失信被执行人名单信息的若干规定》第二条规定制定，供人民法院在执行立案后向被执行人送达执行通知书，告知义务及不履行的风险时用。

2. 被执行人履行的义务中应当写明案件受理费、其他诉讼费用、申请执行费的数额。

【实例评注】

湖北省武汉市硚口区人民法院
执行通知书 [①]

（2016）鄂 0104 执 763 号

武汉和天源商业投资有限公司、武汉华运房地产开发有限公司：

申请人舒某某与被执行人武汉和天源商业投资有限公司、武汉华运房地产开发有限公司房屋租赁合同纠纷一案，本院于 2016 年 6 月 29 日作出的（2016）鄂 0104 民

---

① 来源：湖北省武汉市硚口区人民法院（2016）鄂 0104 执 763 号执行通知书。

初 1915 号民事调解书已经发生法律效力。申请执行人舒某某于 2016 年 8 月 9 日向本院申请强制执行，本院于 2016 年 8 月 9 日已依法立案执行。依照《中华人民共和国民事诉讼法》第二百四十条、第二百五十三条、《最高人民法院关于人民法院执行工作若干问题的规定(试行)》第 24 条的规定，责令你(或你单位)自本通知书送达之日起 3 日内履行下列义务：

(1)向本院支付款 27 568.25 元。

(2)申请执行费 314 元。

风险提示：若不按执行通知书限定期限履行生效法律文书确定的义务，根据下列条款，被执行人承担相应的法律责任：

一、根据《中华人民共和国民事诉讼法》第一百一十一条之规定，诉讼参与人或者其他人有下列行为之一的，人民法院可以根据情节轻重予以罚款、拘留；构成犯罪的，依法追究刑事责任：

(一)伪造、毁灭重要证据，妨碍人民法院审理案件的；

(二)以暴力、威胁、贿买方法阻止证人作证或者指使、贿买、胁迫他人作伪证的；

(三)隐藏、转移、变卖、毁损已被查封、扣押的财产，或者已被清点并责令其保管的财产，转移已被冻结的财产的；

(四)对司法工作人员、诉讼参加人、证人、翻译人员、鉴定人、勘验人、协助执行的人，进行侮辱、诽谤、诬陷、殴打或者打击报复的；

(五)以暴力、威胁或者其他方法阻碍司法工作人员执行职务的；

(六)拒不履行人民法院已经发生法律效力的判决、裁定的。

人民法院对有前款规定的行为之一的单位，可以对其主要负责人或直接责任人予以罚款、拘留；构成犯罪的，依法追究刑事责任。

二、根据《中华人民共和国民事诉讼法》第二百四十一条之规定，被执行人未按执行通知履行法律文书确定的义务，应当报告当前以及收到执行通知之日前一年的财产情况。被执行人拒绝报告或者虚假报告的，人民法院可以根据情节轻重对被执行人或其法定代理人、有关单位的主要负责人或直接责任人员予以罚款、拘留。

三、根据《中华人民共和国民事诉讼法》第一百一十五条之规定，对个人的罚款金额，为人民币十万元以下。对单位的罚款金额，为人民币五万元以上一百万元以下；拘留期限，为十五日以下。

四、根据《中华人民共和国民事诉讼法》第二百五十五条之规定，被执行人不履行法律文书确定的义务的，人民法院可以对其采取或者通知有关单位协助采取限制出境，在征信系统记录、通过媒体公布不履行义务信息以及法律规定的其他措施。

五、根据《中华人民共和国刑法》第三百一十三条，对人民法院的判决、裁定有能力执行而拒不执行，情节严重的，处三年以下有期徒刑、拘役或者罚金。

六、根据《最高人民法院关于公布失信被执行人名单信息的若干规定》第一条的规定，被执行人具有履行能力而不履行生效法律文书确定的义务，并具有下列情形之一的，人民法院应当将其纳入失信被执行人名单，依法对其进行信用惩戒；

（一）以伪造证据、暴力、威胁等方法妨碍、抗拒执行的；
（二）以虚假诉讼、虚假仲裁或者以隐匿、转移财产等方法规避执行的；
（三）违反财产报告制度的；
（四）违反限制高消费令的；
（五）被执行人无正当理由拒不履行执行和解协议的；
（六）其他有履行能力而拒不履行生效法律文书确定义务的。

自觉履行义务的请及时告知本院，并将履行案款及执行费缴至以下账户：
户名：武汉市硚口区人民法院案款专户
开户行：农行水厂路分理处
行号：××××××××
账号：××××××××

特此通知。
联系方式：××××××××
联系人：凌××
武汉市硚口区人民法院

二〇一六年八月十七日

〔评注〕

1. 实例中正文部分，所适用的法律依据相比样式增加了《民事诉讼法》第二百五十三条，该条文的规定为"执行人未按判决、裁定和其他法律文书指定的期间履行给付金钱义务的，应当加倍支付迟延履行期间的债务利息。被执行人未按判决、裁定和其他法律文书指定的期间履行其他义务的，应当支付迟延履行金"。本条是为了告知当事人不履行给付金钱义务和不履行其他义务所支付的利息及迟延履行的计算方式，其中迟延履行金的数额由法官根据具体情况确定。

2. 实例中将风险提示告知的内容放在了正文之中，而按照样式要求应在放在正文尾部之后作为附件。另外，实例中的风险提示内容除了样式中要求的《最高人民法院关于公布失信被执行人名单信息的若干规定》的相关规定之外，还介绍了《民事诉讼法》中的被执行人的相关法定责任和义务，便于被执行人全面了解自己应负的法律责任，但是放在正文中会使得通知书正文部分过于冗长，不便于被执行人迅速掌握通知书中的核心信息，即被执行人应当履行债务的具体内容、金额、付款方式。因此，风险提示内容以放在尾部之后作为附件为宜，如果内容过长可以印在通知书背面。

4. 执行决定书（依申请将被执行人纳入失信被执行人名单用）

××××人民法院
执行决定书

（××××）……执……号

　　本院在执行××××人民法院（或其他生效法律文书的作出机关）（××××）……号民事判决（或其他生效法律文书）中，申请执行人××××申请将被执行人××××纳入失信被执行人名单。

　　本院经审查认为，……（写明将被执行人纳入失信被执行人名单的事实和理由）。依照《中华人民共和国民事诉讼法》第二百五十五条、《最高人民法院关于公布失信被执行人名单信息的若干规定》第×条第×款规定，决定如下：

　　将×××纳入失信被执行人名单。

　　本决定一经作出即生效。

××××年××月××日
（院印）

【说明】

　　本样式根据《中华人民共和国民事诉讼法》第二百五十五条、《最高人民法院关于公布失信被执行人名单信息的若干规定》第二条第二款规定制定，供人民法院根据申请执行人的申请将被执行人纳入失信被执行人名单时用。

【实例评注】

湖北省武汉市硚口区人民法院
执行决定书 ①

(2016) 鄂 0104 执 436 号

本院在执行申请执行人张某某、程某某、郑某某、张某甲、张某乙与被执行人湖北龙腾鑫晟机械工贸有限公司、梁某某人身损害赔偿纠纷一案中,申请执行人提出因被执行人湖北龙腾鑫晟机械工贸有限公司有经济条件,但至今拒不执行本院已发生法律效力的(2006)硚民二初字第 164 号民事判决书所确定的义务,申请将其纳入失信被执行人名单。依照《中华人民共和国民事诉讼法》第二百五十五条、《最高人民法院关于公布失信被执行人名单信息的若干规定》第一条的规定,决定如下:

将被执行人湖北龙腾鑫晟机械工贸有限公司纳入失信被执行人名单。

本决定自作出之日起生效。

二〇一六年六月十一日

〔评注〕

1. 样式书写的注意事项

依申请将被执行人纳入失信被执行人名单的执行决定书与依职权将被执行人纳入失信被执行人名单的执行决定书之间的区别:依申请的决定书样式正文分为两个段落,第一自然段介绍申请执行人提出申请的经过,第二自然段介绍本院经审查后查明的事实和作出决定的理由。而依职权作出的执行决定书由于无须交代申请人提出申请的经过,因此仅有一段即本院作出决定书所依据的事实及理由。

2. 实例中存在的问题

(1)没有将当事人提出申请的经过和法院查明的事实及理由分开,应该将两者分成两段叙述。

(2)虽然在当事人提出申请的经过中简述了申请的理由,但是其后没有就此展开说明法院查明的事实,及法院作出决定的理由。

(3)在实践中,有的法院在执行案件中没有明确区分依当事人申请以及依职权作出决定两种情况,并将两种情况都采用一种文书写作模式,不能体现出因两种不同事由发起决定的原因,不便于有针对性地阐明作出决定的事实及理由。

---

① 来源:湖北省武汉市硚口区人民法院(2016)鄂 0104 执 436 号执行案卷。

5. 执行决定书（依职权将被执行人纳入失信被执行人名单用）

××××人民法院
执行决定书

（××××）……执……号

本院在执行×××与×××……（写明案由）一案中，经查，……（写明将被执行人纳入失信被执行人名单的事实和理由）。依照《中华人民共和国民事诉讼法》第二百五十五条、《最高人民法院关于公布失信被执行人名单信息的若干规定》第×条第×款规定，决定如下：

将×××纳入失信被执行人名单。

本决定一经作出即生效。

××××年××月××日
（院印）

【说明】

本样式根据《中华人民共和国民事诉讼法》第二百五十五条、《最高人民法院关于公布失信被执行人名单信息的若干规定》第二条第二款规定制定，供人民法院依职权将被执行人纳入失信被执行人名单时用。

【实例评注】

**安徽省绩溪县人民法院
执行决定书** ①

（2016）皖1824执477号之一

申请执行人陈某某与被执行人郑某某提供劳务者受害责任纠纷一案，安徽省宣城市人民法院经审理于2016年9月9日作出(2016)皖18民终877号民事判决书，该判决书现已生效。郑某某至今未履行生效法律文书确定的义务，陈某某于2016年10月17

---

① 来源：中国裁判文书网。

日向本院申请强制执行，要求被执行人立即给付申请执行人赔偿损失 31 590 元。

本院在执行中，被执行人郑某某违反财产报告制度。依照《中华人民共和国民事诉讼法》第二百五十五条、《最高人民法院关于公布失信被执行人名单信息的若干规定》第一条第一款第三项的规定，决定如下：

将郑某某纳入失信被执行人名单。本决定自作出之日起生效。

二〇一六年十月十八日

附：郑某某，男，1947 年 2 月 26 日出生，汉族，农民，住安徽省绩溪县。

附：相关法律条文

《中华人民共和国民事诉讼法》

第二百五十五条　被执行人不履行法律文书确定的义务的，人民法院可以对其采取或者通知有关单位协助采取限制出境，在征信系统记录、通过媒体公布不履行义务信息以及法律规定的其他措施。

《最高人民法院关于公布失信被执行人名单信息的若干规定》

第一条　被执行人具有履行能力而不履行生效法律文书确定的义务，并具有下列情形之一的，人民法院应当将其纳入失信被执行人名单，依法对其进行信用惩戒：

（一）以伪造证据、暴力、威胁等方法妨碍、抗拒执行的；

（二）以虚假诉讼、虚假仲裁或者以隐匿、转移财产等方法规避执行的；

（三）违反财产报告制度的；

（四）违反限制高消费令的；

（五）被执行人无正当理由拒不履行执行和解协议的；

（六）其他有履行能力而拒不履行生效法律文书确定义务的。

〔评注〕

1. 实例中存在问题：实例与样式正好相反，本案虽然是法院依职权作出的纳入失信被执行人名单的决定，但是其正文所采用的格式却分为两个自然段，按照样式应当合为一个自然段。

同时，在正文开头应当按照样式要求直接写明本院在执行案件中发现被执行人应当纳入失信被执行人名单的事实经过，再紧接着阐述相关理由。即正文部分的开头按照样式应改为"本院在执行申请执行人陈某某与被执行人郑某某提供劳务者受害责任纠纷一案中，经查，被执行人郑某某违反财产报告制度。依照……"

2. 实例中的可借鉴之处：实例中增加了附件，将当事人的基本信息以及相关法律规定的后果放在附件中，一方面便于公布失信被执行人名单对失信被执行人起到惩戒效果，另一方面便于被执行人了解纳入失信被执行人名单将会对其造成的具体影响。

6. 执行决定书（纠正或者驳回将被执行人纳入失信被执行人名单用）

> ××××人民法院
> 执行决定书
>
> （××××）……执……号
>
> 本院在执行×××与×××……（写明案由）一案中，被执行人×××认为将其纳入失信被执行人名单错误，向我院申请纠正。
> 本院经审查认为，……（写明准许或者驳回申请的事实和理由）。依照《中华人民共和国民事诉讼法》第二百五十五条、《最高人民法院关于公布失信被执行人名单信息的若干规定》第三条规定，决定如下：
> （应当删除的，写明:)将×××从失信被执行人名单中删除。
> （应当修改的，写明:)……（修改的内容）。
> （应当驳回的，写明:)驳回×××的申请。
> 本决定一经作出即生效。
>
> ××××年××月××日
> （院印）

【说明】

本样式根据《中华人民共和国民事诉讼法》第二百五十五条、《最高人民法院关于公布失信被执行人名单信息的若干规定》第三条规定制定，供人民法院对将被执行人纳入失信被执行人名单作出纠正或者驳回申请时用。

【实例评注】

福建省连江县人民法院
执行决定书 [①]

（2015）连执异字第 4 号

[①] 来源：中国裁判文书网。

申请人：邱某甲。

申请人：邱某乙。

法定代理人：林某（系两申请人的母亲），1975年9月24日出生，汉族，住址同上。

被申请人福建连某某兴小额贷款股份有限公司，住所地：连江县凤城镇玉荷西路建行大楼七楼。

法定代表人：郑某，董事长。

委托代理人：姜某某，女，福建融城律师事务所律师。

申请人邱某甲、邱某乙对连江县人民法院于2015年1月28日作出的(2015)连执字第113号执行决定书决定将林某、邱某甲、邱某乙、王某某、黄某某纳入失信被执行人名单提出异议，两申请人以放弃继承的未成年人，从失信被执行人名单中删除为由，向本院申请纠正。

经审查：按该案福州市中级人民法院(2014)××民终字第××号民事判决书第六项判令邱某甲、邱某乙和黄双喜在继承邱某某遗产范围内对本判决第二、三项确定的债务承担清偿责任。两申请人的父亲邱某某在2014年4月25日因故死亡。邱某甲、邱某乙系未成年人，虽然其法定代理人林某代其确认放弃继承邱某某的遗产权利，但是林某作为邱某某的配偶也是邱某某的法定继承人，故林某代邱某甲、邱某乙作出的声明可能侵害邱某甲、邱某乙的权益，依法不予采纳。邱某甲、邱某乙作为邱某某的法定继承人，依法应在继承遗产范围内承担还款义务。在执行中，将邱某甲、邱某乙列为被执行人并无不妥。同时，本院认为，鉴于邱某甲、邱某乙均系未成年人，请求将他们从失信被执行人名单中删除，为保护未成年人的身心健康及合法权益，本院予以采纳。因此，参照《最高人民法院关于公布失信被执行人名单信息的若干规定》第三条之规定，决定如下：

将邱某甲、邱某乙从失信被执行人名单中删除。

本决定送达后立即生效。

执 行 长 何光武

执 行 员 林本剑

执 行 员 林善达

二〇一五年五月十一日

书 记 员 曾 晟

〔评注〕

1. 样式适用的范围及依据

本文书样式供人民法院对将被执行人纳入失信被执行人名单作出纠正或者驳回申

请时用。样式说明中的依据是《民事诉讼法》第二百五十五条及《最高人民法院关于公布失信被执行人名单信息的若干规定》第三条规定制定。但由于最高人民法院审判委员会已经于 2017 年 1 月 16 日第 1707 次会议通过了《最高人民法院关于修改〈最高人民法院关于公布失信被执行人名单信息的若干规定〉的决定》,并自 2017 年 5 月 1 日起施行。经过修改后的该规定第三条为:"具有下列情形之一的,人民法院不得依据本规定第一条第一项的规定将被执行人纳入失信被执行人名单:(一)提供了充分有效担保的;(二)已被采取查封、扣押、冻结等措施的财产足以清偿生效法律文书确定债务的;(三)被执行人履行顺序在后,对其依法不应强制执行的;(四)其他不属于有履行能力而拒不履行生效法律文书确定义务的情形。"修改后的第四条为:"被执行人为未成年人的,人民法院不得将其纳入失信被执行人名单。"因此,修改后的该规定的第三条、第四条都属于不应当纳入失信被执行人名单的范围。

2. 结合实例分析样式的写作要点

(1)标题

写明发出文书的法院名称、文书名称即"执行决定书"、案号。实例的案号为"(2015)连执异字第 4 号"说明该案适用了执行异议程序,而根据修改之后的《最高人民法院关于公布失信被执行人名单信息的若干规定》第十一条的规定,被执行人认为纳入失信被执行人名单错误的,应当向人民法院申请纠正,而不是提出执行异议,故实例不应当适用执行异议程序,案号也不应当是"执异"字号而是"执"字号。

(2)正文

①正文第一自然段写明案件的案由,以及被执行人申请纠正的事由。实例中正文载明了申请人与被申请人的基本信息,而样式不要求写明当事人基本信息。另外,实例中提出纠正申请的理由为被申请人邱某甲、邱某乙已经放弃了继承债务人的遗产,且其为未成年人。

②正文第二自然段应当写明法院经审查后认定的事实和理由,主要围绕申请纠正的事由来描述。同时样式中引用的法律依据为《民事诉讼法》第二百五十五条及《最高人民法院关于公布失信被执行人名单信息的若干规定》第三条,而实际上《最高人民法院关于公布失信被执行人名单信息的若干规定》修改之后的第四条也可以作为纠正的理由。实例中由于被执行人邱某甲、邱某乙是未成年人,依据该规定第四条应当予以纠正。由于本实例是在规定修改之前以及新民事诉讼文书样式适用之前作出的,因此在实例中一方面认为法院没有错误,另一方面又援引了当时的第三条规定作出了纠正的决定,其对申请人申请事由的认定与其作出的决定自相矛盾。按照修改之后的规定,该实例中申请纠正的事由符合相关纠正范围,应当予以纠正。

③样式裁判主文针对三种不同的处理决定分别写为:应当删除的为"将×××从失信被执行人名单中删除";应当修改的写明具体修改内容;应当驳回的写为"驳回×

××的申请"。实例中的主文表述正确。

④主文之后应当告知当事人"本决定一经作出即生效"。

(3)落款

注明日期并加盖院印。

7. 函（委托执行用）

××××人民法院
委托执行函

（××××）……执……号

××××人民法院：

本院在执行×××与×××……(写明案由)一案中，……(写明当事人未能履行义务的情况及委托执行的理由)。依照《中华人民共和国民事诉讼法》第二百二十九条第一款规定，特委托你院代为执行……(写明案件或有关事项)，并将执行结果及时函复我院。

附：1. 申请执行书和委托执行案件审批表
　　2. 据以执行的生效法律文书(副本)
　　3. 有关案件情况的材料或者说明
　　4. 申请执行人地址、联系电话
　　5. 被执行人身份证件或者营业执照复印件、地址、联系电话
　　6. 其他必要的案件材料

××××年××月××日
（院印）

联 系 人：×××　　　联系电话：……
本院地址：……　　　　邮　　编：……

【说明】

本样式根据《中华人民共和国民事诉讼法》第二百二十九条第一款、《最高人民法院关于委托执行若干问题的规定》制定，供人民法院委托其他人民法院执行案件或者事项时用。

【实例评注】

沈阳市沈河区人民法院
委托执行函 ①

(2016)辽 0103 执 3367 号

武汉市硚口区人民法院：

  我院对申请执行人沈阳鼎企商有限公司与被执行人武汉凌云建材装饰工程有限公司买卖合同纠纷执行一案，该案现已执行完毕。因被执行人银行账户被我院于诉讼阶段保全查封，特委托贵院代为解封，并在执行完毕后及时将结果函复我院。

  附：(2016)辽 0103 执 3367 号解除冻结存款通知书

  查封账户信息：中国农业银行股份有限公司武汉硚口支行，账户××××××
  办案人：张晓飞
  联系电话：024－××××××××　186××××××××
  地址：沈阳市沈河区承德路 7 号，邮编：110011

沈阳市沈河区人民法院执行局
××××年××月××日

〔评注〕

  1. 实例中未正确阐述委托执行的理由。根据样式的要求，正文部分应当载明委托执行案件的案由，当事人履行义务的情况以及委托执行的具体理由和法律依据。实例中虽然介绍了案由、案件进展，但是对于委托执行的理由其表述为"因被执行人银行账户被我院于诉讼阶段保全查封，特委托贵院代为解封"，这其实并未真正反映本案沈阳市沈河区人民法院委托武汉市硚口区人民法院的理由及其必要性，容易令人产生误解。结合本案的具体情况，本案中的被执行人武汉凌云建材装饰工程有限公司住所地位于受委托法院武汉市硚口区人民法院辖区内，依照《民事诉讼法》第二百二十九条第一款的规定，被执行人或者被执行的财产在外地的，可以委托当地人民法院代为执行。受委托人民法院收到委托函件后，必须在十五日内开始执行，不得拒绝。执行完毕后，应当将执行结果及时函复委托人民法院；在三十日内如果还未执行完毕，也应当将

---

① 来源：沈阳市沈河区人民法院(2016)辽 0103 执 3367 号执行案卷。

执行情况函告委托人民法院。据此，该案可以委托武汉市硚口区人民法院执行。

2. 实例中未写明委托执行所依据的法律规范，正文部分应当在写明委托执行的事实和理由之后，增加"依照《中华人民共和国民事诉讼法》第二百二十九条第一款规定"。

3. 实例未提供完整的附件材料，仅仅提供了解除冻结存款通知书及需要采取执行措施的银行账户信息，其他相应材料均未提供。

8. 函（接受委托执行案件用）

××××人民法院
接受委托执行案件复函

（××××）……执……号

××××人民法院：

你院××××年××月××日（××××）……号来函及附件收悉。现将你院委托执行的×××与×××……（写明案由）一案立案通知书（副本）、受托事项办理情况函复你院。请你院代为送达我院立案通知书（副本），并通知申请执行人可以直接与我院联系。

附：执行立案通知书（副本）

××××年××月××日
（院印）

联 系 人：×××　　　联系电话：……
本院地址：……　　　　邮　　编：……

【说明】

1. 本样式根据《最高人民法院关于委托执行若干问题的规定》第七条规定制定，供受托法院在收到委托后将立案通知书送至委托法院，并将指定的承办人、联系电话、地址等告知委托法院时用。

2. 根据《最高人民法院关于委托执行若干问题的规定》第八条规定，如发现委托执行的手续、资料不全，应及时要求委托法院补办，但不得据此拒绝接受委托。

【实例评注】

湖北省武汉市硚口区人民法院
办理委托复函 ①

(2012)鄂硚口执字第00081号

福建省厦门市湖里区人民法院：

你院2011年12月20日(2011)湖执行字第1610号来函和附件本院于2011年12月30日收悉。现将你院委托事项的有关情况函复如下：

贵院给我院的委托函中仅有可供执行的财产清单，无查封、冻结房产的手续，也没有说明所查封的房产是否一并移交我院处理。根据《最高人民法院关于委托执行若干问题的规定》第五条第四款、第六条、第八条的规定，请贵院回函予以说明。

联系地址：武汉市硚口区古田四路189号
邮编：430034
联系人：×××
联系电话：……

二〇一二年元月十日

〔评注〕

1. 实例中存在的问题

标题不正确，实例采用的标题是"办理委托复函"，虽然实例发生于2012年，但是按照旧民事诉讼文书样式的要求，该标题也应为"接受委托执行案件复函"。虽然实例复函的主要内容是为了告知委托法院缺乏相应的材料，但并不改变其复函本身的性质。其理由是根据《最高人民法院关于委托执行若干问题的规定》第八条："受托法院如发现委托执行的手续、材料不全，可以要求委托法院补办。委托法院应当在30日内完成补办事项，在上述期限内未完成的，应当作出书面说明。委托法院既不补办又不说明原因的，视为撤回委托，受托法院可以将委托材料退回委托法院。"

---

① 来源：湖北省武汉市硚口区人民法院(2012)鄂硚口执字第00081号执行案卷。

2. 样式中存在的问题

本样式仅仅考虑委托法院提交材料齐全情况的表述，而没有考虑委托法院所提交材料不全时，函件内容要求委托法院补齐材料的事项如何表述。对于此问题不予以统一的话，在实践中一旦遇到材料不齐全的情况，难免会出现各地法院做法不统一而导致相互产生争议的状况。笔者建议在文书样式增加关于需要通知委托法院补齐材料的情况的相应表述方式，并在告知所需要补齐材料同时应当一并告知不在限期补齐的后果，才能避免实践中出现委托异地法院执行的案件久拖不决的现象。

9. 函（退回委托执行案件用）

×××× 人民法院
退回委托执行案件函

（××××）……执……号

×××× 人民法院：

你院××××年××月××日委托执行的×××与×××……（写明案由）一案，委托执行的手续/材料不全，我院曾请你院补充有关手续/材料，但你院既未补办又不说明原因。经报请××××高级人民法院批准，现将本案退回你院。

请予查收。

××××年××月××日
（院印）

联 系 人：×××　　　联系电话：……
本院地址：……　　　邮　　编：……

【说明】

本样式根据《最高人民法院关于委托执行若干问题的规定》第八条、第九条规定制定，供人民法院退回委托执行案件时用。

【实例评注】

湖北省武汉市硚口区人民法院
退 卷 函 ①

(2012)鄂硚口执字第00081号

厦门市湖里区人民法院：

  贵院2011年12月20日(2011)湖执行字第1610号委托执行函和附件本院收悉。我院即于2012年1月10日向贵院去函，要求贵院提供被执行人的财产线索资料及被执行人在贵院辖区无财产可供执行的调查材料。贵院于2012年2月9日回函称被执行人在贵院辖区内无可供执行的财产。本院在执行中，被执行人秦某某于2012年6月6日举证证明被执行人杜某在贵院辖区内有湖里区兴隆路×号之一×室房产及地下室×号车位等房产可供执行。根据《最高人民法院关于委托执行若干问题的规定》第一条、第十条的规定，贵院应将被执行人杜某在厦门市湖里区兴隆路×号之一×室房产及地下室×号车位等财产执行完后再行委托执行。根据《最高人民法院关于委托执行若干问题的规定》第八条的规定，现将有关委托手续和案卷材料退回你院，请查收。

  附件：案卷一宗及相关证据复印件。

二〇一二年六月十三日

〔评注〕

  1. 实例中的问题，标题为"退卷函"，不能反映案件本身的性质是属于委托执行案件还是其他案件，应当按照样式要求使用"退回委托执行案件函"，这才能反映案件的特殊性。根据样式要求，如果委托执行的手续或材料不全，应进一步交代曾经请委托法院补办，但是委托法院未予以补办且未充分说明理由的经过，以及报请高级人民法院批准的情况。在实例中仅仅说明了曾经向委托法院去函要求补齐相应材料的经过，但是没有反映报请高级人民法院批准的经过。《最高人民法院关于委托执行若干问题的规定》第九条第一款规定："受托法院退回委托的，应当层报所在辖区高级人民法院审批。高级人民法院同意退回后，受托法院应当在15日内将有关委托手续和案卷材料退

---

① 来源：湖北省武汉市硚口区人民法院(2012)鄂硚口执字第00081号执行案卷。

回委托法院，并作出书面说明。"据此，若受托法院未层报高级人民法院批准，则不符合退回委托的程序性要求。

2.《最高人民法院关于委托执行若干问题的规定》第九条第二款规定："委托执行案件退回后，受托法院已立案的，应当作销案处理。委托法院在案件退回原因消除之后可以再行委托。确因委托不当被退回的，委托法院应当决定撤销委托并恢复案件执行，报所在的高级人民法院备案。"据此，可以考虑在样式中增加对后续相关程序的交代和说明的内容，以明确后续程序处理问题，否则实践中案卷退回仍难以避免两地法院相互推诿和久拖不决的现象。

10. 移送函（执行转破产程序用）

××××人民法院
移送函

（××××）……执……号

××××人民法院：

　　我院在执行×××与×××……（写明案由）一案中，被执行人×××不能清偿到期债务，并且资产不足以清偿全部债务/明显缺乏清偿能力。被执行人×××的住所地……，在你院管辖范围内。经申请执行人×××/被执行人×××同意，我院已裁定中止对×××的执行。依照《中华人民共和国企业破产法》第二条第一款、《最高人民法院关于适用〈中华人民共和国民事诉讼法〉的解释》第五百一十三条规定，将执行案件相关材料移送你院，请按《中华人民共和国企业破产法》的有关规定办理。

　　附：执行案件相关材料

××××年××月××日
（院印）

联 系 人：×××　　　　联系电话：……
本院地址：……　　　　邮　　编：……

【说明】

　　本样式根据《中华人民共和国企业破产法》第二条第一款、《最高人民法院关于适用《中华人民共和国民事诉讼法》的解释》第五百一十三条规定制定，供人民法院在企业法人不能清偿到期债务，并且资产不足以清偿全部债务或者明显缺乏清偿能力，向被执行人住所地法院移送执行案件材料时用。

【实例评注】

北京市大兴区人民法院
移送函①

（2012）大执执字第 2505 号

北京市第一中级人民法院：

我院在执行姚某某等与北京国光高科电子有限公司的案件中，被执行人北京国光高科电子有限公司不能清偿到期债务，并且资产不足以清偿全部债务。被执行人北京国光高科电子有限公司的住所地北京市北京经济技术开发区盛南街 1 号，在你院管辖范围内。申请执行人深圳市和胜装饰设计工程有限公司、天津市兴和一致数控刀具有限公司、北京凯必胜自动门技术有限公司同意被执行人北京国光高科电子有限公司破产。依照《中华人民共和国企业破产法》第二条第一款、《最高人民法院关于适用〈中华人民共和国民事诉讼法〉的解释》第五百一十三条规定，将执行案件相关材料移送你院，请按《中华人民共和国企业破产法》的有关规定办理。

附：执行案件相关材料移送你院。

二〇一六年十一月一日

联 系 人：　　　　联系电话：

本院地址：　　　　邮　　编：

〔评注〕

1. 样式适用的范围及其法律依据

本样式适用于执行案件中，被执行人缺乏偿债能力而破产清算时，执行法院将案卷材料移送给被执行人住所地法院时用。

所适用的主要法律依据是《中华人民共和国企业破产法》第二条第一款："企业法人不能清偿到期债务，并且资产不足以清偿全部债务或者明显缺乏清偿能力的，依照

---

① 来源：北京市大兴区人民法院(2012)大执执字第2505号执行案卷。

本法规定清理债务。"《民诉法解释》第五百一十三条："在执行中，作为被执行人的企业法人符合企业破产法第二条第一款规定情形的，执行法院经申请执行人之一或者被执行人同意，应当裁定中止对该被执行人的执行，将执行案件相关材料移送被执行人住所地人民法院。"

此外，《最高人民法院关于执行案件移送破产审查若干问题的指导意见》"一""2"规定："执行案件移送破产审查，应同时符合下列条件：(1)被执行人为企业法人；(2)被执行人或者有关被执行人的任何一个执行案件的申请执行人书面同意将执行案件移送破产审查；(3)被执行人不能清偿到期债务，并且资产不足以清偿全部债务或者明显缺乏清偿能力。"该指导意见"一""3"规定："执行案件移送破产审查，由被执行人住所地人民法院管辖。在级别管辖上，为适应破产审判专业化建设的要求，合理分配审判任务，实行以中级人民法院管辖为原则、基层人民法院管辖为例外的管辖制度。中级人民法院经高级人民法院批准，也可以将案件交由具备审理条件的基层人民法院审理。"

2. 样式的写作要点

(1)标题

法院名称+文书名称"移送函"+案号。

(2)正文

①抬头写明受文法院即被执行人住所地法院，实例中为北京市第一中级人民法院。

②样式要求写明移送案件的案由，被执行人不能清除到期债务的相关情况、被执行人的住所地、申请执行提出了申请或者经征询意见同意将执行案件移送破产审查的等内容。实例中被执行人资产已不足以清偿全部债务，其住所地在北京市第一中级人民法院辖区范围内，且经过征询意见申请执行人同意被执行人破产，故本案符合移送破产审查的条件。

③法律依据为《中华人民共和国企业破产法》第二条第一款、《民诉法解释》第五百一十三条。

④附项载明随案移送的执行案卷相关材料。

(3)落款

载明签发日期并加盖院印。

11. 执行财产分配方案（参与分配用）

××××人民法院
执行财产分配方案

（××××）……执……号

债权人：×××男/女，××××年×月×日出生，×族，……（写明工作单位和职务或者职业），住……。

法定代理人/指定代理人：×××，……。

委托诉讼代理人：×××，……。

债权人：×××，住所地……。

法定代表人/主要负责人：×××。

委托诉讼代理人：×××，……。

被执行人：×××，……。

法定代理人/指定代理人/法定代表人/主要负责人：×××，……。

委托诉讼代理人：×××，……。

（以上写明债权人、被执行人和其他诉讼参加人的姓名或者名称等基本信息）

本院在执行×××与×××……（写明案由）案件中，因被执行人×××可供执行的财产不足以清偿全部债务，债权人×××、债权人×××申请参与分配。本院依法组成合议庭，对债权人的申请审查完毕，并作出参与分配方案。

本院现已查控被执行人×××的财产为……（或已变价的款项数额为……元），并于××××年××月××日，召开债权人听证会，听取了债权人对财产分配的意见。债权人意见如下：

债权人×××认为，……（写明意见）。

债权人×××认为，……（写明意见）。

上述债权人已经/未能达成一致意见。

本院查明，……（写明被执行人所有债务的类型及数额）。

本院认为，……（写明各个债权的受偿顺序、受偿比例、数额及理由）。

综上所述，依照《最高人民法院关于适用〈中华人民共和国民事诉讼法〉执行程序若干问题的解释》第二十五条、《最高人民法院关于适用〈中华人民共和国民事诉讼法〉的解释》第五百零八条、第五百一十一条规定，债权人受偿如下：

……（分项写明各个债权的受偿顺序及数额）。

债权人、被执行人对分配方案有异议的，应当自收到本分配方案之日起十五日内向本院提出书面异议。

审　判　长　×××
审　判　员　×××

审　判　员　××× ××××年××月××日 （院印） 书　记　员　×××

【说明】

本样式根据《最高人民法院关于适用〈中华人民共和国民事诉讼法〉执行程序若干问题的解释》第二十五条、《最高人民法院关于适用〈中华人民共和国民事诉讼法〉的解释》第五百零八条、第五百一十一条规定制定，供人民法院在被执行人的财产不能清偿全部债务情况下，进行财产分配时用。

【实例评注】

福海县人民法院
关于对被执行人邓某、陈某执行案件的参与分配方案 ①

（2014）福执字第 66－1 号

一、案件的由来及执行情况

申请执行人杨某某、廖某某与被执行人邓某民间借贷纠纷两案，于 2014 年 9 月 20 日向本院申请执行。

本院于 2014 年 9 月 20 日受理后，2015 年 5 月 10 日申请执行人杨某某、廖某某以邓某为被执行人申请参与分配，本院依法组成合议庭，由执行员卡玛里别克担任审判长、执行员张培玉、执行员马辉参加评议。本案现已进入制作参与分配方案阶段。

二、当事人和其他参与分配人的基本情况（详见表一）

申请执行人廖某某，执行案号：（2014）福执字第 65 号，案由：民间借贷纠纷，执行标的：70 000 元。

申请执行人杨某某，执行案号：（2014）福执字第 66 号，案由：民间借贷纠纷，执行标的：140 000 元。

---

① 来源：新疆福海县人民法院网站（http：//altfh.xjcourt.org/public/detail.php？id＝231），访问日期：2016 年 10 月 21 日。

申请执行人杨某甲，执行案号：(2015)福执字第163号，案由：买卖合同纠纷，执行标的：231 350元。

申请执行人高某某，执行案号：(2015)福执字第168号，案由：民间借贷纠纷，执行标的：90 000元。

三、被执行人财产状况(详见表二)

1. 在福海县三和食品有限公司保全的甜菜款110 000元；
2. 在福海县三和食品有限公司保全的甜菜款250 000元。

四、其他需要说明的问题

本案申请人廖某某、杨某某于2015年5月10日提出以邓某为被执行人参与分配申请，根据最高人民法院《关于人民法院执行工作若干问题的规定(试行)》第90条"被执行人为公民或其他组织，其全部或主要财产已被一个人民法院因执行确定金钱给付生效法律文书而查封、扣押或冻结，无其他财产可供执行或其他财产不足清偿全部债务的，在被执行的财产被执行完毕前，对该被执行人已经取得金钱债权执行依据的其他债权人可以申请对被执行人的财产参与分配"的规定，被执行人邓某、陈某系夫妻关系，两被执行人现已下落不明，经查无其他可供执行的财产，廖某某、杨某某提出参与分配的请求符合法律规定，本院予以支持。申请执行人杨某甲、高某某以其在诉讼程序中申请了诉讼财产保全为由提出优先受偿，我国法律法规及司法解释没有规定申请人对其依法申请保全的具体财产享有优先权。且诉讼保全制度的设立是为了防止债务人在诉讼期间恶意转移或处分财产导致日后判决难以或无法执行而设立的，其目的是为了日后更好的执行，而并不是将诉讼保全等同于抵押权可以在日后执行中享有优先受偿权。故本院认为，申请人杨某甲、高某某申请提出享有优先受偿权的请求不符合法律规定，本院不予支持。故廖某某、杨某某、杨某甲、高某某为同一顺序参与分配人，除优先支付诉讼费用(详见表三)，余款应当按照比例分配。

另查明，邓某在新源县塔勒德镇一村有一宅基地，使用权面积345平方米。

五、参与分配的顺序和方案

1. 参与分配的顺序

申请执行人廖某某、杨某某、杨某甲、高某某为同一顺序参与分配人，除优先支付诉讼费用(详见表三)，余款四人应当按照比例分配。

2. 参与分配方案

(1) 参与分配方案(详见表四)

(2) 制作方案的理由

①确定被执行人可分配财产 =（被执行人财产总价值 − 诉讼费用）− 优先权数额 −

所欠工资、劳动保险费用、税款（一般统一截止到决定适用参与分配程序时止）。

②确定参与分配债权＝总债务－优先债务－工资、劳动保险－税款。

③确定分配比例＝被执行人可分配财产÷参与分配债权

④确定债权人参与分配应得数额＝（债权数额＋迟延履行期间债务利息）×分配比例。

附一　参与（参加）分配债权表

附二　被执行人财产状况表

附三　被执行人应优先支付的诉讼费用表

附四　参与分配表

执　行　长　卡玛里别克

执　行　员　张　培　玉

执　行　员　马　　辉

二〇一五年十一月二十六日

书　记　员　陶　红　梅

〔评注〕

1. 从整体形式上看，执行财产分配方案（参与分配用）的样式格式更接近于法院对外发出的裁判文书的格式，而实例中所采取的格式更接近于法院内部的审理报告格式。但就该文书本身的功能来看，《最高人民法院关于适用〈中华人民共和国民事诉讼法〉执行程序若干问题的解释》（以下评注中简称《执行程序若干问题的解释》）第二十五条规定："多个债权人对同一被执行人申请执行或者对执行财产申请参与分配的，执行法院应当制作财产分配方案，并送达各债权人和被执行人。债权人或者被执行人对分配方案有异议的，应当自收到分配方案之日起十五日内向执行法院提出书面异议。"据此，该样式的功能主要是为了向债权人及债务人公布执行财产分配方案用，便于当事人及利害关系人就分配方案提出异议，以维护当事人权益，因此宜采用对外发出的裁判文书的格式，故样式中采取的格式更为符合其功能目的。

2. 标题部分：实例的标题为"关于对被执行人邓某、陈某执行案件的参与分配方案"，按照样式应当更改为"执行财产分配方案"。

3. 正文部分：（1）实例首段写的是案件由来和执行情况，按照文书样式要求首段应当写的是当事人的身份情况，并且需要注意的是应该将实例中的"申请执行人"改为"债权人"，并写明其自然人的身份信息，至于其每人所涉及的执行案号及债权金额可以在后面本院查明案情部分具体说明。因为实例中的四名债权人并非同一执行案件中的申请人，他们分别是四个不同执行案件的申请人，但是四人共同特征都是邓某的债权人。(2)实例没有写明债权人各自发表的意见,而是在后面的"其他需要说明的问题"直接将相关事实和法律依据综合予以评判,导致无法分清各债权人之间是否意见有冲突和分歧,也无法分辨查明事实问题和法律适用问题。而实际上,债权人中杨某甲、高某某提出过其申请了诉讼财产保全并应当优先受偿的意见,由于没有在前面各债权人的意见独立分别列举,导致案件的争议焦点较为不明晰。(3)实例在"其他需要说明的问题"之后写的是"参与分配的顺序和方案",按照样式要求应当在描述各债权人意见之后的本院查明事实部分先介绍被执行人所有债务的类型及数额,其后才在本院部分写明分配方案中的各个债权的受偿的顺序、比例、数额及理由,因为查明各个债务的性质是确定受偿顺序的前提,而确定受偿顺序是确定受偿比例的前提,确定受偿比例是确定受偿金额的前提,故按照样式中的写作顺序才能反映产生分配方案的逻辑顺序。

4. 实例没有统一详细写明相应的法律依据,根据样式产生分配方案所适用的法律规范为:"《最高人民法院关于适用〈中华人民共和国民事诉讼法〉执行程序若干问题的解释》第二十五条、《最高人民法院关于适用〈中华人民共和国民事诉讼法〉的解释》第五百零八条、第五百一十一条。"

5. 实例没有向当事人交代在收到分配方案之后十五日内向法院提出书面异议的权利,不利于维护当事人的诉讼权利。

6. 实例中署名落款处为"执行长……执行员……执行员……"这种写法不规范,按照样式要求应当为"审判长……审判员……审判员……"

7. 样式中存在的问题及建议:样式中正文部分有描述各债权人所发表的意见,但是没有描述债务人所发表的意见,但是在尾部却交代了债权人及债务人均可以在收到分配方案之日起十五日内向法院提出异议,那么债务人应当也是被允许对分配方案表达相关意见的。为了体现当事人权利义务的对等,以及各当事人之间的平等性,应紧随债权人意见之后描述债务人所发表的意见,如果因为债务人下落不明而未发表具体意见,也应在此处予以说明。

另外,存在多个债权人的情况下,债务性质以及分配方案可能会出现复杂情况,因而参考实例在文书后的附件中附上相应的表格也是在实践中值得借鉴的做法。

(二)限制出境措施

12. 执行决定书(限制被执行人出境用)

××××人民法院
执行决定书

（××××）……执……号

申请执行人：×××，……。

被执行人：×××，……。

（以上写明申请执行人、被执行人的姓名或者名称等基本信息）

本院依据已经发生法律效力的……(写明生效法律文书的案号和名称)，于××××年××月××日向被执行人×××发出执行通知书，责令被执行人(写明指定履行的义务)，但被执行人×××未履行该义务。申请执行人×××向本院提出申请，请求限制被执行人×××(或被执行人的法定代表人/主要负责人/影响债务履行的直接责任人×××)出境。

本院经审查认为，申请执行人×××的申请符合法律规定。依照《中华人民共和国出境入境管理法》第十二条第三项(被执行人为外国人的，引用《中华人民共和国出境入境管理法》第二十八条第二项)、《中华人民共和国民事诉讼法》第二百五十五条(被执行人为单位的，增加引用《最高人民法院关于适用〈中华人民共和国民事诉讼法〉执行程序若干问题的解释》第三十七条)规定，决定如下：

限制被执行人(或被执行人的法定代表人/主要负责人/影响债务履行的直接责任人)×××(写明护照或通行证号码)出境。

××××年××月××日
(院印)

【说明】

1. 本样式根据《中华人民共和国出境入境管理法》第十二条第三项、第二十八条第二项和《中华人民共和国民事诉讼法》第二百五十五条、《最高人民法院关于适用〈中华人民共和国民事诉讼法〉执行程序若干问题的解释》第三十七条规定制定，供人民法院对被执行人限制出境时用。

2. 被执行人为单位的，可以对其法定代表人、主要负责人或者影响债务履行的直接责任人员限制出境。被执行人为无民事行为能力人或者限制民事行为能力人的，可以对其法定代理人限制出境。

3. 人民法院依职权决定限制被执行人出境时，参照本样式制作文书。

【实例评注】

广东省汕头市中级人民法院
执行裁定书①

(2016)粤05执恢71-1号

申请执行人汕头市鼎和投资有限公司,住所地汕头市龙湖区。
法定代表人张某某。
被执行人汕头颂尼克实业有限公司,住所地汕头市。
法定代表人林某某,董事长。
被执行人汕头经济特区春源实业(集团)有限公司,住所地汕头经济特区。
法定代表人林某某,董事长。

本院依据已经发生法律效力的(2002)汕中法经一初字第33号民事判决,于2016年3月1日向二被执行人发出恢复执行通知书。但二被执行人至今尚未履行生效判决确定的还款义务。申请执行人汕头市鼎和投资有限公司向本院提出申请,请求限制二被执行人的法定代表人林某某出境。

本院认为,申请执行人汕头市鼎和投资有限公司的申请符合法律规定,可予照准。依照《中华人民共和国民事诉讼法》第二百五十五条的规定,裁定如下:

限制被执行人汕头颂尼克实业有限公司、汕头经济特区春源实业(集团)有限公司的法定代表人林某某(英文姓名L,港澳居民来往内地通行证号……,身份证号码……)出境。履行义务后可以申请解除限制出境。

本裁定书送达后即发生法律效力。

执 行 长　马坚明
执 行 员　许春涛
执 行 员　蓝 伟

二〇一六年五月四日
书 记 员　林建雄

---

① 来源:广东省汕头市中级人民法院(2016)粤05执恢71号执行案卷。

〔评注〕

1. 关于实例选择的说明

截止本书撰稿时止，在"中国裁判文书网"仅仅出现了关于限制出境措施的执行裁定书，没有出现执行决定书，而在实践中各地方法院案卷中的情况来看，也是以执行裁定书居多，其主要原因在 2016 年 8 月之前所使用的旧的文书样式中，关于边控措施使用的是"执行裁定书"，而本文书样式将其变更为"执行决定书"。但是 2016 年 8 月新的诉讼文书样式实施之后，由于在纳入失信被执行人名单的措施当中，本身就可以包括限制出境在内的一系列相关执行效果，且纳入失信被执行人名单可以直接在网络征信系统上操作，同时纳入失信被执行人名单既可以依照当事人申请，也可以依法院职权采取措施，在实践当中运用广泛，因此近期以来单独就限制出境措施而发出的执行决定书在实践中较为少见。因此，本文在此处的实例选择的是限制出境措施的执行裁定书。

2. 关于裁定书与决定书之间的区别

一般情况下，民事裁定书是人民法院在审理民事案件和执行过程中，为保障诉讼的顺利进行，就程序问题作出的书面处理决定。民事决定书是指人民法院在审理民事案件和执行过程中，为了保证诉讼活动的顺利进行，而对案件审理中出现的某些特殊而紧迫的诉讼程序问题作出决定时所制作的司法文书的总称。

在 2016 年 8 月实施的新民事诉讼文书样式中，除了限制出境措施外，在其他的执行文书样式中还有一些也由执行裁定书变更为执行决定书。其原因是和近年来审执关系的分立有关，其中审执关系的内部分立就是执行程序中的执行实施权和执行审查权分立开。因此，采取限制出境措施以及纳入失信被执行人名单等都被纳入了执行实施权的范畴，对于执行实施类的执行行为采用的法律文书则为"执行决定书"，而对于执行异议、复议中属于执行审查权范畴的执行活动所采用的法律文书则为"执行裁定书"。

3. 实例与样式的区别

(1) 标题不同，实例采用的是"执行裁定书"，根据样式要求应采用"执行决定书"。

(2) 实例中当事人称谓之后没有使用冒号，根据样式要求应写成"申请执行人："" 被执行人："。

(3) 实例中正文部分的案件由来和审理经过符合样式的要求，即按照先介绍执行依据的生效裁判情况，其次交代执行法院向被执行人发出了执行通知书，再次介绍申请执行人申请对被执行人（或其法定代理人、负责人等）采取限制出境措施的申请的先后顺序来书写。《民事诉讼法》第二百五十五条规定："被执行人不履行法律文书确定的义务的，人民法院可以对其采取或者通知有关单位协助采取限制出境，在征信系统记录、通过媒体公布不履行义务信息以及法律规定的其他措施。"故无论被执行人是否存在有履行能力而拒不履行的问题，只要在事实上没有履行就可以采取限制出境措施，同时限制出境措施可以被纳入失信被执行人名单的强制措施所涵盖。

(4)实例的裁判理由中引用的法律规范依据不完整，根据样式要求，除了实例载明的《民事诉讼法》第二百五十五条之外，还应当在《民事诉讼法》之前引用相应的实体法规范，即《中华人民共和国出境入境管理法》第十二条第三项，另外，由于本案被执行人为法人，故实际只能对其法定代表人采取限制出境的措施，故还应在《民事诉讼法》之后增加引用《执行程序若干问题的解释》第三十七条。

(5)实例的主文部分：写明了被执行人的法定代理人的具体身份证件信息，便于边境管理机构查控，这一点符合样式要求，也符合实际需要。

4. 关于样式中的问题和注意事项

(1)实例中值得文书样式借鉴之处：实例中主文部分还增加了"履行义务后可以申请解除限制出境措施"，这一句是样式中没有要求的，但是其向当事人告知了解除限制措施的条件，有利于保护当事人合法权利，利于督促被执行人尽快履行义务，因此这种做法值得将来在文书样式中予以鉴定。但是笔者认为，这一条不适于放置在主文部分，适宜于放置在主文之后的尾部用于交代文书发出之后当事人超出主文限定事项的其他权利义务。

(2)关于样式的其他注意事项：虽然样式中案件由来和经过的写法为"申请执行人×××向本院提出申请"，但在样式的(说明)中表明在法院依职权采取限制出境措施的情况下仍然使用此样式，因为不论是依申请或依职权，采取该措施的其他实质性条件均是一样的。法院在实践当中要注意的是：如果是依照法院职权采取的该限制措施，则"申请执行人×××向本院提出申请"应当去掉。同时，相应的在裁判理由部分"本院经审查认为，申请执行人×××的申请符合法律规定"这句话也应当调整为"本院认为，……"

13. 执行决定书（解除限制出境用）

××××人民法院
执行决定书

（××××）……执……号

申请执行人：×××，……。
被执行人：×××，……。

（以上写明申请执行人、被执行人的姓名或者名称等基本信息）

本院于××××年××月××日作出（××××）……执……号执行决定，限制被执行人（或被执行人的法定代表人/主要负责人/影响债务履行的直接责任人）×××出境。……（写明解除限制出境的理由）。依照《中华人民共和国出境入境管理法》第六十五条、《最高人民法院关于适用〈中华人民共和国民事诉讼法〉执行程序若干问题的解释》第三十八条规定，决定如下：

解除对被执行人（或被执行人的法定代表人/主要负责人/影响债务履行的直接责任人）×××（写明护照或通行证号码）的出境限制。

××××年××月××日
（院印）

【说明】

1. 本样式根据《中华人民共和国出境入境管理法》第六十五条、《最高人民法院关于适用〈中华人民共和国民事诉讼法〉执行程序若干问题的解释》第三十八条规定制定，供人民法院解除对被执行人出境限制时用。

2. 被执行人为单位的，可以对其法定代表人、主要负责人或者影响债务履行的直接责任人员解除限制出境。被执行人为无民事行为能力人或者限制民事行为能力人的，可以对其法定代理人解除限制出境。

【实例评注】

湖北省武汉市硚口区人民法院
执行裁定书 ①

（2012）鄂硚口执字第00262-270-1号

申请执行人肖某某，女，1955年11月18日生，汉族，住武汉市青山区。身份证号：420107××××××××××。

申请执行人周某某，女，1954年11月7日生，汉族，住武汉市武昌区。身份证号：420106××××××××××。

申请执行人王某某，女，1957年3月8日生，汉族，住武汉市硚口区。身份证号：

---

① 来源：湖北省武汉市硚口区人民法院(2012)鄂硚口执字第00262-270-1号执行案卷。

420104××××××××××××。

申请执行人李某，女，1971年8月31日生，汉族，住武汉江汉区。身份证号：420104××××××××××××。

申请执行人何某某，男，1966年4月18日生，汉族，住武汉市硚口区。身份证号：512201××××××××××××。

申请执行人许某，女，1980年10月11日生，汉族，住武汉市硚口区。身份证号：420102××××××××××××。

申请执行人陈某，男，1967年7月24日生，汉族，住武汉市江岸区。身份证号：420102××××××××××××。

申请执行人童某某，女，1969年11月4日生，汉族，住武汉市汉阳区。身份证号：420105××××××××××××。

申请执行人洪某某，女，1940年6月8日生，汉族，住武汉市江汉区。身份证号：420103××××××××××××。

申请执行人张某某，男，1939年6月2日生，汉族，住址同上。身份证号：420103××××××××××××。

被执行人：武汉华舜经贸发展有限公司，住湖北省武汉市硚口区汉正街831号。

法定代表人肖某甲，该公司董事长。

本院于2012年4月28日作出(2012)鄂硚口执字第00262-270号执行裁定书，限制被执行人武汉华舜经贸发展有限公司法定代表人肖某甲出境，并扣留其有效护照。现因被执行人武汉华舜经贸发展有限公司已全部履行付款义务，依照《中华人民共和国民事诉讼法》第一百四十条第一款第(十一)项、《中华人民共和国公民出境入境管理法》第二十三条第(二)项之规定，裁定如下：

解除对被执行人武汉华舜经贸发展有限公司法定代表人肖某甲(身份证号：420103××××××××××××)的出境限制。

本裁定送达后即发生法律效力。

代理审判员　彭华勇

二〇一二年九月二十日

书　记　员　王静荣

〔评注〕

1. 关于实例选择的说明

截止本书撰稿时止，在"中国裁判文书网"仅仅出现了关于解除限制出境措施的执行裁定书，没有出现执行决定书，而在实践中各地方法院案卷中的情况来看，也是以执行裁定书居多，其主要原因在2016年8月之前所使用的旧的文书样式中，关于边控措施使用的是"执行裁定书"，而本文书样式将其变更为"执行决定书"。但是2016年8月新的诉讼文书样式实施之后，由于在纳入失信被执行人名单的措施当中本身就可以包括限制出境在内的一系列相关执行效果，且纳入失信被执行人名单可以直接在网络征信系统上操作，同时纳入失信被执行人名单既可以依照当事人申请，也可以依法院职权采取措施，在实践当中运用广泛，近期以来单独就解除限制出境措施而发出的执行决定书在实践中较为少见。因此，本文在此处的实例选择的是解除限制出境措施的执行裁定书。

2. 关于裁定书与决定书之间的区别

关于两者的区别以及此处将"执行裁定书"变更为"执行决定书"的原因，在本章样式12"执行决定书（限制被执行人出境用）"的评注中已经予以说明，不再赘述。

3. 实例与样式的区别

（1）标题不同，实例采用的是"执行裁定书"，根据样式要求应采用"执行决定书"。

（2）实例正文中当事人称谓之后没有使用冒号，根据样式要求应写成"申请执行人："、"被执行人："。

（3）实例中正文部分的案件由来和审理经过符合样式的要求，即先介绍发出采取限制措施的文书的时间以及文号，以及该措施后续的实际实施情况，执行依据的生效裁判情况；其次交代解除该措施所依据的事实，即被执行人已全部履行了义务。根据《执行程序若干问题的解释》第三十八条的规定，满足解除限制出境措施的条件有两种情况，一是履行了法律文书确定的全部债务，二是被执行人提供了充分、有效的担保或者申请执行人同意。

（4）实例正文的裁判理由中引用的法律规范依据不正确、不完整、缺乏针对性，实例中引用的《民事诉讼法》第一百四十条第一款第十一项仅是关于适用裁定的情况的规定，该条文没有针对性。实例中引用的"《中华人民共和国公民出境入境管理法》第二十三条第（二）项"并不存在，该法全文仅二十条，同时该条款的写法也不符合《人民法院民事裁判文书制作规范》的要求，在引用法律条文的项时，一律使用汉字不加括号，故"第（十一）项""第（二）项"正确的写法是"第十一项""第二项"。

根据样式的要求本应引用的是《中华人民共和国出境入境管理法》第六十五条、《执行程序若干问题的解释》第三十八条。但由于《中华人民共和国出境入境管理法》于2012年6月30日通过，2013年7月1日实施，实例发生在2012年9月，无法引用该规定。《执行程序若干问题的解释》于2009年1月开始实施，故实例适合引用的法律依据仅有《执行程序若干问题的解释》第三十八条。

(5)实例正文的主文部分：写明了被执行人的法定代理人的具体身份证件信息，便于边境管理机构查控和解除措施，这一点符合样式要求，也符合实际需要。

（三）执行中止与终结

14. 执行裁定书（中止执行用）

×××× 人民法院
执行决定书

（××××）……执……号

申请执行人：×××，……。
法定代理人/指定代理人/法定代表人/主要负责人：×××，……。
委托诉讼代理人：×××，……。
被执行人：×××，……。
法定代理人/指定代理人/法定代表人/主要负责人：×××，……。
委托诉讼代理人：×××，……。
（以上写明申请执行人、被执行人和其他诉讼参加人的姓名或者名称等基本信息）

本院在执行×××与×××……（写明案由）一案中，……（写明中止执行的事实和理由）。依照《中华人民共和国民事诉讼法》第二百五十六条第一款第×项、第二百五十八条，《最高人民法院关于人民法院执行工作若干问题的规定（试行）》第102条第×项规定，裁定如下：

中止（××××）……号……（生效法律文书）的执行。

（如中止执行法律文书主文部分内容的，写明:）中止（××××）……号……（生效法律文书）第×项的执行。

本裁定送达后立即生效。

审 判 长 ×××
审 判 员 ×××
审 判 员 ×××

××××年××月××日
（院印）
书 记 员 ×××

【说明】

1、本样式根据《中华人民共和国民事诉讼法》第二百五十六条第一款、《最高人民法院关于人民法院执行工作若干问题的规定（试行）》第102条规定制定，供人民法院裁定中止执行时用。

2、有下列情形之一的，人民法院应当裁定中止执行：（一）申请人表示可以延期执行的；（二）案外人对执行标的提出确有理由的异议的；（三）作为一方当事人的公民死亡，需要等待继承人继承权利或者承担义务的；（四）作为一方当事人的法人或者其他组织终止，尚未确定权利义务承受人的；（五）人民法院认为应当中止执行的其他情形。

【实例评注】

冀州市人民法院
执行裁定书 ①

(2016)冀1181执226号

申请执行人程某，联系方式12121。

被执行人刘某。

程某申请刘某婚姻家庭、继承纠纷一案，冀州市人民法院作出的(2013)冀民一初字第231号民事判决书已经发生法律效力。程某于2016-4-11向本院申请执行。

本案在执行过程中，本院依法对被执行人银行存款、土地使用权登记、房产所用权登记、工商登记、车辆登记进行了查询。经查询，目前被执行人暂无其他财产可供执行，申请执行人又提供不出被执行人有其他可供执行财产，且书面同意该案中止执行。依照《中华人民共和国民事诉讼法》第二百五十六条第一款第五项之规定，裁定如下：

冀州市人民法院作出的(2013)冀民一初字第231号民事判决书中止执行。

若中止的情形消失后，申请执行人可以向本院申请恢复执行。

本裁定送达后即发生法律效力。

执 行 员 　张 　民
二〇一六年九月二十八日
书 　记 　员 　吕春敬

---

① 来源：中国裁判文书网。

〔评注〕

1. 标题部分

实例的标题拟定不准确，实例标题为"冀州市人民法院"，根据《人民法院民事裁判文书制作规范》的要求，如果为基层和中级人民法院，前面应当冠以省、自治区、直辖市的名称。

2. 正文部分

(1)当事人基本情况中实例的申请执行人列明的联系方式为电话号码，这一点在文书样式中是没有作出要求的，而且联系电话书写在裁判文书中有两个弊端：一是不利于保护隐私；二是在裁判文书中所列明的当事人基本信息都具有稳定的识别性，例如性别、民族都是不可以变化的，再如职业及住所地虽然并非不可变，但一般具有相对稳定性，这些都可以作为对于当事人身份的固定识别特征。但是联系电话是具有易变性的，对于身份的识别性较弱。

(2)当事人的称谓之后没有书写冒号。

(3)案件由来和审理经过，实例的案由写法顺序和样式不同，先介绍了生效的执行依据即判决书的案由，以及申请人向法院申请执行的时间，再另起一段写明执行过程中的相关情况和中止执行的理由。而样式是直接书写执行案件的案由以及执行过程中的相关事实再陈述中止执行的理由。

(4)关于中止执行的理由所援引的法律依据：实例仅仅写了《民事诉讼法》的相关规定。根据《民事诉讼法》第二百五十六条的规定，除去前四项之外，第五项的内容，即法院认为应当中止执行的其他情形则需要根据《最高人民法院关于人民法院执行工作若干问题的规定(试行)》[以下评注中简称《执行工作若干问题的规定(试行)》] 第102条的规定来进行判断，其中包括：①人民法院已受理以被执行人为债务人的破产申请的；②被执行人确无财产可供执行的；③执行的标的物是其他法院或仲裁机构正在审理的案件争议标的物，需要等待该案件审理完毕确定权属的；④一方当事人申请执行仲裁裁决，另一方当事人申请撤销仲裁裁决的；⑤仲裁裁决的被申请执行人依据《民事诉讼法》第二百三十七条第二款的规定向人民法院提出不予执行请求，并提供适当担保的。

结合本案的案情，本案的中止事由是经过查询后被执行人暂无其他财产可供执行，申请人又提供不出线索，且申请人书面同意中止，应属于《执行工作若干问题的规定(试行)》第102条规定的第2项。另按照本样式要求，除了实例中已经引用的条款，应当加上《民事诉讼法》二百五十八条，以及《执行工作若干问题的规定(试行)》第102条第2项。

(5)主文部分：实例的主文表述是先写案号再写中止执行，按照样式要求应当表述为："中止(2013)冀民一初字第231号民事判决书的执行。"

(6)在主文之后的尾部，实例自行增加了一项，即向当事人告知"若中止的情形消失后，申请执行人可以向本院申请恢复执行"。笔者认为，实例增加的此条在实践中是有实际意义的，因为从实践来看，很多当事人在案件中止后不知道可以申请恢复的权利和事由，延误案件的后续进展，有时也会导致对法院工作的误解和不必要的上访缠诉。但是样式里没有这项要求，也不宜擅自更改样式的格式，宜在送达裁定时向当事人以释明的方式告知权利义务。

15. 执行裁定书（终结本次执行程序用）

>　　　　　　　　××××人民法院
>　　　　　　　　　执行裁定书
>
>　　　　　　　　　　　　　　　　　　（××××）……执……号
>
>　申请执行人：×××，……。
>　法定代理人/指定代理人/法定代表人/主要负责人：×××，……。
>　委托诉讼代理人：×××，……。
>　被执行人：×××，……。
>　……
>　（以上写明申请执行人、被执行人和其他诉讼参加人的姓名或者名称等基本信息）
>　本院在执行×××与×××……（写明案由）一案中，……（写明终结本次执行程序的事实和理由）。依照《最高人民法院关于适用〈中华人民共和国民事诉讼法〉的解释》第五百一十九条规定，裁定如下：
>　终结本次执行程序。
>　申请执行人发现被执行人有可供执行财产的，可以再次申请执行。
>　本裁定送达后立即生效。
>
>　　　　　　　　　　　　　　　　审　判　长　×××
>　　　　　　　　　　　　　　　　审　判　员　×××
>　　　　　　　　　　　　　　　　审　判　员　×××
>
>　　　　　　　　　　　　　　　　××××年××月××日
>　　　　　　　　　　　　　　　　　（院印）
>　　　　　　　　　　　　　　　　书　记　员　×××

【说明】

　　本样式根据《最高人民法院关于适用〈中华人民共和国民事诉讼法〉的解释》第

五百一十九条规定制定,供人民法院裁定终结本次执行程序时用。

【实例评注】

**浙江省桐乡市人民法院
执行裁定书**①

(2016)浙 0483 执 2018 号

申请执行人罗某某。

被执行人谈某某。

申请执行人罗某某与被执行人谈某某民间借贷纠纷执行一案,本院作出的(2015)嘉桐商初字第 1589 号民事调解书已经发生法律效力,但被执行人未按生效法律文书所确定的义务自动履行,权利人于 2016 年 05 月 12 日向本院申请执行,要求被执行人支付 22 500 元。

本院立案后,经执行,查明被执行人无可供执行财产且下落不明,申请人也不能提供被执行人可供执行财产线索,故终结本次执行程序。依照《中华人民共和国民事诉讼法》第二百五十七条第(六)项之规定,裁定如下:

本院(2016)浙 0483 执 2018 号执行案终结本次执行。申请执行人发现被执行人有可供执行财产的,可以依照《中华人民共和国民事诉讼法》第二百五十四条的规定请求继续执行。

本裁定书送达后立即生效。

审 判 长　李永华
审 判 员　金　叶
审 判 员　周智伟
二〇一六年十月十九日
(代)书记员　孙少胤

〔评注〕

1. 关于终结本次执行和中止执行的区别

(1)判断标准不同:终结本次执行唯一的情况就是经过调查之后发现没有可以供执

---

① 来源:中国裁判文书网。

行的财产，而中止执行则是根据《民事诉讼法解释》第五百一十九条的规定，经过财产调查未发现可供执行的财产，在申请执行人签字确认或者执行法院组成合议庭审查核实并经院长批准后，可以裁定终结本次执行程序。依照前款规定终结执行后，申请执行人发现被执行人有可供执行财产的，可以再次申请执行。再次申请不受申请执行时效期间的限制。两者基本上都是客观的程序性原因造成执行程序性障碍，导致案件无法继续执行，其中只有一项，即《执行工作若干问题的规定(试行)》第102条第2项："被执行人确无财产可供执行的。"

(2)文书签发主体不同：终结本次执行的"被执行人无可供执行财产"与前面的中止执行的情况相比，要求必须经过合议庭审查核实并经过院长审批。因此从文书样式的要求来看，中止执行裁定可由一名执行法官签发，而终结本次执行裁定必须由合议庭签发，且须经过院长审批。

(3)结案方式不同：终结本次执行制度设立的初衷是为了解决执行结案率的问题。中止执行不能作结案处理，但终结本次执行可以作结案处理。

2. 关于样式和实例中反映的问题

(1)实例的正文部分。当事人称谓之后没有加冒号，按照样式要求申请执行人及被执行人后跟冒号。

(2)实例将案件由来和审理查明的事实及理由分成两段书写，这种书写是参照了旧的文书样式的写法，将裁定书及判决书的案件由来及审理经过写为一自然段，再将查明事实及裁判理由另起一段。在本文书样式中，此处的执行裁定书将案件由来及查明事实和理由全部合为一段，是有一定用意的。根据民事诉讼文书样式的修订背景，这次修订解决的问题之一即是"明确裁判文书繁简分流标准"，主要是根据案件类型来进行区分，对于中止执行裁定书和终结本次执行裁定书这类裁定本身没有必要对执行程序之前的关于执行依据的情况展开详细描述，而是可以直接反映执行中出现的关键性的事实。据此，应按照本文书样式要求简写为："本院在执行申请执行人罗某某与被执行人谈某某民间借贷纠纷一案中，经执行，查明……"

(3)事实部分表述不够充分。虽然事实部分描述了"经执行，查明被执行人无可供执行的财产且下落不明"，但是没有具体展开描述查询了哪些项目及查询的结果，是否有采取相应的执行措施等。实践中对于查明的被执行人财产状态不做详细交代的话，经常容易让当事人产生怠于执行的怀疑。

(4)适用法律依据不准确。实例适用的是《民事诉讼法》第二百五十七条第六项，二百五十七条是针对终结执行的规定，但是实例的裁判理由部分和主文部分均为终结本次执行，故应引用《民事诉讼法》第五百一十九条。此外，根据《人民法院民事裁判文书制作规范》的规定，在引用法律条文的项时，一律使用汉字不加括号，故"第(六)项"正确的写法是"第六项"。

16. 通知书（终结本次执行程序后恢复执行用）

×××× 人民法院
恢复执行通知书

（××××）……执恢……号

×××：

本院于××××年××月××日以（××××）……执……号执行裁定对×××与×××……（写明案由）一案终结本次执行程序。现因申请执行人×××发现被执行人×××有可供执行的财产，依照《最高人民法院关于适用〈中华人民共和国民事诉讼法〉的解释》第五百一十九条第二款规定，本院决定恢复×××与×××……（写明案由）一案的执行。

特此通知。

××××年××月××日
（院印）

联 系 人：×××　　　联系电话：……
本院地址：……　　　邮　　编：……

【说明】

本样式根据《最高人民法院关于适用〈中华人民共和国民事诉讼法〉的解释》第五百一十九条第二款规定制定，供人民法院在终结本次执行程序后恢复执行，通知当事人时用。

【实例评注】

湖北省武汉市中级人民法院
执行通知书 ①

（2015）鄂武汉中执恢字第00104号

江苏天腾建设集团有限公司湖北分公司、江苏天腾建设集团有限公司：

---

① 来源：湖北省武汉市中级人民法院（2015）鄂武汉中执恢字第00104号执行案卷。

你公司与武汉贤中物贸有限公司买卖合同纠纷一案，本院于2014年5月23日作出的(2014)鄂武汉中民商初字第00336号民事调解书已经发生法律效力。申请执行人武汉贤中物贸有限公司于2015年9月11日向本院申请恢复执行，本院于同日依法立案受理。现依照《中华人民共和国民事诉讼法》第二百四十条、第二百五十三条、《最高人民法院关于适用〈中华人民共和国民事诉讼法〉的解释》第四百八十二条的规定，责令你公司自本通知书送达后即履行下列义务：

一、履行(2014)鄂武汉中民商初字第00336号民事调解书确定的义务；

二、加倍支付迟延履行期间的债务利息；

三、承担本案诉讼费、执行费。

被执行人未按本通知要求履行生效法律文书确定的给付义务的，本院将依据《最高人民法院关于限制被执行人高消费的若干规定》采取限制消费措施；被执行人具有《最高人民法院关于公布失信被执行人名单信息的若干规定》第一条所列情形之一的，将依法纳入失信被执行人名单并予以信用惩戒；被执行人具有《中华人民共和国刑法》第三百一十三条规定的情形的，将依法追究其刑事责任。

特此通知

二〇一五年九月二十四日

〔评注〕

1. 恢复执行的条件：依据《民诉法解释》第五百一十九条第二款的规定，申请执行人发现被执行人有可供执行财产的，可以再次申请执行。再次申请执行不受申请执行时效期间的限制。

2. 实例与样式之间的区别：(1)标题不同，实例标题为执行通知书，主要原因是在本次新民事诉讼文书样式实施前，实践中针对恢复执行的和初次申请执行的情况，都用的执行通知书。但是在新民事诉讼文书样式实施之后，应该将此类通知标题改为"恢复执行通知书"。由于在实践中恢复执行通知书本身制作的比较少，因此暂无此类与本样式一致的实例，但就该实例内容和目的来讲，和本样式的恢复执行通知书目标及主要内容一致，可以供法院用来对同类情况进行分析对比。(2)案号为"(2015)鄂武汉中执恢字第00104号"，表明为恢复执行程序案件。(3)适用法律条款不同，实例中引用的条款为《民事诉讼法》第二百四十条、第二百五十三条及《民诉法解释》第四百八十二条。按照本样式应当引用《民诉法解释》第五百一十九条第二款规定，该条款是针对恢复执行情况的规定，更有针对性。

3. 实例的通知事项不同，实例中除了通知恢复本案执行之外，还具体通知了案件标的，而按照本次修订新民事诉讼文书样式的背景和目的，应根据案情要求繁简得当。

由于按照规定，在中止执行之前，被执行人应当曾经收到过执行通知书，那么本次恢复执行通知书就无须重复表述执行标的等内容。

4. 恢复执行通知书应当送达给双方当事人，不仅仅是被执行人，还应当同时送达申请执行人及第三人。

17. 执行裁定书（终结执行用）

××××人民法院
执行裁定书

（××××）……执……号

申请执行人：×××，……。
法定代理人/指定代理人/法定代表人/主要负责人：×××，……。
委托诉讼代理人：×××，……。
被执行人：×××，……。
……

（以上写明申请执行人、被执行人和其他诉讼参加人的姓名或者名称等基本信息）

本院在执行申请执行人×××与被执行人×××……（写明案由）一案中，……（写明终结执行的事实和理由）。依照《中华人民共和国民事诉讼法》第二百五十七条第×项（在执行中被执行人被人民法院裁定宣告破产的，增加引用《最高人民法院关于人民法院执行工作若干问题的规定（试行）》第105条）规定，裁定如下：

（本案仅有一个被执行人的，写明：）终结（××××）……号案件的执行。

（本案有两个以上被执行人，仅有部分被执行人符合终结执行条件的，写明：）终结（××××）……号案件中对被执行人×××的执行。

本裁定送达后立即生效。

审 判 长 ×××
审 判 员 ×××
审 判 员 ×××

××××年××月××日
（院印）
书 记 员 ×××

【说明】

1. 本样式根据《中华人民共和国民事诉讼法》第二百五十七条、《最高人民法院关于人民法院执行工作若干问题的规定(试行)》第105条规定制定,供人民法院终结执行时用。

2. 有下列情形之一的,人民法院裁定终结执行:(一)申请人撤销申请的;(二)据以执行的法律文书被撤销的;(三)作为被执行人的公民死亡,无遗产可供执行,又无义务承担人的;(四)追索赡养费、扶养费、抚育费案件的权利人死亡的;(五)作为被执行人的公民因生活困难无力偿还借款,无收入来源,又丧失劳动能力的;(六)人民法院认为应当终结执行的其他情形。

3. 案件终结执行后必须及时解除对被执行人财产的强制执行措施。

【实例评注】

黑龙江省伊春市美溪区人民法院
执行裁定书 [①]

(2016)黑 0708 执 26 号

申请执行人曲某某,女,1955年7月2日生,汉族,无职业,现住黑龙江省伊春市美溪区。

被执行人马某某,男,1972年3月10日生,汉族,系原美溪林业局机修厂买断工人,现住黑龙江省伊春市美溪区。

本院在执行申请人曲某某申请执行被执行人马某某买卖合同纠纷一案中,因生效法律文书确定的内容全部执行完毕。依照《中华人民共和国民事诉讼法》第二百五十七条(六)项的规定,裁定如下:

终结伊春市美溪区人民法院(2016)黑 0708 执 26 号案件的执行。

本裁定送达后即发生法律效力。

审　判　员　皮振华
二〇一六年十月十八日
书　记　员　张化峰

[①] 来源:中国裁判文书网。

〔评注〕

1. 实例中原、被告的诉讼地位与其姓名之间没有用":"间隔,而根据文书样式的要求,诉讼参加人的诉讼地位与其姓名或者名称之间应当用":"间隔。因此应当将"申请执行人曲某某"和"被执行人马某某"改为"申请执行人:曲某某"和"被执行人:马某某"。

2. 关于案件的事实理由部分,实例叙述较为简单,仅为"因生效法律文书确定的内容全部执行完毕",符合繁简得当的要求。

3. 实例引用法律条款应写为"《民事诉讼法》第二百五十七条第六项",实例中的"(六)"应当去掉括号。根据《民事诉讼法》第二百五十七条的规定,人民法院裁定终结执行的情况应当有六种,其中第六种人民法院认为应当终结执行的其他情形是兜底条款,前面五项是对应该裁定终结执行情况的列举,由于是列举,就不可能穷尽所有情况,如果出现某些情况,法院认为应该终结执行,就可以依据第六项来裁定终结执行。另外根据《执行工作若干问题的规定(试行)》第105条的规定,在执行中,被执行人被人民法院裁定宣告破产的,执行法院应当依照《民事诉讼法》第二百三十三条第六项的规定,裁定终结执行。但是就实例本身案情来看,其终结理由是裁判文书确认的全部执行内容执行完毕,应当作为"执行结案"处理,而不是裁定终结,其不属于裁定终结的法定事由。

4. 实例采用的独任制审判员署名,但是文书样式中为合议庭署名。这里需要说的是文书样式此处的合议庭署名,笔者认为仅仅能作为示范和倡导性内容,因为并没有直接的法律条文规定执行终结必须采用合议庭审理,但是与此不同的终结本次执行按照规定是必须组成合议庭的,因此在终结本次执行案件中的合议庭署名是强制性要求。另外,在本章节,还有一些文书样式采用的是独任审判员署名,例如本章样式39"执行裁定书(查封、扣押、冻结财产用)"采用的就是独任制署名,虽然这类措施可以由独任法官实施,但是不排除已经组成合议庭的案件中由合议庭成员实施。然而实例中不论署名合议庭还是独任制大多数均没有就此特别说明,这一点应在后续的实践予以明确。

18. 执行通知书(中止执行后恢复执行用)

××××人民法院
恢复执行通知书

(××××)……执……号

×××:
本院于××××年××月××日作出(××××)……执……号执行裁定,中止执行×

××与×××……(写明案由)一案。现因……(写明恢复执行的事实和理由)。依照《中华人民共和国民事诉讼法》第二百五十六条第二款、《最高人民法院关于人民法院执行工作若干问题的规定(试行)》第104条(当事人未履行执行和解协议,要求恢复执行原生效法律文书的,增加引用《最高人民法院关于适用〈中华人民共和国民事诉讼法〉的解释》第四百六十七条)规定,本院决定恢复(××××)……号案件的执行。

特此通知。

××××年××月××日
(院印)

联系人:×××　　联系电话:……
本院地址:……　　邮　编:……

【说明】

1. 本样式根据《中华人民共和国民事诉讼法》第二百五十六条第二款、《最高人民法院关于人民法院执行工作若干问题的规定(试行)》第104条、《最高人民法院关于适用〈中华人民共和国民事诉讼法〉的解释》第四百六十七条规定制定,供人民法院在中止执行情形消失后恢复执行,书面通知当事人时用。

2. 一方当事人不履行或者不完全履行在执行中双方自愿达成的和解协议,对方当事人申请执行原生效法律文书的,人民法院应当恢复执行,但和解协议已履行的部分应当扣除。和解协议已经履行完毕的,人民法院不予恢复执行。

3. 不予恢复执行的通知书,可参照本样式制作。

【实例评注】

广西壮族自治区东兴市人民法院
恢复执行通知书 [①]

(2007)东执字第22号

陈某某:

本院于2008年7月2日中止执行的申请执行人吕某某与被执行人陈某某离婚纠纷

[①] 来源:广西壮族自治区东兴市人民法院(2007)东执字第22号恢复执行通知书。

一案，申请执行人于 2011 年 5 月 27 日向本院申请恢复执行。

经审查，本院认为申请执行人吕某某的申请符合有关法律规定，本案现在应当恢复执行。依照最高人民法院《关于人民法院执行工作若干问题的规定（试行）》第一百零四条、《中华人民共和国民事诉讼法》第二百三十二条第二款的规定，特通知你（们）关于申请执行人吕某某与被执行人陈某某离婚纠纷一案恢复执行。

特此通知。

二〇一一年六月一日

〔评注〕

1. 实例中正文部分，描述了法院作出中止裁定的时间，但没有写明中止裁定的案号，因为一个执行案件中可以对应多份裁定书。

2. 按照本样式的要求，案件由来和案件事实、裁判理由都合为一段，但是实例中是按照旧裁定书的写作习惯，将案件由来与事实及理由分开写。笔者认为根据繁简分流的要求，一般案情不复杂的情况下还是合为一段书写为宜，如果案情复杂需要交代详细经过的，分成两段写也符合实际。

3. 实例中没有写明申请人吕某某申请执行的具体理由和事实依据，不符合公开说理的要求。

4. 法律条文引用顺序不当，实例将《执行工作若干问题的规定（试行）》的相关条文置于《民事诉讼法》之前，不符合法律规范适用的顺序，应当将《执行工作若干问题的规定（试行）》置于《民事诉讼法》之后。

5. 另外，根据执行案件工作中的实际情况，恢复执行案件有的本身是在原案件发出执行通知书明确的执行标的的基础之上，全部没有履行；有的有可能会进一步扩大相应的预期不履行的金额；还有的是已经履行完一部分，仅仅是就剩余部分继续履行，因此建议在本样式的基础上，参照结合实践中的一些地方做法，如果原执行通知书履行内容没有变化，金额按照原执行通知书予以简单说明，如果执行标的有所变化，建议在恢复执行通知书中一并予以明确。

（四）执行金钱给付

19. 通知书（通知申请执行人提供被执行人财产状况用）

××××人民法院
提供被执行人财产状况通知书

（××××）……执……号

×××：

  你/你单位申请本院执行与×××……（写明案由）一案，依照《最高人民法院关于人民法院执行工作若干问题的规定（试行）》第28条第1款规定，通知你/你单位向本院提供被执行人×××的财产状况。

  如不能提供有关被执行人×××财产状况的证据或线索，本院又未能查到可供执行的财产，将依照《最高人民法院关于适用〈中华人民共和国民事诉讼法〉的解释》第五百一十九条第一款规定终结本次执行程序。

  特此通知。

××××年××月××日
（院印）

联 系 人：×××   联系电话：……
本院地址：……   邮 编：……

【说明】

  本样式根据《最高人民法院关于人民法院执行工作若干问题的规定（试行）》第28条第1款规定制定，供人民法院通知申请执行人提供被执行人财产状况时用。

【实例评注】

提供被执行人财产状况通知书[①]

（2015）鄂硚口执字第154号

胡某：

  你（单位）申请本院执行的房屋买卖合同纠纷一案，依照《中华人民共和国民事诉

[①] 来源：湖北省武汉市硚口区人民法院(2015)鄂硚口执字第154号案卷。

讼法》第六十四条、《最高人民法院关于人民法院执行工作若干问题的规定(试行)》第28条第1款的规定,通知你向本院执行局提供被执行人的财产状况。

如不能提供有关被执行人的财产状况的证据或线索,本院又未能查到可供执行的财产,将依照《中华人民共和国民事诉讼法》第二百五十六条第一款第(五)项的规定中止执行。

特此通知。

二〇一五年三月三日

本院地址:　　　　联系人:陶××
邮编:　　　　　　联系电话:

〔评注〕

实例中的问题:

1. 正文第一段没有写明被执行人的姓名。

2. 实例引用的法律依据中,作出该通知书的法律依据与样式一致,均为《执行工作若干问题的规定(试行)》第28条:"申请执行人应当向人民法院提供其所了解的被执行人的财产状况或线索,被执行人必须如实向人民法院报告其财产状况。人民法院在执行中有权向被执行人、有关机关、社会团体、企业事业单位或公民个人,调查了解被执行人的财产状况,对调查所需的材料可以进行复制、抄录或拍照,但应当依法保密。"如果申请执行人不能提供相应的财产状况的线索和证据的法律后果的依据则与样式不同。样式引用的是《民诉法解释》第五百一十九条第一款,关于终结本次执行程序的后果;而实例引用的是《民事诉讼法》第二百五十六条第一款第五项关于中止执行的规定。其中"第(五)项"按照《人民法院民事裁判文书制作规范》的要求应当为"第五项"。按照旧文书样式,此处交代的不能提供有关被执行人财产线索的后果是指的中止执行。结合当前的法律规范和实践情况看来,中止执行主要适用于因程序性的障碍导致案件无法进行的情况,终结本次执行仅仅针对被执行人无可供执行的财产这一种情况,且终结本次执行制度设立的初衷也是为了化解执行积案,故不论是法律程序,还是实践状况都是以终结本次执行为宜。

20. 报告财产令（命令被执行人报告财产用）

××××人民法院
报告财产令

（××××）……执……号

×××：

　　本院于××××年××月××日立案执行×××与×××……(写明案由)一案，已向你/你单位送达执行通知书。你/你单位未履行义务，应当限期如实报告财产。依照《中华人民共和国民事诉讼法》第二百四十一条，《最高人民法院关于适用〈中华人民共和国民事诉讼法〉执行程序若干问题的解释》第三十一条、第三十二条、第三十三条规定，责令你/你单位在收到此令后××日内，如实向本院报告当前以及收到执行通知之日前一年的财产情况。执行中，如果财产状况发生变动，应当自财产变动之日起十日内向本院补充报告。

　　拒绝报告或者虚假报告，本院将根据情节轻重采取罚款、拘留等措施。

　　此令

　　附：被执行人财产申报表

××××年××月××日
（院印）

联 系 人：×××　　　联系电话：……
本院地址：……　　　邮　　编：……

附件
被执行人财产申报表

××××人民法院：

　　根据你院（××××）……执……号报告财产令，被执行人×××现向你院申报财产如下：

被执行人 基本情况	证件号（身份证或组织机构代码证等）	
	住址（或住所）	
	联系电话	
当前财产情况	现金、银行存款、收入等	
	不动产 （土地使用权、房屋等）	
	动产 （交通运输工具、机器设备、产品、原材料等）	
	财产性权益 （债权、股权、股票、债券、投资权益、基金份额、知识产权等）	
	其他财产情况	
一年内财产 变动情况		

被执行人（签名或者盖章）

××××年××月××日

【说明】

1. 本样式根据《中华人民共和国民事诉讼法》第二百四十一条、《最高人民法院关于适用〈中华人民共和国民事诉讼法〉执行程序若干问题的解释》第三十一条、第三十二条、第三十三条规定制定，供人民法院责令被执行人报告财产状况时用。

2. 报告财产令中应当写明报告财产的范围、报告财产的期间、拒绝报告或者虚假报告的法律后果等内容。

3. 报告财产令可与执行通知书一并送达被执行人。

【实例评注】

武汉市硚口区人民法院
报告财产令 ①

(2016)鄂 0104 执 763 号

武汉和天源商业投资有限公司：

  本院于 2016 年 8 月 9 日立案执行的舒某某与武汉和天源商业投资有限公司、武汉华运房地产开发有限公司房屋买卖合同纠纷一案，你(单位)未按执行通知履行法律文书确定的义务。本院依照《中华人民共和国民事诉讼法》第二百四十一条和《最高人民法院关于适用〈中华人民共和国民事诉讼法〉执行程序若干问题的解释》第三十二条、第三十四条规定，责令你(单位)在收到此令后五日内，如实向本院报告当前以及收到执行通知之日前一年的财产情况。执行中如果财产状况发生变动，应当自财产变动之日起十日内向本院补充报告。

  逾期不报告，或者虚假报告，本院将依法予以罚款、拘留。

  此令

二〇一六年八月十七日

本院地址：武汉市硚口区解放大道古田四路 189 号
联系人：凌军
联系电话：834×××××
邮　编：430034　传真号：027-834×××××

被执行人财产申报表

人民法院：
  根据你院(　　)硚执字第　　号报告财产令，被执行人　　现向你院申报财产如下：

---

① 来源：湖北省武汉市硚口区人民法院(2016)鄂 0104 执 763 号案卷。

| 资金情况(包括户名、账号和存款金额等): |
| 动产、不动产: |
| 分支机构或所属公司的资产情况: |
| 其他财产情况(包括一年内财产变动情况): |

本表不够填写的,可另附表。

被执行人：　　　　　　　　　　年　　月　　日

〔评注〕

1. 报告财产令是供各级人民法院在执行案件中,责令被执行人报告财产状况时使用。报告财产令中应当写明报告财产的范围、报告财产的期间、拒绝报告或者虚假报告的法律后果等内容。依照《执行程序若干问题的解释》第三十二条的规定,被执行人应当书面报告下列财产情况：(1) 收入、银行存款、现金、有价证券；(2) 土地使用权、房屋等不动产；(3) 交通运输工具、机器设备、产品、原材料等动产；(4) 债权、股权、投资权益、基金、知识产权等财产性权利；(5) 其他应当报告的财产。被执行人自收到执行通知之日前一年至当前财产发生变动的,应当对该变动情况进行报告。被执行人在报告财产期间履行全部债务的,人民法院应当裁定终结报告程序。

2. 实例中引用的法律依据与样式不同之处,样式中引用的是《执行程序若干问题的解释》第三十一条、第三十二条、第三十三条规定。实例引用的是《执行程序若干问题的解释》第三十二条、第三十四条规定,而其中第三十四条规定："对被执行人报告的财产情况,申请执行人请求查询的,人民法院应当准许。申请执行人对查询的被执行人财产情况,应当保密。"

21. 通知书（通知第三人履行到期债务用）

×××× 人民法院
通知书

(××××)……执……号

×××：
　　在本院执行×××与×××……(写明案由)一案中,被执行人×××对你/你单位享有到期债权，申请执行人/被执行人×××于××××年××月××日向本院申请执行对你/你单位的到期债权。本院经审查认为，申请执行人/被执行人×××的申请符合法律规定。依照《最高人民法院关于人民法院执行工作若干问题的规定（试行）》第61条、第67条规定，通知如下：

你/你单位自收到本通知后的十五日内向申请执行人×××履行对被执行人×××到期债务……元，不得向被执行人清偿。

如有异议，应当自收到本通知后的十五日内向本院提出；若擅自向被执行人×××履行，造成财产不能追回的，除在已履行的财产范围内与被执行人承担连带清偿责任外，本院将依法追究你妨害执行的法律责任。

逾期不履行又不提出异议的，本院将强制执行。

特此通知。

××××年××月××日
（院印）

联 系 人：×××　　　联系电话：……
本院地址：……　　　邮　　编：……

【说明】

1. 本样式根据《最高人民法院关于人民法院执行工作若干问题的规定（试行）》第61条、第67条规定制定，供人民法院向第三人发出履行到期债务通知时用。

2. 履行通知必须直接送达第三人，不能采取公告送达等方式。

【实例评注】

湖北省武汉市硚口区人民法院
履行到期债务通知书 ①

（2016）鄂 0104 执 33 号

武汉东运制版有限公司：

本院在执行彭某某与被执行人武汉品格中天装饰有限公司装修合同纠纷一案中，现被执行人于2016年4月29日向本院提出申请，要求执行对你公司的到期债权，经审

---

① 来源：湖北省武汉市硚口区人民法院(2016)鄂 0104 执 33 号案卷。

查,本院认为,被执行人的申请符合法律规定。依照《最高人民法院关于人民法院执行工作若干问题的规定(试行)》第61条、第67条和《最高人民法院关于适用〈中华人民共和国民事诉讼法〉的解释》第五百零一条的规定,通知如下:

一、收到本通知15日内直接向本院履行你公司对被执行人武汉品格中天装饰有限公司所负的到期债务54 776元,并不得向被执行人清偿。

二、如有异议,应当自收到本通知之日起15日内向本院提出;若擅自向被执行人武汉品格中天装饰有限公司履行造成财产不能追回的,除在已履行的财产范围内与被执行人承担连带清偿责任外,本院将依法追究你公司妨害执行的法律责任。

逾期不履行又不提出异议的,本院将依法强制执行。

特此通知

二〇一六年五月十九日

本院地址:　　　　　　　邮编:
联系人:　　　　　　　　联系电话:

〔评注〕

该实例中存在的问题:

(1)标题与样式不同。实例书写的标题为履行到期债务通知书,样式的标题为通知书。这是因为在旧的裁判文书样式中,该通知书的标题为"履行到期债务通知书",其与紧随其后的"履行债务证明书"相一致。本文书样式将此处修订为"通知书",但是紧随其后的"履行债务证明书"标题并未变更,使得本样式与本章样式22之间的标题没有系统性。

(2)适用法律依据不同。样式中仅仅引用了《执行工作若干问题的规定(试行)》第61条、第67条的规定。实例比样式多增加了一条,即《民诉法解释》第五百零一条:"人民法院执行被执行人对他人的到期债权,可以作出冻结债权的裁定,并通知该他人向申请执行人履行。该他人对到期债权有异议,申请执行人请求对异议部分强制执行的,人民法院不予支持。利害关系人对到期债权有异议的,人民法院应当按照民事诉讼法第二百二十七条规定处理。对生效法律文书确定的到期债权,该他人予以否认的,人民法院不予支持。"这一条是利害关系人提出异议的权利义务。

(3)正文部分的通知如下的内容,实例加上了序号"一"和"二",这是旧文书样式中的写法,在本文书样式中这两个项目没有标明序号。笔者认为,应当遵照新样式的写作较为符合通知主文内容之间的逻辑关系:第一项是履行债务的具体内容、方式、期限、金额,这是发出该通知书的主要目的所在,第二项是告知当事人收到通知书后提出异议的权利和期限，以及妨害执行的法律后果，这两项从其条文性质来看，分别为"履行文书确定的主要义务"和"告知相关权利义务和法律后果"，不属于并列关系，而一般存在并列关系的事项才能列为"一、二"项。

(4)关于本通知书送达的特殊要求。依照《执行工作若干问题的规定(试行)》第61条之规定，对第三人的履行通知，必须直接送达第三人，这是比照督促程序中的支付令规定的，要求必须采取直接送达的方式，而不能采取其他送达方式。此规定主要是为了让第三人直接收到通知后便于提出异议。

22. 证明书（证明第三人已履行债务用）

××××人民法院
履行债务证明书

（××××）……执……号

在本院执行×××与×××……（写明案由）一案中，第三人×××于××××年××月××日已向申请执行人×××履行对被执行人×××到期债务……元。

特此证明。

××××年××月××日
（院印）

【说明】

本样式根据《最高人民法院关于人民法院执行工作若干问题的规定(试行)》第69条规定制定，供人民法院在第三人向申请执行人履行债务后，为第三人出具证明时用。

【实例评注】

湖北省武汉市中级人民法院
履行债务证明书 [①]

（2008）武执字第00235号

[①] 来源：湖北省武汉市中级人民法院(2008)武执字第00235号执行案卷。

在本院执行申请人林某与被申请人武汉瑞昌房地产开发有限公司债务纠纷一案中，第三人数控房地产开发公司已于2009年10月28日已向申请执行人林某履行对被执行人武汉瑞昌房地产开发有限公司到期债务1 017万元。

特此证明。

二〇〇九年十一月二日

〔评注〕

1. 样式的具体写法

(1)标题依次写明：制作文书的法院名称；文书名称，即《履行债务证明书》；文书案号。

(2)正文部分写明：写明执行案件的情况，其中案由"债务纠纷"仍使用的是原生效文书的案由；证明第三人已履行义务的情况，债务履行的金额、时间。

(3)落款：载明签发文书的日期，不需要案件承办人和书记员署名。

2. 实践中该文书的写作要点和注意事项

本样式供人民法院在执行过程中，对第三人按照人民法院履行通知向权利人履行了债务或已被强制执行后，执行法院出具证明时使用。

(1)出具履行债务证明书的法律效果：第三人接到履行债务通知后无论是自动履行了债务，还是被法院强制履行了债务，其对被执行人的债务在已经履行的范围内就消灭了，被执行人就不能再依据原来的债权债务关系对第三人主张债权。证明的作用就在于从实体法律关系上，证明第三人和被执行人之间的债权债务关系已经消灭或部分消灭。实践中，第三人在履行债务之后，有时会出现被执行人要求第三人清偿，理由是自己作为债权人并没有直接提出清偿的要求，因而坚持要求第三人应向自己履行债务。为了保障第三人的权益，消除债务人的顾虑，使代位执行顺利进行，《执行工作若干问题的规定(试行)》第69条规定："第三人按照人民法院履行通知向申请执行人履行了债务或已被强制执行后，人民法院应当出具有关证明。"

(2)出具债务履行证明书的次数：第三人履行债务证明书可以履行一次出具一次，但不得代替收据使用。本样式一式两份。拟稿存入执行卷宗，并由签发人、执行员、书记员签字。

23. 协助执行通知书

××××人民法院
协助执行通知书

　　　　　　　　　　　　　　　　　（××××）……执……号

×××：
　　×××与×××……（写明案由）一案，本院（或其他生效法律文书的作出机关）作出的（××××）……号民事判决（或其他生效法律文书）已经发生法律效力。因……（写明协助执行的原因）。依照《中华人民共和国民事诉讼法》第二百四十二条/二百四十三条/二百四十四条/二百五十一条、《最高人民法院关于人民法院执行工作若干问题的规定（试行）》第36条/第38条/第50条规定，请协助执行以下事项：
　　……

　　附：（××××）……号裁定书

　　　　　　　　　　　　　　　　　　　　××××年××月××日
　　　　　　　　　　　　　　　　　　　　　　（院印）

联 系 人：×××　　　　联系电话：……
本院地址：……　　　　邮　　编：……

【说明】

本样式根据《中华人民共和国民事诉讼法》第二百四十二条、第二百四十三条、第二百四十四条、第二百五十一条，《最高人民法院关于人民法院执行工作若干问题的规定（试行）》第36条、第38条、第50条规定制定，供人民法院通知有关单位协助执行时用。

【实例评注】

武汉市硚口区人民法院
协助执行通知书 ①

(2016) 鄂 0104 执 8 号

武汉市硚口区工商行政管理局：

  关于申请人东昌电机(深圳)有限公司与被执行人郑某某民间借贷纠纷一案，我院作出(2016)鄂 0104 执 8 – 2 号执行裁定书已经发生法律效力。因被执行人至今未履行生效法律文书所确定的还款义务。依照《中华人民共和国民事诉讼法》第二百四十二条、第二百四十四条之规定，请协助执行以下事项：

  冻结被执行人郑某某所持有的武汉郑氏中医骨科医院有限公司享有的 50% 股权。冻结期间，不得擅自处分被冻结的股权及其投资权益，冻结期限为贰年。(2016 年 1 月 26 日至 2018 年 1 月 25 日)

  附：(2016) 鄂 0104 执 8 – 2 号执行裁定书壹份

二〇一六年一月二十六日

〔评注〕

  1. 协助执行通知书发出的对象和目的

  协助执行通知书是送达给因案件需要而负有协助人民法院执行义务的单位。在以下情况下需向有关单位发送协助执行通知书：

  (1)被执行人未按执行通知履行法律文书确定的义务，人民法院有权向银行、信用合作社和其他有储蓄业务的单位查询被执行人的存款情况，有权冻结、划拨被执行人的存款，但查询、冻结、划拨存款不得超出被执行人应当履行义务的范围。人民法院决定冻结、划拨存款，应当作出裁定，并发出协助执行通知书，银行、信用合作社和其他有储蓄业务的单位必须办理。

  (2)人民法院扣留、提取收入时应当作出裁定，并发出协助执行通知书，被执行人所在单位、银行、信用合作社和其他有储蓄业务的单位必须办理。

  (3)在执行中，需要办理有关财产权证照转移手续的，人民法院可以向有关单位发

---

① 来源：湖北省武汉市硚口区人民法院(2016)鄂 0104 执 8 号案卷。

出协助执行通知书,有关单位必须办理。国家土地管理局协助执行人民法院裁定转移土地使用权:①以出让、转让方式取得的国有土地使用权属当事人自有财产,人民法院对土地使用权(包括以土地为载体的各种权利、义务)转移的裁定,应作为土地权属转移的合法依据,土地管理部门应根据法院的裁定,及时进行变更土地登记。但人民法院在裁定中应明确告知当事人三十日内到人民政府土地管理部门申请办理变更土地登记,将裁定或判决内容以有效法律文书形式及时通知土地管理部门。②土地管理部门在对裁定的土地办理变更登记手续时,其权利取得的时间应以人民法院裁定的权利取得的时间为依据。对不申请办理变更登记或逾期申请的,其土地权利不受法律保护,涉及的土地按违法用地处理。③为维护人民法院判决、裁定和土地登记的严肃性,当事人在规定时间内申请办理变更登记手续的,土地管理部门应以法院裁定或判决时间先后为序确认土地权利。④对通过划拨方式取得的土地使用权,由于不属于当事人的自有财产,不能作为当事人财产进行裁定。但在裁定转移地上建筑物、附着物涉及有关土地使用权时,在与当地土地管理部门取得一致意见后,可裁定随地上物同时转移。凡属于裁定中改变土地用途及使用条件的,需征得土地管理部门同意;补交出让金的,应在裁定中明确,经办理出让手续,方可取得土地使用权。

2. 关于样式的写作要点

(1)标题

标题由法院名称+文书名称即"协助执行通知书"+案号三部分组成。中级、基层人民法院名称前要冠以省、自治区、直辖市的全称,实例中的法院名称"武汉市硚口区人民法院"应当改为"湖北省武汉市硚口区人民法院"。

(2)正文

①抬头写明协助单位的名称。

②写明案件的案由,实例中使用的是原生效民事裁判的案由。

③写明执行依据,即生效的裁判文书,以及执行的原因。其原因往往是被执行人拒不履行债务。样式给出的法律依据是《民事诉讼法》第二百四十二条、第二百四十三条、第二百四十四条、第二百五十一条,《执行工作若干问题的规定(试行)》第36条、第38条、第50条,以上条款是根据协助执行通知书所协助的事项和所发出的对象来确定具体选择适用的条款,实例中选择适用的是《民事诉讼法》第二百四十二条、第二百四十四条。

④主文写明要求协助单位具体协助事项以及期限。

⑤附项写明执行裁定书的名称、案号、份数。

⑥样式中写明了联系人、联系方式、联系地址,实例中没有此内容。实践中,留下联系人、联系方式和地址更加有利于协助单位和执行法院之间及时沟通。

(3)落款

落款写明签发日期,并加盖院印。

24-1. 协助查询存款通知书

×××× 人民法院
协助查询存款通知书

（××××）……执……号

××××（写明金融机构名称）：

　　兹因须向你单位查询×××（证件种类、号码：……）的存款，特派我院×××、×××前往你处，请予协助查询为盼。

××××年××月××日
（院印）

联　系　人：×××　　　　联系电话：……
本院地址：……　　　　　　邮　　编：……

24-2. 协助查询存款通知书（回执）

×××× 人民法院
协助查询存款通知书
（回执）

××××法院：

　　你院（××××）……号查询通知书收悉。现将×××（证件种类、号码：……）的存款情况提供如下：

　　……

××××年××月××日
（公章）

联　系　人：×××　　　　联系电话：……
本院地址：……　　　　　　邮　　编：……

【说明】

1. 本样式根据《中华人民共和国民事诉讼法》第二百四十二条、《最高人民法院关于网络查询、冻结被执行人存款的规定》制定，供人民法院查询存款时用。

2. 人民法院与金融机构已建立网络执行查控机制的，可以通过网络实施查询、冻结被执行人存款等措施。人民法院实施网络执行查控措施，应当事前统一向相应金融机构报备有权通过网络采取执行查控措施的特定执行人员的相关公务证件。办理具体业务时，不再另行向相应金融机构提供执行人员的相关公务证件。人民法院办理网络执行查控业务的特定执行人员发生变更的，应当及时向相应金融机构报备人员变更信息及相关公务证件。

3. 人民法院通过网络查询被执行人存款时，应当向金融机构传输电子协助查询存款通知书。多案集中查询的，可以附汇总的案件查询清单。人民法院向金融机构传输的法律文书，应当加盖电子印章。人民法院出具的电子法律文书、金融机构出具的电子查询、冻结等结果，与纸质法律文书及反馈结果具有同等效力。

4. 人民法院通过网络查询、冻结、续冻、解冻被执行人存款，与执行人员赴金融机构营业场所查询、冻结、续冻、解冻被执行人存款具有同等效力。

【实例评注】

**湖北省武汉市硚口区人民法院
协助查询存款通知书**[①]

（2011）硚执第948号

汉口银行江汉支行：

兹因唐某某与谭某某纠纷一案须向你单位查询谭某某（账号：……）的存款，特派我院×××、×××前往你处，请予协助查询为盼。

二〇一一年十月十二日

联 系 人：×××　　　　　联系电话：……
本院地址：……　　　　　　邮　　编：……

[①] 来源：湖北省武汉市硚口区人民法院(2011)硚执第948号案卷。

湖北省武汉市硚口区人民法院
协助查询存款通知书
（回执）

湖北省武汉市硚口区法院：

  你院（2011）硚执字第948号协助查询通知书收悉。谭某某（账号：……）在我处的账户存款余额32 000元。

二〇一一年十月十二日

联 系 人：×××　　　　　联系电话：……
本院地址：……　　　　　　邮　　编：……

〔评注〕

  1. 本文书样式供人民法院向银行、信用合作社等金融机构调查询问被执行人存款情况了解被执行人的执行能力时使用。被执行人未按执行通知履行法律文书确定的义务时，人民法院有权向银行、信用合作社和其他有储蓄业务的单位查询被执行人的存款情况，有权冻结、划拨被执行人的存款，但查询、冻结、划拨存款不得超出被执行人应当履行义务的范围。人民法院决定冻结、划拨存款，应当作出裁定，并发出协助执行通知书，银行、信用合作社和其他有储蓄业务的单位必须办理。查询是人民法院向金融机构调查、询问被执行人存款情况的执行方法，接受查询的对象是金融机构。金融机构是指在中国境内依法成立的经营金融业务的机构。我国的金融机构主要包括两大类：银行和非银行的金融机构。

  2. 本通知书原来样式为三联填充式。第一联为通知书存根，存卷；第二联为通知书正本；第三联回执。现在新的样式仅仅为两联，即只需要查询通知书正本和回执。旧的文书样式比本文书样式多出一联存根，但是由于内容显然属于重复填写，所以没有必要。

25-1. 协助冻结存款通知书

×××related人民法院
协助冻结存款通知书

（××××）……执……号

××××(写明金融机构名称)：
　　×××与×××……(写明案由)一案，×××(证件种类、号码：……)在你处××账户的存款……元，请暂停支付×年(自××××年××月××日起至××××年××月××日止)。逾期或解除冻结后，方可支付。

　　附：（××××）……号裁定书

××××年××月××日
（院印）

联 系 人：×××　　　　联系电话：……
本院地址：……　　　　邮　　编：……

25-2. 协助冻结存款通知书（回执）

××××人民法院
协助冻结存款通知书
（回执）

××××法院：
　　你院(××××)号协助冻结通知书收悉。×××(证件种类、号码:)在我处的××账户存款应冻结元，已冻结元，未冻结元，原因为。

××××年××月××日
（公章）

联 系 人：×××　　　　联系电话：……
本院地址：……　　　　邮　　编：……

【说明】

1. 本样式根据《中华人民共和国民事诉讼法》第二百四十二条规定制定,供人民法院冻结存款时用。

2. 人民法院冻结存款,应当作出裁定,并发出协助执行通知书,金融机构必须办理。

3. 人民法院通过网络冻结被执行人存款时,向金融机构传输的法律文书,应当加盖电子印章。人民法院出具的电子法律文书、金融机构出具的电子查询、冻结等结果,与纸质法律文书及反馈结果具有同等效力。

4. 人民法院通过网络查询、冻结、续冻、解冻被执行人存款,与执行人员赴金融机构营业场所查询、冻结、续冻、解冻被执行人存款具有同等效力。

【实例评注】

湖北省武汉市硚口区人民法院
协助冻结通知书 [①]

(2011)硚执字第 948 号

汉口银行江汉支行:

  唐某某与谭某某其他民事执行一案,谭某某(账号:……)在你处××账户的存款 2 180 元,请暂停支付 2 年(自 2011 年 10 月 13 日起至 2013 年 10 月 12 日止)。逾期或解除冻结后,方可支付。

  附:(2011)硚执字第 948 号民事裁定书

联 系 人:×××   联系电话:……
本院地址:……   邮   编:……

二〇一一年十月十三日

[①] 来源:湖北省武汉市硚口区人民法院(2011)硚执第 948 号案卷。

湖北省武汉市硚口区人民法院
协助冻结存款通知书
（回执）

湖北省武汉市硚口区人民法院法院：

  你院（2011）硚执第948号协助冻结通知书收悉。谭某某在我处的××账户存款应冻结2 180元，已冻结2 180元。

二〇一一年十月十三日

  联系人：×××　　　　　联系电话：……
  本院地址：……　　　　　邮　　编：……

〔评注〕

  本文书样式供各级人民法院根据已发生法律效力的裁判文书，通知银行、信用合作社和其他有储蓄业务的单位，协助执行冻结被执行人的存款时使用。通知冻结存款应附送生效的裁判文书。人民法院因被执行人不履行生效法律文书中确定的义务，决定采取冻结措施，应当制作裁定书。人民法院向银行或其他金融机构冻结公民个人储蓄存款，或者冻结企业事业单位、机关、团体的银行存款时，应当向银行或其他金融机构出具正式函件，由银行或其他金融机构指定的业务部门提供情况。根据中国人民银行、最高人民法院、最高人民检察院、公安部联合发布《关于查询、冻结、扣划企业事业单位机关、团体银行存款的通知》以及《最高人民法院、中国人民银行关于依法规范人民法院执行和金融机构协助执行的通知》的规定，人民法院对查询到的被执行人在金融机构的存款，需要冻结的，执行人员应当出示本人工作证和执行公务证，并出具法院冻结裁定书和协助冻结存款通知书。金融机构应当立即协助执行。如遇被冻结单位银行账户的存款不足冻结数额时，银行应在6个月的冻结期内冻结该单位银行账户可以冻结的存款，直至达到需要冻结的数额。

26－1. 协助划拨存款通知书

××××人民法院
协助划拨存款通知书

（××××）……执……号

××××（写明金融机构名称）：

　　本院在执行×××与×××……（写明案由）一案中，因被执行人×××在期限内未予执行，请将该被执行人×××（证件种类、号码：……）在你处×××账户的存款……元，划拨至×××银行账户/国库。

　　开户银行：××××
　　账户名称：××××
　　账　　号：……

　　附：（××××）……号裁定书

××××年××月××日
（院印）

联　系　人：×××　　　联系电话：……
本院地址：……　　　　邮　　编：……

26－2. 协助划拨存款通知书（回执）

××××人民法院
协助划拨存款通知书
（回执）

××××法院：

　　你院（××××）号协助划拨通知书收悉。×××（证件种类、号码：……）在我处的××账户存款……元已划拨至××××银行账户/国库，未划拨……元，原因为……。

	×××× 年 ×× 月 ×× 日
	（公章）
联 系 人：×××	联系电话：……
本院地址：……	邮　　编：……

【说明】

本样式根据《中华人民共和国民事诉讼法》第二百四十二条规定制定，供人民法院划拨存款时用。

【实例评注】

湖北省武汉市硚口区人民法院
协助划拨存款通知书 ①

(2011)硚执字 948 号

汉口银行江汉支行：

本院在执行唐某某与谭某某其他民事执行一案中，因被执行人谭某某在期限内未予执行，请将该被执行人谭某某在你处×××账户的存款 2 180 元，划拨至××× 银行账户/国库。

开户银行：××××

账户名称：××××

账　　号：……

附：(2011)硚执字 948 号裁定书

二〇一一年十月十三日

联 系 人：×××	联系电话：……
本院地址：……	邮　　编：……

---

① 来源：湖北省武汉市硚口区人民法院(2011)硚执第 948 号案卷。

湖北省武汉市硚口区人民法院
协助划拨存款通知书
（回执）

湖北省武汉市硚口区人民法院：

你院（2011）硚执字948号协助划拨通知书收悉。谭某某在我处的××账户存款应冻结2 180元已划拨至××××银行账户/国库。

二〇一一年十月十三日

联 系 人：×××　　　　　联系电话：……
本院地址：……　　　　　　邮　　编：……

〔评注〕

1. 样式的适用范围

本文书样式供人民法院通知银行、信用合作社和其他有储蓄业务的单位，协助执行扣划被执行人的存款时使用。划拨是人民法院经过银行或信用合作社等金融机构协助，将被执行人的存款划入权利人账户内或本院账户再转交给权利人的执行措施。提取是人民法院通知金融机构将作为被执行人的公民的存款取出，交给人民法院或存入人民法院指定的账户的执行措施。《民事诉讼法》第二百四十二条规定："被执行人未按执行通知履行法律文书确定的义务，人民法院有权向有关单位查询被执行人的存款、债券、股票、基金份额等财产情况。人民法院有权根据不同情形扣押、冻结、划拨、变价被执行人的财产。人民法院查询、扣押、冻结、划拨、变价的财产不得超出被执行人应当履行义务的范围。人民法院决定扣押、冻结、划拨、变价财产，应当作出裁定，并发出协助执行通知书，有关单位必须办理。"

2. 本样式与本章样式25之间的区别

（1）标题不同，样式25是"协助冻结存款通知书"，本样式是"协助划拨存款通知书"。

（2）正文中要求予以协助的事项不同，样式25是将存款冻结在被执行人的银行账户内，不予以转移，而本样式是将被执行人名下账户存款转移到法院执行专户中。

（3）产生的法律后果不同，样式25发出后冻结存款并不消灭被执行人应当履行的债务。本样式发出后将存款划拨至法院专户后将产生消灭相应被执行人债务的后果。

27-1. 解除冻结存款通知书

×××人民法院
解除冻结存款通知书

（××××）……执……号

×××（写明金融机构名称）：

本院××××年××月××日（××××）……号协助冻结存款通知书冻结×××（证件种类、号码：……）在你处××账户的存款……元，现请解除冻结。

附：（××××）……号裁定书

××××年××月××日
（院印）

联 系 人：×××　　　联系电话：……
本院地址：……　　　邮　　编：……

27-2. 解除冻结存款通知书（回执）

×××人民法院
解除冻结存款通知书
（回执）

××××法院：

你院（××××）……号解除冻结存款通知书收悉。××××（证件种类、号码：……）在我处××账户存款……元，已解除冻结。

此复

××××年××月××日
（公章）

联 系 人：×××　　　联系电话：……
本院地址：……　　　邮　　编：……

【说明】

1. 本样式供人民法院解除冻结时用。

2. 人民法院通过网络冻结被执行人存款，需要解除冻结的，人民法院应当及时向金融机构传输电子解除冻结裁定书和协助解除冻结存款通知书。人民法院向金融机构传输的法律文书，应当加盖电子印章。人民法院出具的电子法律文书、金融机构出具的电子查询、冻结等结果，与纸质法律文书及反馈结果具有同等效力。

3. 人民法院通过网络查询、冻结、续冻、解冻被执行人存款，与执行人员赴金融机构营业场所查询、冻结、续冻、解冻被执行人存款具有同等效力。

【实例评注】

湖北省武汉市硚口区人民法院
协助解除冻结存款通知书 ①

（2011）硚执字 948 号

汉口银行江汉支行：

本院 2011 年 10 月 13 日（2011）硚执字 948 号协助冻结存款通知书冻结谭某某（证件种类、号码：……）在你处××账户的存款 2 180 元，现请解除冻结。

附：（2011）硚执字 948 号裁定书

二○一一年十一月十三日

联 系 人：×××　　　　　联系电话：……
本院地址：……　　　　　　邮　　编：……

湖北省武汉市硚口区人民法院
协助解除冻结存款通知书
（回执）

湖北省武汉市硚口区人民法院：

你院（2011）硚执字 948 号解除冻结存款通知书收悉。谭某某（证件种类、号

---

① 来源：湖北省武汉市硚口区人民法院（2011）硚执第 948 号案卷。

码：……)在我处××账户存款 2 180 元，已解除冻结。

二〇一一年十一月十三日

联 系 人：×××　　　　联系电话：……
本院地址：……　　　　邮　　编：……

〔评注〕

1. 样式适用的范围及条件

本文书样式供各级人民法院对已经冻结的存款，在决定予以提前解除冻结后，通知银行、信用合作社和其他有储蓄业务的单位协助执行时使用。当义务人及时履行执行文书所确定的义务时，人民法院可提前解除冻结，向银行和其他金融机构发出提前解除冻结存款通知书。存款一经解冻，银行或其他金融机构可以向被执行人支付，被执行人恢复使用款项的权利。

2. 样式的写作要点

(1)标题：法院发出的通知书，应依次写明制作文书的法院名称；文书名称，即"解除冻结存款通知书"；文书案号。

(2)正文：抬头写明致送单位；人民法院原冻结存款通知书事项；说明决定事项，表述为"现请解除冻结"。

(3)落款：注明制作本文书日期，加盖人民法院院印，应端端正正地加盖在制作日期的年、月、日的中间，俗称"掩年盖月"。

(4)回执联：本文书的回执联名称要注明"(回执)"字样，其内容与上述发出去的文书内容相对应。抬头写明致受函的人民法院名称，说明执行情况，主要是关于账户解除冻结的情况。注明制作本文书的日期(年月日)，加盖公章。

28－1. 协助查询股权、其他投资权益通知书

××××人民法院
协助查询通知书

(××××)……执……号

××××工商行政管理局/分局：
　　根据执行案件需要，现向你局查询被执行人×××(证件种类、号码：……)持有公司

等市场主体股权、其他投资权益或者……信息。依照《中华人民共和国民事诉讼法》第二百四十二条规定，请予协助查询为盼。

××××年××月××日
（院印）

经 办 人：×××
联系电话：……

28-2. 协助查询股权、其他投资权益通知书（回执）

××××人民法院
协助查询通知书
（回执）

××××人民法院：
你院（××××）……号协助查询通知书收悉。经查询，被执行人×××（证件种类、号码：……）持有公司等市场主体股权、其他投资权益等情况如下：
……

××××年××月××日
（公章）

经 办 人：×××
联系电话：……

【说明】
本样式根据《最高人民法院、国家工商总局关于加强信息合作规范执行与协助执行的通知》制定，供人民法院查询被执行人的股权、其他投资权益及信息时用。

【实例评注】

湖北省武汉市硚口区人民法院
协助查询通知书 ①

(2016)鄂 0104 执 8 – 1 号

武汉市工商行政管理局：

根据执行案件需要，现向你局查询被执行人郑某某(身份证号：……)在武汉郑氏中医骨科医院持有的股权信息。依照《中华人民共和国民事诉讼法》第二百四十二条规定，请予协助查询为盼。

二〇一六年一月二十五日

经 办 人：×××
联系电话：……

湖北省武汉市硚口区人民法院
协助查询通知书
（回执）

湖北省武汉市硚口区人民法院：

你院(2016)鄂 0104 执 8 – 1 号协助查询通知书收悉。经查询，被执行人郑某某(身份证号：……)持有武汉郑氏中医骨科医院的股权、其他投资权益等情况如下：

被执行人郑某某持有武汉郑氏中医骨科医院 50% 的股权。

二〇一六年××月××日

经 办 人：×××
联系电话：……

---

① 来源：湖北省武汉市硚口区人民法院(2016)鄂 0104 号案执 8 号案卷。

〔评注〕

1. 样式的适用范围

本样式是根据《最高人民法院、国家工商总局关于加强合作规范执行与协助执行的通知》的要求，用来查询被执行人股权、其他投资收益时使用。

2. 查询的方式、途径

目前各级人民法院与工商行政管理机关通过网络专线、电子政务平台等媒介，将双方业务信息系统对接，建立网络执行查控系统，实现网络化执行与协助执行。已建立网络执行查控系统的地区，可以通过该系统办理协助事项。未建成网络执行查控系统的地区，工商行政管理机关有条件的，可以设立专门的司法协助窗口或者指定专门的机构或者人员办理协助执行事务。人民法院办理案件需要工商行政管理机关协助执行的，工商行政管理机关应当按照人民法院的生效法律文书和协助执行通知书办理协助执行事项。

工商行政管理机关在企业信用信息公示系统中设置"司法协助"栏目，公开登载人民法院要求协助执行的事项。

3. 样式使用的注意事项

人民法院对股权、其他投资权益进行冻结或者实体处分前，应当查询权属。人民法院应先通过企业信用信息公示系统查询有关信息。需要进一步获取有关信息的，可以要求工商行政管理机关予以协助。

执行人员到工商行政管理机关查询时，应当出示工作证或者执行公务证，并出具协助查询通知书。协助查询通知书应当载明被查询主体的姓名(名称)、查询内容，并记载执行依据、人民法院经办人员的姓名和电话等内容。

29 - 1. 协助公示冻结、续行冻结通知书

××××人民法院
协助公示通知书

(××××)……执……号

××××工商行政管理局/分局：

根据本院(××××)……号执行裁定，依照《中华人民共和国民事诉讼法》第二百四十二条规定，请协助公示下列事项：

冻结/继续冻结被执行人×××(证件种类、号码：……)持有×××……(股权、其他投资权益的数额)，冻结期限为×年(自××××年××月××日起至××××年××月××日止)。

附：（××××）……号裁定书

×××年××月××日
（院印）

经办人：×××
联系电话：……

29-2. 公示冻结、续行冻结（公示内容）

××××人民法院
协助公示执行信息需求书

执行法院：××××人民法院
执行文书文号：（××××）……号执行裁定书
　　　　　　　（××××）……号协助执行通知书
执行事项：公示冻结/续行冻结股权、其他投资权益
被执行人：×××
被执行人证件种类：×××
被执行人证件号码：……
被执行人持有股权、其他投资权益的数额：……
冻结/续行冻结期限：×年(自××××年××月××日起至××××年××月××日止)
公示日期：××××年××月××日

29-3. 协助公示冻结、续行冻结（回执）

××××人民法院
协助公示通知书
（回执）

××××人民法院：
　你院(××××)……号执行裁定书、（××××）……号协助公示通知书收悉，我局处理结果如下：

>
> 已于××××年××月××日在企业信用信息公示系统公示。
>
> ××××年××月××日
> （公章）
>
> 经办人：×××
> 联系电话：……

【说明】

本样式根据《最高人民法院、国家工商总局关于加强信息合作规范执行与协助执行的通知》制定，供人民法院通知工商部门对被执行人的股权、其他投资权益公示冻结或者续行冻结时用。

【实例评注】

湖北省武汉市硚口区人民法院
协助公示通知书 [①]

（2014）鄂硚口执字第00248号

根据本院（2014）鄂硚口执字第00248号执行裁定书，依照《中华人民共和国民事诉讼法》第二百四十二条规定，请协助公示下列事项：

继续冻结被执行人武汉佳讯绿色环保材料有限责任公司（证件种类、号码：……）持有北京盛世首佳新型建材有限公司的70%股权，续行冻结期限：×年，自2016年4月××日起至××××年4月××日止（解除冻结的除外）。

附：（2014）鄂硚口执字第00248号

××××年××月××日

经办人：×××
联系电话：……

[①] 来源：湖北省武汉市硚口区人民法院（2014）鄂硚口执字第00248号案卷。

湖北省武汉市硚口区人民法院
协助公示执行信息需求书

(2014)鄂硚口执字第 00248 号

北京市工商行政管理局石景山分局：

执行法院：硚口区人民法院

执行文书文号：(2014)鄂硚口执字第 00248 号执行裁书，(2014)鄂硚口执字第 00248 号协助执行通知书。

执行事项：续行冻结股权

被执行人：武汉佳讯绿色环保材料有限责任公司

被执行人证件种类：××××

被执行人证件号码：××××

被执行人武汉佳讯绿色环保材料有限责任公司持有北京盛世首佳新型建材有限公司的 70% 股权。

续行冻结期限：×年，自 2016 年 4 月××日起至×××年 4 月××日止(解除冻结的除外)。

公示日期：2016 年 4 月××日

二〇一六年四月××日

××××人民法院
协助公示通知书
（回执）

湖北省武汉市硚口区人民法院：

你院(2014)鄂硚口执字第 00248 号执行裁定书、(2014)鄂硚口执字第 00248 号协助公示通知书收悉，我局处理结果如下：

已于：2016 年 4 月××日在企业信用信息公示系统公示。

二〇一六年四月××日

经 办 人：×××

联系电话：……

〔评注〕

1. 样式的制作依据和实践中的注意事项

(1)本样式制定的依据是《最高人民法院、国家工商总局关于加强信息合作规范执行与协助执行的通知》的相关规定："人民法院要求工商行政管理机关协助公示时，应当制作协助公示执行信息需求书，随协助执行通知书等法律文书一并送达工商行政管理机关。工商行政管理机关按照协助公示执行信息需求书，发布公示信息。"

(2)人民法院办理案件需要工商行政管理机关协助执行的，工商行政管理机关应当按照人民法院的生效法律文书和协助执行通知书办理协助执行事项。工商行政管理机关协助人民法院办理以下事项：(1)查询有关主体的设立、变更、注销登记，对外投资，以及受处罚等情况及原始资料(企业信用信息公示系统已经公示的信息除外)；(2)对冻结、解除冻结被执行人股权、其他投资权益进行公示；(3)因人民法院强制转让被执行人股权，办理有限责任公司股东变更登记；(4)法律、行政法规规定的其他事项。

(3)公示信息应当记载执行法院，执行裁定书及执行通知书文号，被执行人姓名(名称)，被冻结或转让的股权、其他投资权益所在市场主体的姓名(名称)，股权、其他投资权益数额，受让人，协助执行的时间等内容。人民法院对股权、其他投资权益进行冻结或者实体处分前，应当查询权属。人民法院应先通过企业信用信息公示系统查询有关信息。需要进一步获取有关信息的，可以要求工商行政管理机关予以协助。

(4)执行人员到工商行政管理机关查询时，应当出示工作证或者执行公务证，并出具协助查询通知书。协助查询通知书应当载明被查询主体的姓名(名称)、查询内容，并记载执行依据、人民法院经办人员的姓名和电话等内容。

2. 实例与样式的区别

由于实例作出的时间是2016年4月，在新民事诉讼文书样式适用之前，因此有些内容与样式不同。

(1)样式29-2中，标题部分没有要求写明案号，但实例中出现了执行案号。

(2)样式29-2的正文中第一行为"执行法院"，没有写抬头的受文单位，因为在样式29-1中已经写明了抬头受文单位，故在此无需要重复。但是样式29-2对应的实例中正文抬头写明了受文单位。

(3)样式29-2中没有写明落款，而样式29-2对应的实例中却有落款。

30－1. 协助公示解除冻结通知书

××××人民法院
协助公示通知书

（××××）……执……号

××××工商行政管理局/分局：

根据本院（××××）……号执行裁定，依照《中华人民共和国民事诉讼法》第二百四十二条规定，请协助公示下列事项：

解除对被执行人×××(证件种类、号码：……)持有×××……(股权、其他投资权益的数额)的冻结。

附：（××××）……号裁定书

××××年××月××日
（院印）

经 办 人：×××
联系电话：……

30－2. 解除冻结信息需求书（公示内容）

××××人民法院
协助公示执行信息需求书

执行法院：××××人民法院
执行文书文号：（××××）……号执行裁定书
（××××）……号协助执行通知书
执行事项：解除冻结股权、其他投资权益
被执行人：×××
被执行人证件种类：×××
被执行人证件号码：……
被执行人持有股权、其他投资权益的数额：……
解除冻结日期：××××年××月××日
公示日期：××××年××月××日

30-3. 解除冻结通知书（回执）

××××人民法院
协助公示通知书
（回执）

××××人民法院：
  你院(××××)……号执行裁定书、(××××)……号协助公示通知书收悉，我局处理结果如下：
  已于××××年××月××日在企业信用信息公示系统公示。

××××年××月××日
（公章）

  经办人：×××
  联系电话：……

【说明】

本样式根据《最高人民法院、国家工商总局关于加强信息合作规范执行与协助执行的通知》制定，供人民法院通知工商部门对被执行人的股权、其他投资权益公示解除冻结时用。

【实例评注】

（暂缺实例）

〔评注〕

本样式与样式29的区别在于，样式29用于协助冻结公示信息，本样式用于解除冻结。根据《最高人民法院、国家工商总局关于加强信息合作规范执行与协助执行的通知》的规定，人民法院对被执行人股权、其他投资权益等解除冻结的，应当通知当事人，同时通知工商行政管理机关公示。工商行政管理机关收到人民法院上述文书后，应当在三个工作日内直接在业务系统中办理，不需要该有限责任公司另行申请，并及时公示股东变更登记信息。公示后，该股东权利以公示信息确定。

31-1. 协助变更股东登记通知书

×××× **人民法院**
协助执行通知书

（××××）……执……号

××××工商行政管理局/分局：
　　根据本院（××××）……号执行裁定，依照《中华人民共和国民事诉讼法》第二百四十二条规定，请协助办理下列事项：
　　将被执行人×××（证件种类、号码：……）持有×××……（股权数额），股东变更登记为×××（证件种类、号码：……）。

　　附：（××××）……号裁定书

××××年××月××日
（院印）

经 办 人：×××
联系电话：……

31-2. 公示股东变更登记信息需求书（公示内容）

×××× **人民法院**
协助公示执行信息需求书

执行法院：××××人民法院
执行文书文号：（××××）……号执行裁定书
　　　　　　　（××××）……号协助执行通知书
执行事项：强制转让被执行人股权，办理股东变更登记。
被执行人：×××
被执行人证件种类：×××

被执行人证件号码：……

被执行人持有股权数额：……

受让人：×××

受让人证件类型：×××

受让人证件号码：……

协助执行日期：××××年××月××日

31-3. 协助变更股东登记通知书（回执）

××××人民法院
协助执行通知书
（回执）

××××人民法院：

你院(××××)……号执行裁定书、(××××)……号协助执行通知书收悉，我局处理结果如下：

已于××××年××月××日在工商行政管理业务系统办理股东变更登记，并于××××年××月××日在企业信用信息公示系统公示。

××××年××月××日
（公章）

经办人：×××

联系电话：……

【说明】

本样式根据《最高人民法院、国家工商总局关于加强信息合作规范执行与协助执行的通知》制定，供人民法院通知工商部门协助变更股东登记时用。

【实例评注】

（暂缺实例）

〔评注〕

本样式与样式 29 的区别在于，样式 29 用于协助冻结公示信息，本样式用于股权等公示信息的变更登记。根据《最高人民法院、国家工商总局关于加强信息合作规范执行与协助执行的通知》的规定："人民法院对被执行人股权、其他投资权益等解除冻结的，应当通知当事人，同时通知工商行政管理机关公示。"工商行政管理机关收到人民法院上述文书后，应当在三个工作日内直接在业务系统中办理，不需要该有限责任公司另行申请，并及时公示股东变更登记信息。公示后，该股东权利以公示信息确定。

32. 通知书（责令金融机构追回被转移的冻结款项用）

××××人民法院
责令追回被转移款项通知书

（××××）……执……号

××××(写明金融机构名称)：

　　本院在执行×××与×××……(写明案由)一案中，已于××××年××月××日向你单位发出(××××)……号执行裁定书和(××××)……号协助冻结存款通知书。经查，你单位于××××年××月××日擅自解冻被本院冻结的款项，致冻结款项被转移。依照《最高人民法院关于人民法院执行工作若干问题的规定(试行)》第 33 条规定，责令你单位自本通知书送达之日起××日内追回已被转移的款项……元。

　　逾期未能追回，本院将裁定你单位在转移的款项范围内以自己的财产向申请执行人承担责任。

　　特此通知。

××××年××月××日
（院印）

联系人：×××　　　　联系电话：……
本院地址：……　　　　邮　　编：……

【说明】

　　本样式根据《最高人民法院关于人民法院执行工作若干问题的规定(试行)》第 33 条规定制定，供人民法院责令金融机构限期追回已被转移款项时用。

【实例评注】

江西省瑞金市人民法院
责令追回被转移的款项通知书①

(2015)瑞执字第955-4号

九江银行赣州分行：

　　本院在执行申请人曾某某与被执行人赖某某民间借贷纠纷一案中，于2015年7月3日向你单位发出了(2015)瑞民二初字第1158-1号民事裁定书和(2015)瑞执保字第39号协助冻结存款通知书，对被执行人赖某某在你行账户为6223072828300××××××的4 390 000元存款予以冻结，你行亦向我院出具已冻结4 390 000元存款回执。2015年8月5日我院在你行扣划该账户存款时发现，冻结的4 390 000元已被转移。依照《最高人民法院关于人民法院执行工作中若干问题的规定(试行)》第33条的规定，责令你单位自本通知书送达之日起3日内如数追回已被转移的款项4 390 000元。

　　逾期未能追回，本院将依法裁定你单位以自己的财产向申请执行人承担责任。

　　特此通知。

二〇一五年八月六日

〔评注〕

　　1. 样式的适用范围及法律依据

　　本文书样式供人民法院在金融机构擅自解冻人民法院冻结的款项，致使冻结款项被转移的，责令金融机构限期追回已被转移款项时使用。根据《中国人民银行、最高人民法院、最高人民检察院、公安部关于查询、冻结、扣划企业、事业单位、机关、团体银行存款的通知》的规定，被冻结的款项在冻结期限内如需解冻，应以作出冻结决定的人民法院签发的"解除冻结存款通知书"为凭，银行不得自行解除。冻结被通知冻结的财产，实际上处于法院的特殊保护之下，此时申请执行人的利益就寄托在有关财产之上，如果金融机构擅自解冻被人民法院冻结的款项，致使冻结款项被转移的，既是妨害司法的行为，又侵害了处于司法直接保护状态下的当事人实体权利。《执行工作若干问题的规定(试行)》第33条明确规定："金融机构擅自解冻被人民法院冻结的款项，致冻结款项被转移的，人民法院有权责令其限期追回已转移的款项。在限期内未能

---

① 来源：江西省瑞金市人民法院(2015)瑞执字第955-4号案卷。

追回的，应当裁定该金融机构在转移的款项范围内以自己的财产向申请执行人承担责任。"

2. 结合实例分析样式的写作要点

(1) 标题

依次写明制作文书的法院名称、文书名称、文书案号。

(2) 正文

①抬头写明受文金融机构名称。实例中的金融机构九江银行赣州分行即为本案协助执行单位。

②写明有关单位应履行的协助事项。写明案由及发出冻结存款裁定书和协助执行通知书的日期以及执行裁定书和协助冻结存款通知书的编号。

③写明有关金融机构擅自解冻的情况。一般表述为"你单位擅自解冻被本院冻结的款项，致冻结款项被转移"。写明擅自解冻款项的金额。

④法律依据是《执行工作若干问题的规定(试行)》第33条的规定。

⑤通知内容：主要描述责令追回款项的金额、期限，一经逾期不追回所应承担的法律责任。

(3) 落款

载明发文日期及加盖院印。

33. 通知书（责令协助执行单位追回擅自支付款项用）

××××人民法院
责令协助单位追款通知书

(××××)……执……号

××××：

本院在执行×××与×××……(写明案由)一案中，于××××年××月××日向你单位发出(××××)号协助执行通知书，要求你单位协助将被执行人×××收入……元交存本院，你单位却擅自向被执行人/他人支付……元。依照《最高人民法院关于人民法院执行工作若干问题的规定(试行)》第37条规定，责令你单位自本通知书送达之日起××日内追回擅自支付的款项……元，并按(××××)……号协助执行通知书的要求将该款交存本院。

逾期拒不追回，本院将裁定你单位在擅自支付的数额内向申请执行人承担责任，并视情节轻重追究你单位及相关负责人妨害执行的法律责任。

```
　　特此通知。

                                    ××××年××月××日
                                              （院印）

    联 系 人：×××        联系电话：……
    本院地址：……          邮    编：……
```

【说明】

本样式根据《最高人民法院关于人民法院执行工作若干问题的规定（试行）》第37条规定制定，供人民法院责令有关单位限期追回擅自支付的款项时用。

【实例评注】

湖北省武汉市硚口区人民法院
责令协助单位追款通知书[①]

（2009）硚执字第118号

硚口区长丰乡农利村委会：

　　本院在执行陈某某与韩某某拖欠工资款纠纷一案中，于2010年7月20日向你单位发出（2009）硚执字第118号协助执行通知书，要求你单位协助将被执行人韩某某在你处位于硚口区古田二路×号×楼×号（×区×）的房屋拆迁补偿款15 775元扣划至武汉市硚口区人民法院案款专户。你单位却擅自向被执行人韩某某支付15 775元。依照《最高人民法院关于人民法院执行工作若干问题的规定（试行）》第37条的规定，责令你单位自本通知书送达之日起三日内如数追回擅自支付的款项15 775元，并按（2009）硚执字第118号协助执行通知书的要求将该款扣划至本院案款专户。

　　逾期拒不追回或交存本院，本院将依法裁定你单位在擅自支付的数额内向申请执行人承担相应的责任，并视情节轻重追究你单位及其相关负责人妨害执行的法律责任。

　　特此通知。

二〇一一年××月××日

[①] 来源：湖北省武汉市硚口区人民法院(2009)硚执字第118号案卷。

〔评注〕

1. 样式的适用范围及法律依据

本文书样式供人民法院在向有关单位发出协助扣留或提取被执行人收入的通知后，有关单位擅自向被执行人或其他人支付，人民法院责令其限期追回时使用。

《执行工作若干问题的规定(试行)》第37条规定："有关单位收到人民法院协助执行被执行人收入的通知后，擅自向被执行人或其他人支付的，人民法院有权责令其限期追回。逾期未追回的，应当裁定其在支付的数额内向申请执行人承担责任。"有关单位在收到人民法院签发的协助执行被执行人收入的通知后，应当依法予以协助执行。协助人民法院执行被执行人的收入，是法律赋予有关单位的义务，有关单位有义务协助人民法院的执行工作。这里的有关单位主要是指被执行人的工作单位以及其他有义务向被执行人支付稿酬、报酬等收入的单位。有关单位如果擅自将被执行人的收入交付于被执行人或其他人，将会使申请执行人的权利无法得以实现。因此，人民法院有权责令其限期追回。限期追不回的，负有协助义务的有关单位应当以自己的财产在支付的款项数额范围内向申请执行人承担责任。

2. 样式的写作要点

(1) 标题

依次写明制作文书的法院名称、文书名称、文书案号。

(2) 正文

①抬头写明受文单位名称，即协助执行单位。

②写明有关单位应履行的协助事项。写明案由及发出协助执行通知书的日期及编号，以及要求协助扣留或提取被执行人的姓名或名称及收入的数额。

③写明有关单位擅自支付的情况。一般表述为"你单位却擅自向被执行人(或其他人)支付××元"。

④法律依据是《执行工作若干问题的规定(试行)》第37条的规定。

⑤通知内容：主要描述责令追回款项的金额、期限，一经逾期不交回所应承担的法律责任。

(3) 落款

载明发文日期及加盖院印。

34. 通知书（责令责任人追回财产用）

××××人民法院
责令责任人追回财产通知书

（××××）……执……号

××××：

　　本院在执行×××与×××……（写明案由）一案中，于××××年××月××日查封/扣押/冻结了被执行人×××的……（写明财产名称、数量或数额、所在地等）。经查，××××年××月××日，你/你单位未经本院同意，擅自处分上述财产。依照《中华人民共和国民事诉讼法》第一百一十一条第一款第三项、《最高人民法院关于人民法院执行工作若干问题的规定（试行）》第44条规定，责令你/你单位自本通知书送达之日起××日内追回上述财产。

　　逾期不能追回的，本院将裁定你/你单位承担相应的赔偿责任，并视情节轻重，对有关负责人或者直接责任人员予以罚款、拘留；构成犯罪的，追究刑事责任。

　　特此通知。

××××年××月××日
（院印）

联 系 人：×××　　　联系电话：……
本院地址：……　　　邮　　编：……

【说明】

　　本样式根据《中华人民共和国民事诉讼法》第一百一十一条第一款第三项、《最高人民法院关于人民法院执行工作若干问题的规定（试行）》第44条规定制定，供人民法院责令责任人限期追回财产或承担相应的赔偿责任时用。

【实例评注】

湖北省华容县人民法院
责令限期追回财产通知书①

(2009)华执字第 207 号

华容县林业局：

　　本院在执行申请执行人林某某与被执行人蒋某某民间借贷纠纷一案中，于2013年5月21日向你单位送达了(2009)华执字第207-1号执行裁定书，查封被执行人蒋某某与邓某某、何某某共同承包的华容县东山镇先红村狮头石分场的林地经营权及林木所有权中的份额，查封期限为一年。且一并向你单位送达了协助执行通知书，请予协助查封被执行人蒋某某与邓某某、何某某共同承包的华容县东山镇先红村狮头石分场的林地经营权及林木所有权中的份额，查封期间不得办理产权转让、变更等手续。但你单位却于2013年12月23日擅自将本院查封的该宗林地为邓某某办理了林木采伐许可证，导致邓某某对该林木进行了采伐。依照《最高人民法院关于人民法院执行工作若干问题的规定(试行)》第44条的规定，通知如下：

　　责令你单位在本通知书送达后5日内追回擅自为邓某某办理林木采伐许可证导致其采伐相应林木的经济损失，逾期不能追回的，承担相应的赔偿责任。

　　特此通知。

二〇一四年十月二十一日

〔评注〕

　　1. 样式的适用范围及法律依据

　　本文书样式供人民法院在执行过程中，被执行人或其他人擅自处分已被查封、扣押、冻结财产的，人民法院有权责令责任人限期追回财产或承担相应的赔偿责任时使用。《执行工作若干问题的规定(试行)》第44条规定："被执行人或其他人擅自处分已被查封、扣押、冻结财产的，人民法院有权责令责任人限期追回财产或承担相应的赔偿责任。"也就是说限期追不回的，自行以自己的财产在转移的款项范围内承担责任。

　　2. 结合实例分析样式的写作要点

　　(1)标题

　　依次写明制作文书的法院名称、文书名称、案号。

---

① 来源：湖北省华容县人民法院(2009)华执字第207号案卷。

(2)正文

①抬头写明责任人或责任单位的姓名或名称，即擅自处分被查封、扣押、冻结财产的人或单位。

②写明查封、扣押、冻结财产事项。写明查封（或扣押、冻结）日期，当事人姓名或名称、案由和案号，以及查封（扣押、冻结）财产的名称、数量等内容。

③写明有关责任人或责任单位擅自处分的经过及造成的后果。实例中由于华容县林业局擅自为被执行人邓某某办理了被查封林木的采伐许可证，导致该林木在查封期间被邓某某采伐。

④法律依据为《民事诉讼法》第一百一十一条第一款第三项，《执行工作若干问题的规定（试行）》第44条的规定。实例中漏写了《民事诉讼法》第一百一十一条。

⑤通知事项：主要描述责令追回财产的名称、数量或数额、期限，并告知逾期不能追回所应承担的法律责任。样式中告知的逾期不能追回的法律责任为承担相应的赔偿责任，并视情节轻重，对有关负责人或者直接责任人员予以罚款、拘留；构成犯罪的，追究刑事责任。实例中仅告知了逾期不能追回的承担相应的赔偿责任，而没有告知其他责任。

(3)落款

载明发文日期及加盖院印。

(4)样式中还载明了联系人和联系地址、电话、邮编，实例由于发生在本样式适用之前的2014年，故没有写明联系人及联系方式，实践中可能会给诉讼参加人带来不便。

35. 通知书（由法院强制保管产权证照用）

××××人民法院
强制保管产权证照通知书

（××××）……执……号

×××：

本院在执行×××与×××……（写明案由）一案中，经查，……（写明被执行人持有产权证照的事实及责令强制保管的理由）。依照《最高人民法院关于人民法院执行工作若干问题的规定（试行）》第41条第2款规定，责令你/你单位自本通知书送达时将……的产权证照交由本院保管。拒不履行，本院将采取强制执行措施。

特此通知。

```
                                    ××××年××月××日
                                         （院印）

联 系 人：×××        联系电话：……
本院地址：……         邮    编：……
```

【说明】

本样式根据《最高人民法院关于人民法院执行工作若干问题的规定(试行)》第41条第2款规定制定，供人民法院责令被执行人将有关产权证照交人民法院保管时用。

【实例评注】

（暂缺实例）

〔评注〕

1. 样式的适用范围及法律依据

本文书样式供人民法院在执行中责令被执行人将有关财产权证照交由人民法院保管时使用。《执行工作若干问题的规定(试行)》第41条第2款规定："对有产权证照的动产或不动产的查封，应当向有关管理机关发出协助执行通知书，要求其不得办理查封财产的转移过户手续，同时可以责令被执行人将有关财产权证照交人民法院保管。必要时也可以采取加贴封条或张贴公告的方法查封。"《最高人民法院关于人民法院民事执行中查封、扣押、冻结财产的规定》第九条规定："查封不动产的，人民法院应当张贴封条或者公告，并可以提取保存有关财产权证照。查封、扣押、冻结已登记的不动产、特定动产及其他财产权，应当通知有关登记机关办理登记手续……"人民法院对不动产或特定动产查封，在要求有关机关不得办理财产的转移过户手续的同时，可以责令被执行人将有关财产权证照交人民法院保管。

2. 样式的写作要点

(1) 标题

要书写法院名称，文书的名称"强制保管产权证照通知书"及案号。

(2) 正文

①抬头写明被执行人姓名或名称。

②写明执行案件的具体情况，包括当事人的姓名或名称和案由。

③写明责令强制保管的理由。

④法律依据，即《执行工作若干问题的规定(试行)》第41条第2款的规定。

⑤交出证照的期限以及逾期不交的法律后果，一般表述为："责令你（单位）自本通知书送达时即将……财产权证照交由本院保管。拒不履行，本院将依法采取强制执行措施。"写明有关财产名称、数量等内容。

(3) 落款

载明发文日期及加盖院印。

36. 证照（财物）保管清单

××××人民法院
证照（财物）保管清单

（××××）……执……号

持有人姓名			案由	
编号	证照/财物名称	证件号码	数量或数额	备注
1				
2				
3				
4				
5				
6				
7				
8				

持有人（签名或捺印）

在场人（签名或捺印）

×××年××月××日

执行人员（签名）

×××年××月××日

注：本清单一式两份，一份交被执行人，一份随强制保管证照通知书存卷。

【说明】

本样式根据《最高人民法院关于人民法院执行工作若干问题的规定（试行）》第41

条规定制定，供人民法院制作保管证照、财物清单时用。

【实例评注】

（暂缺实例）

〔评注〕

执行法院责令被执行人将有关财产权证照交人民法院保管时，使用强制保管产权证照通知书。财产权证照强制保管时须使用证照（财物）保管清单，发还时用证照（财物）发还清单，保管及发还金钱不适用本清单。

1. 标题：标题写明法院名称加上"证照（财物）保管清单"及案号。
2. 清单内容为表格形式，写明持有人姓名、案由、财物编号、名称、证件号码、数量或数额、备注事项等。
3. 清单需要由持有人、在场人、执行人员签名并写明日期。
4. 表格下注明：本清单一式两份，一份交被执行人，一份随强制保管证照通知书存卷。

37. 证照（财物）发还清单

××××人民法院
证照（财物）发还清单

（××××）……执……号

被执行人				案由	
编号	证照/财物	名称	数量或数额		备注
1					
2					
3					
4					
5					
6					
7					
8					

```
                                                              (续表)
┌─────────────────────────────────────────────────────────────────┐
│ 领取单位(盖章)              领取人(签名)                        │
│ ××××年××月××日                                          │
│ 执行人员(签名)                                                  │
│ ××××年××月××日                                          │
└─────────────────────────────────────────────────────────────────┘
     注：本清单一式两份，一份存入卷宗，一份交被执行人。
```

【说明】

本样式根据《最高人民法院关于人民法院执行工作若干问题的规定(试行)》第41条规定制定，供人民法院将证照、财物发还当事人时用。

【实例评注】

(暂缺实例)

〔评注〕

执行法院责令被执行人将有关财产权证照交人民法院保管时，使用强制保管产权证照通知书。财产权证照强制保管时须使用证照(财物)保管清单，发还时用证明(财物)发还清单，发还金钱不适用本清单。

1. 标题：标题写明法院名称加上"证照(财物)发还清单"及案号。
2. 清单内容为表格形式，写明持有人姓名、案由、财物编号、名称、证件号码、数量或数额、备注事项等。
3. 清单需要由领取单位盖章、领取人签名、执行人员签名并写明日期。
4. 表格下注明：本清单一式两份，一份存入卷宗，一份交被执行人。

38. 保管财产委托书

```
┌─────────────────────────────────────────────────────────────────┐
│                       ××××人民法院                           │
│                       保管财产委托书                            │
│                                                                 │
│                                           (××××)……执……号 │
│ ×××：                                                         │
│     本院在执行×××与×××……(写明案由)一案中，于××××年××月××日查│
└─────────────────────────────────────────────────────────────────┘
```

封/扣押被执行人×××……(写明财产名称、数量或数额、所在地等)，因……(写明委托保管的理由)。依照《最高人民法院关于人民法院执行工作中若干问题的规定(试行)》第43条、《最高人民法院关于人民法院民事执行中查封、扣押、冻结财产的规定》第十二条(指定担保物权人为保管人的，引用第十三条)规定，特委托你/你单位代为保管。

上述财产不得擅自使用和处分。该财产如被隐藏、转移、变卖、毁损，本院将依法追究相关人员的责任；构成犯罪的，追究刑事责任。

附：(××××)……号裁定书

××××年××月××日
(院印)

【说明】

本样式根据《最高人民法院关于人民法院执行工作若干问题的规定(试行)》第43条、《最高人民法院关于人民法院民事执行中查封、扣押、冻结财产的规定》第十二条、第十三条规定制定，供人民法院委托其他单位或个人保管扣押财产时用。

【实例评注】

(暂缺实例)

〔评注〕

1. 样式的适用范围及法律依据

本文书样式供人民法院在执行中根据《执行工作若干问题的规定(试行)》第43条委托其他单位或个人对扣押财产进行保管时使用。另外《最高人民法院关于人民法院民事执行中查封、扣押、冻结财产的规定》第十二条规定："查封、扣押的财产不宜由人民法院保管的，人民法院可以指定被执行人负责保管；不宜由被执行人保管的，可以委托第三人或者申请执行人保管。由人民法院指定被执行人保管的财产，如果继续使用对该财产的价值无重大影响，可以允许被执行人继续使用；由人民法院保管或者委托第三人、申请执行人保管的，保管人不得使用。"第十三条规定："查封、扣押、冻结担保物权人占有的担保财产，一般应当指定该担保物权人作为保管人；该财产由人民法院保管的，质权、留置权不因转移占有而消灭。"

2. 样式的写作要点

（1）标题

要书写法院名称、文书的名称"保管财产委托书"及案号。

（2）正文

①抬头写明保管人姓名或名称。

②写明执行案件的具体情况，包括当事人的姓名或名称和案由。

③写明责令强制保管的理由。

④法律依据，即《执行工作若干问题的规定（试行）》第43条，及《最高人民法院关于人民法院民事执行中查封、扣押、冻结财产的规定》第十二条、第十三条的规定。

⑤保管人擅自使用和处分保管的财物的责任后果。

（3）落款

载明发文日期及加盖院印。

39. 执行裁定书（查封、扣押、冻结财产用）

××××人民法院
执行裁定书

（××××）……执……号

申请执行人：×××，……。

法定代理人/指定代理人/法定代表人/主要负责人：×××，……。

委托诉讼代理人：×××，……。

被执行人：×××，……。

……

（以上写明申请执行人、被执行人和其他诉讼参加人的姓名或者名称等基本信息）

本院在执行×××与×××……（写明案由）一案中，经查，……。依照《中华人民共和国民事诉讼法》第二百四十二条、《最高人民法院关于适用〈中华人民共和国民事诉讼法〉的解释》第四百八十七条规定，裁定如下：

查封/冻结/扣押被执行人×××的……（写明财产名称、数量或数额、所在地等），期限为×年。

本裁定立即执行。

　　　　　　　　　　　　　　　　　　　审　判　员　×××

　　　　　　　　　　　　　　　　　××××年××月××日
　　　　　　　　　　　　　　　　　　　（院印）
　　　　　　　　　　　　　　　　　　　书　记　员　×××

【说明】

　　本样式根据《中华人民共和国民事诉讼法》第二百四十二条、《最高人民法院关于适用〈中华人民共和国民事诉讼法〉的解释》第四百八十七条规定制定，供人民法院查封、扣押、冻结财产时用。

【实例评注】

武汉市硚口区人民法院
执行裁定书 ①

（2016）鄂 0104 执 11 号

　　申请执行人杨某，男，1992 年 8 月 19 日出生，汉族，住武汉市江岸区。
　　被执行人武汉市硚口区广峰装饰材料经营部，住所地武汉市硚口区解放大道 201 号南国大家装 E 座 3 层 31 号。
　　法定代表人丁某某，系该公司总经理。
　　本院依据已经发生法律效力的硚劳人仲裁字［2015］第 229 号仲裁裁决书，于 2016 年 1 月 12 日向被执行人发出执行通知书，责令被执行人武汉市硚口区广峰装饰材料经营部 3 日内履行仲裁裁决书所确定的义务。被执行人至今未履行法律文书所确定的义务。依照《中华人民共和国民事诉讼法》第二百四十二条、第二百四十四条之规定，裁定如下：
　　冻结、扣划被执行人武汉市硚口区广峰装饰材料经营部的银行存款 1862 元或查封扣押相应价值的财产。
　　本裁定送达后即发生法律效力。

---

① 来源：湖北省武汉市硚口区人民法院(2016)鄂 0104 执 11 号案卷。

审　判　员　凌　军
二〇一六年三月十一日
书　记　员　王晓楠

〔评注〕

1. 样式的适用范围及依据

本样式适用于人民法院查封、扣押、冻结财产时使用。《民事诉讼法》第二百四十二条规定："被执行人未按执行通知履行法律文书确定的义务，人民法院有权向有关单位查询被执行人的存款、债券、股票、基金份额等财产情况。人民法院有权根据不同情形扣押、冻结、划拨、变价被执行人的财产。人民法院查询、扣押、冻结、划拨、变价的财产不得超出被执行人应当履行义务的范围。人民法院决定扣押、冻结、划拨、变价财产，应当作出裁定，并发出协助执行通知书，有关单位必须办理。"《民诉法解释》第四百八十七条规定："人民法院冻结被执行人的银行存款的期限不得超过一年，查封、扣押动产的期限不得超过两年，查封不动产、冻结其他财产权的期限不得超过三年。申请执行人申请延长期限的，人民法院应当在查封、扣押、冻结期限届满前办理续行查封、扣押、冻结手续，续行期限不得超过前款规定的期限。人民法院也可以依职权办理续行查封、扣押、冻结手续。"

2. 实例中存在的问题

(1) 标题

写明法院名称、文书名称"执行裁定书"及案号。

(2) 正文

①首部写明执行案件的当事人的基本情况、案件由来和执行经过。实例中的申请执行人、被执行人、法定代表人之后应加上冒号。

②写明本院查明的被执行人尚未履行的法律文书确定的义务的内容、金额，还可以写明已经查明的被执行人的财产状况。

③法律依据，即《民事诉讼法》第二百四十二条、《民诉法解释》第四百八十七条的规定。实例中的法律依据为《民事诉讼法》第二百四十二条、第二百四十四条，漏写了《民诉法解释》第四百八十七条。另外，实例中增加了《民事诉讼法》第二百四十四条的规定，即："被执行人未按执行通知履行法律文书确定的义务，人民法院有权查封、扣押、冻结、拍卖、变卖被执行人应当履行义务部分的财产。但应当保留被执行人及其所扶养家属的生活必需品。采取前款措施，人民法院应当作出裁定。"实例的以上写法主要是因为，在执行工作中为了及时、便利采取执行措施，不宜将执行裁定书的内容过于限定，而往往是在协助执行通知书中针对具体协助的对象和标的物进一步明确。

④裁定主文应写明查封、冻结、扣押的财产名称、数量、数额、所在地等，以及查封、冻结、扣押的期限，冻结被执行人的银行存款的期限不得超过一年，查封、扣押动产的期限不得超过两年，查封不动产、冻结其他财产权的期限不得超过三年。实例中仅仅写明查封、冻结，没有包含扣押的措施，另外对于执行标的也不完全明确，这些都是为了便于在实践中根据被执行的实际财产状况灵活处理。在执行裁定书限定了未履行的义务内容和金额的前提下，往往会进一步将具体执行标的物以及查封、扣押、冻结的期限在协助执行通知书上的予以明确。

（3）落款

由审判员及书记员署名，注明裁定签发日期并加盖院印。

40. 执行裁定书（划拨存款用）

×××　人民法院
执行裁定书

（××××）……执……号

申请执行人：×××，……。
法定代理人/指定代理人/法定代表人/主要负责人×××，……。
委托诉讼代理人：×××，……。
被执行人：×××，……。
……
（以上写明申请执行人、被执行人和其他诉讼参加人的姓名或者名称等基本信息）

本院在执行×××与×××……（写明案由）一案中，于××××年××月××日向×××发出执行通知书，责令……（写明应当履行的义务），但被执行人×××未履行/未全部履行生效法律文书确定的义务。依照《中华人民共和国民事诉讼法》第二百四十二条规定，裁定如下：

划拨被执行人×××存款……元。
本裁定立即执行。

审　判　员　×××

××××年××月××日
（院印）
书　记　员　×××

【说明】

本样式根据《中华人民共和国民事诉讼法》第二百四十二条规定制定，供人民法院划拨存款时用。

【实例评注】

四川省宣汉县人民法院
执行裁定书 ①

(2016) 川 1722 执 493 号

申请执行人：胡某某，男，生于 1966 年 2 月 28 日，汉族，住四川省宣汉县。

被执行人：恒大人寿保险有限公司四川分公司，住所地：四川省成都市。

负责人：李某，该公司总经理。

依据本院已发生法律效力的(2016)川 1722 民初 400 号民事判决书，被执行人恒大人寿保险有限公司四川分公司应给付申请执行人胡某某各项赔偿款 111 310 元，并负担案件受理费 2 530 元及本案申请执行费 1 660 元。因被执行人恒大人寿保险有限公司四川分公司未履行民事判决书所确定的义务。在执行中查明，被执行人恒大人寿保险有限公司四川分公司在中国农业银行有存款。依照《中华人民共和国民事诉讼法》第二百四十二条之规定，裁定如下：

对被执行人恒大人寿保险有限公司四川分公司在中国农业银行账户内存款 115 500 元予以扣划，扣划至宣汉县人民法院在中国工商银行股份有限公司宣汉衙门口支行账户内。

本裁定立即执行。

审　判　员　王体春

二〇一六年九月九日

书　记　员　龙洪霞

〔评注〕

1. 样式的适用范围

本样式仅仅适用于针对于金融机构扣划存款的情形。根据《民事诉讼法》

---

① 来源：中国裁判文书网。

第二百四十二条之规定："被执行人未按执行通知履行法律文书确定的义务，人民法院有权向有关单位查询被执行人的存款、债券、股票、基金份额等财产情况。人民法院有权根据不同情形扣押、冻结、划拨、变价被执行人的财产。人民法院查询、扣押、冻结、划拨、变价的财产不得超出被执行人应当履行义务的范围。人民法院决定扣押、冻结、划拨、变价财产，应当作出裁定，并发出协助执行通知书，有关单位必须办理。"

2. 实例中存在的问题

(1) 案件由来

实例正文开头写的是执行依据即生效判决书的案号及名称，然后是被执行人应履行的相应义务。根据样式的要求，正文部分应先描述案件由来，及执行案件的案由。

(2) 查明事实和裁定理由

根据样式要求应在案由后交代发出执行通知书的时间，责令被执行人履行义务的具体内容，以及被执行人未在限期内履行或者未全面履行的情况。以上事实是实施扣划的前提和依据。实例中写了被执行应当履行债务的具体内容、金额，以及未履行义务的情况，和其在中国农业银行有存款的事实，但没有载明具体发出执行通知书的时间。笔者认为，按照样式要求写明具体发出执行通知的日期不仅可以体现裁判文书的严肃性，也有利于程序公正和公开，公布发出执行通知书的时间才能从文书中体现被执行人超过履行期限仍未履行的事实。

(3) 主文部分

样式要求写明扣划的金额。实例中不仅写明了扣划金额，还写明了扣划的付款与收款账户。但是在实际操作中，这种做法并不十分必要，因为根据《民事诉讼法》第二百四十二条之规定，人民法院除了要作出裁定，还要同时向协助单位发出协助执行通知书，因此实践中在协助执行通知书上写明具体的收付款账户即可。

41. 执行裁定书（扣留、提取被执行人收入用）

××××人民法院
执行裁定书

（××××）……执……号

申请执行人：×××，……。

> 法定代理人/指定代理人/法定代表人/主要负责人：×××，……。
>
> 委托诉讼代理人：×××，……。
>
> 被执行人：×××，……。
>
> ……
>
> （以上写明申请执行人、被执行人和其他诉讼参加人的姓名或者名称等基本信息）
>
> 本院在执行×××与×××……（写明案由）一案中，于××××年××月××日向被执行人×××发出执行通知书，责令……（写明应当履行的义务），但被执行人×××未履行/未全部履行生效法律文书确定的义务。
>
> 本院查明，被执行人×××在××××处有收入……元。依照《中华人民共和国民事诉讼法》第二百四十三条、《最高人民法院关于人民法院执行工作若干问题的规定（试行）》第36条规定，裁定如下：
>
> 扣留/提取被执行人×××在×××处收入……元。
>
> 本裁定立即执行。
>
> 审　判　员　×××
>
> ××××年××月××日
> （院印）
> 书　记　员　×××

【说明】

本样式根据《中华人民共和国民事诉讼法》第二百四十三条、《最高人民法院关于人民法院执行工作若干问题的规定（试行）》第36条规定制定，供人民法院扣留或提取被执行人收入时用。

【实例评注】

山东省荣成市人民法院
执行裁定书①

（2009）荣执字第1504-1号

申请执行人李某某。

---

① 来源：中国裁判文书网。

被执行人戚某某。

本院依据已经发生法律效力的荣成市人民法院于2009年6月1日作出的(2008)荣成民初字第556号民事判决书,向被执行人戚某某发出执行通知书,责令被执行人戚某某3日内交付欠款16 000元,执行费340元。但被执行人戚某某至今未履行。依照《中华人民共和国民事诉讼法》第二百一十九条第一款,《最高人民法院关于人民法院执行工作若干问题的规定(试行)》第36条的规定,裁定如下:

扣留被执行人戚某某在李某甲处收入16 340元。

本裁定送达后即发生法律效力。

代理审判员　张晓辉

二〇〇九年九月二十三日

书　记　员　毕庶平

〔评注〕

1. 样式适用的条件

执行裁定书(扣留、提取被执行人收入用)是针对被执行人所在单位以及其收入存储的银行、信用合作社等发出的,用以扣留或者提取其收入的裁定书。

本样式与样式40划拨存款裁定书之间的区别

(1)针对标的物不同:本样式针对的是被执行人的收入;样式40针对的是被执行人在金融机构的一般储蓄存款。

(2)实施方式不同:本样式除了提取,还包含扣留;样式40的实施方式仅有划拨一种。

2. 实例与样式的比较及分析

(1)标题

标题由法院名称+文书名称"执行裁定书"+案号三部分组成。

(2)正文

①样式要求诉讼参加人的诉讼地位和其姓名、名称之间用":"间隔,但是实例中当事人诉讼地位和其姓名之间没有用":"间隔。

②样式将案件的执行经过和本院查明的内容及裁定理由分为两个段落。实例发生在2009年,当时还不适用本文书样式,所以将以上内容写为了一段。

③执行经过部分包括案由、发出执行通知书的日期、未履行或未能全面履行生效法律文书确定义务的情况。

④本院查明的事实及裁判的依据,主要是被执行人在协助的单位有收入及其收入金额的具体事实,这是扣留、提取收入的前提。然后写法律依据,样式引用的法律依据

是《民事诉讼法》第二百四十三条和《执行工作若干问题的规定(试行)》第36条。实例中引用的是《民事诉讼法》第二百一十九条第一款、《执行工作若干问题的规定(试行)》第36条的规定，与样式要求不一致，这是因为实例按照当时的规定适用的是2007年修订的《民事诉讼法》第二百一十九条的规定，其中规定了人民法院扣留、提取收入应当作出裁定，并发出协助执行通知书。

⑤裁定主文的内容主要包括扣留、提取的具体金额，以及收入所在地。

⑥样式中裁定的法律效力为"本裁定立即执行"，因为裁定属于执行实施类的裁定，不可以上诉或申请复议。而在实例中使用的是旧的文书样式中的表达方式"本裁定送达后即发生法律效力"。按照样式的表述"本裁定立即执行"更加确切，符合执行程序的要求。在执行工作实践中，并不需要等到裁定送达所有当事人才能发生执行力，就本样式来看，应是协助单位收到文书时即产生执行力。虽然裁定也应当向本案当事人送达，但是向案件当事人双方送达不影响执行力的产生。

(3) 落款

由审判员和书记员署名，载明签发日期并加盖院印。

42. 执行裁定书（责令有关单位向申请执行人支付已到期收益用）

×××× 人民法院
执行裁定书

(××××) ……执……号

申请执行人：×××，……。
法定代理人/指定代理人/法定代表人/主要负责人：×××，……。
委托诉讼代理人：×××，……。
被执行人：×××，……。
……
（以上写明申请执行人、被执行人和其他诉讼参加人的姓名或者名称等基本信息）

本院在执行×××与×××……(写明案由)一案中，于××××年××月××日向被执行人×××发出执行通知书，责令……(写明应当履行的义务)，但被执行人×××未履行/未全部履行生效法律文书确定的义务。

本院查明，被执行人×××在×××处有已到期的股息/红利等收益……元。依照《中华人民共和国民事诉讼法》第二百四十二条、《最高人民法院关于人民法院执行工作若干问题的规定(试行)》第51条第1款规定，裁定如下：

××××(写明有关单位名称)应于收到本裁定书后××日内直接向申请执行人×××支付……元。

本裁定立即执行。

审　判　员　×××

×××年××月×日

（院印）

书　记　员　×××

【说明】

本样式根据《中华人民共和国民事诉讼法》第二百四十二条，《最高人民法院关于人民法院执行工作若干问题的规定(试行)》第51条第1款规定制定，供人民法院对已到期股息、红利等收益采取强制执行措施时用。

【实例评注】

江省丽水市中级人民法院
执行裁定书[①]

(2016) 浙 11 执 54 号

申请执行人：姚某某，女，1978年8月29日出生，住浙江省庆元县。

被执行人：余某某，男，1978年3月16日出生，汉族，住浙江省庆元县。

本院在执行姚某某与余某某合伙协议纠纷一案中，于2016年9月29日向被执行人余某某发出执行通知书，被执行人余某某未按执行通知履行法律文书确定的义务。

本院查明，被执行人余某某在张某某处尚有人民币6万元宾馆转让款未领取。依照《中华人民共和国民事诉讼法》第二百四十二条、《最高人民法院关于人民法院执行工作若干问题的规定(试行)》第51条第1款规定，裁定如下：

---

① 来源：中国裁判文书网。

张某某应于收到本裁定书后3日内向丽水市中级人民法院支付人民币6万元。本裁定立即执行。

执行员：林　珊

二〇一六年十月九日

书记员：章琳琳

〔评注〕

1. 样式适用的范围与依据

本样式针对被执行人已经到期的股息、红利等收益,依据是《民事诉讼法》第二百四十二条。该条规定:"被执行人未按执行通知履行法律文书确定的义务,人民法院有权向有关单位查询被执行人的存款、债券、股票、基金份额等财产情况。人民法院有权根据不同情形扣押、冻结、划拨、变价被执行人的财产。人民法院查询、扣押、冻结、划拨、变价的财产不得超出被执行人应当履行义务的范围。人民法院决定扣押、冻结、划拨、变价财产,应当作出裁定,并发出协助执行通知书,有关单位必须办理。"

2. 实例与样式的比较与分析

(1) 标题

写明法院名称、文书名称"执行裁定书"及案号。

(2) 正文

①首部写明执行案件的当事人的基本情况、案件由来和执行经过。

②写明本院查明的被执行人享有的到期的股息、红利等到期收益的具体内容以及所在地点。实例载明被执行人在张某某处有人民币6万元宾馆转让款未予以领取。

③法律依据,即《民事诉讼法》第二百四十二条、《执行工作若干问题的规定(试行)》第51条第1款规定。

④裁定主文应写明有关收益保管人向申请执行人支付款项的金额及期限。实例中的支付方式为由张某某支付给执行法院即丽水市中级人民法院。实践中为了避免当事人及诉讼参与人在自行交付款项中在此出现争议,责令将款项支付给执行法院账户再由法院发还给申请执行人也是较为妥善的做法。

(3) 落款

样式的落款为审判员及书记员署名,注明裁定签发日期并加盖院印。实例中落款的是执行员,另外实例中执行员及书记员后不应当加冒号。

43. 执行裁定书（禁止被执行人转让知识产权用）

×××*人民法院
执行裁定书

（××××）……执……号

申请执行人：×××，……。
法定代理人/指定代理人/法定代表人/主要负责人：×××，……。
委托诉讼代理人：×××，……。
被执行人：×××，……。
……
（以上写明申请执行人、被执行人和其他诉讼参加人的姓名或者名称等基本信息）
本院在执行×××与×××……（写明案由）一案中，于××××年××月××日向被执行人发出执行通知书，责令……（写明应当履行的义务），但被执行人×××未履行/未全部履行生效法律文书确定的义务。
本院查明，……（写明被执行人享有专利权、注册商标专用权、著作权等知识产权的事实）。依照《最高人民法院关于人民法院执行工作若干问题的规定（试行）》第50条规定，裁定如下：
禁止被执行人×××转让其享有的……（写明知识产权名称、证号）。
本裁定立即执行。

审　判　员　×××

××××年××月××日
（院印）
书　记　员　×××

【说明】

本样式根据《最高人民法院关于人民法院执行工作若干问题的规定（试行）》第50条规定制定，供人民法院对被执行人知识产权采取执行措施时用。

【实例评注】

山东省菏泽市牡丹区人民法院
执行裁定书①

(2013)菏牡执字第 191-3 号

申请执行人刘某某,市民。
被执行人仪某某,市民。
被执行人菏泽康之源制药有限公司
法定代表人仪某某,该公司经理。

本院依据已经发生法律效力的本院于二〇一二年七月十三日作出的(2012)菏牡民初字第1393号民事调解书,于2013年2月25日立案强制执行。在执行中查明被执行人菏泽康之源制药有限公司享有药品生产许可的权利。依照《最高人民法院关于人民法院执行工作若干问题的规定(试行)》第50条第1款的规定,裁定如下:

禁止被执行人菏泽康之源制药有限公司转让其享有的药品生产许可的权利。

本裁定送达后即发生法律效力。

审　判　员　　成为钢
二〇一四年一月十日
书　记　员　　焦世虎

〔评注〕

1. 样式的适用范围及依据

本样式适用于标的是知识产权的情况,法律依据是《执行工作若干问题的规定(试行)》第50条:"被执行人不履行生效法律文书确定的义务,人民法院有权裁定禁止被执行人转让其专利权、注册商标专用权、著作权(财产权部分)等知识产权。上述权利有登记主管部门的,应当同时向有关部门发出协助执行通知书,要求其不得办理财产权转移手续,必要时可以责令被执行人将产权或使用权证照交人民法院保存。对前款财产权,可以采取拍卖、变卖等执行措施。"

---

① 来源:中国裁判文书网。

2. 结合实例分析样式的写作要点

(1) 样式中诉讼参加人的诉讼地位和姓名之间用":"间隔，实例中没有使用":"间隔。

(2) 样式将案件执行经过和查明的事实及裁定理由分为两个段落。第一段描述案件由来和发出执行通知书的经过，以及未履行生效法律文书义务的情况。第二段描述本院查明的被执行人享有的知识产权的事实，以及裁定的法律依据、裁判结果。裁判结果应当写明被禁止转让的具体的知识产权名称、证号。

实例将执行经过和查明事实及裁定理由合写为一段，且没有写明案由，但是载明了执行依据的法律文书。实例中的"本院依据已经发生法律效力的本院于二〇一二年七月十三日作出"使用的是中文时间表述方式，根据《人民法院民事裁判文书制作规范》的规定，仅要求文书落款时间使用中文数字表达方式，在正文中的时间表述是对案件事实经过的描述，为了保持前后表述一致，宜统一改为阿拉伯数字表示时间。

(3) 实例中裁定主文表述的权利义务内容不够明确具体，仅仅写了"药品生产许可的权利"，但未明确其具体品种和证件号。

(4) 关于裁定书的法律效力样式中写为"本裁定立即执行"，实例中按照当时旧的文书样式写为"本裁定送达后即发生法律效力。"实践中，样式的写法较为符合执行实施行为的程序性特征。

(5) 落款处由审判员及书记员署名，注明日期并加盖院印。

44. 执行裁定书（轮候查封、扣押、冻结用）

××××人民法院
执行裁定书

（××××）……执……号

申请执行人：×××，……。
法定代理人/指定代理人/法定代表人/主要负责人：×××，……。
委托诉讼代理人：×××，……。
被执行人：×××，……。
……

（以上写明申请执行人、被执行人和其他诉讼参加人的姓名或者名称等基本信息）

本院在执行×××与×××……(写明案由)一案中，经查，……。依照《中华人民共和国民事诉讼法》第二百四十二条/第二百四十三条/第二百四十四条，《最高人民法院关于人民法院执行工作若干问题的规定(试行)》第38条、第42条(扣押财产的，引用第43条)，《最高人民法院关于人民法院民事执行中查封、扣押、冻结财产的规定》第二十八条第一款、《最高人民法院关于适用〈中华人民共和国民事诉讼法〉的解释》第四百八十七条规定，裁定如下：

一、查封/扣押/冻结被执行人×××所有的……(写明财产名称、数量或数额、所在地等)，查封/扣押/冻结期限为×年。

二、(被执行人可以使用被查封财产的，写明:)被执行人×××负责保管被查封的财产。在查封期间内，被执行人×××可以使用被查封财产；但因被执行人×××的过错造成被查封财产损失的，应由自己承担责任。

(被执行人/保管人不得使用被查封/扣押财产的，写明:)被执行人/保管人×××负责保管被查封/扣押的财产。在查封/扣押期间不得使用被查封/扣押的财产。

(冻结财产不需要保管的，不列本项。)

需要续行查封/扣押/冻结的，应当在查封/扣押/冻结期限届满前××日内提出续行查封/扣押/冻结的书面申请。

本裁定立即执行。

审　判　员　×××

×××年××月××日
（院印）
书　记　员　×××

【说明】

本样式根据《中华人民共和国民事诉讼法》第二百四十二条、第二百四十三条、第二百四十四条，《最高人民法院关于人民法院执行工作若干问题的规定(试行)》第38条、第42条、第43条，《最高人民法院关于人民法院民事执行中查封、扣押、冻结财产的规定》第二十八条第一款规定制定，供人民法院采取轮候查封、扣押、冻结措施时用。

【实例评注】

安徽省绩溪县人民法院
执行裁定书 ①

(2016)皖 1824 执 476 号

申请执行人：洪某某，男，1968 年 1 月 18 日出生，汉族，住安徽省绩溪县。

委托诉讼代理人：胡某某，安徽胡志泽律师事务所律师。

被执行人：安徽龙川房地产开发有限公司，住所地安徽省绩溪县龙川大道252 号。

法定代表人：周某某，该公司董事长。

委托诉讼代理人：吴某某，安徽梁安律师事务所律师。

申请执行人洪某某与被执行人安徽龙川房地产开发有限公司商品房预约合同纠纷一案，安徽省绩溪县人民法院经审理于 2016 年 9 月 6 日作出(2016)皖 1824 民初 640 号民事判决书，该判决书现已生效。安徽龙川房地产开发有限公司至今未履行生效法律文书确定的义务，洪某某于 2016 年 10 月 13 日向本院申请强制执行。为防止发生转移财产等妨碍执行行为，现依法对上述被执行人的财产进行查控。据此，依照《中华人民共和国民事诉讼法》第二百二十九条、第二百四十条、第二百四十二条、第二百四十四条第一款，《最高人民法院关于适用〈中华人民共和国民事诉讼法〉的解释》第四百八十六条、第四百八十七条，《最高人民法院关于人民法院执行工作若干问题的规定(试行)》第 32 条、第 38 条、第 42 条，《最高人民法院关于人民法院民事执行中查封、扣押、冻结财产的规定》第二十八条第一款的规定，裁定如下：

一、冻结被执行人安徽龙川房地产开发有限公司银行存款 6 万元或查封(扣押、冻结)等值财产。

二、划拨被执行人安徽龙川房地产开发有限公司银行存款 6 万元。

本裁定送达后即发生法律效力。

代理审判员　叶　明

二〇一六年十月十三日

书　记　员　胡斌(代)

---

① 来源：中国裁判文书网。

〔评注〕

1. 本样式适用范围

本样式适用于依照《民事诉讼法》第二百四十二条第一款的规定，被执行人未按执行通知履行法律文书确定的义务，人民法院有权向有关单位查询被执行人的存款、债券、股票、基金份额等财产情况。人民法院有权根据不同情形扣押、冻结、划拨、变价被执行人的财产。人民法院查询、扣押、冻结、划拨、变价的财产不得超出被执行人应当履行义务的范围。另外根据《最高人民法院关于人民法院民事执行中查封、扣押、冻结财产的规定》第二十八条第一款的规定，对已被人民法院查封、扣押、冻结的财产，其他人民法院可以进行轮候查封、扣押、冻结。查封、扣押、冻结解除的，登记在先的轮候查封、扣押、冻结即自动生效。

2. 实例中的问题

实例正文部分没有写明执行标的金额，裁判结果中处理查封、扣押、冻结时还一并予以划拨。根据样式要求在裁判结构告知需要续行查封的，应在查封、冻结、扣押期限届满前书面申请。

45. 执行裁定书（预查封用）

××××人民法院
执行裁定书

（××××）……执……号

申请执行人：×××，……。
法定代理人/指定代理人/法定代表人/主要负责人：×××，……。
委托诉讼代理人：×××，……。
被执行人：×××，……。
……
（以上写明申请执行人、被执行人和其他诉讼参加人的姓名或者名称等基本信息）

本院在执行×××与×××……（写明案由）一案中，于××××年××月××日向被执行人×××发出执行通知书，责令……（写明应当履行的义务），但被执行人×××未履行/未全部履行生效法律文书确定的义务。

本院查明，……（写明需查封不动产的名称、数量或数额、所在地，履行产权登记手续的进展情况以及在先强制措施的登记顺序情况等）。依照《中华人民共和国民事诉讼法》

第二百四十四条、《最高人民法院关于人民法院执行工作若干问题的规定（试行）》第38条、《最高人民法院关于适用〈中华人民共和国民事诉讼法〉的解释》第四百八十七条规定，裁定如下：

预查封被执行人×××所有的……（写明财产名称、数量或数额、所在地等），查封期限自本裁定生效之日起×年。

预查封的效力等同于正式查封。

查封期限届满时需要续行查封的，应当在查封期限届满前××日内提出书面申请。

本裁定立即执行。

审　判　员　×××

×××年××月××日

（院印）

书　记　员　×××

【说明】

本样式根据《中华人民共和国民事诉讼法》第二百四十四条、《最高人民法院关于人民法院执行工作若干问题的规定（试行）》第38条、《最高人民法院关于适用〈中华人民共和国民事诉讼法〉的解释》第四百八十七条规定制定，供人民法院对土地使用权、房屋进行预查封时用。

【实例评注】

安徽省芜湖县人民法院
执行裁定书 ①

（2016）皖0221执470号之一

申请人：中国工商银行股份有限公司芜湖县支行，住所地安徽省芜湖县湾沚镇芜湖。

负责人：乔某，行长。

被执行人：陶某某。

被执行人：荀某某。

---

① 来源：中国裁判文书网。

本院依据已经发生法律效力的安徽省芜湖县人民法院2015年12月14日生效的(2015)芜民二初字第00204号判决,向被执行人陶某某、荀某某发出执行通知书,责令被执行人履行生效法律文书确定的义务,但被执行人至今未履行生效法律文书所确定的义务。依照《中华人民共和国民事诉讼法》第二百四十条、第二百四十四条、《最高人民法院关于人民法院执行工作若干问题的规定(试行)》第38条、第42条和《最高人民法院关于人民法院民事执行中查封、扣押、冻结财产的规定》第二十九条等有关规定,裁定如下:

一、预查封被执行人陶某某、荀某某所有的位于芜湖县湾沚镇阳光半岛×号房屋(建筑面积:349.98平方米)。

二、预查封的效力等同于正式查封。查封期限自本裁定生效之日起三年。

查封期限届满时需要续行查封的,应当在查封期限届满前7日内向本院提出书面申请;履行义务后可以申请解除查封。

本裁定送达后即发生法律效力。

执 行 员 徐茂祥

二〇一六年九月十二日

书 记 员 徐璐璐

〔评注〕

1. 样式所适用的范围

本样式适用于查封登记。预查封是指人民法院对被执行人尚未进行权属登记、但将来可能会进行登记的房产进行的一种预先的限制性登记的措施。

列入预备查封的房屋可以包括:在建设中的房屋,已竣工但由于有关建房手续不完备有待补办的房屋,当事人购买后尚未进行权属登记的商品房屋等。这些房屋一旦由登记机关核准登记产权,即视为同时转为正式的查封。

2. 样式及实例的分析对比

根据样式要求,正文在写明当事人身份信息后,将执行经过和查明事实分为两段,第一段写明案件由来和执行经过,第二段写明查明的事实经过以及作出裁定的依据,其中必须写明需查封不动产的名称、数量或数额、所在地,履行产权登记手续的进展情况以及在先强制措施的登记顺序情况等。在裁判结果之后还要写明续封"查封期限届满时需要续行查封的,应当在查封期限届满前××日内提出书面申请"。实例将上述两段合为一段,然后又在裁定结果部分将查封期限与查封内容分开,不符合样式要求。

在裁定结果之后,样式书写的裁定的法律效力为"本裁定立即执行",而在实例中使用的是旧的文书样式中的表达方式"本裁定送达后立即发生法律效力"。笔者认为,此裁定属于执行实施类的裁定,执行实施类裁定一旦作出应当立即产生执行力,不可以上诉或申请复议,故应当以样式的写法为准。裁判文书发生法律效力只能表明该裁定不可以继续上诉或复议,但是裁判文书的法律效力分为"既判力"和"执行力"两部分,不可上诉、不可复议仅代表文书产生了"既判力",不代表其必然有"执行力"。例如有的法律文书生效后须经过一段自觉履行期才可以申请强制执行。另外,在执行工作实践中,并不需要等到裁定送达所有当事人才能发生执行力,就本样式来看,应是协助单位收到文书时即产生执行力。虽然裁定也应当向本案当事人送达,但是向案件当事人双方送达不影响执行力的发生。

样式落款由审判员署名,根据《人民法院民事裁判文书制作规范》"四、落款""(一)署名"的规定,合议庭的审判长,不论审判职务,均署名为"审判长";合议庭成员有审判员的,署名为"审判员";有助理审判员的,署名为"代理审判员";有陪审员的,署名为"人民陪审员"。独任审理的,署名为"审判员"或者"代理审判员"。书记员,署名为"书记员"。而实例中署名落款为执行员,实践中大量的执行裁定书以执行员署名落款,有的甚至落款"执行长×××,执行员×××,执行员×××"。由于审执分立制度改革的推进,执行实施类裁定无须像执行审查案件一样行使过多的裁判权。对于实施类裁定使用执行员署名落款是否更契合司法制度改革的发展趋势呢?这些都有待未来在实践中进一步探索。

46. 执行裁定书(冻结被执行人投资权益或股权用)

××××人民法院
执行裁定书

(××××)……执……号

申请执行人:×××,……。
法定代理人/指定代理人/法定代表人/主要负责人:×××,……。
委托诉讼代理人:×××,……。
被执行人:×××,……。
……
(以上写明申请执行人、被执行人和其他诉讼参加人的姓名或者名称等基本信息)
本院在执行×××与×××……(写明案由)一案中,于××××年××月××日向被执行人×××发出执行通知书,责令……(写明应当履行的义务)。

本院查明，被执行人×××在××××（写明有限责任公司或其他法人企业名称）处有……（写明投资权益或股权名称及数额）。依照《中华人民共和国民事诉讼法》第二百四十条、《最高人民法院关于人民法院执行工作若干问题的规定（试行）》第53条、《最高人民法院关于适用〈中华人民共和国民事诉讼法〉的解释》第四百八十七条规定，裁定如下：

冻结被执行人×××在××××（写明有限责任公司或其他法人企业的名称）处享有的……（写明投资权益或股权的名称及数额），冻结期限为×年。

申请延长冻结期限的，应当在冻结期限届满前××日内提出续行冻结的申请。

本裁定立即执行。

审　判　员　×××

××××年××月××日

（院印）

书　记　员　×××

【说明】

本样式根据《最高人民法院关于人民法院执行工作若干问题的规定（试行）》第53条规定制定，供人民法院对被执行人在有限责任公司或其他法人企业中的投资权益或股权采取冻结措施时用。

【实例评注】

湖北省武汉市中级人民法院
执行裁定书 [①]

（2016）鄂01执1139号之一

申请执行人王某某。

被执行人武汉清诚投资有限公司，住所地湖北省武汉市沌口经济开发区15号工业园。

法定代表人宋某某，该公司执行董事。

被执行人湖北省现代科技创业服务中心管理有限公司，住所地湖北省武汉市武昌

[①] 来源：湖北省武汉市中级人民法院(2016)鄂01执1139号之一案卷。

区小洪山东区 34 号湖北省科技创业大厦 B 座 23 层。

法定代表人陈某某，该公司董事长。

被执行人陈某甲。

被执行人左某某。

本院在执行王某某与湖北省现代科技创业服务中心管理有限公司、武汉清诚投资有限公司、陈某甲、左某某借款担保合同纠纷一案中查明，被执行人武汉清诚投资有限公司在武汉华顶包装印务工业园置业有限公司享有股权可供执行，依照《中华人民共和国民事诉讼法》第二百四十四条、《最高人民法院关于适用〈中华人民共和国民事诉讼法〉的解释》第四百八十七条之规定，裁定如下：

一、冻结被执行人武汉清诚投资有限公司在武汉华顶包装印务工业园置业有限公司享有的全部股权。

二、冻结期限为三年（自 2016 年 10 月 12 日起至 2019 年 10 月 11 日止）。

三、查封冻结期间，被执行人不得转移被查封的财产，不得对被查封冻结财产设定权利负担，不得有妨碍执行的其他行为。

需要续行冻结的，应当在查封期限届满前 30 日内向本院提出续行查封的书面申请，履行义务后可申请解除查封。

本裁定书送达后即发生法律效力。

审　判　员　芦　斌

二〇一六年九月二十六日

书　记　员　陈富荣

〔评注〕

1. 样式的适用范围

对于被执行人在有限责任公司、其他法人企业中的投资权益或股权，人民法院可以采取冻结措施。冻结投资权益或股权的法律效果是，被冻结的投资权益或股权被执行人不得自行转让，有关企业不得协助其办理转让手续。因为股权中包括收益权，所以应同时通知有关企业不得向被执行人支付股息或红利。被冻结的股权，被执行人不得自行转让。所要注意的是，冻结的股权是狭义上的股权，即财产权，股东的其他权利仍可行使不得限制。需指出的是《中华人民共和国公司法》（以下评注中简称《公司法》）第三十五条规定，公司成立后股东不得抽逃出资。因为股东出资在公司登记后就成为公司财产而非股东个人财产，股东以其出资享有股权或投资权益，公司享有股东投资形成的全部法人财产权。故人民法院在强制执行被执行人的股权或投资权益时，不能直接执行投资成立的公司的财产，只能执行股息或红利。如要强制转让投资权益或股权清偿债务，可通过中介机构对公司的净资产等评估后再予拍卖或变卖。

2. 结合实例分析样式的写作要点与技巧

(1) 标题

文书名称为"执行裁定书",实例中案号为(2016)鄂01执1139号之一,其中"之一"代表这个案件中可能存在多份裁定,该份文书是本案发出的第二份裁定。根据《最高人民法院关于在同一案件多个裁判文书上规范使用案号有关事项的通知》的规定,同一案件的案号具有唯一性,各级法院应规范案号在案件裁判文书上的使用。对同一案件出现的多个同类裁判文书,首份裁判文书直接使用案号,第二份开始可在案号后缀"之一""之二"等,以示区别。

(2) 正文

①当事人身份:样式要求当事人称谓后使用冒号,而实例中所有当事人及法定代表人后都漏写冒号。

②案件由来:样式将执行案件的案由,发出执行通知书的具体时间,及责令被执行人履行具体义务的内容单独列为一段。另一段再写查明事实及裁定的理由、结果。

③查明的事实及裁定的理由、结果、效力:该部分应写明查明认定被执行人在该有限责任公司或者其他法人企业处所持有的投资权益或股权的名称、数额,并载明冻结期限。实例中不仅写了冻结期限为三年,还写明了起止时间。此处要说明的是,在实践中,执行裁定书的冻结期限有两种习惯写法,一种是直接写明"冻结期限为×年",第二种是写明起止日期"从×××年××月××日至××××年××月××日"。笔者认为,第一种写法较为符合实际,在执行实施中裁定的执行力实际发生于协助执行单位收到之日时,具体以送达回证为准起算较为准确,实践中有时难以预见风险变化,无法预先准确填写起止日期。因此,按照样式的写法较利于实践中的操作实施。

在裁定结果后,应交代申请续行冻结的相关权利义务,以避免冻结期满时出现"权利真空"。

最后还应表述裁定发出后产生的法律效果,应为"本裁定立即执行"。实例中对裁定发出的法律效果表述为"本裁定书送达后立即发生法律效力"。笔者认为,此裁定属于执行实施类的裁定,执行实施类裁定一旦作出应当立即产生执行力,不可以上诉或申请复议,故应当以样式的写法为准。裁判文书发生法律效力只能表明该裁定不可以继续上诉或复议,但是裁判文书的法律效力分为"既判力"和"执行力"两部分,不可上诉、不可复议仅代表文书产生了"既判力",不代表其必然有"执行力"。例如有的法律文书生效后须经过一段自觉履行期才可以申请强制执行。在执行工作实践中,并不需要等到裁定送达所有当事人才能发生执行力,就本样式来看,应是协助单位收到文书时即产生执行力,向当事人双方送达不影响执行力的发生。

(3)落款

由签发裁定的审判员以及书记员署名,该裁定书可以由独任审判员签发,注明日期并且加盖院印。

47. 执行裁定书(冻结被执行人预期收益用)

××××人民法院
执行裁定书

(××××)……执……号

申请执行人:×××,……。
法定代理人/指定代理人/法定代表人/主要负责人:×××,……。
委托诉讼代理人:×××,……。
被执行人:×××,……。
……

(以上写明申请执行人、被执行人和其他诉讼参加人的姓名或者名称等基本信息)

本院在执行×××与×××……(写明案由)一案中,于××××年××月××日向被执行人×××发出执行通知书,责令……(写明应当履行的义务),但被执行人×××未履行/未全部履行生效法律文书确定的义务。

本院查明,被执行人×××在××××处有预期应得的股息/红利等收益,依照《中华人民共和国民事诉讼法》第二百四十四条,《最高人民法院关于人民法院执行工作若干问题的规定(试行)》第51条第2款、《最高人民法院关于适用〈中华人民共和国民事诉讼法〉的解释》第四百八十七条规定,裁定如下:

冻结被执行人×××在××××处的股息/红利等预期收益,冻结期限为×年。
申请延长冻结期限的,应当在冻结期限届满前××日内提出续行冻结的申请。
本裁定立即执行。

审　判　员　×××

××××年××月××日
(院印)
书　记　员　×××

【说明】

本样式根据《中华人民共和国民事诉讼法》第二百四十四条、《最高人民法院关于人民法院执行工作若干问题的规定(试行)》第51条第2款、《最高人民法院关于适用

《中华人民共和国民事诉讼法》的解释》第四百八十七条规定制定，供人民法院对被执行人的预期收益采取强制执行措施时用。

【实例评注】

惠州市大亚湾经济技术开发区人民法院
执行裁定书 ①

(2016) 粤 1391 执恢 16 号

申请执行人：惠州市某某实业有限公司，住所地：惠州市惠阳区。
法定代表人：肖某某。
被执行人：惠州大亚湾经济技术开发区某某总公司，住所地：惠州。
法定代表人：罗某某。
被执行人：惠州市大亚湾某某总公司，住所地：惠州。
法定代表人：杨某某。

本院依据已经发生法律效力的(2012)惠湾法民二初字第 12 号民事判决书，向被执行人惠州大亚湾经济技术开发区某某总公司、惠州市大亚湾某某总公司发出执行通知书，责令该两被执行人履行上述法律文书确定的义务并负担本案执行费。但被执行人至今未按执行通知书履行法律文书确定的义务。

在执行过程中，经查，被执行人惠州大亚湾经济技术开发区某某总公司独资开办的惠州大亚湾经济技术开发区某某专卖公司是惠州市某某联合有限公司的股东，出资额 65 万元，出资比例为 13%。

本院认为，鉴于被执行人至今未履行生效法律文书确定的义务，对于被执行人名下的股权、股息、分红及其他权益，依法应予以冻结，依照《最高人民法院关于人民法院执行工作若干问题的规定(试行)》第 36 条、第 51 条第 1 款的规定，裁定如下：

冻结属于惠州大亚湾经济技术开发区某某专卖公司所有的在惠州市某某联合有限公司的股权、股息、分红及其他权益。

本裁定书送达后立即生效。

审 判 长　吴湘元
审 判 员　吴铁辉

---

① 来源：中国裁判文书网。

审　判　员　　徐少雄

二〇一六年八月十八日

书　记　员　　何惠婷

〔评注〕

1. 样式的适用范围

本样式适用于依据《执行工作若干问题的规定（试行）》第51条的规定，对被执行人从有关企业中应得的已到期的股息或红利等收益，人民法院有权裁定禁止被执行人提取和有关企业向被执行人支付，并要求有关企业直接向申请执行人支付。对被执行人预期从有关企业中应得的股息或红利等收益，人民法院可以采取冻结措施，禁止到期后被执行人提取和有关企业向被执行人支付。到期后人民法院可从有关企业中提取，并出具提取收据。

2. 本样式（冻结被执行人预期收益用）与样式46（冻结被执行人投资权益或股权用）之间的区别

样式46针对的标的物是投资权益或股权本身，本样式针对的执行标的是股权或投资权益产生的预期收益。之所以要将两种标的的裁定样式分别制定，是因为在实施冻结之后，将来会涉及对上述标的实际执行的问题。《公司法》第35条规定："公司成立后，股东不得抽逃出资。"因为股东出资在公司登记后就成为公司财产而非股东个人财产，股东以其出资享有股权或投资权益，公司享有股东投资形成的全部法人财产权。故人民法院在强制执行被执行人的股权或投资权益时，不能直接执行投资成立的公司的财产，只能执行股息或红利。如要强制转让投资权益或股权清偿债务，可通过中介机构对公司的净资产等评估后再予拍卖或变卖。故而对股息、红利等预期收益与投资权益和股权本身的执行方式是不同的。

3. 结合实例分析本样式的写作要点及注意事项

（1）标题

实例中法院名称"惠州市大亚湾经济开发区人民法院"不完整。基层、中级人民法院名称前面应冠以省、自治区、直辖市的名称，应为"广东省惠州市大亚湾经济开发区人民法院"。实例案号为"执恢"字号，说明该案件属于恢复执行程序的情形，但是由于恢复执行案件中也可以实施财产冻结，故该案号与本样式所适用的范围并不矛盾。由此可见，样式中案号的展示仅是一种示范性的描述，具体案号应结合案情本身确定。

（2）正文部分

①案件由来和审理经过：在描述当事人及代表人身份信息之后，紧接着另起一段写明案件的由来和经过。首先介绍案由，以及向被执行人发出执行通知书的具体日期，

责令履行义务的具体内容，再介绍被执行人未能全面履行的情况。

②查明事实和裁判依据、结果、告知事项：实例中将事实和本院认为分为两段，样式中将上述两部分合为一段。事实应当写明被执行人在协助执行单位处享有的股息、红利的收益，但此处值得注意的是，样式并没有要求一定写明收益的金额，而其他冻结裁定书应载明冻结金额。这是由于股息、红利等预期收益的具体金额难以限定，故不作要求。

在实例的本院认为部分，阐述了鉴于被执行人至今未履行义务，应对其股息、红利予以冻结。实例的法律依据引用的是《执行工作若干问题的规定（试行）》第36条、第51条第1款的规定，样式引用的是《民事诉讼法》第二百四十四条、《执行工作若干问题的规定（试行）》第51条第2款、《民诉法解释》第四百八十七条。裁判结果部分只需写明冻结股息、红利的处所，不需要写明金额。

告知事项为冻结期限届满前应当及时续封，以及裁定立即执行。笔者认为，此裁定属于执行实施类的裁定，执行实施类裁定一旦作出应当立即产生执行力，不可以上诉或申请复议，故应当以样式的写法为准。裁判文书的发生法律效力只能表明该裁定不可以继续上诉或复议，但是裁判文书的法律效力分为"既判力"和"执行力"两部分，不可上诉、不可复议仅代表文书产生了"既判力"，不代表其必然有"执行力"。例如有的法律文书生效后须经过一段自觉履行期才可以申请强制执行。在执行工作实践中，并不需要等到裁定送达所有当事人才能发生执行力，就本样式来看，应是协助单位收到文书时即产生执行力，向当事人双方送达不影响执行力的发生。

(3) 落款

由承办案件的审判人员以及书记员署名，注明日期并加盖院印。

48. 执行裁定书（解除查封、扣押、冻结等强制执行措施用）

××××人民法院
执行裁定书

（××××）……执……号

申请执行人：×××，……。
法定代理人/指定代理人/法定代表人/主要负责人：×××，……。
委托诉讼代理人：×××，……。

被执行人：×××，……。
……
（以上写明申请执行人、被执行人和其他诉讼参加人的姓名或者名称等基本信息）

本院在执行×××与×××……（写明案由）一案中，查封/扣押/冻结了……（写明财产名称、数量或数额、所在地等），现因……（写明解除强制执行措施的事实和理由）。依照《最高人民法院关于人民法院执行工作若干问题的规定（试行）》第45条（执行异议成立需解除强制执行措施的，引用第73条）、《最高人民法院关于人民法院民事执行中查封、扣押、冻结财产的规定》第三十一条规定，裁定如下：

解除对……（写明财产名称、数量或数额、所在地等）的查封/扣押/冻结。

本裁定立即执行。

审　判　长　×××
审　判　员　×××
审　判　员　×××

××××年××月××日
（院印）
书　记　员　×××

【说明】

本样式根据《最高人民法院关于人民法院执行工作若干问题的规定（试行）》第45条、第73条规定制定，供人民法院解除查封、扣押、冻结等强制执行措施时用。

【实例评注】

<h3 align="center">湖北省武汉市新洲区人民法院
执行裁定书 ①</h3>

（2016）鄂0117执595-2号

申请执行人：张某某，男，1968年1月5日出生，汉族，武汉市新洲区人，农民，住武汉市新洲区。公民身份号码：420124××××××××××××。

被执行人：洪某某，男，1961年9月26日出生，汉族，武汉市新洲区人，建筑工，

---

① 来源：湖北省武汉市新洲区人民法院(2016)鄂0117执595-2号案卷。

现住武汉市武昌区。公民身份号码：420124××××××××××。

被执行人：张某甲，男，1962年7月25日出生，汉族，武汉市新洲区人，国家教师，住武汉市新洲区。公民身份号码：420124××××××××××。

本院于2016年10月8日作出(2016)鄂0117执595-1号执行裁定，冻结了被执行人张某甲、洪某某在银行账户上存款315,840元，现因被执行人张某甲、洪某某已将其所欠申请执行人张某某借款本息及本案案件费用全部付清，依照《最高人民法院关于人民法院民事执行中查封、扣押、冻结财产的规定》第三十一条第一款第(四)项、《最高人民法院关于人民法院执行工作若干问题的规定(试行)》第45条的规定，裁定如下：

解除对被执行人张某甲、洪某某在银行账户上存款315,840元的冻结。

本裁定送达后即发生法律效力。

审　判　员　陈正旺

二〇一六年十月十八日

书　记　员　丁昌旺

〔评注〕

1. 本样式适用的范围

《执行工作中若干问题的规定(试行)》第45条规定："被执行人的财产经查封、扣押后，在人民法院指定的期间内履行义务的，人民法院应当及时解除查封、扣押措施。"

2. 结合实例分析样式的写作要点

(1)标题

实例的案号为"(2016)鄂117执595-2号"说明这份裁定是本案中出现的第二份裁定，第一份应为冻结的裁定。

(2)正文

①写明申请执行人及被执行人、诉讼委托代理人的基本情况。

②案由、事实与理由：这部分样式要求写成一段，开头是案件的案由，以及被查封/扣押/冻结的财产名称、数量、数额或者所在地等。接着描述解除查封/扣押/冻结的事由，一般应当是被执行人已经清偿债务。实例中的事实依据是被执行人已将欠款本息及诉讼费全部付清。

③关于法律依据的引用：样式中引用的是《最高人民法院关于人民法院民事执行中查封、扣押、冻结财产的规定》第三十一条，实例中是引用的是其第三十一条第一款第四项。根据《最高人民法院关于裁判文书引用法律、法规等规范性法律文件的规

定》第一条规定："人民法院的裁判文书应当依法引用相关法律、法规等规范性法律文件作为裁判依据。引用时应当准确完整写明规范性法律文件的名称、条款序号，需要引用具体条文的，应当整条引用。"样式中没有写明具体到项目是因为《最高人民法院关于人民法院民事执行中查封、扣押、冻结财产的规定》第三十一条第一款共计六项，具体适用哪一项必须结合案情来确定。其中第四项规定是针对债务已经清偿的情况，实例中的被执行人已经还清了债务本息及案件受理费，故实例引用第四项是正确的。但是，在法律条文的写法上，实例的写法为"第三十一条第一款第(四)项"，根据《人民法院民事裁判文书制作规范》的规定，引用法律条款中的项时，一律使用汉字不加括号，故此处应当改为"第四项"。

④样式中裁定的法律效力为"本裁定立即执行"，实例书写的是"本裁定送达后即发生法律效力"是沿用了旧文书样式的写法。由于实例发生在2016年10月份，故应当按照样式要求修改为"本裁定立即执行"。

49. 执行裁定书（拍卖用）

××××人民法院
执行裁定书

（××××）……执……号

申请执行人：×××，……。
法定代理人/指定代理人/法定代表人/主要负责人：×××，……。
委托诉讼代理人：×××，……。
被执行人：×××，……。
……
（以上写明申请执行人、被执行人和其他诉讼参加人的姓名或者名称等基本信息）
本院在执行×××与×××……（写明案由）一案中，责令……（写明应当履行的义务），但被执行人×××未履行/未全部履行生效法律文书确定的义务。本院于××××年××月××日以（××××）……执……号执行裁定查封/扣押/冻结了被执行人的……（写明财产名称、数量或数额、所在地等）。依照《中华人民共和国民事诉讼法》第二百四十四条、第二百四十七条规定，裁定如下：

拍卖被执行人×××的……（写明财产名称、数量或数额、所在地等）。
本裁定送达后即发生法律效力。

审　判　长　×××
审　判　员　×××
审　判　员　×××

××××年××月××日
（院印）
书　记　员　×××

【说明】

本样式根据《中华人民共和国民事诉讼法》第二百四十四条、第二百四十七条规定制定，供人民法院拍卖被执行人财产时用。

【实例评注】

浙江省慈溪市人民法院
执行裁定书 ①

（2016）浙 0282 执 3006 号

申请执行人：上海浦东发展银行股份有限公司宁波慈溪支行。住所地：慈溪市浒山街道新城大道北路23号。

负责人：童某某，该行行长。

被执行人：慈溪市天骄不锈钢管材有限公司。住所地：宁波杭州湾新区金溪支路28号。

法定代表人：周某某，该公司执行董事。

被执行人：浙江天地通讯设备有限公司。住所地：慈溪市逍林镇樟新南路东侧。

法定代表人：宋某甲，该公司执行董事。

被执行人：周某某，男，1966年4月12日出生，汉族，住慈溪市。

被执行人：宋某某，女，1967年12月20日出生，汉族，住慈溪市。

---

① 来源：中国裁判文书网。

关于上海浦东发展银行股份有限公司宁波慈溪支行与慈溪市天骄不锈钢管材有限公司、浙江天地通讯设备有限公司、周某某、宋某某金融借款合同纠纷一案,本院作出的(2016)浙0282民初1589号民事判决书已经发生法律效力,但被执行人至今未履行生效法律文书确定的义务。

本院查明,被执行人慈溪市天骄不锈钢管材有限公司有位于杭州湾新区(庵东镇)马中村的房地产及一批动产。依照《中华人民共和国民事诉讼法》第二百四十四条、第二百四十七条、《最高人民法院关于适用〈中华人民共和国民事诉讼法〉若干问题的意见》第281条第1款和《最高人民法院关于人民法院民事执行中拍卖、变卖财产的规定》第一条、第三十四条的规定,裁定如下:

一、拍卖、变卖被执行人慈溪市天骄不锈钢管材有限公司名下的位于杭州湾新区(庵东镇)马中村的房地产[房屋所有权证:2007010×××号;土地证号:慈国用(2009)第241×××号];

二、拍卖、变卖被执行人慈溪市天骄不锈钢管材有限公司所有的存放于杭州湾新区(庵东镇)马中村的一批动产。

本裁定送达后即发生法律效力。

审　判　长　　王治军
审　判　员　　莫建江
代理审判员　　沈　炀
二〇一六年十月二十日
代 书 记 员　　徐文君

〔评注〕

1. 样式的适用范围及法律依据

本样式用于人民法院决定拍卖时使用。《民事诉讼法》第二百四十四条规定:"被执行人未按执行通知履行法律文书确定的义务,人民法院有权查封、扣押、冻结、拍卖、变卖被执行人应当履行义务部分的财产。但应当保留被执行人及其所扶养家属的生活必需品。采取前款措施,人民法院应当作出裁定。"《民事诉讼法》第二百四十七条规定:"财产被查封、扣押后,执行员应当责令被执行人在指定期间履行法律文书确定的义务。被执行人逾期不履行的,人民法院应当拍卖被查封、扣押的财产;不适于拍卖或者当事人双方同意不进行拍卖的,人民法院可以委托有关单位变卖或者自行变卖。国家禁止自由买卖的物品,交有关单位按照国家规定的价格收购。"

2. 结合实例分析样式的写作要点
(1)标题
标题为法院名称加上"执行裁定书"及案号。
(2)正文
①当事人及代理人身份信息：该类案件的当事人应当分别列为"申请执行人"与"被执行人"。实例中申请执行人及被执行人名称后使用了句号，按照新民事诉讼文书样式的要求，在当事人名称与住所地之间应当使用逗号。

②样式是将案件由来、查明的事实、裁判的理由合为一段写明，而实例中将案件由来及执行经过单独分为一段，这是按照旧的裁定书样式书写的。不论裁定书还是判决书，都应将案件由来及执行经过合并为一段。这符合裁判文书样式改革繁简分流的总体指导思想。

③样式中写明了对于拍卖标的物的查封/扣押/冻结的裁定作出的时间及案号，这是由于人民法院决定强制拍卖应同时具备以下条件：第一，必须有拍卖根据，即拍卖裁定书；第二，被强制拍卖的物品必须已被查封或扣押；第三，被执行人在指定期限内不履行法定义务；第四，强制拍卖的物品具有可转移性。实例中未写明对于拍卖标的物查封/扣押/冻结的裁定作出的时间及案号，不能反映拍卖前置程序的完善性、合法性。

④法律依据：样式引用的法律依据为《民事诉讼法》第二百四十四条、第二百四十七条，实例还引用了《最高人民法院关于适用〈中华人民共和国民事诉讼法〉若干问题的意见》第281条第1款和《最高人民法院关于人民法院民事执行中拍卖、变卖财产的规定》第一条、第三十四条，主要因为实例中不仅包含拍卖的内容，还包含了变卖的内容。但是《最高人民法院关于适用〈中华人民共和国民事诉讼法〉若干问题的意见》已经于2015废止，本实例发生在2016年，不能再适用该意见，故应当将"《最高人民法院关于适用〈中华人民共和国民事诉讼法〉若干问题的意见》第281条第1款"去掉。

⑤裁定主文：样式要求主文中写明拍卖的财产的名称、数量或者数额、所在地。实例中的主文分为对不动产拍卖、变卖和对于动产的拍卖、变卖两个部分，但是拍卖和变卖的法律程序是有所不同的，不适宜放在一项主文中。同时，对于主文第一项写明了财产所在地、证号，其标的物是明确的，可以特定化的，但是第二项中"拍卖、变卖被执行人慈溪市天骄不锈钢管材有限公司所有的存放于杭州湾新区(庵东镇)马中村的一批动产"则标的物不够明确具体，不利于实施。

⑥裁定的法律效力应当写为"本裁定送达后即发生法律效力"。

50. 执行裁定书（拍卖成交确认用）

×××× 人民法院
执行裁定书

（××××）……执……号

申请执行人：×××，……。
法定代理人/指定代理人/法定代表人/主要负责人：×××，……。
委托诉讼代理人：×××，……。
被执行人：×××，……。
……
（以上写明申请执行人、被执行人和其他诉讼参加人的姓名或者名称等基本信息）

本院在执行×××与×××……（写明案由）一案中，于××××年××月××日委托××××（写明拍卖机构名称）拍卖被执行人的……（写明财产名称、数量或数额、所在地等）。××××年××月××日，买受人×××以……元的最高价竞得。依照《中华人民共和国民事诉讼法》第二百四十七条、《最高人民法院关于人民法院民事执行中拍卖、变卖财产的规定》第二十三条、第二十九条规定，裁定如下：

一、……（写明被拍卖财产名称、数量或数额、所在地等）的所有权（或其他权利）归买受人×××所有。（拍卖动产的，写明：）……所有权自交付时起转移给买受人×××。（拍卖不动产、有登记的特定动产或者其他财产权的，写明：）……所有权（或其他权利）自本裁定送达买受人×××时起转移。

二、买受人×××可持本裁定书到登记机构办理相关产权过户登记手续。（本项仅适用于需办理过户手续的财产）

本裁定送达后即发生法律效力。

审　判　长　×××
审　判　员　×××
审　判　员　×××

××××年××月××日
（院印）
书　记　员　×××

【说明】

本样式根据《最高人民法院关于人民法院民事执行中拍卖、变卖财产的规定》第二十三条、第二十九条规定制定,供人民法院确认拍卖成交时用。

【实例评注】

浙江省慈溪市人民法院
执行裁定书 ①

(2016)浙 0282 执 1668 号之二

申请执行人:中国建设银行股份有限公司慈溪支行。住所地:慈溪市浒山街道寺山路 279 号。统一社会信用代码:913302××××××××××。

代表人:林某某,该支行行长。

被执行人:丁某某,男,1966 年 11 月 6 日出生,汉族,住慈溪市。

被执行人:金某某,女,1966 年 10 月 24 日出生,汉族,住慈溪市。

本院依据已经发生法律效力的(2016)浙 0282 民初 359 号民事判决书,依法拍卖了被执行人丁某某名下的位于慈溪市浒山街道虞波北园×号楼×室的房地产一处。案外人高某某以最高价 975 000 元竞得。依照《最高人民法院关于人民法院民事执行中拍卖、变卖财产的规定》第二十三条、第二十九条的规定,裁定如下:

一、被执行人丁某某名下的位于慈溪市浒山街道虞波北园×号楼×室的房地产[权证号:2010005×××,土地证号:慈国用(2010)第 010×××号]归买受人高某某所有。上述财产权自本裁定书送达给买受人高某某时起转移;

二、买受人高某某可持本裁定书到财产管理机构办理相关产权过户登记手续。

本裁定送达后即发生法律效力。

审 判 长　　王治军
审 判 员　　莫建江
代理审判员　　沈　炀

二〇一六年十月二十日
代书记员　　徐文君

---

① 来源:中国裁判文书网。

〔评注〕

1. 本样式的适用范围及其与样式49之间的区别

本样式适用的主要法律依据是《最高人民法院关于人民法院民事执行中拍卖、变卖财产的规定》第二十三条："拍卖成交或者以流拍的财产抵债的，人民法院应当作出裁定，并于价款或者需要补交的差价全额交付后十日内，送达买受人或者承受人。"以及第二十九条："动产拍卖成交或者抵债后，其所有权自该动产交付时起转移给买受人或者承受人。不动产、有登记的特定动产或者其他财产权拍卖成交或者抵债后，该不动产、特定动产的所有权、其他财产权自拍卖成交或者抵债裁定送达买受人或者承受人时起转移。"

本样式适用于拍卖确认成交时用，样式49是实施拍卖时用，是本样式的前置性的裁定。

2. 结合实例分析样式的写作要点

（1）标题

文书名称为"执行裁定书"。

（2）正文

①当事人及代理人身份信息：该类案件的当事人应当分别列为"申请执行人"与"被执行人"。实例中申请执行人及被执行人名称后使用了句号，按照新民事诉讼文书样式的要求，在当事人名称与住所地之间应当使用逗号。实例中写明了申请执行人的统一社会信用代码，笔者认为样式无此要求，因此该内容无须书写。实例中申请执行人的"代表人：林某某"表述不当，作为无独立法人资格的分支机构此处应为"负责人"。

②样式要求是将案件由来、查明的事实、裁判的理由合为一段。实例的书写方式与此一致。

③样式中写明了委托拍卖的具体日期，竞买人竞买价格及日期。实例写明了竞买人的竞买价格，但是没有载明委托拍卖日期、竞买成交日期。

④法律依据，样式引用的法律依据为《最高人民法院关于人民法院民事执行中拍卖、变卖财产的规定》第二十三条、第二十九条，实例的引用的条文与此一致。

⑤裁定主文：样式要求主文分为两个项目书写，第一项是标的物的名称、数量或者数额、所在地，以及所有权转移的时间。第二项是买受人持裁定书到登记机关办理过户登记事项。

⑥裁定的法律效力应当写为"本裁定送达后即发生法律效力"。

51. 执行裁定书（变卖用）

××××人民法院
执行裁定书

（××××）……执……号

申请执行人：×××，……。
法定代理人/指定代理人/法定代表人/主要负责人：×××，……。
委托诉讼代理人：×××，……。
被执行人：×××，……。
……
（以上写明申请执行人、被执行人和其他诉讼参加人的姓名或者名称等基本信息）

本院在执行×××与×××……（写明案由）一案中，责令……（写明应当履行的义务），但被执行人×××未履行/未全部履行生效法律文书确定的义务。本院于××××年××月××日以（××××）……执……号执行裁定书查封/扣押/冻结了被执行人的……（写明财产名称、数量或数额、所在地等）。因……（写明变卖的理由）。依照《中华人民共和国民事诉讼法》第二百四十四条、第二百四十七条、《最高人民法院关于适用〈中华人民共和国民事诉讼法〉的解释》第四百九十条第一款规定，裁定如下：

变卖被执行人×××的……（写明财产名称、数量或数额、所在地等）。
本裁定送达后即发生法律效力。

审　判　长　×××
审　判　员　×××
审　判　员　×××

××××年××月××日
（院印）
书　记　员　×××

【说明】

1. 本样式根据《中华人民共和国民事诉讼法》第二百四十四条、第二百四十七条、《最高人民法院关于适用〈中华人民共和国民事诉讼法〉的解释》第四百九十条第一款规定制定，供人民法院变卖被执行人财产时用。

2. 变卖被执行人知识产权的，增加引用《最高人民法院关于人民法院执行工作若干问题的规定(试行)》第 50 条。

3. 对被执行人在其他股份有限公司中的股份凭证(股票)变卖的，增加引用《最高人民法院关于人民法院执行工作若干问题的规定(试行)》第 52 条。

4. 变卖被执行人在有限责任公司中被冻结的投资权益或股权，增加引用《最高人民法院关于人民法院执行工作若干问题的规定(试行)》第 54 条第 2 款。

【实例评注】

安徽省休宁县人民法院
执行裁定书①

(2016)皖 1022 执 242 号之一

申请执行人朱某某。

委托代理人程某某，特别授权。

被执行人黄山华夏商贸有限公司，住所地安徽省黄山市屯溪区。

法定代表人夏某某，该公司董事长。

被执行人夏某某。

本院依据已经发生法律效力的休宁县人民法院(2015)休民一初字第 00044 号民事调解书，向被执行人黄山华夏商贸有限公司、夏某某发出执行通知书，责令二被执行人立即按生效法律文书的规定向申请执行人朱某某支付 1 400 000 元，并缴纳案件诉讼费 8 700 元、申请执行费 16 487 元，但二被执行人未履行。依照《中华人民共和国民事诉讼法》第二百四十四条、第二百四十七条、《最高人民法院关于适用〈中华人民共和国民事诉讼法〉的解释》第四百九十条和《最高人民法院关于人民法院民事执行中拍卖、变卖财产的规定》第一条、第三十四条的规定，裁定如下：

拍卖、变卖被执行人黄山华夏商贸有限公司、夏某某所有的古井系列白酒一批(详见查封扣押清单)。

本裁定送达后即发生法律效力。

审　判　长　汪新棠
审　判　员　王勇彪
代理审判员　程华韦

---

① 来源：中国裁判文书网。

二〇一六年九月三十日
书 记 员　王佩华

〔评注〕

1. 本样式的适用范围

本样式适用的主要法律依据是《民诉法解释》第四百九十条"人民法院在执行中需要变卖被执行人财产的，可以交有关单位变卖，也可以由人民法院直接变卖"，《民事诉讼法》第二百四十四条"被执行人未按执行通知履行法律文书确定的义务，人民法院有权查封、扣押、冻结、拍卖、变卖被执行人应当履行义务部分的财产。但应当保留被执行人及其所扶养家属的生活必需品。采取前款措施，人民法院应当作出裁定"，以及《民事诉讼法》第二百四十七条"财产被查封、扣押后，执行员应当责令被执行人在指定期间履行法律文书确定的义务。被执行人逾期不履行的，人民法院应当拍卖被查封、扣押的财产；不适于拍卖或者当事人双方同意不进行拍卖的，人民法院可以委托有关单位变卖或者自行变卖。国家禁止自由买卖的物品，交有关单位按照国家规定的价格收购"。

2. 结合实例分析样式的写作要点

(1) 标题

写明法院名称、文书名称"执行裁定书"及案号。

(2) 正文

①首部写明执行案件的当事人的基本情况、案件由来和执行经过。实例中的申请执行人、被执行人、委托诉讼代理人、法定代表人之后应加上冒号。另外，实例中的"委托代理人"应当改为"委托诉讼代理人"

②写明本院查明的被执行人尚未履行的法律文书确定的义务的内容、金额，还可以写明已经查明的被执行人的财产状况。

③法律依据，即《民事诉讼法》第二百四十四条、第二百四十七条、《民诉法解释》第四百九十条第一款，实例中引用《民诉法解释》第四百九十条没有具体写第几款。另外，实例还增加引用了《最高人民法院关于人民法院民事执行中拍卖、变卖财产的规定》第一条、第三十四条。

④裁定主文应写明变卖的财产名称、数量或数额、所在地。实例中写明了变卖的财产名称为"古井系列白酒"，没有写数量、金额、所在地，但是另外附有查封扣押清单予以明确。

(3) 落款

落款由合议庭成员及书记员署名，注明裁定签发日期并加盖院印。

52. 执行裁定书（以物抵债用）

×××× 人民法院
执行裁定书

（××××）……执……号

申请执行人：×××，……。
法定代理人/指定代理人/法定代表人/主要负责人：×××，……。
委托诉讼代理人：×××，……。
被执行人：×××，……。
……
（以上写明申请执行人、被执行人和其他诉讼参加人的姓名或者名称等基本信息）

本院在执行×××与×××……（写明案由）一案中，责令……（写明应当履行的义务）。……（写明以物抵债理由）。依照《最高人民法院关于人民法院民事执行中拍卖、变卖财产的规定》第十九条（或第二十七条、第二十八条）、第二十三条、第二十九条第一款/第二款（非经拍卖程序以物抵债的，适用《最高人民法院关于适用〈中华人民共和国民事诉讼法〉的解释》第四百九十一条或第四百九十二条）规定，裁定如下：

一、将被执行人×××的……（写明财产名称、数量或数额、所在地等）作价……元，交付申请执行人×××抵偿……（写明债务内容）。（执行标的为动产的，写明:）……所有权自交付时起转移给买受人×××。（执行标的为不动产、有登记的特定动产或者其他财产权的，写明:）……所有权（或其他权利）自本裁定送达申请执行人×××时起转移。

二、申请执行人×××可持本裁定书到登记机构办理相关产权过户登记手续。（本项仅适用于需办理过户手续的财产）

审　判　长　×××
审　判　员　×××
审　判　员　×××

××××年××月××日
（院印）
书　记　员　×××

【说明】
1. 本样式根据《最高人民法院关于适用〈中华人民共和国民事诉讼法〉的解释》

第四百九十一条、第四百九十二条,《最高人民法院关于人民法院民事执行中拍卖、变卖财产的规定》第十九条、第二十三条、第二十七条、第二十八条、第二十九条规定制定,供人民法院对逾期不履行义务的被执行人采取以物抵债时用。

2. 经双方当事人和其他执行债权人同意,可以不经拍卖、变卖,直接将被执行人的财产作价交申请执行人抵偿债务,应当适用《最高人民法院关于适用〈中华人民共和国民事诉讼法〉的解释》第四百九十一条规定;无法拍卖或者变卖,经申请执行人同意的,应当适用《最高人民法院关于适用〈中华人民共和国民事诉讼法〉的解释》第四百九十二条规定;在拍卖变卖程序中以物抵债的,适用《最高人民法院关于人民法院民事执行中拍卖、变卖财产的规定》第十九条、第二十三条、第二十七条、第二十八条、第二十九条规定。

【实例评注】

陕西省绥德县人民法院
执行裁定书 ①

(2016)陕 0826 执 442 号

申请执行人史某某,男,1956 年 2 月 3 日出生,汉族,陕西省绥德县名州镇人,退休干部,现住绥德县学子大道法院家属院。

申请执行人史某甲,男,1967 年 4 月 25 日出生,汉族,陕西省绥德县人,下岗职工,住绥德县县医院家属院。

被执行人刘某某,男,1963 年 6 月 6 日出生,汉族,陕西省绥德县石家湾镇南张家沟村人,住榆林市文昌荟景家园。

被执行人刘某乙,男,1988 年 10 月 9 日出生,汉族,籍贯、住址同上,陕西延长石油股份有限责任公司管道运输公司第一分公司职工,系刘某某之子。

被执行人刘某,女,1988 年 11 月 15 日出生,汉族,籍贯、住址同上,系刘某某女儿。

本院在执行史某某、史某甲与刘某某、刘某乙、刘某民间借贷纠纷一案中,责令三被执行人一次性偿还二申请人到期借款 60 万元和违约金、案件受理费、保全费、执行费。在执行过程中,双方当事人达成了和解协议。协议确定以刘某所有位于榆林市经济开发区文昌荟景新园三套房产作价 1 439 240 元,抵偿给二申请执行人,包括最后一

---

① 来源:中国裁判文书网。

批到期债务申请执行人未申请执行的 40 万元。依照适用《最高人民法院关于适用〈中华人民共和国民事诉讼法〉的解释》第四百九十一条规定、《最高人民法院关于人民法院民事执行中拍卖、变卖财产的规定》第二十九条第二款的规定，裁定如下：

一、将被执行人刘某所有的位于榆林市经济开发区文昌荟景新园三套房产作价 1 439 240 元，交付给申请执行人史某某抵偿三被执行人所欠二申请人的 1 439 240 元。榆林市经济开发区文昌荟景新园三套房产所有权自本裁定送达申请执行人史某某时起转移。

二、申请执行人史某某可持本裁定书到登记机构办理相关产权过户登记手续。

审　判　长　　王华荣
审　判　员　　李少卿
审　判　员　　徐春霞

二〇一六年十月十八日
书　记　员　　高雨辰

〔评注〕

1. 本样式的适用范围

本文书样式供人民法院发出责令被执行人在指定期间履行义务的执行通知后，对逾期不履行义务的被执行人采取以物抵债强制执行措施时使用。以物抵债，是指在执行过程中以被执行人所有的财产折价交给申请执行人抵偿法律文书确定的债务的一种措施。以物抵债可分为两类情况，即自愿抵债和强制抵债。

（1）自愿以物抵债

《民诉法解释》第四百九十一条规定："经申请执行人和被执行人同意，且不损害其他债权人合法权益和社会公共利益的，人民法院可以不经拍卖、变卖，直接将被执行人的财产作价交申请执行人抵偿债务。对剩余债务，被执行人应当继续清偿。"

（2）强制以物抵债

《民诉法解释》第四百九十二条规定："被执行人的财产无法拍卖或者变卖的，经申请执行人同意，且不损害其他债权人合法权益和社会公共利益的，人民法院可以将该项财产作价后交付申请执行人抵偿债务，或者交付申请执行人管理；申请执行人拒绝接收或者管理的，退回被执行人。"实施强制以物抵债需要同时满足以下条件：①被执行人无支付金钱的能力。②被执行人的财产无法拍卖。③申请执行人同意，被执行人不同意以物抵债。

2. 结合实例分析样式的写作要点及注意事项

(1) 标题

本样式文书名称为"执行裁定书",实例与样式一致。

(2) 正文

①当事人称谓后应用冒号,实例中未使用冒号。

②被执行人中,由于刘某乙和刘某是刘某某的子女,故三人住址相同,实例中对于刘某乙和刘某的住址的表述为"住址同上",这种写法在实践中较为普遍。但是根据《人民法院民事裁判文书制作规范》"三、正文"部分第2条的规定,连续两个当事人的住所相同的,应当分别表述,不用"住址同上"。故每个当事人的住址还是应当分别具体表述。

③案件由来、查明事实和裁定理由及依据:在案由之后应当表述责令被执行人履行义务的情况以及以物抵债的理由。实例中双方当事人达成了和解协议,属于自愿以物抵债,因此实例引用的法律依据是《民诉法解释》第四百九十一条关于自愿以物抵债的规定。此外实例还引用了《最高人民法院关于民事执行中拍卖、变卖财产的规定》第二十九条第二款关于抵债后所有权交付转移的规定。

④裁定主文:样式中的主文部分有两项,第一项是关于被执行人将用来抵债的财产交付给买受人,所有权自裁定送达申请执行人时转移。第二项是针对不动产抵债的情况下,关于申请执行人依据裁定书过户的事项(本项仅仅在用来抵债物为不动产的情况下)。

⑤本样式较为特殊之处是,裁定主文之后没有交代裁定的法律效力,所以无法明确该类型的裁定应当是"本裁定立即执行",还是"本裁定送达后即发生法律效力"。且没有就此予以说明,显得本样式与本章其他样式的结构不同。

(3) 落款

落款由合议庭成员及书记员署名。但是在样式的说明中,以及所援引的法律条文中并没有反映本裁定是否必须由合议庭作出。另外,在本章的执行实施类裁定中,有的裁定书样式署名为独任审判员,有的署名为合议庭,但仅有少数样式能从说明所援引的法条中反映出必须由合议庭作出裁定的理由,多数样式不能依据样式的落款署名来判断其是否必须由合议庭作出裁定。

另外,在实践中大量存在以执行员署名签发的裁定书,其依据是《民事诉讼法》第二百二十八条规定,执行工作由执行员行使。根据最高人民法院《关于进一步加强和规范执行工作的若干意见》的规定,要科学地界定执行审查权与执行实施权,并分别由不同的内设机构或人员行使。可见,执行权与审判权是两个不同的概念,应当分别由审判员和执行员行使。但无论是本次的新文书样式,还是之前在2008年11月由最高人民法院主编的《执行文书样式(试行)》中,各种名为"执行裁定书""执行决定书"的文书一律落款署名为审判员(长)。这是因为在《中华人民共和国人民法院组织法》和《中华人民共和国法官法》以及其他法律规范中都没有明确界定执行员的法律地位。如果是按照"审执分离"的原则，那么关于执行审查类裁定则必须由审判员作出，而执行实施类裁定或者决定，不需要进行法律关系上的审查判断，可以由执行员作出，这需要今后在法律中进一步明确执行员的身份地位，才能消除上面所说的问题。

53. 价格评估委托书

××××人民法院
价格评估委托书

(××××)……执……号

××××：

　　我院在执行×××与×××……(写明案由)一案中，需对附件清单所列财产进行价格评估。依照《最高人民法院关于人民法院执行工作中若干问题的规定(试行)》第47条、《最高人民法院关于人民法院民事执行中拍卖、变卖财产的规定》第四条规定，请你单位对附件清单所列财产进行价格评估，并将书面评估报告一式×份及时报送我院。

　　附：委托评估财产清单

××××年××月××日
(院印)

联系人：×××　　　　联系电话：……
本院地址：……　　　　邮　　编：……

【说明】

　　本样式根据《最高人民法院关于人民法院执行工作若干问题的规定(试行)》第47条、《最高人民法院关于人民法院民事执行中拍卖、变卖财产的规定》第四条规定制定，供人民法院委托评估机构进行价格评估时用。

【实例评注】

武汉市人民法院司法鉴定委托书
（用于鉴定、审计、评估、建设工程、质量类案件）①

案由	担保责任追偿权纠纷	案号	（2016）鄂0104执恢78、79号	委托类别	评估
简要案情	申请执行人武汉亚飞担保有限责任公司依据已经发生法律效力的（2012）鄂硚口民二初字第00002号、（2012）鄂硚口民二初字第00003号民事判决书，于2012年8月29日向本院申请执行，在执行中被执行人倪某某、童某某拒不履行判决所确定的义务。依法将被执行人倪某某位于武汉市江汉区富豪花园小区二期×栋×单元×层×室（房屋产权证号：武房权证市字第2009013×××号）的房产予以查封。现申请执行人申请将该房产予以评估、拍卖。				
委托内容、目的和要求	对武汉市江汉区富豪花园小区二期×栋×单元×层×室（房屋产权证号：武房权证市字第2009013×××号、土地证号：武国用［市交2009］第27××号）房屋进行评估，确定拍卖底价。				
委托材料	（2012）鄂硚口民二初字第00002号、（2012）鄂硚口民二初字第00003号民事判决书，武汉市江汉区富豪花园小区二期×栋×单元×层×室房产证、土地证复印件。				
当事人	武汉亚飞担保有限责任公司	联系人及电话	张某某　1300716×××		
	倪某某、童某某		倪某某、童某某下落不明。		
合议庭是否要求出具报告初稿	否	费用缴纳人		案件承办人： （签名）	
				联系电话：	8341××××、 1897169××××
委托单位或部门领导意见	年　月　日 　　　　　　　　　　　　　　　［委托单位或部门印章］				

本表一式两份

---

① 来源：湖北省武汉市硚口区人民法院（2016）鄂0104执恢78、79号案卷。

〔评注〕

1. 本样式的适用范围和依据

本样式适用于根据《执行工作若干问题的规定(试行)》第47条"人民法院对拍卖、变卖被执行人的财产，应当委托依法成立的资产评估机构进行价格评估"的规定，对被执行人财产评估的情况下使用。同时，可依据《最高人民法院关于人民法院民事执行中拍卖、变卖财产的规定》第四条"对拟拍卖的财产，人民法院应当委托具有相应资质的评估机构进行价格评估"的规定。

2. 样式的写作要点及注意事项

（1）标题

本样式名称为"价格评估委托书"。

（2）正文

①开头应写明致送的受委托机构。

②写明委托案件案由，以及所委托评估的财产内容，财产较多的可以附上财产清单，载明具体的财产名称、数量、所在处所等详细信息。

③引用的法律依据是《执行工作若干问题的规定(试行)》第47条，以及《最高人民法院关于人民法院民事执行中拍卖、变卖财产的规定》第四条。

④附项内容为财产清单。

（3）落款

无须承办人署名，但需要载明委托日期并由委托法院加盖院印。

另外，在实践中大量存在以执行员署名签发的裁定书。最后还要留下法院承办人的联系方式，便于受委托机构及时联系。

3. 实例所反映的现实性需求

本文选取的实例采用的是表格形式，主要是因为受委托机构的一些要求，需要提供详细信息情况。如果按照本文书样式书写的话，受托机构所需求的信息则必须在附表中载明。

54. 拍卖（变卖）委托书

××××人民法院
拍卖（变卖）委托书

（××××）……执……号

××××：
本院在执行×××与×××……(写明案由)一案中，于××××年××月××日裁定拍卖/变卖被执行人×××的……（写明财产名称、数量或数额、所在地等）。依照《中华人民共和国民事诉讼法》第二百四十七条规定，委托你单位对拍卖/变卖清单所列财产进行拍卖/变卖。

附：1. 委托拍卖/变卖财产清单
　　2. 拍卖/变卖财产评估报告

××××年××月××日
（院印）

联　系　人：×××　　　　　联系电话：……
本院地址：……　　　　　　　邮　　编：……

【说明】

本样式根据《中华人民共和国民事诉讼法》第二百四十七条规定制定，供人民法院委托拍卖、变卖被执行人财产时用。

【实例评注】

福建省福州市仓山区人民法院
拍卖委托书 ①

（2013）仓执行字第1719号

福建省嘉仕华拍卖行有限公司：

　　本院执行申请执行人杨某与被执行人龚某某、吴某某的民间借贷纠纷执行一案，依照《中华人民共和国民事诉讼法》第二百二十三条、最高人民法院《关于人民法院执行工作若干问题的规定（试行）》第46条的规定，于2014年2月8日经摇号（抽签）确定委托你公司拍卖被执行人吴某某所有的位于福州市台江区茶亭街道广达路108号世贸国际中心×层×室办公用房（预登记号：榕房预YR第1088×××号），在拍卖过程中，你公司应严格按照《中华人民共和国拍卖法》《最高人民法院关于人民法院民事执行中拍卖、变卖财产的规定》《福建省高级人民法院关于贯彻〈最高人民法院关于人民法院民事执行中拍卖、变卖财产的规定〉若干问题的实施意见（试行）》的有关规定及本院

---

① 来源：人民法院诉讼资产网。

的下列要求进行拍卖。

一、拍卖机构必须在收到本院拍卖委托书后 40 个工作日内完成拍卖工作，在此期间，可允许二次拍卖，但拍卖机构必须在第一次拍卖时将拍卖计划书面告知本院。拍卖交易场所应在上级法院指定的福建省阳光公共资源拍卖中心或福州市产权交易服务中心进行。

二、拍卖机构必须按拍卖公告确定的时间、地点准时举行拍卖会，拍卖机构在拍卖会前 5 日内将拍卖须知和登报公告送本院备案。

三、拍卖保留价以本院在拍卖会前的书面通知为准。

四、拍卖机构发出的拍卖须知中应明确无误地告知本次拍品的现状及瑕疵，并告知本拍卖品所具备的所有权证和尚欠缺的其他资料。

五、拍卖机构发出的《拍卖须知》或《拍卖规则》中应载明本拍卖标的物市场价中不含买卖双方税费及标的物所有欠费，该费用均由买受人承担。

六、竞买人应在拍卖前向本院预交保证金，并按最高人民法院《关于人民法院民事执行中拍卖、变卖财产的规定》第十三条的规定执行，拍卖机构应将保证金交纳情况书面告知本院并附上相关票据。

七、竞买人的报名时间截止至拍卖前一天下午 5 点，拍卖机构必须在拍卖前一天下午 5 点 30 分之前将竞买人报名情况传真本院司法技术办存档。

八、拍卖成交佣金，根据最高人民法院《关于人民法院民事执行中拍卖、变卖财产的规定》第三十二条、福建省高级人民法院《关于贯彻〈最高人民法院关于人民法院民事执行中拍卖、变卖财产的规定〉若干问题的实施意见（试行）》的规定执行。

九、拍卖成交后，拍卖机构应立即告知买受人务必在 3 日内将购买款项直接汇入本院拍卖款账户，户名：福州市仓山区人民法院，账号：1313010104000×××× ，开户银行：农行福州市仓山支行。

十、拍卖后 3 日内，应向本院提交拍卖成交确认书或未成交证明函以及拍卖会记录，并将本次拍卖会现场活动的录音、录像送至本院备案。

十一、拍卖之前本院可因下列原因决定撤销拍卖委托：案外人对拍卖标的物提出异议成立的；人民法院据以执行的生效法律文书被撤销的；被执行人履行了生效法律文书确定的义务；当事人双方达成和解协议，无需拍卖或本院认为暂不宜拍卖的。

十二、拍卖机构必须严格依照法律、法规、上级法院的规定及本委托合同确定的条件、程序及时公开进行拍卖。拍卖机构有下列行为之一的，本院将取消拍卖委托，该拍卖机构不得参与本院下次的拍卖摇号，情节严重的，依法追究刑事责任。

1. 拍卖机构违反法律、法规及上级法院拍卖规定。
2. 拍卖机构不按本委托书确定的条件、程序进行拍卖的。

3. 拍卖机构与竞买人恶意串通的。

4. 拍卖机构在本委托书确定的拍卖期限或拍卖公告确定的时间内未举行拍卖会；或拍卖前无人报名，拍卖未成交。

5. 拍卖机构不得向本院工作人员吃请、送礼及借款、借物。

二〇一四年二月八日

附：1. 榕价认涉【2013】74号福州市价格认证中心《鉴定结论书》壹份
　　2. 仓山区人民法院(2013)仓执行字第1719-1号执行裁定书壹份

司法技术办联系人：小徐　　联系电话：8826×××　1360086××××
执行局联系人：施法官　　　联系电话：1380505×××
福建省福州市×路×号仓山法院五楼司法技术办

〔评注〕

1. 本样式的适用范围和依据

本样式是在委托评估之后对财产进行拍卖时使用。《民事诉讼法》第二百四十七条规定："财产被查封、扣押后，执行员应当责令被执行人在指定期间履行法律文书确定的义务。被执行人逾期不履行的，人民法院应当拍卖被查封、扣押的财产；不适于拍卖或者当事人双方同意不进行拍卖的，人民法院可以委托有关单位变卖或者自行变卖。国家禁止自由买卖的物品，交有关单位按照国家规定的价格收购。"

2. 样式的写作要点及注意事项

(1) 标题

本样式名称为"拍卖(变卖)通知书"。

(2) 正文

①开头应写明致送的受委托机构。

②写明委托案件案由，以及所委托拍卖的财产内容，财产较多的可以附上财产清单，载明具体的财产名称、数量、数额、所在处所等详细信息。

③引用的法律依据是《民事诉讼法》第二百四十七条。

④附项内容为财产清单及评估报告

(3) 落款

无须承办人署名，但需要载明委托日期并由委托法院加盖院印。

另外还要留下法院承办人的联系方式，便于受委托机构及时联系。

3. 实例所反映的现实性需求

本文选取的实例是福建省仓州区法院的拍卖委托书，其委托书大量篇幅用来交代关于拍卖程序的事项，以及拍卖人和竞买人的权利义务，主要是因为如果实践中对这些程序性事项以及权利义务不予以介绍，当事人往往难以了解拍卖程序的具体操作流程。如果按照本文书样式书写的话，以上内容适宜以附件的形式单独向当事人及拍卖机构说明。

55. 拍卖通知书

××××人民法院
拍卖通知书

（××××）……执……号

××××（写明当事人和已知的担保物物权人、优先购买权人或其他优先权人姓名或名称）：

本院在执行×××与×××……（写明案由）一案中，依照《中华人民共和国民事诉讼法》第二百四十七条、《最高人民法院关于适用〈中华人民共和国民事诉讼法〉的解释》第四百八十八条、《最高人民法院关于人民法院民事执行中拍卖、变卖财产的规定》第十四条规定，委托有关中介机构对被执行人×××的……（写明财产名称、数量或数额、所在地等）进行评估、拍卖。（摇珠抽签的，写明:）经……，已选定拍卖机构。现将有关事宜通知如下：

拍卖标的：……
拍卖标的权属所有人：×××
拍卖机构/人民法院：××××
联系人：×××
联系电话：……

需要了解上述拍卖物的拍卖底价、拍卖时间、地点、拍卖公告刊登的报刊以及拍卖过程中拍卖物降价情况等有关事宜的，请直接与×××联系。

优先购买权人经通知未到场的，视为放弃优先购买权。

特此通知。

×××年××月××日
（院印）

【说明】

本样式根据《中华人民共和国民事诉讼法》第二百四十七条、《最高人民法院关于适用〈中华人民共和国民事诉讼法〉的解释》第四百八十八条、《最高人民法院关于人民法院民事执行中拍卖、变卖财产的规定》第十四条规定制定，供人民法院委托拍卖机构拍卖被执行人财产时用。

【实例评注】

河南省鲁山县人民法院
告知参加拍卖通知书 ①

（2013）鲁技拍字第 03 号

徐某某：

本院依法执行李某某申请执行你、梁某合同纠纷一案，依法对你、梁某所有的河南省质量工程学院的第二餐厅的二楼营业厅经营权（自 2013 年 09 月 01 日至 2038 年 08 月 31 日，评估价 2 551 313 元）进行拍卖。依照有关规定，依法委托河南公源拍卖有限公司于 2014 年 01 月 13 日上午 10 时在河南省产权交易中心（地址：郑州市铭功路 83 号豫港大厦 27 楼）对上述经营权进行公开拍卖。现通知你届时准时参加或委托代理人参加，若不参加，不影响拍卖的进行。

特此通知！

二〇一三年十二月二十四日

〔评注〕

1. 本样式的适用范围

本样式用于通知当事人以及担保人参加拍卖程序用。

2. 样式写作要点

（1）样式文书名称为"拍卖通知书"，实例中的名称为"告知参加拍卖通知书"。

（2）样式中的案号为"（××××）……执……号"，实例采用的是"（××××）……拍……号"，按照当前最高人民法院《关于人民法院案件案号的若干规定》的规定应为"（××××）……执……号"。

---

① 来源：人民法院诉讼资产网。

(3) 正文要写明被通知的当事人及参加拍卖的担保物权人名称。

(4) 应载明案由、适用的法律依据，以及被拍卖财产的具体名称、数量、数额、所在地等详细信息以便于将拍卖标的物特定化。实例中没有写明拍卖标的物的具体情况，仅仅写明了评估价格，同时也没有引用相关的法律依据。

(5) 应载明确定拍卖机构的程序，通常有吹球、摇号、抽签等方式，以体现拍卖机构选定的公正性。实例中介绍拍卖的时间和地点，但是没有介绍拍卖机构产生的方式，不利于体现拍卖程序的公正性。

(6) 通知主要事项：包括拍卖标的物，标的物所有人、拍卖机构及委托拍卖的法院、联系人及联系方式。另外，还要告知相关权利义务事项，即对拍卖标的物存在优先购买权的人经通知未到场的视为放弃优先购买权。实例中对此的表述是"不到场不影响拍卖的进行"。

(7) 落款不需要经办人署名，仅需要写明日期并加盖院印。

56. 查封公告

××××人民法院
查封公告

本院依据（××××）……执……号执行裁定书，于××××年××月××日查封了被执行人如下财产：

编号	财产名称	地址、证号及其他	数量
1			
2			
3			
4			
5			
6			
7			
8			

> 上述财产已由有关部门协助本院登记查封,查封期限自××××年××月××日起至××××年××月××日止。在上述期限内,任何人不得对被查封的财产转移、设定权利负担或者其他有碍执行的行为,否则,本院将依法追究其法律责任。
>
> 特此公告。
>
> ××××年××月××日
(院印)

【说明】

1. 本样式根据《最高人民法院关于人民法院执行工作的若干规定(试行)》第41条、《最高人民法院关于人民法院民事执行中查封、扣押、冻结财产的规定》第九条、第十条、第二十六条第三款规定制定,供人民法院对查封财产进行公告时用。

2. 预查封的公告可参照本样式制作。

【实例评注】

湖北省利川市人民法院
查封公告 ①

(2015)鄂利川执字第00200-3号

本院依据(2015)鄂利川执字第00200-3号执行裁定书,于2015年6月5日查封了被执行人孙某某、张某的如下财产:

编号	财产名称	地址	证号	数量
1	房屋产权	都亭普庵村×组西城路×巷×号	利房都字第S500×××号	1
2	国有土地使用权		利国用(2003)03-04-2011-××号	1

---

① 来源:湖北省利川市人民法院(2015)鄂利川执字第00200号案卷。

上述财产已由利川市国土资源局和利川市住房与城乡建设局协助本院登记查封，查封期限自2015年6月6日至2018年6月5日止。在上述期限内，非经本院同意，任何单位或个人不得对被查封的财产有转移、变卖、毁损、抵押、典当、赠送等处分行为。

特此公告。

二〇一五年六月五日

〔评注〕

1. 本样式的适用范围和依据

本样式用于人民法院对于查封的财产予以公告的情形。《最高人民法院关于人民法院执民事执行中查封、扣押、冻结财产的规定》第九条第一款："查封不动产的，人民法院应当张贴封条或者公告，并可以提取保存有关财产权证照。"

2. 结合实例分析样式的写作要点

(1) 标题

法院名称加上"查封公告"。样式中没有要求首部写明案号，实例中在标题下方写明了案号。

(2) 正文

①首先写明查封裁定书的案号，已经实施查封的时间。实例中写明了裁定书的案号以及被执行人姓名，告知了查封日期为2015年6月5日。

②附上被查财产的清单，清单内容应当载明财产的编号、名称、地址、证号、数量等具体信息。

③告知查封的具体期限，以及阻碍执行的法律后果。实例中的清单载明了所查封的房屋产权及土地使用权的坐落地址、证号。

(3) 落款

写明公告日期，并加盖院印。

3. 公告发布的形式

关于公告的方式、时间、版面等各地法院做法并不统一，并且曾经引起过不少争议。为此，江西省高级人民法院曾经制定《关于民事执行中拍卖财产的实施办法(试行)》第19条规定："拍卖的不动产、动产和其他财产评估价值在10万元以上的，应在市(设区市)级以上纸质媒体显著位置刊登，必须同时在江西法院国际互联网和执行法院的国际互联网上刊登。"

57. 查封（扣押、冻结）财产清单

查封（扣押、冻结）财产清单

（××××）……执……号

编号	财物名称	规格型号	数量或数额	单位	备注
1					
2					
3					
4					
5					
6					
7					
8					

被执行人（或其他成年家属）（签名）
在场人员（签名）
××××年××月××日

执行人员（签名）
书记员（签名）
××××年××月××日

注：本清单一式两份，一份交被执行人，一份随查封裁定书存卷。

【说明】

1. 本清单根据《中华人民共和国民事诉讼法》第二百四十五条第二款规定制定，供人民法院查封、扣押、冻结财产时用。

2. 人民法院查封、扣押财产时，被执行人是公民的，应当通知被执行人或者他的

成年家属到场；被执行人是法人或者其他组织的，应当通知其法定代表人或者主要负责人到场。拒不到场的，不影响执行。被执行人是公民的，其工作单位或者财产所在地的基层组织应当派人参加。对被查封、扣押的财产，执行员必须造具清单，由在场人签名或者盖章后，交被执行人一份。被执行人是公民的，也可以交他的成年家属一份。

【实例评注】

广东省江门市蓬江区人民法院
查封（扣押）财产清单 [①]

江门大宗化工有限公司　　　　　　　　　　　　2013年6月8日

编号	财产名称	特征及成色	数量
1	调速分散机	TFJ型	3台
2	砂磨机	SK型	1台
3	油漆	18L的34罐，3L的50罐	共84罐
4	高速分散机	GFJ-04型	1台
5	单相串激电动机	0400/80-220型	1台
6	空压机		1台
7	打印机	MFC-7360型	1台
8	电脑	台式	6台
9	空调	柜式1台、挂式1台	共4台
10	空罐		

备注：以上财产已交本院依法查封并暂交由被执行人保管，查封期间未经本院同意不得转移、变卖、赠与、毁损等，否则将追究有关人员的法律责任。

在场人：杨某某

被执行人（家属）：汪某某　　书记员：某某某

执行人员：吴某某

[①] 来源：广东省江门市蓬江区人民法院(2013)江蓬法执字第704号案卷。

〔评注〕

1. 本样式的适用范围

本样式适用于在执行过程中,对于被查封、扣押的财产,由执行人员出具财产清单用,该清单应当由在场人签名或者盖章后,交被执行人一份。若被执行人是公民的,也可以交其成年家属一份。

2. 样式的写作要点和注意事项

(1) 标题

文书名称"查封(扣押、冻结)财产清单",加上执行案件的案号,不要求写执行法院名称。实例中清单没有写明案号,不能和其他存在同名当事人的案件相区别。

(2) 正文

① 主要为表格形式,表格上半部分用来记载被查封、扣押财产的编号、财物名称、规格型号、数量或数额、计量单位等具体内容。下半部分分为两栏,一栏为被执行人(或者其成年家属)签名,以及在场人员签名处,并要求签署日期。另一栏为执行人和书记员署名处,也要签署日期。

② 实例中的表格中栏目稍有不同,但是其功能大致相同。

③ 实例中案件承办人还备注了相关权利义务,告知当事人不得转移、变卖、毁损被查封、扣押的财产及上述行为相应后果。这种做法在实践中是值得借鉴的,可以起到警示作用。

(3) 备注事项:清单表格下面应当注明"本清单一式两份,一份交被执行人,一份随查封裁定书存卷"。实例中清单没有注明一式两联,一份交被执行人或其家属留存,此处不够严谨。

58. 拍卖公告

××××人民法院
拍卖公告

本院在执行×××与×××……(写明案由)一案中,对被执行人×××的……(写明财产的名称、数量或数额、所在地等)进行评估、拍卖。(委托拍卖的,写明:)经……(写明选定拍卖机构的方式),委托××××拍卖。现将有关事宜公告如下:

拍卖标的:……

拍卖标的权属所有人:×××

拍卖机构(或人民法院):××××

联系人:×××

联系电话：……

　　与本案拍卖财产有关的担保物权人、优先权人或者其他优先权人于拍卖日到场；优先购买权人届时未到场的，视为放弃优先购买权。

　　其他参加竞买的单位和个人需要了解上述拍卖物的拍卖底价、拍卖时间、地点、拍卖公告刊登的报刊以及拍卖过程中拍卖物的降价情况等有关事宜的，请直接与××××联系。

　　特此公告。

××××年××月××日
（院印）

【说明】

1. 本样式根据《中华人民共和国民事诉讼法》第二百四十七条、《最高人民法院关于适用〈中华人民共和国民事诉讼法〉的解释》第四百八十八条、《最高人民法院关于人民法院民事执行中拍卖、变卖财产的规定》第十一条规定制定，供人民法院拍卖被执行人财产，公告有关当事人和相关权利人时用。

2. 拍卖动产的，应当在拍卖七日前公告；拍卖不动产或者其他财产权的，应当在拍卖十五日前公告。

【实例评注】

拍卖公告
（第一次拍卖）[①]

　　南京市溧水区人民法院将于2015年11月26日10时至2015年11月26日22时止（延时除外）在江苏省南京市中级人民法院淘宝网司法拍卖网络平台上（网址：http://sf.taobao.com，户名：江苏省南京市中级人民法院）进行公开拍卖活动，现公告如下：

　　一、拍卖标的：南京某铁路配件有限公司的5台高低压柜。

　　起拍价：5.525万元，评估价：5.525万元；保证金：2万元，加价幅度：0.1万元。（第一次拍卖）

---

① 来源：人民法院诉讼资产网。

二、竞买人条件：凡具备完全民事行为能力的公民、法人和其他组织均可参加竞买。

如参与竞买人未开设淘宝账户，可委托代理人（具备完全民事行为能力的自然人）进行，但须在竞买开始前向南京市溧水区人民法院办理委托手续；竞买成功后，竞买人（法定代表人、其他组织的负责人）须与委托代理人一同到法院办理交接手续。如委托手续不全，竞买活动认定为委托代理人的个人行为。

因不符合条件参加竞买的，由竞买人自行承担相应的法律责任。

三、咨询、展示看样的时间与方式：自2015年11月23日9时起至2015年11月23日17时止接受咨询，有意者请与拍卖法院联系统一安排看样。

四、本次拍卖活动设置延时出价功能，在拍卖活动结束前，每最后2分钟如果有竞买人出价，将自动延迟5分钟。

五、拍卖方式：设有保留价的增价拍卖方式，不到保留价不成交。

六、特别提醒：标的物以实物现状为准，本院不承担本标的瑕疵保证。有意者请亲自实地看样，未看样的竞买人视为对本标的实物现状的确认，责任自负。

七、标的物运输费用等一切拖欠的费用及所涉及的任何违法行为均由买受人自行核实、承担。

八、标的物转让登记手续由买受人自行办理，所涉及的一切税费均由买受人承担，法院不提供登记证书等证明。

九、与本标的物有利害关系的当事人可参加竞拍，不参加竞拍的请关注本次拍卖活动的整个过程。

十、拍卖竞价前淘宝系统将冻结竞买人支付宝账户内的资金2万元作为应缴的保证金，拍卖结束后未能竞得者冻结的保证金自动解冻，冻结期间不计利息。本标的物竞得者原冻结的保证金自动转入法院指定账户，特别提醒：拍卖余款在2015年12月11日17时前缴入法院指定账户(户名：南京市溧水区人民法院，开户银行：中国银行股份有限公司溧水状元坊支行，账号：47936569××××)。拍卖未成交的，竞买人冻结的保证金自动解冻，冻结期间不计利息。

十一、司法拍卖因标的物本身价值，其起拍价、保证金、成交价相对较高。竞买人参与竞价，支付保证金及余款可能会碰到当天限额无法支付的情况，请竞买人根据自身情况选择网上充值银行。各大银行充值和支付的限额情况可上网查询，网址：http：//www.taobao.com/market/paimai/sf - helpcenter.php？spm = a2166.1744555.1998438769.1.X29vTs。

竞买人在拍卖竞价前请务必再仔细阅读本院发布的拍卖须知。

标的物情况介绍摘录自中联天目兴华资产评估江苏有限公司评估报告。

咨询看样电话：025 - 5622××××，1895203××××（邓），025 - 5622××××（田）

南京市溧水区人民法院监督电话：025-5622××××

联系地址：南京市溧水区永阳镇中山西路27号

技术咨询电话：025-8352××××

南京市中级人民法院监督电话：025-8352××××

淘宝网客服热线：400822××××，0571-8815××××

〔评注〕

1. 本样式的适用范围

本样式适用于人民法院在对于执行中的财产进行拍卖之前先期公告用。《最高人民法院关于人民法院执民事执行中查封、扣押、冻结财产的规定》第十一条规定："拍卖应当先期公告。拍卖动产的，应当在拍卖七日前公告；拍卖不动产或者其他财产权的，应当在拍卖十五日前公告。"

2. 样式的写作要点和注意事项

(1) 标题

法院名称加上"拍卖公告"，样式不要求写明执行案号。因此本书选取的拍卖公告实例中没有写明案号是符合样式要求的。

(2) 正文

①应当载明案由、被拍卖的财产的名称、数量、数额、所在地等内容，以及选定拍卖机构的方式，用来表示程序的公正和公开。

②公告告知的主要事项应包含：拍卖标的物的具体名称、拍卖标的权属所有人的名称、拍卖机构(或者人民法院)的名称、联系方式。还要告知相应的权利义务，如果享有优先购买权的人未按时到场，视为放弃优先购买权，以保障拍卖结果的稳定性。

(3) 落款

载明公告发布的日期并加盖院印。

3. 实例中所反映的拍卖公告和人民法院拍卖工作发展的新趋势

此处选取的实例是发布在"人民法院诉讼资产网"及"淘宝网"的一则拍卖公告，故其形式和样式要求有显著的区别。司法网拍已经成为法院拍卖的重要途径之一，与现场拍卖相比，网络拍卖节约拍卖成本，便利远程参与以及由第三方机构主持拍卖过程利于对案件中的拍卖进行监督，利于司法公开。但是同时网络拍卖也具有一些不便利性，由于未到拍卖现场查看拍卖标的物的实际状态，网络拍卖的公告就必须详尽地描述各种信息。

59. 公告（强制迁出房屋或退出土地用）

×××人民法院
公　告

（××××）……执……号

本院在执行×××与×××……(写明案由)一案中，于××××年××月××日向被执行人×××发出（××××）……执……号执行通知书，责令……(写明应当履行的义务)，但被执行人×××未履行。依照《中华人民和国民事诉讼法》第二百五十条第一款规定，责令被执行人×××在××××年××月××日前迁出房屋/退出土地。到期仍不履行的，本院将依法强制执行。

特此公告。

院　长　×××

××××年××月××日
（院印）

【说明】

本样式根据《中华人民共和国民事诉讼法》第二百五十条第一款规定制定，供人民法院发出公告强制被执行人迁出房屋或退出土地时用。

【实例评注】

公　告①

严某某、杜某某：关于南昌高新区高能小额贷款股份有限公司与你们小额借款合同纠纷一案，执行依据(2013)高新民初字第592号民事判决书，现依法向你们公告送达(2015)高新执恢字第2-4号告知书，告知如下事项：本院在执行过程中，已依法向你们公告送达了限期迁出通知书，责令你们在通知书送达之日起十五日内，自行迁出本

---

① 来源：《人民法院报》2016年10月18日G57版。

院拍卖的被执行人严某某、杜某某名下位于南昌市高新区高新一路190号金边瑞香苑瑞桦阁×栋×单元×室房产内的物品,逾期本院将依法强制迁出,因拒绝接收而造成的损失,由你们承担;因你们在期限内未自行迁出,本院于2015年12月8日实施了强制迁出,迁出的屋内物品要求南昌高新区高能小额贷款股份有限公司负责保管三个月,如无人认领可以自行处置;因该公司反映至今无人认领,本院已通知该公司自行处置迁出的屋内物品,因此造成的损失,由你们自行承担。自公告之日起经过六十日,即视为送达。

(江西)南昌高新技术产业开发区人民法院
本公告刊登在2016年10月18日《人民法院报》G57版

〔评注〕

1. 本样式的适用范围

本样式适用于人民法院根据《民事诉讼法》第二百五十条第一款的规定,强制迁出房屋或者强制退出土地时用。由院长签发公告,责令被执行人在指定期间履行。被执行人逾期不履行的,由执行员强制执行。

2. 样式的写作要点

(1)标题

包括法院名称,加上"公告"以及案号。实例中的公告由于是刊登在《人民法院报》上,所以受到报纸要求格式的限制,法院名称没有写在"公告"上方,而是写在正文右下角。另外,也没有在标题处写案号。值得注意的时,在实践中有许多公告都是通过登报方式发出的,如何协调处理新民事诉讼文书样式与《人民法院报》公告刊登样式之间不一致的现象是今后实践中值得探索的问题。

(2)正文

①写明案由及发出执行通知书的案号及日期,责令被执行人履行的具体义务内容,被执行人未履行的相关事实。

②法律依据是《民事诉讼法》第二百五十条第一款。

③写明责令被执行人迁出的具体时间,以及预期不履行的法律后果,即由法院强制迁出。在实例中,由于是以登报方式刊登公告,其中内容反映了被执行人并非在该处居住,因此为了适应执行工作的实际需要,该房屋内的相关物品由南昌高新区高能小额贷款股份有限公司负责保管三个月,逾期被执行人仍不认领,通知该公司自行处置迁出的屋内物品。这一事实是此类案件执行中经常出现的现象,在今后文书写作中应适当考虑实际情况,向当事人交代清楚相应的权利义务和风险。

④其他需要注意的问题:虽然样式中关于责令被执行人履行的义务表述为"责令

被执行人×××在××××年××月××日前迁出房屋/退出土地"，但是笔者认为此处宜加上迁出房屋、土地的具体坐落地址、面积或结构等，以免在实施迁出时发生争议。

(3)落款

与其他执行中的法律文书不同的是，此处不仅仅要加盖院印，还要由院长签名，实践中也有以院长盖私章代替签名，然后注明签发日期的情况。

60. 搜查令

××××人民法院
搜查令

(××××)……执……号

依照《中华人民共和国民事诉讼法》第二百四十八条的规定，发出如下搜查令：

特派搜查人员×××、×××等×人，对……(写明被执行人及其住所或财产隐匿地)进行搜查。

此令。

院　长　×××
××××年××月××日
(院印)

注：搜查令应由执行人员当场宣布。搜查情况另行制作笔录。

【说明】

本样式根据《中华人民共和国民事诉讼法》第二百四十八条规定制定，供人民法院对被执行人及其住所或者财产隐匿地进行搜查时用。

【实例评注】

浙江省杭州市中级人民法院
搜查令 ①

（2013）浙杭执民第 736 号

依照《中华人民共和国民事诉讼法》第二百四十八条的规定，发出如下搜查令：

特派搜查人员罗辉、陈大巨等两人，对被执行人富阳东方魅力娱乐有限公司的经营场所进行搜查。

此令。

院长　翁某某（捺印）

二〇一三年十一月十九日

〔评注〕

1. 本样式的适用范围

本文书样式供各级人民法院对不履行生效法律文书确定的义务，并隐匿财产的被执行人及其住所或者财产隐匿地进行搜查时使用。《民事诉讼法》第二百四十八条规定："被执行人不履行法律文书确定的义务，并隐匿财产的，人民法院有权发出搜查令，对被执行人及其住所或者财产隐匿地进行搜查。采取前款措施，由院长签发搜查令。"

执行中的搜查措施是一项涉及被执行人人身权、财产权的严厉措施。在执行程序中，只有在符合下列三项条件时，才能采取搜查措施：(1) 被执行人有隐匿财产的行为或者拒绝按人民法院的要求提供有关财产状况的证明材料。(2) 被执行人的上述行为，必须是在法律文书生效以后所为。(3) 必须是被执行人的现有财产不足以履行法律文书确定的义务。

2. 样式的写作要点

（1）标题

包括法院名称，加上"搜查令"以及案号。

（2）正文

①写明法律依据是《民事诉讼法》第二百四十八条。

---

① 来源：浙江省杭州市中级人民法院(2013)浙杭执民第 736 号案卷。

②写明实施搜查的执法人员的姓名及人数,一般需两人以上,还需要写明被搜查的被执行人及搜查的具体处所或财产隐匿地。

(3)落款:与其他执行中的法律文书不同的是,此处不仅仅要加盖院印,还要由院长签名,实践中也有以院长盖私章代替签名,然后注明签发日期的情况。这主要是因为采取搜查措施会涉及公民的人身权、财产权、住宅权等法定权益,必须依法定条件慎重行使。

(4)搜查令的内容必须由执行人员在实施搜查时当场宣布,并将实施搜查的过程和笔录予以记录后与搜查令一同附卷。故本样式在表格下方注明:"搜查令应由执行人员当场宣布。搜查情况另行制作笔录。"实例遗漏了此注明部分的内容。

(五)执行财产交付及完成行为

61. 通知书(责令交出财物、票证用)

××××人民法院
责令交出财物(票证)通知书

(××××)……执……号

××××:

本院在执行×××与×××(写明案由)一案中,查明××××人民法院(或其他生效法律文书的作出机关)(××××)……号民事判决书(或其他生效法律文书)确定交付的……被你/你单位持有/隐匿/非法转移。依照《最高人民法院执行工作若干问题的规定(试行)》第57条(被执行人的财产经拍卖、变卖或者裁定以物抵债后交付的,引用第59条;有关公民持有该项财产或票证的,引用《中华人民共和国民事诉讼法》第二百四十九条第三款)规定,通知如下:

责令你/你单位自本通知书送达之日起××日内将……交付本院。

逾期不交的,本院将采取强制执行措施。

特此通知。

××××年××月××日
(院印)

联系人:×××　　　　联系电话:……
本院地址:……　　　　邮　　编:……

【说明】

1. 本样式根据《中华人民共和国民事诉讼法》第二百四十九条第三款、《最高人民法院关于人民法院执行工作若干问题的规定（试行）》第 57 条、第 59 条规定制定，供人民法院在责令被执行人或占有人交出特定标的物时用。

2. 法律依据的引用，交出被执行人财产或票证的，均引用《最高人民法院关于人民法院执行工作若干问题的规定（试行）》第 57 条规定；有关公民持有该项财产或票证的，增加引用《中华人民共和国民事诉讼法》第二百四十九条第三款；被执行人的财产经拍卖、变卖或者裁定以物抵债后的交付，增加引用《最高人民法院关于人民法院执行工作若干问题的规定（试行）》第 59 条。

【实例评注】

（暂缺实例）

〔评注〕

1. 样式适用的范围及依据

本文书样式供执行生效法律文书确定被执行人交付特定标的物的案件时，原物被执行人隐匿或非法转移特定标的物的，人民法院责令被执行人交出时使用。

《执行工作若干问题的规定（试行）》第 57 条规定："生效法律文书确定被执行人交付特定标的物的，应当执行原物。原物被隐匿或非法转移的，人民法院有权责令其交出。原物确已变质、损坏或灭失的，应当裁定折价赔偿或按标的物的价值强制执行被执行人的其他财产。"这种特定的标的物，是指法律文书中特定的财产，由于这一财物或者票证是经生效法律文书确认了归属的，是经过审理后判令被执行人交付的，因此，如果他人持有该项财物或票证又拒不交出的，当然可以强制执行。

2. 样式的写作要点及注意事项

（1）标题

法院名称加上文书名称"责令交出财物（票证）通知书"。

（2）正文

①抬头写明被责令交付相关财物、票证的义务人名称。

②写明执行案件当事人名称、案由，以及执行依据的法律文书文号，及相关查明事实。查明的案件事实应当围绕经生效的执行依据所确定的执行标的物被责任人持有或者非法隐匿、转移的事实，以及应交付的标的物的名称、数量等。

③发布通知的法律依据为《执行工作若干问题的规定（试行）》第 57 条，如果相关财物已经被拍卖、变卖或者裁定以物抵债的，须从现占有人处交付给买受人或者申请执行人的，则适用该规定第 59 条规定以及《民事诉讼法》第二百二十五、第二百二十

六条之规定。

④通知的事项为:"责令你/你单位自本通知书送达之日起××日内将……交付本院。"同时告知其相关权利义务,以及若逾期不交付将采取强制措施。

⑤强制交付在适用上因法律文书指定财物或票证的两类情形:第一,有关财物或票证在被执行人处时,由执行员传唤双方当事人到场,在其监督下当面交付,或者由被执行人交付执行员,由执行员转交,并由权利人签收。第二,有关财物或票证不在被执行人处时,具体又分两种情况:有关单位持有该项财物或者票证时,人民法院应发出协助执行通知书,由该有关单位转交权利人并签收有关公民持有该项财物或者票证的,人民法院应通知其交出,或当面交付给权利人,或交给执行员转交给权利人。有关单位或有关公民拒不转交的,人民法院应予强制执行,并按拒不协助执行这一妨害民事诉讼行为采取强制措施。

(3) 落款

注明日期,加盖院印,同时应当留下联系方式和地址便于当事人联系。

62. 委托书(代为完成指定行为用)

××××人民法院
代为完成指定行为委托书

(××××)……执……号

×××:

　　本院在执行×××与×××……(写明案由)一案中,被执行人未在××××人民法院(或其他生效法律文书的作出机关)(××××)……号民事判决(或其他生效法律文书)确定的期限内完成指定行为。依照《中华人民共和国民事诉讼法》第二百五十二条、《最高人民法院关于适用〈中华人民共和国民事诉讼法〉的解释》第五百零三条、第五百零四条、《最高人民法院关于人民法院执行工作若干问题的规定(试行)》第60条第2款规定,现委托你/你单位完成……(写明指定行为),并将履行指定行为的情况及时报告本院。

　　附:生效法律文书×份

××××年××月××日
(院印)

【说明】

本样式根据《中华人民共和国民事诉讼法》第二百五十二条、《最高人民法院关于适用〈中华人民共和国民事诉讼法〉的解释》第五百零三条、第五百零四条、《最高人民法院关于人民法院执行工作若干问题的规定（试行）》第60条第2款规定制定，供人民法院对被执行人拒不履行生效法律文书中指定的可以替代履行的行为，依法委托有关单位或个人完成指定行为时用。

【实例评注】

福建省漳州市人民法院
代为完成指定行为委托书①

（2011）漳执行字第92号

厦门景祥房地产开发有限公司：

我院在执行的你公司与漳州市福景房地产开发有限公司项目转让合同纠纷一案中，被执行人漳州市福景房地产开发有限公司未在法律文书确定的期限内完成指定的行为，依照《最高人民法院关于人民法院执行工作若干问题的规定（试行）》第60条第2款的规定，现委托你公司完成以下指定行为，并将履行指定行为的情况及时报告本院。

一、委托你公司以自己的名义替代漳州市福景房地产开发有限公司申请办理"福景大厦"拆迁许可延期手续。

二、委托你公司以自己的名义替代漳州市福景房地产开发有限公司进行"福景大厦"项目上建筑物的拆迁补偿安置工作。

你公司在完成上述委托事项的过程中，应严格依照法律、法规及相关的拆迁补偿安置政策进行，独立承担民事责任、法规及相关的拆迁补偿安置政策进行，独立承担民事责任和义务，承担因自己的过错所造成的损失，并垫付因完成委托行为而产生的费用，在委托事项完成后，另行起诉向漳州市福景房地产开发有限公司主张因完成委托行为而产生的费用。

附：

（2010）漳民初字第52号民事判决书一份

（2011）闽民终字第108号民事判决书一份

二〇一二年一月××日

---

① 来源：福建省漳州市人民法院（2011）漳执行字第92号执行案件案卷。

〔评注〕

1. 样式适用的范围及依据

本文书样式供人民法院在执行过程中,对被执行人拒不履行生效法律文书中指定的可以替代履行的行为,依法委托有关单位或个人完成指定的行为时使用。

可替代行为是指,行为由被执行人自己实施或由第三人实施,对于债权人在经济上或法律上的效果并无不同。这种行为,可以是属于一般劳务的供给,也可以是属于技术性劳务的供给。可替代行为的执行,是在法律文书指定履行的行为属可替代行为时,所实施的关于行为请求权的执行。《民事诉讼法》第二百五十二条规定:"对判决、裁定和其他法律文书指定的行为,被执行人未按执行通知履行的,人民法院可以……委托有关单位或者其他人完成,费用由被执行人承担。"《执行工作若干问题的规定(试行)》第60条第2款规定:"对于可以替代履行的行为,可以委托有关单位或他人完成,因完成上述行为发生的费用由被执行人承担。"

2. 样式的写作要点和注意事项

(1) 标题

发出文书的法院名称,文书名称即"代为完成指定行为通知书",加上案号。

(2) 正文

①抬头为受委托单位名称。

②正文中应当写明案由,执行依据的生效法律文书文号、文书所确定的履行义务内容和期限,以及被执行人在限期内未能完成义务的经过。

③引用的法律依据为《民事诉讼法》第二百五十二条、《民诉法解释》第五百零三条、第五百零四条,《执行工作若干问题的规定(试行)》第60条第2款。实例中没有引用《民事诉讼法》第二百五十二条、《民诉讼解释》第五百零三条、第五百零四条。

④载明所委托完成的事项,并告知将履行的情况及时报告委托的法院。实例中载明了委托事项,没有载明委托事项完成后应告知委托法院。另外,由于本案委托事项的特殊性,实例中向受委托单位告知就完成委托事项产生的费用可以另行起诉主张权利。

⑤附项,应当附上生效的法律文书。

(3) 落款

注明日期并加盖院印。

3. 替代履行的方式和费用负担

该类执行的基本方法是代替履行,即在被执行人不履行法律文书指定的可替代行为时,执行法院可委托第三人(有关单位或者其他人)代为完成,代为履行的费用则由被执行人负担,被执行人拒绝负担费用时,按照关于金钱债权的执行程序对被执行人强制执行。代替履行是关于可替代行为执行的基本方法,对可替代行为的执行,由于执行标的是行为,没有执行标的物,对这类案件不能用直接强制的方法,而且也不宜使用间接强制的方法。

由他人代为完成被执行人应为的行为，可以是由法院直接委托有关单位或者个人完成，也可以是由债权人委托有关单位或者个人完成，还可以是由债权人自己完成。具体采用何种方式，由执行法院决定。他人代为完成的费用依法应由被执行人承担。执行法院可由被执行人在他人完成后按实际费用支付，也可以责令被执行人预付一定费用，以后多退少补。从效果上看，以预付费用为好，因为如被执行人不愿支付该笔费用，可促使其自动履行，并可减少他人代为履行后被执行人不能支付费用的风险。被执行人应承担的费用数额，由执行法院依职权酌定，必要时也可令有专门知识、技能的鉴定人确定，以求公平。执行法院裁定被执行人支付或者预付代为履行的费用，而被执行人拒不交付的，可以以该裁定为执行依据对被执行人强制执行，适用关于金钱债权执行的程序。而实例中执行法院告知受委托单位将来可以就完成委托事项的费用另行起诉，这就可能因完成受委托的执行事项而引发新的纠纷和诉讼。

63. 通知书（责令追回财物或票证用）

××××人民法院
责令追回财物（票证）通知书

（××××）……执……号

××××：

　　本院在执行×××与×××（写明案由）一案中，因你/你单位持有××××人民法院（或其他生效法律文书的作出机关）（××××）……号民事判决（或其他生效法律文书）指定交付的……（写明财物或票证名称、数量或数额、所在地等），于××××年××月××日向你/你单位送达协助执行通知书。你/你单位却协同被执行人×××将财物/票证转移。依照《最高人民法院关于人民法院执行工作若干问题的规定（试行）》第58条规定，责令你/你单位在本通知书送达后××日内向本院交出……（写明财物或票证名称、数量或数额、所在地等）。

　　逾期不向本院交出财物/票证，你/你单位将承担相应赔偿责任。

　　特此通知。

××××年××月××日
（院印）

【说明】

本样式根据《最高人民法院关于人民法院执行工作若干问题的规定(试行)》第58条规定制定,供人民法院在责令有关单位或个人限期追回财物或票证时用。

【实例评注】

(暂缺实例)

〔评注〕

1. 样式的适用范围及法律依据

本文书样式供执行过程中,发现有关单位或公民持有法律文书指定交付的财物或票证,在接到人民法院协助执行通知书或通知书后,协同被执行人转移该财物或票证,人民法院责令其限期追回时使用。

关于第三人持有法律文书指定交付的财物或者票证时,执行时如何处理,《民事诉讼法》第二百四十九条第二款、第三款规定:"有关单位持有该项财物或者票证的,应当根据人民法院的协助执行通知书转交,并由被交付人签收。有关公民持有该项财物或者票证的,人民法院通知其交出。拒不交出的,强制执行。"

2. 样式的写作要点和注意事项

(1)标题

发出文书的法院名称+文书名称即"责令追回财物(票证)通知书"+案号。

(2)正文

①抬头为生效法律文书所确定的执行标的的持有人。有关单位或公民持有法律文书指定交付的财物或票证时,人民法院应向其发出通知书,指令其交出。有关单位持有的,人民法院向其发出协助执行通知书。有关公民持有的,向其发出通知书。

②正文中应当写明案由,执行依据的生效法律文书文号、文书所确定的指定交付的财物。并写明有关责任人或协助执行单位协同被执行人转移财物或票证的事实经过。

③发出通知书的法律依据是《执行工作若干问题的规定(试行)》第58条的规定。

④通知的具体事项:责令责任人或协助执行单位限期内交付所指的财物、票证。并告知逾期不履行上述义务的后果,责任人或协助单位将承担赔偿责任。法律文书指定交付的财物或者票证为特定物,法律文书既然指定被执行人交付这一特定物,被执行人应当交付原物。实际中原物不一定还存在,可能已经灭失,也可能被毁损,已面目全非。在这种情况下,既然有关公民或者组织对这些财物或者票证只是持有

人，而非所有人，依照法律又负有返还的责任，如其不能返还，自应承担赔偿责任。这是民法上的基本归责原则。持有人依据什么而持有，是合法持有还是非法持有，是有偿持有还是无偿持有，都不影响持有人的这种责任。但是如果持有人擅自协同被执行人转移所持有的标的物的，根据《执行工作若干问题的规定(试行)》第58条的规定，有关单位或公民持有法律文书指定交付的财物或票证，在接到人民法院协助执行通知或通知书后，协同被执行人转移财物或票证的，人民法院有权责令其限期追回；逾期未追回的，应当裁定其承担赔偿责任。

(3)落款

注明日期并加盖院印。

(六)审查不予执行申请

64. 执行裁定书（审查不予执行国内仲裁裁决申请用）

××××人民法院
执行裁定书

(××××)……执……号

申请人：×××，……。
法定代理人/指定代理人/法定代表人/主要负责人：×××，……。
委托诉讼代理人：×××，……。
被申请人：×××，……。
……
(以上写明申请人、被申请人和其他诉讼参加人的姓名或者名称等基本信息)
本院在执行×××与×××……(写明案由)一案中，×××申请不予执行××××仲裁委员会作出(×××)……号裁决。本院依法组成合议庭进行审查，现已审查终结。
×××称，……(写明申请不予执行仲裁裁决的事实和理由)。
×××辩称，……(写明答辩意见)。
本院查明，……(写明查明的事实)。
本院认为，……(写明理由)。
综上所述，依照《中华人民共和国民事诉讼法》第一百五十四条第一款第十一项/第二百三十七条第二款第×项/第三款(部分不予执行的，增加引用《最高人民法院关于适用〈中华人民共和国民事诉讼法〉的解释》第四百七十七条)规定，裁定如下：

（不予执行全部仲裁裁决内容的，写明:）不予执行×××仲裁委员会（×××)……号裁定。

（不予执行部分仲裁裁决内容的，写明：不予执行×××仲裁委员会（×××)……号裁决的××事项。

（驳回申请的，写明:）驳回申请人×××不予执行×××仲裁委员会（×××)……号裁决的申请。

本裁定送达后即发生法律效力。

审　判　长　×××
审　判　员　×××
审　判　员　×××

××××年××月××日
（院印）
书　记　员　×××

【说明】

1. 本样式根据《中华人民共和国民事诉讼法》第二百三十七条第二款、第三款、《最高人民法院关于适用〈中华人民共和国民事诉讼法〉的解释》第四百七十七条规定制定，供人民法院不予执行仲裁裁决或者驳回申请时用。

2. 本样式中的"申请人"与"被申请人"与仲裁裁决中的"申请人"和"被申请人"不同，不应混同。

【实例评注】

辽宁省葫芦岛市中级人民法院
执行裁定书 [①]

（2016）辽 14 执 30 号

申请执行人孙某，男，1951 年 12 月 28 日生，汉族，工人，现住山东省蓬莱市西关路。

委托代理人孙某甲（孙某之子），男，1983 年 6 月 15 日生，汉族，个体户，现住山

[①] 来源：中国裁判文书网。

东省蓬莱市西关路。

委托代理人沙某某，男，1952年1月6日生，汉族，退休干部，现住山东省蓬莱市中楼南路。

被执行人绥中县止锚湾海珍品增殖站。住所地辽宁省绥中县。

法定代表人卢某某，该站站长。

第三人绥中县海洋与渔业局。住所地辽宁省绥中县。

法定代表人薛某某，该局局长。

申请执行人孙某与被执行人绥中县止锚湾海珍品增殖站、第三人绥中县海洋与渔业局承包合同纠纷执行一案，绥中县人民法院依据烟裁（1998）经字第73号仲裁裁决书于2002年10月29日立案执行。因绥中县人民法院对该案长期未能执结，本院2015年12月20日作出（2015）葫执监字第00102号执行裁定书，决定提级由本院执行。本院立案执行向第三人绥中县海洋与渔业局送达执行通知书后，该第三人向本院提出不予执行申请书，认为本案有不予执行的情形：1. 仲裁裁决书违法并无效。合同中双方约定的仲裁部门是蓬莱市仲裁委员会，双方并未约定到烟台市仲裁委员会仲裁，后来蓬莱市仲裁委员会撤销，该案就应当到有管辖权的人民法院，即到绥中县人民法院起诉。由于烟台仲裁委员会无权受理并仲裁本案，故烟台仲裁委员会对本案的裁决违法并无效。2. 被申请人方没有收到过申请人孙某的仲裁申请书，本次仲裁也不是孙某提的，而是烟台市中级人民法院直接移送的，该法院将不属于自己管辖及基层法院管辖的案件只能移送到其他有管辖权的法院而无权直接移送到仲裁部门，故法院将本案移送到烟台仲裁委员会的做法是非法和无效的，因此烟台仲裁委员会接受移送案件也是没有法律依据的，故本案的仲裁裁决不应受法律保护，法院不应支持孙某的执行申请。3. 本案从实体上，我方也不存在违约的事实，孙某也不存在42.2万元的损失，相反本案是孙某在进行恶意诉讼，属非法敲诈。首先是孙某不按合同约定派遣工作人员及不按约定提供技术服务。其次是孙某根本没有与蓬莱市大季家镇养殖场签订过《购苗合同》，更没有给该养殖场赔偿过违约金及损失。孙某的损失是假的，仲裁部门的认定依据不足，故烟台仲裁委员会作出的仲裁书存在事实不清，证据不足的情形。多年来我方一直对烟台仲裁委员会作出的裁决提出辩驳和异议，但烟台仲裁委员会知错不改，我方申请法院对该裁决不予执行。

经审查，1996年1月31日，孙某与绥中县止锚湾海珍品增殖站签订了育苗场养殖承包协议书，双方在履行中发生纠纷后，孙某于1996年7月18日向蓬莱市人民法院提起诉讼，绥中县止锚湾海珍品增殖站以该法院没有管辖权为由提出管辖权异议，该法院于1996年10月28日作出（1996）蓬登经初字第32号民事裁定书，以蓬莱市仲裁部门已被撤销无法行使权利，该纠纷按双方当事人当时的意思表示，本院享有管辖权为由，驳回了绥中县止锚湾海珍品增殖站对本案管辖权提出的异议。绥中县止锚湾海珍品增殖站对此裁定不服，向烟台市中级人民法院提出上诉，该院认为孙某向蓬莱市人民法院提起诉讼时，蓬莱市经济合同仲裁委员会因体制变更，已终止仲裁业务，且烟台仲裁委员会尚未成立，在此情况下，孙某所在地人民法院可以对此案行使管辖权。该院于1996年12月14日作出（1996）烟经终字第713号裁定书，驳回上诉，维持原裁定。1997年10月29日，蓬莱市人民法院作出（1996）蓬登经初字第32号民事判决书，判决：一、解除孙某、绥中县止锚湾海珍品增殖站于1996年1月31日所签订的承包养殖海珍品合同。二、绥中县止锚湾海珍品增殖站付给孙某赔偿金42.2294万元。限判决生效后10日内付清。案件受理费8 844元，由绥中县止锚湾海珍品增殖站负担。绥中县止锚湾海珍品增殖站不服此判决，提出上诉。1998年3月26日，烟台市中级人民法院作出（1998）烟经终字第30号民事裁定书，以该案应由蓬莱市仲裁委员会审理，因蓬莱市仲裁委员会已被撤销为由，故该案应由烟台仲裁委员会审理。裁定：一、撤销烟台市中级人民法院（1996）烟经终字第713号民事裁定和（1996）蓬登经初字第32号民事判决。二、该案移送烟台市仲裁委员会审理。1998年7月14日，烟台仲裁委员会立案。在本院调取的烟台仲裁委员会烟裁（1998）经字第73号卷宗中，没有孙某提交的仲裁申请书，绥中县止锚湾海珍品增殖站在提交的仲裁答辩书中认为，提起仲裁程序的权利人应为案件当事人，其他人都无权私自行使这个权利；相反仲裁委员会不经当事人提出申请，不依仲裁法及仲裁规则办案是不妥的，故请仲裁委员会依法纠正。2001年3月20日，烟台仲裁委员会作出烟裁（1998）经字第73号裁决书，该裁决书认为本会根据烟台市中级人民法院（1998）烟经终字第30号民事裁定书受理此案并无不当，绥中县止锚湾海珍品增殖站辩称本会不应受理此案的理由不能成立。裁决：一、解除孙某与绥中县止锚湾海珍品增殖站1996年1月31日签订的育苗场及海产品养殖承包合同。二、绥中县止锚湾海珍品增殖站赔偿孙某经济损失42.2万元，于收到本裁决10日内付清。本案仲裁费1.034万元（其中案件受理费8 840元，案件处理费1 500元），由绥中县止锚湾海珍品增殖站负担（仲裁费用已由孙某预交，绥中县止锚湾海珍品增殖站在履行本裁决时一并付给孙某）。

　　本院认为，无论是1991年4月9日起施行的《中华人民共和国民事诉讼法》，还是2013年1月1日起施行的《中华人民共和国民事诉讼》，均赋予了人民法院对作为执行依据的仲裁裁决在仲裁程序上是否具有合法性予以审查核实的权利。烟台仲裁委员会作出的烟裁（1998）经字第73号裁决书，作为本案的执行依据，本院依法应当对此仲裁裁决的程序合法性进行审查核实，且本案被执行人已经提出不予执行的申请。经审查，本院认为，本案执行依据烟台仲裁委员会作出的烟裁（1996）经字第73号裁决书在立案程序上违反法定程序。1. 烟台仲裁委员会立案是根据烟台市中级人民法院（1998）烟经终字第30号民事裁定书受理此案，但依据民诉法及仲裁法，没有关于人民法院根据合同中存在当事人约定有仲裁条款的情形下，将不属于自己管辖的案件移送仲裁机构审理的法律规定。如果合同中存在仲裁条款，人民法院应在程序上驳回原告的起诉，但不应将案件移送仲裁机构审理。故烟台仲裁委员会根据烟台市中级人民法院的移送而立案审理在程序上没有法律规定。2. 启动仲裁程序解决合同纠纷，只能根据一方或双方当事人的申请而立案，仲裁机构不能依职权主动启动仲裁程序或根据其他机构的移送立案审理仲裁案件，这是仲裁解决合同纠纷的立法本意，而烟台仲裁委员会不是根据申请人孙某的仲裁申请，予以立案没有法律依据。此点被申请人绥中县止锚湾海珍品增殖站在提交仲裁答辩状中也明确提出了没有收到申请人的仲裁申请书，对此也提出了仲裁机构不应立案审理的异议。故烟台仲裁委员会未经一方或双方当事人的仲裁申请而立案审理仲裁没有法律依据，亦属立案程序违法。3. 本案双方当事人在合同中第八项约定了仲裁条款，双方约定甲方（绥中县止锚湾海珍品增殖站）违约由乙方（孙某）所在市仲裁部门仲裁。但对此仲裁条款中乙方所在"市"如何理解？绥中县止锚湾海珍品增殖站认为乙方所在"市"是指蓬莱市而不是指烟台市。本院认为，双方对此点存在争议的情形下，应视为双方约定管辖不明，双方应重新约定仲裁机构，或提起民事诉讼。综上，烟台仲裁委员会根据烟台市中级人民法院的移送审理本案没有法律依据，同时在申请人孙某没有提出仲裁申请的情形下立案审理，违反了仲裁解决纠纷应依当事人申请仲裁的原则，故烟台仲裁委员会作出烟裁（1998）经字第73号仲裁裁决程序违法，本院应不予执行。本案双方当事人可以重新约定解决双方之间纠纷的仲裁机构，也可以向有管辖权的人民法院提出诉讼解决纷纷。绥中县人民法院立案执行时预收的5 000元执行费用，应退还给申请执行人孙某。依据《中华人民共和国民事诉讼法》第二百三十七条第二款第（三）项之规定，裁定如下：

一、对烟台仲裁委员会烟裁（1998）经字第73号裁决，不予执行。
二、绥中县人民法院退回申请执行人孙某预交的执行费人民币5 000元。

本裁定送达后即发生法律效力。

审　判　长　　蔡晓勇
审　判　员　　彭建平
审　判　员　　罗东华

二〇一六年十月八日
书　记　员　　才跃东

〔评注〕

1. 样式的适用范围和依据

本文书样式供人民法院在受理申请执行仲裁裁决的案件后，被执行人提出证据，证明有《民事诉讼法》第二百三十七条规定不予执行的情形之一的，经审查属实决定不予执行时使用。

仲裁裁决的不予执行，是指当事人向人民法院申请执行仲裁裁决之后，被申请人向法院证明该裁决存在着法律规定的某些情况，而由人民法院裁定去除该仲裁裁决执行力的制度和程序。《中华人民共和国仲裁法》（以下简称《仲裁法》）第六十三条规定："被申请人提出证据证明裁决有民事诉讼法第二百一十三条第二款①规定的情形之一的，经人民法院组成合议庭审查核实，裁定不予执行。"

在法院已经受理执行裁决的申请之后，执行行为开始之前，被申请的一方可以向人民法院提交有关材料，提供有关证据，证明欲执行的仲裁裁决存在着某些程序上或者实质上的错误，根据法律的有关规定不应赋予该裁决以强制执行的力量。法院在调查核实后，可作出裁定，对该仲裁裁决不予执行。这也是对错误仲裁裁决补正的一种形式。

2. 结合实例分析样式的写作要点和注意事项

(1) 标题

法院名称加上文书名称"执行裁定书"，再加上执行案号。

(2) 正文

①案件当事人分别为"申请人"和"被申请人"。应当注意的是，本样式是审查不予执行国内仲裁裁决申请用。一般执行程序中的"申请执行人"是提出执行程序的一方当事人，仲裁程序中"申请人"是主动将争议提交仲裁委员会的一方当事人。此处"申请人"则是指的主动提出不予执行国内仲裁裁决一方当事人，与"申请执行人"的诉讼地位不同，既有可能是执行中的申请执行人，也有可能是被执行人或者第三人。实例错误地将当事人表述为"申请执行人""被申请人""第三人"是照搬了一般执行案件的表述，本案中提出不予执行申请的实际上是第三人绥中县海洋与渔业局，应当将其列为"申请人"，其他当事人列为"被申请人"。同时，当事人称谓之后要用冒号，但是实例中没有用冒号。

另外，申请人的代理人沙某某既不是申请人的近亲属，也不是其所在单位或基层组织推荐的公民，无代理人资格。

②案件由来和审理经过独立为一段落，写明案由，作为执行依据的仲裁裁决书案号，以及审理程序为合议庭审理。

---

① 《中华人民共和国民事诉讼法》2012 年修正后，该条款应为第二百三十七条第二款。

③事实部分应当分别表述申请人的意见和被申请人的意见。再围绕争议焦点展开本院查明的事实。实例中没有独立描述申请人和被申请人辩诉意见，但是在审理经过的段落中陈述了一段第三人的意见。这正由于错误地将申请人作为第三人才导致了无法辨明案件的双方争议主体和焦点。

④本院查明事实和裁定理由应当围绕执行依据的仲裁裁决书是否存在不予执行的情形。《民事诉讼法》第二百三十七条第二款、第三款规定："被申请人提出证据证明仲裁裁决有下列情形之一的，经人民法院组成合议庭审查核实，裁定不予执行：（一）当事人在合同中没有订有仲裁条款或者事后没有达成书面仲裁协议的；（二）裁决的事项不属于仲裁协议的范围或者仲裁机构无权仲裁的；（三）仲裁庭的组成或者仲裁的程序违反法定程序的；（四）裁决所根据的证据是伪造的；（五）对方当事人向仲裁机构隐瞒了足以影响公正裁决的证据的；（六）仲裁员在仲裁该案时有贪污受贿，徇私舞弊，枉法裁决行为的。人民法院认定执行该裁决违背社会公共利益的，裁定不予执行。"

实例中仲裁裁决存在两个方面的问题：一是仲裁机构约定不明，二是仲裁程序非依照当事人申请启动，而是由法院移送。人民法院无权向仲裁委直接移送案件，即使案件的仲裁条款有效也只能驳回起诉。

⑤法律依据应当援引《民事诉讼法》第一百五十四条第一款第十一项/第二百三十七条第二款第×项/第三款（部分不予执行的，增加引用《民诉法解释》第四百七十七条）。实例援引的法律依据是《民事诉讼法》第二百三十七条第二款第三项，即仲裁庭组成或仲裁程序违反法定程序。

⑥裁定结果：样式中对于主文表示有三种情况：一是，（不予执行全部仲裁裁决内容的，写明：)不予执行×××仲裁委员会(××××)……号裁定。二是，（不予执行部分仲裁裁决内容的，写明：不予执行×××仲裁委员会(××××)……号裁决的××事项。三是，（驳回申请的，写明:)驳回申请人×××不予执行×××仲裁委员会(××××)……号裁决的申请。

实例中由于支持了不予执行的申请，应当使用第一种表述。但是实例中主文分为两项，第一项不予执行裁决，第二项为执行费的退还。从一般文书格式来看，诉讼费用应在裁定主文之后，主文部分只是表述案件的结果。

（3）落款

由合议庭成员及书记员署名，因为根据《民事诉讼法》第二百三十七条之规定，此类案件必须组成合议庭审理。另外还要注明日期，加盖院印。

65. 执行裁定书（审查不予执行涉外仲裁裁决申请用）

××××人民法院
执行裁定书

（××××）……执……号

申请人：×××，……。
法定代理人/指定代理人/法定代表人/主要负责人：×××，……。
委托诉讼代理人：×××，……。
被申请人：×××，……。
……
（以上写明申请人、被申请人和其他诉讼参加人的姓名或者名称等基本信息）
×××与×××……（写明案由）一案，××××仲裁委员会作出（××××）……号裁决。×××向本院申请强制执行，本院于××××年××月××日立案执行。在本院执行过程中，×××提出不予执行申请。本院依法组成合议庭进行审查，现已审查终结。
×××称，……（写明申请不予执行仲裁裁决的事实和理由）。
×××辩称，……（写明答辩意见）。
本院查明，……（写明查明的事实）。
本院认为，……（写明理由）。
综上所述，依照《中华人民共和国民事诉讼法》第二百七十四条第一款第×项、《最高人民法院关于适用〈中华人民共和国民事诉讼法〉的解释》第五百四十一条规定，裁定如下：
（不予执行的，写明：）不予执行××××仲裁委员会（××××）……号裁决。
（驳回申请的，写明：）驳回申请人提出不予执行的申请。
本裁定送达后即发生法律效力。

审　判　长　×××
审　判　员　×××
审　判　员　×××

××××年××月××日
（院印）
书　记　员　×××

【说明】

1. 本样式根据《中华人民共和国民事诉讼法》第二百七十四条、《最高人民法院关于适用〈中华人民共和国民事诉讼法〉的解释》第五百四十一条规定制定，供人民法院审查不予执行涉外仲裁裁决申请时用。

2. 根据《最高人民法院关于人民法院处理与涉外仲裁及外国仲裁事项有关问题的通知》，凡一方当事人向人民法院申请执行我国涉外仲裁机构的仲裁裁决，如果人民法院认为该仲裁裁决具有《中华人民共和国民事诉讼法》第二百七十四条情形之一的，在裁定不予执行之前，必须报请本辖区所属高级人民法院进行审查；如果高级人民法院同意不予执行，应将其审查意见报最高人民法院。待最高人民法院答复后，方可裁定不予执行。

【实例评注】

江苏省苏州市中级人民法院
执行裁定书 ①

(2016)苏 05 执异 28 号

申请人：苏州瑞辰阳装饰材料有限公司，住所地江苏省常熟市。
法定代表人：黄某某，董事长。
委托诉讼代理人：陆某，江苏××律师事务所律师。
委托诉讼代理人：谈某某，江苏××律师事务所律师。
被申请人：王某某，台湾地区居民。
委托诉讼代理人：周某某，北京××律师事务所律师。
被申请人：黄某某，台湾地区居民。
被申请人：王某甲，台湾地区居民。

王某某与黄某某、王某甲、苏州瑞辰阳装饰材料有限公司（以下简称瑞辰阳公司）股权转让纠纷一案，上海国际经济贸易仲裁委员会于 2015 年 4 月 16 日作出(2015)沪贸仲裁字第 83 号裁决（以下简称涉案仲裁裁决）。王某某向本院申请强制执行，本院于 2015 年 6 月 18 日立案执行。在本院执行过程中，瑞辰阳公司提出不予执行申请。本院依法组成合议庭进行审查，现已审查终结。

瑞辰阳公司称，一、瑞辰阳公司与王某某之间并没有仲裁约定。且王某某不具备

---

① 来源：中国裁判文书网。

主体资格，本案系由股权转让纠纷所引起，王某某既非当事人，亦非公司股东，更不具备法人身份，其与瑞辰阳公司所签订的仲裁协议是否有效请法院审查。二、仲裁剥夺了瑞辰阳公司的仲裁庭审参与权，仲裁程序违法。三、王某某向仲裁机构隐瞒及伪造了足以影响公正裁决的证据。四、仲裁内容不明确，仲裁结果关于利息部分没有作出有明确金额的裁决。综上，请求法院裁定不予执行涉案仲裁裁决。

王某某辩称，在涉案仲裁裁决作出之后，瑞辰阳公司向上海市第二中级人民法院（以下简称上海二中院）起诉要求撤销仲裁裁决，瑞辰阳公司上述第一、第二项理由在撤诉程序中已提出过，上海二中院以（2015）沪二中民四（商）撤字第5号民事裁定书进行了裁决，驳回了瑞辰阳公司的申请。对于瑞辰阳公司提出的第三、第四点理由，不属于民事诉讼法第二百七十四条审查的情形，不应进行审查。

本院查明：2015年6月3日，瑞辰阳公司曾以其与王某某之间没有仲裁协议以及仲裁庭未组织过开庭，仲裁程序违反法定程序为由向上海二中院申请撤销涉案仲裁裁决。上海二中院经审理后依法作出（2015）沪二中民四（商）撤字第5号民事裁定，认定其申请理由均不成立，故驳回其申请。

本院经审查认为，首先，依据《最高人民法院关于适用〈中华人民共和国仲裁法〉若干问题的解释》第二十六条的规定，当事人向人民法院申请撤销仲裁裁决被驳回后，又在执行程序中以相同理由提出不予执行抗辩的，人民法院不予支持。瑞辰阳公司提出的双方无仲裁协议以及仲裁程序违反法律规定的理由，在（2015）沪二中民四（商）撤字第5号撤销仲裁裁决案中已涉及并被驳回。故对瑞辰阳公司的上述不予执行理由，本院不予支持。其次，依据《中华人民共和国民事诉讼法》第二百七十四条的规定，瑞辰阳公司提出的王某某隐瞒及伪造证据以及裁决利息数额不明不属于上述规定所载的司法审查范围，故本院对此不予理涉。

综上所述，依照《中华人民共和国民事诉讼法》第二百七十四条、《最高人民法院关于适用〈中华人民共和国民事诉讼法〉的解释》第五百四十一条、《最高人民法院关于适用〈中华人民共和国仲裁法〉若干问题的解释》第二十六条规定，裁定如下：

驳回苏州瑞辰阳装饰材料有限公司提出不予执行的申请。

本裁定送达后即发生法律效力。

审　判　长　赵晓青
代理审判员　林银勇
代理审判员　徐飞云

二〇一六年八月十五日

书　记　员　朱雯俊

〔评注〕
1. 样式的适用范围和依据

本文书样式供人民法院在受理申请执行我国涉外仲裁机构作出的仲裁裁决的案件后，被申请人提出证据，证明仲裁裁决有《民事诉讼法》第二百七十四条规定的不予执行的情形的，经审查核实，决定不予执行时使用。

人民法院对申请不予执行的仲裁裁决，经组成合议庭审查核实后，如果认为该仲裁裁决不符合法律规定的不予执行的情形时，应当驳回被执行人的申请；如果经审查认为符合法定情形，应当不予执行的，应作出不予执行仲裁裁决的裁定，并将不予执行仲裁裁决的裁定书送达双方当事人和仲裁委员会。仲裁裁决被人民法院裁定不予执行，原仲裁协议失效，当事人可以重新达成仲裁协议申请仲裁，也可以向人民法院起诉，要求法院解决双方当事人的纠纷。凡一方当事人向人民法院申请执行我国涉外仲裁机构的仲裁裁决，如果人民法院认为该仲裁裁决具有《民事诉讼法》第二百七十四条情形之一的，在裁定不予执行之前，必须报请本辖区所属高级人民法院进行审查；如果高级人民法院同意不予执行，应将其审查意见报最高人民法院。待最高人民法院答复后，方可裁定不予执行。

2. 结合实例分析样式的写作要点和注意事项

(1) 标题

法院名称加上文书名称"执行裁定书"，再加上执行案号。虽然样式中使用的是"执"字号，实例中使用的是"执异"字号，实践中还有使用"执监"字号的情形，这是因为此类案件属于执行审查类，不属于一般执行实施类，因此案号应当有所区别。

(2) 正文

①案件当事人分别为"申请人"和"被申请人"。应当注意的是，本样式是审查不予执行涉外仲裁裁决申请用。一般执行程序中的"申请执行人"是提出执行程序的一方当事人，仲裁程序中"申请人"是主动将争议提交仲裁委员会的一方当事人。此处"申请人"则是指主动提出不予执行涉外仲裁裁决的一方当事人，与"申请执行人"的诉讼地位不同，既有可能是执行中的申请执行人，也有可能是被执行人或者第三人。实例中的执行申请人恰好是本案中的被申请人。

②案件由来和审理经过独立为一段落，写明案由，作为执行依据的仲裁裁决书案号，以及审理程序为合议庭审理。

③事实部分应当分别表述申请人的意见和被申请人的意见。再围绕争议焦点展开本院查明的事实。本院查明事实和裁定理由应当围绕执行依据的仲裁裁决书是否存在不予执行的情形。

④《民事诉讼法》第二百七十四条第一款规定："对中华人民共和国涉外仲裁机构作出的裁决，被申请人提出证据证明仲裁裁决有下列情形之一的，经人民法院组成合

议庭审查核实，裁定不予执行：(一)当事人在合同中没有订有仲裁条款或者事后没有达成书面仲裁协议的。(二)被申请人没有得到指定仲裁员或者进行仲裁程序的通知，或者由于其他不属于被申请人负责的原因未能陈述意见的。(三)仲裁庭的组成或者仲裁的程序与仲裁规则不符的。(四)裁决的事项不属于仲裁协议范围或者仲裁机构无权仲裁的。"仲裁协议是双方当事人在合同中订立的仲裁条款或事后达成的书面协议。另外，人民法院认定执行该裁判违背社会公共利益的，裁定不予执行。以上情形是人民法院拒绝执行仲裁裁决的条件。实践中，人民法院强制执行涉外仲裁机构的仲裁裁决时，如果被执行人申辩有上述情形之一的，在其提供了财产担保后，可以中止执行。被执行人进行申辩必须提供证据加以证明。对被执行人提供的证据，人民法院应组成合议庭进行审查和判断，如果该证据经审查核实的，人民法院遂作出不予执行的裁定，并可将不予执行的裁定送达双方当事人或将该情况通知双方当事人和有关仲裁机构。如果该证据经审查后被否定的，人民法院可驳回申辩，依法继续执行程序。

⑤法律依据应当援引《民事诉讼法》第二百七十四条第一款第×项、《民诉法解释》第五百四十一条的规定。实例援引的法律依据是《民事诉讼法》第二百七十四条、《民诉法解释》第五百四十一条、《最高人民法院关于适用〈中华人民共和国仲裁法〉若干问题的解释》第二十六条。

⑥裁定结果：样式中对于主文表述有两种情况：一是，(不予执行的，写明:)不予执行××××仲裁委员会(××××)……号裁决。二是，(驳回申请的，写明:)驳回申请人提出不予执行的申请。实例中由于不支持申请人的申请，故主文为："驳回苏州瑞辰阳装饰材料有限公司提出不予执行的申请。"

⑦关于裁定效力的告知，样式表述为"本裁定送达后即发生法律效力"，实例与此一致。

(3) 落款

由合议庭成员及书记员署名，因为根据《民事诉讼法》第二百七十四条之规定，此类案件必须组成合议庭审理。另外还要注明日期，加盖院印。

66. 执行裁定书（审查不予执行公证债权文书申请用）

××××人民法院
执行裁定书

(××××)……执……号

申请人：×××，……。

法定代理人/指定代理人/法定代表人/主要负责人：×××，……。
委托诉讼代理人：×××，……。
被申请人：×××，……。
……
（以上写明申请人、被申请人和其他诉讼参加人的姓名或者名称等基本信息）
（当事人申请不予执行的，写明：）××××于××××年××月××日向本院提出书面申请，请求不予执行××××公证处制发的赋予强制执行效力的（××××）……号债权文书。本院依法组成合议庭进行审查，现已审查终结。

×××称，……（写明请求不予执行的事实和理由）。

×××辩称，……（写明答辩意见）。

（人民法院发现公证债权文书确有错误，依职权作出裁定的，可略去以上三部分，写明：）×××申请执行××××公证处制发的赋予强制执行效力的（××××）……号债权文书一案，本院依法组成合议庭进行行审查，现已审查终结。

本院查明，……（写明查明的事实）。

本院认为，……（写明理由）。

依照《中华人民共和国民事诉讼法》第二百三十八条第二款、《最高人民法院关于适用〈中华人民共和国民事诉讼法〉的解释》第四百八十条第一款第×项（或第二款）、第四百八十一条，《最高人民法院关于人民法院办理执行异议和复议案件若干问题的规定》第十条规定，裁定如下：

（驳回申请的，写明：）驳回申请人×××不予执行××××公证处（××××）……号公证债权文书的申请。

（不予执行的，写明：不予执行××××公证处（××××）……号公证债权文书。

本裁定送达后即发生法律效力。

审　判　长　×××
审　判　员　×××
审　判　员　×××

××××年××月××日
（院印）
书　记　员　×××

【说明】

本样式根据《中华人民共和国民事诉讼法》第二百三十八条第二款,《最高人民法院关于适用〈中华人民共和国民事诉讼法〉的解释》第四百八十条第一款、第二款、第四百八十一条,《最高人民法院关于人民法院办理执行异议和复议案件若干问题的规定》第十条规定制定,供人民法院在当事人申请不予执行公证债权文书进行审查时用。

【实例评注】

安徽省天长市人民法院
执行裁定书 ①

(2016)皖 1181 执 1509 号

申请执行人:天长市天振融资担保有限公司,住所地天长市永福东路南侧安徽天长。

法定代表人:焦某某,该公司董事长。

委托代理人:闻某某,该公司员工。

被执行人:天长市南方木业有限责任公司,住所地安徽省天长市。

法定代表人:王某,该公司董事长。

被执行人:天长市登旺生猪养殖有限公司,住所地安徽省天长市。

法定代表人:郑某某,该公司总经理。

被执行人:王某,安徽天长人。

被执行人:郑某某,安徽天长人。

申请执行人天长市天振融资担保有限公司于 2016 年 9 月 22 日向本院申请执行安徽省天长市公证处于 2013 年 9 月 10 日制发的(2013)皖天公证字第 2123 号具有强制执行效力的债权文书公证书。

本案在执行过程中,发现本案申请人所申请事项属于追偿权纠纷。本院认为,该债权文书公证书不符合《最高人民法院、司法部关于公证机关赋予强制执行效力的债权文书执行有关问题的联合通知》第一条第(一)项"债权债务关系明确"的规定。依照《最高人民法院关于〈中华人民共和国民事诉讼法〉的解释》第四百八十条、《中华人民共和国民事诉讼法》第一百五十四条第(十)项的规定,裁定如下:

对安徽省天长市公证处(2013)皖天公证字第 2123 号具有强制执行效力的债权文书公证书,不予执行。

---

① 来源:中国裁判文书网。

本裁定送达后即发生法律效力。

审　判　长　董茂军
审　判　员　王　俊
审　判　员　董茂宣
二〇一六年九月三十日
书　记　员　花晓艳

〔评注〕

1. 本样式的适用范围和依据

本文书样式供人民法院在受理申请执行公证债权文书的案件后，发现公证债权文书确有错误，决定不予执行时使用。依照法律规定，申请人持公证债权文书申请人民法院强制执行的，人民法院应当对公证债权文书进行审查。

2. 结合实例分析样式的写作要点及注意事项

（1）标题

法院名称加上文书名称"执行裁定书"及案号。

（2）正文

①当事人包括"申请人""被申请人"，称谓后用冒号。此处与其他一般执行案件当事人称谓不同，并未使用"申请执行人"与"被执行人"，主要原因是如果在当事人申请不予执行公证债权文书的情形下，提起对公证债权文书审查程序的当事人并非一定是申请执行人，其可能仅仅是提出不予执行审查申请的人，因此此种情况下表述为"申请人"和"被申请人"是合适的。

但是，应当注意到本样式选取的实例中当事人的称谓仍为"申请执行人"与"被执行人"，这是因为本样式是属于依照当事人申请提起不予执行审查，以及依法院职权审查两种形式共用的文书样式。实例中当事人并没有主动提出审查，是法院依职权发现了相关问题后主动进行审查并裁定不予执行。在执行实践中，经常会出现申请执行人与被执行人双方串通通过公证债权文书来转移财产，损害他人及国家利益的情形。因此，无当事人主动提出审查申请的情况下，只能按照双方在原执行程序中的诉讼地位列为"申请执行人"和"被执行人"。由于样式中没有充分考虑到法院依职权审查时的情形，笔者认为应当根据实际案情对样式中载明的当事人称谓予以调整。

另外，本实例发生在 2016 年 9 月，按照《人民法院民事裁判文书制作规范》的规定，应当将"委托代理人"改为"委托诉讼代理人"。

②正文应当写明当事人提出不予执行公证债权文书申请的时间，以及公证债权文书的文号，并且应当载明该公证债权文书是赋予了强制执行效力的。此类案件应当组

成合议庭进行审理。

③写明申请人的意见,应当描述清楚请求不予执行的事实和理由。然后写明被申请人的答辩意见。如果是法院依职权发现的公证债权文书则省略双方当事人陈述意见的内容。

④查明事实部分,应当围绕争议焦点,即公证债权文书是否存在可以撤销的事由。此处文书写作的难点在于,在执行程序中对于公证债权文书应当审查的内容和形式,法律未予以明确规定。从执行工作的实践经验来看,应当包括以下内容:a. 公证债权文书应以追偿债款、物品和有价证券为内容,且内容不违法。b. 公证债权文书应有确定的给付内容和给付期间,且双方当事人对此无疑义。c. 公证债权文书应以明示的方式载明债务人不履行义务受强制执行的意思表示。

⑤裁定理由:理由应当围绕公证债权文书是否确有错误,或者存在损害他人或国家利益等方面展开。有的人认为对此仅仅是形式审查,有的人认为应采取实质审查标准。结合执行工作的实践情况,笔者认为对公证债权文书的审查应采取实质审查与形式审查相结合的审查方式。根据《民事诉讼法》第二百三十八条第二款的规定,公证债权文书确有错误的,人民法院裁定不予执行,并将裁定书送达双方当事人和公证机关。当事人收到裁定后,除内容不合法的外,可根据不予执行的原因采取不同的救济手段。如因无确定的结付内容和给付期间,致法院无法执行的,可到公证机关重新公证,确定给付内容和给付期间,待给付期间届满,可再行申请强制执行,也可直接向人民法院提起民事诉讼。如因公证债权文书上未载明债务人受强制执行的意思表示或双方无争议表示不明确而致人民法院不予执行的,申请人可直接向法院提起诉讼以保护债权。对裁定不予执行后,申请人向人民法院提起诉讼的,人民法院应当受理。

⑥法律依据:样式中援引的法律依据为《民事诉讼法》第二百三十八条第二款,《民诉法解释》第四百八十条第一款(或第二款)、第四百八十一条,《最高人民法院关于人民法院办理执行异议和复议案件若干问题的规定》(以下评注中简称《执行异议和复议的规定》)第十条。实例中援引的法律依据为《最高人民法院、司法部关于公证机关赋予强制执行效力的债权文书执行有关问题的联合通知》第一条第一项"债权债务关系明确"的规定,以及《民诉法解释》第四百八十条、《民事诉讼法》第一百五十四条第十项的规定,这主要是因为实例中执行法院是依职权认为按照上述规定,公证债权文书不应予以执行而启动的审查程序。另外,根据《人民法院民事裁判文书制作规范》的规定,引用法律条款中的项时,一律使用汉字不加括号。故实例中的"第一条第(一)项"应改为"第一款第一项","第一百五十四条第(十)项"应改为"第一百五十四条第十项"。

⑦裁定主文:由于裁定可能存在两种结果,所以主文有两种不同的书写方式。在申请人提出不予执行审查申请,但并未得到法院支持的情况下,裁定主文如下:驳回申

请人×××不予执行××××公证处(××××)……号公证债权文书的申请。另一种情形是，当事人不予执行的申请得到法院支持，或者法院依职权认定不应予以执行的情况下，裁定主文如下：不予执行××××公证处(××××)……号公证债权文书。

⑧关于裁定发出的效力，应表述为"本裁定送达后即发生法律效力"。笔者注意到，有的裁定告知事项写为"本裁定立即执行"。而对于此裁定，由于存在两种案件结果，裁定作出后不一定会继续执行，故采取"本裁定送达后即发生法律效力"更为妥当。

(3) 落款

样式中由合议庭成员及书记员署名，并且加盖院印。实例中的书写符合规范要求。

(七)执行管辖

67. 函（报请上级人民法院执行用）

××××人民法院
报请上级人民法院执行函

(××××)……执……号

××××人民法院：

×××与×××……(写明案由)一案，本院于××××年××月××日立案执行，案号为(××××)……号。因……(写明报请执行的事实和理由)，需钧院执行。依照《最高人民法院关于人民法院执行工作若干问题的规定(试行)》第17条规定，现将该案有关案情报告呈报钧院，请予审查批准。

附：案情报告×份

××××年××月××日
(院印)

【说明】

本样式根据《最高人民法院关于人民法院执行工作若干问题的规定(试行)》第17条规定制定，供人民法院报请上一级人民法院执行时用。

【实例评注】

××××人民法院
报请上级人民法院执行函 ①

(2014)乙民执字第 11 号

甲市中级人民法院：

  我院执行的张某与陈某民间借贷纠纷一案，因陈某已于 2013 年 12 月 5 日迁入丙省丁市居住，需要你院执行。根据《最高人民法院关于人民法院执行工作若干问题的规定(试行)》第十七条的规定，现将该案有关案情报告呈报你院，请予审查批准。

  附：案情报告×份

二〇一四年二月二十一日

〔评注〕

  1. 样式的适用范围和依据

  本文书样式供基层人民法院和中级人民法院管辖的执行案件，因特殊情况需要上一级人民法院执行时使用。报请上级人民法院执行函是指下级人民法院在办理执行案件过程中因特殊原因自身无法办理执行案件，而报请上级人民法院办理该执行案件时所用文书。至于何种特殊原因，需在文书中予以说明。实务中，为方便最终的案件执行，报请执行的法院需将案件相关情况以书面形式附卷一并移送至上级人民法院。

  根据《执行工作若干问题的规定(试行)》第 17 条的规定，基层人民法院和中级人民法院管辖的执行案件，因特殊情况需要由上级人民法院执行的，可以报请上级人民法院执行。这实质上是执行管辖权的转移。执行管辖权的转移，与审判管辖权的转移不同，只能是由下级人民法院将执行管辖权转移给上级人民法院。具体而言，是指基层人民法院和中级人民法院对它所管辖的执行案件，认为有特殊情况需要由上级人民法院执行的，可以报请上级人民法院执行。所谓特殊情况，例如当事人地位特殊，被执行人或被执行财产管辖区牵涉范围广，基层人民法院或中级人民法院因受干预或其他原因不便于执行。下级人民法院把案件的执行管辖权转移给上级人民法院，必须得到上级人民法院的同意。因此，基层人民法院或中级人民法院如认为所管辖的案件特殊需报

---

① 参见司法文书研究中心编著：《人民法院诉讼文书样式、制作与范例·执行卷》，中国法制出版社 2015 年版，第 252 页。

请上级人民法院执行的,应当制作报请上级人民法院执行函。上级人民法院不同意的,案件仍由下级人民法院管辖。对下级人民法院报请上级人民法院执行的此类案件,上级人民法院既可直接执行,也可以指定其他下级人民法院执行。

2. 样式的写作要点

(1)标题

法院名称加上"报请上级人民法院执行函",加上案号。

(2)正文

①抬头写明受文法院的名称,应为上一级人民法院。

②写明案件的案由,以及执行立案的时间、执行案件的案号。实例中的案由为"民间借贷纠纷"。

③写明报请的事实和理由。对此法律中规定并不明确。实例中的理由为被执行人陈某迁入丙省丁市居住。

④写明报请的法律依据,应为《执行工作若干问题的规定(试行)》第17条。

⑤附项:应当附上案情报告,以便于上级法院了解具体案情。

(3)落款

无须承办人署名,仅为注明日期加盖院印。

68. 执行决定书(指定执行管辖用)

××××人民法院
执行决定书

(××××)……执……号

××××人民法院、××××人民法院:

××××人民法院以……(写明函文字号、标题)协调函,报请本院协调与××××人民法院在执行中因×××与×××……(写明案由)一案产生的执行管辖权争议,报请本院指定管辖。本院依法组成合议庭进行审查,现已审查终结。

本院查明,……(写明查明的事实)。

本院认为,……(写明理由)。

依照《最高人民法院关于人民法院执行工作若干问题的规定(试行)》第16条、第125条规定,决定如下:

×××与×××……(写明案由)一案由××××人民法院执行。

本决定立即执行。

$$\begin{aligned}&\text{审　判　长　}\times\times\times\\&\text{审　判　员　}\times\times\times\\&\text{审　判　员　}\times\times\times\\&\\&\times\times\times\times\text{年}\times\times\text{月}\times\times\text{日}\\&\text{（院印）}\\&\text{书　记　员　}\times\times\times\end{aligned}$$

【说明】

本样式根据《最高人民法院关于人民法院执行工作若干问题的规定（试行）》第16条规定制定，供上级人民法院指定执行管辖时用。

【实例评注】

上海市第一中级人民法院
执行裁定书 ①

（2016）沪01执他4号

申请执行人上海松江龙欣小额贷款股份有限公司。

被执行人徐某某，××××年××月××日生，汉族。

被执行人俞某某，××××年××月××日生，汉族。

上海市松江区人民法院受理上海松江龙欣小额贷款股份有限公司申请执行该院（2015）松民二（商）初字第1584号金融借款合同纠纷民事判决书一案过程中，发现被执行人俞某某与该院工作人员有亲属关系，故报请本院指定其他法院管辖。根据《中华人民共和国民事诉讼法》第三十七条、第一百五十四条第（十一）项之规定，裁定如下：上海市松江区人民法院（2015）松民二（商）初字第1584号民事判决书由上海市闵行区人民法院执行。上海市松江区人民法院应在收到本裁定书后五日内将有关案卷移送上海市闵行区人民法院，并通知有关当事人。本裁定书送达后立即生效。

---

① 来源：中国裁判文书网。

审　判　长　　阮国平
代理审判员　　施泉根
代理审判员　　吉顺祥

二〇一六年五月二十五日

书　记　员　　许立春

〔评注〕

1. 样式的适用范围和法律依据

本样式供上级人民法院指定管辖时使用。根据《民事诉讼法》第三十七条的规定，有管辖权的人民法院由于特殊原因，不能行使管辖权的，由上级人民法院指定管辖。人民法院之间因管辖权发生争议，由争议双方协商解决；协商解决不了的，报请它们的共同上级人民法院指定管辖。实例中，有管辖权的法院以被执行人俞某某与该院工作人员有亲属关系为由报请其上级法院予以指定管辖。《执行工作若干问题的规定（试行）》第16条规定："人民法院之间因执行管辖权发生争议的，由双方协商解决；协商不成的，报请双方共同的上级人民法院指定管辖。"因此，当人民法院之间因执行管辖发生争议后，应尽可能通过协商解决，协商不成的，应报它们的共同上级人民法院指定管辖。如果双方为同属一地、市的基层人民法院，由该地、市的中级人民法院指定管辖；同属一省、自治区、直辖市的两个人民法院，由该省、自治区、直辖市的高级人民法院指定管辖；如双方为跨省、自治区、直辖市的人民法院，先由双方的高级人民法院协商，协商不成的，由最高人民法院指定。《最高人民法院关于高级人民法院统一管理执行工作若干问题的规定》中也规定"高级人民法院负责协调处理本辖区内跨中级人民法院辖区的法院与法院之间的执行争议案件。对跨高级人民法院辖区的法院与法院之间的执行争议案件，由争议双方所在地的两地高级人民法院协商处理；协商不成的，按有关规定报请最高人民法院协调处理"。

2. 结合实例分析样式的写作要点

（1）标题

法院名称加上"执行决定书"（旧文书样式为"执行裁定书"），加上案号。

（2）正文

①抬头写明产生管辖争议的下级法院双方的名称。

②案件由来和审理经过：写明下级法院报请的函件文号，以及产生执行管辖权争议的理由，并载明合议庭对管辖争议进行了审查。实例中此处书写的不是报请函件的文号，而是原执行依据的案件案号及案由。

③查明的事实：应当围绕产生管辖争议的原因展开，实例中的相关事实为"发现被执行人俞某某与该院工作人员有亲属关系，故报请本院指定其他法院管辖"。这实际

上是以执行法院的执行人员需要回避为报请的理由。

④作出决定的理由：实例中对理由没有详细描述，结合上下文应当为认定报请事项中执行法院需要回避的理由成立。

⑤法律依据：样式所采用的法律依据为《执行工作若干问题的规定(试行)》第16条、第125条规定，实例中采用的是《民事诉讼法》第三十七条、第一百五十四条第十一项。根据《人民法院民事裁判文书制作规范》的规定，引用法律条款中的项时，一律使用汉字不加括号。故实例中的"第一百五十四条第(十一)项"应改为"第一百五十四条第十一项"。

⑥主文部分：应当写为"×××与×××……(写明案由)一案由×××人民法院执行"。实例中主文的表述为："上海市松江区人民法院(2015)松民二(商)初字第1584号民事判决书由上海市闵行区人民法院执行。上海市松江区人民法院应在收到本裁定书后五日内将有关案卷移送上海市闵行区人民法院，并通知有关当事人。"实例中主文除了包括决定的结果外，还交代了移送案卷和通知当事人的事项。笔者认为，主文部分应当书写的内容为上级法院处理管辖争议的结果，至于移送案卷和通知当事人等事项不应在主文之内。

⑦告知事项：样式的告知事项表述为"本决定立即执行"，实例中告知事项表述为"本裁定书送达后立即生效"。笔者认为实例的表述是欠妥的。因为此类管辖争议决定书作出的前提并不是因为当事人提出申请，而是法院之间的内部管辖权争议产生，由法院内部报请，决定书并不向当事人送达，其发出决定书的对象为报请的下级法院，故不存在是否发生法律效力的争议，而更应强调下级法院应当立即执行该决定，故此处应采用样式的表述方式。

(3) 落款

由于对于该管辖争议的决定应当由合议庭审查，故文书尾部应由合议庭成员及书记员署名，注明日期并加盖院印。

69. 执行裁定书（提级执行用）

××××人民法院
执行裁定书

（××××）……执……号

申请执行人：×××，……。
法定代理人/指定代理人/法定代表人/主要负责人：×××，……。

委托诉讼代理人：×××，……。
被执行人：×××，……。
……
（以上写明申请执行人、被执行人和其他诉讼参加人的姓名或者名称等基本信息）

××××人民法院执行的……（写明原执行案号、当事人及案由）一案，……（写明提级执行的理由）。根据《最高人民法院关于人民法院执行工作若干问题的规定（试行）》第132条第2款规定，裁定如下：

××××人民法院（或其他生效法律文书的作出机关）（××××）……号民事判决（或其他生效法律文书）由本院执行。

××××人民法院应在收到本裁定书后将有关案卷材料移送本院，并通知相关当事人。

本裁定立即执行。

审　判　长　×××
审　判　员　×××
审　判　员　×××

××××年××月××日
（院印）
书　记　员　×××

【说明】

本样式根据《最高人民法院关于人民法院执行工作若干问题的规定（试行）》第132条第2款、《最高人民法院关于高级人民法院统一管理执行工作若干问题的规定》第九条规定制定，供上级人民法院提级执行下级人民法院正在执行的案件时用。

【实例评注】

陕西省西安市中级人民法院
执行裁定书①

（2016）陕01执监55号

申请执行人：陕西省第八建筑工程公司，住所地西安市友谊西路295号。

---

① 来源：中国裁判文书网。

法定代表人：刘某某，该公司总经理。

被执行人：中国对外建设总公司，住所地北京市海淀区三里河路9号。

法定代表人：焦某某，该公司总经理。

西安市碑林区人民法院执行的陕西省第八建筑工程公司与中国对外建设总公司建设工程合同纠纷一案，执行案号为(2011)碑法执字第00391号、(2015)碑执恢字第00032号。因该案件长期未能执结，为切实保障申请执行人的合法权益，该案提级执行更为适宜。根据《最高人民法院关于人民法院执行工作若干问题的规定(试行)》第132条第2款规定，裁定如下：

西安市中级人民法院作出(2010)西民四终字第99号民事判决由本院执行。

西安市碑林区人民法院应在收到本裁定书后将有关案卷材料移送本院，并通知相关当事人。

本裁定立即执行。

审　判　长　　李　森
审　判　员　　黄金华
助理审判员　　甄　哲
二〇一六年九月五六日
书　记　员　　吴　曼

〔评注〕

1. 样式的适用范围和法律依据

本文书样式供人民法院在执行案件过程中，上级人民法院认为有必要提级执行下级人民法院正在执行的案件，决定改变执行管辖时使用。提级执行，是指上级人民法院对执行管辖权转移的案件，决定由其自行执行。

《执行工作若干问题的规定(试行)》第132条第2款规定："对下级法院长期未能执结的案件，确有必要的，上级法院可以决定由本院执行或与下级法院共同执行，也可以指定本辖区其他法院执行。"凡是上级人民法院决定提级执行的案件，下级人民法院不得拒绝；而下级人民法院报请上级人民法院执行的案件，必须首先征得上级人民法院的同意，否则，不得转移该案件的执行管辖权。

2. 样式的写作要点

(1) 标题

法院名称加上"执行裁定书"，以及案号。

(2) 正文

①当事人称谓为"申请执行人"及"被执行人"。

②将案件的案由，关于提级执行的事实和裁定的理由合为一段书写。实例的书写

③写明被提级执行的案件案由及案号。实例中的执行案号分别为(2011)碑法执字第00391号、(2015)碑执恢字第00032号，这说明该案件曾经终结本次执行之后又恢复执行，但仍然长期未能执行结案。

④查明事实及裁定理由围绕案件是否符合提级执行的条件展开描述。

提级执行的适用条件是被执行人有执行或履行能力而案件长期不能执结的，才应该也才有必要采取提级执行的方法来执行。根据《最高人民法院关于高级人民法院统一管理执行工作若干问题的规定》第9条的规定，高级人民法院对下级人民法院的下列案件可以裁定提级执行：a. 高级人民法院指令下级人民法院限期执结，逾期未执结需要提级执行的；b. 下级人民法院报请高级人民法院提级执行，高级人民法院认为应当提级执行的；c. 疑难、重大和复杂的案件，高级人民法院认为应当提级执行的。高级人民法院对最高人民法院函示提级执行的案件，应当裁定提级执行。

实例中提级执行的理由是该案长期未能结案，符合《执行工作若干问题的规定(试行)》第132条第2款的规定。

⑤法律依据：裁定引用的法律依据应为《执行工作若干问题的规定(试行)》第132条第2款。

⑥主文的表述：主文表述为："××××人民法院(或其他生效法律文书的作出机关)(××××)……号民事判决(或其他生效法律文书)由本院执行。"实例的主文表述为："西安市中级人民法院作出(2010)西民四终字第99号民事判决由本院执行。"

⑦告知事项及裁定效力：应当告知下级法院关于移送案卷以及通知当事人案件提级的情况。样式对于裁定的效力表述为"本裁定立即执行"。以上内容实例的书写完全符合样式的要求。

(3) 落款

由合议庭成员及书记员署名，注明日期并加盖院印。实例中"助理审判员甄哲"署名不规范，根据《人民法院民事裁判文书制作规范》"四、落款""(一)署名"的要求，助理审判员应署名为"代理审判员"。

70. 执行裁定书（指定执行用）

×××× 人民法院
执行裁定书

（××××）……执……号

申请执行人：×××，……。
法定代理人/指定代理人/法定代表人/主要负责人：×××，……。
委托诉讼代理人：×××，……。
被执行人：×××，……。
……

（以上写明申请执行人、被执行人和其他诉讼参加人的姓名或者名称等基本信息）

×××与×××……（写明案由）一案，××××人民法院于××××年××月××日立案执行。现因……（写明指定执行的理由）。根据《中华人民共和国民事诉讼法》第二百二十六条、《最高人民法院关于适用〈中华人民共和国民事诉讼法〉执行程序若干问题的解释》第十一条、第十二条第二款(上一级人民法院责令执行法院限期执行，执行法院在指定期间内无正当理由仍未执行完结的，引用《最高人民法院关于适用〈中华人民共和国民事诉讼法〉执行程序若干问题的解释》第十三条)规定，裁定如下：

××××人民法院(或其他生效法律文书的作出机关)（××××）……号民事判决(或其他生效法律文书)由××××人民法院执行。

××××人民法院应在收到本裁定书后将有关案卷材料移送××××人民法院，并通知相关当事人。

本裁定立即执行。

审　判　长　×××
审　判　员　×××
审　判　员　×××

××××年××月××日
（院印）
书　记　员　×××

【说明】

1. 本样式根据《中华人民共和国民事诉讼法》第二百二十六条、《最高人民法院关于适用〈中华人民共和国民事诉讼法〉执行程序若干问题的解释》第十一条、第十二条第二款、第十三条规定制定,供上级人民法院指定本辖区内其他人民法院执行时用。

2. 上级人民法院责令执行法院限期执行,执行法院在指定期间内无正当理由仍未执行完结的,引用《最高人民法院关于适用〈中华人民共和国民事诉讼法〉执行程序若干问题的解释》第十三条。

【实例评注】

四川省高级人民法院
执行裁定书 ①

(2015)川执督字第 7 号

申请执行人四川省盈桥商贸有限公司,住所地:四川省成都市金牛区星辉西路 11 号 405 室。

法定代表人田某某,董事长。

被执行人绵阳市金焰煤业有限公司,住所地:四川省北川县擂鼓镇。

法定代表人王某,总经理。

关于四川省盈桥商贸有限公司申请执行绵阳市金焰煤业有限公司借款纠纷一案,四川省绵阳市中级人民法院于 2008 年 1 月 17 日立案执行,现四川省绵阳市中级人民法院在本院指定期间内无正当理由未执行完结该案。依照《中华人民共和国民事诉讼法》第二百二十六条、《最高人民法院关于适用〈中华人民共和国民事诉讼法〉执行程序若干问题的解释》第十二条、第十三条的规定,裁定如下:

四川省绵阳市中级人民法院立案执行的(2008)绵执字第 17 号四川省盈桥商贸有限公司申请执行绵阳市金焰煤业有限公司借款纠纷一案,由四川省资阳市中级人民法院执行。

四川省绵阳市中级人民法院应在收到本裁定书后将有关案卷材料移送四川省资阳市中级人民法院,并通知有关当事人。

本裁定送达后即发生法律效力。

审 判 长 黄东太

---

① 来源:中国裁判文书网。

代理审判员　茅　勇

代理审判员　曹　阳

二〇一五年二月七日

书　记　员　王　媛

〔评注〕

1. 样式的适用范围和法律依据

本文书样式供人民法院在执行案件过程中，上一级人民法院责令执行法院限期执行，执行法院在指定期间内无正当理由仍未执行完结的，上一级人民法院指令本辖区内其他人民法院执行时用。

2. 样式的写作要点

(1) 标题

法院名称加上"执行裁定书"，以及案号。实例案号为(2015)川执督字第7号。

(2) 正文

①当事人称谓为"申请执行人"及"被执行人"。当事人称谓后应当使用冒号，实例中当事人称谓后未使用冒号。

②将案件的案由，关于指定执行的事实和裁定的理由合为一段书写。案件的查明事实及裁定理由围绕案件是否符合指定共同执行的条件展开描述。指令其他人民法院执行的理由是：上一级人民法院责令执行法院限期执行，执行法院在指定期间内无正当理由仍未执行完结的，上一级人民法院应当裁定由本院执行或者指令本辖区其他人民法院执行。

实例中裁定指定执行的理由为："四川省绵阳市中级人民法院在本院指定期间内无正当理由未执行完结该案。"

③法律依据：裁定引用的法律依据应为根据《民事诉讼法》第二百二十六条、《执行程序若干问题的解释》第十一条、第十二条第二款(上一级人民法院责令执行法院限期执行，执行法院在指定期间内无正当理由仍未执行完结的，引用《执行程序若干问题的解释》第十三条)。

实例中正因为该案案情符合《执行程序若干问题的解释》第十三条规定的"执行法院在指定期间内无正当理由仍未执行完结"的情形，因此实例引用的法律依据为《民事诉讼法》第二百二十六条、《执行程序若干问题的解释》第十二条、第十三条。

④主文的表述：主文表述为"××××人民法院(或其他生效法律文书的作出机关)(××××)……号民事判决(或其他生效法律文书)由××××人民法院执行"。实例的主文表述稍有不同，实例中为"……借款纠纷一案，由四川省资阳市中级人民法

院执行"。虽然意义相同，但是样式中对于指定案件表述的是其执行依据判决书的案号，而实例中表述的被指定案件是其案由。笔者认为执行依据的案号更加具有唯一性、更准确，按照样式的表述方式不容易与其他案件混淆。

⑤告知事项：应当告知下级法院关于移送案卷以及通知当事人案件提级的情况。

⑥裁定的效力：样式对于裁定的效力表述为"本裁定立即执行"，实例在此表述为"本裁定送达后即发生法律效力"。笔者认为，按照样式的表述"本裁定立即执行"更加确切，符合执行程序的要求。本裁定书没有交代上诉和申请复议的权利，其在程序设置上没有作出可以上诉和申请复议程序的规定，一般在裁定发出后即应产生执行力。而反观之，裁判文书已发生了法律效力只能表明该裁定不可以继续上诉或复议，但是裁判文书的法律效力分为"既判力"和"执行力"两部分，不可上诉、不可复议仅代表文书产生了"既判力"，不代表其必然有"执行力"。例如有的法律文书生效后须经过一段自觉履行期才可以申请强制执行。在执行工作实践中，并不需要等到裁定送达所有当事人才能发生执行力，就本样式来看，应是执行法院收到文书时即产生执行力。虽然裁定也应当后续向本案申请执行人和被执行人送达并且移送案卷材料等，但是向执行案件中当事人双方送达不影响该裁定执行力的产生。

（3）落款

由合议庭成员及书记员署名，注明日期并加盖院印。

71. 执行决定书（决定与下级法院共同执行案件用）

××××人民法院
执行决定书

（××××）……执……号

××××人民法院：
　　你院执行的×××与×××……（写明案由）一案，因……（写明共同执行的事实和理由），依照《最高人民法院关于人民法院执行工作若干问题的规定（试行）》第132条第2款规定，决定如下：
　　本案由本院与你院共同执行。

××××年××月××日
（院印）

【说明】

本样式根据《最高人民法院关于人民法院执行工作若干问题的规定(试行)》第132条第2款规定制定，供上级人民法院与下级人民法院共同执行下级人民法院正在执行的案件时用。

【实例评注】

吉林省辽源市中级人民法院
决定书 ①

(2014)辽执监字第13号

东丰县人民法院：

申请执行人梅河口市屹桥公路设备有限公司与被执行人东丰县大阳镇人民政府建设工程施工合同纠纷执行一案，申请人梅河口市屹桥公路设备有限公司经理委托代理人陈某某以东丰县法院长期不执行为由上访，要求提级执行。辽源市中级人民法院依据《最高人民法院关于人民法院执行工作若干问题的规定(试行)》第132条第2款之规定，决定如下：

梅河口市屹桥公路设备有限公司与被执行人东丰县大阳镇人民政府建设工程施工合同纠纷执行一案，由辽源市中级人民法院与东丰县人民法院共同执行。

二〇一四年八月十九日

〔评注〕

1. 样式的适用范围和注意事项

(1)本类决定书主要在执行案件长期未能执结时使用，上级人民法院认为有必要的，可以决定共同执行。法律依据为《执行工作若干问题的规定(试行)》第132条第2款。该款规定："对下级法院长期未能执结的案件，确有必要的，上级法院可以决定由本院执行或与下级法院共同执行，也可以指定本辖区其他法院执行。"

(2)执行案件长期未能执结的原因十分复杂。实践中常见的原因有：案情重大、复杂、疑难；有地方和部门保护主义干扰；下级法院无正当理由怠于执行等。"共同执行的事实和理由"可以简写为"因案情重大复杂，导致案件长期未执结"等。

---

① 来源：中国裁判文书网。

(3)本类执行决定书由上级人民法院直接向下级法院下达,无需向当事人送达。

2. 结合实例分析样式的写作要点

(1)标题

法院名称加上"执行决定书"及案号。实例中的文书名称写成了"决定书"。

(2)正文

①抬头写明致送法院,实例中为执行该案的下级法院即东丰县人民法院。

②将案件的案由,共同执行的理由、依据合写为一段。实例中表述的理由为申请执行人以及其代理人以东丰县法院长期不执行为由不断上访,说明该案件长期没有得到执行,而且矛盾激化。实践中,长期不能执行以及决定共同执行的原因非常复杂并没有非常明确的标准。

③作出决定所引用的法律依据应当为《执行工作若干问题的规定(试行)》第132条第2款。

④裁定主文的表述应当为"本案由本院与你院共同执行"。实例中的表述为"梅河口市屹桥公路设备有限公司与被执行人东丰县大阳镇人民政府建设工程施工合同纠纷执行一案,由辽源市中级人民法院与东丰县人民法院共同执行",实为同义反复,显得冗长。

(3)落款

无需承办人署名,注明日期并加盖院印即可。

72. 执行令(执行外国法院判决用)

中华人民共和国
××××人民法院
执行令

(××××)……执……号

申请人×××于××××年××月××日向本院申请承认和执行××国××××法院(或××国×××法院请求本院承认和执行)对……(写明案件名称)一案于××××年××月××日作出的……判决。本院于××××年××月××日作出(××××)……号裁定,承认该判决的法律效力。依照《中华人民共和国民事诉讼法》第二百八十二条规定,命令按照该判决确定的未执行事项予以执行。

此令

院　　长　××× ××××年××月××日 （院印）

【说明】

1. 本样式根据《中华人民共和国民事诉讼法》第二百八十二条规定制定，供人民法院根据申请人的申请或者外国法院的请求，作出承认外国法院判决的法律效力的裁定后，对于该判决内容的执行事项发出执行令时用。

2. 此执行令样式仅适用于执行外国法院发生法律效力的判决、裁定。

【实例评注】

（暂缺实例）

〔评注〕

1. 样式的适用范围和法律依据

（1）本执行令的法律依据是《民事诉讼法》第二百八十二条规定。该条规定："人民法院对申请或者请求承认和执行的外国法院作出的发生法律效力的判决、裁定，依照中华人民共和国缔结或者参加的国际条约，或者按照互惠原则进行审查后，认为不违反中华人民共和国法律的基本原则或者国家主权、安全、社会公共利益的，裁定承认其效力，需要执行的，发出执行令，依照本法的有关规定执行。违反中华人民共和国法律的基本原则或者国家主权、安全、社会公共利益的，不予承认和执行。"

（2）对符合条件的外国法院判决加以承认和执行能够有效维护当事人的权利，但同时并非所有的外国法院判决都能够得到承认和执行。在此类的司法协助中往往涉及一国司法主权的问题，所以为维护本国的司法制度，避免承认和执行外国法院判决所带来的不利后果，需要对此进行适当规制，我国承认和执行外国法院的判决需加以审查的实体条件如下：①原判决的确定性；②合格的管辖权；③公共政策标准。

（3）发出涉外执行令的审查依据和必要程序：①相关国际条约或互惠关系的存在是承认和执行外国法院判决的前提；②向有相关管辖权的中级人民法院提出申请；③申请承认和执行外国法院判决的当事人应提交充分的材料；④在法院作出裁定承认外国判决后申请强制执行。

2. 样式的写作要点和注意事项

（1）标题：和其他文书一样为法院名称加上文书名称"执行令"及案号。但是需要注意的是，由于本执行令具有涉外性质，因此法院名称应当冠以"中华人民共和国"。

（2）正文：写明申请人向中国法院申请承认国外判决效力的时间、文书名称，以及我国法院裁定承认其法律效力的时间及文书名称。发出执行令引用的法律依据为《民事诉讼法》第二百八十二条规定。

（3）落款：由院长署名并注明日期。

（4）判决、裁定应当具有可执行的内容，即应当具有给付内容以及属于人民法院强制执行的范围。实践中各地中级法院作出的大量承认国外法律文书效力所认可的文书为离婚法律文书，但是该类仅仅解除婚姻关系而不涉及其他事项的法律文书往往不具有可执行的内容。

（八）变更或追加执行当事人

73. 执行裁定书（变更申请执行人用）

××××人民法院
执行裁定书

（××××）……执……号

申请人：×××，……。
法定代理人/指定代理人/法定代表人/主要负责人：×××，……。
委托诉讼代理人：×××，……。
申请执行人：×××，……。
被执行人：×××，……。
……
（以上写明申请人、申请执行人、被执行人和其他诉讼参加人的姓名或者名称等基本信息）

本院在执行×××与×××……(写明案由)一案中，申请人×××于××××年××月××日向本院申请变更为本案的申请执行人，并提供了……(写明证据)。

本院查明，……(写明查明的事实)。

本院认为，……(写明理由)。依照《中华人民共和国民事诉讼法》第一百五十四条第一款第十一项规定，裁定如下：

（变更的，写明:）变更×××为本案申请执行人。

（驳回的，写明:）驳回×××变更为本案申请执行人的请求。

```
┌─────────────────────────────────────────────────────┐
│  本裁定送达后即发生法律效力。                        │
│                                                     │
│                             审 判 长  ×××           │
│                             审 判 员  ×××           │
│                             审 判 员  ×××           │
│                                                     │
│                          ××××年××月××日            │
│                              （院印）               │
│                             书 记 员  ×××           │
└─────────────────────────────────────────────────────┘
```

【说明】

1. 本样式根据《中华人民共和国民事诉讼法》第一百五十四条第一款第十一项规定制定，供人民法院根据申请人的申请变更申请执行人时用。

2. 权利人的变更要坚持自愿申请原则，可以由申请执行人提出，也可以由权利的继受人申请，人民法院不应当主动变更申请执行人。

【实例评注】

北京市丰台区人民法院
执行裁定书 ①

（2016）京 0106 执异 147 号

申请人李某，男，1974 年 1 月 5 日出生。

委托诉讼代理人闫某，男，1970 年 10 月 20 日出生。

申请执行人吴某，男，1972 年 10 月 27 日出生。

被执行人吴某某，男，1968 年 5 月 31 日出生。

被执行人北京英图光彩置业有限责任公司，住所地北京市昌平区长陵镇政府北侧院内。

法定代表人吴某某，总经理。

上述两被执行人的委托诉讼代理人贾某某，男，1966 年 1 月 27 日出生。

本院在执行吴某与吴某某、北京英图光彩置业有限责任公司（以下简称英图光彩公

---

① 来源：中国裁判文书网。

司)公证债权文书一案中，申请人李某于2016年6月28日向本院申请变更为本案的申请执行人，并提供了以下证据材料：1.2016年6月23日，李某、吴某、吴某某、英图光彩公司签订的《债权转让协议》，证明吴某将(2013)京中信执字00208号执行证书确定的债权(以下简称涉案债权)转让给李某，且债权转让得到了吴某某、英图光彩公司的确认。2.2016年6月24日及2016年8月9日，李某通过其在中国光大银行北京马连道西支行账号为×××的银行账户向吴某在交通银行北京翠微路支行账号为×××的银行账户共计转款300万元的网银转账回单。证明李某已向吴某支付涉案债权转让价款。

本院查明，吴某与吴某某、英图光彩公司公证债权文书一案，北京市中信公证处于2013年7月22日作出的(2013)京中信执字00208号执行证书已经发生法律效力。该执行证书确定，申请执行人吴某，被执行人吴某某、北京英图光彩置业有限责任公司，执行标的为：一、借款本金人民币350万元整。二、自2013年7月5日起至还款之日止的利息(借款本金人民币200万元整，按借款金额月利率为1.6%计算)；自2013年7月7日起至还款之日止的利息(借款本金人民币100万元整，按借款金额月利率为1.6%计算)；自2013年7月27日起至还款之日止的利息(借款本金人民币50万元整，按借款金额月利率为1.6%计算)。三、自2013年6月5日起至还款之日止的违约金(借款本金人民币200万元整，每日按未还款金额的万分之二计算)；自2013年6月7日起至还款之日止的违约金(借款本金人民币100万元整，每日按未还款金额的万分之二计算)；自2013年6月27日起至还款之日止的违约金(借款本金人民币50万元整，每日按未还款金额的万分之二计算)。四、实现债权所支付的费用(按实际发生额计算)。2013年10月31日，吴某向本院申请强制执行，本院依法受理，执行案号为(2013)丰执字第08040号。

另查，2016年6月23日，吴某、李某、吴某某、英图光彩公司签订《债权转让协议》，约定截至本协议签署之日，债务人英图光彩公司拖欠吴某欠款本金350万元，利息198.4万元，本息合计548.4万元。现吴某将上述标的债权以人民币300万元转让给李某，李某同意受让该债权。该《债权转让协议》有吴某、李某、吴某某签字以及英图光彩公司加盖的公章。2016年6月24日及2016年8月9日，李某通过其在中国光大银行北京马连道西支行账号为×××的银行账户向吴某在交通银行北京翠微路支行账号为×××的银行账户共计转款300万元。

再查，本案在审查过程中，吴某、李某、吴某某、英图光彩公司均到庭，认可上述《债权转让协议》中转让的债权即为(2013)京中信执字00208号执行证书所确定的债权，并对上述债权从吴某转让至李某的事实无异议。

本院认为，债权人依法转让生效法律文书确定的债权的，可以裁定变更其受让人为申请执行人。本案中，吴某与李某签订《债权转让协议》，约定吴某将涉案债权转让给李某,该债权转让行为系双方的真实意思表示,且不违反法律规定。被执行人吴某某、英图光彩公司亦表示知晓并认可上述债权转让事实,即涉案债权的转让已通知债务人吴某某、英图光彩公司。因此,申请变更人李某提出变更其为申请执行人的申请,符合有关法律规定,本院应予准许。综上,依照《中华人民共和国民事诉讼法》第一百五十四条第一款第十一项规定,裁定如下:

变更李某为本案申请执行人。

如不服本裁定,可于裁定书送达之日起十日内,向本院递交复议申请书,并按对方当事人的人数递交副本,向北京市第二中级人民法院申请复议。

审　判　长　何东奇
审　判　员　常　萌
代理审判员　李琳琳
二〇一六年八月十八日
书　记　员代　　航英

〔评注〕

1. 本样式在申请执行人发生变更时使用,其以申请执行人或其权利继受人提出申请为前提,法律依据为《民事诉讼法》第一百五十四条第一款第十一项。

2. 本裁定当事人称谓应当为"申请人""申请执行人"及"被执行人"。此处的"申请人"不等同于提出执行申请的"申请执行人",其没有直接提出执行申请,但是其根据实际情况继受了"申请执行人"在执行案件中的权利义务。当事人及代理人称谓后要使用冒号,实例中未使用冒号。

3. 关于裁定变更申请人的事实及理由应当围绕变更申请执行人的条件展开。实践中申请执行人发生变更的主要情形为:(1)原申请执行人死亡或者被宣告失踪的,其继承人、受遗赠人、遗嘱执行人、遗产管理人或者财产代管人可以申请变更;(2)原申请执行人离婚的,按照离婚协议或者生效法律文书,取得该债权的原配偶可以申请变更;(3)作为原申请执行人的法人分立的,分立协议中确定继受该债权的法人可以申请变更;与其他人合并的,合并后存续的法人可以申请变更;(4)原申请执行人姓名或名称变更的,变更后的人可以申请变更;(5)作为原申请执行人的其他组织被撤销的,开办该组织的公民或者法人可以申请变更;(6)作为原申请执行人的企业法人依法被撤销、注销、吊销营业执照或者歇业的,其清算人或者负有清算义务的人可以申请变更;(7)作为原申请执行人的机关法人被撤销的,继续行使其权利的机关;其职权无国家机关继续行使的，撤销它的机关可以申请变更；（8）执行依据中确定的债权转让的，受让人可以申请变更。应当注意的，如果原申请执行人作为民事主体继续存续的，原申请执行人也可以提出变更申请。另外，在2016年12月1日实施的《最高人民法院关于民事执行中变更、追加当事人若干问题的规定》也对变更申请执行人的条件作出具体规定。

实例中申请人申请变更的事由为执行案件所涉及的债权转让给了申请人。

4. 申请变更申请执行人的，应当提交证据证明权利发生了继受。法院应当对相关材料进行审查，并在裁定书中写明认定结果。申请成立的，裁定变更。申请不成立的，驳回申请。实例中申请人提交的主要证据为(2013)京中信执字00208号执行证书。

5. 法院对变更申请执行人的申请，应当组成合议庭进行审查。合议庭在审查中，一般会召集有关当事人和利害关系人进行听证。

6. 关于裁定效力及救济途径的告知。样式告知事项表述为："本裁定送达后即发生法律效力。"从样式来看似乎该裁定属于不可以提出复议或上诉的裁定。但在笔者选取的实例中，实例告知："如不服本裁定，可于裁定书送达之日起十日内，向本院递交复议申请书，并按对方当事人的人数递交副本，向北京市第二中级人民法院申请复议。"那么究竟变更申请执行人的执行裁定书是否具有救济途径呢？

2016年12月1日实施的《最高人民法院关于民事执行中变更、追加当事人若干问题的规定》第三十条规定："被申请人、申请人或其他执行当事人对执行法院作出的变更、追加裁定或驳回申请裁定不服的，可以自裁定书送达之日起十日内向上一级人民法院申请复议，但依据本规定第三十二条的规定应当提起诉讼的除外。"第三十二条规定："被申请人或申请人对执行法院依据本规定第十四条第二款、第十七条至第二十一条规定作出的变更、追加裁定或驳回申请裁定不服的，可以自裁定书送达之日起十五日内，向执行法院提起执行异议之诉。"（此处涉及的两种可以提出异议之诉的情况都涉及实体法律关系的判断。）

据此，对于变更申请执行人的裁定书，不论属于哪种情况都是具有下一步的救济途径的。因此建议本样式在此处结合案情予以变更，对属于可以复议的情况，应当告知当事人："如不服本裁定，可以自裁定送达之日起十日内向上一级人民法院申请复议。"对于属于可以起诉的情形，应当告知："如不服本裁定，可以自裁定送达之日起十五日内向本院提起执行异议之诉。"就实例的情形而言，应当属于可以复议的范围，故实例中的表述是正确的。

74. 执行裁定书（执行到期债权用）

×××人民法院
执行裁定书

（××××）……执……号

申请执行人：×××，……。
法定代理人/指定代理人/法定代表人/主要负责人：×××，……。
委托诉讼代理人：×××，……。
被执行人：×××，……。
第三人：×××，……。
……

（以上写明申请执行人、被执行人、第三人和其他诉讼参加人的姓名或者名称等基本信息）

本院在执行×××与×××……（写明案由）一案中，于××××年××月××日向第三人×××送达了履行到期债务通知。第三人×××在指定期限内未对到期债务提出异议，亦未主动履行。（或被执行人×××对第三人×××的到期债权为（××××）……号判决/裁定/调解书/仲裁裁决/公证债权文书所确认，第三人×××予以否认，本院不予支持。）依照《最高人民法院关于人民法院执行工作若干问题规定（试行）》第64条、第65条（或《最高人民法院关于适用〈中华人民共和国民事诉讼法〉的解释》第五百零一条第三款）规定，裁定如下：

强制执行被执行人×××对第三人×××的到期债权……元。
本裁定立即执行。

审　判　长　×××
审　判　员　×××
审　判　员　×××

××××年××月××日
（院印）
书　记　员　×××

【说明】

1. 本样式根据《最高人民法院关于人民法院执行工作若干问题的规定(试行)》第64条、第65条,《最高人民法院关于适用〈中华人民共和国民事诉讼法〉的解释》第五百零一条第三款规定制定,供人民法院执行被执行人对第三人的到期债权时用。

2. 第三人提出自己无履行能力或其与申请执行人无直接法律关系,不属于《最高人民法院关于人民法院执行工作若干问题的规定(试行)》第61条至65条所指的异议。对生效法律文书确定的到期债权,该他人予以否认的,人民法院不予支持。

3. 第三人对债务部分承认、部分有异议,可以对其承认的部分强制执行。制作裁定书时,应在说明理由部分将没有异议部分的内容阐述清楚。

【实例评注】

安徽省芜湖市鸠江区人民法院
执行裁定书 ①

(2015)鸠执字第00883号之二

申请执行人安某某,男,1958年1月19日出生,汉族,住安徽省芜湖市鸠江区。

被执行人安徽普海信息系统工程有限公司,住所地安徽省芜湖市鸠江开发区。

法定代表人曹某某,执行董事。

第三人芜湖鼎业房地产开发有限公司,住所地安徽省芜湖市镜湖区。

法定代表人吕某某。

本院在执行申请执行人安某某与被执行人安徽普海信息系统工程有限公司建设工程合同纠纷一案中,依法于2016年8月9日向第三人芜湖鼎业房地产开发有限公司送达了履行到期债务通知书,第三人芜湖鼎业房地产开发有限公司在指定期限内对全部到期债务没有提出异议,并未自动履行。依照《最高人民法院关于人民法院执行工作若干问题规定(试行)》第64条、第65条的规定,裁定如下:

对被执行人安徽普海信息系统工程有限公司在第三人芜湖鼎业房地产开发有限公司到期债权中的36 946元予以强制执行。

本裁定送达后即发生法律效力。

审　判　员　张　川

---

① 来源:中国裁判文书网。

二〇一六年九月十八日

书　记　员　　夏　昀

〔评注〕

1. 样式的适用范围和注意事项

(1)本类执行裁定主要在被执行人对第三人享有到期债权时使用，法律依据为《执行工作若干问题的规定(试行)》第64条、第65条，《民诉法解释》第五百零一条第三款。

(2)使用本类裁定应当以第三人对债务无异议为前提。一旦第三人对债务提出了异议，申请执行人就无法通过执行程序向第三人主张求偿，而应通过维权诉讼途径主张权利。

(3)关于异议的形式，《执行工作若干问题的规定(试行)》第64条作了特别规定，第三人提出自己无履行能力或其与申请执行人无直接法律关系，不属于这里所指的异议。

(4)如果判决、裁定、调解书、仲裁裁决、公证债权文书所确认的被执行人对第三人享有到期债权，第三人予以否认的，法院应不予支持。

(5)本类裁定应同时送达第三人和被执行人。

2. 结合实例分析样式的写作要点

(1)标题

法院名称加上文书名称"执行裁定书"，再加上案号。实例的案号为(2015)鸠执字第00883号之二号，说明这是本案出现的第二份裁定书。

(2)正文

①根据文书样式的要求，诉讼参加人的诉讼地位与其姓名或名称之间应当用"："间隔，而实例没有用"："间隔，应当在诉讼参加人的诉讼地位和其姓名或名称之间加上"："。

②描述案件由来、查明的事实和理由及法律依据都合写为一段。

③查明事实中应具体表述已经依法通知了第三人履行到期债务，第三人既未提出异议，又未履行，这是强制执行的前提条件。实例中第三人芜湖鼎业房地产公司在指定期限内既没有提出异议，又没有自动履行，符合强制执行第三人到期债权的条件。

④引用的法律依据为《执行工作若干问题规定(试行)》第64条、第65条(或《民诉法解释》第五百零一条第三款)的规定。

⑤裁定的效力，样式表述为"本裁定立即执行"，实例表述为"本裁定送达后即发生法律效力"。笔者认为，按照样式的表述"本裁定立即执行"更加确切，符合执行程序的要求。本裁定书没有交代上诉和申请复议的权利，其在程序没有作出可以上诉和

申请复议程序的规定，一般在裁定发出后即应产生执行力。而反观之，裁判文书已发生了法律效力只能表明该裁定不可以继续上诉或复议，但是裁判文书的法律效力分为"既判力"和"执行力"两部分，不可上诉、不可复议仅代表文书产生了"既判力"，不代表其必然有"执行力"。例如有的法律文书生效后须经过一段自觉履行期才可以申请强制执行。在执行工作实践中，并不需要等到裁定送达所有当事人才能发生执行力，就本样式来看，应是第三人收到文书时即产生执行力。虽然裁定也应当向本案其他当事人送达，但是向执行案件中当事人双方送达是否全部完成不影响该裁定执行力的产生。

75. 执行裁定书（以担保财产赔偿损失用）

×××× 人民法院
执行裁定书

（××××）……执……号

申请执行人：×××，……。
法定代理人/指定代理人/法定代表人/主要负责人：×××，……。
委托诉讼代理人：×××，……。
被执行人：×××，……。
案外人：×××，……。
……
（以上写明申请执行人、被执行人、案外人和其他诉讼参加人的姓名或者名称等基本信息）

本院在执行×××与×××……（写明案由）一案中，案外人×××提出异议，并于××××年××月××日提供了担保，本院依法解除了对案外人主张权利财产的查封/扣押/冻结。（或申请执行人×××于××××年××月××日提供了财产担保，本院依法继续执行。）现因解除强制执行措施/继续执行有错误，给申请执行人/案外人×××造成损失……元。依照《最高人民法院关于人民法院执行工作若干问题的规定（试行）》第74条规定，裁定如下：

一、案外人/申请执行人×××应以担保的……（写明财产名称、数量或数额、所在地等）赔偿申请执行人/案外人×××的损失……元。

二、强制执行案外人/申请执行人×××担保的……（写明财产名称、数量或数额、所在地等）。

本裁定立即执行。

审　判　长　×××
审　判　员　×××
审　判　员　×××

××××年××月××日
（院印）
书　记　员　×××

【说明】

本样式根据《最高人民法院关于人民法院执行工作若干问题的规定（试行）》第74条规定制定，供人民法院在因案外人或申请执行人提供担保而解除查封、扣押或继续执行有错误，给对方造成损失，裁定以担保财产赔偿时用。

【实例评注】

湖北省襄阳市中级人民法院
执行裁定书 [①]

（2016）鄂06执异51号

申请执行人孟某某，男。
被执行人徐某某，男。
被执行人陈某某，女。
被执行人张某某，男。
被执行人刘某某，女。
第三人梁某某，男。

本院在执行申请执行人孟某某与被执行人徐某某、陈某某、张某某、刘某某民间借贷纠纷一案中，被执行人徐某某、陈某某、张某某、刘某某不能履行湖北省高级人民法院（2015）鄂民一终字第00078号民事判决确定的义务。因第三人梁某某在案件审理期间向本院提出保全异议，申请解除对陈某某名下的号牌为鄂

[①] 来源：中国裁判文书网。

FNN×××车辆的查封,并于2014年9月23日向本院申请,自愿以其名下的号牌为鄂FLK×××的小型越野客车作为担保财产,为陈某某号牌为鄂FNN×××车辆解除查封提供担保。孟某某同意以梁某某名下的鄂FLK×××的小型越野客车作为担保财产,在价值30万元范围内提供担保,解除对陈某某名下的号牌为鄂FNN×××车辆的查封。本院于2014年10月30日作出(2014)鄂襄阳中民四初字第00042-2号民事裁定:查封梁某某名下的号牌为鄂FLK×××的车辆;解除陈某某名下的号牌为鄂FNN×××的查封。现因被执行人徐某某、陈某某、张某某、刘某某无财产履行,致使申请执行人孟某某的债权无法实现。申请执行人孟某某向本院提交书面申请,申请执行梁某某提供担保的号牌为鄂FLK×××的车辆,在价值30万元范围内清偿被执行人所欠债务。依照《中华人民共和国民事诉讼法》第一百五十四条第一款第(十一)项,《最高人民法院关于人民法院执行工作若干问题的规定(试行)》第74条之规定,裁定如下:

第三人梁某某应以其作为担保财产的号牌为鄂FLK×××的小型越野客车,在价值30万元范围内向申请执行人孟某某清偿债务。

本裁定送达后即发生法律效力。

审　判　长　李　化
审　判　员　文丹丹
审　判　员　江　涛
二〇一六年七月四日
书　记　员　龚　伟

〔评注〕

1. 样式的适用范围和注意事项

(1)本类裁定的法律依据是《执行工作若干问题的规定(试行)》第74条。该条规定:"对案外人提出的异议一时难以确定是否成立,案外人已提供确实有效的担保的,可以解除查封、扣押措施。申请执行人提供确实有效的担保的,可以继续执行。因提供担保而解除查封扣押或继续执行有错误,给对方造成损失的,应裁定以担保的财产予以赔偿。"

(2)案外人或申请执行人提供担保的,应当适用《中华人民共和国担保法》的相关规定,担保物是动产的,应当提交到执行法院;是不动产的,应当向有关登记机关办理登记手续。

(3)本类裁定的判项分为两个层次:首先,确认担保财产赔偿责任申请人或案外人的损失。其次,对担保财产强制执行。

2. 结合实例分析样式的写作要点

(1)标题

法院名称加上文书名称"执行裁定书",加上案号。实例的案号为(2016)鄂06执异51号,说明第三人曾经提出过执行异议。

(2)正文

①当事人应为"申请执行人""被执行人""案外人",并且后加冒号。实例中没有用冒号,并且将"案外人"写成了"第三人"。

②描述案件由来、查明的事实和理由及法律依据合写为一段。

③查明事实中应具体表述案外人提出执行异议并且提供了执行担保,法院依法解除了财产的保全措施。现因解除强制措施有误造成了损失,应当用担保财产承担相应的责任。实例中因为第三人申请解除保全措施,导致法院解除查封后申请执行人的债权无法实现,故应当由第三人提供担保的财产承担相应的责任。

④引用的法律依据应为《执行工作若干问题的规定(试行)》第74条规定。实例中还引用了《民事诉讼法》第一百五十四条第一款第十一项,该条文规定了适用裁定的范围"其他需要裁定解决的事项"。根据《人民法院民事裁判文书制作规范》的规定,引用法律条款中的项时,一律使用汉字不加括号,应将"第一百五十四条第一款第(十一)项"改为"第一百五十四条第一款第十一项"。

⑤裁定的效力,样式表述为"本裁定立即执行",实例表述为"本裁定送达后即发生法律效力"。笔者认为,按照样式的表述"本裁定立即执行"更加确切,符合执行程序的要求。本裁定书没有交代上诉和申请复议的权利,其在程序上没有作出可以上诉和申请复议程序的规定,一般在裁定发出后即应产生执行力。而反观之,裁判文书已发生了法律效力只能表明该裁定不可以继续上诉或复议,但是裁判文书的法律效力分为"既判力"和"执行力"两部分,不可上诉、不可复议仅代表文书产生了"既判力",不代表其必然有"执行力"。例如有的法律文书生效后须经过一段自觉履行期才可以申请强制执行。在执行工作实践中,并不需要等到裁定送达所有当事人才能发生执行力,就本样式来看,应是第三人收到文书时即产生执行力。虽然裁定也应当向本案其他当事人送达,但是向执行案件中当事人双方送达是否全部完成不影响该裁定执行力的产生。

76. 执行裁定书（暂缓执行期届满后执行担保人财产用）

××××人民法院
执行裁定书

（××××）……执……号

申请执行人：×××，……。
法定代理人/指定代理人/法定代表人/主要负责人：×××，……。
委托诉讼代理人：×××，……。
被执行人：×××，……。
担保人：×××，……。
……
（以上写明申请执行人、被执行人、担保人和其他诉讼参加人的姓名或者名称等基本信息）

本院在执行×××与×××……（写明案由）一案中，因×××提供了……（写明财产名称、数量或数额、所在地等），本院于××××年××月××日作出（××××）……执……号暂缓执行决定。现暂缓执行期届满，被执行人×××仍不履行生效法律文书确定的义务。依照《中华人民共和国民事诉讼法》第二百三十一条、《最高人民法院关于适用〈中华人民共和国民事诉讼法〉的解释》第四百七十一条(或第四百六十九条)规定，裁定如下：

执行×××的……（写明财产名称、数量或数额、所在地等）
本裁定立即执行。

审　判　长　×××
审　判　员　×××
审　判　员　×××

××××年××月××日
（院印）
书　记　员　×××

【说明】

本样式根据《中华人民共和国民事诉讼法》第二百三十一条、《最高人民法院关于适用〈中华人民共和国民事诉讼法〉的解释》第四百六十九条、第四百七十一条规定制定，供人民法院执行担保人的财产时用。

【实例评注】

湖北省十堰市茅箭区人民法院
执行裁定书 ①

(2015) 鄂茅箭执字第 00167 号

申请执行人十堰市吉瑞翔物资贸易有限公司,住所地湖北省十堰市人民南路 22 号银监局综合楼 302 号。

被执行人十堰伟建物资贸易有限公司,住所地湖北省十堰市朝阳路 18 号。

担保人陈某某,男,汉族,1976 年 7 月出生,住湖北省武汉市武昌区中南路×号×层×号。

本院在执行十堰市吉瑞翔物资贸易有限公司与十堰伟建物资贸易有限公司(2014)鄂茅箭民二初字第 00697 号民事判决书民间借贷纠纷一案中,因被执行人十堰伟建物资贸易有限公司法定代表人陈某某对该案本金及利息进行担保。现暂缓执行期届满,被执行人仍不履行生效法律文书确定的义务。依照《中华人民共和国民事诉讼法》第二百三十一条、《最高人民法院关于适用〈中华人民共和国民事诉讼法〉的解释》第四百七十一条规定,裁定如下:

执行担保人陈某某的财产,在 712 915 元范围内进行执行。

本裁定立即执行。

审 判 长　黄　可
审 判 员　张　雄
审 判 员　刘曙光

二〇一六年十月十三日
书 记 员　张相俊

〔评注〕

1. 本样式供人民法院在暂缓执行期届满后执行担保人的财产时用。本处实例是暂缓执行期限届满,被执行人仍不履行生效法律文书确定的义务,裁定执行担保人的财产,故适用本样式。

2. 《民事诉讼法》第二百三十一条规定:"在执行中,被执行人向人民法院提供担

---

① 来源:中国裁判文书网。

保，并经申请执行人同意的，人民法院可以决定暂缓执行及暂缓执行的期限。被执行人逾期仍不履行的，人民法院有权执行被执行人的担保财产或者担保人的财产。"《民诉法解释》第四百六十九条规定："人民法院依照民事诉讼法第二百三十一条规定决定暂缓执行的，如果担保是有期限的，暂缓执行的期限应当与担保期限一致，但最长不得超过一年。被执行人或者担保人对担保的财产在暂缓执行期间有转移、隐藏、变卖、毁损等行为的，人民法院可以恢复强制执行。"《民诉法解释》第四百七十一条规定："被执行人在人民法院决定暂缓执行的期限届满后仍不履行义务的，人民法院可以直接执行担保财产，或者裁定执行担保人的财产，但执行担保人的财产以担保人应当履行义务部分的财产为限。"

3. 执行担保兼具公法和私法的属性。在执行程序中，执行法院可以直接执行担保物或者提供人保的担保人，而无需另行通过诉讼途径。在执行程序中，被执行人向法院提供担保，并经申请执行人同意的，人民法院可以决定暂缓执行及暂缓执行的期限。《民诉法解释》规定，如果担保有期限的，暂缓执行的期限应与担保期限一致，但最长不得超过一年。《民诉法解释》第四百七十一条规定了在暂缓执行期限届满后，被执行人仍不履行义务的，人民法院可以裁定执行担保人的财产。《民诉法解释》第四百六十条规定了暂缓执行期间恢复强制执行程序的情形，即"被执行人或者担保人对担保的财产在暂缓执行期间有转移、隐藏、变卖、毁损等行为的，人民法院可以恢复强制执行"。笔者认为，该样式在裁判依据中标注"（或第四百六十九条）"，可能意味着在"暂缓执行期间恢复强制执行"时，可以参照适用本样式。

4. 执行人员应当对执行担保进行认真的、实质的审查，以保证担保能够最终实现。

5. 本实例与样式有一定差异，值得注意。

（1）案号。本案的案号为(2015)鄂茅箭执字第00167号，根据最高人民法院《关于人民法院案件案号的若干规定》（2016年1月1日起施行）第三条规定，案号各基本要素的编排规格为："（"＋收案年度＋"）"＋法院代字＋类型代字＋案件编号＋"号"。该规定附件1《人民法院案件类型及其代字标准》规定，首次执行案件的类型代字为"执"，恢复执行案件的类型代字为"执恢"。

（2）参加诉讼人员的诉讼地位后应有冒号。本处实例当事人的基本情况后没有加冒号。

77. 执行裁定书（执行保证人财产用）

×××人民法院
执行裁定书

（××××）……执……号

申请执行人：×××，……。
法定代理人/指定代理人/法定代表人/主要负责人：×××，……。
委托诉讼代理人：×××，……。
被执行人：×××，……。
保证人：×××，……。
……
（以上写明申请执行人、被执行人、保证人和其他诉讼参加人的姓名或者名称等基本信息）

本院在执行×××与×××……（写明案由）一案中，被执行人×××不能履行××××人民法院（或其他生效法律文书的作出机关）（××××）……号民事判决（或其他生效法律文书）确定的义务。因保证人×××在案件审理期间，于××××年××月××日自愿为×××提供保证，本院/××××人民法院据此未对×××的财产采取保全措施（或解除了对×××财产采取的保全措施）。现因×××无财产履行/财产不足清偿债务，致使×××的债权无法实现。依照《最高人民法院关于人民法院执行工作若干问题的规定（试行）》第85条规定，裁定如下：

×××在保证责任范围内向×××清偿……（写明履行义务的内容）。

本裁定立即执行。

审　判　长　×××
审　判　员　×××
审　判　员　×××

××××年××月××日
（院印）
书　记　员　×××

【说明】

本样式根据《最高人民法院关于人民法院执行工作若干问题的规定（试行）》第85

条规定制定,供案件审理期间保证人为被执行人提供保证,人民法院据此未对被执行人的财产采取保全措施或解除了保全措施,生效法律文书中未确定保证人承担责任,案件审结后被执行人无财产可供执行或其财产不足清偿债务的,人民法院裁定执行保证人在保证责任范围内的财产时用。

【实例评注】

江西省永修县人民法院
执行裁定书 ①

(2016)赣 0425 执 227 - 1 号

申请执行人:江苏徐耐新材料科技股份有限公司(原徐州徐耐耐火材料有限公司),住所地江苏省徐州市贾汪区。

法定代表人:彭某某,该公司董事长。

被执行人:九江金凤凰装饰材料有限公司,住所地:江西省永修县。

法定代表人:朱某某,该公司董事长。

保证人:韩某某,女,住河北省邯郸市磁县。

本院在执行江苏徐耐新材料科技股份有限公司(原徐州徐耐耐火材料有限公司)与九江金凤凰装饰材料有限公司买卖合同纠纷一案中,被执行人九江金凤凰装饰材料有限公司不能履行九江市中级人民法院(2016)赣 04 民终 98 号民事判决书确定的义务。因保证人韩某某在案件审理期间,于 2015 年 2 月 11 日自愿以农业银行的存款 135 万元为九江金凤凰装饰材料有限公司提供保证。承诺:若日后被告九江金凤凰装饰材料有限公司败诉,本人自愿以上述存款作为生效判决执行担保,贵院可直接依据生效判决划拨上述存款。依照《最高人民法院关于人民法院执行工作若干问题的规定(试行)》第 85 条和《中华人民共和国民事诉讼法》第二百四十四条之规定,裁定如下:

一、韩某某在保证责任范围内向江苏徐耐新材料科技股份有限公司(原徐州徐耐耐火材料有限公司)清偿 135 万元。

二、划拨韩某某的银行存款 135 万元。

本裁定立即执行。

审 判 长　詹　旺

---

① 来源:中国裁判文书网。

审　判　员　　邓怡强
代理审判员　　陈丽军

二〇一六年九月二日

书　记　员　　袁灵佼

〔评注〕

1. 本样式供人民法院执行保证人财产用。本处实例是被执行人不能履行生效法律文书确定的义务，因案件审理期间，保证人为被执行人提供担保，人民法院裁定在保证人的保证责任范围内执行其财产，故适用本样式。

2. 《执行工作若干问题的规定(试行)》第85条规定："人民法院在审理案件期间，保证人为被执行人提供保证，人民法院据此未对被执行人的财产采取保全措施或解除保全措施的，案件审结后如果被执行人无财产可供执行或其财产不足清偿债务时，即使生效法律文书中未确定保证人承担责任，人民法院有权裁定执行保证人在保证责任范围内的财产。"

3. 实例裁定书格式规范，要素完整，是该类裁定的较好示范。另外，实例将保证人的承诺内容详细写明，人民法院裁定执行该保证人财产的事实依据更为明晰，值得借鉴。

78. 执行裁定书（变更分立、合并、注销后的法人或其他组织为被执行人用）

×××× 人民法院
执行裁定书

（××××）……执……号

申请执行人：×××，……。
法定代理人/指定代理人/法定代表人/主要负责人：×××，……。
委托诉讼代理人：×××，……。
被执行人：×××，……。
第三人：×××，……。
……
（以上写明申请执行人、被执行人、第三人和其他诉讼参加人的姓名或者名称等基本信息）

本院在执行×××与×××……(写明案由)一案中,因……(写明第三人因分立、合并、撤销后的法人或其他组织而继受财产的情况,应当变更其为被执行人的事实和理由)。依照《中华人民共和国民事诉讼法》第二百三十二条、《最高人民法院关于适用〈中华人民共和国民事诉讼法〉的解释》第四百七十二条规定,裁定如下:
　　一、变更×××为本案的被执行人;
　　二、×××应在本裁定生效之日起×日内向×××履行……(写明履行义务的内容)。
　　本裁定送达后即发生法律效力。

审　判　长　×××
审　判　员　×××
审　判　员　×××
×××× 年 ×× 月 ×× 日
(院印)
书　记　员　×××

【说明】

　　本样式根据《中华人民共和国民事诉讼法》第二百三十二条、《最高人民法院关于适用〈中华人民共和国民事诉讼法〉的解释》第四百七十二条规定制定,供人民法院发现作为被执行人的法人或其他组织已分立或合并,其权利义务由变更后的法人或者其他组织承受的,裁定该权利义务承受人为被执行人时用。

【实例评注】

湖南省耒阳市人民法院
执行裁定书 ①

(2016)湘 0481 执 545 号

申请执行人欧阳某某,男。
被执行人湖南省潭耒高速公路管理处。
法定代表人张某某,该处处长。

---

① 来源:中国裁判文书网。

第三人现代投资股份有限公司潭耒分公司。

负责人张某某。

本院在执行欧阳某某与湖南省潭耒高速公路管理处机动车交通事故责任纠纷一案中，因第三人现代投资股份有限公司潭耒分公司继承了被执行人湖南省潭耒高速公路管理处的债权债务关系，负责潭耒高速公路的收费还贷、路政、道路养护及全面经营开发和管理，系权利义务承受人。依照《中华人民共和国民事诉讼法》第二百三十二条、《最高人民法院关于适用〈中华人民共和国民事诉讼法〉的解释》第四百七十二条规定，裁定如下：

一、变更第三人现代投资股份有限公司潭耒分公司为本案的被执行人；

二、现代投资股份有限公司潭耒分公司应在本裁定生效之日起五日内向欧阳某某履行赔偿款、迟延履行金、案件受理费以及执行费用等共计 165 470 元。

本裁定送达后即发生法律效力。

审　判　长　李常成
审　判　员　王某民
审　判　员　徐仲位

二〇一六年八月二日
书　记　员　舒　拉

附相关法律条文

《中华人民共和国民事诉讼法》

第二百三十二条　作为被执行人的公民死亡的，以其遗产偿还债务。作为被执行人的法人或者其他组织终止的，由其权利义务承受人履行义务。

《最高人民法院关于适用〈中华人民共和国民事诉讼法〉的解释》

第四百七十二条　依照民事诉讼法第二百三十二条规定，执行中作为被执行人的法人或者其他组织分立、合并的，人民法院可以裁定变更后的法人或者其他组织为被执行人；被注销的，如果依照有关实体法的规定有权利义务承受人的，可以裁定该权利义务承受人为被执行人。

〔评注〕

1. 本样式供人民法院发现作为被执行人的法人或其他组织已分立或合并，其权利义务由变更后的法人或者其他组织承受的，裁定该权利义务承受人为被执行人时用。本处实例符合上述情形，故适用本样式。

2. 本类执行裁定所依据的法律及司法解释本处实例已在附中列明。

3. 对本条可以从三个方面进行理解和把握。

(1) 分立情形下的变更。为充分保护申请执行的合法债权，人民法院可以将分立后的法人或者其他组织变更为被执行人。如果被执行人在分立前与申请执行人就债务清偿已达成书面协议，另有约定的，人民法院应当尊重当事人的处分权利。

(2) 合并情形下的变更。合并各方的债权债务应由合并后的主体（包括存续的或者新设的）承继，人民法院可以将合并后的法人或者其他组织变更为被执行人。

(3) 注销情形下的变更。被执行人被注销后，如果有权利义务继受人的，可以裁定变更该继受人为被执行人。但在清算程序中，清算结束后办理注销登记之前，企业法人或其他组织的主体资格仍未消灭，无需变更执行主体。

4. 本处实例格式规范，要素完整，裁判理由和裁判依据符合法律规定，是该类裁定的较好示范。另外，实例与文书样式有一定的区别，值得注意。

(1) 参加诉讼人员的诉讼地位后应有冒号。本处实例当事人的基本情况应表述为：

申请执行人：欧阳某某，男。

被执行人：湖南省潭耒高速公路管理处。

法定代表人：张某某，该处处长。

第三人：现代投资股份有限公司潭耒分公司。

负责人：张某某。

(2) 实例将本案适用的主要法律条文附在裁判文书之后，便于当事人了解具体的法律规定，有利于公开裁判理由，强化裁判文书说理，对裁判文书的格式是一种有益的创新形式。

79. 执行裁定书（追加对其他组织依法承担义务的法人或者公民为被执行人用）

××××人民法院
执行裁定书

（××××）……执……号

申请执行人：×××，……。
法定代理人/指定代理人/法定代表人/主要负责人：×××，……。

委托诉讼代理人：×××，……。
被执行人：×××，……。
第三人：×××，……。
……

（以上写明申请执行人、被执行人、第三人和其他诉讼参加人的姓名或者名称等基本信息）

本院在执行×××与×××……（写明案由）一案中，因……（写明其他组织不能履行有关法律文书确定的债务，×××对该其他组织依法应承担相应责任的根据，以及追加其为被执行人的事实和理由）。依照《中华人民共和国民事诉讼法》第二百三十二条、《最高人民法院关于适用〈中华人民共和国民事诉讼法〉的解释》第四百七十三条规定，裁定如下：

一、追加×××为本案被执行人；

二、×××应在本裁定生效之日起×日内向×××履行……（写明履行义务的内容）。

本裁定送达后即发生法律效力。

审　判　长　×××
审　判　员　×××
审　判　员　×××

××××年××月××日
（院印）
书　记　员　×××

【说明】

本样式根据《中华人民共和国民事诉讼法》第二百三十二条、《最高人民法院关于适用〈中华人民共和国民事诉讼法〉的解释》第四百七十三条规定制定，供人民法院发现其他组织不能履行法律文书确定的义务，追加对该其他组织依法承担义务的法人或者公民为被执行人时用。

【实例评注】

安徽省歙县人民法院
执行裁定书①

(2016)皖1021执628号

申请执行人：蒋某某。

被执行人：黄山市屯溪区五星室内装饰设计室，住所地安徽省黄山市屯溪区。

第三人：江某某。

本院在执行蒋某某与黄山市屯溪区五星室内装饰设计室挂靠经营合同纠纷一案中，因黄山市屯溪区五星室内装饰设计室未履行本院(2015)歙民一初字第01387号民事判决书确定的债务。经查黄山市屯溪区五星室内装饰设计室的企业类型为个体工商户，企业组成形式为个人经营，江某某是其经营者。个体工商户个人经营的，以个人财产承担责任。依据《中华人民共和国民法通则》第二十九条、《中华人民共和国民事诉讼法》第二百三十二条、《最高人民法院关于适用〈中华人民共和国民事诉讼法〉的解释》第四百七十三条规定，裁定如下：

一、追加江某某为本案被执行人；

二、江某某应在本裁定生效之日起10日内向蒋某某履行工程款204 583.12元，并负担本案案件受理费4 370元，公告费600元。

本裁定送达后即发生法律效力。

审　判　员　　洪声润

二〇一六年九月十九日

书记员　　胡发剑(代)

〔评注〕

1. 本样式供人民法院发现其他组织不能履行法律文书确定的义务，追加对该其他组织依法承担义务的法人或者公民为被执行人时用。本处实例符合上述情形，故适用本样式。

2. 《民事诉讼法》第二百三十二条规定："作为被执行人的公民死亡的，以其遗产

---

① 来源：中国裁判文书网。

偿还债务。作为被执行人的法人或者其他组织终止的，由其权利义务承受人履行义务。"《民诉法解释》第四百七十三条规定："其他组织在执行中不能履行法律文书确定的义务的，人民法院可以裁定执行对该其他组织依法承担义务的法人或者公民个人的财产。"

3. 实例裁定书格式规范，要素完整，是该类裁定的较好示范。

4. 人民法院应当先执行其他组织的财产，在其他组织不能履行裁判文书确定的义务，或者其他组织的财产不足以清偿时，再裁定追加对该其他组织依法承担义务的法人或者公民为被执行人。

5. 《执行工作若干问题的规定(试行)》第76条至第78条对于常见的三种情形进行了规定。

(1) 被执行人为无法人资格的私营独资企业，无能力履行法律文书确定的义务的，人民法院可以裁定执行该独资企业业主的其他财产。

(2) 被执行人为个人合伙组织或合伙型联营企业，无能力履行生效法律文书确定的义务的，人民法院可以裁定追加该合伙组织的合伙人或参加该联营企业的法人为被执行人。

(3) 被执行人为企业法人的分支机构不能清偿债务时，可以裁定企业法人为被执行人。企业法人直接经营管理的财产仍不能清偿债务的，人民法院可以裁定执行该企业法人其他分支机构的财产。若必须执行已被承包或租赁的企业法人分支机构的财产时，对承包人或承租人投入及应得的收益应依法保护。

80. 执行裁定书（变更名称变更后的法人或其他组织为被执行人）

×××× 人民法院
执行裁定书

（××××）……执……号

申请执行人：×××，……。
法定代理人/指定代理人/法定代表人/主要负责人：×××，……。
委托诉讼代理人：×××，……。
被执行人：×××，……。
……
(以上写明申请执行人、被执行人和其他诉讼参加人的姓名或者名称等基本信息)

> 本院在执行×××与×××……（写明案由）一案中，×××没有履行生效法律文书确定的义务。因……（写明作为被执行人的法人或者其他组织变更名称的事实）。依照《最高人民法院关于适用〈中华人民共和国民事诉讼法〉的解释》第四百七十四条规定，裁定如下：
> 一、将本案被执行人由×××（写明原名称）变更为×××（写明现名称）；
> 二、×××向×××履行……（写明履行义务的内容）。
> 本裁定送达后即发生法律效力。
>
>
> 审　判　长　×××
> 审　判　员　×××
> 审　判　员　×××
> ××××年××月××日
> （院印）
> 书　记　员　×××
>

【说明】

本样式根据《最高人民法院关于适用〈中华人民共和国民事诉讼法〉的解释》第四百七十四条规定制定，供人民法院在作为被执行人的法人或其他组织名称变更后，裁定变更后的法人或其他组织为被执行人时用。

【实例评注】

栖霞市人民法院
执行裁定书 [①]

（2016）鲁0686执1376号之一

申请执行人刘某某。
被执行人烟台隆达食品水产有限责任公司。
被执行人烟台经济技术开发区保安服务公司。
本院在执行刘某某与烟台隆达食品水产有限责任公司、烟台经济技术开发区保安

[①] 来源：中国裁判文书网。

服务公司借款合同纠纷一案中,被执行人没有履行生效法律文书确定的义务。因被执行人烟台经济技术开发区保安服务公司于 2014 年 8 月 6 日在工商管理部门变更企业名称为烟台经济技术开发区保安服务有限公司。依照《最高人民法院关于适用〈中华人民共和国民事诉讼法〉的解释》第四百七十四条的规定,裁定如下:

一、将本案被执行人烟台经济技术开发区保安服务公司变更为烟台经济技术开发区保安服务有限公司。

二、烟台隆达食品水产有限责任公司、烟台经济技术开发区保安服务有限公司向申请执行人交通银行烟台分行清偿债务 1 230 036 元及迟延履行期间的债务利息。

本裁定送达后即发生法律效力。

审　判　长　王绍强
审　判　员　隋连海
审　判　员　顾进芳

二〇一六年十月十三日

书　记　员　隋　磊

〔评注〕

1. 本样式供人民法院在作为被执行人的法人或其他组织名称变更后,裁定变更后的法人或其他组织为被执行人时用。本处实例符合上述情形,故适用本样式。

《民诉法解释》第四百七十四条规定:"在执行中,作为被执行人的法人或者其他组织名称变更的,人民法院可以裁定变更后的法人或者其他组织为被执行人。"

2. 样式中存在的问题

值得注意的是,在《民事诉讼文书样式》实施之后,自 2016 年 12 月 1 日起施行的《最高人民法院关于民事执行中变更、追加当事人若干问题的规定》第二十七条规定:"执行当事人的姓名或名称发生变更的,人民法院可以直接将姓名或名称变更后的主体作为执行当事人,并在法律文书中注明变更前的姓名或名称。"因为这种情况下,仅是姓名或名称的变更,权利义务主体并没有发生实质性的改变,所以按照上述规定,不必须依据当事人申请,也不需单独就变更姓名或名称的问题作出独立的裁定,仅是要求变更之后作出的法律文书中载明变更前后的名称予以说明。同时,该规定中对于因为其他事由导致案件的当事人主体发生实质性变化而裁定变更的,有一部分情形的变更裁定赋予了当事人申请复议的救济权利,还有一部分的变更裁定因为涉及实际实体法律关系的判断,赋予了当事人提起执行异议之诉的权利。因此,该司法解释实质上对此前的《民诉法解释》第四百七十四条规定的内容作出了重要调整和细化。由于《民诉法解释》和《最高人民法院关于民事执行中变更、追加当事人若干问题的规定》同为最高人民法院作出的司法解释,两者位阶一致的情况下,应按照"从特""从新"的原则。《最高人民法院关于民事执行中变更、追加当事人若干问题的规定》是在后的、就特殊事项作出的司法解释,故该规定的第三十五条明确规定:"本规定自2016年12月1日起施行。本规定施行后,本院以前公布的司法解释与本规定不一致的,以本规定为准。"那么,在今后执行工作中就申请执行人变更的情况,应依照该规定处理。

3. 实例与样式的比较

(1)法院名称:《人民法院民事裁判文书制作规范》规定,法院名称一般应与院印的文字一致。基层人民法院、中级人民法院名称前应冠以省、自治区、直辖市的名称。因此,本处实例的法院名称应写为"山东省栖霞市人民法院"。

(2)案号:根据《最高人民法院关于在同一案件多个裁判文书上规范使用案号有关事项的通知》第一条的规定,同一案件的案号具有唯一性,各级法院应规范案号在案件裁判文书上的使用。对同一案件出现的多个同类裁判文书,首份裁判文书直接使用案号,第二份开始可在案号后缀"之一""之二"……以示区别。本处实例的案号为"(2016)鲁0686执1376号之一",符合上述规定。

(3)根据文书样式的要求,诉讼参加人的诉讼地位与其姓名或名称之间应当用":"间隔,实例没有用":"间隔,应当在诉讼参加人的诉讼地位和其姓名或名称之间加上":"。

(4)裁定主文表达不规范,裁定主文第二项,应在"烟台隆达食品水产有限责任公司"之前冠以"被执行人"以表明其诉讼地位。另外,第二项中"向申请执行人交通银行烟台分行清偿债务1 230 036元及迟延履行期间的债务利息",但交通银行烟台分行并不是本案的申请执行人,实例就没有就该主体进行说明。

81. 执行裁定书(变更遗产继承人为被执行人)

××××人民法院
执行裁定书

(××××)……执……号

申请执行人:×××,……。
法定代理人/指定代理人/法定代表人/主要负责人:×××,……。
委托诉讼代理人:×××,……。
被执行人:×××,……。
第三人:×××,……。

......

（以上写明申请执行人、被执行人、第三人和其他诉讼参加人的姓名或者名称等基本信息）

本院在执行×××与×××……（写明案由）一案中，因……（写明第三人继承财产的情况，以及变更其为被执行人的事实和理由）。依照《中华人民共和国民事诉讼法》第二百三十二条、《最高人民法院关于适用〈中华人民共和国民事诉讼法〉的解释》第四百七十五条规定，裁定如下：

一、变更×××为本案的被执行人，应在其继承的财产范围内承担责任；

二、×××向×××履行（写明履行义务的内容）。

本裁定送达后即发生法律效力。

审　判　长　×××
审　判　员　×××
审　判　员　×××

×××年××月××日
（院印）
书　记　员　×××

【说明】

1. 本样式根据《中华人民共和国民事诉讼法》第二百三十二条、《最高人民法院关于适用〈中华人民共和国民事诉讼法〉的解释》第四百七十五条规定制定，供人民法院变更继承人为被执行人时用。

2. 继承人放弃继承的，人民法院可以直接执行被执行人的遗产，不需要裁定变更主体。

【实例评注】

安徽省潜山县人民法院
执行裁定书①

(2016)皖 0824 执 267 号

申请执行人：仰某某，退休教师。

---

① 来源：中国裁判文书网。

被执行人：储某某，农民。

第三人：储某某。

本院在执行申请执行人仰某某与被执行人储某某民间借贷纠纷一案中，因被执行人储某某死亡，依照《中华人民共和国民事诉讼法》第二百零九条和《最高人民法院关于适用〈中华人民共和国民事诉讼法〉若干问题的意见》第274条的规定，裁定如下：

变更第三人为本案的被执行人，应在其继承的财产范围内承担责任。应在本裁定生效之日起××日向申请执行人清偿×××元。

逾期不履行上述义务，本院将依法强制执行。

本裁定送达后立即生效。

审　判　长　汪守源
审　判　员　徐海英
审　判　员　李石开

二〇一六年七月十八日

书　记　员　杨　俊

〔评注〕

1. 本样式的适用范围和依据

本文书样式供人民法院变更继承人为被执行人时使用。《民事诉讼法》第二百三十二条规定："作为被执行人的公民死亡的，以其遗产偿还债务。作为被执行人的法人或者其他组织终止的，由其权利义务承受人履行义务。"《民诉法解释》第四百七十五条规定："作为被执行人的公民死亡，其遗产继承人没有放弃继承的，人民法院可以裁定变更被执行人，由该继承人在遗产的范围内偿还债务。继承人放弃继承的，人民法院可以直接执行被继承人的遗产。"

2. 样式中存在的问题

值得注意的是，在《民事诉讼文书样式》实施之后，自2016年12月1日起施行的《最高人民法院关于民事执行中变更、追加当事人若干问题的规定》第十条规定："作为被执行人的公民死亡或被宣告死亡，申请执行人申请变更、追加该公民的遗嘱执行人、继承人、受遗赠人或其他因该公民死亡或被宣告死亡取得遗产的主体为被执行人，在遗产范围内承担责任的，人民法院应予支持。继承人放弃继承或受遗赠人放弃受遗赠，又无遗嘱执行人的，人民法院可以直接执行遗产。"该规定第二十八条规定："申请人申请变更、追加执行当事人，应当向执行法院提交书面申请及相关证据材料。除事实清楚、权利义务关系明确、争议不大的案件外，执行法院应当组成合议庭审查并公开听证。经审查，理由成立的，裁定变更、追加；理由不成立的，裁定驳回。执行法院应当自收到书面申请之日起六十日内作出裁定。有特殊情况需要延长的，由本院院长批准。"第三十条规定："被申请人、申请人或其他执行当事人对执行法院作出的变更、追加裁定或驳回申请裁定不服的，可以自裁定书送达之日起十日内向上一级人民法院申请复议，但依据本规定第三十二条的规定应当提起诉讼的除外。"第三十五条明确规定："本规定自2016年12月1日起施行。本规定施行后，本院以前公布的司法解释与本规定不一致的，以本规定为准。"那么，本样式中的裁定应当为可以复议的裁定，应当在样式的正文尾部加上告知当事人救济权利的内容。

3. 结合实例分析样式的写作要点及注意事项

（1）标题

法院名称加上文书名称"执行裁定书"及案号。

（2）正文

①当事人包括"申请执行人""被执行人""第三人"，在诉讼参加人的诉讼地位和其姓名或名称之间要用"："间隔。

②本案案由沿用了民事案件中的案由，即"民间借贷纠纷"。

③在案由之后应当表述裁定变更被执行人的关键性事实即被执行人死亡，以及第三人继承了被执行人财产的事实。实例中仅仅描述了被继承人死亡的事实，但是没有表述第三人是否继承了遗产，因为只有继承遗产才是承担被继承人责任的理由。

④样式中引用的法律依据为《民事诉讼法》第二百三十二条，以及《民诉法解释》第四百七十五条。而实例中引用的是《民事诉讼法》第二百零九条和《最高人民法院关于适用＜中华人民共和国民事诉讼法＞若干问题的意见》第274条，实例适用法律不准确。《最高人民法院关于适用〈中华人民共和国民事诉讼法〉若干问题的意见》已经于2015废止，本实例发生在2016年，不能适用该意见，故应当将"《最高人民法院关于适用〈中华人民共和国民事诉讼法〉若干问题的意见》第274条"去掉。

⑤裁定主文：包含两项，第一项是变更被继承人为本案被执行人，应在其继承遗产范围内承担责任。第二项是明确由继承人向申请执行人履行义务。实例中将这两项合为了一项表述。但是这两项包含的内容属于不同性质的事项，一项是变更当事人，另一项是确立新的债务关系，应分段表述。

⑥裁定的法律效力：样式中表述为"本裁定送达后即发生法律效力"。实例的表述为"逾期不履行上述义务，本院将依法强制执行"及"本裁定送达后立即生效"。这两句话实为同义反复，没有必要。另外，根据自2016年12月1日起施行的《最高人民法院关于民事执行中变更、追加当事人若干问题的规定》第十条的规定，这类裁定属于可以申请复议的裁定，因此建议在今后的实践中将样式中的"本裁定送达后即发生法律效力"调整为"如不服本裁定，可以在裁定书送达之日起十日内向××××人民法

院(上一级法院名称)申请复议"。

（3）落款

由合议庭成员及书记员署名，写明日期并加盖院印。

82. 执行裁定书（追究擅自处分被查封、扣押、冻结财产责任人赔偿责任用）

××××人民法院
执行裁定书

（××××）……执……号

申请执行人：×××，……。
法定代理人/指定代理人/法定代表人/主要负责人：×××，……。
委托诉讼代理人：×××，……。
被执行人：×××，……。
第三人：×××，……。
……

（以上写明申请执行人、被执行人、第三人和其他诉讼参加人的姓名或者名称等基本信息）

本院在执行×××与×××……（写明案由）一案中，于××××年××月××日查封/扣押/冻结了被执行人×××所有的……（写明财产名称、数量或数额、所在地等），×××擅自处分已被查封/扣押/冻结的财产。依照《最高人民法院关于人民法院执行工作若干问题的规定（试行）》第44条规定，裁定如下：

×××应于裁定生效之日起××日内赔偿×××……元。

本裁定立即执行。

审　判　长　×××
审　判　员　×××
审　判　员　×××

××××年××月××日
（院印）
书　记　员　×××

【说明】

本样式根据《最高人民法院关于人民法院执行工作若干问题的规定(试行)》第44条规定制定，供人民法院发现被执行人或其他人擅自处分已被查封、扣押、冻结的财产，裁定责任人承担赔偿责任时用。

【实例评注】

石家庄市桥西区人民法院
执行裁定书 ①

(2015)西执字第02081号之一

申请执行人刘某。

被执行人刘某某。

第三人河北盛世之星汽车贸易有限公司。

本院在执行刘某与刘某某民间借贷纠纷一案中，依法查封的刘某某名下车牌号为冀A的奔驰车，由第三人河北盛世之星汽车贸易有限公司保管，由于其保管不善致使保管车辆丢失，依照《最高人民法院关于人民法院执行工作若干问题的规定(试行)》第44条的规定，裁定如下：

第三人河北盛世之星汽车贸易有限公司应于裁定书生效之日起15日内赔偿申请执行人刘某120万元。

本裁定送达后即发生法律效力。

执 行 员　　杨海军
二〇一六年八月十二日
书 记 员　　周一搏

〔评注〕

1. 本样式的适用范围和依据

本文书样式供人民法院根据《执行工作若干问题的规定(试行)》第44条规定，对于被执行人或者其他人擅自处分已经被查封、扣押、冻结的财产，裁定责任人承担赔偿责任用。

---

① 来源：中国裁判文书网。

2. 结合实例分析样式的写作要点及注意事项

（1）标题

法院名称加上文书名称"执行裁定书"及案号。实例中使用的案号为"（2015）西执字第02081号之一"，其中"之一"代表一个案件中可能存在多个裁定，本实例是该案件发出的第一份裁定。

（2）正文

①当事人包括"申请执行人""被执行人""第三人"，称谓后用冒号。实例中当事人称谓后漏写了冒号。

②正文应当写明案由。实例中使用的案由"民间借贷纠纷"实际上是执行依据即生效裁判文书所使用的案由。

③在案由之后应当表述作出本裁定书所依据的关键性事实，即人民法院对于被执行人的财产作出查封、扣押、冻结的时间，以及所涉及财产的名称、数量或者数额、所在地等详细信息，然后写明擅自处分上述财产的事实。

④关于裁定理由的论述及实践中情况：虽然本文书样式中在裁定的理由部分描述的理由是"擅自处分已被查封/扣押/冻结的财产"，但在执行工作实践中有大量追究责任人赔偿责任的裁定作出时其所描述的裁定理由并没有十分明确地断定财物保管人主观上确实属于恶意擅自处分，而是从客观性的角度描述了保管人确实存在保管上的过失。笔者所选取的实例中的裁定理由即是这种类型的情况。

在执行工作的实务中，已经被法院查封、扣押、冻结的财产的保管人究竟主观上存在故意，还是过失的状态，即使是在民事诉讼的实体审理中也是一个司法判断的难题，要在执行案件中对这一行为作出准确判断性描述更不现实。因此在实践中不论是基于保管人已擅自处分财产还是存在明显重大的管理过失，都同样适用本样式来作出追究赔偿责任的裁定是符合实际情况的。据此，对于此文书样式裁定理由的表述方式，笔者认为不宜在文书写作中一概"僵化地照搬"。

⑤样式中本引用的法律依据是《执行工作若干问题的规定（试行）》第44条的规定。实例中所引用条款与此相同。

⑥裁定主文：写明责任人向执行申请人承担赔偿责任以及其数额。

⑦法律效果：样式中表述为"本裁定立即执行"，而实例中为"本裁定送达后即发生法律效力"。此裁定属于执行实施类的裁定，不可以上诉或申请复议。实例中使用的"本裁定送达后即发生法律效力"是旧的文书样式中的表达方式。笔者认为，按照本样式的表述"本裁定立即执行"更加确切，符合执行程序的要求。因为，裁判文书发生法律效力只能表明该裁定不可以继续上诉或复议，但是裁判文书的法律效力分为"既判力"和"执行力"两部分，不可上诉、不可复议仅代表文书产生了"既判力"，不代表其必然有"执行力"。例如有的法律文书生效后须经过一段自觉履行期才可以申请强

制执行。在执行工作实践中,并不需要等到裁定送达所有当事人才能发生执行力,就本样式来看,应是协助单位收到文书时即产生执行力。虽然裁定也应当向本案当事人送达,但是向案件当事人双方送达不影响执行力的产生。

(3)落款

样式中的署名为合议庭。实例中为执行员一人署名。根据《人民法院民事裁判文书制作规范》"四、落款""(一)署名"的规定,诉讼文书应当由参加审判的合议庭成员或者独任审判员署名。合议庭的审判长,不论审判职务,均署名为"审判长";合议庭成员有审判员的,署名为"审判员";有助理审判员的,署名为"代理审判员";有陪审员的,署名为"人民陪审员"。独任审理的,署名为"审判员"或者"代理审判员"。书记员,署名为"书记员"。因此,实例中署名为"执行员"是不符合规范要求的。但是实践中随处可见大量的执行裁定书署名为"执行员",甚至有的案件署名为"执行长×××、执行员×××、执行员×××"的情形。

执行裁定书出现上述署名方式不统一的现象有三个方面的原因:

①源于法条的措辞。《民事诉讼法》第二百二十八条的规定"执行工作由执行员进行"。从执行实践来看,各地做法不一,有些法院的执行措施裁定是由法官署名作出的,有些法院是由执行员署名作出的。

②源于我国近年来审、执分离的不断推行。目前,对于审判权与执行权之间的关系如何定位没有形成明确统一的结论,也没有与司法改革中的配套措施完全同步。我国的法院既是审判机关,又是执行机构,至于法院内部到底是由法官还是执行员作出这些裁定,在法律没有明确规定的情况下,更多的是一个法院内部的分工问题。无论执行裁定是由法官还是由执行员作出,对外都是法院的裁定。

③源于理论界和实务界的观念分歧。在研究论证审判权和执行权如何分离时,对于法院作出这些裁定的权力属性,理论界和实务界存有不同的认识,有人认为是司法裁判权,有人认为是司法行政性质的执行命令权。①

笔者认为,在我国当前现存的一些关于裁判文书的著作中,有的明确将执行中出现的法律文书划分成执行实施和执行审查两类。在本次新民事诉讼文书样式的章节编排中,并没有按照实施类和审查类来划分。而在执行工作实践中,有的裁定的作出究竟是一个单纯的实施过程,还是需要负责的判断过程,其分界并不明显,有时通常被认为属于实施类的裁定的作出还会随着案情的复杂程度呈现出一些变化。随着我国审执分离的不断推进,以及未来强制执行法的起草论证,对于执行裁定书以及执行决定书中的署名是否需要进一步的改革,是一个值得在实践中进一步探索和讨论的命题。

---

① 参见张永红:《我国民事诉讼法上执行措施裁定权的权力属性——兼谈执行权授权式分离改革的构想》,载《法治与社会》2015年第11期,第107页。

同时，笔者认为，在作出执行裁定书时，是否需要组成合议庭还是可以独任制，以及是否需要法官作出判断，或者仅是一个简单的实施性的裁定，关键在于作出裁定是考虑裁判理由的判断过程，是单纯的事实判断，还是法律判断？是仅仅有程序性判断，还是程序性裁定中实际上蕴含了实体性判断的内容？这都值得进一步在实践中总结。

83. 执行裁定书（追究擅自解除冻结款项造成后果的金融机构赔偿责任用）

×××人民法院
执行裁定书

（××××）……执……号

申请执行人：×××，……。
法定代理人/指定代理人/法定代表人/主要负责人：×××，……。
委托诉讼代理人：×××，……。
被执行人：×××，……。
协助执行人：×××，……。
……
（以上写明申请执行人、被执行人、协助执行人和其他诉讼参加人的姓名或者名称等基本信息）

本院在执行×××与×××……（写明案由）一案中，于××××年××月××日以（××××）……号执行裁定冻结被执行人×××……元，并向协助执行人×××送达了（××××）……号协助冻结存款通知书。因×××擅自解冻，致使冻结的款项……元被转移。本院于××××年××月××日向×××发出（××××）……号责令追回被转移款项通知书，……（写明追款结果）。依照《最高人民法院关于人民法院执行工作若干问题的规定（试行）》第33条规定，裁定如下：

×××应在未追回的……元范围内，以自己的财产向×××承担……元的责任。
本裁定立即执行。

审　判　长　×××
审　判　员　×××
审　判　员　×××

××××年××月××日
（院印）
书　记　员　×××

【说明】

1. 本样式根据《最高人民法院关于人民法院执行工作若干问题的规定(试行)》第33条规定制定,供人民法院对金融机构擅自解冻致使冻结款项被转移,在指定期限内未能追回的,裁定该金融机构承担责任时用。

2. 制作上述裁定前,必须先向该金融机构发出"限期追回被转移款项通知书",逾期未能追回的,才作出该裁定。

3. 裁定该金融机构在转移的款项范围内以自己的财产承担责任,指的是在限期内未能追回部分而不是转移的全部款项。

【实例评注】

山东省淄博市淄川区人民法院
执行裁定书 ①

(2010)川执字第1906-7号

申请执行人山东省淄博生建机械厂。住所地:淄川区昆仑镇。
法定代表人毕某某,厂长。
被执行人莱州万力管桩有限公司。住所地:莱州市虎头崖工业园区。
法定代表人潘某某,董事长。
被执行人莱州市万通电力器材有限公司。住所地:莱州市虎头崖工业园区。
法定代表人潘某某,董事长。
协助执行人山东莱州农商行神堂支行。

本院在审理山东省淄博生建机械厂诉莱州万力管桩有限公司承揽合同纠纷一案中,于2010年4月7日依法向山东莱州农商行神堂支行送达冻结莱州万力管桩有限公司账号90603180020100033×××的民事裁定书和协助冻结存款通知书,冻结期限为六个月,冻结款额203万元。案件审结后执行过程中调查发现:2010年9月29日莱州万力管桩有限公司向该冻结账号存入存款2 000 000.00元和3 801.00元。当日,山东莱州农商行神堂支行擅自解冻将此两笔存款2 003 801元转出。本院依法于2011年6月3日向山东莱州农商行神堂支行送达(2011)川执字第1906-5号责令追回被转移款项通知书,限二十日内追回被转移款项2 003 801元,但山东莱州农商行神堂支行在限期内未追回被转移款项。经查山东莱州农商行神堂支行为山东莱州农村商业银行股份有限公司的分支

---

① 来源:中国裁判文书网。

机构。依照《最高人民法院关于人民法院执行工作若干问题的规定(试行)》第33条的规定，裁定如下：

山东莱州农村商业银行股份有限公司应在未追回的款项范围内以自己的财产向申请执行人山东省淄博生建机械厂承担责任。山东莱州农村商业银行股份有限公司应在本裁定生效之日起5日内向申请执行人山东省淄博生建机械厂清偿2 003 801.00元。

本裁定送达后即发生法律效力。

审　判　长　李　林
审　判　员　武建强
审　判　员　宋作岩

二〇一一年九月二十六日
代理书记员　　赵　冰

〔评注〕

1. 本样式的适用范围、依据和条件

本文书样式根据《执行工作若干问题的规定(试行)》第33条规定制定。该条规定："金融机构擅自解冻被人民法院冻结的款项，致冻结款项被转移的，人民法院有权责令其限期追回已转移的款项。在限期内未能追回的，应当裁定该金融机构在转移的款项范围内以自己的财产向申请执行人承担责任。"

2. 样式中存在的问题

样式中的第2条规定："制作上述裁定前，必须先向该金融机构发出'限期追回被转移款项通知书'，逾期未能追回的，才作出该裁定。"但是在样式中仅有本章样式32"通知书(责令金融机构追回被转移的冻结款项用)"，也即"责令追回被转移款项通知书"，能与之相匹配，但其名称与"限期追回被转移款项通知书"不完全一致，此处说明中的文字表述不严谨。

3. 结合实例分析样式的写作要点及注意事项

(1) 标题

法院名称加上文书名称"执行裁定书"及案号。实例中使用的案号为：(2010)川执字第1906-7号，其中"-7"代表该执行案件中曾发出过多个裁定，本实例是该案件发出的第7份裁定。

(2) 正文

①当事人及诉讼参与人的情况：包括"申请执行人""被执行人"，还有一个特殊的参与人即"协助执行人"，指的是相关协助执行的金融机构。样式要求当事人及其他参与人的称谓后用冒号，而实例中的当事人称谓后漏写了冒号。

②正文应当写明案由，实例中使用的案由"承揽合同纠纷"实际上是执行依据即生效裁判文书所使用的案由。

③查明事实及裁定理由：在案由之后应当表述作出本裁定书所依据的关键性事实，即人民法院冻结被执行人存款的时间、冻结的金额，相对应的执行裁定书的文号以及向金融机构发出的协助执行通知书的文号，以说明已经合法地完成了冻结手续。此事实是追究金融机构责任的前提条件，因为追究相应的协助执行人的责任必须以执行法院合法完备地履行了冻结手续为前提。然后描述金融机构擅自解冻款项的事实以及解冻的金额，此后法院向金融机构发出"责令追回被转移款项通知书"的时间及文号，以及追款的结果。此事实是追究责任范围计算的依据，金融机构仅在未追回款项限额内承担赔偿责任。

另外，实例中还描述了文书样式中没有做出示范性要求的事实经过，即"经查山东莱州农商行神堂支行为山东莱州农村商业银行股份有限公司的分支机构"。这是因为虽然本裁定中的协助执行人为神堂支行，但神堂支行是莱州支行的分支机构，在神堂支行无独立财产承担赔偿责任的情况下，可以执行莱州支行的财产。此事实的描述不是为了说明协助执行人应否承担责任，而是为了后续落实执行实施中的问题，以及裁定主文中落实上级金融机构的责任做铺垫。由此也可以看出，文书样式中关于裁定理由的表述有些应作为示范性的表述方式来对待，不宜僵化地生搬硬套。

④法律依据：样式中本引用的法律依据是《执行工作若干问题的规定（试行）》第33条的规定。实例中所引用条款与此相同。

⑤裁定主文：样式中的主文描述为"×××应在未追回的……元范围内，以自己的财产向×××承担……元的责任"。前半句话表明协助执行的金融机构仅仅在其未追回的限额内承担责任。后半句"以自己的财产"在实践操作中容易出现障碍，就本实例而言，案件中实际接受法院协助执行通知书的单位为无独立核算财产的分支机构，其上级单位依法应承担其分支机构行为造成的赔偿责任。因此实例主文表述："山东莱州农村商业银行股份有限公司应在未追回的款项范围内以自己的财产向申请执行人山东省淄博生建机械厂承担责任。山东莱州农村商业银行股份有限公司应在本裁定生效之日起5日内向申请执行人山东省淄博生建机械厂清偿2 003 801.00元。"在实践中需要对执行程序中如何完善此类参与执行程序的主体与承担责任主体在形式上相分离的情况进一步地探索与磨合。

⑥法律效果：样式中表述为"本裁定立即执行"，而实例中使用的是"本裁定送达后立即发生法律效力"，这是旧的文书样式中的表达方式。笔者认为，按照样式的表述"本裁定立即执行"更加确切，符合执行程序的要求。本样式没有交代上诉和申请复议的权利，其在程序没有作出可以上诉和申请复议程序的规定，一般在裁定发出后即应产生执行力。而反观之，裁判文书已发生了法律效力只能表明该裁定不可以继续上诉

或复议，但是裁判文书的法律效力分为"既判力"和"执行力"两部分，不可上诉、不可复议仅代表文书产生了"既判力"，不代表其必然有"执行力"。例如有的法律文书生效后须经过一段自觉履行期才可以申请强制执行。在执行工作实践中，并不需要等到裁定送达所有当事人才能发生执行力，就本样式来看，应是协助执行的金融机构收到文书时即产生执行力。虽然裁定也应当向本案申请执行人和被执行人送达，但是向执行案件中当事人双方送达不影响该裁定执行力的产生。

（3）落款

由合议庭成员及书记员署名，注明日期并加盖院印。实例中虽然有合议庭署名，但书记员署名处表述为"代理书记员"。这是由于在实践中，有的法院采用聘用制工作人员、速录员等担任法庭纪律及执行记录工作。新民事诉讼文书样式及《民事诉讼法》并没有对此类除去书记员之外的司法辅助人员的身份性质作出界定，为了统一文书写作标准，在法律没有明确作出具体规定，文书样式也没有作出要求的情况下，还是统一以书记员来署名为宜。

84. 执行裁定书（追究擅自支付收入的有关单位赔偿责任用）

×××人民法院
执行裁定书

（××××）……执……号

申请执行人：×××，……。
法定代理人/指定代理人/法定代表人/主要负责人：×××，……。
委托诉讼代理人：×××，……。
被执行人：×××，……。
协助执行人：×××，……。
……
（以上写明申请执行人、被执行人、协助执行人和其他诉讼参加人的姓名或者名称等基本信息）

本院在执行×××与×××……（写明案由）一案中，于××××年××月××日向协助执行人×××送达了（××××）……号协助执行通知书，要求×××协助执行×××收入……元。××××年××月××日，×××擅自向×××支付……元。本院于××××年××月××日向×××发出（××××）……号责令追回擅自支付款项通知书，责令其于

××××年××月××日前追回擅自支付的款项,……(写明追款结果)。依照《最高人民法院关于人民法院执行工作若干问题的规定(试行)》第37条规定,裁定如下:

×××在擅自支付而未能追回的……元范围内,向×××承担……元的责任。

本裁定立即执行。

审　判　长　×××
审　判　员　×××
审　判　员　×××

××××年××月××日
(院印)
书　记　员　×××

【说明】

1. 本样式根据《最高人民法院关于人民法院执行工作若干问题的规定(试行)》第37条规定制定,供人民法院确定擅自支付被执行人收入的协助执行义务人,向申请执行人承担责任时用。

2. 制作上述裁定前,必须先向该单位发出"限期追回被转移款项通知书",逾期未能追回的,才作出该裁定。

【实例评注】

河南省安阳市中级人民法院
执行裁定书 ①

(2007)安法执字第129-7号

申请执行人王某某,女,汉族,住河南省安阳市北关区。
被执行人安阳市殷都区北蒙街道办事处双塔村村民委员会。
协助执行人安阳市泰祥汽博产业有限公司,住所地安阳市殷都区邺城大道东段。
法人代表孔某某,该公司经理。
本院在执行王某某申请执行安阳市殷都区北蒙街道办事处双塔村村民委员会欠款

---

① 来源:中国裁判文书网。

纠纷一案中于2014年10月13日向协助执行人安阳市泰祥汽博产业园有限公司送达了(2007)安法执字第129-4号执行裁定书及协助执行通知书,要求安阳市泰祥汽博产业有限公司协助执行被执行人安阳市殷都区北蒙街道办事处双塔村村民委员会在其单位的收入291 200元。2015年4月2日,协助执行人安阳市泰祥汽博产业有限公司擅自向被执行人安阳市殷都区北蒙街道办事处双塔村村民委员会支付291 200元,本院2016年5月6日依法向协助执行人安阳市泰祥汽博产业园有限公司发出(2007)安法执字第129号责令追回擅自支付款项通知书,责令其于2016年5月14日前追回擅自支付的款项291 200元。协助执行人安阳市泰祥汽博产业有限公司至今未追回,依照《最高人民法院关于人民法院执行工作若干问题的规定(试行)》第37条的规定,裁定如下:

协助执行人安阳市泰祥汽博产业有限公司在擅自支付而未能追回的291 200元范围内,向申请执行人王某某承担赔偿责任。

本裁定送达后立即发生法律效力。

审　判　长　张　屹
审　判　员　张国伟
审　判　员　闫　海

二〇一六年六月二十八日

书　记　员　张智彬

〔评注〕

1. 本样式的适用范围、依据和条件

本文书样根据《执行工作若干问题的规定(试行)》第37条规定制定。该条规定:"有关单位收到人民法院协助执行被执行人收入的通知后,擅自向被执行人或其他人支付的,人民法院有权责令其限期追回;逾期未追回的,应当裁定其在支付的数额内向申请执行人承担责任。"

2. 样式中存在的问题

样式说明中的第2条规定:"制作上述裁定前,必须先向该单位发出'限期追回被转移款项通知书',逾期未能追回的,才作出该裁定。"但是在样式中仅有本章样式33"通知书(责令协助单位追回擅自支付款项用)",也即"责令协助单位追款通知书",能与之相匹配,但其名称与"限期追回被转移款项通知书"不完全一致,建议调整为"责令协助单位追款通知书"。

同时,样式的正文中"本院于××××年××月××日向×××发出(××××)……号责令追回擅自支付款项通知书",也建议调整为"责令协助单位追款通知书"。

3. 结合实例分析样式的写作要点及注意事项

（1）标题

法院名称加上文书名称"执行裁定书"及案号。实例中使用的案号为：（2007）安法执字第129-7号，其中"-7"代表该执行案件中曾发出过多个裁定，本实例是该案件发出的第7份裁定。

（2）正文

①当事人及诉讼参与人的情况：包括"申请执行人""被执行人"，还有一个特殊的参与人即"协助执行人"，指的是相关协助执行的有关单位。样式要求当事人及其他参与人的称谓后用冒号，而实例中的当事人称谓后漏写了冒号。

②正文应当写明案由：实例中使用的案由"欠款纠纷"实际上是执行依据即生效裁判文书所使用的案由。但是在此处要说明的是，根据新的《民事案件案由规定》的规定，"欠款纠纷"并不是在规定中存在的一个规范案由，"欠款纠纷"这类案由实际上是以往多年司法实践中大量存在的一种现象。有许多裁判文书中至今仍经常出现一些没有规范依据但又"约定俗成"的"土案由"，这种现象不能一概归结为司法人员的文书写作水平不高，书写不规范，一部分深层次的原因在于案件本身的法律性质概念模糊，难以从案由上准确界定，但是从实际的操作上又并不影响案件的实质性处理结果，故此类文书的案由准确性、规范性问题就往往被承办人所忽略。

③查明事实及裁定理由：在案由之后应当表述作出本裁定书所依据的关键性事实，即人民法院向有关协助执行单位发出执行裁定书及执行通知书的日期、文号，及要求协助执行的收入金额，以说明已经合法地完成了执行收入的手续。此事实是追究相关单位责任的前提条件，因为追究相应的协助执行单位的责任必须以执行法院合法完备地履行了执行收入款项的手续为前提。然后描述协助单位擅自支付款项的事实以及金额，此后法院向协助单位发出"责令协助单位追款通知书"的时间及文号，以及追款的结果。此事实是追究责任范围计算的依据，协助单位仅在未追回款项限额内承担赔偿责任。实例中此处表述为"（2007）安法执字第129号责令追回擅自支付款项通知书"，应将其中的"责令追回擅自支付款项通知书"改为"责令协助单位追款通知书"。

④法律依据：样式引用的法律依据是《执行工作若干问题的规定(试行)》第37条的规定。实例中所引用条款与此相同。

⑤裁定主文：样式中的主文描述为"×××在擅自支付而未能追回的……元范围内，向×××承担……元的责任"。前半句话表明协助单位仅仅在其未追回的限额内承担责任，而后面半句话中的承担责任的金额与前半句未追回的金额应当是一致的，因此样式中对于同一金额在主文事项中出现两次，属于同义反复，其实是没有必要的。笔者建议参考实例中的表述方式："协助执行人安阳市泰祥汽博产业有限公司在擅自支付

而未能追回的 291 200 元范围内,向申请执行人王某某承担赔偿责任。"相比而言,实例的表述方式更加简洁,减少了无必要的重复。

⑥法律效果:样式中表述为"本裁定立即执行",而实例中使用的是"本裁定送达后立即发生法律效力",这是旧的文书样式中的表达方式。笔者认为,按照样式的表述"本裁定立即执行"更加确切,符合执行程序的要求。本样式没有交代上诉和申请复议的权利,其在程序没有作出可以上诉和申请复议程序的规定,一般在裁定发出后即应产生执行力。而反观之,裁判文书已发生了法律效力只能表明该裁定不可以继续上诉或复议,但是裁判文书的法律效力分为"既判力"和"执行力"两部分,不可上诉、不可复议仅代表文书产生了"既判力",不代表其必然有"执行力"。例如有的法律文书生效后须经过一段自觉履行期才可以申请强制执行。另外,在执行工作实践中,并不需要等到裁定送达所有当事人才能发生执行力,就本样式来看,应是协助执行的有关单位收到文书时即产生执行力。虽然裁定也应当向本案申请执行人和被执行人送达,但是向执行案件中当事人双方送达不影响该裁定执行力的产生。

(3)落款

由合议庭成员及书记员署名,注明日期并加盖院印。

85. 执行裁定书(追究擅自支付股息或办理股权转移手续的有关企业赔偿责任用)

××××人民法院
执行裁定书

(××××)……执……号

申请执行人:×××,……。
法定代理人/指定代理人/法定代表人/主要负责人:×××,……。
委托诉讼代理人:×××,……。
被执行人:×××,……。
协助执行人:×××,……。
……
(以上写明申请执行人、被执行人、协助执行人和其他诉讼参加人的姓名或者名称等基本信息)

本院在执行×××与×××……(写明案由)一案中,于××××年××月××日向协助执行人×××发出(××××)……号协助执行通知书,要求……(写明协助执行的事项)。×××……(写明拒不履行协助义务的事实),造成被执行财产无法追回的后果。依照《最高人民法院关于人民法院执行工作若干问题的规定(试行)》第56条规定,裁定如下:

×××在未追回股息/红利/股权……价值范围内向×××承担责任。

本裁定立即执行。

审　判　长　×××
审　判　员　×××
审　判　员　×××

××××年××月××日
(院印)
书　记　员　×××

【说明】

本样式根据《最高人民法院关于人民法院执行工作若干问题的规定(试行)》第56条规定制定,供人民法院确定有关企业在未追回的股息或红利或转移的股权价值范围内向申请执行人承担责任时用。

【实例评注】

(暂缺实例)

〔评注〕

1. 本样式的适用范围、依据和条件

本文书样式根据《执行工作若干问题的规定(试行)》第56条规定制定。该条规定:"有关企业收到人民法院发出的协助冻结通知书后,擅自向被执行人支付股息或红利,或擅自为被执行人办理已冻结股权的转移手续,造成已转移的财产无法追回的,应当在所支付的股息或红利或转移的股权价值范围内向申请执行人承担责任。"

法院在发出本裁定之前,应先责令有责任的企业追回损失。另外,在追究责任时其责任范围的计算,应当是在未予以追回的款项范围内承担赔偿责任。

2. 结合实例分析样式的写作要点及注意事项

（1）标题

法院名称加上文书名称"执行裁定书"及案号。

（2）正文

①当事人及诉讼参与人的情况：包括"申请执行人""被执行人"，还有一个特殊的参与人即"协助执行人"，指的是相关协助执行被执行人持有的股权或投资权益的企业。

②正文应当写明案由、查明事实及裁定理由：在案由之后应当表述作出本裁定书所依据的关键性事实，即人民法院向有关协助执行企业发出执行裁定书及执行通知书的日期、文号，及要求协助执行的内容，以说明已经合法地完成了执行手续。此事实是追究相关企业责任的前提条件，因为追究相应的协助执行企业的责任必须以执行法院合法完备地履行了执行手续为前提。然后描述协助企业擅自支付股息或者办理股权转移手续的事实以及数额、价值等，此后向被执行人追回的结果。此事实是追究责任范围计算的依据，协助企业仅在被执行财产无法追回的价值范围内承担赔偿责任。

③法律依据：样式引用的法律依据是《执行工作若干问题的规定（试行）》第56条的规定。实例中所引用条款与此相同。

④裁定主文：样式中的主文描述为"×××在未追回股息/红利/股权……价值范围内向×××承担责任"。此处与样式83、样式84不同的是，在作出裁定时未追回的股息及股权等投资权益及其收益的实际价值往往处于变动状态，难以界定其实际价值的金额，故此处的表述为其相应的价值。

⑤法律效果：样式中表述为"本裁定立即执行"。

（3）落款

样式中由合议庭成员及书记员署名，注明裁定发出的日期并加盖院印。

（九）执行协调与执行监督

86. 报告（报请协调处理执行争议用）

××××人民法院
关于报请协调处理××执行争议案的报告

（××××）……执协……号

××××人民法院：

> 我院执行的×××与×××……(写明案由)一案，与××××人民法院执行的×××与×××……(写明案由)一案，因……发生执行争议，双方经协商未达成一致意见。现将该案全部案卷材料报送你院，请予协调处理。
> 一、争议各方执行案件的基本情况
> ……
> 二、执行争议的焦点问题
> ……
> 三、报请协调的意见
> ……
>
> 附：案卷×宗
>
> ××××年××月××日
> （院印）
>
> 联 系 人：×××　　　　联系电话：……
> 本院地址：……　　　　邮　　编：……

【说明】

本样式根据《最高人民法院关于人民法院执行工作若干问题的规定（试行）》第125条规定制定，供人民法院之间因执行争议，逐级报请共同的上级人民法院协调处理时用。

【实例评注】

（暂缺实例）

〔评注〕

1. 本样式的适用范围、依据和处理方式

本文书样式供两个或两个以上人民法院因发生执行争议，且各方协商不成，逐级报请上级法院，直至报请共同的上级法院协调处理时使用。

《执行工作若干问题的规定（试行）》第125条规定："两个或两个以上人民法院在执行相关案件中发生争议的，应当协商解决。协商不成的，逐级报请上级法院，直至报请共同的上级法院协调处理。执行争议经高级人民法院协商不成的，由有关的高级人民法院书面报请最高人民法院协调处理。"

在执行工作中，经常出现执行法院与其他法院或仲裁机构的其他案件的执行或审判工作、财产保全工作发生冲突的情况，或者执行法院与法院以外的其他执法机关、协助执行单位以及被执行人发生矛盾冲突。共同上级法院主持执行协调的分工有如下三种情况：

（1）在中级法院辖区内，基层法院之间发生执行争议的，由该中级法院主持协调；

（2）在高级法院辖区内，中级法院之间，中级法院与其辖区外基层法院之间，基层法院与其没有隶属关系的中级法院之间，不属同一中级法院辖区的基层法院之间发生执行争议，由该高级法院主持协调；

（3）在全国范围内，高级法院之间，不属同一高级法院辖区的基层法院之间，中级法院之间、基层法院与中级法院之间发生执行争议的，由最高法院主持协调。所要注意的是，争议法院之间协商不成而需要共同上级法院协调的，必须逐级报请，不得越级报请。

2. 样式的写作要点及注意事项

（1）标题

法院名称加上文书名称"关于报请协调处理××执行争议案的报告"及案号，案号为"执协"，以表明案件性质。

（2）正文

①抬头写明上级人民法院名称。

②正文应当写明本院的执行案件案由、当事人名称，以及另一法院的执行案件案由、当事人名称。

③发生争议的对方人民法院以及双方法院争议的内容。且双方协商未达成一致意见。

④说明请予协调处理事项。表述为："现将该案全部案卷材料报送你院，请予协调处理。"如果需要上级法院再继续上报至其上级法院协调处理的话，将"请予协调处理"改为"请予转报上级人民法院协调处理"。

事项具体内部分为三个段落书写：第一段，争议各方执行案件的基本案情。第二段，执行争议的焦点问题。第三段，报请协调的意见。

⑤附项写明随报告附送的案卷宗数。

（3）落款

样式中由合议庭成员及书记员署名，注明裁定发出的日期并加盖院印，并注明联系人和联系方式。

87. 执行决定书/协调函（协调执行争议用）

> ××××人民法院
> 执行协调决定书（或协调函）
>
> （××××）……执协……号
>
> ××××人民法院：
> 　　本院协调处理的……（写明执行争议法院名称）执行争议一案，……（写明事实和理由）。依照《最高人民法院关于人民法院执行工作若干问题的规定（试行）》第 128 条规定，决定如下：
> 　　……（写明协调处理结果）。
>
> 　　　　　　　　　　　　　　　　　　　　　　××××年××月××日
> 　　　　　　　　　　　　　　　　　　　　　　　　　　（院印）

【说明】

本样式根据《最高人民法院关于人民法院执行工作若干问题的规定（试行）》第 128 条规定制定，供上级人民法院在协调下级人民法院之间的执行争议，作出处理决定时用。

【实例评注】

中华人民共和国最高人民法院
执行协调决定书[①]

（2016）最高法执协 5 号

山东省高级人民法院、海南省高级人民法院：

海南省高级人民法院（以下简称海南高院）在办理中国工商银行股份有限公司海口

---

① 来源：中国裁判文书网。

新华支行(以下简称工行海口新华支行)申请执行案中,与山东省青岛市中级人民法院(以下简称青岛中院)办理的诉讼保全案,发生执行争议。海南高院经与山东省高级人民法院(以下简称山东高院)协调未果,提请本院协调。本院依法组成合议庭进行审查、协调。

本院查明:海南高院在执行过程中,轮候查封了被执行人海南领时公司所有,位于海南省儋州市土地证号为儋国用(2010)第358号、儋国用(2012)第1161号的儋州领时国际项目全部土地使用权及地上、地下建筑物。根据海南高院(2014)琼民二初字第16号民事判决的内容,工行海口新华支行对上述查封财产享有抵押权,并对抵押财产拍卖、变卖所得价款在18100万元范围内优先受偿。

上述案涉财产首先查封法院系青岛中院。青岛中院在审理华夏银行股份有限公司青岛分行(以下简称华夏银行青岛分行)与青岛冶通商贸有限公司、北京鹤立东方商贸有限公司、海南领时公司、青岛领时房地产开发有限公司、青岛领时酒店管理有限公司等共计四件金融借款合同纠纷案中,根据当事人申请,对上述案涉财产采取诉讼保全措施。2014年7月25日,青岛中院就相关案件作出裁判,但债权人华夏银行青岛分行始终没有申请人民法院强制执行。海南高院受理工行海口新华支行的强制执行申请后,与山东高院、青岛中院商请移送查封财产。但是,两地法院未就移送和处分案涉查封财产达成一致意见。

海南高院协调意见:青岛中院系案涉财产的首先查封法院,但因当事人没有申请强制执行,导致查封财产长期不能变价处分。海南高院执行案件的债权人工行海口新华支行对儋州领时国际项目土地使用权及所附建筑物享有优先受偿权,青岛中院应将首先查封财产移交该院处分,及时保护抵押权人合法权益。

山东高院协调意见:青岛中院以诉讼保全裁定为依据,首先查封了案涉财产。因债权人没有申请强制执行,导致案涉财产长期没有进行变价处分。山东高院在本案协调中,同意将案涉财产移送海南高院执行,但考虑青岛中院办理案件没有进入执行程序,建议由两地法院共同上级法院,统一协调处理。

本院认为,本案焦点问题是:首先查封法院是否应将儋州领时国际项目土地使用权及所附建筑物移送优先债权执行法院执行。

《最高人民法院关于首先查封法院与优先债权执行法院处分查封财产有关问题的批复》(以下简称《批复》)第一条规定,已进入其他法院执行程序的债权对查封财产有顺位在先的担保物权、优先权(该债权以下简称优先债权),自首先查封之日起已超过60日,且首先查封法院就该查封财产尚未发布拍卖公告或者进入变卖程序的,优先债权执行法院可以要求将该查封财产移送执行。其中,首先查封包括了诉讼保全过程中的查封。本案中,根据执行法院查明的事实和《批复》的规定,工行海口新华支行对儋州领时国际项目土地使用权及所附建筑物的优先债权为生效法律文书所确认且已进入执行程序。首先查封法院办理案件的债权人华夏银行青岛分行，在生效法律文书作出后，始终未申请强制执行，已经超过一年时间。海南高院办理案件已经进入执行程序，申请执行人工行海口新华支行系争议不动产的抵押权人，对儋州领时国际项目土地使用权及所附建筑物的变价款享有优先受偿的权利，而且，查封财产位于海南省内，因此，由海南高院负责对两地法院争议不动产的执行，更为妥当。

综上，本院依照《最高人民法院关于人民法院执行工作若干问题的规定（试行）》第128条、《最高人民法院关于首先查封法院与优先债权执行法院处分查封财产有关问题的批复》第四条的规定，决定如下：

一、山东省高级人民法院应监督山东省青岛市中级人民法院，在收到海南省高级人民法院商请移送函之日起15日内出具移送执行函，将海南领时房地产开发有限公司所有的，位于海南省儋州市土地证号为儋国用（2010）第358号、儋国用（2012）第1161号的儋州领时国际项目全部土地使用权及地上、地下建筑物等查封财产，移送海南省高级人民法院执行。

二、海南省高级人民法院对移送财产变价后，应当按照法律、司法解释规定的清偿顺序分配，并将执行中的情况和结果及时函告山东省高级人民法院。

本决定立即执行。

审　判　长　　于　　明
代理审判员　　刘少阳
代理审判员　　刘丽芳
二〇一六年五月二十六日
书　记　员　　张巧云

〔评注〕

1. 本样式的适用范围、依据和处理方式

本文书样式供上级人民法院在协调下级法院之间的执行争议时作出处理决定用。《执行工作若干问题的规定（试行）》第128条规定："上级法院协调下级法院之间的执行争议所作出的处理决定，有关法院必须执行。"

上级人民法院有权对下级人民法院之间的执行争议进行协调，协调的过程中，要进行一定的调和工作，如果达不成和解，上级人民法院有权对执行争议作出决定，这个决定具有对争议进行裁决的性质，下级法院必须按照处理决定执行。

2. 结合实例分析样式的写作要点及注意事项

（1）标题

法院名称加上文书名称"执行协议决定书（或协调函）"及案号，案号为"执协"号，以表明案件性质。实例中的案号为"（2016）最高法执协5号"。

(2) 正文

①抬头写明受文的下级人民法院名称。实例中发生争议的下级法院为：山东省高级人民法院、海南省高级人民法院。

②正文应当写明本院协调处理的执行案件案由、当事人名称。实例中发生争议的两起执行案件分别为"海南省高级人民法院（以下简称海南高院）在办理中国工商银行股份有限公司海口新华支行（以下简称工行海口新华支行）申请执行案"以及"山东省青岛市中级人民法院（以下简称青岛中院）办理的诉讼保全案"。

③作出决定的事实和理由。两地法院争议的事实为青岛中院为涉案不动产的首封法院，海南高院为轮候查封法院，但是海南高院处理的案件先进入了执行程序，且在首轮查封时海南高院案件的债权人已经享有对涉案标的物的优先债权。青岛中院虽然是涉案财产的首先查封法院，但因当事人没有申请强制执行，导致查封财产长期不能变价处分。

经过对于案件事实的描述后，总结归纳了案件争议焦点为："首先查封法院是否应将儋州领时国际项目土地使用权及所附建筑物移送优先债权执行法院执行。"本案中，工行海口新华支行对儋州领时国际项目土地使用权及所附建筑物的优先债权为生效法律文书所确认且已进入执行程序。首先查封法院办理案件的债权人华夏银行青岛分行，在生效法律文书作出后，始终未申请强制执行，已经超过一年时间。海南高院办理案件已经进入执行程序，申请执行人工行海口新华支行是争议不动产的抵押权人，对儋州领时国际项目土地使用权及所附建筑物的变价款享有优先受偿的权利，而且，查封财产位于海南省内，因此，由海南高院负责对两地法院争议不动产的执行，更为妥当。

④作出决定的法律依据：有两个方面的依据，一是解决实质性争议的依据是《最高人民法院关于首先查封法院与优先债权执行法院处分查封财产有关问题的批复》第四条：已进入其他法院执行程序的债权对查封财产有顺位在先的担保物权、优先权（该债权以下简称优先债权），自首先查封之日起已超过60日，且首先查封法院就该查封财产尚未发布拍卖公告或者进入变卖程序的，优先债权执行法院可以要求将该查封财产移送执行。二是程序性争议的法律依据，即《执行工作若干问题的规定（试行）》第128条。

⑤作出决定的结果。样式中对于处理结果的写法并无具体要求。在实例中，处理结果分为两项书写：一、山东省高级人民法院应监督山东省青岛市中级人民法院，在收到海南省高级人民法院商请移送函之日起15日内出具移送执行函，将海南领时房地产开发有限公司所有的，位于海南省儋州市土地证号为儋国用（2010）第358号、儋国用（2012）第1161号的儋州领时国际项目全部土地使用权及地上、地下建筑物等查封财产，移送海南省高级人民法院执行。二、海南省高级人民法院对移送财产变价后，应当按照法律、司法解释规定的清偿顺序分配，并将执行中的情况和结果及

时函告山东省高级人民法院。

⑥告知事项。在决定结果之后，实例中还告知了关于此决定书的效力，即"本决定立即执行"。而在样式中，并无关于决定效力的告知，原因主要是这类决定或者函件往往属于法院之间的内部文书，不对外向当事人作出，因此被认为不具有对外部的效力，也无须对外告知权利义务。

笔者认为，从样式的发文形式及性质来看，本样式为法院之间处理内部争议事项的文书类型。但是实际上，结合实例中的案情看来，该文书作出的决定会影响当事人在执行案件中实际利益的分配，和案件的下一步进展，会对案件当事人的权利义务会产生明确的影响，因此虽然为内部文书，但却产生了对外的影响力。同时，鉴于实践中此类管辖争议案件往往历时较长，为了避免各地方法院的相互拖延、推诿，增加当事人的诉讼成本，在决定书结果之后告知"本决定立即执行"是有一定现实性意义的。

（3）落款：样式中仅仅注明发文的日期并加盖院印。而在实例中是由合议庭成员署名并注明日期，加盖院印。

88. 协调划款决定书（上级法院处理执行争议案件用）

××××人民法院
协调划款决定书

（××××）……执协……号

××××人民法院：

　　本院正在协调处理的……（写明争议法院名称）执行争议一案，……（写明划款的事实和理由）。依照《最高人民法院关于人民法院执行工作若干问题的规定（试行）》第127条规定，决定将你院执行该案的款项……元划到本院指定账户。

　　开户银行：××××
　　账户名称：××××
　　账号：……

××××年××月××日
（院印）

【说明】

本样式根据《最高人民法院关于人民法院执行工作若干问题的规定(试行)》第127条规定制定,供上级人民法院在协调下级人民法院之间的执行争议时,将案款划至上级人民法院账户时用。

【实例评注】

(暂缺实例)

〔评注〕

1. 本样式的适用范围、依据和处理方式

本文书样式供上级法院在协调处理有关执行案件争议中,决定将有关款项划到本院指定账户时使用。

实践中,有些执行案件发生争议后,两地法院相互不信任,都不愿意将争议款项保存在对方账户,而愿意将其划到上级法院账户。因而作为一种对执行标的的保全措施,为保证对协调处理意见的落实,《执行工作若干问题的规定(试行)》第127条规定:"上级法院协调处理有关执行争议案件,认为必要时,可以决定将有关款项划到本院指定的账户。"据此,在执行协调过程中必要时可以将争议款项划拨到本院指定的账户,这个账户可以是本院的,也可以是本院以外由本院指定的。

2. 结合实例分析样式的写作要点及注意事项

(1)标题

法院名称加上文书名称"协调划款决定书"及案号,案号为"执协"号,以表明案件性质。

(2)正文

①抬头写明受文的下级人民法院名称。

②正文应当写明本院协调处理的执行案件案由、当事人名称。

③作出划款决定相关的事实和理由。

④作出决定的法律依据,即《执行工作若干问题的规定(试行)》第127条。

⑤作出决定的结果:应当写明款项金额,以及划入指定账户的开户行、户名、账号。

(3)落款

注明发文的日期并加盖院印。

89. 执行裁定书（当事人、利害关系人异议用）

×××人民法院
执行裁定书

（××××）……执异……号

异议人（申请执行人/被执行人/利害关系人）：×××，……。
法定代理人/指定代理人/法定代表人/主要负责人：×××，……。
委托诉讼代理人：×××，……。
申请执行人/被执行人：×××，……。
……

（以上写明异议人、申请执行人、被执行人和其他诉讼参加人的姓名或者名称等基本信息）

在本院执行×××与×××……（写明案由）一案中，异议人×××对……（写明人民法院执行行为）不服，向本院提出书面异议。本院受理后，依法组成合议庭进行审查，[（举行听证的，写明：）并于×××年××月××日举行了听证。×××（当事人、利害关系人或委托诉讼代理人）参加了听证，并提交了书面意见。]现已审查终结。

×××称，……（写明提出异议的请求、事实和理由）。

×××称，……（写明其他当事人的意见）。

本院查明，……（写明查明的事实）。

本院认为，……（写明争议焦点，根据认定的案件事实和相关法律，对异议请求进行分析评判，说明理由）。依照《中华人民共和国民事诉讼法》第二百二十五条、《最高人民法院关于人民法院办理执行异议和复议案件若干问题的规定》第十七条第×项规定，裁定如下：

（驳回异议请求的，写明：）驳回×××的异议请求。

（撤销或者变更执行行为的，写明：）撤销/变更××××人民法院作出的（××××）……号……（写明生效法律文书），……（写明撤销或变更内容）。

如不服本裁定，可以自本裁定书送达之日起十日内，向××××人民法院申请复议。

审　判　长　×××
审　判　员　×××
审　判　员　×××
××××年××月××日
（院印）
书　记　员　×××

【说明】

1. 本样式根据《中华人民共和国民事诉讼法》第二百二十五条、《最高人民法院关于人民法院办理执行异议和复议案件若干问题的规定》第十七条规定制定，供人民法院在执行过程中，对当事人、利害关系人提出的异议予以审查，并作出裁定时用。

2. 本样式中的"当事人"是指，申请执行人和被执行人，以及在执行过程中，被人民法院依法变更、追加为当事人的公民、法人或其他组织。"利害关系人"，是指当事人以外，与强制执行行为有法律上的利害关系的公民、法人或其他组织。"异议人"可以是当事人，也可以是利害关系人。

本样式中，列明"异议人"，其他当事人和利害关系人不列为"被异议人"，仍列为申请执行人、被执行人或利害关系人。在"异议人"后的括号内注明其原当事人或利害关系人的身份，如"异议人（利害关系人）"，并不再重复列明括号内的利害关系人。

3. 对异议人提出的异议，应当依法组成合议庭审查。案情复杂、争议较大的案件，应当根据《最高人民法院关于人民法院办理执行异议和复议案件若干问题的规定》第十二条规定进行听证。

【实例评注1】

广东省广州市荔湾区人民法院
执行裁定书①

（2016）粤 0103 执异 93 号

异议人（申请执行人）：王某某，住广州市荔湾区。
委托代理人：黄某某，广东经国律师事务所律师。
被执行人：吴某某，住广州市荔湾区。
被执行人：吴某甲，住广州市荔湾区。

本院在执行申请执行人王某某与被执行人吴某某、吴某甲其他民事纠纷执行一案中，申请执行人王某某于 2016 年 8 月 11 日提出书面异议，本院受理后，依法进行审查，现已审查终结。

异议人（申请执行人）王某某称：申请执行人王某某与被执行人吴某某、吴某甲共有物分割执行纠纷执行一案（案号 2014 穗荔法执字第 2964 号），经办人对于已划扣冻结被执行人的款项没有及时通知申请人，逾期不办理续封手续，擅自作出解除冻结决定，

---

① 来源：中国裁判文书网。

使本可执行到位的款项不能执行。两被执行人名下均有房屋，理应对其房屋进行拍卖处理，用拍卖得款抵偿本案执行款，鉴于被执行人尚有可供执行财产，申请人不同意终结本次执行，要求撤销终结本次执行裁定，并根据民诉法第 225 条提出执行异议，要求恢复执行 2014 穗荔法执字第 2964 号案。

本院查明：原告王某某诉被告吴某甲、吴某某物权纠纷一案，本院经审理，于 2014 年 5 月 28 日作出(2014)穗荔法民三初字第 560 号民事判决，判令：被告吴某某、吴某甲于本判决发生法律效力之日起十日内，支付广州市荔湾区第十甫路 109 号第二层西边属原告王某某产权部分〔(2012)穗荔法民三初字第 457 号，(2012)穗中法民五终字第 3020 号民事判决书所确认的产权范围，包括套内面积及分摊面积〕从 2013 年 4 月 18 日起至本判决发生法律效力之日止的房屋使用金给原告王某某(使用金由原、被告向有资质的评估机构申请参照仓库性质评定，因此所产生的评估费用由原、被告各负担50%)。后双方均不服该判决，上诉后广州市中级人民法院。经审理，于 2014 年 9 月 17 日作出(2014)穗中法民五终字第 3292 号判决，判令驳回上诉，维持原判。经王某某申请，本院于 2014 年 10 月 10 日以(2014)穗荔法执字第 2964 号案立案执行上述判决。

在执行过程中，本院分别向两被执行人发出执行通知书，责令其自本通知书送达之日起 5 日内履行生效法律文书确定的义务并承担案件执行费，但两被执行人均没有履行。由于两被执行人均不履行法律文书确定的义务，经查发现被执行人吴某某名下有位于广州市荔湾区第十甫路 109 号首层西边及第二层西边八分之五的房屋产权份额；发现被执行人吴某甲名下有位于广州市荔湾区第十甫路 109 号首层西边及第二层西边八分之一的房屋产权份额，本院遂依法分别查封了两被执行人上述房屋的产权份额。经查上述房屋已于 2005 年 2 月 3 日被广州粤法房地产有限公司拆迁，故暂未对该房屋进行处理。同时本院依法对两被执行人的住所进行搜查，但没有发现被执行人有可供执行的财产。另本院经向有关银行、车辆管理部门、房屋管理部门查询两被执行人的财产状况，但无发现其有可供执行的财产，申请执行人亦无提供被执行人可供执行的财产线索。2016 年 3 月 15 日，本院作出决定，将被执行人吴某某和吴某甲纳入失信被执行人名单。2016 年 3 月 14 日，本院裁定(2014)穗荔法执字第 2963 号案件终结本次执行。

对申请执行人要求恢复执行的请求，本院以(2016)粤 0103 执恢 366 号立案恢复执行。

本院认为：《最高人民法院关于适用〈中华人民共和国民事诉讼法〉的解释》第五百一十九条规定："经过财产调查未发现可供执行的财产，在申请执行人签字确认或者执行法院组成合议庭审查核实并经院长批准后，可以裁定终结本次执行程序。依照前款规定终结执行后，申请执行人发现被执行人有可供执行财产的，可以再次申请执行。再次申请不受申请执行时效期间的限制。"本院作出终结本次执行符合上述司法解释的规定，且本案涉及的执行案已经恢复执行，本院对王某某的异议请求予以驳回。

为此，依照《中华人民共和国民事诉讼法》第二百二十五条、《最高人民法院关于人民法院办理执行异议和复议案件若干问题的规定》第十七条第（一）项的规定，裁定如下：

驳回异议人（申请执行人）王某某的异议请求。

如不服本裁定，可以自本裁定送达之日起十日内，向广州市中级人民法院申请复议。

审　判　长　　邓健玲
人民陪审员　　何汉彬
人民陪审员　　谢慧贞

二〇一六年十月十一日
书　记　员　　陈宇婷

〔评注〕

1. 关于执行行为异议裁定书样式的特点与存在的问题

（1）执行行为异议裁定书所承载的程序特征

执行异议程序是基于本位裁定所派生的程序性争议的救济性程序，但是对于执行异议裁定不服仍可以提出复议或执行异议之诉，说明执行异议程序处于承前启后的地位，既要考虑前面的本文裁定，又要兼顾其后续救济途径。本样式适用于当事人及利害关系人对执行行为异议的裁定，主要规范依据是《民事诉讼法》第二百二十五条及《执行异议和复议的规定》第十七条。在处理执行行为异议时应注意的是，执行行为并没有引发民事主体之间的实体权利义务争议，作为执行异议事由的执行行为，只是单纯的程序违法。

（2）执行行为异议裁定书的新旧样式的区别

①审理经过部分，一是异议人所针对的具体执行行为对象的描述，围绕执行行为异议进行审理是此类案件的基本特征，此处交代异议人提出异议所针对的具体执行行为便于接下来紧紧围绕所争议的争议行为展开当事人的辩诉观点及法院的裁判理由，使文书整体的描述更有针对性、体系性。二是增加了关于审判组织的表述，即"依法组成合议庭审理"。三是关于听证过程的交代，必须写明听证的时间、参加人员及提交的书面意见。

②当事人陈述意见部分，增加了其他当事人的意见，旧样式仅仅要求写明异议人提出的意见及理由，体现了近几年民事诉讼制度改革中，对程序性事项辩论观念的转型。

③裁判理由部分，增加的要求是写明争议焦点，根据认定的案件事实和相关法律，

对异议请求进行评判。在法律依据中，保留了《民事诉讼法》第二百二十五条，删除了原来的《执行程序若干问题的解释》第五条，取而代之的是《执行异议和复议的规定》第十七条。

④权利义务的告知，交代申请复议的权利时旧文书样式对于接受复议的法院注明"（上一级）"法院，新样式将"（上一级）"去掉，但实际上根据《民事诉讼法》第二百二十五条的规定仍应向上一级法院提出复议。

（3）执行行为异议与案外人执行异议裁定书样式的对比

实践中经常容易将当事人及利害关系人执行行为异议与案外人执行异议所适用的情况予以混同，为此有必要将两者进行对比。

①异议程序发起人的称谓不同。本样式是异议人，既包括案件当事人，也包括利害关系人。《民事诉讼法》第二百二十五条规定："当事人、利害关系人认为执行行为违反法律规定的，可以向负责执行的人民法院提出书面异议。当事人、利害关系人提出书面异议的，人民法院应当自收到书面异议之日起十五日内审查，理由成立的，裁定撤销或者改正，理由不成立的，裁定驳回。当事人、利害关系人对裁定不服的，可以自裁定送达之日起十日内向上一级人民法院申请复议。"本条中所说的当事人不仅包括申请执行人和被执行人，还包括在执行过程中，被人民法院依法变更、追加为当事人的公民、法人或者其他组织。本条中所谓的"利害关系人"是指执行当事人以外，因强制执行而侵害到其法律权益的公民、法人或者其他组织。样式90是案外人，因为此时只有案外人才有资格提起案外人异议。其中，本样式中的利害关系人与样式90中的案外人的身份究竟有没有不同，是在实践中经常产生分歧的一个问题。笔者认为，区分案外人与利害关系人有一个最为便于准确判断的标准是：案外人提出的主张针对的是执行标的物的实体权利，而利害关系人提出的异议针对的仅仅是执行程序的问题，并不主张对标的物的实体权利。

②案件由来与审理经过不同。本样式审理经过中需要写明异议人提出异议对象所针对的"执行行为"，样式90案外人异议针对的对象需要写明指向的"执行标的"。这恰好是本样式适用的执行行为异议与样式90适用的案外人异议的两者程序制度的本质区别所在。

③引用的规范依据不同。本样式援引的是《民事诉讼法》第二百二十五条，以及《执行异议和复议的规定》第十七条，样式90援引的是《民事诉讼法》二百二十七条《执行程序若干问题的解释》第十五条以及《执行异议和复议的规定》第×条。

④裁定主文不同。本样式的主文是分别为驳回异议请求或撤销、变更原裁定，样式90的主文是驳回异议请求或终止对执行标的物的执行。

⑤交代的程序救济途径不同。本样式交代了如果对裁定不服可以自送达之日起十日内申请复议，复议本身也是一种程序性事项的救济途径。样式90交代了案外人或者

当事人对裁定不服分两种情况：一是认为执行依据即原审判决、裁定有错误的按照审判监督程序处理，二是与执行依据无关的于十五日内提起诉讼，无论是再审或另行起诉都涉及对实体性问题的评价。

(4) 执行行为异议裁定书样式中存在的问题及建议

①当事人称谓部分缺失了"第三人"。本样式的异议人包括申请执行人、被执行人、利害关系人，而实际上本样式中的当事人除了申请执行人、被执行人还应当包括在执行程序中被人民法院追加的第三人。根据《民事诉讼法》第二百二十七条的规定以及样式的说明，执行案件的第三人既可以成为异议人也可以成为异议人的相对方，因此建议在此处加上第三人。

②裁定主文部分缺失了对于异议成立但无可变更、撤销内容的情况的设计。《执行异议和复议的规定》第十七条规定："人民法院对执行行为异议，应当按照下列情形，分别处理：（一）异议不成立的，裁定驳回异议；（二）异议成立的，裁定撤销相关执行行为；（三）异议部分成立的，裁定变更相关执行行为；（四）异议成立或者部分成立，但执行行为无撤销、变更内容的，裁定异议成立或者相应部分异议成立。"故裁定主文应该包含三种类型的处理结果：a. 驳回请求；b. 异议成立并撤销、变更原执行行为；c. 异议成立，但无可变更、撤销内容的。本样式仅仅考虑了前面两项，遗漏了第三项。本书结合实践出现的裁判文书实例的做法，建议在主文处增加第三种情况的主文表述："×××的异议请求成立，驳回×××的其他异议请求。"

(5) 执行行为异议裁定书在实践中的三个主要类型

提出执行行为异议的异议人包含当事人及利害关系人。当事人可分为申请执行人及被执行人，申请执行人提出异议的主要目标往往是有利于案件继续顺利执行，被执行人的异议往往是为了阻碍案件的执行，第三人在实践中往往是被法院追加的承担债务的人，其实际地位及权利义务与被执行人相似，因此其诉辩主张往往与被执行人接近。利害关系人本是与执行依据无关的人，其目标既不是利于执行，也不是阻碍执行，而是执行行为程序性的错误对其自身利益造成了影响。基于此，以上申请执行人、被执行人、利害关系人三种不同的人分别作为异议人，其所提出的诉辩的主张，以及后续据此展开的争议焦点及案件处理结果都会明显呈现出三条不同的路径。有鉴于此，笔者针对这三种不同身份的异议人以及三种不同的裁定结果分别选取了三个不同的典型实例以便于完整展现样式在实践中可能出现的变化形态。

2. 结合实例分析文书写作要点、类型及问题

本实例是申请执行人提出的执行行为异议，其裁判结果是确认驳回异议请求。

(1) 异议人的身份：实例的异议人为执行案件的申请人，这就决定了其异议请求的目的是为了利于案件进一步执行。

(2) 案件由来：实例表述的案由"其他民事纠纷执行一案"，这里的案由实际上是

案件所适用的执行程序类别。在执行工作的实践中，因为最高人民法院尚未对执行案件规定统一的案由，造成法院对执行案由没有统一的规定可适用。在实践中的执行文书案由存在两种习惯性的写法：一是参照原执行依据的民事案由来写执行案件的案由，二是将案件所适用的执行程序和类别及其他主要因素（如执行所涉权利性质）作为其执行案由。

(3) 审理经过：此部分没有按照样式的要求交代审判组织为合议庭，也没有描述异议人提出异议对象的执行行为。

(4) 当事人陈述的意见："异议人王某某称："使用的是冒号，根据样式要求应当使用逗号。另外，没有写明被执行人的意见。

(5) 裁判理由："本院认为"后应当使用逗号，此处用的是冒号。裁判理由部分没有首先明确地归纳争议焦点，虽然后面的说理实际上是围绕本案主要争议的裁定终结本次执行程序的合法性问题展开的，但是显得观点不够鲜明。

(6) 法律依据：样式引用的法律依据是《民事诉讼法》第二百二十五条、《执行异议和复议的规定》第十七条第×项规定（其中第×项根据案情决定）。

实例引用的依据是《民事诉讼法》第二百二十五条、《执行异议和复议的规定》第十七条第一项（即"异议不成立的，裁定驳回异议"）。但是实例中的表述不当，根据《人民法院民事裁判文书制作规范》的规定，引用法律条款中的项时，一律使用汉字不加括号，应将实例中的"第十七条第（一）项"改为"第十七条第一项"。

(7) 裁定主文及告知事项：此处为驳回异议人的异议请求，并在尾部交代提出复议期限及审理复议案件的法院，符合《民事诉讼法》第二百二十五条的规定。

(8) 实例在新民事诉讼文书样式施行后仍然沿用旧文书样式：从总体情况看来，虽然实例文书签发时间为2016年10月，但其基本特征仍然体现的是2016年8月之前的旧的裁判文书样式的特征。

【实例评注2】

湖南省醴陵市人民法院
执行裁定书 ①

(2016) 湘 0281 执异 26 号

异议人（被执行人）黎某某，住湖南省醴陵市。

异议人（被执行人）邓某，住湖南省醴陵市。

---

① 来源：中国裁判文书网。

委托诉讼代理人：胡某某，湖南华豪律师事务所律师。

申请执行人张某某，住广东省珠海市。

委托诉讼代理人：张某甲，住湖南省醴陵市。

在本院执行申请执行人张某某与被执行人黎某某、邓某建设工程施工合同纠纷一案中，异议人黎某某、邓某对恢复执行、冻结其存款164 131.97元不服，向本院提出书面异议。本院受理后，依法组成合议庭进行了审查，现已审查终结。

异议人黎某某、邓某称：一、湖南省株洲市中级人民法院于2012年4月19日作出(2012)株中法民四再终字第1号民事判决书，申请执行人张某某于2012年10月20日申请执行，执行标的105 129.46元。提出执行回转时间是2015年1月30日，申请执行人张某某提出执行回转已超过两年的申请执行时效。在本案中，法院至今没有依照《中华人民共和国民事诉讼法》第二百三十三条规定作出执行回转裁定，异议人认为程序违法。二、再审判决即(2012)株中法民四再终字第1号民事判决书与原判(2001)醴民初字第1415号民事判决书应付款项相抵，应返还工程款74 186.46元、利息16 823元，另在工程款项之外有水电预埋、刷喷涂料等5项计币28 066.49元，应在执行回转款中扣除，实际执行回转款为56 682.97元，被执行人黎某某、邓某已付80 000元，超出执行标的23 317.03元。再审改判没有规定返还期限，没有判决加倍支付延期履行期间的债务利息。申请执行人张某某对执行回转款利息计算反复无常。综上所述，异议人认为启动本案执行回转程序违法，申请执行人张某某的申请执行标的计算错误，请求撤销(2016)湘0281执恢160号执行通知书、财产报告令和冻结存款执行裁定书。

申请执行人张某某称：一、(2001)醴民初字第1415号民事判决书已于2002年8月28日执行完毕。(2012)株中法民四再终字第1号民事判决书于2012年4月30日发生法律效力，张某某于2012年11月20日申请执行回转，案号为(2012)醴执备字第552号。二、再审改判应返还：工程款74 186.46元、利息16 823元、一审案件受理费和财产保全费3 600元、二审案件受理费2 000元，合计96 609.46元。原判执行中计算迟延履行金30 000元，根据公平原则，执行回转也应加倍计算迟延履行金。异议人提出的水电预埋、刷喷涂料等5项共计28 066.49元，不属本案执行范围。综上所述，申请执行人张某某申请执行回转未超过法定期限，申请执行标的计算正确，现执行回转金额本息合计407 412.74元，请依法驳回被执行人的执行异议。

本院查明：张某某与邓某乙系夫妻，邓某乙已于2003年7月去世。黎某某、邓某与邓某乙、张某某建设工程施工合同纠纷一案，本院于2001年10月9日作出(2001)醴民初字第1415号民事判决书，判决：一、邓某乙、张某某共同偿还黎某某、邓某工程款200 662元，逾期付款利息44 710元(从1999年12月20日至2001年9月3日止，按月利率10.5计算)，因催收欠款的差旅费3 000元，合计邓某乙、张某某应付给黎某某、邓某248 362元。二、邓某乙应偿付黎某某借款3 000元。以上一、二项限邓某乙、张某某在判决生效后十天内一次性付清。案件受理费6510元,财产保全费2620元,合计9130元,由邓某乙、张某某承担,其他诉讼费用2000元,由黎某某、邓某承担。2001年11月15日,本院根据黎某某、邓某的申请立案执行即(2002)醴执字第102号案,在执行过程中,经评估拍卖邓某乙、张某某所有的位于解放路东段8号房屋,得款364 191元。扣除案件受理费、财产保费、执行费、执行费用26 130元,鉴定费、拍卖费25 000元,该案实际支付执行款251 372元、迟延履行金30 000元,余下31 689元转另案款项。该案于2002年9月执行完毕。

因张某某申诉,湖南省株洲市人民检察院抗诉,湖南省株洲市中级人民法院指令本院对该案再审。本院于2011年10月30日作出(2011)醴法民一再初字第2号民事判决书,判决:一、维持本院(2001)醴民初字第1415号民事判决第二项;二、撤销第一项及诉讼费分担部分,改判为,邓某乙、张某某共同偿还黎某某、邓某工程款180 662元,逾期付款利息40 720元,催收欠款的差旅费3 000元,合计224 382元,案件受理费6 510元,财产保全费2 620元,合计9 130元,由黎某某、邓某承担900元,由邓某乙、张某某承担8 230元,其他诉讼费用2 000元,由黎某某、邓某承担。双方接判决书后均不服,提出上诉。湖南省株洲市中级人民法院于2012年4月19日作出(2012)株中法民四再终字第1号民事判决书,判决:一、维持(2011)醴法民一再初字第2号民事判决第一项;二、撤销(2011)醴法民一再初字第2号民事判决第二项;三、邓某乙、张某某共同偿还黎某某、邓某工程款126 475.54元,逾期付款利息27 887元,催收欠款的差旅费3 000元,合计157 362.54元。原审案件受理费6 510元,财产保全费2 620元,合计9 130元,由黎某某、邓某承担3 600元,由邓某乙、张某某承担5 530元,其他诉讼费用2 000元,由黎某某、邓某承担。二审案件受理费6 010元,由黎某某、邓某承担2 400元,邓某乙、张某某承担3 610元。

2012年11月20日,张某某向本院提交执行回转申请书,执行标的为105 129.46元,即返还工程款74 186.46元、利息16 823元、原审案件受理费、财产保全费3 600元、二审案件受理费2 000元、逾期付款双倍利息8 520元(按日万分之四点二计算,暂计算至申请日)。本院于2012年12月3日执行立案,但一直未制作和送达执行回转裁定书。在该案执行过程中,申请执行人张某某于2014年4月3日领取执行款50 000元,于2015年2月16日领取执行款30 000元。因该案未执行完毕,申请执行人张某某多次向有关部门信访,执行回转金额亦不断变更。2016年8月4日,本院对申请执行人张某某与被执行人黎某某、邓某建设工程施工合同纠纷一案恢复执行,向被执行人发出了执行通知书和财产报告令。2016年8月22日,本院作出(2016)湘0281执恢160号执行裁定书,裁定冻结被执行人黎某某、邓某银行存款164 131.97元。同年8月23日,本院实际冻结邓某存款70 101.02元、黎某某存款8 544.36元。

本院认为,本院(2001)醴民初字第1415号民事判决执行完毕后,据以执行的判决被新的民事判决改判,权利人张某某申请返还部分财产,故申请执行人张某某与被执行人黎某某、邓某建设工程施工合同纠纷一案属执行回转。关于执行回转,《中华人民共和国民事诉讼法》规定,执行完毕后,据以执行的判决、裁定和其他法律文书确有错误,被人民法院撤销的,对已执行的财产,人民法院应当作出裁定,责令取得财产的人返还,拒不返还,强制执行。该案执行立案后,未制作、送达执行回转裁定,未确定执行回转金额,明显与法律规定不符,导致双方对执行标的争议不休。异议人对此提出的异议理由成立,本院予以采纳。本院在后续执行中应制作、补发执行回转裁定给双方当事人。异议人黎某某、邓某提出工程款项之外有水电预埋、刷喷涂料等5项计币28 066.49元应冲抵债务,因申请执行人张某某不予认可,且无生效法律文书确认,故异议人主张抵销债务的理由不成立,本院不予采信。由于被执行人黎某某、邓某未付清全部执行款项,本院恢复执行后向被执行人发出执行通知和财产报告令,并对被执行人的存款采取冻结措施,符合法律规定,并无不妥。异议人要求撤销(2016)湘0281执恢160号执行通知书、财产报告令和冻结存款执行裁定书,其理由不能成立,本院不予采纳。据此,依照《中华人民共和国民事诉讼法》第二百二十五条、《最高人民法院关于人民法院办理执行异议和复议案件若干问题的规定》第十七条第(一)、(四)项、第十九条之规定,裁定如下:

一、被执行人黎某某、邓某关于提出执行回转裁定的异议成立;

驳回被执行人黎某某、邓某的其他异议请求。

如不服本裁定,可以自本裁定书送达之日起十日内向湖南省株洲市中级人民法院申请复议。

审　判　长　　彭　　均
人民陪审员　　张学清
人民陪审员　　罗祥迪

二〇一六年九月二十七日
书　记　员　　朱　　娇

〔评注〕

本实例是被执行人提出的执行行为异议,其裁判结果是确认执行异议成立,但无可撤销、变更的内容。

1. 当事人身份情况:异议人为执行案件中的被执行人,其相对方按照执行案件中的地位列为申请执行人。

2. 案件由来:此处案由为"建设工程施工合同纠纷",其沿用的是原执行依据中确定的民事案由。

3. 审理经过：实例没有介绍审判组织为合议庭，不符合样式的要求。另外，此处虽然按照样式交代了执行异议所针对的执行行为对象是"恢复执行、冻结其存款164 131.97元"，但是没有载明异议人请求中提出的撤销(2016)湘0281执恢160号执行通知书、财产报告令和冻结存款执行裁定书这类执行文书，不利于案件围绕异议人明确的诉求及实际已经产生相应影响的执行文书来予以审理和评判。

4. 异议人及其相对人诉辩主张：这部分使用的是冒号，没有采取样式要求的逗号。另外，根据异议人提出的意见，其异议请求应为：请求撤销(2016)湘0281执恢160号执行通知书、财产报告令和冻结存款执行裁定书。

5. 审理查明：根据样式要求"审理查明"后应当使用逗号，此处使用的是冒号。

6. 裁判理由：首先明确了本案的争议焦点在于本案所涉及执行回转行为的合法性问题，这是与双方的诉辩主张中反映的主要争议对应的。其后进一步论述了该案执行立案后，法院依法作出执行回转裁定，未确定执行回转金额，不符合执行回转的法定程序，导致双方对执行标的争议不休，异议人对此提出的异议理由成立。同时，鉴于异议人的异议请求中明确提出了撤销(2016)湘0281执恢160号执行通知书、财产报告令和冻结存款执行裁定书等请求内容，而以上执行文书实际作出的目的以及所产生的实际影响都是围绕执行回转发生的，虽然执行行为存在瑕疵，但鉴于本案将后续补发执行回转裁定予以补正，故对于异议人所提出的上述执行文书并没有撤销、变更的必要。

反之，如果实例中本院认为部分没有在开头开宗明义地归纳争议焦点，明确本案的主要争议实际为执行回转的争议，仅仅展开后来的论述，则难免会留下回避矛盾焦点、"裁非所请"的错觉。

7. 法律依据：样式引用的法律依据是《民事诉讼法》第二百二十五条、《执行异议和复议的规定》第十七条第×项规定(其中第×项根据案情决定)。

实例引用的依据是《民事诉讼法》第二百二十五条、《执行异议和复议的规定》第十七条第一项(即"异议不成立的，裁定驳回异议")、第四项(即"异议成立或者部分成立，但执行行为无撤销、变更内容的，裁定异议成立或者相应部分异议成立")、第十九条(其是关于当事人互负到期债务，被执行人请求抵销的处理规定)。但是实例中的表述不当，根据《人民法院民事裁判文书制作规范》的规定，引用法律条款中的项时，一律使用汉字不加括号，应将实例中的"第十七条第(一)、(四)项"改为"第十七条第一项、第四项"。

8. 裁判主文：本案裁判主文的表述是实例的主要亮点。鉴于前面已经论述了本案虽然异议成立，但并无可以变更、撤销的事项内容，故裁定主文为："一、被执行人黎某某、邓某关于提出执行回转裁定的异议成立；驳回被执行人黎某某、邓某的其他异议请求。"该主文的描述正是属于本样式中所遗漏的《执行异议和复议的规定》第十七条第四项的"异议成立或者部分成立，但执行行为无撤销、变更内容的，裁定异议成立或者相应部分异议成立"的情况，这种做法值得在今后的实践中借鉴。同时，主文中也存在一定的不足，即如果该主文事项如实例一样写成一项，则前面应当去掉序号"一、"；如果将"驳回其他异议请求"作为判决主文独立的一项，则应当相应增加序号"二、"。

【实例评注3】

山东省德州市德城区人民法院
执行裁定书 ①

（2016）鲁1402执异86号

异议人（利害关系人）：中国水利水电第十三工程局有限公司机电安装机械厂，住所地：山东德州经济开发区晶华路北十三局工业园。

法定代表人：鞠某某，总经理

委托代理人：郭某，男，汉族，1974年1月18日出生，系中国水利水电第十三工程局有限公司机电安装机械厂员工，住山东省德州市德城区。

申请执行人：崔某某，女，汉族，1929年12月出生，住故城县夏庄镇。

被执行人：山东万力重型机械有限公司，住所地：德州市德城区创业路22号。

法定代表人：和某某，总经理

被执行人：和某某，男，汉族，1971年9月出生，住德州市德城区。

本院在执行申请执行人崔某某与被执行人山东万力重型机械有限公司、和某某民间借贷纠纷一案中，异议人中国水利水电第十三工程局有限公司机电安装机械厂向本院提出执行异议，本院依法组成合议庭进行了书面审查，现已审查终结。

异议人中国水利水电第十三工程局有限公司机电安装机械厂称：异议人与被执行人山东万力重型机械有限公司之间无任何到期债权。自2016年7月14日以后，异议人与被执行人山东万力重型机械有限公司之间再无任何业务往来。贵院向异议人发送《执行裁定书》和《协助执行通知书》无任何事实依据。因此，请求法院撤销（2016）鲁1402执1212号《执行裁定书》和《协助执行通知书》。

申请执行人崔某某未提交答辩意见。

本院经书面审查查明：申请执行人崔某某与被执行人山东万力重型机械有限公司、和某某民间借贷纠纷一案，本院作出的（2016）鲁1402民初783号民事调解书已发生法律效力。由于被执行人山东万力重型机械有限公司、和某某未按期自动履行义务，本院

---

① 来源：中国裁判文书网。

根据申请执行人崔某某的强制执行申请，于 2016 年 7 月 27 日立案执行。在执行过程中，本院于 2016 年 8 月 31 日向异议人中国水利水电第十三工程局有限公司机电安装机械厂送达(2016)鲁 1402 执 1212 号执行裁定书和协助执行通知书，内容为查封被执行人山东万力重型机械有限公司在中国水利水电第十三工程局有限公司机电安装机械厂的应收款项。

以上事实，有(2016)鲁 1402 民初 783 号民事调解书、(2016)鲁 1402 执 1212 号执行裁定书和协助执行通知书及送达回执在卷证实。

本院认为：最高人民法院关于适用《中华人民共和国民事诉讼法》的解释第五百零一条规定："人民法院执行被执行人对他人的到期债权，可以作出冻结债权的裁定，并通知该他人向申请执行人履行。该他人对到期债权有异议，申请执行人请求对异议部分强制执行的，人民法院不予支持。利害关系人对到期债权有异议的，人民法院应当按照民事诉讼法第二百二十七条规定处理。对生效法律文书确定的到期债权，该他人予以否认的，人民法院不予支持。"本案中，异议人中国水利水电第十三工程局有限公司机电安装机械厂与被执行人山东万力重型机械有限公司之间的债权债务关系并未被生效法律文书所确定，异议人有权对债权的存在与否提出实质上的异议。人民法院对异议人所提出的异议除提出自己无履行能力或其与申请执行人无直接法律关系的理由外，人民法院对异议人所提出的异议不进行审查，也不得对异议人进行强制执行。因此，异议人以其与被执行人山东万力重型机械有限公司之间无任何到期债权为由，对德州市德城区人民法院的执行行为提出异议，要求撤销德州市德城区人民法院(2016)鲁 1402 执 1212 号《执行裁定书》和《协助执行通知书》有法律依据，依法予以支持。依照《中华人民共和国民事诉讼法》第一百五十四条第一款第(十一)项、第二百二十五条、《最高人民法院关于人民法院办理执行异议和复议案件若干问题的规定》第十一条、第十二条、第十六条、第十七条之规定，裁定如下：

异议人中国水利水电第十三工程局有限公司机电安装机械厂异议成立，撤销德州市德城区人民法院(2016)鲁 1402 执 1212 号《执行裁定书》和《协助执行通知书》。

如不服本裁定，可在本裁定送达之日起十日内，向德州市中级人民法院申请复议。

审　判　员　刘世文
审　判　员　曹富新
审　判　员　康健生

二〇一六年九月二十三日

书　记　员　张兆龙

〔评注〕

本实例是利害关系人提出的执行行为异议，其裁判结果是异议成立，并撤销执行行为。

1. 当事人的身份情况：本案异议人为利害关系人，其非执行案件的当事人。在实践中，对于异议人与执行案件的利害关系是否存在，理由是否充分，执行立案时是不可能全面进行实质性审查的，只能根据执行异议请求作出形式判断，即异议请求针对的是执行行为的程序性问题，利害关系人不得针对执行标的的实体权利提出行为异议。实例中的"委托代理人"表述不当，根据《人民法院民事裁判文书制作规范》的规定应改为"委托诉讼代理人"。

2. 案件由来及审理经过：此处的案由沿用的是执行依据中所确定的民事案由"民间借贷纠纷"，并且随后交代了审判组织为合议庭。但此处不足的是没有根据样式的要求描述异议人提出异议所针对的执行行为。

3. 当事人的诉辩主张：异议人的主张意见使用的是冒号，没有按照样式的要求在"×××称"后使用逗号。同时，后面介绍了申请执行人未提交答辩意见，但是没有交代被执行人对本案是否发表了意见，这是本实例的疏漏之处。

4. 审理查明："审理查明"后应当使用逗号，此处使用的是冒号。另外，此处交代了本案使用书面审理的形式。

5. 裁判理由："本院认为"后应当使用逗号，而实例使用的是冒号。本院认为之后应当首先明确地归纳本案争议焦点，以便于后面有针对性地展开论述。而实例裁判理由部分首先是辨析相关法律规范，没有开宗明义地归纳争议焦点，导致裁判理由的观点不够鲜明。本案的争议焦点为利害关系人对于执行中到期债权提出的异议后，法院能否对异议实体内容进行实质性的审查。依照《民事诉讼法》的规定，执行法院对于此种异议不应进行实质审查，故异议人的异议主张成立。

同时，"本院认为"之后引用的法律条款"最高人民法院关于适用《中华人民共和国民事诉讼法》的解释第五百零一条"根据《人民法院民事裁判文书制作规范》的规定，应改为"《最高人民法院关于适用中华人民共和国民事诉讼法》第五百零一条"。

另外，实例中引用的法律依据表述不当。其中，"依照《中华人民共和国民事诉讼法》第一百五十四条第一款第(十一)"根据《人民法院民事裁判文书制作规范》的规定，引用法律条款中的项时，一律使用汉字不加括号，此处应将"第(一)"改为"第一项"。

6. 裁定主文：鉴于异议人的异议成立，本案主文描述为异议人异议成立，并撤销相应的执行行为，符合样式的要求。

7. 权利义务的告知：介绍了关于申请复议的期限为十日内，以及提出复议的对象为德州市中级人民法院，符合样式以及《执行异议和复议的规定》第十七条第二项"异议成立的，裁定撤销相关执行行为"的要求。

90. 执行裁定书（案外人异议用）

××××人民法院
执行裁定书

（××××）……执异……号

案外人：×××，……。
法定代理人/指定代理人/法定代表人/主要负责人：×××，……。
委托诉讼代理人：×××，……。
申请执行人：×××，……。
被执行人：×××，……。
……
（以上写明案外人、申请执行人、被执行人和其他诉讼参加人的姓名或者名称等基本信息）

在本院执行×××与×××……（写明案由）一案中，案外人×××于××××年××月××日对执行……（写明执行标的）提出书面异议。本院受理后，依法组成合议庭进行了审查，现已审查终结。

案外人×××称，……（写明提出异议的请求、事实和理由）。

×××称，……（写明申请执行人的意见）。

×××称，……（写明被执行人的意见）。

本院查明，……（写明查明的事实）。

本院认为，……（写明争议焦点，根据认定的案件事实和相关法律，对异议请求进行分析评判，说明理由）。依照《中华人民共和国民事诉讼法》第二百二十七条、《最高人民法院关于适用〈中华人民共和国民事诉讼法〉执行程序若干问题的解释》第十五条、《最高人民法院关于人民法院办理执行异议和复议案件若干问题的规定》第×条规定，裁定如下：

（支持异议请求的，写明：）中止对……（写明执行标的）的执行。

（驳回异议请求的，写明：）驳回×××的异议请求。

案外人、当事人对裁定不服，认为原判决、裁定错误的，应当依照审判监督程序办理；与原判决、裁定无关的，可以自本裁定送达之日起十五日内向人民法院提起诉讼。

审　判　长　×××
审　判　员　×××
审　判　员　×××

```
                    ××××年××月××日
                              （院印）
                    书　记　员　×××
```

【说明】

本样式根据《中华人民共和国民事诉讼法》第二百二十七条、《最高人民法院关于适用〈中华人民共和国民事诉讼法〉执行程序若干问题的解释》第十五条规定制定，供人民法院对案外人提出的异议审查时用。

【实例评注】

山东省济宁市任城区人民法院
执行裁定书 ①

（2016）鲁 0811 执异 158 号

异议人（案外人）：某公司。

法定代表人：李某乙。

申请执行人：李某甲。

被执行人：东某。

本院在执行申请执行人李某甲与被执行人东某等民间借贷纠纷一案中，异议人某公司向本院提出书面异议，本院受理后，依法组成合议庭进行了审查，现已审查终结。

异议人某公司称，2007 年 8 月 8 日东某与山东火炬房地产开发集团有限公司签订购房合同，并交纳首付款购买涉案（杨柳国际新城 J 区 7 号楼×单元×、8 号楼×单元×）房产。因涉案房产未能按期开工，东某未交纳后续房款。2009 年 9 月 17 日任城区人民法院作出(2009)××商初字第××号民事调解书，确定涉案房产抵偿给异议人，东某对涉案房产不再享有任何权利。2009 年 12 月 28 日某公司向任城法院申请执行(2009)××商初字第××号民事调解书。任城法院执行局向山东火炬房地产开发集团有限公司下达了协助执行通知书，查封涉案的两套房产，因当时涉案工程进度缓慢尚不具备网签条件，济宁市房产交易监理处没有涉案房产的任何信息，所以任城法院没有向济宁市房产交易监理处下达法律文书，仅向山东火炬房地产开发集团有限公司下达协助

---

① 来源：中国裁判文书网。

执行通知书查封房产,随后在执行过程中又向山东火炬房地产开发集团有限公司下达裁定提取首付款。

另一案件当事人张某某于 2012 年 5 月 17 日在济宁市房产交易监理处查封了上述两套涉案房产,异议人对张某的查封措施提出执行异议,任城法院于 2013 年 8 月 27 日作出(2011)××执异字第××号执行裁定书,中止对涉案两套房产的执行。张某不服,向任城区人民法院提起执行异议之诉,任城区人民法院判决驳回其诉讼请求。张某不服提起上诉,济宁市中级人民法院于 2014 年 10 月 25 日作出(2014)××民终字第××号民事判决书,驳回上诉维持原判。济宁市中级人民法院判决生效后,异议人申请恢复了该案件的执行,并与山东火炬房地产开发集团有限公司在 2015 年 3 月 23 日签订还款协议,山东火炬房地产开发集团有限公司遵照还款协议已将首付款分批付清。

李某甲于 2015 年 9 月 15 日申请查封涉案房产时,异议人的调解书早已进入执行阶段。异议人依据(2009)××商初字第××号民事调解书对涉案房产享有相关的财产权利,请求解除对涉案房产的查封。

本院查明,李某甲与被执行人东某等民间借贷纠纷一案,本院于 2015 年 9 月 15 日诉讼保全查封了东某名下位于杨柳国际置城合同号(20090819068)J7 东×单元×面积 233.16m²、合同号(20090819069)J8 东×单元×面积 124.33m² 房产两套。

另查明,张某与东某担保借款一案,本院于 2012 年 5 月 17 日查封了上述两套房产。执行过程中,案外人某公司提出案外人异议,本院于 2013 年 8 月 27 日作出(2011)××执异字第××号执行裁定书,裁定中止对该两套房产的执行。申请执行人张某向本院提起异议之诉,本院作出(2013)××民初字第××号民事判决书,驳回张某的诉讼请求。张某不服提起上诉,济宁市中级人民法院于 2014 年 10 月 25 日作出(2014)××民终字第××号民事判决书,驳回上诉,维持原判。

本院认为,通过某公司对张某申请执行涉案房产提出案外人异议一案的一裁及两审的裁决结果能够认定,某公司对该涉案房产享有的实体权利能够对抗本案对该标的物的执行。异议人的主张应予支持。依照《中华人民共和国民事诉讼法》第二百二十七条的规定,裁定如下:

中止对杨柳国际新城 J 区 7 号楼×单元×、8 号楼×单元×两套房产的执行。

如不服本裁定,可以自裁定送达之日起十五日内向本院提起异议之诉。

审　判　长　魏鲁平
审　判　员　周新宇
审　判　员　熊　峰
二○一六年九月二十日
书　记　员　曹　阳

〔评注〕

1. 本样式的适用范围和依据

本文书样式供人民法院对案外人提出的异议审查时用。

案外人异议是指根据《执行程序若干问题的解释》第十五条的规定，案外人对执行标的主张所有权或者其他足以阻止执行标的转让、交付的实体权利的，可以依照民事诉讼法第二百零四条的规定，向执行法院提出异议。另外，根据《民事诉讼法》第二百二十七条的规定，案外人对执行标的提出书面异议的，人民法院应当自收到书面异议之日起十五日内审查，理由成立的，裁定中止对该标的的执行；理由不成立的，裁定驳回。案外人、当事人对裁定不服的，认为原判决、裁定错误的，依照审判监督程序办理；与判决裁定无关的，可以自裁定送达之日起十五日内向人民法院提起诉讼。

2. 分析比较样式89与本样式区别

（1）提出异议的主体不同：样式89的提出异议主体为执行案件当事人，包括申请执行人、被执行人、第三人，还包括利害关系人。本样式提出异议的主体为案外人。执行工作实践中常常分不清楚非执行当事人之外的人的身份，究竟为案外人还是利害关系人。本样式中的案外人指的是针对执行标的提出实体性权利主张，并且该权利足以排除执行措施的人。而利害关系人往往仅仅是对执行行为中的程序性问题提出异议，并不主张对执行标的的实体权利。

（2）对于异议审查裁定书不服的救济途径不同：对于当事人、利害关系人的执行行为异议的裁定书在十日内向上一级人民法院申请复议；而针对案外人异议裁定不服，案外人或当事人不能复议，应当另行提起执行异议之诉或者申请再审。

3. 结合实例分析样式的写作要点及注意事项

（1）标题

法院名称加上文书名称"执行裁定书"及案号。实例中使用的案号为：（2016）鲁0811执异158号，代表该案件适用的程序为执行异议审查程序，其主要与执行实施程序的"执"字号相区别。

（2）正文

①当事人包括"案外人""申请执行人""被执行人"，称谓后用冒号。实例中当事人的称谓后漏写了冒号。实例中提出异议的一方写成了"异议人（案外人）"，不符合规范要求，且不利于与执行行为异议裁定书的样式相区分。

②正文应当写明案由，实例中使用的案由"民间借贷纠纷"实际上是执行依据即生效裁判文书所使用的案由。

③审理经过：在案由之后应当表述案外人提出书面异议的时间，以及异议所针对的具体执行标的物。针对执行标的的异议，而非对针对执行行为异议是本样式的关键特征之一。同时还要表明本案由合议庭负责审查。实例中没有说明提出异议的时间，也没

有说明异议所针对的执行标的。

④依次写明案外人提出异议的请求、事实和理由,申请执行人及被执行人的意见。实例中写明了案外人提出异议的意见,没有写明申请执行人及被执行人对案件发表的具体意见。因此,难以判断案件中当事人具体的争议焦点。另外,在案外人意见部分对于其提出的请求事项的归纳也不明确。

⑤本院查明的事实部分,就本样式而言,应当围绕执行标的物案外人是否享有足以排除执行实施的实体性权利展开。

⑥裁定的理由也应当围绕案外人是否享有对执行标的的实体性权利,以及该权利是否足以排除执行措施来展开论述。实例中作出裁定的理由论述为:"通过某公司对张某申请执行涉案房产提出案外人异议一案的一裁及两审的裁决结果能够认定,某公司对该涉案房产享有的实体权利能够对抗本案对该标的物的执行。异议人的主张应予支持。"此论述抓住了此类案件的核心问题。

⑦裁定的法律依据:根据样式要求应当为《民事诉讼法》第二百二十七条、《执行程序若干问题的解释》第十五条,以及《执行异议和复议的规定》的相关规定。而实例中仅仅引用了《民事诉讼法》第二百二十七条,未引用其他条文。

⑧裁定主文:根据案件可能存在两种不同的处理结果,本样式的主文存在两种写法,一种是支持案外人异议请求的,表述为"中止对……(写明执行标的)的执行"。另一种是驳回案外人异议请求的,表述为"驳回×××的异议请求"。实例中的主文表述为:"中止对杨柳国际新城J区7号楼×单元×、8号楼×单元×两套房产的执行。"这属于前面所说的第一种支持案外人异议请求的写法。

⑨权利义务的告知事项:在裁定结果后应当告知当事人对于裁定不服的救济途径。同时,鉴于案外人异议中案外人主张的是针对标的物的实体性权利,因此对于实体性争议应当通过诉讼途径解决。故此处交代的后续权利义务是:"案外人、当事人对裁定不服,认为原判决、裁定错误的,应当依照审判监督程序办理;与原判决、裁定无关的,可以自本裁定送达之日起十五日内向人民法院提起诉讼。"

另外,对于裁定不服,哪一种情况应当提出执行异议之诉,哪一种情况应当提出再审申请,主要的标准是根据执行标的的权属性质判断是否发生在执行过程中,还是在执行依据——即原生效裁判文书中直接认定了执行标的的权属,如果执行标的的权属性质被生效裁判直接予以认定,那么新的诉讼势必会与生效的执行依据的既判力产生冲突,因此这种情况只能通过再审途径解决。还有一种是原生效裁判文书没有对于标的物的权属进行处理,而是执行过程中对于该标的物的权属进行了认定,这种情况就应当另行提起执行异议之诉来予以解决。

实例中对于当事人救济途径的表述为:"如不服本裁定,可以自裁定送达之日起十五日内向本院提起异议之诉。"其中仅仅告知了当事人一种救济途径,没有告知当事人另一种再审的救济途径，告知事项的表述不完整，不利于保护当事人的诉讼权利。

(3) 落款

应当由合议庭成员以及书记员署名，注明文书发出的日期，并加盖院印。实例落款的书写符合上述要求。

91. 执行裁定书（执行复议用）

××××人民法院
执行裁定书

（××××）……执复……号

复议申请人(申请执行人/被执行人/利害关系人)：×××，……。
法定代理人/指定代理人/法定代表人/主要负责人：×××，……。
委托诉讼代理人：×××，……。
申请执行人/被执行人/利害关系人：×××，……。
……
（以上写明复议申请人、申请执行人、被执行人、利害关系人和其他诉讼参加人的姓名或者名称等基本信息）

复议申请人×××不服×××人民法院（××××）……执异……号裁定，向本院申请复议，本院受理后，依法组成合议庭进行审查，[（举行听证的，写明:）并于××××年××月××日举行了听证，×××（当事人、利害关系人或委托代理人）参加了听证，并提交了书面意见。]现已审查终结。

……（简要写明执行过程）。

×××人民法院查明，……（写明审查异议法院查明的事实）。

×××人民法院认为，……（写明审查异议法院的理由）。

×××向本院申请复议称，……（写明申请复议的请求、事实和理由）。

×××称，……（写明其他当事人或利害关系人的意见）。

本院查明，……（写明查明的事实）。

本院认为，……（写明争议焦点，根据认定的案件事实和相关法律，对复议请求进行分析评判，说明理由）。依照《中华人民共和国民事诉讼法》第二百二十五条、最高人民法院《关于人民法院办理执行异议和复议案件若干问题的规定》第二十三条第×项规定，裁定如下：

（异议裁定认定事实清楚，适用法律正确，结果应予维持的，写明:）驳回×××复议申请，维持×××人民法院（××××）……执异……号异议裁定。

（异议裁定认定事实错误，或者适用法律错误，结果应予纠正的，写明：）撤销/变更××××人民法院（××××）……执异……号异议裁定。（如执行行为可变更、撤销的，还应另起一行写明：）撤销/变更……（异议裁定所维持的执行行为）。

　　（异议裁定认定基本事实不清、证据不足的，写明：）一、撤销××××人民法院（××××）……执异……号异议裁定；二、发回××××人民法院重新审查/查清事实后作出相应裁定。

　　（异议裁定遗漏异议请求或者存在其他严重违反法定程序的情形，写明：）一、撤销××××人民法院（××××）……执异……号异议裁定；二、发回××××人民法院重新审查。

　　（异议裁定对应当适用民事诉讼法第二百二十七条规定审查处理的异议，错误适用民事诉讼法第二百二十五条规定审查处理的，写明：）一、撤销××××人民法院（××××）……执异……号异议裁定；二、发回××××人民法院重新作出裁定。

　　本裁定为终审裁定。

审　判　长　×××

审　判　员　×××

审　判　员　×××

××××年××月××日

（院印）

书　记　员　×××

【说明】

1. 本样式根据《中华人民共和国民事诉讼法》第二百二十五条、最高人民法院《关于人民法院办理执行异议和复议案件若干问题的规定》第二十三条规定制定，供人民法院审查当事人复议申请时用。

2. 本样式中，列明"复议申请人"，其他当事人和利害关系人不列为"被复议人"，仍列为申请执行人、被执行人或利害关系人。在"复议申请人"后的括号内注明其原当事人或利害关系人的身份，如"复议申请人（利害关系人）"。

3. 依据最高人民法院《关于人民法院办理执行异议和复议案件若干问题的规定》第二十三条规定，除根据本条第一款第三项、第四项、第五项发回重新审查或者重新作出裁定的情形外，裁定撤销或者变更异议裁定且执行行为可撤销、变更的，应当同时撤销或者变更该裁定维持的执行行为。

4. 对发回重新审查的案件作出裁定后，当事人、利害关系人再次申请复议的，上一级人民法院复议后不得再次发回重新审查。

【实例评注】

辽宁省葫芦岛市中级人民法院
执行裁定书①

(2016) 辽 14 执复 45 号

申请复议人汪某,男,1988 年 9 月 8 日出生,汉族,住葫芦岛市龙港区龙锦街。

申请执行人张某某,男,1966 年 3 月 30 日出生,汉族,住葫芦岛市南票区虹螺岘镇虹西村。

被执行人葫芦岛市锦炼润滑油厂,住所地葫芦岛市南票区高桥镇朱家洼村。

负责人赵某,系该厂经理。

申请复议人汪某不服葫芦岛市南票区人民法院(2016)南执异字第 1 号执行裁定,向本院申请复议,本院受理后,依法进行审查,现已审查终结。

执行法院认为,申请执行人张某某申请执行葫芦岛市锦炼润滑油厂民间借贷纠纷一案,因葫芦岛市锦炼润滑油厂是本案被执行人,该厂负责人是谁,由谁投资,内部规定如何等都不能影响本案的执行。依照《中华人民共和国民事诉讼法》第二百二十五条和《最高人民法院关于人民法院办理异议和复议案件若干问题的规定》第十七条第(一)项的规定,驳回异议人汪某的异议申请。

申请复议人汪某称:一、葫芦岛市南票区人民法院(2014)南虹民初字第 00315 号民事判决书没有查明本案事实,认定事实错误,适用法律错误,程序违法。二、葫芦岛市南票区人民法院作出(2015)南虹字第 00112 号执行裁定书,将案外人汪某与赵某(该厂现任法定代表人)在婚姻存续期间共同出资购买的葫芦岛市锦炼润滑油厂查封。案外人认为法院采取的执行措施存在严重错误,葫芦岛市锦炼润滑油厂实际所有权人为案外人汪某与赵某共同财产。三、应依法撤销葫芦岛市南票区人民法院作出(2015)南执字第 00112 号执行裁定书,并立即解除对葫芦岛市锦炼润滑油厂的查封、拍卖和中止执行措施,以维护案外人的合法权益。

本院查明,葫芦岛市南票区人民法院在执行申请执行人张某某与葫芦岛市锦炼润滑油厂民间借贷纠纷一案中,于 2015 年 6 月 24 日作出(2015)南执字第 00112 号民事裁定书,依法查封被执行人葫芦岛市锦炼润滑油厂所有的坐落于葫芦岛市南票区高桥镇朱家洼村国有土地上的房产及坐落于葫芦岛市南票区高桥镇朱家洼村土地,证号为连山国用(2011)第 130226 号。

---

① 来源:中国裁判文书网。

本院认为，申请复议人汪某不是本案利害关系人，其地位应为案外人，案外人提出异议应适用《民事诉讼法》第二百二十七条，属适用法律错误。其异议应适用案外人异议程序进行审查，而南票区人民法院适用了执行行为异议程序进行审查。故南票区人民法院适用执行行为异议审查，程序错误。综上，依照《中华人民共和国民事诉讼法》第二百二十五条和《最高人民法院关于人民法院办理执行异议和复议案件若干问题的规定》第二十三条第一款第(五)项的规定，裁定如下：

撤销葫芦岛市南票区人民法院(2015)南执异字第1号执行裁定，发回葫芦岛市南票区人民法院重新作出裁定。

本裁定送达后即发生法律效力。

审　判　长　孙志远
审　判　员　孟宪桐
审　判　员　李跃杰
二〇一六年十月十二日
书　记　员　张伟艳

〔评注〕

1. 本样式的写作要点及注意事项

复议执行裁定书是指上级人民法院对于当事人、第三人不服下级人民法院对其提出的异议申请的裁定，在当事人、第三人向上级法院提出复议申请后，上级人民法院经审查后作出复议决定时制作的文书。本样式供当事人、第三人不服下级法院对异议的裁定，向上级法院申请复议，上级法院审查后作出复议裁定时使用。

(1)复议执行裁定书案号使用"(××××)……执复……号"。

(2)本样式中，列明"复议申请人"，其他当事人和利害关系人不列为"被复议人"，仍列为申请执行人、被执行人或利害关系人。在"申请复议人"后的括号内注明其原当事人或利害关系人的身份，如复议申请人(利害关系人)，并不再重复列明括号内的利害关系人。

(3)对提请复议的案件，应当依法组成合议庭进行审查。

(4)样式适用的法律依据是"《中华人民共和国民事诉讼法》第二百二十五条、最高人民法院《关于人民法院办理执行异议和复议案件若干问题的规定》第二十三条第×项"。其中"最高人民法院《关于人民法院办理执行异议和复议案件若干问题的规定》"的表述不当，根据《人民法院民事裁判文书制作规范》的规定，应该表述为"《最高人民法院关于关于人民法院办理执行异议和复议案件若干问题的规定》。"样式说明中也存在此种错误。

(5)裁定主文如果撤销执行法院的异议裁定，同时要撤销该异议裁定维持的执行行为，这里主要指以书面形式作出的执行行为。如果经复议作出改正裁定的，应在复议裁定主文中具体写明改正内容。

2. 实例与样式不符之处

本处实例选取辽宁省葫芦岛市中级人民法院(2016)辽14执复45号执行裁定书，该裁定书格式符合要求，内容完整，但部分内容与文书样式要求不符：

(1)样式要求在正文部分写明审查异议法院查明的事实，实例遗漏了该部分内容，只写明了审查异议法院的理由。

(2)审查异议法院的名称，实例表述为"执行法院"，这种表述并不明确具体，应表述为"葫芦岛市南票区人民法院"。

(3)实例中的法律依据表述不当，其中"《最高人民法院关于人民法院办理异议和复议案件若干问题的规定》第二十三条第一款第(五)项"，根据《人民法院民事裁判文书制作规范》的规定，引用法律条款中的项时，一律使用汉字不加括号，应将其中的"第一款第(五)项"改为"第一款第五项"。

(4)对于裁判主文，文书样式列举了下列五种情形。

①异议裁定认定事实清楚，适用法律正确，结果应予维持的，写明："驳回×××复议申请，维持×××人民法院(××××)……执异……号异议裁定。"

②异议裁定认定事实错误，或者适用法律错误，结果应予纠正的，写明："撤销/变更××××人民法院(××××)……执异……号异议裁定。"如执行行为可变更、撤销的，还应另起一行写明："撤销/变更……(异议裁定所维持的执行行为)。"

③异议裁定认定基本事实不清、证据不足的，写明："一、撤销×××人民法院(××××)……执异……号异议裁定；二、发回×××人民法院重新审查/查清事实后作出相应裁定。"

④异议裁定遗漏异议请求或者存在其他严重违反法定程序的情形，写明："一、撤销×××人民法院(××××)……执异……号异议裁定；二、发回×××人民法院重新审查。"

⑤异议裁定对应当适用《民事诉讼法》第二百二十七条规定审查处理的异议，错误适用《民事诉讼法》第二百二十五条规定审查处理的，写明："一、撤销×××人民法院(××××)……执异……号异议裁定；二、发回×××人民法院重新作出裁定。"

实例中，葫芦岛市南票区法院存在适用法律错误和程序错误，根据上述规定裁判主文应为："一、撤销葫芦岛市南票区人民法院(2015)南执异字第1号执行裁定；二、发回葫芦岛市南票区人民法院重新作出裁定。"根据文书样式要求，两项裁判主文应该分项写明，实例并未分项，应予以修正。

(5)实例尾部将该裁定的效力问题表述为："本裁定送达后即发生法律效力。"笔者认为虽与文书样式要求不一致，但实质内容是一样的，并无不可。

92. 督促执行令（上级法院督促下级法院执行用）

×××× 人民法院
督促执行令

（××××）……执……号

××××人民法院：
　　你院立案执行的×××与×××……（写明案由）一案，……（写明案件逾期未执行完结的事实）。依照《中华人民共和国民事诉讼法》第二百二十六条、《最高人民法院关于适用〈中华人民共和国民事诉讼法〉执行程序若干问题的解释》第十一条、第十二条第一款规定，责令你院在收到本督促执行令之日起立即执行该案，于××××年××月××日前执结，并将执行结果书面报告我院。
　　此令

××××年××月××日
（院印）

【说明】

　　本样式根据《中华人民共和国民事诉讼法》第二百二十六条、《最高人民法院关于适用〈中华人民共和国民事诉讼法〉执行程序若干问题的解释》第十一条、第十二条第一款规定制定，供上级人民法院向下级人民法院作出督促执行命令时用。

【实例评注】

吉林省白山市中级人民法院
执行决定书 ①

（2015）白山执监字第 1 号

靖宇县人民法院：
　　你院（2014）靖执字第 192 号立案执行的申请执行人艾某某与被执行人宋某返还原物一案，被执行人有可供执行的财产，你院自收到申请执行书之日起超过六个月未执行

---

① 来源：中国裁判文书网。

完结。依照《中华人民共和国民事诉讼法》第二百二十六条和《最高人民法院关于适用〈中华人民共和国民事诉讼法〉执行程序若干问题的解释》第十一条、第十二条第一款的规定，责令你院在收到本督促执行令之日起十五日内执结，并将执行结果书面报告我院。

　　此令

二〇一五年十一月九日

〔评注〕

　　督促执行令是指上一级人民法院对当事人申请下级人民法院执行的案件，因下级人民法院经过六个月仍未执行，上级法院督促其执行时制作的文书。

　　《民事诉讼法》第二百二十六条规定："人民法院自收到申请执行书之日起超过六个月未执行的，申请执行人可以向上一级人民法院申请执行。上一级人民法院经审查，可以责令原人民法院在一定期限内执行，也可以决定由本院执行或者指令其他人民法院执行。"

　　《执行程序若干问题的解释》第十一条规定："依照民事诉讼法第二百零三条的规定，有下列情形之一的，上一级人民法院可以根据申请执行人的申请，责令执行法院限期执行或者变更执行法院：（一）债权人申请执行时被执行人有可供执行的财产，执行法院自收到申请执行书之日起超过六个月对该财产未执行完结的……"第十二条第一款规定："上一级人民法院依照民事诉讼法第二百零三条规定责令执行法院限期执行的，应当向其发出督促执行令，并将有关情况书面通知申请执行人。"（注：《民事诉讼法》修改前规定督促执行令的是第二百零三条）

　　本文书样式依照上述规定执行，供上一级人民法院责令执行法院限期执行时使用。本处实例选取吉林省白山市中级人民法院(2015)白山执监字第1号执行决定书，该实例格式符合要求，内容完整，表述清楚。因该实例是2015年制作，部分内容与文书样式要求不符，要特别引起注意：

　　(1)实例的文书名称为"执行决定书"，与样式规定的"督促执行令"不一致，应予以修正。

　　(2)样式正文部分的法律依据另起一行以"依照"开头，实例没有分段，应予以注意。

　　(3)实例关于执行期限的表述方式为"责令你院在收到本督促执行令之日起十五日内执结"，样式表述为"责令你院在收到本督促执行令之日立即执行该案，于××××年××月××日前执结"。相比较之下，样式的表述方式更为确切，不易引起错误理解。

93. 暂缓执行通知书（上级法院通知下级法院用）

×××× 人民法院
暂缓执行通知书

（××××）……执……号

××××人民法院：

你院正在执行的×××与×××……（写明案由）一案，在执行中作出的(××××)……执……号执行裁定/决定/通知错误，……（写明事实和理由）。依照《最高人民法院关于人民法院执行工作若干问题的规定(试行)》第130条第1款、第135条规定，通知如下：

暂缓执行你院正在执行的……（写明具体执行行为），期限自××××年××月××日起至××××年××月××日止。

期满后本院未通知继续暂缓执行的，你院可恢复执行。

××××年××月××日
（院印）

【说明】

本样式根据《最高人民法院关于人民法院执行工作若干问题的规定(试行)》第130条第1款、第135条规定制定，供上级人民法院认为具体执行行为不当或有错误的，指令下级人民法院暂缓执行时用。

【实例评注】

（暂缺实例）

〔评注〕

上级法院通知下级法院暂缓执行通知书，是指上级人民法院发现下级法院在执行过程中作出的裁定、决定、通知或者具体执行行为不当或有错误的，指令下级法院纠正，通知下级法院暂缓执行时制作的文书。本样式根据《执行工作若干问题的规定(试行)》第130条第1款、第135条规定制作。

本文书的制作要求：

1. 标题
(1) 文书名称。该通知书名称表述为"××××人民法院暂缓执行通知书";
(2) 案号。该通知书案号使用"(××××)……执……号"。
2. 正文
(1) 被通知法院名称。本通知书应当发下级人民法院,此处应写明下级人民法院的名称。
(2) 写明下级法院作出执行/决定/通知错误的事实和理由。
(3) 法律依据注明为"《最高人民法院关于人民法院执行工作若干问题的规定(试行)》第130条第1款、第135条"。
(4) 通知内容要明确暂缓执行的具体执行行为以及暂缓执行的起止时间。
(5) 告知暂缓执行期限届满的后果。
3. 落款
落款写明发文日期并加盖人民法院印章。

94. 执行决定书（本院决定暂缓执行用）

×××× 人民法院
暂缓执行决定书

(××××)……执……号

申请执行人：×××，……。
法定代理人/指定代理人/法定代表人/主要负责人：×××，……。
委托诉讼代理人：×××，……。
被执行人：×××，……。
担保人：×××，……。
……
(以上写明申请执行人、被执行人、担保人和其他诉讼参加人的姓名或者名称等基本信息)

本院在执行×××与×××……(写明案由)一案中,担保人×××为被执行人×××以……(写明财产名称、数量或数额、所在地、期限等)提供担保,该担保已经申请执行人×××同意。依照《中华人民共和国民事诉讼法》第二百三十一条、《最高人民法院关于适用〈中华人民共和国民事诉讼法〉的解释》第四百六十九条规定,决定如下：

> 暂缓执行×××与×××……（写明案由）一案（或具体执行行为），暂缓执行至××××年××月××日。
>
> 被执行人在暂缓期满后仍不履行的，或者被执行人、担保人对担保的财产在暂缓执行期间有转移、隐藏、变卖、毁损等行为的，本院将依法执行担保财产。
>
> ××××年××月××日
> （院印）

【说明】

1. 本样式根据《中华人民共和国民事诉讼法》第二百三十一条、《最高人民法院关于适用〈中华人民共和国民事诉讼法〉的解释》第四百六十九条规定制定，供人民法院在当事人提供执行担保后，决定暂缓执行时用。

2. 决定暂缓执行的，如果担保是有期限的，暂缓执行的期限应当与担保期限一致，但最长不得超过一年。

【实例评注】

蒙城县人民法院
暂缓执行决定书[①]

（2014）蒙执字第 97-2 号

申请执行人杨某，女，1974 年生，汉族，住蒙城县城关镇漆园社区北蒙大道。

被执行人母某某，男，1968 年生，汉族，住蒙城县坛城镇坛城社区。

担保人马某，女，1966 年生，汉族，住址同上。

担保人母某甲，男，1987 年生，汉族，住址同上。

本院执行的杨某与母某某民间借贷纠纷一案，马某、母某甲自愿为被执行人母某某提供保证：在 2016 年 1 月 1 日前还款 50 000 元，该担保已经申请执行人杨某同意。依照《中华人民共和国民事诉讼法》第二百三十一条的规定，决定如下：暂缓执行杨某与母某某民间借贷纠纷一案的（2013）蒙民一初字第 2426 号生效判决，暂缓执行至 2015 年 12 月 31 日。

---

① 来源：中国裁判文书网。

被执行人在暂缓执行期满后仍不履行的，本院将依法执行担保人马某、母某甲的财产。

二〇一五年十二月十日

〔评注〕

1. 暂缓执行，是指执行程序开始后，人民法院因法定事由依职权或根据当事人、其他利害关系人的申请，决定对某一项或几项执行措施在规定的期限内提供担保暂缓执行的一种制度。

暂缓执行适用的情形

(1)被执行人提供担保；(2)上级法院决定暂缓执行。

暂缓执行的法定事由

(1)依申请启动事由包括：①执行措施或者执行程序违反法律规定的；②执行标的物存在权属争议的；③被执行人对申请执行人享有抵销权的。

(2)依职权启动事由包括：①上级人民法院已经受理执行争议案件并正在处理的；②人民法院发现据以执行的生效法律文书确有错误，并正在按照审判监督程序进行审查的。

暂缓执行的效力

(1)暂停执行程序；(2)维持原有的执行效果；(3)有条件地恢复执行。

暂缓执行的期限

(1)因提供执行担保而暂缓执行的期限，根据《民诉法解释》第四百六十九条的规定，暂缓执行的期限应与执行担保的期限一致，最长不得超过一年。

(2)因上级法院决定而暂缓执行的期限，根据《执行工作若干问题的规定(试行)》第135条的规定，上级法院决定暂缓执行时，暂缓执行的期限一般不得超过三个月，有特殊情况需要延长的，应报院长批准。《最高人民法院关于正确适用暂缓执行措施若干问题的规定》规定，暂缓执行期间不得超过三个月，因特殊事由需要延长的，延长的期限不得超过三个月。

暂缓执行期间或者期限届满后的后果

暂缓执行期间内，据以执行的法律文书被法院撤销或变更的，法院裁定终结执行。否则，暂缓执行期限届满后发生如下法律后果：(1)被执行人或担保人对担保的财产在暂缓执行期间有转移、隐藏、变卖、毁损等行为的，人民法院可以恢复强制执行。(2)被执行人在人民法院决定暂缓执行的期限届满后仍不履行义务的，人民法院可以直接执行担保财产，或者裁定执行担保人的财产，但执行担保人的财产以担保人应当履行义务部分的财产为限。

2. 本文书样式根据《民事诉讼法》第二百三十一条、《民诉法解释》第四百六十九条规定制定，供人民法院在当事人提供执行担保后，决定暂缓执行时用。当事人的诉讼地位分别列为"申请执行人""被执行人""担保人",并分别写明姓名或名称等基本信息;理由部分应写明担保人为被执行人提供担保的方式、财产名称、数额或数量、所在地、期限等;因提供担保而暂缓执行还要经过执行人的同意,应将该情况注明在理由部分;决定内容应另起一行,写明案件暂缓执行的截止日期;正文尾部应告知暂缓执行期间或者期限届满后的后果。

3. 该实例选取安徽省亳州市蒙城县人民法院(2014)蒙执字第97-2号暂缓执行决定书,该决定书格式基本符合《民事诉讼文书样式》的要求,但也有部分内容与文书样式不符,应引起注意:

(1)《人民法院民事裁判文书制作规范》规定,法院名称一般应与院印的文字一致。基层人民法院、中级人民法院名称前应冠以省、自治区、直辖市的名称。实例中法院名称不规范,应改为"安徽省亳州市蒙城县人民法院"。

(2)法律依据漏引用了《民诉法解释》第四百六十九条。

(3)该决定书没有将决定内容另起一行进行书写,层次结构不清晰。

(4)依法执行担保财产有两种情形,一种是被执行人在暂缓期满后仍不履行的,一种是被执行人、担保人对担保的财产在暂缓执行期间有转移、隐藏、变卖、毁损等行为的,实例只告知了第一种情形,漏掉了第二种情形,应予以补充完善。

95. 暂缓执行通知书(上级法院通知下级法院延长期限用)

××××人民法院
继续暂缓执行通知书

(××××)……执……号

××××人民法院:

本院于××××年××月××日对×××与×××……(写明案由)一案作出的(××××)……执……号暂缓执行通知,于××××年××月××日期满。由于……(写明需要延长暂缓执行期限特殊情况的事实和理由)。依照《最高人民法院关于人民法院执行工作若干问题的规定(试行)》第135条第1款规定,通知如下:

你院对×××与×××……(写明案由)一案(或者具体执行行为),继续暂缓执行至××××年××月××日。

特此通知。

××××年××月××日
(院印)

【说明】

本样式根据《最高人民法院关于人民法院执行工作若干问题的规定(试行)》第135条第1款规定制定,供上级人民法院通知下级人民法院继续暂缓执行时用。

【实例评注】

(暂缺实例)

〔评注〕

上级法院通知下级法院继续暂缓执行通知书,是指上级人民法院在通知下级人民法院暂缓执行后,又出现了某种特殊原因需要延长暂缓执行期限的,通知下级人民法院继续暂缓执行的文书。本样式根据《执行工作若干问题的规定(试行)》第135条第1款规定制作:"上级法院通知暂缓执行的,应同时指定暂缓执行的期限。暂缓执行的期限一般不得超过三个月。有特殊情况需要延长的,应报经院长批准,并及时通知下级法院。"

本文书的制作要求:

1. 标题

(1)法院名称和文书名称。该通知书表述为"××××人民法院继续暂缓执行通知书"。

(2)案号。该通知书案号使用"(××××)……执……号"。

2. 正文

(1)被通知法院名称。本通知书应当发下级人民法院,此处应写明下级人民法院的名称。

(2)案件第一次暂缓执行的情况。写明案件(注明当事人及案由)第一次被暂缓执行的时间,暂缓执行通知书载明的期满时间。

(3)写明需要延长暂缓执行期限特殊情况的事实和理由。

(4)法律依据为"《最高人民法院关于人民法院执行工作若干问题的规定(试行)》第135条第1款"。

(5)通知内容要明确继续暂缓执行的期限,表述为:"你院对×××与×××……(写明案由)一案(或者具体执行行为),继续暂缓执行至××××年××月××日。"

(6)尾部以"特此通知"作为结尾

3. 落款

落款写明发文日期并加盖人民法院印章。

96. 恢复执行通知书（上级法院通知下级法院用）

×××× 人民法院
恢复执行通知书

（××××）……执……号

××××人民法院：

　　你院执行的×××与×××……（写明案由）一案，本院已于××××年××月××日作出（××××）……执……号暂缓执行通知书。现因……（写明恢复执行的事实和理由），本院认为暂缓执行的原因已经消除，应当恢复执行。依照《最高人民法院关于人民法院执行工作若干问题的规定(试行)》第 135 条第 2 款规定，特通知你院对本案恢复执行。

　　特此通知。

××××年××月××日
（院印）

【说明】

　　本样式根据《最高人民法院关于人民法院执行工作若干问题的规定(试行)》第 135 条第 2 款规定制定，供人民法院在暂缓执行的原因消除后，通知下级执行法院恢复执行时用。

【实例评注】

×××× 人民法院
恢复执行通知书 ①

（2013）××执×字第 167 号

××××人民法院：

---

① 参见司法文书研究中心编著：《人民法院诉讼文书样式、制作与范例·执行卷》，人民法院出版社 2015 年版，第 363 页。

你院执行的陈某和胡某关于汽车买卖纠纷一案，本院已于 2013 年 4 月 27 日作出 (2013) ××执监字第 153 号暂缓执行通知书，现因担保人李某作出担保已到期限，此案的执行已无担保。本院认为暂缓执行的原因已经消除，应当恢复执行。依照《最高人民法院关于人民法院执行工作若干问题的规定（试行）》第 135 条第 2 款的规定，特通知你院对陈某和胡某汽车买卖纠纷一案恢复执行。

特此通知。

二〇一三年六月十日

〔评注〕

根据《执行工作若干问题的规定（试行）》第 135 条的规定，上级法院通知暂缓执行的，应同时指定暂缓执行的期限。暂缓执行的期限一般不得超过三个月。有特殊情况需要延长的，应报经院长批准，并及时通知下级法院。暂缓执行的原因消除后，应当及时通知执行法院恢复执行。期满后上级法院未通知继续暂缓执行的，执行法院可以恢复执行。据此，结合实例评注如下：

此文书的适用情形必须满足两个条件：上级法院曾作出过暂缓执行通知；前述暂缓执行的原因已经消除。因此，在通知书中必须写名该通知书所对应案件的案由、暂缓执行通知书的代字编号、暂缓执行原因已经消除的依据等内容。

除此之外，完整的恢复执行通知书还应当包括以下内容：标题为"恢复执行通知书"；通知代字用暂缓执行通知书所用代字；抬头写明下级人民法院；法律依据；通知内容，即"恢复执行"；落款，加盖院印。

需要注意的是，暂缓执行的期限一般不得超过三个月，在通知恢复执行时应当注意到此问题。

97. 执行裁定书（上级法院直接裁定不予执行非诉法律文书用）

××××人民法院
执行裁定书

（××××）……执监……号

申诉人（被执行人）：×××，……。
法定代理人/指定代理人/法定代表人/主要负责人：×××，……。

委托诉讼代理人：×××，……。

申请执行人：×××，……。

……

（以上写明申诉人、申请执行人和其他诉讼参加人的姓名或者名称等基本信息）

××××人民法院执行×××与×××……（写明案由）一案，×××提出书面申请，请求不予执行××××仲裁委员会/公证处作出的（××××）……号仲裁裁决/公证债权文书，××××人民法院不予受理审查/逾期不予受理。×××于××××年××月××日向本院提出申诉。本院依法组成合议庭进行审查，现已审查终结。

×××称，……（写明不予执行仲裁裁决或公证债权文书的事实和理由）。

×××辩称，……（写明答辩意见）。

本院查明，……（写明查明的事实）。

本院认为，……（写明争议焦点，根据认定的案件事实和相关法律，对申诉请求进行分析评判，说明理由）。依照《中华人民共和国民事诉讼法》第二百三十七条第二款第×项/第三款、《最高人民法院关于人民法院执行工作若干问题的规定（试行）》第131条规定，裁定如下：

不予执行××××仲裁委员会（××××）……号裁决。

［或：不予执行××××仲裁委员会（××××）……号裁决的××事项。］

［或：不予执行××××公证机构（××××）……号公证债权文书。］

审　判　长　×××
审　判　员　×××
审　判　员　×××

××××年××月××日
（院印）
书　记　员　×××

【说明】

1. 本样式根据《中华人民共和国民事诉讼法》第二百三十七条、《最高人民法院关于人民法院执行工作若干问题的规定（试行）》第131条规定制定，供上级人民法院监督下级人民法院，裁定不予执行仲裁裁决或公证债权文书时用。

2. 上级人民法院在作出裁定前，应当先函示下级人民法院仲裁裁决或公证债权文书有不予执行事由，应当裁定不予执行；只有当下级人民法院不作出裁定时，方可启动监督程序，依法裁定。

【实例评注】

×××人民法院
执行裁定书 ①

(2013)××执×字第 100 号

申请执行人钱某，男，出生地：河南省郑州市某县某村，汉族，大学文化，身份证号：××××××××××。

被执行人戴某，男，出生地：河南省郑州市某县某村，汉族，高中文化，身份证号：××××××××××。

关于钱某与戴某的合同纠纷仲裁裁决执行一案，某人民法院于 2013 年 4 月 21 日立案执行。经审查，仲裁裁决案件中，仲裁庭的组成违反法定程序。我院认为，某人民法院立案执行上述非诉讼生效法律文书有错误。依照《最高人民法院关于人民法院执行工作若干问题的规定（试行）》第 131 条的规定，裁定如下：

一、不予受理申请执行人钱某的执行申请。

二、某人民法院终止对钱某和戴某合同纠纷一案的执行。

本裁定送达后即发生法律效力。

审　判　长　　于某
审　判　员　　梅某
审　判　员　　方某
二〇一三年四月二十三日
书　记　员　　郑某

〔评注〕

1. 样式的适用范围和注意事项

本样式适用于上级法院发现下级法院在执行中的裁定有错误，且下级法院不予纠正时，上级法院直接裁定予以纠正时用。

根据《执行工作若干问题的规定（试行）》第 131 条规定，上级法院发现下级法院执行的非诉讼生效法律文书有不予执行事由，应当依法作出不予执行裁定而不制作的，可以责令下级法院在指定时限内作出裁定，必要时可直接裁定不予执行。

此文书的适用情形必须满足以下条件：下级法院执行非诉讼生效法律文书；该生

---

① 参见司法文书研究中心编著：《人民法院诉讼文书样式、制作与范例·执行卷》，人民法院出版社 2015 年版，第 364 页。

效法律文书有不予执行事由；下级法院未予以纠正。

2. 结合实例评述样式的写作要点

(1)标题

法院名称+文书名称"执行裁定书"+案号。样式中所示此类案件案号为"执监"号，通过案号反映了此类案件适用的是执行监督程序。根据《人民法院案件类型及其代字标准》"十、执行类案件"的规定，执行监督案件为"执监"。根据《最高人民法院关于执行案件立案、结案若干问题的意见》第十一条的规定，上级人民法院对下级人民法院，最高人民法院对地方各级人民法院依法进行监督的案件，应当立"执监字"号案件。

(2)正文

①关于当事人的身份信息：文书样式中，将裁定书的当事人表述为"申诉人、申请执行人和其他诉讼当事人"，在主文中又有"××××人民法院不予受理审查/逾期不予受理。×××于××××年××月××日向本院提出申诉"的表述。这实际上反映了文书样式所示的裁定书适用于如下情形：被执行人因非诉法律文书有不予执行事由而向原执行法院申请不予执行，而原执行法院不予受理审查/逾期不予受理，被执行人向上级法院提出申诉。很显然，文书样式是以被执行人提出申诉作为此裁定的前提。而根据《执行工作若干问题的规定(试行)》第131条的规定，此类案件的执行程序启动并非以当事人提出申诉为前提，而仅是以上级法院发现执行裁定的错误为前提。据此，除了申诉人提出申诉的情况下启动执行监督程序之外，上级法院也可以依职权发现并启动执行监督程序。例如实例中表述"申请执行人"与"被执行人"是基于案情的考虑。样式对当事人的表述没有全面考虑所有的案情，笔者建议将当事人的称谓调整为：在有申诉人提出申诉的情况下，列为申诉人(申请执行人)或申诉人(被执行人)，其他方当事人按照其在原执行案件中的地位列明。在无申诉人提出申诉的情况下，上级法院或最高人民法院认为应当启动执行监督程序时，当事人均按照原执行案件中的地位列明，即仍为"申请执行人""被执行人"。

实例中的诉讼参加人的诉讼地位与其姓名或名称之间没有使用"："间隔，根据文书样式的要求，诉讼参加人的诉讼地位与其姓名或名称之间应当用"："间隔。

②案件由来和审理经过(结合说明第2项)：样式中要求写明执行案件的案由，当事人提出申请不予执行裁决书或公证债权文书的经过，人民法院对此不予受理或逾期不予以审查而导致当事人向人民法院提出申诉的经过。另外样式说明第2项提出上级法院在作出裁定时，应当先函示下级法院不予执行的事由。

笔者认为，由于该样式不是以当事人提出申诉或者不予执行申请为适用的前提条件，此处不应一概要求写为"当事人提出申请"，如果当事人没有提出，也可以写为

"本院发现"，同时说明第 2 项的要求也没有法律上的具体依据，虽然在实践中可以参考，但不是一项必经的程序。例如在实例中的执行案件经过中就没有出现函示下级法院这一程序。并且，就"函示"这一行为来看，并非全部用于监督的法律程序，有时也用于上级法院对下级法院的指导，其法律性质存在争议。

同时，关于案件由来的写作要求本样式与本章样式 98 是不同的，这是因为两者适用的法律依据和程序启动方式不同。样式 98 的法律依据的《民事诉讼法》第二百零四条、《执行工作若干问题的规定（试行）》第 129 条，样式 98 的适用条件必须有一方当事人提出申诉，因此也体现了《执行工作若干问题的规定（试行）》第 131 条与第 129 条虽然都规定了上级法院对下级法院的监督权，但两者有着不同的立法目的和程序功能。

③双方当事人发表的意见：如果有人提出申诉，首先写明申诉人意见，再写明其他当事人的意见。如果无人主动提出申诉的情况下，双方当事人的意见按照申请执行人和被执行人的顺序排列。

④查明的事实和裁定理由：均应当围绕执行依据即仲裁裁决书或公证债权文书是否应当被撤销展开。

不予执行仲裁裁决书的审查条件是《民事诉讼法》第二百三十七条的规定，即："对依法设立的仲裁机构的裁决，一方当事人不履行的，对方当事人可以向有管辖权的人民法院申请执行。受申请的人民法院应当执行。被申请人提出证据证明仲裁裁决有下列情形之一的，经人民法院组成合议庭审查核实，裁定不予执行：（一）当事人在合同中没有订有仲裁条款或者事后没有达成书面仲裁协议的；（二）裁决的事项不属于仲裁协议的范围或者仲裁机构无权仲裁的；（三）仲裁庭的组成或者仲裁的程序违反法定程序的；（四）裁决所根据的证据是伪造的；（五）对方当事人向仲裁机构隐瞒了足以影响公正裁决的证据的；（六）仲裁员在仲裁该案时有贪污受贿，徇私舞弊，枉法裁决行为的。人民法院认定执行该裁决违背社会公共利益的，裁定不予执行。裁定书应当送达双方当事人和仲裁机构。仲裁裁决被人民法院裁定不予执行的，当事人可以根据双方达成的书面仲裁协议重新申请仲裁，也可以向人民法院起诉。"

审查公众债权文书的依据是《民事诉讼法》第二百三十八条第二款的规定，公证债权文书确有错误的，人民法院裁定不予执行，并将裁定书送达双方当事人和公证机关。

实例中认为仲裁程序违法应当予以撤销，属于《民事诉讼法》第二百三十七条第三项所规定的情形。

⑤法律规范的引用：样式中仅仅引用了《民事诉讼法》第二百三十七条（关于不予执行仲裁裁决书的规定），以及《执行工作若干问题的规定（试行）》第 131 条（关于上级法院发现执行中的错误的规定）。但是根据本样式的名称以及主文判断，本样式应当

同时适用于对仲裁裁决书以及公证债权文书的不予执行,因此在对公证债权文书不予执行案件中,应当引用的是《民事诉讼法》第二百三十八条第二款(关于不予执行公证债权文书的规定)。

⑥裁定主文的表述:样式中表示为:"不予执行××××仲裁委员会(××××)……号裁决。[或:不予执行××××仲裁委员会(××××)……号裁决的××事项。][或:不予执行××××公证机构(××××)……号公证债权文书。]"这里需要注意的是,对于仲裁裁决有时仅仅是其中个别事项超出了可以仲裁的范围的,仲裁裁决书可能存在仅部分事项不予执行的情况。但是对于公证债权文书,不存在上述情形,如果存在不予执行的事由则一般应当为该文书全部事项不予执行。

实例中主文表述:"一、不予受理申请执行人钱某的执行申请。二、某人民法院终止对钱某和戴某合同纠纷一案的执行。"实例的这两项表述均不妥当,首先针对同一执行依据不予受理和终止执行本身是自相矛盾的,同时不予受理是针对案件受理阶段,此时执行案件已经立案受理,终止执行不是规范的表述,而中止执行和终结执行均有其法定事由。故关于主文的表述应当遵照样式的要求。

⑦告知事项:样式中在主文之后没有告知关于裁定书的法律效力,而实例中的告知为:"本裁定送达后即发生法律效力。"笔者认为应当向当事人告知裁定的法律效力。

(3)落款

由合议庭成员及书记员署名,注明日期并加盖院印。该类案件属于执行审查类案件,且由执行法院的上一级人民法院审查,因此作出本裁定的法院应为中级以上人民法院,故只能由合议庭作出裁定。

98. 执行裁定书(执行监督案件驳回当事人申诉请求用)

××××人民法院
执行裁定书

(××××)……执监……号

申诉人(申请执行人/被执行人/利害关系人):×××,……。
法定代理人/指定代理人/法定代表人/主要负责人:×××,……。
委托诉讼代理人:×××,……。
申请执行人/被执行人/利害关系人:×××,……。
……

（以上写明申诉人、申请执行人、被执行人、利害关系人和其他诉讼参加人的姓名或者名称等基本信息）

申诉人×××不服××××人民法院（××××）……号裁定（或其他法律文书），向本院申诉。本院受理后，依法组成合议庭进行审查，[（举行听证的，写明：）并于××××年××月××日举行了听证，申诉人×××、申请执行人/被执行人/利害关系人×××（写明当事人、利害关系人或委托诉讼代理人）参加了听证。]本案现已审查终结。

……（写明本案申诉之前的执行情况）

×××称，……（写明申诉请求和理由）。

×××称，……（写明意见）。

本院查明，……（写明查明的事实）。

本院认为，……（写明争议焦点，根据认定的案件事实和相关法律，对申诉请求进行分析评判，说明理由）。

综上所述，××××人民法院（××××）……号裁定（或其他法律文书）认定事实清楚，适用法律正确，本院予以维持。×××的申诉请求不能成立，本院不予支持。参照《中华人民共和国民事诉讼法》第二百零四条，依照《最高人民法院关于人民法院执行工作若干问题的规定（试行）》第129条规定，裁定如下：

驳回×××的申诉请求。

审　判　长　×××
审　判　员　×××
审　判　员　×××

××××年××月××日
（院印）
书　记　员　×××

【说明】

本样式参照《中华人民共和国民事诉讼法》第二百零四条、根据《最高人民法院关于人民法院执行工作若干问题的规定（试行）》第129条规定制定，供人民法院在执行监督程序中驳回当事人申诉请求时用。

【实例评注】

江苏省高级人民法院
执行裁定书[①]

(2016)苏执监 217 号

申诉人(申请执行人)郭某某。

委托代理人谢某某。

被执行人南京奶业(集团)有限公司,住所地南京市玄武区。

法定代表人蔡某某,该公司董事长。

申诉人(申请执行人)郭某某因其与被执行人南京奶业(集团)有限公司劳动争议纠纷一案,不服江苏省南京市中级人民法院(以下简称南京中院)(2015)宁执复字第 71 号执行裁定,向本院申诉。本院依法立案监督,现已审查终结。

本院经审查查明:郭某某于 1984 年进入南京市牛奶公司乳品加工厂工作。1999 年 1 月,郭某某与南京奶业(集团)公司乳品分公司签订南京市事业单位全员聘用合同书,双方在合同中主要约定:合同期限为不定期合同,除按规定变更、解除、终止外,本合同可至达离退休年龄时终止。2003 年,南京奶业(集团)公司实行"事转企"整体改制,企业实行全员身份置换,并更名为南京奶业(集团)有限公司。郭某某在南京奶业(集团)有限公司所属南京卫岗乳业有限公司乳品加工厂工作,郭某某至今未与南京奶业(集团)有限公司重新签订劳动合同。

2011 年 5 月 26 日,南京奶业(集团)有限公司作出《关于终止郭某某劳动关系的决定书》,以郭某某拒绝与单位签订改制企业劳动合同,且长期不履行劳动者义务,经企业和其所在单位多次宣传教育无果,严重干扰了企业正常生产工作秩序为由,决定自 2011 年 5 月 26 日起终止郭某某劳动关系。此后郭某某未上班。郭某某起诉至江苏省南京市玄武区人民法院(以下简称玄武法院),要求确认南京奶业(集团)有限公司作出的决定书无效。玄武法院于 2012 年 4 月 6 日作出(2012)玄民初字第 15 号民事判决:一、郭某某与南京奶业(集团)有限公司的劳动关系于 2011 年 5 月 26 日终止;二、驳回郭某某其他诉讼请求。郭某某不服该判决向南京中院提起上诉,南京中院 2012 年 8 月 22 日作出(2012)宁民终字第 1704 号民事判决:一、撤销南京市玄武区人民法院(2012)玄民初字第 15 号民事判决第一、二项。二、撤销南京奶业(集团)有限公司于 2011 年 5 月 26 日作出的《关于终止郭某某劳动关系的决定》,双方劳动关系自 2011 年 5 月 26 日

[①] 来源:中国裁判文书网。

起恢复。三、南京奶业(集团)有限公司于本判决生效后十日内补发郭某某自2011年5月起的工资。四、驳回郭某某其他的上诉请求。另该判决认为,上诉人要求继续履行1999年签订的事业单位聘用合同,实质是主张其事业单位职工身份问题,该请求属于企业改制的有关问题,不属于人民法院劳动争议案件的受理范围,对上诉人该请求不予理涉。

2014年5月,郭某某向玄武法院申请执行,要求恢复与南京奶业(集团)有限公司原劳动关系,南京奶业(集团)有限公司支付郭某某自2011年5月起的工资及利息。玄武法院立案执行。玄武法院执行中查明,南京奶业(集团)有限公司于2012年9月14日通过银行支付了郭某某2011年5月至终审判决时止的工资18 557.40元。南京奶业(集团)有限公司联系过郭某某,表示愿与郭某某签订劳动合同,但郭某某表示要按照1999年1月与南京奶业(集团)公司乳品分公司签订的事业单位劳动合同履行,致未有结果。本案执行过程中,南京奶业(集团)有限公司仍表示同意与郭某某签订劳动合同,如郭某某正常上班,即按规定发放工资。但郭某某坚持要求按1999年1月合同履行或按事业单位职员身份补发工资或一次性经济补偿100万元,郭某某不再工作。因双方意见分歧,致执行未果。玄武法院于2014年11月27日作出(2014)玄执字第864号执行裁定认为:南京中院终审判决郭某某与南京奶业(集团)有限公司劳动关系自2011年5月26日起恢复。因南京奶业(集团)有限公司自2003年起已整体改制为企业,企业实行全员身份置换,终审判决所指的劳动关系应指郭某某与南京奶业(集团)有限公司的企业劳动关系。南京奶业(集团)有限公司已数次表示同意与郭某某签订劳动合同,但无法按事业单位聘用合同履行劳动合同,但郭某某坚持要求按事业单位聘用合同书履行合同,致双方劳动关系不能恢复。南京中院还判决南京奶业(集团)有限公司补发郭某某自2011年5月起的工资。南京奶业(集团)有限公司已于2012年9月支付了郭某某自2011年5月至2012年8月的工资,至于郭某某此后的工资,因郭某某不愿与南京奶业(集团)有限公司签订企业劳动合同致无法确定。鉴于郭某某要求按事业单位聘用合同书履行合同无相应依据,南京奶业(集团)有限公司已补发郭某某工资,故对郭某某要求恢复与南京奶业(集团)有限公司原劳动关系的执行请求,该院不予支持。遂裁定:驳回申请执行人郭某某要求恢复与南京奶业(集团)有限公司原劳动关系的执行请求。

郭某某不服该裁定提出执行异议称:南京中院判决认定郭某某要求与南京奶业(集团)有限公司恢复事业单位合同关系不属于法院劳动争议案件受理范围,而玄武法院(2014)玄执字第864号执行裁定书却对该问题作出裁决,认为无法恢复南京奶业(集团)有限公司和郭某某之间事业单位劳动合同。另玄武法院(2014)玄执字第864号执行裁定书适用法律错误。请求撤销(2014)玄执字第864号执行裁定。

被执行人南京奶业(集团)有限公司辩称:玄武法院作出的(2014)玄执字第864号执行裁定的依据是南京中院(2012)宁民终字第1704号民事判决。该判决有两项内容:

一项是补发郭某某工资,该公司已经履行完毕;另一项是恢复郭某某与该公司的劳动关系。在二审判决后郭某某要求与该公司恢复事业单位劳动关系,因南京奶业(集团)有限公司已进行"事转企"整体改制,无法与郭某某恢复事业单位劳动合同。法院作出裁定驳回郭某某要求与南京奶业(集团)有限公司恢复原劳动关系的执行请求,符合法律规定。

玄武法院于2015年6月15日作出(2015)玄执异字第39号执行裁定认为:人民法院的执行依据是发生法律效力的民事判决、裁定,郭某某诉南京奶业(集团)有限公司劳动争议纠纷一案,生效判决确定郭某某与南京奶业(集团)有限公司劳动关系自2011年5月26日起恢复,而对郭某某要求南京奶业(集团)有限公司继续履行1999年签订的事业单位聘用合同的上诉请求不予理涉,并在判决主文中驳回了郭某某的该项上诉请求。2003年南京奶业(集团)公司已整体改制为企业,企业实行全员身份置换,1999年郭某某与南京奶业(集团)公司签订的事业单位聘用合同时的客观情况已发生重大变化,致使原劳动合同无法履行,在此情况下郭某某坚持要求按事业单位聘用合同书履行合同的执行请求无法实现。该院据此作出(2014)玄执字第864号执行裁定书驳回郭某某要求恢复与南京奶业(集团)有限公司原劳动关系的执行请求的事实清楚,适用法律正确。遂裁定:驳回异议人郭某某的异议请求。

郭某某不服异议裁定,向南京中院申请复议称:郭某某是1999年1月与南京奶业(集团)公司签订的事业编劳动关系合同,而在2003年南京奶业(集团)公司整体改制并更名为现在的南京奶业(集团)有限公司后,郭某某至今未与南京奶业(集团)有限公司签订新的劳动关系合同。故根据南京中院终审判决的第二项,应按照郭某某的申请执行请求,恢复其与南京奶业(集团)有限公司的事业编劳动关系。

南京奶业(集团)有限公司答辩称:郭某某要求恢复1999年签订的事业编劳动关系,但据以执行的南京中院(2012)宁民终字第1704号民事判决中已经明确说明了对郭某某的该请求不予理涉,郭某某一再要求对此执行没有依据。请求驳回郭某某的复议申请。

南京中院认为:郭某某提出和南京奶业(集团)有限公司恢复事业编劳动关系的请求不能实现。首先,南京奶业(集团)公司已于2003年整体改制为企业,并进行全员身份置换,更名为南京奶业(集团)有限公司,郭某某原来与南京奶业(集团)公司乳品分公司签订的《南京市事业单位全员聘用合同书》已经无法履行。其次,该院生效的(2012)宁民终字第1704号民事判决亦明确,郭某某请求继续履行1999年签订的事业单位聘用合同属于企业改制的有关情况,不属于人民法院劳动争议案件的受理范围;故在原南京奶业(集团)公司乳品分公司已不存在、新的南京奶业(集团)有限公司已全员改制的情况下,郭某某在执行中仍坚持请求和南京奶业(集团)有限公司恢复事业编劳动关系,于法无据。遂于2015年9月8日作出(2015)宁执复字第71号执行裁定:驳回郭某某的复议申请，维持玄武法院(2015)玄执异字第 39 号执行裁定。

郭某某向本院申诉称：申诉人向玄武法院申请执行后，执行人员表示只能按照企业性质恢复双方劳动关系，申诉人明确表示要求按照判决依法执行。玄武法院(2014)玄执字第 864 号执行裁定及该院(2015)玄执异字第 39 号执行裁定驳回申诉人的执行请求及异议请求，违反了《中华人民共和国劳动合同法》的规定，袒护企业，违背公平公正，侵害申诉人权益。请求撤销玄武法院(2014)玄执字第 864 号执行裁定、(2015)玄执异字第 39 号执行裁定、南京中院(2015)宁执复字第 71 号执行裁定。依法提级执行(2012)宁民终字第 1704 号民事判决。

本院认为：申诉人郭某某要求与南京奶业(集团)有限公司继续签订事业单位劳动合同且予以提级执行的申诉请求无事实和法律依据。1. 南京中院(2012)宁民终字第 1704 号民事判决第二项撤销南京奶业(集团)有限公司于 2011 年 5 月 26 日作出的《关于终止郭某某劳动关系的决定》，双方劳动关系自 2011 年 5 月 26 日起恢复。另该判决认为，上诉人要求继续履行 1999 年签订的事业单位聘用合同，实质是主张其事业单位职工身份问题，该请求属于企业改制的有关问题，不属于人民法院劳动争议案件的受理范围，对上诉人该请求不予理涉。故本案执行依据并未判决申诉人与南京奶业(集团)有限公司间继续履行事业单位劳动合同。2. 2003 年南京奶业(集团)公司实行"事转企"整体改制，企业实行全员身份置换，南京奶业(集团)公司已从事业单位改制为企业，事实上也不存在申诉人与南京奶业(集团)有限公司继续签订事业单位劳动合同的可能性。故玄武法院驳回申诉人该执行及异议请求，南京中院驳回申诉人复议申请并无不当。因申诉人申诉请求不成立，本案也不存在依法需由上级法院提级执行的情形。综上，申诉人的申诉请求不成立，本院依法不予支持。依照《中华人民共和国民事诉讼法》第一百五十四条第一款第(十一)项、《最高人民法院关于人民法院执行工作若干问题的规定(试行)》第 129 条的规定，裁定如下：

驳回申诉人郭某某的申诉请求。

本裁定送达后立即生效。

审 判 长 沈 燕
代理审判员 孙 凯
代理审判员 苏 峰
二〇一六年六月三十日
书 记 员 沈晓雯

〔评注〕

《民事诉讼法》第二百零四条规定:"人民法院应当自收到再审申请书之日起三个月内审查,符合本法规定的,裁定再审;不符合本法规定的,裁定驳回申请。有特殊情况需要延长的,由本院院长批准。因当事人申请裁定再审的案件由中级人民法院以上的人民法院审理,但当事人依照本法第一百九十九条的规定选择向基层人民法院申请再审的除外。最高人民法院、高级人民法院裁定再审的案件,由本院再审或者交其他人民法院再审,也可以交原审人民法院再审。"《执行工作若干问题的规定(试行)》第129条规定:"上级人民法院依法监督下级人民法院的执行工作。最高人民法院依法监督地方各级人民法院和专门法院的执行工作。"结合实例,评注如下:

1. 该裁定书适用于如下情形:下级人民法院作出执行裁定(或其他法律文书);申诉人不服执行裁定(或其他法律文书),向上级人民法院提出申诉;上级人民法院经审查,认为应当驳回申诉请求的。

2. 完整的该类文书应当包括以下内容:标题;案号;申诉人和其他诉讼参加人的姓名等基本信息;申诉人据以提出申诉的原裁定或其他法律文书;申诉之前的执行情况;申诉请求和理由;其他诉讼参加人的意见;查明的事实;争议焦点、案件事实和法律依据、评判理由;法律依据和裁定内容;落款。

3. 实例中存在问题:

(1) 实例中的诉讼参加人的诉讼地位与其姓名或名称之间没有使用":"间隔,根据文书样式的要求,诉讼参加人的诉讼地位与其姓名或名称之间应当用":"间隔。

(2) 实例中的"委托代理人"根据《人民法院裁判文书制作规范》的要求应表述为"委托诉讼代理人"。

(3) 实例中法律依据引用时的表述不当。实例中引用的"《中华人民共和国民事诉讼法》第一百五十四条第一款第(十一)项"根据《人民法院民事裁判文书制作规范》的规定,引用法律条款中的项时,一律使用汉字不加括号,故应将其中的"第一款第(十一)项"改为"第一款第十一项"。

(4) 实例将案件申诉之前的执行情况并入查明案件事实中,未单列,结构较为混乱;未写明其他诉讼参加人的意见。

4. 样式中没有交代执行裁定书发出后的法律效力,而在实例中将执行裁定书的法律效力表述为"本裁定送达后立即生效",是可取的。因为此类执行裁定书的当事人不享有上诉权和复议权,而其他有的执行裁定书赋予了当事人上诉权或复议权,故对于执行裁定书发出后产生的法律效力应当一律明确告知当事人,便于让当事人及时知晓自己所享有的权利义务。

同时,作这样的统一处理也保持了执行裁定书作为一个文书种类,在整个文书样式体系中的形式一致性，故建议在实践中，作出执行裁定书还是应当告一律告知当事人执行裁定书的法律效力。

99. 执行裁定书（执行监督案件指令下级法院重新审查处理用）

××××人民法院
执行裁定书

（××××）……执监……号

申诉人（申请执行人/被执行人/利害关系人）：×××，……。
法定代理人/指定代理人/法定代表人/主要负责人：×××，……。
委托诉讼代理人：×××，……。
申请执行人/被执行人/利害关系人：×××，……。
……
（以上写明申诉人、申请执行人、被执行人、利害关系人和其他诉讼参加人的姓名或者名称等基本信息）

申诉人×××不服××××人民法院（××××）……号裁定（或其他法律文书），向本院申诉。本院受理后，依法组成合议庭进行审查，[（举行听证的，写明：）并于××××年××月××日举行了听证，申诉人×××、申请执行人/被执行人/利害关系人×××（写明当事人、利害关系人或委托诉讼代理人）参加了听证。]本案现已审查终结。

……（写明本案申诉之前的执行情况）

×××称，……（写明申诉请求和理由）。

×××称，……（写明意见）。

本院查明，……（写明查明的事实）。

本院认为，……（写明争议焦点，根据认定的案件事实和相关法律，对申诉请求进行分析评判，说明理由）。

综上所述，……（对申诉人的请求是否成立进行总结评述）。××××人民法院（××××）……号裁定（或其他法律文书）认定事实不清，应予撤销。参照《中华人民共和国民事诉讼法》第二百零四条，依照《最高人民法院关于人民法院执行工作若干问题的规定（试行）》第129条规定，裁定如下：

一、撤销××××人民法院（××××）……号裁定（或其他法律文书）；

二、本案由××××人民法院重新审查处理。

审　判　长　×××
审　判　员　×××

审 判 员 ×××

××××年××月××日

（院印）

书 记 员 ×××

【说明】

本样式参照《中华人民共和国民事诉讼法》第二百零四条、根据《最高人民法院关于人民法院执行工作若干问题的规定（试行）》第129条规定制定，供人民法院对执行案件进行监督，指令下级人民法院重新审查时用。

【实例评注】

黑龙江省大庆市中级人民法院
执行裁定书①

（2016）黑06执监1号

申诉人（申请执行人）郭某某。
被执行人黑龙江明生房地产开发有限公司。
负责人邵某某。
案外人韩某。
委托代理人苏某某。

申诉人郭某某不服肇源县人民法院（以下简称肇源法院）（2015）源执监字第2号执行裁定，向本院申请申诉，本院受理后，依法组成合议庭进行审查，现已审查终结。

执行法院认为，郭某某在申请执行（2012）源民初字第105号民事判决的过程中，依据财产保全裁定与明生公司达成执行和解协议，明生公司将被查封的房屋抵顶欠款，以协议的方式将被查封的财产进行了处分，其协议处分争议房屋的行为与其2013年末将争议房屋交付给韩某的行为相抵触，直接影响了其他权利人的权利，有违诚实信用原则，且本院在财产保全及执行环节仅凭郭某某与明生公司的执行和解协议直接将查封的房屋抵顶欠款将债权予以物权化，执行程序存在瑕疵，侵害实际购房人的权益，故应将执行裁定中关于争议房屋处分的部分予以撤销。

---

① 来源：中国裁判文书网。

申诉人郭某某称,1. 原审法院受理韩某执行异议申请适用审判监督程序下达裁定,其程序不合法。2. 原生效执行裁定下达时,执行法院已对涉案房产情况充分核实,原审裁定认定事实错误。3. 黑龙江明生房地产开发有限公司(以下简称明生公司)将其开发的涉案房产抵偿郭某某之时,韩某未取得涉案房产的所有权,其持有的《认购书》仅享有债权。而申诉人郭某某接受明生公司的抵偿,且经执行法院执行裁定确认,依据《物权法》已取得涉案房产的物权,依据物权优于债权的原则,韩某只能向明生公司主张违约责任。4. 原审法院未对韩某购房合同的真实性进行审查,韩某不是实际购房人,未向明生公司交纳购房款,肇源县人民政府确认韩某为实际购房人无任何法律及事实依据。因此,申诉人郭某某请求本院撤销肇源法院(2015)源执监字第2号执行裁定书。

本院查明,原告郭某某与被告明生公司、大庆市御隆房地产开发有限公司买卖合同纠纷一案,经原告郭某某申请,肇源法院于2012年3月12日作出(2012)源商初字第105号民事裁定,查封明生公司所有的位于肇源县滨江国际小区106号、113号楼房。2013年7月12日,肇源法院作出(2012)源商初字第105号民事判决,判决内容为:被告明生公司给付原告郭某某所欠货款10 381 120.00元及违约金10 000 000.00元,合计20 381 120.00元,于本判决发生法律效力之日起,立即给付。判决书生效后,被告明生公司未履行法定给付义务,经原告郭某某申请,肇源法院于2013年8月1日立案执行。在执行过程中,申请执行人郭某某于2013年7月21日与被执行人明生公司达成执行和解协议,双方约定:一、被执行人明生公司将滨江国际二期房产按建筑面积每平方米2 350元的价格抵偿给郭某某,抵偿房产合计住宅40套,建筑面积合计3 533.8平方米,抵偿金额为8 304 430.00元;二、抵偿后,明生公司仍需向郭某某给付12 076 690.00元,剩余款项若用房产抵偿,价格仍按建筑面积每平方米2 350元给付;三、明生公司房产抵偿郭某某后,郭某某自行转让变现,明生公司负责配合郭某某为受让人办理合同备案等相关手续;四、明生公司承担抵偿房产的税费等相关费用。肇源法院于2013年8月20日作出(2013)源法执字第425-1号执行裁定,裁定将被执行人明生公司所有的位于肇源县松花江大街滨江国际二期房产住宅,总建筑面积为3 533.8平方米,按建筑面积2 350元,交付申请执行人郭某某抵偿欠款8 304 430.00元。

同时查明,申请执行人郭某某又于2014年1月7日与被执行人明生公司达成执行和解协议,双方约定:一、经双方协商认可委托黑龙江广业房地产估价咨询有限公司对房产作出了估价报告,经双方依据估价报告磋商一致,最终确定:住宅均价为每平方米2 400元,车库均价为每平方米5 000元;二、被执行人明生公司将滨江国际二期房产按建筑面积每平方米2 400元的价格抵偿给郭某某,抵偿房产合计住宅26套,建筑面积合计2 330.93平方米,抵偿金额为5 594 232.00元。车库按建筑面积每平方米5 000元的价格抵偿给郭某某,合计车库24套,建筑面积678.81平方米,抵偿金额为3 394 050.00元。住宅与车库抵偿总额为8 988 282.00元;三、抵偿后,明生公司仍需向郭某某给付 3 088 408.00 元，剩余款项若用房产抵偿，房产价格按专业的房地产价格评估机构的评估报告为准；四、明生公司房产抵偿郭某某后，郭某某自行转让变现，明生公司负责配合郭某某为受让人办理合同备案等相关手续。肇源法院于 2014 年 1 月 21 日作出 (2013) 源法执字第 425 - 2 号执行裁定，裁定将被执行人明生公司所有的位于肇源县松花江大街滨江国际二期房产住宅 26 套，总建筑面积为 2 330.93 平方米，车库 24 套，总建筑面积 678.81 平方米，归申请执行人郭某某所有。

另查明，肇源法院于 2014 年 1 月 30 日作出 (2013) 源法执字第 425 - 3 号执行裁定，终结本次执行程序。

又查明，终结本次执行程序后，案外人韩某于 2015 年 6 月 24 日向肇源法院提出异议，肇源法院启动执行监督程序，并于 2015 年 9 月 22 日作出 (2015) 源执监字第 2 号执行裁定，撤销 (2013) 源法执字第 425 - 2 号执行裁定第一项中将位于肇源县松花江大街的滨江国际二期房产住宅中 113 栋 2 单元 202 室产权归郭某某所有的内容。申请执行人郭某某不服，向本院提出申诉。

以上事实有肇源法院 (2015) 源执监字第 2 号、(2013) 源法执字第 425 号执行卷宗材料、当事人的举证材料等在案佐证。

本院认为，关于执行法院针对案外人韩某所提异议审查的程序问题，经查，案外人韩某提出异议的主要理由为案涉房屋为其所有，该项异议请求系针对执行标的所有权的主张，《中华人民共和国民事诉讼法》第二百二十七条规定："执行过程中，案外人对执行标的提出书面异议的，人民法院应当自收到书面异议之日起十五日内审查，理由成立的，裁定中止对该标的的执行；理由不成立的，裁定驳回。案外人、当事人对裁定不服，认为原判决、裁定错误的，依照审判监督程序办理；与原判决、裁定无关的，可以自裁定送达之日起十五日内向人民法院提起诉讼。"本案中，执行法院受理的郭某某申请执行明生公司买卖合同纠纷一案，结案方式系终结本次执行程序，而执行法院可以依职权或依据申请执行人的申请恢复执行，该程序并不是真正意义上的执行程序终结，且争议房屋由本案申请执行人郭某某受让，《最高人民法院关于人民法院办理执行异议和复议案件若干问题的规定》第六条第二款规定："案外人依照民事诉讼法第二百二十七条规定提出异议的，应当在异议指向的执行标的执行终结之前提出；执行标的由当事人受让的，应当在执行程序终结之前提出。"依此规定，案外人韩某对执行标的提出主张所有权的异议，执行法院应当根据《中华人民共和国民事诉讼法》第二百二十七条的规定进行审查。因此，本案案外人韩某所提出的异议，不属于《中华人民共和国民事诉讼法》第二百二十五条规定的审查范围，执行法院在受理案外人韩某的异议申请后，应当依据《最高人民法院关于人民法院办理执行异议和复议案件若干问题的规定》中有关案外人异议的相关规定进行审查，裁定作出后应当赋予当事人或案外人提起执行异议之诉的权利，而不是直接赋予申请复议的权利。而执行法院却依据《中华人民共和国民事诉讼法》第二百二十五条对案外人韩某异议审查并赋予其申请复议的权利，显属适用法律错误，违反法定程序，本院予以纠正。依照《中华人民共和国民事诉讼法》第一百五十四条第一款第(十一)项和《最高人民法院关于人民法院执行工作若干问题的规定(试行)》第129条的规定，裁定如下：

一、撤销肇源县人民法院(2015)源执监字第2号执行裁定书；

二、本案发回肇源县人民法院重新审查处理。

本裁定送达后即发生法律效力。

审　判　长　　孙　丽

代理审判员　　王　慧

代理审判员　　李统君

二〇一六年三月二十一日

书　记　员　　唐宪忠

〔评注〕

《民事诉讼法》第二百零四条规定："人民法院应当自收到再审申请书之日起三个月内审查，符合本法规定的，裁定再审；不符合本法规定的，裁定驳回申请。有特殊情况需要延长的，由本院院长批准。因当事人申请裁定再审的案件由中级人民法院以上的人民法院审理，但当事人依照本法第一百九十九条的规定选择向基层人民法院申请再审的除外。最高人民法院、高级人民法院裁定再审的案件，由本院再审或者交其他人民法院再审，也可以交原人民法院再审。"《执行工作若干问题的规定(试行)》第129条规定："上级人民法院依法监督下级人民法院的执行工作。最高人民法院依法监督地方各级人民法院和专门法院的执行工作。"结合实例，评注如下：

1. 该裁定书适用于如下情形：下级人民法院作出执行裁定(或其他法律文书)；申诉人不服执行裁定(或其他法律文书)，向上级人民法院提出申诉；上级人民法院经审查，认为应当指令下级法院重新审查处理的。

2. 与样式98相比，本裁定书有两点不同：(1)作出裁定的情形不同，本裁定作出的情形是原裁定或其他法律文书认定事实不清，应予撤销。(2)裁定内容不同，本裁定的裁定事项应当为：撤销×××人民法院(××××)……号裁定(或其他法律文书)；本案由×××人民法院重新审查处理。

3. 实例中存在问题：

(1)实例中的"委托代理人"根据《人民法院民事裁判文书制作规范》的要求应表述为"委托诉讼代理人"。

(2)实例中的诉讼参加人的诉讼地位与其姓名或名称之间没有使用"："间隔，根据文书样式的要求，诉讼参加人的诉讼地位与其姓名或名称之间应当用"："间隔。

(3) 实例中引用法律依据时的表述不当，实例中的"依照《中华人民共和国民事诉讼法》第一百五十四条第一款第（十一）项"根据《人民法院民事裁判文书制作规范》的规定，引用法律条款中的项时，一律使用汉字不加括号，故应将其中的"第一款第（十一）项"改为"第一款第十一项"。

(4) 实例中未写明其他诉讼参加人的意见。

4. 样式中没有交代执行定书发出后的法律效力，而在实例中将执行裁定书的法律效力表述为"本裁定送达后立即生效"，是可取的。因为此类执行裁定书的当事人不享有上诉权和复议权，而有的执行裁定书赋予了当事人上诉权或复议权，故对于执行裁定书发出后产生的法律效力应当一律明确告知的当事人，便于让当事人及时知晓自己所享有的权利义务。

同时，作这样的统一处理也保持了执行裁定书作为一个文书种类，在整个文书样式体系中的形式一致性，故建议在实践中，作出执行裁定书还是应当告知当事人执行裁定书的法律效力。

100. 执行裁定书（执行回转用）

××××人民法院
执行裁定书

（××××）……执……号

申请执行人：×××，……。
法定代理人/指定代理人/法定代表人/主要负责人：×××，……。
委托诉讼代理人：×××，……。
被执行人：×××，……。
……

（以上写明申请执行人、被执行人和其他诉讼参加人的姓名或者名称等基本信息）

本院执行的×××与×××……（写明案由）一案，因据以执行的……（写明法律文书）被××××（写明法院或有关机关、组织）以……（写明法律文书字号、名称）撤销/变更。……[（当事人申请执行回专的，写明:）申请执行人×××于××××年××月××日向本院申请执行回转，请求……；（人民法院依职权执行回转的，写明:）执行回转的事实]。

本院经审查认为，……[（当事人申请执行回转的，写明:）×××的申请符合法律规定；（法院依职权采取的，写明:）执行回转的理由]。依照《中华人民共和国民事诉讼法》第二百三十三条、《最高人民法院关于适用〈中华人民共和国民事诉讼法〉的解释》第四百七十六条、《最高人民法院关于人民法院执行工作若干问题的规定（试行）》第109条（不能退还原物的，增加引用第110条）规定，裁定如下：

（能够退还原物的，写明：）×××应在本裁定生效之日起××日内向×××返还……（写明原执行程序中已取得的财产及孳息）。

（不能退还原物的，写明：）对被执行人×××在原执行程序中已取得的……（写明财产名称、数量或数额、所在地等）予以折价抵偿。

本裁定立即执行。

审　判　长　×××
审　判　员　×××
审　判　员　×××

××××年××月××日
（院印）
书　记　员　×××

【说明】

1. 本样式根据《中华人民共和国民事诉讼法》第二百三十三条、《最高人民法院关于适用〈中华人民共和国民事诉讼法〉的解释》第四百七十六条、《最高人民法院关于人民法院执行工作若干问题的规定（试行）》第109条、第110条规定制定，供人民法院在执行中或执行完毕后，据以执行的法律文书被人民法院或有关机关、组织撤销或变更的，执行回转时用。

2. 执行回转时，已执行的标的是特定物且尚为原申请执行人占有的，应当退还原物。不能返还原物的，可以折价抵偿。需要折价抵偿的，应按评估、拍卖、变卖等程序的要求另行制作相应的法律文书。

3. 执行回转应重新立案，适用执行程序的有关规定。

【实例评注】

大连市沙河口区人民法院
执行裁定书①

（2016）辽0204执恢235号之一

---

① 来源：中国裁判文书网。

申请执行人大连华美物业管理中心。

法定代表人：魏某某，该公司总经理。

委托诉讼代理人：穆某、该公司员工。

被执行人悦泰集团有限公司。

法定代表人：张某某，该公司董事长。

委托诉讼代理人：王某，该公司员工。

申请执行人悦泰集团有限公司与被执行人大连华美建设发展有限公司借款合同纠纷一案，据已执行的(2006)沙执字第823号民事裁定书被大连市沙河口区人民法院(2012)沙执他字第2号民事裁定书撤销。2006年7月6日，本院作出(2006)沙执字第823号裁定书，裁定解除对西岗区八一路185－195号房屋的查封、注销该房屋的抵押登记，同时变更该房所有权人为悦泰集团有限公司。2012年7月23日，本院作出(2012)沙执他字第2号裁定书，内容为：撤销本院(2016)沙执字第823号民事裁定书。2015年7月23日，大连市中级人民法院作出(2015)大法委赔字第21号国家赔偿决定书，内容为：指令我院对依据(2006)沙执字第823号民事裁定书已执行的财产进行执行回转。

本院为了将被执行人悦泰集团有限公司根据(2006)沙执字第823号民事裁定书取得的财产返还给申请人执行人大连华美物业管理中心。依照《中华人民共和国民事诉讼法》第二百三十三条、《最高人民法院关于人民法院执行工作若干问题的规定(试行)》第109条、第110条的规定，裁定如下：

悦泰集团有限公司应在本裁定生效之日起十日内向大连华美物业管理中心返还已取得的西岗区八一路185—195号房屋及其孳息；不能退还的，折价赔偿。

逾期拒不履行的，本院将依法强制执行。

本裁定送达后即发生法律效力。

审　判　长　　刘　丽

代理审判员　　冯　哲

代理审判员　　金　龙

二〇一六年九月二十六日

书　记　员　　殷　健

〔评注〕

根据《民事诉讼法》第二百三十三条的规定，执行完毕后，据以执行的判决、裁定和其他法律文书确有错误，被人民法院撤销的，对已被执行的财产，人民法院应当作出裁定，责令取得财产的人返还；拒不返还的，强制执行。根据《民诉法解释》第四百七十六条的规定，法律规定由人民法院执行的其他法律文书执行完毕后，该法律文书被有关机关或者组织依法撤销的，经当事人申请，适用《民事诉讼法》第二百三十三条规定。根据《执行工作若干问题的规定（试行）》第109条、第110条的规定，在执行中或执行完毕后，据以执行的法律文书被人民法院或其他有关机关撤销或变更的，原执行机构应当依照《民事诉讼法》第二百一十四条的规定，依当事人申请或依职权，按照新的生效法律文书，作出执行回转的裁定，责令原申请执行人返还已取得的财产及其孳息。拒不返还的，强制执行。执行回转应重新立案，适用执行程序的有关规定。执行回转时，已执行的标的物系特定物的，应当退还原物。不能退还原物的，可以折价抵偿。根据上述规定，结合实例，评注如下：

关于执行回转：执行回转，是指在执行完毕后，因据以执行的法律文书被依法撤销或者变更，由执行人员采取措施，强制一方当事人将执行所得的利益退还给原来的被执行人，恢复到执行程序开始前的状况的一种制度。执行回转目的在于纠正因执行根据错误而导致的执行工作的失误，使当事人之间的权利义务关系恢复到正常状态，以维护当事人的合法权益。原执行机构进行执行回转的前提条件是在执行中或执行完毕后，据以执行的法律文书被人民法院或其他有关机关撤销或变更的。执行根据被依法撤销或者变更主要有三种情况：第一，人民法院制作的先予执行的裁定，在执行完毕后，被本院的生效判决或者二审法院的终审判决所撤销，因先予执行而取得财物的一方当事人即应将执行所得返还给对方当事人。第二，人民法院制作的判决、裁定、调解书、支付令等，在执行完毕后，该判决、裁定等又被本法院或者上级人民法院经审判监督程序进行再审后被依法撤销，对因执行原判决、裁定等而获得利益的一方当事人也应采取执行回转的措施。第三，其他机关制作的依法由法院强制执行的法律文书，在执行完毕后，又被制作机关撤销的，也应由人民法院采取执行回转措施，责令一方当事人将执行所得返还给对方当事人。人民法院决定执行回转时应当制作的裁定，其内容应当严格按照新的生效法律文书的内容制作。在一般情况下，按照审判监督程序审理案件，在撤销原生效法律文书的同时，就作出了新的法律文书；新的生效法律文书内容可能完全否定原法律文书，也可能部分推翻原法律文书的内容，而部分维持原来的内容。所以执行回转的范围应限制在被新的法律文书撤销或推翻的内容，而不是对所有已经执行的财产一律执行回转。执行回转的裁定与执行程序中人民法院作出的其他裁定一样，具有执行力。

完整的该类文书，应当包括以下内容：制作文书的法院名称；文书名称；文书案号；案件当事人基本信息；执行依据被撤销或变更的情况；写明申请执行回转的情况；执行回转的理由；裁定的法律依据；裁定内容；裁定的法律效力表述为"本裁定立即执行"；落款。实例体系完整，表达适当，格式正确。

二十二、涉外民事诉讼程序的特别规定

(一)承认和执行外国法院生效判决、裁定

1. 民事裁定书(承认和执行外国法院生效判决、裁定用)

中华人民共和国××××人民法院
民事裁定书

(××××)……协外认……号

申请人:×××,……。
法定代理人/指定代理人/法定代表人/主要负责人:×××,……。
委托诉讼代理人:×××,……。
被申请人:×××,……。
法定代理人/指定代理人/法定代表人/主要负责人:×××,……。
委托诉讼代理人:×××,……。
(以上写明当事人和其他诉讼参加人的姓名或者名称等基本信息)

申请人×××申请承认/承认和执行×××国××××法院……号民事判决/裁定一案,本院于××××年××月××日立案。本院依法组成合议庭进行了审查,组织当事人进行了询问,现已审查终结。

×××申请称,……(简要写明申请人的请求、事实和理由)。

×××陈述意见称,……(简要写明同意或者不同意申请人请求的意见、事实和理由)。

经审查认定:……(写明案件的事实)。

本院认为,……(写明争议焦点,依据认定的事实和相关法律,对请求进行分析评判,说明理由)。

依照《中华人民共和国民事诉讼法》第二百八十二条、……(写明公约、条约、法律、司法解释等法律依据)规定,裁定如下:

承认/承认和执行×××国×××法院……号民事判决/裁定。

案件申请费……元,由……负担(写明当事人姓名或者名称、负担金额)。

审　判　长　×××
审　判　员　×××
审　判　员　×××

××××年××月××日 （院印） 书　记　员　×××

【说明】

1. 本样式依据《中华人民共和国民事诉讼法》第二百八十一条、第二百八十二条、《最高人民法院关于适用〈中华人民共和国民事诉讼法〉的解释》第五百四十三条、第五百四十六条至第五百四十八条、《最高人民法院关于中国公民申请承认外国法院离婚判决程序问题的规定》、与其他国家签订的双边条约等制定，供人民法院审查申请承认和执行外国法院民事裁判案件、裁定用。

2. 可以被申请承认和执行的外国法院裁判文书种类，包括发生法律效力的判决、裁定以及国际公约、双边条约或者协定中规定的其他裁判文书形式。对被申请承认和执行的外国法院裁判文书具体名称、文号的表述和援引应依据其翻译文件的内容确定。

3. 根据民事诉讼法的规定，当事人向人民法院既可以申请承认，也可以申请承认和执行外国法院作出的发生法律效力的判决、裁定。人民法院依据当事人的具体请求事项进行审查，作出裁定。

4. 申请人或者被申请人为自然人的，应当写明其姓名、出生年月日、国籍及住所；申请人或者被申请人为法人或者其他组织的，应当写明其名称、住所以及法定代表人或者代表人等。

5. 人民法院在通知被申请人后认为有必要对当事人进行询问，可以组织询问并在裁定书案件由来部分中写明。

6. 在事实查明部分，主要写明外国法院民事裁判当事人、案号、作出判决/裁定的时间以及裁判结果等。该部分还需写明的其他事实包括我国与该外国是否参加了国际公约或者缔结了双边条约或者协定、该外国判决如系缺席判决当事人是否经过合法传唤以及该判决是否已经得到了部分执行等。

7. 本院认为部分主要写明：第一，因中华人民共和国与××国共同参加了×××国际条约或者缔结了×××双边条约或者协定，对案涉判决的承认（和执行）应当依据×××国际条约或者×××双边条约或者协定的相关规定进行审查。如我国与该外国没有参加国际公约或者缔结双边条约或者协定的，也可以依据《中华人民共和国民事诉讼法》第二百八十二条规定的互惠原则进行审查。第二，写明本案争议焦点，并进行分析说理。第三，对该裁判是否符合相关国际公约或者双边条约、协定或者互惠原则或者相关司法解释规定，是否违反中华人民共和国法律的基本原则或者国家主权、安全、社会公共利益作出分析认定，并表明本院对该裁判是否予以承认和执行的意见等。

8. 根据案件的具体情况，本裁定书的结果包括全部承认和执行、部分承认和执行。部分承认和执行的，其具体判项中应当写明具体承认和执行的内容，可以表述为：承认和执行×××国×××法院号……民事判决××项，即……（写明具体承认和执行的内容）。

【实例评注1】

中华人民共和国浙江省丽水市中级人民法院
民事裁定书 ①

（2016）浙11协外认2号

申请人：邹某某。

委托诉讼代理人：陶某某，浙江省五洲律师事务所律师。

被申请人：邹某甲。

申请人邹某某申请承认西班牙王国塔拉戈纳家庭法院第633/2015号民事判决一案，本院于2016年8月15日立案。本院依法组成合议庭进行了审查，于2016年8月24日对申请人的委托诉讼代理人进行了询问，询问中申请人将申请事项变更为只对判决离婚进行承认，现已审查终结。

邹某某申请称，要求承认西班牙王国塔拉戈纳家庭法院对邹某某与邹某甲离婚判决在中华人民共和国领域内具有法律效力。事实和理由，申请人邹某某与邹某甲于1996年5月7日在浙江省青田县登记结婚，两人先后到西班牙生活。因双方感情破裂无和好可能，2013年10月1日申请人向西班牙塔拉戈纳家庭法院提出离婚申请，2015年10月7日该院作出判决解除双方的婚姻关系。

经审查认定：申请人邹某某与邹某甲于1996年5月7日在浙江省青田县登记结婚，两人先后到西班牙生活。2013年10月1日申请人向西班牙塔拉戈纳家庭法院提出离婚申请（申请离婚档案号：1294/2013-C）。于2014年1月21日作出受理裁定，表明诉状已移交并传唤了被告。2015年7月27日法庭进行庭审，被告邹某甲由代诉人MARIAM-TORREBLANCAMENDOZA代表并由援助律师MARIAMMORELL出庭辩护，因所指定日期及时间举行的庭审上被告方律师及代诉人告知邹某甲后宣布放弃，而中止庭审，法庭重新指定2015年10月7日庭审，原被告双方均已传唤并收到相应传唤文件。2015年10月7日作出解除双方的婚姻关系；未成年子女抚养权归原告、被告承担抚养费、西

---

① 来源：中国裁判文书网。

班牙的夫妻共同财产归属等内容的 633/2015 号判决。2015 年 11 月 23 日法庭作出"关于 633/2015 号判决书的澄清"对判决书中婚姻缔结地进行更正。2016 年 2 月 29 日，法庭签发《受理判令》，宣布判决为最终判决，2016 年 4 月 28 日法庭的行政助理律师签发《受理判令》宣布该判决为最终判决。

本院认为，西班牙王国塔拉戈纳家庭法院作出的第 633/2015 号民事判决已生效，该判决没有违反我国法律的基本原则和国家主权、安全、社会公共利益，符合法律规定的承认外国法院作出的发生法律效力判决的条件，依照《中华人民共和国民事诉讼法》第二百八十二条、《中华人民共和国和西班牙王国关于民事、商事司法协助的条约》、最高人民法院《关于中国公民申请承认外国法院离婚判决程序问题的规定》第十三条规定，裁定如下：

对西班牙王国塔拉戈纳家庭法院第五号初审法庭于 2015 年 10 月 7 日作出的第 633/2015 号判决关于邹某某与邹某甲离婚的法律效力予以承认。

案件申请费 500 元，由申请人邹某某负担。

审　判　长　　殷晓军
审　判　员　　雷晓东
审　判　员　　唐弋飞
二〇一六年九月三日
代 书 记 员　　汪某莹

〔评注〕

外国法院民事判决、裁定在我国并不当然地具有法律效力，需要依法进行审查后，才能承认并对具有执行内容的判决、裁定予以执行。

在司法实践中，外国法院作出的发生法律效力的判决、裁定在我国领域内是否有效，取决于我国法院对承认与执行的申请所作出的裁定。也就是说，虽然外国法院出具的判决书已经生效，我国是否认可该判决，还需当事人或外国法院申请我国法院承认和执行。

依据《民事诉讼法》及《民诉法解释》的相关规定，当事人应当向我国有管辖权的中级人民法院申请承认和执行，即当事人应当提交申请书，并附外国法院作出的发生法律效力的判决、裁定(正本或经证明无误的副本)，以及相应的中文译本。若外国法院判决、裁定为缺席判决、裁定的，除判决、裁定中已经对此予明确说明外，申请人应当同时提交该外国法院已经合法传唤的证明文件。我国法院在作出最终裁定时主要考虑的因素表现为：(1)该国与我国是否有缔结或者共同参加国际条约；(2)该国与我国是否存在互惠关系。

实例选取申请人邹某某与被申请人邹某甲关于承认和执行西班牙王国塔拉戈纳家

庭法院第五号初审法庭离婚判决的文书契合以上特征。

该裁判文书的首部载明申请人和被申请人的身份，并确定了当事人的诉请。在概述申请理由的部分，简要阐述了申请人主张的事实和理由。在判决主文部分，对该外国法院判决的审理程序、裁判内容进行了确认。最后，在该判决并未违反我国法律或侵犯国家主权、公共利益的前提下，基于我国与西班牙王国之间的司法协助条约，确认了该民事判决的效力。

需要说明的是，根据《人民法院民事裁判文书制作规范》的要求，引用最高人民法院的司法解释时，应当按照公告公布的格式书写，《最高人民法院关于中国公民申请承认外国法院离婚判决程序问题的规定》公布的格式中，并未将"最高人民法院"列在书名号之前，实例引用此规定时，存在不规范的情形，特此说明。

【实例评注 2】

中华人民共和国
山东省烟台市中级人民法院
民事裁定书①

（2015）烟民一初字第 275 号

申请人：刘某，无固定职业，中华人民共和国公民。
被申请人：M

申请人刘某申请承认德国法院离婚判决书一案，本院受理后，依法组成合议庭，进行了审理。

经审理查明，申请人于××××年××月××日与德国籍公民 M 在山东省烟台市民政局登记结婚，婚后未生育子女，也无共同财产及共同债权债务。申请人与 M 于 2010 年 11 月到达德国，后一直在德国居住，无固定职业，申请人未获取德国的永久居住权。2015 年 1 月，申请人向德国伦茨堡市地方法院提起诉讼，要求与 M 离婚。M 到庭应诉，并且同意离婚。2015 年 2 月 23 日，德国伦茨堡市地方法院作出 34F182/14 号离婚判决，判令申请人与 M 于××××年××月××日在中国烟台市民政局缔结的婚姻关系被解除，未进行养老保险金分配，诉讼程序费用由双方均担。该判决于 2015 年 2 月 28 日投递给 M，生效时间为 2015 年 4 月 2 日。2015 年 9 月 21 日，德国伦茨堡市地方法院因书写错误对 34F182/14 号离婚判决中申请人的名字进行了更正。

---

① 来源：中国裁判文书网。

申请人为了在中国国内确认其婚姻状况，向本院申请承认德国伦茨堡市地方法院作出的34F182/14号离婚判决。

以上事实有申请人提交的经德国公证机关公证、德国外交部认证及中国驻汉堡总领事馆认证的判决书正本，经山东省烟台市芝罘公证处公证证明的中文译本，申请人的护照、身份证、户口簿、结婚证，申请人当面签字的申请书等证据材料，予以证实。

本院经审查认为，申请人向本院提交的有关材料，可以证明德国伦茨堡市地方法院作出的34F182/14号离婚判决真实并已发生法律效力，符合德国法律有关管辖权的规定。M已得到法院合法传唤。该判决书不存在违反我国法律的基本原则或者危害我国国家主权、安全和社会公共利益的情形，符合最高人民法院《关于中国公民申请承认外国法院离婚判决程序问题的规定》要求。申请人申请承认，符合法律规定，依法应予支持。依照《中华人民共和国民事诉讼法》第二百八十一条、第二百八十二条，《最高人民法院关于中国公民申请承认外国法院离婚判决程序问题的规定》第十三条、第十四条、第十五条之规定，裁定如下：

对德国伦茨堡市地方法院作出的34F182/14号离婚判决中关于申请人刘某与M离婚的法律效力予以承认。

申请费400元，由申请人刘某承担。

本裁定为终审裁定。

审　判　长　王瑞芳
审　判　员　栾海宁
审　判　员　慈勤哲

二〇一五年十一月二日
书　记　员　付微微

〔评注〕

1. 本案申请人向法院提交申请书并附相关材料，申请确认德国法院民事判决的效力。我国法院应依照国际条约的规定或按照互惠原则进行审查。依据《最高人民法院关于中国公民申请承认外国法院离婚判决程序问题的规定》第十三条、第十四条、第十五条的规定，外国法院作出的离婚判决可以在既无条约又无互惠关系的前提下，予以承认和执行。

2. 外国法院作出的民事判决如果需要在我国得到执行，必须先获得我国法院的承认。《民诉法解释》规定，如果当事人仅申请承认，而未同时申请执行，则我国法院仅裁定承认问题。本案中，申请人仅要求对其婚姻状况予以确认，并不涉及执行，因此法院没有对执行内容作出认定。

3. 对于证据的列举，因相关事实已在查明事实部分予以阐述，该文书删繁就简，仅罗列证据名称，并未详细描述证明内容、证明目的。这样安排的内容详略得当，符合文书写作的要求。

4. 外国法院作出的判决和裁判得到承认，必须以不违反我国法律的基本原则、不危害我国的国家主权和安全、不危害我国社会公共利益为前提。在承认和执行外国法院民事判决的裁定中，对这一前提应当予以阐明。

5. 我国法院对外国法院的判决和裁定不作实质性审查，而是直接以裁定的形式承认其效力，需要执行的，则发出执行令。

6. 需要说明的是，根据《人民法院民事裁判文书制作规范》的要求，引用最高人民法院的司法解释时，应当按照公告公布的格式书写，《最高人民法院关于中国公民申请承认外国法院离婚判决程序问题的规定》公布的格式中，并未将"最高人民法院"列在书名号之前，实例引用此规定时，存在不规范的情形，特此说明。

2. 民事裁定书（不予承认和执行外国法院生效判决、裁定用）

中华人民共和国×××人民法院
民事裁定书

（××××）……协外认……号

申请人：×××，……。
……
被申请人：×××，……。
……
（以上写明当事人和其他诉讼参加人的姓名或者名称等基本信息）

申请人×××申请承认/承认和执行×××国×××法院……号民事判决/裁定一案，本院于××××年××月××日立案。本院依法组成合议庭进行了审查，组织当事人进行了询问，现已审查终结。

×××申请称，……（简要写明申请人的请求、事实和理由）。

×××陈述意见称，……（简要写明同意或者不同意申请人请求的意见、事实和理由）。

经审查认定：……（写明案件的事实）。

本院认为，……（写明争议焦点，依据认定的事实和相关法律，对诉讼请求进行分析评判，说明理由）。

依照《中华人民共和国民事诉讼法》第二百八十二条、……（写明公约、条约、法律、司法解释等法律依据）规定，裁定如下：

不予承认/承认和执行××××国××××法院号……民事判决/裁定。

案件申请费……元,由……负担(写明当事人姓名或者名称、负担金额)。

审 判 长 ×××
审 判 员 ×××
审 判 员 ×××

××××年××月××日
(院印)
书 记 员 ×××

【说明】

1. 本样式依据《中华人民共和国民事诉讼法》第二百八十一条、第二百八十二条、《最高人民法院关于适用〈中华人民共和国民事诉讼法〉的解释》第五百四十三条、五百四十四条、五百四十六条至五百四十八条制定,供人民法院裁定不予承认和执行外国法院生效判决、裁定用。

2. 本院认为部分应着重分析不予承认和执行的理由和法律依据。

3. 不予承认外国法院离婚判决的,法律依据应援引《最高人民法院关于中国公民申请承认外国法院离婚判决程序问题的规定》第十二条规定。

【实例评注1】

中华人民共和国
浙江省杭州市中级人民法院
民事裁定书 ①

(2013)浙杭民确字第 5 号

申请人:ARTONI 汽车有限公司。

委托代理人:李某某。

被申请人:林某(LINXI)。

委托代理人:程某某,浙江远行律师事务所律师。

---

① 来源:中国裁判文书网。

申请人 ARTONI 汽车有限公司（以下简称 ARTONI 公司）于 2013 年 9 月 12 日向本院申请承认和执行意大利共和国米兰地方法院作出的第 51116/201011R.G 号民事裁定书（以下简称 51116/201011R.G 号裁定书），本院依法组成合议庭进行了审查，于 2014 年 2 月 28 日、4 月 30 日、5 月 14 日向当事人进行了询问，现已审查终结。

申请人 ARTONI 公司申请称：申请人 ARTONI 公司与被申请人林某商业发票一案经意大利共和国米兰地方法院受理后已审理终结，裁定林某应当支付 ARTONI 汽车有限公司金额为 11 342.20 欧元，并且强制执行林某在中华人民共和国浙江省杭州市下城区凤起路三华园×栋×室房产。该裁定书已于 2010 年 5 月 28 日生效。现 ARTONI 公司根据《中华人民共和国民事诉讼法》相关规定，请求人民法院承认和执行第 51117/201012R.G 号裁定书在中华人民共和国领域内具有法律效力。

被申请人林某提交意见称：一、申请人 ARTONI 公司提出的申请，已经超过申请期限，且其不能证明提交的裁定书是否有效。二、申请人 ARTONI 公司提交的申请材料不能证明被申请人林某已经经过意大利共和国米兰地方法院合法传唤，ARTONI 公司提交的 51116/201011R.G 号裁定书的真实性未经过确认。其提交的公证认证材料只是表明公证的复印件与 ARTONI 公司提交的原件一致，而并没有证明原件上法院的印章及文书内容是否真实有效，威尔切利市政府的认证机关也提示不对文书内容的真实性负责。四、被申请人林某从未出庭参加过 ARTONI 公司提交的 51116/201011R.G 号裁定书记载的案件的审理，也没有得到过法院的合法传唤，该裁定书上记载双方参加诉讼的内容与事实不符，林某的护照签证证明当时林某正在中国境内，不可能出席在意大利法院进行的庭审，ARTONI 公司也没有提交诸如法院传票、签收材料、庭审笔录等能够证明林某参加了庭审或者得到合法传唤的证据。五、申请人 ARTONI 公司提交的申请材料没有经过完整的翻译，不符合法定要求。综上所述，被申请人林某请求人民法院根据《中华人民共和国民事诉讼法》《中华人民共和国和意大利共和国关于民事司法协助的条约》之相关规定，驳回申请人 ARTONI 公司提出的本案申请。

本院经审查认为：申请人 ARTONI 公司向本院申请承认和执行意大利共和国米兰地方法院作出的第 51116/201011R.G 号民事裁定书，根据《中华人民共和国和意大利共和国关于民事司法协助的条约》第二十四条"申请承认与执行须提出的文件"规定的"申请承认与执行裁决的当事人应当提交下列文件：（一）裁决的真实和完整的副本"，ARTONI 公司应当提交具有合法来源的并经证明真实的民事裁定书副本，如意大利共和国米兰地方法院出具的副本证明或者生效证明等。但是根据 ARTONI 公司现提交的申请材料显示，其提交的第 51116/201011R.G 号民事裁定书系复印件，虽然经过公证认证手续，但是公证机关仅对于该复印件与 ARTONI 公司出示的原件一致进行了公证，并未对原件本身的真实性和效力进行证明，而根据被申请人林某在本审理期间向意大利共和国米兰法院民事纠纷案件统一登记局查核的证明显示，该局没有任何涉及主体为 AR-

TONI 公司和林某的裁判文书登记在案，并证明第 51116-2010-11 号案号与 ARTONI 公司和林某无涉。据此，ARTONI 公司本案所提交要求承认和执行的第 51116/201011R.G 号民事裁定书的来源及真实性无法确认，不符合《中华人民共和国和意大利共和国关于民事司法协助的条约》关于申请材料形式要求的规定，本院依照《中华人民共和国民事诉讼法》第一百五十四条、最高人民法院《关于适用〈中华人民共和国民事诉讼法〉的解释》第五百四十三条的规定，裁定如下：

驳回申请人 ARTONI 汽车有限公司的申请。

审　判　长　　沈　斐
审　判　员　　缪　蕾
代理审判员　　王克力

二〇一五年十二月二十一日

书　记　员　　季三云

〔评注〕

得到承认和执行的外国法院民事判决，首先必须是已经发生法律效力的判决。因为我国法院仅对外国法院民事裁判作程序性审查，而不审查其裁判的实质内容，因此在审查外国法院裁判的效力时，就应当更加谨慎。

本案中，ARTONI 公司提交要求承认和执行的第 51116/201011R.G 号民事裁定书的来源及真实性无法确认，意大利共和国米兰法院民事纠纷案件统一登记局查核的证明显示，该局没有任何涉及主体为 ARTONI 公司和林某的裁判文书登记在案，我国法院有理由对该文书的真实性提出怀疑。

最后，该文书作出裁判时引用了《中华人民共和国和意大利共和国关于民事司法协助的条约》第二十四条的规定，明确了裁判基础和依据，进一步增强了文书的说服力。

需要说明的是，根据《人民法院民事裁判文书制作规范》的要求，接受当事人、法定代理人委托的诉讼代理人，应写明其诉讼地位是"委托诉讼代理人"，而非"委托代理人"；引用最高人民法院的司法解释时，应当按照公告公布的格式书写，因此实例中引用司法解释的正确格式是"《最高人民法院关于适用〈中华人民共和国民事诉讼法〉的解释》"。

【实例评注2】

中华人民共和国
江苏省镇江市中级人民法院
民事裁定书 ①

(2016)苏 11 协外认 1 号

申请人杨某。

申请人杨某于 2016 年 5 月 26 日向本院提出申请,要求承认美国马里兰州巴尔的摩县巡回法院对杨某与肖某婚姻诉讼一案作出的判决,本院依法组成合议庭进行了审理,本案现已审理终结。

申请人杨某称:其与肖某于 2003 年 4 月 21 日在陕西省西安市新城区民政局登记结婚。2005 年 1 月,双方移居美国。后其申请与肖某离婚,2014 年 4 月 25 日,双方签订离婚同意书。2014 年 5 月 15 日,美国马里兰州巴尔的摩县巡回法院作出了编号为 03 - C - 14 - 0953 的判决,准许双方离婚。故请求法院承认美国马里兰州巴尔的摩县巡回法院民事判决。

本院经审查认为,《最高人民法院关于适用〈中华人民共和国民事诉讼法〉的解释》第五百四十三条规定,申请人向人民法院申请承认和执行外国法院作出的判决、裁定,应当提供外国法院作出的发生法律效力的判决、裁定等文件。《最高人民法院关于中国公民申请承认外国法院离婚判决程序问题的规定》第八条规定,对于外国法院判决书没有指明已生效或生效时间的,申请人应提交作出判决的法院出具的判决已生效的证明文件。本案中,申请人杨某提供的美国马里兰州巴尔的摩县巡回法院作出的离婚判决书上未指明该判决已生效或生效时间,申请人亦未提供其他证明文件证明该判决已经生效。

故申请人杨某要求承认外国法院民事判决的申请不符合法律规定,本院不予支持。依照《最高人民法院关于适用〈中华人民共和国民事诉讼法〉的解释》第五百四十三条第一款、第五百四十八条第三款,《最高人民法院关于中国公民申请承认外国法院离婚判决程序问题的规定》第八条、第十二条第(一)项、第十三条之规定,裁定如下:

驳回申请人杨某的申请。

本裁定经送达即发生法律效力。

---

① 来源:中国裁判文书网。

审　判　长		陈　敏
审　判　员		王成瑶
代理审判员		赵夏艳

二〇一六年七月十八日

书　记　员　　季雅婷

〔评注〕

1. 本案中，相关裁判文书生效与否无法确认，我国法院无从确认其效力，因此驳回了申请人的申请。在该裁定的说理部分，着重分析了不予承认和执行的理由，并援引了相关法律依据。

2. 因为本案系不予承认外国法院离婚判决，裁定书中援引了《最高人民法院关于中国公民申请承认外国法院离婚判决程序问题的规定》第十二条规定作为法律依据，符合相关文书写作规范的要求。

3. 需要强调的是，外国法院所作的判决或裁决的承认与执行的期间和国内判决执行期间相同，均为两年。如果当事人只申请承认外国判决或裁定，而未同时申请执行，则申请执行的期间自法院承认裁定生效之日起重新计算。

此外，实例在列明当事人基本信息时，未在"申请人"后用冒号，与文书样式不符，特此说明。根据《人民法院民事裁判文书制作规范》的要求，引用法律条款中的项的，一律使用汉字不加括号，实例在援引时依然用了括号，不符合要求，应当纠正。

3. 民事裁定书（驳回承认和执行外国法院生效判决、裁定申请用）

中华人民共和国××××人民法院
民事裁定书

（××××）……协外认……号

申请人：×××，……。
……

被申请人：×××，……。
……

（以上写明当事人和其他诉讼参加人的姓名或者名称等基本信息）

申请人×××申请承认/承认和执行××××国××××法院……号民事判决/裁定一案，本院于××××年××月××日立案。本院依法组成合议庭进行了审查，组织当事人进行了询问，现已审查终结。

　　×××申请称，……（简要写明申请人的请求、事实和理由）。

　　×××陈述意见称，……（简要写明同意或者不同意申请人请求的意见、事实和理由）。

　　本院经审查认为，……（写明驳回申请的理由）。

　　依照《最高人民法院关于适用〈中华人民共和国民事诉讼法〉的解释》第五百四十四条、……（写明公约、条约、法律、司法解释等法律依据）规定，裁定如下：

　　驳回×××的申请。

　　本裁定一经作出即生效。

审　判　长　×××
审　判　员　×××
审　判　员　×××

××××年××月××日
（院印）
书　记　员　×××

【说明】

1. 本样式依据《最高人民法院关于适用〈中华人民共和国民事诉讼法〉的解释》第五百四十四条制定，供人民法院裁定驳回当事人承认和执行外国法院生效判决、裁定申请用。

2. 根据《最高人民法院关于适用〈中华人民共和国民事诉讼法〉的解释》第五百四十四条规定，人民法院可以裁定驳回当事人的申请。除了上述司法解释规定的情形之外，当事人提交的材料不符合相关国际公约、双边条约或者协定关于材料形式要求的规定，如不能提交该外国判决的正本或者不能提交生效证明等，或者人民法院在受理当事人的申请后发现不应予以立案的，可以裁定驳回当事人的申请。

【实例评注1】

中华人民共和国
广东省汕头市中级人民法院
民事裁定书①

（2015）汕中法民一初字第2号

申请人黄某某。

委托代理人黄某甲。

申请人黄某某于2015年7月7日向本院提出申请，要求承认美国加利福尼亚州高等法院于2009年12月3日作出黄某某与李某婚姻关系无效的编号FF09469426的判决。该判决结果为：黄某某与李某的婚姻无效。此婚姻关系无效判决于2009年12月3日起生效。

本院经审查认为，美国加利福尼亚州高等法院对上述案件的判决并非离婚判决，而是确认婚姻无效的判决，故不能适用《最高人民法院关于中国公民申请承认外国法院离婚判决程序问题的规定》及《最高人民法院关于人民法院受理申请承认外国法院离婚判决案件有关问题的规定》，根据《中华人民共和国民事诉讼法》第二百八十二条、《最高人民法院关于适用〈中华人民共和国民事诉讼法〉的解释》第五百四十四条的规定，裁定如下：

驳回黄某某提出的承认美国加利福尼亚州高等法院档案号为FF09469426之判决的申请。

本案案件受理费100元，由申请人黄某某负担。

审　判　长　　张丹华
审　判　员　　翁汉光
审　判　员　　吴晓如
二〇一五年十月二十六日
书　记　员　　吴　妍

〔评注〕

《民诉法解释》第五百四十四条规定："当事人向中华人民共和国有管辖权的中级人民法院申请承认和执行外国法院作出的发生法律效力的判决、裁定的，如果该法院所在国与中华人民共和国没有缔结或者共同参加国际条约，也没有互惠关系的，裁定驳回申请，但当事人向人民法院申请承认外国法院作出的发生法律效力的离婚判决的

---

① 来源：中国裁判文书网。

除外。承认和执行申请被裁定驳回的,当事人可以向人民法院起诉。"

本案中,美国与中国并未缔结互惠条约,只能适用《最高人民法院关于中国公民申请承认外国法院离婚判决程序问题的规定》及《最高人民法院关于人民法院受理申请承认外国法院离婚判决案件有关问题的规定》确认当事人的婚姻状况。然而,申请人提交的外国法院裁判系确认婚姻无效,而非离婚判决,因此不能适用相关规定。依照《民诉法解释》第五百四十四条规定,应当驳回申请。

需要说明的是,根据《人民法院民事裁判文书制作规范》的要求,接受当事人、法定代理人委托的诉讼代理人,应写明其诉讼地位是"委托诉讼代理人",而非"委托代理人"。此外,该文书在列明当事人基本信息时,未在"申请人"后用冒号,与文书样式不符,特此说明。

【实例评注2】

中华人民共和国
辽宁省沈阳市中级人民法院
民事裁定书 ①

(2015)沈中民四特字第2号

申请人:张某某,男,中国国籍,住辽宁省沈阳市。

申请人张某某申请承认外国法院民事判决一案,本院受理后,依法组成由审判员王英玉担任审判长、审判员王时钰主审、代理审判员宋喆参加评议的合议庭进行了审理。本案现已审理终结。

申请人张某某于2014年12月22日向本院提出申请,要求承认韩国首尔南部地方法院2014GASO506902判决。

经审查,2014年11月5日,韩国首尔南部地方法院宣判的2014GASO506902判决,所审理的为利益分配金诉讼,张某某系原告,桂某某系被告,张某某起诉桂某某未支付合伙开网吧的应支付的利益分配。

本院认为:依照《最高人民法院关于适用〈中华人民共和国民事诉讼法〉的解释》第五百四十四条规定,当事人向中华人民共和国有管辖权的中级人民法院申请承认和执行外国法院作出的发生法律效力的判决、裁定的,如果该法院所在国与中华人民共和国没有缔结或者共同参加国际条约,也没有互惠关系的,裁定驳回申请,但当事人向

---

① 来源:中国裁判文书网。

人民法院申请承认外国法院作出的发生法律效力的离婚判决的除外。承认和执行申请被裁定驳回的，当事人可以向人民法院起诉。鉴于我国和韩国之间没有缔结或者参加相互承认和执行法院判决、裁定的国际条约，亦未建立相应的互惠关系，故本院认为，张某某的申请不符合法定条件。

综上，依照《中华人民共和国民事诉讼法》第二百八十二条、《最高人民法院关于适用〈中华人民共和国民事诉讼法〉的解释》第五百四十四条之规定，裁定如下：

驳回申请人张某某请求承认韩国首尔南部地方法院2014GASO506902判决法律效力的申请。

申请费500元，由申请人张某某负担。

本裁定书一经送达，即发生法律效力。

审　判　长　　王英玉

审　判　员　　王时钰

代理审判员　　宋　喆

二〇一五年四月八日

书　记　员　　高秀丽

〔评注〕

1. 各国对于承认和执行外国法院判决都持谨慎态度，除在国内立法中规定承认和执行外国法院判决的条件和程序外，一般都以存在国际条约或互惠关系为前提。本案中，韩国法院作出了民事裁判，但韩国与我国并未缔结或参加国际条约，彼此之间也没有互惠关系，我国法院无法对该裁判予以承认或执行。

2. 在既无条约又无互惠关系的前提下，考虑到本案并非离婚判决，我国法院裁定对该判决不予承认和执行。作为补救措施，当事人可以向有管辖权的我国法院重新起诉，由我国法院作出有拘束力的判决。

4. 民事裁定书（不予受理承认和执行外国法院生效判决、裁定申请用）

中华人民共和国××××人民法院

民事裁定书

（××××）……协外认……号

申请人：×××，……。

……

(以上写明当事人和其他诉讼参加人的姓名或者名称等基本信息)

×××年××月××日,申请人×××向本院申请承认/承认和执行×××国×××法院于×××年××月××日作出的……号民事判决/裁定。本院依法组成合议庭进行了审查,现已审查终结。

本院经审查认为,……(写明不予受理的事实和理由)。

依照《最高人民法院关于中国公民申请承认外国法院离婚判决程序问题的规定》第三条、第六条、……(明确写明公约、条约、法律、司法解释等法律依据)规定,裁定如下:

对×××的申请,本院不予受理。

本裁定一经作出即生效。

审　判　长　×××
审　判　员　×××
审　判　员　×××
×××年××月××日
(院印)
书　记　员　×××

【说明】

1. 本样式依据《最高人民法院关于中国公民申请承认外国法院离婚判决程序问题的规定》第三条、第六条制定,供人民法院不予受理承认和执行外国法院生效判决、裁定申请用。

2. 人民法院在立案阶段发现,当事人提交的材料不符合相关国际公约、双边条约或者协定关于材料基本形式要求的规定的,如不能提交该外国判决的正本等,人民法院可以裁定不予受理。

【实例评注】

中华人民共和国
广东省江门市中级人民法院
民事裁定书 ①

(2014)江中法民一初字第8号

---

① 来源:中国裁判文书网。

申请人：张某某。

2014年5月5日，申请人张某某向本院提出申请，要求承认加拿大安大略省高级审判庭（Superior Court Of Justice）对N与张某某离婚一案于2009年1月2日作出的判决的法律效力。

本院经审查认为，张某某申请承认加拿大安大略省高级审判庭（Superior Court Of Justice）对N与张某某离婚一案作出判决的法律效力，但仅提交了该判决的生效证明书而未能提交该判决书，其申请不符合我国法律规定的承认外国法院判决效力的条件，依照《中华人民共和国民事诉讼法》第二百八十一条、第二百八十二条和最高人民法院《关于中国公民申请承认外国法院离婚判决程序问题的规定》第三条的规定，裁定如下：

驳回张某某关于承认加拿大安大略省高级审判庭（Superior Court Of Justice）对N与张某某离婚一案判决法律效力的申请。

审　判　长　　梅晓凌
审　判　员　　许世清
代理审判员　　赵　斓

二〇一四年六月十九日
书　记　员　　李慕华

〔评注〕

《最高人民法院关于中国公民申请承认外国法院离婚判决程序问题的规定》第三条规定："向人民法院申请承认外国法院的离婚判决，申请人应提出书面申请书，并须附有外国法院离婚判决书正本及经证明无误的中文译本。否则，不予受理。"

本案中，申请人并未提交外国法院离婚判决书正本及经证明无误的中文译本，故对其申请应当不予受理。在文书结论部分，法院直接裁定驳回该申请，与法律规定有所出入，应当予以纠正。

需要说明的是，根据《人民法院民事裁判文书制作规范》的要求，引用最高人民法院的司法解释时，应当按照公告公布的格式书写，《最高人民法院关于中国公民申请承认外国法院离婚判决程序问题的规定》公布的格式中，并未将"最高人民法院"列在书名号之前，实例引用此规定时，存在不规范的情形，特此说明。

5. 民事裁定书（准许撤回承认和执行外国法院生效判决、裁定申请用）

中华人民共和国×××人民法院
民事裁定书

（××××）……协外认……号

申请人：×××，……。
……
被申请人：×××，……。
……
（以上写明当事人和其他诉讼参加人的姓名或者名称等基本信息）

申请人×××申请承认/承认和执行××××国×××法院……号民事判决/裁定一案，本院于××××年××月××日立案。本院依法组成合议庭进行审查。

×××于××××年××月××日向本院提出撤回申请。

本院经审查认为，……（写明准许撤回的理由）。×××撤回申请符合法律规定，应予准许。

依照《最高人民法院关于中国公民申请承认外国法院离婚判决程序问题的规定》第二十一条、……（明确写明公约、条约、法律、司法解释等法律依据）规定，裁定如下：

准许×××撤回申请。

案件申请费……元，由……负担（写明当事人姓名或者名称、负担金额）。

本裁定一经作出即生效。

审　判　长　×××
审　判　员　×××
审　判　员　×××

××××年××月××日
（院印）
书　记　员　×××

【说明】

本样式依据《最高人民法院关于中国公民申请承认外国法院离婚判决程序问题的规定》第二十一条制定，供人民法院准许当事人撤回承认（和执行）外国法院生效判决、裁定申请用。

【实例评注】

中华人民共和国
福建省福州市中级人民法院
民事裁定书①

（2016）闽 01 协外认 7 号

申请人陈某，女，汉族，1969 年 1 月 26 日出生，住福建省仙游县。

2016 年 5 月 13 日，申请人陈某向本院提出申请，要求承认澳大利亚家庭法院对萧某某（J）与陈某（S）离婚一案于 2015 年 11 月 17 日作出的档案号为（P）BRC3743/2010 离婚判决。本院在审理过程中，陈某于 2016 年 7 月 26 日向本院提出撤回申请。

本院认为，陈某撤回申请，符合有关法律规定，本院予以准许。依照最高人民法院《关于中国公民申请承认外国法院离婚判决程序问题的规定》第二十一条及《诉讼费用交纳办法》第十四条第一款第（一）项的规定，裁定如下：

准许陈某撤回申请。

案件受理费 500 元，减半收取为 250 元，由申请人陈某负担。

审　判　长　　闫榕霞
代理审判员　　吕德快
代理审判员　　陈　雯
二〇一六年七月二十六日
书　记　员　　施铃涛

〔评注〕

《最高人民法院关于中国公民申请承认外国法院离婚判决程序问题的规定》第二十一条规定："申请人的申请为人民法院受理后，申请人可以撤回申请，人民法院以裁定准予撤回。申请人撤回申请后，不得再提出申请，但可以另向人民法院起诉离婚。"

对于不准重复起诉的规定，在申请承认外国法院离婚判决的诉讼中，与其他民事案件存在明显冲突。为保证当事人的诉权，上述规定保留了另行起诉的规定。这一点在文书中虽然没有特别说明，但应该成为裁定的默认含义。

需要说明的是，根据《人民法院民事裁判文书制作规范》的要求，引用最高人民

---

① 来源：中国裁判文书网。

法院的司法解释时，应当按照公告公布的格式书写，《最高人民法院关于中国公民申请承认外国法院离婚判决程序问题的规定》公布的格式中，并未将"最高人民法院"列在书名号之前，实例引用此规定时，存在不规范的情形，特此说明；引用法律条款中的项的，一律使用汉字不加括号，实例在援引时依然用了括号，不符合要求，应当纠正。

6. 民事裁定书（外国法院请求承认和执行外国法院生效判决、裁定用）

中华人民共和国×××人民法院
民事裁定书

（××××）……协外认……号

请求法院：×××国×××法院。
原告：×××，……。
被告：×××，……。
……
（以上写明当事人和其他诉讼参加人的姓名或者名称等基本信息）

×××国×××法院请求承认/承认和执行×××国×××法院……号民事判决/裁定一案，本院于××××年××月××日立案。本院依法组成合议庭进行了审查，组织当事人进行了询问，现已审查终结。

×××国×××法院请求，……（写明请求承认和执行的生效裁判文书、事实和理由）。

本院经审查认为，……（写明争议焦点，根据认定的事实和相关法律，对请求进行分析和评判，说明理由）。

依照《中华人民共和国民事诉讼法》第二百八十一条、第二百八十二条……（明确写明公约、条约、法律、司法解释等法律依据）规定，裁定如下：

（支持请求的，写明:）承认/承认和执行×××国×××法院……号民事判决/裁定。

（不予承认的，写明:）不予承认/承认和执行×××国×××法院……号民事判决/裁定。

案件申请费……元，由……负担（写明当事人姓名或者名称、负担金额）。

审　判　长　×××
审　判　员　×××
审　判　员　×××

××××年××月××日 （院印） 书　记　员　×××

【说明】

1. 本样式依据《中华人民共和国民事诉讼法》第二百八十一条、第二百八十二条制定，供人民法院予以承认和执行或者不予承认和执行外国法院承认和执行外国法院判决、裁定用。

2. 根据《中华人民共和国民事诉讼法》第二百八十一条、第二百八十二条规定，外国法院作为请求法院可以直接向人民法院提出承认和执行外国法院民事判决、裁定的请求。对于此类案件，人民法院受理后应当送达该外国法院判决所涉当事人。

【实例评注】

（暂缺实例）

〔评注〕

实践中，已公开的裁判文书中尚未发现此类由外国法院作为请求法院向人民法院提出申请的案例，故无法就实例进行分析。

在最高人民法院出版的《民事诉讼文书样式》中，对各种文书的写作格式进行了罗列，其中部分样式在目前的审判实践中尚未得到应用。正如本章中外国法院申请承认和执行的例子，在司法实践中，往往是由当事人对已经生效的外国法院判决、裁定申请承认和执行，正如我国法院作出的判决和裁定，一般不会由我国法院主动申请外国法院承认和执行一样。然而，随着我国经济的发展，国际影响力的增大，日后很有可能会出现此类情况，因此这类文书样式也应当受到我们的重视。

(二)认可和执行香港特别行政区、澳门特别行政区、台湾地区法院民事判决

7. 民事裁定书（认可和执行香港特别行政区法院民事判决用）

××××人民法院
民事裁定书

（××××）……认港……号

申请人：×××，……。
……

被申请人：×××，……。
……

（以上写明当事人和其他诉讼参加人的姓名或者名称等基本信息）

申请人×××申请认可和执行香港特别行政区××××法院……号民事判决书/命令/诉讼费用评定书一案，本院于××××年××月××日立案。本院依法组成合议庭进行了审查，组织当事人进行了询问，现已审查终结。

×××申请称，……（简要写明申请人的请求、事实和理由）。

×××陈述意见称，……（简要写明被申请人的意见、事实和理由）。

本院经审查认为，……（写明争议焦点，依据认定的事实和相关法律，对请求进行分析评判，说明理由）。

依照《最高人民法院关于内地与香港特别行政区法院相互认可和执行当事人协议管辖的民商事案件判决的安排》第一条、……（写明法律、司法解释等法律依据）规定，裁定如下：

认可和执行香港特别行政区××××法院……号民事判决书/命令/诉讼费用评定书。

案件申请费……元，由……负担（写明当事人姓名或者名称、负担金额）。

如不服本裁定，可以在裁定书送达之日起十日内向××××人民法院（上一级人民法院名称）申请复议。

审　判　长　×××
审　判　员　×××
审　判　员　×××

××××年××月××日
（院印）
书　记　员　×××

【说明】

1. 本样式依据《最高人民法院关于内地与香港特别行政区法院相互认可和执行当事人协议管辖的民商事案件判决的安排》制定，供人民法院裁定认可和执行香港特别行政区法院的生效民事判决用。

2. 根据《最高人民法院关于内地与香港特别行政区法院相互认可和执行当事人协议管辖的民商事案件判决的安排》第十二条规定，当事人对人民法院作出的认可和执行裁定不服的，可以向上一级人民法院申请复议。

【实例评注】

福建省泉州市中级人民法院
民事裁定书①

（2015）泉民认字第 76 号

申请人：百营镍资源有限公司。住所地：香港特别行政区中环租庇利街 1 号喜讯大厦 10 楼。

法定代表人：施某某，该公司董事。

委托代理人：蔡某某，男，1962 年 7 月 1 日出生。

转委托代理人：李某某，福建君涵律师事务所律师。

被申请人：泉州腾龙煤炭有限公司。住所地：福建省晋江市永和镇古厝村。

法定代表人：陈某某，该公司执行董事兼总经理。

被申请人：肖某某，男，汉族，1972 年 12 月 18 日出生，住福建省龙岩市。

申请人百营镍资源有限公司（以下简称百营公司）因与被申请人泉州腾龙煤炭有限公司（以下简称腾龙公司）、肖某某申请承认和执行香港特别行政区法院民事判决一案，于 2015 年 11 月 9 日向本院提出申请，本院受理后，依法组成合议庭进行了审理。本案现已审理终结。

申请人百营公司称，申请人与被申请人借款合同纠纷一案，香港特别行政区高等法院原讼法庭经审理，分别于 2012 年 6 月 8 日和 2012 年 5 月 9 日针对第二被告肖某某、第三被告腾龙公司作出 2011 年 1285 宗终局判决，判定："第二（第三）被告人须付予原告人 970 000 美元（或于付款时等值的港元）连同利息。"判决同时加载："利息由 2011 年 7 月 29 日至本判决书颁下之日，以年利率 8% 计算，之后则以判决利率计算，直至款

---

① 来源：中国裁判文书网。

项已清偿为止。另第二(第三)被告人须支付定额讼费 11 045 港元。"终局判决后,案件未在香港办理强制执行申请,两被申请人也未按判决书履行付款义务。另据了解,被申请人腾龙公司名下有址在晋江市永和镇古厝村的房产和土地使用权可供执行。申请人认为,上述香港特别行政区高等法院原讼法庭作出的判决属于《最高人民法院关于内地与香港特别行政区法院相互认可和执行当事人协议管辖的民商事案件判决的安排》(以下简称《安排》)第二条可以申请认可的"具有执行力的终审判决",且被申请人腾龙公司的住所地和财产所在地均在泉州市中级人民法院辖区。请求:一、依法认可香港特别行政区高等法院原讼法庭 2011 年 1285 宗终局判决的法律效力;二、依法采取强制执行措施,责令被申请人立即履行香港特别行政区高等法院原讼法庭 2011 年 1285 宗终局判决书确定的还款义务,支付申请人 97 0000 美元(或于付款时等值的港元)连同利息;三、本案申请法律文书效力认可和强制执行的费用由被申请人承担。

申请人百营公司为证明自己的主张提交了以下证据:

一、证明书、公司董事会决议证明,证明申请人基本情况以及授权蔡某某代为办理认可和强制执行的内容;

二、企业法人工商登记基本情况表、身份证、护照复印件,证明被申请人基本情况;

三、中外文译本相符证明(内含三份材料,两份是针对两被申请人的判决、一份是香港特别行政区高等法院原讼法庭送达给两被申请人的应诉材料以及案件的证据材料),证明香港特别行政区高等法院原讼法庭 2011 年 1285 宗终局判决的内容以及该判决可供执行,判决符合《安排》的条件,应当得到认可和执行;

四、2014 年 3 月 13 日海峡都市报 N4 版催款通知,证明申请人于 2014 年 3 月 13 日向被申请人催讨欠款;

五、中外文译本相符证明(香港特别行政区高等法院原讼法庭出具的证明书),证明香港特别行政区高等法院原讼法庭 2011 年 1285 宗终局判决的内容以及该判决书可供执行,判决符合《安排》的条件,应当得到认可和执行。

本院认为,申请人百营公司提供的证据具备真实性、合法性、关联性,依法予以确认。

本院查明:

2011 年 4 月 29 日,申请人百营公司与被申请人腾龙公司、肖某某及案外人 PTHUALONGINTERNATIONAL 签订《航次赔款协议》。《航次赔款协议》第 3 条约定:"本协议若有争议,提交香港法院诉讼解决。"2011 年 7 月 26 日,百营公司以 PTHUALONGINTERNATIONAL 为第一被告人、肖某某为第二被告人、腾龙公司为第三被告人诉至香港特别行政区高等法院原讼法庭。香港特别行政区高等法院原讼法庭经审理,分别于 2012 年 6 月 8 日和 2012 年 5 月 9 日针对第二被告人肖某某、第三被告人腾龙公司作出 2011 年 1285 宗终局判决，判定："第二（第三）被告人须付予原告人 970 000 美元（或于付款时等值的港元）连同利息。利息由 2011 年 7 月 29 日至本判决书颁下之日，以年利率 8% 计算，之后则以判决利率计算，直至款项已清偿为止。另外，第二（第三）被告人须支付定额讼费 11045 港元。"2014 年 3 月 13 日，申请人百营公司在《海峡都市报》N4 版刊登《催款公告》，要求被申请人腾龙公司、肖某某于 2014 年 3 月 18 日前履行香港特别行政区高等法院原讼法庭作出的 2011 年 1285 宗终局判决。

本院认为：

申请人百营公司依照其与被申请人腾龙公司、肖某某等之间的管辖协议向香港特别行政区有管辖权的法院提起诉讼，并获得相关判决。现申请人百营公司依照《最高人民法院关于内地与香港特别行政区法院相互认可和执行当事人协议管辖的民商事案件判决的安排》的有关规定提出认可该民事判决之申请，而被申请人腾龙公司的住所地在福建省晋江市，属于本院辖区，故本院依法对本案享有管辖权。

《安排》第一条规定："内地人民法院和香港特别行政区法院在具有书面管辖协议的民商事案件中作出的须支付款项的具有执行力的终审判决，当事人可以根据本安排向内地人民法院或者香港特别行政区法院申请认可和执行。"本案所申请认可和执行的香港特别行政区高等法院作出的 2011 年 1285 宗终局判决判定两被申请人向申请人百营公司支付 970 000 美元及利息，属于《安排》第一条、第十六条所规定的 "须支付款项的具有执行力的终审判决" 及 "根据该判决须支付的利息"。且该判决所处理的纠纷不属于《安排》第九条第三项所指的 "执行地法院对该案享有专属管辖权" 的案件，也不存在《安排》第九条规定的其他不予认可和执行的情形。因此，本院对香港特别行政区高等法院原讼法庭 2011 年 1285 宗终局判决予以认可和执行。

综上，依据《最高人民法院关于内地与香港特别行政区法院相互认可和执行当事人协议管辖的民商事案件判决的安排》第一条，第三条第一、二款，第四条，第五条第一款，第九条，第十一条，第十二条，第十六条之规定，裁定如下：

对香港特别行政区高等法院原讼法庭于 2012 年 6 月 8 日和 2012 年 5 月 9 日作出的 2011 年 1285 宗终局判决予以认可和执行，即：肖某某、泉州腾龙煤炭有限公司须付予百营镍资源有限公司 970 000 美元（或于付款时等值的港元）连同利息，利息由 2011 年 7 月 29 日至本判决书颁下之日，以年利率 8% 计算，之后则以判决利率计算，直至款项已清偿为止。肖某某、泉州腾龙煤炭有限公司另须支付定额讼费 11 045 港元。该部分判决与本院作出的民事判决具有同等法律效力。

本案申请费人民币 55 896 元，由被申请人泉州腾龙煤炭有限公司、肖某某共同负担。

如不服本裁定，可在裁定书送达之日起三十日内向福建省高级人民法院申请复议。

審　判　長　　郑玲玲
代理审判员　　贺张翡
代理审判员　　王　帆

二〇一六年二月二十九日

书　记　员　　吴静霖
速　录　员　　谢　冬

〔评注〕

《最高人民法院关于内地与香港特别行政区法院相互认可和执行当事人协议管辖的民商事案件判决的安排》第十二条规定："当事人对认可和执行与否的裁定不服的，在内地可以向上一级人民法院申请复议，在香港特别行政区可以根据其法律规定提出上诉。"

为促进内地和香港的沟通交流，不同地区法院之间民事裁判的认可与执行是必要的。本案中，针对在内地申请确认的案件，对当事人申请复议的权利予以了保留，合乎上述规定的要求。

需要说明的是，根据《人民法院民事裁判文书制作规范》的要求，接受当事人、法定代理人委托的诉讼代理人，应写明其诉讼地位是"委托诉讼代理人"，而非"委托代理人"，特此说明。

8. 民事裁定书（不予认可和执行香港特别行政区法院民商事判决用）

××××人民法院
民事裁定书

（××××）……认港……号

申请人：×××，……。
……
被申请人：×××，……。
……

（以上写明当事人和其他诉讼参加人的姓名或者名称等基本信息）

申请人×××申请认可和执行香港特别行政区××××法院……号民事判决书/命令/诉讼费用评定书一案，本院于××××年××月××日立案。本院依法组成合议庭进行了审查，组织当事人进行了询问，现已审查终结。

×××申请称,……(简要写明申请人的请求、事实和理由)。

×××陈述意见称,……(简要写明被申请人的意见、事实和理由)。

本院经审查认为,……(写明争议焦点,依据认定的事实和相关法律,对请求进行分析评判,说明理由)。

依照《最高人民法院关于内地与香港特别行政区法院相互认可和执行当事人协议管辖的民商事案件判决的安排》第九条第×项、……(写明法律、司法解释等法律依据)规定,裁定如下:

不予认可和执行香港特别行政区××××法院……号民事判决书/命令/诉讼费用评定书。

案件申请费……元,由……负担(写明当事人姓名或者名称、负担金额)。

如不服本裁定,可以在裁定书送达之日起十日内向××××人民法院(写明上一级人民法院名称)申请复议。

审 判 长　×××
审 判 员　×××
审 判 员　×××

×××年××月××日
（院印）
书 记 员　×××

【说明】

本样式依据《最高人民法院关于内地与香港特别行政区法院相互认可和执行当事人协议管辖的民商事案件判决的安排》制定。供人民法院裁定不予认可和执行香港特别行政区法院的生效民事判决用。

【实例评注】

中华人民共和国
北京市第三中级人民法院
民事裁定书 ①

(2015)三中民特字第06851号

---

① 来源:中国裁判文书网。

申请人：王某，男，1970年12月16日出生。
委托代理人：杨某，北京市浩天信和律师事务所律师。
被申请人：叶某，女，1975年7月26日出生。
委托代理人：田某某，北京市众鑫律师事务所律师。

申请人王某与被申请人叶某申请认可和执行香港特别行政区法院民事判决一案，本院受理后，依法组成合议庭，公开开庭进行了审理。王某的委托代理人杨某、叶某的委托代理人田某某到庭参加了诉讼。本案现已审理终结。

2015年5月11日，王某向本院提出申请，请求：1. 认可香港特别行政区区域法院作出的婚姻诉讼2011年第×号×之命令及讼费评定书；2. 叶某向其支付人民币343 021.55元（港币433 485.67元，以2015年4月3日中国外汇交易中心授权公布人民币汇率中间价公告"1港元对人民币0.79131元"汇率计），并支付自2011年8月11日起至上述款项实际付清之日止（暂算至2015年4月3日，共1 332天）的债务利息，计人民币100 142.91元（港币126 553.32元，以"1港元对人民币0.79131元"汇率计）。事实及理由：2011年9月9日，申请人王某与被申请人叶某的离婚纠纷由香港特别行政区区域法院作出婚姻诉讼第×号×之命令，因管辖权问题驳回了被申请人叶某的离婚请求，并判令被申请人叶某支付申请人王某因该案引起的相关诉讼费用。2012年3月16日，香港特别行政区区域法院针对上述判决中的讼费给付内容专门出具讼费评定书，核准了被申请人叶某需向王某支付的讼费金额为港币433 485.67元。2012年3月29日，申请人的香港代理律师向叶某发出催款函，但叶某并未配合支付该款项。因叶某在香港无财产可供采取强制措施，故至今该判决的债务未被履行。现王某根据叶某在北京市朝阳区有一处房产这一事实，特向法院提出前述请求。适用的法律依据主要包括：《最高人民法院关于中国公民申请承认外国法院离婚判决程序问题的规定》第一条、《最高人民法院关于适用〈中华人民共和国民事诉讼法〉的解释》第五百四十六条、第五百五十一条、《最高人民法院关于内地与香港特别行政区法院相互认可和执行当事人协议管辖的民商事案件判决的安排》第二条及《最高人民法院关于我国公民周某某向我国法院申请承认香港地方法院离婚判决效力，我国法院应否受理问题的批复》等。另外王某的申请执行也并未超过申请及执行时效。

叶某对王某的请求及理由不予认可，认为法院应当裁判驳回王某的申请，判令王某承担本案诉讼费用。理由是：1. 认可与执行涉案的命令及评定书与我国现行《婚姻法》相关法条的立法精神不符；2. 王某申请超过内地《民事诉讼法》关于申请执行期限的规定；3. 王某的请求没有法律依据。

经审理查明，2011年8月11日，香港特别行政区区域法院作出的婚姻诉讼2011年第1847号命令，该命令显示：叶某于2011年2月17日提出的离婚呈请被驳回；答辩人的暂缓申请无限期押后，但可自由恢复；叶某须支付王某本申请引起的讼费，连两位大律师证明书,若未能就金额达成协议,则按诉讼双方对评基准交法庭评定。这是暂准命令,如没有任何一方作出申请更改,于21天后成为绝对命令。2012年3月16日,香港特别行政区区域法院作出婚姻诉讼2011年第×宗讼费评定书,该讼费评定书显示的准予金额为港币433485.67元。双方当事人均认可前述命令及讼费评定书都已经生效。

王某另提供中国委托公证书及香港律师谢某某出具的证明书,以证明其申请法院认可及执行其所诉命令及讼费评定书没有超过法定的相关时限。叶某主张王某的申请超过我国民事诉讼法中关于申请执行期限的相关规定。

以上事实,有香港特别行政区区域法院婚姻诉讼2011年第×号命令及讼费评定书、证明书等在案证明。

本院认为:人民法院审理涉及香港、澳门特别行政区和台湾地区的民事诉讼案件,可以参照适用涉外民事诉讼程序的特别规定。当事人向中华人民共和国有管辖权的中级人民法院申请承认和执行外国法院作出的发生法律效力的判决、裁定的,如果该法院所在国与中华人民共和国没有缔结或者共同参加国际条约,也没有互惠关系的,裁定驳回申请,但当事人向人民法院申请承认外国法院作出的发生法律效力的离婚判决的除外。对与我国没有订立司法协助协议的外国法院作出的离婚判决,中国籍当事人可以根据最高人民法院《关于中国公民申请承认外国法院离婚判决程序问题的规定》向人民法院申请承认该外国法院的离婚判决。

本案中,王某申请认可和执行的命令中叶某的离婚的呈请被驳回,因此,本案所涉命令虽系基于婚姻诉讼作出,但是该命令并未判处双方离婚。因此,该命令并非离婚判决,双方婚姻关系也不因承认而改变,故其认可及执行程序不能按照《关于中国公民申请承认外国法院离婚判决程序问题的规定》的相关条款进行处理。另外,王某与叶某之间系家庭纠纷,且双方之间也无管辖协议,因此,本案的审理也不能适用《最高人民法院关于内地与香港特别行政区法院相互认可和执行当事人协议管辖的民商事案件判决的安排》进行处理。据此,王某申请认可涉案命令及讼费评定书的申请,缺乏法律依据,法院不予支持。

对外国法院作出的发生法律效力的判决、裁定或者外国仲裁裁决,需要中华人民共和国法院执行的,当事人应当先向人民法院申请承认。人民法院经审查,裁定承认后,再根据民事诉讼法第三编的规定予以执行。因王某申请法院认可涉案命令及讼费评定书的主张法院不予支持,相应地,其申请执行该命令及讼费评定书的申请,法院也不予支持。

综上所述,依照《中华人民共和国民事诉讼法》第二百八十一、二百八十二条,《最高人民法院关于适用〈中华人民共和国民事诉讼法〉的解释》第五百四十四条、第五百四十六条、第五百五十一条之规定,《最高人民法院关于中国公民申请承认外国法院离婚判决程序问题的规定》第一条之规定,裁定如下:

驳回王某的所有申请。

案件受理费100元，由王某负担(已交纳)。

本裁定为终审裁定。

审　判　长　亓培冰
审　判　员　王　朔
代理审判员　宋少源
二○一五年六月十二日
书　记　员　梁　丽

〔评注〕

审判实践中，涉港澳台的案件参照涉外案件进行处理，因此在文书说理部分必须对法律适用问题进行分析。本案中的说理部分对此予以了明确，阐述鞭辟入里，符合法律及相关司法解释的规定。

需要说明的是，根据《人民法院民事裁判文书制作规范》的要求，接受当事人、法定代理人委托的诉讼代理人，应写明其诉讼地位是"委托诉讼代理人"，而非"委托代理人"；引用最高人民法院的司法解释时，应当按照公告公布的格式书写，《最高人民法院关于中国公民申请承认外国法院离婚判决程序问题的规定》公布的格式中，并未将"最高人民法院"列在书名号之前，实例引用此规定时，存在不规范的情形，特此说明。

9. 民事裁定书（予以认可和执行澳门特别行政区法院民事判决用）

××××人民法院
民事裁定书

（××××）……认澳……号

申请人：×××，……。

……

被申请人：×××，……。

……

（以上写明当事人和其他诉讼参加人的姓名或者名称等基本信息）

申请人×××申请认可和执行澳门特别行政区××××法院……号民事判决/裁判/确认和解裁定/决定/批示一案，本院于××××年××月××日立案。本院依法组成合议庭进行了审查，组织当事人进行了询问，现已审查终结。

×××申请称，……（简要写明申请人的请求、事实和理由）。

×××陈述意见称，……（简要写明被申请人的意见、事实和理由）。

本院经审查认为，……（写明争议焦点，依据认定的事实和相关法律，对请求进行分析评判，说明理由）。

依照《最高人民法院关于内地与澳门特别行政区相互认可和执行民商事判决的安排》第一条、……（写明法律、司法解释等法律依据）规定，裁定如下：

认可和执行澳门特别行政区××××法院……号民事判决/裁判/确认和解裁定/决定/批示。

案件申请费……元，由……负担(写明当事人姓名或者名称、负担金额)。

如不服本裁定，可以在裁定书送达之日起十日内向××××人民法院(写明上一级人民法院名称)申请复议。

审　判　长　×××
审　判　员　×××
审　判　员　×××

××××年××月××日
（院印）
书　记　员　×××

【说明】

1. 本样式依据《最高人民法院关于内地与澳门特别行政区相互认可和执行民商事判决的安排》制定，供人民法院认可和执行澳门特别行政区民事判决用。

2. 根据《最高人民法院关于内地与澳门特别行政区相互认可和执行民商事判决的安排》第二条规定，可以被人民法院认可和执行的澳门特别行政区法院判决包括：裁判、判决、确认和解的裁定、法官的决定或者批示。

3. 根据《最高人民法院关于内地与澳门特别行政区相互认可和执行民商事判决的安排》第三条规定，当事人可以单独申请认可，也可以同时申请认可和执行。

4. 根据《最高人民法院关于内地与澳门特别行政区相互认可和执行民商事判决的安排》第十二条规定，当事人对人民法院作出的认可和执行裁定不服的，可以向上一级人民法院申请复议。

5. 根据《最高人民法院关于内地与澳门特别行政区相互认可和执行民商事判决的安排》第十四条规定，人民法院不能对判决所确认的所有请求予以认可和执行时，可以认可和执行其中的部分请求。

【实例评注】

江苏省南通市中级人民法院
民事裁定书 [①]

（2014）通中民初字第00125号

申请人：徐某某。

被申请人：蒋某某。

申请人徐某某申请认可和执行澳门特别行政区民事判决纠纷一案，本院于2014年9月26日受理后，依法组成合议庭进行了审理。申请人徐某某到庭参加了诉讼，被申请人蒋某某经本院合法传唤，未到庭参加诉讼。本案现已审理终结。

申请人徐某某称，申请人徐某某与被申请人蒋某某于2010年6月期间共同在澳门银河地盘工地做木工，2010年6月15日下午，申请人徐某某为劝阻被申请人蒋某某与其他人之间的争执而被蒋某某推倒受伤。后蒋某某经澳门特别行政区初级法院判决一年六个月有期徒刑，缓期二年执行，并赔偿申请人徐某某澳门币308 460元（折合人民币236 777.87元）。但被申请人蒋某某至今分文未付。故请求：1. 认可澳门特别行政区初级法院刑事法庭《判决书》（编号：CR1-11-0052-PCC）具有法律效力并申请强制执行；2. 责令被申请人支付赔偿款本金人民币236 777.87元并支付相应利息。

被申请人蒋某某未答辩。

本院经审理查明，澳门特别行政区初级法院于2013年6月17日作出卷宗编号为CR1-11-0052-PCC判决书，载明蒋某某内地住址为江苏省如东县掘港镇×村×组×号。该判决书中认定：2010年6月15日下午约6时，蒋某某在银河地盘宿舍1楼平台与其弟弟杨某某因工作问题而发生争执。期间，徐某某从银河地盘宿舍9105号旁通道地面上劝阻二人，并对他们说："两兄弟为什么会争执，给别人看见会被嘲笑，真是笨蛋。"蒋某某不满徐某某用言语侮辱他"笨蛋"，故走到该通道地上与徐某某争执，并用双手叉住徐某某颈部及用力推了徐某某一下，致其失足跌倒，撞向楼梯栏杆而受伤，之后晕倒地上。随后，徐某某被员工送往澳门镜湖医院接受治疗。澳门特别行政区初级

[①] 来源：中国裁判文书网。

法院判处蒋某某以直接正犯和既遂方式触犯《刑法典》第139条第2款规定和处罚的一项因结果之加重,伤害罪,判处一年六个月徒刑,缓刑两年;驳回徐某某要求判处蒋某某向其支付因受袭致伤需在将来支出并结算的诊疗费用;蒋某某向徐某某支付财产和非财产损害赔偿合共澳门币三十万零八千四百六十元,另加该等数额自该案判决日起计至付清期间的法定迟延利息。

2014年7月14日,澳门特别行政区初级法院出具证明,证明:编号CR1-11-0052-PCC刑事案件判决确定日期为2013年6月27日;本案无任何证据证明蒋某某已履行本案被判处的民事赔偿;徐某某没有就本案民事赔偿在澳门特别行政区初级法院另行提起民事诉讼。

本院认为,本案系申请人请求认可和执行澳门特别行政区法院的刑事附带民事判决中有关民事损害赔偿的案件,属于《最高人民法院关于内地与澳门特别行政区关于相互认可和执行民商事判决的安排》(以下简称《安排》)相互认可和执行的范围。被申请人蒋某某的住所地位于如东县,因此本院依法有权受理申请人徐某某的认可和执行上述澳门特别行政区判决的申请。澳门特别行政区初级法院作出的卷宗编号为CR1-11-0052-PCC判决已于2013年6月27日发生法律效力,本案不具有《安排》第十一条所规定的不予认可的情形,本院对澳门特别行政区初级法院判决中关于被申请人蒋某某支付申请人徐某某财产和非财产损害赔偿及利息判项的内容予以认可和执行,根据《安排》第一条第二款、第三条、第四条、第七条、第十条、第十一条、第十二条的规定,裁定如下:

认可和执行澳门特别行政区初级法院编号为CR1-11-0052-PCC判决中关于被申请人蒋某某赔偿申请人徐某某财产和非财产损害赔偿及利息的民事损害赔偿判项。

案件受理费3 451元,公告费500元,合计3 951元,由被申请人蒋某某负担。

如不服本裁定,可在裁定书送达之日起十日内向江苏省高级人民法院申请复议。

审　判　长　　倪红晏
代理审判员　　刘　猛
代理审判员　　曹　璐
二〇一五年六月三十日
书　记　员　　徐红燕

〔评注〕

《最高人民法院关于内地与澳门特别行政区相互认可和执行民商事判决的安排》第三条规定:"一方法院作出的具有给付内容的生效判决,当事人可以向对方有管辖权的法院申请认可和执行。没有给付内容,或者不需要执行,但需要通过司法程序予以认可的判决,当事人可以向对方法院单独申请认可,也可以直接以该判决作为证据在对方法院的诉讼程序中使用。"

本案中,徐某某同时申请认可和执行澳门特别行政区的民事判决,符合上述规定。裁判文书中对此内容予以明确,减轻了当事人的诉累,提高了审判效率,是值得肯定的做法。

《最高人民法院关于内地与澳门特别行政区相互认可和执行民商事判决的安排》第十四条规定:"被请求方法院不能对判决所确认的所有请求予以认可和执行时,可以认可和执行其中的部分请求。"

本案中,当事人申请认可和执行的是一份刑事附带民事判决,并且仅要求对财产和非财产损害赔偿内容进行确认。考虑到内地法院不能对判决所确认的刑事判项进行认可和执行,仅就财产和非财产损害赔偿部分进行判决,符合法律规定,亦符合客观实际。

10. 民事裁定书(不予认可和执行澳门特别行政区法院民商事判决用)

××××人民法院
民事裁定书

(××××)……认澳……号

申请人:×××,……。
……
被申请人:×××,……。
……

(以上写明当事人和其他诉讼参加人的姓名或者名称等基本信息)

申请人×××申请认可和执行澳门特别行政区××××法院……号民事判决/裁判/确认和解裁定/决定/批示一案,本院于××××年××月××日立案。本院依法组成合议庭进行了审查,组织当事人进行了询问,现已审查终结。

×××申请称,……(简要写明申请人的请求、事实和理由)。

×××陈述意见称,……(简要写明被申请人的意见、事实和理由)。

本院经审查认为,……(写明争议焦点,依据认定的事实和相关法律,对请求进行分析评判,说明理由)。

依照《最高人民法院关于内地与澳门特别行政区相互认可和执行民商事判决的安排》第十一条第×项、第十二条第二款、……(写明法律、司法解释等法律依据)规定,裁定如下:

> 不予认可和执行澳门特别行政区×××法院……号民事判决/裁判/确认和解裁定/决定/批示。
>
> 案件申请费……元,由……负担(写明当事人姓名或者名称、负担金额)。
>
> 如不服本裁定,可以在裁定书送达之日起十日内向×××人民法院(写明上一级人民法院名称)申请复议。
>
>
> 审　判　长　×××
> 审　判　员　×××
> 审　判　员　×××
>
> ×××× 年 ×× 月 ×× 日
> (院印)
> 书　记　员　×××
>

【说明】

本样式依据《最高人民法院关于内地与澳门特别行政区相互认可和执行民商事判决的安排》制定,供人民法院不予认可和执行澳门特别行政区民商事判决用。

【实例评注】

(暂缺实例)

〔评注〕

实践中,已公开的裁判文书中尚未发现此类不予认可和执行澳门特别行政区法院民商事判决的案例,故不再就实例进行分析。

《最高人民法院关于内地与澳门特别行政区相互认可和执行民商事判决的安排》第十一条规定:"被请求方法院经审查核实存在下列情形之一的,裁定不予认可:(一)根据被请求方的法律,判决所确认的事项属被请求方法院专属管辖;(二)在被请求方法院已存在相同诉讼,该诉讼先于待认可判决的诉讼提起,且被请求方法院具有管辖权;(三)被请求方法院已认可或者执行被请求方法院以外的法院或仲裁机构就相同诉讼作出的判决或仲裁裁决;(四)根据判决作出地的法律规定,败诉的当事人未得到合法传唤,或者无诉讼行为能力人未依法得到代理;(五)根据判决作出地的法律规定,申请认可和执行的判决尚未发生法律效力,或者因再审被裁定中止执行;(六)在内地认可和执行判决将违反内地法律的基本原则或者社会公共利益;在澳门特别行政区认可和执行判决将违反澳门特别行政区法律的基本原则或者公共秩序。"由上述规定可知,当事人如果申请内地法院承认和执行澳门法院作出的裁定、判决，需考察管辖权、裁判效力、有效送达、公共利益等问题，确定符合法律要求后才能够作出承认或执行的裁定。然而，在具体的司法实践中，当事人在诉讼阶段就会对管辖权问题主张自己的观点，如果在内地法院已经存在对同一纠纷的裁判结果，当事人亦不会浪费时间、精力对与之相反的澳门法院裁判申请承认或执行。在送达问题上，澳门法院的要求往往更加严格。考虑到澳门与内地的密切联系，也基本上不会出现违反公共利益的裁判。正因如此，不予认可和执行澳门特别行政区法院民商事判决的案例才没有太大的可能出现，也无法列举出相应的实例。

11. 民事裁定书（认可和执行台湾地区法院民事判决用）

×××× 人民法院
民事裁定书

（××××）……认台……号

申请人：×××，……。
……

被申请人：×××，……。
……

（以上写明当事人和其他诉讼参加人的姓名或者名称等基本信息）

申请人×××申请认可和执行台湾地区××××法院……号民事判决/裁定/和解笔录/调解笔录/支付命令一案，本院于××××年××月××日立案。本院依法组成合议庭进行了审查，组织当事人进行了询问，现已审查终结。

×××申请称，……（简要写明申请人的请求、事实和理由）。

×××陈述意见称，……（简要写明被申请人的意见、事实和理由）。

本院经审查认为，……（写明争议焦点，依据认定的事实和相关法律，对请求进行分析评判，说明理由）。

依照《最高人民法院关于认可和执行台湾地区法院民事判决的规定》第十六条、……（写明法律、司法解释等法律依据）规定，裁定如下：

认可和执行台湾地区××××法院……号民事判决/裁定/和解笔录/调解笔录/支付命令。

案件申请费……元，由……负担（写明当事人姓名或者名称、负担金额）。

如不服本裁定，可以在裁定书送达之日起十日内向××××人民法院(写明上一级人民法院名称)申请复议。

审　判　长　×××

审　判　员　×××

审　判　员　×××

××××年××月××日

(院印)

书　记　员　×××

【说明】

1. 本样式依据《最高人民法院关于认可和执行台湾地区法院民事判决的规定》第十六条、第十八条制定，供人民法院认可和执行台湾地区法院民事判决/裁定/和解笔录/调解笔录/支付命令用。

2. 根据《最高人民法院关于认可和执行台湾地区法院民事判决的规定》第十六条规定，人民法院经审查能够确认台湾地区法院民事判决真实并且已经生效，而且不具有本规定第十五条所列情形的，裁定认可其效力。

【实例评注】

河南省新乡市中级人民法院
民事裁定书①

(2016)豫 07 认台 1 号

申请人：刘某某(曾用名：刘某)，女，汉族，1975 年 12 月 19 日出生。

被申请人：卢某某，男，1969 年 11 月 15 日出生。

2016 年 5 月 26 日，申请人刘某某向本院提出申请，请求认可 2008 年 7 月 24 日台湾地区板桥地方法院对卢某某与刘某某离婚一案所作出的 96 年度婚字第 1582 号民事判决。该判决结果是，准卢某某与刘某某离婚。本院立案受理后，依法组成合议庭于 2016 年 8 月 9 日对本案进行了开庭审理，刘某某到庭参加了诉讼，卢某某经本院传票传

---

① 来源：中国裁判文书网。

唤无正当理由未到庭，本院依法缺席审理。本案现已审理终结。

刘某某申请称：其与卢某某的婚姻关系已于 2008 年 7 月 24 日由台湾地区板桥地方法院判决离婚，请求人民法院认可该判决，确认双方婚姻关系解除。

卢某某答辩称：对台湾地区板桥地方法院 96 年度婚字第 1582 号民事判决没有异议。

本院经审查认为，台湾地区板桥地方法院作出的 96 年度婚字第 1582 号民事判决已于 2008 年 11 月 21 日在台湾生效，该判决符合我国法律关于认可台湾地区有关法院判决所规定的条件。依照《中华人民共和国民事诉讼法》第一百五十四条第一款第（十一）项、《最高人民法院关于认可和执行台湾地区法院民事判决的规定》第十六条之规定，裁定如下：

对台湾地区板桥地方法院于 2008 年 7 月 24 日作出的 96 年度婚字第 1582 号民事判决的法律效力予以认可。

本裁定一经送达，即发生法律效力。

审　判　长　　刘志飞
审　判　员　　翟　晓
审　判　员　　马兵务

二〇一六年八月十日
书　记　员　　吕自尧

〔评注〕

《最高人民法院关于认可和执行台湾地区法院民事判决的规定》第十六条规定："人民法院经审查能够确认台湾地区法院民事判决真实并且已经生效，而且不具有本规定第十五条所列情形的，裁定认可其效力；不能确认该民事判决的真实性或者已经生效的，裁定驳回申请人的申请。裁定驳回申请的案件，申请人再次申请并符合受理条件的，人民法院应予受理。"《最高人民法院关于认可和执行台湾地区法院民事判决的规定》第十五条规定："台湾地区法院民事判决具有下列情形之一的，裁定不予认可：（一）申请认可的民事判决，是在被申请人缺席又未经合法传唤或者在被申请人无诉讼行为能力又未得到适当代理的情况下作出的；（二）案件系人民法院专属管辖的；（三）案件双方当事人订有有效仲裁协议，且无放弃仲裁管辖情形的；（四）案件系人民法院已作出判决或者中国大陆的仲裁庭已作出仲裁裁决的；（五）香港特别行政区、澳门特别行政区或者外国的法院已就同一争议作出判决且已为人民法院所认可或者承认的；（六）台湾地区、香港特别行政区、澳门特别行政区或者外国的仲裁庭已就同一争议作出仲裁裁决且已为人民法院所认可或者承认的。认可该民事判决将违反一个中国原则等国家法律的基本原则或者损害社会公共利益的，人民法院应当裁定不予认可。"

本案中，对于该离婚判决的认可并不构成上述第十五条规定的任何一种情形，法院在进行程序审查后对该判决予以确认并无不当。

需要说明的是，根据《人民法院民事裁判文书制作规范》的要求，引用法律条款中的项的，一律使用汉字不加括号，实例在援引时依然用了括号，不符合要求，应当纠正。

12. 民事裁定书（不予认可和执行台湾地区法院民事判决用）

××××人民法院
民事裁定书

（××××）……认台……号

申请人：×××，……。
……
被申请人：×××，……。
……
（以上写明当事人和其他诉讼参加人的姓名或者名称等基本信息）

申请人×××申请认可和执行台湾地区××××法院……号民事判决/裁定/和解笔录/调解笔录/支付命令一案，本院于××××年××月××日立案。本院依法组成合议庭进行了审查，组织当事人进行了询问，现已审查终结。

×××申请称，……（简要写明申请人的请求、事实和理由）。

×××陈述意见称，……（简要写明被申请人的意见、事实和理由）。

本院经审查认为，……（写明争议焦点，依据认定的事实和相关法律，对请求进行分析评判，说明理由）。

依照《最高人民法院关于认可和执行台湾地区法院民事判决的规定》第十五条、……（写明法律、司法解释等法律依据）规定，裁定如下：

不予认可和执行台湾地区××××法院……号民事判决/裁定/和解笔录/调解笔录/支付命令。

案件申请费……元，由……负担（写明当事人姓名或者名称、负担金额）。

如不服本裁定，可以在裁定书送达之日起十日内向××××人民法院（写明上一级人民法院名称）申请复议。

审　判　长　××× 审　判　员　××× 审　判　员　××× ××××年××月××日 （院印） 书　记　员　×××

【说明】

1. 本样式依据《最高人民法院关于认可和执行台湾地区法院民事判决的规定》第十五条、第十八条制定，供人民法院裁定不予认可和执行台湾地区法院民事判决用。

2. 根据《最高人民法院关于认可和执行台湾地区法院民事判决的规定》第十五条规定，人民法院经过审查，认为台湾地区法院民事判决具有该条款所列的六种情形之一，或认可该民事判决将违反一个中国原则等国家法律的基本原则或者损害社会公共利益，人民法院应当裁定不予认可。

【实例评注】

山东省青岛市中级人民法院
民事裁定书

（2014）青民认字第3号

申请人：王某某。

上述之申请人王某某于二〇一四年六月十九日向本院提出申请，请求认可台湾桃园地方法院九十三年度婚字第三九〇号解除申请人王某某与台湾省人钟某某婚姻关系的离婚判决书。本院受理后，依法组成合议庭进行了审查。

本院认为，申请人王某某要求确认与钟某某已经离婚，但申请人王某某仅提供台湾桃园地方法院家事法庭出具的调解笔录、通知书、起诉状、送达证书，未提供离婚判决书正本及相关证明文件，申请人之申请不符合最高人民法院的相关规定。比照最高人民法院《关于人民法院认可台湾地区有关法院民事判决的规定》，裁定如下：

对台湾桃园地方法院九十三年度婚字第三九〇号解除申请人王某某与台湾省人钟某某婚姻关系的离婚判决书不予确认。

案件受理费人民币一百元，由申请人王某某负担。

本裁定送达后，即发生法律效力。

审　判　长　　刘　琰
审　判　员　　牛珍平
代理审判员　　赵玉霞
二〇一四年十一月四日
书　记　员　　陈长明

〔评注〕

　　由于不予认可和执行台湾地区法院民事判决的情况很少，上述裁定书的作出时间早于 2016 年 8 月新民事诉讼文书样式实施之日。该文书所依据的《关于人民法院认可台湾地区有关法律院民事判决的规定》已于 2015 年废止，现行有效的《最高人民法院关于认可和执行台湾地区法院民事判决的规定》在该文书中并无体现。本文书对台湾地区法院民事判决不予确认的原因，并非是因为其违反了《最高人民法院关于认可和执行台湾地区法院民事判决的规定》第十五条规定的几种情形，而是当事人提交的材料不符合规定，法院在进行审查后对该判决不予确认并无不当。

　　需要说明的是，引用最高人民法院的司法解释时，应当按照公告公布的格式书写，《最高人民法院关于中国公民申请承认外国法院离婚判决程序问题的规定》公布的格式中，并未将"最高人民法院"列在书名号之前，实例引用此规定时，存在不规范的情形，特此说明。

13. 民事裁定书（驳回认可和执行台湾地区法院民事判决申请用）

××××人民法院
民事裁定书

（××××）……认台……号

申请人：×××，……。
……
被申请人：×××，……。
……
（以上写明当事人和其他诉讼参加人的姓名或者名称等基本信息）

　　　　申请人×××申请认可和执行台湾地区××××法院……号民事判决/裁定/和解笔录/调解笔录/支付命令一案，本院于××××年××月××日立案。本院依法组成合议庭进行了审查。
　　　　×××申请称，……（简要写明申请人的请求、事实和理由）。
　　　　×××陈述意见称，……（简要写明被申请人的意见、事实和理由）。
　　　　本院经审查认为，……（写明驳回申请的事实和理由）。
　　　　依照《最高人民法院关于认可和执行台湾地区法院民事判决的规定》第三条、第十六条、……（写明法律、司法解释等法律依据）规定，裁定如下：
　　　　驳回×××的申请。
　　　　如不服本裁定，可以自裁定书送达之日起十日内向××××人民法院申请复议。

　　　　　　　　　　　　　　　　　　　审　判　长　×××
　　　　　　　　　　　　　　　　　　　审　判　员　×××
　　　　　　　　　　　　　　　　　　　审　判　员　×××

　　　　　　　　　　　　　　　　　　　××××年××月××日
　　　　　　　　　　　　　　　　　　　　　（院印）
　　　　　　　　　　　　　　　　　　　书　记　员　×××

【说明】

　　1. 本样式依据《最高人民法院关于认可和执行台湾地区法院民事判决的规定》第三条、第十六条制定，供人民法院裁定驳回当事人认可和执行台湾地区民事判决申请用。

　　2. 根据《最高人民法院关于认可和执行台湾地区法院民事判决的规定》规定，当申请人坚持不申请认可，而直接申请执行的，或者人民法院无法确认该民事判决的真实性或者是否已经生效的，人民法院应当裁定驳回其申请。裁定驳回申请的案件，申请人再次申请并符合受理条件的，人民法院应予受理。

【实例评注】

　　（暂缺实例）

〔评注〕

　　实践中，已公开的裁判文书中尚未发现此类驳回认可和执行台湾地区法院民事判决的案例。

《最高人民法院关于认可和执行台湾地区法院民事判决的规定》第三条规定："申请人同时提出认可和执行台湾地区法院民事判决申请的，人民法院先按照认可程序进行审查，裁定认可后，由人民法院执行机构执行。申请人直接申请执行的，人民法院应当告知其一并提交认可申请；坚持不申请认可的，裁定驳回其申请。"

司法实践中，法院告知当事人一并提交认可申请，当事人很少有理由拒绝，或坚持不申请认可。因此，本章所列举的驳回申请的情形基本上不可能存在。

14. 民事裁定书（不予受理认可和执行台湾地区法院民事判决申请用）

×××× 人民法院
民事裁定书

（××××）……认台……号

申请人：×××，……。
……

（以上写明当事人和其他诉讼参加人的姓名或者名称等基本信息）

××××年××月××日，申请人×××向本院申请认可和执行台湾地区××××法院于××××年××月××日作出的××××号民事判决/裁定/和解笔录/调解笔录/支付命令。本院依法组成合议庭进行了审查。

本院经审查认为，……（写明不予受理的理由）。

依照《最高人民法院关于认可和执行台湾地区法院民事判决的规定》第八条、第十一条、第十九条、……（写明法律、司法解释等法律依据）规定，裁定如下：

对×××的申请，本院不予受理。

如不服本裁定的，可以在裁定书送达之日起十日内，向本院提交上诉状，上诉于××××人民法院。

审　判　长　×××
审　判　员　×××
审　判　员　×××

××××年××月××日
（院印）

书　记　员　×××

【说明】

1. 本样式依据《最高人民法院关于认可和执行台湾地区法院民事判决的规定》第八条、第十一条、第十九条制定，供人民法院不予受理申请认可和执行台湾地区法院民事判决申请用。

2. 根据《最高人民法院关于认可和执行台湾地区法院民事判决的规定》，当申请人的申请不符合本规定第四条、第七条所要求的条件，或者一方当事人向人民法院起诉后，另一方当事人向人民法院申请认可的，或者申请人对人民法院裁定不予认可的台湾地区法院民事判决，再次向人民法院提出申请的，人民法院均不予受理。

【实例评注】

（暂缺实例）

〔评注〕

实践中，已公开的裁判文书中尚未发现此类不予受理认可和执行台湾地区法院民事判决申请的案例。

对于《最高人民法院关于认可和执行台湾地区法院民事判决的规定》第八条、第十一条、第十九条规定的情形，往往在立案阶段就会向当事人进行释明，基本上不会发生具体审判过程中发现管辖、送达、重复起诉的问题，继而对当事人的申请不予受理的情形。

15. 民事裁定书（准许撤回认可和执行台湾地区法院民事判决申请用）

××××人民法院

民事裁定书

（××××）……认台……号

申请人：×××，……。
……
被申请人：×××，……。
……
（以上写明当事人和其他诉讼参加人的姓名或者名称等基本信息）

> 申请人×××申请认可和执行台湾地区××××法院……号民事判决/裁定/和解笔录/调解笔录/支付命令一案，本院于××××年××月××日立案。本院依法组成合议庭进行了审查。申请人×××于××××年××月××日向本院提出撤回申请。……（写明撤回的理由）。
>
> 本院经审查认为，申请人×××撤回申请符合法律规定，应予准许。
>
> 依照《最高人民法院关于认可和执行台湾地区法院民事判决的规定》第十三条……（写明法律、司法解释等法律依据）规定，裁定如下：
>
> 准许×××撤回申请。
>
>
>
> 审　判　长　×××
> 审　判　员　×××
> 审　判　员　×××
>
> ××××年××月××日
> （院印）
> 书　记　员　×××
>
>

【说明】

本样式依据《最高人民法院关于认可和执行台湾地区法院民事判决的规定》第十三条制定，供人民法院裁定准许申请人撤回认可和执行台湾地区法院民事判决申请用。

【实例评注】

中华人民共和国
山东省青岛市中级人民法院
民事裁定书①

（2015）青民认字第 11 号

申请人蔡某。

委托代理人李某某，上海衡孚律师事务所律师。

被申请人王某。

---

① 来源：中国裁判文书网。

申请人蔡某于 2015 年 11 月 19 日向本院提出申请,请求承认台湾高等法院于 2015 年 1 月 14 日作出准予蔡某与王某离婚的 103 年度家上字第 93 号民事判决。本院受理后,依法组成合议庭进行了审查。

本院在审查期间,申请人蔡某以被申请人王某就相同事项已向黑龙江省哈尔滨市中级人民法院提出申请,且该院已作出裁定为由申请撤回本次诉讼,本院予以准许。依照《最高人民法院关于认可和执行台湾地区法院民事判决的规定》第十三条之规定,裁定如下:

准予申请人蔡某撤回申请。

案件受理费 100 元,减半收取 50 元,由申请人蔡某负担。

本裁定送达后,即发生法律效力。

审　判　长　姜　蓉
审　判　员　牛珍平
代理审判员　赵玉霞
二〇一六年一月十五日
书　记　员　侯　钰
书　记　员　姜丽丽

〔评注〕

《最高人民法院关于认可和执行台湾地区法院民事判决的规定》第十三条规定:"人民法院受理认可台湾地区法院民事判决的申请后,作出裁定前,申请人请求撤回申请的,可以裁定准许。"

本案中,蔡某于 2015 年 11 月 19 日提出申请,并在审查期间申请撤诉,符合上述规定,法院应当予以准许。裁判文书中,对蔡某撤诉的原因亦予以了说明,避免当事人日后可能的争议,考虑十分周全。

需要说明的是,此外,实例在列明当事人基本信息时,未在"申请人"后用冒号,与文书样式不符。根据《人民法院民事裁判文书制作规范》的要求,接受当事人、法定代理人委托的诉讼代理人,应写明其诉讼地位是"委托诉讼代理人",而非"委托代理人",特此说明。

（三）承认和执行外国仲裁裁决

16. 民事裁定书（承认和执行外国仲裁裁决用）

中华人民共和国××××人民法院

民事裁定书

（××××）……协外认……号

申请人：×××，……。
……

被申请人：×××，……。
……

（以上写明当事人和其他诉讼参加人的姓名或者名称等基本信息）

申请人×××申请承认和执行×××仲裁机构/仲裁庭……号仲裁裁决一案，本院于××××年××月××日立案。本院依法组成合议庭进行了审查，组织当事人进行了询问，现已审查终结。

×××申请称，……（写明申请人的请求、事实和理由）。

×××陈述意见称，……（写明被申请人的意见）。

本院经审查认为，……（写明争议焦点，根据认定的事实和相关法律，对请求进行分析评判，说明理由）。

依照《中华人民共和国民事诉讼法》第二百八十三条……（写明公约、条约、法律、司法解释等法律依据）规定，裁定如下：

承认/承认和执行×××仲裁机构/仲裁庭所作……号仲裁裁决。

案件申请费……元，由……负担（写明当事人姓名或者名称、负担金额）。

审　判　长　×××
审　判　员　×××
审　判　员　×××

××××年××月××日
（院印）
书　记　员　×××

【说明】

1. 本样式依据《中华人民共和国民事诉讼法》第二百八十三条，《最高人民法院关于适用〈中华人民共和国民事诉讼法〉的解释》第五百四十五条、第五百四十六条、第五百四十七条、第五百四十八条，《全国人民代表大会常务委员会关于我国加入〈承认及执行外国仲裁裁决公约〉的决定》《承认及执行外国仲裁裁决公约》等制定，供人民法院裁定承认和执行外国仲裁裁决用。

2. 根据民事诉讼法及司法解释的规定，当事人既可以向人民法院申请承认外国仲裁裁决，也可以申请承认和执行外国仲裁裁决，人民法院依据当事人具体申请的事项作出审查和裁定。

3. 申请人或者被申请人为自然人的，应当写明其姓名、出生年月日、国籍及住所；申请人为法人或者其他组织的，应当写明其名称、住所以及法定代表人或者代表人姓名和职务。

4. 人民法院在通知被申请人后认为有必要对当事人进行询问，可以组织询问并在裁定书案件由来部分中写明。

5. 本院经审查认为部分主要包括：第一，仲裁裁判事实。仲裁机构或者仲裁庭作出仲裁裁决的时间、仲裁裁决的裁项、该仲裁裁决是否已经生效及生效时间。第二，审查的法律依据。我国与该外国是否参加了《承认及执行外国仲裁裁决公约》或者缔结了双边条约或者协定；如果我国与该外国没有参加纽约公约或者缔结双边条约或者协定，也可以依据《中华人民共和国民事诉讼法》第二百八十三条规定的互惠原则进行审查。第三，审查结论。对该仲裁裁决是否符合相关《承认及执行外国仲裁裁决公约》或者双边条约、协定或者互惠原则的相关规定，以及不存在不予承认和执行的情形作出分析认定，表明本院对该裁决是否予以承认和执行的意见等。

【实例评注】

中华人民共和国
湖北省宜昌市中级人民法院
民事裁定书 ①

（2015）鄂宜昌中民认字第 00001 号

申请人：来宝资源有限公司（NobleResourcesPteLtd.），住所地新加坡共和国新加坡市安顺路 60 号 19—01 丰树安顺大厦。

法定代表人：苏某某，该公司董事。

---

① 来源：中国裁判文书网。

委托代理人：王某某，广东敬海（南沙）律师事务所律师。特别授权代理。

被申请人：湖北清河纺织股份有限公司，住所地湖北省宜都市陆城纺织路12号。

法定代表人：魏某，该公司董事长。

委托代理人：郑某某，湖北楚星律师事务所律师。特别授权代理。

委托代理人：易某某，湖北清河纺织股份有限公司员工。特别授权代理。

申请人来宝资源有限公司与被申请人湖北清河纺织股份有限公司申请承认和执行外国仲裁裁决一案，本院受理后依法组成合议庭对该申请进行了审查，申请人来宝资源有限公司的委托代理人王某某，被申请人湖北清河纺织股份有限公司的委托代理人郑某某、易某某到庭参加审查。本案现已审查终结。

申请人来宝资源有限公司申请称：申请人与被申请人于2011年7月28日签订了一份关于巴西原棉的买卖合同。根据双方所确认的成交条件，申请人向被申请人出售500吨（+0/－3%）巴西棉，成交价为113.50美分/磅，CIF中国上海，合同争议由国际棉花协会（ICA）仲裁。双方据此签署了第SC－631－NRPL号合同书。后在实际履行上述合同的过程中，被申请人在支付了人民币810 000.00元（即128 553.06美元）后，并没有依照合同规定开立信用证并支付合同余款。申请人多次要求被申请人根据合同开立信用证、支付合同余款未果，申请人遂根据双方之间的仲裁条款向国际棉花协会提起仲裁。2014年6月23日，国际棉花协会作出《仲裁裁决书》，裁决被申请人向申请人支付：1. 252 881.43美元；2. 2014年7月14日至实际支付之日止，按照国际棉花协会的裁决利率（纽约基础利率3.25%＋4.25%）计算的利息（暂计至2014年11月14日为6 322美元）；3. 仲裁费用，共计5 215英镑。现该仲裁裁决书已经发生法律效力，但被申请人至今未支付任何款项。为了保护申请人的合法权益和保障权利人实现自己的权利，特申请承认和执行上述仲裁裁决。

申请人为证明其主张，提供如下证据材料：

证据一 No. SC－631－NRPL号合同书，证明：1. 申请人和被申请人达成关于买卖巴西原棉的合同，申请人向被申请人出售500吨巴西原棉。2. 申请人和被申请人达成仲裁协议，约定合同争议由国际棉花协会仲裁，适用英国法。

证据二仲裁裁决书，证明：1. 被申请人没有履行合同，申请人向国际棉花协会提起仲裁。2. 国际棉花协会按照仲裁规则向被申请人送达了有关仲裁程序的通知。3. 国际棉花协会裁决被申请人支付赔偿金、相应利息及仲裁费用等。4. 仲裁裁决已经发生法律效力。

证据三文书送达等，证明：1. 2014年6月23日，国际棉花协会按照仲裁规则向被申请人送达了《仲裁裁决书》并告知其申诉截止日期为2014年7月21日。2. 2014年7月23日，国际棉花协会按照仲裁规则通知被申请人申诉的截止日期届满。

证据四国际棉花协会章程与规则，证明：1. 仲裁庭有权对仲裁条款的有效性和仲裁庭的管辖权作出决定。2. 仲裁文书可以通过传真、电传、电子邮件或邮寄等方式送达。3. 本案仲裁程序符合仲裁规则的规定。

证据五英国1996年仲裁法,证明:1. "仲裁协议"系指将现在或将来之争议提交仲裁的协议(第6条)。2. 仲裁协议以书面形式达成,无论当事人签署与否,该书面形式包括交换的书面通讯,还包括借以将资料记载下来的任何形式,本案的仲裁协议符合前述规定,是有效的(第5条)。3. 仲裁庭有权对仲裁条款的有效性和仲裁庭的管辖权作出决定(第30条)。4. 当事人可以自由约定仲裁文件的送达方式(第76条)。5. 仲裁庭在当事人未支付仲裁费用时可以扣留裁决书(第56条)。6. 依据仲裁协议作出的裁决是终局的,对当事人具有拘束力(第58条)。7. 本案仲裁符合法律规定,应当得到承认及执行。

证据六公证书(2015)粤广海珠第2189号,证明:2015年1月27日,在广州市海珠公证处的见证下,申请人委托代理人通过EMS全球邮政特快专递将律师函及《仲裁裁决书》邮寄给被申请人。

被申请人湖北清河纺织股份有限公司答辩并质证称:对申请人所称事实无异议,对申请人提交的上述所有证据亦均无异议。被申请人收到了国际棉花协会仲裁裁决,但因被申请人已经停止生产经营,进入破产清算状态,现在无力履行该裁决。

本院经审查认为,本案属于申请承认和执行外国仲裁裁决案件。根据《中华人民共和国民事诉讼法》第二百八十三条的规定,国外仲裁机构的裁决,需要中华人民共和国人民法院承认和执行的,应当由当事人直接向被执行人住所地或者其财产所在地的中级人民法院申请,人民法院应当依照中华人民共和国缔结或者参加的国际条约,或者按照互惠原则办理。本案被申请人住所地在本院辖区内,因此本院对本案享有管辖权。我国与本案所涉仲裁裁决作出地利物浦所在国英国均为《承认及执行外国仲裁裁决公约》的成员国,故本案的审查适用《承认及执行外国仲裁裁决公约》。

申请人与被申请人于2011年7月28日签订了一份关于巴西原棉的买卖合同,双方约定合同争议由国际棉花协会(ICA)仲裁。在上述合同的实际履行过程中,被申请人支付了人民币810 000.00元(即128 553.06美元)后,并没有依照合同规定开立信用证并支付合同余款。申请人多次要求被申请人根据合同开立信用证、支付合同余款未果,申请人遂根据双方之间的仲裁条款向国际棉花协会提起仲裁。申请人提交的经公证认证的国际棉花协会仲裁裁决载明,2014年6月23日,国际棉花协会仲裁庭依据1996年英国仲裁法及其所有修正案作出如下裁决:一、被申请人湖北清河纺织股份有限公司向申请人来宝资源有限公司开具发票,发票金额为500公吨的棉花价值。二、被申请人湖北清河纺织股份有限公司向申请人来宝资源有限公司支付合同差价款224 182.94美元(即买卖合同价值与2012年10月8日市场价格间的差价)及利息28 698.49美元(自2012年10月8日至2014年6月23日,按照年利率7.5%计算),共计252 881.43美元;三、被申请人湖北清河纺织股份有限公司向申请人来宝资源有限公司支付252 881.43美元的利息(利率为美国纽约基准利率上加4.25%,自2014年6月14日开始计算直到被申请人清偿之日止);四、被申请人湖北清河纺织股份有限公司向申请人来宝资源有限公司支付仲裁总费用5 215英镑。国际棉花协会仲裁庭向申请人与被申请人合法的送达了该仲裁裁决。

《承认及执行外国仲裁裁决公约》第三条规定,"在以下各条所规定的条件下,每一个缔约国应该承认仲裁裁决有约束力,并且依照裁决需其承认或执行的地方程序规则予以执行"。第四条规定:"(1)为了获得前条所提到的承认和执行,申请承认和执行裁决的当事人应该在申请的时候提供:(一)经正式认证的裁决正本或经正式证明的副本。(二)第二条所提到的协议正本或经正式证明的副本。(三)如果上述裁决或协议不是用裁决需其承认或执行的国家的正式语言作成,申请承认和执行裁决的当事人应该提出这些文件的此种译文。译文应该由一官方的或宣过誓的译员或一外交或领事代理人证明。"第五条规定:"(1)被请求承认或执行裁决的管辖当局只有在作为裁决执行对象的当事人提出有关下列情况的证明的时候,才可以根据该当事人的要求,拒绝承认和执行该裁决:(一)第二条所述的协议的双方当事人,根据对他们适用的法律,当时是处于某种无行为能力的情况之下;或者根据双方当事人选定适用的法律,或在没有这种选定的时候,根据作出裁决的国家的法律,下述协议是无效的;或者(二)作为裁决执行对象的当事人,没有被给予指定仲裁员或者进行仲裁程序的适当通知,或者由于其他情况而不能对案件提出意见,或者(三)裁决涉及仲裁协议所没有提到的,或者不包括裁仲协议规定之内的争执;或者裁决内含有对仲裁协议范围以外事项的决定;但是,对于仲裁协议范围以内的事项的决定,如果可以和对于仲裁协议范围以外的事项的决定分开,那么,这一部分的决定仍然可予以承认和执行;或者(四)裁仲庭的组成或仲裁程序同当事人间的协议不符,或者当事人间没有这种协议时,同进行仲裁的国家的法律不符;或者(五)裁决对当事人还没有约束力,或者裁决已经由作出裁决的国家或据其法律作出裁决的国家的管辖当局撤销或停止执行。(2)被请求承认和执行仲裁裁决的国家的管辖当局如果查明有下列情况,也可以拒绝承认和执行:(一)争执的事项,依照这个国家的法律,不可以用仲裁方式解决;或者(二)承认或执行该项裁决将和这个国家的公共秩序相抵触。"

经审查,被申请人未向本院提交证据证明存在《承认及执行外国仲裁裁决公约》第五条第一项所列情形,本院亦未发现本案存在上述情形。且本案亦不违反我国加入该公约时所作出的保留性声明条款,故对该裁决应当予以承认和执行。根据《中华人民共和国民事诉讼法》第二百八十三条的规定本案裁定如下:

承认国际棉花协会于2014年6月23日作出的关于来宝资源有限公司与湖北清河纺织股份有限公司的仲裁裁决,并对该仲裁裁决予以执行。

本案申请费500元人民币，由被申请人湖北清河纺织股份有限公司负担。

审　判　长　苗劲松
审　判　员　张原鹏
审　判　员　王瑞菊
二〇一六年七月五日
书　记　员　张程程

〔评注〕

《民事诉讼法》第二百八十三条规定："国外仲裁机构的裁决，需要中华人民共和国人民法院承认和执行的，应当由当事人直接向被执行人住所地或者其财产所在地的中级人民法院申请，人民法院应当依照中华人民共和国缔结或者参加的国际条约，或者按照互惠原则办理。"

本案中，被申请人位于湖北省宜昌市，该市中院依照《承认及执行外国仲裁裁决公约》的规定，对裁决内容进行审查，并最终裁定承认该裁决。实例在法律适用、仲裁机构的合法性等问题上予以了详细论述，说理十分充分。

需要说明的是，根据《人民法院民事裁判文书制作规范》的要求，接受当事人、法定代理人委托的诉讼代理人，应写明其诉讼地位是"委托诉讼代理人"，而非"委托代理人"，特此说明。

17. 民事裁定书（不予承认和执行外国仲裁裁决用）

中华人民共和国××××人民法院
民事裁定书

（××××）……协外认……号

申请人：×××，……。
……
被申请人：×××，……。
……
（以上写明当事人和其他诉讼参加人的姓名或者名称等基本信息）

申请人×××申请承认和执行××××仲裁机构/仲裁庭……号仲裁裁决一案，本院于××××年××月××日立案。本院依法组成合议庭进行了审查，组织当事人进行了询问，现已审查终结。

　　×××申请称，……（写明申请人的请求、事实和理由）。

　　×××陈述意见称，……（写明被申请人的意见）。

　　本院经审查认为，……（写明争议焦点，根据认定的事实和相关法律，对请求进行分析评判，说明理由）。

　　依照《中华人民共和国民事诉讼法》第二百八十三条、《承认及执行外国仲裁裁决公约》第五条第×项、……（写明公约、条约、法律、司法解释等法律依据）规定，裁定如下：

　　不予承认和执行××××仲裁机构/仲裁庭所作……号仲裁裁决。

　　案件申请费……元，由……负担（写明当事人姓名或者名称、负担金额）。

审　判　长　×××
审　判　员　×××
审　判　员　×××

××××年××月××日
（院印）
书　记　员　×××

【说明】

1. 本样式依据《中华人民共和国民事诉讼法》第二百八十三条，《全国人民代表大会常务委员会关于我国加入〈承认及执行外国仲裁裁决公约〉的决定》《承认及执行外国仲裁裁决公约》（纽约公约），《最高人民法院关于适用〈中华人民共和国民事诉讼法〉的解释》第五百四十五条、第五百四十六条、第五百四十七条、第五百四十八条等制定，供人民法院裁定不予承认和执行外国仲裁裁决用。

2. 对于不予承认外国仲裁裁决的，应着重分析认定该裁决存在《承认及执行外国仲裁裁决公约》第五条第×项、×××双边条约或者协定第×条规定的不予承认和执行的具体情形，并援引上述具体条文规定作出不予承认和执行的裁定。

【实例评注】

中华人民共和国
山东省烟台市中级人民法院
民事裁定书①

(2014)烟民涉初字第 15 号

申请人：ECOMAGROINDUSTRIALASIAPTELTD。住所地：79 Robinson Road #17 - 04/05/06 CPF Building 068897 Singapore。

授权代表：R，该公司董事。

委托代理人：黄某某，上海百林司律师事务所律师。

委托代理人：赵某，上海百林司律师事务所律师。

被申请人：青岛金长江集团蓬莱纺织服装有限公司。住所地：山东省蓬莱市。

法定代表人：杨某，该公司董事长。

委托代理人：刘某某，山东宸来律师事务所律师。

2014 年 9 月 15 日，申请人 ECOMAGROINDUSTRIALASIAPTELTD（以下简称 ECOM 公司）向本院申请承认国际棉花协会于 2013 年 4 月 4 日作出的 ECOM 公司与青岛金长江集团蓬莱纺织服装有限公司（以下简称金长江公司）的仲裁裁决。本院依法组成合议庭对本案进行了审查，于 2014 年 11 月 10 日组织当事人进行了询问，现已审查终结。

申请人 ECOM 公司申请称，ECOM 公司因与金长江公司之间棉花买卖合同纠纷于 2012 年向国际棉花协会提出仲裁。2013 年 4 月 4 日经国际棉花协会作出仲裁裁决。现该裁决已经发生法律效力，而金长江公司并未遵照该裁决内容履行义务，故 ECOM 公司为维护自身合法权益不受侵犯，特依法向贵院申请承认该国际仲裁并强制执行。1. 请求承认国际棉花协会于 2013 年 4 月 4 日作出的关于 ECOM 公司与金长江公司间的仲裁裁决；2. 请求按照生效裁决书内容执行：要求金长江公司向 ECOM 公司支付 USD 47 925.38 美元及按照 4.25% 的年利率支付自 2013 年 4 月 25 日起至金长江公司实际支付日止的利息；3. 请求金长江公司支付仲裁费 4 755 英镑；按照 2013 年 4 月 25 日央行汇率折算合计为人民币 343 869.7 元（美元汇率 1:6.2300；英镑汇率 1:9.5257）；4. 执行费及相关费用由金长江公司承担。

被申请人金长江公司提交意见称，ECOM 公司的申请应予驳回。1. 金长江公司从来没有与 ECOM 公司发生过所谓的棉花买卖合同。2. 金长江公司从来没有与 ECOM 公

---

① 来源：中国裁判文书网。

司签订所谓的合同、签订所谓的仲裁协议，国际棉花协会单方的仲裁对金长江公司不产生法律效力。

本院查明：

（一）关于ECOM公司与金长江公司是否签订本案所涉合同的事实

ECOM公司向本院提交了2012年5月ECOM公司与金长江公司签订的棉花销售确认书和销售合同。合同约定：在合同签订之时，合同整合了国际棉花协会所有生效的规定和章程。所有争议将以友好方式解决，或按照国际棉花协会的规定和章程提交仲裁并应用英国法律予以解决。

ECOM公司主张ECOM公司在提交的国际棉花协会作出的仲裁裁决书中附带了销售合同，同时在《关于〈1996年仲裁法〉及ECOM公司和金长江公司之间仲裁事宜的声明》（以下简称《仲裁事宜声明》）里面也附带了销售确认书，销售确认书上有金长江公司的盖章及签名，双方之间通过传真的形式签订合同符合国际惯例，因为是通过传真的形式签订的合同，所以合同是复印件。法院在本案中的审查应该是程序审查，而非实体审查，对销售确认书和买卖合同的有效性、真实性都是属于实体范围，已由国际棉花协会对此作出裁决。

金长江公司主张双方之间不存在买卖合同，亦未签订过仲裁协议。

国际棉花协会仲裁主任JOHNGIBSON出具《仲裁事宜声明》，内容为：1. 本人是国际棉花协会的仲裁主任，因此，基于本人对协会记录和存档文件的查阅，本人知悉本文件所陈述的事宜。2. 本文件所附的第1—5页是ECOM与金长江公司之间提交仲裁的《销售确认书》及合同的真实且准确的副本。3. 本文件所附的第7—39页是国际棉花协会已经发送给金长江公司的原始信函及其递送证明的真实且准确的副本。4. 所有通知、文件和任何其他形式的通信均是按照国际棉花协会的章程和规则送达的。5. 仲裁裁决书是根据英国法律作出的，具有终局性和约束力。

在庭审中，本院要求ECOM公司提交销售确认书和销售合同原件，ECOM公司主张双方是通过传真的形式签订的合同，就是复印件，除仲裁裁决书及《仲裁事宜声明》外，ECOM公司没有提交其他证据证明双方之间签订过上述销售确认书和销售合同。

（二）关于国际棉花协会作出涉案仲裁裁决的事实

2012年7月24日，ECOM公司向国际棉花协会提起仲裁申请，仲裁请求包括：金长江公司未能/无力/忽视开立信用证导致无法执行合同。ECOM公司依照国际棉花协会的第225条和226条的规定，希望通过货单签收后返回的形式停止合同。ECOM公司索赔如下以求仲裁：(1)2012年6月29日市场价差，计51 584.99美元；(2)保管费每月2%，计16 676.30美元；(3)仲裁费用，计6 399.00美元；(4)利息每月2%，计7 466.03美元；合计索赔总额为82 126.32美元。上述第2)条保管费计算时间自2012年5月30日（按照原合同最后付款日期）至2012年8月2日（棉花重新出售之日）。上述第

4)条利息按照上述(1)(2)和(3)的总价值,每月收取2%。利息计算期间为5个月或直到2012年12月底。

2013年4月4日,国际棉花协会出具了仲裁裁决,该裁决书记载,关于司法管辖权,裁决庭依据审议的常规流程,已考虑到司法管辖权。裁决庭认为:双方同意达成协议,并存在书面的仲裁协议。仲裁庭合法成立,所有问题已按照仲裁协议递交仲裁。因此,仲裁庭认为其拥有司法管辖权,足以对本案进行仲裁。特此裁决如下:关于2012年5月11日的合同(合同号:318920131),(1)金长江公司应向ECOM公司货单签收后返回,未完成合同部分的数量为净重204公吨或净重449 738磅,单价为80.75美分/磅。(2)作为结果,金长江公司应支付ECOM公司总额为41 600.80美元,作为上述204公吨或净重449 738磅合同价值和2012年6月29日市场价值的差额。(3)金长江公司也须支付ECOM公司总额2 384.92美元的单利,本金为41 600.80美元,年利率7.5%,时间自2012年6月29日至2013年4月4日(本裁决生效日)。(4)金长江公司应支付ECOM公司总额3 726.05美元的运费。(5)金长江公司也应支付ECOM公司总额213.61美元的单利,本金为3 459.91美元,年利率7.5%,时间自2012年6月29日至2013年4月4日(本裁决生效日)。(6)金长江公司也应支付ECOM公司单利,本金为(2)(3)(4)和(5)提到的金额的累计总额47 925.38美元,年利率为4.25%(高于纽约基准利率)或按照恰当计算得出的平均值,时间自2013年4月25日至所有费用支付给卖方之日。8. 关于本裁决的费用,确定如下:i)本裁决的所有费用设为4 755.00英镑,包括800.00英镑的加盖印花费。在起草本裁决时,仅有ECOM公司支付了所要求的4 000.00英镑预付金。ECOM公司应承担和支付4 000.00英镑,但应从金长江公司处获得等值的补偿。在裁决起草期间,实际开支比收到的预付金多出755英镑,我们向双方发出请求以支付该金额,以确保裁决的颁布。鉴于ECOM公司支付了额外的费用,他们有权从金长江公司处获得等值的补偿。如金长江公司提供这个数额的费用,他们应当承担这个费用,因为他们应对所有的裁决费用负责。ii)各方应按说明承担和支付其各自的费用。9. 本仲裁席在英格兰的利物浦,应认为作出并完善了裁决,自2013年4月4日(国际棉花协会加盖印花之日)于利物浦生效并具有约束力。依此,无论事件在哪确定,或者裁决在哪里签署、派发或寄送争议中的机构,都须被认为是在英国作出。英格兰和威尔士的法律,尤其是Arbitration Act1996(英国仲裁法)和任何修正案管辖我们的裁决。英格兰和威尔士法院对我们的裁决流程实行司法管辖权;其他法院对流程的任何部分不得行使司法管辖权。

本院经审查认为,本案系当事人申请承认及执行外国仲裁裁决的案件,被申请人金长江公司的住所地在本院辖区内,根据《中华人民共和国民事诉讼法》第二百八十三条的规定,本院依法对本案享有管辖权。案涉仲裁裁决由国际棉花协会在英国境内作出,我国和英国均为《承认及执行外国仲裁裁决公约》的缔约国,根据《中华人民共和国民事诉讼法》第二百八十三条的规定,涉案仲裁裁决的承认及执行应当依照《承认及执行外国仲裁裁决公约》的相关规定进行审查。

(一)法院对仲裁协议是否成立的事实有无审查权

ECOM 公司主张 ECOM 公司在提交的国际棉花协会作出的仲裁裁决书中附带了销售合同,同时在《仲裁事宜声明》里面也附带了销售确认书。法院在本案中的审查应该是程序审查,而非实体审查,对销售确认书和买卖合同的有效性、真实性都是属于实体范围,已由国际棉花协会对此做出裁决。

本院认为,关于涉案仲裁协议是否成立的问题。国际棉花协会虽已确认涉案当事人之间存在仲裁协议,并据此行使管辖权和作出裁决,但 ECOM 公司按照《承认及执行外国仲裁裁决公约》申请承认和执行时,金长江公司对仲裁庭的管辖权提出异议,人民法院应当就仲裁协议是否成立的事实进行审查并作出判定。人民法院在审查外国仲裁裁决承认和执行案件时,有权依据相关证据对当事人之间是否签订仲裁协议及仲裁协议是否有效等进行审查并作出认定。

(二)双方之间是否存在仲裁协议

ECOM 公司为证实 ECOM 公司与金长江公司之间签订过仲裁协议,向本院提交了 2012 年 5 月 ECOM 公司与金长江公司签订的棉花销售确认书和销售合同。ECOM 公司主张销售确认书中有金长江公司的印章及相关人员签名,但由于是通过传真订立合同,所以 ECOM 公司不能提供盖有金长江公司的印章及相关人员签名的原件。

金长江公司主张双方之间不存在买卖合同,亦未签订过仲裁协议。

本院认为,从现有的证据看,ECOM 公司向法庭提交的是棉花销售确认书和销售合同,其主张由于是通过传真签订的合同,所以不能提供原件。金长江公司对 ECOM 公司提供的证据的真实性有异议,否认双方签订过棉花销售确认书和销售合同。国际棉花协会仲裁主任 JOHNGIBSON 出具《仲裁事宜声明》中陈述"本文件所附的第 1—5 页是 ECOM 与金长江公司之间提交仲裁的棉花销售确认书及合同的真实且准确的副本"。但其对棉花销售确认书和合同真实性的判断,也只能是依据 ECOM 公司在仲裁时提交的合同和棉花销售确认书的传真来判断,本院不能仅以《仲裁事宜声明》认定棉花销售确认书的真实性。除仲裁裁决书及《仲裁事宜声明》之外,ECOM 公司没有提交其他证据以证明棉花销售确认书和销售合同的真实性,在 ECOM 所提交的证据不足以证明其与金长江公司之间存在合同关系和仲裁协议的情况下,不能认定双方当事人之间存在书面的仲裁协议。ECOM 公司提出承认和执行仲裁裁决的请求,不符合《承认及执行外国仲裁裁决公约》第二条的规定,对国际棉花协会于 2013 年 4 月 4 日作出的 ECOMAGROINDUSTRIALASIAPTELTD 与青岛金长江集团蓬莱纺织服装有限公司仲裁裁决不予承认和执行。

综上,本院依照《中华人民共和国民事诉讼法》第二百八十三条、《承认及执行外国仲裁裁决公约》第二条的规定，裁定如下：

对国际棉花协会于 2013 年 4 月 4 日作出的 ECOMAGROINDUSTRIALASIAPTELTD 与青岛金长江集团蓬莱纺织服装有限公司仲裁裁决不予承认和执行。

本案申请费 5 058 元，由 ECOMAGROINDUSTRIALASIAPTELTD 负担。

本裁定一经送达即发生法律效力。

审　判　长　　任广科
人民陪审员　　王新利
人民陪审员　　孙　强
二〇一五年十一月二日
书　记　员　　袁　馨

〔评注〕

根据《承认及执行外国仲裁裁决公约》第二条的规定，(1)当事人以书面协定承允彼此间所发生或可能发生之一切或任何争议，如涉及可以仲裁解决事项之确定法律关系，不论为契约性质与否，应提交仲裁时，各缔约国应承认此项协定。(2)"书面协定"包括人所签署或在互换函电中所载明之契约仲裁条款和仲裁协定。(3)当事人就诉讼事项订有本条所称之协定者，缔约国法院受理诉讼时应依当事人一方之请求，命当事人提交仲裁，但前述协定经法院认定无效、未生效或不能实行者不在此限。

本案中，因当事人就案件基础事实存在争议，故法院并未依据《承认及执行外国仲裁裁决公约》第五条的某一项作出判断，而是依据该公约第二条，对于仲裁协议的效力予以了否定，继而否定了仲裁裁决的效力。这种釜底抽薪的说理方法与立法精神并不矛盾，符合案件客观实际，也是审判实践中可以借鉴的一种思路。

需要说明的是，根据《人民法院民事裁判文书制作规范》的要求，接受当事人、法定代理人委托的诉讼代理人，应写明其诉讼地位是"委托诉讼代理人"，而非"委托代理人"，特此说明。

（四）认可和执行香港特别行政区、澳门特别行政区、台湾地区仲裁裁决

18. 民事裁定书（执行香港特别行政区仲裁裁决用）

××××人民法院
民事裁定书

（××××）……认港……号

申请人：×××，……。
……

被申请人：×××，……。
……

（以上写明当事人和其他诉讼参加人的姓名或者名称等基本信息）

申请人×××申请执行香港特别行政区××××仲裁机构/仲裁庭……号仲裁裁决一案，本院于××××年××月××日立案。本院依法组成合议庭进行了审查，组织当事人进行了询问，现已审查终结。

×××申请称，……（写明申请人的请求、事实和理由）。

×××陈述意见称，……（写明被申请人的意见）。

本院经审查认为，……（写明争议焦点，根据认定的事实和相关法律，对请求进行分析评判，说明理由）。

依照《最高人民法院关于内地与香港特别行政区相互执行仲裁裁决的安排》第一条、……（写明法律、司法解释等法律依据）规定，裁定如下：

执行香港特别行政区××××仲裁机构/仲裁庭……号仲裁裁决。

案件申请费……元，由……负担（写明当事人姓名或者名称、负担金额）。

审　判　长　×××
审　判　员　×××
审　判　员　×××

××××年××月××日
（院印）
书　记　员　×××

【说明】

本样式依据《最高人民法院关于内地与香港特别行政区相互执行仲裁裁决的安排》

制定,供人民法院裁定执行香港特别行政区仲裁裁决用。

【实例评注】

中华人民共和国
广东省广州市中级人民法院
民事裁定书 ①

(2014)穗中法民四初字第42号

申请人(仲裁申请人):广东省粤华国际贸易集团有限公司。
法定代表人:庞某某,该公司总经理。
委托代理人:刘某,广东广信君达律师事务所律师。
委托代理人:高某某,广东广信君达律师事务所律师。
被申请人(仲裁被申请人):泛华集团有限公司(SINOTIDE HOLDINGS LIMITED)。
被申请人(仲裁被申请人):柯某某。

申请人广东省粤华国际贸易集团有限公司(以下简称粤华公司)与被申请人泛华集团有限公司(以下简称泛华公司)、柯某某申请承认和执行香港仲裁裁决一案,本院受理后,依法组成合议庭进行了审理。被申请人泛华公司、柯某某经本院传票传唤,无正当理由拒不到庭,本院依法对其缺席审理。本案现已审理终结。

申请人粤华公司向本院提起申请称:2013年4月3日,香港国际仲裁中心郑若骅资深大律师就粤华公司与泛华公司、柯某某之间的仲裁案作出《最终裁决书》,依法裁定及指令:(1)泛华公司、柯某某向粤华公司支付损失230万美元;(2)泛华公司、柯某某向粤华公司支付230万美元扣除50万元人民币后差额之利息,利息从该裁决书作出之日起计算,至两被申请人支付230万美元扣除50万元人民币的差额为止,以单息计算,利率则为判定利率;(3)泛华公司、柯某某向粤华公司支付仲裁费、律师费及一切相关费用,合计195万元港币;(4)泛华公司、柯某某向粤华公司支付其已提交的仲裁庭保证金63万元港币及粤华公司就仲裁庭费用及支出所提交的其余费用。现泛华公司、柯某某未履行仲裁裁决,严重损害了粤华公司的合法权益。根据最高人民法院《关于内地与香港特别行政区相互执行仲裁裁决的安排》的有关规定,特申请:1. 承认香港国际仲裁中心郑若骅资深大律师于2013年4月3日作出的《最终裁决书》;2. 泛华公司、柯某某立即支付及承担粤华公司的损失230万美元;3. 泛华公司、柯某某支

---

① 来源:中国裁判文书网。

付230万美元扣除50万元人民币的差额利息,以单息计算,利率则为判定利率;4. 泛华公司、柯某某支付粤华公司仲裁费、律师费及一切相关费用,合计为195万元港币;5. 泛华公司、柯某某立即支付粤华公司已提交给仲裁庭的保证金63万元港币及粤华公司就仲裁庭费用及支出所提交的其余费用;6. 泛华公司、柯某某承担本案的执行费用。

被申请人泛华公司、柯某某未到庭陈述答辩意见。

申请人粤华公司向本院提交了下列材料:1. 香港国际仲裁中心郑若骅资深大律师于2013年4月3日就申诉人粤华公司与被诉人泛华公司、柯某某之间的仲裁案作出的《最终裁决书》,证明仲裁案裁决的内容;2.《合资合作契约书》(含5个附件),证明粤华公司与泛华公司、柯某某就案涉纠纷达成了仲裁协议。粤华公司在本案审理过程中已向本院出示了上述材料的原件,泛华公司与柯某某未到庭陈述质证意见,亦未提交任何相反证据予以反驳,本院对粤华公司提交的上述材料依法予以采信。

经审理查明:2006年4月28日,粤华公司、泛华公司和柯某某签订《合资合作契约书》,前言第一条载明:2006年2月15日,粤华公司、泛华公司、柯某某及有关人士共同签署了下列文件:1. 由粤华公司、泛华公司及柯某某签署的《合作契约书》(附件1);2. 由粤华公司、泛华公司、柯某某及EMDSQUARE LIMITED所签署的《致粤华公司的弥偿担保契约书》(附件2);3. 由泛华公司、柯某某、黎某某及陈某某签署的《致黎/陈的弥偿担保契约书》(附件3)。第二条,粤华公司、泛华公司及柯某某确认上述第一项所列的文件为其各方合资合作的基础。《合资合作契约书》的主要内容为,粤华公司和泛华公司同意尽快在签署本契约之后根据上述附件1《合作契约书》的约定在香港组建成立合资控股公司即佳华控股有限公司,持有及控制有关信托公司的股权权益。合资公司及有关的信托公司的主要业务为生产及营销汽车轮毂业务。附件5为合资公司及有关信托公司的组织架构图。另约定了合资控股公司的股东大会及股东权益、董事会及管理层、避免利益冲突、就附件1《合作契约书》所约定由泛华公司及柯某某承担的履约责任、就附件2《致粤华公司弥偿担保契约书》所约定由泛华公司及柯某某承担的履约责任、股息/利润分配政策等。第十八条其他事项的第七项法律及司法管辖权约定:本契约的订立、效力、解释、履行和争议的解决,均受香港法律管辖。凡因本契约引起的或本契约有关的任何争议,由契约各方协商解决。协商不能解决时,则须提交香港国际仲裁中心进行仲裁。仲裁裁决是终局的,对争议各方均有约束力。粤华公司、泛华公司和柯某于2006年2月15日签署的前述附件1《合作契约书》的第十六条约定:本协议的订立、效力、解释、履行和争议的解决,均受香港法律管辖。凡因本契约书引起的或本契约书有关的任何争议,由粤华公司及泛华公司双方协商解决。协商不能解决时,则须提交香港国际仲裁中心进行仲裁。仲裁裁决是终局的,对争议各方均有约束力。

因讼争各方就上述《合资合作契约书》发生争议,粤华公司作为仲裁案的申诉人于 2008 年 8 月 18 日向仲裁案的被诉人泛华公司和柯某某发出仲裁通知书，同年 9 月 3 日向香港国际仲裁中心申请委任仲裁员。香港国际仲裁中心于 2008 年 12 月 22 日通知双方当事人委任郑若骅资深大律师为仲裁员。柯某某本人，同时作为泛华公司的代理人参加了仲裁程序。仲裁庭于 2013 年 4 月 3 日就申诉人粤华公司与被诉人泛华公司、柯某某之间的仲裁作出《最终裁决书》，裁定及指令如下：（1）泛华公司、柯某某共同及个别支付及承担粤华公司的损失 230 万美元；（2）粤华公司向柯某某退还订金 50 万元人民币；（3）泛华公司、柯某某向粤华公司支付 230 万美元扣除 50 万元人民币后的差额之利息，利息从本裁决书作出之日起计算，至泛华公司、柯某某支付 230 万美元扣除 50 万元人民币的差额为止，以单息计算，利率则为判定利率；（4）泛华公司、柯某某共同及个别承担及赔偿粤华公司于本案招致的仲裁费、律师费及一切相关费用，而该费用的金额被确认为港币 195 万元；（5）泛华公司、柯某某共同及个别承担本仲裁员的费用及支出。该费用及支出被确定为港币 1 245 644.4 元。泛华公司、柯某某马上向粤华公司支付其已提交的仲裁庭保证金港币 63 万元及粤华公司就仲裁费用及支出所提交的其余费用。

另外，本院在审理本案过程中，根据粤华公司的财产保全申请，于 2014 年 7 月 22 日作出 (2014) 穗中法民四初字第 42 号民事裁定书，裁定冻结柯某某所有的人民币 9 715 557 元的银行存款或查封、扣押其他等值的财产，实际对柯某某持有案外人广州弘某投资有限公司的股权采取了保全措施。粤华公司预交了财产保全申请费人民币 5 000 元。

以上事实，有粤华公司提交的《合资合作契约书》（包括附件 1《合作契约书》、附件 2《致粤华公司的弥偿担保契约书》、附件 3《致黎/陈的弥偿担保契约书》、附件 4《有关的信托公司》、附件 5《合资公司及有关的信托公司组织架构图》），经公证认证的香港国际仲裁中心郑若骅资深大律师于 2013 年 4 月 3 日就申诉人粤华公司与被诉人泛华公司、柯某某之间的仲裁作出的《最终裁决书》予以证实。

本院认为：

申请人粤华公司申请承认与执行香港国际仲裁中心作出的仲裁裁决，被申请人柯某某的住所地及可供执行的财产在本院辖区内，根据最高人民法院《关于内地与香港特别行政区相互执行仲裁裁决的安排》第一条、第二条的规定，本院依法对本案享有管辖权，并应适用《中华人民共和国民事诉讼法》及《关于内地与香港特别行政区相互执行仲裁裁决的安排》的有关规定。

经审查，申请人粤华公司已按照《关于内地与香港特别行政区相互执行仲裁裁决的安排》第三条的规定向本院提交了申请书、经公证认证的仲裁裁决书及含有仲裁协议的《合资合作契约书》。被申请人泛华公司和柯某某无任何证据证明本案存在《关于内地与香港特别行政区相互执行仲裁裁决的安排》第七条规定的可不予执行的情形。

故对申请人粤华公司的请求，本院依法予以支持，对香港国际仲裁中心郑若骅资深大律师于 2013 年 4 月 3 日就申诉人粤华公司与被诉人泛华公司、柯某某之间的仲裁作出的《最终裁决书》予以承认和执行。

综上所述，依据《中华人民共和国民事诉讼法》第二百八十三条，最高人民法院《关于内地与香港特别行政区相互执行仲裁裁决的安排》第一条、第二条、第三条、第六条、第七条的规定，裁定如下：

对香港国际仲裁中心郑若骅资深大律师于 2013 年 4 月 3 日就申诉人广东省粤华国际贸易集团有限公司与被诉人泛华集团有限公司、柯某某之间的仲裁作出的《最终裁决书》予以承认和执行。

本案申请费人民币 500 元，财产保全费人民币 5 000 元，都由被申请人泛华集团有限公司和柯某某共同负担。

本裁定送达后立即生效。

审　判　长　　徐玉宝
审　判　员　　官润之
代理审判员　　罗　毅
二〇一六年三月二十二日
书　记　员　　刘合安

〔评注〕

《最高人民法院关于内地与香港特别行政区相互执行仲裁裁决的安排》第四条规定："执行申请书的内容应当载明下列事项：（一）申请人为自然人的情况下，该人的姓名、地址；申请人为法人或者其他组织的情况下，该法人或其他组织的名称、地址及法定代表人姓名；（二）被申请人为自然人的情况下，该人的姓名、地址；被申请人为法人或者其他组织的情况下，该法人或其他组织的名称、地址及法定代表人姓名；（三）申请人为法人或者其他组织的，应当提交企业注册登记的副本。申请人是外国籍法人或者其他组织的，应当提交相应的公证和认证材料；（四）申请执行的理由与请求的内容，被申请人的财产所在地及财产状况；执行申请书应当以中文文本提出，裁决书或者仲裁协议没有中文文本的，申请人应当提交正式证明的中文译本。"

本案中，被申请人既有自然人又有法人，应当按照不同情况列明其身份信息。

需要说明的是，根据《人民法院民事裁判文书制作规范》的要求，接受当事人、法定代理人委托的诉讼代理人，应写明其诉讼地位是"委托诉讼代理人"，而非"委托代理人"，特此说明。

19. 民事裁定书（不予执行香港特别行政区仲裁裁决用）

×××× 人民法院
民事裁定书

（××××）……认港……号

申请人：×××，……。
……
被申请人：×××，……。
……
（以上写明当事人和其他诉讼参加人的姓名或者名称等基本信息）

申请人×××申请执行香港特别行政区××××仲裁机构/仲裁庭……号仲裁裁决一案，本院于××××年××月××日立案。本院依法组成合议庭进行了审查，组织当事人进行了询问，现已审查终结。

×××申请称，……（写明申请人的请求、事实和理由）。

×××陈述意见称，……（写明被申请人的意见）。

本院经审查认为，……（写明争议焦点，根据认定的事实和相关法律，对请求进行分析评判，说明理由）。

依照《最高人民法院关于内地与香港特别行政区相互执行仲裁裁决的安排》第七条第×项、……（写明法律、司法解释等法律依据）规定，裁定如下：

不予执行香港特别行政区××××仲裁机构/仲裁庭……号仲裁裁决。

案件申请费……元，由……负担（写明当事人姓名或者名称、负担金额）。

审　判　长　×××
审　判　员　×××
审　判　员　×××

××××年××月××日
（院印）
书　记　员　×××

【说明】

1. 本样式依据《最高人民法院关于内地与香港特别行政区相互执行仲裁裁决的安排》制定，供人民法院裁定不予执行香港特别行政区仲裁裁决用。

2. 本院经查明认为部分要注意围绕仲裁裁决是否具有《最高人民法院关于内地与香港特别行政区相互执行仲裁裁决的安排》第七条规定的情形进行分析评判，说明理由。

【实例评注】

中华人民共和国
江苏省泰州市中级人民法院
民事裁定书 ①

(2015)泰中商仲审字第 00004 号

申请人：Wicor Holding AG，住所地 Neuejonastrasse 60. CH –8640Rapperswil. Switzerland。
法定代表人：F，董事长。
委托代理人：王某某，该公司员工。
委托代理人：杨某某，江苏双汇律师事务所律师。
被申请人：泰州浩普投资有限公司，住所地泰州市海阳路 40 号。
法定代表人：王某甲，董事长。

申请人 Wicor Holding AG 与被申请人泰州浩普投资有限公司申请执行仲裁裁决一案，前由国际商会仲裁院在香港特别行政区于 2014 年 7 月 18 日和 11 月 27 日作出 18295/CYK 仲裁裁决和补充裁决。申请人 WicorHoldingAG 于 2014 年 12 月 9 日向本院邮寄了相关申请文件和裁决书，请求根据《最高人民法院关于内地与香港特别行政区相互执行仲裁裁决的安排》进行审查并执行。本院于 2015 年 1 月 27 日立案审查。本院依法组成合议庭，并告知了双方当事人。申请人 Wicor Holding AG 于 2015 年 2 月 15 日向本院提出回避申请，以在先前涉 Wicor Holding AG 的诉讼中一直是合议庭成员为名申请合议庭成员吴翔审判员回避，本院于 2015 年 2 月 16 日经院长决定，同意其回避申请，并另行组成合议庭。因 Wicor Holding AG 委托代理人无参加诉讼的授权，本院于 2015 年 3 月 18 日询问了被申请人泰州浩普投资有限公司，被申请人泰州浩普投资有限公司提出了不予承认和执行该仲裁裁决的申请。2016 年 5 月 5 日，本院举行听证，申请人 Wicor Holding AG 的委托代理人王某某、杨某某，被申请人泰州浩普投资有限公司法定代表人王某甲到庭参加听证。现已审查终结。

申请人 Wicor Holding AG 申请称：2011 年 11 月 4 日，申请人依据双方签订的《中

---

① 来源：中国裁判文书网。

外合资泰州华威绝缘材料有限公司合资合同》约定的仲裁协议,向国际商会仲裁院提出了仲裁申请,在被申请人泰州浩普投资有限公司放弃选择仲裁地权利的情形下,国际商会仲裁院依据当时有效的《国际商会规则》,于 2012 年 1 月 12 日的庭审中确定香港为仲裁地,并于 2014 年 7 月 18 日和 11 月 27 日作出 18295/CYK 仲裁裁决和补充裁决。依据《最高人民法院关于香港仲裁裁决在内地执行的有关问题的通知》,仲裁裁决执行的审查应当依据《最高人民法院关于内地与香港特别行政区相互执行仲裁裁决的安排》(以下简称《内地-香港安排》)进行审查,且本案商业纠纷仅涉及两私有公司,不涉及公共利益,而根据《内地-香港安排》第七条规定情形看,不存在任何一种情形,且《内地-香港安排》的规定与《承认及执行外国仲裁条约》(即《纽约公约》)的第 5 条规定一致;泰州市中级人民法院在 2012 年 3 月 30 日作出的认定仲裁条款无效的裁定是在泰州浩普投资有限公司与我公司终止合资合同案中,与国际商会仲裁院裁决的执行并不相关。被申请人泰州浩普投资有限公司的住所地在江苏省泰州市,因此,泰州市中级人民法院有受理本案执行请求的管辖权。据此,申请人民法院:一、判令对国际商会仲裁院于 2014 年 7 月 18 日和 11 月 27 日作出 18295/CYK 仲裁裁决和补充裁决予以承认;二、因被申请人泰州浩普投资有限公司拒不履行仲裁裁决确定的义务,请求强制执行。

被申请人泰州浩普投资有限公司提出不予承认和执行的抗辩,其理由是:一、本案所涉的仲裁协议早已被法院依法确认为无效,但国际商会仲裁院仍然于 2012 年 11 月 2 日依据仲裁协议作出有效的仲裁裁决,损害了中国司法主权;二、国际商会仲裁院将我公司与合资公司之间的纠纷纳入《审理范围》,并作出与中国法院终审判决相反的裁决,不但超出了约定的仲裁范围,而且侵害了中国的司法管辖权;三、本案非国内裁决,应适用《1958 年纽约公约》,本案独任仲裁员的全部仲裁活动均在国际商会仲裁院的管理下适用国际商会的《仲裁规则》在新加坡完成,不适用《内地-香港安排》的规定进行审查,本案并非按照香港的《仲裁条例》所作的裁决;四、根据中国法律和《1958 年纽约公约》,应当拒绝承认和执行本案仲裁裁决,根据《1958 年纽约公约》第五条第一项、第二项之规定精神,在《合资合同》约定的仲裁协议被法院终审裁定无效的情况下,国际商会仲裁院基于无效仲裁协议所作的裁决不能被承认和执行,且国际商会仲裁院超出仲裁协议约定的仲裁范围进行裁决,裁决的内容与生效的中国法院的判决冲突,承认和执行该仲裁裁决将损害中国的公共政策;五、即使适用《内地-香港安排》,但是根据该规定第七条第(一)(三)(五)项的规定,法院可裁定不予执行。

本院经审查认为,涉案的国际商会仲裁院 18295/CYK 仲裁裁决载明的仲裁地为香港,应认定系由国际商会仲裁院指定的独任仲裁员在香港特别行政区作出的仲裁裁决。因被申请人泰州浩普投资有限公司住所地在江苏省泰州市,故本院对于申请人 Wicor Holding AG 提出的执行申请具有管辖权。关于香港仲裁裁决的在内地执行审查问题，根据《最高人民法院关于香港仲裁裁决在内地执行的有关问题的通知》（法〔2009〕415号），人民法院应当依照《最高人民法院关于内地与香港特别行政区相互执行仲裁裁决的安排》的规定进行审查。江苏省高级人民法院在审理 Wicor Holding AG 与泰州浩普投资有限公司就同一《中外合资泰州华威绝缘材料有限公司合资合同》项下的另一纠纷时，已于2012年12月11日作出（2012）苏商外辖终字第0012号民事裁定，认定涉案仲裁条款无效，该裁定已经发生法律效力。而涉案仲裁裁决是仲裁员在认定涉案仲裁条款有效的前提下作出的，在内地执行该仲裁裁决将与人民法院的上述生效裁定相冲突，违反内地社会公共利益。故此，本院认为涉案仲裁裁决应当不予执行。依照《最高人民法院关于内地与香港特别行政区相互执行仲裁裁决的安排》第七条第三款和《中华人民共和国民事诉讼法》第一百五十四条第一款第（十一）项之规定，裁定如下：

不予执行国际商会仲裁院于2014年7月18日和11月27日作出18295/CYK仲裁裁决和补充裁决。

本裁定为终审裁定。

审　判　长　蔡　勇
审　判　员　陈　勇
审　判　员　钱　晖

二〇一六年六月二日

书　记　员　陈红梅

〔评注〕

《最高人民法院关于内地与香港特别行政区相互执行仲裁裁决的安排》第七条规定："在内地或者香港特区申请执行的仲裁裁决，被申请人接到通知后，提出证据证明有下列情形之一的，经审查核实，有关法院可裁定不予执行：（一）仲裁协议当事人依对其适用的法律属于某种无行为能力的情形；或者该项仲裁协议依约定的准据法无效；或者未指明以何种法律为准时，依仲裁裁决地的法律是无效的；（二）被申请人未接到指派仲裁员的适当通知，或者因他故未能陈述意见的；（三）裁决所处理的争议不是交付仲裁的标的或者不在仲裁协议条款之内，或者裁决载有关于交付仲裁范围以外事项的决定的；但交付仲裁事项的决定可与未交付仲裁的事项划分时，裁决中关于交付仲裁事项的决定部分应当予以执行；（四）仲裁庭的组成或者仲裁庭程序与当事人之间的协议不符，或者在有关当事人没有这种协议时与仲裁地的法律不符的；（五）裁决对当事人尚无约束力，或者业经仲裁地的法院或者按仲裁地的法律撤销或者停止执行的。有关法院认定依执行地法律，争议事项不能以仲裁解决的，则可不予执行该裁决。内地法院认定在内地执行该仲裁裁决违反内地社会公共利益，或者香港特区法院决定在香港特区执行该仲裁裁决违反香港特区的公共政策，则可不予执行该裁决。"

本案中，因违反生效裁判文书，该仲裁裁决不能得到承认和执行，这一理由既符合《最高人民法院关于内地与香港特别行政区相互执行仲裁裁决的安排》第七条第三款的规定，也符合《民事诉讼法》第二百八十二条的立法精神，应当在准确援引法律依据的前提下进行说理和裁判。

需要说明的是，根据《人民法院民事裁判文书制作规范》的要求，接受当事人、法定代理人委托的诉讼代理人，应写明其诉讼地位是"委托诉讼代理人"，而非"委托代理人"；引用法律条款中的项的，一律使用汉字不加括号，本文书在援引时依然用了括号，不符合要求，应当纠正。

20. 民事裁定书（认可和执行澳门特别行政区仲裁裁决用）

××××人民法院
民事裁定书

（××××）……认澳……号

申请人：×××，……。
……
被申请人：×××，……。
……
（以上写明当事人和其他诉讼参加人的姓名或者名称等基本信息）

申请人×××申请认可和执行澳门特别行政区××××仲裁机构/仲裁庭……号仲裁裁决一案，本院于××××年××月××日立案。本院依法组成合议庭进行了审查，组织当事人进行了询问，现已审查终结。

×××申请称，……（写明申请人的请求、事实和理由）。

×××陈述意见称，……（写明被申请人的意见）。

本院经审查认为，……（写明争议焦点，根据认定的事实和相关法律，对请求进行分析评判，说明理由）。

依照《最高人民法院关于内地与澳门特别行政区相互认可和执行仲裁裁决的安排》第一条、……（写明法律、司法解释等法律依据）规定，裁定如下：

认可和执行澳门特别行政区××××仲裁机构/仲裁庭……号仲裁裁决。

案件申请费……元，由……负担（写明当事人姓名或者名称、负担金额）。

	审　判　长　××× 审　判　员　××× 审　判　员　××× ×××年××月××日 （院印） 书　记　员　×××

【说明】

　　本样式依据《最高人民法院关于内地与澳门特别行政区相互认可和执行仲裁裁决的安排》制定，供人民法院裁定认可和执行澳门特别行政区仲裁裁决用。

【实例评注】

　　（暂缺实例）

〔评注〕

　　实践中，已公开的裁判文书中尚未发现此类认可和执行澳门特别行政区仲裁裁决的案例。

　　尽管载有仲裁制度的葡萄牙《民事诉讼法典》早于1962年延伸适用于澳门，但澳门后来三十多年事实上一直没有民商事仲裁的事例和机构。1996年经澳门总督核准，第29/96M号法令在澳门建立了新的本地仲裁制度，但从总的情况看，各方面的反映并不强烈。目前，通过该规范成立的常设仲裁机构有五所，分别是澳门消费争议仲裁中心（1998年3月11日设立，调解和仲裁在澳门发生的、金额低于澳门币五万元的消费争议）、澳门律师公会仲裁中心（1998年3月11日设立，解决律师之间、律师与顾客之间涉及民事、行政或商事之争议）、澳门世贸仲裁中心（1998年6月15日成立，处理民商事及行政纠纷，不设金额上限）、澳门金融管理局——保险及私人退休基金争议仲裁中心（2002年12月12日成立，处理澳门发生的金额不超过初级法院法定上诉利益限额的保险及私人退休基金争议）、澳门楼宇管理仲裁中心（2011年3月28日成立，解决澳门发生的楼宇管理争议）。由此可见，即便当事人选择在澳门进行仲裁，也是因为纠纷本身与澳门有紧密联系，很少出现需要内地法院对其进行承认和执行的情况。

21. 民事裁定书（不予认可和执行澳门特别行政区仲裁裁决用）

××××人民法院
民事裁定书

（××××）……认澳……号

申请人：×××，……。
……
被申请人：×××，……。
……
（以上写明当事人和其他诉讼参加人的姓名或者名称等基本信息）

申请人×××申请认可和执行澳门特别行政区××××仲裁机构／仲裁庭……号仲裁裁决一案，本院于××××年××月××日立案。本院依法组成合议庭进行了审查，组织当事人进行了询问，现已审查终结。

×××申请称，……（写明申请人的请求、事实和理由）。

×××陈述意见称，……（写明被申请人的意见）。

本院经审查认为，……（写明争议焦点，根据认定的事实和相关法律，对请求进行分析评判，说明理由）。

依照《最高人民法院关于内地与澳门特别行政区相互认可和执行仲裁裁决的安排》第七条第×项……（写明法律、司法解释等法律依据）规定，裁定如下：

不予认可和执行澳门特别行政区××××仲裁机构／仲裁庭……号仲裁裁决。

案件申请费……元，由……负担（写明当事人姓名或者名称、负担金额）。

审　判　长　×××
审　判　员　×××
审　判　员　×××

××××年××月××日
（院印）
书　记　员　×××

【说明】

1. 本样式依据《最高人民法院关于内地与澳门特别行政区相互认可和执行仲裁裁决的安排》第七条制定，供人民法院裁定不予认可和执行澳门特别行政区仲裁裁决用。

2. 本院经查明认为部分要注意围绕仲裁裁决是否具有《最高人民法院关于内地与澳门特别行政区相互认可和执行仲裁裁决的安排》第七条规定的情形进行分析评判，说明理由。

【实例评注】

（暂缺实例）

〔评注〕

实践中，已公开的裁判文书中尚未发现此类不予认可和执行澳门特别行政区仲裁裁决的案例。

如前所述，当事人申请任何和执行澳门仲裁裁决的案例并不多，不予认可和执行仲裁裁决的案例就更少，因此在公开的信息来源中，尚未发现类似案例。

22. 民事裁定书（认可和执行台湾地区仲裁裁决用）

××××人民法院
民事裁定书

（××××）……认台……号

申请人：×××，……。
……
被申请人：×××，……。
……
（以上写明当事人和其他诉讼参加人的姓名或者名称等基本信息）

申请人×××申请认可和执行台湾地区××××仲裁机构/仲裁庭……号仲裁裁决一案，本院于××××年××月××日立案。本院依法组成合议庭进行了审查，组织当事人进行了询问，现已审查终结。

×××申请称，……（写明申请人的请求、事实和理由）。

×××陈述意见称，……（写明被申请人的意见）。

本院经审查认为，……（写明争议焦点，根据认定的事实和相关法律，对请求进行分析评判，说明理由）。

依照《最高人民法院关于认可和执行台湾地区仲裁裁决的规定》第十五条、……（写明法律、司法解释等法律依据）规定，裁定如下：

认可和执行台湾地区××××仲裁机构/仲裁庭……号仲裁裁决的效力。

案件申请费……元，由……负担（写明当事人姓名或者名称、负担金额）。

审　判　长　×××
审　判　员　×××
审　判　员　×××
×××年××月××日
（院印）
书　记　员　×××

【说明】

1. 本样式依据《最高人民法院关于认可和执行台湾地区仲裁裁决的规定》第十五条制定，供人民法院裁定认可和执行台湾地区仲裁裁决时使用。

2. 根据《最高人民法院关于认可和执行台湾地区仲裁裁决的规定》第十五条的规定，人民法院经审查能够确认台湾地区仲裁裁决真实，且不具有本规定第十四条所列情形的，裁定认可和执行该裁决。

【实例评注】

（暂缺实例）

〔评注〕

2009年两岸司法互助协议签署生效以来，已公开的裁判文书中尚未发现有申请认可和执行台湾地区仲裁裁决的案件。

2014年6月19日，中国法院网公开了和华公司申请人认可台湾地区有关仲裁机构裁决的典型案例。和华（海外）置地有限公司（下称和华公司）与凯歌（厦门）高尔夫球俱乐部有限公司（下称凯歌公司）于1998年6月8日签订《委托经营高尔夫球场契约书》以及《委托销售高尔夫球证契约书》，其中《委托经营高尔夫球场契约书》第八条第四项约定，和华公司向凯歌公司提供借款1 000万美金，凯歌公司以其所有的500张高尔夫球场球证作为担保。两份合同均约定因履行合同产生的纠纷提交仲裁裁决，并约定了合同适用的准据法。后双方因前述借贷关系发生纠纷，和华公司依合同约定向台湾地区中华仲裁协会申请仲裁。台湾中华仲裁协会于2003年11月4日作出2002年仲声仁字第135号仲裁裁决：（一）凯歌公司应给付和华公司美元3 900 000元及自1999年11月29日起至清偿日止按年利率5%计算的利息；（二）驳回和华公司的其余请求；（三）仲裁费用由凯歌公司负担65%，由和华公司负担35%。2004年3月5日，和华公司向福建省厦门市中级人民法院申请认可台湾中华仲裁协会作出的前述仲裁裁决。厦门中院经审查认为：申请人和华公司提交了经公证证明的仲裁裁决书，凯歌公司在厦门有可供执行的财产，厦门中院有权受理本案。和华公司与凯歌公司之间的争议虽是因委托经营高尔夫球场而引发，但本案中双方的争议属于金钱借贷纠纷而非不动产纠纷，且双方事先以书面方式约定将纠纷提交台湾中华仲裁协会仲裁。综上，依照《最高人民法院关于人民法院认可台湾地区有关法院民事判决的规定》的有关规定，该院于2004年6月13日作出(2004)厦民认字第20号民事裁定，对台湾中华仲裁协会作出的2002年仲声仁字第135号仲裁裁决的法律效力予以认可。同年7月30日，申请人向厦门中院申请强制执行，执行程序中当事人达成和解，并于2007年3月履行完毕。这是大陆人民法院受理的第一起申请认可和执行台湾地区仲裁裁决案件。在2009年两岸司法互助协议明确约定双方相互认可和执行民事确定裁判与仲裁裁决之前，根据1998年发布的《最高人民法院关于人民法院认可台湾地区有关法院民事判决的规定》的规定，大陆人民法院就已经开始认可和执行台湾法院民事裁判和仲裁机构裁决，本案即是据此受理、裁定并执行的。①

23. 民事裁定书（不予认可和执行台湾地区仲裁裁决用）

××××人民法院
民事裁定书

（××××）……认台……号

申请人：×××，……。
……
被申请人：×××，……。
……
（以上写明当事人和其他诉讼参加人的姓名或者名称等基本信息）

申请人×××申请认可和执行台湾地区××××仲裁机构/仲裁庭……号仲裁裁决一案，本院于××××年××月××日立案。本院依法组成合议庭进行了审查，组织当事人进行了询问，现已审查终结。

×××申请称，……（写明申请人的请求、事实和理由）。

×××陈述意见称，……（写明被申请人的意见）。

本院经审查认为，……（写明争议焦点，根据认定的事实和相关法律，对请求进行分析评判，说明理由）。

---

① 来源：中国法院网。

> 依照《最高人民法院关于认可和执行台湾地区仲裁裁决的规定》第十四条、第十七条……(写明法律、司法解释等法律依据)规定，裁定如下：
>
> 不予认可和执行台湾地区××××仲裁机构/仲裁庭……号仲裁裁决的效力。
>
> 案件申请费……元，由……负担(写明当事人姓名或者名称、负担金额)。
>
>
>
> 审　判　长　×××
> 审　判　员　×××
> 审　判　员　×××
>
> ××××年××月××日
> （院印）
> 书　记　员　×××
>
>

【说明】

1. 本样式依据《最高人民法院关于认可和执行台湾地区仲裁裁决的规定》第十四条、第十七条制定，供人民法院裁定不予认可和执行台湾地区仲裁裁决用。

2. 根据《最高人民法院关于认可和执行台湾地区仲裁裁决的规定》规定，人民法院经过审查，认为台湾地区仲裁裁决具有解释第十四条第一款所列的五种情形之一，或该争议事项不能以仲裁解决，或认为认可该仲裁裁决将违反一个中国原则等国家法律的基本原则或者损害社会公共利益，或台湾地区法院撤销该仲裁裁决的，人民法院应当裁定不予认可。

【实例评注】

（暂缺实例）

〔评注〕

如前所述，2009年两岸司法互助协议签署生效以来，已公开的裁判文书中尚未发现有申请认可和执行台湾地区仲裁裁决的案件。因违反公共利益或国家法律基本原则而不予认可和执行台湾地区仲裁裁决的情况更加鲜见，因此没有此类实例。

24. 民事裁定书（驳回认可和执行台湾地区仲裁裁决申请用）

×××× 人民法院
民事裁定书

（××××）……认台……号

申请人：×××，……。
……
被申请人：×××，……。
……
（以上写明当事人和其他诉讼参加人的姓名或者名称等基本信息）
申请人×××申请认可和执行台湾地区××××仲裁机构/仲裁庭……号仲裁裁决一案，本院于××××年××月××日立案。本院依法组成合议庭进行了审查。
×××申请称，……（写明申请人的请求、事实和理由）。
×××陈述意见称，……（写明被申请人的意见）。
本院经审查认为，……（写明驳回申请的理由）。
依照《最高人民法院关于认可和执行台湾地区仲裁裁决的规定》第三条、第十五条、……（写明法律、司法解释等法律依据）规定，裁定如下：
驳回×××的申请。

审　判　长　×××
审　判　员　×××
审　判　员　×××

××××年××月××日
（院印）
书　记　员　×××

【说明】

1. 本样式依据《最高人民法院关于认可和执行台湾地区仲裁裁决的规定》第三条、第十五条制定，供人民法院裁定驳回认可和执行台湾地区仲裁裁决申请用。

2. 根据《最高人民法院关于认可和执行台湾地区仲裁裁决的规定》，当申请人坚持不申请认可，而直接申请执行的，或者人民法院无法确认该仲裁裁决的真实性的，人民法院应当裁定驳回其申请。裁定驳回申请的案件，申请人再次申请并符合受理条件的，人民法院应予受理。

【实例评注】

（暂缺实例）

〔评注〕

如前所述，2009年两岸司法互助协议签署生效以来，已公开的裁判文书中尚未发现有申请认可和执行台湾地区仲裁裁决的案件。即便当真出现此类情况，当事人也鲜少会在法院明确释明的情况下，坚持不申请认可，而直接申请执行。现实中没有驳回认可和执行台湾地区仲裁裁决的实例是可以理解的。

25. 民事裁定书（不予受理认可和执行台湾地区仲裁裁决申请用）

×××× 人民法院
民事裁定书

（××××）……认台……号

申请人：×××，……。
……
（以上写明当事人和其他诉讼参加人的姓名或者名称等基本信息）

××××年××月××日，申请人×××向本院申请认可和执行台湾地区××××仲裁机构/仲裁庭于××××年××月××日作出的……号仲裁裁决。本院依法组成合议庭进行了审查。

本院经审查认为，……（写明不予受理的理由）。

依照《最高人民法院关于认可和执行台湾地区仲裁裁决的规定》第八条、第十八条、……（明确写明公约、条约、法律、司法解释等法律依据）规定，裁定如下：

对×××的申请，本院不予受理。

审　判　长　×××
审　判　员　×××
审　判　员　×××

```
                                    ××××年××月××日
                                         （院印）
                             书　记　员　×××
```

【说明】

　　本样式依据《最高人民法院关于认可和执行台湾地区仲裁裁决的规定》第八条、第十八条制定，供人民法院裁定不予受理认可和执行台湾地区仲裁裁决申请用。

【实例评注】

　　（暂缺实例）

〔评注〕

　　如前所述，2009年两岸司法互助协议签署生效以来，已公开的裁判文书中尚未发现有申请认可和执行台湾地区仲裁裁决的案件。如果出现《最高人民法院关于认可和执行台湾地区仲裁裁决的规定》第八条、第十八条规定的情形，当事人在起诉时，法院便会以上述理由不予受理，因此基本上不会出现需要法院以裁定形式表示不予受理认可和执行台湾地区仲裁裁决申请的情形。

26. 民事裁定书（准许撤回认可和执行台湾地区仲裁裁决申请用）

```
                    ××××人民法院
                       民事裁定书

                                （××××）……认台……号

      申请人：×××，……。
      ……
      被申请人：×××，……。
      ……
      （以上写明当事人和其他诉讼参加人的姓名或者名称等基本信息）
      申请人×××申请认可和执行台湾地区××××仲裁机构/仲裁庭……号仲裁裁决一案，本院于××××年××月××日立案。本院组成合议庭进行审查。
```

> ×××于××××年××月××日向本院提出撤回申请的请求。
>
> 本院经审查认为，……（写明准许撤回的理由）。
>
> 依照《最高人民法院关于认可和执行台湾地区仲裁裁决的规定》第十二条、……（写明公约、条约、法律、司法解释等法律依据）规定，裁定如下：
>
> 准许×××撤回申请。
>
> 案件申请费……元，由……负担（写明当事人姓名或者名称、负担金额）。
>
>
>
> 审　判　长　×××
> 审　判　员　×××
> 审　判　员　×××
>
> ××××年××月××日
> （院印）
> 书　记　员　×××
>
>

【说明】

本样式根据《最高人民法院关于认可和执行台湾地区仲裁裁决的规定》第十二条制定，供人民法院裁定准许撤回认可和执行台湾地区仲裁裁决申请用。

【实例评注】

（暂缺实例）

〔评注〕

如前所述，2009年两岸司法互助协议签署生效以来，已公开的裁判文书中尚未发现有申请认可和执行台湾地区仲裁裁决的案件，当事人申请撤回相关申请的情况就更加少见。

（五）国际民商事司法协助

27. 民商事案件司法文书域外送达请求转递函（供高级人民法院报送最高人民法院国际合作局用）

民商事案件司法文书域外送达请求转递函

高级人民法院编号（自动生成）

最高人民法院国际合作局：
　　××××人民法院审理的×××（原告、上诉人等）与×××（被告、被上诉人等）……（写明案由）一案，需向下列当事人送达有关司法文书：
　　一、受送达人信息
　　受送达人姓名或名称：
　　送达地址：
　　二、需要送达的司法文书清单：
　　1. ××××
　　2. ××××
　　3. ××××
　　……
　　以上文书（及译文，如有）各两份。
　　我院对需要送达的文书进行了审查，确认下列内容无误（需逐项勾选或填写）：
　　1. 各项文书中受送达人的姓名或名称一致　　　　　　　（　）
　　2.1 各项文书中受送达人的送达地址一致　　　　　　　（　）
　　2.2 各项文书中受送达人的地址不一致，我院确认本函中所列明的送达地址为经核对无误的送达地址　　　　　　　　　　　　　　　　　　　　　　　　（　）
　　3. 本案的答辩期限（如有）为30天，符合民事诉讼法的规定　（　）
　　4. 本案预留的送达时间符合有关要求　　　　　　　　　（　）
　　5. 本案的举证期限（如有）为××天（××××年××月××日），开庭时间（如有）为××××年××月××日
　　6.1 本案受送达人为中国国籍自然人，送达回证中列明的外文送达地址为经核对无误的送达地址　　　　　　　　　　　　　　　　　　　　　　　　（　）
　　6.2 本案受送达人为法人或××国籍自然人，所送达的文书附有××文字译文，译文语种符合相关要求　　　　　　　　　　　　　　　　　　（　）
　　现将需要送达的司法文书转去，请予审核并转递。

××××高级人民法院
××××年××月××日

【说明】

本函供高级人民法院向最高人民法院国际合作局转递需要向在外国的当事人送达司法文书时使用。

【实例评注】

（暂缺实例）

〔评注〕

实践中，民商事案件司法文书域外送达均有可能会用到此转递函，但由于此函属于内部文件，尚无任何可查询的公开资料。此外，司法协助属于事务性事项，需要结合具体待办事项进行填写，没有逐项分析的必要，特此省略。

28. 民商事案件司法文书域外送达请求转递函（供委托我国驻外使领馆通过外交途径向在外国的中国籍自然人送达用）

中华人民共和国××××人民法院

委托送达函

驻×××国使(领)馆：

　×××省××××人民法院受理的×××（原告、上诉人等）与×××（被告、被上诉人等）……(写明案由)一案，需向下列当事人送达有关司法文书。请贵馆径向受送达人送达并及时将送达结果及证明材料通过原途径退回。

　　受送达人：×××

　　国籍：中国

　　送达地址：×××国

　　（此处打印或粘贴已打印好的被请求国官方文字的地址，确实无法打印的，手写外文地址应当清晰、可辨认）

　　所送达的文书清单：

　　1. ××××

　　2. ××××

　　3. ××××

　　4. ××××

　　5. 送达回证

　　以上文书各两份。

××××人民法院

××××年××月××日

（加盖承办法院院章）

【说明】

  1. 本函供向在既非海牙送达公约成员国，也没有与我国签订双边司法协助条约的国家的中国籍自然人送达司法文书时使用。

  2. 本函由提出司法文书送达请求的法院制作并加盖该院院章。

  3. 本函无需译文。

  4. 本函无需编号，随需要送达的司法文书一并报送。

【实例评注】

  （暂缺实例）

〔评注〕

  实践中，民商事案件司法文书域外送达均有可能会用到此转递函，但由于此函属于内部文件，尚无任何可查询的公开资料。此外，司法协助属于事务性事项，需要结合具体待办事项进行填写，没有逐项分析的必要，特此省略。

29. 民商事案件司法文书域外送达请求转递函（供委托我国驻外使领馆通过外交途径向在外国的法人和非中国籍自然人送达用）

中华人民共和国××××人民法院

委托送达函

驻×××国使（领）馆：

  ×××省××××人民法院受理的×××（原告、上诉人等）与×××（被告、被上诉人等）……（写明案由）一案，需向下列当事人送达有关司法文书。请贵馆通过外交途径办理送达并及时将送达结果及证明材料通过原途径退回。

  受送达人：×××

  国籍：×××国（如无法确定，此项可删除）

  送达地址：×××国

(此处打印或粘贴已打印好的被请求国官方文字的地址，确实无法打印的，手写外文地址应当清晰、可辨认)

所送达的文书清单：

1. ××××

2. ××××

3. ××××

4. ××××

5. ××××

6. 以上文书的译文

以上文书及译文各两份。

××××人民法院

××××年××月××日

（加盖承办法院院章）

【说明】

1. 本函供向在既非海牙送达公约成员国，也没有与我国签订双边司法协助条约的国家的法人和非中国籍自然人送达司法文书时使用。

2. 本函由提出司法文书送达请求的法院制作并加盖该院院章。

3. 本函无需译文。

4. 本函无需编号，随需要送达的司法文书一并报送。

【实例评注】

（暂缺实例）

〔评注〕

实践中，民商事案件司法文书域外送达均有可能会用到此转递函，但由于此函属于内部文件，尚无任何可查询的公开资料。此外，司法协助属于事务性事项，需要结合具体待办事项进行填写，没有逐项分析的必要，特此省略。

30. 民商事案件司法文书域外送达请求转递函（供通过外交途径委托被请求国主管法院向在外国的法人和非中国籍自然人送达用）

协助送达函

×××国主管法院：

  中华人民共和国×××省×××区人民法院受理的×××（原告、上诉人等）与×××（被告、被上诉人等）……（写明案由）一案，需向下列当事人送达有关司法文书。请贵法院协助送达并及时将送达结果通过原途径退回。

  受送达人：×××

  国籍：×××国(如无法确定，此项可删除)

  送达地址：×××国

（此处打印或粘贴已打印好的被请求国官方文字的地址，确实无法打印的，手写外文地址应当清晰、可辨认）

  所送达的文书清单：

  1. ××××

  2. ××××

  3. ××××

  4. ××××

  5. ××××

  6. 以上文书的译文

  以上文书及译文各两份。

××××人民法院
××××年××月××日
（加盖承办法院院章）

【说明】

  1. 本函供向在既非海牙送达公约成员国，也没有与我国签订双边司法协助条约的国家的法人和非中国籍自然人送达司法文书时使用。

  2. 本函由提出司法文书送达请求的法院制作并加盖该院院章。

  3. 本函需附译文。

  4. 本函译文的语种应与所送达文书的译文语种一致。

  5. 本函所送达的文书清单中所列的各项文书名称的译文，应与实际送达的各项文书名称的译文一致。

6. 本函及其译文无需编号，随需要送达的司法文书一并报送。

【实例评注】

（暂缺实例）

〔评注〕

实践中，民商事案件司法文书域外送达均有可能会用到此转递函，但由于此函属于内部文件，尚无任何可查询的公开资料。此外，司法协助属于事务性事项，需要结合具体待办事项进行填写，没有逐项分析的必要，特此省略。

31. 协助外国送达民商事案件司法文书／司法外文书转递函（供最高人民法院国际合作局向高级人民法院转递需予送达的司法文书／司法外文书用）

协助外国送达民商事案件司法文书/司法外文书转递函

编号（自动生成）

×××高级人民法院：

我局收到×××国就×××（原告）与×××（一般是受送达人，分别填写中、外文姓名或名称）……（写明案由）一案，请求向×××（分别填写中、外文姓名或名称）送达的有关文书。经初步审查，其请求符合有关规定。现转你院进一步审查，如无不同意见，请按规定安排送达并及时将送达回证寄回我局。

受送达人：（中文及外文姓名或名称）

送达地址：

所送达的文书清单：

1. 被送达文书概要一份
2. 其他文书各一份（详见请求书所列清单）

（以上文书有××文译文／无译文）

最高人民法院国际合作局
××××年××月××日

【说明】

本函供最高人民法院国际合作局向高级人民法院转递需要向在中国的当事人送达司法文书或司法外文书时使用。

【实例评注】

（暂缺实例）

〔评注〕

实践中，民商事案件司法文书域外送达均有可能会用到此转递函，但由于此函属于内部文件，尚无任何可查询的公开资料。此外，司法协助属于事务性事项，需要结合具体待办事项进行填写，没有逐项分析的必要，特此省略。

32. 协助外国送达民商事案件司法文书／司法外文书办理结果转递函（供高级人民法院向最高人民法院国际合作局报送协助外国送达司法文书或司法外文书的送达证明用）

**协助外国送达民商事案件司法文书／
司法外文书办理结果转递函**

编号（自动生成）

最高人民法院国际合作局：

你局×××号函转来的××××国请求向×××（受送达人）送达法律文书一事，××××人民法院已经完成送达。

我院对××××人民法院及其承办部门出具的送达结果转递函和送达回证进行了审查，审查结果如下（需逐项勾选或填写）：

1. ××××人民法院承办部门出具的送达结果转递函各项内容填写无误　　（　　）
2. 送达回证中各项内容填写规范、完整　　（　　）

其中：

2.1　逐一列明了所送达的文书的名称和份数　　（　　）
2.2　送达日期填写完整（勾选）
2.3　有受送达人或代收人的签字或盖章　　（　　）
2.4　有送达人的签字或盖章　　（　　）
2.5　送达回证加盖了承办法院的院章　　（　　）

2.6 注明了代收人与受送达人的关系，代收人符合民事诉讼法和相关司法解释的规定 （ ）

2.7 （如送达不成功）说明了未能成功送达的原因 （ ）

现将××××人民法院承办部门出具的送达回证［及未能成功送达的文书（根据实际情况填写）］转去，请审查并转递。

××××高级人民法院
××××年××月××日

【说明】

本函供高级人民法院向最高人民法院国际合作局报送协助外国送达司法文书或司法外文书的送达证明时使用。

【实例评注】

（暂缺实例）

〔评注〕

实践中，民商事案件司法文书域外送达均有可能会用到此转递函，但由于此函属于内部文件，尚无任何可查询的公开资料。此外，司法协助属于事务性事项，需要结合具体待办事项进行填写，没有逐项分析的必要，特此省略。

33. 民商事案件域外调查取证请求转递函（供地方各级人民法院依据海牙取证公约委托外国调查取证，高级人民法院向最高人民法院国际合作局转递请求书用）

民商事案件域外调查取证请求转递函
（依据海牙取证公约提出请求）

编号（自动生成）

最高人民法院国际合作局：

××××人民法院审理的×××（原告、上诉人等）与×××（被告、被上诉人等）……（写明案由）一案，应当事人或其诉讼代理人的申请，经××××人民法院审查同意/因审理案件需要，××××人民法院认为需依据海牙取证公约委托×××国调查取证。

33. 民商事案件域外调查取证请求转递函(供地方各级人民法院依据海牙取证公约委托外国调查……)

> 我院对调查取证请求材料进行了审查，确认下列内容无误(需逐项勾选或填写)：
>
> 1. 请求书及其附件的译文符合海牙取证公约的规定和被请求国对译文语种所作的声明和保留　　　　　　　　　　　　　　　　　　　　　　　　　　(　　)
> 2. 请求书译文的语种和附件译文的语种一致　　　　　　　　(　　)
> 3. 请求书的各项内容填写规范、完整　　　　　　　　　　　(　　)
> 4. 附件中没有明确标注密级的材料　　　　　　　　　　　　(　　)
> 5. 提供了证明请求书及其附件的译文与原文一致的翻译证明　(　　)
>
> 现将有关材料(WORD 文档及 PDF 文档)转去，请予审查并转递。
>
> 文件清单：
> 1. 依据海牙取证公约调查取证请求书
> 2. 依据海牙取证公约调查取证请求书译文
> 3. 请求书附件
> 4. 请求书附件译文
> 5. 证明请求书及其附件的译文与原文一致的翻译证明
>
> ××××高级人民法院
> ××××年××月××日

【说明】

本函供地方各级人民法院依据海牙取证公约委托外国调查取证，高级人民法院向最高人民法院国际合作局转递请求书时使用。

【实例评注】

(暂缺实例)

〔评注〕

实践中，民商事案件司法文书域外送达均有可能会用到此转递函，但由于此函属于内部文件，尚无任何可查询的公开资料。此外，司法协助属于事务性事项，需要结合具体待办事项进行填写，没有逐项分析的必要，特此省略。

34. 民商事案件域外调查取证请求转递函（供地方各级人民法院依据双边司法协助条约委托外国调查取证，高级人民法院向最高人民法院国际合作局转递请求书用）

民商事案件域外调查取证请求转递函
（依据双边司法协助条约提出请求）

编号（自动生成）

最高人民法院国际合作局：

　　××××人民法院审理的×××（原告、上诉人等）与×××（被告、被上诉人等）……（写明案由）一案，应当事人或其诉讼代理人的申请，经××××人民法院审查同意/因审理案件需要，××××人民法院认为需依据××××（双边司法协助条约名称）委托×××国调查取证。

　　我院对调查取证请求材料进行了审查，确认下列内容无误（需逐项勾选或填写）：

1. 请求书及其附件的译文符合该条约的规定　　　　　　　　　（　）
2. 请求书译文的语种和附件译文的语种一致　　　　　　　　　（　）
3. 请求书的各项内容填写规范、完整　　　　　　　　　　　　（　）
4. 附件中没有明确标注密级的材料　　　　　　　　　　　　　（　）
5. 提供了证明请求书及其附件的译文与原文一致的翻译证明　　（　）
6. 请求书加盖了提出请求的人民法院院章　　　　　　　　　　（　）

现将有关材料（WORD 文档及 PDF 文档）转去，请予审查并转递。

文件清单：
1. 依据双边司法协助条约调查取证请求书
2. 依据双边司法协助条约调查取证请求书译文
3. 请求书附件
4. 请求书附件译文
5. 证明请求书及其附件的译文与原文一致的翻译证明

××××高级人民法院
××××年××月××日

【说明】

　　本函供地方各级人民法院依据双边司法协助条约委托外国调查取证，高级人民法院向最高人民法院国际合作局转递请求书时使用。

【实例评注】

（暂缺实例）

〔评注〕

实践中，民商事案件司法文书域外送达均有可能会用到此转递函，但由于此函属于内部文件，尚无任何可查询的公开资料。此外，司法协助属于事务性事项，需要结合具体待办事项进行填写，没有逐项分析的必要，特此省略。

35. 民商事案件域外调查取证请求转递函（供地方各级人民法院通过外交途径委托外国调查取证，高级人民法院向最高人民法院国际合作局转递请求书用）

民商事案件域外调查取证请求转递函
（通过外交途径提出请求）

编号（自动生成）

最高人民法院国际合作局：

××××人民法院审理的×××（原告、上诉人等）与×××（被告、被上诉人等）……（写明案由）一案，应当事人或其诉讼代理人的申请，经××××人民法院审查同意/因审理案件需要，××××人民法院认为需通过外交途径委托×××国调查取证。

我院对调查取证请求材料进行了审查，确认下列内容无误（需逐项勾选或填写）：

1. 请求书及其附件的译文为被请求国的官方文字　　　　　　（　）
2. 请求书译文的语种和附件译文的语种一致　　　　　　　　（　）
3. 请求书的各项内容填写规范、完整　　　　　　　　　　　（　）
4. 附件中没有明确标注密级的材料　　　　　　　　　　　　（　）
5. 提供了证明请求书及其附件的译文与原文一致的翻译证明　（　）
6. 请求书加盖了提出请求的人民法院院章　　　　　　　　　（　）

现将有关材料（WORD 文档及 PDF 文档）转去，请予审查并转递。

文件清单：

1. 提出调查取证请求的法院致我国驻被请求国使（领）馆的委托书
2. 提出调查取证请求的法院致被请求国主管法院的委托书

3. 提出调查取证请求的法院致被请求国主管法院的委托书译文

4. 通过外交途径调查取证请求书

5. 通过外交途径调查取证请求书译文

6. 请求书附件

7. 请求书附件译文

8. 证明请求书及其附件的译文与原文一致的翻译证明

××××高级人民法院
××××年××月××日

【说明】

本函供地方各级人民法院通过外交途径委托外国调查取证，高级人民法院向最高人民法院国际合作局转递请求书时使用。

【实例评注】

（暂缺实例）

〔评注〕

实践中，民商事案件司法文书域外送达均有可能会用到此转递函，但由于此函属于内部文件，尚无任何可查询的公开资料。此外，司法协助属于事务性事项，需要结合具体待办事项进行填写，没有逐项分析的必要，特此省略。

36. 民商事案件域外调查取证请求转递函（供地方各级人民法院委托我国驻外使领馆向在外国的中国公民调取无需外国主管机关协助即可获取的证据，高级人民法院向最高人民法院国际合作局转递请求书用）

民商事案件域外调查取证请求转递函
（向在域外的中国公民调查取证）

编号（自动生成）

最高人民法院国际合作局：

36. 民商事案件域外调查取证请求转递函（供地方各级人民法院委托我国驻外使领馆向在外国……） | 1629

> ××××人民法院审理的×××（原告、上诉人等）与×××（被告、被上诉人等）……（写明案由）一案，应当事人或其诉讼代理人的申请，经××××人民法院审查同意／因审理案件需要，××××人民法院认为需向在×××国的中国公民×××调查取证。该项调查取证无需×××国主管机关介入或提供协助。
>
> 我院对调查取证请求材料进行了审查，确认下列内容无误（需逐项勾选或填写）：
> 1. 请求书的各项内容填写规范、完整　　　　　　　　　　（　　）
> 2. 附件中没有明确标注密级的材料　　　　　　　　　　　（　　）
> 3. 请求书加盖了提出请求的人民法院院章　　　　　　　　（　　）
>
> 现将有关材料（WORD 文档及 PDF 文档）转去，请予审查并转递。
>
> 文件清单：
> 1. ××××人民法院致我国驻该国使（领）馆的委托函
> 2. 向在外国的中国公民调查取证请求书
> 3. 请求书附件
>
> ×××高级人民法院
×××年××月××日

【说明】

本函供地方各级人民法院委托我国驻外使（领）馆向在外国的中国公民调取无需外国主管机关协助即可获取的证据，高级人民法院向最高人民法院国际合作局转递请求书时使用。

【实例评注】

（暂缺实例）

〔评注〕

实践中，民商事案件司法文书域外送达均有可能会用到此转递函，但由于此函属于内部文件，尚无任何可查询的公开资料。此外，司法协助属于事务性事项，需要结合具体待办事项进行填写，没有逐项分析的必要，特此省略。

37. 协助外国进行民商事案件调查取证转递函（供最高人民法院国际合作局向高级人民法院转递外国依据海牙取证公约或双边司法协助条约提出的民商事案件调查取证请求用）

协助外国进行民商事案件调查取证转递函
（依据海牙取证公约／双边司法协助条约提出请求）

编号（自动生成）

××××高级人民法院：

　　我局收到×××国依据海牙取证公约／×××条约（双边司法协助条约名称）就×××（原告、上诉人等）与×××（被告、被上诉人等）……（写明案由）一案提出的民商事案件调查取证请求。现将该国转来的调查取证请求书及所附材料转去，请依据该公约／条约和我国民事诉讼法的规定进行审查，并将办理结果报我局。

最高人民法院国际合作局
×××年××月××日

【说明】

　　本函供最高人民法院国际合作局向高级人民法院转递外国依据海牙取证公约或双边司法协助条约提出的民商事案件调查取证请求时使用。

【实例评注】

　　（暂缺实例）

〔评注〕

　　实践中，民商事案件司法文书域外送达均有可能会用到此转递函，但由于此函属于内部文件，尚无任何可查询的公开资料。此外，司法协助属于事务性事项，需要结合具体待办事项进行填写，没有逐项分析的必要，特此省略。

38. 协助外国进行民商事案件调查取证转递函（供最高人民法院国际合作局向高级人民法院转递外国通过外交途径提出的民商事案件调查取证请求用）

协助外国进行民商事案件调查取证转递函
（通过外交途径提出请求）

编号（自动生成）

×××高级人民法院：

我局收到×××国通过外交途径就×××（原告、上诉人等）与×××（被告、被上诉人等）……（写明案由）一案提出的民商事案件调查取证请求。现将该国转来的调查取证请求书及所附材料转去，请依据我国民事诉讼法的规定进行审查，并将办理结果报我局。

最高人民法院国际合作局
×××年××月××日

【说明】

本函供最高人民法院国际合作局向高级人民法院转递外国通过外交途径提出的民商事案件调查取证请求时使用。

【实例评注】

（暂缺实例）

〔评注〕

实践中，民商事案件司法文书域外送达均有可能会用到此转递函，但由于此函属于内部文件，尚无任何可查询的公开资料。此外，司法协助属于事务性事项，需要结合具体待办事项进行填写，没有逐项分析的必要，特此省略。

39. 协助外国进行民商事案件调查取证办理结果转递函（供高级人民法院向最高人民法院国际合作局报送协助外国调查取证结果用）

协助外国进行民商事案件调查取证办理结果转递函
（适用于完成或部分完成情形）

编号（自动生成）

最高人民法院国际合作局：

你局×××号函转来的×××国就×××（原告、上诉人等）与×××（被告、被上诉人等）……（写明案由）一案请求协助调查取证一事，××××人民法院已经审查办理完毕，办理结果如下：

1. 完成调查取证/部分完成调查取证　　　　　　　　　　　（　）

我院对××××人民法院及其承办部门出具的调查取证结果进行了审查，审查结果如下（需逐项勾选或填写）：

（1）调查取证的内容符合请求书的要求　　　　　　　　　（　）

（2）调取的证据中不含有明确标注密级的材料　　　　　　（　）

（3）调查取证结果对外提供后，不存在可能损害国家主权、安全、泄露国家秘密、侵犯商业秘密等情形　　　　　　　　　　　　　　　　　　　　　（　）

（4）提供的证据材料符合民事诉讼法和相关司法解释规定的形式要　（　）

其他需要说明的情况：

2. 无法全部完成原因如下：

现将调查取证结果转去，请审查并转递。

××××高级人民法院
××××年××月××日

【说明】

本函供高级人民法院向最高人民法院国际合作局报送协助外国调查取证结果时使用。

【实例评注】

（暂缺实例）

〔评注〕

实践中，民商事案件司法文书域外送达均有可能会用到此转递函，但由于此函属于内部文件，尚无任何可查询的公开资料。此外，司法协助属于事务性事项，需要结合具体待办事项进行填写，没有逐项分析的必要，特此省略。

40. 协助外国进行民商事案件调查取证办理结果转递函（供高级人民法院向最高法院国际合作局报送未能完成协助外国调查取证的原因用）

协助外国进行民商事案件调查取证办理结果转递函
（适用于未能完成情形）

编号（自动生成）

最高人民法院国际合作局：

你局×××号函转来的×××国就×××（原告、上诉人等）与×××（被告、被上诉人等）……（写明案由）一案请求协助调查取证一事，×××人民法院已经审查完毕，因下列原因，调查取证未能完成：

×××年××月××日

【说明】

本函供高级人民法院向最高人民法院国际合作局报送未能完成协助外国调查取证的原因时使用。

【实例评注】

（暂缺实例）

〔评注〕

实践中，民商事案件司法文书域外送达均有可能会用到此转递函，但由于此函属于内部文件，尚无任何可查询的公开资料。此外，司法协助属于事务性事项，需要结合具体待办事项进行填写，没有逐项分析的必要，特此省略。

(六)港澳台司法协助

41. 送达文书委托书（委托香港特别行政区送达文书用）

×××高级人民法院
送达文书委托书

（××××）……请港送……号

香港特别行政区高等法院：

　　××省(自治区、直辖市)××××人民法院所受理之……号(案号)×××与×××(当事人)……(写明案由)一案，有请你院协助送达司法文书之必要。

　　根据《关于内地与香港特别行政区法院相互委托送达民商事司法文书的安排》第二条规定，惠请就本委托书附录所述之司法文书×件予以协助送达。

　　请在完成送达后，将送达证明书，或者在无法送达时将注明妨碍送达原因、拒收事由和日期的送达证明书连同委托书及所附全部司法文书，寄回本院港澳台司法事务办公室。

　　寄送名址：邮政编码：××××××；地址：××省(自治区、直辖市)××市××区××路××号××××高级人民法院港澳台司法事务办公室；收件人：×××。

　　如有任何问题，请即与本院港澳台司法事务办公室联络。联络人：×××法官。电话：++86(××)××××××××；传真：++86(××)××××××××。

　　特此委托。

（××××高级人民法院印）
×××年××月××日

送达文书委托书
（附录）

（案件审理法院院印）

审理法院	××省(自治区、直辖市)××××人民法院
案　　号	
案　　由	

（续表）

当事人	原告（上诉人、申请再审人）：××× 被告（被上诉人、被申请人）：××× 第三人：×××
受送达人	姓名（名称）：
送达地址及联络方式	送达地址： 联络方式：（尽可能提供受送达人固定和移动电话、电子信箱、家庭成员及社会关系的联络方式等信息）
关于送达方式的特别说明	
需要送达之司法文书及件数	□起诉状副本　　　　□上诉状副本 □授权委托书（空白）　□传票 □判决书　　　　　　□调解书 □裁定书　　　　　　□决定书 □通知书　　　　　　□证明书 □送达回证　　　　　□其他 以上文书，各一式两份。
案件联系人及联系方式	姓名：××× 职务：××××人民法院×××庭书记员（法官） 电话：++86（××）×××××××× 传真：++86（××）××××××××
备注	1. 案件审理法院《请求委托香港特别行政区送达文书函》文号：（××××）……港请送……号。 2. 其他：
填写日期	××××年××月××日

【实例评注】

（暂缺实例）

〔评注〕

实践中，委托香港特别行政区送达文书均有可能会用到此委托书，但由于此函属于内部文件，尚无任何可查询的公开资料。此外，司法协助属于事务性事项，需要结合具体待办事项进行填写，没有逐项分析的必要，特此省略。

42. 协助送达文书回复书（协助香港特别行政区送达文书用）

××××高级人民法院
协助送达文书回复书

（××××）……港请送……号

香港特别行政区高等法院：

　　你院……号（填写文号）送达文书委托书收悉。

　　对委托协助送达香港特别行政区××法院"××诉讼××××年第××号原告×××诉被告×××案件"之司法文书，经××省（自治区、直辖市）××××人民法院协助，已成功（未能成功）送达。

　　根据《关于内地与香港特别行政区法院相互委托送达民商事司法文书的安排》第五条规定，现将送达回证〔（未能成功送达时）和委托书及所附全部文书×件〕随函寄送你院。

　　如有任何问题，请即与本院港澳台司法事务办公室联系。联络人：×××法官；电话：++86（××）××××××××；传真：++86（××）××××××××。

　　特此函复。

（××××高级人民法院印）
××××年××月××日

【实例评注】

　　（暂缺实例）

〔评注〕

　　实践中，协助香港特别行政区送达文书均有可能会用到此回复书，但由于此函属于内部文件，尚无任何可查询的公开资料。此外，司法协助属于事务性事项，需要结合具体待办事项进行填写，没有逐项分析的必要，特此省略。

43. 送达回证（协助香港特别行政区送达文书用）

<table>
<tr><td colspan="2" align="center">××××人民法院
送达回证

（送达法院院印）</td></tr>
<tr><td>送达法院案号</td><td>（××××）……港请送……号</td></tr>
<tr><td>香港特别行政区高等
法院委托书编号</td><td></td></tr>
<tr><td>香港特别行政区
审理法院及案号案由</td><td>香港特别行政区××法院"××诉讼××××年第……号××
×诉×××案件"</td></tr>
<tr><td>送达文书
名称和件数</td><td>（1.……，×件；
2.……，×件；
……）</td></tr>
<tr><td>受送达人</td><td></td></tr>
<tr><td>指定送达地址</td><td></td></tr>
<tr><td>实际送达地址</td><td>□同上址。
□改送地址（如未注明即同上址）：</td></tr>
<tr><td>受送达人
签名或盖章</td><td>　　　　　　　　　　　　　　　　　　年　月　日</td></tr>
<tr><td>代收人</td><td>签名或盖章：
代收理由（注明与受送达人的关系）：
　　　　　　　　　　　　　　　　　年　月　日</td></tr>
<tr><td>妨碍送达的原因、
拒收事由和日期</td><td>（注明妨碍或者拒收事由的发生日期）</td></tr>
<tr><td>送达人
签名或盖章</td><td>　　　　　　　　　　　　　　　　　　年　月　日</td></tr>
<tr><td>备　　注</td><td>1. 高级人民法院《协助香港特别行政区送达文书函》文号：
（××××）……港请送……号。
2. 其他：</td></tr>
</table>

【实例评注】

（暂缺实例）

〔评注〕

实践中，协助香港特别行政区送达文书均有可能会用到此送达回证，但由于此函属于内部文件，尚无任何可查询的公开资料。此外，司法协助属于事务性事项，需要结合具体待办事项进行填写，没有逐项分析的必要，特此省略。

44. 送达文书委托书（委托澳门特别行政区送达文书用）

×××× 高级人民法院
送达文书委托书

（××××）……请澳送……号

澳门特别行政区终审法院：

××省（自治区、直辖市）××××人民法院所受理之……号（案号）×××与×××（当事人）……（写明案由）一案，有请你院协助送达司法文书之必要。

根据《关于内地与澳门特别行政区法院就民商事案件相互委托送达司法文书和调取证据的安排》第二条规定，惠请就本委托书附录所述之司法文书×件予以协助送达。

请在完成送达后，将送达证明书，或者在无法送达时将注明妨碍送达原因、拒收事由和日期的送达证明书连同委托书及所附全部司法文书，寄回本院港澳台司法事务办公室。

寄送名址：邮政编码：××××××；地址：××省（自治区、直辖市）××市××区××路××号××××高级人民法院港澳台司法事务办公室；收件人：×××。

如有任何问题，请即与本院港澳台司法事务办公室联络。联络人：×××法官。电话：++86（××）××××××××；传真：++86（××）××××××××。

特此委托。

（××××高级人民法院印）
×××年××月××日

送达文书委托书
（附录）

（案件审理法院院印）

审理法院	××省（自治区、直辖市）××××人民法院
案　　号	
案　　由	
当事人	原告（上诉人、申请再审人）：××× 被告（被上诉人、被申请人）：××× 第三人：×××
受送达人	姓名（名称）：
送达地址 及联络方式	送达地址： 联络方式：［尽可能提供受送达人固定和移动电话、电子信箱、家庭成员及社会关系的联络方式等信息］
关于送达方式 的特别说明	
需要送达 之司法文书 及件数	□起诉状副本　　　□上诉状副本　　　□反诉状副本 □答辩状副本　　　□授权委托书（空白）　□传票 □判决书　　　　　□调解书　　　　　□裁定书 □支付令　　　　　□决定书　　　　　□通知书 □证明书　　　　　□送达回证　　　　□其他司法文书 □所附相关文件　　□其他 以上文书，各一式两份。
案件联系人 及联系方式	姓名：××× 职务：××××人民法院××××庭书记员（法官） 电话：++86（××）×××××××× 传真：++86（××）××××××××
备　　注	1. 案件审理法院《请求委托澳门特别行政区送达文书函》文号：（××××）……请澳送……号。 2. 其他：
填写日期	××××年××月××日

【实例评注】

（暂缺实例）

〔评注〕

实践中，委托澳门特别行政区送达文书均有可能会用到此委托书，但由于此函属于内部文件，尚无任何可查询的公开资料。此外，司法协助属于事务性事项，需要结合具体待办事项进行填写，没有逐项分析的必要，特此省略。

45. 协助送达文书回复书（协助澳门特别行政区送达文书用）

×××高级人民法院
协助送达文书回复书

（××××）……澳请送……号

澳门特别行政区终审法院：

你院××号(填写文号)送达文书委托书收悉。

对委托协助送达澳门特别行政区××法院"……（案件编号）×××诉×××案件"之司法文书，经××省(自治区、直辖市)××××人民法院协助，已成功(未能成功)送达。

根据《关于内地与澳门特别行政区法院就民商事案件相互委托送达司法文书和调取证据的安排》第十一条规定，现将送达回证〔（未能成功送达时)和委托书及所附全部文件×件〕随函寄送你院。

如有任何问题，请即与本院港澳台司法事务办公室联络。联络人：×××法官；电话：++86(××)××××××××；传真：++86(××)××××××××。

特此函复。

（××××高级人民法院印）
×××年××月××日

【实例评注】

（暂缺实例）

〔评注〕

实践中，协助澳门特别行政区送达文书均有可能会用到此回复书，但由于此函属于内部文件，尚无任何可查询的公开资料。此外，司法协助属于事务性事项，需要结合具体待办事项进行填写，没有逐项分析的必要，特此省略。

46. 送达回证（协助澳门特别行政区送达文书用）

××××人民法院
送达回证

（送达法院院印）

送达法院案号	（××××）××澳请送××号
澳门特别行政区终审法院委托书编号	
澳门特别行政区审理法院及案号案由	澳门特别行政区××法院"……（案件编号）×××诉×××案件"
送达文书名称和件数	（1.……，×件； 2.……，×件； ……）
受送达人	
指定送达地址	
实际送达地址	□同上址。 □改送地址（如未注明即同上址）：
受送达人签名或盖章	年　月　日
代收人	签名或盖章： 代收理由（注明与受送达人的关系）： 　　　　　　　　　　年　月　日
妨碍送达的原因、拒收事由和日期	（注明妨碍或者拒收事由的发生日期）
送达人签名或盖章	年　月　日
备　　注	1. 高级人民法院《协助澳门特别行政区送达文书函》文号：（××××）……澳请送……号。 2. 其他：

【实例评注】

（暂缺实例）

〔评注〕

实践中，协助澳门特别行政区送达文书均有可能会用到此送达回证，但由于此函属于内部文件，尚无任何可查询的公开资料。此外，司法协助属于事务性事项，需要结合具体待办事项进行填写，没有逐项分析的必要，特此省略。

47. 调查取证委托书（委托澳门特别行政区调查取证用）

×××× 高级人民法院
调查取证委托书

（××××）……请澳调……号

澳门特别行政区终审法院：

　　××省（自治区、直辖市）××××人民法院所受理之……号（案号）×××与×××（当事人）……（写明案由）一案，有请澳门特别行政区法院协助调查取证之必要。

　　根据《关于内地与澳门特别行政区法院就民商事案件相互委托送达司法文书和调取证据的安排》第二条第一款规定，惠请就本委托书附录所述之（下列）调查取证事项协助调查取证。随附……（原件）、……（复印件）等相关材料×份供参。

　　在完成调查取证后，请将取得的证据材料连同书面说明，或者在未能成功调查取证时书面说明妨碍调取证据的原因连同前已寄送你院之委托书及所附全部文件寄回本院。

　　寄送名址：邮政编码：××××××；地址：××省（自治区、直辖市）××市××区××路××号××××高级人民法院港澳台司法事务办公室；收件人：×××。

　　如有任何问题，请即与本院港澳台司法事务办公室联络。联络人：×××法官；电话：++86（××）××××××××；传真：++86（××）××××××××。

　　特此委托。

（××××高级人民法院印）
××××年××月××日

调查取证委托书
（附录）

（案件审理法院院印）

审理法院	××省（自治区、直辖市）××××人民法院
案　　号	××××××××号
案　　由	
当事人	原告（上诉人、申请再审人）：×××，地址： 被告（被上诉人、被申请人）：×××，地址： 第三人：×××，地址：
案情摘要	（说明委托调取证据的原因，包括案件基本事实、与委托事项有关联的事实、所涉及的法律条文和目前审理进展情况等）
请求目的	□询问当事人、证人和鉴定人 □鉴定和司法勘验 □调取其他与诉讼有关的证据
委托调取证据的具体事项及说明	(1. 针对×××，请求询问及调取下列事项：（1）……；（2）……。 2. 针对……，请求协助查明下列事项：（1）……；（2）……。 3. 请求确认×××之身份及协寻其所在，并询问及调取下列事项：（1）……；（2）……。 ……) (应分别说明被调查人的身份信息和联络方式，如姓名、出生日期、职务、地址、固定和移动电话、证件号码等一切有助于辨别其身份和所在的相关信息，以及需要向被调查人提出的问题；书证、物证及视听资料所在及请求提供的范围；鉴定和司法勘验的对象及所在；调取证据需采用的特殊方式；有助于执行委托事项的其他一切情况）
所附相关材料清单	(1. ……（注明系原件或复印件及页数，下同） 2. …… ……)
案件联系人及联系方式	姓名：××× 职务：××××人民法院×××庭书记员（法官） 电话：＋＋86(××)×××××××× 传真：＋＋86(××)××××××××
备　　注	1. 为配合本案审理程序之进行，请于三个月内查复协助调查之结果。 2. 案件审理法院《委托澳门特别行政区调查取证函》文号：（×××）……请澳调……号。 3. 其他：
填写日期	××××年××月××日

【实例评注】

（暂缺实例）

〔评注〕

实践中，委托澳门特别行政区调查取证均有可能会用到此委托书，但由于此函属于内部文件，尚无任何可查询的公开资料。此外，司法协助属于事务性事项，需要结合具体待办事项进行填写，没有逐项分析的必要，特此省略。

48. 调查取证回复书（协助澳门特别行政区调查取证用）

×××高级人民法院
调查取证回复书

（××××）……澳请调……号

澳门特别行政区终审法院：

你院……号(填写文号)调查取证委托书收悉。

对委托书所附澳门特别行政区××法院"……（案件编号）×××诉×××案件"之调查取证事项，经××省（自治区、直辖市）××××人民法院协助，已成功调查取证（因……，未能成功调查取证）。

根据《关于内地与澳门特别行政区法院就民商事案件相互委托送达司法文书和调取证据的安排》第二十条规定，现将相关材料×件和××××人民法院《完成协助澳门特别行政区调查取证情况说明》［（未能成功调查取证时）和委托书及所附全部文件×件］随函寄送你院。

如有任何问题，请即与本院港澳台司法事务办公室联络。联络人：×××法官；电话：++86(××)×××××××××；传真：++86(××)×××××××××。

特此函复。

附：相关材料清单
1. ××××人民法院《完成协助澳门特别行政区调查取证情况说明》 ×页
2. ……×页
……

（××××高级人民法院印）
××××年××月××日

【实例评注】

（暂缺实例）

〔评注〕

实践中，协助澳门特别行政区送达文书均有可能会用到此回复书，但由于此函属于内部文件，尚无任何可查询的公开资料。此外，司法协助属于事务性事项，需要结合具体待办事项进行填写，没有逐项分析的必要，特此省略。

49. 送达文书请求书（请求台湾地区送达文书用）

海峡两岸共同打击犯罪及司法互助协议
送达文书请求书

（××××）……请台送……号

×××检察官（法官）惠鉴：

　　××省（自治区、直辖市）××××人民法院所受理之……号（案号）×××诉×××（当事人）……（写明案由）一案，有请贵方协助送达司法文书之必要。

　　根据《海峡两岸共同打击犯罪及司法互助协议》第七条规定，惠请就本请求书附录所述之司法文书×件予以协助送达。

　　请在完成送达后，将送达证明材料或者在未能成功送达时附具理由说明连同未能成功送达之司法文书寄回我处。

　　寄送名址：邮政编码：××××××；地址：××省（自治区、直辖市）××市××区××路××号×××高级人民法院××庭（室）台湾司法事务办公室；收件人：×××法官（联络人或代理联络人姓名和职衔）。

　　如有任何问题，请即与本人联系。

　　专此布达，并颂时绥。

海峡两岸共同打击犯罪及 司法互助协议	×××印
（此处加盖对台文书专用章）	（此处加盖协议联络人名章） ××××年××月××日

海峡两岸共同打击犯罪及司法互助协议
送达文书请求书
（附录）

（案件审理法院院印）

审理法院	××省（自治区、直辖市）××××人民法院
案　　号	
案　　由	
当事人	原告(上诉人/申请人)：×××（公诉机关：××××人民检察院） 被告(被上诉人/被申请人)：×××（被告人：×××） 第三人：×××
受送达人	姓名(名称)：
送达地址及联络方式	送达地址：（如有可能，一并写明邮政编码） 联络方式：（尽可能提供受送达人固定和移动电话、电子信箱、家庭成员及社会关系的联络方式等信息）
需要送达之司法文书及件数	□受理案件通知书　　　□出庭通知书 □应诉通知书　　　　　□裁定书 □起诉或反诉状副本　　□判决书 □答辩状副本　　　　　□调解书 □举证通知书　　　　　□传票 □原告(被告)证据［注明系原件或复印件］，×件 □其他［注明文件名称］（以上未注明件数即指一件）
案件联系人及联系方式	职务：××××人民法院×××庭书记员(法官) 姓名：××× 电话：++86(××)×××××××× 传真：++86(××)××××××××
备　　注	1. 案件审理法院《请求台湾地区送达文书函》文号： (××××)……请台送……号。 2. 其他：
填写日期	××××年××月××日

【实例评注】

（暂缺实例）

〔评注〕

实践中，请求台湾地区送达文书均有可能会用到此请求书，但由于此函属于内部文件，尚无任何可查询的公开资料。此外，司法协助属于事务性事项，需要结合具体待办事项进行填写，没有逐项分析的必要，特此省略。

50. 送达文书回复书（协助台湾地区送达文书用）

海峡两岸共同打击犯罪及司法互助协议
送达文书回复书

（××××）……台请送……号

×××检察官（法官）惠鉴：

贵方……号（填写文号）送达文书请求书收悉。

对请求协助送达台湾×××法院"××年度××字第××号××××事件"×××诉×××案（"××年度××字第……号××××一案"）之司法文书，经××省（自治区、直辖市）××××人民法院协助，已成功（未能成功）送达。

根据《海峡两岸共同打击犯罪及司法互助协议》第七条第三款规定，现将送达回证（和相关材料×件）随函寄送贵方〔（未能成功送达时），一并送还请求送达之司法文书×件。惠请谅解〕。

如有任何问题，请即与本人联系。

专此布达，并颂时绥。

附：1.《海峡两岸共同打击犯罪及司法互助协议》送达回证
　　2.……

海峡两岸共同打击犯罪及 司法互助协议	×××印
（此处加盖对台文书专用章）	（此处加盖协议联络人名章） ××××年××月××日

【实例评注】

（暂缺实例）

〔评注〕

实践中，协助台湾地区送达文书均有可能会用到此回复书，但由于此函属于内部文件，尚无任何可查询的公开资料。此外，司法协助属于事务性事项，需要结合具体待办事项进行填写，没有逐项分析的必要，特此省略。

51. 送达回证（协助台湾地区送达文书用）

**海峡两岸共同打击犯罪及司法互助协议
送达回证**

（送达法院院印）

送达法院案号	（××××）××台请送××号
台湾地区请求书编号	
台湾地区审理法院及案号案由	台湾×××法院"××年度××字××××事件"×××诉×××案（"××年度××字第××号××××一案"）
送达文书名称和件数	(1.……，×件； 2.……，×件； ……)
受送达人	
指定送达地址	
实际送达地址	□同上址。 □改送地址（如未注明即同上址）：
受送达人签名或盖章	年　月　日
代收人签名或盖章及代收理由	签名或盖章： 代收理由（注明与受送达人的关系）： 　　　　　　　　　　　　　　年　月　日

（续表）

未成功送达原因		
送达人 签名或盖章	高级人民法院 联络人签名或盖章	
备　　注	1. 高级人民法院《协助台湾地区送达文书函》文号： （××××）……法助台请（送）字第……号。 2. 其他：	

【实例评注】

（暂缺实例）

〔评注〕

实践中，协助台湾地区送达文书均有可能会用到此送达回证，但由于此函属于内部文件，尚无任何可查询的公开资料。此外，司法协助属于事务性事项，需要结合具体待办事项进行填写，没有逐项分析的必要，特此省略。

52. 调查取证请求书（请求台湾地区调查取证用）

海峡两岸共同打击犯罪及司法互助协议
调查取证请求书

（××××）……请台调……号

×××检察官（法官）惠鉴：

　　××省（自治区、直辖市）××××人民法院所受理之……号（案号）×××诉×××（当事人）……（写明案由）一案，有请贵方协助调查取证之必要。

　　根据《海峡两岸共同打击犯罪及司法互助协议》第八条之规定，惠请就本请求书附录所述之（下列）调查取证事项协助调查取证。随附……（原件）、……（复印件）等相关材料×份供参。

　　在完成调查取证后，请将取得的证据材料或者在未能成功调查取证时附具理由说明连同前已寄送贵方之相关材料寄回我处。

寄送名址：邮政编码：100745；地址：北京市东城区东交民巷 27 号最高人民法院台湾司法事务办公室；收件人：×××法官(联络人或代理联络人姓名和职衔)。

如有任何问题，请即与本人联系。

专此布达，并颂时绥。

<table>
<tr><td align="center">海峡两岸共同打击犯罪及
司法互助协议</td><td align="center">×××印</td></tr>
<tr><td align="center">(此处加盖对台文书专用章)</td><td align="center">(此处加盖协议联络人名章)
××××年××月××日</td></tr>
</table>

海峡两岸共同打击犯罪及司法互助协议
调查取证请求书
（附录）

（案件审理法院院印）

审理法院	××省(自治区、直辖市)××××人民法院
案　　号	(××××)……号
案　　由	
当事人	原告(上诉人)：×××(公诉机关：××××人民检察院) 被告(被上诉人)：×××(被告人：×××) 第三人：×××
案情摘要	(说明案件基本事实、与请求事项关联事实、所涉及的法律条文和目前审理进展情况等)
请求目的	□取得证言及陈述 □提供书证、物证及视听资料 □确定关系人所在地或者确认其身份、前科等情况 □勘验、检查、扣押、鉴定和查询 □其他调查取证事项

（续表）

请求调查取证事项及具体说明	(1. 针对×××，请求询问及调取下列事项：(1)……；(2)……。 2. 针对……，请求协助查明下列事项：(1)……；(2)……。 3. 请求确认×××之身份及协寻其所在，并询问及调取下列事项：(1)……；(2)……。 ……) (应分别或逐一说明被调查人的身份信息和联络方式，如姓名、出生日期、职务、地址、固定和移动电话、证件号码等足以确认和联络的相关信息；作证或陈述的时间、地点、费用负担方式；书证、物证及视听资料所在及请求提供的范围；勘验、检查、扣押、鉴定和查询的对象及所在；需要调查问题的要点、待证事由、取证程序和方法的特殊要求等)
所附相关材料清单	(1. ……(注明系原件或复印件及页数，下同) 2. …… ……)
案件联系人及联系方式	职务：××××人民法院×××庭书记员（法官） 姓名：××× 电话：++86(××)××××××× 传真：++86(××)×××××××
备　　注	1. 为配合本案审理程序之进行，请于×个月内查复协助调查之结果。 2. 案件审理法院《委托台湾地区调查取证函》文号：(××××)……请台调……号。 3. 其他：
填写日期	××××年××月××日

【实例评注】

（暂缺实例）

〔评注〕

实践中，请求台湾地区调查取证有可能会用到此文书，但由于此文书属于内部文件，尚无任何可查询的公开资料。此外，司法协助属于事务性事项，需要结合具体待办事项进行填写，没有逐项分析的必要，特此省略。

53. 调查取证回复书（协助台湾地区调查取证用）

海峡两岸共同打击犯罪及司法互助协议
调查取证回复书

（××××）……台请调……号

×××检察官(法官)惠鉴：

贵方……号(填写文号)调查取证请求书收悉。

对请求书所附台湾×××法院"××年度××字第……号××××事件"×××诉×××案（"××年度××字第……号××××一案"）之调查取证事项，经××省（自治区、直辖市）××××人民法院协助，已成功调查取证(因……，未能成功调查取证)。

根据《海峡两岸共同打击犯罪及司法互助协议》第八条规定，现将相关材料×件［和××省（自治区、直辖市）××××人民法院调查取证情况说明］随函寄送贵方。／根据《海峡两岸共同打击犯罪及司法互助协议》第十四条规定，现将有关调查取证情况说明如下：……［现将××省（自治区、直辖市）××××人民法院调查取证情况说明随函寄送贵方。惠请谅解］。

专此布达，并颂时绥。

附：相关材料清单

1. ……
2. ……
……

海峡两岸共同打击犯罪及 司法互助协议	×××印
（此处加盖对台文书专用章）	（此处加盖协议联络人名章） ××××年××月××日

【实例评注】

（暂缺实例）

〔评注〕

实践中，协助台湾地区调查取证均有可能会用到此回复书，但由于此函属于内部文件，尚无任何可查询的公开资料。此外，司法协助属于事务性事项，需要结合具体待办事项进行填写，没有逐项分析的必要，特此省略。

第二部分
当事人参考民事诉讼文书样式

一、管辖

1. 异议书（对管辖权提出异议用）

异议书

异议人(被告)：×××，男/女，××××年××月××日出生，×族，……（写明工作单位和职务或者职业），住……。联系方式：……。

法定代理人/指定代理人：×××，……。

委托诉讼代理人：×××，……。

（以上写明异议人和其他诉讼参加人的姓名或者名称等基本信息）

请求事项：

将××××人民法院（××××）……号……（写明案件当事人和案由）一案移送××××人民法院管辖。

事实和理由：

……（写明提出管辖权异议的事实和理由）。

此致

××××人民法院

异议人（签名或者盖章）

××××年××月××日

【说明】

1. 本样式根据《中华人民共和国民事诉讼法》第一百二十七条第一款制定，供当事人向第一审人民法院提出管辖权异议用。

2. 当事人是法人或者其他组织的，写明名称住所。另起一行写明法定代表人、主要负责人及其姓名、职务、联系方式。

3. 人民法院受理案件后，当事人对管辖权有异议的，应当在提交答辩状期间提出。

【实例评注】

管辖异议申请书 ①

申请人：宁某某　　电话：1397149×××　　住址：福建晋江市青阳区。

被申请人：张某　　电话：181626×××　　住址：武汉硚口区。

申请事项：请求贵院依法将张某提出的离婚案件移送福建省晋江市人民法院审理。

申请事实理由：

申请人与女方张某于2011年4月28日在（被申请人户口所在地）办理婚姻登记手续，并居住在武汉市硚口区古田三路×新城×栋×单元×室，由于工作原因，申请人经常在外地工作，在外工作期间的收入80%都交给被申请人，并定期回家，并不像被申请人所说不负责任、不顾家等行为。2014年9月15日来福建晋江工作至今，于2015年3月29日起居住在福建晋江市青阳区×路×公寓×室。根据《最高人民法院关于贯彻执行〈中华人民共和国民法通则〉若干问题的意见（试行）》第9条的规定，公民离开住所地最后连续居住一年以上的地方，为经常居住地。但住医院治病的除外。公民由其户籍所在地迁出后至迁入另一地之前，无经常居住地的，仍以其原户籍所在地为住所。因此申请人住所仍为（申请人户口所在地）。依据《中华人民共和国民事诉讼法》第二十一条的规定，对公民提起的诉讼，由被告所在地人民法院管辖；被告所在地与经常居住地不一致的，由经常居住地人民法院管辖。本案应由被告所在地人民法院管辖，贵院对此没有管辖权。因此请求贵院将该案移送至福建省晋江市人民法院审理。

此致
武汉市硚口区人民法院

申请人：宁某某
2016年9月×日

〔评注〕

1. 管辖异议书，是指当事人认为受诉法院或受移送法院对案件没有管辖权时，向人民法院提交的请求人民法院依法改变案件管辖的法律文书。管辖异议权是我国民事诉讼法赋予民事诉讼当事人的一项诉讼权利，也是促使人民法院正确行使审判权的前提与基础。管辖权异议既可以针对地域管辖，也可以针对级别管辖，管辖权异议的提出应当遵循一定的程序。

---

① 来源：湖北省武汉市硚口区人民法院（2016）鄂0104民初2938号案卷。

(1) 异议人只能是本案的当事人，多数是被告，但也有可能是原告。司法实践中，提出管辖权异议有两种情况：第一种情况是原告向其认为有管辖权的法院提起诉讼，被告认为受理案件的法院没有管辖权的，有权提出管辖权异议；第二种情况是受诉法院认为自己对案件没有管辖权，将案件移送至其他法院，原告也可以向受移送法院提出管辖异议。诉讼开始后追加的共同被告认为受诉法院没有管辖权的，有权提出管辖权异议，第三人无权提出管辖权异议。

(2) 管辖权异议应当在提交答辩状期间提出。

(3) 管辖权异议一般应通过书面形式提出，也允许口头提出。《民事诉讼法》对当事人提出管辖权异议的形式并未作硬性要求，只是建议当事人采取书面形式，以便法院进行审查。当事人提出管辖权异议，既可以在答辩状中提出，亦可通过递交管辖权异议申请书专门提出。

(4) 管辖权异议申请书应重点阐述管辖所存在的错误及移送理由。申请书首先应写明请求事项，注明应将案件移送至具体哪个法院；其次要说明事实和理由，根据提出的是级别管辖异议还是地域管辖异议阐述本案应由受移送法院管辖的理由和法律依据。

(5) 如异议人是法人或者其他组织，在落款处应写明全称，并加盖单位公章。

2. 需要说明的是，当事人不具备专业的法律知识，对文书的规范格式也不尽然知晓，所以不必然要求当事人一定按照《民事诉讼文书样式》规定的格式书写，只是希望通过对比规范的文书样式有针对性地对实例进行评析，以达到帮助读者快速掌握文书制作要领，提高文书制作技能的目的。本处实例选取湖北省武汉市硚口区人民法院 (2016) 鄂 0104 民初 2938 号案件中的管辖异议申请书，该申请书内容完整，事实描述清楚，理由论证充分，但是有些格式与《民事诉讼文书》要求不一致，需要引起注意：

(1) 实例的标题为"管辖异议申请书"，此种表述方式与样式"异议书"的表述不一致。标题是标明文章、作品等内容的简短语句，该文书在于提出异议，并不包含申请事项，因此样式中使用的"异议书"更为准确。司法实践中使用"管辖异议申请书"较为普遍，应予以更正。

(2) 实例中，将异议人列为"申请人"，将对方当事人列为"被申请人"与样式要求不符，应只列"异议人"，并应写明异议人的身份信息。实例中关于异议人的基本情况罗列过于简单，应予以补充完善。需要提出的是，样式在异议人后面标注了被告，对于这点，笔者是有不同意见的，原告也可以成为管辖异议的异议人。

(3) 实例中请求事项的表述不规范，请求事项应该完整标注案号、当事人、案由及请求移送的法院全称。此处表述为"请求将(2016) 鄂 0104 民初 2938 号张某诉宁某某离婚纠纷一案移送至福建省晋江市人民法院审理"更为准确。

(4) 实例中落款处，应将"申请人"改为"异议人"。要注意的是，提出管辖异议的主体为法人或者其他组织的，应该在落款处加盖单位公章。

2. 民事上诉状（对驳回管辖权异议裁定提起上诉用）

民事上诉状

上诉人（原审诉讼地位）：×××，男/女，××××年××月××日出生，×族，……（写明工作单位和职务或者职业），住……。联系方式：……。

法定代理人/指定代理人：×××，……。

委托诉讼代理人：×××，……。

被上诉人（原审诉讼地位）：×××，……。

……

（以上写明当事人和其他诉讼参加人的姓名或者名称等基本信息）

上诉人×××因与被上诉人×××……（写明案由）一案，不服×××人民法院×××年××月××日作出的（××××）……民初……号驳回管辖权异议裁定，现提起上诉。

上诉请求：

1. 撤销×××人民法院（××××）……民初……号驳回管辖权异议民事裁定书；
2. 本案移送×××人民法院处理。

上诉理由：

……（写明不服驳回管辖权异议裁定的事实和理由）。

此致

××××人民法院

附：本上诉状副本×份

上诉人（签名或者盖章）

××××年××月××日

【说明】

1. 本样式根据《中华人民共和国民事诉讼法》第一百五十四条第一款第二项、第二款、第一百六十四条第二款、第一百六十五条、第一百六十六条、第二百六十九条制定，供被告对第一审人民法院驳回管辖权异议裁定不服提起上诉用。

2. 当事人是法人或者其他组织的，写明名称住所。另起一行写明法定代表人、主要负责人及其姓名、职务、联系方式。

3. 当事人对驳回管辖权异议上诉的，有权在裁定书送达之日起十日内向上一级人民法院提起上诉。在中华人民共和国领域内没有住所的当事人不服第一审人民法院裁定的,有权在裁定书送达之日起三十日内提起上诉。

4. 上诉状应当通过原审人民法院提出,并按照对方当事人或者代表人的人数提出副本。

【实例评注】

管辖权异议上诉状 ①

上诉人:王某某,男,汉族,1972 年×月×日出生,现住湖北省大冶市东岳路,身份证号码:420281××××××××××。

上诉人:张某,男,汉族,1969 年×月×日出生,现住湖北省大冶市东风路,身份证号码:420111××××××××××。

上诉人:石某,男,汉族,1980 年×月×日出生,现住武汉市江夏区,身份证号码:420122××××××××××。

被上诉人:仲利国际租赁有限公司,住所地:上海市长宁区遵义路100 号红桥上海城 B 栋 2683 – 15 单元。法定代表人:陈某某,该公司董事长。

上诉请求:
1. 依法撤销武汉市汉南区人民法院作出的(2016)鄂 0113 民初 354 号之一民事裁定书,并将案件移交武汉市江汉区人民法院管辖。
2. 由被上诉人承担本案一审、二审诉讼费用。

事实与理由:
一、一审法院裁定驳回上诉人管辖权异议的理由没有法律依据,依法应当被撤销

一审法院认为:"本案中存在融资租赁合同(主合同)和保证合同(从合同)这两种合同法律关系,而本案主要系由被上诉人仲利国际租赁有限公司(下称被上诉人)和本案另一被告湖北东合换热器有限公司(下称东合公司)之间的融资租赁合同(主合同)纠纷引起的,虽然双方有书面约定管辖法院,但根据合同相对性,东合公司作为主合同相对方在提交答辩状期间未提出管辖权异议,故应当认定本案符合当事人的'意思自治',应当尊重'他们的选择权',继而认定一审法院对本案具有管辖权。"(详见一审裁定)

上诉人认为,一审法院的上述认定简直荒诞可笑,不仅是于法无据,甚至是完全

---

① 来源:湖北省武汉市汉南区人民法院(2016)鄂 0113 民初 354 号案卷。

背离法律，理由如下：

1. 上诉人作为本案被告，根据《民事诉讼法》第一百二十七条的规定，与东合公司享有同等诉讼权利，依法享有对一审法院管辖权提出异议的权利，且该项权利是独立的，不依附于任何其他诉讼主体，依法应当被尊重。

一审法院认为本案存在两种合同法律关系，即融资租赁合同（主合同）和保证合同（从合同），但却一方面依据主合同相对性原则，剥夺了从合同法律关系当事人提出管辖权异议的诉讼权利、无视从合同法律关系当事人的诉讼主体资格，让人误以为本案只有一种合同法律关系；另一方面又依据从合同的相对性原则，认可从合同法律关系当事人系本案的适格被告。如此前后矛盾，滥用自由裁量权，严重侵害上诉人的合法权益。

而且，一审法院所说的符合当事人"意思自治"，是指符合本案所有诉讼当事人的意思自治，还是仅需符合部分当事人的意思自治呢？一审法院还说应当尊重"他们的选择权"，其中的他们是指全部当事人，还是仅指被上诉人和东合公司呢？

若一审法院认为在一个民事诉讼案件中仅需符合部分当事人的意思自治，仅需尊重部分当事人的选择权，那么，是否意味着，一审法院认为本案只需要被上诉人和东合公司的意思自治就可以确定自己对本案的管辖权名正言顺？是否认为上诉人等不属于《民事诉讼法》第一百二十七条规定的有权提出管辖权异议的诉讼当事人？是否认为其他诉讼当事人与本案无关，上诉人等不属于本案适格被告？若如此，一审法院就应当依法驳回被上诉人的起诉。

否则，一审法院就是违反法律规定及民事诉讼法的平等原则，严重侵害了上诉人作为本案诉讼当事人独立、平等参与诉讼并依法提出管辖权异议的民事诉讼权利。

2. 无论本案是否存在两个合同法律关系，也无论彼此之间是否存在主从合同之分，均不能成为一审法院借此剥夺上诉人作为本案当事人依法享有的独立、平等参与诉讼的权利，一审法院据此剥夺上诉人依法提出管辖权异议的权利没有法律依据，其滥用自由裁量权，依法应当被撤销。

首先，主从合同之分，主要体现在合同成立、生效、履行及法律后果等实体法律方面，从根本上不影响各合同当事人的在民事诉讼过程中依法享有独立、平等参与诉讼并行使诉讼权利的程序性权利。

虽然主合同是从合同成立、生效的前提；在履行上往往有前后顺序；在法律后果上，主合同对于从合同的作用力往往大于从合同的反作用力，但总的来说，主从合同之间的差异主要体现在实体法律方面，并不影响主从合同当事人依法享有的程序性权利，主从合同当事人在取得程序性权利上没有效力等级上的差异。

《担保法司法解释》第一百二十九条规定："主合同和担保合同发生纠纷提起诉讼的，应当根据主合同确定案件管辖。……主合同和担保合同选择管辖的法院不一致的，应当根据主合同确定案件管辖。"

但是，本案中，上诉人在从合同中与被上诉人书面约定的管辖法院，与主合同中约定的管辖法院一致，法律仅规定在主合同和担保合同选择管辖的法院不一致的时候，主合同约定管辖优于从合同的约定管辖，法律从未规定在主合同和担保合同选择管辖的法院完全一致的时候，若主合同当事人因各种原因未能提起或放弃提起管辖权异议的，从合同的当事人一律应当以主合同当事人在涉诉时的取舍为优先。

故一审法院仅因东合公司在法定期间未提出管辖权异议，即认定上诉人丧失了独立提出管辖权异议的结论是错误的，不仅粗暴剥夺了上诉人的程序性权利，从根本上亦否定了上诉人独立的诉讼主体资格。

其次，上诉人作为本案被告，与案件结果存在非常的利害关系，为维护自身合法权益，其诉讼权利不容一审法院肆意侵害。

虽然上诉人、东合公司与被上诉人之间的合同法律关系不同，法律责任性质不同，但彼此实际面临的诉讼风险和法律后果在实施内容上并无差异，若仅要求上诉人承担同等义务和风险，却不赋予其同等的诉讼权利，将显失公平公正。

二、一审法院违反民法意思自治原则以及相关法律规定所作裁定，依法应当被撤销

根据《中华人民共和国民事诉讼法》第三十四条的规定，合同或者其他财产权益纠纷的当事人可以书面协议选择被告住所地、合同履行地、合同签订地等与争议有实际联系的地点的人民法院管辖。以及《最高人民法院关于适用〈中华人民共和国民事诉讼法〉的解释》第三十条的规定，根据当事人书面管辖协议，起诉时能够确定管辖法院的从其约定；不能确定的，方依照民事诉讼法的相关规定确定管辖。

由此可知，当事人协议管辖的效力优于普通法定管辖。而在本案中，上诉人与被上诉人之间明确约定"因合同履行发生的任何争议，若协商不成，同意提交武汉市江汉区人民法院管辖"。且该约定与东合公司与被上诉人之间协议管辖的法院一致，并且没有违反法律关于级别管辖的专属管辖的规定。

若一审法院仅因被上诉人已在其处成功立案并被受理，仅以本案某一被告住所地属于其管辖范围，便以"节约司法资源、便利诉讼当事人"的名义，裁定驳回上诉人的管辖权异议，其行为已经完全摒弃了民法意思自治原则，也违反了相关法律规定，裁定依法应当被撤销。

而且，从管辖权异议制度设置的立法目的和立法价值来看，其目的在于监督法院行使管辖权的职权行为，保证诉讼管辖制度的正常，程序正义能够得到实现，而非单为某一方当事人创设某项权利。

三、一审法院严重违反了当事人诉讼权利平等原则，显失公平公正，裁定依法应当被撤销

当事人诉讼权利平等原则，是指在民事诉讼中，当事人平等地享有和行使诉讼权利。这一原则包括以下两个方面的内容：一方面，民事诉讼当事人平等地享有诉讼权利；另一方面，人民法院应当为当事人平等地行使法律规定的诉讼权利提供必要的保障和方便。

本案中，一审法院随意将其他诉讼当事人的诉讼权利凌驾于上诉人之上，其行为严重违反了当事人诉讼权利平等原则，显失公平公正，裁定依法应当被撤销。

综上所述：上诉人认为，一审人民法院作出的(2016)鄂0113民初354号之一民事裁定书不仅没有法律依据，亦违背了民法意思自治原则以及当事人诉讼权利平等原则，其严重侵害了上诉人作为诉讼主体依法享有的民事诉讼权利，裁定依法应当被撤销。

望贵院依法将案件移交武汉市江汉区人民法院管辖。

此致
武汉市中级人民法院

上诉人：王某某、张某、石某
2016年7月15日

附：1. 湖北东合换热器有限公司《情况说明》。

〔评注〕

1. 民事上诉状是当事人不服第一审人民法院作出的未生效裁判，在法定期间内要求上一级人民法院对上诉请求的有关事实和法律适用进行审理时使用的法律文书。上诉权是法律赋予当事人的一项诉讼权利，其可以要求上级人民法院对原审判决和裁定进行审查，纠正错误的裁判，以维护自己的合法权益。一审法院的裁判作出后，当事人是否提起上诉，应由其自行决定。本文书样式供当事人对第一审人民法院驳回管辖权异议裁定不服提起上诉用。

(1) 当事人对驳回管辖权异议裁定上诉的，应在裁定书送达之日起十日内向上一级人民法院提起上诉。在中华人民共和国领域内没有住所的当事人不服第一审人民法院裁定的，应在裁定书送达之日起三十日内提起上诉。

(2) 上诉必须递交书面上诉状。《民事诉讼法》第一百六十五条规定，上诉应当递交上诉状。《民诉法解释》第三百二十条规定，一审宣判时或判决书、裁定书送达时，当事人口头表示上诉的，人民法院应告知其必须在法定上诉期间内提出上诉状。未在法定上诉期间内递交上诉状的，视为未提出上诉。

(3) 上诉状应当通过原审人民法院提出，并按照对方当事人或者代表人的人数提出副本。当事人直接向第二审人民法院上诉的，第二审人民法院应当在五日内将上诉状移交原审人民法院。

2. 管辖权异议裁定上诉状的书写格式。

(1) 当事人的诉讼地位表述为"上诉人""被上诉人",并标注在原审中的诉讼地位。先写上诉人,再写被上诉人,后写其他当事人。其他当事人按照原审诉讼地位和顺序写明。

(2) 列明原审案件案由、人民法院名称、案件编号。

(3) 上诉请求有两项:①撤销××××人民法院(××××)……民初……号驳回管辖权异议民事裁定书;②本案移送××××人民法院处理。

(4) 说明上诉理由,可从事实不清、适用法律错误等方面,根据有关法律和事实加以阐述,以论证不服驳回管辖权异议裁定的请求成立。

(5) 最后,写明致送的法院,上诉人签名或盖章,注明年月日,并根据被上诉人的人数附上上诉状副本。

3. 本处实例选取湖北省武汉市汉南区人民法院(2016)鄂0113民初354号案件中被告不服该院作出的驳回管辖权异议裁定,向武汉市中级人民法院提出上诉时递交的上诉状。该上诉状格式基本规范,层次清晰,论述理由充分,但也存在以下几个问题,应予以注意。

(1) 当事人是法人或者其他组织的,另起一行写明法定代表人、主要负责人及基本信息。实例中,将法定代表人的基本情况与法人放在同一段书写,不符合诉讼文书样式要求。

(2) 列明当事人信息后,应写明不服原审法院作出的驳回管辖权异议裁定的时间及案件编号,实例遗漏了该部分内容。

(3) 上诉状虽不要求当事人使用法言法语,但应使用中性的表述性语言,尤其要避免出现像实例中"简直荒诞可笑"这样带有浓烈个人感情色彩的陈述。

(4) 尾部应附注:上诉状副本×份,实例有所遗漏。

二、回避

1. 申请书（申请回避用）

申请书

　　申请人：×××，男/女，××××年××月××日出生，×族，……（写明工作单位和职务或者职业），住……。联系方式：……。
　　法定代理人/指定代理人：×××，……。
　　委托诉讼代理人：×××，……。
　　（以上写明申请人和其他诉讼参加人的姓名或者名称等基本信息）
　　请求事项：
　　申请你院(××××)……号……（写明当事人和案由）一案的……（写明被申请回避人的诉讼地位和姓名）回避。
　　事实和理由：
　　……（写明申请回避的事实和理由）。
　　此致
××××人民法院

申请人（签名或者盖章）
××××年××月××日

【说明】

　　1. 本样式根据《中华人民共和国民事诉讼法》第四十四条、第四十五条制定，供当事人向人民法院申请审判人员或者其他诉讼参与人回避用。

　　2. 当事人是法人或者其他组织的，写明名称住所。另起一行写明法定代表人、主要负责人及其姓名、职务、联系方式。

　　3. 被申请回避人员可以是审判人员、执行员、书记员、翻译人员、鉴定人、勘验人等。其中审判人员包括参与本案审理的人民法院院长、副院长、审判委员会委员、庭长、副庭长、审判员、助理审判员和人民陪审员。

　　4. 当事人提出回避申请，应当说明理由，在案件开始审理时提出；回避事由在案件开始审理后知道的，也可以在法庭辩论终结前提出。

【实例评注】

回避申请书 ①

申请人：武汉筑家瑞盛建材有限公司。

被申请人：谢某，男，武汉市硚口区人民法院审判员，在审理武汉聚盈商业运营管理有限公司诉申请人武汉筑家瑞盛建材有限公司房屋租赁合同纠纷一案中担任审判员。

请求事项与理由：

谢某法官曾任（2015）鄂硚口民三初字第00240号原告武汉筑家瑞盛建材有限公司诉被告武汉聚盈商业运营管理有限公司、张某某房屋租赁合同纠纷一案的审判员，此案与本诉存在法律上关联，由于申请人不服此案判决，曾以事实不清、判决不公提请过上诉，此案与本诉又有着基本相同的事实情况，为避免审判员懈怠调查、先入为主的惯性思维造成对申请人不利的裁决，申请人为争取诉讼权利，现依《中华人民共和国民事诉讼法》第四十四条、第四十五条之规定，申请谢某审判员回避。

请人民法院审查，更换审判员审理此案。

此致
武汉市硚口区人民法院

申请人：武汉筑家瑞盛建材有限公司

2016年9月26日

〔评注〕

1. 回避申请书是当事人认为审判人员、书记员、翻译人员、鉴定人、勘验人与本案或者本案当事人有利害关系并会影响案件的公正审判时，向人民法院申请上述相关人员不得参加本案审理或者其他相关诉讼活动时所使用的法律文书。回避的方式有两种：申请回避和自行回避。当审判人员以及其他相关人员没有自觉主动回避时，当事人可以申请相关人员进行回避。申请回避是自行回避的必要补充。申请回避应当通过一定的程序：

（1）申请回避的对象。《民事诉讼法》第四十四条规定了回避的对象包括审判人员、书记员、翻译人员、鉴定人、勘验人，但不包括证人。《最高人民法院关于审判人员在诉讼活动中执行回避制度若干问题的规定》第十三条规定："本规定所称审判人员，包

---

① 来源：湖北省武汉市硚口区人民法院（2016）鄂0104民初2506号案卷。

括各级人民法院院长、副院长、审判委员会委员、庭长、副庭长、审判员和助理审判员。"第十四条规定:"人民陪审员、书记员和执行员适用审判人员回避的有关规定,但不属于本规定第十三条所规定人员的,不适用本规定第八条、第九条的规定。"综上,申请回避的对象应该包括审判人员、人民陪审员、书记员、翻译人员、鉴定人、勘验人及执行员。

(2)当事人申请回避应该符合法定的情形。申请回避应该符合《民诉法解释》第四十三条、第四十四条规定的情形。

(3)当事人申请回避既可以书面提出,也可以口头提出。在书面提出时应列明申请人的基本情况、申请事项、提出回避的事实和理由。

(4)当事人提出回避应当在案件开始审理时提出,回避事由在开始审理后知道的,也可以在法庭辩论终结前提出。

2. 本处选取的实例为湖北省武汉市硚口区人民法院(2016)鄂 0104 民初 2506 号案件中原告提交的回避申请书,原告武汉筑家瑞盛建材有限公司以该案审判员曾经审理过与本案存在法律上关联的案件为由,申请其回避,该份申请书不符合《民事诉讼文书样式》的格式要求,并且存在的问题也具有普遍性,需要引起注意。

(1)申请回避的当事人列为申请人,因被申请对象是法院审判人员、人民陪审员、书记员、翻译人员、鉴定人、勘验人、执行员,不属于诉讼参与人,不能将上述人员列为被申请人,实例将被申请回避的审判员列为被申请人是不恰当的。

(2)请求事项和申请回避的事实和理由应分段进行阐述,实例中将请求事项、申请回避的事实和理由放在同一段落,逻辑混乱,层次不清,混淆了请求和原因,不符合申请书的一般写作规律。

2. 复议申请书(申请对驳回回避申请决定复议用)

复议申请书

复议申请人:×××,男/女,××××年××月××日出生,×族,……(写明工作单位和职务或者职业),住……。联系方式:……。

法定代理人/指定代理人:×××,……。

委托诉讼代理人:×××,……。

(以上写明复议申请人和其他诉讼参加人的姓名或者名称等基本信息)

请求事项:

请求对你院(××××)……号一案驳回回避申请的决定进行复议。

> 1. 撤销驳回回避申请决定；
> 2. 准许×××（写明被申请回避人员的诉讼地位和姓名）回避。
>
> 事实和理由：
>
> 复议申请人在你院（××××）……号……（写明当事人和案由）一案中，向你院申请……（写明被申请回避人员的诉讼地位和姓名）回避。你院（××××）……号决定书驳回回避申请。
>
> ……（写明申请复议的事实和理由）。
>
> 此致
>
> ××××人民法院
>
> 复议申请人（签名或者盖章）
××××年××月××日

【说明】

1. 本样式根据《中华人民共和国民事诉讼法》第四十七条制定，供申请人对驳回回避申请决定不服的，向人民法院申请复议用。

2. 当事人是法人或者其他组织的，写明名称住所。另起一行写明法定代表人、主要负责人及其姓名、职务、联系方式。

3. 申请人对决定不服的，可以在接到决定时申请复议一次。

【实例评注】

回避复议申请书 [①]

申请人：吴某某，男

被申请人：王某，男，北京市海淀区人民法院劳动争议审判庭审判员，在审理申请人与北京市万业源房地产开发有限责任公司等五单位劳动争议纠纷（2015海民初字第11194号）案中担任审判员、审判长。

请求事项：

申请人因与北京市万业源房地产开发有限责任公司等五单位劳动争议纠纷一案不服贵院驳回申请人申请审判人员王某回避的决定，现提出复议申请，请求贵院依法复议，变更原决定。

[①] 来源：北京市海淀区人民法院（2015）海民初字第11194号案卷。

事实和理由如下：

一、如申请人已提交的《法官回避申请书》所述，贵院送达的对方《起诉状》上载明的日期为2015年2月6日，与2015年3月16日二者时间相差38天，明显违反《中华人民共和国民事诉讼法》第一百二十五条"人民法院应当在立案之日起五日内将起诉状副本发送被告"之规定。另外，2015年3月18日送达的该《起诉状》上没有加盖贵院立案窗口的收案专用章。申请人认为审判人员有与当事人串通，私接诉状，影响判决结果之嫌。申请人多次通过贵院信访接待窗口向贵院纪检部门投诉，至今未得到答复。申请人有理由认为被申请人正在因存在重大违纪问题接受贵院的调查，在查清事实之前理应停止其对本案的审理。

二、申请人的投诉客观上会引起申请人与被申请人之间发生冲突和矛盾，双方之间客观存在的冲突和矛盾可能会影响审判员对本案的公平审理和判决。

三、申请人的合理怀疑使申请人失去了对被申请人的信任，进而怀疑法院、法律的公正。

2015年4月13日，申请人收到贵院开庭传票，被申请人王某仍为本案合议庭成员、审判长。基于上述原因，申请人对贵院决定不服，现依法提出复议申请，请作出复议决定。

此致
北京市海淀区人民法院

申请人：吴某某

2015年4月14日

〔评注〕

复议申请书，是指诉讼参与人或其他人因不服人民法院在诉讼过程中作出的决定或裁定，依法向人民法院提交的请求对该决定或裁定进行复议审查并变更原决定或裁定的法律文书。《民事诉讼法》分别在第四十七条、第一百零八条、第一百一十六条规定了可复议的情形。本样式的复议申请书特指回避申请被驳回后，申请人对决定不服向人民法院提出复议时提交的申请书。

1. 复议申请书的格式

（1）标题为："复议申请书"。

（2）正文应写明以下内容：第一，申请人的基本情况。自然人应写明身份情况、单位或职业、住址、联系方式等。法人或其他组织写明名称住所，另起一行写明法定代表人或主要负责人的姓名、职务、联系方式。第二，应写明请求事项。请求事项有两项要求：首先撤销驳回回避申请决定，其次准许申请回避的对象回避，此处应写明申请回避对象的诉讼地位和姓名。第三，应写明回避复议申请的事实和理由。

（3）以"此致××××人民法院"的表述方式写明致送的人民法院，申请人在落款处签名或盖章，并注明提出复议申请的日期。

2. 实例选取北京市海淀区人民法院（2015）海民初字第11194号案件中申请人吴某某提交的复议申请书。吴某某为该案的原告，因其怀疑本案审判人员与被告有串通的嫌疑，向该院提出了回避申请，该院驳回了原告的申请，原告对决定不服，提出了复议申请。该申请书与《民事诉讼文书样式》格式不一致，司法实践中，此类问题也经常存在，应引起注意：

（1）实例中文书标题表述为"回避复议申请书"，虽与格式不一致，但文书标题加上复议的事由也并无不可。

（2）当事人的诉讼地位应表述为"复议申请人"更为准确。实例中，将申请回避的对象列为"被申请人"与文书样式不符，应予以删除。

（3）实例中对请求事项的表述不规范，应按照文书样式予以修改。司法实践中并不要求复议申请书的请求事项完全按照文书样式的格式来书写，但是要达到语言通顺，表达清楚的要求，与文书样式相符更为妥当。

因当事人的法律素养及文化水平不同，语言表达能力也参差不齐，所以这部分内容不需要有很高的写作水平和文采，符合一般的表述能力，能将申请回避的理由表达清楚即可。对于该实例，复议的事实表述并不清晰明确，理由也不确实充分，当事人在书写该部分内容时应引以为戒。

三、诉讼参加人

1. 法定代表人身份证明书（法人当事人用）

法定代表人身份证明书

×××在我（单位名称）担任……职务，系我（单位名称）的法定代表人。
特此证明。

附：法定代表人联系地址：
　　联系电话：

××××年××月××日
（公章）

【说明】

1. 本样式根据《中华人民共和国民事诉讼法》第四十八条第二款以及《最高人民法院关于适用〈中华人民共和国民事诉讼法〉的解释》第五十条、第五十一条制定，供法人当事人证明法定代表人身份用。

2. 法人的法定代表人以依法登记的为准，但法律另有规定的除外。依法不需要办理登记的法人，以其正职负责人为法定代表人；没有正职负责人的，以其主持工作的副职负责人为法定代表人。法定代表人已经变更，但未完成登记，变更后的法定代表人要求代表法人参加诉讼的，人民法院可以准许。

3. 在诉讼中，法人的法定代表人变更的，由新的法定代表人继续进行诉讼，并应向人民法院提交新的法定代表人身份证明书。原法定代表人进行的诉讼行为有效。

【实例评注】

法定代表人身份证明 ①

M 先生在我单位担任总经理职务,系我单位法定代表人。
特此证明!

博世热力技术(武汉)有限公司
二〇一五年××月××日

〔评注〕

1. 法定代表人身份证明书,是企业或者其他单位向法院提交的用以证明法定代表人身份的法律文书。

法定代表人是指依照法律或者法人组织章程规定,代表法人行使民事权利,履行民事义务的主要负责人。法定代表人的特点是:(1)法定代表人的资格是法定的或者由章程确定,一般认为商事主体的正职行政负责人为其唯一法定代表人。如果没有正职负责人,则为主持日常工作的副职负责人。根据《中华人民共和国公司法》第十三条的规定,公司法定代表人依照公司章程的规定,由董事长、执行董事或者经理担任。(2)法定代表人对外以法人名义进行活动时,其与法人之间并非代理关系,而是代表关系,且代表职权来自法律的明确授权,不需法人另外授权。法定代表人的行为就是法人的行为,可以直接代表法人对外签订合同,在法院起诉应诉,以及参与处理其他法律事务。法定代表人在自身的权限范围内所为的一切行为,其法律后果由法人承担。《民事诉讼法》第四十八条第二款规定:"法人由其法定代表人进行诉讼;其他组织由其主要负责人进行诉讼。"(3)法定代表人是代表法人从事活动的自然人。(4)法定代表人应当经登记机关依法登记,以依法登记的为准。但法律也规定了例外情形,如果法定代表人已经变更,但未完成登记,变更后的法定代表人要求代表法人参加诉讼的,人民法院可以准许。(5)法定代表人可以委托其他人代表法人进行活动,但须签署授权委托书。授权委托书可以一事一授权,也可以一定期间授权。代理人在其授权的范围内所为的行为由法人承担法律后果。

法定代表人应具备的条件是:(1)必须具有完全民事行为能力;(2)必须具有一定管理能力和业务知识;(3)不存在不能担任法定代表人的情形;(4)已经担任一个法人的法定代表人的,原则上不得再担任其他法人的法定代表人。

---

① 来源:湖北省武汉市江夏区人民法院(2015)鄂江夏民二初字第 00828 号案卷。

2. 制作法定代表人身份证明书时应当注意的问题有：(1)应该标注法定代表人在该单位担任的行政职务；(2)尾部要附注法定代表人的联系地址和联系电话；(3)该证明书应该向法院提交加盖公司印章的原件。(4)在诉讼中，法人的法定代表人变更的，由新的法定代表人继续进行诉讼，并应向人民法院提交新的法定代表人身份证明书。

3. 该文书格式和内容上看起来比较简单，但是在司法实践中，立案工作人员在翻阅当事人提交的诉讼材料时，针对该证明书，也发现了一些问题，比如：(1)委托诉讼代理人提交的营业执照副本上登记的法定代表人的名字和该证明书上的名字不一致，法院通常会以登记为准，并告知当事人进行修改，除非当事人可以证明存在法定代表人已经更改但未完成登记的情况。(2)委托诉讼代理人提交的身份证明书很少会备注法定代表人的联系地址及电话，如本实例。当立案工作人员告知应该备注法定代表人地址和电话时，委托诉讼代理人经常会以授权委托书上有其联系方式为由拒绝添加。

4. 本处实例选取湖北省武汉市江夏区人民法院(2015)鄂江夏民二初字第00828号案件中原告提交的法定代表人身份证明书，该证明书遗漏了法定代表人的联系地址和电话。

2. 主要负责人身份证明书（其他组织的当事人用）

主要负责人身份证明书

×××在我(单位名称)担任……职务，系我单位(单位名称)的主要负责人。特此证明。

附：主要负责人联系地址：
　　联系电话：

　　　　　　　　　　　　　　　　××××年××月××日
　　　　　　　　　　　　　　　　　　　　（公章）

【说明】

1. 本样式根据《中华人民共和国民事诉讼法》第四十八条第二款以及《最高人民法院关于适用〈中华人民共和国民事诉讼法〉的解释》第五十条、第五十一条制定，供其他组织当事人证明代表人身份用。

2. 其他组织，以其主要负责人为代表人。

【实例评注】

负责人身份证明书[①]

郑某某(身份证号码：332526××××××××××)在我单位任行长职务，是我单位的负责人。

特此证明。

中国农业银行股份有限公司缙云壶镇支行

2015 年 12 月 7 日

附：主要负责人住址：浙江省缙云县五云镇溪滨北路×号
  电话：××××××××××

〔评注〕

1. 主要负责人身份证明书是供其他组织当事人证明代表人身份用。

2. 根据《民诉法解释》第五十二条的规定，"其他组织"是指合法成立、有一定的组织机构和财产，但又不具备法人资格的组织，包括：

(1) 依法登记领取营业执照的个人独资企业；

(2) 依法登记领取营业执照的合伙企业；

(3) 依法登记领取我国营业执照的中外合作经营企业、外资企业；

(4) 依法成立的社会团体的分支机构、代表机构；

(5) 依法设立并领取营业执照的法人的分支机构；

(6) 依法设立并领取营业执照的商业银行、政策性银行和非银行金融机构的分支机构；

(7) 经依法登记领取营业执照的乡镇企业、街道企业；

(8) 其他符合本条规定条件的组织。

这些组织从事民事诉讼活动时，应向法院提交主要负责人的身份证明书。

3. 本处实例选取湖北省武汉市硚口区人民法院(2015)鄂硚口民催字第 00004 号公示催告案件中申请人提交的主要负责人身份证明书。该申请人属于《民诉法解释》第五十二条第六项规定的"依法设立并领取营业执照的商业银行、政策性银行和非银行金融机构的分支机构"，故向人民法院提交主要负责人身份证明书。该份证明书要素完

[①] 来源：湖北省武汉市硚口区人民法院(2015)鄂硚口民催字第 00004 号案卷。

备，内容详尽，并且添加了主要负责人的身份信息。但格式与《民事诉讼文书样式》有所不同，笔者认为，将主要负责人的联系方式列在日期上方更为妥当，将"身份证号码"表述为"公民身份号码"更为准确。

3. 共同诉讼代表人推选书（共同诉讼当事人推选代表人用）

共同诉讼代表人推选书

　　我们共同推选×××、×××为我方参加诉讼的代表人，其诉讼行为对全体推选人/单位发生效力。

　　特此证明。

　　附：代表人联系地址：

　　　　联系电话：

推选人（签名或者盖章）

××××年××月××日

【说明】

1. 本样式根据《中华人民共和国民事诉讼法》第五十三条、第五十四条以及《最高人民法院关于适用〈中华人民共和国民事诉讼法〉的解释》第七十六条、第七十七条、第七十八条制定，供共同诉讼当事人推选代表人参加诉讼用。

2. 当事人一方人数众多在起诉时确定的，可以由全体当事人推选共同的代表人，也可以由部分当事人推选自己的代表人；推选不出代表人的当事人，在必要的共同诉讼中可以自己参加诉讼，在普通的共同诉讼中可以另行起诉。

3. 当事人一方人数众多在起诉时不确定的，由当事人推选代表人。当事人推选不出的，可以由人民法院提出人选与当事人协商；协商不成的，也可以由人民法院在起诉的当事人中指定代表人。

4. 代表人为二至五人。

5. 本推选书由推选人共同签名或者盖章后递交人民法院。

【实例评注】

诉讼代表委托书 ①

委托人姓名：杜某某、杜某甲等 36 人
受托人姓名：杜某某　　　性别：
工作单位：武汉市蔡甸区大集街××村
职务：
电话：
受托人姓名：杜某甲　　　性别
工作单位：武汉市蔡甸区大集街××村
职务：
电话：
现委托杜某某、杜某甲在我与武汉新阳苗木有限公司土地承包合同纠纷一案中，作为我们参加诉讼的代表人。委托权限如下：特别授权，全权代理，代办立案手续，代为承认、放弃、变更诉讼请求、进行和解、提起上诉和反诉、代签法律文书、代收执行款项。

委托人：（36 人签名略）

〔评注〕

1. 当事人一方人数众多的共同诉讼，如果众多当事人均参加诉讼，会产生诸多不便，也会造成人民法院的重复性工作，为了提高司法效率，《民事诉讼法》第五十三条、五十四条规定了代表人诉讼制度，当一方人数或者双方当事人人数众多时，由众多的当事人推选出代表人代表本方全体当事人进行诉讼，维护本方全体当事人的利益。代表人诉讼分为两类：一类是起诉时当事人人数就可以确定的代表人诉讼，称为"人数确定的代表人诉讼"；另一类是起诉时当事人人数不能确定，需要法院受理案件后公告告知多数人一方进行登记并选定代表人进行诉讼，称为"人数不确定的代表人诉讼"。

需要注意的是，诉讼中出现诉讼代表人死亡、丧失诉讼行为能力以及不能尽代表职责的情况时，可以由原推选代表人的当事人推选新的代表人予以更换。更换后的代表人继续履行原代表人职责；原代表人的诉讼行为，对新更换的代表人具有法律效力。

诉讼代表人既是当事人一方的成员，又是代表人诉讼中多数人一方诉讼行为的具体实施者，其诉讼行为对自己所代表的当事人有决定性影响。《民事诉讼法》规定，代

---

① 来源：湖北省武汉市蔡甸区人民法院（2012）鄂蔡甸民初字第 180 号案卷。

表人变更、放弃诉讼请求或承认对方当事人的诉讼请求、进行和解，必须经被代表的当事人同意。

2. 本处实例选取的是湖北省武汉市蔡甸区人民法院（2012）鄂蔡甸民初字第180号原告武汉市蔡甸区大集街××村村民委员会杜某乙等36人诉被告武汉新阳苗木有限公司农村土地承包合同纠纷一案中，原告提交的诉讼代表委托书。该委托书与本文书样式内容格式都不一致，予以说明如下：

（1）文书样式的标题为"共同诉讼代表人推选书"，而实例使用的标题为"诉讼代表委托书"。从上述对诉讼代表人制度的分析可以得知，诉讼代表人是人数众多的一方当事人推选出来的，与委托代理人性质并不相同，因此，使用"共同诉讼代表人推选书"的标题更为准确。

（2）实例中标注了委托权限，实际上是混淆了诉讼代表人和委托代理人，两者在性质及诉讼地位上并不相同。对委托代理人可以设置委托权限，而对于诉讼代表人如变更、放弃诉讼请求或承认对方当事人的诉讼请求、进行和解，则需要经过被代表的当事人同意。对此，实践中应予以区分，避免混淆。

4. 授权委托书（公民委托诉讼代理人用）

授权委托书

委托人：×××，男/女，××××年××月××日出生，×族，……（写明工作单位和职务或者职业），住……。联系方式：……。

受委托人：×××，××律师事务所律师，联系方式：……。

受委托人：×××，男/女，××××年××月××日出生，×族，……（写明工作单位和职务或者职业），住……。联系方式：……。受托人系委托人的……（写明受托人与委托人的关系）。

现委托×××、×××在……（写明当事人和案由）一案中，作为我方参加诉讼的委托诉讼代理人。

委托事项与权限如下：

委托诉讼代理人×××的代理事项和权限：

……

委托诉讼代理人×××的代理事项和权限：

……

委托人（签名）
××××年××月××日

【说明】

1. 本样式根据《中华人民共和国民事诉讼法》第四十九条、第五十八条、第五十九条以及《最高人民法院关于适用〈中华人民共和国民事诉讼法〉的解释》第七十八条、第八十五条制定，供公民当事人、法定代理人、共同诉讼代表人委托诉讼代理人参加诉讼用。

2. 当事人、法定代理人、共同诉讼代表人可以委托一至二人作为诉讼代理人。当事人有权委托诉讼代理人，提出回避申请，收集、提供证据，进行辩论，请求调解，提出上诉，申请执行。

3. 下列人员可以被委托为诉讼代理人：（一）律师、基层法律服务工作者；（二）当事人的近亲属或者工作人员；（三）当事人所在社区、单位及有关社会团体推荐的公民。

4. 与当事人有夫妻、直系血亲、三代以内旁系血亲、近姻亲关系以及其他有抚养、赡养关系的亲属，可以当事人近亲属的名义作为诉讼代理人。

5. 诉讼代理人除根据《中华人民共和国民事诉讼法》第五十九条规定提交授权委托书外，还应当按照下列规定向人民法院提交相关材料：（一）律师应当提交律师执业证、律师事务所证明材料；（二）基层法律服务工作者应当提交法律服务工作者执业证、基层法律服务所出具的介绍信以及当事人一方位于本辖区内的证明材料；（三）当事人的近亲属应当提交身份证件和与委托人有近亲属关系的证明材料；（四）当事人的工作人员应当提交身份证件和与当事人有合法劳动人事关系的证明材料；（五）当事人所在社区、单位推荐的公民应当提交身份证件、推荐材料和当事人属于该社区、单位的证明材料；（六）有关社会团体推荐的公民应当提交身份证件和符合本解释第八十七条规定条件的证明材料。

6. 授权委托书必须记明委托事项和权限。诉讼代理人代为承认、放弃、变更诉讼请求，进行和解，提起反诉或者上诉，必须有委托人的特别授权。

【实例评注】

授权委托书 ①

委托人：孙　某　　性别 男　　年龄　　职业
　　　　　　　　　住址

委托人：王某某　　性别 男　　年龄　　职业
　　　　　　　　　住址

---

① 来源：湖北省武汉市中级人民法院(2016)鄂01民终2866号案卷。

受托人：张某某

工作单位：湖北泓峰律师事务所

联系电话：1807150××××

现委托张某某律师在孙某、王某某与周某某股权转让纠纷一案中，作为我方一审程序委托诉讼代理人。

具体委托权限：

孙某委托权限：特别授权。

王某某委托权限：特别授权。

包括代为办理诉前(诉中)财产保全，代为承认、放弃、变更诉讼请求，代为和解，代为提起上诉或反诉等。

委托人：孙某、王某某

二〇一六年××月××日

〔评注〕

鉴于该文书样式的"说明"已经将委托人的范围、委托事项、诉讼代理人的范围、可以当事人近亲属名义作为诉讼代理人的范围、诉讼代理人应向人民法院提交的材料都已详尽地进行了阐述，评注部分就不再予以赘述，仅就"说明"未提到的问题进行评注。

《民事诉讼法》第五十九条第一款、第二款规定："委托他人代为诉讼，必须向人民法院提交由委托人签名或者盖章的授权委托书。授权委托书必须记明委托事项和权限。诉讼代理人代为承认、放弃、变更诉讼请求，进行和解，提起反诉或者上诉，必须有委托人的特别授权。"根据此规定，民事诉讼代理分为一般授权代理和特别授权代理，委托事项和权限应在授权委托书中记明。

一般授权代理，是指委托人授权委托诉讼代理人代理完成不涉及处分当事人实体权利的普通诉讼行为的委托授权。根据委托人的授权，享有一般授权的代理人只能代理当事人行使一般民事诉讼权利，如：(1)申请回避；(2)提出管辖权异议；(3)申请证人到庭；(4)陈述案情；(5)收集证据；(6)进行质证；(7)参加法庭调查及辩论；(8)其他程序性的诉讼权利。

特别授权代理是指代理人除享有一般授权代理的诉讼权利外，还可代为行使和解、上诉等涉及当事人实体利益的诉讼权利。特别授权包括下列内容：(1)代为承认部分或全部诉讼请求；(2)代为放弃、变更或增加诉讼请求；(3)代为和解；(4)代为反诉；(5)代为提出或申请撤回上诉。委托人可以根据具体的情况，授权给受托人特别授权代理中的一项或全项。

制作该类授权委托书时，应该注意以下六个问题：

1. 根据《民诉法解释》第八十九条的规定，授权委托书应在开庭审理前送交人民法院。如果当事人授权诉讼代理人代为起诉，在立案阶段，就应该提交授权委托书，否则人民法院可以拒收诉讼代理人递交的诉讼材料。

2. 受托人为律师的，需要写明律师的姓名，执业律所的全称及联系方式；受托人身份为非律师的，应写明身份信息、工作单位和职务、联系方式、受托人与委托人的关系。

3. 特别授权必须要列明授权内容。司法实践中，常常会看到授权委托书上授权权限一栏写着"全权代理"，但又无具体的授权内容。根据《民诉法解释》第八十九条的规定，授权委托书仅写"全权代理"而无具体授权的，可视为一般代理。

4. 如果当事人同时委托两个诉讼代理人，应分别注明委托权限。如果两个诉讼地位相同的当事人在同一个案件中同时委托一个诉讼代理人的，可以分别书写授权委托书，也可以写在同一份授权委托书中，但是要分别注明委托权限。

5. 离婚案件只能对诉讼代理人进行一般授权，因为婚姻关系的解除涉及人身关系的变更，需要当事人亲自到庭参加诉讼表达意见，确因特殊情况无法出庭的，除本人不能表达意见的以外，应当出具书面意见。

6. 授权委托书应向法院提交有委托人签名的原件，必要时委托人可在签名处捺印以示授权的真实性。

该处选取的实例为湖北省武汉市中级人民法院（2016）鄂01民终266号案件中原告委托诉讼代理人提交的授权委托书。该委托书格式规范，内容完整，授权权限表述准确，可做范例。

5. 授权委托书（法人或者其他组织委托诉讼代理人用）

授权委托书

委托单位：×××，住所……。

法定代表人或主要负责人：×××，……（写明职务），联系方式：……。

受委托人：×××，××律师事务所律师，联系方式：……。

受委托人：×××，……（写明受托人所在单位及职务），联系方式：……。

现委托×××、×××在……（写明当事人和案由）一案中，作为我单位参加诉讼的委托诉讼代理人。

```
┌─────────────────────────────────────────────────────┐
│   委托诉讼代理人×××的代理事项和权限：              │
│   ……                                                │
│                                                     │
│                           委托单位(公章和签名)      │
│                           ××××年××月××日      │
└─────────────────────────────────────────────────────┘
```

【说明】

1. 本样式根据《中华人民共和国民事诉讼法》第四十九条、第五十八条、第五十九条以及《最高人民法院关于适用〈中华人民共和国民事诉讼法〉的解释》第七十八条、第八十六条制定，供法人或者其他组织当事人委托诉讼代理人参加诉讼用。

2. 当事人可以委托一至二人作为诉讼代理人。当事人有权委托诉讼代理人，提出回避申请，收集、提供证据，进行辩论，请求调解，提出上诉，申请执行。

3. 下列人员可以被委托为诉讼代理人：(一)律师、基层法律服务工作者；(二)当事人的近亲属或者工作人员；(三)当事人所在社区、单位及有关社会团体推荐的公民。

4. 与当事人有合法劳动人事关系的职工，可以当事人工作人员的名义作为诉讼代理人。

5. 根据《中华人民共和国民事诉讼法》第五十八条第二款第三项规定，有关社会团体推荐公民担任诉讼代理人的，应当符合下列条件：(一)社会团体属于依法登记设立或者依法免予登记设立的非营利性法人组织；(二)被代理人属于该社会团体的成员，或者当事人一方住所地位于该社会团体的活动地域；(三)代理事务属于该社会团体章程载明的业务范围；(四)被推荐的公民是该社会团体的负责人或者与该社会团体有合法劳动人事关系的工作人员。专利代理人经中华全国专利代理人协会推荐，可以在专利纠纷案件中担任诉讼代理人。

6. 诉讼代理人除根据《中华人民共和国民事诉讼法》第五十九条规定提交授权委托书外，还应当按照下列规定向人民法院提交相关材料：(一)律师应当提交律师执业证、律师事务所证明材料；(二)基层法律服务工作者应当提交法律服务工作者执业证、基层法律服务所出具的介绍信以及当事人一方位于本辖区内的证明材料；(三)当事人的近亲属应当提交身份证件和与委托人有近亲属关系的证明材料；(四)当事人的工作人员应当提交身份证件和与当事人有合法劳动人事关系的证明材料；(五)当事人所在社区、单位推荐的公民应当提交身份证件、推荐材料和当事人属于该社区、单位的证明材料；(六)有关社会团体推荐的公民应当提交身份证件和符合本解释第八十七条规定条件的证明材料。

7. 授权委托书必须记明委托事项和权限。诉讼代理人代为承认、放弃、变更诉讼请求，进行和解，提起反诉或者上诉，必须有委托人的特别授权。

【实例评注】

授权委托书 ①

委托人：博世热力技术(武汉)有限公司，住所地：武汉市江夏区藏龙岛科技园九凤西街。

法定代表人：M。

受托人：童某某，张某某。

工作单位：湖北泓峰律师事务所。

联系电话：1351723×××（童某某），1807150×××（张某某）。

现委托童某某、张某某律师在我单位与武汉市沁园饮料有限公司买卖合同纠纷一案中，作为我单位的一审程序委托代理人。

具体委托权限：特别授权。

包括代为办理诉前(诉中)财产保全，代为承认、放弃、变更诉讼请求，代为和解，代为提起上诉或反诉等。

委托人：博世热力技术(武汉)有限公司
二〇一五年××月××日

〔评注〕

授权委托书，是诉讼当事人委托他人代为诉讼，授予代理人诉讼代理资格及权限时使用的法律文书。之所以将该授权委托书单列出来，是因为本章文书样式4是供公民当事人、法定代理人、共同诉讼代表人委托诉讼代理人用，而本文书样式供法人或其他组织委托诉讼代理人用。鉴于该文书样式的"说明"已经将委托诉讼代理人的人数、可被法人或者其他组织委托为诉讼代理人的范围、有关社会团体推荐公民担任诉讼代理人的条件、诉讼代理人应当提交的相关材料、委托书应记明委托事项和权限等问题都进行了详细的阐述，此处就不再赘述。该样式格式和内容与本章文书样式4有很多相同之处，可参见样式4的评注，现仅就不同之处进行提示说明：

1. 受托单位应写明住所，另起一行写明法定代表人或者主要负责人的姓名、职务及联系方式。

---

① 来源：湖北省武汉市江夏区人民法院(2015)鄂江夏民二初字第00828号案卷。

2. 受托人身份为非律师的，写明受托人的单位及职务、联系方式。

3. 落款应加盖法人或者其他组织的公章。

本处实例选取湖北省武汉市江夏区人民法院(2015)鄂江夏民二初字第00828号案件原告委托诉讼代理人提交的授权委托书。该委托书格式规范，内容完整，唯有一处瑕疵需要予以注意，两位诉讼代理人的委托权限应分别注明，如果委托权限相同也应表述为"对上述两位受托人委托权限均为：特别授权"更为妥当。

6. 推荐函（推荐委托诉讼代理人用）

推荐函

×××人民法院：

　　……（写明当事人和案由）一案中，我单位推荐×××担任×××的委托诉讼代理人。

　　委托诉讼代理人×××的代理事项和权限：

　　……

推荐人（公章和签名）

××××年××月××日

【说明】

1. 本样式根据《中华人民共和国民事诉讼法》第五十八条第二款第三项以及《最高人民法院关于适用〈中华人民共和国民事诉讼法〉的解释》第八十七条、第八十八条制定，供当事人所在社区、单位以及有关社会团体推荐符合条件的公民担任诉讼代理人用。

2. 有关社会团体推荐公民担任诉讼代理人的，应当符合下列条件：（一）社会团体属于依法登记设立或者依法免予登记设立的非营利性法人组织；（二）被代理人属于该社会团体的成员，或者当事人一方住所地位于该社会团体的活动地域；（三）代理事务属于该社会团体章程载明的业务范围；（四）被推荐的公民是该社会团体的主要负责人或者与该社会团体有合法劳动人事关系的工作人员。

3. 专利代理人经中华全国专利代理人协会推荐，可以在专利纠纷案件中担任诉讼代理人。

【实例评注】

诉讼代理人推荐函 ①

武汉市硚口区人民法院：

  我居民张某某，女，汉族，1957年11月8日出生，现居住地为：武汉市汉阳区，身份证号码：420103××××××××××××，因交通事故赔偿纠纷一案，在贵院依法进行审理。

  现依据民事诉讼法第58条之规定，推荐曹某某（身份证号码411102××××××××××××）一人作为该案件代理人。

  望贵院予以支持！

武汉市汉阳区居委会五里墩街五琴里社区居民委员会
2016年7月19日

〔评注〕

  《民事诉讼法》第五十八条第二款规定："下列人员可以被委托为诉讼代理人：（一）律师、基层法律服务工作者；（二）当事人的近亲属或者工作人员；（三）当事人所在社区、单位及有关社会团体推荐的公民。"《民事诉讼法》在该条规定了公民代理，即除了律师、基层法律服务工作者以外的公民代理参加民事诉讼的活动，或者律师、基层法律服务工作者以公民身份代理其近亲属或所在单位进行民事诉讼的活动。2015年2月4日施行的《民诉法解释》对当事人所在社会团体推荐的公民诉讼代理人的范围作出了明确规定，但未对当事人所在社区、单位推荐的公民诉讼代理人的范围作出规定，导致实务中产生了认识分歧。《〈最高人民法院民事诉讼法司法解释〉理解与适用》（上）中提到："本解释起草过程中，经广泛征求意见，多数意见认为，从有利于保障当事人诉讼权利行使、规范法律服务市场、提高诉讼效率出发，应当对社会团体推荐公民作为诉讼代理人参加诉讼的条件作出限制性规定。"② 笔者认为，应当对公民代理限制在"当事人所在社区、单位以及有关社会团体推荐的本社区、单位、社团的公民"范围内为宜。

  本处实例选取湖北省武汉市硚口区人民法院（2016）鄂0104民初3770号案件原告提交的推荐函。该推荐函格式内容虽与文书样式不完全相同，但相对比较规范，只有一处遗漏的地方应加以补充：委托诉讼代理人的代理事项和代理权限应注明。

---

① 来源：湖北省武汉市硚口区人民法院（2016）鄂0104民初3770号案卷。
② 沈德咏主编：《〈最高人民法院民事诉讼法司法解释〉理解与适用》（上），人民法院出版社2015年版，第299页。

四、证据

1. 申请书（申请延长举证期限用）

申请书

　　申请人：×××，男/女，××××年××月××日出生，×族，……（写明工作单位和职务或者职业），住……。联系方式：……。
　　法定代理人/指定代理人：×××，……。
　　委托诉讼代理人：×××，……。
　　（以上写明申请人和其他诉讼参加人的姓名或者名称等基本信息）
　　请求事项：
　　申请延长你院(××××)……号……（写明当事人和案由）一案的举证期限至××××年××月××日。
　　事实和理由：
　　申请人×××与×××……（写明案由）一案，原定举证期限自××××年××月××日至××××年××月××日。……（写明申请延长举证期限的理由）。
　　此致
　　××××人民法院

申请人（签名或者公章）
××××年××月××日

【说明】

　　1. 本样式根据《最高人民法院关于适用〈中华人民共和国民事诉讼法〉的解释》第一百条第一款制定，供当事人在举证期限届满前，向人民法院书面申请延长举证期限用。

　　2. 当事人是法人或者其他组织的，写明名称住所。另起一行写明法定代表人、主要负责人及其姓名、职务、联系方式。

【实例评注】

延期举证申请书 ①

申请人：王某某，男，1968年7月26日出生，汉族，住安徽省安庆市岳西县。

被申请人：中建三局集团有限公司，住所地：武汉市关山路552号。

法定代表人：陈某某。

被申请人：易某某，男，1977年10月24日出生，汉族，户籍所在地：四川省巴中市巴州区。

请求事项：请求法院准予延期举证，以保障申请人的诉讼权利。

事实与理由：申请人与被申请人提供劳务者受害责任纠纷一案，业经武汉市汉阳区人民法院立案受理，在答辩与举证期间，申请人发现作为本案涉案工程转包涉及多方当事人，申请人对于其中的有些事实和证据仍需调查核实。因时间仓促，申请人无法收集和调查上述相关证据，为保障申请人的诉讼权益，现依《民事诉讼法》65条、《最高院关于民事诉讼证据的若干规定》33条、36条之规定，特请求人民法院准许延期举证。

此致
武汉市汉阳区人民法院

申请人：王某某
2015年2月27日

〔评注〕

1. 当事人在举证期限内提供证据确有困难的，可在举证期限届满前，向人民法院提交书面申请，申请延长举证期限。

(1) 当事人应当在举证期限届满前提出；

(2) 当事人的申请应当以书面方式提出；

(3) 人民法院应当围绕当事人在期限内提供证据是否确有困难进行审查；

(4) 人民法院认为当事人申请理由成立的，可以根据具体情况，酌情确定延长的期限，延长的举证期限亦适用于其他当事人；

(5) 无论人民法院是否准许当事人的申请，均应通知当事人。准许的情况下，应当同时通知其他当事人。

---

① 来源：湖北省武汉市汉阳区人民法院案卷。

2. 该申请书写作要求。

(1)格式要求：①标题为"申请书"。②申请人应写明其姓名、性别、出生年月、民族、工作单位和职务或职业、住所地、联系方式等基本信息。如当事人是法人或者其他组织的写明名称住所，另起一行写明法定代表人、主要负责人及其姓名、职务、联系方式。如有其他诉讼参加人，也应写明如上基本信息。③请求事项。④事实和理由。⑤致送法院。

(2)内容要求：①请求事项应写明当事人和案由，并写明申请延长举证期限的截止时间；②事实和理由部分应写明原举证期限的起始时间及申请延长举证期限的理由。

3. 本处实例选取湖北省武汉市汉阳区人民法院案件中的延期举证申请书。该申请书内容完整，表述清楚，但部分内容与文书样式要求不符。

(1)当事人的诉讼地位。该申请书只需列明申请人，因为被申请事项是延期举证，所以不存在被申请人。实例中将案件被告列为被申请人，与文书样式要求不一致，应予以删除。

(2)文书样式的请求事项表述为："申请延长你院(××××)……号……(写明当事人和案由)一案的举证期限至××××年××月××日。"申请内容应写明申请延长举证期限的截止时间，以便法院进行审查。实例中表述为请求准予延期举证，并没有列明期限，应予以修正。

(3)事实和理由部分应将原举证期限的起始日期标注清楚，实例中并未予以列明，应进行补充完善。

2. 申请书（申请人民法院调查收集证据用）

申请书

申请人：×××，男/女，××××年××月××日出生，×族，……(写明工作单位和职务或者职业)，住……。联系方式：……。

法定代理人/指定代理人：×××，……。

委托诉讼代理人：×××，……。

(以上写明申请人和其他诉讼参加人的姓名或者名称等基本信息)

请求事项：

申请你院调查收集……(写明证据名称)。

事实和理由：

你院(××××)……号……(写明当事人和案由)一案，……(写明申请人因客观原因不能自行收集，申请法院调查收集证据的理由)。

此致
×××× 人民法院

　　　　　　　　　　　　　　　　　　申请人（签名或者公章）
　　　　　　　　　　　　　　　　　　××××年××月××日

【说明】

1. 本样式根据《中华人民共和国民事诉讼法》第六十四条第二款以及《最高人民法院关于适用〈中华人民共和国民事诉讼法〉的解释》第九十四条制定，供当事人和其他诉讼参加人因客观原因不能自行收集的证据，申请人民法院调查收集证据用。

2. 当事人是法人或者其他组织的，写明名称住所。另起一行写明法定代表人、主要负责人及其姓名、职务、联系方式。

3. 当事人和其他诉讼参加人因客观原因不能自行收集的证据包括：（一）证据由国家有关部门保存，当事人和其他诉讼参加人无权查阅调取的；（二）涉及国家秘密、商业秘密或者个人隐私的；（三）当事人和其他诉讼参加人因客观原因不能自行收集的其他证据。

4. 当事人和其他诉讼参加人因客观原因不能自行收集的证据，可以在举证期限届满前书面申请人民法院调查收集。

【实例评注】

调查取证申请书 [①]

申请人：张某某，男，住省庄镇×村×号，身份证号：370911××××××××××。

请求事项：

请求人民法院依职权向泰山区公安局调查申请人刑事拘留、讯问笔录等相关材料。

事实和理由：

戴某某诉申请人委托代建合同纠纷一案贵院已经受理，现在在审理过程中。因申请人在泰山区公安局的刑事拘留、讯问笔录等相关材料可以帮助贵院有效查明本案事实，不调查取证本案事实难以查清，基于上述原因，根据相关法律规定，为查清事实，

---

① 来源：山东省泰安市泰山区人民法院(2016)鲁0902民初1009号案卷。

特申请人民法院依职权调查取证。
此致
泰山区人民法院

申请人：张某某

2016年4月10日

〔评注〕

1. 调查收集证据申请书是当事人及其诉讼代理人因客观原因不能自行收集证据而申请法院调查收集证据时使用的文书。

（1）申请调查收集证据一般应采用书面形式，申请人向人民法院提交书面申请。申请书应载明申请人基本信息、请求调查收集的证据名称、需要人民法院调查收集证据的理由。对于当事人书面申请确有困难，或者简易程序中无书面申请必要的，人民法院应将当事人口头申请的内容予以明确记录，记录内容由当事人确认签字或捺印。

（2）申请调查收集证据应当符合法定的条件。《民诉法解释》第九十四条规定了当事人及其诉讼代理人可以申请法院调查收集证据的条件：①申请调查收集的证据属于国家有关部门保存并需人民法院依职权调取的档案材料；②涉及国家秘密、商业秘密、个人隐私的材料；③当事人及其诉讼代理人确因客观原因不能自行收集的其他材料。

（3）申请调查收集证据应当在法定期限内提出。当事人及其诉讼代理人申请人民法院调查收集证据，不得迟于举证期限届满前七日。

（4）对于当事人及其诉讼代理人提出调查收集证据的申请，人民法院应当审查是否具有法律规定的因客观原因不能自行收集证据的情形。

2. 调查收集证据申请书写作要求。

（1）格式要求：①标题为"申请书"。②申请人，应写明其姓名、性别、出生年月、民族、工作单位和职务或职业、住所地、联系方式等基本信息。如当事人是法人或者其他组织的，写明名称住所，另起一行写明法定代表人、主要负责人及其姓名、职务、联系方式。如有其他诉讼参加人，也应写明如上基本信息。③请求事项。④事实和理由。⑤致送法院。

（2）内容要求：①请求事项应列明证据名称。②事实和理由部分应写明申请人申请法院调查收集证据的理由。

3. 本处实例选取山东省泰安市泰山区人民法院（2016）鲁0902民初1009号案件中的调查收集证据申请书。该申请书符合《民事诉讼文书样式》的格式要求，内容完整，但部分表述不妥当，应予以修改。

（1）请求事项必须明确，要写明申请法院调查收集的证据名称，避免出现含糊的语句表达。该实例请求事项表述为："请求人民法院依职权向泰山区公安局调查申请人刑事拘留、迅问笔录等相关材料。""等""相关材料"具有含糊性，应予以明确。此外，应将"依职权"去掉，依职权调查是不需要当事人申请的，在申请书中表述"依职权调查"与申请相矛盾。

（2）事实和理由部分应写明申请人因客观原因不能自行收集，申请法院调查收集证据的理由，重点阐述是否符合法律规定的因客观原因不能自行收集证据的情形，本实例在该部分着墨较少，应予以充分论证。

3. 申请书（申请书证提出命令用）

申请书

申请人：×××，男/女，××××年××月××日出生，×族，……（写明工作单位和职务或者职业），住……。联系方式：……。

法定代理人/指定代理人：×××，……。

委托诉讼代理人：×××，……。

被申请人：×××，……。

……

（以上写明当事人和其他诉讼参加人的姓名或者名称等基本信息）

请求事项：

裁定责令×××提交……（写明书证名称）。

事实和理由：

你院（××××）……号……（写明当事人和案由）一案，……（写明书证在被申请人的控制之下的事实以及申请书证提出命令的理由）。

此致

××××人民法院

申请人（签名或者公章）
××××年××月××日

【说明】

1. 本样式根据《中华人民共和国民事诉讼法》第六十四条以及《最高人民法院关于适用〈中华人民共和国民事诉讼法〉的解释》第一百一十二条制定，供承担举证证明责任的当事人向人民法院提出书面申请，责令对方当事人提交其控制之下的书证用。

2. 当事人是法人或者其他组织的，写明名称住所。另起一行写明法定代表人、主要负责人及其姓名、职务、联系方式。

3. 承担举证证明责任的当事人可以在举证期限届满前，向人民法院提出书面申请。

4. 申请理由成立的，人民法院应当责令对方当事人提交，因提交书证所产生的费用，由申请人负担。

【实例评注】

（暂缺实例）

〔评注〕

因笔者未找到该类申请书实例，下面就制作该类申请书应注意的问题进行评注：

1. 本样式适用于书证在对方当事人控制之下时，承担举证责任的当事人申请人民法院责令对方当事人提供该书证时使用。

（1）适用条件：书证须在对方当事人控制之下。司法实践中，承担举证责任的当事人需要提供证据证明书证被对方当事人控制的事实。

（2）申请时间：须在举证期限届满前提出申请。

（3）人民法院应当围绕如果该证据不提供，待证事实是否将处于真伪不明的状态这一焦点审查当事人申请的理由是否成立。

（4）书证持有人因提供书证而产生的费用，由申请人负担。

（5）人民法院责令当事人提供证据，应当使用裁定。

2. 该申请书写作要求。

（1）格式要求：①标题为"申请书"。②申请人，应写明其姓名、性别、出生年月日、民族、工作单位和职务或职业、住所地、联系方式等基本信息。如当事人是法人或者其他组织的，写明名称住所，另起一行写明法定代表人、主要负责人及其姓名、职务、联系方式。如有其他诉讼参加人，也应写明如上基本信息。被申请人的基本信息按照上述要求写明，此处的被申请人是指申请人的对方当事人。③请求事项。④事实和理由。⑤致送法院。

（2）内容要求：①请求事项应表述为"裁定责令×××提交……（书证名称）"；②事实和理由部分应写明书证在被申请人的控制之下的事实以及申请书证提出命令的理由。

4. 申请书（申请通知证人出庭作证用）

申请书

申请人：×××，男/女，××××年××月××日出生，×族，……（写明工作单位和职务或者职业），住……。联系方式：……。

法定代理人/指定代理人：×××，……。

委托诉讼代理人：×××，……。

（以上写明申请人和其他诉讼参加人的姓名或者名称等基本信息）

请求事项：

因（××××）……号……（写明当事人和案由）一案，申请你院通知×××出庭作证，以证明……（写明待证事实）。

事实和理由：

……（写明申请证人出庭的事实和理由）。

此致

××××人民法院

申请人（签名或者公章）

××××年××月××日

【说明】

1. 本样式根据《中华人民共和国民事诉讼法》第七十二条以及《最高人民法院关于适用〈中华人民共和国民事诉讼法〉的解释》第一百一十七条第一款制定，供当事人在举证期限届满前，向人民法院申请通知证人出庭作证用。

2. 申请人是法人或者其他组织的，写明名称住所。另起一行写明法定代表人、主要负责人及其姓名、职务、联系方式。

3. 证人因履行出庭作证义务而支出的交通、住宿、就餐等必要费用以及误工损失，由败诉一方当事人负担。当事人申请证人作证的，由该当事人先行垫付。

【实例评注】

证人出庭作证申请①

武汉市东西湖区人民法院：

贵院受理的原告施某某诉被告湖北天地长洪物流有限公司提供劳务者受害责任纠纷一案，为便于法院查明事实，原告特申请证人雷某某出庭作证。

望准许！

申请人：施某某
二〇一六年××月××日

〔评注〕

1. 举证期限届满前，当事人可以向人民法院申请通知证人出庭作证。申请证人出庭作证的行为，在性质上与举证行为相同。证人出庭作证需要依据人民法院的通知。在审判实践中，经常出现当事人未在举证期届满前向人民法院提出申请，而直接带证人出席庭审的情况，这种做法是不符合法律规定的，应予以禁止。综上，证人出庭作证需要符合两个条件：①当事人向法院提出申请；②法院准许并通知证人出庭作证。

2. 该申请书是当事人向人民法院申请证人出庭作证应提交的书面申请，写作要求如下。

（1）格式要求：①标题为"申请书"。②申请人，应写明其姓名、性别、出生年月、民族、工作单位和职务或职业、住所地、联系方式等基本信息。如当事人是法人或者其他组织的，写明名称住所，另起一行写明法定代表人、主要负责人及其姓名、职务、联系方式。如有其他诉讼参加人，也应写明如上基本信息。③请求事项。④事实和理由。⑤致送法院。

（2）内容要求：①请求事项应写明当事人和案由，证人的姓名以及待证事实或者证明目的；②事实和理由部分应写明申请证人出庭的事实和理由。

3. 本实例选取湖北省武汉市东西湖区人民法院（2016）鄂0112民初390号案件中原告提交的证人出庭作证申请。该实例虽然包含了案件的基本信息、请求事项、事实和理由，但是从格式来讲非常不规范，审判实践中，采用实例中使用的格式书写该申请的当事人不在少数，应按照《民事诉讼文书样式》规定的格式进行逐步的规范和统一。

---

① 来源：湖北省武汉市东西湖区人民法院（2016）鄂0112民初390号案卷。

5. 申请书（申请鉴定用）

申请书

申请人：×××，男/女，××××年××月××日出生，×族，……（写明工作单位和职务或者职业），住……。联系方式：……。

法定代理人/指定代理人：×××，……。

委托诉讼代理人：×××，……。

（以上写明申请人和其他诉讼参加人的姓名或者名称等基本信息）

请求事项：

因（××××）……号……（写明当事人和案由）一案，申请对……（写明鉴定种类、鉴定事项）进行鉴定。

事实和理由：

……（写明申请鉴定的事实和理由）。

此致

××××人民法院

申请人（签名或者公章）

××××年××月××日

【说明】

1. 本样式根据《中华人民共和国民事诉讼法》第七十六条第一款以及《最高人民法院关于适用〈中华人民共和国民事诉讼法〉的解释》第一百二十一条第一款制定，供当事人在举证期限届满前，向人民法院申请鉴定以查明事实的专门性问题用。

2. 申请人是法人或者其他组织的，写明名称住所。另起一行写明法定代表人、主要负责人及其姓名、职务、联系方式。

3. 当事人申请鉴定的，由双方当事人协商确定具备资格的鉴定人；协商不成的，由人民法院指定。

【实例评注】

鉴定申请书 ①

武汉市硚口区人民法院：

原告彭某某、李某某诉被告华中科技大学同济医学院附属同济医院、兰州军区乌鲁木齐总医院医疗损害责任纠纷一案，为确定损害后果，现申请司法鉴定，申请鉴定事项为：

1. 医院对患者的诊疗行为是否存在过错？
2. 如存在过错，则医院的医疗过错行为与本人的损害结果之间是否存在因果关系？
3. 如存在因果关系，则医院的参与度为多少？

申请人：彭某某、李某某
××××年×××月××日

〔评注〕

1. 鉴定是鉴定人运用专门的知识和技能，辅之必要的技术手段，对案件中发生争议的专门性问题进行检测、分析、鉴别的活动。根据《民事诉讼法》的规定，鉴定程序可以因当事人申请启动，也可以因人民法院依职权启动。当事人申请鉴定应当符合一定要求。

（1）当事人申请鉴定，应在举证期限届满前提出。

（2）申请鉴定的事项与待证事实无关联，或者对于证明待证事实无意义的，人民法院不予准许。

（3）人民法院准许当事人鉴定申请的，应当组织双方当事人协商确定具备相应资格的鉴定人。当事人协商不成的，由人民法院指定。

2. 当事人申请鉴定，应向人民法院提交鉴定申请书，该申请书的写作要求。

（1）格式要求：①标题为"申请书"。②申请人，应写明其姓名、性别、出生年月、民族、工作单位和职务或职业、住所地、联系方式等基本信息。如当事人是法人或者其他组织的，写明名称住所，另起一行写明法定代表人、主要负责人及其姓名、职务、联系方式。如有其他诉讼参加人，也应写明如上基本信息。③请求事项。④事实和理由。⑤致送法院。

2. 内容要求：①请求事项应写明当事人、案由、鉴定种类、鉴定事项；②事实和理由部分应写明申请鉴定的事实和理由。

---

① 来源：湖北省武汉市硚口区人民法院（2015）鄂硚口民一初第00402号案卷。

3. 本处实例选取湖北省武汉市硚口区人民法院(2015)鄂硚口民一初第00402号案卷中的鉴定申请书。该申请书要素齐备，内容完整，但格式与《民事诉讼文书样式》的要求不一致。司法实践中，相当多的申请鉴定书也是按照该实例的格式书写的，为了规范文书样式，提高司法效率，应参照本样式对不规范的申请书予以修正。

6. 申请书（申请返还鉴定费用）

申请书

申请人：×××，男/女，××××年××月××日出生，×族，……（写明工作单位和职务或者职业），住……。联系方式：……。

法定代理人/指定代理人：×××，……。

委托诉讼代理人：×××，……。

被申请人：×××，……。

……

（以上写明当事人和其他诉讼参加人的姓名或者名称等基本信息）

请求事项：

裁定被申请人×××返还申请人×××鉴定费……元。

事实和理由：

你院（××××）……号……（写明当事人和案由）一案，……（写明申请返还鉴定费的事实和理由）。

此致

××××人民法院

申请人（签名或者公章）
××××年××月××日

【说明】

1. 本样式根据《中华人民共和国民事诉讼法》第七十八条制定，供支付鉴定费用的当事人，向人民法院申请裁定拒不出庭作证的鉴定人返还鉴定费用。

2. 申请人是法人或者其他组织的，写明名称住所。另起一行写明法定代表人、主要负责人及其姓名、职务、联系方式。

3. 当事人对鉴定意见有异议或者人民法院认为鉴定人有必要出庭的，鉴定人应当出庭作证。经人民法院通知，鉴定人拒不出庭作证的，鉴定意见不得作为认定事实的根据；支付鉴定费用的当事人可以要求返还鉴定费用。

【实例评注】

（暂缺实例）

〔评注〕

因笔者未能找到该类申请书实例，下面就制作该类申请书应注意的问题进行评注：

1.《民事诉讼法》第七十八条规定："当事人对鉴定意见有异议或者人民法院认为鉴定人有必要出庭的，鉴定人应当出庭作证。经人民法院通知，鉴定人拒不出庭作证的，鉴定意见不得作为认定事实的根据；支付鉴定费用的当事人可以要求返还鉴定费用"。该条是在《民事诉讼法》2012年修改时新增设的内容，规定了法院启动鉴定人出庭作证的程序和鉴定人拒不出庭的法律后果：鉴定人拒不出庭作证的，鉴定意见不得作为认定事实的根据；支付鉴定费用的当事人可以要求返还鉴定费用。

广义上的鉴定费用实际上包含三部分：鉴定必要费用、鉴定人的报酬、鉴定人的出庭作证费用。并且被分割成两种途径进行收取：一是鉴定人为了实施鉴定所支出的必要费用及鉴定人的报酬，由申请鉴定的当事人直接向鉴定机构支付；二是鉴定人出庭作证的必要费用，待鉴定人出庭作证任务终了，由法院支付给鉴定人，当事人无需预先向法院交纳。

本样式供当事人向人民法院申请裁定拒不出庭作证的鉴定人返还鉴定费时用。

2. 该申请书写作要求。

（1）格式要求：①标题为"申请书"。②申请人，应写明其姓名、性别、出生年月、民族、工作单位和职务或职业、住所地、联系方式等基本信息。如当事人是法人或者其他组织的，写明名称住所，另起一行写明法定代表人、主要负责人及其姓名、职务、联系方式。如有其他诉讼参加人，也应写明如上基本信息。被申请人的基本信息按照上述要求写明，此处的被申请人是指申请人的对方当事人。③请求事项。④事实和理由。⑤致送法院。

（2）内容要求：①请求事项应表述为"裁定被申请人×××返还被申请人×××鉴定费……元"；②事实和理由部分应写明当事人和案由，以及申请返还鉴定费的事实和理由。

7. 申请书（申请通知有专门知识的人出庭用）

申请书

　　申请人：×××，男/女，××××年××月××日出生，×族，……（写明工作单位和职务或者职业），住……。联系方式：……。

　　法定代理人/指定代理人：×××，……。

　　委托诉讼代理人：×××，……。

　　（以上写明申请人和其他诉讼参加人的姓名或者名称等基本信息）

　　请求事项：

　　因（××××）……号……（写明当事人和案由）一案，申请通知有专门知识的人×××，男/女，……（写明工作单位和职务或者职业），……（写明专业资质等信息）出庭，就鉴定人作出的鉴定意见或者专业问题提出意见。

　　事实和理由：

　　……（写明申请通知有专门知识的人出庭的事实和理由）。

　　此致

　　××××人民法院

申请人（签名或者公章）
××××年××月××日

【说明】

　　1. 本样式根据《中华人民共和国民事诉讼法》第七十九条以及《最高人民法院关于适用〈中华人民共和国民事诉讼法〉的解释》第一百二十二条第一款制定，供当事人在举证期限届满前，向人民法院申请通知有专门知识的人出庭用。

　　2. 申请人是法人或者其他组织的，写明名称住所。另起一行写明法定代表人、主要负责人及其姓名、职务、联系方式。

　　3. 当事人可以申请一至二名具有专门知识的人出庭，代表当事人对鉴定意见进行质证，或者对案件事实所涉及的专业问题提出意见。

　　4. 具有专门知识的人在法庭上就专业问题提出的意见，视为当事人的陈述。

　　5. 人民法院准许当事人申请的，相关费用由提出申请的当事人负担。

【实例评注】

专家辅助人出庭申请书[①]

申请人：郧西县广厦房地产开发有限公司，住所地：郧西县城关镇郧西大道96号。

法定代表人：高某某。

被申请人：祝某某，男，汉族，1978年9月12日生，汉族，住郧西县城关镇。

申请事项：请求法院依法通知专家辅助人出庭对西价评字(2014)23号价格评估结论书提出意见并对鉴定人进行质询。

事实与理由：

申请人与被申请人房屋买卖合同一案，被申请人委托郧西县价格认证中心对其装修价值进行评估并出具价格评估结论书，申请人认为鉴定依据及鉴定程序缺乏依据，并未客观真实地反应实际装修情况，不能作为定案依据。为了能够真实地揭示该鉴定报告中的问题，便于贵院依法查明事实，申请人特依据《民事诉讼法》第七十九条之规定，向贵院提出由专家辅助人出庭作证申请，望准许！

此致
十堰市郧西县人民法院

申请人：郧西县广厦房地产开发有限公司
2015年1月7日

〔评注〕

1. 当事人可以申请有专门知识的人出庭，代表当事人对鉴定意见进行质证，或者对案件事实所涉及的专业问题提出意见。

(1)当事人申请有专门知识的人出庭需要在举证期限届满前提出，人数为一至二人；

(2)有专门知识的人在诉讼中可对鉴定意见进行质证、对专门性问题发表意见；

(3)有专门知识的人在法庭上的活动视为当事人的活动；

(4)人民法院准许有专门知识的人出庭，其出庭费用应由申请的当事人负担；

(5)人民法院认为当事人申请有专门知识的人出庭没有必要，可以驳回当事人的申请。

2. 该申请书是当事人向人民法院申请具有专门知识的人出庭应提交的书面申请，

[①] 来源：湖北省十堰市郧西县人民法院(2014)鄂郧西民初字第00880号案卷。

写作要求如下。

(1) 格式要求：①标题为"申请书"。②申请人，应写明其姓名、性别、出生年月、民族、工作单位和职务或职业、住所地、联系方式等基本信息。如当事人是法人或者其他组织的，写明名称住所，另起一行写明法定代表人、主要负责人及其姓名、职务、联系方式。如有其他诉讼参加人，也应写明如上基本信息。③请求事项。④事实和理由。⑤致送法院。

(2) 内容要求：①请求事项应写明当事人和案由，该有专门知识的人的姓名、性别、工作单位和职务，还应写明该有专门知识的人的专业资质；②事实和理由部分应写明申请有专门知识的人出庭的事实和理由。

3. 本处实例选取湖北省十堰市郧西县人民法院（2014）鄂郧西民初字第00880号案卷中的申请专家辅助人出庭申请书。有专门知识的人也可称之为"专家辅助人"，该实例中就使用了这种称呼。该申请书制作于《民事诉讼文书样式》公布之前，有些格式及内容与文书样式有所不同：

(1) 当事人的诉讼地位。文书样式只列明了申请人，因为该申请书的申请事项是通知有专门知识的人出庭，故不存在被申请人，也无需列明。实例将对方当事人列为被申请人，与文书样式格式不符，应予以删除。

(2) 文书样式要求在请求事项里写明该有专门知识的人的姓名、性别、工作单位和职务或职业，而该实例只是请求法院准许有专门知识的人出庭，却并未写明有专门知识的人的基本情况，属于请求事项不明确，应予以添加。

8. 申请书（申请诉前证据保全用）

申请书

申请人：×××，男/女，××××年××月××日出生，×族，……（写明工作单位和职务或者职业），住……。联系方式：……。

法定代理人/指定代理人：×××，……。

委托诉讼代理人：×××，……。

被申请人：×××，……。

……

（以上写明当事人和其他诉讼参加人的姓名或者名称等基本信息）

请求事项：

请求裁定……（写明证据保全措施）。

> 事实和理由：
> ……（写明诉前/仲裁前申请证据保全的事实和理由）。
> 申请人提供……（写明担保财产的名称、性质、数量或数额、所在地等）作为担保。
> 此致
> ××××人民法院
>
> 申请人（签名或者公章）
> ××××年××月××日

【说明】

1. 本样式根据《中华人民共和国民事诉讼法》第八十一条制定，供利害关系人在提起诉讼或者申请仲裁前，向人民法院申请诉前证据保全用。

2. 当事人是法人或者其他组织的，写明名称住所。另起一行写明法定代表人、主要负责人及其姓名、职务、联系方式。

3. 利害关系人申请诉前证据保全，可以在提起诉讼或者申请仲裁前向证据所在地、被申请人住所地或者对案件有管辖权的人民法院提出。

【实例评注】

诉前证据保全申请书 ①

申请人：蔡某某，女，汉族，1949年×月×日生，身份证住址河北省廊坊市广阳区，现住址湖北省武汉市东西湖区，公民身份号码：132801××××××××××。

委托代理人：龚某某（蔡某某配偶），男，汉族，1947年×月×日生，身份证住址河北省廊坊市广阳区，现住址湖北省武汉市东西湖区，公民身份号码：132801××××××××××。

委托代理人：叶某，湖北诺亚律师事务所律师。

被申请人：华中科技大学同济医学院附属同济医院，住所地：湖北省武汉市硚口区解放大道1095号。

法定代表人：徐某某，该院院长。

---

① 来源：湖北省武汉市硚口区人民法院(2016)鄂0104证保1号案卷。

申请事项：

请求依法调取、复制、封存被申请人外科楼 19 楼骨科Ⅲ、Ⅳ病区 2016 年 1 月 6 日 13 时至 20 时 30 分期间的监控视频。

申请理由：

申请人蔡某某，女，66 岁，于 2016 年 1 月 4 日下午因"颈椎病"到被申请人处骨科Ⅲ病区住院治疗，床号为××。2016 年 1 月 6 日上午在全麻下进行"颈椎前路椎体全切除术"，手术由李某教授主刀。手术前各项检查均无特殊异常。当日下午 13 时许申请人出手术室，19 时许，患者因痰液无法排出，呼吸困难，申请人家属遂急忙呼叫医护人员处理，但当班医护人员处理不及时，不对症，最终导致申请人严重窒息，重度昏迷，至今尚在被申请人重症医学科抢救。为了解事情的真相，申请人及家属申请复印病历、查看及复制当时的监控录像，但经向被申请人的医患沟通办公室、院办、派出所警务室申请，都说不在其职权内，拒不提供监控录像，仅复印了部分病历，全部病历也未予复印加以封存。

申请人认为，患者术后回到病房后出现意外，根据法律规定患者、家属有知情权，申请人作为患者及家属作为委托的代理人提出公开有关的记录是非常正常和合理的请求。而且，该监控视频能客观地证实患者出手术室后的治疗护理经过。为此，基于该证据具有极强的时效性，如不及时予以保全，将必然发生将来不可取得的结果。为此，申请人及其委托代理人特依据《中华人民共和国民事诉讼法》第八十一条的规定，提出上述请求，恳请依法予以支持。

此致
武汉市硚口区人民法院

申请人：蔡某某
委托代理人：龚某某
2016 年 1 月 29 日

〔评注〕

1. 证据保全，是指在证据可能灭失或以后难以取得的情况下，法院根据当事人的申请或依职权，对证据加以固定和保护的活动。为了防止证据灭失、损失，当事人可以向人民法院申请证据保全。证据保全申请书是案件当事人或其他诉讼参加人为了保全诉讼证据向法院提交的申请书。证据保全包括诉前证据保全和诉讼中的证据保全。该文书样式供利害关系人在提起诉讼或者申请仲裁前，向人民法院申请诉前证据保全用。

(1) 诉前证据保全是在起诉前由利害关系人向人民法院提出申请。

(2)申请诉前证据保全应当提交书面申请书。

(3)申请诉前证据保全,可以向提起诉讼或者申请仲裁前证据所在地、被申请人住所地或者对案件有管辖权的人民法院提出。

(4)申请诉前证据保全应当提供担保,不提供担保的,驳回申请。

2. 诉讼证据保全申请书写作要求如下。

(1)格式要求:①标题为"申请书"。②申请人,应写明其姓名、性别、出生年月日、民族、工作单位和职务或职业、住所地、联系方式等基本信息。如当事人是法人或者其他组织的,写明名称住所,另起一行写明法定代表人、主要负责人及其姓名、职务、联系方式。如有其他诉讼参加人,也应写明如上基本信息。③请求事项。④事实和理由。⑤致送法院。

(3)内容要求:①请求事项必须明确,写明证据保全措施;②事实和理由部分应写明申请诉讼证据保全的事实和理由,还应写明申请人提供担保财产的名称、性质、数量或数额、所在地等。

3. 本处实例选取湖北省武汉市硚口区人民法院(2016)鄂0104证保1号诉前证据保全案卷中的申请书。该实例格式规范,结构清晰,内容完整,繁简得当,理由阐述充分,唯有一处瑕疵应予以注意:根据前述法律规定及本文书样式要求,诉前证据保全应当提供担保,而实例中并未提及担保的情况。

9. 申请书(申请诉讼证据保全用)

申请书

申请人:×××,男/女,××××年××月××日出生,×族,……(写明工作单位和职务或者职业),住……。联系方式:……。

法定代理人/指定代理人:×××,……。

委托诉讼代理人:×××,……。

被申请人:×××,……。

……

(以上写明当事人和其他诉讼参加人的姓名或者名称等基本信息)

请求事项:

因(××××)……号……(写明当事人和案由)一案,请求裁定……(写明证据保全措施)。

事实和理由:

……(写明申请诉讼证据保全的事实和理由)。

　　　　此致
××××人民法院

　　　　　　　　　　　　　　　申请人（签名或者公章）
　　　　　　　　　　　　　　　　××××年××月××日

【说明】

　　1. 本样式根据《中华人民共和国民事诉讼法》第八十一条第一款制定，供当事人在诉讼过程中，向人民法院申请诉讼证据保全用。

　　2. 当事人是法人或者其他组织的，写明名称住所。另起一行写明法定代表人、主要负责人及其姓名、职务、联系方式。

　　3. 在证据可能灭失或者以后难以取得的情况下，当事人可以在诉讼过程中向人民法院书面提出证据保全申请。

【实例评注】

证据保全申请 ①

郧西县人民法院：

　　我诉郧西县广厦房地产开发有限公司商品房买卖合同纠纷一案贵院已经受理，为防止证据灭失或者以后难以取得，根据《中华人民共和国民事诉讼法》第七十四条之规定，特申请贵院对位于小河西路天河大厦售楼部内公示的郧西县广厦房地产开发有限公司法定代表人授权委托书进行证据保全，该授权委托书能够证明李某某是郧西县广厦房地产开发有限公司的委托代理人，其所做出的一切行为及相应的法律后果由该公司承担。

　　　　　　　　　　　　　　　　　　　　　　　申请人：祝某某
　　　　　　　　　　　　　　　　　　　　　　　二○一四年九月××日

〔评注〕

　　1. 证据保全，是指在证据可能灭失或以后难以取得的情况下，法院根据当事人的

---

　　① 来源：湖北省郧西县人民法院(2014)鄂郧西民保字第00015号案卷。

申请或依职权,对证据加以固定和保护的活动。为了防止证据灭失、损失,当事人可以向人民法院申请证据保全。证据保全申请书是案件当事人或其他诉讼参加人为了保全诉讼证据向法院提交的申请书。证据保全包括诉前证据保全和诉讼中的证据保全。该文书样式供当事人在诉讼过程中,向人民法院申请诉讼证据保全用。

(1)申请人可以是诉讼当事人,也可以是诉讼参加人。证据保全的主体只能是人民法院,当事人和其他诉讼参加人无权进行证据保全。但是,证据保全申请人可以是本案的当事人、诉讼代理人或法定代表人、诉讼代表人、第三人及其他诉讼参加人。

(2)申请证据保全应当提交书面申请书。

(3)诉讼中的证据保全是向受理案件的人民法院提出的。

(4)证据保全的对象是有关证据,包括证人证言、物证、书证、视听资料等各种证据。

2. 诉讼证据保全申请书写作要求如下。

(1)格式要求:①标题为"申请书"。②申请人,应写明其姓名、性别、出生年月日、民族、工作单位和职务或职业、住所地、联系方式等基本信息。如当事人是法人或者其他组织的写明名称住所,另起一行写明法定代表人、主要负责人及其姓名、职务、联系方式。如有其他诉讼参加人,也应写明如上基本信息。③请求事项。④事实和理由。⑤致送法院。

(2)内容要求:①请求事项必须明确,写明证据保全措施,以便法院作出裁定并采取保全措施;②事实和理由部分应写明申请诉讼证据保全的事实和理由。

3. 本处实例选取湖北省郧西县人民法院(2014)鄂郧西民保字第00015号案卷中原告提交的证据保全申请。该实例虽然包含了案件的基本信息、请求事项、事实和理由,但是格式完全不规范,也没有写明证据保全的具体措施,应按照《民事诉讼文书样式》的要求进行规范书写。

五、期间、送达

1. 申请书（申请顺延期限用）

申请书

申请人：×××，男/女，××××年××月××日出生，×族，……（写明工作单位和职务或者职业），住……。联系方式：……。

法定代理人/指定代理人：×××，……。

委托诉讼代理人：×××，……。

（以上写明申请人和其他诉讼参加人的姓名或者名称等基本信息）

请求事项：

因（××××）……号……（写明当事人和案由）一案，请求顺延……（写明请求顺延事项）期限至××××年××月××日。

事实和理由：

……（写明申请顺延期限的理由）。

此致

××××人民法院

申请人（签名或者公章）
××××年××月××日

【说明】

1. 本样式根据《中华人民共和国民事诉讼法》第八十三条制定，供当事人因不可抗拒的事由或者其他正当理由耽误期限的，在障碍消除后的十日内，向人民法院申请顺延期限用。

2. 申请人是法人或者其他组织的，写明名称住所。另起一行写明法定代表人、主要负责人及其姓名、职务、联系方式。

3. 申请顺延期限是否准许，由人民法院决定。

【实例评注】

申请书 ①

武汉市硚口区人民法院：

  贵院审理的(2015)鄂硚口民一初字第01067号原告徐某某与被告华中科技大学同济医学院附属同济医院、汉川市人民医院医疗损害赔偿责任纠纷一案中，因徐某某须进行精神行为能力鉴定，以进一步明确损害情况，现向贵院申请延长审理期限三个月，恳请批准。

申请人：徐某某
2015年10月28日

〔评注〕

  根据《民事诉讼法》第八十三条的规定，当事人因不可抗拒的事由或者其他正当理由耽误期限的，在障碍消除后的十日内，可以申请顺延期限，是否准许，由人民法院决定。

  期限顺延申请书的写作要求：

  完整的期限顺延申请书应当包括：①标题，标题写作"申请书"。②申请人，应当写明其姓名、性别、出生年月日、民族、工作单位和职务或职业、住所地、联系方式等基本情况。③申请人的法定代理人/指定代理人、委托诉讼代理人、被申请人的姓名或者名称等基本信息。④请求事项。⑤事实和理由。⑥致送法院。

  实例中虽然实际包含了案件基本信息、请求事项、事实和理由，但从格式上来说非常不规范，完全不符合《民事诉讼文书样式》的规定。

---

① 来源：湖北省武汉市硚口区人民法院(2015)鄂硚口民一初字第01067号案卷。

六、调解

1. 意见书（离婚案件当事人出具书面意见用）

意见书

提交意见人：×××，男/女，××××年××月××日出生，×族，……（写明工作单位和职务或者职业），住……。联系方式：……。

你院××××年××月××日立案受理了(××××)……号原告×××与被告×××离婚纠纷一案。本人因……（写明理由），无法出庭参加××××年××月××日调解。

书面意见：

……

（以上写明对于离婚、子女抚养、财产处置等意见）

此致

××××人民法院

提交意见人（签名）

××××年××月××日

【说明】

1. 本样式根据《最高人民法院关于适用〈中华人民共和国民事诉讼法〉的解释》第一百四十七条第二款制定，供离婚案件当事人确因特殊情况无法出庭参加调解的，向人民法院出具书面意见用。

2. 离婚案件当事人确因特殊情况无法出庭参加调解的，除本人不能表达意志的以外，应当出具书面意见。

【实例评注】

意见书 ①

原告：张某某，男，汉族，1980年3月1日生，武汉市蔡甸区。公民身份号码：

---

① 来源：湖北省武汉市硚口区人民法院(2016)鄂0104民初2059号案卷。

420114×××××××××××。

你院立案受理的(2016)鄂0104民初2059号原告张某某与被告吴某某离婚纠纷一案。本人因工作出差原因，无法出庭参加2016年6月20日调解。

现提交书面意见如下：

一、张某某与吴某某离婚；

二、婚生子吴某甲由张某某抚养，吴某某不需要支付抚养费；

三、探视方式：吴某某每月可探视吴某甲三次；

四、双方无共同财产，无共同债务，亦无其他财产争议；

五、案件受理费用减半收取150元，由张某某负担。

此致

武汉市硚口区人民法院

张某某
2016年6月15日

〔评注〕

根据《民诉法解释》第一百四十七条第二款规定，离婚案件当事人确因特殊情况无法出庭参加调解的，除本人不能表达意志的以外，应当出具书面意见。

在司法实践中，由于离婚案件双方当事人的矛盾尖锐，采用常规的面对面调解方式，不能达到很好的效果，反而会激化矛盾。在这种情况下，当事人背对背，分别调解能发挥更好的效果。上述司法解释明确了离婚案件当事人因特殊情况无法出庭参加调解，出具书面意见书的制度。

完整的意见书当包含以下内容：①标题，为"意见书"；②提交意见人，写明提交意见人的姓名、性别、出生日期、民族、职业、住所地、联系方式等基本信息；③案件基本情况；④无法出庭参加调解的理由；⑤书面意见，一般涉及离婚与否，子女抚养及探视、财产分割；⑥致送法院；⑦落款，写明姓名和日期。

实例中的格式和内容均与《民事诉讼文书样式》相符，意见内容完整明确，是一份具有较强参考意义的意见书。

七、保全和先予执行

1. 申请书（诉前或者仲裁前申请财产保全用）

申请书

申请人：×××，男/女，××××年××月××日出生，×族，……（写明工作单位和职务或者职业），住……。联系方式：……。

法定代理人/指定代理人：×××，……。

委托诉讼代理人：×××，……。

被申请人：×××，……。

……

（以上写明当事人和其他诉讼参加人的姓名或者名称等基本信息）

请求事项：

查封/扣押/冻结被申请人×××的……（写明保全财产的名称、性质、数量或数额、所在地等），期限为×年×月×日。

事实和理由：

……（写明诉前/仲裁前申请财产保全的事实和理由）。

申请人提供……（写明担保财产的名称、性质、数量或数额、所在地等）作为担保。

此致

××××人民法院

申请人（签名或盖章）
××××年××月××日

【说明】

  1. 本样式根据《中华人民共和国民事诉讼法》第一百零一条第一款制定，供利害关系人在提起诉讼或者申请仲裁前，向人民法院申请诉前财产保全用。

  2. 当事人是法人或者其他组织的，写明名称住所。另起一行写明法定代表人、主要负责人及其姓名、职务、联系方式。

  3. 利害关系人因情况紧急，不立即申请保全将会使其合法权益受到难以弥补的损害的，可以在提起诉讼或者申请仲裁前向被保全财产所在地、被申请人住所地或者对案件有管辖权的人民法院申请采取保全措施。

4. 利害关系人申请诉前保全的,应当提供担保。申请诉前财产保全的,应当提供相当于请求保全数额的担保;情况特殊的,人民法院可以酌情处理。

5. 申请有错误的,申请人应当赔偿被申请人因保全所遭受的损失。

【实例评注】

诉前保全申请书 ①

申请人重庆市璧山区锦春小额贷款有限责任公司,住所地重庆市璧山区璧泉街道仙山路八号。

法定代表人陈某某,董事长。

被申请人重庆市淇升时尚百货有限公司,住所地重庆市璧山区璧城街道双星大道1号。

法定代表人肖某,董事长。

请求事项:

请求法院对被申请人价值三千万元的财产采取诉前保全措施。

事实与理由:

2005年至2007年,被申请人因经营需要先后多次向原告借款,累计欠原告人民币达三千万元。现申请人拟向贵院提起民事诉讼,但因情况紧急,不立即采取保全措施将会使申请人的合法权益受到难以弥补的损害,故根据《中华人民共和国民事诉讼法》第九十三条的规定,向贵院申请采取诉前保全措施,请求贵院对被申请人价值三千万元的财产进行保全。

如因申请保全错误而给被申请人造成损失的,申请人自愿赔偿被申请人相应损失。

此致

重庆市第一中级人民法院

申请人:锦春小额贷款有限责任公司
法定代表人:陈某某
2008年8月10日

〔评注〕

根据《民事诉讼法》第一百零一条第一款的规定,利害关系人因情况紧急,不立

---

① 来源:重庆市第一中级人民法院(2008)财保016号案卷。

即申请保全将会使其合法权益受到难以弥补的损害的，可以在提起诉讼或者申请仲裁前向被保全财产所在地、被申请人住所地或者对案件有管辖权的人民法院申请采取保全措施。申请人应当提供担保，不提供担保的，裁定驳回申请。

1. 诉前或者仲裁前财产保全申请书的写作要求

(1)格式要求。完整的诉前或者仲裁前财产保全申请书应当包括：①标题，标题写作"申请书"。②申请人，应当写明其姓名、性别、出生年月日、民族、工作单位和职务或职业、住所地、联系方式等基本情况。③申请人的法定代理人/指定代理人、委托诉讼代理人、被申请人的姓名或者名称等基本信息。④请求事项。⑤事实和理由。⑥担保情况。⑦致送法院。

(2)写作技巧。请求事项必须明确，写明保全财产的名称、性质、数量或数额、所在地等，以便于法院进行裁定，尤其要写明保全期限。事实和理由应当简洁、精炼。担保财产须写明名称、性质、数量或数额、所在地等。

2. 实例中存在的问题

(1)申请人、被申请人及其他诉讼参加人的称谓和基本信息之间应当用"："隔开。

(2)请求事项部分仅原则性地要求法院采取保全措施，未明确查封、冻结还是扣押，也未明确保全财产的名称、所在地等信息，不利于保全的实际开展，这对于申请人而言实际是不利的。

(3)根据前述法律规定，诉前保全应当提供担保，而实例中未明确担保情况。

2. 申请书（申请诉前/仲裁前行为保全用）

申请书

申请人：×××，男/女，××××年××月××日出生，×族，……（写明工作单位和职务或者职业），住……。联系方式：……。

法定代理人/指定代理人：×××，……。

委托诉讼代理人：×××，……。

被申请人：×××，……。

……

（以上写明当事人和其他诉讼参加人的姓名或者名称等基本信息）

请求事项：

请求×××人民法院……（写明行为保全事项）。

事实和理由：

……（写明诉前/仲裁前申请行为保全的事实和理由）。

申请人提供……（写明担保财产的名称、性质、数量或数额、所在地等）作为担保。
此致
××××人民法院

申请人（签名或者盖章）
××××年××月××日

【说明】

1. 本样式根据《中华人民共和国民事诉讼法》第一百零一条第一款制定，供利害关系人在提起诉讼或者申请仲裁前，向人民法院申请诉前行为保全用。

2. 当事人是法人或者其他组织的，写明名称住所。另起一行写明法定代表人、主要负责人及其姓名、职务、联系方式。

3. 利害关系人因情况紧急，不立即申请保全将会使其合法权益受到难以弥补的损害的，可以在提起诉讼或者申请仲裁前向被保全财产所在地、被申请人住所地或者对案件有管辖权的人民法院申请采取保全措施。

4. 利害关系人申请诉前保全的，应当提供担保，不提供担保的，人民法院裁定驳回申请。申请诉前行为保全的，担保的数额由人民法院根据案件的具体情况决定。

5. 申请有错误的，申请人应当赔偿被申请人因保全所遭受的损失。

【实例评注】

诉前行为保全申请书 [①]

申请人：广州市××食品饮料有限公司
法定代表人：某某某　　　　　职务：总经理
地址：广州市××区××园3栋2层

被申请人一：广州市×××饮料有限公司
法定代表人：某某某　　　　　地址：广州市
被申请人二：惠州市××县××饮料厂

---

① 来源：广东省广州市中级人民法院（2013）广行保字第36号案卷

法定代表人：某某某　　　　　　地址：惠州市

保全事项：请求依法判令被申请人一禁止销售侵权商品及判令被申请人二停止生产侵权商品，并查封被申请人二的生产侵权商品的机器设备。

事实与理由：

申请人于2013年5月31日向被申请人二所在地广东省惠州市工商行政管理局投诉被申请人二生产侵犯申请人外观设计与包装装潢的商品，并于当日由工商行政管理局执法人员查封了被申请人二生产现场未来得及销售的侵权产品。但被申请人并未接受执法处理，而是继续生产销售。为防止侵权影响继续扩大，根据《民事诉讼法》第一百条第一款的规定，人民法院对于可能因当事人一方的行为或者其他原因，使判决难以执行或者造成当事人其他损害的案件，根据对方当事人的申请，可以裁定对其财产进行保全、责令其作出一定行为或者禁止其作出一定行为；当事人没有提出申请的，人民法院在必要时也可以裁定采取保全措施。特请求贵院依法作出诉前行为保全的裁定。

此致

广州市中级人民法院

申请人：广州市食品饮料有限公司

法定代表人：某某某

2013年××月××日

〔评注〕

根据《民事诉讼法》第一百零一条第一款的规定，利害关系人因情况紧急，不立即申请保全将会使其合法权益受到难以弥补的损害的，可以在提起诉讼或者申请仲裁前向被保全财产所在地、被申请人住所地或者对案件有管辖权的人民法院申请采取保全措施。申请人应当提供担保，不提供担保的，裁定驳回申请。

1. 诉前或者仲裁前行为保全申请书的写作要求

(1) 格式要求。完整的诉前或者仲裁前行为保全申请书应当包括：①标题，标题写作"申请书"。②申请人，应当写明姓名、性别、出生年月日、民族、工作单位和职务或职业、住所地、联系方式等基本情况。③申请人的法定代理人/指定代理人、委托诉讼代理人、被申请人的姓名或者名称等基本信息。④请求事项。⑤事实和理由。⑥担保情况。⑦致送法院。

(2) 写作技巧。请求事项必须明确，写明行为保全事项，以便法院进行裁定和实施。事实和理由应当简洁、精炼。担保财产须写明名称、性质、数量或数额、所在地等。

2. 实例中存在的问题

(1) 申请人的联系方式未写明，不利于法院开展保全工作。

(2) 实例中的请求事项部分既包含了行为保全的内容也包含了财产保全的内容，不应当在同一个申请中提请，而应当分别撰写行为保全申请书和财产保全申请书。

3. 申请书（申请诉讼财产保全用）

申请书

申请人：×××，男/女，××××年××月××日出生，×族，……（写明工作单位和职务或者职业），住……。联系方式：……。

法定代理人/指定代理人：×××，……。

委托诉讼代理人：×××，……。

被申请人：×××，……。

……

（以上写明当事人和其他诉讼参加人的姓名或者名称等基本信息）

请求事项：

查封/扣押/冻结被申请人×××的……（写明保全财产的名称、性质、数量、数额、所在地等），期限为……年/月/日(写明保全的期限)。

事实和理由：

(××××)……号……（写明当事人和案由）一案，……（写明申请诉讼财产保全的事实和理由）。

申请人提供……（写明担保财产的名称、性质、数量、数额、所在地等）作为担保。

此致

××××人民法院

申请人（签名或者盖章）

××××年××月××日

【说明】

1. 本样式根据《中华人民共和国民事诉讼法》第一百条第一款制定，供当事人在诉讼过程中，向人民法院申请诉讼财产保全用。

2. 当事人是法人或者其他组织的，写明名称住所。另起一行写明法定代表人、主要负责人及其姓名、职务、联系方式。

3. 在诉讼过程中，对于可能因当事人一方的行为或者其他原因，使判决难以执行或者造成当事人其他损害的案件，当事人可以向人民法院申请诉讼财产保全。

4. 当事人是否应当提供担保以及担保的数额，由人民法院根据案件的具体情况决定。

5. 申请有错误的，申请人应当赔偿被申请人因保全所遭受的损失。

【实例评注】

保全申请书 ①

申请人：刘某某，男，汉族，住某市某区某镇。

被申请人：王某某，男，汉族，住某市某区某小区。

申请事项：

立即冻结被告银行存款人民币 144 000 元或查封、扣押被申请人相当于人民币 144 000 元的其他财产。

事实及理由：

申请人已就申请人与被申请人借款合同纠纷争议向贵院提起诉讼。为了防止被申请人在诉讼期间转移财产，根据《中华人民共和国民事诉讼法》第九十二条等相关规定，特申请贵院对被申请人采取冻结其银行存款人民币 144 000 元或查封、扣押相当于人民币 144 000 元财产的保全措施。被申请人房产（位于某市某区某某小区四区 7 号楼 1 单元 601 号，房产证号：×××135600）。如因采取保全措施不当造成被申请人财产损失的，由申请人承担责任。

此致

武汉市硚口区人民法院

申请人：刘某某
2016 年 3 月 12 日

〔评注〕

根据《民事诉讼法》第一百条规定，人民法院对于可能因当事人一方的行为或者其他原因，使判决难以执行或者造成当事人其他损害的案件，根据对方当事人的申请，可以裁定对其财产进行保全、责令其作出一定行为或者禁止其作出一定行为；当事人没有提出申请的，人民法院在必要时也可以裁定采取保全措施。人民法院采取保全措施，可以责令申请人提供担保，申请人不提供担保的，裁定驳回申请。人民法院接受申

---

① 来源：湖北省武汉市硚口区人民法院(2016)鄂 0104 民初 1059 号案卷。

请后，对情况紧急的，必须在四十八小时内作出裁定；裁定采取保全措施的，应当立即开始执行。

1. 申请诉讼财产保全用申请书的写作要求

(1)格式要求。完整的诉讼财产保全申请书应当包括以下内容：①标题，标题写作"申请书"。②申请人，应当写明其姓名、性别、出生年月日、民族、工作单位和职务或职业、住所地、联系方式等基本情况。③申请人的法定代理人/指定代理人、委托诉讼代理人、被申请人的姓名或者名称等基本信息。④请求事项。⑤事实和理由。⑥担保情况。⑦致送法院。

(2)写作技巧。请求事项必须明确，写明保全财产的名称、性质、数量或数额、所在地等，以便于法院进行裁定，尤其要写明保全期限。事实和理由应当简洁、精炼。担保财产须写明名称、性质、数量或数额、所在地等。

2. 实例中存在的问题

(1)申请人的联系方式未写明，不利于法院开展保全工作。

(2)本案的财产保全申请人实际上提供了担保，但是没有在申请书中写明，应当写明。

(3)对于保全财产只提出了金额要求，未明确名称、性质，也没有明确申请保全的时间。

(4)不同于诉前财产保全，诉讼中财产保全申请须明确案号和案由，实例中未予明确。

(5)实例引用了"《中华人民共和国民事诉讼法》第九十二条"，该条是关于公告送达的，与实例无关。

4. 申请书（申请诉讼行为保全用）

申请书

申请人：×××，男/女，××××年××月××日出生，×族，……（写明工作单位和职务或者职业），住……。联系方式：……。

法定代理人/指定代理人：×××，……。

委托诉讼代理人：×××，……。

被申请人：×××，……。

……

（以上写明当事人和其他诉讼参加人的姓名或者名称等基本信息）

请求事项：

> （××××）……号……（写明当事人和案由）一案，请求××××人民法院……（写明行为保全事项）。
> 事实和理由：
> ……（写明申请诉讼行为保全的事实和理由）。
> 申请人提供……（写明担保财产的名称、性质、数量、数额、所在地等）作为担保。
> 此致
> ××××人民法院
>
> 申请人（签名或者公章）
××××年××月××日

【说明】

1. 本样式根据《中华人民共和国民事诉讼法》第一百条第一款制定，供当事人在诉讼过程中，向人民法院申请诉讼行为保全用。

2. 当事人是法人或者其他组织的，写明名称住所。另起一行写明法定代表人、主要负责人及其姓名、职务、联系方式。

3. 在诉讼过程中，对于可能因当事人一方的行为或者其他原因，使判决难以执行或者造成当事人其他损害的案件，当事人可以向人民法院申请诉讼行为保全。

4. 当事人是否应当提供担保以及担保的数额，由人民法院根据案件的具体情况决定。

5. 申请有错误的，申请人应当赔偿被申请人因保全所遭受的损失。

【实例评注】

行为保全申请书 [①]

申请人：吴某某。

被申请人：鼎固房地产开发有限公司。

请求事项：

请求人民法院依法裁定被申请人立即停止对申请人土地经营权的不法侵害行为。

事实与理由

[①] 来源：重庆市渝中区人民法院（2013）中行保24号案卷。

申请人于 2011 年 4 月 6 日依法取得脑木评村南 40 亩土地承包经营权及承包土地上的全部附着物的经营使用权，后被申请人在申请人合法拥有的土地上违法加盖了五层的建筑，被申请人的行为已经造成申请人合法权益遭到严重侵害；在申请人准备向法院依法提起诉讼维护权益的同时，被申请人继续在申请人合法拥有土地经营权的土地上再次加盖违法建筑，严重侵害了申请人对此处土地的合法承包经营权，严重影响申请人正常的生产经营活动。

综上，根据最新的《中华人民共和国民事诉讼法》第一百条的规定，申请人特向贵法院提出申请，请求立即禁止被申请人继续侵害申请人土地承包经营权的违法行为，以保证将来案件裁判的执行，以维护申请人的合法权益。

特此申请。

此致
重庆市渝中区人民法院

申请人：吴某某
2013 年 5 月 8 日

〔评注〕

根据《民事诉讼法》第一百条的规定，人民法院对于可能因当事人一方的行为或者其他原因，使判决难以执行或者造成当事人其他损害的案件，根据对方当事人的申请，可以裁定对其财产进行保全、责令其作出一定行为或者禁止其作出一定行为；当事人没有提出申请的，人民法院在必要时也可以裁定采取保全措施。人民法院采取保全措施，可以责令申请人提供担保，申请人不提供担保的，裁定驳回申请。人民法院接受申请后，对情况紧急的，必须在四十八小时内作出裁定；裁定采取保全措施的，应当立即开始执行。

1. 诉讼行为保全申请书的写作要求

（1）格式要求。完整的诉讼行为保全申请书应当包括：①标题，标题写作"申请书"。②申请人，应当写明其姓名、性别、出生年月日、民族、工作单位和职务或职业、住所地、联系方式等基本情况。③申请人的法定代理人/指定代理人、委托诉讼代理人、被申请人的姓名或者名称等基本信息。④请求事项。⑤事实和理由。⑥担保情况。⑦致送法院。

（2）写作技巧。请求事项必须明确，写明行为保全事项，以便法院进行裁定和实施。事实和理由应当简洁、精炼。担保财产须写明名称、性质、数量或数额、所在地等。

2. 实例中存在的问题

（1）申请人的联系方式未写明，不利于法院开展保全工作。

（2）作为诉讼中的行为保全申请，未写明案由及案号，不符合样式要求。

5. 申请书（申请解除保全用）

申请书

申请人（被保全人）：×××，男/女，××××年××月××日出生，×族，……（写明工作单位和职务或者职业），住……。联系方式：……。

法定代理人/指定代理人：×××，……。

委托诉讼代理人：×××，……。

被申请人（申请保全人）：×××，……。

……

（以上写明当事人和其他诉讼参加人的姓名或者名称等基本信息）

请求事项：

解除……（写明财产保全/行为保全/证据保全措施）。

事实和理由：

你院于××××年××月××日作出（××××）……号财产保全/行为保全民事裁定，……（写明保全内容）。

……（写明申请解除保全的事实和理由）。

此致

××××人民法院

附：××××人民法院（××××）……号财产保全/行为保全/证据保全民事裁定书

申请人（签名或者盖章）
××××年××月××日

【说明】

1. 本样式根据《中华人民共和国民事诉讼法》第一百零一条第三款、第一百零四条以及《最高人民法院关于适用〈中华人民共和国民事诉讼法〉的解释》第一百六十六条制定，供当事人向人民法院申请解除保全用。

2. 当事人是法人或者其他组织的，写明名称住所。另起一行写明法定代表人、主要负责人及其姓名、职务、联系方式。

3. 申请人在人民法院采取保全措施后三十日内不依法提起诉讼或者申请仲裁的，人民法院应当解除保全。

4. 财产纠纷案件，被申请人提供担保的，人民法院应当裁定解除保全。

5. 裁定采取保全措施后，有下列情形之一的，人民法院应当作出解除保全裁定：（一）保全错误的；（二）申请人撤回保全申请的；（三）申请人的起诉或者诉讼请求被生效裁判驳回的；（四）人民法院认为应当解除保全的其他情形。

【实例评注】

申请书 ①

本人乐某某，身份证：42010519×××××××××。现因与被告胡某某达成对在九龙仓月玺××栋×号房产的还款处置承诺，所以特此申请对此房产解封解冻，望各位领导批准。

此致

敬礼

申请人：乐某某
2016 年 8 月 22 日

〔评注〕

根据《民事诉讼法》第一百零一条第三款、第一百零四条的规定，申请人在人民法院采取保全措施后三十日内不依法提起诉讼或者申请仲裁的，人民法院应当解除保全。财产纠纷案件，被申请人提供担保的，人民法院应当裁定解除保全。《民诉法解释》第一百六十六条规定："裁定采取保全措施后，有下列情形之一的，人民法院应当作出解除保全裁定：（一）保全错误的；（二）申请人撤回保全申请的；（三）申请人的起诉或者诉讼请求被生效裁判驳回的；（四）人民法院认为应当解除保全的其他情形。解除以登记方式实施的保全措施的，应当向登记机关发出协助执行通知书。"

1. 解除保全申请书的写作要求

（1）格式要求。完整的解除保全申请书应当包括：①标题，标题写作"申请书"。②申请人，应当写明其姓名、性别、出生年月日、民族、工作单位和职务或职业、住所地、联系方式等基本情况。③申请人的法定代理人/指定代理人、委托诉讼代理人、被

---

① 来源：湖北省武汉市硚口区人民法院（2016）鄂 0104 民初 2086 号案卷。

申请人的姓名或者名称等基本信息。④请求事项。⑤事实和理由。⑥致送法院。

(2)写作技巧。请求事项必须明确，写明需要解除的保全事项，以便于法院进行裁定和实施。事实和理由应当简洁、精炼。若有担保，则担保财产须写明名称、性质、数量或数额、所在地等。

2. 实例中存在的问题

(1)实例中的申请书，格式上，完全不符合文书样式的要求；内容上，缺乏申请人的部分基本信息，没有被申请人信息，也没有完整的事实和理由。

(2)解除保全申请，是在法院保全裁定书作出之后，由被保全人提出的。因此，其申请解除的依据是法院的裁定书，故需要以法院的保全裁定为附件而实例中未有附件。

6. 申请书（申请变更保全标的物用）

申请书

申请人(被保全人)：×××，男/女，××××年××月××日出生，×族，……(写明工作单位和职务或者职业)，住……。联系方式：……。

法定代理人/指定代理人：×××，……。

委托诉讼代理人：×××，……。

(以上写明申请人和其他诉讼参加人的姓名或者名称等基本信息)

请求事项：

1. 解除……(写明财产保全措施)；

2. 对被保全人×××的……(写明其他等值担保财产名称)采取保全措施，期限为……年/月/日(写明保全的期限)。

事实和理由：

申请人×××与×××……(写明案由)，你院于××××年××月××日作出(××××)……号保全民事裁定，……(写明保全内容)。

……(写明申请变更保全标的物的事实和理由)。

此致

××××人民法院

附：××××人民法院(××××)……号保全裁定书

申请人(签名或者盖章)
××××年××月××日

【说明】

1. 本样式根据《最高人民法院关于适用〈中华人民共和国民事诉讼法〉的解释》第一百六十七条制定,供被保全人申请变更保全标的物用。

2. 被保全人是法人或者其他组织的,写明名称住所。另起一行写明法定代表人、主要负责人及其姓名、职务、联系方式。

3. 被保全人申请变更保全标的物,并提供其他等值担保财产且有利于执行的,人民法院可以裁定变更保全标的物为被保全人提供的其他等值担保财产。

4. 诉讼中申请变更保全标的物的,事实和理由中应当写明案件当事人和案由。

【实例评注】

变更保全标的物申请书 ①

申请人:陈某某

电话:

被申请人:浙江宏嘉建筑工程有限公司

电话:

请求事项:

申请人诉被申请人买卖合同纠纷一案,为使判决顺利执行,申请人诉前申请了保全被申请人名下价值人民币 200 万元的财产,贵院采取措施冻结了被申请人的银行存款(仅冻结:100 万元),后查封了 3 台×××机,由于 1 台×××机不是被申请人向申请人订购的,且不能估算价值。

因此特向贵院提出申请对 1 台××机进行解封,而变更增加冻结被申请人的另一个银行账户。

此致

嵊州市人民法院

申请人:陈某某

2013 年 6 月 15 日

〔评注〕

根据《民诉法解释》第一百六十七条的规定,财产保全的被保全人提供其他等值

---

① 来源:浙江省嵊州市人民法院(2013)绍嵊商初字第 189 号案卷。

担保财产且有利于执行的，人民法院可以裁定变更保全标的物为被保全人提供的担保财产。

上述司法解释确立了保全标的物变更制度。这是最高人民法院创设的新制度，从解释学角度上说，创设变更保全标的物制度属于漏洞填补。这种漏洞填补是根据司法实践的急迫需要、财产保全的立法目和解除财产保全的立法精神而进行的。财产保全的目的主要是为了防止判决难以执行；解除财产保全则侧重于被保全人的合法权益的保障。这两者都是双刃剑：保全有利于保障申请人的合法权益却可能造成被保全人合法权益的损害，解除则有利于保障被保全人的合法权益却可能对申请人合法权益造成损害。变更保全标的物制度，则是以问题为导向又在依法原则下经过权衡利弊而创设的。它既保留保全从而保障申请人的合法权益，又置换出被保全人急需的保全标的物从而保障其合法权益。可见，这是解除财产保全规定的有益补充。

1. 变更保全标的物申请书的写作要求

（1）格式要求。完整的变更保全标的物申请书应当包括：①标题，标题写作"申请书"。②申请人，应当写明其姓名、性别、出生年月日、民族、工作单位和职务或职业、住所地、联系方式等基本情况。③申请人的法定代理人/指定代理人、委托诉讼代理人、被申请人的姓名或者名称等基本信息。④请求事项。⑤事实和理由。⑥致送法院。

（2）写作技巧。请求事项必须明确，写明变更所针对财产保全裁定书、财产保全的内容，并写明变更后的保全财产名称、性质、数量、金额、所在地和保全期限，以便于法院进行裁定和实施。

2. 实例中存在的问题

（1）实例申请书将"请求事项"与"事实和理由"部分混写，条理不清晰，混淆了请求和原因，不利于法院作出判断。

（2）应当明确变更保全所针对的财产保全裁定，实例未予明确。

（3）实例将变更后的新保全措施表述为"增加冻结被申请人的另一个银行账户"，既不明确，也缺乏可操作性。

7. 申请书（申请先予执行用）

申请书

申请人：×××，男/女，××××年××月××日出生，×族，……（写明工作单位和职务或者职业），住……。联系方式：……。

>   法定代理人/指定代理人：×××，……。
>   委托诉讼代理人：×××，……。
>   被申请人：×××，……。
>   ……
>   （以上写明当事人和其他诉讼参加人的姓名或者名称等基本信息）
>   请求事项：
>   请求裁定……（写明先予执行措施）。
>   事实和理由：
>   申请人×××与×××（写明案由）一案，你院（××××）……号已立案。……（写明申请先予执行的事实和理由）。
>   申请人提供……（写明担保财产的名称、性质、数量或数额、所在地点等）作为担保。
>   此致
>   ××××人民法院
>
>   申请人（签名或者公章）
>   ××××年××月××日

【说明】

1. 本样式根据《中华人民共和国民事诉讼法》第一百零六条、《最高人民法院关于适用〈中华人民共和国民事诉讼法〉的解释》第一百七十条制定，供当事人在诉讼过程中，向人民法院申请先予执行用。

2. 当事人是法人或者其他组织的，写明名称住所。另起一行写明法定代表人、主要负责人及其姓名、职务、联系方式。

3. 当事人对下列案件申请先予执行的，人民法院可以裁定先予执行：（一）追索赡养费、扶养费、抚育费、抚恤金、医疗费用的；（二）追索劳动报酬的；（三）因情况紧急需要先予执行的。情况紧急包括：（一）需要立即停止侵害、排除妨碍的；（二）需要立即制止某项行为的；（三）追索恢复生产、经营急需的保险理赔费的；（四）需要立即返还社会保险金、社会救助资金的；（五）不立即返还款项，将严重影响权利人生活和生产经营的。

4. 人民法院裁定先予执行的，应当符合下列条件：（一）当事人之间权利义务关系明确，不先予执行将严重影响申请人的生活或者生产经营的；（二）被申请人有履行能力。

5. 人民法院可以责令申请人提供担保，申请人不提供担保的，驳回申请。申请人败诉的，应当赔偿被申请人因先予执行遭受的财产损失。

【实例评注】

交通事故医疗费先予执行申请书 ①

申请人：周某某，女，汉族，1961 年 8 月 13 日出生

住址：浙江省温岭市大溪镇

现居住于：武汉市硚口区

身份证号码：332623×××××××××××

电话：139××××××××

法定代理人：叶某某，男，汉族，1957 年 9 月 3 日出生

住址：浙江省温岭市大溪镇

现居住于：武汉市硚口区

身份证号码：420923××××××××××

与申请人关系：夫妻

被申请人：中国人民财产保险股份有限公司武汉市武汉经济开发区支公司，系鄂 ADJ×××小型轿车保险人

法定代表人：王某

地址：武汉经济开发区创业道 61 号保险大楼

电话：95518

请求事项：
依法先予执行医疗费用 200 000.00 元。

事实与理由：
申请人与被申请人之间交通事故赔偿纠纷已经向贵院提起诉讼。2015 年 11 月 5 日 8 时 40 分，被申请人代某某驾驶鄂 ADJ×××号小型轿车沿沿河大道由东向西行驶，当车行驶至暨济箱包城门前时，遇到申请人周某某由北向南横过马路，小型轿车前部左侧与周某某身体左侧相接触，导致周某某被抛起，其头部与小型轿车前挡风玻璃左侧相接触后倒地受伤，小型轿车及周某某所携带财物受损。经武汉市公安局硚口区交通大队事故认定书认定，并出具武硚交认字〔2015〕第 C198 号《道路交通事故认定书》，

---

① 来源：湖北省武汉市硚口区人民法院(2016)鄂 0104 民初 00316 号案卷。

被申请人代某某负此次事故主要责任，申请人周某某负次要责任。后周某某被送往湖北省第三人民医院，截至目前，治疗费用共计926 107.78元，被申请人代某某支付150 000元，申请人家属垫付776 107.58元。申请人依法向贵院申请，恳请裁定先予执行医疗费200 000元。维护申请人合法权益，保证其生命健康安全。

此致
武汉市硚口区人民法院

申请人：周某某

〔评注〕

《民事诉讼法》第一百零六条规定："人民法院对下列案件，根据当事人的申请，可以裁定先予执行：（一）追索赡养费、扶养费、抚育费、抚恤金、医疗费用的；（二）追索劳动报酬的；（三）因情况紧急需要先予执行的。"《民诉法解释》第一百七十条规定："民事诉讼法第一百零六条第三项规定的情况紧急，包括：（一）需要立即停止侵害、排除妨碍的；（二）需要立即制止某项行为的；（三）追索恢复生产、经营急需的保险理赔费的；（四）需要立即返还社会保险金、社会救助资金的；（五）不立即返还款项，将严重影响权利人生活和生产经营的。"

1. 先予执行申请书的写作要求

(1) 格式要求。完整的先予执行申请书应当包括：①标题，标题写作"申请书"。②申请人，应当写明其姓名、性别、出生年月日、民族、工作单位和职务或职业、住所地、联系方式等基本情况。③申请人的法定代理人/指定代理人、委托诉讼代理人、被申请人的姓名或者名称等基本信息。④请求事项。⑤事实和理由。⑥致送法院。

(2) 写作技巧。请求事项必须明确，要注意请求的可执行性。

实例为交通事故人身损害赔偿案件中的先予执行申请，要求被申请人先行支付医疗费，符合《民事诉讼法》第一百零六条可以裁定先予执行的事项中第一项规定的情形。结构清晰完整，内容恰当，繁简得当。

2. 实例中存在的问题

(1) 被申请人跟"事实与理由"部分的"被申请人"不一致，当为笔误。

(2) 实例欠缺落款时间，导致申请时间不明确。

8. 复议申请书（申请对保全或者先予执行裁定复议用）

复议申请书

　　复议申请人（被保全人/被先予执行人）：×××，男/女，××××年××月××日出生，×族，……（写明工作单位和职务或者职业），住……。联系方式：……。
　　法定代理人/指定代理人：×××，……。
　　委托诉讼代理人：×××，……。
　　（以上写明复议申请人的姓名或者名称等基本信息）
　　请求事项：
　　撤销（××××）……号财产保全/行为保全/先予执行民事裁定书。
　　事实和理由：
　　你院于××××年××月××日作出（××××）……号财产保全/行为保全/先予执行民事裁定，……（写明保全或者先予执行的内容）。
　　……（写明申请复议的事实和理由）。
　　此致
　　××××人民法院

　　附：××××人民法院（××××）……号财产保全/行为保全/先予执行裁定书

复议申请人（签名或者盖章）
××××年××月××日

【说明】

1. 本样式根据《中华人民共和国民事诉讼法》第一百零八条制定，供当事人对保全或者先予执行裁定不服的，向作出裁定的人民法院申请复议用。

2. 复议申请人是法人或者其他组织的，写明名称住所。另起一行写明法定代表人、主要负责人及其姓名、职务、联系方式。

3. 当事人对保全或者先予执行裁定不服的，可以自收到裁定书之日起五日内向作出裁定的人民法院申请复议。

【实例评注】

财产保全裁定复议申请书 [①]

申请人：焦作市××有限公司
住所地：
法定代表人：
被申请人：××市××有限公司
住所地：
法定代表人：

因被申请人诉申请人合同纠纷一案，贵院于 2010 年 11 月 26 日下发(2011)×民初字第 009 号民事裁定书，该裁定书裁定将申请人银行存款×万元予以冻结，现申请人对上述裁定不服，依法申请复议。

复议请求：

请求法院依法撤销(2011)×民初字第 009 号民事裁定书，并将申请人被冻结的银行存款予以解冻。

事实和理由

一、该裁定缺乏事实依据

依据《中华人民共和国民事诉讼法》第九十二条的规定，采取诉讼保全的条件之一必须是一方当事人的行为或者其他原因，有可能使判决不能执行或难以执行。这种可能必须是客观存在的，不是主观臆断的。现被申请人没有任何证据证明申请人有上述可能导致判决不能执行或难以执行的行为。事实上，申请人也并没有采取任何可能导致判决不能执行或难以执行的行为。因此，申请人认为，贵院作出的上述裁定没有事实依据。

二、贵院对该案没有管辖权

申请人与被申请人于××××年×月份签订的合同书中，明确约定合同争议的管辖法院为需方即申请人所在地法院。贵院在立案之前只要稍作审查就应当知道对该案没有管辖权。贵院却不顾法律规定，明知没有管辖权而先行立案并立即裁定采取诉讼保全的做法，有地方保护嫌疑，也与法律规定相违背。

综上，申请人根据《中华人民共和国民事诉讼法》第九十六条、第九十七条的规定，申请人民法院对(2011)×民初字第 009 号民事裁定书进行复议，依法撤销该裁定，解除对申请人账户的冻结。

[①] 来源：河南省焦作市山阴区人民法院(2010)山民初字第 896 号案卷。

此致
焦作市山阳区人民法院

申请人：焦作市××××有限公司
二零一零年十二月一日

〔评注〕

根据《民事诉讼法》第一百零八条的规定，当事人对保全或者先予执行的裁定不服的，可以申请复议一次。复议期间不停止裁定的执行。对被申请人进行财产或行为保全，或者对被申请人先予执行，虽然并非对其实体权利的处分，但是与被申请人的利益有很大关联。在此种情况下，当事人的复议申请权十分重要，是一项有效的权利救济途径。

先予执行申请书的写作要求：

1. 格式要求

完整的诉讼行为保全申请书应当包括：①标题，标题写作"复议申请书"。②复议申请人，应当写明其姓名、性别、出生年月日、民族、工作单位和职务或职业、住所地、联系方式等基本情况。③复议申请人的法定代理人/指定代理人、委托诉讼代理人的姓名或者名称等基本信息。④请求事项。⑤事实和理由。⑥附件：原保全或先予执行裁定书。⑦致送法院。

2. 注意事项

①由于复议申请是对法院的裁定行为作出的，其对象是法院，而非保全/先予执行申请人，故当事人中只需要列明复议申请人，无须列出被申请人。②复议申请必须在收到保全/先予执行裁定后五日内提交。③在事实和理由部分，必须先列明法院已经作出的保全/先予执行裁定书的文号和保全/先予执行内容。

实例中误用了"申请人"和"被申请人"，其他方面均符合《民事诉讼文书样式》的规定。

9. 担保书（案外人提供保全或者先予执行担保用）

担保书

担保人：×××，男/女，××××年××月××日出生，×族，……（写明工作单位和职务或者职业），住……。联系方式：……。

> 担保事项：
> 担保人以……（写明担保财产的名称、性质、数量或数额、所在地点等）作为担保财产，为申请人/被申请人×××提供……（写明担保范围）的财产担保。
> 事实和理由：
> ……（写明提供担保的事实和理由）。
> 此致
> ×××人民法院
>
> 担保人（签名或者盖章）
> ×××年××月××日

【说明】

1. 本样式根据《最高人民法院关于适用〈中华人民共和国民事诉讼法〉的解释》第一百五十二条、第一百六十四条制定，供案外人在保全或者先予执行中提供担保用。

2. 担保人是法人或者其他组织的，写明名称住所。另起一行写明法定代表人、主要负责人及其姓名、职务、联系方式。

3. 当事人提供本人的财产担保的，直接写入申请书，不必另外提交担保书。

【实例评注】

诉讼财产保全担保书 [①]

担保人：郭某，女，1968年4月12日出生，身份证号码：××××××××××××××××，身份证地址：×××××××××××××××××。

被担保人：刘某，男，1971年1月22日出生，汉族，地址：××××，身份证号码：×××××××××××××××××××，现居住地址：××××××。

担保人就被担保人与深圳市×××公司交通事故人身损害赔偿纠纷一案，对被担保人申请诉前财产保全提供担保。

担保内容：

担保人就担保人位于深圳市宝安区××花园×栋×座×××的房产（买入价值为人民币929 256元），为被担保人刘某所申请的诉前财产保全提供担保，并保证：如申请

[①] 来源：广东省深圳市保安区人民法院(2016)粤0306民初3688号案卷。

人刘某诉前财产保全申请错误，担保人愿意赔偿被申请人因财产保全所遭受的全部损失，并承担采取诉前财产保全措施所需的全部费用。

此致
深圳市宝安区人民法院

担保人：郭某
2016 年 8 月 23 日

〔评注〕

根据《民诉法解释》第一百五十二条、第一百六十四条的规定，人民法院依照《民事诉讼法》第一百条、第一百零一条规定，在采取诉前保全、诉讼保全措施时，责令利害关系人或者当事人提供担保的，应当书面通知。利害关系人申请诉前保全的，应当提供担保。申请诉前财产保全的，应当提供相当于请求保全数额的担保；情况特殊的，人民法院可以酌情处理。申请诉前行为保全的，担保的数额由人民法院根据案件的具体情况决定。在诉讼中，人民法院依申请或者依职权采取保全措施的，应当根据案件的具体情况，决定当事人是否应当提供担保以及担保的数额。对申请保全人或者他人提供的担保财产，人民法院应当依法办理查封、扣押、冻结等手续。

担保书的写作要求：

1. 格式要求

完整的诉讼行为保全申请书应当包括：①标题，标题写作"担保书"。②担保人，应当写明姓名、性别、出生年月日、民族、工作单位和职务或职业、住所地、联系方式等基本情况。③担保事项。④事实和理由。⑤致送法院。

2. 注意事项

担保事项必须明确，写明担保财产保全的名称、性质、数量、金额、所在地和保全期限，以便于法院进行裁定和实施。

八、对妨害民事诉讼的强制措施

1. 复议申请书（司法制裁复议案件用）

复议申请书

复议申请人：×××，男/女，××××年××月××日出生，×族，……（写明工作单位和职务或者职业），住……。联系方式：……。

法定代理人/指定代理人：×××，……。

委托诉讼代理人：×××，……。

（以上写明复议申请人和其他诉讼参加人的姓名或者名称等基本信息）

请求事项：

撤销××××人民法院（××××）……司惩……号拘留/罚款/拘留并罚款决定。

事实和理由：

××××年××月××日，××××人民法院作出（××××）……司惩……号决定：……（写明决定结果）。

……（写明申请复议的事实和理由）。

此致

××××人民法院

附：××××人民法院（××××）……司惩……号决定书

复议申请人（签名或者公章）

××××年××月××日

【说明】

1. 本样式根据《中华人民共和国民事诉讼法》第一百一十六条第三款以及《最高人民法院关于适用〈中华人民共和国民事诉讼法〉的解释》第一百八十五条制定，供当事人对拘留、罚款决定不服的，向上一级人民法院申请复议用。

2. 复议申请人是法人或者其他组织的，写明名称住所。另起一行写明法定代表人、主要负责人及其姓名、职务、联系方式。

3. 被拘留、罚款的人不服决定申请复议的，应当自收到决定书之日起三日内提出。

【实例评注】

复议申请书 ①

申请人：武汉市黄陂区国土资源和规划局。
住所地：湖北省武汉市黄陂区黄陂大道160号。
法定代理人：叶某某。
申请事项：
请求撤销湖北省孝感市中级人民法院(2015)鄂孝感中执字第00069-2号《罚款决定书》。
事实与理由：
申请人不存在拒不协助人民法院依法执行的行为，湖北省孝感市中级人民法院(2015)鄂孝感中执字第00069-2号《罚款决定书》错误，应当予以撤销，具体理由如下：

一、湖北省孝感市中级人民法院《协助执行通知书》要求申请人协助执行的事项不符合法定条件，导致申请人客观上无法协助执行

湖北省孝感市中级人民法院《协助执行通知书》要求协助执行转让土地面积为330亩，而孝感市中级人民法院送达的相关附件一330亩用地范围图，没有明确界址，无法构成土地使用权转让、转移登记或分割所需地调查与确权的法定技术要件，不符合土地登记法定要求；另，湖北德大置业有限公司在该地址的证载地块有7宗，部分地块已建成或正在建设，孝感市中级人民法院提供的范围图并未确定330亩所包含各宗地的具体构成，即不能被作为依据确定是否涉及对既有某一宗或多宗地的全部变更，或是分割、既有界址调整。因此由于标的不清晰，我局无法协助开展土地变更登记工作。[注：《土地登记办法》第九条"申请人申请土地登记，应当根据不同的登记事项提交下列材料：……(四)地籍调查表、宗地图及宗地界址坐标；……前款第(四)项规定的地籍调查表、宗地图及宗地界址坐标，可以委托有资质的专业技术单位进行地籍调查获得"。]

二、湖北省孝感市中级人民法院《协助执行通知书》要求申请人协助执行标的处于被湖北省检察院依法冻结状态，申请人无法协助执行

2012年8月，湖北省人民检察院向中共武汉黄陂区委员会、黄陂区人民政府下达《关于协调解决办案中有关问题的函》(鄂检函【2012】18号)，随后由黄陂区人民政府向申请人转发。该函明确湖北省人民检察院已依法冻结了武汉南顺物流有限公司、

---

① 来源：湖北省高级人民法院(2015)鄂孝感中执字第00069-2号案卷。

武汉南顺储油有限公司、湖北德大置业有限公司、汉口北信合农贸市场有限公司、湖北汉口四季美农贸市场有限公司、武汉仁恒科技有限公司等在黄陂区涉案的5 000余亩土地使用权及部分银行账户。而目前,我局没有收到任何有关撤销上述冻结的相关文件。

三、湖北省孝感市中级人民法院协助执行通知书载明的协助执行事项错误,申请人无法据此协助执行

湖北省孝感市中级人民法院(2015)鄂孝感中执字第00073－5－1号《协助执行通知书》协助执行事项第一项载明,将湖北德大置业有限公司位于武汉市黄陂区滠口项目用地中的330亩土地所有权转让给武汉美悦房地产开发有限公司。根据《土地管理法》相关规定,中华人民共和国实行土地的社会主义公有制,即全民所有制和劳动群众集体所有制。也就是说,土地所有权只有国有和集体所有两种形式。而事实上,湖北德大置业有限公司在黄陂滠口也没有330亩土地的所有权,故申请人无法按照孝感市中级人民法院的《协助执行通知书》进行协助执行。

除上述客观存在问题外,执行事项还存在诸如地价、税收等问题,需按照孝感市中级人民法院《协助执行通知书》第五项的要求与该院进一步协商沟通。

综上所述,申请人不存在拒不协助执行、妨碍人民法院依法执行的情形,孝感市中级人民法院所作出的罚款决定是错误的。申请人特向贵院提出复议申请,请求贵院撤销孝感市中级人民法院罚款决定书。

此致
湖北省高级人民法院

附:1.《关于协调解决办案中有关问题的函》(鄂检函[2012]18号);
2. 湖北省孝感市中级人民法院《执行裁定书》[(2015)鄂孝感中执字第00073－5号];
3. 湖北省孝感市中级人民法院《协助执行通知书》[(2015)鄂孝感中执字第00073－5－1号]及附图;
4. 湖北省孝感市中级人民法院《催办函》;
5. 武汉市黄陂区国土资源和规划局《审查建议书》;
6. 湖北省孝感市中级人民法院《罚款决定书》[(2015)鄂孝感中执字第00069－2号]。

申请人:武汉市黄陂区国土资源和规划局
2015年12月13日

〔评注〕

本样式供被罚款、拘留人认为拘留、罚款决定不当时，向上一级人民法院申请复议时用。它依据《民事诉讼法》第一百一十六条第三款制定，供被罚款、拘留人寻求司法救济用。

依据《民诉法解释》第一百八十五条的规定，被罚款、拘留的人不服罚款、拘留决定申请复议的，应当自收到决定书之日起三日内提出。故复议申请人应注意在法定期限内提出复议申请。

实例中武汉市黄陂区国土资源和规划局认为其未协助执行，并非《民事诉讼法》第一百一十四条第一款第三项规定的接到人民法院协助执行通知书后，拒不协助扣留被执行人的收入，办理有关财产权证照转移手续，转交有关票证、证照或者其他财产的行为。其以孝感市中级人民法院协助执行通知书要求该局协助执行的事项没有明确界址、所涉协助执行标的处于被湖北省人民检察院依法冻结状态以及执行事项存在错误为由，提出其不存在拒不协助执行、妨碍人民法院依法执行的情形，认为孝感市中级人民法院对其作出的罚款决定是错误的，要求湖北省高级人民法院撤销上述罚款决定。后经湖北省高级人民法院查明，复议申请人2015年9月15日收到孝感中院（2015）鄂孝感中执字第00073－5－1号协助执行通知书后，未办理协助执行事项的原因确系协助执行通知书中未明确执行标的之坐标界址点，故支持其复议申请，决定撤销湖北省孝感市中级人民法院（2015）鄂孝感中执字第00069－2号罚款决定书（参见第一部分第八章对妨害民事诉讼的强制措施文书样式5《复议决定书》实例1）。可见，上一级人民法院在复议申请人提出充分事实与理由的情形下，负有并实际承担了及时纠正不当的罚款或拘留决定，维护被罚款、拘留人的合法权益的职责。故复议申请人所提交的复议申请书，应尽可能的充分表达意见，并提供相应证据。

鉴于供当事人用的样式格式以能准确表达诉求并说明事实与理由为先，所以无须按照人民法院文书样式同等严格规定。本实例存在几处明显疏漏：一是正文当事人基本信息中部分复议申请人的住址应与姓名同处一段，法定代理人不仅要载明姓名，还应载明职务。二是事实和理由的开头部分应清晰阐述原决定的内容及案号，便于人民法院明确复议对象。

2. 悔过书（司法拘留案件具结悔过用）

悔过书

被拘留人：×××，男/女，××××年××月××日出生，×族，……（写明工作单位和职务或者职业），住……。联系方式：……。

悔过事项：
被拘留人对……（写明妨害民事诉讼行为）具结悔过，请求提前解除拘留。
悔过内容：
××××年××月××日，××××人民法院作出（××××）……司惩……号决定：……（写明决定结果）。
……（写明认错悔改的具体内容）。
此致
××××人民法院

附：××××人民法院（××××）……司惩……号决定书

悔过人（签名）
××××年××月××日

【说明】

1. 本样式根据《最高人民法院关于适用〈中华人民共和国民事诉讼法〉的解释》第一百八十二条制定，供被拘留人在拘留期间认错悔改的，向人民法院具结悔过用。
2. 被拘留人在拘留期间认错悔改的，可以责令其具结悔过，提前解除拘留。

【实例评注】

具结悔过书[①]

武汉市硚口区人民法院：

本人陈某某平时不注意学习法律，法律意识淡薄，此次在法院执行案件中，因拒不执行人民法院生效判决书被司法拘留。在拘留所里我认真反思自己的行为，已经认识到自己错误的严重性，对法律和生效法律文书的不尊重，是要受到法律的制裁的，我请求法院提前解除对我的拘留。

悔过人：陈某某

[①] 来源：湖北省武汉市硚口区人民法院（2016）鄂硚口执字第01164号案卷。

〔评注〕

依据《民事诉讼法》第一百一十五条第三款的规定，在拘留期间，被拘留人承认并改正错误的，人民法院可以决定提前解除拘留。此规定既能通过一定期限的拘留措施对被拘留人进行教育惩戒，又能促使其尽快认错悔改依法履行法律义务。若被拘留人在拘留期间承认并具结悔过，人民法院可综合考虑被拘留人的态度及妨害民事诉讼的事由决定提前解除拘留。

悔过书，作为被拘留人具结悔过的具体表现形式，承载着让被拘留人认错悔悟，人民法院判断能否提前解除拘留的功能。因此悔过书的核心内容是写明认错悔改的具体内容。此内容让人民法院认为被拘留人确已意识到对民事诉讼妨害行为的危害性及法律后果。实例中，悔过人表示其以往法律意识淡薄，因不履行法院生效裁判被司法制裁，现已认识到自己行为的严重性和司法制裁的严肃性。可见，悔过人确已认识到其行为给自己带来的不利法律后果，故人民法院对其采取的拘留措施起到了教育惩戒作用。

需注意的是，为更加明确具结悔过的起因和案件情况，被拘留人在书写悔过书时，还应载明原妨害民事诉讼行为以及人民法院对其作出的相应拘留决定。实例标题为具结悔过书，与文书样式规定的"悔过书"虽有不同，但内涵一致，并无不可。实例中对被拘留人个人身份信息表述不全，正文尾部未附原拘留决定书，且未填写日期，应予完善。

九、诉讼费用

1. 申请书（申请缓交、减交或者免交诉讼费用）

申请书

申请人：×××，男/女，××××年××月××日出生，×族，……（写明工作单位和职务或者职业），住……。联系方式：……。

法定代理人/指定代理人：×××，……。

委托诉讼代理人：×××，……。

（以上写明申请人和其他诉讼参加人的姓名或者名称等基本信息）

请求事项：

缓交/减交/免交诉讼费用……元。

事实和理由：

……（写明案件当事人和案由）一案，……（写明申请缓交/减交/免交诉讼费用的事实和理由）

此致

××××人民法院

申请人（签名或者盖章）

××××年××月××日

【说明】

1. 本样式根据《中华人民共和国民事诉讼法》第一百一十八条第二款以及《诉讼费用交纳办法》第四十四条至第五十一条制定，供交纳诉讼费用确有困难的当事人申请向人民法院缓交、减交或者免交诉讼费用。

2. 诉讼费用的免交只适用于自然人。

3. 当事人申请司法救助，应当在起诉或者上诉时提交书面申请、足以证明其确有经济困难的证明材料以及其他相关证明材料。因生活困难或者追索基本生活费用申请免交、减交诉讼费用的，还应当提供本人及其家庭经济状况符合当地民政、劳动保障等部门规定的公民经济困难标准的证明。

【实例评注】

缓交、免交诉讼费用申请书 ①

申请人：松滋市弘林镁材股份有限公司，住所地：湖北省松滋市临港工业园区。

法定代表人：林某，该公司总经理。

申请人与中国建设银行股份有限公司宜昌伍家支行金融借款合同纠纷一案，因不服宜昌市中级人民法院于 2015 年 11 月 18 日作出的(2015)鄂宜昌中民三初字第 00020 号民事判决，已向贵院提出上诉。现因在诉讼过程中，宜昌市中级人民法院依法对申请人的财产进行查封，被查封的财产不能得到合理利用，致使申请人在经营过程中资金周转出现困难，企业处于停业状态，甚至处于破产边缘。由于本案的上诉费用过高，申请人暂无能力支付，但为了维护自身的合法权益又不得不上诉。因此申请人根据《民事诉讼法》的相关规定向贵院提出缓交、免交上诉费申请，望贵院批准，是为谢！

此致
湖北省高级人民法院

申请人(盖章)
2016 年 1 月 18 日

〔评注〕

根据《民事诉讼法》第一百一十八条、《诉讼费用交纳办法》第四十四条以及《最高人民法院关于对经济确有困难的当事人予以司法救助的规定》第二条的规定，当事人交纳诉讼费用确有困难的，可以依法向人民法院申请缓交、减交或者免交诉讼费用的司法救助。

实践中，当事人申请缓交、减交或者免交诉讼费用的，不仅要符合《诉讼费用交纳办法》第四十四条至第四十七条的规定，还应提交足以证明其确有经济困难的证明材料以及其他相关证明材料。且诉讼费用的免交只适用于自然人，故实例中申请人作为法人不可申请免交诉讼费用。

《诉讼费用交纳办法》第四十七条规定准予缓交诉讼费用的情形仅限：追索社会保险金、经济补偿金的；海上事故、交通事故、医疗事故、工伤事故、产品质量事故或者其他人身伤害事故的受害人请求赔偿的；正在接受有关部门法律援助的及确实需要缓

---

① 来源：湖北省高级人民法院(2016)鄂立通字第 48 号案卷。

交的其他情形。经查阅该案卷宗，人民法院审查认为，申请人松滋市弘林镁材股份有限公司在其与被上诉人中国建设银行股份有限公司宜昌伍家支行、原审被告宜昌弘林置业有限公司、宜昌市太平溪蛇纹石矿业有限公司、林某、汪某某、周某金融借款合同纠纷中，提出该公司处于资金周转困难的事由不符合关于准予缓交诉讼费用的规定，故不准予其缓交诉讼费用。

十、第一审普通程序

1. 口头起诉登记表（公民口头提起民事诉讼用）

口头起诉登记表
原告
被告
诉讼请求：
事实和理由：
证据和证据来源、证人姓名和住所：
上述内容经法院工作人员向原告当面宣读后，原告表示该内容与其口述内容无异。 原告（签名或捺印） 　　　　　年　　月　　日 法院工作人员（签名） 　　　　　年　　月　　日

【说明】

1. 本样式根据《中华人民共和国民事诉讼法》第一百二十条、第一百二十一条制定，供书写起诉状确有困难的公民口头提起民事诉讼用。

2. 原告应当写明姓名、性别、出生日期、民族、职业、工作单位、住所、联系方式。

3. 被告是自然人的，应当写明姓名、性别、工作单位、住所等信息；被告是法人或者其他组织的，应当写明名称、住所等信息。

4. 本表由人民法院工作人员记入笔录，并告知对方当事人。

【实例评注】

（暂缺实例）

〔评注〕

根据《民事诉讼法》第一百二十条的规定，当事人起诉应当向人民法院递交起诉状以及起诉状副本，同时也结合实际情况，允许确有困难的当事人口头起诉，口头起诉的，由人民法院负责记入笔录。随着人民群众整体文化水平的提高，司法援助工作的逐步推广以及律师、法律工作者等法律职业人员参与诉讼程度的逐步提高，在实务中口头起诉的当事人已很少见，之前通过口头起诉可能性较高的人群，如残疾人士也可以通过申请法律援助来解决起诉难的问题，正因如此，很多法院也逐步取消了原有的针对当事人的口头起诉登记表的文书样本。即便有个别情形需要口头起诉，人民法院也会通过日常工作笔录的格式直接记录在案。当然，我国地域广阔且区域发展不平衡，在一些偏远地区，这一制度的存在仍有其必要性。口头起诉因其特殊性应注意以下三点：

（1）起诉的必备要素应罗列清楚。围绕《民事诉讼法》第一百一十九条的规定，对起诉必须符合的四项条件逐一进行明确表述。当事人确有困难需要口头起诉的，往往是身有残疾或年龄较大的人，因此应尽可能一次性地将起诉要件询问清楚并记录在案，避免因补充起诉所需要材料而增加当事人诉累。

（2）事实理由可简单表述。该部分内容主要以庭审查明为准，当事人单方表述的事实简单记录即可，对于法律依据等部分则可省略。

（3）证据需要简单罗列。普通的民事诉状原则上不需要列明证据，但鉴于口头起诉人群的特殊性，也为了提升庭审效率，可以将原告的所有证据在诉状中罗列清楚，方便案件承办人明确庭审方向，同时方便对方当事人有针对性地应诉。

2. 民事起诉状（公民提起民事诉讼用）

民事起诉状

原告：×××，男/女，××××年××月××日生，×族，……（写明工作单位和职务或职业），住……。联系方式：……。

法定代理人/指定代理人：×××，……。

委托诉讼代理人：×××，……。

被告：×××，……。

……（以上写明当事人和其他诉讼参加人的姓名或者名称等基本信息）

诉讼请求：……

事实和理由：……

证据和证据来源，证人姓名和住所：

……

此致

××××人民法院

附：本起诉状副本×份

起诉人（签名）

××××年××月××日

【说明】

1. 本样式根据《中华人民共和国民事诉讼法》第一百二十条第一款、第一百二十一条制定，供公民提起民事诉讼用。

2. 起诉应当向人民法院递交起诉状，并按照被告人数提出副本。

3. 原告应当写明姓名、性别、出生日期、民族、职业、工作单位、住所、联系方式。原告是无民事行为能力或者限制民事行为能力人的，应当写明法定代理人姓名、性别、出生日期、民族、职业、工作单位、住所、联系方式，在诉讼地位后括注与原告的关系。

4. 起诉时已经委托诉讼代理人的，应当写明委托诉讼代理人基本信息。

5. 被告是自然人的，应当写明姓名、性别、工作单位、住所等信息；被告是法人或者其他组织的，应当写明名称、住所等信息。

6. 原告在起诉状中直接列写第三人的，视为其申请人民法院追加该第三人参加诉讼。是否通知第三人参加诉讼，由人民法院审查决定。

7. 起诉状应当由本人签名。

【实例评注】

民事起诉状 ①

原告：李某某，男，××××年×月×日出生，汉族，住昌海县。电话：××××××。

被告：崔某某，男，××××年×月×日出生，汉族，农民，住昌海县。电话：（宅电）××××××。

诉 讼 请 求

1. 判决被告立即偿还原告借款本金30 000元及按银行同期贷款利率计算的利息；
2. 判决被告承担本案全部诉讼费用。

事 实 与 理 由

被告于2010年11月6日向原告借款人民币30 000元，至今未还，故提起诉讼，请人民法院依法判决，维护原告的合法权益。

证据和证据来源，证人姓名和住址

1. 《借条》一张，由被告向原告出具。

此致
辽宁省昌海县人民法院

附：本诉状副本1份

起诉人：李某某
2012年12月9日

〔评注〕

1. 《民事诉讼法》第一百二十一条已对民事起诉状应列明的内容进行了较为全面的罗列。对于起诉状，人民法院在立案审查时应把握以下原则：法定要素虽然很多，但是公民提起诉讼时会自行撰写起诉状，而非由专业法律从业人员撰写，故其书写的民事起诉状中只需列明法定必备要素即可，人民法院对于非法定要素从宽审查。

---

① 来源：湖北元申律师事务所(2012)湖元律民代第201号案卷。

2. 原告对自己的情况要尽可能写得详尽些。尤其注意的是要将自己的联系方式写清楚，方便法院与其取得联系。如果有委托诉讼代理人的也应注明。

3. 关于被告的基本情况。因原告对对方当事人的情况可能并不十分了解，故诉状中被告的基本情况可能无法像陈述原告基本情况一般详尽。但因《民事诉讼法》第一百一十九条要求起诉必须有明确的被告，故对于被告的基本情况表述必须达到上述要求。那么何谓"明确的被告"？笔者认为，明确被告是指所提供的被告信息足以区别于其他人。被告为自然人的至少应写明其姓名、性别、工作单位、住所等基本信息（联系方式也尽可能打听清楚和写明，方便法院送达）；被告为法人或者其他组织的应当写明单位名称、住所等基本信息（当然法定代表人或者主要负责人的姓名、职务、联系方式等信息也最好写明）。

4. 第三人基本情况同被告基本情况一样，足以区别于其他人即可，但应注意其应列在原告、被告之后。

5. 诉讼请求。诉讼请求是民事起诉状内容的重中之重。诉讼请求需分项列明。诉讼请求必须具体、明确、扼要，且需斟酌后将诉讼请求完整地表述出来，因为其事关法院审查的范围以及被告应诉的针对性，如有遗漏或变动，均可能造成多方的资源浪费。民事诉讼本着"不告不理"的诉讼原则，原告不在诉讼请求中提出的请求，法院不会主动审理和保护。但也不能矫枉过正，对无证据或证据不足的部分一律盲目请求，因为如此一来，原告不仅要承担败诉风险，而且还需为此负担诉讼费用。此外，如果遇到诉讼请求中数额计算较复杂的情况时需注明计算公式，以便提升庭审效率。

6. 事实和理由要在简明扼要的基础上尽可能真实详尽，理由充分，务求"言之有据、言之有理"。这一部分是为诉讼请求服务的，要做到有的放矢，切不可不着边际地洋洋洒洒上万言却未及案件的核心要害，更不能犯"下笔千言，离题万里"的错误。

7. 证据和证据来源，证人姓名和住所。除法律特别规定的"举证倒置"情形外，《民事诉讼法》规定了原告的举证责任，即"谁主张谁举证"原则。所以，原告对提出的诉讼请求和提出这种请求的事实与理由，有提供证据予以证明的法律义务。证人证言以外的书证、物证、视听资料和其他证据，要列明证据名称和来源；是证人证言，需注明证人姓名和住所，以备人民法院查对证言和通知其出庭作证。证据来源是指获取证据的地点、时间和途径。当事人提供证据比较多时，为了便于自己在庭上举证和便于法官了解，应当依据一定的标准进行分类、编号，比如依据证明的对象不同而分类、编号，这样有助于法官更加清晰地了解原告的主张。实务中，该部分内容一般会单独以证据目录的方式列明。

8. 起诉状结尾部分。民事起诉状除应证明上述法律规定的事项外，还应写明管辖的人民法院的名称和起诉的年、月、日，并由起诉人签名（尤其注意如无特殊情况不得由委托诉讼代理人代为签字捺印）。

9. 其他需要注意的问题。(1)起诉状记载如有欠缺，接受起诉的人民法院有权按照法律规定通知起诉人进行补正。(2)起诉状是公民打官司时向法院递交的重要诉讼文书，因此制作起诉状是一件严肃的事，要求按起诉状的格式叙述清楚，要忠于事实真相、有根有据、合理合法，杜绝虚构捏造。(3)起诉状要求蓝黑墨水或签字笔撰写，打印件更好(签名除外)，以便于人民法院审阅、整卷和归档保存。(4)向法院提交诉状时，应按被告及第三人数量提交起诉状副本。副本可复印，但原则上起诉人须重新签字捺印。

3. 民事起诉状（法人或者其他组织提起民事诉讼用）

民事起诉状

原告：×××，住所……。
法定代表人/主要负责人：×××，……(写明职务)，联系方式：……。
委托诉讼代理人：×××，……。
被告：×××，……。
……
（以上写明当事人和其他诉讼参加人的姓名或者名称等基本信息）
诉讼请求：
……
事实和理由：
……
证据和证据来源，证人姓名和住所：
……
此致
××××人民法院

附：本起诉状副本×份

起诉人(公章和签名)
××××年××月××日

【说明】

1. 本样式根据《中华人民共和国民事诉讼法》第一百二十条第一款、第一百二十一条制定，供法人或者其他组织提起民事诉讼用。

2. 起诉应当向人民法院递交起诉状，并按照被告人数提出副本。

3. 起诉时已经委托诉讼代理人的，应当写明委托诉讼代理人基本信息。

4. 被告是自然人的，应当写明姓名、性别、工作单位、住所等信息；被告是法人或者其他组织的，应当写明名称、住所等信息。

5. 原告在起诉状中直接列写第三人的，视为其申请人民法院追加该第三人参加诉讼。是否通知第三人参加诉讼，由人民法院审查决定。

6. 起诉状应当加盖单位印章，并由法定代表人或者主要负责人签名。

【实例评注】

民事起诉状 ①

原告名称：中国农业银行股份有限公司昌海县支行

所在地址：昌海县双石流镇文化街中段 A9－8 号

负责人：郭某某　职务：行长　电话：999××××（办电）

被告名称：昌海县富德旺淀粉有限公司

所在地址：昌海县沙水镇红板村

法定代表人：杨某某　职务：董事长　电话：166666××××

诉　讼　请　求

1. 判决被告立即偿还原告贷款本金 100 万元及相应利息；
2. 判决被告承担本案全部诉讼费用。

事　实　与　理　由

2003 年 12 月 30 日，原告向被告发放贷款金额 100 万元，贷款期内利率为年息 7.56%，逾期利息为期内利率的 150%。借款合同约定贷款分三期偿还，第一期 30 万元，到期日为 2004 年 12 月 30 日；第二期 30 万元，到期日为 2005 年 12 月 30 日；第三期 40 万元，到期日为 2006 年 12 月 30 日。贷款以被告的房屋抵押担保，抵押房屋在昌海县法定房屋管理机构进行了抵押物登记。

贷款到期后，贷款本金及相应利息（含正常贷款利息、本金的逾期利息、应付未付利息的复利）均未按期清偿，故提起诉讼，请依法判决，维护原告的合法权益。

证据和证据来源，证人姓名和住址

1. 《抵押借款合同》一份，来源于原告贷款档案。
2. 《借款凭证》一枚，来源于原告会计档案。
3. 《房屋他项权证》三本，来源于原告贷款档案，由昌海县房屋产权产籍管理办

---

① 来源：湖北元申律师事务所（2013）湖元律民代第 156 号案卷。

公室向原告颁发。

4. 被告签署的《逾期债务催收通知书》五份，来源于原告贷款档案。

此致

辽宁省昌海县人民法院

附：本诉状副本 1 份

起诉人：中国农业银行股份有限公司昌海县支行

2013 年 1 月 26 日

〔评注〕

法人或者其他组织适用的民事起诉状样式与公民起诉适用的民事起诉状样式基本相同，（内容参见本章样式 2 的评注）。因法人或其他组织不同于个人，其是拟制人格，为方便法院送达，作为起诉人的法人或其他组织除了尽可能提供其法定代表人的详细信息外，如已委托诉讼代理人，则须一并列明，如未委托诉讼代理人则需注明诉讼前期阶段的公司联系人员的信息和联系方式。此外，原则上起诉状落款除由单位加盖公章外，还需法定代表人签字。

4. 民事反诉状（公民提起民事反诉用）

民事反诉状

反诉原告(本诉被告)：×××，男/女，××××年××月××日生，×族，……（写明工作单位和职务或职业），住……。联系方式：……。

法定代理人/指定代理人：×××，……。

委托诉讼代理人：×××，……。

反诉被告(本诉原告)：×××，……。

……

(以上写明当事人和其他诉讼参加人的姓名或者名称等基本信息)

反诉请求：

……

事实和理由：

……

证据和证据来源，证人姓名和住所：

……

```
    此致
  ××××人民法院

    附：本反诉状副本×份

                                    反诉人（签名）
                                    ××××年××月××日
```

【说明】

1. 本样式根据《中华人民共和国民事诉讼法》第五十一条、第一百二十条第一款、第一百二十一条制定，供公民提起民事反诉用。

2. 反诉应当向人民法院递交反诉状，并按照被反诉人数提出副本。

3. 反诉原告应当写明姓名、性别、出生日期、民族、职业、工作单位、住所、联系方式。反诉原告是无民事行为能力或者限制民事行为能力人的，应当写明法定代理人姓名、性别、出生日期、民族、职业、工作单位、住所、联系方式，在诉讼地位后括注与原告的关系。

4. 反诉时已经委托诉讼代理人的，应当写明委托诉讼代理人基本信息。

5. 反诉被告是自然人的，应当写明姓名、性别、工作单位、住所等信息；反诉被告是法人或者其他组织的，应当写明名称、住所等信息。

6. 反诉状应当由本人签名。

【实例评注】

民事反诉状 [①]

反诉人（本诉被告）刘某，男，汉族，××××年×月×日生，现住某市。
反诉人（本诉被告）李某某，女，汉族，××××年×月×日生，现住某市。
被反诉人（本诉原告）王某，男，汉族，××××年×月×日生，现住某市。

反诉请求：

1. 请求依法判决被反诉人对给反诉人造成的名誉损害，消除影响，赔礼道歉；

2. 请求依法判决被反诉人赔偿无理滋事、诬告污蔑行为给反诉人造成的经济及精神损失共计×元；

---

① 来源：百度文库（http：//wenku.baidu.com/link？url），访问时间：2012年11月4日。

3. 请求依法判决被反诉人承担本案诉讼费。

事实和理由：

××××年×月×日被反诉人的家属张某某因普通感冒到反诉人刘某所在的某村第二卫生室就诊，后张某某由于自身原因突发脑淤血，不幸去世。被反诉人认为张某某的死亡结果是反诉人刘某的诊疗行为所致，就无端滋事、无理取闹，要求反诉人承担责任、赔偿损失。2010年4月14日被反诉人王某和其家属，将花圈和上坟的物品摆放在反诉人所在的卫生室门口，将门口全部堆满，从上午10点至晚上11点使卫生室无法正常营业，造成了极坏的影响。2010年4月17日上午，被反诉人又到反诉人刘某所在的卫生室对反诉人谩骂、污蔑，中午又在反诉人所在的街区内张贴了数张大字报，声称"庸医害人丧良推责"，次日又趁本村庙会的日子，再次张贴了数张大字报污蔑反诉人，在周围群众中造成了极坏的影响，使反诉人深受困扰，至今无法正常工作、生活。

综上所述，反诉人认为，被反诉人的无理滋事、诬告污蔑、张贴大字报等行为，已经严重侵犯了反诉人的合法权益，基于上述事实，特依照《中华人民共和国民事诉讼法》第五十二条的规定，提起反诉，请法院依法公正判决，以维护反诉人的合法权益。

此致

××人民法院

反诉人：刘某 李某某

××××年××月××日

〔评注〕

1. 民事反诉状，是指民事案件的被告在诉讼过程中，以本诉原告为被告向人民法院提起诉讼并要求其承担相应法律责任的诉讼文书。

2. 本诉与反诉本质上是独立的两个诉，性质与法律规定的要件也应相同，因此本诉的民事起诉状与反诉的民事起诉状在形式上也很相似。审查起诉的依据是《民事诉讼法》第一百一十九条关于起诉要件的规定，对起诉状的写法在该法第一百二十一条也予以了说明，上述规定同样适用于反诉。因此，普通的民事起诉适用的法律规定、注意事项等同样适用于反诉起诉状。但同时也应注意反诉的特殊性，提起反诉需满足以下条件：(1)必须由本诉的被告向本诉的原告提出；(2)必须在本诉进行中提出；(3)必须向受理本诉的法院提出，且受诉法院对反诉有管辖权；(4)必须与本诉适用同一诉讼程序；(5)必须与本诉之间存在牵连关系。也就是说，反诉除了要符合起诉的一般要件之外，还要符合上述五项反诉的特殊要件。反映在反诉的民事起诉状中，除了与普通民事起诉状一样写明必要的请求事项、事实理由外，还应在起诉状中对该诉讼符合反诉的特殊要件予以说明，以方便法院审查是否予以受理。

3. 反诉必须在本诉案件受理后，法庭辩论结束前由被告提出。

5. 民事反诉状（法人或其他组织提起民事反诉用）

民事反诉状

反诉原告（本诉被告）：×××，住所地……。

法定代表人/主要负责人：×××，……（写明职务），联系方式：……。

委托诉讼代理人：×××，……。

反诉被告（本诉原告）：×××，……。

……

（以上写明当事人和其他诉讼参加人的姓名或者名称等基本信息）

反诉请求：

……

事实和理由：

……

证据和证据来源，证人姓名和住所：

……

此致

××××人民法院

附：本反诉状副本×份

反诉人（公章和签名）
××××年××月××日

【说明】

1. 本样式根据《中华人民共和国民事诉讼法》第五十一条、第一百二十条第一款、第一百二十一条制定，供法人或其他组织提起民事反诉用。

2. 反诉应当向人民法院递交反诉状，并按照被反诉人数提出副本。

3. 反诉时已经委托诉讼代理人的，应当写明委托诉讼代理人基本信息。

4. 反诉被告是自然人的，应当写明姓名、性别、工作单位、住所等信息；被反诉人是法人或者其他组织的，应当写明名称、住所等信息。

5. 反诉状应当加盖单位印章，并由法定代表人或者主要负责人签名。

【实例评注】

民事反诉状 ①

反诉人（本诉被告）：北京启明公司，住所地：北京市海淀区。

法定代表人：×××，职务，总经理，电话××××××××。

委托代理人：王某北京市连纵律师事务所律师。

被反诉人：（本诉原告）北京 BBB 技术有限公司。住所地：北京市海淀区

法定代表人：×××，电话××××××××。

案由：承揽合同纠纷

反诉请求：1. 请求被反诉人返还首付款 5 万元；

2. 请求被反诉人承担支付违约赔偿金 164 890 元；

3. 请求被反诉人承担本诉及反诉的诉讼费用。

事实和理由：

2007 年 12 月 26 日，反诉人与被反诉人签订《合同书》，约定反诉人向被反诉人购买大手机模具 125 套，反诉人支付首付款 5 万元，后又签订补充协议增加购买 10 套上述产品。合同约定被反诉人应在合同签订的 10 天内交付第一批产品 10 套，之后每 6 天向反诉人交付的产品不少于 15 套，在 2008 年 1 月 15 日前全部交货完毕，反诉人 2008 年 1 月 15 日前支付完全部货款。合同约定被反诉人不能按期交货，则应以双倍返还首付款，已交产品反诉人有权按购买价格全部退货。另约定产品免费保修一年，三个月内出现质量问题乙方应到现场维修服务，如无法修缮则应调换新产品，所有费用由乙方承担。

合同签订后，被反诉人按期发了第一批货，以后每期发货都拖延时间，共分七八次，直到 2008 年 3 月中旬才发货结束，发货延迟导致双方无法正常结算。被反诉人的逾期行为，也造成反诉人对直接用户××建行的逾期违约。××建行将该批产品安装使用后，不到两月全部出现机箱变形，外漆裂开，机箱与屏幕之间的缝隙可插入手指，无法再正常使用。因被反诉人拒绝维修和更换该批产品，且其产品已无法使用，后××建行将该批产品全部退回，反诉人另行为××建行更换了 125 套该批产品，并赔偿××建行 164 890 元。××建行将该批产品退还反诉人后，反诉人积极与被反诉人协商退货事宜，协商过程中，被反诉人司机及反诉人司机将产品运回被反诉人单位。反诉人要求被反诉人重新制作该模型，反诉人将协助其销售该商品以弥补双方损失，但被反诉人

---

① 来源：豆丁网（https://www.docin.com/touch/detail.do? id=1455086041），访问时间：2016 年 12 月 29 日。

深知该批模具已不能再使用,于是一再拖延,后将反诉人起诉至法院。根据以上情况,特提出反诉,要求反诉人承担违约责任。请法院依法判决!

  此致
海淀区人民法院

反诉人:北京启明公司
××××年××月××日

〔评注〕
  法人或者其他组织适用的民事反诉状样式与公民提出反诉适用的民事反诉状样式基本相同(内容参见本章样式4的评注内容)。

6. 民事答辩状(公民对民事起诉提出答辩用)

民事答辩状

  答辩人:×××,男/女,××××年××月××日生,×族,……(写明工作单位和职务或职业),住……。联系方式:……。
  法定代理人/指定代理人:×××,……。
  委托诉讼代理人:×××,……。
  (以上写明答辩人和其他诉讼参加人的姓名或者名称等基本信息)
  对××××人民法院(××××)……民初……号……(写明当事人和案由)一案的起诉,答辩如下:
  ……(写明答辩意见)。
  证据和证据来源,证人姓名和住所:
  ……
  此致
××××人民法院

  附:本答辩状副本×份

答辩人(签名)
××××年××月××日

【说明】
  1. 本样式根据《中华人民共和国民事诉讼法》第一百二十五条制定,供公民对民事起诉提出答辩用。

2. 被告应当在收到起诉状副本之日起十五日内提出答辩状。被告在中华人民共和国领域内没有住所的,应当在收到起诉状副本后三十日内提出答辩状。被告申请延期答辩的,是否准许,由人民法院决定。

3. 答辩状应当记明被告的姓名、性别、出生日期、民族、工作单位、职业、住所、联系方式。

4. 答辩时已经委托诉讼代理人的,应当写明委托诉讼代理人基本信息。

5. 答辩状应当由本人签名。

【实例评注】

民事答辩状 ①

答辩人:陈某,男,××××年××月××日生,汉族,住×省×县×镇×号。

被答辩人:王某,女,××××年××月××日生,汉族,住×省×县×号。

答辩人就被答辩人所诉民间借贷纠纷一案,具体答辩如下:

被答辩人所称答辩人因家庭生活用钱向被答辩人借款人民币三万元这一说法与实际情况完全不符。事实是被答辩人向答辩人支付工程款,且被答辩人至今尚欠答辩人工程款人民币四万元。

2005年4月,答辩人经李某介绍,承包由被答辩人王某等3人(以下简称工程甲方)转承包的位于××的部分工程,具体负责4号楼的土工工程施工。工程甲方承诺于工程结束后一个月内向答辩人支付全部工程款七万元。工程于2006年5月20日完工后,工程甲方仅支付工程款三万元,尚欠答辩人四万元工程款未支付。此后答辩人多次催促被答辩人等工程甲方对工程予以结算,以便支付剩余工程款,工程甲方始终不予理睬。

2006年8月30日,答辩人找到工程甲方三人,再次要求对工程给予结算并支付剩余工程款。工程甲方称,如答辩人要取得剩余工程款,必须签订相应协议,要求答辩人承担工程质量验收不合格的全部责任及业主拖款或扣除工程款的全部责任。在工程甲方三人的胁迫下,答辩人迫于无奈,与工程甲方签订了显失公平的协议书。此后,被答辩人王某手写借条,要求答辩人将其从被答辩人处已领取的三万元工程款描述为欠款,并要求答辩人签字,口头称工程款正式结算要等验收后。

综上,被答辩人在诉讼中所称借款根本不存在,三万元应当为被答辩人向答辩人

---

① 来源:百度文库(http://wenku.baidu.com/link?ur),访问时间:2012年7月3日。

支付的工程款。现被答辩人恶意歪曲事实，利用答辩人急于取回剩余工程款的急迫心情，胁迫答辩人签下显失公平的协议书及颠倒黑白的借据。对于答辩人这一极不诚信的行为，请法官予以明察。恳请法院驳回被答辩人的全部诉讼请求。

此致
××市人民法院

答辩人：陈某
20××年××月××日

附：证据材料×份。

〔评注〕

1. 答辩状一般采取书面形式。答辩状作为被告收到起诉状后的一种回应和答辩，为全面阐述己方的诉讼意见，采取书面形式为宜。其内容主要包括当事人的基本事项，答辩事由和答辩内容。此外，要写明致送法院、答辩人签名或盖章，并注明年月日。

2. 答辩状应针对起诉状的事实和理由进行答辩。答辩状要针对起诉状陈述的事实方面进行答辩，指明对方陈述的不实之处，根据相关证据部分否定或全部否定原告的请求缺乏事实依据后，还应通过相应的证据支持自己的主张，阐明事实真相。对起诉状中的诉讼请求所依据的法律理由也可以进行答辩，指出其起诉的请求、列明的法律依据适用错误等。答辩状最主要的辩驳对象是原告的诉讼请求，这往往也是双方当事人争议的焦点所在，因此，在针对原告的事实理由以及法律适用等内容阐述答辩意见之后，可总结性地对原告的诉讼请求逐一予以辩驳或承认。

3. 答辩状应当在法定期间内提出。根据《民事诉讼法》第一百二十五条的规定，人民法院应当在立案之日起五日内将起诉状副本发送被告，被告在收到之日起十五日内提出答辩状。被告提出答辩状的，人民法院应当在收到之日起五日内将答辩状副本发送原告。被告不提出答辩状的，不影响人民法院的审理。

7. 民事答辩状（法人或其他组织对民事起诉提出答辩用）

民事答辩状

答辩人：×××，住所地……。
法定代表人/主要负责人：×××，……（写明职务），联系方式：……。
委托诉讼代理人：×××，……。
（以上写明答辩人和其他诉讼参加人的姓名或者名称等基本信息）

> 对××××人民法院(××××)……民初……号……(写明当事人和案由)一案的起诉,答辩如下:
> ……(写明答辩意见)。
> 证据和证据来源,证人姓名和住所:
> ……
> 此致
> ××××人民法院
>
> 附:本答辩状副本×份
>
> 答辩人(公章和签名)
××××年××月××日

【说明】

1. 本样式根据《中华人民共和国民事诉讼法》第一百二十五条制定,供法人或者其他组织对民事起诉提出答辩用。

2. 被告应当在收到起诉状副本之日起十五日内提出答辩状。被告在中华人民共和国领域内没有住所的,应当在收到起诉状副本后三十日内提出答辩状。被告申请延期答辩的,是否准许,由人民法院决定。

3. 答辩时已经委托诉讼代理人的,应当写明委托诉讼代理人基本信息。

4. 答辩状应当加盖单位印章,并由法定代表人或者主要负责人签名。

【实例评注】

民事答辩状 ①

答辩人:重庆渝翔建筑安装有限公司
法定代表人:某某,董事长。
住所:重庆市垫江县桂溪镇×××号。
联系电话:××××××××
被答辩人:云南同泰混凝土有限公司。
法定代表人:某某董事长。

---

① 来源:华律网(http://www.66law.cn/goodcase/20640.aspx),访问时间:2013年6月29日。

住所：昆明市官渡区矣六乡高楼房村×号。

答辩人因云南同泰混凝土有限公司诉重庆渝翔建筑安装有限公司商品混凝土买卖合同纠纷一案，根据本案事实和相关法律规定，依法提出答辩意见如下：

一、重庆渝翔建筑安装有限公司不是本案的被告

理由如下：

1. 重庆渝翔建筑安装有限公司没有成立过"重庆渝翔建筑安装有限公司云南昆明项目部"，也没有授权过自然人邹某某成立重庆渝翔建筑安装有限公司云南昆明项目部。且原告也未向法庭提交重庆渝翔建筑安装有限公司给邹某某的授权委托书〔注：原告提交的《商品混凝土购销合同》第十二条第二款明确约定，合同附件包括甲乙双方营业执照复印件（盖公章）、法定代表人证明书、法人代表授权委托书、双方相关工作人员通讯录（姓名、职务及电话），双方合作过程中的往来文件是本合同的重要组成部分，视同本合同附件〕。因此，原告欲证明被告是本案之适格被告，应向法庭提交重庆渝翔建筑安装有限公司给邹某某的授权委托书。反之，应承担被驳回起诉的败诉后果。

2. 重庆渝翔建筑安装有限公司没有在云南成立过分公司，原告提交的网上下载有重庆渝翔建筑安装有限公司云南分公司登记资料违背事实真相，不具有真实性，亦无工商登记机关的盖章，不具备证据的合法性，且与本案无关联性，不能作为证据使用。

3. 重庆渝翔建筑安装有限公司至今在昆明没有承建任何建筑工程，且原告未提交重庆渝翔建筑安装有限公司承建"云南农产品电子信息交易中心"的建筑安装合同。既然被告在昆明无任何建筑工程，又何须原告来提供混凝土？又何来原、被告之间的混凝土买卖合同法律关系？又怎能成为本案被告？本案是典型的诉讼对象错误案例。

综上，本案应驳回原告起诉，原告应以自然人邹某某为被告另行起诉。

二、关于自然人邹某某与原告的法律关系和法律事实

显然，自然人邹某某在未经重庆渝翔建筑安装有限公司授权的情况下，以"重庆渝翔建筑安装有限公司云南昆明项目部"名义与原告签订和履行《商品混凝土购销合同》，由此产生的法律责任应由邹某某承担，与重庆渝翔建筑安装有限公司无关。

为协助人民法院查清案件事实，被告的法定代表人墙某在到庭应诉后想尽一切办法主动与邹某某及其家人联系，但其家人说邹某某已于2012年5月因病死亡，但答辩人了解和搜集到以下事实和证据，并提供给法庭，供法庭查明案件事实，依法公正裁判。

1. 邹某某已于2009年11月30日、2009年12月31日、2010年1月6日分别付给原告的经办人王某某混凝土款40万、15万、50万元，共计105万元（邹某某家人提供的三份收据）。至于邹某某是否还曾付给原告和王某某混凝土款，因邹某某已死亡，其

家人表示不清楚。

2. 由于原告未按时按质给邹某某提供混凝土，存在质量问题和违反合同约定，邹某某生前多次与原告协商，由原告赔偿邹某某约 50 万。鉴于本案诉讼参与人邹某某已死亡，邹某某所持证据已部分散失的情况，建议法庭依据原告提交的《商品混凝土购销合同》第八章第 8.8 条［第 8.8 条约定：乙方混凝土运到交货地点后，甲方应指定专人在送货单上签收并如实在送货单上填写"到达工地时间""开始卸料时间"及"卸料完毕时间"，并保留存根作为对账结算依据，如甲方不慎将送货单遗失，乙方有义务提供遗失部分的送货单复印件给甲方，甲方不得以送货单存根遗失为由而拒绝对账（结算）］的约定，责令原告提交混凝土送货单以供鉴定机构鉴定，以查明事实，确定双方的赔偿数额，并据此裁判双方的债权债务数额。

3. 原告当庭承认"重庆渝翔建筑安装有限公司云南昆明项目部"和邹某某已付给原告 70 万元，因此，"重庆渝翔建筑安装有限公司云南昆明项目部"和邹某某应已不欠原告任何混凝土款。

4. 原告于 2012 年 10 月 18 日伙同社会闲杂人员强行控制邹某某的儿子邹某（邹某已向公安和相关司法机关报案和反映）以索要本案诉争款项，在原告采取如此激烈的措施的情况下，直至起诉前原告也未向被告提出债权主张，说明原告明白地清楚本案的真正债务人是邹某某，而非重庆渝翔建筑安装有限公司。

综上所述，原告的诉讼请求违背事实真相，不符合法律规定，恳请法庭在查明事实的基础上依法驳回原告起诉，以维护答辩人的合法权益，维护正常的经济秩序。

此致
昆明市官渡区人民法院

答辩人：重庆渝翔建筑安装有限公司
法定代表人（签字）：某某
2013 年 6 月 28 日

〔评注〕

法人或者其他组织对民事起诉提出答辩状的文书样式的内容及注意事项同公民用答辩状一致。如答辩状篇幅较长，答辩人可在答辩状中对自己的主要观点用黑体字予以标注，方便对方当事人及法官阅读。该方法同样适用于其他当事人用的法律文书样式。

8. 申请书（申请追加必要的共同诉讼当事人用）

复议申请书

　　申请人：×××，男/女，××××年××月××日出生，×族，……（写明工作单位和职务或者职业），住……。联系方式：……。

　　法定代理人/指定代理人：×××，……。

　　委托诉讼代理人：×××，……。

　　（以上写明申请人和其他诉讼参加人的姓名或者名称等基本信息）

　　请求事项：

　　追加×××作为你院（××××）……民初……号……（写明当事人和案由）一案共同原告/被告参加诉讼。

　　事实和理由：

　　……（写明申请追加的事实和理由）。

　　此致

　　××××人民法院

申请人（签名或者公章）
××××年××月××日

【说明】

　　1. 本样式根据《最高人民法院关于适用〈中华人民共和国民事诉讼法〉的解释》第七十三条制定，供必须进行共同诉讼的当事人没有参加诉讼的，当事人向人民法院申请追加用。

　　2. 申请人是法人或者其他组织的，写明名称住所。另起一行写明法定代表人、主要负责人及其姓名、职务、联系方式。

　　3. 被追加的当事人，可以是原告也可以是被告。

【实例评注】

追加当事人申请书 ①

申请人：周某某，汉族，现住唐山市，联系电话：××××。
被申请人：周某甲，汉族，现住唐山市，联系电话：××××。
被申请人：周某乙，汉族，现住唐山市，联系电话：××××。
被申请人：周某丙，汉族，现住唐山市，联系电话：××××。
被申请人：周某丁，汉族，现住古冶区，联系电话：××××。
申请事项：依法追加被申请人周某甲、周某乙、周某丙、周某丁为本案共同被告参加诉讼。

事实与理由：

在周某戊、孙某某诉周某某赡养纠纷一案中，被申请人周某甲、周某乙、周某丙、周某丁同为周某戊、孙某某法定婚生子女，所以被申请人周某甲、周某乙、周某丙、周某丁与本案正在进行的诉讼具有直接的法律上的利害关系。根据《中华人民共和国民事诉讼法》及《最高人民法院关于适用〈中华人民共和国民事诉讼法〉若干问题的意见》的规定，特申请追加被申请人周某甲、周某乙、周某丙、周某丁为本案被告参加诉讼。

此致
路北区人民法院

申请人：周某某
2009 年 4 月 3 日

〔评注〕

1. 必须共同进行诉讼的当事人没有参加诉讼的，可以由人民法院通知其参加，也可由当事人申请法院追加。当事人申请追加必要的共同诉讼当事人时必须说明事实和理由，如果在庭审前追加还需就追加事由提交必要的证据，以便人民法院审查是否准许予以追加。实务中，若当事人申请追加必要的共同诉讼当事人发生在庭审过程中，可以通过口头形式提出，相应地，人民法院不论同意追加与否，亦可通过口头形式驳回追加申请或通知被追加人参与诉讼（常见于家事纠纷中被追加人也到庭的情形）。上述内容均需记入笔录。

2. 关于追加必要共同诉讼人参与诉讼的申请书的文书样式，原则上只需列明申请人即

---

① 来源：湖北元申律师事务所(2009)湖元律民代第 98 号案卷。

可，无需对案件其他所有诉讼参与人全部予以罗列，一来显得冗杂，二来在该申请书如何称谓其他诉讼参与人是一个问题，他们定然不属于申请人或被申请人，但如果直接以该诉讼中诉讼地位称呼，则无论是原告、被告、第三人都与前面的申请人不匹配，故而干脆省去不列，毕竟在申请书下方有关于"（××××）……民初……号……（写明当事人和案由）一案"的交代内容，足以与其他案件相区别。追加必要共同诉讼人参与诉讼的申请书应当将被申请人的基本情况在申请人下方予以列明，以便法院在追加时能够顺利送达。

9. 申请书（无独立请求权的第三人申请参加诉讼用）

复议申请书

申请人：×××，男/女，××××年××月××日出生，×族，……（写明工作单位和职务或者职业），住……。联系方式：……。

法定代理人/指定代理人：×××，……。

委托诉讼代理人：×××，……。

（以上写明申请人和其他诉讼参加人的姓名或者名称等基本信息）

请求事项：

以无独立请求权的第三人参加你院（××××）……号……（写明当事人和案由）一案的诉讼。

事实和理由：

……（写明申请参加诉讼的事实和理由）。

此致

××××人民法院

申请人（签名或者公章）
××××年××月××日

【说明】

1. 本样式根据《中华人民共和国民事诉讼法》第五十六条第二款以及《最高人民法院关于适用〈中华人民共和国民事诉讼法〉的解释》第八十一条制定，供无独立请求权的第三人认为案件处理结果同他有法律上的利害关系，向人民法院申请参加诉讼用。

2. 申请人是法人或者其他组织的，写明名称住所。另起一行写明法定代表人、主要负责人及其姓名、职务、联系方式。

3. 第一审程序中未参加诉讼的第三人，申请参加第二审程序的，人民法院可以准许。

【实例评注】

无独立请求权第三人参加民事诉讼申请书 ①

申请人张某某,男,1969年×月××日出生,汉族,住所地浙江省嵊州市甘霖镇东张村××号。

请求事项:

请求以无独立请求第三人身份参加陈某某诉武汉东方白领快餐配制中心经营合同纠纷一案。

事实和理由:

2009年5月12日,申请人与被告武汉东方白领快餐配制中心签订了《东方白领自由速餐汉正街广场单品种进、退场协议》,在协议签订之后一直经营13号档口。经营了两个多月之后,申请人将档口转让给本案原告陈某某经营,并于2009年8月9日向被告提交了书面的转让申请,被告当时口头表示认可。现原、被告双方因履行合同发生纠纷,被告否认原告为合同当事人,为协助原告顺利进行诉讼,根据《中华人民共和国民事诉讼法》第五十六条第二款、《最高人民法院关于适用〈中华人民共和国合同法〉若干问题的解释(一)》第二十九条的规定,申请人特向贵院申请,请求参加诉讼。

此致
武汉市江汉区人民法院

申请人:张某某
××××年××月××日

〔评注〕

无独立请求权的第三人是指虽然没有独立请求权,但人民法院正在审理的案件的处理结果与其有法律上的利害关系,由其自行申请参与诉讼或者经人民法院通知参与诉讼的当事人。实务中,更多的是人民法院为查明案件事实而通知无独立请求权的第三人参与诉讼。因无独立请求权第三人申请参加诉讼之前,并未实际参与案件的审理,很多情况下也无从得到案件的相关诉讼材料,可能对申请参加诉讼的案件相关情况并不足够了解,比如当事人的基本信息、案号等,但申请书的内容必须能够与人民法院审理的其他案件相区别。该申请书需写明自己申请参加诉讼支持哪一方当事人的诉讼请求,并说明申请理由。

---

① 来源:湖北省武汉市江汉区人民法院(2010)汉民二初字第00789号案卷。

10. 申请书（申请增加诉讼请求用）

申请书

　　申请人：×××，男/女，××××年××月××日出生，×族，……（写明工作单位和职务或者职业），住……。联系方式：……。
　　法定代理人/指定代理人：×××，……。
　　委托诉讼代理人：×××，……。
　　（以上写明申请人和其他诉讼参加人的姓名或者名称等基本信息）
　　请求事项：
　　对于你院（××××）……号……（写明当事人和案由）一案增加诉讼请求如下：……（写明增加的诉讼请求具体内容）。
　　事实和理由：
　　……（写明增加诉讼请求的事实和理由）。
　　此致
××××人民法院

申请人（签名或者盖章）
××××年××月××日

【说明】

　　1. 本样式根据《中华人民共和国民事诉讼法》第一百四十条制定，供当事人向人民法院申请增加诉讼请求用。
　　2. 申请人是法人或者其他组织的，写明名称住所。另起一行写明法定代表人、主要负责人及其姓名、职务、联系方式。
　　3. 原告、反诉原告、有独立请求权的第三人可以申请增加诉讼请求。

【实例评注】

增加诉讼请求申请书 [①]

　　申请人（原告）：××××有限公司。

[①] 来源：湖北元申律师事务所（2015）湖元律民代第 147 号案卷。

被申请人(被告)：××××工程有限公司十堰分公司。

申请事项：增加一项诉讼请求，即确认申请人解除与被申请人签订的《建筑装饰工程施工合同》合法有效。

申请理由：申请人诉被申请人装饰装修合同纠纷一案，贵院已受理。

本案中，因被申请人所施工装饰工程，不符合设计和施工规范，存在严重质量问题和重大安全隐患，被申请人迟迟不能整改修复，且严重延误工期，构成违约，申请人有权依据《中华人民共和国合同法》第九十四条、第九十七条、第二百八十一条的规定，解除与被申请人签订的《建筑装饰工程施工合同》。

为维护申请人合法权益，申请人特依据《民事诉讼法》第一百二十六条之规定，增加前述诉讼请求，请贵院依法合并审理。

此致
××市中级人民法院

申请人：××××有限公司
×××年××月××日

〔评注〕

原告有权增加、变更或放弃其起诉时提出的诉讼请求，但需在法庭辩论终结前提出。人民法院的庭审主要是围绕原告提出的诉讼请求进行的，因此，原告的诉请如有变动应尽早地向人民法院提出申请。如果原告在庭审推进过程中需要增加诉讼请求的，应及时向法院明示，避免造成庭审的过分迟延。在庭审过程中增加诉讼请求的，可直接以口头形式提出，记入庭审笔录即可。原告增加诉讼请求的，需要就围绕增加的诉讼请求提出相关的事实理由。

11. 申请书（申请变更诉讼请求用）

申请书

申请人：×××，男/女，××××年××月××日出生，×族，……（写明工作单位和职务或者职业），住……。联系方式：……。

法定代理人/指定代理人：×××，……。

委托诉讼代理人：×××，……。

（以上写明申请人和其他诉讼参加人的姓名或者名称等基本信息）

请求事项：

> 对于你院(××××)……号……(写明当事人和案由)一案的诉讼请求……(写明原诉讼请求具体内容)，变更为……(写明变更的诉讼请求具体内容)。
>
> 事实和理由：
>
> ……(写明变更诉讼请求的事实和理由)。
>
> 此致
>
> ××××人民法院
>
> 申请人(签名或者盖章)
>
> ××××年××月××日

【说明】

1. 本样式根据《中华人民共和国民事诉讼法》第五十一条制定，供当事人向人民法院申请变更诉讼请求用。

2. 申请人是法人或者其他组织的，写明名称住所。另起一行写明法定代表人、主要负责人及其姓名、职务、联系方式。

3. 原告、反诉原告、有独立请求权的第三人可以申请变更诉讼请求。

【实例评注】

变更诉讼请求申请书 [①]

申请人：乐某某，男，19××年×月××日出生，汉族，住××××××。

变更后的诉讼请求：

一、判令被告陈某某赔偿原告截止定残日的医疗费15 589.95元(已扣除支付部分33 500元)、误工费105 000元、护理费4 545元、交通费834.5元、住院伙食补助费1 335元、必要的营养费1 335元、伤残赔偿金70 288元、后续治疗费7 000元、精神抚慰金33 000元和法医鉴定费500元，以上费用合计为144 928元；

二、判令被告某某对以上责任承担连带责任；

三、判令被告某某某对以上责任在100 000元以内承担连带责任；

四、判令被告陈某某、被告某某和被告某某某承担本案的诉讼费。

事实与理由：贵院受理的申请人诉陈某某、被告某某和被告某某某道路交通事故

[①] 来源：湖北元申律师事务所(2015)湖元律民代第2号案卷。

人身损害赔偿纠纷一案，现已由贵院委托法医鉴定部门做出了法医鉴定书。根据相关法律规定，现申请人特向贵院提出以上变更诉讼请求的申请，恳请贵院批准！

此致

××× 人民法院

申请人：乐某某

××××年××月××日

〔评注〕

变更诉讼请求申请书与本章样式10增加诉讼请求申请书样式基本一致，区别在于需将变更前后的诉讼请求分别予以列明，其他内容可参考增加诉讼请求的相关内容。注意事项：

(1)必须在举证期限内变更。(2)应注意变更诉讼请求后是否会导致受理案件的法院没有管辖权。(3)申请人变更诉讼请求应注意《最高人民法院关于适用〈中华人民共和国合同法〉若干问题的解释（一）》第30条"债权人依照合同法第一百二十二条的规定向人民法院起诉时作出选择后，在一审开庭以前又变更诉讼请求的，人民法院应当准许。对方当事人提出管辖权异议，经审查异议成立的，人民法院应当驳回起诉"的规定，即变更后导致法院没有管辖权的，法院将驳回起诉，而非移送。当事人应结合上述规定，适时调整自己的诉讼策略。

12. 声明书（放弃诉讼请求用）

声明书

声明人：×××，男/女，××××年××月××日出生，×族，……（写明工作单位和职务或者职业），住……。联系方式：……。

法定代理人/指定代理人：×××，……。

委托诉讼代理人：×××，……。

（以上写明申请人和其他诉讼参加人的姓名或者名称等基本信息）

本人/本方在你院(××××)……号……（写明当事人和案由）一案中，放弃全部诉讼请求/放弃第×项诉讼请求：……（写明放弃诉讼请求的具体内容）。

特此声明。

此致
×××人民法院

声明人（签名或者盖章）
××××年××月××日

【说明】

1. 本样式根据《中华人民共和国民事诉讼法》第五十一条、第五十三条、第五十四条制定，供当事人向人民法院声明放弃诉讼请求用。

2. 声明人是法人或者其他组织的，写明名称住所。另起一行写明法定代表人、主要负责人及其姓名、职务、联系方式。

3. 放弃诉讼请求的，可以是原告、反诉原告、有独立请求权的第三人等。

【实例评注】

申请书①

武汉市江岸区人民法院：

　　本人诉被告宜信卓越财富投资管理（北京）有限公司武汉分公司劳动争议纠纷一案，贵院立案后已于2016年8月18日公开开庭审理了本案。庭审后，经法院释明，本人自愿放弃第2项诉讼请求"被告支付因其自身原因提前结束产品而未支付给原告的佣金19 650元"，仅向法院主张第1项诉讼请求"被告返还克扣原告应得的提成工资9 262.70元"。

申请人：李某某
2016年11月5日

〔评注〕

　　"声明"是"公开表示态度或者说明真相"，有"公开宣布、让公众知晓"之意。人民法院的审理活动是围绕当事人的诉讼请求进行的，当事人放弃了诉讼请求之后，原则上仍有权增加诉讼请求，为防止当事人滥用诉权，此处用"声明"能够更好地体

---

① 来源：湖北省武汉市江岸区人民法院（2016）鄂0102民初4470号案卷。

现放弃的承诺之意。此外，当事人增加诉讼请求、变更诉讼请求均有一定的限定条件，且因人民法院还需对增加、变更的诉讼请求进行实体审理，故当事人的上述两种行为直接影响到案件审理活动的进行。人民法院对当事人增加或变更诉讼请求的行为需要依法予以审查，这也是为何上述两种情形不得使用"声明"，而必须使用"申请"的字样。但当事人放弃诉讼请求的，除非放弃之前人民法院已就案件作出了生效法律文书，否则原则上对于当事人放弃诉讼请求的自行处分其诉讼权利的行为，应予准许。

13. 申请书（申请不公开审理用）

申请书

　　申请人：×××，男/女，××××年××月××日出生，×族，……（写明工作单位和职务或者职业），住……。联系方式：……。

　　法定代理人/指定代理人：×××，……。

　　委托诉讼代理人：×××，……。

　　（以上写明申请人和其他诉讼参加人的姓名或者名称等基本信息）

　　请求事项：

　　不公开审理你院（××××）……号……（写明当事人和案由）一案。

　　事实和理由：

　　……（写明申请不公开审理的事实和理由）。

　　此致

　　××××人民法院

申请人（签名或者盖章）

××××年××月××日

【说明】

　　1. 本样式根据《中华人民共和国民事诉讼法》第一百三十四条制定，供人民法院受理民事案件后，当事人向人民法院申请不公开审理用。

　　2. 申请人是法人或者其他组织的，写明名称住所。另起一行写明法定代表人、主要负责人及其姓名、职务、联系方式。

　　3. 不公开审理包括两类案件：一类是法定不公开审理，指涉及国家秘密、个人隐私或者法律另有规定不公开审理的案件；另一类是依当事人申请而不公开审理，指离婚案件、涉及商业秘密的案件，当事人可以向人民法院申请不公开审理。

【实例评注】

不公开审理申请书①

石家庄××区人民法院：

　　你院受理的王某某诉张某某离婚一案，我要求不公开审理。其理由是：本案涉及夫妻性生活中的隐私问题。根据《民事诉讼法》第一百二十条第二款的规定，特向你院提出不公开审理的申请，请予审查批准。

申请人：王某某

2011 年 5 月 × 日

〔评注〕

　　人民法院审理案件以公开为原则，以不公开为例外。不公开审理的情形又分为依法不应当公开审理和依当事人申请可以不公开审理两种情形。申请不公开审理的仅限于离婚案件、涉及商业秘密的案件。当事人以一定的事由向人民法院提出申请，是否准许，由人民法院决定。

14. 申请书（申请撤回起诉用）

申请书

　　申请人：×××，男/女，××××年××月××日出生，×族，……（写明工作单位和职务或者职业），住……。联系方式：……。

　　法定代理人/指定代理人：×××，……。

　　委托诉讼代理人：×××，……。

　　（以上写明申请人和其他诉讼参加人的姓名或者名称等基本信息）

　　请求事项：

　　撤回你院(××××)……号……（写明当事人和案由）一案的起诉。

　　事实和理由：

　　……（写明申请撤回起诉的事实和理由）。

---

　　① 来源：新浪博客（http://blog.sina.com.cn/s/blog_6f85327f0100r8ue.html），访问时间：2011 年 5 月 19 日。

```
        此致
    ××××人民法院


                                申请人(签名或者盖章)
                                ××××年××月××日
```

【说明】

1. 本样式根据《中华人民共和国民事诉讼法》第一百四十五条第一款制定，供原告向人民法院申请撤回起诉用。

2. 当事人是法人或者其他组织的，写明名称住所。另起一行写明法定代表人、主要负责人及其姓名、职务、联系方式。

3. 宣判前，原告申请撤诉的，是否准许，由人民法院裁定。

【实例评注】

撤诉申请书 ①

武汉市江岸区人民法院：

　　我诉武汉艾克斯朗文化教育咨询有限公司劳动争议纠纷一案，审理过程中，经法院释明，我自愿撤回该案诉讼，愿意按照武汉市江岸区劳动人事争议仲裁委员会作出的岸劳人仲裁字(2015)第1120号仲裁裁决书的裁决结果执行。

申请人：兰某某
2016年8月23日

〔评注〕

　　对于当事人适用的法律文书样式，应力求简明扼要。当事人只要将自己申请的事项明确提出，并简单交代一下相关事由即可，不必拘泥于格式。需要注意的是，撤回起诉的申请书应列明其他诉讼参加人，因为在并非一对一诉讼(一名原告、一名被告)的案件中，可能存在仅撤回对其中某一个当事人的起诉的情形。撤回起诉的相关问题可以参考第一部分第十章样式7的相关内容。

---

① 来源：湖北省武汉市江岸区人民法院(2016)鄂0102民初3588号案卷。

15. 申请书（申请撤回反诉用）

申请书

申请人：×××，男/女，××××年××月××日出生，×族，……（写明工作单位和职务或者职业），住……。联系方式：……。

法定代理人/指定代理人：×××，……。

委托诉讼代理人：×××，……。

（以上写明申请人和其他诉讼参加人的姓名或者名称等基本信息）

请求事项：

撤回你院(××××)……号……（写明当事人和案由）一案的反诉。

事实和理由：

……（写明申请撤回反诉的理由）。

此致

××××人民法院

申请人（签名或者盖章）

××××年××月××日

【说明】

1. 本样式根据《最高人民法院关于适用〈中华人民共和国民事诉讼法〉的解释》第二百三十九条制定，供被告（反诉原告）向人民法院申请撤回反诉用。

2. 申请人是法人或者其他组织的，写明名称住所。另起一行写明法定代表人、主要负责人及其姓名、职务、联系方式。

【实例评注】

撤回反诉申请书 ①

申请人：济南启航网络科技有限公司　地址：××市体育中心东侧法定代表人：电话：

---

① 来源：百度文库(http://wenku.baidu.com/link?url)，访问时间：2012年12月13日。

申请人（即反诉原告）济南启航网络科技有限公司诉反诉被告郑某某合同纠纷一案，业经贵院立案受理，现因双方达成和解，故申请撤回反诉，请予核准。

此致
济南市历城区人民法院

申请人：济南启航网络科技有限公司
2011年7月27日

〔评注〕

1. 样式的适用范围和法律依据

本样式适用于反诉人向人民法院申请撤回反诉时用。

反诉，是指在第一审程序中，人民法院对案件裁判之前，被告为了抵消或部分抵消本诉原告的诉讼请求，维护自己的合法权益，向本诉的原告提出的一种独立的反请求。民事诉讼法规定反诉制度，是法律对被告的一种特殊的保护，可以使被告的合法权益得到法律保护，促进本诉的审理，使本诉与反诉同时解决，简化诉讼程序，避免人民法院对两个相关的案件作出相互矛盾的裁判。反诉从其本质来说，仍是一个独立的诉讼主张，只不过其提出的诉讼阶段与本诉不同，是在本诉进入审理阶段之后提出的。

《民诉法解释》第二百三十九条规定："人民法院准许本诉原告撤诉的，应当对反诉继续审理；被告申请撤回反诉的，人民法院应予准许。"

2. 样式的写作要点和注意事项

（1）标题

标题为"申请书"。

（2）正文

①主体

写明申请人及其代理人的基本情况，此处的申请人应当为案件中的被告（反诉原告）。本文书样式中列明了申请人，没有列明被申请人及其他诉讼参加人，在这种情况下，应当将案件的原告（反诉被告）列为被申请人，如果案件中存在第三人的情况，则应当根据当事人的反诉主张，若第三人与反诉主张相对，并且在反诉状中被列为反诉被告，可以列为被申请人，如果第三人的主张与反诉主张不相抵触，仍列为第三人。

②请求事项

应写为"撤回你院（××××）……号……（写明当事人和案由）一案的反诉"。具体案件中可以写为"撤回你院（××××）……号……反诉原告（被告）诉反诉被告（原告）……一案的反诉"。

③事实和理由

应当围绕反诉撤回的条件来表述。从本质上来说，反诉仍是一个独立的诉讼主张，其撤回的实质性条件与本诉的撤回是一样的，人民法院对撤诉是否准许，以当事人处分行为是否违法为前提，不违法的准予撤诉，反之则不准撤诉。反诉撤回的程序性要求比本诉撤回更低。当本诉撤回时，反诉没有撤回，案件应当就反诉部分继续审理，反诉的撤回不受本诉是否存在的影响。

④写明致送法院

写明受理和审理反诉的法院。一般情况下，受理反诉和审理反诉的法院是同一法院。但是实践中也遇到过一些特殊案件，例如曾经出现过有的案件本诉及反诉均由中级人民法院审理，由于本诉撤回，反诉部分被指定由基层人民法院审理，导致反诉受理的法院与最终结案的法院不一致的现象，此时属于管辖权的移转，应以正在审理的法院为申请书的致送法院。

（3）落款

落款由申请人署名并注明申请日期。

16. 申请书（申请恢复诉讼用）

申请书

申请人：×××，男/女，××××年××月××日出生，×族，……（写明工作单位和职务或者职业），住……。联系方式：……。

法定代理人/指定代理人：×××，……。

委托诉讼代理人：×××，……。

（以上写申请人和其他诉讼参加人的姓名或者名称等基本信息）

请求事项：

恢复……（写明当事人和案由）一案诉讼。

事实和理由：

你院于××××年××月××日作出(××××)……号裁定中止诉讼。……（写明申请恢复诉讼的理由）。

此致

××××人民法院

申请人（签名或者盖章）
××××年××月××日

【说明】

1. 本样式根据《中华人民共和国民事诉讼法》第一百五十条第二款制定，供中止诉讼的原因消除后，当事人向人民法院申请恢复诉讼用。

2. 申请人是法人或者其他组织的，写明名称住所。另起一行写明法定代表人、主要负责人及其姓名、职务、联系方式。

【实例评注】

恢复诉讼申请书①

申请人：刘某某，女，1954年6月24日出生，汉族，住所地武汉市汉阳区翠微村××号×××室。

申请事项：

恢复申请人诉何某某、张某某、何某甲房屋腾退纠纷一案二审的诉讼。

事实和理由：

本案不符合中止诉讼的情形。

贵院根据《中华人民共和国民事诉讼法》第一百三十六条第（五）款"有下列情形之一的，中止诉讼：……（五）本案必须以另一案的审理结果为依据，而另一案尚未审结的"的规定，裁定本案中止诉讼。根据上述法律规定，我们可以得知中止诉讼的情形中，另一案的审理结果必须是本案的必要条件，即：本案的事实存在争议或者事实不清，只有另一案审结后，本案的事实才能查明。

本案为房屋腾退纠纷，申请人依法持有该房屋的《国有土地使用权证》《房屋所有权证》，享有该房屋的所有权，其有要求无权占有人向其腾退房屋的权利。申请人和被上诉人均承认申请人享有该房屋的所有权。本案需要查清的事实是本案的被上诉人到底对该房屋是"有权占有"还是"无权占有"，如果本案中被上诉人是"有权占有"，申请人自然不得要求被上诉人腾退房屋；如果被上诉人是"无权占有"，其自然应当腾退该房屋。被上诉人是否有权占有取决于刘某乙与被上诉人之间的房屋买卖合同的效力，如果该房屋买卖合同有效，则被上诉人是"有权占有"，否则被上诉人是"无权占有"。

本案中，被上诉人既承认申请人为该房屋的所有权人，也承认其与刘某乙买卖房屋的行为没有经过申请人同意，因此本案中被上诉人间接承认了其与刘某乙的房屋买卖合同无效，因此双方对被上诉人是"无权占有"的事实并没有争议。在本案的审理

---

① 来源：湖北元申律师事务所（2011）湖元律民代第231号案卷。

期间，贵院以此为由中止本案的诉讼，而被上诉人却提起一个诉刘某乙、刘某某确认房屋买卖合同无效的诉讼。既然被上诉人在另一案中承认该房屋买卖合同无效，再次表明其承认自己是"无权占有"该房屋。因此，在另一案中，双方对被上诉人是"无权占有"的事实也不存在争议。既然本案还有另一案对事实都没有任何争议，那么本案的审理并不需要另一案的审理结果作为依据。因此，本案不符合中止诉讼的情形。

既然本案不符合中止诉讼的情形，本案应当恢复审理。

此致
武汉市中级人民法院

申请人：刘某某
2011 年 7 月 18 日

〔评注〕

1. 样式的适用范围和法律依据

本样式用于在案件中止审理之后，未审理终结之前，中止诉讼的原因消失时，当事人向法院要求恢复审理时使用。在实践中，有的案件本身中止诉讼就不具有充分的理由而裁定中止，而中止裁定的当事人又不享有上诉权，此时当事人也有可能会提出恢复诉讼的请求，本实例即是这种情况。

本样式适用的法律依据是《民事诉讼法》第一百五十条第二款"中止诉讼的原因消除后，恢复诉讼"的规定。

2. 样式的写作要点和注意事项

(1) 主体：写明申请人及其代理人的基本情况，此处的申请人应当为案件中提出恢复申请的一方，对于其他当事人按照什么方式表述没有具体要求，样式要求"写明申请人和其他诉讼参加人"。因此，实践中有的人将相对方写为"被申请人"，有的按照原诉讼地位列明，对此并无一致规范。事实上，该申请书的对象是人民法院，并非对方当事人，故只列出申请人基本情况即可。

(2) 请求事项：应写为"恢复……（写明当事人和案由）一案诉讼"。实例中表述为"恢复申请人诉何某某、张某某、何某甲房屋腾退纠纷一案二审的诉讼"。

(3) 事实和理由：一般应当围绕本案是否中止诉讼的情形已经消除，具备恢复审理的条件。

关于中止的条件，《民事诉讼法》第一百五十条第一款规定："有下列情形之一的，中止诉讼：（一）一方当事人死亡，需要等待继承人表明是否参加诉讼的；（二）一方当事人丧失诉讼行为能力，尚未确定法定代理人的；（三）作为一方当事人的法人或者其他组织终止，尚未确定权利义务承受人的；（四）一方当事人因不可抗拒的事由，不能参加诉讼的；（五）本案必须以另一案的审理结果为依据，而另一案尚未审结的；（六）

其他应当中止诉讼的情形。"

实例中申请人提出申请的理由是本案不符合中止诉讼的条件。就该案情而言，房屋腾退与另案房屋买卖关系的审理结果可能存在抵触，因而此裁定中止是符合《民事诉讼法》第一百五十条第一款第五项的。

实践中也的确存在有的案件不符合中止条件而裁定中止的情形的。法律对于中止诉讼的裁定没有规定可以上诉或可以复议的救济途径，有的观点认为可以对中止裁定不服提出复议申请，但是现实中法院一般不会受理当事人对中止诉讼裁定的复议申请，为此当事人以中止不符合条件为由提出申请也是具有合理性的一种选择方式。

17. 申请书（申请证明判决书或者裁定书的法律效力用）

申请书

申请人：×××，男/女，××××年××月××日出生，×族，……（写明工作单位和职务或者职业），住……。联系方式：……。

法定代理人/指定代理人：×××，……。

委托诉讼代理人：×××，……。

（以上写申请人和其他诉讼参加人的姓名或名称等基本信息）

请求事项：

出具你院（××××）……号……（写明当事人和案由）一案民事判决/裁定书发生法律效力的证明书。

事实和理由：

你院作出的（××××）……号……（写明当事人和案由）一案民事判决书/裁定书已经发生法律效力。

……（写明需要出具证明书的理由）。

此致

××××人民法院

申请人（签名或者盖章）
××××年××月××日

【说明】

1. 本样式根据《最高人民法院关于适用〈中华人民共和国民事诉讼法〉的解释》第五百五十条制定，供当事人向人民法院申请出具判决书/裁定书发生法律效力的证明用。

2. 申请人是法人或者其他组织的，写明名称住所。另起一行写明法定代表人、主要负责人及其姓名、职务、联系方式。

3. 最高人民法院的判决、裁定以及依法不准上诉或者超过上诉期没有上诉的判决、裁定，是发生法律效力的判决、裁定。

4. 本申请书应当向作出生效判决书或者裁定书的人民法院提出。

【实例评注】

申请书 ①

武汉市江岸区人民法院：

本人刘某与武汉市大鸿雁供应链管理有限公司之间的劳动争议纠纷一案，贵院已作出(2016)鄂 0102 民初 3826 号民事判决书，双方均未在规定的期限内提出上诉，该判决书已生效。但武汉市大鸿雁供应链管理有限公司未在规定的期限内履行判决确定的给付义务，为申请强制执行，现申请贵院开具上述民事判决书已发生法律效力的证明书。

申请人：刘某
2016 年 9 月 30 日

〔评注〕

1. 本样式用于在裁判文书生效之后，当事人向原作出生效裁判文书的法院申请开具生效证明书时用。裁判的生效证明一般用于申请强制执行或者向其他机构证明经生效裁判确认的法律关系状态时使用。实践中有的法院开具生效证明书并不要求当事人必须提出书面申请，当事人口头申请也可以开具生效证明书。

2. 本样式的标题为"申请书"。

3. 本样式的主文应先写明申请人及其他诉讼参加人的身份信息，而实例中的格式与此不同，没有写明申请人及其他人具体身份信息，而是在抬头处写明了致送法院。实践中，对此类申请各个法院给当事人提供的文书格式参考并不统一，并且往往不要求当事人提供书面申请。

4. 请求事项为"出具你院(××××)……号……(写明当事人和案由)一案民事判决/裁定书发生法律效力的证明书"。实例中，没有将请求事项单独列项，而是写在正文中的结尾处，简明扼要，也更实用。

---

① 来源：湖北省武汉市江汉区人民法院(2016)鄂 0102 民初 3826 号案卷。

十一、简易程序

1. 异议书（对适用简易程序提出异议用）

异议书

异议人（原告/被告/第三人）：×××，男/女，××××年××月××日出生，×族，……（写明工作单位和职务或者职业），住……。联系方式：……。

法定代理人/指定代理人：×××，……。

委托诉讼代理人：×××，……。

（以上写明异议人和其他诉讼参加人的姓名或者名称等基本信息）

请求事项：

依法对（××××）……号……（写明当事人和案由）一案适用普通程序进行审理。

事实和理由：

……（写明不应适用简易程序审理的事实和理由）。

此致

××××人民法院

异议人（签名或者盖章）
××××年××月××日

【说明】

1. 本样式根据《最高人民法院关于适用〈中华人民共和国民事诉讼法〉的解释》第二百五十七条、第二百六十九条第一款制定，供当事人对案件适用简易程序有异议的，向人民法院提出用。

2. 异议人是法人或者其他组织的，写明名称住所。另起一行写明法定代表人、主要负责人及其姓名、职务、联系方式。

3. 下列案件，不适用简易程序：（一）起诉时被告下落不明的；（二）发回重审的；（三）当事人一方人数众多的；（四）适用审判监督程序的；（五）涉及国家利益、社会公共利益的；（六）第三人起诉请求改变或者撤销生效判决、裁定、调解书的；（七）其他不宜适用简易程序的案件。

4. 当事人对案件适用简易程序中的小额诉讼程序有异议，认为应当转为普通程序的，参照本样式制作。

【实例评注】

适用简易程序异议书 ①

美兰区人民法院：

贵院适用简易程序正在审理的原告李某诉被告潘某某财产纠纷一案，因该案系原被告和第三人汪某在合伙经营俱乐部过程中，因是投资还是债务、是清算还是归还，是交出还是隐匿会计凭证等复杂问题，需要通过普通程序庭审予以查明，该案不属于我国民事诉讼法规定的事实清楚、权利义务关系明确、争议不大的简单民事案件范围，适用简易程序审理不利于查明本案的关键事实，现就适用简易程序提出异议，请求转为普通程序审理为宜。

申请人：某某某
二〇一五年一月十日

〔评注〕

1. 样式的适用范围

本样式适用于当事人对于人民法院适用简易程序审理案件不服，要求转为普通程序审理时使用。根据《民诉法解释》第二百六十九条第一款的规定，当事人就案件适用简易程序提出的异议，人民法院经审查，异议成立的，裁定转为普通程序；异议不成立的，口头告知当事人，并记入笔录。

2. 样式书写的要点及注意事项

（1）标题：为"异议书"。

（2）本样式的主文应先写明申请人及其他诉讼参加人的身份信息，而实例中的格式与此不同，没有写明申请人及其他人具体身份信息，而是在抬头处写明了致送法院。实践中，对此类申请各个法院给当事人提供的文书格式参考并不统一也不规范，并且也不是所有法院均要求当事人必须书面申请，有的法院规定仅当事人口头申请即可。

（3）请求事项为"依法对（××××）……号……（写明当事人和案由）一案适用普通程序进行审理"。实例中，将请求事项没有单独列为一项，而是写在正文中的结尾处。

（4）事实和理由写明不应适用简易程序审理的理由。简易程序只适用于基层人民法院和它的派出法庭审理的简单民事案件。中级人民法院、高级人民法院、最高人民法院

---

① 来源：湖北元申律师事务所（2015）湖元律民代第6号案卷。

审理民事案件，不管案件简单与否，都不适用简易程序。同时，适用简易程序的案件只能是事实清楚、权利义务关系明确、争议不大的简单的民事案件。下列案件不适用简易程序：①起诉时被告下落不明的；②发回重审的；③当事人一方人数众多的；④适用审判监督程序的；⑤涉及国家利益、社会公共利益的；⑥第三人起诉请求改变或者撤销生效判决、裁定、调解书的；⑦其他不宜适用简易程序的案件。

(5)写明致送法院，应为作出生效裁判文书的法院。

(6)落款由申请人签名，注明申请日期。

十二、简易程序中的小额诉讼

1. 异议书（对适用小额诉讼程序提出异议用）

异议书

异议人（原告/被告/第三人）：×××，男/女，××××年××月××日出生，×族，……（写明工作单位和职务或者职业），住……。联系方式：……。

法定代理人/指定代理人：×××，……。

委托诉讼代理人：×××，……。

（以上写明异议人和其他诉讼参加人的姓名或者名称等基本信息）

请求事项：

依法对（××××）……号……（写明当事人和案由）一案适用简易程序审理。

事实和理由：

……（写明不适用小额诉讼程序审理的事实和理由）。

此致

××××人民法院

异议人（签名或者盖章）

××××年××月××日

【说明】

1. 本样式根据《最高人民法院关于适用〈中华人民共和国民事诉讼法〉的解释》第二百八十一条制定，供当事人对按照小额诉讼案件审理有异议的，向人民法院提出用。

2. 异议人是法人或者其他组织的，写明名称住所。另起一行写明法定代表人、主要负责人及其姓名、职务、联系方式。

3. 当事人对按照小额诉讼案件审理有异议的，应当在开庭前提出。

【实例评注】

小额诉讼异议申请书 [①]

申请人：重庆某某物业管理有限公司南岸区分公司，住所：重庆市南岸区南坪某某路。联系人：重庆捷恒律师事务所文某某律师，法律热线：8900×××转×号线。

法定代表人：陈某某，职务：总经理

被申请人：张某某，男，汉族，生于1963年4月5日，住址：重庆市万盛区，联系电话：150×××××××。

请求事项：

请求贵院依法裁定申请人诉被申请人劳动争议一案不适用小额诉讼程序。

申请理由：

申请人重庆某某物业管理有限公司南岸区分公司诉被申请人张某某解除劳动合同关系经济补偿金纠纷一案，申请人认为本案不应适用小额诉讼程序！理由为：根据《民事诉讼法》第一百五十七、一百六十二条的规定，适用小额诉讼程序的案件仅限于事实清楚、权利义务关系明确、争议不大的简单的民事案件。而本案双方对解除劳动关系事实原由、申请人是否需要支付被申请人经济补偿金的权利义务等原则问题的意见上完全相悖，争议极大！另参照最高人民法院网登载高民智《贯彻实施新民事诉讼法（一）：关于小额诉讼程序的理解与适用》关于"符合这一要求的下列单一金钱给付案件应当适用小额诉讼程序：劳动关系清楚，仅在劳动报酬、工伤医疗费、经济补偿金或者赔偿金等案件的给付数额和给付时间上存在争议的劳动合同纠纷案件"的表述，本案显然不符合适用小额诉讼程序的规定，申请人特向贵院提出本案的小额诉讼异议！恳请依法办理！

此致
重庆市南岸区人民法院

申请人：重庆某某物业管理有限公司南岸区分公司
特别授权代理人：某某某
二〇一三年××月××日

[①] 来源：湖北元申律师事务所(2013)湖元律民代第88号案卷。

〔评注〕

1. 样式的适用范围

本样式适用于当事人对于人民法院适用简易程序中的小额诉讼程序审理案件提出异议时使用。《民诉法解释》第二百八十一规定："当事人对按照小额诉讼案件审理有异议的，应当在开庭前提出。人民法院经审查，异议成立的，使用简易程序的其他有关规定审理，异议不成立的，告知当事人，并记入笔录。"

2. 样式书写的要点及注意事项

(1)标题：为"异议书"。实例中写为"小额诉讼异议申请书"，表述欠规范。

(2)本样式的主文应先写明申请人及其他诉讼参加人的身份信息。在实例中申请人的代理律师应表述为"委托诉讼代理人"，而不是"联系人"。

(3)请求事项为"依法对(××××)……号……(写明当事人和案由)一案适用简易程序审理"。实例中，请求事项表述为："请求贵院依法裁定申请人诉被申请人劳动争议一案不适用小额诉讼程序。"

在实践中，有的案件当事人对适用小额诉讼程序提出异议成立的，并不必然代表案件就能适用于简易程序中的其他规定，有的可能应当适用普通程序。故实例中申请人的请求事项的表述有一定的代表性。如果是认为案件应当适用普通程序的，而不是简易程序中其他规定的，应当建议当事人使用对适用简易程序提出异议用的异议书样式。

(4)事实和理由，应当围绕案件不符合适用小额诉讼程序的条件展开表述。《民事诉讼法》第一百六十二条规定："基层人民法院和它派出的法庭审理符合本法第一百五十七条第一款规定的简单的民事案件，标的额为各省、自治区、直辖市上年度就业人员年平均工资百分之三十以下的，实行一审终审。"该条以三个条件限定了小额诉讼的适用范围：一是必须是事实清楚、权利义务关系明确、争议不大的简单的民事案件；二是必须是标的额为各省、自治区、直辖市上年度就业人员年平均工资百分之三十以下；三是必须是一审案件。只有同时符合上述三个条件的，才能适用小额诉讼程序。实践中除了金额标准外，各地法院还制定了地方司法文件规定可以适于小额诉讼的案件类型。

(5)写明致送法院，应为作出生效裁判文书的法院。

(6)落款由申请人签名，注明申请日期。

十三、公益诉讼

1. 民事起诉状（提起公益诉讼用）

民事起诉状

原告：×××，住所地……。

法定代表人/主要负责人：×××，……(写明职务,)联系方式：……。

委托诉讼代理人：×××，……。

被告：×××，……。

……

(以上写明当事人和其他诉讼参加人的姓名或者名称等基本信息)

诉讼请求：……

事实和理由：

……(写明原告具备提起公益诉讼主体资格以及其他事实和理由)。

证据和证据来源，证人姓名和住所：

……

此致

××××人民法院

附：本起诉状副本×份

起诉人(公章和签名)

××××年××月××日

【说明】

1. 本样式根据《中华人民共和国民事诉讼法》第五十五条、第一百二十一条以及《最高人民法院关于适用〈中华人民共和国民事诉讼法〉的解释》第二百八十四条等制定，供法律规定的机关和有关组织，向人民法院提起公益诉讼用。

2. 提起环境民事公益诉讼应当提交下列材料：(一)符合民事诉讼法第一百二十一条规定的起诉状，并按照被告人数提出副本；(二)被告的行为已经损害社会公共利益或者具有损害社会公共利益重大风险的初步证明材料；(三)社会组织提起诉讼的，应当提交社会组织登记证书、章程、起诉前连续五年的年度工作报告书或者年检报告书，以及由其法定代表人或者主要负责人签字并加盖公章的无违法记录的声明。

3. 提起消费民事公益诉讼应当提交下列材料：（一）符合民事诉讼法第一百二十一条规定的起诉状，并按照被告人数提交副本；（二）被告的行为侵害众多不特定消费者合法权益或者具有危及消费者人身、财产安全危险等损害社会公共利益的初步证据；（三）消费者组织就涉诉事项已按照消费者权益保护法第三十七条第四项或者第五项的规定展行公益性职责的证明材料。

【实例评注1】

湖北省人民检察院汉江分院
民事公益诉讼起诉书①

鄂汉检民公诉(2016)2号

公益诉讼人：湖北省人民检察院汉江分院

被告：仙桃市毛嘴山红废旧回收门市部，住所地：仙桃市毛嘴镇秦杨村三组。

负责人：丁某某，该企业投资人。

被告：丁某某，男，1969年8月25日出生，居民身份证号码：429004××××××××××××，汉族，湖北省仙桃市人，初中文化，住湖北省仙桃市。

诉讼请求：

判令被告仙桃市毛嘴山红废旧回收门市部对被其污染的土壤恢复原状，如不能恢复原状则判令其承担修复被其污染的土壤的费用（具体数额以具备专业资质的评估机构出具的专业意见为准）。

判令被告仙桃市毛嘴山红废旧回收门市部承担本案的检测、评估费等费用120 000元。

判令被告丁某某对仙桃市毛嘴山红废旧回收门市部上述两项责任承担无限责任。

事实和理由：

检察机关在履行审查起诉职责中发现仙桃市毛嘴山红废旧回收门市部（以下简称"山红门市部"）污染环境案件线索，经本院立案调查，现查明：

2012年2月，丁某某在仙桃市工商行政管理局注册了个人独资企业山红门市部，租赁仙桃市毛嘴镇深江村近1 000平方米土地作为经营场所。山红门市部的经营范围为生产性废旧回收（国家有专项规定的项目除外）。2013年至2015年间，在没有办理危险废物经营许可证，未建设污水处理设施的情况下，山红门市部经营回收废旧蓄电池业

---

① 来源：湖北省检察院汉江分院鄂汉检民公诉(2016)2号的案卷。

务，并利用渗坑收集电解液。含有重金属铅的酸性电解液未经处理，通过渗坑和渗坑内的排水管渗进土壤和流入附近沟渠，对环境造成严重污染。

2015年7月1日，湖北省环境监察总队执法人员在山红门市部进行检查时，对渗坑、排水口等处的废液进行了现场采样。经湖北省环境监测中心站监测（鄂环监字【2015】×030号监测报告），湖北省环境监察总队送检的废液样品pH值呈酸性，且均含有重金属铅，其中：集水井（小瓶）pH值为0.52，铅含量为17.2mg/L；收集罐pH值为1.18，铅含量3.10mg/L；厂外排口pH值为0.72，铅含量2.36mg/L；集水井（大瓶）pH值为0.32，铅含量为7.16mg/L；蓄电池液体pH值为0.1，铅含量为7.09mg/L。2015年7月2日，仙桃市环保局作出仙环改(2015)8号责令改正违法行为决定书，责令山红门市部停止生产。同年7月23日，仙桃市环保局作出仙环罚字(2015)12号行政处罚决定书，责令山红门市部停止违法行为，处10万元罚款，并移送公安机关。2015年12月10日，仙桃市人民法院以污染环境罪判处丁某某有期徒刑1年、缓刑1年、并处罚金1.5万元。山红门市部在违法行为被执法部门查处后，停止了违法生产，但对其造成的污染未采取任何修复治理措施。本院立案后，委托湖北省环境科学研究院对山红门市部违法排污造成的环境损害及所需修复费用进行评估。2016年8月19日，湖北省环境科学研究院出具的检测报告显示，山红门市部排污口土壤的铅浸出液pH值小于2，属于具有腐蚀性的危险废物。

另查明：湖北省人民检察院汉江分院辖区内无其他适格民事公益诉讼主体。

上述事实，有刑事判决书、行政处罚决定书、检测报告、现场拍摄照片以及相关书证等证据证实。

本院认为，山红门市部在没有办理危险废物经营许可证，未建设污染处理设施的情况下，多年来违法利用渗坑、排水管排放未经处理的铅酸电解液，致使超标重金属铅及酸性废水严重污染周围环境。山红门市部对其造成的污染未采取任何修复治理措施。目前，山红门市部渗坑周边被污染的土壤仍超过国家危险废物鉴别标准值，至今尚未修复，社会公共利益仍处于受侵害状态。根据《中华人民共和国侵权责任法》第六十五条，最高人民法院《关于审理环境民事公益诉讼案件适用法律若干问题的解释》第十八条、第二十条、第二十二条之规定，山红门市部依法应当承担相应的民事侵权责任。同时，根据《个人独资企业法》第二条之规定，丁某某作为山红门市部的投资人，应对山红门市部的侵权行为承担无限责任。鉴于目前本地没有适格主体提起诉讼，现根据《中华人民共和国民事诉讼法》第五十五条、《全国人民代表大会常务委员会关于授权最高人民检察院在部分地区开展公益诉讼试点工作的决定》《人民检察院提起公益诉讼试点工作实施办法》第十四条之规定，向你院提起诉讼，请依法裁判。

此致
湖北省汉江中级人民法院

湖北省人民检察院汉江分院

2016 年 9 月 22 日

附：

检察卷宗 1 册。

民事公益诉讼起诉状副本 3 份。

〔评注〕

本样式同时供环境公益诉讼案件和消费公益诉讼案件起诉时用。

1. 关于民事起诉状撰写的一般的要求

《民事诉讼法》第一百二十一条规定："起诉状应当记明下列事项：（一）原告的姓名、性别、年龄、民族、职业、工作单位、住所、联系方式，法人或者其他组织的名称、住所和法定代表人或者主要负责人的姓名、职务、联系方式；（二）被告的姓名、性别、工作单位、住所等信息，法人或者其他组织的名称、住所等信息；（三）诉讼请求和所根据的事实与理由；（四）证据和证据来源、证人姓名和住所。"

2. 公益诉讼案件起诉状撰写的特殊要点和写作技巧

（1）起诉的主体

公益诉讼案件的起诉主体必须是法定的机构或组织。

《民事诉讼法》第五十五条规定"法律规定的机关或者有关组织"可以向人民法院提起公益诉讼。因此，环境公益诉讼的起诉主体，包括法律规定的机关和有关组织。提起公益诉讼的机关要有明确的法律依据，有关组织按照《环境公益诉讼解释》的规定应当是在设区的市级以上人民政府民政部门登记的社会团体、民办非企业单位以及基金会等，且专门从事环境保护公益活动连续五年以上无违法记录。

《消费公益诉讼解释》第一条规定："中国消费者协会以及在省、自治区、直辖市设立的消费者协会，对经营者侵害众多不特定消费者合法权益或者具有危及消费者人身、财产安全危险等损害社会公共利益的行为提起消费民事公益诉讼的，适用本解释。"

检察机关提起公益诉讼的被称为公益诉讼人××××人民检察院，其他则仍为原告。

（2）有社会公共利益受到损害的初步证据

这里的损害不仅仅包含现实的损害后果，还包括对公共利益所造成的现实威胁。特别是在环境公益案件中，一旦存在对环境污染和生态破坏的现实威胁，就有了诉讼的必要性，以免对生态环境造成不可修复的重大损害。初步证据的"初步"，是指只要提供了被告实施的相关行为，对环境或者公共利益造成了威胁即可。就消费者而言，所侵害的利益必须达到消费者人数众多。

(3) 诉讼请求的范围

①根据《环境公益诉讼解释》的规定，诉讼请求包括被告承担停止侵害、排除妨碍、消除危险、恢复原状、赔偿损失、赔礼道歉等民事责任，以及为停止侵害、排除妨碍、消除危险采取合理预防、处置措施而发生的费用。其中：a. 恢复原状，包括将生态环境修复到损害发生之前的状态和功能，以及无法完全修复的，采用替代性修复方式。被告不履行修复义务时，应承担修复费用，也可以直接判决被告承担生态环境修复费用。生态环境修复费用包括制定、实施修复方案的费用和监测、监管等费用。b. 赔偿损失，包括生态环境受到损害至恢复原状期间服务功能的损失。c. 为诉讼支出的合理费用，包括检验、鉴定费用，合理的律师费以及其他合理费用。

②根据《消费公益诉讼解释》的规定，诉讼请求包括请求被告承担停止侵害、排除妨碍、消除危险、赔礼道歉等民事责任。如果是因经营者利用格式条款或者通知、声明、店堂告示等排除或者限制消费者权利、减轻或者免除经营者责任、加重消费者责任，原告认为对消费者不公平、不合理的可以主张无效。

3. 结合实例的评析

(1) 标题

文书的名称一般应按照样式的要求写为"民事起诉状"。实例中该文书提起诉讼的主体具有其特殊性，故检察机关的标题采用了"湖北省人民检察院汉江分院民事公益诉讼起诉书"，其依据是《人民检察院提起公益诉讼试点工作实施办法》第十七条的之规定，检察院提起公益诉讼应当提交"民事公益诉讼起诉书"。对于其他组织起诉的情况，在新的裁判文书样式中标题仍然为"民事起诉状"。

根据最高人民法院就新民事诉讼文书样式组织召开新闻发布会传达的精神："当事人参考民事诉讼文书样式，是当事人在诉讼过程中依法行使或处分民事实体权利、程序权利以及认可、负担或履行民事义务的重要凭证。法院提供给当事人参考诉讼文书样式，帮助当事人解决了制作诉讼文书困难，是司法为民、便民、利民的重要举措，而且通过引导当事人正确选择并适用诉讼过程中所需文书，客观上起到释明作用。"① 因此，当事人部分的文书样式是一种"参考"样式，具体在起诉环节审查判断起诉状是否符合起诉要件，以及后续诉讼中判断是否具备案件判决要件都不应当以诉状与参考样式之间有微小的差距为由进行裁量，而应当结合民事诉讼法和相关实体法律规定来具体分析。

关于起诉状的标题，在实践中确实存在起诉书，起诉状，或者民事起诉书，民事

---

① 罗书臻：《最高法院发布民事诉讼新文书样式及制作规范》，载《人民法院报》2016年7月6日，第01版。

起诉状,或者(案由)民事起诉状等习惯写法,虽然没有严格与文书样式统一一致,但是由于不影响案件受理实质性条件,书写不统一也大多没有影响案件的受理和审理。

(2)正文

①当事人身份信息

公益诉讼案件的起诉人既有可能是相关的公益事业的组织,也有可能是法定的机关,如果是其他公益事业组织则起诉人为"原告",需要载明住所地及法定代表人或负责人。因实例中的起诉人为检察院,故此处为"公益诉讼人:湖北省人民检察院汉江分院",不需要载明住所地及法定代表人。

如果其他组织作为起诉人提起公益诉讼后,检察机关及其他法定机关参加诉讼的则作为支持起诉人列明。

②诉讼请求

诉讼请求是原告向人民法院提起民事诉讼所要达到的根本目的。一般来讲,诉讼请求必须要具体明确,但实例第一项诉讼请求:"判令被告仙桃市毛嘴山红废旧回收门市部对被其污染的土壤恢复原状,如不能恢复原状则判令其承担修复被其污染的土壤的费用(具体数额以具备专业资质的评估机构出具的专业意见为准)。"这项请求在严格意义上并非绝对具体明确化,首先,其提出了本案处理的两条路径,一是恢复原状;二是不能恢复时得以承担恢复费用递补。这种请求方式,在理论上有学者称之为"递补型诉讼请求",一般主要适用于恢复原状、返还原物类型的案件中,在诉讼中发现原物无法返还或者原状无法恢复的情况,则以其他弥补损害的方式替代,通常的替代方式为金钱给付。同时,该实例没有明确恢复原状费用的金额,因为首要的请求为恢复原状,只有在前者不能履行时才评估其相关费用。如未经审理恢复原状的可能性,直接评估可能会进一步扩大损失。因此,本案诉讼请求具有相对的弹性空间,但由于其明确提出了后续的处理方式,故对审理结果并不产生影响,不会因为起诉时的相对不明确导致审理的障碍。

另外,诉讼请求中未提出诉讼费的要求,因为公诉案件不预交案件受理费。

③事实与理由

公益诉讼起诉状的事实描述和理由阐述均应当围绕同一焦点:被告实施的侵权行为及其产生的损害后果或产生的公共利益的威胁。

事实描述:公益诉讼在起诉时要求提交被告的行为已经损害社会公共利益或者具有损害社会公共利益重大风险的初步证明材料,其起诉材料的要求高于一般诉讼案件。实例中描述了被告的主体资格,其所实施的环境污染侵权行为,该行为被发现的经过,鉴定检测的相关经过、依据及其结论,本案起诉前所涉刑事案件的结案情况,以及至今因以上侵权行为导致的生态环境破坏未被修复的现状。同时,在事实经过部分还罗列了检察机关搜集的相关证据。上述事实已经为该侵权行为所涉的刑事案件判决书所认定,在起诉时有充分证据证明相关损害公共利益的事实。另外,还交代了在湖北省检察院汉江分院辖区内无其他环境公益诉讼的适格起诉主体,该事实的交代是为了后续说明检察机关提起公益诉讼的主体资格作铺垫。

理由阐述:

一是,被告行为的违法性及其应当承担的责任:首先,针对第一被告山红门市部的侵权责任,是从侵权行为未办理合法危险废物许可资质、未采取处理防护污染措施、严重超标排污、未对损害进行修复这四个方面来论述来展示其行为的违法性,并列举了相应的法条依据。其次,说明了第二被告丁某某对其投资开办的门市部应承担责任的理由和法律依据。

二是,原告提起诉讼的资格。根据《民事诉讼法》第五十五条规定"法律规定的机关或者有关组织"可以向人民法院提起公益诉讼。提起公益诉讼的机关要有明确的法律依据,对于有关组织,按照《环境公益诉讼解释》应当是在设区的市级以上人民政府民政部门登记的社会团体、民办非企业单位以及基金会等,且专门从事环境保护公益活动连续五年以上无违法记录。《环境公益诉讼解释》第十一条规定了检察机关及其他监管部门可以支持社会组织起诉,但在该解释中并未规定检察机关和其他监管部门的起诉资格。

《人民检察院提起公益诉讼试点工作实施办法》第十四条规定:"经过诉前程序,法律规定的机关和有关组织没有提起民事公益诉讼,或者没有适格主体提起诉讼,社会公共利益仍处于受侵害状态的,人民检察院可以提起民事公益诉讼。"当地无符合相应起诉要求的公益性组织时,人民检察院则享有对上述案件提起公益诉讼的资格。

④证据和证据来源,证人姓名和地址

证据是认定事实的客观基础,所以,这个部分必须依照主次顺序逐项列举所提交的书证、物证和其他能够证明事实真相的材料,并说明书证、物证和其他能够证明事实真相的材料的来源以及可靠程度。特别是对于原始证据、直接证据和经公证机关公证过的证据,必须写明其准确的来源。一般证人情况的说明放在其他证据后面,写清证人的姓名和住址。

实例的证据有刑事判决书、行政处罚决定书、检测报告、现场拍摄照片以及相关书证等证据。

⑤法律依据

公益诉讼案件的法律依据主要是《侵权责任法》《环境公益诉讼解释》《消费公益诉讼解释》等。

实例根据《侵权责任法》第六十五条,《环境公益诉讼解释》第十八条、第二十条、第二十二条,《个人独资企业法》第二条,《民事诉讼法》第五十五条,《全国人民代表大会常务委员会关于授权最高人民检察院在部分地区开展公益诉讼试点工作的决定》《人民检察院提起公益诉讼试点工作实施办法》第十四条之规定提起的诉讼,其中既有实体法依据,也有程序法依据。另外,实例中的"最高人民法院《关于审理环境民事公益诉讼案件适用法律若干问题的解释》第十八条、第二十条、第二十二条之规定"依照《人民法院民事裁判文书制作规范》的规定,应该改为"最高人民法院关于审理环境民事公益诉讼案件适用法律若干问题的解释》第十八条、第二十条、第二十二条之规定"。

⑥尾部及附项

样式要求正文中在"此致"之后另一起段写明致送法院,然后再另起一段写明附项。附项一般写附民事起诉状副本的份数、证据材料的件数、证人等事项。副本的份数应当和对方当事人的人数一致,本案中被告为两名则应提交一份正本及两份副本。

需要注意的是实例中附项写在落款署名之下,而样式中的附项是在致送单位与落款之间。另外,附项的内容并非起诉状必须填写的内容,有些起诉状没有交代附项内容,但起诉时提供了符合基本起诉要件的材料,也不妨碍提起诉讼,并且关于证人的信息在起诉状中展现后是否会不利于证人出庭和公正审判也是有所争议的问题。

(3)落款

①起诉人署名、盖章。公益诉讼案件署名之处都应当有相应的组织或者法定机构加盖公章。

②注明提出民事起诉状的年月日。

【实例评注2】

民事起诉状 ①

原告:江苏省消费者协会。

法定代表人:孙某某。

地址:南京市中山东路402号新时代大厦18层。

被告:南京水务集团有限公司。

法定代表人:单某某。

地址:南京市内中山东路460号。

诉讼请求:

1. 请求法院判令确认《南京水务集团有限公司供用水合同》第七条第二款第一项

---

① 来源:江苏省南京市中级人民法院(2016)苏01民初2034号案卷。

条款无效。

2. 本案诉讼费用全部由被告承担。

事实与理由：

原告江苏省消费者协会系于 1986 年依法成立的对商品和服务进行社会监督的保护消费者合法权益的社会团体。自成立以来，原告严格依照《消费者权益保护法》及《江苏省消费者协会章程》之规定，积极认真履行法律和社会赋予的公益性职责。由于陆续有消费者投诉，2015 年原告在对全省范围各市城市供水服务企业提供的供水格式合同进行监督审查时，发现南京水务集团有限公司与用水人签订的《南京水务集团有限公司供用水合同》（以下简称《供水合同》）中，存在严重侵害消费者权益的格式条款。内容如下：

《供水合同》第七版第二款第一项："用水人逾期不缴纳水费，供水人应当书面催告，用水人收到催告后，除应补足缴纳的水费外，还应当支付从逾期之日起每日按应缴纳水费数额的 0.5% 违约金。经供水人催告后用水人无正当理由仍不缴纳水费的，供水人可按照法律法规相关规定对其进行处理。"依照《建设部关于对自来水水费滞纳金有关问题的复函》文件的规定，……城市供水企业在具体执行中，可按《中华人民共和国合同法》《城市供水条例》的有关规定，通过与用户协商，在供水合同中约定逾期付款的违约金标准；没有约定的，按照最高人民法院的有关司法解释，可参照中国人民银行规定的金融机构计收逾期利息的标准计算逾期付款违约金。被告在没有与消费者协商的情况下，自行将该格式条款约定逾期缴纳水费的按每日应缴水费的总额的 0.5% 支付违约金，该比例明显过高，远远超过中国人民银行规定的金融机构计收逾期利息的标准，不合理地加重了消费者的责任。

根据《中华人民共和国消费者权益保护法》第二十六条第二款、第三款的规定，经营者不得以格式条款、通知、声明、店堂告示等方式，作出排除或者限制消费者权利、减轻或者免除经营者责任、加重消费者责任等对消费者不公平、不合理的规定，不得利用格式条款并借助技术手段强制交易。格式条款、通知、声明、店堂告示等含有前款所列内容的，其内容无效。根据《中华人民共和国合同法》第四十条的规定，格式条款具有本法第五十二条和第五十三条规定情形的，或者提供格式条款一方免除其责任、加重对方责任、排除对方主要权利的，该条款无效。

在发现被告提供的《供水合同》中存在侵害消费者权益的不公平格式条款后，原告委托南京市消费者协会约谈被告，限期让其整改。在其未完全整改的情况下又两次约谈被告，同时提请江苏省住房和城乡建设厅、江苏省工商局督促被告尽快整改《供水合同》中不平等的格式条款内容。至今，被告仍未按原告建议的示范条款进行整改。

综上，依照《中华人民共和国消费者权益保护法》第四十七条"对侵害众多消费者权益的行为，中国消费者协会以及在省、自治区、直辖市设立的消费者协会，可以向人民法提起诉讼"之规定，为依法维护消费者的公共权益，认真履行原告的公益性职责，特向贵院提起诉讼，望判如所请。

此致

南京市中级人民法院

原告：江苏省消费者协会
2016年9月12日

〔评注〕

1. 侵害消费者权益公益诉讼与环境公益诉讼的区别

（1）起诉主体不同：《民事诉讼法》第五十五条规定公益诉讼的起诉主体包括法定机构和有关组织，法定机构需要另根据其他法律规定确定。

有关组织的起诉资格：根据修改后的环保法和环境公益诉讼解释，环境公益诉讼起诉的有关组织应当包含在涉区的市级以上政府民政部门登记的社团、民办非企业以及基金会等，且专门从事环保公益活动连续五年以上无违法记录。根据消费者权益保护法及消费公益诉讼解释的规定，消费者公益案件起诉主体是中国消费者协会以及在省、自治区、直辖市设立的消费者协会、法律规定或者全国人大及其常委会授权的机关或社会组织。

（2）起诉条件不同：消费者公益案件在起诉之前，消费者组织必须按照就涉诉事项已经按照《消费者权益保护法》第三十七条第四项、第五项的规定履行公益性职责，而对于环境公益诉讼案件的起诉则没有此项要求。

2. 结合实例评析本样式的写作要点

（1）标题

标题为"民事起诉状"，实例的写法是正确的。在实践中也有习惯性写成"起诉状"的，与样式相比不能直观反映出当事人选择的诉讼程序是民事诉讼还是行政诉讼等，这并不影响案件受理。但是若写成"起诉书""民事起诉书"则不妥，容易和检察机关的起诉书混淆。

（2）正文

①当事人基本情况

消费民事公益案件的原告应当载明名称、住所和主要负责人的姓名。被告如果是个人，应载明姓名、性别、工作单位、住所等，被告如果是法人应载明名称、住所、法定代表人的姓名、职务和联系方式。实例中原告及被告的身份信息不符合样式要求，应当在当事人名称后使用逗号，紧随其后书写住所。法人或者其他组织的住所是指法人或者其他组织的主要办事机构所在地，主要办事机构所在地不明确的，法人或者其他组织的注册地或者登记地为住所。住所之后另起一行写法定代表人/负责人及其职务。

《消费者权益保护法》第四十七条规定："对侵害众多消费者合法权益的行为，中国消费者协会以及在省、自治区、直辖市设立的消费者协会，可以向人民法院提起诉讼。"实践中，省级消费者协会组织名称不一致，有的称为"消费者协会"，有的称为"保护消费者权益委员会"，名称不一致不影响该会属于上述法律规定的保护消费者合法权益的社会组织性质，亦不能影响该协会履行法定公益职能。实例原告为江苏省消费者权益保护委员会，属于省级消费者协会，具有法定起诉资格。但实例没有载明原告及被告法定代理人的职务，此处应当在法定代表人姓名之后使用逗号，随后载明其具体职务。

②诉讼请求

第一，诉讼请求明确性与公益诉讼请求范围的复杂性。

根据《民事诉讼法》第一百一十九条的规定，诉讼请求应当明确。实践中诉讼请求是否"明确"的标准一直难以清晰界定。例如在金钱给付案件中，已经发生的损失金额可以认为需要提出具体数额才为明确，如果属于尚未发生的需要延续计算的金额则提供明确的计算方式才为明确；而在请求恢复原状、排除妨害类型的案件中，诉讼请求是否"明确"的情形更为复杂，只能结合具体案件来考虑。因此公益诉讼案件起诉状中提出的诉讼请求实际上是根据原告自身的诉讼能力和诉讼地位予以相对性的明确化，而并非绝对明确。实例提出的诉讼请求为："1. 请求法院判令确认《南京水务集团有限公司供用水合同》第七条第二款第一项条款无效。2. 本案诉讼费用全部由被告承担。"该诉讼请求虽然并不违背诉讼请求的明确化要求，但是该请求仅仅确认合同效力，没有可以强制履行的事项。这主要是因为在私益诉讼中因合同无效造成的实际后果是可以确定的，但在公益诉讼中因合同无效导致多少金额应当返还，或者应当负担多少经济损失是无法明确的，且以上内容属于私益诉讼可以解决的范围。因此本案中没有就合同无效后的后果继续提出主张。

第二，诉的种类与消费民事公益诉讼请求类型的选择。

诉讼请求按照原告提出请求的目的和内容的不同可以分为三类：给付之诉、确认之诉、形成之诉。给付之诉，是指原告请求法院判令被告向其履行特定给付义务的诉讼。确认之诉，是指当事人要求人民法院确认某种法律关系存在或者不存在的诉讼。形成之诉又称为变更之诉，是指原告请求法院以判决改变或者消灭某种法律关系的诉讼。

消费者公益诉讼的请求权类型：根据《消费公益诉讼解释》第十三条的规定，原告在消费民事公益诉讼案件中，请求被告承担停止侵害、排除妨害、消除危险、赔礼道歉等民事责任的，人民法院可予支持。经营者利用格式条款或者通知、声明、店堂告示等，排除或者限制消费者权利、减轻或者免除经营者责任、加重消费者责任，原告认为对消费者不公平、不合理主张无效的，人民法院可予支持。据此，消费公益诉讼的请求主要有两种类型：一是给付之诉，即停止侵害、排除妨害、消除危险、赔礼道歉等。二是形成之诉，即确认相关格式条款无效。实例中，原告请求确认《南京水务集团有限公司供用水合同》第七条第二款第一项条款无效即是形成之诉，意在改变原有格式条款的效力状态，停止利用格式条款继续侵害消费者权益。同时，法院确认不公平条款无效的判决，其最终确定的法律关系不仅约束当事人，还约束一般第三人。"涉案不公平条款自被确认无效之日起，对将来的消费者而言，均无效。此类诉讼属于具有广泛效力的形成之诉。"①

③事实及理由

关于事实经过，一般的写作方式是按照时间发展顺序来描述与本案诉讼请求有关联的案件关键性事实，即对于本案诉争的法律关系能够产生影响的事实，而非所有事实。例如在侵权纠纷中，应当描述侵权行为发生的经过，以及侵权行为产生的损害后果；在合同纠纷中应当表述双方合同订立、变更、终止的相关事实。

根据《消费公益诉讼解释》第四条的规定，消费民事公益诉讼案件中需要陈述的特殊要件事实主要有两项：

第一，被告的行为侵害众多不特定消费者合法权益或者具有危及消费者人身、财产安全等损害社会公共利益的初步证据。

第二，消费者组织就涉诉事项已按照《消费者权益保护法》第三十七条第四项或者第五项的规定履行公益性职责的证明材料。

实例的事实经过主要围绕以下展开：首先，写明原告是具备消费民事公益案件起诉资格的主体；其次，写明被告的《供水合同》中存在侵害消费者利益的格式条款；再次，论述已经履行诉讼的前置程序，向被告发出限期整改通知，同时提请相关行政管理部门督促其整改。之后再综合前述事实，依照合同法与合同效力相关的规定以及消费者权益保护法相关规定论述其理由，主要围绕合同条款是否符合无效的要件，以及是否侵害了不特定的多数消费者权益展开说理。

起诉理由的写作方式在实践中通常存在两种，一种是随着案件事实经过的发展采取"夹叙夹议"的方法，因此理由的描述随着时间顺序展开；另一种是针对案件中原告诉讼主张及双方存在争议的焦点问题，分几个主要观点"分点论述"。采取哪种写法应主要结合案情和案情性质，简单案件可以采取前一种写法，复杂案件为了突出主要观点的明确性可以采取后一种写法。

需要特别说明的是，关于消费民事公益诉讼的请求权基础关系，究竟应该是合同关系还是侵权关系。例如实例主张的是合同条款无效，并且也依据《合同法》第五十二条、第五十三条关于格式条款的规定，应该将其视为合同关系。但是同时，在确定管辖法院时该案件又由被告所在地和侵权行为地法院管辖，从这一点看又似乎为侵权关

---

① 杜万华主编：《最高人民法院消费民事公益诉讼司法解释理解与适用》，人民法院出版社2016年版，第252页。

系。只能从一种请求权基础关系出发，不可能同时以合同关系以及侵权关系提出诉讼主张。结合公益诉讼案件的特征来看，被告的行为是否属于公益诉讼处理的争议范畴，是看其是否基于格式合同条款侵害了不特定多数消费者的权益，因此侵害公共利益是这类案件的本质特征，合同条款是否无效是这类案件中判断被告行为是否侵害了消费者权益的判断标准之一。因而不能因为这类案件诉讼请求为确认合同条款无效，就认定其属于合同纠纷，因为合同条款效力引发的争议在不损害公共利益的前提下一般可归属于合同纠纷。如果比照普通案件的诉讼请求的基本形态，可以说消费民事公益诉讼案件的诉讼请求存在着一种特有现象：从诉讼法理论来分析，其诉讼请求的具体形态与其请求权基础关系存在适度分离的现象；从司法实践来分析，其与"一个案件仅审理一种法律关系"的司法习惯不完全一致。

④尾部

写明致送单位名称，实例是"南京市中级人民法院"。根据《民诉法解释》第二百八十五条的规定，公益诉讼案件由侵权行为地或被告住所地中级人民法院管辖。本案中被告住所地和侵权行为地都在江苏省南京市，故侵权行为地的南京市第一中级人民法院对本案享有管辖权。另外，消费民事公益诉讼不适用协议管辖，因为协议管辖是当事人基于私益的约定，与公益无关。①

(3) 落款

起诉人署名、盖章。公益诉讼案件署名之处都应当有相应的组织或者法定机构加盖公章，并注明提出民事起诉状的年月日。实例将起诉人写成了原告，笔者认为虽然在案件受理后当事人的身份会转化为原、被告，但在提交起诉状阶段应当是起诉人。

(4) 附项

一般是用来交代起诉状副本份数，证据材料及证人证言等。但附项并不是每个诉状必须写明的事项，因此实例没有写明附项内容并不妨碍其行使提起诉讼的权利。

2. 声明书（社会组织声明无违法记录用）

声明书

本单位在起诉被告×××污染环境/破坏生态公益诉讼前五年内（××××年××月××日至××××年××月××日）未因从事业务活动违反法律、法规的规定，受过行政、刑事处罚。

---

① 参见杜万华主编：《最高人民法院消费民事公益诉讼司法解释理解与适用》，人民法院出版社2016年版，第92页。

> 特此声明。
> 此致
> ××××人民法院
>
> 声明人（公章和签名）
> ××××年××月××日

【说明】

1. 本样式根据《中华人民共和国环境保护法》第五十八条、《最高人民法院关于审理环境民事公益诉讼案件适用法律若干问题的解释》第五条、第八条第三项制定，供社会组织提起环境民事公益诉讼时，声明无违法记录用。

2. 社会组织在提起诉讼前五年内未因从事业务活动违反法律、法规的规定受过行政、刑事处罚的，可以认定为"无违法记录"。

3. 声明书应当由社会组织的法定代表人或者主要负责人签名并加盖公章。

【实例评注】

声明书[①]

重庆两江志愿服务发展中心自2011年8月22日在重庆市民政局注册登记成立以来至今，无任何违法违纪的行为发生。

特此声明！

重庆市两江志愿服务发展中心
法定代表人：向某
2015年9月22日

〔评注〕

1. 样式的适用范围

本样式供社会组织提起环境民事公益诉讼时声明五年之内无违法记录用。

根据《中华人民共和国环境保护法》（以下简称《环境保护法》）第五十八条的规

[①] 来源：湖北省汉江市中级人民法院(2016)鄂96民初12号案卷。

定，符合起诉条件的环保组织须是专门从事环境保护公益活动连续五年以上且无违法记录。

根据《环境公益诉讼解释》第五条的规定，社会组织在提起诉讼前五年内未因从事业务活动违反法律、法规受过行政、刑事处罚的，可以认定为《环境保护法》第五十八条规定的"无违法记录"。

社会组织提起环境公益诉讼的，应当提交诉讼前五年内未违反法律、法规的规定受过行政、刑事处罚的证明。因此，社会组织提起环境公益诉讼应当提交社会组织登记证书、章程、起诉前连续五年的年度工作报告或者年检报告书，以及由法定代表人或者负责人签字并加盖公章的无违法记录的声明。

2. 样式的写作要点

（1）标题

写明文书的名称为"声明书"。

（2）正文

①要写明原告所起诉案件的案由、声明人名称，实例中没有写明所起诉案件的案由。

②根据样式的要求，正文中应当载明声明人在起诉前五年内未因从事业务活动违反法律、法规的规定，受过行政、刑事处罚。此处要注明五年期间的起始点和终点。实例中写明的是无违法事由，但是此类案件要求的是无特指的违法事由，即"未因从事业务活动违反法律、法规的规定，受过行政、刑事处罚"。另外，实例中的起诉人因为在起诉时开办时间尚未满五年而不符合起诉条件被驳回起诉。

③写明致送人民法院，即受理公益诉讼案件的法院。

（3）落款

落款处由声明人签名及注明日期。

3. 申请书（其他机关和有关组织申请参加公益诉讼用）

申请书

申请人：×××，住所地……。

法定代表人/主要负责人：×××，……(写明职务,)联系方式：……。

委托诉讼代理人：×××，……。

（以上写明申请人和其他诉讼参加人的姓名或者名称等基本信息）

请求事项：

> 　　作为共同原告参加你院(××××)……号原告×××与被告×××污染环境/破坏生态/侵害消费者权益公益诉讼一案。
>
> 　　事实和理由：
>
> 　　你院(××××)……号原告×××与被告×××污染环境/破坏生态/侵害消费者权益公益诉讼一案，于××××年××月××日发出公告。
>
> 　　……(写明申请参加公益诉讼的事实和理由)。
>
> 　　此致
>
> ××××人民法院
>
> 申请人(公章和签名)
××××年××月××日

【说明】

1. 本样式根据《最高人民法院关于适用〈中华人民共和国民事诉讼法〉的解释》第二百八十七条、《最高人民法院关于审理环境民事公益诉讼案件适用法律若干问题的解释》第十条第二款、《最高人民法院关于审理消费民事公益诉讼案件适用法律若干问题的解释》第七条制定，供有权提起诉讼的其他机关和社会组织在人民法院公告之日起三十日内或者一审开庭前，向受理公益诉讼的人民法院，申请作为共同原告参加公益诉讼用。

2. 有权提起诉讼的其他机关和社会组织在污染环境或者破坏生态公益诉讼公告之日起三十日内申请参加诉讼，经审查符合法定条件的，人民法院应当将其列为共同原告；逾期申请的，不予准许。

3. 人民法院受理消费民事公益诉讼案件后，依法可以提起诉讼的其他机关或者社会组织，可以在一审开庭前向人民法院申请参加诉讼。经审查符合法定条件的，人民法院应当将申请人列为共同原告；逾期申请的，不予准许。

【实例评注】

作为共同原告的申请书①

清镇市人民法院生态保护法庭：

　　我们看到贵院(庭)发布环境公益诉讼受理公告，贵院(庭)受理了原告清镇生态保

---

① 参见李楯主编：《环境公益诉讼观察报告(2015年卷)》，法律出版社2015年版，第63页。

护联会诉被告贵州省清镇市铝矿厂、清镇市站街镇龙滩前明铝铁矿山环境污染侵权责任（环境民事公益诉讼）纠纷案。作为长期关注生态环保并符合法定条件的组织，我们申请作为共同原告参加本案诉讼。

请准许。

北京市朝阳区自然之友环境研究所
二〇一五年一月十二日

附：诉讼请求

1. 判决被告一立即停止侵害，停止向大气等排放污染物。

2. 判决被告一立即消除危险，即清镇市站街镇龙滩前明铝铁矿山内的两台铝土矿煅烧窑不得进行生产并对厂区内现有污染源、污染物进行依法予以处理和处置。

3. 判决被告一恢复原状，即将受影响范围内的防护林修复到损害发生之前的状态和功能。

4. 判决被告一赔偿原告因本案产生的制定修复方案、修复后的监测、监管等生态环境修复费用；承担检验、鉴定费用，律师费以及为诉讼支出的其他费用，以上费用暂定为20万元。

5. 判决被告二与被告一承担连带责任。

6. 判决被告一赔礼道歉，即在贵州省级报纸上发布"因开办国家明令禁止的污染企业"赔礼道歉的公告。

7. 判决被告二赔礼道歉，即在贵州省级报纸上发布"因向开办国家明令禁止的污染企业提供场所"赔礼道歉的公告。

8. 本案诉讼费用由二被告共同承担。

北京市朝阳区自然之友环境研究所
二〇一五年二月五日

〔评注〕

1. 样式适用范围和功能

本样式供在公益诉讼中有资格作为案件原告的主体，在得知法院发出的公益诉讼公告后向法院提出申请作为原告参加诉讼时使用。

由于损害消费者权益和污染环境、破坏生态的行为，往往涉及面大，横跨地域广阔，对同一损害社会公益的行为，能够有资格提起公益诉讼的主体可能有多个。依法可以向法院提起诉讼的其他机关和有关组织，可以在开庭前向人民法院申请参加诉讼，即申请参加公益诉讼的其他机关和有关组织必须符合法律规定的对人民法院已经受理的公益诉讼具有起诉的原告资格，而且要在公益诉讼案件开庭之前申请参加，逾期申请参加的，不予准许。

2. 样式的写作要点

由于实践中经过法院公告后，存在其他组织申请参加诉讼的案例非常少，此处选取的实例发生在本样式实施之前，故和样式所要求的形式有多处不同。

（1）标题

样式要求写明文书的名称"申请书"即可。实例中文书的名称是"作为共同原告的申请书"。

（2）正文

①写明申请人的身份情况，以及案件其他诉讼参加的人的基本信息，其他诉讼参加人既包括原告，也包括被告。实例中没有写明申请人以及其他诉讼参加人的基本信息。

②请求事项：写为"作为共同原告参加你院（××××）……号原告×××与被告×××污染环境/破坏生态/侵害消费者权益公益诉讼一案"。这里的请求事项与一般起诉状有所不同，并没有要求申请人提出明确的实体请求，而是要求申请人提出参与公益诉讼的程序性要求。此处能否提出具体的实体诉讼请求，在实践中有待进一步探索。

鉴于原告在诉状中已经提出实体请求，申请参与诉讼的其他机关或者有关组织如果另行提出实体请求可能会与原告的请求事项不一致而造成审理上的障碍。但有些案件中，原告的诉讼请求不足以维护公共利益，因此后参加诉讼的其他机关或者有关组织可以申请增加其他诉讼请求。

实例中将请求事项作为附项，并提出了具体请求。另外，笔者了解到该案起诉时的原告清镇市生态保护联合会提出的诉讼请求为："1. 判令贵州铝矿厂立即停止污染，停止向外环境排放含污染物的气体；2. 判令贵州铝矿厂和前明矿山共同消除危险，拆除位于清镇市站街镇龙滩村前明铝矿山内的两台铝土矿煅烧窑；3. 判令贵州铝矿厂和前明矿山共同赔偿生保联合会因本案产生的合理费用，包括调查取证费用、律师法律服务费用等共计5660元，并承担连带责任；4. 本案诉讼费用由二被告共同承担。"因此，申请人提交的申请书中的请求范围超过了原起诉状的请求范围。例如申请人所支付的律师费等有可能得到法院支持的合理诉讼费用显然不可能涵盖在原起诉状的诉讼请求之内。

该案经过调解达成调解协议，调解协议的内容为："一、被告贵州省清镇市铝矿厂在2016年3月1日之前将位于清镇市站街镇龙滩前明铝矿山内的两台铝土矿煅烧窑进行技术整改并通过环评审批，按照环评要求达到国家规定的排放标准，并从合法生产之日起接受原告清镇市生态保护联合会、原告北京市朝阳区自然之友环境研究所为期二年的监管；二、被告贵州省清镇市铝矿厂将被破坏的10亩植物异地恢复林木抚育情况进行三年监督（监督时间从补种的林木经验收合格之日起计算），确保异地恢复林木成活率达90%以上；三、被告贵州省清镇市铝矿厂（已于2015年10月23日登报道歉）、被告清镇市站街镇龙滩前明铝矿山在贵州省级报纸上发布道歉声明；四、被告贵州省清镇市铝矿厂应于本调解书生效之日起十五日内支付原告清镇市生态保护联合会因本案产生的律师费5 000元、为诉讼支出的其他合理费用1 700元，支付原告北京市朝阳区自然之友环境研究所律师费10 000元、为诉讼支出的其他合理费用共计12 000元，合计28 700元；案件受理费1 766.2元，减半收取883.1元，由被告贵州省清镇市铝矿厂负担。"① 从这个案件的调解结果来看，申请人在申请书中提出的请求超出原诉状诉讼请求的事项中有部分内容最终得到了支持。

③事实和理由：应当载明正在进行审理的公益诉讼案件的案由，发出公告的时间，以及其他的相应事实和理由。此处可以载明申请人是符合公益诉讼原告主体资格的相关内容。实例中写明了案由以及申请人得知案件受理的原因是看到了法院发出的公告，但是没有载明公告日期。

④尾部：写明致送法院，为正在审理公益诉讼的法院。

（3）落款

申请人署名及加盖印章，注明日期。

4. 意见书（支持起诉单位提交书面意见用）

意见书

支持起诉单位：×××，住所地……。
法定代表人/主要负责人：×××，……(写明职务,)联系方式：……。
委托诉讼代理人：×××，……。
（以上写明支持起诉单位和其他诉讼参加人的姓名或者名称等基本信息）
依照《中华人民共和国民事诉讼法》第十五条的规定，对你院（××××）……号……(写明当事人和案由)一案，本单位提出书面意见如下：
……(写明支持原告的诉讼请求、事实和理由的意见)。
此致
××××人民法院

支持起诉单位(签名和公章)
××××年××月××日

---

① 李楯主编：《环境公益诉讼观察报告(2015年卷)》，法律出版社2015年版，第67—68页。

【说明】

本样式根据《中华人民共和国民事诉讼法》第十五条制定,供有关单位支持提起公益诉讼,向人民法院提交书面意见用。

【实例评注】

**扬中市人民检察院
支持起诉书**①

扬检民(行)支〔2014〕32118200002 号

支持起诉机关:扬中市人民检察院,住所地扬中市新扬路 58 号。
法定代表人:司马某某,检察长。
委托代理人:张某某,扬中市人民检察院民行科科长。
原告:镇江市生态环境公益保护协会,住所地镇江市京口区解放路 20 号。
法定代表人:卢某某,会长。
被告:郭某某,男,1967 年 1 月 19 日出生,身份证号码:321124××××××××××××,汉族,初中文化,住扬中市三茅镇裕星村×号,个体。

2011 年 4 月至 2014 年 6 月 18 日,郭某某在其位于三茅镇裕星村×号家中从事电镀过程中产生的部分废水未经任何处理直接经下水道排向后院土壤中,致使周边土壤和水质一定的污染。

2014 年 6 月 18 日,扬中市环保局技术人员对郭某某家后门下水道、院后竹林内小塘、院后东北侧水池内采集的污水样本分别进行了 PH 值、化学需氧量、总铜、总铬、六价铬、总镍的浓度监测,监测结论已报请江苏省环保厅认可。监测结论是后门下水道内废水样本 PH 值为 8.63,化学需氧量为 476,总铜浓度为 22.6mg/L,总铬浓度为 0.03mg/L,六价铬的浓度为 0.02mg/L,其中化学需氧量的浓度为国家标准的上限的 5.95 倍,总铜的浓度为国家标准上限的 45.2 倍。院后竹林内小塘废水样本 PH 值为 7.08,化学需氧量为 924,总铜浓度为 30.6mg/L,总铬的浓度为 0.03mg/L,六价铬的浓度为 0.029mg/L,总镍浓度为 0.43mg/L,其中化学需氧量的浓度为国家标准上限的 11.55 倍,总铜的浓度为国家标准上限的 61.2 倍。院后东北侧水池内废水样本 PH 值为 4.78,化学需氧量为 202,总铜浓度为 26.4mg/L,总铬浓度为 0.03mg/L,六价铬的浓度为 0.026mg/L,总镍的浓度为 0.05mg/L,其中 PH 值超过国家标准的 2.525 倍,总铜的浓度为国家标准

---

① 来源:江苏省镇江市中级人民法院(2015)镇民公初字第 0001 号案卷。

上限的52.8倍。

　　2014年7月10日，苏州市华测技术有限公司对郭某某电镀加工点的土壤、泥底进行了检测，检测结论是土壤T11铜的浓度为1.82×1000mg/kg，超过国家标准18.2倍；土壤T12铜的浓度为373mg/kg，超过国家标准3.73倍；土壤T14铜的浓度为278mg/kg，超过国家标准2.78倍；土壤T18铜的浓度为196mg/kg，超过国家标准的1.96倍；土壤P1铜的浓度为2.12×1000mg/kg，超过国家标准21.2倍；底泥D5铜的浓度为2.12×1000mg/kg，超过国家标准21.2倍。对照《国家危险废物名录》（废物代码346-063-17）其他电镀工艺产生的槽液、槽渣和废水处理污泥为危险废物；（废物代码346-064-17）金属表面酸洗、除油、除锈、洗涤工艺产生的废蚀液、洗涤液和污泥为危险物。2014年6月18日，扬中市公安局以郭某某涉嫌污染环境罪立案侦查，同日对其刑事拘留，2014年10月22日移送丹阳检察院审查起诉。

　　本院认为：郭某某在未取得工商营业执照和未经环保部门审批的情况下，从事电镀铬和电镀锡加工，并将电镀过程中产生的废水未经任何处理直接进行排放，导致周边土壤和水质一定的污染，依法应承担相应的侵权责任。根据《中华人民共和国侵权责任法》第四条、第六十五条，《中华人民共和国环境保护法》第四十一条第一款之规定，郭某某应当承担停止侵害、赔偿损失等民事责任。依照《中华人民共和国民事诉讼法》第十四条、第十五条之规定，特支持镇江市生态环境公益保护协会向郭某某提起诉讼。

　　此致
镇江市中级人民法院

扬中市人民检察院
2014年11月4日

〔评注〕

　　1. 样式的适用范围和法律依据

　　（1）本样式供支持起诉的单位向人民法院提交支持公益诉讼原告提起诉讼用。

　　（2）支持起诉的法律依据：《民事诉讼法》第十五条规定，"机关、社会团体、企业事业单位对损害国家、集体或者个人民事权益的行为，可以支持受损害的单位或者个人向人民法院起诉。"《环境公益诉讼解释》第十一条规定："检察机关、负有环境保护监督管理职责的部门及其他机关、社会组织、企业事业单位依据民事诉讼法第十五条的规定，可以通过提供法律咨询、提交书面意见、协助调查取证等方式支持社会组织依法提起环境民事公益诉讼。"《环境公益诉讼解释》第十二条规定："人民法院受理环境民事公益诉讼后，应当在十日内告知对被告行为负有环境保护监督管理职责的部门。"

以上是对受诉法院的强制性规定，只要受理诉讼就得在十日内通知相关行政主管机关。相关的行政主管部门，指的是对公益诉讼被告的行为依法具有监督管理职能的行政机关。在环境公益诉讼中，主要是环境保护、林业、海洋、国土资源等相关行政主管部门。在消费者权益公益诉讼中，主要是工商局或者负有工商行政管理职能的其他行政部门。如果行政部门接到人民法院通知后，依法对侵害进行了处理的，则有可能直接实现保护社会公益的目的。

2. 结合实例评析本样式的写作要点

实例是检察院提交的支持原告提起环境公益诉讼的意见书。

（1）标题

样式中的标题仅为文书名称即"意见书"，而实例中标题是由人民检察院的名称＋文书名称"支持起诉书"＋案号即"扬检民（行）支〔2014〕32118200002号"组成。该案件发生在2016年8月之前，新的裁判文书样式尚没有实施，且作为检察机关一般首要遵循检察机关制定的文书样式。从其案号可以看出，该案由检察院民行科处理，与一般刑事公诉案件案号不同。

（2）正文

①支持起诉人及诉讼参与人的身份信息：样式要求写明"支持起诉单位"及其住所地。实例中写为"支持起诉的机关"，是因为检察院作为国家检察机关身份有别于其他单位。

实例中的"委托代理人：张某某"按照新文书样式要求应当写为"委托诉讼代理人：张某某"，而按照2016年8月之前的文书表述方式则为"委托代理人"。代理人的表述在《人民法院民事裁判文书制作规范》中统一规范为"委托诉讼代理人"。

按照样式要求还要载明其他诉讼参与人的身份信息，实例中列明了案件原告与被告的身份信息。

②样式中引用的支持起诉的法律依据为《民事诉讼法》第十五条，有关单位支持提起公益诉讼，向人民法院提交书面意见。法律依据之后载明当事人名称即案件的案由。然后写明"本单位提出如下意见：……"样式中并没有要求正文写明案件的事实经过。

③在实例中，详细描述了案件事实和支持起诉的理由。事实部分描述了从当事人实施侵权行为开始到抓获移送检察院审查起诉的案件事实经过。

④在实例的事实经过之后，另起一段描述了支持起诉的具体理由，该段落以"本院认为"开头，与人民法院判决书中的表述方式近似。随后表述了支持起诉的理由，及被告郭某某在未取得工商营业执照和未经环保部门审批的情况下，从事电镀铬和电镀锡加工，并将电镀过程中产生的废水未经任何处理直接进行排放，导致周边土壤和水质一定的污染，应承担侵权责任。

⑤实例引用的法律依据为《中华人民共和国侵权责任法》第四条、第六十五条，《中华人民共和国环境保护法》第四十一条第一款之规定，郭某某应当承担停止侵害、赔偿损失等民事责任。既有实体法依据，又有程序法的依据，相比样式更为充分和全面。

⑥尾部样式要求写明致送法院，实例中为"镇江市中级人民法院"。

（3）落款

由支持起诉的单位签名盖章并注明日期。

3. 综合分析评价实例与样式之间存在差异的原因

样式中的意见书内容简略，是考虑到起草文书的主体是包括检察机关在内的所有符合条件的单位，其中有些机构在支持起诉阶段，尚未全面认定案件事实经过，而且这种案件也不仅仅针对环境侵权案件，故样式在法律条文的引用中也仅仅引用了民事诉讼法。在具体案件中各单位可以根据案件不同性质添加与案件相匹配的实体法依据。

实例中的检察机关提交支持起诉书从形式上看比样式全面，从内容上看，其叙事、说理仍然未脱离检察机关作为国家公诉机关在打击犯罪中的公诉案件的口吻，没有明确体现检察机关在民事案件中支持公益诉讼的主体地位及参与诉讼的意义。这主要是因为检察机关这一主体的特殊性，其本身在刑事案件中对本案的被告提起了公诉，并掌握了一些案件事实，同时又在民事案件中支持公益诉讼的起诉，因此在民事案件提出意见没有脱离刑事公诉案件公诉书的表述模式。

近年来，有的学者认为相关单位及机关支持起诉是通过民事诉讼发挥公众参与社会管理的作用。《民事诉讼法》第五十五条所确立的公益诉讼制度就是通过社会管理创新模式，有效发挥社会监督作用，促进社会进步。①

---

① 参见全国人大常委会法制工作委员会民法室编著：《〈中华人民共和国民事诉讼法〉释解与适用》，人民法院出版社2012年版，第71页。

十四、第三人撤销之诉

1. 民事起诉状（提起第三人撤销之诉用）

民事起诉状

原告：×××，男/女，××××年××月××日出生，×族，……（写明工作单位和职务或者职业），住……。联系方式：……。

法定代理人/指定代理人：×××，……。

委托诉讼代理人：×××，……。

被告（原审原告）：×××，……。

……

被告（原审被告）：×××，……。

……

第三人：×××，……。

……

（以上写明当事人和其他诉讼参加人的姓名或者名称等基本信息）

诉讼请求：

1.（全部请求撤销的，写明：）撤销××××人民法院（××××）……号民事判决/民事裁定/民事调解书；

（部分请求撤销的，写明：）撤销××××人民法院（××××）……号民事判决/民事裁定/民事调解书第×项；

（请求改变的，写明：）变更××××人民法院（××××）……号民事判决/民事裁定/民事调解书第×项为……（写明变更的具体内容）。

2.……（写明其他诉讼请求）。

事实和理由：

××××年××月××日，××××人民法院（××××）……号对……（写明当事人和案由）一案作出民事判决/民事裁定/民事调解书：……（写明判决结果）。

……（写明提起第三人撤销之诉的事实和理由）。

证据和证据来源，证人姓名和住所：

……

此致

××××人民法院

附：本起诉状副本×份

起诉人（签名或者盖章）
××××年××月××日

【说明】

1. 本样式根据《中华人民共和国民事诉讼法》第五十六条第三款、第一百二十一条以及《最高人民法院关于适用〈中华人民共和国民事诉讼法〉的解释》第二百九十二条、第二百九十五条、第二百九十六条、第二百九十八条制定，供因不能归责于本人的事由未参加诉讼，但有证据证明发生法律效力的判决、裁定、调解书的部分或者全部内容错误，损害其民事权益的第三人，自知道或者应当知道其民事权益受到损害之日起六个月内，向作出该生效判决、裁定、调解书的人民法院提起诉讼用。

2. 当事人是法人或者其他组织的，写明名称住所。另起一行写明法定代表人、主要负责人及其姓名、职务、联系方式。

3. 第三人撤销之诉，应当将第三人列为原告，生效判决、裁定、调解书的当事人列为被告，但生效判决、裁定、调解书中没有承担责任的无独立请求权的第三人列为第三人。

4. 诉讼请求中应当写明请求撤销的原生效判决、裁定的主文或者调解协议书中处理当事人权利义务的结果。

5. 因不能归责于本人的事由未参加诉讼，是指没有被列为生效判决、裁定、调解书当事人，且无过错或者无明显过错的情形。包括：（一）不知道诉讼而未参加的；（二）申请参加未获准许的；（三）知道诉讼，但因客观原因无法参加的；（四）因其他不能归责于本人的事由未参加诉讼的。

6. 提供的证据材料应当包括：（一）因不能归责于本人的事由未参加诉讼；（二）发生法律效力的判决、裁定、调解书的全部或者部分内容错误；（三）发生法律效力的判决、裁定、调解书内容错误损害其民事权益。

7. 提起第三人撤销之诉的，应当附请求人民法院撤销的发生法律效力的判决书/裁定/调解书。

【实例评注】

民事起诉状 ①

原告：张某某，男，1964年08月15日生，汉族。

原告：刘某某，女，1963年12月12日生，汉族。

被告：武汉汇新房地产开发有限公司，住所地武汉市洪山区和平乡先锋村18号。

法定代表人：徐某某，该公司执行董事。

被告：武汉农村商业银行股份有限公司硚口支行，住所地武汉市硚口区解放大道1009号（兴隆大厦1-4层）。

负责人：詹某某，该支行行长。

被告：武汉汇文文化教育投资有限责任公司，住所地武汉市武昌区中南路63号。

法定代表人：徐某某，该公司执行董事。

被告：肖某某，女，1957年2月7日出生，汉族。

被告：徐某某，女，1963年5月28日出生，汉族。

被告：李某某，男，1957年1月25日出生，汉族。

被告：余某某，男，1956年3月23日出生，汉族。

被告：杨某某，男，1967年8月25日出生，汉族。

诉讼请求：

一、依法撤销武汉市硚口区人民法院（2014）鄂硚口民初字第00335号民事判决书第三项"原告武汉农村商业银行股份有限公司硚口支行依法对被告武汉汇新房地产开发有限公司抵押的位于武昌区巡司河商住区汇文新都×区×栋×单元×层×号房屋享有优先受偿权"。

二、依法判令被告武汉汇新房地产开发有限公司与被告武汉农村商业银行股份有限公司硚口支行于2013年1月11日签订的《最高额抵押贷款合同》（含附件）中约定的"武汉市武昌区巡司河商住区汇文新都×区×栋×单元×层×号（建筑面积：125.78m^2，房屋所有权证号为武房权证昌字201100×××号）房屋"的抵押担保部分无效。

三、依法判令被告武汉农村商业银行股份有限公司硚口支行立即协助办理解除武汉市武昌区巡司河商住区汇文新都×区×栋×单元×层×号房屋的抵押担保登记手续。

四、本案诉讼费用由被告共同承担。

事实与理由：

坐落于武汉市武昌区巡司河商住区汇文新都×区×栋×单元×层×号（建筑面积

---

① 来源：湖北省武汉市硚口区人民法院（2016）鄂0104民撤2号案卷。

125.78m²，房屋所有权证号为武房权证昌字201100×××号）房屋系被告武汉汇新房地产开发有限公司（以下简称"汇新公司"）开发建设。

2011年4月11日，原告与汇新公司就上述房屋签订《武汉市商品房买卖合同》，合同约定：由张某某、刘某某购买汇新公司开发的上述房屋，单价4 500元，建筑面积：124.68m²，总金额561 060元；一次性付清；汇新公司应当在商品房交付使用之日起90日内办理完房地产初始登记。当天，原告按合同约定一次性向汇新公司出具收据一张，载明："汇文新都×区×-×-×购房款"，同时还出具证明一份，内容为："兹有业主张某某、刘某某购买汇文新都×区×-×-×住宅壹套，房款全部结清。"

合同签订后，汇新公司如约交房，原告及家人即装修并实际居住使用上述房屋至今。但汇新公司违反合同约定，至今未给原告办理房屋所有权证和土地使用权证。

后原告张某某、刘某某于2014年11月12日向武汉仲裁委员会申请仲裁，要求确认原告与汇新公司签订的房屋买卖合同有效，裁决汇新公司协助原告办证。后武汉仲裁委员会于2015年4月7日作出（2014）武仲裁字第0001487号裁决书，对上述事实均予以确认，并裁决原告与汇新房地产公司签订的《商品房买卖合同》合法有效，汇新公司提供办理"房屋两证"的相关资料，协助原告办理"房屋两证"。该裁决已发生法律效力。

由于汇新公司拒不履行该裁决，经原告向武昌区人民法院申请强制执行，2015年8月10日，武昌区人民法院下达（2015）鄂武昌执字第1195-1号执行裁定书。在执行过程中，发现汇新房地产公司于2011年8月4日将上述房屋登记于自己名下，并于2013年1月11日设定抵押，抵押权人为武汉农村商业银行股份有限公司硚口支行（以下简称"农村商业银行硚口支行"），致使执行受阻。

2015年12月初，原告又得知：武汉市硚口区人民法院就当事人武汉农村商业银行硚口支行有限公司与武汉汇文文化投资教育有限责任公司、武汉汇新房地产开发有限公司、肖某某、徐某某、李某某、余某某、杨某某借款担保合同纠纷一案，于2014年10月作出（2014）鄂硚口民二初字第00335号民事判决书，判决："原告武汉农村商业银行股份有限公司硚口支行依法对被告武汉汇新房地产开发有限公司抵押的位于武昌区巡司河商住区汇新都×区×栋×单元×层×号房屋享有优先受偿权。"原告张某某、刘某某认为，该项判决内容错误，严重侵害了原告的利益，应予撤销。理由如下：

一、原告张某某、刘某某与汇新公司的房屋买卖关系有效成立在先，汇新公司与农村商业银行硚口支行就诉争房屋设定抵押在后，被告武汉汇新房地产开发有限公司与被告武汉农村商业银行硚口支行有限公司于2013年1月11日签订的《最高额抵押合同》（含附件）中约定的"武汉市武昌区巡司河商住区汇文新都×区×栋×单元×层×号（建筑面积：125.78m²，房屋所有权证号为武房权证昌字201100×××号）房屋"的抵押担保部分无效。

二、农村商业银行硚口支行应当对汇新公司提供抵押担保房屋的情况进行审查,该审查不仅包括对房屋权属登记情况等。但原告自入住后一直没有任何典当或房地产估价公司以任何形式入户审查,或询问过原告及其亲属。农村商业银行硚口支行没有尽到必要的审查注意义务。

三、汇新公司将包括上述房屋在内的数套房屋抵押给农村商业银行硚口支行,但却未对上述房屋在内的数套房屋履行合法的评估手续,明显有悖常理。农村商业银行硚口支行对汇新公司明显有悖常理的不评估行为,理应在借款、抵押前应产生疑问,进行现场查看,有无居住使用、买卖交易等情况,以规避风险,但其故意回避这些程序和风险,接受抵押。

因此,农村商业银行硚口支行在没有尽到必要的注意义务,不调查了解抵押房屋的出售情况下即与汇新公司签订了抵押合同,在主观上有与汇新公司串通的故意,损害了房屋购买人张某某、刘某某的合法利益,根据《中华人民共和国合同法》第五十二条"有下列情形之一的,合同无效:(一)……(二)恶意串通,损害国家、集体、第三人利益……"的规定,汇新公司与农村商业银行硚口支行就本案诉争房屋设定的抵押无效。

综上所述,原告张某某、刘某某与汇新公司签订的《房屋买卖合同》系双方真实意思表示,合法有效,原告张某某、刘某某已向汇新公司支付全部购房款,且已合法占有和使用了诉争房屋,汇新公司与农村商业银行硚口支行就诉争房屋设定的抵押无效。因此,武汉市硚口区人民法院作出的(2014)鄂硚口民二初字第00335号判决内容错误,应予撤销。

为维护自身的合法权益,现原告张某某、刘某某特根据《民事诉讼法》第五十六条及相关司法解释之规定向法院提起第三人撤销之诉,望贵院支持原告的诉讼请求。

此致
武汉市硚口区人民法院

具状人:张某某、刘某某
2015年12月22日

〔评注〕

1. 撰写民事起诉状的要旨

就民事案件而言,法律职业活动的四大重点分别是争议的判断、争议的准备、争议避免及新权利形成、问题的描述。写起诉状是发起诉讼活动的起点,决定了诉讼的发展方向,上面四个重点会在诉状的起草中均有所体现,写好诉状会决定整个后续诉讼进程的顺利和方向的正确,这个方向主要是由诉状决定的,而不是法官。

2. 一般民事起诉状的写作要求

根据《民事诉讼法》第一百一十九条的规定，起诉必须具备的条件有：①合格的原告；②明确的被告；③具体的诉讼请求、事实和理由；④属于人民法院受理范围和受诉法院管辖。

3. 第三人撤销之诉民事起诉状的特殊要求及其在实例中的体现

(1) 起诉人为原告，原审双方原、被告均列为被告。如实例被告武汉农村商业银行股份有限公司硚口支行是原审原告，其他被告均是原审被告。

(2) 诉讼请求：根据《民诉法解释》第三百条的规定，对第三人撤销或者部分撤销发生法律效力的判决、裁定、调解书内容的请求，人民法院经审理，按下列情形分别处理：①请求成立且确认其民事权利的主张全部或部分成立的，改变原判决、裁定、调解书内容的错误部分；②请求成立，但确认其全部或部分民事权利的主张不成立，或者未提出确认其民事权利请求的，撤销原判决、裁定、调解书内容的错误部分。

以上说明原告的请求：第一，可以要求"撤销"原生效裁判，第二，"变更"错误内容，第三，请求"确认"全部或部分民事权利，也就是"形成新的权利"（关于这类诉求应属确认之诉还是形成之诉在我国是有争议的）。结合实例的请求部分来看：第一项请求撤销原审判决即"撤销"；第二项请求确认相应的抵押条款无效属于未超出原审裁量范围的"变更"，因为原审必须基于对抵押合同效力评判的基础上作出判决行使抵押权事项；第三项请求协助办理抵押手续则属于"防治纠纷及形成新的权利"。

(3) 事实与理由：事实和理由包含程序性和实体性内容。

实体性内容：第三人撤销之诉的事实和理由主要包含两个环节，第一个是原告本身应享有某项民事权利，因此原告对原审诉讼标的有独立的请求权，或者虽对原审诉讼标的没有独立请求权，但同案件处理结果有法律上的利害关系，而该项权利不一定是必须经过在先的诉讼程序所确认的，有可能会在本案中重新引发争议；第二个是原审裁判使原告的权益受到损害。

本实例中原告的商品买卖合同关系已经过生效的仲裁裁决书予以确认，并已进入了法院强制执行程序，因为(2014)鄂硚口民二初字第00335号民事判决书使执行受到了阻碍。农村商业银行在签订抵押合同并设定抵押权登记时未尽到合理审查义务，其他被告对原告买受房屋的情况也是明知的，故原审双方当事人存在恶意串通的嫌疑，符合起诉的实体要件。（第三人撤销之诉的起诉条件与其他一般诉讼不同之处在于其不仅包含程序要件，还包含实体要件。）

程序性内容：原告是取得生效仲裁裁决书并于2015年8月向法院申请强制执行之后才得知(2014)鄂硚口民二初字第00335号民事判决书侵害其民事权益，故其向法院提起诉讼之时尚在得知权利受到侵害的六个月之内，符合起诉的程序要件。

(4) 尾部：致送单位为湖北省武汉市硚口区人民法院，即请求撤销的原审生效判决书的原审法院，符合管辖的规定。

十五、执行异议之诉

1. 民事起诉状（案外人提起执行异议之诉用）

民事起诉状

原告(案外人)：×××，男/女，××××年××月××日出生，×族，……(写明工作单位和职务或者职业)，住……。联系方式：……。

法定代理人/指定代理人：×××，……。

委托诉讼代理人：×××，……。

被告(申请执行人)：×××，……。

……

被告/第三人(被执行人)：×××，……。

……

(以上写明当事人和其他诉讼参加人的姓名或者名称等基本信息)

诉讼请求：

1. 不得执行……(写明执行标的)；
2. (请求确认权利的，写明：)……。

事实和理由：

××××年××月××日，××××人民法院(××××)……号对……(写明当事人和案由)一案作出民事判决/民事裁定/民事调解书：……(写明判决结果)。

××××年××月××日，×××对执行标的提出书面异议。××××人民法院于××××年××月××日作出(××××)……执异……号执行异议裁定：驳回×××的异议。

……(写明事实和理由)。

证据和证据来源，证人姓名和住所：

……

此致

××××人民法院

附：本起诉状副本×份

起诉人(签名或者盖章)

××××年××月××日

【说明】

1. 本样式根据《中华人民共和国民事诉讼法》第一百二十一条、第二百二十七条以及《最高人民法院关于适用〈中华人民共和国民事诉讼法〉的解释》第三百零四条、第三百零五条、第三百零七条制定，供案外人对执行异议裁定不服的，提起执行异议之诉用。

2. 当事人是法人或者其他组织的，写明名称住所。另起一行写明法定代表人、主要负责人及其姓名、职务、联系方式。

3. 案外人提起执行异议之诉，除符合民事诉讼法第一百一十九条规定外，还应当具备下列条件：（一）案外人的执行异议申请已经被人民法院裁定驳回；（二）有明确的排除对执行标的执行的诉讼请求，且诉讼请求与原判决、裁定无关；（三）自执行异议裁定送达之日起十五日内提起。

4. 案外人提起执行异议之诉的，以申请执行人为被告。

5. 诉讼请求中应当写明请求不得执行的执行标的，并可以写明确认权利的诉讼请求。

6. 提起执行异议之诉的，应当附驳回执行异议裁定书。

【实例评注】

民事起诉状 ①

原告：赖某。

被告：中国农业银行。

第三人：邹某。

诉讼请求：

1. 请求确认广州市花都区商铺为原告所有，并停止对该财产的执行；

2. 本案诉讼费用由被告承担。

事实与理由：

2010年7月20日，本案争议商铺经贵院一审判决归原告所有。2011年3月16日广州市中级人民法院维持贵院一审判决，确认本案争议商铺归原告所有。2014年7月30日，该商铺承租人突然告知原告，本案争议商铺被贵院张贴公告，要求腾空商铺并拍卖。原告遂根据公告指示向贵院提出执行异议：贵院执行的本案争议商铺早在2011年3月起就属于原告所有，并非被执行人邹某财产。贵院在未详细查明案件事实、错误适用

---

① 来源：广州市花都区人民法院档案室。

法律情况下，于 2014 年 9 月 15 日作出 (2014) 穗花法执异字第 6×号《执行裁定书》，裁定驳回原告的异议请求，并于 2014 年 9 月 30 日送达原告。原告不服此裁定，认为该裁定认定事实不清、理解适用法律错误。

《中华人民共和国民事诉讼法》第二百二十七条规定："执行过程中，案外人对执行标的提出书面异议的，人民法院应当自收到书面异议之日起十五日内审查，理由成立的，裁定中止对该标的的执行；理由不成立的，裁定驳回。案外人、当事人对裁定不服，认为原判决、裁定错误的，依照审判监督程序办理；与原判决、裁定无关的，可以自裁定送达之日起十五日内向人民法院提起诉讼。"

一、本案争议商铺系原告财产，并非案外人邹某财产，依法应当停止对该商铺的执行

《中华人民共和国物权法》第二十八条规定："因人民法院、仲裁委员会的法律文书或者人民政府的征收决定等，导致物权设立、变更、转让或者消灭的，自法律文书或者人民政府的征收决定等生效时发生效力。"

1994 年 2 月 1 日原告与第三人邹某登记结婚，后邹某于 2005 年 12 月 9 日从广州实业公司购得本案争议商铺，应属夫妻共同财产，2011 年 3 月 16 日双方经法院判决离婚。本案争议商铺经贵院一审判决作出 (2010) 花法民一初字第 6××号《民事判决书》认定"三、位于广州市花都区商铺及商铺内物品，归原告赖某所有……"广州市中级人民法院二审作出的 (2010) 穗中法民一终字第 56××号《民事判决书》认定"一、维持广州市花都区人民法院 (2010) 花法民一初字第 6××号民事判决的第一项、第二项、第三项……"因此，本案争议商铺自广州市中级人民法院终审判决生效之日起即由原告所有。

二、被告申请执行依据 (2011) 穗花法民二初字第 20××号《民事判决书》存在事实查明不清、审理程序违法等严重影响本案判决结果的情形。

《中华人民共和国民事诉讼法》第五十六条规定："对当事人双方的诉讼标的，第三人认为有独立请求权的，有权提起诉讼。对当事人双方的诉讼标的，第三人虽然没有独立请求权，但案件处理结果同他有法律上的利害关系的，可以申请参加诉讼，或者由人民法院通知他参加诉讼。人民法院判决承担民事责任的第三人，有当事人的诉讼权利义务。前两款规定的第三人，因不能归责于本人的事由未参加诉讼，但有证据证明发生法律效力的判决、裁定、调解书的部分或者全部内容错误，损害其民事权益的，可以自知道或者应当知道其民事权益受到损害之日起六个月内，向作出该判决、裁定、调解书的人民法院提起诉讼。人民法院经审理，诉讼请求成立的，应当改变或者撤销原判决、裁定、调解书；诉讼请求不成立的，驳回诉讼请求。"

《中华人民共和国民事诉讼法》第一百三十二条规定："必须共同进行诉讼的当事人没有参加诉讼的，人民法院应当通知其参加诉讼。"

1. (2011)穗花法民二初字第 20××号《民事判决书》事实查明不清，错误地将原告所有的本案争议商铺当做第三人邹某的财产予以处分，损害原告民事权益。

原告自 2011 年 3 月 16 日便享有本案争议商铺所有权。被告 2011 年 10 月 26 日才向贵院提起诉讼，请求行使对本案争议商铺的抵押权。也即，在被告提起诉讼之前本案争议商铺已不属于第三人邹某财产，而是原告财产。被告与贵院在该案的审理过程中均未查明此事实，便错误地将原告财产当做是第三人邹某财产予以处分，严重损害原告财产权益。

2. (2011)穗花法民二初字第 20××号案审理程序严重违法，明知原告对该案争议标的有独立请求权，应当共同参加该案审理，人民法院应当通知其参加诉讼而不予通知，致使原告客观上未能得知该案审理并错过申请参加诉讼时机，严重侵犯原告诉讼权利。

本案争议商铺原属原告与第三人邹某夫妻共同财产，原告自该商铺购买之日起便享有对该商铺的共同所有权。后原告与第三人邹某离婚，该商铺判归原告所有，则自判决生效之日起原告独立享有对该商铺的所有权。因此，不论原被告是否已经离婚，被告在起诉时都应当将原告列为共同被告；贵院在审理此案时，也应当将原告追加为有独立请求权的第三人参加诉讼。然而，贵院与被告均无视案件事实，严重违反我国民事诉讼法的相关规定，对必须共同进行诉讼的当事人应当通知其参加诉讼而不予通知，侵犯原告诉讼权利，进而作出此严重损害原告民事权益的错误判决，企图以诉讼形式强行侵占原告财产。

三、(2014)穗花法执异字第 6×号《执行裁定书》认定事实不清，适应法律错误

1. (2014)穗花法执异字第 6×号案认定事实不清，被告申请强制执行行为已过时效期间，且无申请强制执行原告财产的法律依据。

《中华人民共和国民事诉讼法》第二百三十九条规定："申请执行的期间为二年。申请执行时效的中止、中断，适用法律有关诉讼时效中止、中断的规定。前款规定的期间，从法律文书规定履行期间的最后一日起计算；法律文书规定分期履行的，从规定的每次履行期间的最后一日起计算；法律文书未规定履行期间的，从法律文书生效之日起计算。"

被告申请执行所依据的(2011)穗花法民二初字第 20××号案《民事判决书》系贵院于 2011 年 12 月 2 日作出的，然而原告收到贵院执行公告的时间为 2014 年 7 月 30 日，其间相差近三年时间，已远远超过申请执行期间两年的时效规定。原告在该执行异议的审理中向贵院提出此时效抗辩，请求贵院查明相关事实作出裁定，但贵院并未对被告是否已超过申请执行时效期间作任何说明。

贵院在该执行异议案审理查明时已确认本案争议商铺系原告所有，且被告申请强制执行的依据系贵院对第三人邹某财产进行处分的民事判决书，并不是对原

告财产进行处分的民事判决书。然后，贵院在作出裁定时依旧枉顾上述事实，将本案争议商铺当做第三人邹某财产继续予以执行，并驳回原告的异议请求，损害原告合法权益。

2. (2014)穗花法执异字第6××号案《执行裁定书》适用法律错误，剥夺原告对被告享有的针对本案争议商铺的抗辩权，简单拼凑两个完全不同民事主体、规定不同民事权利义务的判决书来处分原告财产，混淆视听。

贵院明知原告系本案争议商铺的所有人，仍依据对第三人邹某财产进行处分的民事判决书强制执行原告财产，枉顾事实和法律。被告请求强制处分原告财产的应以直接对原告财产作出处分的合法有效的法律文书为依据，而不能依据其他的法律文书类推式地执行原告财产。且贵院在审理此执行异议案时，忽略了不管原告是本案争议商铺的共同所有人之一还是独立所有人，都享有对被告请求权的抗辩权，不能通过将两份完全不同民事主体、规定不同民事权利义务的判决书进行简单拼凑就强行处分原告财产，混淆视听，枉顾原告的诉讼权利和财产权益。

综上，本案争议商铺系原告财产，非第三人邹某财产；被告申请执行依据(2011)穗花法民二初字第20××号《民事判决书》存在事实查明不清、审理程序违法等严重影响本案判决结果的情形，应当通知共同参加诉讼的当事人没有通知其参加诉讼；(2014)穗花法执异字第6××号《执行裁定书》认定事实不清，适应法律错误，被告明显已过申请执行时效期间却不予审查并通过简单拼凑两份判决书类推式地执行原告财产，剥夺原告抗辩权。故原告依据《中华人民共和国民事诉讼法》第二百二十七条规定向贵院提起诉讼，请求贵院查明案件事实，作出公正判决。

此致
广州市花都区人民法院

具状人：赖某
2014年××月××日

〔评注〕

民事起诉状，一般应按照《民事诉讼法》第一百一十九条所规定的起诉条件来撰写。形式上，一般应按照当事人情况、诉讼请求、事实和理由三大部分来展开。同时，在写起诉状之前的重要准备工作是慎重选择起诉主张所依赖的请求权基础法律关系，根据请求权基础关系来拟定案由、围绕主张的法律关系结合双方争议焦点来组织证据，重点描述支持法律观点成立的事实经过和理由。

起诉状写作水平一般可从下几个方面考察：请求权基础关系选择是否正确(有的人主张诉状应案由拟定准确，但实际上在诉状的样式中并没有强调一定要将案由写明，但是在写诉状之前必须先考虑清楚具体所依据的基础法律关系，并在诉状中明确展现，才能便于法院受案以后拟定案由和原告的诉讼目的相契合)、格式是否规范、诉讼请求是否合理、事实与理由是否表述到位。

除去一般案件起诉状的基本要素之外，撰写案外人执行异议起诉状还有一些特殊要点，下面笔者结合实例与样式一起来具体评析：

1. 当事人的身份情况

样式要求的是原告(案外人)，被告(申请执行人)，被告/第三人(被执行人)。在实例中没有写明括号中的内容，因为实例发生于2016年8月新民事诉讼文书样式实施之前，根据当时的起诉状样式，实例的书写没有问题。新民事诉讼文书样式要求此处写明括号内的当事人在原执行案件中的身份，主要原因是为了反映案件的性质和当事人的资格是否符合案外人执行异议之诉的要件。案外人执行异议之诉中原告必须是原生效裁判执行范围所涉主体之外的人。申请执行人必须为被告，被执行人根据其对于案外人权利主张的态度来确定其诉讼地位，如果被执行人不反对案外人的权利主张，则其实际的观点和申请执行人是相对的，因此可以列为第三人，如果被执行人和案外人的权利主张相对立，则为被告。从实例诉状的内容来看，无法明确判断被执行人对执行标的的权属持有什么态度。因此，在起诉时无论将被执行人列为第三人还是被告，法院必须在后续审理中结合实际情况作出进一步的判断。

值得注意的是，根据最高人民法院就新民事诉讼文书样式组织召开新闻发布会传达的精神："当事人参考民事诉讼文书样式，是当事人在诉讼过程中依法行使或处分民事实体权利、程序权利以及认可、负担或履行民事义务的重要凭证。法院提供给当事人参考诉讼文书样式，帮助当事人解决了制作诉讼文书困难，是司法为民、便民、利民的重要举措，而且通过引导当事人正确选择并适用诉讼过程中所需文书，客观上起到释明作用，有利于规范当事人的诉讼行为，为民事诉讼程序依法、有序、规范进行创造良好条件。"因此，当事人部分的文书样式作为一种"参考"样式，具体在起诉环节审查判断起诉状是否符合起诉要件，以及后续诉讼中判断是否具备案件判决要件都不应当以诉状与参考样式之间有微小的差距为由进行裁量，而应当结合民事诉讼法和相关实体法律规定来具体分析。例如，此处实例虽然没有书写当事人身份中括号内的内容，但是根据《民事诉讼法》第一百一十九条之规定，其依然符合起诉条件。人民法院只能根据样式向当事人提出建议，不应以诉状不符合规范样式为由拒绝受理。

2. 诉讼请求部分

样式的诉讼请求是："1. 不得执行……(写明执行标的)；2. (请求确认权利的，写明:)……。"其主要是依据《民诉法解释》第三百一十二条，提起案外人执行异议之诉首先必须主张排除对执行标的的强制执行，同时可以附带提出确认其相关权利的诉讼请求。实例的诉讼请求是："1. 请求确认广州市花都区商铺为原告所有，并停止对该财产的执行；2. 本案诉讼费用由被告承担。"实例诉讼请求的表述方式虽然具备了样式及司法解释中的基本要素，符合基本诉讼要件，但是与文书样式的表达顺序相比，文书样式对于诉讼请求的顺序安排更能体现这两个不同请求事项之间的逻辑关系，排除执行是案外人执行异议之诉的根本目的和必选事项，而确认其他相应的民事权利是附带性的、可选择性的事项。

3. 事实和理由

（1）事实部分：实例中展开了作为执行依据的原生效判决的主要内容和执行过程中执行异议裁定的主要内容，以及执行异议裁定送达的时间，这是符合样式规范的，也是在案外人提起执行异议之诉的必备要件。案外人执行异议之诉必须在法院作出执行异议裁定后十五日之内提起。

（2）理由部分：案外人执行异议之诉获得支持的核心要素是案外人对执行标的享有排他性的权利，如果发现执行异议裁定书有瑕疵也可以一并提出。在交代事实和阐述理由的时候应围绕以上焦点问题展开。

实例中阐述的主要理由有三项：一是本案争议商铺系原告财产，并非案外人邹某财产，应当停止对该商铺的执行。二是被告申请执行依据（2011）穗花法民二初字第20××号《民事判决书》存在事实查明不清、审理程序违法等情形。三是（2014）穗花法执异字第6×号《执行裁定书》认定事实不清，适应法律错误。其中第一项是为了说明案外人对执行标的享有排他性权利，第三项是执行异议裁定的错误，这两项不论将来在案件判决时是否足以支持原告诉讼主张，至少从文书的表述形式上是抓住了论述重点的。但是第二项，针对执行依据即原审判决展开的论述则偏离了主题，因为如果原审判决如果确有问题，应当优先考虑采取第三人撤销之诉或者再审的途径，针对执行依据的判决书提出主张，执行异议之诉是在生效裁判不变更的前提下，对于执行过程中发生的新的司法裁量提出的异议，而不能针对其执行依据本身。

4. 尾部事项

从尾部来看，致送法院广州市花都区法院即作出执行异议裁定的法院，符合管辖的规定。另外，文书样式中尾部的关于证据和证人等内容事项，该部分并非强制性要求，特别是对于证人的情况是否适合在起诉状中表明，是否会影响案件公正和顺利审理，素来是有争议的。所以实例即便没有在尾部列明证据和证人的内容，只要在起诉时提交了证明其符合程序要求的基本材料也不会对其诉讼权利造成影响。

2. 民事起诉状（申请执行人提起执行异议之诉用）

民事起诉状

原告（申请执行人）：×××，男/女，××××年××月××日出生，×族，……（写明工作单位和职务或者职业），住……。联系方式：……。

法定代理人/指定代理人：×××，……。

委托诉讼代理人：×××，……。

被告（案外人）：×××，……。

……

被告/第三人（被执行人）：×××，……。

……

（以上写明当事人和其他诉讼参加人的姓名或者名称等基本信息）

诉讼请求：

准许执行……（写明执行标的）。

事实和理由：

××××年××月××日，××××人民法院（××××）……号对……（写明当事人和案由）一案作出民事判决/民事裁定/民事调解书：……（写明判决结果）。

××××年××月××日，被告（案外人）×××对执行标的提出书面异议。××××人民法院于××××年××月××日作出（××××）……执异……号执行异议裁定：中止……（××××）……号……（写明案号、文书名称和执行项）的执行。

……（写明事实和理由）。

证据和证据来源，证人姓名和住所：

1. ××××人民法院（××××）……号民事判决/民事裁定/民事调解书；
2. ××××人民法院（××××）……执异……号执行裁定书；

……

此致

××××人民法院

附：本起诉状副本×份

起诉人（签名或者盖章）
××××年××月××日

【说明】

1. 本样式根据《中华人民共和国民事诉讼法》第一百二十一条、第二百二十七条以及《最高人民法院关于适用〈中华人民共和国民事诉讼法〉的解释》第三百零四条、第三百零六条、第三百零八条制定，供申请执行人对执行异议裁定不服的，提起执行异议之诉用。

2. 当事人是法人或者其他组织的，写明名称住所。另起一行写明法定代表人、主要负责人及其姓名、职务、联系方式。

3. 申请执行人提起执行异议之诉，除符合民事诉讼法第一百一十九条规定外，还应当具备下列条件：（一）依案外人执行异议申请，人民法院裁定中止执行；（二）有明确的对执行标的继续执行的诉讼请求，且诉讼请求与原判决、裁定无关；（三）自执行异议裁定送达之日起十五日内提起。

4. 申请执行人提起执行异议之诉的，以案外人为被告。被执行人反对申请执行人主张的，以案外人和被执行人为共同被告；被执行人不反对申请执行人主张的，可以列被执行人为第三人。

5. 诉讼请求中应当写明准许执行争议的执行标的。

【实例评注】

民事起诉状①

原告：熊某某，男。

被告：涂某，女。

被告：武汉欣政物资有限公司，住所地武汉市硚口区长丰大道天勤花园14栋1层2号。

法定代表人：周某某，该公司董事长。

诉讼请求：

一、判令撤销两被告之间的以武昌区和平大道×号绿地国际金融城×地块×栋×层×室房屋抵债的交易行为。

二、判令对武昌区和平大道×号绿地国际金融城×地块×栋×层×室房屋许可执行。

三、判令被告承担本案诉讼费。

事实及理由：原告于2017年6月13日收到贵院发出的（2017）0104执异9号《执行

---

① 来源于湖北省武汉市硚口区人民法院（2017）鄂0104民初字2833号案卷。

裁定书》，因不服该裁定特提起诉讼。

被告涂某在原告申请执行(2015)鄂硚口民二初字第00535号、(2015)鄂武汉中民商终字第02402号民事判决，决定对异议房屋进行拍卖时提出排除执行异议，异议理由是被告武汉欣政物资公司向被告涂某借款未还，商定以异议房屋抵偿部分债务。贵院仅作形式审查，没有审查其异议事实的合法性及真实性。

原告认为，被告并没有证明自己取得债权的合法性及真实性，也没有证明自己已经合法占有房屋，不符合异议成立的法定条件，故此提起执行异议之诉，望贵院依法作出公正裁决。

此致
武汉市硚口区人民法院

具状人：熊某某
2017年6月20日

〔评注〕

本样式是执行案件的申请人提起执行异议之诉时的起诉状样式，下面就该样式的特点，结合实例及申请执行人异议之诉的特点来综合评述：

1. 标题

写明文书名称"民事起诉状"。

2. 正文

(1)当事人的诉讼地位：根据《民诉法解释》的规定，申请执行人提起执行异议之诉的，以案外人为被告。被执行人反对申请人主张的，为共同被告；被执行人不反对申请执行人主张的，可以列为第三人。故样式中关于当事人身份的写作要求是：原告（申请执行人）、被告（案外人）、被告/第三人（被执行人）。实例中没有书写原告和被告后面括号里的内容，应该改为"原告（申请执行人）：熊某某""被告（案外人）：涂某""被告（被执行人）：武汉欣政物资有限公司"。

(2)诉讼请求：根据《民诉法解释》的规定，申请执行人提起执行异议之诉，除符合《民事诉讼法》第一百一十九条规定外，还应当有明确的对执行标的继续执行的诉讼请求，且诉讼请求与原判决、裁定无关。故文书样式对于请求事项的规范写法是："准许执行……（写明执行标的）。"实例中第二项诉讼请求实际上表达的是准许执行的请求，仅是表述方式与样式稍有不同，但并不影响其诉讼权利。但实例中第一项诉讼请求不当，因为申请人执行异议的诉讼请求只能针对执行异议裁定，不能提出其他的权利主张。实例中第一项诉讼请求不应当直接针对案外人与被执行人的房屋交易行为主张权利，而应当修改为"判决撤销(2017)0104执异9号执行裁定"。

(3) 事实与理由：根据样式的要求，"事实和理由:"之后应该另起一段写该部分具体内容，实例中紧接":"之后书写不规范，应当在"事实与理由:"后另起一段书写具体的事实经过和理由。

①事实经过：应当写明原生效的执行依据的结果，案外人对执行标的提出书面异议的经过，法院就案外人异议作出执行裁定的结果。实例中写明了原告申请执行所依据的生效法律文书，以及案外人提出执行异议的经过，但是没有写明执行法院作出的(2017)0104执异9号执行裁定中的裁定结果。

②理由阐述：原告应当阐述的主要理由一般包括其应有对该案件执行标的要求继续执行的权利，以及被告即案外人对执行标的不享有排他性权利的理由。实例中，原告提出的理由是认为被告没有证明自己取得债权的合法性及真实性，也没有证明自己已经合法占有房屋，不符合异议成立的法定条件，法院对案外人享有的权利应当进行实质审查。在司法实践中，案外人异议审查仅有十五日的审查期间，只能过滤掉一些明显成立或者不成立的案外人异议，并且在执行程序中，也不适宜对实体法律关系直接作出判断。实体法律关系的实质性审查应该经过诉讼程序，因此执行异议审查中审查标准仅为形式上、外观性的权利审查，而非实质审查标准。实体法律关系的实质审查由执行异议之诉解决。《执行异议和复议的规定》第二十五条的规定中，对执行标的权属的判断确立了"形式审查为主，实质审查为辅"的原则，即如果执行标的是不动产、有登记的动产和其他财产权，根据登记来判断权利人；对没有登记的动产，根据占有情况判断权利人；如果是没有登记的建筑物、构筑物及附属设施，或者是没有占有情况的动产和其他财产，则根据相关行政许可、当事人之间的合同等证据来判断权利人。因此，原告针对法院没有就案外人的实体权利进行实质审查并没有切中要点，其应当是主要围绕案外人对执行标的是否享有权利来展开阐述。

(4) 尾部事项：应当在"此致"之后另起一段写明致送法院。附项中写明提交给法院的起诉状副本的份数。在司法实践中，如果起诉状仅仅没有写明附项的内容，其他部分形式完整的，也并不因此影响其诉讼权利。

3. 落款

由起诉人签名或者盖章，载明日期。

十六、第二审程序

1. 民事上诉状（当事人提起上诉用）

民事上诉状

上诉人（原审诉讼地位）：×××，男/女，××××年××月××日出生，×族，……（写明工作单位和职务或者职业），住……。联系方式：……。

法定代理人/指定代理人：×××，……。

委托诉讼代理人：×××，……。

被上诉人（原审诉讼地位）×××，……。

……

（以上写明当事人和其他诉讼参加人的姓名或者名称等基本信息）

×××因与×××……（写明案由）一案，不服××××人民法院××××年××月××日作出的（××××）……号民事判决/裁定，现提起上诉。

上诉请求：

……

上诉理由：

……

此致

××××人民法院

附：本上诉状副本×份

上诉人（签名或者盖章）

××××年××月××日

【说明】

1. 本样式根据《中华人民共和国民事诉讼法》第一百六十四条、第一百六十五条、第一百六十六条、第二百六十九条制定，供不服第一审人民法院民事判决或者裁定的当事人，向上一级人民法院提起上诉用。

2. 当事人是法人或者其他组织的，写明名称住所。另起一行写明法定代表人、主要负责人及其姓名、职务、联系方式。

3. 当事人不服地方人民法院第一审判决的，有权在判决书送达之日起十五日内向上一级人民法院提起上诉。当事人不服地方人民法院第一审裁定的，有权在裁定书送达之日起十日内向上一级人民法院提起上诉。在中华人民共和国领域内没有住所的当事人，不服第一审人民法院判决、裁定的，有权在判决书、裁定书送达之日起三十日内提起上诉。

4. 上诉状的内容，应当包括当事人的姓名，法人的名称及其法定代表人的姓名或者其他组织的名称及其主要负责人的姓名；原审人民法院名称、案件的编号和案由；上诉的请求和理由。

5. 上诉状应当通过原审人民法院提出，并按照对方当事人或者代表人的人数提出副本。

6. 有新证据的，应当在上诉理由之后写明证据和证据来源，证人姓名和住所。

【实例评注】

民事上诉状 ①

上诉人(原审被告)：湖北远大建设集团有限公司贵州分公司。住所地：贵州省贵阳市南明区都司路中天商务港24层3号，负责人：李某某，该分公司经理。

被上诉人(原审原告)：湖北银行股份有限公司孝感天仙支行。所住地：湖北省孝感市槐荫大道263号，负责人：吴某某，该行行长。

上诉人因与被上诉人金融借款合同纠纷一案，不服孝感市中级人民法院作出的(2015)鄂孝感中民三初字第00035号《民事判决书》，现依法提起上诉。

上诉请求：

1. 撤销孝感市中级人民法院(2015)鄂孝感中民三初字第00035号《民事判决书》第三项，驳回被上诉人要求上诉人承担连带清偿责任的诉讼请求；

2. 本案一、二审诉讼费不由上诉人承担。

事实和理由：

一审判决认定事实错误，适用法律错误，审理程序违法，判决上诉人承担连带清偿责任无事实及法律依据。

一、一审判决认定的事实无任何证据支持，判决上诉人承担连带清偿责任无事实依据

一审判决第14页中认定，"因远大公司(指上诉人，下同)原因导致质权未及时且

---

① 来源：湖北省高级人民法院(2016)鄂民终1336号案卷。

充分实现,远大公司在本合同约定的担保范围内对担保的债务与债务人承担连带偿还责任","远大公司对质押应收账款负有催收管理责任和义务,应督促中振公司(指贵州中振房地产开发有限责任公司)按原签订工程协议约定履行支付工程款的义务。远大公司未尽到上述催收管理责任,导致质权未及时且充分实现,远大公司的行为已违约"。以上认定没有任何事实依据,无任何证据支持。

事实上,自上诉人与中振公司签订《建设工程施工合同》后,从中振公司应付上诉人工程款之日起,上诉人就开始催收工程款,特别是上诉人与被上诉人签订了《权利质押合同》等协议后,上诉人更加重视催收工程款,如频繁上门找中振公司的负责人催要工程款,且有时还出手打了该公司负责人张某某。另外,上诉人还多次组织民工到雷山县政府上访,终因中振公司资金困难等原因,没有收到款项。现上诉人在工程上欠他人的建筑材料款和借款都因无钱偿还引起诉讼(见因该工程而欠款未还的部分判决书和起诉书)。一审判决有什么证据证明是上诉人"未尽到上述催收管理责任"和"因上诉人原因导致质权未及时且充分实现"呢?无任何当事人进行举证证明的事实,一审判决不能凭空陈述、随意认定!

二、一审判决适用法律错误,上诉人的保证行为无效,判决上诉人承担连带清偿责任错误

《中华人民共和国担保法》第十条第一款规定:"企业法人的分支机构、职能部门不得为保证人。"《最高人民法院关于适用〈中华人民共和国担保法〉若干问题的解释》第十七条规定:"企业法人的分支机构未经法人书面授权提供保证的,保证合同无效。"上诉人是湖北远大建设集团有限公司设立的分公司,在未经湖北远大建设集团有限公司书面授权和同意的情况下私自与被上诉人签订的《权利质押合同》等保证协议,依法应认定为无效。一审判决未依照上述法律规定,确认上诉人与被上诉人签订的《权利质押合同》等保证条款无效,而依照《最高人民法院关于适用〈中华人民共和国担保法〉若干问题的解释》第二十三条,第一百零六条的规定,判决上诉人"在36 000 000元范围内对前项被告久昌物资贸易有限公司所负债务承担连带清偿责任",即判决上诉人承担最高额连带保证责任,适用法律明显错误。

三、一审判决程序违法

本案涉及三份《借款合同》,虽然借款合同的当事人相同,但各自的质押担保和保证担保合同当事人不同,且各自的担保范围和金额又各不相同,其权利义务也各不一样,故应当分别起诉,而不应当将不同案件的当事人放在一个案件中审理,一审判决仅以借款合同当事人相同而认为审理程序"并无不当"错误,一审判决程序违法。

综上所述,一审判决认定事实错误,适用法律错误,审理程序违法,判决上诉人承担连带清偿责任无事实及法律依据,应予纠正。为维护自身合法权益,上诉人特依法提起上诉,请贵院予以支持。

此致
湖北省高级人民法院

上诉人：湖北远大建设集团有限公司贵州分公司

二〇一六年七月二十日

〔评注〕

1. 民事上诉状是当事人不服一审判决、裁定，在法定期限内，向上一级法院提出上诉，请求撤销或变更一审民事判决、裁定的一种法律文书。民事上诉状写作的基本依据是《民事诉讼法》第一百六十五条。该条规定："上诉应当递交上诉状。上诉状的内容，应当包括当事人的姓名，法人的名称及其法定代表人的姓名或者其他组织的名称及其主要负责人的姓名；原审人民法院名称、案件的编号和案由；上诉的请求和理由。"

2. 当事人和其他诉讼参加人的姓名或者名称等基本信息一般参照原审判决中载明的信息，但有证据证明相关信息发生变更的，也可采用变更后的信息。

3. 上诉人一般应为一审中的当事人和诉讼参加人，在原审判决中没有承担民事责任的无独立请求权第三人不能作为上诉人。被上诉人就是与上诉人有权利义务分担分歧的人。一审中的当事人和诉讼参加人如果与上诉人没有权利义务分担分歧，就不是被上诉人，在上诉状中按照原审地位列明。《民诉法解释》第三百一十九条规定了必要共同诉讼人上诉的主体地位的确定方法。该条规定："必要共同诉讼人的一人或者部分人提起上诉的，按下列情形分别处理：（一）上诉仅对与对方当事人之间权利义务分担有意见，不涉及其他共同诉讼人利益的，对方当事人为被上诉人，未上诉的同一方当事人依原审诉讼地位列明；（二）上诉仅对共同诉讼人之间权利义务分担有意见，不涉及对方当事人利益的，未上诉的同一方当事人为被上诉人，对方当事人依原审诉讼地位列明；（三）上诉对双方当事人之间以及共同诉讼人之间权利义务承担有意见的，未提起上诉的其他当事人均为被上诉人。"

4. 上诉请求一般分为三个层次：一是撤销/变更/发回重审原审判决、裁定。二是具体的请求，如"驳回被上诉人××的诉讼请求"等。三是诉讼费的负担。

5. 上诉事实与理由。在写作手法上，主要采用驳论方式。一般是先写不服原裁定或判决的论点，然后再进行反驳。具体有两种：一是对原审判决或裁定文书中存在的错误或不当加以综合概括，将其归纳为几点，然后集中力量进行反驳；二是边叙述边反驳，即将概括出来的几点分别写出来，写一个驳一个。无论采用哪种方法，都必须注意做到论点和论据的统一。

6. 此致后的"××××人民法院"应当是二审法院。虽然上诉状一般是向一审法院提交,但一审法院最终会将上诉状移送二审法院,且案件由二审法院审理,所以应写二审法院。

7. 上诉状副本。副本是相对于正本而言,上诉状正本提交给法院,副本提交法院后由法院送达给除上诉人自身以外的当事人和诉讼参加人。

8. 单位署名的,一般盖公章。自然人署名一般签名,实践中自然人多用签名加捺印的方式。

9. 本实例是一份较为典型的民事上诉状,诉状格式基本正确。在写法上,其针对一审判决,采取反驳方式,从认定事实错误、适用法律错误、审理程序违法三个方面阐述了一审判决的错误之处,目的就在于论证其不应当承担连带责任。

十七、非讼程序

(一)选民资格案件

1. 起诉书（申请确定选民资格用）

起诉书

起诉人：×××，男/女，××××年××月××日出生，×族，……（写明工作单位和职务或者职业），住……。联系方式：……。

法定代理人/指定代理人：×××，……。

委托诉讼代理人：×××，……。

(以上写明起诉人和其他诉讼参加人的姓名或者名称等基本信息)

请求事项：

确定×××在……选区具有/不具有选民资格。

事实和理由：

……（写明选举委员会对选民资格的申诉所作的处理决定）。

……（写明起诉人/有关公民×××具有/不具有选民资格的事实和理由）。

此致

××××人民法院

附：……选举委员会关于……的决定

起诉人（签名或者公章）

××××年××月××日

【说明】

1. 本样式根据《中华人民共和国民事诉讼法》第一百八十一条制定，供公民不服选举委员会对选民资格的申诉所作的处理决定，在选举日的五日以前向选区所在地基层人民法院起诉用。

2. 起诉书应当附选举委员会对选民资格的申诉所作的处理决定。

【实例评注】

起诉书①

原告：张某某，男，汉族，××××年××月××日生，××村村民，现住×街×巷×号。

原告：某某，女，汉族，19××年××月××日生，××村村民，住址同上。

被告：太原市××街道办事处××社区居民委员会选举委员会，负责人：

案由：申请确定选民资格

诉讼请求：

请求依法确认原告在太原市××街道办事处××社区的选民资格。

事实与理由：

2010年8月15日，太原市××街道办事处××社区居民委员会召开村民大会，推选成立了被告，推选时公布的领票选民没有原告夫妻二人。原告随即于2010年8月16日依据《山西省村民委员会选举办法》规定向被告提出申诉，要求确认原告选民资格，但被告口头答复不予确认。2010年8月18日，被告公布了选民名单并确定8月29日进行正式选举，其中没有原告夫妻二人。原告随即再次向被告提出异议，被告口头答复说经选举委员会研究不予登记。原告于是向太原市××街道办事处村民委员会换届选举工作领导组组长提出申诉，但其答复说村里决定的他也没办法。

原告认为：根据《山西省村民委员会选举办法》规定，选民在户籍所在的村进行登记。被告不登记确认原告的选民资格，违反了上述规定，侵犯了原告的选举权和被选举权。为维护原告的合法权益，特向贵院提起诉讼，请贵院查明事实，依法确认原告在太原市××街道办事处××社区的选民资格。

此致

太原市小店区人民法院

具状人：张某某、某某
××××年××月××日

〔评注〕

1. 向人民法院起诉申请确定选民资格应当注意以下三点：首先，提起诉讼的人可以是与选民资格名单有直接利害关系的公民，也可以是与选民资格名单无直接利害关系的公民。任何有诉讼行为能力的公民，只要认为公布的选民资格名单存有错误，都有

---

① 来源：百度贴吧（https://tieba.baidu.com/p/5092753692），访问时间：2016年10月29日。

起诉的权利。其次，起诉前必须先向选举委员会申诉，由选举委员会先行处理，对选举委员会作出的处理决定不服，才可以向人民法院起诉。再次，起诉应当在选举日的五日前向人民法院提出，人民法院应当在选举日以前作出判决。这是保证人民法院可以及时在选举日前将案件审理结束，保证选举的正常进行。

2. 本文书样式名称为起诉书，与诉讼案件起诉书的写法一致，首先列明原被告身份情况，然后写明诉讼请求，最后写清楚事实和理由。需要注意的是，本文书样式应当附选举委员会对选民资格的申诉所作的处理决定。

3. 本实例有诸多不符合文书样式规范写法之处："原告"应表述为"起诉人"，不需要列明被告；"诉讼请求"应表述为"请求事项"；案由部分可以删除。

（二）宣告失踪、宣告死亡案件

2. 申请书（申请宣告公民失踪用）

申请书

申请人：×××，男/女，××××年××月××日出生，×族，……（写明工作单位和职务或者职业），住……。联系方式：……。

法定代理人/指定代理人：×××，……。

委托诉讼代理人：×××，……。

（以上写明申请人和其他诉讼参加人的姓名或者名称等基本信息）

请求事项：

1. 宣告×××失踪；
2. 指定×××为失踪人×××的财产代管人。

事实和理由：

申请人×××与下落不明人×××，男/女，××××年××月××日出生，×族，……（写明工作单位和职务或者职业），住……，系……（写明双方的关系）。……（写明下落不明的事实、时间），至今已下落不明满二年。

此致

××××人民法院

附：……关于×××下落不明的证明

申请人（签名或者公章）

×××年××月××日

【说明】

1. 本样式根据《中华人民共和国民事诉讼法》第一百八十三条制定，供公民下落不明满二年的，利害关系人向下落不明人住所地基层人民法院申请宣告失踪用。

2. 申请书应当写明下落不明的事实、时间和请求，并附有公安机关或者其他有关机关关于该公民下落不明的书面证明。

【实例评注】

宣告失踪申请书①

申请人：谢某某，男，1986年8月16日出生，汉族，身份证号：350582××××××××××××，住址：福建省晋江市。电话：1534594××××，1303365××××，1359999×××。

被申请人：李某，女，1966年9月18日出生，汉族，身份证号：350582××××××××××××，住址：福建省晋江市。

申请事项：请求人民法院宣告李某失踪。

事实和理由：申请人谢某某与被申请人李某系母子关系，因其1992年离家出走，至今下落不明满二年。根据《中华人民共和国民法通则》之规定，特向贵院提出申请，请求宣告李某为失踪人。

此致

晋江市人民法院

申请人：谢某某
1994年11月5日

〔评注〕

1. 向法院申请宣告公民失踪必须具备以下三个要件：（1）主体要件：必须由利害关系人向人民法院申请。利害关系人包括配偶、父母、成年子女、祖父母、外祖父母、兄弟姐妹以及与被宣告失踪的人有民事权利义务关系的公民和法人。（2）客体要件：一是有下落不明的事实。如发生洪水、地震、战争等情况。如果知道某人在某地，即使很久没有回来，也不能认为失踪。二是下落不明必须满两年。其中战争期间下落不明的，下落不明的时间从战争结束之日起算。（3）形式要件：申请必须采用书面形式，不得口头

---

① 来源：百度文库(https://wenku.baidu.com/view/d495cd2a02020740be1e9be6.html)，访问时间：2016年10月29日。

申请。必须经人民法院依照法定程序宣告失踪。

3. 宣告失踪申请书应当注意说明申请人与被申请人的关系以及申请宣告失踪的原因。

4. 请求事项中可以写明两项请求：一是宣告×××失踪，二是指定×××为失踪人×××的财产代管人。

3. 申请书（申请撤销宣告失踪用）

申请书

申请人：×××，男/女，××××年××月××日出生，×族，……（写明工作单位和职务或者职业），住……。联系方式：……。

法定代理人/指定代理人：×××，……。

委托诉讼代理人：×××，……。

（以上写明申请人和其他诉讼参加人的姓名或者名称等基本信息）

请求事项：

撤销××××人民法院(××××)……民特……号宣告失踪民事判决书。

事实和理由：

××××年××月××日，××××人民法院作出(××××)……民特……号民事判决：一、宣告×××失踪；二、指定×××为失踪人×××的财产代管人。……（写明被宣告失踪人已重新出现或者确知其下落的事实）。

此致

××××人民法院

附：××××人民法院(××××)……民特……号民事判决书

申请人（签名或者公章）
××××年××月××日

【说明】

1. 本样式根据《中华人民共和国民事诉讼法》第一百八十六条制定，供被宣告失踪的公民重新出现后，本人或者利害关系人申请人民法院撤销宣告失踪判决用。

2. 申请人为利害关系人的，在申请人的姓名或者名称等基本信息中最后写明与被宣告失踪人的关系"系×××的……"。

【实例评注】

撤销宣告失踪申请书①

申请人：魏某 性别：男 出生年月：19××年×月×日。

住址：安徽省×市×区×社区×幢××室。

申请事由：请求人民法院依法撤销（2010）汉民特字第×号民事判决书，撤销对申请人魏某宣告失踪及陈某某为财产代管人的判决。

事实和理由：

申请人魏某因家庭矛盾纠纷，难以与妻子陈某某共同居住生活，因夫妻感情不和，被迫于2007年离家出走，外出务工生活，期间因夫妻之间无法有效沟通，被妻子陈某某于2010年1月向人民法院申请宣告失踪，贵院于2010年5月3日作出（2010）汉民特字第×号民事判决书，宣告申请人魏某失踪，并指定陈某某为失踪人魏某的财产代管人。

因申请人这几年一直在×市服装市场打工生活，并不知道被宣告失踪及被宣告死亡，直到2013年申请人才在亲戚朋友处知道了该两项判决，基于该两项判决对申请人的财产及人身权利造成了阻碍，且申请人并未失踪的客观事实，故依照《中华人民共和国民法通则》及《民事诉讼法》相关规定，申请贵院依法撤销宣告申请人失踪及指定陈某某为失踪人魏某的财产代管人的（2010）汉民特字第×号民事判决书。

此致

武汉市江汉区人民法院

申请人：魏某

2013年×月×日

〔评注〕

1. 向法院申请撤销宣告公民失踪的要件为：

（1）主体要件：可以是被宣告失踪人本人，也可以由利害关系人向人民法院申请。利害关系人包括配偶、父母、成年子女、祖父母、外祖父母、兄弟姐妹以及与被宣告失踪的人有民事权利义务关系的公民和法人。

（2）客体要件：有重新出现或者确知其下落的事实。如重新回到原住所地等。

（3）形式要件：申请必须采用书面形式，不得口头申请。必须经人民法院依照法定程序撤销宣告失踪判决。

---

① 来源：湖北省武汉市江汉区人民法院（2014）鄂江汉民特字第00001号案卷。

2. 撤销宣告失踪申请书应当注意说明申请人与被申请人的关系（如果本人提出申请则不必）以及申请撤销宣告失踪的原因。

3. 请求事项应表述为"撤销××××人民法院（××××）……民特……号宣告失踪民事判决书。"

4. 申请书附件除了宣告失踪判决书外，笔者认为还应该提供重新出现或确知其下落的相应证明，如公安机关或者其他机关的证明、相关证人证言等。

4. 申请书（申请变更失踪人财产代管人用）

申请书

申请人：×××，男/女，××××年××月××日出生，×族，……（写明工作单位和职务或者职业），住……。联系方式：……。

法定代理人/指定代理人：×××，……。

委托诉讼代理人：×××，……。

（以上写明申请人和其他诉讼参加人的姓名或者名称等基本信息）

请求事项：

1. 撤销×××为失踪人×××的财产代管人；

2. 指定×××为失踪人×××的财产代管人。

事实和理由：

××××年××月××日，××××人民法院作出（××××）……民特……号民事判决：一、宣告×××为失踪人；二、指定×××为失踪人×××的财产代管人。

……（写明原财产代管人不能继续代管的事实和理由）。

此致

××××人民法院

附：××××人民法院（××××）……民特……号民事判决书

申请人（签名或者盖章）

××××年××月××日

【说明】

1. 本样式根据《最高人民法院关于适用〈中华人民共和国民事诉讼法〉的解释》第三百四十四条第一款制定，供失踪人的财产代管人经人民法院指定后，代管人向人民法院申请变更财产代管人用。

2. 失踪人的其他利害关系人申请变更代管的，人民法院应当告知其以原指定的代管人为被告起诉，并按普通程序进行审理。

【实例评注】

申请书①

申请人：张某某，女，1937年11月29日出生，住北京市怀柔区。

申请人：陈某某，男，1963年2月20日出生，住北京市怀柔区。

请求事项：

1. 撤销北京市怀柔区怀柔镇杨家园村村民委员会为张某甲的财产代管人；
2. 指定张某某、陈某某为失踪人张某甲的财产代管人。

事实和理由：

二申请人系母子关系，申请人张某某系张某甲的姐姐，陈某某系张某甲的外甥。自2011年12月27日开始，张某甲由陈某某赡养、照料张某甲的生活起居。2012年2月28日申请人与张某甲签订了遗赠扶养协议。2013年3月29日，张某甲从怀柔区桥梓镇峪口村10号离开后走失，期间申请人多方寻找未果，2015年11月11日，北京市怀柔区怀柔镇杨家园村村民委员会却私自起诉张某甲失踪，法院于2015年11月11日作出（2015）怀民特字第04465号民事判决书，判决宣告张某甲失踪，指定北京市怀柔区怀柔镇杨家园村村民委员会为张某甲的财产代管人。由于认定事实不清，且申请人张某某系张某甲的姐姐，法院同时判决认定张某甲名下的房屋系其出资所建，明显与张某甲存在利害关系，不应成为张某甲的财产代管人。北京市怀柔区怀柔镇杨家园村村民委员会不具有代管资格，故申请人起诉至贵院请求依法变更二申请人为张某甲的财产代管人，诉讼费由北京市怀柔区怀柔镇杨家园村村民委员会承担。

此致

北京市怀柔区人民法院

附：（2015）怀民特字第04465号民事判决书

申请人：张某某、陈某某
2016年2月1日

---

① 来源：北京市怀柔区人民法院档案室。

〔评注〕

1. 本申请书样式仅适用财产代管人本人向法院申请变更失踪人财产代管人用。如果是失踪人的其他利害关系人申请变更代管人的，应当书写起诉状。

2. 申请书中应当注意说明申请变更失踪人财产代管人的原因，如年事已高，无力承担代管责任等。

3. 请求事项应表述为："1. 撤销×××为失踪人×××的财产代管人；2. 指定×××为失踪人×××的财产代管人。"

4. 申请书应附原指定财产代管人的民事判决书。

5. 申请书（申请宣告公民死亡用）

申请书

申请人：×××，男/女，××××年××月××日出生，×族，……（写明工作单位和职务或者职业），住……。联系方式：……。

法定代理人/指定代理人：×××，……。

委托诉讼代理人：×××，……。

（以上写明申请人和其他诉讼参加人的姓名或者名称等基本信息）

请求事项：

宣告×××死亡。

事实和理由：

申请人×××与下落不明人×××，男/女，××××年××月××日出生，×族，……（写明工作单位和职务或者职业），住……，系……（写明双方的关系）。

……（写明下落不明人下落不明的事实、时间）

此致

××××人民法院

附：……关于×××下落不明的证明

申请人（签名或者公章）

××××年××月××日

【说明】

1. 本样式根据《中华人民共和国民事诉讼法》第一百八十四条制定，供公民下落不明满四年，或者因意外事故下落不明满二年，或者因意外事故下落不明，经有关机关证明该公民不可能生存,利害关系人向下落不明人住所地基层人民法院申请宣告死亡用。

2. 申请书应当写明下落不明的事实、时间和请求,并附有公安机关或者其他有关机关关于该公民下落不明的书面证明。

3. 因意外事故下落不明,经有关机关证明该公民不可能生存的,应附有关机关关于该公民不可能生存的书面证明。

【实例评注】

宣告公民死亡申请书①

申请人:李某,男,1964 年 5 月 26 日出生,上海市人,工人,住上海市闵行区。

被申请人:朱某某,女,1946 年 1 月 19 日生,上海市人,退休职工,原住上海市崇明县。

申请事项:申请宣告被申请人朱某某死亡。

事实与理由:

申请人与被申请人系母子关系,被申请人与父亲李某某生育长子李某、次子李某甲两人,父亲李某某于 1989 年因车祸去世,被申请人朱某某于 1990 年再婚,后于 1994 年离婚。1996 年被申请人朱某某突发脑中风导致半身不遂,生活障碍,故到长子李某所在地上海市闵行区生活,2004 年朱某某搬至次子李某甲所在地上海市闵行区共同生活,因长期病痛导致朱某某意识不清,并伴有轻度低能痴呆症状。2007 年 5 月 31 日朱某某无故离家出走,长子李某于同年 6 月 4 日向上海市公安局闵行分局田园新村派出所报案,但至今无被申请人朱某某任何消息。

综上所述,被申请人朱某某失踪后下落不明,至今杳无音讯,符合宣告死亡的条件,申请人为维护其合法权益,现依照《中华人民共和国民事诉讼法》第一百八十四条第一款之规定,特向贵院申请宣告被申请人死亡,请判如所请!

申请人:李某
日期:2015 年 7 月 6 日

---

① 来源:新浪博客(http://blog.sina.com.cn/s/blog_c0ca57180101onrj.html),访问时间:2016 年 10 月 29 日。

〔评注〕

1. 宣告公民死亡案件必须由利害关系人提出书面申请。利害关系人包括：被宣告死亡人的配偶、父母、子女、兄弟姐妹、祖父母、外祖父母、孙子女、外孙子女以及其他与被申请人有利害关系的人。失踪人的工作单位为解决单位的内部管理问题的，不宜作为利害关系人向人民法院申请宣告失踪人死亡。申请宣告死亡的利害关系人的顺序按照上述的顺序排列。同一顺序的利害关系人，有的申请宣告死亡，有的不同意宣告死亡，人民法院应当按照宣告死亡案件审理。

2. 书面申请的内容包括：申请人的姓名、性别、与被申请人的关系，被申请人下落不明的事实、时间，以及申请人申请宣告该公民死亡的请求，并附有公安机关或者其他有关机关关于该公民下落不明的书面证明。因意外事故下落不明的，经有关机关证明其不可能生存的，应提交有关机关出具的关于该公民不可能生存的证明书。如果被申请人已经被人民法院宣告为失踪人，申请人应附上人民法院宣告失踪的判决。

3. 应当明确，宣告失踪不是宣告死亡的必经程序，只要符合宣告死亡的条件，利害关系人就可以直接向人民法院申请宣告失踪人死亡。

6. 申请书（申请撤销宣告死亡用）

申请书

申请人：×××，男/女，××××年××月××日出生，×族，……（写明工作单位和职务或者职业），住……。联系方式：……。

法定代理人/指定代理人：×××，……。

委托诉讼代理人：×××，……。

（以上写明申请人和其他诉讼参加人的姓名或者名称等基本信息）

请求事项：

撤销××××人民法院（××××）……民特……号宣告死亡民事判决。

事实和理由：

××××年××月××日，××××人民法院作出（××××）……民特……号民事判决，宣告××死亡。……（写明被宣告死亡人已重新出现或者确知其下落的事实）。

此致

××××人民法院

附：××××人民法院（××××）……民特……号民事判决书

申请人（签名或者盖章）

××××年××月××日

【说明】

1. 本样式根据《中华人民共和国民事诉讼法》第一百八十六条制定，供被宣告死亡的公民重新出现后，本人或者利害关系人申请人民法院撤销宣告死亡判决用。

2. 申请人为利害关系人的，在申请人的姓名或者名称等基本信息中最后写明与被宣告死亡人的关系"系×××的……"。

【实例评注】

（暂缺实例）

〔评注〕

申请撤销宣告公民死亡是指被宣告死亡的人重新出现或他人确知其生存的，本人或利害关系人向人民法院申请撤销宣告公民死亡的判决，恢复被宣告死亡人的权利。人民法院判决宣告被申请人死亡，仅仅是法律上的一种推定死亡，并非公民的自然死亡。人民法院根据申请，查明被宣告死亡的人确实重新出现或确实生存的，应当作出撤销宣告公民死亡的判决。人民法院审理申请撤销宣告公民死亡案件适用民事诉讼法特别程序，判决一经成立，立即生效，当事人不得上诉。

1. 2017年10月1日起，申请撤销宣告公民死亡案件的法律依据主要是《民法总则》第五十条，以及《民事诉讼法》第一百六十九条的规定。

2. 撤销宣告死亡制度，在于保护受到不真实死亡宣告的人及其亲属的利益，同时兼顾善意相对人的信赖利益。因此，宣告公民死亡的判决被撤销后，根据《民法通则》第二十五条的规定，被撤销死亡宣告的人有权请求返还财产。依照《中华人民共和国继承法》取得其财产的公民或者组织，应当返还原物；原物不存在的，应给予适当补偿。但涉及人身关系的权利，应视情况而定。被宣告死亡人的配偶尚未再婚的，夫妻关系自宣告公民死亡的判决被撤销之日起自行恢复；如果配偶已再婚，原夫妻关系不再恢复。撤销宣告死亡判决除涉及婚姻关系的效力外，还涉及收养关系的效力。被宣告死亡人的子女在被宣告死亡人死亡宣告期间被他人合法收养的，该收养关系不受撤销宣告影响。同时，被宣告死亡所引起的法律后果仍然有效，当事人自然死亡前实施的民事法律行为与被宣告死亡引起的法律后果相抵触的，以当事人自然死亡前实施的民事法律行为为准。

(三)认定公民民事行为能力案件

7. 申请书（申请宣告公民无民事行为能力用）

申请书

申请人：×××，男/女，××××年××月××日出生，×族，……（写明工作单位和职务或者职业），住……。联系方式：……。

法定代理人/指定代理人：×××，……。

委托诉讼代理人：×××，……。

被申请人：×××，……。

……

（以上写明当事人和其他诉讼参加人的姓名或者名称等基本信息）

请求事项：

1. 宣告×××为无民事行为能力人；
2. 指定×××为×××的监护人。

事实和理由：

申请人×××与被申请人×××系……（写明双方的关系）。……（写明被申请人为无民事行为能力人的事实）。

此致

××××人民法院

附：……诊断证明/鉴定意见书

申请人（签名或者盖章）

××××年××月××日

【说明】

1. 本样式根据《中华人民共和国民事诉讼法》第一百八十七条制定，供近亲属或者其他利害关系人向该公民住所地基层人民法院申请认定无民事行为能力人用。

2. 申请书应当写明该公民为无民事行为能力人的事实。

【实例评注】

申请书①

申请人：陈某，男，1961年7月生人，汉族，涞×县××乡××村，身份证号：132429××××××××××电话：13×××××××××。

被申请人：陈某某，女，汉族，1980年5月生人，汉族，涞×县×××村，身份证号：130623×××××××××××，申请人之女。

请求事项：

因被申请人不能辨认自己的行为，请求人民法院依法宣告其为无民事行为能力人，并设置监护人。

事实与理由：

被申请人于1999年9月患精神分裂症，曾一度治愈，2009年腊月初八结婚后，因精神受到强烈刺激，病情反复，语无伦次，行为怪异，喜怒无常。经××县精神病医院检查证实为精神分裂症，经常失眠、哭笑、发呆、外跑、胡言乱语，被申请人无法辨认和控制自己的行为。故向人民法院申请认定其为无民事行为能力人，并依法指定监护人。

此致
×××人民法院

申请人：陈某
2015年9月1日

附：证据清单

1. 陈某某身份证复印件
2. 户口本复印件2页
3. 精神病医院诊断证明书
4. 住院病历及随诊情况45页

〔评注〕

1. 本文书样式应当写明该公民无民事行为能力的事实和根据，并附医疗机构诊断证明或鉴定机构鉴定意见书等证明。

---

① 来源：360doc 个人图书馆（http://www.360doc.com/content/15/1217/09/28008598_520987409.shtml），访问时间：2016年10月30日。

2. 对于如何认定申请宣告公民无民事行为能力案件中的"利害关系人",相关法律及司法解释并未作出明确规定。笔者认为,宣告无民事行为能力需要利害关系人提出申请。这里的利害关系人不仅指被申请人的近亲属及其他利害关系人,具体应包括被申请人的配偶、父母、成年子女、祖父母、外祖父母等,其他愿意承担监护责任、经被申请人所在单位或所在居委会或村委会同意的、与被申请人关系密切的其他亲属或朋友,也包括具有民事权利义务关系的人,且并非仅限于自然人,单位等法律上拟制的人也可以提出申请。与被申请人存在财产利害关系的人,不具有申请人资格,一方面,因为其与被申请人存在财产利害关系,可能滥用申请权,另一方面,则是公民被宣告无民事行为能力人后,将设立监护人,由监护人代理其从事民事行为,以此还是能够保障财产利害关系人合法权益的。

8. 申请书(申请宣告公民限制民事行为能力用)

申请书

申请人:×××,男/女,××××年××月××日出生,×族,……(写明工作单位和职务或者职业),住……。联系方式:……。

法定代理人/指定代理人:×××,……。

委托诉讼代理人:×××,……。

被申请人:×××,……。

……

(以上写明当事人和其他诉讼参加人的姓名或者名称等基本信息)

请求事项:

1. 宣告×××为限制民事行为能力人;

2. 指定×××为×××的监护人。

事实和理由:

申请人×××与被申请人×××系……(写明双方的关系)。……(写明被申请人为限制民事行为能力人的事实)。

此致

××××人民法院

附:……诊断证明/鉴定意见书

申请人(签名或者盖章)
××××年××月××日

【说明】

1. 本样式根据《中华人民共和国民事诉讼法》第一百八十七条制定,供近亲属或者其他利害关系人向该公民住所地基层人民法院申请认定限制民事行为能力人用。

2. 申请书应当写明该公民为限制民事行为能力人的事实。

【实例评注】

申请书①

申请人:李某某,女,汉族,19××年××月××日出生,系被申请人曹某母亲,住武汉市江汉区××小区×号×楼×号。

被申请人:曹某,女,汉族,19××年××月××日出生,住址同上。

请求事项:请求依法认定被申请人曹某限制民事行为能力。

事实与理由:

2011年,被申请人曹某因为生活、工作压力,不时出现躁动、情绪低落、幻视、幻听,夜间睡觉时感觉身体晃动,整夜无法入睡,甚至有时会有自杀念头,后经武汉市长航总医院、武汉市精神病医院诊断,确认被申请人曹某患有精神分裂症、忧郁症。

经过这几年的治疗,被申请人曹某的病情并未得到好转,加之最近因为年龄、身体及家庭纠纷等原因,其病情已进一步恶化,对外认知发生一定障碍,经常无故大喊大叫。现申请人为维护被申请人曹某的合法权益,根据被申请人曹某的实际身体状况和相关法律规定,特提出前列申请事项,请予批准!

此致

武汉市江汉区人民法院

申请人:李某某
二〇一四年十一月七日

〔评注〕

1. 申请书应当写明该公民限制民事行为能力的事实和根据。

2. 申请宣告公民限制民事行为能力,是指申请人根据一定的事实和理由,向人民法院申请特定人为限制民事行为能力人。限制民事行为能力又称不完全民事行为能力,是指自然人在一定范围内具有民事行为能力,超出一定范围便不具有相应的民事行为能力。限制民事行为能力人只能进行与其年龄、智力、精神健康状况相适应的民事法律

---

① 来源:湖北省武汉市江汉区人民法院(2015)鄂江汉民特字第00003号案卷。

行为，其他比较复杂或重大的民事法律行为就必须由其法定代理人代理或者征求其法定代理人的同意后进行。

3. 根据2017年10月1日开始施行的《民法总则》的规定，8周岁以上的未成年人和不能完全辨认自己行为的成年人为限制民事行为能力人。人民法院认定的受宣告人必须是不能完全辨认自己行为的成年人，申请人是被申请人的利害关系人。

4. 本实例请求事项表述不准确，应为"宣告被申请人曹某为限制民事行为能力人"，而不是"认定"。

9. 申请书（申请宣告公民恢复限制民事行为能力用）

申请书

申请人：×××，男/女，××××年××月××日出生，×族，……（写明工作单位和职务或者职业），住……。联系方式：……。

法定代理人/指定代理人：×××，……。

委托诉讼代理人：×××，……。

被申请人：×××，……。

……

（以上写明申请人和其他诉讼参加人的姓名或者名称等基本信息）

请求事项：

1. 撤销×××人民法院（××××）……民特……号宣告无民事行为能力民事判决；
2. 恢复×××为限制民事行为能力人。

事实和理由：

××××年××月××日，××××人民法院作出（××××）……民特……号民事判决：一、宣告×××为无民事行为能力人；二、指定×××为×××的监护人。

……（写明恢复限制民事行为能力的事实）。

此致

×××人民法院

附：……诊断证明/鉴定意见书

申请人（签名或者盖章）

××××年××月××日

【说明】

1. 本样式根据《中华人民共和国民事诉讼法》第一百九十条制定，供被认定为无民事行为能力人或者他的监护人，向宣告无民事行为能力的基层人民法院，申请宣告恢复为限制民事行为能力人用。

2. 申请书应当写明公民恢复为限制民事行为能力人的事实。

【实例评注】

（暂缺实例）

〔评注〕

申请宣告公民恢复限制民事行为能力是指人民法院依法作出宣告公民为无民事行为能力人的判决后，如果造成该公民无民事行为能力的原因已经消除的，其本人或者其他利害关系人可以申请人民法院宣告该公民恢复为限制民事行为能力人。人民法院根据本人或利害关系人的申请，经查证属实的，应当作出新判决，撤销原判决。

1. 申请宣告公民恢复限制民事行为能力案件应由原作出宣告公民无民事行为能力判决的基层人民法院管辖。

2. 申请宣告公民恢复限制民事行为能力案件的法律依据主要是《民法总则》第二十四第二款、《民事诉讼法》第一百九十条的规定。

3. 申请宣告公民恢复限制民事行为能力的申请人可以是本人也可以是与本人有关的利害关系人。申请宣告恢复限制民事行为能力的对象必须是经人民法院宣告的无民事行为能力人。

4. 申请书应当写明该公民恢复为限制民事行为能力的事实和根据，并附诊断证明/鉴定意见书。

10. 申请书（申请宣告公民恢复完全民事行为能力用）

申请书

申请人：×××，男/女，××××年××月××日出生，×族，……（写明工作单位和职务或者职业），住……。联系方式：……。

法定代理人/指定代理人：×××，……。

委托诉讼代理人：×××，……。

被申请人：×××，……。

……

（以上写明申请人和其他诉讼参加人的姓名或者名称等基本信息）

请求事项：

1. 撤销×××人民法院(××××)……民特……号宣告无/限制民事行为能力民事判决；

2. 恢复×××为完全民事行为能力人。

事实和理由：

××××年××月××日，××××人民法院作出(××××)……民特……号民事判决：一、宣告×××为无/限制民事行为能力人；二、指定×××为×××的监护人。……(写明恢复完全民事行为能力的事实)。

此致

××××人民法院

附：……诊断证明/鉴定意见书

申请人(签名或者盖章)

××××年××月××日

【说明】

1. 本样式根据《中华人民共和国民事诉讼法》第一百九十条制定，供被认定为无/限制民事行为能力人或者他的监护人，申请宣告恢复为完全民事行为能力人用。

2. 申请书应当写明公民恢复为完全民事行为能力人的事实。

【实例评注】

申请书①

申请人：曾某，男，汉族，28岁，住武汉市××小区×栋×号。

被申请人：曹某，女，汉族，53岁，住武汉市××小区×栋×单元×号。

请求事项：申请宣告曹某恢复完全民事行为能力。

事实与理由：

2015年3月13日，被申请人曹某因为工作、生活压力，出现情绪低落等症状，经司法鉴定所于2014年12月17日出具武精司鉴字2014第××号鉴定意见书，结论为限制民事行为能力。经武汉市江汉区人民法院(2015)鄂江汉民特字第00003号判决书宣告为限制民事行为能力。现经一年的心理治疗、服药治疗，被申请人曹某已从生活、工作的压力中走出，通过药物治疗，精神状况与情绪都已明显恢复正常，并能正常工作生

---

① 来源：湖北省武汉市江汉区人民法院(2016)鄂0103民特37号案卷。

活，故向江汉区人民法院提出宣告恢复曹某完全民事行为能力的申请。
　　此致
武汉市江汉区人民法院

申请人：曾某
二〇一六年七月二十五日

〔评注〕

　　申请宣告公民恢复完全民事行为能力是指人民法院依法作出宣告公民为无民事行为能力人或限制民事行为能力人的判决后，如果造成该公民无民事行为能力或限制民事行为能力的原因已经消除的，其本人或者其他利害关系人可以申请人民法院宣告该公民恢复为完全民事行为能力人。人民法院根据本人或利害关系人的申请，经查证属实的，应当作出新判决，撤销原判决。人民法院根据申请宣告公民恢复完全民事行为能力，是对被宣告为无民事行为能力人或者限制民事行为能力人的民事行为能力的完全肯定，确认其享有完全的民事行为能力，可完全以自己的行为参与民事法律活动，享有民事权利并独立承担民事义务。

　　1. 申请宣告公民恢复完全民事行为能力案件应由原作出宣告公民无民事行为能力或限制民事行为能力判决的基层人民法院管辖。

　　2. 申请宣告公民恢复完全民事行为能力案件的法律依据主要是《民法总则》第二十四条第二款，《民事诉讼法》第一百九十条的规定。

　　3. 申请宣告公民恢复完全民事行为能力的申请人可以是本人也可以是与本人有关的利害关系人。申请宣告恢复完全民事行为能力的对象必须是经人民法院宣告的无民事行为能力人或限制民事行为能力人。

　　4. 申请书应当写明该公民恢复为完全民事行为能力的事实和根据，并附诊断证明/鉴定意见书。

　　5. 本实例请求事项表述不准确，应按照文书样式先请求撤销宣告为限制民事行为能力人的判决，再申请恢复为完全民事行为能力人。

(四)认定财产无主案件

11. 申请书（申请认定财产无主用）

申请书

申请人：×××，男/女，××××年××月××日出生，×族，……（写明工作单位和职务或者职业），住……。联系方式：……。

法定代理人/指定代理人：×××，……。

委托诉讼代理人：×××，……。

（以上写明申请人和其他诉讼参加人的姓名或者名称等基本信息）

请求事项：

认定……（写明无主财产的名称、数量）为无主财产，收归国家/……（写明集体名称）所有。

事实和理由：

……（写明请求认定财产无主的事实和理由）。

此致

××××人民法院

申请人（签名或者盖章）

××××年××月××日

【说明】

1. 本样式根据《中华人民共和国民事诉讼法》第一百九十一条制定，供公民、法人或者其他组织向财产所在地基层人民法院申请认定财产无主用。

2. 申请人是法人或者其他组织的，写明名称住所。另起一行写明法定代表人、主要负责人及其姓名、职务、联系方式。

3. 申请书应当写明财产的种类、数量以及要求认定财产无主的事实和理由。

4. 财产多的正文可以只写明概况，财产清单附后。

【实例评注】

（暂缺实例）

〔评注〕

认定财产无主的申请人是公民、法人或其他组织，即知道财产无主情况的有关机关、团体、企事业单位和公民个人都有权对该无主财产提出认定申请。申请的客体必须是处于无主状态的有形财产，精神财富或无形财产都不得作为认定无主财产的申请客体。被申请予以认定的财产处于无主状态的表现很多，诸如：财产的所有人已不存在，或者谁是所有人无法确定；所有人不明的埋藏物和隐藏物；拾得的遗失物、漂流物、失散的饲养动物，无人认领；经公安机关招领满一定期限无人认领的遗失物、赃款、赃物；无人继承的财产等。认定财产无主申请书必须向财产所在地的基层人民法院提交。

1. 文书正文：(1)申请人基本情况，申请人是公民则写明身份事项；申请人是法人或其他组织则写明其名称、地址，以及法定代表人或者主要负责人的姓名、职务。(2)请求事项，写明请求人民法院认定何项财产无主，并要求判归国家或某一集体所有。(3)事实和理由，这是申请书的主体内容，主要阐明申请人提出申请的事实根据和理由。首先应写明申请人与无主财产的关系，申请人何时何地发现无主财产或管理该无主财产的大致情况，写明该无主财产的名称、数量、所在地。然后阐述申请人认为财产无主的根据：如财产是遗失物，经过多长时间仍无人认领；原权利人已死亡，已无人继承等。根据事实和理由，依照有关法律规定，明确财产无主，并请求人民法院判归国家或某一集体所有。

文书尾部：(1)致送人民法院名称。(2)附项，如果在申请书递交同时提交了相关证据，则应在附项中列出证据名称、来源、数量。

文书落款：(1)申请人签名，申请人如果是法人或其他组织，应由法定代表人或者主要负责人签名并加盖单位公章。(2)申请日期。

2. 制作本申请书时应注意：申请的事实和理由部分，无主财产在申请时的状况要写清楚，具体位于何处，其种类、性质、外观等方面具有何种特征。认为财产无主的理由一定要详尽、充分、实事求是，同时援引相关法律规定，使申请书能从事实依据和法律规定两方面合理有效地支持申请人向人民法院提出的认定财产无主申请。

12. 申请书（申请撤销认定财产无主用）

申请书

申请人：×××，男/女，××××年××月××日出生，×族，……（写明工作单位和职务或者职业），住……。联系方式：……。

法定代理人/指定代理人：×××，……。

委托诉讼代理人：×××，……。
（以上写明申请人和其他诉讼参加人的姓名或者名称等基本信息）
请求事项：
1. 撤销××××人民法院（××××）……民特……号认定财产无主民事判决；
2. ……（写明无主财产的名称、数量）归申请人×××所有。
事实和理由：
××××年××月××日，××××人民法院作出（××××）……民特……号民事判决：……为无主财产，收归国家/……（写明集体名称）所有。
……（写明要求撤销认定财产无主的判决以及无主财产归申请人所有的事实和理由）。
此致
××××人民法院

附：××××人民法院（××××）……民特……号认定财产无主民事判决书。

申请人（签名或者盖章）
××××年××月××日

【说明】

1. 本样式根据《中华人民共和国民事诉讼法》第一百九十三条制定，供原财产所有人或者继承人出现，在民法通则规定的诉讼时效期间对财产提出请求，向人民法院申请撤销认定财产无主判决用。

2. 申请人是法人或者其他组织的，写明名称住所。另起一行写明法定代表人、主要负责人及其姓名、职务、联系方式。

3. 申请书应当写明要求撤销的原申请认定财产无主民事判决，并附该判决书。

4. 财产多的正文可以只写明概况，财产清单附后。

【实例评注】

（暂缺实例）

〔评注〕

申请撤销认定财产无主是指在人民法院作出认定财产无主的判决后，原财产所有人或者继承人出现，在诉讼时效期间内对财产提出诉讼请求，要求撤销认定财产无主判决。

1. 申请人必须是原财产所有人或者继承人。

2. 文书正文：（1）写明申请人基本情况，申请人是公民则写明身份事项；申请人是法人或其他组织则写明其名称、地址，以及法定代表人或者主要负责人的姓名、职务。（2）请求事项，一是要求撤销原申请认定财产无主民事判决；二是请求法院判令无主财产归申请人所有。（3）事实和理由，这是申请书的主体内容，先写某年某月某日，某法院作出认定财产无主判决，判决……为无主财产，收归国家/……（写明集体名称）所有，再写明要求撤销认定财产无主的判决以及无主财产归申请人所有的事实和理由。

3. 文书尾部：（1）致送人民法院名称。（2）附项，应当附原认定财产无主的判决书。涉及财产多的正文可以只写明概况，财产清单附后。

4. 文书落款：（1）申请人签名，申请人如果是法人或其他组织，应由法定代表人或者主要负责人签名并加盖单位公章。（2）申请日期。

（五）确认调解协议案件

13. 申请书（申请司法确认调解协议用）

申请书

申请人：×××，男/女，××××年××月××日出生，×族，……（写明工作单位和职务或者职业），住……。联系方式：……。

法定代理人/指定代理人：×××，……。

委托诉讼代理人：×××，……。

申请人：×××，男/女，××××年××月××日出生，×族，……（写明工作单位和职务或者职业），住……。联系方式：……。

法定代理人/指定代理人：×××，……。

委托诉讼代理人：×××，……。

（以上写明申请人和其他诉讼参加人的姓名或者名称等基本信息）

请求事项：

确认申请人×××与×××于××××年××月××日达成的……（写明调解协议名称）有效。

事实和理由：

××××年××月××日，申请人×××与×××经……（写明调解组织名称）主持调解，达成了如下调解协议：……（写明调解协议内容）。

> 申请人出于解决纠纷的目的自愿达成协议，没有恶意串通、规避法律的行为；如果因为该协议内容而给国家、集体或他人造成损害的，愿意承担相应的民事责任和其他法律责任。
>
> 此致
> ××××人民法院
>
> 附：调解协议及调解组织主持调解的证明等材料
>
> 申请人（签名或者盖章）
××××年××月××日

【说明】

1. 本样式根据《中华人民共和国民事诉讼法》第一百九十四条制定，供当事人依照人民调解法等法律自调解协议生效之日起三十日内，共同向调解组织所在地基层人民法院申请司法确认调解协议用。

2. 申请人是法人或者其他组织的，写明名称住所。另起一行写明法定代表人、主要负责人及其姓名、职务、联系方式。

3. 申请书需要调解协议的当事人共同签名或者盖章。

4. 当事人口头申请的，人民法院应当记入笔录，并由当事人签名、捺印或者盖章。

5. 当事人申请司法确认调解协议，应当向人民法院提交调解协议、调解组织主持调解的证明，以及与调解协议相关的财产权利证明等材料，并提供双方当事人的身份、住所、联系方式等基本信息。当事人未提交上述材料的，人民法院应当要求当事人限期补交。

【实例评注】

人民调解协议司法确认申请书[①]

申请人周某，男，41岁，汉川市人，住汉川市分水镇新街村×组。

申请人汉川市人民医院。

[①] 来源：新浪博客（http://blog.sina.com.cn/s/blog_62c848000101dujh.html），访问时间：2016年10月30日。

法定代表人贺某某、院长

请求事项：依法确认调解协议合法有效。

事实及事由：申请人周某于2008年10月因摔伤致左尺桡骨、肱骨骨折，在当时工作所在地印度某医院行伤肢钢板内固定术。2009年5月因左手感觉运动障碍在协和医院行桡神经探查、松解术，11月27日好转出院。2010年4月4日以左肱骨骨折内固定术后、骨不连收住于被申请人外六科，住院号9107406，4月6日行左肱骨内固定器钢板取出，重新行加压钢板固定，植入同种异体骨5立方厘米，4月12日好转出院。2011年1月19日复查×片提示：左肱骨干中段内固定骨质明显吸收、骨不连。2011年3月21日孝感明镜法医司法鉴定所（孝明镜〔2011〕临鉴字第298号）出具鉴定意见：依国家卫生部医院管理条例中医疗告知制度，汉川市人民医院在患者周某某左肱骨干骨不连二次手术中未尽充分的注意义务，运用更为先进、合适的手术技术，以致再次发生骨不连，存在一定的医疗过失，建议承担25%～30%的次要责任。申请人周某某认为再次发生骨不连与汉川市人民医院手术有因果关系，要求赔偿。

2011年4月2日，双方共同委托汉川市医疗纠纷调解中心依法进行了调解。调解内容：由申请人汉川市人民医院一次性补偿申请人周某某计人民币65 000元。补偿费用组成：下列各项费用总和的30%计65 000元（含前期、后期医疗费、误工费、陪护费、住院伙食补助费、交通费、参处人员的交通误工费、精神抚慰金、被抚养人生活费、残疾生活补助费等），其他损失由申请人周某某自行承担。2011年4月2日，汉川市医疗纠纷调解中心作出了（2011）川医调字第12号调解协议书，已送达双方当事人。为了调解协议的合法公正，根据《人民调解法》的有关规定，特申请司法确认，请予作出确认决定书。

此致
汉川市人民法院

申请人：周某
申请人：汉川市人民医院
二〇一一年四月六日

〔评注〕

《民事诉讼法》第一百九十四条规定："申请司法确认调解协议，由双方当事人依照人民调解法等法律，自调解协议生效之日起三十日内，共同向调解组织所在地基层人民法院提出。"根据该条的规定，除了法院调解以外，无论是否具有调解职能的国家机关、社会团体、其他组织以及人民调解员、仲裁员，在当事人自愿、平等的基础上，不违背法律、法规和国家政策进行调解，尊重当事人权利的原则，经民间调解、行政调解、仲裁调解，双方当事人达成的民事调解协议，双方当事人认为有必要的，都可以在调解协议生效后一定时间内共同向人民法院申请司法确认。

1. 《民事诉讼法》第一百九十四条所称的调解协议中不包括劳动争议调解协议，劳动争议调解协议达成以后，不可以再申请司法确认。

2. 需要注意的是，具有下列情形之一的，人民法院不予确认调解协议效力：一是违反法律、行政法规强制性规定的；二是侵害国家利益、社会公共利益的；三是侵害案外人合法权益的；四是损害社会公序良俗的；五是内容不明确，无法确认的；六是其他不能进行司法确认的情形。

3. 本申请书需要调解协议的当事人共同提出申请并在申请书上签名或者盖章。

4. 当事人口头提出申请的，人民法院应当记入笔录，并由当事人签字或者盖章。一方当事人提出申请，另一方明确表示同意的，视为共同提出申请。

5. 当事人提出申请时，除提交司法确认申请书（口头提出的除外），还应同时提供调解组织和调解员签字盖章的调解协议书原件、双方当事人出具的承诺书、与调解协议相关的财产权利证明等证明材料、当事人的身份证明或营业执照及送达地址、联系方式。

6. 实例中"申请人""法定代表人"后应加"："。

14. 申请书（申请撤销确认调解协议裁定用）

申请书

申请人(原申请人/利害关系人)：×××，男/女，××××年××月××日出生，×族，……(写明工作单位和职务或者职业)，住……。联系方式：……。

法定代理人/指定代理人：×××，……。

委托诉讼代理人：×××，……。

被申请人(原申请人)：×××，……。

……

(以上写明当事人和其他诉讼参加人的姓名或者名称等基本信息)

请求事项：

撤销××××人民法院(××××)……民特……号民事裁定。

事实和理由：

××××年××月××日，××××人民法院作出(××××)……民特……号民事裁定：……(写明确认调解协议裁定结果)。

> ……（写明确认调解协议裁定错误的事实和理由）。
> 　　此致
> ××××人民法院
>
> 　　附：××××人民法院（××××）……民特……号民事裁定书
>
> 　　　　　　　　　　　　　　　　　　申请人（签名或者盖章）
> 　　　　　　　　　　　　　　　　　　××××年××月××日

【说明】

1. 本样式根据《最高人民法院关于适用〈中华人民共和国民事诉讼法〉的解释》第三百七十四条制定，供当事人、利害关系人向作出确认调解协议裁定的基层人民法院，申请撤销确认调解协议裁定用。

2. 当事人是法人或者其他组织的，写明名称住所。另起一行写明法定代表人、主要负责人及其姓名、职务、联系方式。

3. 对人民法院作出的确认调解协议的裁定，当事人有异议的，应当自收到裁定之日起十五日内提出；利害关系人有异议的，自知道或者应当知道其民事权益受到侵害之日起六个月内提出。

【实例评注】

（暂缺实例）

〔评注〕

对人民法院作出的确认调解协议的裁定，当事人有异议的，应当自收到裁定之日起十五日内提出；利害关系人有异议的，自知道或者应当知道其民事权益受到侵害之日起六个月内提出。

1. 文书正文首部列明申请人及被申请人的身份情况。申请人是公民则写明身份事项；申请人是法人或其他组织则写明其名称、地址，以及法定代表人或者主要负责人的姓名、职务。

2. 请求事项表述为"撤销××××人民法院（××××）……民特……号民事裁定"。事实和理由中要写明确认调解协议裁定结果及确认调解协议裁定错误的事实和理由。

3. 尾部写明"此致××××人民法院"，并附原法院确认调解协议的民事裁定书。

（六）实现担保物权案件

15. 申请书（申请实现担保物权用）

申请书

申请人：×××，男/女，××××年××月××日出生，×族，……（写明工作单位和职务或者职业），住……。联系方式：……。

法定代理人/指定代理人：×××，……。

委托诉讼代理人：×××，……。

被申请人：×××，……。

……

（以上写明当事人和其他诉讼参加人的姓名或者名称等基本信息）

请求事项：

准许拍卖/变卖被申请人×××的……（写明担保财产的名称、性质、数量、数额、所在地等），申请人×××对变价后所得价款在……（写明金额）的范围内优先受偿。

事实和理由：

……（写明申请人主张的事实和理由）。

此致

××××人民法院

申请人（签名或者盖章）

××××年××月××日

【说明】

1. 本样式根据《中华人民共和国民事诉讼法》第一百九十六条以及《最高人民法院关于适用〈中华人民共和国民事诉讼法〉的解释》第三百六十一条、第三百六十七条制定，供担保物权人以及其他有权请求实现担保物权的人依照物权法等法律，向担保财产所在地或者担保物权登记地基层人民法院申请实现担保物权用。

2. 当事人是法人或者其他组织的，写明名称住所。另起一行写明法定代表人、主要负责人及其姓名、职务、联系方式。

3. 担保物权人，包括抵押权人、质权人、留置权人；其他有权请求实现担保物权的人，包括抵押人、出质人、财产被留置的债务人或者所有权人等。

4. 实现票据、仓单、提单等有权利凭证的权利质权案件，可以由权利凭证持有人住所地人民法院管辖；无权利凭证的权利质权，由出质登记地人民法院管辖。

5. 申请实现担保物权,应当提交下列材料:证明担保物权存在的材料,包括主合同、担保合同、抵押登记证明或者他项权利证书,权利质权的权利凭证或者质权出质登记证明等;证明实现担保物权条件成就的材料;担保财产现状的说明;人民法院认为需要提交的其他材料。

【实例评注】

实现担保物权申请书[①]

申请人中国农业银行股份有限公司黄梅县支行,地址黄梅县黄梅镇五祖大道265号。组织机构代码6159×××-×。

负责人董某某,行长。

委托代理人张某某,湖北晋梅律师事务所律师。

被申请人湖北星火建设工程有限公司,地址黄梅县大胜工业园。组织机构代码6884×××-×。

法定代表人石某某,公司董事长。

申请事项:

依法拍卖被申请人湖北星火建设工程有限公司证号为:黄梅县房权证黄梅镇字第1221×××号、1223×××号、1224×××号的房产,证号为梅国用(2010)第(251009×××)号土地使用权,拍卖或变卖所得价款在被申请人担保的范围内优先受偿。

事实与理由:

申请人中国农业银行股份有限公司黄梅县支行请求实现担保物权纠纷一案,经黄梅县人民法院于2014年6月4日立案受理后,依法进行了审理,于2014年9月9日,作出(2014)鄂黄梅民初字第01424号民事裁定书,裁定拍卖被申请人湖北星火建设工程有限公司证号为:黄梅县房权证黄梅镇字第1221×××号、1223×××号、1224×××号的房产,证号为梅国用(2010)第(251009×××)号土地使用权。申请人农行黄梅县支行对被申请人星火公司借款本金人民币1 500万元,以及利息591 495元在此维权项下优先受偿(暂计算截止2014年4月20日结息日止,后期利息按合同约定利率计算至借款还清之日止)。

综上,申请人据民事诉讼法及物权法相关规定,特向贵院提出申请,望依法支持申请人申请请求。

[①] 来源:新浪博客(http://blog.sina.com.cn/s/blog_4b4aa6e10102v2hr.html),访问时间:2016年10月30日。

此致

黄梅县人民法院

申请人：中国农业银行股份有限公司黄梅县支行
2014 年 10 月 15 日

〔评注〕

申请实现担保物权，由担保物权人以及其他有权请求实现担保物权的人依照物权法等法律规定，向担保财产所在地或者担保物权登记地基层人民法院提出。担保物权人，包括抵押权人、质权人、留置权人；其他有权请求实现担保物权的人，包括抵押人、出质人、财产被留置的债务人或者所有权人等。

1. 文书正文首部列明申请人及被申请人的身份情况。申请人是公民则写明身份事项；申请人是法人或其他组织则写明其名称、地址，以及法定代表人或者主要负责人的姓名、职务。

2. 请求事项表述为"准许拍卖/变卖被申请人×××的……（写明担保财产的名称、性质、数量、数额、所在地等），申请人×××对变价后所得价款在……（写明金额）的范围内优先受偿"。

3. 尾部写明"此致××××人民法院"，并附以下材料：证明担保物权存在的材料，包括主合同、担保合同、抵押登记证明或者他项权利证书，权利质权的权利凭证或者质权出质登记证明等；证明实现担保物权条件成就的材料；担保财产现状的说明；人民法院认为需要提交的其他材料。

4. 实例中部分表述不规范，"申请人""负责人""委托代理人""法定代理人"后应加"："；"委托代理人"应表述为"委托诉讼代理人"；"申请事项"应表述为"请求事项"。

16. 异议书（对实现担保物权申请提出异议用）

异议书

异议人（被申请人/利害关系人）：×××，男/女，××××年××月××日出生，×族，……（写明工作单位和职务或者职业），住……。联系方式：……。

法定代理人/指定代理人：×××，……。

委托诉讼代理人：×××，……。

（以上写明异议人和其他诉讼参加人的姓名或者名称等基本信息）

> 请求事项：
> 裁定驳回×××对……（写明担保财产的名称、性质、数量、数额、所在地等）实现担保物权的申请。
> 事实和理由：
> ……（写明异议人主张的事实和理由）。
> 此致
> ××××人民法院
>
> 异议人（签名或者盖章）
> ××××年××月××日

【说明】

1. 本样式根据《最高人民法院关于适用〈中华人民共和国民事诉讼法〉的解释》第三百六十八条第二款制定，供申请实现担保物权的被申请人有异议的，在收到人民法院通知后的五日内向人民法院提出异议用。

2. 异议人是法人或者其他组织的，写明名称住所。另起一行写明法定代表人、主要负责人及其姓名、职务、联系方式。

3. 人民法院受理申请后，应当在五日内向被申请人送达申请书副本、异议权利告知书等文书。被申请人有异议的，应当在收到人民法院通知后的五日内向人民法院提出，同时说明理由并提供相应的证据材料。

【实例评注】

（暂缺实例）

〔评注〕

《民诉法解释》第三百六十八条规定："人民法院受理申请后，应当在五日内向被申请人送达申请书副本、异议权利告知书等文书。被申请人有异议的，应当在收到人民法院通知后的五日内向人民法院提出，同时说明理由并提供相应的证据材料。"

1. 文书正文首部写明异议人（即被申请人或者利害关系人）的身份情况。异议人是公民的写明身份事项；异议人是法人或其他组织则写明其名称、地址，以及法定代表人或者主要负责人的姓名、职务。

2. 请求事项表述为"裁定驳回×××对……（写明担保财产的名称、性质、数量、数额、所在地等）实现担保物权的申请"，并写明异议人主张的事实和理由。

3. 尾部写明"此致××××人民法院"，并附提出异议相应的证据材料。

17. 申请书（申请撤销准许实现担保物权裁定用）

申请书

申请人：×××，男/女，××××年××月××日出生，×族，……（写明工作单位和职务或者职业），住……。联系方式：……。

法定代理人/指定代理人：×××，……。

委托诉讼代理人：×××，……。

被申请人：×××，……。

……

（以上写明当事人和其他诉讼参加人的姓名或者名称等基本信息）

请求事项：

撤销×××人民法院（××××）……民特……号民事裁定。

事实和理由：

××××年××月××日，××××人民法院作出（××××）……民特……号民事裁定：准许拍卖/变卖被申请人×××的……（写明担保财产的名称、性质、数量、数额、所在地等），申请人×××对变价后所得价款在……（写明金额）的范围内优先受偿。申请费……元，由……负担。

……（写明申请人主张撤销的事实和理由）。

此致

××××人民法院

附：××××人民法院（××××）……民特……号民事裁定书

申请人（签名或者盖章）
××××年××月××日

【说明】

1. 本样式根据《最高人民法院关于适用〈中华人民共和国民事诉讼法〉的解释》第三百七十四条制定，供当事人、利害关系人向作出准许实现担保物权裁定的基层人民法院，申请撤销准许实现担保物权裁定用。

2. 当事人是法人或者其他组织的，写明名称住所。另起一行写明法定代表人、主要负责人及其姓名、职务、联系方式。

3. 对人民法院作出的准许实现担保物权的裁定，当事人有异议的，应当自收到裁定之日起十五日内提出；利害关系人有异议的，自知道或者应当知道其民事权益受到侵害之日起六个月内提出。

【实例评注】

（暂缺实例）

〔评注〕

根据《民诉法解释》第三百七十四条的规定，适用特别程序作出的判决、裁定，当事人、利害关系人认为有错误的，可以向作出该判决、裁定的人民法院提出异议。人民法院经审查，异议成立或者部分成立的，作出新的判决、裁定撤销或者改变原判决、裁定；异议不成立的，裁定驳回。对人民法院作出的准许实现担保物权的裁定，当事人有异议的，应当自收到裁定之日起十五日内提出；利害关系人有异议的，自知道或者应当知道其民事权益受到侵害之日起六个月内提出。

1. 文书正文首部写明申请人及被申请人的身份情况。是公民的写明身份事项；是法人或其他组织则写明其名称、地址，以及法定代表人或者主要负责人的姓名、职务。

2. 请求事项表述为："撤销××××人民法院(××××)……民特……号民事裁定。"事实和理由中写明原法院作出准许实现担保物权裁定的时间、案号及裁定内容，并写明申请人主张撤销的事实和理由。

3. 尾部写明"此致××××人民法院"，并附原法院作出准许实现担保物权的裁定。

（七）监护权特别程序案件

18. 申请书（申请确定监护人用）

申请书

申请人：×××，男/女，××××年××月××日出生，×族，……（写明工作单位和职务或者职业），住……。联系方式：……。

法定代理人/指定代理人：×××，……。

委托诉讼代理人：×××，……。

（以上写明申请人和其他诉讼参加人的姓名或者名称等基本信息）

请求事项：

```
撤销指定×××为×××的监护人。
事实和理由：
×××因对……(原指定单位)指定担任×××，……(写明被监护人的性别、出生日
期、民族、写明工作单位和职务或者职业、住所)的监护人不服，向你院提出异议。
……(写明申请撤销指定监护的事实和理由)。
此致
××××人民法院


附：……指定意见书

                                        申请人(签名或者盖章)
                                        ××××年××月××日
```

【说明】

1. 本样式根据《最高人民法院关于适用〈中华人民共和国民事诉讼法〉的解释》第三百五十一条制定，供被指定的监护人不服指定，自接到通知之日起三十日内向人民法院提出异议用。

2. 被指定的监护人不服指定，应当自接到通知之日起三十日内向人民法院提出异议。超过三十日的，按申请变更监护人确定案由。

【实例评注】

(暂缺实例)

〔评注〕

根据《民诉法解释》第三百五十一条的规定，被指定的监护人不服指定，应当自接到通知之日起三十日内向人民法院提出异议。

1. 文书正文首部写明申请人的身份情况。

2. 请求事项表述为"撤销指定×××为×××的监护人"，并写明申请撤销指定监护的事实和理由。

3. 尾部写明"此致××××人民法院"，并附指定意见书。

19. 申请书（申请变更监护人用）

申请书

申请人：×××，男/女，××××年××月××日出生，×族，……（写明工作单位和职务或者职业），住……。联系方式：……。

法定代理人/指定代理人：×××，……。

委托诉讼代理人：×××，……。

（以上写明申请人和其他诉讼参加人的姓名或者名称等基本信息）

请求事项：

1. 撤销指定×××为×××的监护人；
2. 指定×××为×××的监护人。

事实和理由：

……（写明变更监护人的事实和理由）。

此致

××××人民法院

申请人（签名或者盖章）
××××年××月××日

【说明】

1. 本样式根据《中华人民共和国民法通则》第十六条、第十七条、第十八条制定，供监护人或者利害关系人向基层人民法院申请变更监护人用。

2. 申请书应当附有关单位指定意见书或者人民法院确定监护人民事判决书。

【实例评注】

申请书①

申请人：李某某，女，汉族，19××年××月××日出生，住武汉市江汉区×号×楼×号。

被申请人：王某某，男，汉族，19××年××月××日出生，住武汉市江汉区××

---

① 来源：湖北省武汉市江汉区人民法院(2015)鄂江汉民特字第00004号案卷。

巷附××号×楼×号。

请求事项：请求法院依法撤销被申请人的监护人资格，变更申请人为李某某的监护人。

事实与理由：

李某甲于 2014 年 8 月 11 日由武汉市江汉区人民法院宣告为无民事行为能力人【案号：(2014)鄂江汉民特字第 00025 号】，后经江汉区××街××社区居委会指定，由被申请人即李某甲的配偶王某某作为其监护人。由于被申请人工作十分繁忙，难以充分兼顾李某甲的监护人职责；而申请人与李某甲系同胞姐妹，感情很好，且家庭经济条件较好，有更多的时间和精力照顾李某甲，愿意担任李某甲的监护人。

为此，申请人根据《民事诉讼法》、《最高人民法院关于贯彻执行〈民法通则〉若干问题的意见》等相关规定，特向贵院提起上述请求，请求予以支持。

此致
武汉市江汉区人民法院

申请人：李某某

二〇一五年元月四日

〔评注〕

1. 文书正文首部写明申请人的身份情况。实例中写了被申请人的身份情况，应予删除。

2. 请求事项表述为：(1)撤销指定×××为×××的监护人；(2)指定×××为×××的监护人。并写明变更监护人的事实和理由。实例的请求事项表述的不准确，应按照文书样式表述。

3. 尾部写明"此致××××人民法院"，并建议附有关单位指定意见书或者人民法院确定监护人民事判决书。

20. 申请书（申请撤销监护人资格用）

申请书

申请人：×××，男/女，××××年××月××日出生，×族，……（写明工作单位和职务或者职业），住……。联系方式：……。

委托诉讼代理人：×××，……。

>（以上写明申请人和其他诉讼参加人的姓名或者名称等基本信息）
>请求事项：
>撤销×××为×××的监护人资格。
>事实和理由：
>……（写明撤销监护人的事实和理由）。
>此致
>××××人民法院
>
>申请人（签名或者盖章）
>×××年××月××日

【说明】

1. 本样式根据《中华人民共和国民法通则》第十八条、《中华人民共和国反家庭暴力法》第二十一条第一款制定，供有关人员或者有关单位向基层人民法院申请撤销监护人资格用。

2. 申请人是有关单位的，写明名称住所。另起一行写明法定代表人、主要负责人及其姓名、职务、联系方式。

3. 监护人不履行监护职责或者侵害被监护人的合法权益的，有关人员或者有关单位可以申请撤销监护人的资格。

4. 监护人实施家庭暴力严重侵害被监护人合法权益的，被监护人的近亲属、居民委员会、村民委员会、县级人民政府民政部门等有关人员或者单位，可以申请依法撤销其监护人资格，另行指定监护人。

【实例评注】

（暂缺实例）

〔评注〕

1. 文书正文首部写明申请人的身份情况。

2. 请求事项表述为"撤销×××为×××的监护人资格"，并写明撤销监护人的事实和理由。

3. 尾部写明"此致××××人民法院"。

（八）确认仲裁协议效力案件

21. 申请书（申请确认仲裁协议效力用）

申请书

申请人：×××，男/女，××××年××月××日出生，×族，……（写明工作单位和职务或者职业），住……。联系方式：……。

法定代理人/指定代理人：×××，……。

委托诉讼代理人：×××，……。

被申请人×××，……。

……

（以上写明当事人和其他诉讼参加人的姓名或者名称等基本信息）

请求事项：

确认申请人×××与被申请人×××的仲裁协议有效/无效。

事实和理由：

××××年××月××日，申请人×××与申请人×××以……方式订立仲裁协议，内容为：……（写明协议内容）。

……（写明申请确认仲裁协议有效/无效的事实和理由）。

此致

××××人民法院

申请人（签名或者盖章）

××××年××月××日

【说明】

1. 本样式根据《中华人民共和国仲裁法》第二十条制定，供当事人对仲裁协议的效力有异议的，向人民法院申请确认仲裁协议效力用。

2. 当事人是法人或者其他组织的，写明名称住所。另起一行写明法定代表人、主要负责人及其姓名、职务、联系方式。

3. 有下列情形之一的，仲裁协议无效：（一）约定的仲裁事项超出法律规定的仲裁范围的；（二）无民事行为能力人或者限制民事行为能力人订立的仲裁协议；（三）一方采取胁迫手段，迫使对方订立仲裁协议的。

4. 当事人对仲裁协议的效力有异议的，可以请求仲裁委员会作出决定或者请求人民法院作出裁定。一方请求仲裁委员会作出决定，另一方请求人民法院作出裁定的，由人民法院裁定。当事人对仲裁协议的效力有异议，应当在仲裁庭首次开庭前提出。

【实例评注】

确认仲裁协议效力申请书①

申请人：山东统一建设工程公司，住山东省济南市。
法定代表人：王某某，职务：经理。
请求事项：
确认申请人与济南大山工程有限公司于2013年4月7日签订的《建设工程施工合同》中约定的提请济南市仲裁委员会仲裁的法律效力。
事实和理由：
2013年4月7日，申请人与济南大山工程有限公司签订《建设工程施工合同》，该合同第三部分专用条款第十七条约定为："双方约定，在履行分包合同过程中发生争议，双方协商解决或者调解不成时，按以下方式和顺序解决：（1）提请济南市仲裁委员会仲裁。（2）向合同签订地人民法院起诉。"
申请人认为：仲裁协议系平等的民事主体对争议事项的处理方式所作的选择，本案的合同中，双方当事人约定的"济南市仲裁委员会"，该仲裁机构本身是不存在的。同时合同中约定可以先向仲裁机构申请仲裁也可以向人民法院起诉，显然属于《仲裁法》规定的仲裁协议无效的情形。另外，申请人就本案管辖事宜咨询济南仲裁委员会，该委员会的答复是济南仲裁委员会就本案无权受理。但为确保此案管辖，所以提出以上申请，请贵院依法裁定！
　　此致
济南市中级人民法院

申请人：山东统一建设工程公司
2014年5月6日

〔评注〕

1. 文书正文首部写明申请人及被申请人的身份情况：是公民的写明身份事项；是法人或其他组织则写明其名称、地址，以及法定代表人或者主要负责人的姓名、职务。

---

① 来源：新浪博客（http://blog.sina.com.cn/s/blog_5f4218b70100xy81.html），访问时间：2016年10月30日。

2. 请求事项表述为：确认申请人×××与被申请人×××的仲裁协议有效/无效。事实和理由中写明仲裁协议订立的时间、方式及内容，并写明申请确认仲裁协议有效/无效的事实和理由。

3. 文书尾部：(1)致送人民法院名称。(2)应附仲裁协议。

4. 文书落款：(1)申请人签名，申请人如果是法人或其他组织，应由法定代表人或者主要负责人签名并加盖单位公章。(2)申请日期。

（九）撤销仲裁裁决案件

22. 申请书（申请撤销仲裁裁决用）

申请书

申请人：×××，男/女，××××年××月××日出生，×族，……（写明工作单位和职务或者职业），住……。联系方式：……。

法定代理人/指定代理人：×××，……。

委托诉讼代理人：×××，……。

被申请人×××，……。

……

（以上写明当事人和其他诉讼参加人的姓名或者名称等基本信息）

请求事项：

撤销××××仲裁委员会……号裁决。

事实和理由：

××××年××月××日，××××仲裁委员会作出(××××)……号裁决：……（写明仲裁裁决结果）。

……（写明申请撤销裁决的事实和理由）。

此致

××××人民法院

附：××××仲裁委员会……号裁决书

申请人(签名或者盖章)
××××年××月××日

【说明】

1. 本样式根据《中华人民共和国仲裁法》第五十八条、第五十九条制定，供当事人自收到裁决书之日起六个月内，向仲裁委员会所在地的中级人民法院申请撤销仲裁裁决用。

2. 当事人是法人或者其他组织的，写明名称住所。另起一行写明法定代表人、主要负责人及其姓名、职务、联系方式。

3. 当事人提出证据证明裁决有下列情形之一的，可以向仲裁委员会所在地的中级人民法院申请撤销裁决：(一)没有仲裁协议的；(二)裁决的事项不属于仲裁协议的范围或者仲裁委员会无权仲裁的；(三)仲裁庭的组成或者仲裁的程序违反法定程序的；(四)裁决所根据的证据是伪造的；(五)对方当事人隐瞒了足以影响公正裁决的证据的；(六)仲裁员在仲裁该案时有索贿受贿，徇私舞弊，枉法裁决行为的。

【实例评注】

撤销仲裁裁决申请书[①]

申请人：郑某某，男，汉族，1970年11月3日出生，公民身份证号码370829×××××××××××。

住所：泗水县龙城××公建十二幢1－2层二号房。

被申请人：×××房地产开发集团有限公司泗水分公司，组织机构代码68826×××－×。

住所：济宁市泗水县济河街道办事处泗河路南段。

负责人：张某，该公司经理。

申请事项：

一、撤销济宁仲裁委员会2013年2月19日作出的济仲裁字(2012)第107/147号仲裁裁决；

二、本案申请费由被申请人承担。

事实与理由：

2011年8月30日，我与被申请人签订了《商品房买卖合同》，约定商品房经验收合格后在2011年12月15日交付，但被申请人2012年3月19日才向申请人实际交付。被申请人未向我交付验收合格的证明文件，加之涉案房屋存在严重的质量问题，我多次向被申请人要求维修房屋或给我支付补偿房屋维修款，但被申请人不但迟迟不予答

[①] 来源：广东广州李华律师（http://lawyer.110.com/674658/article/show/type/2/aid/656866/），访问时间：2016年10月30日。

复,反而向济宁仲裁委员会提出仲裁,要求我支付剩余房款367 000元、支付违约金1 989元。我随即反诉要求被申请人向我提供涉案商品房经综合验收合格的证明文件并承担违约责任(按逾期交房违约金的计算方式计算),承担逾期交房违约金50 000元,对涉案房屋进行维修,承担仲裁费用、鉴定费用。

2013年2月19日,济宁仲裁委员会作出济仲裁字(2012)第107/147号仲裁裁决书,裁决:一、郑某某应于本裁决生效之日起十日内向×××房地产开发集团有限公司泗水分公司支付涉案房屋(泗水县龙城××公建十二幢1－2层二号房)剩余房款367 000元;二、郑某某应于本裁决生效之日起十日内向×××房地产开发集团有限公司泗水分公司支付逾期付款违约金1 196元;三、×××房地产开发集团有限公司泗水分公司应于本裁决生效之日起三十日内对涉案房屋予以维修,维修后应符合设计标准,且质量合格。该房屋的保修时间自维修完毕后开始计算。2013年8月31日前,如果郑某某有足够的证据证明该房屋仍有明显缺陷,可自行委托其他有资质的法人进行必要维修,所需费用由×××房地产开发集团有限公司泗水分公司承担(凭有效发票);四、驳回郑某某的其他仲裁反请求。

济宁仲裁委员会2013年2月19日作出的济仲裁字(2012)第107/147号仲裁裁决,有以下可以撤销的法定情形:

一、被申请人隐瞒了足以影响公正裁决的证据

本案的关键证据是被申请人交付的涉案房屋是否经验收合格,原裁决草率的认定被申请人当庭提交的竣工验收备案表和档案合格证,符合合同约定交房时应当出示的材料要求。济宁仲裁委员会毫无根据主观臆定了被申请人已经在2012年3月19日交房时已经向我出示了以上证明材料,故意将档案合格证误作房屋验收合格证,被申请人故意隐瞒了竣工验收备案表中载明的相关验收文件、报告、记录和证书等资料。以上证据是关于本案涉案房屋是否真的验收合格的重要证据。

如果被申请人主张的我"违约"付款成立的话,也因为存在被申请人已经在我"违约"付房款以后将房屋交付给我使用的事实,进而认定为双方已经以实际行动变更了原合同规定的我支付房屋价款的条款,被申请人无权再以行使抗辩权为由不给我交付房屋验收证明文件,被申请人存在严重违约行为。

因此,被申请人未举证商品房验收合格的全部相关资料,直接与本案的结果胜败相关,被申请人的隐瞒行为影响了本案的公正裁决!

二、仲裁委仲裁员未对被申请人出庭人员身份进行审查,错误地让某某某以律师身份出庭代理仲裁,违反了法定程序。

综上所述,济宁仲裁委员会2013年2月19日作出的济仲裁字(2012)第107/147号仲裁裁决,因"对方当事人隐瞒了足以影响公正裁决的证据""仲裁程序违反法律规定",现请求贵院撤销济宁仲裁委员会作出的济仲裁字(2012)第107/147号仲裁裁决,

维护我的合法权益。
此致
济宁市中级人民法院

申请人：郑某某
2013年3月15日

〔评注〕

撤销仲裁裁决申请属于确认法律文书效力的请求，依据法律规定，有权受理撤销裁决申请的人民法院是仲裁委员会所在地的中级人民法院，当事人在撤销裁决申请书中书面致送单位时一定要注意这一点。另外，申请人对仲裁裁决具有法定的撤销情形依法负有举证责任，因此在撤销裁决申请书陈述事实、理由时一定要举证加以说明。

1. 文书正文首部写明申请人及被申请人的身份情况：是公民的写明身份事项；是法人或其他组织则写明其名称、地址，以及法定代表人或者主要负责人的姓名、职务。

2. 请求事项表述为："撤销××××仲裁委员会……号裁决"。申请撤销所依据的事实和理由应当围绕仲裁裁决具有法律规定的予以撤销的情形阐述事实、理由，并提出证据加以证明。在陈述依据的事实、理由时，都要做到明确具体，证据充分。

3. 文书尾部写明致送的人民法院的名称。附件中附上仲裁裁决书及提交的证据清单。

4. 文书落款：在申请书结尾右下方写明申请人的姓名，注明申请日期，加盖公章。

23. 申请书（申请撤销劳动争议仲裁裁决用）

申请书

申请人：×××，住所地……。
法定代表人/主要负责人：×××，……，联系方式：……。
委托诉讼代理人：×××，……。
被申请人：×××，……。
……
（以上写明当事人和其他诉讼参加人的姓名或者名称等基本信息）
请求事项：
撤销××××劳动争议仲裁委员会(××××)……号裁决。
事实和理由：

××××年××月××日，××××劳动争议仲裁委员会作出……号裁决：……（写明裁决结果）。
　　……（写明申请撤销裁决的事实和理由）。
　　此致
××××人民法院

　　附：××××劳动争议仲裁委员会……号裁决书

申请人（签名或者盖章）
××××年××月××日

【说明】

1. 本样式根据《中华人民共和国劳动争议调解仲裁法》第四十九条制定，供用人单位自收到劳动争议仲裁裁决书之日起三十日内，向劳动人事争议仲裁委员会所在地的中级人民法院申请撤销裁决用。

2. 申请人为用人单位，被申请人为劳动者。

3. 用人单位可以申请撤销的劳动争议仲裁裁决事项包括：（一）追索劳动报酬、工伤医疗费、经济补偿或者赔偿金，不超过当地月最低工资标准十二个月金额的争议；（二）因执行国家的劳动标准在工作时间、休息休假、社会保险等方面发生的争议。

4. 用人单位可以申请撤销的劳动争议仲裁裁决的情形：（一）适用法律、法规确有错误的；（二）劳动争议仲裁委员会无管辖权的；（三）违反法定程序的；（四）裁决所根据的证据是伪造的；（五）对方当事人隐瞒了足以影响公正裁决的证据的；（六）仲裁员在仲裁该案时有索贿受贿、徇私舞弊、枉法裁决行为的。

【实例评注】

撤销仲裁裁决申请书[①]

　　申请人：上海××建筑安装有限公司。
　　住所地：上海嘉定永新路×××××号×。

[①] 来源：360doc个人图书馆（http://www.360doc.com/content/15/0402/20/20481480_460164342.shtml），访问时间：2016年10月31日。

法定代表人：某某某。

被申请人：陆某某，汉族，1969年××月××日出生，住上海市嘉定区塔城路。

请求事项：

1. 请求依法撤销嘉劳人仲(2012)办字第19××号仲裁裁决书。

2. 判决本案诉讼费用由被申请人承担。

事实与理由：

一、上海嘉定区劳动人事争议仲裁委员会作出的仲裁裁决适用法律错误

被申请人(陆某某)在申请人(上海××建筑安装有限公司)处工作，双方签署过一期劳动合同，期限自2011年4月1日至2012年3月31日。被申请人于2012年3月31日自行填写离职申请单，申请离职。在仲裁庭审时，申请人向嘉定区劳动人事争议仲裁委员会出示了被申请人填写的离职申请单，被申请人对此也是予以明确确认的。从以上的事实和证据可以看出，被申请人是自行申请离职，不与申请人重新续签劳动合同，不属于劳动法和劳动合同法中规定的用人单位需支付补偿金的情形。

二、上海嘉定区劳动人事争议仲裁委员会作出的仲裁裁决中被申请人故意隐瞒足以影响公正裁决的证据。

1. 仲裁裁决认定被申请人2012年1、2月份未发放的1000元为克扣工资错误。根据申请人与被申请人签署劳动合同，劳动合同中明确约定500元为效益工资，该部分工资是按照申请人的经济效益以及被申请人的工作情况而给予是否发放的。但令人遗憾的是被申请人在申请人处招商工作进行了将近一年之久，却一直毫无进展，为此，申请人对被申请人进行调岗，并且被申请人对此是接受的，因此，申请人不发放该部分的工资是有依据的，是合理、合法的。

2012年1月，被申请人陆某某出勤天数为12.69天，其应发工资为1 668.03元，但当月陆某某领取工资为2 009.37元。

2. 裁决书认定被申请人2012年3月份全勤工作错误。被申请人2012年3月份在申请人处工作天数为11.38天，此项有被申请人以及申请人双方确认的"刷卡汇总表"和被申请人提供的请假单等证据证实，所以申请人三月份应得工资为1 226.7元。而不是裁决书上的2 566.43元。

3. 裁决书遗漏被申请人未为申请人办理车牌，以及被申请人承诺离职工资在办理车牌后再来申请人处结算的事实。被申请人在工作期间，承诺为申请人办理好一张车牌，并且在离职填写离职申请单时也明确写明离职工资在办理车牌后再来申请人处结算。此事宜有被申请人的承诺以及离职申请单证明，并且在仲裁庭审时，被申请人是予以确认的。而仲裁裁决对此事一字未提。

三、经核实2011年工资发放情况，被申请人陆某某明知自己没有全勤工作，却多领取工资故意隐瞒，不予退回公司。其中2011年1、3、4、5、6、9、10、11、12月均

未到过全勤工作,却以全勤领取工资。2011 年共计多领取工资 4 514.35 元。2012 年 1 月份工作 12.69 天,多领工资 841.34 元。上述款项 5 355.69 元,被申请人应当依法予以退回申请人。

综上,申请人认为,嘉劳人仲(2012)办字第 19××号仲裁裁决书的作出适用法律错误,认定事实错误,依法应予撤销,恳请贵院依法审查,撤销。

此致
上海市第二中级人民法院

申请人:上海××建筑安装有限公司

二〇一二年七月二十三日

〔评注〕

《中华人民共和国劳动争议调解仲裁法》(以下简称《劳动争议调解仲裁法》)第四十七条规定用人单位可以申请撤销的劳动争议仲裁裁决事项包括:"(一)追索劳动报酬、工伤医疗费、经济补偿或者赔偿金,不超过当地月最低工资标准十二个月金额的争议;(二)因执行国家的劳动标准在工作时间、休息休假、社会保险等方面发生的争议。"该法第四十九条第一款规定:"用人单位有证据证明本法第四十七条规定的仲裁裁决有下列情形之一,可以自收到仲裁裁决书之日起三十日内向劳动争议仲裁委员会所在地的中级人民法院申请撤销裁决:(一)适用法律、法规确有错误的;(二)劳动争议仲裁委员会无管辖权的;(三)违反法定程序的;(四)裁决所根据的证据是伪造的;(五)对方当事人隐瞒了足以影响公正裁决的证据的;(六)仲裁员在仲裁该案时有索贿受贿、徇私舞弊、枉法裁决行为的。"

1. 文书正文首部写明申请人及被申请人的身份情况:用人单位为申请人,应写明其名称、地址、法定代表人姓名、职务。劳动者为被申请人。

2. 请求事项表述为:撤销××××劳动争议仲裁委员会(××××)……号裁决。申请撤销所依据的事实和理由应当围绕劳动争议仲裁裁决具有法律规定的予以撤销的情形阐述事实、理由,并提出证据加以证明。

3. 文书尾部写明致送的人民法院的名称。附件中附上劳动争议仲裁裁决书及提交证据清单。

4. 文书落款:在申请书结尾右下方写明申请人的姓名,注明申请日期,加盖公章。

（十）人身安全保护令案件

24. 申请书（申请人身安全保护令用）

申请书

申请人：×××，男/女，××××年××月××日出生，×族，……（写明工作单位和职务或者职业），住……。联系方式：……。
法定代理人/指定代理人：×××，……。
委托诉讼代理人：×××，……。
被申请人：×××，……。
……
（以上写明当事人和其他诉讼参加人的姓名或者名称等基本信息）
请求事项：
……（写明保护申请人人身安全的措施）。
事实和理由：
……（写明有遭受家庭暴力或者面临家庭暴力现实危险的情形以及其他事实和理由）。
此致
××××人民法院

申请人（签名或者盖章）
××××年××月××日

【说明】

1. 本样式根据《中华人民共和国反家庭暴力法》第二十三条、第二十四条、第二十五条、第二十七条制定，供当事人或者其近亲属、相关单位向申请人或者被申请人居住地、家庭暴力发生地的基层人民法院申请人身安全保护令用。

2. 当事人因遭受家庭暴力或者面临家庭暴力的现实危险，可以向人民法院申请人身安全保护令。当事人是无民事行为能力人、限制民事行为能力人，或者因受到强制、威吓等原因无法申请人身安全保护令的，其近亲属、公安机关、妇女联合会、居民委员会、村民委员会、救助管理机构可以代为申请。

3. 申请人身安全保护令应当以书面方式提出；书面申请确有困难的，可以口头申请，由人民法院记入笔录。

4. 本申请书的请求事项可以写明以下人身安全保护令措施：（一）禁止被申请人实施家庭暴力；（二）禁止被申请人骚扰、跟踪、接触申请人和其相关近亲属；（三）责令被申请人迁出申请人住所；(四)保护申请人人身安全的其他措施。

【实例评注】

人身保护令申请书[①]

申请人：卢某某，女，汉族，1984年××月××日出生，住温州市瓯海区××镇××村×组，身份证编号：330304×××××××5×××××，电话：1358×××289。

被申请人：马某某，男，汉族，1981年××月××日出生，住瑞安市××镇林溪乡××村，身份证编号：330325×××××××××××，电话：138×××8306。

申请事项：请求人民法院依法签发人身保护令

1. 禁止被申请人殴打、威胁申请人及申请人的亲属；
2. 禁止被申请人骚扰、跟踪申请人及申请人的亲属。

事实与理由：

2007年9月17日，申请人与被申请人经人介绍草率结婚(办理了结婚登记)，婚后生活中，被申请人好逸恶劳、不履行家庭义务，屡教不改。被申请人把打骂申请人当成家常便饭——对申请人实施家庭暴力行为。2011年5月份，因被申请人严重殴打申请人，致使申请人身体包括脸部和脚部多处受伤，瓯海区×××派出所曾出警制止，教育和警告了被申请人，并于当时将申请人送往医院救治；此后，被申请人多次对申请人实施殴打和骚扰。由于被申请人多次殴打申请人，申请人与被申请人感情已经破裂，难以继续共同生活，2012年××月××日，申请人不得不向瑞安市法院提起与被申请人离婚的诉讼。在诉讼期间的2012年××月××日，被申请人又来到申请人的娘家瓯海区××镇移民区的住房内，对申请人实施殴打并捣砸申请人的亲属的家，致使申请人受伤，娘家人的家庭财产被损(2台电视和门都被损坏)，申请人报警××派出所受理后，申请人的父亲看在外甥的份上与被申请人和解。但此后，被申请人多次威胁申请人及其家人，且多次骚扰申请人及家人。被申请人的行为严重侵害了申请人和申请人亲属的人身和财产安全。为维护自身合法权益，也防止被申请人挟私报复申请人亲属，根据《浙江省预防和制止家庭暴力条例》第十五条的规定，诉讼期间，家庭暴力行为人对受害人继续施暴或者以暴力相威胁妨碍诉讼正常进行的，人民法院应当依法及时采取强制措施，保护受害人的人身安全。申请人依法向人民法院申请上述人身保护令。请依法审查批准！

此致

[①] 来源：新浪博客(http://blog.sina.com.cn/s/blog_5cebee0001016ugx.html)，访问时间：2016年10月31日。

瑞安市人民法院

申请人：卢某某

二〇一二年十一月十九日

〔评注〕

1. 人身安全保护令的申请由受害人经常居住地、加害人经常居住地或家庭暴力行为发生地的人民法院受理。两个以上同级人民法院都有管辖权的，由最初受理的人民法院管辖。

2. 申请人身安全保护令应当以书面方式提出；书面申请确有困难的，可以口头申请，由人民法院记入笔录。申请人向申请人或者被申请人居住地的基层人民法院提交申请书，申请书的内容要包括明确的被申请人，具体的请求以及阐述当事人遭受家庭暴力或者面临家庭暴力的现实危险。

3. 申请人身保护令需要的条件：（1）有明确的被申请人；（2）有具体的请求；（3）有遭受家庭暴力或者面临家庭暴力现实危险的情形。受害人因客观原因无法自行申请的，由受害人近亲属或其他相关组织代为申请。相关组织和国家机关包括受害人所在单位、居(村)委会、庇护所、妇联组织、公安机关或检察机关等。

4. 申请人身保护令需要收集的证据：申请人身安全保护措施的证据，可以是伤照、报警证明、证人证言、社会机构的相关记录或证明、加害人保证书、加害人带有威胁内容的手机短信等。申请人身安全保护措施的裁定，无需交纳任何费用。

5. 人身安全保护令对被申请人的措施：《中华人民共和国反家庭暴力法》第二十九条规定，人身安全保护令可以包括：（1）禁止被申请人实施家庭暴力；（2）禁止被申请人骚扰、跟踪、接触申请人及其相关近亲属；（3）责令被申请人迁出申请人住所；（4）保护申请人人身安全的其他措施。

25. 复议申请书（申请人对驳回人身安全保护令申请复议用）

复议申请书

复议申请人：×××，男/女，××××年××月××日出生，×族，……（写明工作单位和职务或者职业），住……。联系方式：……。

法定代理人/指定代理人：×××，……。

委托诉讼代理人：×××，……。

```
被申请人：×××，……。
……
（以上写明当事人和其他诉讼参加人的姓名或者名称等基本信息）
请求事项：
1. 撤销你院(××××)……民保令……号驳回申请民事裁定；
2. ……（写明保护申请人人身安全的措施）。
事实和理由：
复议申请人×××与被申请人×××申请人身安全保护令一案，不服你院×××年××月××日作出(××××)……民保令……号驳回申请裁定，申请复议。
……（写明申请复议的事实和理由）。
此致
××××人民法院

附：××××人民法院(××××)……民保令……号民事裁定书

                               复议申请人（签名或者盖章）
                                    ×××年××月××日
```

【说明】

1. 本样式根据《中华人民共和国反家庭暴力法》第三十一条制定，供对驳回人身安全保护令申请的裁定不服的申请人，向作出裁定的人民法院申请复议用。

2. 申请人对驳回人身安全保护令申请不服的，可以自裁定生效之日起五日内向作出裁定的人民法院申请复议一次。

3. 本申请书的请求事项应当写明撤销驳回申请的原裁定，并写明申请采取以下人身安全保护令措施：（一）禁止被申请人实施家庭暴力；（二）禁止被申请人骚扰、跟踪、接触申请人和其相关近亲属；（三）责令被申请人迁出申请人住所；（四）保护申请人人身安全的其他措施。

【实例评注】

（暂缺实例）

〔评注〕

1. 复议申请应向作出驳回人身安全保护令裁定的人民法院提出。
2. 文书正文首部写明复议申请人及被申请人的身份情况。
3. 请求事项应表述为："1. 撤销你院(××××)……民保令……号驳回申

请民事裁定；2.……（写明保护申请人人身安全的措施）。"写明申请复议的事实和理由。

4. 文书尾部写明致送人民法院名称。附原驳回人身安全保护令申请的民事裁定书。

5. 文书落款应由申请人签名并注明日期。

26. 复议申请书（被申请人对作出人身安全保护令申请复议用）

复议申请书

复议申请人：×××，男/女，××××年××月××日出生，×族，……（写明工作单位和职务或者职业），住……。联系方式：……。

法定代理人/指定代理人：×××，……。

委托诉讼代理人：×××，……。

被申请人：×××，……。

……

（以上写明当事人和其他诉讼参加人的姓名或者名称等基本信息）

请求事项：

撤销你院（××××）……民保令……号人身安全保护令民事裁定。

事实和理由：

复议申请人×××因与×××申请人身安全保护令一案，不服你院于××××年××月××日作出（××××）……民保令……号人身安全保护令裁定：……（写明裁定结果）。申请复议。

……（写明申请复议的事实和理由）。

此致

××××人民法院

附：××××人民法院（××××）……民保令……号民事裁定书

复议申请人（签名或者盖章）
××××年××月××日

【说明】

1. 本样式根据《中华人民共和国反家庭暴力法》第三十一条制定，供对作出人身安全保护令裁定不服的被申请人，向作出裁定的人民法院申请复议用。

2. 被申请人对人身安全保护令不服的，可以自裁定生效之日起五日内向作出裁定的人民法院申请复议一次。人民法院依法作出人身安全保护令的，复议期间不停止人身安全保护令的执行。

【实例评注】

（暂缺实例）

〔评注〕

1. 复议申请应向作出人身安全保护令裁定的人民法院提出。
2. 文书正文首部写明复议申请人及被申请人的身份情况。
3. 请求事项应表述为："撤销你院（××××）……民保令……号人身安全保护令民事裁定。"中写明申请复议的事实和理由。
4. 文书尾部写明致送人民法院名称。附原作出人身安全保护令的民事裁定书。
5. 文书落款应由申请人签名并注明日期。

27. 申请书（申请撤销/变更/延长人身安全保护令用）

申请书

　　申请人：×××，男/女，××××年××月××日出生，×族，……（写明工作单位和职务或者职业），住……。联系方式：……。

　　法定代理人/指定代理人：×××，……。

　　委托诉讼代理人：×××，……。

　　被申请人：×××，……。

　　……

　　（以上写明当事人和其他诉讼参加人的姓名或者名称等基本信息）

　　请求事项：

　　（请求撤销的，写明:)

　　撤销你院（××××）……民保令……号人身安全保护令民事裁定。

　　（请求变更的，写明:)

　　1. 撤销你院（××××）……民保令……号人身安全保护令民事裁定第×项；

　　2. ……（写明变更的人身安全保护令的措施）。

　　（请求延长的，写明延长人身安全保护令的措施和期限:)

延长……×个月。

事实和理由：

申请人×××与被申请人×××申请人身安全保护令一案，你院于××××年××月××日作出（××××）……民保令……号人身安全保护令裁定：……（写明裁定结果）。

……（写明申请人主张撤销/变更/延长的事实和理由）。

此致

××××人民法院

附：××××人民法院（××××）……民保令……号民事裁定书

申请人（签名或者盖章）
××××年××月××日

【说明】

1. 本样式根据《中华人民共和国反家庭暴力法》第三十条制定，供申请人在人身安全保护令失效前，向作出人身安全保护令裁定的人民法院申请撤销、变更或者延长用。

2. 人身安全保护令的有效期不超过六个月，自作出之日起生效。人身安全保护令失效前，申请人可以申请撤销、变更或者延长。

【实例评注】

（暂缺实例）

〔评注〕

1. 申请应在人身安全保护令失效前向作出人身安全保护令裁定的人民法院提出。

2. 文书正文首部写明申请人及被申请人的身份情况。

3. 请求事项应表述为：一是请求撤销的，写明"撤销你院（××××）……民保令……号人身安全保护令民事裁定"。二是请求变更的，写明"1. 撤销你院（××××）……民保令……号人身安全保护令民事裁定第×项；2. ……（写明变更的人身安全保护令的措施）"。三是请求延长的，写明"（人身安全保护令的措施和期限）延长×个月"。事实和理由中首先写原裁定结果，再写明申请人主张撤销/变更/延长的事实和理由。

4. 文书尾部写明致送人民法院名称。附原作出人身安全保护令的民事裁定书。

5. 文书落款应由申请人签名并注明日期。

（十一）其他

28. 申请书（撤回特别程序申请用）

申请书

申请人：×××，男/女，××××年××月××日出生，×族，……（写明工作单位和职务或者职业），住……。联系方式：……。

法定代理人/指定代理人：×××，……。

委托诉讼代理人：×××，……。

（以上写明申请人和其他诉讼参加人的姓名或者名称等基本信息）

请求事项：

撤回……的申请。

事实和理由：

关于……（写明当事人和案由）一案，××××年××月××日你院已立案。

……（写明撤回申请的理由）。

此致

×××人民法院

申请人（签名或者盖章）

××××年××月××日

【说明】

1. 本样式根据《中华人民共和国民事诉讼法》第十三条第二款制定，供申请人撤回特别程序申请用。

2. 本样式适用于各种特别程序案由。

【实例评注】

（暂缺实例）

〔评注〕

本文书样式是各种特别程序当事人撤回申请的通用文书样式。

1. 文书正文首部写明申请人的基本情况。申请人是公民则写明身份事项；申请人是法人或其他组织则写明其名称、地址，以及法定代表人或者主要负责人的姓名、职务。

2. 请求事项应表述为"撤回……的申请",事实和理由中写明撤回申请的事实和理由。
3. 文书尾部写明致送人民法院名称。
4. 文书落款应由申请人签名并注明日期。

十八、审判监督程序

1. 民事再审申请书（申请再审用）

再审申请书

再审申请人(一、二审诉讼地位)：×××，男/女，××××年××月××日出生，×族，……(写明工作单位和职务或者职业)，住……。联系方式：……。

法定代理人/指定代理人：×××，……。

委托诉讼代理人：×××，……。

被申请人(一、二审诉讼地位)：×××，……。

……

原审原告/被告/第三人(一审诉讼地位)：×××，……。

……

(以上写明当事人和其他诉讼参加人的姓名或者名称等基本信息)

再审申请人×××因与×××……(写明案由)一案，不服×××人民法院(写明原审人民法院的名称)××××年××月××日作出的(××××)……号民事判决/民事裁定/民事调解书，现提出再审申请。

再审请求：

……

事实和理由：

……(写明申请再审的法定情形及事实和理由)。

此致

××××人民法院

附：本民事再审申请书副本×份

再审申请人(签名或者盖章)
××××年××月××日

【说明】

1. 本样式根据《中华人民共和国民事诉讼法》第一百九十九条、第二百零一条、第二百零三条以及《最高人民法院关于适用〈中华人民共和国民事诉讼法〉的解释》

第三百七十七条、第三百七十八条制定,供当事人对已经生效的民事判决、裁定或者调解书向人民法院申请再审用。

2. 当事人是法人或者其他组织的,写明名称住所。另起一行写明法定代表人、主要负责人及其姓名、职务、联系方式。

3. 当事人对已经发生法律效力的判决、裁定,认为有错误的,可以向上一级人民法院申请再审;当事人一方人数众多或者当事人双方为公民的案件,也可以向原审人民法院申请再审。当事人申请再审的,不停止判决、裁定的执行。

4. 当事人对已经发生法律效力的调解书,提出证据证明调解违反自愿原则或者调解协议的内容违反法律的,可以申请再审。

5. 再审申请书应当记明下列事项:(一)再审申请人与被申请人和原审其他当事人的姓名或者名称等基本信息;(二)原审人民法院的名称,原审裁判文书案号;(三)具体的再审请求;(四)申请再审的法定情形及具体事实、理由。再审申请书应当明确申请再审的人民法院,并由再审申请人签名、捺印或者盖章。

6. 当事人申请再审,应当提交下列材料:(一)再审申请书,并按照被申请人和原审其他当事人的人数提交副本;(二)再审申请人是自然人的,应当提交身份证明;再审申请人是法人或者其他组织的,应当提交营业执照、组织机构代码证书、法定代表人或者主要负责人身份证明书。委托他人代为申请的,应当提交授权委托书和代理人身份证明;(三)原审判决书、裁定书、调解书;(四)反映案件基本事实的主要证据及其他材料。

7. 有新证据的,应当在事实和理由之后写明证据和证据来源,证人姓名和住所。

【实例评注】

民事申诉状 ①

申诉人(一审被告、二审上诉人):武汉红太阳置业有限公司,地址武汉市汉阳区琴台大道1000号。

法定代表人:曾某某,公司董事长。

被申请人(一审原告、二审被上诉人):周某某,……。

申诉人因劳务合同纠纷一案,不服武汉市中级人民法院(2016)鄂01民终3179号民事判决,依照《民事诉讼法》第199条、第200条第2项、第4项、第6项之规定,依法向贵院提出申诉。

---

① 来源:湖北省高级人民法院(2016)鄂民申2298号案卷。

申诉请求：

一、撤销本案二审判决；

二、判决驳回被申诉人的全部诉讼请求；

三、判决被申诉人向申诉人返还汇款人民币 25 万元；

四、本案一、二审诉讼费用均由被申诉人承担。

事实与理由：

一、二审判决认定事实的主要证据未经质证

二审庭审期间，申诉人对被申诉人周某某提交的《银行流水单》的真实性提出异议，法庭亦于庭审期间要求周某某限期提交附带银行公章的《银行流水单》。依据证据规则的规定，附带银行公章的《银行流水单》应认定为新证据，应在庭审质证后才能作为认定案件事实的证据。但二审判决未经申诉人质证即将该证据作为认定案件事实的证据，依据《民事诉讼法》第 200 条第 4 款的规定，本案应当再审。

二、二审判决不批准申诉人提出的证人出庭作证申请违反法律规定

二审开庭前，申诉人已电话联系合议庭，提出送交书面证人出庭作证申请书，并申请法庭批准证人出庭作证，合议庭回复开庭当日将提交书面申请书即可，并批准证人于开庭当日与申诉人同来即可，合议庭的回复应视为已批准申诉人提出的证人出庭作证申请。但开庭当日，合议庭却以申诉人未递交书面证人出庭作证申请书及并非新证据为由，不允许证人出庭作证，违反法律规定。

三、二审判决认定事实错误

（一）二审判决关于申诉人与被申诉人之间签订的《武汉红太阳置业有限公司通衡建材城聘用合同》履行至 2014 年 8 月的认定错误

1. 申诉人与被申诉人之间签订的《武汉红太阳置业有限公司通衡建材城聘用合同》（以下简称聘用合同）已于 2013 年 6 月 19 日解除。

自 2011 年底，申诉人在发现公司存在财务违纪问题后，便将周某某调离总经理岗位，并停止支付月薪及年薪，仅每月发放人民币 4 000 元的生活费。后因周某某始终未能对财务问题作出明确回复，申诉人解除了与周某某之间的劳务关系，并两次登报通知周某某办理离职手续。因此，申诉人与周某某之间的劳务关系已于有证据证明登报之日，即 2013 年 6 月 19 日解除。

2. 周某某未履行总经理职责，无权要求获取其未履行总经理职责期间的年薪等报酬。

自 2011 年底至聘用合同解除期间，周某某并未担任担任总经理，亦未履行总经理职责。对此，申诉人在二审期间提交了新任总经理的聘用合同、聘书、签核报销凭证、证人证言等新证据证明：自 2012 年 11 月起申诉人已另聘王某某为总经理，并由王某某行使总经理的全部职权。聘用合同解除后至 2014 年 8 月期间，申诉人向周某某发放生

活费的行为，系双方之间建立的新的劳务关系，在履行新劳务关系期间，周某某并未被聘为总经理，亦未履行总经理职责。

其次，聘用合同解除时间为 2014 年 8 月，对于周某某是否有权要求支付年薪等报酬的主张，在申诉人提交了另聘新任总经理及已由新任总经理履行总经理全部职责的情况下，依法应由周某某继续承担证明其已按聘用合同履行总经理职责的合同义务的举证责任。二审法院在周某某未提交任何证据证明其已履行总经理职责的相关证据的情况下，仅聘用合同至 2014 年 8 月解除即判令申诉人履行支付年薪等报酬的义务，是对本案的基本事实的错误认定。

（二）二审判决关于周某某已将人民币 25 万元用于公司事务及退还公司的事实认定错误

1. 对于人民币 19 万元。周某某证明其已将人民币 19 万元退还至申诉人财务人员王某银行账户的证据为所谓的银行流水单，但该流水单无银行盖章，且收款账户亦非申诉人财务人员王某银行账户。对此，申诉人已提出收款账户并非申诉人财务人员王某银行账户的抗辩。在周某某尚未举证证明银行流水单中人民币 19 万元的收款账户系财务人员王某银行账户的情况下，二审法院作出的该人民币 19 万元已归还申诉人的认定错误。

2. 对于人民币 5 万元及人民币 1 万元。周某某声称人民币 5 万元用于办理申诉人通衡建材城的消防验收手续，但未提交消防部门的收款收据，且该建材城始终未通过消防验收。其次，周某某声称人民币 1 万元用于公司招待，但其至今未提交用于公司招待的费用发票或收据，以及招待对象，无法证明该招待费是否产生，以及是否符合公司的财务报销制度。二审法院仅凭周某某口头陈述就推定存在上述事实，并予以认定，认定事实错误。

四、二审判决适用法律错误

1. 如前所述，关于人民币 25 万元是否已用于公司事务及退还公司的事实，周某某尚未完成其举证责任，其应当承担举证不能的法律后果，二审法院认定周某某已完成举证责任，并据此认定其陈述属实，属错误分配举证责任，适用法律错误。

2. 对于关于离职时间，一审法院对本案本诉的判决项，是依据认定周某某的离职时间为 2014 年 9 月作出的判决，在反诉的判决项中是依据周某某的离职时间为 2012 年 12 月作出的判决。二审认定诉讼时效是驳回申诉人的反诉的考量之一，即认为申诉人反诉请求已过诉讼时效期间，亦是适用法律错误。

综上所述，申请人认为，二审判决认定事实错误和适用法律不当，应当依法予以撤销，请求贵院在查清事实的基础上依法改判，以维护法律的尊严，切实保护申请人的合法权益。

此致
湖北省高级人民法院

申诉人（武汉红太阳置业有限公司盖章）

2016 年 7 月

〔评注〕

本样式根据《民事诉讼法》第一百九十九条、第二百零一条、第二百零三条以及《民诉法解释》第三百七十七条、第三百七十八条制定，供当事人对已经生效的民事判决、裁定或者调解书向人民法院申请再审用。

1. 申请再审的范围及管辖法院

(1)法律依据

《中华人民共和国民事诉讼法》

第一百九十九条　当事人对已经发生法律效力的判决、裁定，认为有错误的，可以向上一级人民法院申请再审；当事人一方人数众多或者当事人双方为公民的案件，也可以向原审人民法院申请再审。当事人申请再审的，不停止判决、裁定的执行。

第二百零一条　当事人对已经发生法律效力的调解书，提出证据证明调解违反自愿原则或者调解协议的内容违反法律的，可以申请再审。经人民法院审查属实的，应当再审。

《最高人民法院关于适用〈中华人民共和国民事诉讼法〉的解释》

第三百八十一条　当事人认为发生法律效力的不予受理、驳回起诉的裁定错误的，可以申请再审。

第三百八十二条　当事人就离婚案件中的财产分割问题申请再审，如涉及判决中已分割的财产，人民法院应当依照民事诉讼法第二百条的规定进行审查，符合再审条件的，应当裁定再审；如涉及判决中未作处理的夫妻共同财产，应当告知当事人另行起诉。

(2)注意事项

《民事诉讼法》第一百九十九条规定的人数众多的一方当事人，包括公民、法人和其他组织。当事人双方为公民的案件，是指原告和被告均为公民的案件。

当事人一方人数众多或者当事人双方为公民的案件，当事人分别向原审人民法院和上一级人民法院申请再审且不能协商一致的，由原审人民法院受理。对此类案件"确立了以上提一级为原则，以原审人民法院管辖为补充的申请再审管辖制度。"① 一般情况下，以十人以上作为判断"当事人一方人数众多"的数量标准。

对于已经发生法律效力的调解书提出再审申请，参照判决、裁定的管辖，一般向

---

① 沈德咏主编：《最高人民法院民事诉讼法司法解释理解与适用》（下册），人民法院出版社 2015 年版，第 996 页。

上一级人民法院申请再审；当事人一方人数众多或者当事人双方为公民的案件，也可以向原审人民法院申请再审。

2. 申请再审形式要求

(1) 法律依据

《中华人民共和国民事诉讼法》

第二百零三条　当事人申请再审的，应当提交再审申请书等材料。人民法院应当自收到再审申请书之日起五日内将再审申请书副本发送对方当事人。对方当事人应当自收到再审申请书副本之日起十五日内提交书面意见；不提交书面意见的，不影响人民法院审查。人民法院可以要求申请人和对方当事人补充有关材料，询问有关事项。

第二百零五条　当事人申请再审，应当在判决、裁定发生法律效力后六个月内提出；有本法第二百条第一项、第三项、第十二项、第十三项规定情形的，自知道或者应当知道之日起六个月内提出。

《最高人民法院关于适用〈中华人民共和国民事诉讼法〉的解释》

第三百七十七条　当事人申请再审，应当提交下列材料：

(一)再审申请书，并按照被申请人和原审其他当事人的人数提交副本；

(二)再审申请人是自然人的，应当提交身份证明；再审申请人是法人或者其他组织的，应当提交营业执照、组织机构代码证书、法定代表人或者主要负责人身份证明书。委托他人代为申请的，应当提交授权委托书和代理人身份证明；

(三)原审判决书、裁定书、调解书；

(四)反映案件基本事实的主要证据及其他材料。

前款第二项、第三项、第四项规定的材料可以是与原件核对无异的复印件。

第三百七十八条　再审申请书应当记明下列事项：

(一)再审申请人与被申请人及原审其他当事人的基本信息；

(二)原审人民法院的名称，原审裁判文书案号；

(三)具体的再审请求；

(四)申请再审的法定情形及具体事实、理由。

再审申请书应当明确申请再审的人民法院，并由再审申请人签名、捺印或者盖章。

第三百八十四条　当事人对已经发生法律效力的调解书申请再审，应当在调解书发生法律效力后六个月内提出。

(2) 注意事项

再审申请书应当记明下列事项：①再审申请人与被申请人和原审其他当事人的姓名或者名称等基本信息；②原审人民法院的名称，原审裁判文书案号；③具体的再审请求；④申请再审的法定情形及具体事实、理由。

有新证据的，应当在事实和理由之后写明证据和证据来源、证人姓名和住所。

3. 再审的实质要求

(1) 法律依据

《中华人民共和国民事诉讼法》

第二百条　　当事人的申请符合下列情形之一的，人民法院应当再审：

(一)有新的证据，足以推翻原判决、裁定的；

(二)原判决、裁定认定的基本事实缺乏证据证明的；

(三)原判决、裁定认定事实的主要证据是伪造的；

(四)原判决、裁定认定事实的主要证据未经质证的；

(五)对审理案件需要的主要证据，当事人因客观原因不能自行收集，书面申请人民法院调查收集，人民法院未调查收集的；

(六)原判决、裁定适用法律确有错误的；

(七)审判组织的组成不合法或者依法应当回避的审判人员没有回避的；

(八)无诉讼行为能力人未经法定代理人代为诉讼或者应当参加诉讼的当事人，因不能归责于本人或者其诉讼代理人的事由，未参加诉讼的；

(九)违反法律规定，剥夺当事人辩论权利的；

(十)未经传票传唤，缺席判决的；

(十一)原判决、裁定遗漏或者超出诉讼请求的；

(十二)据以作出原判决、裁定的法律文书被撤销或者变更的；

(十三)审判人员审理该案件时有贪污受贿，徇私舞弊，枉法裁判行为的。

第二百零一条　　当事人对已经发生法律效力的调解书，提出证据证明调解违反自愿原则或者调解协议的内容违反法律的，可以申请再审。经人民法院审查属实的，应当再审。

(2) 注意事项

①明确具体的再审请求

具体的再审请求与具体的事实和理由是不同的，在司法实践中，不少再审申请书混淆了再审请求与具体事由的区别。例如，在本处实例中，再审申请人具体的再审请求有四点："一、撤销本案二审判决；二、判决驳回被申诉人的全部诉讼请求；三、判决被申诉人向申诉人返还汇款人民币25万元；四、本案一、二审诉讼费用均由被申诉人承担。"

请求应当简明扼要，明确具体，恰当合理。

部分再审申请书泛泛的请求"撤销原判"，没有明确撤销哪一次判决或者裁定。由于在部分案件中，一审、二审的判决、裁定内容是不一致的，因此，再审申请书中应当明确要求撤销的具体判决或者裁定，要求同时撤销的，则写明"撤销原一、二审判决"。如果只要求撤销二审判决/裁定，则写明"撤销二审判决/裁定"。如果只要求撤销一审、二审判决/裁定中的部分判项,则具体写明。如果本案经过多次审理,则应写明请求撤销的判决、裁定的具体案号,以免造成混淆。

另外,还应写明具体的请求,如"驳回被申请人的诉讼请求""被申请人支付申请人违约金人民币25万元""一、二审诉讼费用由被申请人承担"等。应当注意的是,当事人提出的诉讼请求不能超过原一、二审的诉讼请求范围。例如,当事人在申请再审中,提出的一审起诉状中没有提出的诉讼请求不属于再审审查的范围,人民法院对此不予审查。

②明确再审申请的法定事由

在事实和理由中,应当明确申请再审的理由是依据《民事诉讼法》第二百条第×项。再审审查程序,受理再审的人民法院就是要审查当事人的再审申请是否符合《民事诉讼法》第二百条的十三种情形之一,符合其中一种或者几种情形的,裁定再审;不符合的,裁定驳回再审申请。因此,在民事再审申请书中,必须明确说明依据的是《民事诉讼法》第二百条第×项之规定。例如,本处实例即明确了其申请符合《民事诉讼法》第二百条第二项、第四项、第六项之规定。

申请再审时,应当准确区分事实认定错误和法律适用错误的区别。部分当事人对案件的申请再审事由认识不准确,往往将对事实认定的错误理解为法律适用错误,这既增加了审判人员的工作量,也可能会导致其案件不能顺利进入再审程序。在司法实践中,法官有时会行使释明权,告知当事人其针对的是事实认定问题还是法律适用问题提出再审申请,以便人民法院对其申请是否符合再审的法定情形进行审查。

部分当事人为了其再审理由能够得到人民法院采纳,往往胡子眉毛一把抓,将所有理由都写在再审申请书上,这样的结果是重点事实不突出,关键理由不突出。人民法院审查案件是否进入再审,是审查当事人的申请再审理由是否符合《民事诉讼法》第二百条十三项情形中的一种或者几种,只要符合其中一项,人民法院就会裁定再审。因此,申请再审时,应当抓住关键的事实和证据问题,关键的法律适用问题,点明即可。

对于已经发生法律效力的调解书。当事人的申请符合下列条件之一的,人民法院应当再审:一是当事人提出证据证明调解违反自愿原则;二是调解协议的内容违反法律。这里的"违反法律",是指违反法律的禁止性规定。

③新的证据

《最高人民法院关于适用〈中华人民共和国民事诉讼法〉的解释》

第三百八十七条 再审申请人提供的新的证据,能够证明原判决、裁定认定基本事实或者裁判结果错误的,应当认定为民事诉讼法第二百条第一项规定的情形。

对于符合前款规定的证据,人民法院应当责令再审申请人说明其逾期提供该证据的理由;拒不说明理由或者理由不成立的,依照民事诉讼法第六十五条第二款和本解释第一百零二条的规定处理。

第三百八十八条　再审申请人证明其提交的新的证据符合下列情形之一的，可以认定逾期提供证据的理由成立：

（一）在原审庭审结束前已经存在，因客观原因于庭审结束后才发现的；

（二）在原审庭审结束前已经发现，但因客观原因无法取得或者在规定的期限内不能提供的；

（三）在原审庭审结束后形成，无法据此另行提起诉讼的。

再审申请人提交的证据在原审中已经提供，原审人民法院未组织质证且未作为裁判根据的，视为逾期提供证据的理由成立，但原审人民法院依照民事诉讼法第六十五条规定不予采纳的除外。

第三百八十九条　当事人对原判决、裁定认定事实的主要证据在原审中拒绝发表质证意见或者质证中未对证据发表质证意见的，不属于民事诉讼法第二百条第四项规定的未经质证的情形。

《民诉法解释》第三百八十七条根据《民事诉讼法》第二百条第一项、第六十五条作出，并进行细化。部分当事人以"有新的证据"为由提出再审申请，实际上该证据在原一、二审过程中已经提交，不属于新证据的范围。是否符合"新的证据"的要求，根据《民诉法解释》第三百八十七条、第三百八十八条、第三百八十九条的规定进行审查，当事人据此提出其所提交的证据符合"新的证据"要求的法律依据和事实依据。《民事诉讼法》第二百条第一项规定，"有新的证据，足以推翻原判决、裁定的"才符合再审条件。对于何为"足以推翻"，《民诉法解释》新增了第三百八十七条，明确新的证据"能够证明原判决、裁定认定基本事实或者裁判结果错误的"，属于"足以推翻原判决、裁定"的情形。如果新的证据只是证明原判决、裁定存在一般瑕疵，则不属于《民事诉讼法》第二百条第一项规定之情形，不能认定为"足以推翻原判决、裁定"。

④关于鉴定和调查的申请

再审复查程序是审查当事人的申请是否符合再审条件，是审查案件是否要进入再审的程序，而不是对案件实体处理的审理程序。只有当人民法院对案件裁定再审后，才会进入实体审理程序。在司法实践中，对于当事人在再审复查程序中提出对案件进行鉴定或者重新鉴定，或者申请人民法院调查取证，人民法院不会予以准许。因此，不应在民事再审申请书中提出鉴定和调查的申请。

4. 不得申请再审或者人民法院不予受理再审申请的案件范围

（1）法律依据

《中华人民共和国民事诉讼法》

第二百零二条　当事人对已经发生法律效力的解除婚姻关系的判决、调解书，不得申请再审。

《最高人民法院关于适用〈中华人民共和国民事诉讼法〉的解释》

第三百八十条　　适用特别程序、督促程序、公示催告程序、破产程序等非讼程序审理的案件，当事人不得申请再审。

第三百八十三条　　当事人申请再审，有下列情形之一的，人民法院不予受理：

（一）再审申请被驳回后再次提出申请的；

（二）对再审判决、裁定提出申请的；

（三）在人民检察院对当事人的申请作出不予提出再审检察建议或者抗诉决定后又提出申请的。

前款第一项、第二项规定情形，人民法院应当告知当事人可以向人民检察院申请再审检察建议或者抗诉，但因人民检察院提出再审检察建议或者抗诉而再审作出的判决、裁定除外。

（2）注意事项

《民事诉讼法》第二百零二条以及《民诉法解释》第三百八十条规定的是由于案件性质不得申请再审的案件类型。《民事诉讼法》第三百八十三条规定的是当事人申请再审，人民法院不予受理，是因经过法定程序后人民法院不再受理其再审申请的情形，两者有所区别。

当事人对于《民诉法解释》第三百八十条规定的案件申请再审的，人民法院应当告知其依照法律和司法解释规定的其他程序行使权利。已经受理的，在审理过程中发现属于本条所规定的不应受理再审申请情形的，人民法院应当按照《民诉法解释》第三百九十五条第二款的规定，裁定驳回其再审申请。

十九、督促程序

1. 申请书（申请支付令用）

申请书

申请人：×××，男/女，××××年××月××日出生，×族，……（写明工作单位和职务或者职业），住……。联系方式：……。

法定代理人/指定代理人：×××，……。

委托诉讼代理人：×××，……。

被申请人：×××，……。

……

（以上写明当事人和其他诉讼参加人的姓名或者名称等基本信息）

请求事项：

向被申请人×××发出支付令，督促被申请人×××给付申请人×××……（写明请求给付的金钱或者有价证券的名称和数量）。

事实和理由：

……（写明债权债务关系发生的事实、证据）。

此致

××××人民法院

申请人（签名或者公章）
××××年××月××日

【说明】

1. 本样式根据《中华人民共和国民事诉讼法》第二百一十四条制定，供债权人向人民法院申请支付令用。

2. 当事人是法人或者其他组织的，写明名称住所。另起一行写明法定代表人、主要负责人及其姓名、职务、联系方式。

3. 债权人请求债务人给付金钱、有价证券，符合下列条件的，可以向有管辖权的基层人民法院申请支付令：（一）债权人与债务人没有其他债务纠纷的；（二）支付令能够送达债务人的。

【实例评注】

支付令申请书①

申请人：湖北精益耐磨材料有限公司，住所地：黄石市青山湾 4 号。
法定代表人：潘某某，董事长。
被申请人：湖北昌胜机械设备制造有限公司，住所地：黄石市沿湖路 517 号。
法定代表人：朱某某，董事长。
请求事项：
向被申请人发出支付令，督促被申请人立即支付货款 70772 元和承担本案诉讼费用。
事实和理由：
被申请人自 2013 年始向申请人陆续零星购买符合耐磨钢板，在 2014 年 8 月 31 日经对账，被申请人确认下欠原告货款 70772 元，被告的负责人（股东）朱某某在对账单上签字。现被申请人仍不能清偿货款，故此请求贵院依法督促支付。
　　此呈
西塞山区人民法院

申请人：湖北精益耐磨材料有限公司
2016 年 8 月 29 日

附：申请人营业执照、被申请人的企业信息公示表、欠款还款承诺书。

〔评注〕
　　支付令，是人民法院根据债权人申请向债务人发出的督促债务清偿的法律文书。它因债权人申请而起，经人民法院作出，在债务人未依法提出异议后发生强制执行效力。
　　依据《民事诉讼法》第二百一十四条、第二百一十六条的规定，债权人请求给付的标的物必须是金钱或者有价证券，且该债权已到期并数额确定，在债权人没有对待给付义务且支付令能送达债务人的前提下，债权人可向人民法院申请支付令。
　　依据《民事诉讼法》第二百一十六条及《民诉法解释》第四百二十八条至第四百三十条的规定，人民法院对债权人是否主体适格、案件管辖是否正确、申请依据是否符合法律规定等方面进行审查，经认为申请书不符合要求的，可以通知债权人限期补正

---

① 来源：湖北省黄石市西塞山去区人民法院(2016)鄂 0203 民督 105 号案卷。

或裁定驳回支付令申请；经审查认为符合条件的，作出支付令并送达债务人；经审查认为申请不符合条件的，在受理之日起十五日内裁定驳回申请。

实例中，申请人湖北精益耐磨材料有限公司要求被申请人湖北昌胜机械设备制造有限公司支付货款，符合支付令发出的给付标的要件，同时申请人在申请书正文部分载明该货款对账后经被申请人负责人确认，符合债权到期且数额确定的要件。从申请书形式上，首部列明申请人与被申请人的名称及住所，另起一行写明法定代表人姓名及职务（联系方式系笔者隐去），申请书请求事项部分载明请求给付的金钱或者有价证券的名称和数量等请求事项，事实与理由部分写明申请支付令的事实和理由，落款有申请人的姓名及公章，附件中还提供了相应证明材料。经查询案卷信息，人民法院经审查认为申请书符合条件，已作出支付令［(2016)鄂0203民督105号］。另外，落款日期应用汉字数字。

2. 申请书（撤回支付令申请用）

申请书

申请人：×××，男/女，××××年××月××日出生，×族，……（写明工作单位和职务或者职业），住……。联系方式：……。

法定代理人/指定代理人：×××，……。

委托诉讼代理人：×××，……。

被申请人：×××，……。

……

（以上写明当事人和其他诉讼参加人的姓名或者名称等基本信息）

请求事项：

撤回向被申请人×××发出给付申请人×××……（写明请求给付的金钱或者有价证券的名称和数量）的支付令申请。

事实和理由：

……（写明撤回申请支付令的事实和理由）。

此致

××××人民法院

申请人（签名或者公章）

××××年××月××日

【说明】

1. 本样式根据《最高人民法院关于适用〈中华人民共和国民事诉讼法〉的解释》第四百三十二条制定，供债权人向人民法院撤回支付令申请用。

2. 当事人是法人或者其他组织的，写明名称住所。另起一行写明法定代表人、主要负责人及其姓名、职务、联系方式。

3. 债权人撤回支付令申请的，人民法院应当裁定终结督促程序。

【实例评注】

申请书[①]

申请人：徐某某，男，1947年1月24日出生，汉族，住址黄石市下陆区，公民身份证号码420204×××××××××××。

被申请人：黄石市曼晶酒店管理有限公司，住所地黄石市黄石港区湖滨大道138号。

法定代表人詹某某，经理。

请求事项：撤回对被申请人曼晶公司的20000元支付令申请。

事实和理由：

因被申请人黄石市曼晶酒店管理有限公司部分财产转移，现经营场所重新注册名称为"欣曼晶酒店"经营。故申请撤回支付令，终结督促程序。

此致

黄石市黄石港区人民法院

申请人：徐某

二〇一六年七月七日

〔评注〕

根据《民诉法解释》第四百三十二条第一款第三项的规定，债务人收到支付令前撤回申请的，支付令自行失效，人民法院应当裁定终结督促程序。可见，撤回支付令申请既是当事人的一项重要诉讼权利，又是终结督促程序的一个法定事由。对当事人自行处分期诉讼权利的，人民法院应充分尊重。值得注意的是，此种情形下人民法院法律终结督促程序后，尽管支付令失去法律效力，但当事人仍可采取诉讼方式解决纠纷。因为债权人与债务人的债权债务关系并未因支付令的失效而消灭，如果债权仍需得到实

---

① 来源：湖北省黄石市黄石港区人民法院(2016)鄂0202民督3号卷宗。

现，则可依法提起诉讼。依据《民事诉讼法》第二百一十七条第二款的规定，支付令失效的，转入诉讼程序，但申请支付令的一方当事人不同意提起诉讼的除外。因此，在充分尊重当事人处分权的前提下，当申请支付令一方未表明不同意起诉的，案件自动转入诉讼程序，进入支付令所载债权债务关系的实体处理。此项规定既保障了督促程序快捷方案的程序特性，又能保障当事人的合法权益，是 2012 年《民事诉讼法》修订中的新增内容。

实例选取的申请人徐某某撤回支付令申请符合本文书样式的要素特征。申请人在正文首部写明申请人与被申请人的基本情况，请求事项中明确对被申请人的某特定给付标的的支付令申请，在事实和理由中写明撤回申请支付令的事实和理由，尾部写明作出支付令的人民法院。实例结构完整，繁简得当，是一份标准的撤回支付令申请书。

3. 异议书（对支付令提出异议用）

异议书

异议人（被申请人）：×××，男/女，××××年××月××日出生，×族，……（写明工作单位和职务或者职业），住……。联系方式：……。

法定代理人/指定代理人：×××，……。

委托诉讼代理人：×××，……。

（以上写明异议人和其他诉讼参加人的姓名或者名称等基本信息）

请求事项：

裁定终结督促程序。

事实和理由：

异议人于××××年××月××日收到你院于××××年××月××日根据×××申请发出的（××××）……民督……号支付令：……（写明支付令内容）。

……（写明终结督促程序的理由）。

此致

××××人民法院

异议人（签名或者公章）
××××年××月××日

【说明】

1. 本样式根据《中华人民共和国民事诉讼法》第二百一十六条第二款制定，供债务人收到支付令之日起十五日内，向人民法院提出书面异议用。

2. 异议人是法人或者其他组织的，写明名称住所。另起一行写明法定代表人、主要负责人及其姓名、职务、联系方式。

【实例评注】

支付令民事异议书①

尊敬的西塞山区人民法院：

　　本人刘某某针对刘某甲借款之事，特向法院提出异议。

　　因本人每次都是零散还钱，所以因当时环境原因未向刘某甲写收条，再一个当时我太相信他一把年龄不会不认的，所以欠条一直在他手上。

　　关于这笔钱，他先后两次带人到我家催还，都是我当着他带来的人面前承认以下我说的还款数额而告终。第一次，在文化宫还400元，第二次在文化宫门口还200元。然后，他要搞电脑游戏，在我拒绝后，他非要搞的情况下，帮他购买电脑一台，合计1700元。给他本金400元，他自己在电脑输840元。第四次，在麻将室帮他还别人赌款900元，共计还4440元。所以，本人共计还款560元。②

　　本人上述一切属实，承担法律责任。

异议人：刘某某
2016 年 9 月 12 日

〔评注〕

　　督促程序中，支付令异议是阻断督促程序的一个重要因素，是人民法院启动督促程序后，允许债务人对抗债权人申请、理清债权债务关系的重要权利，起到阻断督促程序、保障债务人合法权利的重要作用。

　　依据《民事诉讼法》第二百一十六条、《民诉法解释》第四百三十七条的规定，支付令异议只能由债务人提出，且必须在收到支付令之日起十五日内书面提出，口头提出支付令异议不发生效力。在异议书的内容上，要求载明债务人不愿遵照支付令清偿债务，且指出支付令申请符合应不予受理、应裁定驳回申请、应裁定终结督促程序以及引起人民法院对发出的支付令产生合理怀疑，均可成立异议。换言之，对支付令所载的支付内容的事实、合法性、法院的审理行为表示反对的，或对债权人的权利主张及其事

---

① 来源：湖北省黄石市西塞山去区人民法院(2016)鄂0203民督106号案卷。
② 刘某某总共借款5 000元，已还款4 400元。

实、理由提出否定的，抑或是否认债权人申请支付令符合法定条件的积极抗辩、消极否认或提出反请求，均可阻断督促程序。

依据《民诉法解释》第四百三十八条第一款和第二款的规定，债务人对债务本身没有异议，只是提出缺乏清偿能力、延缓债务清偿期限、变更债务清偿方式等异议的，不影响支付令的效力。可见，人民法院在审查支付令异议时，若发现仅对提出缺乏清偿能力、延缓债务清偿期限、变更债务清偿方式等提出异议的，将不予支持，并裁定驳回。

实例中，异议人刘某某提出已分多次归还部分借款，不应再支付申请人刘某甲所申请的5000元借款。异议人提出的异议是针对支付内容的事实及债权人的权利抗辩，符合支付令异议的内容要求。但从异议书的形式上看，其书写格式为书信模式，格式不规范，但由于当事人自书的诉讼材料一般均存在一定形式要件欠缺的问题，这与法律知识及文书样式的普及程度有关。建议为了更利于主张权利，当事人可根据文书样式，在异议书首部载明异议人及其他诉讼参加人的姓名或者名称等基本信息，并明确请求裁定终结督促程序，在事实和理由部分写明原支付令案号、支付令内容及终结督促程序的理由。落款日期最好使用汉字数字。

4. 申请书（撤回支付令异议用）

申请书

申请人：×××，男/女，××××年××月××日出生，×族，……（写明工作单位和职务或者职业），住……。联系方式：……。

法定代理人/指定代理人：×××，……。

委托诉讼代理人：×××，……。

（以上写明申请人和其他诉讼参加人的姓名或者名称等基本信息）

请求事项：

撤回对支付令的异议。

我方于××××年××月××日对你院发出的(××××)×××××民督……号支付令提出书面异议，现申请撤回。

……（写明申请撤回支付令异议的理由）。

此致

××××人民法院

申请人（签名或者公章）

××××年××月××日

【说明】

1. 本样式根据《最高人民法院关于适用〈中华人民共和国民事诉讼法〉的解释》第四百三十九条第一款制定，供债务人在向基层人民法院提出支付令异议后，申请撤回支付令异议用。

2. 申请人是法人或者其他组织的，写明名称住所。另起一行写明法定代表人、主要负责人及其姓名、职务、联系方式。

3. 人民法院作出终结督促程序或者驳回异议裁定前，债务人请求撤回异议的，应当裁定准许。债务人对撤回异议反悔的，人民法院不予支持。

【实例评注】

（暂缺实例）

〔评注〕

支付令异议，作为其反驳或对抗债权人申请、理清债权债务关系的重要权利起到阻断督促程序、保障债务人合法权利的重要作用。但遵循意思自治原则，撤回支付令异议是当事人的一项诉讼权利，根据《民诉法解释》第四百三十九条的规定，人民法院作出终结督促程序或者驳回异议裁定前，债务人请求撤回异议的，应当裁定准许。债务人对撤回异议反悔的，人民法院不予支持。即债务人因故在提出支付令异议后书面请求撤回的，人民法院应当尊重其意思自治，准许其撤回异议。

因支付令异议的撤回在实践中较为少见，笔者暂未找到实例。仅就此文书写作要求来说，应注意在正文请求事项中载明"撤回对支付令的异议"，并写明是对哪一个支付令提出的异议，简要说明撤回的理由即可。另需注意的是，依据法律规定，撤回支付令异议后反悔的，人民法院将不予支持，故在提交撤回支付令异议申请时要明确法律后果。

二十、公示催告程序

1. 申请书（申请公示催告用）

申请书

申请人：×××，男/女，××××年××月××日出生，×族，……（写明工作单位和职务或者职业），住……。联系方式：……。

法定代理人/指定代理人：×××，……。

委托诉讼代理人：×××，……。

（以上写明申请人和其他诉讼参加人的姓名或者名称等基本信息）

请求事项：

1. 对……票据进行公示催告（写明票面金额、发票人、持票人、背书人等票据主要内容）；

2. 受理后立即通知票据支付人停止支付；

3. 在公告期满后，无人申报权利的，或者申报被驳回的，人民法院作出除权判决，宣告已丧失的票据不再具有法律效力。

事实和理由：

……（写明申请公示催告的事实和理由）。

此致

××××人民法院

申请人（签名或者公章）

××××年××月××日

【说明】

1. 本样式根据《中华人民共和国民事诉讼法》第二百一十八条制定，供按照规定可以背书转让的票据持有人，因票据被盗、遗失或者灭失，向票据支付地的基层人民法院申请公示催告用。

2. 申请人是法人或者其他组织的，写明名称住所。另起一行写明法定代表人、主要负责人及其姓名、职务、联系方式。

3. 申请书应当写明票面金额、发票人、持票人、背书人等票据主要内容和申请的理由、事实。

4. 其他可以申请公示催告的权利凭证的，申请书应当写明权利凭证的种类、号码、权利范围、权利人、义务人、行权日期等事项。

【实例评注】

公示催告申请书 ①

申请人：浙江江南减速机有限公司。

住所地：浙江省温州市高新技术产业园高新路38号。

请求事项：申请公示催告

事实和理由：

2012年12月19日申请人浙江江南减速机有限公司不慎将持有的银行承兑汇票丢失，该银行承兑汇票出票人为湖北惠源医药有限公司，收款人为湖北格林药业有限公司，出票日期为2012年11月13日，出票金额柒拾陆万元整，汇票到期日为2013年5月13日，付款人及承兑人为广发硚口支行，汇票号码3060051/2066××××。

根据《中华人民共和国民事诉讼法》第一百九十五条之规定，应向支付人所在地的人民法院申请公示催告，支付人所在地属贵院管辖。现向贵院提出上述请求，请依法判决。

此致
武汉市硚口区人民法院

申请人：浙江江南减速机有限公司
2013年1月3日

〔评注〕

公示催告申请书是公示催告程序的启动要素。人民法院公示催告程序是依申请而启动的。根据《民事诉讼法》第二百一十八条、第二百一十九条以及《民诉法解释》第四百四十五条的规定，经过审查申请人主体是否适格、接受申请的法院是否有管辖权、申请公示催告的票据是否符合法律规定等条件后，人民法院认为符合受理条件的，通知予以受理并通知支付人停止支付；认为不符合受理条件的，七日内裁定驳回申请。

为更好主张票据权利，一份要素齐备的公示催告申请书至关重要。笔者下面将结合实例详述公示催告申请书的文书特点。

---

① 来源：湖北省武汉市硚口区法院(2013)鄂硚口民催字第00004号案卷。

实例申请书首部载明申请人基本信息，与样式要求相符。但申请书正文请求事项部分仅写明申请公示催告则不够明确，此处应载明所涉票据的主要内容，要求支付人停止支付以及要求人民法院依法作出除权判决等诉请。事实与理由部分说明票据丧失及公示催要的理由。实例将请求事项与事实理由部分杂糅，欠缺条件性，略显请求不明，可对照文书样式予以完善，便于人民法院审查。落款日期最好使用汉字数字。

2. 申请书（撤回公示催告申请用）

申请书

申请人：×××，男/女，××××年××月××日出生，×族，……（写明工作单位和职务或者职业），住……。联系方式：……。

法定代理人/指定代理人：×××，……。

委托诉讼代理人：×××，……。

（以上写明申请人和其他诉讼参加人的姓名或者名称等基本信息）

请求事项：

请求撤回对……票据（写明票面金额、发票人、持票人、背书人等票据主要内容）公示催告申请。

事实和理由：

申请人××××年××月××日向××××人民法院提交了公示催告申请，请求：……（写明请求事项）。你院××××年××月××日以（××××）……民催……号立案。

……（写明撤回申请的原因）。

此致

××××人民法院

申请人（签名或者公章）

××××年××月××日

【说明】

1. 本样式根据《最高人民法院关于适用〈中华人民共和国民事诉讼法〉的解释》第四百五十五条制定，供公示催告申请人在公示催告前，撤回申请用。

2. 申请人是法人或者其他组织的，写明名称住所。另起一行写明法定代表人、主要负责人及其姓名、职务、联系方式。

3. 公示催告申请人撤回申请，应在公示催告前提出；公示催告期间撤回的，人民法院可以径行裁定终结公示催告程序。

【实例评注】

撤销公示催告申请书[①]

申请人：武汉普莱克红梅色母料有限公司。
住所地：武汉市江汉区建设大道418号中南大厦九楼。
法定代表人：樊某某　职务：总经理　联系方式：×××××××××××。
申请事项：

请求法院撤销武汉晶毅玻璃有限公司出票的票据号码为×××××××××的银行承兑汇票的公示催告程序。

事实和理由：

关于申请人向贵院申请的票据号码为×××××××××的银行承兑汇票的公示催告案，贵院已于2014年5月20日立案受理，并向付款行办理了止付通知，向湖北省高级人民法院办理了公告。现因申请人于2014年6月5日查找公司账务时，发现并找到该票据。该承兑汇票出票日期：2013年12月6日；到期日期：2014年6月6日；出票人：武汉晶毅玻璃有限公司；最后背书人：武汉普莱克红梅色母料有限公司；付款行：汉口银行硚口支行；出票金额：5万元；票据号码：×××××××××。

基于上述事实，申请人为维护其合法权益，为及时实现贷款的回收。根据《最高人民法院关于适用〈中华人民共和国民事诉讼法〉若干问题的意见》第二百三十五条的相关规定，特向人民法院申请对该汇票的公示催告程序予以撤销，恳请贵院予以支持。

此致
武汉市硚口区人民法院

申请人：武汉普莱克红梅色母料有限公司
二〇一四年六月六日

〔评注〕

撤回公示催告，是法律赋予公示催告申请人在人民法院受理公示催告申请后，作出公示催告前撤回申请的一项制度。撤回申请在公示催告之前，并未在公众范围对该票据产生任何影响，同时也保障了当事人意思自治。因而《民诉法解释》第四百五十

[①] 来源：湖北省武汉市硚口区法院(2014)鄂硚口民催字第00003号案卷。

五条规定，公示催告申请人撤回申请，应在公示催告前提出。但需要注意的是，若公示催告人在公示催告期间申请撤回的，人民法院不可采用本文书裁定准许撤回公示催告，而应径行裁定终结公示催告程序。

实例选取的申请人武汉普莱克红梅色母料有限公司申请撤销公示催告一案，申请书基本符合文书样式格式要求。但根据《民诉法解释》第四百五十五条的规定，公示催告申请人撤回申请，应在公示催告前提出；公示催告期间申请撤回的，人民法院可以径行裁定终结公示催告程序。本案中，人民法院已启动公示催告程序且已进行公告，申请人在公示催告期间提出的撤回申请，人民法院将不予准许撤回而是裁定终结公示催告程序。此是申请人最应该注意的申请撤回的时间节点问题。文书样式申请书标题为"申请书"，而非"撤销公示催告申请书"，这点要予以注意。

3. 申报书（利害关系人申报权利用）

申报书

申报人：×××，男/女，××××年××月××日出生，×族，……（写明工作单位和职务或者职业），住……。联系方式：……。

法定代理人/指定代理人：×××，……。

委托诉讼代理人：×××，……。

（以上写明申报人和其他诉讼参加人的姓名或者名称等基本信息）

请求事项：

裁定终结(××××)……民催……号公示催告程序。

事实和理由：

刊登在……(写明《人民法院报》和中国法院网或其他报纸媒体的名称)上的公告载明：……(写明公告内容)。

申报人系公告所载票据的合法权利人。……(写明理由)。

此致

××××人民法院

附：……票据

申报人(签名或者公章)
××××年××月××日

【说明】

1. 本样式根据《中华人民共和国民事诉讼法》第二百二十一条以及《最高人民法院关于适用〈中华人民共和国民事诉讼法〉的解释》第四百五十条制定,供利害关系人在公示催告期间或者申报期届满后判决作出之前,向人民法院申报权利用。

2. 申报人是法人或者其他组织的,写明名称住所。另起一行写明法定代表人、主要负责人及其姓名、职务、联系方式。

3. 申报人应当向法院出示票据。

【实例评注】

票据权利申报书 ①

申报人:温州市顺成金属材料有限公司,住温州市六虹桥路钢材市场21-22号。

法定代表人:陈某某,职务:董事长。

申报事项:裁定终结公示催告程序

事实和理由:

申报人合法持有银行承兑汇票一张,汇票编号:××××××××/××××××××,出票人:湖北惠源医药有限公司,收款人为湖北格林药业有限公司,付款行:广发银行股份有限公司武汉硚口支行,出票金额:76万元整,到期日为2013年5月13日,第一背书为收款人,第六背书人为申报人(持票人)。该票据由申请人浙江江南减速机有限公司依法背书转让给申报人,由申报人合法持有。后申报人将其背书转让给后手新疆嘉禾丰农贸有限公司并向其书面承诺该票据系真实有效,如无法承兑则申报人向其承担相应的责任。后手承兑时被告知该票据已由申请人向贵院申请公示催告,故要求申报人承担责任。后申报人承担了货款给付义务,后手新疆嘉禾丰农贸有限公司将该票据背书转让给了申报人。

基于上述事实,申报人与该票据存在着法律上的利害关系,根据《民事诉讼法》第一百九十八条的规定,应当在公示催告期间向人民法院申报。故特对贵院发出的(××××)硚催字第×号公告提出票据权利和申报,请依法裁判,终结公示催告程序。

此致

武汉市硚口区人民法院

申请人:温州市顺成金属材料有限公司
2013年3月5日

---

① 来源:湖北省武汉市硚口区法院(2013)鄂硚口民催字第00004号案卷。

〔评注〕

权利申报，是公示催告的利害关系人认为自己享有票据权利，在公示催告期间内向人民法院说明自己与票据的关系并主张票据权利的行为。根据《民事诉讼法》第二百二十一条以及《民诉法解释》第四百五十条的规定，利害关系人在除权判决作出前向人民法院申报权利的，人民法院收到利害关系人的申报后，应当裁定终结公示催告程序，并通知申请人和支付人。

利害关系人的权利申报必须满足以下五个条件：一是申报人必须具有适格的民事诉讼主体，即申报人一般为票据的实际持有人且对票据享有票据权利，其他发票人、背书人、承兑人、付款人、保证人均不是利害关系人。二是权利申报提出的时间应在除权判决作出前。《民事诉讼法》第二百二十一条规定的申报期限为公示催告期间，但《民诉法解释》第四百五十条对该期限作了延伸，在申报期届满后、判决作出之前也可以进行申报权利。三是权利申报的对象应为作出公示催告的人民法院。四是申报书的内容应载明其要求终结的公示催告程序及票据信息等公告内容。五是申报书应附涉案票据，以证明自己对票据的实际占有。人民法院对上述要件进行形式审查，并通知公示催告申请人在指定日期共同查看利害关系人出具的票据。人民法院在形式审查后，认为符合条件的，应裁定终结公示催告程序，并及时通知申请人和支付人。

实例文书符合利害关系人权利申报书的格式要求。实例中，申报人温州市顺成金属材料有限公司表明其合法持有银行承兑汇票一张，并载明了票据的相关信息及其享有票据权利的事实与理由，请求人民法院终结对所涉票据的公示催告程序。在申报书后，申报人应附所涉票据，若经形式审查该票据确系公示催告所载票据，则人民法院应依法终结公示催告。值得注意的是，尽管因利害关系人的权利申报终结了公示催告程序，但申请人与申报人之间的票据权利争议并未进行实体处理，根据《民事诉讼法》第二百二十一条第三款的规定，申请人或者申报人可以向人民法院起诉。根据规定，引用法律应写明全称并加书名号，实例中的"《民事诉讼法》"应改为"《中华人民共和国民事诉讼法》"。另外，落款日期最好使用汉字数字。

二十一、执行程序

1. 申请书（申请执行用）

申请执行书

申请执行人：×××，男/女，××××年××月××日出生，×族，……（写明工作单位和职务或者职业），住……。联系方式：……。

法定代理人/指定代理人：×××，……。

委托诉讼代理人：×××，……。

被执行人：×××，……。

……

（以上写明申请执行人、被执行人和其他诉讼参加人的姓名或者名称等基本信息）

申请执行人×××与被执行人×××……（写明案由）一案，××××人民法院（或其他生效法律文书的作出机关）（××××）……号民事判决（或其他生效法律文书）已发生法律效力。被执行人×××未履行/未全部履行生效法律文书确定的给付义务，特向你院申请强制执行。

请求事项

……（写明请求执行的内容）。

此致

××××人民法院

附：生效法律文书×份

申请执行人（签名或盖章）
××××年××月××日

【说明】

1. 本文书样式根据《中华人民共和国民事诉讼法》第二百三十六条、第二百三十七条第一款、第二百三十八条第一款，《最高人民法院关于人民法院执行工作若干问题的规定（试行）》第18条、19条、20条、21条、22条、23条规定制定，供申请执行人向人民法院申请执行时用。

2. 当事人是法人或者其他组织的，写明名称住所。另起一行写明法定代表人、主要负责人及其姓名、职务、联系方式。

3. 申请执行人向人民法院申请强制执行的内容，必须为生效法律文书确定的给付义务。

【实例评注】

执行申请书 ①

申请人：汪某某，男，汉族，1965年10月2日出生，住武汉市江汉区。

被申请人：王某某，男，汉族，1959年2月11日出生，住武汉市硚口区。

执行依据：武汉市硚口区人民法院(2015)鄂硚口民一初字第00691号民事调解书。

执行请求：

1. 请求法院强制执行被申请人逾期未支付申请人的欠款281 979.5元。
2. 本案的执行费由被申请人承担。

事实与理由：

申请人诉被申请人民间借贷纠纷一案，经武汉市硚口区人民法院主持调解并于2015年9月21日作出了(2015)鄂硚口民一初字第00691号民事调解书并与2015年9月起，每月28日前偿还人民币461 979.5元。从2015年9月起，每月前偿还人民币60 000元，至本息还清时止。案件受理费3 967元由被告王某某负担(此款已由原告先行垫付，被告在支付上述款项时一并付清)。

上述调解书生效后，被申请人至今分文未付，申请人于2015年12月1日已向贵院申请已逾三期(三期付款时间分别为2015年9月28日前、2015年10月28日前、2015年11月28日前)共计180 000元及诉讼费的强制执行(未执行完毕)。现因上述调解书所约定的还款期已全部到期，除上次已申请执行的款项外还剩余281 979.5元整。故此现特向贵院申请执行(前期已申请执行的部分除外)，以维护申请人的合法权益。

此致
武汉市硚口区人民法院

申请人：汪某某
2016年5月13日

---

① 来源：湖北省武汉市硚口区人民法院(2016)鄂0104执483号执行案卷。

〔评注〕

1. 本样式适用的范围和条件

(1)申请执行的法律文书已经生效；

(2)申请执行人是生效法律文书确定的权利人，或其继承人、权利承受人。

(3)申请执行人在法定期限内提出申请。

(4)申请执行的法律文书有给付内容，且执行标的和被执行人明确。

(5)义务人在生效法律文书确定的期限内未履行义务、

(6)向有管辖权的法院提出。

2. 样式的写作要点

(1)标题：申请执行书。

(2)正文

①案件的由来：写明案件的案由，执行的法律依据，以及被申请人没有履行生效法律文书的事实。

②请求事项：根据生效的法律文书所确定的内容书写具体请求事项，请求事项不得超出执行依据即生效法律文书的范围。请求履行尚未履行债务的，表述为："请求执行××××生效法律文书确定的尚未履行的债务××××元。"空白处分别填写文书的案号以及债务的金额。请求执行迟延履行债务利息的，表述为："请求执行迟延履行期间的债务利息××元(暂计算到××××年××月××日止)。"空白处分别填写利息数额和计算截止日。请求交付财产的，表述为："请求交付财产××××(名称、数量、所在地等)。"请求完成行为的，表述为："请求完成×××行为。"其他情况，根据具体案情予以表述。

③尾部致送机关名称，在文书尾部写"此致××××人民法院"

④附件：一是申请执行人的身份证件、代理人的委托手续。二是作为执行依据的法律文书的副本。三是其他相应的证据材料。

(3)落款：申请执行人署名落款。

2. 被执行人财产状况表（申请执行人提供被执行人财产状况用）

被执行人财产状况表		
申请执行人	姓名或名称	
	地址及电话	

(续表)

被执行人	姓名或名称	
	地址及电话	

内容包括：
　　银行开户、户名、账号和存款金额；动产、不动产（如房产、车辆、电器、首饰等）；到期债权、可得利益（如以他人名义购置的不动产、股票、知识产权等收益）；分支机构或所属公司的资产情况；其他财产情况（如保全财产的状况、期限等）。

提供可执行财产的线索，以及需要法院核实的情况：

申请执行人（签名或者盖章）
××××年××月××日

备注	

【说明】

　　本样式根据《最高人民法院关于人民法院执行工作若干问题的规定（试行）》第28条第1款规定制定，供申请执行人提供被执行人财产状况或线索时用。

【实例评注】

<h3 style="text-align:center">被执行人财产状况表 ①</h3>

申请执行人	姓名或名称	武汉创信维缝纫设备有限公司
	地址及电话	硚口区硚口公园3号楼1层1-1号
被执行人	姓名或名称	王某某
	地址及电话	湖北省××××××
内容包括： 被执行人名下的××××××号车辆		
财产线索及需要法院核实的情况： 请求法院向武汉市公安局交通管理车管所核实被执行人名下的车辆登记情况。		
申请执行人：武汉创信维缝纫设备有限公司 2016年11月7日		
备注		

〔评注〕

1. 样式的适用范围及其依据

本文书样式供各级人民法院在执行案件中，要求申请执行人查报被执行财产时使用。

掌握被执行人财产状况有三个方面的要求：

一是掌握哪些财产或财产权利属于被执行人所有；

二是确定被执行人的财产所在的地点；

三是哪些财产可供执行，哪些财产不能执行。

为保障查明被执行人的财产状况，申请执行人在申请执行时，应提交申请执行书，

---

① 来源：湖北省武汉市硚口区人民法院（2016）鄂0104执1119号执行案卷。

申请执行书中应当写明申请人了解的被执行人的财产状况。根据《执行工作若干问题的规定(试行)》第28条第1款规定,"申请执行人应当向人民法院提供其所了解的被执行人的财产状况或线索"。

虽然没有明确规定执行程序中申请人必须向人民法院举证,但也没有明确禁止。《民事诉讼法》第六十四条明确规定"当事人对自己提出的主张,有责任提供证据",当事人举证责任贯穿于整个民事诉讼程序中。人民法院受理案件后到执行完毕前,可分为审判程序和执行程序。当事人举证责任能适用于审判程序中,也当然可以适用于执行程序中。申请人民事权利的实现又是以被执行人有履行能力为前提,当申请人向人民法院申请执行时,其主张就是被执行人有履行能力能够保证自己权利的实现。申请人应当向人民法院提供被执行人有履行能力的证据或证据线索,否则就可能承担自己民事权利不能圆满实现的法律后果。权利人在案件审理阶段未申请财产保全或保全的财产小于执行标的的,人民法院可向申请执行人发出申请执行人查报财产通知书,要求申请执行人查报被执行人的财产状况。

2. 样式的写作要点:

(1)标题为被执行人财产状况表,不写法院名称和案号。

(2)正文部分为表格式,首先写明申请执行人和被执行人的信息和联系方式,再依次写明申请执行人向法院提供的所掌握的被执行人具体的财产状况信息,以及向法院提供的财产线索及需要法院核实的情况。

其中,被执行人财产状况信息应当具体明确,如果是银行存款应提供银行账户和开户行名称;如果是动产应当提供具体的种类、型号、数量、所在处所;如果是不动产应当提供其具体地址信息;如果是到期债权、可得利益应提供其具体内容信息和到期债权的债务人以及可得利益保管人的信息;如果是分支机构或者所属公司的资产或其他财产也应当具体明确其种类、性质、数量、数额、所在位置等便于执行法院查询和处理的具体信息。

财产线索及需要法院核实的情况是指申请执行人仅有关于被执行人财产的线索,但并没有确切的具体信息,需要法院进一步调查核实后才能明确,这种情况下要向法院提供相应的线索,并且还要尽量提出具体请求法院调查落实的地点、方式、内容。

(3)落款:当事人签名或者盖章以及日期在表格的备注栏上方。

(4)提供被执行人的财产的状况,对于申请人是一项倡导性的要求,并非强制性的,即使申请人无法提供被执行人的财产状况,也不影响执行案件的受理。

3. 执行异议书（当事人、利害关系人提出异议用）

执行异议书

异议人（申请执行人/被执行人/利害关系人）：×××，男/女，××××年××月××日出生，×族，……（写明工作单位和职务或者职业），住……。联系方式：……。

法定代理人/指定代理人：×××，……。

委托诉讼代理人：×××，……。

（以上写明异议人和其他诉讼参加人的姓名或者名称等基本信息）。

申请执行人×××与被执行人×××……（写明案由）一案，××××人民法院（或其他生效法律文书的作出机关）（××××）……号民事判决（或其他生效法律文书）已发生法律效力。××××人民法院在执行本案过程中，异议人对××××人民法院……（写明执行行为）不服，提出异议。

请求事项：

……

事实和理由：

……

此致

××××人民法院

附：1. 异议人或者复议申请人的身份证明
　　2. 相关证据材料
　　3. 送达地址和联系方式

异议人（签名或盖章）

××××年××月××日

【说明】

1. 本文书样式根据《中华人民共和国民事诉讼法》第二百二十五条规定制定，供异议人向人民法院提出异议时用。

2. 当事人是法人或者其他组织的，写明名称住所。另起一行写明法定代表人、主要负责人及其姓名、职务、联系方式。

3. 当事人、利害关系人认为执行行为违反法律规定的，可以向负责执行的人民法院提出书面异议。当事人、利害关系人提出书面异议的，人民法院应当自收到书面异议之日起十五日内审查，理由成立的，裁定撤销或者改正；理由不成立的，裁定驳回。当事人、利害关系人对裁定不服的，可以自裁定送达之日起十日内向上一级人民法院申请复议。

【实例评注】

查封异议申请书 [①]

异议申请人：C 陈某，女，汉族，1969年4月24日出生，澳大利亚国籍，现住武汉市江汉区，护照号为E4××××××，原中国身份证号为420102××××××××。

被申请人（申请执行人）：武汉市黄陂融基小额贷款股份有限公司。住所地：武汉市黄陂区盘龙城经济开发区佳海工业园E45幢45房。

法定代表人：詹某，总经理。

被执行人：武汉富拓包装技术有限责任公司。住所地：武汉市汉南区农场银路。

法定代表人：项某某，总经理。

被执行人：武汉华顶包装印务工业园置业有限公司。住所地：武汉市汉南区经济开发区。

法定代表人：陈某，执行董事。

被执行人：陈某某，男，出生于1963年12月1日，住武汉市汉阳区，身份证号为420104××××××××××。

请求事项：

请求依法解除对异议申请人个人所有的位于武汉市洪山区洪山乡桥梁村傅家的房产的查封（房屋产权证号为武房权证洪字第20030×××号）。

事实和理由：

被申请人与上述三名被执行人借款合同纠纷一案已于2014年8月8日经武汉市硚口区人民法院调解结案，案号为（2014）鄂硚口民二初字第00398号。2014年11月18日，被申请人申请对案件强制执行，执行案号为（2014）鄂硚口执字第1053号。在案件执行过程中武汉市硚口区人民法院将属于异议申请人个人所有的位于武汉市洪山乡桥梁村傅家的房产查封。

但该房产系异议申请人于2002年12月31日合法取得，依法享有房屋所有权。2003年11月18日异议申请人与被执行人陈某某结婚，根据《中华人民共和国婚姻法》

[①] 来源：湖北省武汉市硚口区人民法院（2016）鄂0104执异17号案卷。

第十八条之规定,有下列情形之一的为夫妻一方的财产:一、一方的婚前财产。故该房产为异议申请人个人财产。同时,异议申请人亦非诉讼当事人,不承担法律上的义务。所以,该房产与案件没有任何关联性,人民法院对异议申请人的执行行为没有实施的法律依据,应依法对该房产解除查封。

为维护自身合法权益,异议申请人先根据《中华人民共和国民事诉讼法》第二百二十五条之规定提出如上申请,请求人民法院依法公正裁定!

此致
武汉市硚口区人民法院

异议申请人:陈某 C
2016年7月7日

〔评注〕

1. 本样式的适用范围

本样式适用于对执行行为提出异议申请的情况。对执行行为异议是指当事人、利害关系人对人民法院的执行行为提出质疑,从而要求人民法院变更或者停止执行行为的请求。《民事诉讼法》第二百二十五条规定:"当事人、利害关系人认为执行行为违反法律规定的,可以向负责执行的人民法院提出书面异议。当事人、利害关系人提出书面异议的,人民法院应当自收到书面异议之日起十五日内审查,理由成立的,裁定撤销或者改正,理由不成立的,裁定驳回。当事人、利害关系人对裁定不服的,可以自裁定送达之日起十日内向上一级人民法院申请复议。"本条是关于对违法的执行行为提出异议的规定,并赋予了当事人和利害关系人申请复议的权利。

2. 结合实例来分析本样式的写作要点和注意事项

(1)标题

标题应为"执行异议书",实例写成了"查封异议申请书",不规范。

(2)正文

①提出执行异议的申请人的主体资格范围:包括当事人和利害关系人,其中当事人包括执行依据记载的当事人,和执行法院追加、变更的当事人。利害关系人是指当事人之外对执行中的程序性事项提出异议的人。《执行异议和复议规定》第五条对常见的利害关系人及其能够提出异议的四种类型进行了列举:一是轮候查封的他案债权人,二是拍卖程序的竞买人,三是优先购买权人,四是协助义务人。同时,对其他利害关系人的范围及异议事项进行了兜底规定。实例中的申请人,从其理由来看其自认为是标的的所有人,但未针对标的提出实体权利,仅仅是提出标的物与本案无关联性,并坚持要求依照《民事诉讼法》第二百二十五条提出异议,故本案作为执行行为异议进行了处理。

②事实和理由：应当围绕执行异议的条件展开。首先是在哪个具体执行案件中，人民法院执行过程中实施了哪些违法行为，执行行为中是部分违法不当，还是全部违法不当，再写明为什么提出异议，依据在哪里。执行行为异议的法律依据是《民事诉讼法》第二百二十五条。另外，还要写明本案尚在执行过程中，没有执行完毕。如果执行完毕，不得再提起执行异议，只能寻求其他救济途径。请求事项，只能要求撤销、改变执行行为，不能对标的物提出实体主张。实例中申请人虽然认为其为标的物的所有人，但其最终的请求事项是改变、撤销原执行行为，未对标的物提出实体主张，且其主张的法律依据是《民事诉讼法》第二百二十五条，故本案的申请书被执行法院作为执行行为异议处理是正确的。在实践中，由于利害关系人与案外人的界限不明晰，有的法院对于执行行为异议和执行标的异议的划分常常会出现争议。

③尾部：A. 致送法院：当事人、利害关系人应当向执行法院提出执行异议。实例中，申请人向执行法院即武汉市硚口区人民法院提出了执行行为的异议。B. 附项写明异议书副本的件数、书证的名称等内容。

(3) 落款

①异议人签名或盖章。

②注明制作本文书的时间。

4. 复议申请书（当事人、利害关系人申请复议用）

复议申请书

复议申请人(申请执行人/被执行人/利害关系人)：×××，男/女，××××年××月××日出生，×族，……(写明工作单位和职务或者职业)，住……。联系方式：……。

法定代理人/指定代理人：×××，……。

委托诉讼代理人：×××，……。

(以上写明复议申请人和其他诉讼参加人的姓名或者名称等基本信息)

申请执行人×××与被执行人×××……(写明案由)一案，复议申请人不服××××人民法院(××××)……执异……号执行裁定，申请复议。

请求事项：

……

事实和理由：

……

此致

××××人民法院

附：1. 异议人或者复议申请人的身份证明
    2. 相关证据材料
    3. 送达地址和联系方式

复议申请人（签名或盖章）
××××年××月××日

【说明】

1. 本文书样式根据《中华人民共和国民事诉讼法》第二百二十五条规定制定，供复议申请人向人民法院申请复议时用。

2. 当事人是法人或者其他组织的，写明名称住所。另起一行写明法定代表人、主要负责人及其姓名、职务、联系方式。

3. 当事人、利害关系人认为执行行为违反法律规定的，可以向负责执行的人民法院提出书面异议。当事人、利害关系人提出书面异议的，人民法院应当自收到书面异议之日起十五日内审查，理由成立的，裁定撤销或者改正；理由不成立的，裁定驳回。当事人、利害关系人对裁定不服的，可以自裁定送达之日起十日内向上一级人民法院申请复议。

【实例评注】

复议申请书[①]

申请人（异议人）：杜某某，女，19××年××月×日出生，汉族，江苏省镇江市人，住镇江市京口区。

申请人杜某某因对武汉市江夏区人民法院（2009）执裁字第一号民事裁定书所作出的裁定不服，现申请复议，其事实及理由如下：

一、裁定书中"异议人杜某某与陈某某系夫妻关系，在执行过程中，执行申请的签名、递交，到庭陈述的情况，提出变更执行请求和最后签订执行和解协议，均由陈某某到庭办理"。这一事实的认定，没有事实根据。

其一，申请人（异议人）杜某某与陈某某在家庭关系中属于夫妻，但在对外从事合伙经营中属于合伙人关系，即在订立和履行合同及全部经营活动中，与陈某某分别属于同一个经营体的不同的合伙人，各自的出资比例和地位均不相同（见合伙经营合同）。

[①] 来源：湖北省武汉市中级人民法院（2009）武执复字第00018号案卷。

其二，因合伙经营而发生的民事诉讼的整个过程中，杜某某属于案件的当事人之一(一审、二审、再审和执行案件的审理中，分别是被告人、上诉人、再审申请人和执行申请人。详见江夏区法院即武汉市中级法院系列裁判文书)。

其三，在江夏区法院(2008)夏执字第 77 号执行案中，杜某某以独立的申请执行人的身份向法院提出执行异议申请，而法院也明确了杜某某属于执行申请人之一［见(2008)夏执字第 77 号和解协议书］。因此，《执行协议书》在杜某某没有依法授权委托他人代理行使权利时，该《执行和解协议书》对杜某某没有法律效力和约束力。

二、江夏区法院(2009)执裁字第一号民事裁定书中"本院查明，……在签协议时，陈某某是征得杜某某的同意后，于 2008 年 10 月 21 日与陈某甲达成协议的，且陈某某已领取了案款"。法院对该事实的认定，没有证据证明，既没有任何证据和根据证明在签订和解协议前陈某某得到了杜某某的授权或取得其明确同意，事后，也未得到杜某某的追认，法院的认定属于无根据的杜撰，且案款中没有包含杜某某的份额。

裁定书中"本院认为，夫妻关系存续期间，夫妻对家庭的共同债权和债务享有同等的权利义务……"本案是一起合伙经营纠纷，陈某某、杜某某作为合伙人之一，与其他合伙人以各自的出资比例，并以企业的名义对外从事经营活动，按比例享有权利和承担义务，与夫妻关系和家庭财产有何关系？

裁定书中，"本院认为……陈某某在执行过程中代表其妻所签订的执行和解协议的行为属于无效代理行为中的表见代理，申请人陈某甲有理由相信陈某某有权代理其妻杜某某的真实意思"。其一，杜某某没有授权陈某某代理执行和解，因此陈某某就不是所谓的"代表"；其二，无效代理中的表见代理，是《中华人民共和国合同法》(以下简称《合同法》)第四十八条、第四十九条中规定的合同行为，而不是《中华人民共和国民事诉讼法》中规定的诉讼代理行为，这是两个不同的概念。"表见代理"是指《合同法》第四十八条规定的"行为人没有代理权、超越代理权或者代理权终止后以被代理人名义订立合同未经被代理人追认，对被代理人不发生法律效力，由行为人承担民事责任"的意思，不是《民事诉讼法》中第五十七条至第六十二条所规定的"代理"。而执行程序则是民事诉讼法的重要组成部分。两者所适用的法律、性质、程序及法律后果截然不同。江夏法院此举纯属偷换概念，其目的不言而喻。裁定中，为何不引用有关"表见代理"的法律条款？

三、裁定书中将陈某甲列为本案的申请执行人，实在荒唐。本案申请执行人分别是陈某某、杜某某，而陈某甲则是被执行人，江夏法院连执行人与被执行人的关系都故意颠倒了，还谈什么依法办事，还有什么公正可言。这更说明(2008)夏执字第 77 号和解协议书不仅对杜某某，而对陈某某、陈某均没有效力。

四、本申请人在执行异议中的第 2 条也提出"房屋价款和相应孳息的计算没有进行评估和法律依据"，江夏法院为何在裁定中避而不谈，此举非法剥夺了本申请人的诉权和知情权。

五、法院在《执行和解协议书》中编列了"（2008）夏执字第77号"案号，该协议书如果是法院的裁判文书，那为什么审判人员不署名并加盖法院印章？

据此，本申请人恳请武汉市中级人民法院本着"以事实为根据，以法律为准绳"的审判原则，依法纠正江夏区法院的错误裁定。

此致
武汉市中级人民法院

复议申请人：杜某某
2009年1月5日

〔评注〕

1. 样式的适用范围

本样式是根据《民事诉讼法》第二百二十五条针对执行行为异议的执行审查裁定不服，向执行法院的上一级人民法院申请复议用。

2. 结合实例分析样式的写作要点

（1）标题

标题应为"复议申请书"，以表明其所适用的程序，实例的标题书写是正确的。

（2）正文

①关于当事人的称谓，样式要求写为"复议申请人（申请执行人、被执行人、利害关系人）"，括弧中的内容应当结合申请人在原执行案件中的地位填写。实例中写成了"复议申请人（异议人）：杜某某"是不正确的，不能正确体现杜某某在执行案件中的地位，结合申请书的上下文分析，杜某某应为"复议申请人（申请执行人）"。另外，值得注意的是，样式仅仅要求列明复议申请人，没有要求列明被执行人等其他当事人。

②案件由来：写明案件的名称、案由，以及对提起复议针对的裁定书案号、名称。实例中此部分漏写了案件中其他当事人的名称，以及原执行案件的案由，仅仅写明了所提起复议的裁定书的案号及名称。

③请求事项：一般应为对执行异议的审查裁定予以纠正。

④事实和理由：主要是写执行程序中出现的经过、问题，提起异议的经过及结果，另外还要注意复议期限为收到裁定之日起十日内，而执行审查裁定书上印发的日期与当事人收到的日期不一定是一致的，因此案件经过中应交代清楚收到执行审查裁定书的日期，以表明提起复议是在法定期限之内。理由部分，应当依据《民事诉讼法》第二百二十五条展开分析，针对执行过程中的程序性问题予以论述。

⑤尾部：致送法院应当是执行法院的上一级人民法院。

（3）落款：署名和写明签署日期。

5. 申请书（申请提级执行用）

提级执行申请书

申请执行人：×××，男/女，××××年××月××日出生，×族，……（写明工作单位和职务或者职业），住……。联系方式：……。

法定代理人/指定代理人：×××，……。

委托诉讼代理人：×××，……。

被执行人：×××，……。

……

（以上写明申请执行人、被执行人和其他诉讼参加人的姓名或者名称等基本信息）

请求事项：

请求依法对××××人民法院执行的(××××)……执……号案件提级执行。

事实和理由：

申请执行人×××与被执行人×××……（写明案由）一案，××××人民法院（或其他生效法律文书的作出机关)(××××)……号民事判决（或其他生效法律文书）已发生法律效力。……（写明申请提级执行的事实和理由）。

此致

××××人民法院

附：生效法律文书复印件×份

申请人（签名或盖章）
××××年××月××日

【说明】

1. 本样式根据《中华人民共和国民事诉讼法》第二百二十六条规定制定，供申请执行人向人民法院申请提级时用。

2. 当事人是法人或者其他组织的，写明名称住所。另起一行写明法定代表人、主要负责人及其姓名、职务、联系方式。

3. 人民法院自收到申请执行书之日起超过六个月未执行的，申请执行人可以向上一级人民法院申请执行。

【实例评注】

执行申请书 ①

申请人：王某某。

被申请人：武汉市黄陂区房屋修缮公司清算组。

申请事项：请求解除对申请人位于前川向阳街的一幢楼房的查封并裁定现取得房屋人返还。

申请事由：

一、武汉市黄陂区人民法院于 2001 年 11 月 20 日下达的(2001)陂执字第 2000—618 号民事裁定书已丧失法律效力。因该裁定书据以执行的(1999)陂民初字第 42 号民事判决书以及(2001)陂民再字第 1 号民事判决均被武汉市黄陂区人民法院(2003)陂民再字第 8 号民事判决书所撤销，武汉市黄陂区人民法院以失效的法律文书查封并变卖处置我的财产，属执行错误。

二、武汉市黄陂区人民法院(2003)陂民再字第 8 号民事判决，因我提起上诉，也因武汉市中级人民法院(2004)武民再终字第 61 号民事裁定移送武汉市黄陂区人民法院审理而无法律效力，虽然武汉市黄陂区人民法院于 2005 年 7 月 8 日向我下达《偿还财物通知书》，但在下达前并未通知我到庭对争议的问题进行审理。对武汉市黄陂区人民法院当时执行的标的额仍存在着事实不清、证据不足。

况且破产案件执行应另案处理，由破产清算组申请执行，但本案中被申请人并未申请执行，所以以前的执行均已丧失法律依据的情形。

三、2008 年 8 月 19 日，武汉市中级人民法院作出(2008)武民再终字第 69 号民事判决书，该判决书为本案最终生效的判决。武汉市中级人民法院判决生效后，我愿意向清算组履行债务，武汉市黄陂区人民法院向我送达(2000)陂法执字第 618 号通知书，该通知书仍坚称已无效的判决书为有法律效力的执行依据，拒不恢复执行。

综上，武汉市黄陂区人民法院依据已无法律效力的法律文书采取的执行措施，侵害了我的合法权益，请求贵院依照《民事诉讼法》第 203 条、210 条及《最高人民法院执行工作若干问题的规定(试行)》第 109 条规定，对该案提级执行。

此致
武汉市中级人民法院

申请人：王某某

2008 年 11 月 30 日

---

① 来源：湖北省武汉市中级人民法院(2009)武执监字 00011 号案卷。

〔评注〕

1. 实例需要说明的问题

本实例的书写格式不规范，其申请事项中请求解除查封，但是在后面的申请事由中最终的意见是请求中级人民法院对该案提级执行。另外，笔者查阅了该案卷中的相关材料，显示武汉市中级人民法院是以当事人申请提级执行而受理本案，故笔者将此实例作为申请提级执行的申请书放在此处。在以往的执行工作实践中，由于当事人的法律知识欠缺，对于很多申请书书写不规范的，并不能一味苛求当事人按照标准格式书写，很多人会把多项不同性质、不同处理程序的请求放在一份申请书中。在公布了新的执行文书样式之后，还需要执行人员对于执行法律文书的形式要求进一步向当事人释明。

2. 结合实例的内容分析样式的写作要点和注意事项

（1）标题

标题为"提级执行申请书"，以与其他执行程序中的申请书相区别。实例中的标题为"执行申请书"，则不能将本样式的申请书与申请执行阶段申请执行人向法院提交的申请书相区别，容易造成误解。

（2）正文

①当事人仍与执行申请书一样，列为"申请执行人"与"被执行人"。

②请求事项：应当为请求上级人民法院将执行案件提级执行，这是本样式的主要功能。实例中实际上当事人提出的所有诉求包含两个不同的方面，一是针对执行实施中的查封行为提出异议，要求解除查封属于请求变更、撤销执行行为，应当就此项请求向执行法院提出执行异议。二是申请人同时在后面的事实与理由部分的最后提出来请求上级人民法院提级执行，此项属于提级执行申请书中主要请求事项，应当将其放置在前面请求事项中去，但是由于该份申请提交到了执行法院的上级法院即武汉市中级人民法院，故在案件后续处理中武汉市中级人民法院仅仅就提出的提级的要求予以评判。

③事实与理由：应当描述案件的案由，执行所依据的生效法律文书，以及其他事由。笔者认为，在此应当主要重点描述申请提级的理由相关的内容。《民事诉讼法》第二百二十六条规定："人民法院自收到申请执行之日起超过六个月未执行的，申请执行人可以向上一级人民法院申请执行。上一级人民法院经审查，可以责令原人民法院在一定期限内执行，也可以决定由本院执行或者指令其他人民法院执行。"据此，此处应说明申请执行的日期，以及执行法院在收到执行申请之后超过六个月仍然未予以执行的事实。然后可以写明法律依据为《民事诉讼法》第二百二十六条。

④尾部：致送法院应当为执行法院的上一级人民法院，例如实例中的致送法院即是执行法院的上一级法院武汉市中级人民法院。附项中可附上作为执行依据的生效法律文书。另外，笔者认为附项中除了生效法律文书，还应当附上执行申请书及执行案件受理通知书，以证明当事人申请执行已经超过六个月，符合提级执行的申请条件。

(3) 落款：由申请人署名并写明申请时间。

6. 执行异议书（案外人提出异议用）

执行异议书

异议人(案外人)：×××，男/女，××××年××月××日出生，×族，……(写明工作单位和职务或者职业)，住……。联系方式：……。

法定代理人/指定代理人：×××，……。

委托诉讼代理人：×××，……。

(以上写明异议人和其他诉讼参加人的姓名或者名称等基本信息)

申请执行人×××与被执行人×××……(写明案由)一案，××××人民法院(或其他生效法律文书的作出机关)(××××)……号民事判决(或其他生效法律文书)已发生法律效力。异议人对×××人民法院执行……(写明执行标的)不服，提出异议。

请求事项：

……(写明异议请求)。

事实和理由：

……

此致

××××人民法院

附：生效法律文书×份

异议人(签名或盖章)
××××年××月××日

【说明】

1. 本文书样式根据《中华人民共和国民事诉讼法》第二百二十五条规定制定，供案外人向人民法院提出异议时用。

2. 当事人是法人或者其他组织的，写明名称住所。另起一行写明法定代表人、主要负责人及其姓名、职务、联系方式。

3. 执行过程中，案外人对执行标的提出书面异议的，人民法院应当自收到书面异议之日起十五日内审查，理由成立的，裁定中止对该标的的执行；理由不成立的，裁定驳回。案外人、当事人对裁定不服，认为原判决、裁定错误的，依照审判监督程序办理；与原判决、裁定无关的，可以自裁定送达之日起十五日内向人民法院提起诉讼。

【实例评注】

执行异议申请书 ①

申请人：招商银行股份有限公司孝感分行(以下简称招商银行孝感分行)，住所地：湖北省孝感市北京特1号。

负责人：马某某，该分行行长。

请求事项：

申请法院解除对云梦县正业电器有限公司在招商银行孝感分行的保证金存款的查封、冻结。

事实与理由：

贵院因武汉市伟浩商贸有限公司与云梦县正业电器有限公司合同纠纷一案，查封了云梦县正业电器有限公司在招商银行孝感分行的银行承兑汇票保证金存款69万元整，申请人现对该查封行为提出异议，理由有以下两点：

第一，银行承兑汇票保证金存款的性质系银行信贷业务的保证担保，招商银行孝感分行系保证金存款的保证权利人。云梦县正业电器有限公司2014年3月21日与招商银行股份有限公司孝感支行签订了编号为：2014年孝承合字第009号的银行承兑合作协议（申请人已于2012年12月29日通过中国银监会湖北监管局鄂银监复［2014］500号批复升格为孝感分行）。该企业于2015年3月16日为支付广东海信冰箱营销股份有限公司武汉分公司的货款69万元整，申请在招商银行孝感分行开立6个月的银行承兑汇票69万元整，交存100%的保证金。硚口区人民法院查封的保证金存款系我行信贷业务的保证金，我行已于2015年9月16日到期兑付了该笔银行承兑汇票。由于查封，目前我行出现垫款，招商银行孝感分行系保证金存款的权利人。《最高法关于适用〈中华人民共和国担保法〉若干问题的解释》第八十五条明确规定："债务人或者第三人将其金钱以特户、封金、保证金等形式特定化后，移交债权人占有作为债权的担保，债务人不履行债务时，债权人可以以该金钱优先受偿。"

第二，银行承兑汇票的法律关系中，银行在票据关系中处于付款人的地位，在见票或者汇票到期日时有对持票人无条件付款的义务，而在票据基础关系中银行处于债权人的地位，在支付汇票金额后有权要求出票人支付该笔款项。根据担保法解释第八十五条的规定："银行承兑汇票出票人在开具银行承兑汇票前存于银行的保证金在本质上是属于动产质押的范畴，承兑银行对该保证金享有有优先偿权。"《关于依法规范人

---

① 来源：湖北省武汉市硚口区人民法院(2015)鄂硚口执异字第00021号案卷。

民法院执行和金融机构协助执行的通知》第九条规定："人民法院依法可以对银行承兑汇票保证金相应部分的冻结措施。银行承兑汇票保证金已丧失保证金功能时，人民法院可以依法采取扣划措施。"

根据上述事实以及相关法律规定，申请人特提出异议，请求贵院解除对该笔保证金存款的查封、冻结。

此致
武汉市硚口区人民法院

申请人：招商银行股份有限公司孝感分行
2015 年 9 月 28 日

〔评注〕

1. 样式的适用范围、法律依据及其说明中的错误

本样式适用于案外人针对执行标的物提出异议用。《民事诉讼法》第二百二十七条规定："在执行过程中，案外人对执行标的提出书面异议的，人民法院应当自收到书面异议之日起十五日内审查，理由成立的，裁定中止对该标的的执行；理由不成立的，裁定驳回。案外人、当事人对裁定不服，认为原判决、裁定错误的，依照审判监督程序办理；与原判决、裁定无关的，可以自裁定送达之日起十五日内向人民法院提起诉讼。"

本样式所附的说明第一条引用的法律条文错误，第一条错误引用了《民事诉讼法》第二百二十五条，该条款是关于当事人、利害关系人针对执行行为提出异议规定。本样式的依据应当是《民事诉讼法》第二百二十七条，关于案外人针对执行标的提出异议的情况。

2. 结合实例分析样式的写作要点

（1）标题

标题应当为"执行异议书"，实例写成了"执行异议申请书"。

（2）正文

①关于当事人的诉讼地位，样式要求将提出异议的一方写为"异议人（案外人）"，其他参加人按照原执行程序的地位列明。实例中将异议人写成了"申请人"，并且漏写了其他案件当事人。

②请求事项主要是请求执行法院中止对其享有实体权利的标的物的执行。如果该请求得到支持，其针对标的物的实体争议可以另行起诉；如果驳回案外人的异议，则针对具体情况提起执行异议之诉，或申请再审。

③事实与理由部分，应当写明案由及当事人姓名，执行所依据的裁判文书的案号；异议人对法院执行过程中的执行标的提出异议，应当写明具体的执行标的（名称、数

量、所在处所等细节特征）；关于异议的理由，案外人异议与利害关系异议的不同之处在于，案外人是基于对标的物主张享有实体权利才提出对执行的异议。而利害关系人异议主要是针对程序性的问题提出异议，并不主张其实体利益。

实例中事实与理由部分有两处引用了《最高人民法院关于适用〈中华人民共和国担保法〉若干问题的解释》第八十五条，但是两处引号内载明的条文内容不同。根据《最高人民法院关于适用〈中华人民共和国担保法〉若干问题的解释》第八十五条规定："债务人或者第三人将其金钱以特户、封金、保证金等形式特定化后，移交债权人占有作为债权的担保，债务人不履行债务时，债权人可以以该金钱优先受偿。"故实例中"第一，……"该自然段中引用的内容正确，而下文的"第二，……"该自然段中的"根据担保法解释第八十五条的规定：'银行承兑汇票出票人在开具银行承兑汇票前存于银行的保证金在本质上是属于动产质押的范畴，承兑银行对该保证金享有优先受偿权。'"的表述不当，这段话实际上并非该条文原文的内容，而应当是申请人结合案情对第八十五条作出的理解，此处不应当使用冒号和引号，以免产生歧义。

④关于引用的法律依据，案外人异议申请所引用的法律依据为《民事诉讼法》第二百二十七条，利害关系人及当事人异议引用的法律依据是《民事诉讼法》第二百二十五条。

⑤致送法院应当为执行法院，实例中致送于执行法院武汉市硚口区人民法院。附项中附生效的法律文书。

（3）落款

由异议人签名或者盖章，注明日期。

7. 执行异议书（对财产分配方案提出异议用）

执行异议书

异议人（债权人/被执行人）：×××，男/女，××××年××月××日出生，×族，（写明工作单位和职务或者职业），住……。联系方式：……。

法定代理人/指定代理人：×××，……。

委托诉讼代理人：×××，……。

债权人/被执行人：×××，……。

……

（以上写明异议人和其他诉讼参加人的姓名或者名称等基本信息）

请求事项：

> 因被执行人×××的财产不能清偿所有债务,××××人民法院于××××年××月××日作出财产分配方案,异议人不服,提出以下异议请求:
> ……
> 事实和理由:
> ……
> 此致
> ××××人民法院
>
> 附:××××人民法院财产分配方案
>
> 异议人(签名或盖章)
××××年××月××日

【说明】

1. 本样式根据《最高人民法院关于适用〈中华人民共和国民事诉讼法〉执行程序若干问题的解释》第二十五条、《最高人民法院关于适用〈中华人民共和国民事诉讼法〉的解释》第五百一十一条规定制定,供参与分配案件中债权人或被执行人不服财产分配方案提出异议时用。

2. 当事人是法人或者其他组织的,写明名称住所。另起一行写明法定代表人、主要负责人及其姓名、职务、联系方式。

3. 债权人或者被执行人对财产分配方案有异议的,应当自收到财产分配方案之日起十五日内向执行法院提出书面异议。

【实例评注】

执行分配方案异议申请书 [①]

异议人:翟某某。

被异议人:南通清大纳米科技有限公司。

请求事项:

对贵院对南通清大纳米科技有限公司系列案件的执行分配方案重新分配。

---

① 来源:新浪博客(http://blog.sina.com.cn/s/blog_5a0452e10102wcoz.html),访问时间:2016年10月28日。

事实与理由：

异议人翟某某与被异议人建设工程施工合同纠纷一案，业经如皋市人民法院审理并作出(2010)皋民初字第0323号民事调解书，确认被异议人应支付工程款738 000元给异议人。在执行过程当中，如皋市人民法院对被异议人的厂房进行了拍卖，现实际变卖价为1 154 000元。因申请执行人较多，如皋市人民法院对变卖标的物所得价款1 154 000元进行执行参与分配，于2016年3月2日向异议人送达了《南通清大纳米科技有限公司系列案件的执行分配方案》，因异议人不服该分配方案，故根据最高人民法院关于适用《中华人民共和国民事诉讼法》的解释第五百一十一条之规定，特提出书面异议，请求贵院重新制作分配方案。

第一，异议人认为分配方案中予以全额分配的数额有误，其中土地租金146 334元、电费6 589元、工人工资175 190元不应计算在全额分配内优先受偿。异议人认为，贵院将土地租金、电费、工人工资进行全额分配没有法律依据。

第二，即使按照如皋市人民法院的全额分配方案，账面上拍卖款应剩余703 820元，而不是贵院所称的666 476元。而且对于案件执行费53 292元、执行费用200元、电费6 589元，贵院在优先分配时已经将这一部分费用予以全额扣除，不应在剩余的账面拍卖款中又重复扣除，再来确定可以用于分配的款项。

第三，计算异议人可以参与分配的债权总额时，没有将包括加倍支付迟延履行期间的债务利息作为执行标的，存在法律适用错误。

第四，对异议人的建设工程款债权作为普通债权进行分配是法律适用错误。异议人认为，根据《合同法》第286条以及最高人民法院就广东省高级人民法院(2007)粤高法执督字第45号《关于对人民法院调解书中未写明建设工程款有优先受偿权应如何适用法律问题的请示》以(2007)执他字第11号函答复"建设工程款优先受偿权是一种法定优先权，无需当事人另外予以明示"的规定，应对异议人的工程款在标的物变卖价款范围内进行优先受偿。再说，异议人的工程款大部分是用来支付农民工工资的，如果按照普通债权处理，可能因此使拖欠的农民工的工资问题始终不能解决，直接影响社会的和谐稳定。

此致
如皋市人民法院

申请人：翟某某
2016年3月13日

〔评注〕

1. 样式制定的依据

本样式的制定依据是《执行程序若干问题的解释》第二十五条。该条规定:"多个债权人对同一被执行人申请执行或者对执行财产申请参与分配的,执行法院应当制作财产分配方案,并送达各债权人和被执行人。债权人或者被执行人对分配方案有异议的,应当自收到分配方案之日起十五日内向执行法院提出书面异议。"《民诉法解释》第五百一十一条规定:"多个债权人对执行财产申请参与分配的,执行法院应当制作财产分配方案,并送达各债权人和被执行人。债权人或者被执行人对分配方案有异议的,应当自收到分配方案之日起十五日内向执行法院提出书面异议。"

2. 样式的写作要点

(1)标题:文书名称为"执行异议书"。

(2)正文:

①提出异议的列为异议人(债权人/被执行人),相对方列为债权人/被执行人。实例中写为被异议人。实际上,有时候这类案件中当事人并非同一案件,甚至同一法院,只能区分为债权人与被执行人才能较为明确地划分,列为被异议人不易于明确其在案件中的地位。

②请求事项:本样式在此部分写明被执行人名称,以及到期无法清偿所有债务的事实,人民法院作出分配方案的日期,异议人对其不服。这一段话一般不应放在请求事项之内,而置于请求事项之前一段,有时也被称为"提出申请的缘由",类似于提出请求之前的"开场白",或者类似于法院裁定文书中的案件由来及审理的经过,作用相当于从当事人身份信息过渡到具体请求事项之间的桥梁。然后再介绍异议人提出的具体请求事项。本样式在具体请求事项前冠以提出的异议的原因的陈述。笔者认为,这种表示手法不符合一般请求事项的书写习惯,也使得请求事项的部分与后面的事实与理由部分从形式上、内容上都难以区分。因此,本样式的请求部分的写法与一般当事人文书写法不同,再如本章样式6直接写明请求事项,至于请求的原因应当放置到事实与理由部分。

而实例直接陈述其请求事项,将案件的经过全部放在事实和理由部分,符合一般当事人文书的表述习惯。

③事实和理由部分围绕其对分配方案不服的原因展开。至于对于分配方案不服的原因往往有多种情况,有的认为存在优先权的,有的认为被执行人与他人串通恶意导致可分配财产减损等。实例中异议人认为其债权工程款涉及农民工工资问题,享有优先权,在执行费用计算上认为有些费用重复计算,关于租金等费用不应当优先计算。

④尾部写明致送法院为作出财产分配方案的法院。

(3)落款:异议人署名并签署日期。

(4)另外,如果对于人民法院针对异议作出裁定不服的,可以在十五日内提起执行分配方案之诉。因为分配方案中的相关争议主要是涉及实体争议。

8. 保证书(执行担保用)

执行担保保证书

××××人民法院:

你院在执行……号……(写明当事人及案由)一案中,因……(写明申请暂缓执行的理由),被执行人向你院申请暂缓执行……(写明申请暂缓执行的期限)。本人/本单位自愿提供保证。如被执行人×××在你院决定暂缓执行的期限届满后仍不履行义务,你院可以直接执行本人/本单位的财产。

保证人(签名或者盖章)
××××年××月××日

【说明】

本样式根据《中华人民共和国民事诉讼法》第二百三十一条、《最高人民法院关于适用〈中华人民共和国民事诉讼法〉的解释》第四百七十条规定制定,供执行担保人向法院提供保证时用。

【实例评注】

担保书[①]

武汉市上上鱼村酒店管理有限公司自愿为湖北开天城建筑工程有限公司与武汉市丰盛城建综合开发有限公司买卖合同纠纷提供执行担保,保证在2016年4月15日给200万元,余款在2016年8月30日前一次性付清尾款,如果湖北开天城建筑工程有限公司未在上述期间履行武汉市丰盛城建综合开发有限公司的义务,到时法院执行我公司名下的所有财产。

担保人:武汉市上上鱼村酒店管理有限公司
2015年8月24日

[①] 来源:湖北省武汉市硚口区人民法院(2015)鄂硚口执字第436号案卷。

〔评注〕

1. 样式制定的依据和用途

本样式的依据是《民事诉讼法》第二百三十一条。该条规定:"在执行中,被执行人向人民法院提供担保,并经申请执行人同意的,人民法院可以决定暂缓执行及暂缓执行的期限。被执行人逾期仍不履行的,人民法院有权执行被执行人的担保财产或者担保人的财产。"《民诉法解释》第四百七十条规定:"根据民事诉讼法第二百三十一条规定向人民法院提供执行担保的,可以由被执行人或者他人提供财产担保,也可以由他人提供保证。担保人应当具有代为履行或者代为承担赔偿责任的能力。他人提供执行保证的,应当向执行法院出具保证书,并将保证书副本送交申请执行人。被执行人或者他人提供财产担保的,应当参照物权法、担保法的有关规定办理相应手续。"

2. 结合实例分析样式的写作要点。

(1)标题:标题应当为"执行担保保证书",实例为"担保书"。由于对于当事人部分的法律文书样式是倡导性的,并非强制性的,因此只要内容符合法律规定的实质性要件,这对担保人仍产生相应的法律效力。

(2)正文:首部应标明担保作出的对象,即执行法院,写明执行案件的案号及名称,申请暂缓执行理由暂缓执行的期限。然后写明保证人自愿提供保证,如果被执行人在暂缓执行期限届满后仍不执行,法院可以直接强制执行担保人的财产。实例中没有写致送法院,但是写明了执行案件的案由,并写明了保证的金额为200万元,如果被执行人未在限期内履行债权,法院可以直接执行担保人的财产。

(3)落款:保证人签名并签署日期。

二十二、涉外民事诉讼程序的特别规定

1. 申请书（当事人申请承认和执行外国法院生效判决、裁定或仲裁裁决用）

申请书

申请人：×××，男/女，××××年××月××日出生，×族，……（写明工作单位和职务或者职业），住……。联系方式：……。

法定代理人/指定代理人：×××，……。

委托诉讼代理人：×××，……。

被申请人：×××，……。

……

（以上写明当事人和其他诉讼参加人的姓名或者名称等基本信息）

请求事项：

请求承认和执行××国××法院××××年××月××作出的……号民事判决/××国××仲裁机构作出的……号仲裁裁决。

事实和理由：

……（写明事实和理由）。

此致

××××中级人民法院

附：1. 本申请书副本×份
　　2. 外国法院判决书或者仲裁裁决书正本或者经证明无误的副本以及中文译本

申请人（签名或者盖章）
××××年××月××日

【说明】

1. 本样式根据《中华人民共和国民事诉讼法》第二百八十一条、二百八十三条，《最高人民法院关于适用〈中华人民共和国民事诉讼法〉的解释》第五百四十三条、五百四十五条制定，供当事人向中华人民共和国有管辖权的中级人民法院申请承认和执行外国法院发生法律效力的判决、裁定或仲裁裁决用。

2. 当事人是法人或者其他组织的，写明名称住所。另起一行写明法定代表人、主

3. 申请人向人民法院申请承认和执行外国法院作出的发生法律效力的判决、裁定，应当提交申请书，并附外国法院作出的发生法律效力的判决、裁定正本或者经证明无误的副本以及中文译本。外国法院判决、裁定为缺席判决、裁定的，申请人应当同时提交该外国法院已经合法传唤的证明文件，但判决、裁定已经对此予以明确说明的除外。中华人民共和国缔结或者参加的国际条约对提交文件有规定的，按照规定办理。

4. 可被申请承认（和执行）的外国法院裁判文书种类，不仅包括判决还包括裁定以及依据国际公约、双边条约或者协定中规定其他裁判文书形式。对被申请承认（和执行）的外国法院裁判文书具体名称和文号的表述和援引应依据其翻译件的内容进行。

【实例评注】

承认外国法院判决申请书①

申请人：曹某某，男，××岁，中国籍，××省××市人，现住××省××市龙宛东苍××号。

请求事项：

请求人民法院承认美国俄亥俄州最高法院第××号民事判决，确认申请人与高××解除婚姻关系。

事实和理由：

申请人曹某某与高某某于××××年××月××日在中国××省××市登记结婚。婚后没有生育子女，没有共同财产，也没有共同债权债务。××××年××月，高某某自费到美国留学。××××年××月××日，高某某向美国俄亥俄州最高法院提起诉讼，要求与申请人离婚。申请人收到起诉书副本及该最高法院的出庭传票后，没有去美国应诉，但向高某某表示同意离婚。××××年××月××日，美国俄亥俄州最高法院依据高某某之请求，缺席判决解除高某某与申请人之婚姻关系。由于申请人与高某某已没有共同生活的感情基础和现实条件，为恢复申请人正常的生活和工作，根据《中华人民共和国民事诉讼法》第二百八十一条规定，特向人民法院申请承认美国俄亥俄州最高法院第××号民事判决，确认申请人与高某某已解除婚姻关系。

---

① 来源：百度文库。

此致

××市中级人民法院

附：(1)美国俄亥俄州最高法院第××号民事判决；

(2)(1)项判决的中文译本；

(3)美国俄亥俄州最高法院出具的(1)项判决生效证明。

申请人：曹某某
××××年××月××日

〔评注〕

当事人申请承认和执行外国法院生效判决、裁定或仲裁裁决的案件中，申请承认离婚事实的占有相当比例。本案中，外国法院判决系缺席作出，申请人应当同时提交该法院已经合法传唤的证明文件。但因申请人是未参加审判的当事人，因此不提交上述文件也是合理的。

《最高人民法院关于中国公民申请承认外国法院离婚判决程序问题的规定》是针对此类案件的司法解释，对与我国没有订立司法协助协议的外国法院作出的离婚判决，也可以依据该规定予以承认。写作此类文书时，可以对该司法解释予以援引。

跋

自 2016 年 7 月炎炎盛夏到 2017 年 9 月金秋时节，我带领着原任武汉中级人民法院审判委员会委员、研究室主任时所组建的法律文书研究课题调研团队——基于我的创意和共同的信仰而凝聚在一起的 8 个法官和 2 个法官助理——披荆斩棘，用了 1 年多的时间来共同编写这本《新民事诉讼文书样式实例评注》。初稿出炉后，又商请一位教授加盟团队，我们 11 个人共同经历了将评注研究范式和研究方法应用于新民事诉讼文书样式功能研究本土化的艰难探索过程。这个过程虽然历经了很多困难和辛苦，但我们共同收获了更多新认知和方法指引。课题研究期间，团队成员还共同见证了我从员额法官到高校教授的职业转型，从办理调动手续到课题结项，我们的团队精诚团结、齐心协力，利用业余时间群策群力、相互帮助，共同收获了学术共识，感恩团队成员们的鼎力支持。待到本书作为课题结项的成果终于在北京大学出版社付梓，我作为课题主持人和本书主编仍有说不尽的体验和感悟。

先讲一讲本丛书和本书立项构思的起源和由来。有幸结识北京大学出版社蒋浩副总编辑是本书的缘起，与这位躬耕法律图书出版 30 余年的出版人相识得益于武汉大学法学院莫洪宪教授的鼎力推荐，当时莫老师参与我们武汉市法律文书研究会的学术活动，得知我们有转化法律文书学术成果的意向时，由衷地推荐了专注法律学术图书出版的蒋浩老师。经过《法官助理和书记员职业技能教育培训指南》的执行主持、编辑策划和出版发行的全程合作，我深刻地认同蒋浩老师作为法律学术图书出版资深专家对法学学术研究的引领观念。当然，蒋老师也认同我这个痴迷学术研究的中基层人民法院的小小法官的想法。由此，我们成为学术思想相互认同的好朋友。基于对中共中央新一轮司法体制改革和法律职业技能培训教育的共同认知，我们合作策划了这套"全新司法体制改革与司法职业技能培训丛书"。丛书出版的第一本专著是《法官助理和书记员职业技能教育培训指南》，这本仅用于业内培训教育的专著在选题立项时得到蒋老师的大力支持。蒋老师支持出版的理由就是本书的选题和学术价值正好符合他"出版引领学术"的价值衡量标准。果不其然，出版引领学术的良好效应得到证成，本书 2016 年 9 月出版后不仅填补了司法体制改革后没有新的法官助理和书记员培训教材的空白，而且得到了全国法院系统四级法院的广泛关注和推广应用。北京大学出版社发行部作为法院系统外的发行渠道，却在法院系统内的专项发行工作中取得非常好的成绩。福建省、湖北省、江苏省、安徽省、陕西省、宁夏回族自治区等全国多家法院系统的员额法官、法官助理和书记员培训均选用了这本专著作为培训教材，连续三次加印仍不能满足法院系统专项培训的现实需求。丛书第二本《新民事诉讼文书样式实例评注》也是我与蒋老师在探讨法律文书学的学术研究方向的过程中共同策划的选题，蒋老师希望我将此选题按照一个课题的形式来做持续研究，并鼓励和协助我向中国法学会法律文书学研究会申报委托重大专项课题。课题申报工作得到研究会马宏俊会长和研究会学术委员会的充分认可，出版再次引领了法律文书学的学术研究和发展。这就是本书得以顺利立项和出版的缘由，衷心感谢致力于"出版引领学术"的蒋浩先生和专注法律文书学研究事业发展的马宏俊会长对本书出版的大力支持。

民事诉讼文书样式的两个文件《人民法院民事裁判文书制作规范》《民事诉讼文书样式》于2016年7月5日发布，于8月1日实施，从发布到实施其间只有一个月的过渡期。本书从委托课题立项到初稿完成的时间并不充裕，大家都是在司法改革和审判工作任务繁重的前提下挤出时间来完成课题研究任务的。由于课题研究要求高、时间短、任务重，为了尽可能搜集到全部的文书样式实例，我和团队成员们真可谓是用尽"洪荒之力"：一是组织大家预先吃透民事诉讼文书样式的制作规范和具体要求，确保民事诉讼文书样式实例评注的准确性和规范性，夯实课题组调查研究的基础和底蕴。二是组织大家反复琢磨和深入调研谈论写什么？如何写？研究如何保证课题研究内容将来能用、有用、好用？在此基础上我负责统一和规范民事诉讼文书样式实例评注的写作基本要求和范式，确定民事诉讼文书样式实例评注的写作方向，把握课题研究的方向性、指引性作用。三是我们发挥集体合力，共同在海量的文书中查找符合文书样式制作要求的实例。四是大家根据各自专长分工进行写作。五是由我负责集中统稿和修改，结合大家写作时的实际情况，发现全书的共性和个性问题，明确解决方案，组织大家及时着手修改和校正。六是邀请研究民事诉讼法和法律文书学的专家参与课题指导。七是组织课题组全体成员反复进行集体研讨和全方位修饰、校对与整理本书书稿。

新民事诉讼文书样式共有568个，其中人民法院制作民事诉讼文书样式有463个，当事人参考民事诉讼文书样式有105个。我们首先运用中国裁判文书网这一大数据平台进行查找。新民事诉讼文书样式实施这一年多时间里，中国裁判文书网每天都在不断地公布各种类型的民事案件文书实例，要从中筛选出与公布的文书样式规范要求相一致的且有一定代表性的裁判文书，工作量相当繁琐、繁杂。部分文书样式运用较多，需要在下载并阅读大量的文书后筛选出符合规范和统一民事裁判文书写作标准的"要素齐全、结构完整、格式统一、逻辑严密、条理清晰、文字规范、繁简得当"的裁判文书。部分文书样式运用很少,有些文书类型符合,但却没有按照新文书样式进行写作;有些文书类型见诸报端,却没有在网上予以公开;有些文书类型使用率低,查找不到相关实例;有些文书不属于司法裁判文书公开的范围,诸如部分的人民法院制作的民事诉讼文书,以及全部的当事人部分的民事诉讼文书。针对这些问题,我们采取了各种方法对文书实例进行搜集和补齐:第一,对在新民事诉讼文书样式实施后没有实例的样式,扩大文书的搜索时间;第二,扩大文书实例搜索范围,除中国裁判文书网外,还包括最高人民法院发布的指导性案例、公报案例,《人民法院报》等报刊发布的民事诉讼文书,以及全国各地的各级人民法院通过人民法院司法公开网站、微博、微信公众号发布的裁判文书;第三,根据案件类型和文书类型,在湖北省三级法院的档案室展开地毯式搜集和筛选;第四,根据具体的文书类型及见诸报端的案件报道,特别是全国范围内仅有一例或者几例的,向各地法院的法官同仁寻求帮助和支持,在全国各地的基层人民法院、中级人民法院、高级人民法院以及最高人民法院的卷宗档案中进行相关民事诉讼文书的搜集。我们不仅得到了本省各级人民法院领导和同事们的鼎力支持和帮助,也得到了全国各地各级人民法院同仁的大力支持和帮助,才能在短时间内搜集到较为全面的民事诉讼文书实例,使本书的评注编写有了厚实的、可靠的司法实践基础。

在文书样式评注的编写过程中,我们发现,在新民事文书样式发布之始,不少法院反应迅速,在审判实践中即采用新文书样式,根据文书制作的规范性要求写作裁判文书。然而,也有不少法院并没有根据要求使用新文书样式进行裁判文书制作,规范性意识不强;还有部分法院对新文书样式及制作规范分析和理解得不全、不深、不透,制作的裁判文书与新文书样式不完全一致,与规范要求不完全相符。另外,部分裁判文书的体例结构有待优化,部分裁判文书对争议焦点的归纳有待增强,部分裁判文书的说理性有待提高。

在文书样式评注编写过程中,我们还发现,诉讼文书样式的作用在于规范格式,寻求统一,但同时更鼓励和包容个性。我们征求并听取了一些民事审判法官对民事诉讼文书样式的意见和建议,有人提出,裁判文书中最难写的部分,恰恰是证据的列举、事实的认定和裁判理由的阐明,而这些在新民事诉讼文书样式中着墨极少。这些问题的存在,恰恰说明了对新文书样式进行评注的必要性。《新民事诉讼文书样式实例评注》通过对568个文书样式及其说明的展开,通过选取制作规范、说理透彻的裁判文书,通过真实案例及裁判文书的具象展示,通过对具体实例合法性与合理性的评述,通过梳理、遵循民事诉讼法及司法解释的相关规定,对各个类型的文书制作从形式到内容,从表象到内在,从统一规范到个性特色进行深度解读,在尊重、回归司法规律的前提下,引导诉讼文书制作者按照新民事诉讼文书样式的规范性要求制作裁判文书,实现文书样式适用和裁判文书制作原则性和灵活性的结合,实现尊重规范性和展现个性化的有机统一。

法官的司法审判活动是以诉讼文书为基础进行的交流活动。在法庭之上,法官以中立性的语言来引导控辩双方充分表达各自的观点;而在法庭之外,法官以裁判文书来表达法律的内涵、真谛以及法官对于法律条文本身的理解。所谓"判决之外,法官无言",法官通过裁判文书传达法治思想、法治理念,将纸上的法律转化为"活的法律"。评注法学派在中世纪欧洲大陆的法学史上扮演过十分重要的角色。"注释法学派的兴起,对《国法大全》和《学说汇纂》的注释成为近代法律评注的开端"[1],12世纪由于原注释法学派的注释已经无法满足时代的社会需要和应用需求,法学应用需要寻找一种新的研究方式,"既忠实于罗马法,又不锢于此;它不应再只建立在一千年前的法律文本之上,还要将之阐述成一个活的法律体系"[2],一种新的"强解"法律文本,寻找法律文本的精神和实质的研究方式。因此,评注法学派应运而生,"13世纪中叶以后注释学派为评注学派时代"[3]。现代法学中的诸多概念、原理、规则的界定、发现和创造得益于评注法学派,"没有评注法学派,就不可能有现代法学"[4]。法律评注在当前德国的法律实践中,仍然展现了持久不衰的影响和强大的生命力,"尤其在民法领域,若离开评注,对《民法典》的研习和适用就无从谈起"[5]。《施陶丁格民法典评注》是德国历史最悠久也是最大型的民法典评注书。[6]

在过去,中国法学界和司法实务部门对评注法学的研究并不熟知。注释法学,也有学者将其称为法教义学,往往不被视为一种学科,一个学派,而仅将其视为"一种研究立场,体现的是一种研究方法"[7]。经过几十年的发展,特别是近十年以来,注释法学越来越受到法学界,包括法理学和部门法学的广泛关注,实务界也对注释法学给予了相当的重视。不少基本法律、条例、实施细则出台后,几乎在同一时间就会有相对应的"释义"类书籍出版,不少法律类图书出版社均有自己的释义类丛书,如法律出版社的"中华人民共和国法律释义丛书",中国法制出版社的"法律法规释义系列",中国民主制出版社的"释义及实用指南",人民法院出版社的"司法解释理解与适用丛书",等等。这些释义类书籍的一大特色,就是"执笔者大

---

[1] 王剑一:《德国法律评注的历史演变与现实功能》,载《中国应用法学》2017年第1期。
[2] 〔英〕梅特兰等:《欧陆法律史概览》,屈文生等译,上海人民出版社2008年版,第114页。
[3] 漆竹生:《评注学派——后注释学派》,王伟臣整理,载《外国法制史(第17卷·2014年):罗马法与现代世界》,法律出版社2015年版,第67页。
[4] 舒国滢:《评注法学派的兴盛与危机:一种基于知识论和方法论的考察》,载《中外法学》2013年第5期。
[5] 王剑一:《德国法律评注的历史演变与现实功能》,载《中国应用法学》2017年第1期。
[6] 参见张双根、朱芒、朱庆育等:《对话:中国法律评注的现状与未来》,载《中国应用法学》2017年第2期。
[7] 焦宝乾:《法教义学在中国:一个学术史的概览》,载《法治研究》2016年第3期。

多参与过立法过程,掌握了相当的资料与信息"①。执笔者在立法过程中即着手释义类书籍的写作,因此,除了规范的内涵以外,执笔者会使用较大的篇幅陈述"垄断"的立法信息,包括创制法律或修改法律的背景、修改中的争议、"立法意图"或规范目的。这种传统的释义类书籍的执笔者有着他人所不能及的写作优势。此释义类书籍多是"逐条释义",与德国 19 世纪到 20 世纪之交仍然盛行的注释方式、方法从形式上看是相类似的:"撰写者进行注释时,仅仅参引与待注释法条相关的其他法律条文。只要法律条文相对较新,撰写人通常会引用立法过程中的材料以记录立法者意志。"② 这种对法律的历史解释方法被广泛运用于我国释义类书籍的写作当中。而在《德国民法典》生效之际,法律评注同样受到重视。法律评注与法律"释义"相区别的是:释义类书籍往往是立法机关在立法通过之后立即编写或出版,而法律评注"强调学术研究成果、立法情况和已有司法判决成果对法律实务的作用",体现了"经验成果积蓄沉淀""是一种法律适用导向、但兼具学理辨识的法律工具"。③ 在几名学者的对话中,张双根教授认为要取得法律评注的良好效果,要满足几个条件,包括"法律文本的可评性""评注者有相关训练""需要相当的组织""评注素材与方法的充分和合用",他同时表达了对我国当前引入评注条件并不成熟的担忧。④

我认为,借鉴当前德国评注法学研究范式和研究方法,将评注法学研究引入中国司法实践和法学教育,并基于中国的法治发展条件、司法资源和法律品质,赋予评注法学以新的内涵,丰富评注法学的理论、方法和文化,是研究中国法律文本的一种新路径和新方法,代表了中国法学研究的一种新思路和新方向。这不仅仅是一种"现代化范式",更是符合中国实际情况的司法实践路径和法治发展路径的"法律理想图景",为"中国法学向何处去"的宏大叙事可以提供部分构想。"中国法学在这个时代究竟是根据什么去想象那个'法律'或'法律秩序'的?"⑤ 立法机关制定的法律/法律文本是理想中的法律,司法机关作出的司法判决及其执行是实践中的法律,两者共同建构了我们这个时代的"法律"或"法律秩序"。而当前对新颁布的《民事诉讼文书样式》进行实例评注研究,正是将评注法学引入中国法律文书学的最佳切入点。

---

① 张双根、朱芒、朱庆育等:《对话:中国法律评注的现状与未来》,载《中国应用法学》2017 年第 2 期。
② 王剑一:《德国法律评注的历史演变与现实功能》,载《中国应用法学》2017 年第 1 期。
③ 参见张双根、朱芒、朱庆育等:《对话:中国法律评注的现状与未来》,载《中国应用法学》2017 年第 2 期。
④ 参见张双根、朱芒、朱庆育等:《对话:中国法律评注的现状与未来》,载《中国应用法学》2017 年第 2 期。
⑤ 邓正来:《中国法学向何处去(上)——建构"中国法律理想图景"时代的论纲》,载《政法论坛(中国政法大学学报)》2005 年第 1 期。

2012年8月31日第十一届全国人民代表大会常务委员会第二十八次会议通过了《关于修改〈中华人民共和国民事诉讼法〉的决定》，新的民事诉讼法开始施行。至此，1992年最高人民法院办公厅印发的《法院诉讼文书样式（试行）》及其他民事类诉讼文书样式已经不能满足民事司法实践需要。最高人民法院成立修改后民事诉讼法贯彻实施工作领导小组，把修订民事诉讼文书样式作为两项最重要的工作之一。民事诉讼文书样式属于司法性文件，包含了若干具体的技术性问题，这为评注留下了"法律文本可评性"的前提，并提出了现实的需求。我们正处于"信息爆炸"的"大数据"时代，司法四大公开平台的建设，使得我国司法公开在极短的时间内取得了重大进展。2013年7月1日，中国裁判文书网开通运行，截至2017年9月1日，网站公开的裁判文书已超过3000余万篇，访问量突破100亿次。短短四年时间，中国裁判文书网的访问量已经成为同类网站的世界第一，海量的裁判文书资源为评注的撰写提供了丰富的素材。

2014年6月6日，中央全面深化改革领导小组第三次会议审议通过《关于司法体制改革试点若干问题的框架意见》，意味着我国司法体制改革正式启动。司法责任制作为司法体制改革的"核心内容"，其前提性、基础性和辅助性的制度是司法员额制。据报道，2017年6月，随着最高人民法院首批367名员额法官选任工作的完成，全国法院共遴选产生12万余名员额法官，法官员额制改革在全国法院系统已经得到全面推广和落实。[①] 这预示着，员额制法官朝着规范化、专业化、职业化的道路上迈出了坚实的一步。

我们抓住了这一次司法改革的契机。我接受中国法学会法律文书学研究会和北京大学出版社的委托重大专项研究课题后，特别邀请基层人民法院、中级人民法院和高级人民法院的八名一线法官、两名法官助理共同组成法律文书评注课题研究团队，集体参与课题的主要成果《新民事诉讼文书样式实例评注》的编撰工作。团队成员均是法官员额制改革后的80后入额法官或法官助理，均具备法学（法律）硕士以上学历学位，均具有一定的一线审判工作岗位的实践经验。团队成员大多与我有调研上的交集或合作，他们不仅已经成为各级人民法院一线审判工作岗位办案的中坚力量，而且在审判工作中善于总结审判经验，长期坚持学习和调查研究。作为年轻的入额法官，他们有时间，有精力，乐于付出，善于思考，能够沉下心来深耕细作；他们既是诉讼文书的使用者，也是诉讼文书样式的体验者，更是规范诉讼文书样式实际效果的观察者，所以，我认为他们是文书样式实例评注研究的上好人选。

结合司法实践中的真实案例和裁判文书，对民事诉讼文书样式进行评注，是将

[①] 参见靳昊、李京：《我国法官员额制改革全面完成：最高法首批入额法官共367名》，载《光明日报》2017年7月4日，第4版。

评注法学引入诉讼文书制作领域的一种探索实践，是一种全新的、创造性的、开拓性的有益尝试。法律文书样式实例评注丰富了法学作品的类型，在寻求注释法学新发展、新运用的同时，也开启了评论法学研究的新时代。过去的法律评注一般由立法者或立法参与者来完成，他们更多关注的是法律的"前世今生"，法律形成的过程和其中的争议，以及法律规范的目的，着重阐述立法原意和立法目的，而对法律实施的具体效果关注度不够。由法院入额法官团队撰写法律评注，在对法律文本的深度分析基础之上，关注法律文本的实效——民事诉讼文书样式在具体案件中的运用，更能真实反映法律文本对司法判决和司法活动的影响，从而给出更加有用和有效的法律建议。随着法官队伍规范化、专业化、职业化水平的逐步提升，中国法学和中国司法必将迎来法官职业群体的评注法学研究的新时代，这也预示着：在未来的中国司法改革和司法实践中，职业法官评注法学研究极有可能会逐渐形成一个新兴的本土化的中国评注法学流派。未来可能的职业法官评注法学研究流派将会做些什么？将会怎么做？将会使用哪种研究范式和研究方法进行评注？值得我们共同思考和探索实践。

关于评注法学派的活动，德国科隆大学民法与法哲学教授诺伯特·霍恩写过一篇专论《欧洲近代私法史渊源与文献手册》，他认为评注法学派的活动特点有三个方面：一是转向法律实务。相对于注释法学派的法学家而言，评注法学派更强烈地致力于法律实务，处理纷繁复杂的地方现行特别法问题。二是方法的继续发展。评注法学家针对注释法学派的注释，尝试运用新的法学方式去处理具体难题或讨论法律实务的实际问题，形成一种更为深入的注释，带来了法教义学进展，并提出大量实际可行的解决方案。三是学者法的推广。学者法不仅构成法学的素材(资源)，也构成法学的概念与方法基础。[①] 由此可见，相较于注释法学而言，评注法学更加注重已有司法判决成果对法律实务的作用。评注法学研究法律文本对司法判决产生的影响，法律文本实施在司法实践中的成效、问题、不足及解决方法。对司法判决的研究反过来会引发我们对既定/约定/待定的法律文本范式的思考，包括对法律文本形式正义的思考，以及法律文本对当事人的程序性权利和实体性权利的思考。中国评注法学派的形成和发展是当前中国司法统一要求下的必然产物，标准化文本所具有的形式规范和统一，"对严格执行民事诉讼法，统一法律适用，规范诉讼活动，维护当事人权益，以及展示司法公正，提升司法公信，弘扬法治精神，宣传社会主义核心价值观具有重大现实意义"[②]。当前的时代，是剧烈变化的时代，通过对法律文本的评注，通过解构和建构法律文本的标准范式，通过这种研究法律文本的新方式，拓展

[①] 参见舒国滢：《评注法学派的兴盛与危机：一种基于知识论和方法论的考察》，载《中外法学》2013年第5期。

[②] 沈德咏主编：《民事诉讼文书样式》，人民法院出版社2016年版，(序)第1页。

法律的规范效力和适用范围，使法律文本成为能够适应时代的社会需要的法律。①

在展望中国未来评注法学新时代的同时，我们也必须清楚认识到历史是循环往复的，过去德国评注法学所遭遇的危机，也同样会发生在中国评注法学研究上。评注法学的方法和理论将不可避免地遭遇危机：其一是认识论矛盾，这是评注法学派寻求法学学科不证自明的真理与在具体问题的法律论证中回到"或然的确定性"的论题学工具和技术的认识论矛盾。② 其二是方法论局限。法律评注来自规范，总结规范，发展规范，在这一意义上，"评注成了规范本身"。法国16世纪著名法学家弗朗索瓦·霍特曼就曾经批评到："《国法大全》是在罗马帝国崩溃之后由一帮不懂罗马精神的人编写而成的，这些编写者改变了很多东西。"③ 作为法律的观察者、实践者，职业法官群体组成的评注团队对法律文本提出的看法、意见和建议，是否真实地展现了法律文本自身的要义？是否真实地体现了司法实践的真实要求？是否代表了中国的法律习惯和司法文化？是否揭示了中国司法的发展方向？这些问题也是评注法学派本身的方法和理论所难以应对和解决的。

实践是检验真理的唯一标准。未来真正高水平的实例评注法学研究者和实践者可能大多数会生长于中基层人民法院和基层人民法庭；而且，一些关注司法实践的学者们也逐渐开始进行这种实例评注法学研究。我们11个人组成的法律文书课题研究调研团队所作的《新民事诉讼文书样式实例评注》，正是向着这个或许可能的美好未来探寻进路与方法。历史发展的客观规律告诉我们，梦想虽美妙丰满但却总是会受限于骨感现实的艰难阻隔。然而，我们秉持堂吉诃德永不言弃的精神，大家齐心协力划一条小船，撑一只长篙，合力荡起船桨，向青草蔓菁中寻梦。由于民事诉讼文书样式多，民事案件类型涉及面广，具体个案涉及的问题复杂多样，些许实例到付梓时仍未找到，也由于这一新的实例评注研究方法的特殊性与探索性，加之时间仓促，水平所限，本书难免有一些错误与纰漏，恳请各路方家不吝批评指正。

最后，感谢中国法学会法律文书学研究会副会长兼秘书长许身健、副秘书长袁钢对课题研究的大力支持。感谢北京大学出版社负责本书稿的陆建华、田鹤、焦春玲等诸位非常认真负责的编辑们。

写成"跋"时已然"享受"了调入学校后的第一个暑假，在忙碌中感叹时间老人怎么这么快就开启了新学期。为纪念我们团队课题成果结项付梓，纪念我自己转

---

① 参见舒国滢：《评注法学派的兴盛于危机：一种基于知识论和方法论的考察》，载《中外法学》2013年第5期。

② 参见舒国滢：《评注法学派的兴盛与危机：一种基于知识论和方法论的考察》，载《中外法学》2013年第5期。

③ 舒国滢：《评注法学派的兴盛与危机：一种基于知识论和方法论的考察》，载《中外法学》2013年第5期。

型从教的第一个教师节，特赋打油诗一首。

  秋来了
  静听秋雨
  落地的滴答声
  如影视同期声般
  讲述一个如歌的故事

  风起舞
  沐浴秋风
  桂子山金桂飘香
  似播种希冀挂果般
  享受一种山民丰收喜悦

  开学季
  享受朝气
  引经据典说法
  朗朗书声秋菊争艳
  玉立婷婷共赏墨宝飘香

  碧云天
  桂花满地
  勤勉渐入秋色
  本土团队精诚合作
  推事教授共襄评注法学

杨凯
2017 年 9 月 10 日教师节于华师桂子山麓